公司法

修改条文理解与适用

UNDERSTANDING AND APPLICATION OF
AMENDED PROVISIONS OF THE COMPANY LAW

主　编／曹守晔
副主编／李晓民　汪治平　何　建

法律出版社 LAW PRESS · CHINA
北京

图书在版编目(CIP)数据

公司法修改条文理解与适用 / 曹守晔主编. -- 北京：法律出版社，2024

ISBN 978-7-5197-8817-9

Ⅰ. ①公… Ⅱ. ①曹… Ⅲ. ①公司法－法律解释－中国 Ⅳ. ①D922.291.915

中国国家版本馆 CIP 数据核字(2024)第 023059 号

公司法修改条文理解与适用
GONGSIFA XIUGAI TIAOWEN LIJIE YU SHIYONG

曹守晔 主编

责任编辑 陈昱希 赵雪慧
装帧设计 汪奇峰 臧晓飞

出版发行 法律出版社
编辑统筹 法规出版分社
责任校对 王晓萍
责任印制 耿润瑜
经　　销 新华书店

开本 710 毫米×1000 毫米 1/16
印张 50.5 字数 842 千
版本 2024 年 2 月第 1 版
印次 2024 年 2 月第 1 次印刷
印刷 北京中科印刷有限公司

地址：北京市丰台区莲花池西里 7 号(100073)
网址：www.lawpress.com.cn
投稿邮箱：info@lawpress.com.cn
举报盗版邮箱：jbwq@lawpress.com.cn
销售电话：010-83938349
客服电话：010-83938350
咨询电话：010-63939796

书号：ISBN 978-7-5197-8817-9　定价：138.00 元
凡购买本社图书，如有印装错误，我社负责退换。电话：010-83938349

本书编委会

主编简介

曹守晔

国家法官学院兼职教授，中国审判理论研究会常务理事。“新世纪百千万人才工程”国家级人选。曾任最高人民法院高级法官、研究室一级巡视员、应用法学研究所常务副所长，合同法解释起草小组负责人，民法典编纂研究小组专班成员。曾任中国法官协会第5届理事、中国国际经济贸易仲裁委员会第15届专家咨询委员。2014年荣获中国软科学重大课题研究突出贡献奖。

副主编简介

李晓民

国家法官学院副院长、法学博士后、研究员。英国伦敦政治经济学院访问学者。1985年毕业后长期在地方工作，2010年进入最高人民法院，曾任中国应用法学研究所科研处处长。

汪治平

最高人民法院二级高级法官，全国审判业务专家。1986年毕业于北京大学并进入最高人民法院，先后在研究室、民一庭工作至今。

何　建

上海市第一中级人民法院商事副庭长，三级高级法官、法学博士后。先后在民四庭、申诉庭、立案庭、民一庭等部门工作。

推进国有企业改革发展作出具体部署。修改《公司法》，贯彻落实党中央关于深化国有企业改革决策部署，是巩固深化国有企业治理改革成果，完善中国特色现代企业制度，促进国有经济高质量发展的必然要求。

第二，修改《公司法》，是公司治理法治化、持续优化营商环境、激发市场创新活力的需要。法治是最好的营商环境。党的十八大以来，党中央、国务院深入推进简政放权、放管结合、优化服务，持续改善营商环境。修改《公司法》，为方便公司设立、退出提供制度保障，便利公司融资投资、优化治理机制提供更为丰富的制度性选择，降低公司运行成本，是推动打造市场化、法治化、国际化营商环境，更好激发市场创新动能和活力的客观需要。

第三，修改《公司法》，是完善产权保护制度、依法加强产权保护的需要。党的十八届四中全会决定提出，健全以公平为核心原则的产权保护制度，加强对各种所有制经济组织和自然人财产权的保护。党的十八届五中全会决定提出，推进产权保护法治化，依法保护各种所有制经济权益。党的十九大把“两个毫不动摇”写入新时代坚持和发展中国特色社会主义的基本方略。修改《公司法》，健全以企业组织形式和出资人承担责任方式为主的市场主体法律制度，规范公司的组织和行为，完善公司设立、运营、退出各环节相关当事人责任，切实维护公司、股东、债权人的合法权益，是完善产权保护制度、加强产权平等保护的重要内容。

第四，修改《公司法》，是健全资本市场基础性制度、促进资本市场健康发展的需要。习近平总书记强调，加快资本市场改革，尽快形成融资功能完备、基础制度扎实、市场监管有效、投资者合法权益得到充分保护的多层次市场体系。修改《公司法》，完善公司资本、公司治理等基础性制度，加强对投资者特别是中小投资者合法权益的保护，是促进资本市场健康发展、有效服务实体经济的重要举措。

第五，修改《公司法》，是《公司法》现代化的需要。《公司法》颁布30年来，对于建立健全现代企业制度，促进社会主义市场经济持续健康发展，发挥了重要作用。同时，现行公司法律制度存在一些与改革和发展不适应、不协调的问题，主要是：有些制度滞后于近年来公司制度的创新实践；我国公司制度发展历程还不长，有些基础性制度尚有欠缺或者规定较为原则；公司监督制衡、责任追究机制不完善，中小投资者和债权人保护需要加强等。十三届全国人大以来,全国人大代表共有548人次提出相关议案、建议,呼吁修改完善《公司法》;一些专家学者、有关部门等通过多种方式提出修改《公司法》的意见建议。

第六,修改《公司法》,是贯彻绿色发展理念,落实公司社会责任的需要。绿色发展理念是新时代必须完整准确全面贯彻的新发展理念之一,绿色原则作为《民法典》新增加的一项基本原则,应当在各个民商事法律中得到贯彻,即民事主体从事民事活动,应当有利于节约资源、保护生态环境。环境、社会和公司治理简称为ESG(Environmental,Social and Governance),它主要表现在公司治理理念,也应当在《公司法》中有所体现。公司社会责任,实际上是公司通过履行社会责任,增强自身信誉,强化投资者的信心、消费者的满意和社会的认可,反应公司治理现状,树立公司美誉,促进公司长远发展。《公司法》根据《宪法》制定,《民法典》绿色原则要求公司从事经营活动,应当贯彻新发展理念,充分考虑公司职工、消费者、债权人等利益相关者的利益和生态环境保护等社会公共利益,全面履行社会责任。

第七,修改《公司法》是坚持资本维持原则,完善资本制度的需要。2019年全国人大常委会法工委在《民法典》编纂过程中启动2023年《公司法》修订工作,即全面整体较大的修改,前后历时5年。[①] 2023年《公司法》修订中最大的争议,既不是恢复1993年版本的"根据宪法"与否,也不是公司登记、国家出资公司组织机构是否独立成章(第2、7章),而是注册资本是维持2014年以来现状的认缴制,还是实行限期实缴制。

关于公司注册资本,2013年12月以前的注册资本为实缴制,但是当年修正之后的《公司法》为完全的认缴制,即没有最低注册资本的要求、没有出资比例要求、没有出资期限要求,实践中演变成"认而不缴"。公司注册资本作为市场交易相对人、债权人等判断公司能力的重要事项,完全虚化,没有起到任何实质的意义。公司诉讼相关的实务中,股东出资纠纷是单独的一类特别广泛的争议案件,在最高人民法院规定的民事案件案由中,也属于单

---

① 2021年12月,第十三届全国人大常委会第三十二次会议第一次审议(260条);2022年12月,第十三届全国人大常委会第三十八次会议第二次审议(262条);2023年8月,第十四届全国人大常委会第五次会议第三次审议(266条)。2023年12月29日,第十四届全国人民代表大会常务委员会第七次会议审议通过,第二次修订完成。

独的公司诉讼案由。2013 年 12 月修正以后的《公司法》实行完全的认缴制，即公司的资本可以“认而不缴”，没有期限没有比例的限制，导致注册资本并不能作为判断公司状况、履约能力的依据。实践中出现的问题是，在股东出资期限到来之前，能否要求股东提前缴纳出资，履行不受约定的出资期限的限制的提前缴纳责任。针对提前缴纳，有两种完全相反的观点，要么赞成，要么反对。

赞成的观点认为，当公司不能清偿债务时，股东的出资应当提前缴纳，法理依据为《企业破产法》第 35 条，即公司破产后，未到期的债权视为到期，股东需要提前出资，因为公司已经破产。但是，没有进入破产程序的公司亦无法清偿债务的，此时其能否主张提前缴纳出资？应当进行提前缴纳。因为公司破产仅为程序性要求，不能机械地受限于《企业破产法》，否则将导致债权人或当事人不得不去申请破产，在公司可以不进行破产，而仅通过提前出资即可清偿债务时，强制进入破产程序，有违意思自治原则和“企业维持原则”。世界各国的商法共识是，法律应当尽可能地维持企业的存在和发展，即使进入破产程序依然是尽可能的挽救。例如，有重整、和解程序，目的就是避免企业破产倒闭解散。因此，出资在破产中可以提前缴纳，当公司不能清偿债务时也应当提前缴纳。

反对的观点则认为，既然公司已经确定了出资期限，或者没有规定出资期限（无限期），那么在期限到来之前，股东无须履行出资责任，即属于股东的“期限利益”。此种“期限利益”被最高人民法院发布的《全国法院民商事审判工作会议纪要》予以认可，股东原则上享有期限利益，不能仅在公司不能清偿债务时直接主张股东提前出资，除非：一是公司作为被执行人案件时，无可供执行的财产，具备破产原因又不申请的，方可主张；此种情形限于执行程序。二是债务产生后又恶意延长出资期限，故意逃避出资义务的，可以主张加速到期，提前缴纳出资。2023 年《公司法》修订没有考虑股东所谓期限利益。

《公司法》（2023 年）第 47 条规定：“有限责任公司的注册资本为在公司登记机关登记的全体股东认缴的出资额。全体股东认缴的出资额由股东按照公司章程的规定自公司成立之日起五年内缴足。法律、行政法规以及国务院决定对有限责任公司注册资本实缴、注册资本最低限额、股东出资期限另有规定的,从其规定。”

比较起来,《公司法》(2013 年)的资本认缴制,在出资期限上有的是无限期的。《公司法》(2023 年)修订草案一审稿和二审稿均未涉及,而是在第三次审议稿中开始增加。股东认缴出资在公司成立之日起 5 年内缴足,以法律的形式限制了股东的出资期限,从没有出资期限限制,到增加强制性的缴纳期限,极大影响了公司股东的投资。立法关于出资 5 年期限的合理性、必要性讨论,在公司法学者之间产生较大分歧。

根据相关部门的反映,《公司法》的资本认缴制度任意性过大,已经失去了实际意义,注册资本没有任何意义。几个人的小公司注册资本动辄上百万元、千亿元,出现天价极端的注册资本,有的甚至故意检测工商部门是否按照《公司法》予以登记,注册资本变成了儿戏。

任意资本认缴制度,会给投资人和相对人双方带来法律风险,一方面给投资人相对自由的投资空间的法律思路,使市场更加有活力,这本身没有问题,而过度的宽松往往又会导致混乱。因此需要进行适度的修正和完善。另外,根据有关数据显示,国内公司的平均生存期为 3 年,因此 5 年的出资期限也足够。出资期限限制带来的压力,可以通过法规设定过渡期、公司自行减资、注销公司等方式进行缓解,并非不可克服。

新法问世,已然岁末年初。律回春渐,新元肇启。

时光清浅处,一书一安然。

是为序。

曹守晔

2024 年 1 月

缩略语表

全　　称	简　　称	发文字号
《最高人民法院关于适用〈中华人民共和国公司法〉若干问题的规定(一)》	《公司法规定(一)》	法释〔2014〕2号修正
《最高人民法院关于适用〈中华人民共和国公司法〉若干问题的规定(二)》	《公司法规定(二)》	法释〔2020〕18号修正
《最高人民法院关于适用〈中华人民共和国公司法〉若干问题的规定(三)》	《公司法规定(三)》	法释〔2020〕18号修正
《最高人民法院关于适用〈中华人民共和国公司法〉若干问题的规定(四)》	《公司法规定(四)》	法释〔2020〕18号修正
《最高人民法院关于适用〈中华人民共和国公司法〉若干问题的规定(五)》	《公司法规定(五)》	法释〔2020〕18号修正
《最高人民法院关于适用〈中华人民共和国民事诉讼法〉的解释》	《民事诉讼法解释》	法释〔2022〕11号修正
《最高人民法院关于民事诉讼证据的若干规定》	《民事诉讼证据规定》	法释〔2019〕19号修正
《全国法院民商事审判工作会议纪要》	《九民纪要》	法〔2019〕254号
《最高人民法院关于适用〈中华人民共和国民法典〉有关担保制度的解释》	《民法典担保制度司法解释》	法释〔2020〕28号
《最高人民法院关于适用〈中华人民共和国民法典〉合同编通则若干问题的解释》	《民法典合同编通则司法解释》	法释〔2023〕13号
《最高人民法院关于适用〈中华人民共和国民法典〉时间效力的若干规定》	《民法典时间效力规定》	法释〔2020〕15号
《最高人民法院关于适用〈中华人民共和国担保法〉若干问题的解释》	《担保法解释》	法释〔2000〕44号

目录

绪　论

公司是最重要的市场主体，公司法是社会主义市场经济制度的基础性法律，也是在企业落实《工会法》[①]维护职工权益、实行企业民主管理的基本法律。故2023年修改《公司法》时增加“根据宪法”的规定，虽然波澜不惊，却也实至名归、时所当然。法随时转，没有法律的时代，只有时代的法律。《公司法》是民商事法律中的重要部门法之一，也是其中的市场主体法之一（除《公司法》以外，还有《全民所有制工业企业法》《合伙企业法》《个人独资企业法》《农民专业合作社法》《商业银行法》）。我国现行《公司法》于1993年制定，本次修订前共进行5次修改，其中4次修正、1次修订。1999年、2004年对个别条款进行了修正，2005年进行了全面修订，2013年、2018年又对公司资本制度相关问题作了两次重要修正。由于现行公司法律制度存在一些与新时代改革和发展不适应、不协调的问题，公司法修订草案于2021年12月提请第十三届全国人大常委会第三十二次会议进行了初次审议，2022年12月，第十三届全国人大常委会第三十八次会议对修订草案进行了第二次审议，2023年8月，第十四届全国人大常委会第五次会议对修订草案进行了第三次审议，《公司法》由第十四届全国人大常委会第七次会议于2023年12月29日修订通过，自2024年7月1日起施行。

本次修订《公司法》的重大意义在于：贯彻落实党中央关于深化国有企业改革、优化营商环境、加强产权保护、促进资本市场健康发展等重大决策部署，适应实践发展，不断完善公司法律制度，对于完善中国特色现代企业制度、推动经济高质量发展也具有重要意义。

本次修订《公司法》的基本思路主要包括以下四个方面：一是坚持正确政治方向。贯彻落实党中央决策部署对完善公司法律制度提出的各项任务要求，充分发挥市场在资源配置中的决定性作用，更好发挥政府作用，完善中国特色现代企业制度，为坚持和完善我国基本经济制度提供坚实法治保障。二是在现行《公司法》基本框架和主要制度的基础上作系统修改。保持现行《公司法》框架结构、基本制

---

① 为方便阅读，本书中法律法规名称均使用简称。

度稳定，维护法律制度的连续性、稳定性，降低制度转换成本；同时，适应经济社会发展变化的新形势新要求，针对实践中的突出问题和制度短板，对现行《公司法》作系统的修改完善。三是坚持立足国情与借鉴国际经验相结合。从我国实际出发，将实践中行之有效的做法和改革成果上升为法律规范；同时注意吸收借鉴一些国家和地区公司法律制度的有益经验。四是处理好与其他法律法规的关系。明确立法的宪法根据，做好《公司法》修订与《民法典》《外商投资法》《证券法》《企业国有资产法》以及拟修改的《企业破产法》《保险法》等法律的衔接，并合理吸收相关行政法规、规章、司法解释的成果。

本次《公司法》修订，坚持问题导向，强化公司资本维持，总结实践经验和理论成果，为便利公司投融资、优化治理机制提供更为丰富的制度选择，规范公司的组织和行为，强化各方主体责任，切实维护公司、股东、职工和债权人的合法权益，有如下 8 个亮点：

(1)完善公司资本制度。一是完善注册资本认缴登记制度。规定有限责任公司股东出资期限不得超过 5 年。根据国家市场监督管理总局的意见，授权国务院制定具体办法，对新法施行前已登记设立且出资期限超过本法规定期限的公司设置过渡期，要求其将出资期限逐步调整至本法规定的期限以内。二是在股份有限公司中引入授权资本制，允许公司章程或者股东会授权董事会发行股份，同时要求发起人全额缴纳股款，既方便公司设立、提高筹资灵活性，又减少注册资本虚化等问题。三是规定股份有限公司可以发行优先股和劣后股、特殊表决权股、转让受限股等类别股。四是允许公司根据章程择一采用面额股或者无面额股。五是允许公司按照规定使用资本公积金弥补亏损。六是规定简易减资制度，允许公司按照规定通过减少注册资本方式弥补亏损，但不得向股东分配，也不得免除股东缴纳出资或者股款的义务。七是增加股东未按期缴纳出资的失权制度、股东认缴出资加速到期制度，规定股权转让后转让人、受让人的责任。

(2)优化公司治理。一是允许公司只设董事会、不设监事会，公司只设董事会的，应当在董事会中设置审计委员会行使监事会职权。二是简化公司组织机构设置。对于规模较小或者股东人数较少的公司，可以不设董事会，设 1 名董事，不设监事会，设 1 名监事；对于规模较小或者股东人数较少的有限责任公司，经全体股东一致同意，可以不设监事。三是为更好保障职工参与公司民主管理，规定职工人数 300 人以上的公司，除依法设监事会并有公司职工代表的外，其董事会成员中应当有公司职工代表。公司董事会成员中的职工代表可以成为审计委员会成员。四是对股份有限公司董事会审计委员会和上市公司董事会审计委员会的议事方式和表决程序作了规定。

(3)加强股东权利保护。一是强化股东知情权。扩大股东查阅材料的范围,允许有限责任公司股东查阅会计凭证,股份有限公司符合条件的股东查阅会计账簿和会计凭证,允许股东查阅、复制全资子公司相关材料。二是完善股份有限公司股东请求召集临时股东会会议的程序,完善股东临时提案权规定,强化股东民主参与公司治理。三是对于公司的控股股东滥用股东权利,严重损害公司或者其他股东利益的,规定其他股东有权请求公司按照合理的价格收购其股权。四是规定公司减少注册资本,应当按照股东出资或者持有股份的比例相应减少出资额或者股份,法律另有规定、有限责任公司全体股东另有约定或者股份有限公司章程另有规定的除外。五是允许股东对公司全资子公司董事、监事、高级管理人员等提起代表诉讼。

(4)强化控股股东、实际控制人和董事、监事、高级管理人员的责任。一是完善忠实和勤勉义务的具体内容。二是加强对董事、监事、高级管理人员与公司关联交易等的规范,增加关联交易等的报告义务和回避表决规则。三是强化董事、监事、高级管理人员维护公司资本充实的责任。四是规定董事、高级管理人员执行职务存在故意或者重大过失,给他人造成损害的,应当承担赔偿责任。五是规定公司的控股股东、实际控制人不担任公司董事但实际执行公司事务的,对公司负有忠实义务和勤勉义务。六是规定公司的控股股东、实际控制人指示董事、高级管理人员从事损害公司或者股东利益的行为的,与该董事、高级管理人员承担连带责任。

(5)完善公司设立、退出制度。一是新设“公司登记”一章,明确公司设立登记、变更登记、注销登记的事项和程序;同时要求公司登记机关优化登记流程,提高登记效率和便利化水平。二是充分利用信息化建设成果,明确电子营业执照、通过国家企业信用信息公示系统发布公告、采用电子通信方式召开会议和表决的法律效力。三是扩大可用作出资的财产范围,明确股权、债权可以作价出资。四是放宽一人有限责任公司设立等限制,并允许设立一人股份有限公司。五是完善公司清算制度,明确清算义务人及其责任。六是增加简易注销和强制注销制度,方便公司退出。

(6)完善国家出资公司相关规定。一是设国家出资公司组织机构的特别规定专章,将适用范围由国有独资有限责任公司,扩大到国有独资、国有资本控股的有限责任公司、股份有限公司。二是坚持党对国有企业的领导,强调国家出资公司中中国共产党的组织的领导作用。三是要求国有独资公司董事会成员中外部董事应当过半数。四是规定国有独资公司在董事会中设置由董事组成的审计委员会行使监事会职权的,不设监事会或者监事。五是增加国家出资公司应当依法建立健全内部监督管理和风险控制制度的规定。

(7)完善公司债券相关规定。一是根据《关于国务院机构改革方案的决定》将国家发展改革委企业债券审核职责划入中国证监会的要求,删去国务院授权的部门对公开发行债券注册的规定。二是明确公司债券既可以公开发行,也可以非公开发行。三是将发行可转债的公司由上市公司扩大到所有股份有限公司。四是增加债券持有人会议决议效力的规定,增加债券受托管理人相关规定。

(8)完善立法宗旨和立法根据,保护职工权益。除了开宗明义增加保护职工权益以外,还具体规定:“公司从事经营活动,应当在遵守法律法规规定义务的基础上,充分考虑公司职工、消费者等利益相关者的利益以及生态环境保护等社会公共利益,承担社会责任。国家鼓励公司参与社会公益活动,公布社会责任报告。”《公司法》有关保护公司合法权益和要求公司承担社会责任的法律规范不断优化,反映了《公司法》在促进公司营利目的与社会利益的有机统一上始终持有积极的立法态度。

2023 年修订后的《公司法》共 15 章,包括总则,公司登记,有限责任公司的设立和组织机构,有限责任公司的股权转让,股份有限公司的设立和组织机构,股份有限公司的股份发行和转让,国家出资公司组织机构的特别规定,公司董事、监事、高级管理人员的资格和义务,公司债券,公司财务、会计,公司合并、分立、增资、减资,公司解散和清算,外国公司的分支机构,法律责任,附则。修订后的《公司法》开宗明义:为了规范公司的组织和行为,保护公司、股东、职工和债权人的合法权益,完善中国特色现代企业制度,弘扬企业家精神——创新、冒险,维护社会经济秩序,促进社会主义市场经济的发展,根据《宪法》,制定本法。

《公司法》以民商合一的《民法典》为普通法。公司制企业作为市场经济主体的法律性质是营利性法人,为我国《民法典》法人制度所规定。《民法典》第 76 条规定:“以取得利润并分配给股东等出资人为目的成立的法人,为营利法人。营利法人包括有限责任公司、股份有限公司和其他企业法人等。”我国公司法坚持公司营利目的与社会利益的有机统一,1993 年《公司法》第 14 条规定,“公司从事经营活动,必须遵守法律,遵守职业道德,加强社会主义精神文明建设,接受政府和社会公众的监督。公司的合法权益受法律保护,不受侵犯”。在公司合法经营前提下,其所取得的合法利益即可成为社会利益的因素,所有公司的合法权益能够得到法律的一般保护,即为确保现代企业制度得以存续发展的最大社会利益之所在。所以,在公司依法经营的前提下,公司的营利目的与公司存在的社会利益之间具有内在统一性,这也是我国《公司法》自始坚持的立法理念。2005 年《公司法》第 5 条对公司一般性义务做了充实,进一步强调了公司依法经营为其存在的前提，强调了在维护公司营利目的与要求公司承担社会责任之间实现合理平衡的立法理念。在遵守法律层面，增加了行政法规作为守法依据；将“遵守职业道德”改为“遵守社会公德、商业道德、诚实守信”，并明确规定公司要“承担社会责任”。实际上强化了公司自觉维护和增量社会利益的自觉性与主动性。

《公司法》是中国特色现代企业制度最为重要的表达形式。第1条明确将“完善中国特色现代企业制度”作为立法宗旨，开启了构建中国特色现代企业制度之法治新征程。中国特色现代企业制度是现代企业制度在中国实践场域的丰富与升华。与草案一审稿相比，草案二审稿进一步强化股东的出资责任。一是完善失权股权处理规定。二是明确公司不能清偿到期债务的，公司或者已到期债权的债权人有权要求已认缴出资但未届缴资期限的股东提前缴纳出资。三是明确股东转让已认缴出资但未届缴资期限的股权的，由受让人承担缴纳该出资的义务；受让人未按期足额缴纳出资的，出让人对受让人未按期缴纳的出资承担补充责任。与草案三审稿相比，草案四审稿除了增加立法根据、保护职工权益以外，进一步完善公司出资制度，强化股东出资责任。一是在规定有限责任公司股东出资认缴期限不得超过5年的基础上，明确法律、行政法规以及国务院决定可以对有限责任公司股东出资期限作出特别规定，为重点行业领域设定短于5年的认缴期限留出制度空间；二是规定股份有限公司发起人应当在公司成立前按照其认购的股份全额缴纳股款；三是增加对不按照规定公示或者不如实公示出资等有关信息的处罚。修订草案四审稿增加股东对全资子公司相关材料的查阅、复制权利，更好发挥股东在监督公司治理方面的作用。其中明确规定，股东有权查阅、复制公司章程、股东名册、股东会会议记录、董事会会议决议、监事会会议决议和财务会计报告。股东可以要求查阅公司会计账簿、会计凭证。草案四审稿还明确了失权的决议程序和失权股东的异议程序，增加了公司经董事会决议可以向未按期缴纳出资的股东发出失权通知的规定，并规定股东对失权有异议的，应当自接到失权通知之日起30日内，向人民法院提起诉讼。

与此同时，草案二审稿在立法目的中增加“完善中国特色现代企业制度，弘扬企业家精神”的内容；进一步完善公司组织机构设置及其职权相关规定，提升公司治理效果；进一步完善董事责任的相关规定，增加关于董事责任保险的规定；进一步完善上市公司组织机构的相关规定，强化上市公司治理；对关于国家出资公司的规定进行修改完善，并与《企业国有资产法》做好衔接；根据地方实践经验，增加强制注销的内容等。

企业现代化是中国特色社会主义现代化的重要组成部分。第三届全国人民代表大会早在1965年年初就号召努力把我国逐步建成一个具有现代农业、现代工业、现代国防和现代科学技术的社会主义强国。1978年年底召开的党的十一届三中全会决定把全党工作的重点转移到社会主义现代化建设上来。这里的现代化是指农业、工业、国防和科学技术等四个现代化。党的十一届三中全会公报指出,“现在我国经济管理体制的一个严重缺点是权力过于集中,应该有领导地大胆下放,让地方和工农业企业在国家统一计划的指导下有更多的经营管理自主权;应该着手大力精简各级经济行政机构,把它们的大部分职权转交给企业性的专业公司或联合公司”[①]。1982年党的十二大报告要求:无论在国营企业或集体企业中,都必须认真实行经营管理上的责任制。继1986年《民法通则》确立了企业法人制度之后,1987年党的十三大报告则把转变企业经营机制作为深化经济体制改革的中心环节,要求按照所有权经营权分离的原则,把经营权真正交给企业,理顺企业所有者、经营者和生产者的关系,切实保护企业的合法权益,使企业真正做到自主经营、自负盈亏,搞活全民所有制企业;要求加快建立和培育社会主义市场体系。1993年《公司法》提出“建立现代企业制度”,追求公司法对现代企业制度的建构功能;2005年《公司法》删除“建立现代企业制度”,强调《公司法》面向一般商事公司的普遍适用效力,进一步优化公司治理结构,在机构设置上,直接规定由国有资产监督管理机构行使国有独资公司的股东会职权,明确规定上市公司设立独立董事;在机构职权上,股东会可以通过章程扩大其职权范围,允许公司以章程规定增加董事会职权,特别是大幅度扩大了监事会的职权;在责任制度上,专设“公司董事、监事、高级管理人员的资格和义务”一章,强化了董监高的忠实义务和勤勉义务,增加了限制关联交易的内容,并严格规定了相应的法律责任;2023年《公司法》再次将“完善中国特色现代企业制度”作为立法宗旨。

中国现代企业制度的本质特色。中国现代企业制度的最显著特色,是始终坚持党的领导,重视党建在公司治理结构中的地位与作用。把党建工作要求写入国有企业公司章程,是落实党组织在公司法人治理结构中的法定地位的重要制度安排,是把加强党的领导和完善公司治理统一起来、建设中国特色现代国有企业制度的重要举措。党的二十大报告强调“推进国有企业、金融企业在完善公司治理中加强党的领导,加强混合所有制企业、非公有制企业党建工作”。

1993年《公司法》第17条规定,“公司中中国共产党基层组织的活动,依照中国共产党章程办理。”2005年《公司法》第19条规定,“在公司中,根据中国共产党章程的规定,设立中国共产党的组织,开展党的活动。公司应当为党组织的活动

---

① 中共中央党校教务部组织选编:《中共中央文件选编》,中共中央党校出版社1994年版,第82~88、149页。

提供必要条件。”本次《公司法》修订，草案一审稿在第19条有关公司中党组织的一般规定之外，又在其第145条规定，“国家出资公司中中国共产党的组织，按照中国共产党章程的规定发挥领导作用，研究讨论公司重大经营管理事项，支持股东会、董事会、监事会、高级管理人员依法行使职权”。草案二审稿第170条只将其最后一句改为，“支持公司的组织机构依法行使职权”。新的《公司法》在企业治理结构中如何进一步加强党的领导，如何实现党委、董事会、经理层之间的有效治理，都是崭新课题。

中国现代企业制度的结构特色。在公司类型上划分国家出资公司并以专章进行规定，确立“国家出资公司”制度。这是中国特色的《公司法》结构。从法律修改演进轨迹上看，1993年《公司法》制定前的企业立法，以企业所有制性质作为企业制度建构原点；在鼓励投资创业与企业维持的平衡上，1993年《公司法》施行严格法定资本制度，2013年《公司法》采行注册资本认缴制，鼓励投资成为基本立法理念；2023年又适当收缩以强调企业维持、强化资本充实规则，以此抑制注册资本认缴制实施中的机会主义。①

以上这些特色，都在《公司法》中得以体现。特别是修订后的《公司法》结构更加合理，公司登记与国家出资公司组织机构的特别规定一样毫无争议地独立成章，体系更加科学，逻辑更加严谨。

认识了修订《公司法》重大意义，厘清了修订《公司法》的基本思路，明确了修订《公司法》的八大亮点，明确了《公司法》在民商事法律体系中的地位，把握了《公司法》的时代特色、本质特色和结构特色，也就把握了《公司法》的核心要义，从而为正确理解和适用《公司法》奠定了坚固的基础。

① 陈甦：《中国特色现代企业制度的法律表达》，载《法治研究》2023年第3期。

第一章　总　　则

第一条　为了规范公司的组织和行为，保护公司、股东、职工和债权人的合法权益，完善中国特色现代企业制度，弘扬企业家精神，维护社会经济秩序，促进社会主义市场经济的发展，根据宪法，制定本法。

【条文主旨】

本条是关于立法目的和立法根据的规定。

【条文理解】

《公司法》(2018年)第1条规定：为了规范公司的组织和行为，保护公司、股东和债权人的合法权益，维护社会经济秩序，促进社会主义市场经济的发展，制定本法。比较起来，第1条在此基础上增加了三点：一是保护"职工"合法权益，二是立法"根据宪法"，三是"完善中国特色现代企业制度，弘扬企业家精神"。追根溯源，第三点增加的这句话源自党的二十大报告第四部分"加快构建新发展格局，着力推动高质量发展"中"(一)构建高水平社会主义市场经济体制"中的论述，即"完善中国特色现代企业制度，弘扬企业家精神，加快建设世界一流企业"。其前提一是深化国资国企改革，二是优化民营企业发展环境，依法保护民营企业产权和企业家权益；其背景是构建全国统一大市场，完善产权保护、市场准入、公平竞争、社会信用等市场经济基础制度；其目标是建成现代化经济体系，形成新发展格局，实现高质量发展。

根据《民法典》总则编第3章第2节的规定，公司在性质上属于营利法人。营利法人包括有限责任公司和股份有限公司和其他企业法人等。

本法所称公司，是指依照《公司法》在中华人民共和国境内设立的有限责任公司和股份有限公司。公司是企业法人，有独立的法人财产，享有法人财产权。公司以其全部财产对公司的债务承担责任。公司的合法权益受法律保护，不受侵犯。

根据本条的规定，国家制定《公司法》的目的在于：规范公司的组织和行为，保护公司、股东、职工和债权人的合法权益，完善中国特色现代企业制度，弘扬企业家精神,维护社会经济秩序,促进社会主义市场经济的发展。

一、规范公司的组织和行为

公司是在市场经济条件下,为适应社会化生产而产生的现代企业组织形式。作为市场主体,其设立和行为是否规范,治理结构是否科学合理,直接关系到公司能否以最有效的方式从事经营活动,创造社会生产力。制定《公司法》,即力求通过为公司提供切实可行的制度设计,以规范公司的组织和行为,使公司能够适应市场经济规律,按照法律规范进行设立并活动,以充分发挥其优势,促进市场经济的发展。

二、保护公司、股东、职工和债权人的合法权益

公司是以资本联合为基础的经济组织,享有独立的法人财产权;股东是出资者,享有股权;企业职工的合法权益,既包括人格权、财产权等民事权益,也包括民主管理、企业重大活动、重大决策参与权;其他市场主体在市场活动中与公司发生经济往来,可能成为公司的债权人,他们的合法权益都应当受到法律的平等保护。制定《公司法》,就是要明确规定公司的权利和义务,对内规范公司与股东的关系,对外规范公司与交易相对方的关系,并适度穿透公司"有限"责任、增加实控人责任,对违法行为采取民事、行政制裁措施,切实保护公司、股东和债权人的合法权益。

三、完善中国特色现代企业制度,弘扬企业家精神

中国特色现代企业制度是所有商事公司的设立目标与治理范式。本条规定的"完善中国特色现代企业制度,弘扬企业家精神",历史可溯源 1993 年《公司法》,其立法的宗旨之一就是建立现代企业制度,现今则源于党的二十大报告:"完善中国特色现代企业制度,弘扬企业家精神,加快建设世界一流企业。"①现代企业制度的核心是产权制度,企业组织形式和经营管理制度,是以产权制度为基础的,三者分别构成企业制度的不同层次。现代企业制度是一个动态的范畴,它是随着商品经济的发展而不断创新和演进的、把企业家精神与公司治理的规范性相结合的制度。现代企业制度的精髓是规范的管理制度,以市场经济为基础,以企业法人制度为主体,以公司制度为核心,以产权清晰、权责明确、政企分开、管理科学为特征。这种制度以保护产权、维护契约、统一市场、平等交换、公平竞争、有效监管为基本导向,可以为企业家营造良好的营商环境和公正、稳定、可预期的法治环境。

1984 年党的十二届三中全会通过的《中共中央关于经济体制改革的决定》使

---

① 习近平:《高举中国特色社会主义伟大旗帜,为全面建设社会主义现代化国家而团结奋斗》,载《求是》2022 年第 21 期。

用了“现代企业”的概念，其中提出“现代企业必须有集中统一的领导和生产指挥，必须有高度严格的劳动纪律”；“现代企业分工细密，生产具有高度的连续性，技术要求严格，协作关系复杂，必须建立统一的、强有力的、高效率的生产指挥和经营管理系统。只有实行厂长（经理）负责制，才能适应这种要求”。党的十二届三中全会确定“我国实行的是计划经济，即有计划的商品经济”，其政策认知上的“现代企业”概念与当今市场经济体制下的现代企业尚有很大不同。

1992 年党的十四大明确提出建立社会主义市场经济体制之后，1993 年党的十四届三中全会通过了《中共中央关于建立社会主义市场经济体制若干问题的决定》，其中明确提出要“建立适应市场经济要求，产权清晰、权责明确、政企分开、管理科学的现代企业制度”，并指出“以公有制为主体的现代企业制度是社会主义市场经济体制的基础”。

我国在确立社会主义市场经济体制之后，即于 1993 年制定《公司法》，并且在其第 1 条中申明立法宗旨是“为了适应建立现代企业制度的需要”。

2003 年《中共中央关于完善社会主义市场经济体制若干问题的决定》中指出，“建立健全现代产权制度”是“构建现代企业制度的重要基础”；要“按照现代企业制度要求，规范公司股东会、董事会、监事会和经营管理者的权责”，“完善公司法人治理结构”；要“探索现代企业制度下职工民主管理的有效途径，维护职工合法权益”。这些政策反映在 2005 年《公司法》的修订内容上。例如，2005 年《公司法》修订时，删除了“公司中的国有资产所有权属于国家”、股东权利界定中的“所有者”定限属性等在民商法上意义不确切的表述，明确公司“有独立的法人财产，享有法人财产权”，以稳固公司的产权基础；确认股东会通过章程自治的职权、适当增加了董事会职权，并特别扩大了监事会职权；新增第 6 章“公司董事、监事、高级管理人员的资格和义务”，严格而系统地规定公司董监高的权限与责任；明确规定董事会中的职工代表由公司职工通过职工代表大会、职工大会或者其他形式民主选举产生，规定“公司工会代表职工……与公司签订集体合同”。需注意的是，2005 年《公司法》修订时在其宗旨中删除了“为了适应建立现代企业制度的需要”这一内容，其用意并不是《公司法》不再以建立现代企业制度为宗旨，而是表示我国《公司法》普遍适用于各类公司，并不仅限于为国企改革提供法律规范与法治路径。当时我国《公司法》的适用对象设定的是不受所有制性质限制的商事公司，有关国有公司的现代企业制度建设实践，更多地在《企业国有资产法》《全民所有制工业企业法》等企业法范畴中进行。

2013 年《中共中央关于全面深化改革若干重大问题的决定》提出，要“紧紧围绕使市场在资源配置中起决定性作用深化经济体制改革”，“推动国有企业完善现代企业制度”目标,要“鼓励有条件的私营企业建立现代企业制度”。为完善现代企业制度,对于国企改革的总体目标、基本原则、主导思路与主要措施等,由《中共中央 国务院关于深化国有企业改革的指导意见》予以整体规划和系统部署;对于国企分类改革,2015 年 12 月国务院国资委、财政部、发展改革委联合印发了《关于国有企业功能界定与分类的指导意见》,明确了国有企业的功能类别和划分标准。

中国特色现代企业制度的实践原点,是党的十八大以来国企党建新理念和新发展理念,“中国特色现代国有企业制度,‘特’就特在把党的领导融入公司治理各环节,把企业党组织内嵌到公司治理结构之中,明确和落实党组织在公司法人治理结构中的法定地位”。随着国企改革实践的不断深入和改革目标的持续高企,中国特色现代企业制度建设的实践内涵更加丰富,体系重要性得以提升。2019 年,党的十九届四中全会通过《中共中央关于坚持和完善中国特色社会主义制度 推进国家治理体系和治理能力现代化若干重大问题的决定》,其中将完善中国特色现代企业制度作为推进国家治理体系和治理能力现代化的一个有机组成部分,提出要“深化国有企业改革,完善中国特色现代企业制度”。2020 年印发的《中共中央国务院关于新时代加快完善社会主义市场经济体制的意见》再次明确提出,要“深化国有企业改革,加快完善国有企业法人治理结构和市场化经营机制,健全经理层任期制和契约化管理,完善中国特色现代企业制度”。2021 年党的十九届六中全会通过的《中共中央关于党的百年奋斗重大成就和历史经验的决议》,也将“建立中国特色现代企业制度,增强国有经济竞争力、创新力、控制力、影响力、抗风险能力”作为开创中国特色社会主义新时代的一项重大成就。党的二十大报告将“完善中国特色现代企业制度”作为“构建高水平社会主义市场经济体制”的重要内容和主要任务。

所谓企业家精神,一句话概括就是勇于创新的冒险精神。企业家是要素整合者、市场开拓者、创新推动者。建设高水平社会主义市场经济体制,实现高质量发展,需要保护企业家和激发、弘扬企业家精神,鼓励更多社会主体投身市场创新创业。《中共中央 国务院关于营造企业家健康成长环境弘扬优秀企业家精神更好发挥企业家作用的意见》用 36 个字对企业家精神作出概括,即爱国敬业、遵纪守法、艰苦奋斗、创新发展、专注品质、追求卓越、履行责任、敢于担当、服务社会。这是中央首次以专门文件明确企业家精神的地位和价值。

党的二十大报告重申了“两个毫不动摇”。继党中央、国务院从新时期国家战略出发提出总体要求和具体举措之后,《公司法》修改将其纳入立法目的之一,对激发与保护企业家精神,意义重大。

四、维护社会经济秩序，促进社会主义市场经济的发展

制定《公司法》的根本目的是要实现公司治理现代化、市场化、法治化，通过规范公司的组织和行为，保护公司及有关利害关系人的合法权益，使公司的活动纳入法治轨道，形成良好的社会经济秩序，为市场主体提供公平、有序的发展环境，从而促进新质生产力发展，促进社会主义市场经济高质量发展。

【司法适用】

依法保护企业家权益，是党和国家一贯的政策。例如，党的二十大报告提出："优化民营企业发展环境，依法保护民营企业产权和企业家权益，促进民营经济发展壮大。"2023 年 4 月 21 日，习近平总书记主持召开二十届中央全面深化改革委员会第一次会议，会议强调"支持民营经济发展是党中央的一贯方针"。《中共中央　国务院关于促进民营经济发展壮大的意见》指出要"加快营造市场化、法治化、国际化一流营商环境，优化民营经济发展环境，依法保护民营企业产权和企业家权益"。在 2023 年全国两会上，不少代表和委员高度重视民营企业和民营企业家权益保护，建议加强对民营企业、民营企业家人格权保护，持续优化营商环境。2023 年 10 月《最高人民法院关于优化法治环境　促进民营经济发展壮大的指导意见》要求依法保障民营企业和企业家人格权。加强对民营企业、民营企业家人格权司法保护，及时制止侵害民营企业、民营企业家名誉权等人格权的违法行为，对于强化民营经济发展法治保障、持续优化营商环境具有重要意义。

人民法院始终坚持以习近平法治思想和习近平总书记关于民营经济发展的重要论述为指引，落实党中央、国务院关于促进民营经济发展壮大的意见，认真履行支持保障民营经济发展的政治责任、法治责任、审判责任，以高质量审判服务高质量发展。同时发布 6 个涉民营企业、民营企业家人格权保护典型案例，涉及网络自媒体蹭热点编造散布虚假信息侵害民营企业声誉、基于不当目的注册商标侵害民营企业家人格尊严、无事实依据抹黑企业或者企业产品、在微信朋友圈及群聊中发布侮辱性言论侵害企业名誉权、同业竞争者虚假投诉进行商业诋毁等问题。这 6 个案例主要有以下四个方面特点：

一是切实保护民营企业名誉权，营造有利于民营经济发展的舆论环境。企业及企业家的名誉是企业赖以生存和发展的重要基础，依法保护民营企业、民营企业家名誉权是构建法治化营商环境的应有之义。在某科技公司诉某文化公司、某传媒公司名誉权纠纷案中，审理法院对网络自媒体恶意侵害知名企业名誉权的认定标准以及网络自媒体账号之间相互引流的共同侵权行为认定进行了积极探索，依法惩治对民营企业的污蔑、诽谤等侵权行为，支持民营企业为经济社会发展履行社会责任、作出积极贡献。

二是有力维护民营企业家人格权益，营造关心尊重民营企业家的良好社会氛围。民营企业家的名誉权等人格权益受损不仅关系其个人权益，也会在很大程度上影响到企业的形象和正常经营发展，处理不好，会破坏民营企业的稳定预期和发展信心。在谢某诉陈某人格权纠纷案中，审理法院从普通社会认知角度，对陈某恶意行使商标权侵害民营企业家姓名权和人格尊严作出否定性评价，并判决陈某承担法律责任，积极发挥审判职能作用，有效地维护民营企业家合法权益，为民营企业正常生产经营提供司法保障。

三是依法规制网络侵权行为，营造健康清朗网络环境。健康、清朗的网络环境是良好营商环境的重要组成部分。网络信息传播具有言论表达便捷、受众面广、传播速度快等特点。部分网络自媒体基于博取流量、吸引眼球等动机，在互联网空间散布不实信息、发表不实言论，对民营企业声誉造成严重负面影响，极大地损害了企业经过长期努力建立起来的企业形象和市场评价。互联网并非法外之地，在网络平台发布言论，不得违反法律、不得侵害公共利益以及其他主体合法权益。在某文化创意公司诉王某某名誉权纠纷案中，审理法院认定在微信朋友圈及微信群聊中发表贬损性、侮辱性的言论信息构成侵权，明确责任承担，对于审理此类案件具有参考意义和指引价值。在某通讯器材公司诉闫某网络侵权责任纠纷案中，被告在没有事实依据的情况下，通过网络平台发布信息诋毁企业名誉，该案判令行为人承担侵权责任，维护了企业名誉权，回应了民营企业在发展过程中的司法需求，体现了人民法院优化营商环境、保障民营企业正常开展生产经营活动的司法导向。

四是严惩商业诋毁行为，营造公平有序竞争环境。商誉是经营者在市场经营活动中经过长期努力建立起来的企业形象和市场评价，良好的商誉能够为经营者赢得更多的交易机会，是企业在激烈竞争中赖以生存发展的基石。但是，有的经营主体通过编造、传播虚假信息或者误导性信息实施商业诋毁，损害竞争对手商誉，扰乱市场竞争秩序。在某食品有限公司诉某文化科技有限公司商业诋毁纠纷案中，被告采取片面的、以凸显自身优势、散布竞争对手劣势为主的直接比较方式，使公众对竞争对手产品的品质产生误解，损害了竞争对手的商业信誉与商品声誉，审理法院判令被告删除涉案视频、公开道歉并赔偿经济损失，对以不实短视频方式损害民营企业形象和名誉的不正当竞争行为作出否定性评价，充分体现了人民法院依法严厉制裁商业诋毁行为、维护公平竞争市场秩序、保护民营企业合法利益的司法价值导向。

在司法实践中，完善中国特色现代企业制度，弘扬企业家精神，应当采取的举措主要有以下 5 项：

(1)加快建立依法平等保护各种所有制经济产权的长效机制。为消除企业家顾虑,让企业家安心创造财富,《中共中央　国务院关于营造企业家健康成长环境弘扬优秀企业家精神更好发挥企业家作用的意见》提出一系列法治保障措施:在财产权保护方面,及时甄别纠正社会反映强烈的产权纠纷申诉案件。加快建立依法平等保护各种所有制经济产权的长效机制。研究建立因政府规划调整、政策变化造成企业合法权益受损的依法依规补偿救济机制。在创新权益保护方面,探索在现有法律法规框架下以知识产权的市场价值为参照确定损害赔偿额度。在企业家自主经营权保护方面,建立完善涉企收费、监督检查等清单制度,研究设立全国统一的企业维权服务平台。

(2)对大胆探索、锐意改革出现的失误予以容错。注意营造尊重和激励企业家干事创业的社会氛围:构建"亲""清"新型政商关系。引导更多民营企业家成为"亲""清"新型政商关系的模范及让更多国有企业家成为奉公守法守纪、清正廉洁自律的模范。营造鼓励创新、宽容失败的文化和社会氛围,对企业家合法经营中出现的失误失败给予更多理解、宽容、帮助。对国有企业家以增强国有经济活力和竞争力等为目标、在企业发展中大胆探索、锐意改革所出现的失误,只要不属于有令不行、有禁不止、不当谋利、主观故意、独断专行等情形者,要予以容错,为担当者担当、为负责者负责、为干事者撑腰。

(3)依法清理废除妨碍统一市场公平竞争的司法解释、司法政策和做法。发挥企业家精神,需要权利平等、机会平等、规则平等的市场环境。强化企业家公平竞争权益保障,营造各类市场主体统一市场公平竞争的氛围,促进各种所有制经济依法依规平等使用生产要素、公开公平公正参与市场竞争、受到法律平等保护。

(4)涉及企业重大司法决策主动向企业家问计求策征求意见。提高涉及企业、企业家的办案质量,加强对企业合规和风险防范优质高效务实司法服务。

(5)协助政府部门建立企业家个人信用记录和诚信档案。凡在诉讼中不遵纪守法,不讲诚信,拒不履行人民法院依法作出的生效裁决所确定的民事义务的,可以提供给政府有关部门,并可对拒绝执行的失信的"老赖"公布于众。同时,实行守信联合激励和失信联合惩戒。

【司法案例】

某科技公司诉某文化公司、某传媒公司名誉权纠纷案①

诉讼结论:网络自媒体蹭热点,编造虚假信息,侵害民营企业声誉,依法应承

---

① 参见最高人民法院(2017)最高法民申66号民事裁定书。

担侵权责任。

基本案情："某某森林"项目系原告某科技公司发起、推动的绿色、低碳公益项目。2021年5月6日，被告某文化公司在其运营的微信公众号发布文章，称原告利用全国用户积攒碳排放指标，再将排放指标卖给重污染企业，帮助重污染企业污染环境等。该文章发布后，阅读量超7万余次，不少读者留言质疑、否定"某某森林"项目。此后，某文化公司又将案涉文章转发于其在今日头条号等运营的多个自媒体平台账号中。2021年5月8日，网络自媒体某传媒公司也在其微信公众号等多个自媒体账号中转发了案涉文章。

某科技公司曾就案涉事件发布澄清说明，并向某文化公司、某传媒公司发送律所函，但收效不佳，遂以两公司侵犯名誉权，损害"某某森林"绿色公益项目声誉为由提起本案诉讼。

法院认为：某文化公司发布案涉文章的前述内容与客观事实不符，社会公众在"某某森林"小程序中种下的虚拟树，原告将通过捐赠款项方式交由合作方中国绿化基金会等公益组织进行实际种植，原告对"某某森林"项目种下的绿植不享有财产性权利，更不因此获得碳排放指标，且从未以此进行过碳汇交易。某文化公司发布不实信息的行为，已导致原告及"某某森林"绿色公益项目社会评价显著降低，对原告名誉权构成了侵害。两被告公司的网络自媒体账号存在长期固定的转载、引流关系，有共同开展广告推广等商业行为，且自媒体账号经营者存在相互出资及人员任职交叉等情形，可以认定两被告在主观上对于侵权文章的撰写、转载和扩散具有共同的意思联络，客观上实施了具有协同性的侵权行为，结果上共同导致了虚假信息在网络空间的广泛传播，造成原告社会评价降低，符合共同侵权的构成要件，应当承担连带责任。遂判决两被告停止侵权、删除案涉文章、公开赔礼道歉、消除影响并赔偿经济损失。

【典型意义】

数字时代人们习惯浅阅读、快阅读，自媒体数量剧增，舆论影响力大。部分网络自媒体为博取眼球，对热点事件进行恶意消费，有些甚至形成"蹭热度——引流量——涨粉丝——变现"的灰色流量营销产业链，并通过搭建自媒体矩阵在不同自媒体平台同时发布虚假、不实信息，对企业和企业家的声誉造成严重冲击，极大损害了企业通过大量投入和长期经营打造的良好形象。本案对网络自媒体恶意侵害知名企业名誉权的认定标准以及网络自媒体账号之间相互引流的共同侵权行为认定进行了有益探索，有利于依法惩治对民营企业的诽谤、污蔑等侵权行为，有利于鼓励和支持民营企业履行社会责任、积极投身社会绿色公益事业、为经济社会发展作出贡献。

第二条　本法所称公司，是指依照本法在中华人民共和国境内设立的有限责任公司和股份有限公司。

【条文主旨】

本条是关于本法调整对象的规定。

【条文理解】

与《公司法》(2018年)第2条相比，本条只作了文字修改，将“中国”修改为“中华人民共和国”。其内涵外延殊无差异，并无变化。作相同文字修改的条文，还有第13章外国公司的分支机构第243条、第245条，第247至249条和第14章法律责任第261条。

公司可以是有限责任公司、股份有限公司，也可以是两合公司、无限公司、一人公司。根据本条规定，我国《公司法》规范、调整的是有限责任公司和股份有限公司。有限责任公司，是指公司的股东对公司以其认缴的出资额为限承担有限责任的公司。股份有限公司，是指公司的资本划分为等额股份，公司股东以其认购的股份为限对公司承担有限责任的公司。因此，在我国只能设立两种公司，即有限责任公司和股份有限公司，不允许设立无限公司和两合公司。本条既是我国《公司法》对公司种类的规定，也是对我国《公司法》调整对象的规定。30年的实践证明，这样规定基本适应我国社会主义市场经济发展的需要，符合我国的实际情况。

有限责任公司的股东以其认缴的出资额为限对公司承担责任，其特点在于：(1)为资合公司，但具有较强的人合因素。(2)各股东出资共同组成公司的资本，但这些资本不需划分为等额股份。一般来说，股东各自以他们认缴的出资额为限承担责任，分取红利。(3)不对外公开发行股票，设立程序相对简单，设立成本较低。(4)有限责任公司的治理结构相对灵活，一人股东的不设股东会，规模较小或者股东人数较少的公司可以不设立董事会或者监事会，只设执行董事、监事，也可不设监事。(5)有限责任公司因具有人合性，其股权对外转让时，其他股东享有优先购买权，不能像股份有限公司股票那样可以自由流通。(6)可在董事会中设由董事组成的审计会，取代监事会。

股份有限公司的股东以其认购的股份为限对公司承担责任，其特点在于：(1)为典型的资合公司，发起设立或者募集设立，公司通过发行股票筹集资金，其资本一般划分为等额股份，股东通常较多，绝大多数股东不参与公司的经营活动，而是通过股东会对公司发生影响。(2)股份有限公司的设立需履行相对严格的程序,如应有一定数量的发起人,发起人应签订发起协议,从事公司的筹备工作;募集设立的公司,还应当遵守有关证券法律的规定等。(3)股份有限公司应有健全的内部组织机构。公司一般设股东大会、董事会和监事会,法律对公司各机构的职权、议事规则均有较明确的规定;针对我国的上市公司,还要求董事会成员中有独立董事。一人公司可以不设股东会,规模较小或股东人数较少的股份有限公司,可不设董事会、监事会,可设一名董事、一名监事。(4)除法律或者公司章程限制转让以外,公司的股份可以自由转让。股份转让应当在法定场所进行或按规定的方式进行。(5)公司具有依法披露信息的义务。

第三条　公司是企业法人,有独立的法人财产,享有法人财产权。公司以其全部财产对公司的债务承担责任。

公司的合法权益受法律保护,不受侵犯。

【条文主旨】

本条是关于公司法律地位和公司权益保护的规定。

【条文理解】

《公司法》2005年修订时,删除了"公司中的国有资产所有权属于国家"的表述,并在条文中明确"公司是企业法人,有独立的法人财产,享有法人财产权。公司以其全部财产对公司债务承担责任",后2013年、2018年修改均沿用该表述。本条与《公司法》(2018年)相比较,条文内容不变,但是在条文体例上进行了调整,整合了《公司法》(2018年)第3条第1款法人独立地位和第5条第2款公司合法权益受保护的内容形成本条内容,将原来的股东权利及有限责任单独规定在第4条,在立法上更加严密、层次更清晰。

为降低投资风险,鼓励投资人出资兴办实业,赋予股东和法人各自不同的人格,因此,公司具有独立人格、独立责任成为现代公司制度的核心。《民法典》第57条至第60条界定了法人依法独立享有民事权利能力和民事行为能力,法人应当有自己的名称、组织机构、住所、财产或经费,法人以其全部财产独立承担民事责任。公司作为法人依法享有民事权利能力和行为能力,实施法律行为并独立承担民事责任。公司合法权益受到法律的严格保护,禁止任何人以任何方式侵犯公司合法权益。公司的合法权益包括公司的合法财产、公司开展生产经营活动所形成的合法商业利益等,都受到法律保护。

一、公司具有独立的法律地位

公司法人独立法律地位主要体现在以下方面:

（一）独立的财产

法人享有独立的财产是法人对外独立承担责任的物质基础。公司的财产，包括物权、知识产权、土地使用权、债权和对外投资的股权等，财产主要来源于公司成立时股东的出资以及后续经营所积累的财产。股东出资形成公司财产，任何股东不能以个人名义对公司财产进行占有、使用、收益和处分，公司财产必须由公司支配，基于公司财产所取得的利益也直接归公司享有。股东未按照公司章程规定的出资日期缴纳出资，实际上侵害的是公司的财产权。公司有权请求股东向公司全面履行出资义务及返还出资本息。[①] 公司有权发出书面催缴书，宽限期届满仍未履行的，公司可以向该股东发出失权通知，自通知发出之日起，该股东丧失其未缴纳出资的股权。[②] 股东在公司成立后抽逃出资的，应当返还抽逃的出资，给公司造成损失的，应当承担赔偿责任。上述规定在于保护公司的财产等合法权益不被侵犯，公司独立的财产有保障，公司对外独立承担责任才有可能。

（二）独立承担责任

公司以其全部财产对外独立承担责任，股东仅以出资为限，承担有限责任，债权人不能直接要求公司股东、董事、高级管理人员承担责任。但公司股东滥用公司法人独立地位和股东有限责任，逃避债务，严重损害公司债权人利益的，则可能导致“揭开公司面纱”制度的适用[③]，根据《民法典》第 83 条及《公司法》第 23 条的规定[④]，债权人可主张适用公司法人人格否认，要求相应股东对债权人债务承担连带责任，以保护债权人及公司合法权益。

（三）独立的法人意志

股东的意志要上升为公司法人的意志，需要按照法定的程序，由公司股东会、董事会等公司机关决议。《九民纪要》第 11 条对过度支配与控制进行了界定，并罗列了 5 种情形[⑤]，公司控制股东对公司过度支配与控制，操纵公司的决策过程，

---

① 参见《公司法规定（三）》第 13、14 条。

② 参见《公司法》第 51 条。

③ 施天涛：《公司法论》（第 4 版），法律出版社 2018 年版，第 29 页。

④ 《公司法》第 23 条规定，公司股东滥用公司法人独立地位和股东有限责任，逃避债务，严重损害公司债权人利益的，应当对公司债务承担连带责任。股东利用其控制的两个以上公司实施前款规定行为的，各公司应当对任一公司的债务承担连带责任。只有一个股东的公司，股东不能证明公司财产独立于股东自己的财产的，应当对公司债务承担连带责任。

⑤ 具体包括：（1）母子公司之间或子公司之间进行利益输送的；（2）母子公司或子公司之间进行交易，收益归一方，损失却由另一方承担的；（3）先从原公司抽走资金，然后再成立经营目的相同或者类似的公司，逃避原公司债务的；（4）先解散公司，再以原公司场所、设备、人员及相同或者相似的经营目的另设公司，逃避原公司债务的；（5）过度支配与控制的其他情形。

使公司完全丧失独立性,沦为控制股东的工具或躯壳,严重损害公司债权人利益的,由滥用控制权的股东对公司债务承担连带责任。

二、公司的合法权益受到法律的严格保护

公司作为独立的民事主体,依法享有的权益受到法律保护,法律禁止任何人以任何方式侵犯公司合法权益。公司的合法权益包括公司的合法财产、公司开展生产经营活动所形成的合法商业利益等,都受到法律保护。即便是公司股东、董事及高级管理人员,也不得违法、违反公司章程等规定任意支配甚至转移公司财产,否则将承担侵权等责任。

【司法适用】

坚持股东有限责任是公司法人制度的基石。因此,公司法人人格否认一般是在具体的案件裁判中适用,要严格把握适用情形,不得任意扩大适用范围。本条与《民法典》第 83 条、《公司法》第 23 条构筑了公司独立人格的基础,为债权人提起法人人格否认诉讼提供了法律依据指引。《九民纪要》第 10 条至第 12 条,进一步明确了公司人格否认的判断标准和表现形式。

【司法案例】

廊坊愉景房地产开发有限公司、杨某香合同纠纷案①

诉讼结论:在公司法人资格独立存在的情况下,公司所负义务和责任应由其自行承担,不应由其股东承担。

基本案情:廊坊愉景房地产开发有限公司(以下简称愉景公司)因合同纠纷一案,不服河北省高级人民法院(2016)冀民终 436 号民事判决书,向最高人民法院申请再审。愉景公司认为,廊坊市裕景置业房地产开发有限公司(以下简称裕景置业公司)工商档案登记显示:裕景置业公司法定代表人为陈某国;股东陈某国认缴出资额 1000 万元,廊坊市裕景投资有限公司认缴出资额 3300 万元。而廊坊市裕景投资有限公司(现更名为廊坊裕景投资集团有限公司)工商资料显示:该公司法定代表人为陈某国,股东陈某国实缴出资 2700 万元,陈某实缴出资 300 万元,陈某系陈某国的女儿。因此,裕景置业公司完全是陈某国控制的公司。请求依法增加判决陈某国承担责任。

法院认为:愉景公司提供的裕景置业公司工商档案资料证明陈某国系裕景置业公司的控股股东,但公司股东与公司是各自独立的法律主体,在公司法人资格独立存在的情况下,公司所负的义务和责任应由其自行承担,而非由其股东承担。

① 参见最高人民法院(2017)最高法民申 66 号民事裁定书。

第四条　有限责任公司的股东以其认缴的出资额为限对公司承担责任；股份有限公司的股东以其认购的股份为限对公司承担责任。

公司股东对公司依法享有资产收益、参与重大决策和选择管理者等权利。

【条文主旨】

本条是关于股东有限责任及股东对公司享有权利的规定。

【条文理解】

一、关于股东的有限责任

本条第1款是关于股东有限责任的规定，其内容原为《公司法》(2018年)第3条第2款的规定，本次修订仅作条文顺序调整和文字内容修改，即第2款将“公司股东依法享有”修改为“公司股东对公司依法享有”，表达更为准确。

本条第1款关于股东有限责任的规定与第3条关于公司独立法律地位的规定是现代公司制度的核心。股东仅以认缴出资为限对公司承担有限责任，对于认缴的出资以外的部分，原则上，股东不对债务人承担责任。《公司法》(2013年)将公司注册资本由实缴制改为认缴制，由此，对于股东以出资范围为限对公司债务承担有限责任的理解，不仅应考虑股东认缴的出资数额，同时还应考虑股东认缴的出资期限，即股东获得了认缴出资期限利益。该期限利益在公司正常开展经营时，股东可以据此获得认缴出资期限利益抗辩，但是当公司不能清偿到期债务时，根据《公司法》第53条的规定，公司不能清偿到期债务的，公司或者已到期债权的债权人有权要求已认缴出资但未届缴资期限的股东提前缴纳出资。

二、关于股东对公司所享有的权利

本条第2款是关于股东对公司享有权利的规定。《公司法》(1993年)第4条第1款规定：“公司股东作为出资者按投入公司的资本额享有所有者的资产受益、重大决策和选择管理者等权利”。《公司法》2005年修订时将该款修改为“公司股东依法享有资产收益、参与重大决策和选择管理者等权利”，删去了“按投入公司的资本额享有所有者的”表述，同时，在“重大决策”前加上“参与”两字，更加准确地表述出由股东行使重大决策权的特点，即公司的重大决策依法由股东会作出，股东按照法定的程序和流程参与，强调公司意志与股东个人意志的区分，更加凸显公司的独立人格。《公司法》于2013年、2018年修改时，均未对该款作修改。本条第2款在《公司法》(2018年)第4条规定的基础上，将原来的“公司股东”依法享有的权利进一步明确为“公司股东对公司”享有的权利，进一步明确了股东行使权利的对象和前提是基于公司的设立和存续,使条文表述更加准确和严谨。

股权在内容上主要分为两类权利,即股东的资产收益权和参与公司经营管理权,既有财产的一面,又有非财产的一面。[①] 资产收益权直接体现为公司营运中的股利分配请求权和公司清算时的剩余财产分配请求权,间接地体现为新股认购优先权、异议股东股份回购请求权,以及有限公司股东的有限购买权等派生性权利。参与公司经营管理权直接体现为股东会上的表决权,通过表决权的行使,股东对经营者进行选择、对公司重大经营事项形成决议。此外,股东还享有工具性权利,以保障股东资产收益权和参与公司经营管理权的实现,如知情权、股东诉权、强制解散公司请求权等[②]。

【司法案例】

崔某、西宁黄河实业有限公司股权转让纠纷再审审查与审判监督案[③]

诉讼结论:股东签订共有协议,约定各方按比例持有公司资产,损害公司及其债权人利益,协议无效。

基本案情:2001 年 6 月 14 日,西宁黄河实业有限公司(以下简称黄河公司)成立,注册资本金 5500 万元,股东为康某新、康某,持股比例分别为 96.36%和 3.64%。崔某、赵某等人在该公司任职。2013 年 1 月 30 日,康某新、赵某、康某文、崔某、谭某庚、李某臣、张某华、王某喜、康某(康某新代签)共 9 人签订《共有协议》,协议载明:"自 2010 年 3 月赵某、崔某、谭某庚、张某华 4 人先后加入黄河公司以来,共同成功开发了大通百货,根据项目开发前的约定,大通百货开发净资产及利润的 70%为康某新持有(即黄河公司持有),30%为赵某等 4 人按相应比例持有。现项目开发工作已经结束,项目投资通过出售住宅及商场一层等固定资产使 2600 万元建设贷款全部收回。开发净资产利润主要是以未出售的固定资产体现,该部分固定资产为协议所述未以货币形式分配的共有资产。共有财产按照比例划分,分别为康某新持有共有资产的 55%、赵某 16%、谭某庚 5%、崔某 5%、李某臣 5%、康某文 4%、康某 4%、王某喜 3%、张某华 3%。"

2015 年 6 月 14 日,康某新、康某、赵某、崔某、谭某庚、李某臣、康某文、张某华、康某梅召开资产共有人会议,会议同意新股东康某梅、卫某青两人加入,新股东的股份由康某新以无偿赠与的方式转让给卫某青全部股权份额的 2.8%,以转让价 200 万元出让给卫某青全部股权份额的 1.2%,共计 4%。赵某以无偿赠与的

① 赵旭东:《公司法学》(第 2 版),高等教育出版社 2006 年版,第 320 页。

② 李建伟:《公司法学》(第 5 版),中国人民大学出版社 2022 年版,第 243 页。

③ 参见最高人民法院(2021)最高法民申 1476 号民事裁定书。

方式赠与康某梅全部股权份额的1.4%，以转让价100万元出让给康某梅全部股权份额的0.6%，共计2%。上述参加会议的资产共有人决定注册成立新的投资实体青海铭方智远投资有限公司（以下简称铭方公司），该公司注册资本金暂定为2亿元，新公司成立后大通百货大楼资产共有人将共有资产以实物资产的方式投至新公司作为实收资本，并以新公司股份置换原共有资产，按约定比例配至10名股东名下，股东在得到公司注册后原百货公司资产共有协议自动终止，资产共有人应在10日内交回原共有协议统一销毁。2015年6月30日，铭方公司成立，工商信息载明股东为黄河公司，注册资本金2亿元。2015年8月13日，青海夏都会计师事务所有限公司出具验资报告，截至2015年8月13日，铭方公司已收到股东黄河公司首次缴纳的注册资本（实收资本）合计实物出资11,136.6万元。2015年9月24日，铭方公司召开第一届股东大会，参加会议人员分别为康某新、赵某、康某、崔某、卫某青、康某文、张某华、康某梅、李某臣（委托康某新代为表决）。2015年11月12日，铭方公司召开第二次股东会，决议将原股东黄河公司变更为股东康某新、赵某、崔某、卫某青、李某臣、康某文、康某、张某华、康某梅。2015年12月5日，黄河公司与崔某签订股权转让协议。协议约定铭方公司注册资本2亿元，黄河公司出资2亿元享有该公司100%股权，系铭方公司股东，黄河公司将其享有铭方公司的6.5%股权等额转让给崔某，截至2015年11月12日，黄河公司以实物的方式出资11,136.6万元，6.5%剩余部分出资由崔某按股权比例以实物或现金方式补齐。协议签订后，黄河公司和崔某向工商登记机关办理了股权变更登记手续。同时黄河公司与康某新等10名自然人均签订了同样协议。2015年12月22日，黄河公司与铭方公司签订协议约定，黄河公司将其名下大通百货现经营资产转入铭方公司后，大通百货公司资产成本不平衡产生差额及利息，均由铭方公司承担。

法院认为：公司财产独立于股东财产。股东对公司出资后，其出资权益转化为公司股权，股东依据股权享有资产收益、参与重大决策等权利。黄河公司股东康作新与崔某等人签订《共有协议》，约定各方按比例持有黄河公司资产，损害了黄河公司利益及其债权人利益。原判决认定《共有协议》违反法律强制性规定而无效，适用法律并无不当。

第五条　设立公司应当依法制定公司章程。公司章程对公司、股东、董事、监事、高级管理人员具有约束力。

【条文主旨】

本条是关于公司章程的规定。

【条文理解】

与《公司法》(2018 年)第 11 条的规定相比较,本条仅根据立法技术规范的要求,将“设立公司必须依法制定公司章程”修改为“设立公司应当依法制定公司章程”,其余内容未作修改。将“必须”修改为“应当”,是《公司法》本次修订在语言表达上的一个特点。除了本条以外,第 7 条、第 15~16 条、第 19 条、第 66 条、第 92 条、第 100~101 条、第 104 条、第 124~125 条、第 166 条、第 196 条、第 209 条、第 224 条、第 244~245 条、第 248~249 条,也都做了相同的文字修改。

第六条　公司应当有自己的名称。公司名称应当符合国家有关规定。公司的名称权受法律保护。

【条文主旨】

本条是关于公司名称以及名称权的规定。

【条文理解】

本条是 2023 年《公司法》修订新增加的条文。

一、关于公司名称的合法性要求

公司名称是公司作为民事主体的外在标志。公司作为法人,与自然人一样,是权利义务关系的主体,应当有自己的名称,以便明确权利义务的归属。

公司名称应当符合国家有关规定。公司名称主要由行政区划名称、字号或者商号、行业或者经营特点、组织形式等四部分组成。

(1)公司所在地行政区划的名称。如北京××公司、上海××公司等,以便社会公众通过公司名称即可大体了解该公司的所在地。

(2)字号或者商号。字号或商号作为公司对外标识中最具识别的部分,应由两个以上汉字组成,县级以上地方区划名称、行业或经营特点不得作为字号,除非是另有含义。《企业名称登记管理规定》第 11 条对不得作为企业名称的情形进行了罗列[①]。比如,有损于国家、社会公共利益的;可能对公众造成欺骗或者误解或违背公序良俗的;含有民族、种族、宗教歧视的;外国国家(地区)名称、国际组织名

---

① 《企业名称登记管理规定》第 11 条规定,“企业名称不得有下列情形:(一)损害国家尊严或利益;(二)损害社会公共利益或妨碍社会公共只需;(三)使用或变相使用党政、党政军机关、群团组织名称及其简称、特定称谓和部队番号;(四)使用外国国家(地区)、国际组织名称及其通用简称、特定称谓;(五)含有淫秽、色情、赌博、迷信、恐怖、暴力的内容;(六)含有民族、种族、宗教、性别歧视的内容;(七)违背供需良俗或可能其他不良影响;(八)可能使公众受骗或产生误解;(九)法律、行政法规以及国家规定禁止的其他情形”。

称等,都不得作为公司名称使用。

(3)行业或者经营特点。应当根据公司主营业务,依照国家行业分类标准划分的类别,在公司名称中标明所属行业或者经营特点。

(4)公司的组织形式。公司名称中必须标明其组织形式,不能只标明公司。在我国公司组织形式包括有限责任公司和股份有限公司两种。

二、公司的名称权受法律保护

《民法典》第 110 条将名称权作为法人、非法人组织享有的民事权利予以保护,第 1013 条和第 1014 条将法人的名称权列为法人人格权,使其获得法律专有保护,并规定法人有权依法决定、使用、变更、转让或许可他人使用自己的名称,任何组织或者个人不得以干涉、盗用、假冒等方式侵害他人的名称权。[①] 同时,为了进一步保护合法正当的竞争秩序,避免混淆,《民法典》第 1017 条还规定了具有一定社会知名度,被他人使用足以造成公众混淆的字号、名称的简称等,参照适用名称权保护的有关规定。该规定与《反不正当竞争法》第 6 条[②]关于禁止混淆仿冒的相关规定衔接配套,构建起对企业名称的立体保护。

【司法适用】

经登记的公司名称虽依法获保护,但也可能存在与他人商标权、字号、企业名称等权利相冲突的情形。实践中,如将与他人注册商标相同或相近似的文字作为企业的字号在相同或类似商品上突出使用,容易使相关公众产生误认的,构成侵害商标权[③]。此处强调的使用方式是突出使用,即故意与注册商标文字相同或相近似的字号在字体、大小、颜色等方面突出醒目,使人在视觉上产生深刻印象的使用行为。此时该企业名称或字号已发挥了识别商品来源的作用,符合《商标法》第 48 条[④]规定的商标性的使用行为,构成对他人商标权的侵犯。

---

① 《民法典》第 110 条第 2 款规定,法人、非法人组织享有名称权、名誉权和荣誉权。第 1013 条规定,法人、非法人组织享有名称权,有权依法决定、使用、变更、转让或许可他人使用自己的名称。第 1014 条规定,任何组织或个人不得以干涉、盗用、假冒等方式侵害他人的姓名权或名称权。

② 《反不正当竞争法》第 6 条规定:"经营者不得实施下列混淆行为,引人误认为是他人商品或者与他人存在特定联系:……(二)擅自使用他人有一定影响的企业名称(包括简称、字号等)、社会组织名称(包括简称等)、姓名(包括笔名、艺名、译名等)……"

③ 《最高人民法院关于审理商标民事纠纷案件适用法律若干问题的解释》第 1 条规定:"下列行为属于商标法第五十七条第(七)项规定的给他人注册商标专用权造成其他损害的行为:(一)将与他人注册商标相同或相近似的文字作为企业的字号在相同或者类似商品上突出使用,容易使相关公众产生误认的……"

④ 《商标法》第 48 条规定,该法所称商标的使用,是指将商标用于商品、商品包装或容器以及商品交易文书上,或者将商标用于广告宣传、展览以及其他商业活动中,用于识别商品来源的行为。

虽未突出使用,但将他人注册商标作为企业名称使用,容易造成公众混淆或误认的,可能构成不正当竞争行为。根据《商标法》第58条的规定,将他人注册商标、未注册的驰名商标作为企业名称中的字号使用,误导公众,构成不正当竞争行为的,依照《反不正当竞争法》处理。该规定旨在规制在市场竞争中,违背诚实信用原则,借助他人的具有知名度或影响力的字号或商标的市场信誉,通过搭便车,使消费者对商品或者服务的来源以及不同经营者之间具有关联关系产生混淆误认,以此争取不正当市场交易机会的行为。

对于上述侵犯商标权或构成不正当竞争的行为,法院可以根据原告的诉讼请求和案件具体情况,在综合考量主观过错程度、历史因素和使用现状的基础上公平合理地判令被告停止使用或规范使用该企业名称①。具体可以分为两种情形②:

第一种情形是如果企业名称的注册使用并不违法,只是因突出使用其中的字号而侵害商标权的,判决被告规范使用企业名称、停止突出使用行为即足以制止被告的侵权行为,不宜判决停止使用或者变更企业名称。

第二种情形是在被告注册、使用被诉企业名称具有明显攀附恶意时,如果允许被告继续使用其字号,与原告商标、字号共存,即便不突出使用字号,对于市场而言,尤其是潜在购买者,仍极易发生混淆或者误认为两者之间存在投资或合作等关联关系时,应当判决其在构成侵害商标权等的同时,停止使用或者变更企业名称,以体现商标法鼓励企业诚信经营、发展自主品牌的裁判导向。

【司法案例】

某华力机电有限公司诉某华力发电设备有限公司等侵害企业名称(商号)权纠纷案③

诉讼结论:原告及其"华力"字号已具有较大的市场知名度和影响力,被告使用的企业名称与原告的字号仅有一字之差,易造成相关公众的混淆和误认,侵害了原告的企业名称权,构成不正当竞争。

基本案情:原告某华力机电公司成立于2010年,主营发电机组等产品,经过原告的多年持续经营和宣传,在行业内具有较高的知名度和影响力。被告某华力

---

① 《最高人民法院关于审理注册商标、企业名称与在先权利冲突的民事纠纷案件若干问题的规定》第4条规定,被诉企业名称侵犯他人注册商标专用权或构成不正当竞争的,人民法院可以根据原告的诉讼请求和案件具体情况,确定被告承担停止使用、规范使用等民事责任。

② 可参见《江苏省高级人民法院侵害商标权民事纠纷案件审理指南》第8.1.1、8.1.2条。

③ 参见山东省高级人民法院(2021)鲁民终937号民事判决书。

发电公司成立于2019年，主营业务与原告基本一致，在其产品及宣传中使用的简称“华力发电”，该简称与原告华力公司使用的简称“华力机电”仅有一字之差，原告认为该行为侵犯了其企业名称构成不正当竞争，故诉至法院。

法院认为：具有一定的市场知名度、为相关公众所知悉的企业名称中的字号，可以认定为《反不正当竞争法》第5条第3项规定的企业名称。企业名称核准的区域性限制，字号间发生冲突在所难免，法律保护的一般原则是各自在自己核准的区域内享有相应的企业名称权。但如该字号具有一定的市场知名度，是为相关公众所知悉的字号，该冲突足以使相关公众对其商品的来源产生混淆，可以认定为不正当竞争行为。华力公司使用“华力”字号由来已久，经多年经营和宣传，华力公司及“华力”字号在行业内具有较高的知名度和影响力。华力发电公司成立时间远晚于华力公司，其成立时理应知晓同行业华力公司的存在，却仍使用“华力”字号，且在其经营的同类产品及宣传中使用简称“华力发电”与原告的“华力机电”仅一字之差，易造成相关公众的混淆和误认，侵害了华力公司的企业名称权，构成不正当竞争，判令被告到相关市场监督管理部门办理变更企业名称的相关手续，停止使用“华力”二字作为字号，并向原告赔偿经济损失及合理开支共计20万元。

第七条　依照本法设立的有限责任公司，应当在公司名称中标明有限责任公司或者有限公司字样。

依照本法设立的股份有限公司，应当在公司名称中标明股份有限公司或者股份公司字样。

【条文主旨】

本条是关于公司名称的规定。

【条文理解】

与《公司法》（2018年）第8条的内容相比较，本条仅根据立法技术规范的要求，进行了文字修改，即将“必须在公司名称中标明”修改为“应当在公司名称中标明”。

第八条　公司以其主要办事机构所在地为住所。

第九条 公司的经营范围由公司章程规定。公司可以修改公司章程,变更经营范围。

公司的经营范围中属于法律、行政法规规定须经批准的项目,应当经过批准。

【条文主旨】

本条是关于公司经营范围的规定。

【条文理解】

本条是在《公司法》(2018年)第12条的基础上修改而成。本次修改保留了《公司法》(2018年)第12条第2款的内容,只对第1款的内容进行了修改,即删除了"并依法登记"与"但是应当办理变更登记"的表述。这是因为《公司法》第2章"公司登记"中第32条、第34条等就公司设立登记事项及变更登记事项作了明确规定,无须在本条中重复规定。

公司的经营范围,是指公司在经营活动中所涉及的领域,具体表现为公司的生产项目、经营种类、服务事项等。公司的经营范围是公司章程中的法定记载事项。公司章程中应当写明公司经营范围并须经登记,主要因为:一是根据公司的正常经营规律,设立公司应当有一个主营范围,以便开展经营活动,并有利于公司经营活动的专业化发展;这一主营范围应当由公司设立时的股东确认,以便投资者了解掌握公司资金的投入方向,也就是资金投入的项目以及该项目已经存在或者可能存在的风险。二是有利于公司董事、监事、高级管理人员把握公司发展的前景以及努力方向。三是便于公司的债权人及其他交易方了解公司的营业范围,起到公示的作用。四是有利于建立和维护管理秩序、经营秩序,防止市场竞争的失序状态。公司的经营范围应当符合法律、行政法规的规定;属于法律、行政法规规定禁止经营的项目,公司不得经营;属于法律、行政法规限制经营的项目,必须依法经过审批,未经批准不得将该项目纳入公司经营范围。

根据本条规定,公司经营范围的确定,主要包括以下内容:

一、公司经营范围由公司章程规定

公司作为营利法人,依法享有经营自主权,所以有权自主决定在哪些领域中从事经营活动。因此,公司的经营范围,不应由政府行政主管部门确定或指定,而应当由公司自行确定。这符合中国特色社会主义市场经济的基本要求。

公司章程作为公司组织和行为的基本规则,对公司的类型、宗旨、组织机构设置等涉及公司根本性、方向性的重大问题作出规定,为公司的设立和设立以后的运行提供一个基本的准则。因此，公司经营范围应当由公司章程规定，这也是各国公司法的通行做法。当然，公司确定经营范围时，通常会考虑与其资金、场地、设备、从业人员以及技术力量等因素相适应。

二、公司经营范围应当依法进行登记

公司经营范围虽然由公司章程确定，但应当依法登记。首先，公司作为市场主体，应当依法登记。根据《市场主体登记管理条例》第8条的规定，市场主体的一般登记事项包括经营范围。该条例第14条规定："市场主体的经营范围包括一般经营项目和许可经营项目。经营范围中属于在登记前依法须经批准的许可经营项目，市场主体应当在申请登记时提交有关批准文件。市场主体应当按照登记机关公布的经营项目分类标准办理经营范围登记。"也就是说，公司经营范围中的一般经营项目，完全由公司自行确定。公司登记机关并不审查公司的一般经营项目是否过多或者过少，也不要求一般经营项目必须与公司的注册资本或者其他经营条件相一致。

其次，依《公司法》"公司登记"一章的规定，经营范围是公司登记法定事项之一。公司设立后，应当在经过登记的经营范围内从事经营活动。公司在经营过程中，由于主客观情况的变化，公司的经营范围并不是固定不变的，公司可以根据需要变更自己的经营范围，或者扩大经营范围，或者缩小经营范围，这是法律允许的。但是，公司决定变更经营范围，应当经过法定的程序。根据本法第34条、第35条和《市场主体登记管理条例》第24条、第26条等规定，公司变更经营范围需要经过的法定程序包括：一是由股东会依法修改公司章程，对经营范围作出变更；二是自作出变更决议、决定或者法定变更事项发生之日起30日内向登记机关申请变更登记；三是由公司登记机关依法进行变更登记。如果经营范围属于法律、行政法规规定须经批准的项目，则应当在批准文件有效期内，向公司登记机关提出变更经营范围的申请。

三、公司经营范围中属于法律、行政法规规定须经批准的项目，应当依法经过批准

所谓须经批准的项目，是指应当具备特定的条件并经政府有关行政主管部门批准后方可经营的项目。公司的经营范围中有法律、行政法规规定须经批准项目的，那么在进行登记之前，还须经过有关部门的批准。至于哪些项目属于必须经过批准的项目，应依照法律、行政法规的规定确定。

需要说明的是，按照《市场主体登记管理条例》及其实施细则规定，经营范围是市场主体的一般登记事项，包括一般经营项目和许可经营项目。市场主体按照登记机关发布的经营范围规范目录，根据市场主体主要行业或者经营特征自主选择一般经营项目和许可经营项目，申请办理经营范围登记。经营范围中属于在登记前依法须经批准的许可经营项目,市场主体应当在申请登记时提交有关批准文件。依通常理解,许可经营项目,是指公司在申请登记前依据法律、行政法规、国务院决定应当报经有关部门批准的项目;一般经营项目,是指不需批准可由企业自主申请的项目。申请许可经营项目,申请人应当依照法律、行政法规、国务院决定向审批机关提出申请,经批准后,凭批准文件、证件向企业登记机关申请登记;审批机关对许可经营项目有经营期限限制的,登记机关应当将该经营期限予以登记,公司应当在审批机关批准的经营期限内从事经营。申请一般经营项目,申请人应当按照登记机关公布的经营项目分类标准自主选择一种或者多种经营的类别办理经营范围登记。公司变更经营范围应当自作出变更决议、决定或者法定变更事项发生之日起30日内向公司登记机关申请变更登记,市场主体变更经营范围,属于依法须经批准的项目的,应当自批准之日起30日内申请变更登记。许可证或者批准文件被吊销、撤销或者有效期届满的,应当自许可证或者批准文件被吊销、撤销或者有效期届满之日起30日内向登记机关申请变更登记或者办理注销登记。登记申请不符合法律、行政法规规定,或者可能危害国家安全、社会公共利益的,登记机关不予登记并说明理由。

【司法适用】

虽然本法及相关行政法规明确了公司经营范围应当进行登记,但本法不再规定公司应当在登记的经营范围内从事经营活动,不再将经营范围视为公司权利能力的范围,不能因为公司代表人代表公司实施的行为超越公司经营范围而主张其行为无效,从而保障交易环境和保护交易相对人的合法权益。这是因为:第一,体现国家对公司这一民事主体自治的适当尊重。在市场经济条件下,公司为了适应市场变化,需要一定的自主经营空间,如果将公司的经营范围仅限于登记的经营范围内,超出部分一律以无效论,既不利于公司的发展,也不利于维护交易秩序和保护交易相对方的合法权益。所以法律上不宜再笼统规定公司必须在登记的经营范围内从事经营活动。第二,与有关法律等规定相衔接。《民法典》第504条明确规定,法人的法定代表人或者非法人组织的负责人超越权限订立的合同,除相对人知道或者应当知道其超越权限的以外,该代表行为有效,订立的合同对法人或者非法人组织发生效力。最高人民法院在相关司法解释①中也规定,当事人超

---

① 《最高人民法院关于适用〈中华人民共和国合同法〉若干问题的解释(一)》第10条规定:"当事人超越经营范围订立合同,人民法院不因此认定合同无效。但违反国家限制经营、特许经营以及法律、行政法规禁止经营规定的除外。"虽然该司法解释已被废止,但最高人民法院《全国法院贯彻实施民法典工作会议纪要》(法〔2021〕94号)第12条明确,与《民法典》及有关法律不冲突且在司法实践中行之有效的,人民法院可以在办理程序性事项时作为参考。

越经营范围订立合同,人民法院不因此认定无效,但违反国家限制经营、特许经营以及法律、行政法规禁止经营规定的除外。

第十条　公司的法定代表人按照公司章程的规定,由代表公司执行公司事务的董事或者经理担任。

担任法定代表人的董事或者经理辞任的,视为同时辞去法定代表人。

法定代表人辞任的,公司应当在法定代表人辞任之日起三十日内确定新的法定代表人。

【条文主旨】

本条是关于公司法定代表人的产生的规定。

【条文理解】

本条与《公司法》(2018 年)第 13 条相比,有两处明显不同:一是公司法定代表人的选任范围未特别提及董事长,只要是代表公司执行公司事务的董事或者经理均有资格担任法定代表人。二是本条不再重复规定公司登记的内容。2023 年《公司法》将登记事项集中规定在第 2 章"公司登记"一章之中。

根据本条规定,公司法定代表人按照章程规定由代表公司执行公司事务的董事或者经理担任。

一、法定代表人的产生、变更办法由公司章程确定

公司章程是规定公司的组织和行为的基本规则的重要文件,制定公司章程是设立公司的必经程序。本法第 5 条中规定,"设立公司应当依法制定公司章程"。第 45 条规定:"设立有限责任公司,应当由股东共同制定公司章程。"第 94 条规定:"设立股份有限公司,应当由发起人共同制订公司章程。"公司章程应当载明公司法定代表人的产生、变更办法。

公司的法定代表人对外代表公司,其以公司名义对外实施的行为,就是公司的行为,该行为的法律后果直接由公司承担。因此,公司法定代表人如何确定,应当由公司章程规定。这是因为公司章程作为公司组织和行为的规则,需要对公司如何进行组织、如何开展活动、由谁对外代表公司等事项作出明确的规定。所以《公司法》在公司章程应当载明的事项中明确规定,公司章程应当载明公司法定代表人的产生、变更办法。

二、公司的法定代表人由董事或者经理担任

依照本条规定,公司法定代表人制度具有以下两个特点:首先,选择范围的灵活性。《公司法》(2018年)第13条规定,公司法定代表人“由董事长、执行董事或者经理担任”。对此规定的通常理解是,在股份有限公司和设立董事会的有限责任公司中,公司法定代表人可以由董事长担任;执行董事是在公司不设董事会情形下的公司执行机关,与董事长的职权重合,故公司章程可确定由执行董事担任法定代表人。而依本条规定,只要是执行公司事务的董事或者经理均可担任法定代表人。也就是说,即使公司设立董事会并产生了董事长,董事长也不必然担任法定代表人。这样公司章程中选择法定代表人的范围大大增加:既可选择董事长作为法定代表人,也可选择董事作为法定代表人,甚至可以选择经理作为法定代表人。这在一定程度上体现了公司董事均有代表权的传统民法观念。其次,法定代表人的唯一性。即被选择的董事或者经理,即成为法人的唯一代表人。尽管其仍属于法人集体的成员之一,但却具有了不同于其他成员的法定职权,换言之,其“垄断了法人的意思决定与意思表达”。其他公司成员不具备代表法人的资格。虽然《公司法》在董事长之外也规定了副董事长,但如果董事长不是法定代表人,则董事长、副董事长仅具有内部执行权,不具有对外的代表权。其他主体可以基于董事长的授权而取得代表权限,但其身份实质上是法人的代理人,而非代表人。

三、董事或者经理辞任具有同时辞任法定代表人的法律后果

当执行公司事务的董事或者经理同时担任公司的法定代表人时,其因董事或者经理身份的丧失自然也丧失了担任法定代表人的资格,故应当允许其法定代表人身份随董事或者经理职务的解除而自动解除。《公司法》(2018年)未规定法定代表人涤除规则。实践中,常常存在董事或者经理虽然已离职,而公司迟迟未确定新的法定代表人、未办理法定代表人变更登记的情况。此时,离职董事或者经理已对公司失去了管理权,对公司不配合更换法定代表人、办理变更登记往往无能为力,缺乏权利救济途径。故本条规定,“担任法定代表人的董事或者经理辞任的,视为同时辞去法定代表人”。根据这一规定,董事或者经理辞任生效时,发生法定代表人同时辞任的法律后果。此时,辞任董事或者经理有权利要求公司配合办理法定代表人变更登记。

四、公司在法定代表人辞任之日起30日确定新的法定代表人

法定代表人的功能与作用决定了公司不可以长时间缺乏法定代表人。否则,就影响公司对外交易和对内管理。

五、公司法定代表人的基本要求

本法第8章专章规定了“公司董事、监事、高级管理人员的资格和义务”。由于法定代表人必然是董事或者经理,所以有关董事、监事、高级管理人员资格和义务的规定,同样适用于公司法定代表人。公司法定代表人应当严格遵守执行,依法行使自己的职权,履行法律、法规以及公司章程规定的义务,不得利用职权收受贿赂或者其他非法收入,不得侵占公司财产。否则,要按照本法及其他法律承担相应的法律责任。

【司法适用】

实践中,以抢夺公司法定代表人职位及其表征的公司公章等为主的公司控制权之争屡见不鲜。作为法人的公司虽具独立人格,但其仅是法律拟制的人,作为无生命的组织,其意思表示最终仍需借助特定的自然人或自然人组合来实现。在大陆法系中,该自然人或自然人组合被称为公司代表人,代表人的行为就是公司的行为,因此,代表行为的法律后果自然应由公司承担。在英美法系中,没有代表人概念,而适用代理制度,公司的对外行为由被认为是公司代理人的董事、经理、公司秘书等公司职员实施,在代理权限内的行为则被认为是公司的行为,由公司承担相应的法律后果。与大陆法系其他国家和地区不同的是,我国《公司法》规定,董事或者经理为有限责任公司和股份有限公司的唯一法定代表人,形成了中国特色的"独任代表制"。按照《民法典》规定,法定代表人具有广泛的代表权,即法定代表人只要以法人名义实施的行为,该行为即为法人的行为。然而,在公司内部,法定代表人的实际权力却受到诸多限制。考察公司内部治理结构可知,股东会、董事会、监事会等内部机构各司其职,分权制衡,公司意思要么依据股东会决议、要么依据董事会决议而形成,形成公司意思后才由法定代表人据以代表公司对外进行意思表示。鲜少有公司内部决策缺乏分工,而只由法定代表人一个人决策并对外代表,即所谓"垄断了法人的意思决定与意思表达"的情况存在。因此,在适用本条规定时,不仅要准确理解本条的立法原意,更应注意到《公司法》的其他规定。《公司法》对公司内部关系作出了原则性规定,要求公司通过内部权力划分达到分权制衡的效果。例如,《公司法》规定,股东会是公司权力机关,行使公司重大事项的决策权;董事会为执行机关,具体执行股东会的决策,负责公司具体经营管理,属于经营层面;监事会负责对公司经营管理进行监督。依此,公司内部意思形成机关主要有两个:一为股东会,二为董事会(经理层)。公司重大事项和关系股东权利的事项一般由股东会决策,除了法律和章程规定由股东会决策事项外,公司具体经营事项一般由董事会(经理层)决策。公司的法定代表人由董事或者经理担任,他们皆属于经营层,因而法定代表人与经营层的成员重合。可见,那些属于股东会和监事会的职权,是属于经营层的法定代表人皆不能享有的,因为这些权力已被法律直接规定为股东会和监事会的职权,此即法定限制。例如,《公司法》第 59 条、第 112 条等规定的事项,都属于公司股东会的法定职权,且属于法律的强制性规定,是对法定代表人内部职权的法定限制。除此之外,法定代表人在公司内部的权力还可能受到公司内部的意定限制。例如,《公司法》第 11 条规定,公司内部可以通过章程或权力机构决议对法定代表人的代表权限进行限制,当然,这种限制不得对抗善意相对人。相对于法定限制的确定性,公司的意定限制体现了较强的自治性,具体要根据公司章程或者权力机构决议确定。因此,法定代表人虽具有广泛的对外代表权,但通过法定限制和意定限制,法定代表人的内部权力实际上较小,导致法定代表人的内外权力出现落差,并使法定代表人处于一种尴尬的地位——“对外说的话,对内可能不算数”。

【司法案例】

张某诉沁水县大自然热力有限公司、李某 1、赵某请求变更公司登记纠纷上诉案①

诉讼结论:公司依章程规定经股东会决议变更法定代表人的,应当依法办理法定代表人的变更登记。

基本案情:2017 年 3 月 27 日,李某 1、李某 2 共同签署股东会决议,设立沁水县大自然热力有限公司(以下简称大自然公司)。公司注册资本为 1000 万元,由自然人李某 1、李某 2 认缴,各占注册资本的 50%;公司不设立董事会,选举李某 1 担任公司执行董事(法定代表人),并兼任公司经理职务。公司不设监事会,设监事 1 名,选举赵某担任本公司监事,行使公司监督职权职务。4 月 7 日,大自然公司成立,法定代表人为李某 1,公司类型为其他有限责任公司,营业期限至 2027 年 4 月 6 日。公司章程规定:公司不设董事会,设执行董事 1 人,由股东会选举产生,执行董事任期 3 年,任期届满,可连选连任。执行董事在任期届满前,股东会不得无故解除其职务,执行董事为公司法定代表人,对公司股东会负责,执行董事由股东会选举产生和罢免。公司不设监事会,设监事 1 人,由公司股东会选举产生,监事任期每届 3 年,任期届满,可连选连任。2017 年 10 月 18 日,大自然公司的股东及出资比例变更为崇光公司 40%,郭某军 30%,李某 1 占 25%,赵某 5%,李某 1 仍为大自然公司法定代表人、执行董事及经理,赵某仍为监事。2021 年 9 月 17 日,崇光公司向李某 1 邮寄关于召集股东会临时会议的提议函,李某 1 作为执行董事未召集临时股东会。9 月 22 日,崇光公司向赵某邮寄关于召集股东会临时会议的提议函,赵某作为监事亦未召集临时股东会。9 月 30 日,崇光公司以代表 1/10 以上表决权股东的身份向李某 1、赵某邮寄了关于召开股东会临时会议的通知,告知股东会召开的各项事宜。10 月 9 日,李某 1、赵某回复现在召开股东会条件不成

---

① 参见山西省晋城市中级人民法院(2022)晋 05 民终 144 号民事判决书。

熟。10月18日，崇光公司主持召开大自然公司股东会，崇光公司的法定代表人王某、郭某军出席会议，李某1、赵某缺席。会议通过决议：(1)选举和更换执行董事：免去李某1的公司执行董事兼经理职务，同时选举张某为公司执行董事兼任经理，任期3年；(2)确定公司新的法定代表人：根据公司《章程》的有关规定，任命张某为公司法定代表人；(3)选举和更换监事：免去赵某的公司监事职务，同时选举郭某军为公司监事，任期3年；(4)确定公司证照印鉴和财务账簿等公司财产的保管和交接等：由李某1及赵某配合公司办理工商变更登记，并向执行董事张某移交公司证照和财务账簿等公司财产，由执行董事张某负责保管上述财产。该次股东会由公证处进行保全证据公证并出具公证书。崇光公司将股东会决议邮寄给李某1、赵某，并通知二人配合办理公司变更登记。

法院认为：崇光公司向李某1、赵某提议召集临时股东会，而李某1、赵某均未召集，崇光公司以代表1/10以上表决权股东的身份主持召开临时股东会的程序符合法律规定。根据会议记录内容显示，崇光公司、郭某军出席会议，合计占有股权比例70%，在李某1、赵某已经任期届满的情况下，免去其二人的职务，推选崇光公司工作人员张某作为大自然公司的执行董事，推选郭某军为监事合法有效，且原告张某为崇光公司推举，与本案有利害关系，其主体适格，故支持原告请求变更公司法定代表人及执行董事登记的诉讼请求，但原告请求变更公司总经理的事项，非股东会决议内容，亦非公司章程规定内容，不予支持。李某1、赵某辩解其未收到召开临时股东会的通知函，且其并非拒绝召开股东会，而是认为时机不成熟，但根据现有证据足以证明其二人知悉崇光公司提议召开临时股东会，其说法实为托词与拒绝。李某1、赵某虽不认可决议内容，但其未能提供足以推翻决议效力的相反证据，也并未另案提起任何相关诉讼，故对其辩解意见不予采纳。

第十一条　法定代表人以公司名义从事的民事活动，其法律后果由公司承受。

公司章程或者股东会对法定代表人职权的限制，不得对抗善意相对人。

法定代表人因执行职务造成他人损害的，由公司承担民事责任。公司承担民事责任后，依照法律或者公司章程的规定，可以向有过错的法定代表人追偿。

【条文主旨】

本条是关于法定代表人行为后果的规定。

【条文理解】

本条是2023年《公司法》新增的规定，是《民法典》第61条和第62条在公司法领域中的具体化。

一、对法定代表人及其行为后果的一般理解

法人作为“组织体”参与经济或社会事务，客观上必须由自然人代为进行。这些代法人实施民事法律行为的自然人，在大陆法系的法学理论中称为法人的代表人，其所对应的国内法律概念，就是本条所规定的法定代表人。《民法典》第61条规定：“依照法律或者法人章程的规定，代表法人从事民事活动的负责人，为法人的法定代表人。法定代表人以法人名义从事的民事活动，其法律后果由法人承受。法人章程或者法人权力机构对法定代表人代表权的限制，不得对抗善意相对人。”

根据《民法典》的规定，对法定代表人及其行为可作如下理解：

(1)法定代表人可以由法律直接规定，也可以由法人的成员根据章程来确定；法定代表人有权代表法人对外行使职权，同时也有义务正确地组织、领导法人的经营活动，模范地执行法律和政策，如果其未正确履行自己的职责，或进行违法活动，就应当承担责任。也就是说，法定代表人不得超越法律或法人章程所规定的范围行使代表权。构建分权制衡、权责明确的法人治理结构已经成为包括《公司法》等现代团体立法的一项重要内容。团体法一般将法人事务的决定和执行的权力在组织内部进行划分，并对法定代表人的权限进行限制，这种法定限制可以分为法人机构之间的权力划分及法人机构与代表人之间的权力划分。法人机构之间的权力划分，主要体现在权力机构和执行机构的权限分配上。一般而言，执行机构的职权是执行法人的目的事务，即对内实施管理、对外实施行为。但出于某种政策的考虑，有些种类的交易，法律规定其决定权不在执行机构而在权力机构。例如，根据《公司法》第15条等规定，涉及公司为其股东或者实际控制人提供担保、公司增减资本、发行债券、分立、合并、解散、清算或变更公司组织形式等事项，应当由股东会决议。关于法人机构与代表人之间的权力划分，是法律在法人机构分权的基础上对业务执行权的一种特别限制。也就是说，这些事项本在业务执行的权限之内，但出于特别考虑，法律对此作了特别限制。如根据《公司法》第15条及第183条等规定，公司向其他企业投资或者为他人提供担保，董事、高管人员与公司订立合同或交易的，均须经董事会或者股东会决议。对上述法律规定的限制事项，在法人机构分权、职权法定的基本架构下，应当解释为就法定限制事项，未经有权机构决定，代表人依法不享有代表公司的权限，不得对外签订合同、实施相关行为。

(2)法定代表人对外以法人名义进行民事活动时,其与法人之间并非代理关系,而是代表关系,且其代表职权来自法律的明确授权,故不需要有法人的授权委托书。也就是说,法人的代表人和法人是一个人格,为同一主体,故法定代表人以法人的名义实施的行为,后果当然由法人承受。当然,在判断代表人行为是否应当归属于法人时,对"以法人的名义"应当着眼于是否为职务行为。法定代表人对外的职务行为即为法人行为,其后果由法人承担。法人对法定代表人所负的责任,也包括越权行为的责任。

(3)法人章程具有法定性、真实性、自治性和公开性的基本特征,是法人设立和运营的基础和依据。法人章程对法人来说非常重要,但作为法人内部的行为规范,在通常情况下不易被法人外部的人员知道,所以在确定其外部效力方面,要考虑对善意相对人的权益保护。第一,在法人内部,通过章程或者权力机构的决议等方式对法定代表人的权限进行限制,是有效的。第二,该种限制的效力能否对抗第三人,则取决于第三人是否善意:在相对人属于善意,即不知道或不应当知道存在此种限制的情形下,则法人对法定代表人的越权行为不得主张效果不归属于法人;在相对人实际知道或因重大过失而不知道此种限制的情形下,则该越权行为的效果不归属于法人,其法律后果应当类推适用无权代理制度,由法定代表人承担个人责任,而不是由法人承担缔约过失责任,这不仅是文义解释的当然结论,更是民法学体系基本逻辑的要求。第三,在举证责任分配方面,应推定相对人为善意,相对人知道或应当知道法定代表人权力受限的事实,应由法人一方负担举证责任。

二、关于法定代表人职务侵权行为的责任承担

根据《民法典》第62条的规定,法定代表人职务侵权的责任问题,可以理解如下:

(一)法定代表人因执行职务造成他人损害的,由法人承担民事责任

法定代表人因执行职务造成他人损害的,属于职务侵权。法定代表人的职务侵权行为应该同时符合以下两个要素:一是法定代表人的行为构成对第三人的侵权,包括对第三人人身权和财产权的侵害。二是该侵权行为应为法定代表人执行职务的行为。例如,某公司的法定代表人赵某驾车出差途中,发生交通事故,将行人钱某撞伤,即属于赵某的职务侵权行为。由于法定代表人的职务行为是代表法人实施的,因而应由法人承担民事责任。但是,法定代表人的行为如果与执行职务无关,则不构成职务侵权。在上述例子中,如果作为法定代表人的赵某是在自己休假旅行过程中发生交通事故,将行人钱某撞伤,则不构成职务侵权,甲公司无须承担责任,要由赵某本人承担责任。法人的法定代表人是代表法人从事民事活

动的负责人,其以法人名义从事的民事活动的法律后果由法人承担,所以法定代表人的职务侵权行为亦应由法人来承担民事责任。需要指出的是,法人的法定代表人的职务侵权行为与法人一般工作人员的职务侵权行为,在归责原则上,对外都是由法人承担责任。《民法典》侵权责任编规定,用人单位的工作人员因执行工作任务造成他人损害的,由用人单位承担侵权责任。用人单位承担侵权责任后,可以向有故意或者重大过失的工作人员追偿。

(二)法人承担民事责任后,依照法律或者法人章程的规定,可以向有过错的法定代表人追偿

法人对外承担民事责任后,在对内责任方面,可以依照法律或者法人章程的规定,向有过错的法定代表人追偿。这一规定涉及法定代表人职务侵权行为的内部职责分担问题。在一般情况下,在职务侵权行为中,行为的法律后果完全由法人承担,法定代表人无须承担该行为的民事责任,但在以下两种情况下,法人可以向有过错的法定代表人追偿:一是根据法律规定。如果有关法律法规明文规定了法定代表人对职务侵权行为应该承担相应的责任,那么在此种情形下,法人可以在对外赔偿后,依据法律法规规定,向有过错的法定代表人进行追偿。二是根据法人章程规定。如果法人的章程中明确规定法定代表人对职务侵权行为应该承担相应的责任,那么在此种情形下,法人可以在对外赔偿后,依据法人章程的规定,向有过错的法定代表人进行追偿。不过,值得注意的是,在法人对外承担民事责任后,对内向责任人进行追偿方面,法定代表人与一般工作人员是不同的。《民法典》侵权责任编规定,用人单位的工作人员因执行工作任务造成他人损害的,由用人单位承担侵权责任。用人单位承担侵权责任后,可以向有故意或者重大过失的工作人员追偿。根据这一规定,在法人对外承担民事责任后,对内向责任人进行追偿方面,法定代表人与一般工作人员是有区别的:一是对法定代表人进行追偿,必须依据有关法律的规定或者法人章程的规定,否则是不能向法定代表人进行追偿的。而法人向其他工作人员追偿,则不需要有法律的规定或者法人章程的规定这一前提,只要工作人员有故意或者重大过失都可以向其追偿。二是法定代表人和其他工作人员承担内部责任的过错程度要求不同。对法定代表人来说,只要有过错,包括故意或者过失,即便是一般过失,也要对内承担责任,法人可以向其追偿。但对其他工作人员来说,其对内部承担责任的过错程度要求比较高,应为故意或者重大过失,如果只是一般过失,则无须对内部承担责任,法人也不能向其追偿。

三、公司法定代表人的行为后果

公司作为民事主体之一,依照本法第 10 条的规定,要在公司章程中确定法定

代表人的产生、变更办法,并且向公司登记机关申请登记。无论是公司董事担任法定代表人还是公司经理担任法定代表人,其从事的民事活动的法律后果由公司承担。无论是公司章程还是股东会决议对法定代表人职权的限制,不得对抗善意相对人,只适用公司内部。公司董事或者经理执行职务过程中,造成他人损害的,由公司承担民事责任。公司承担民事责任后,依照法律或者公司章程的规定,可以向有过错的法定代表人追偿。

【司法适用】

对本条的理解要在体系上准确把握本条三款规定之间的内在逻辑关系,还要将本条规定置于整个民商法体系中加以理解和把握。首先,《公司法》等法律已经有了对法定代表人的代表权限进行限制的法律规定,未来随着非营利法人立法的推进,这种法律限制还将进一步明确。其次,《民法典》合同编中第504条规定:"法人的法定代表人或者非法人组织的负责人超越权限订立的合同,除相对人知道或者应当知道其超越权限外,该代表行为有效,订立的合同对法人或者非法人组织发生效力。"《民法典合同编通则司法解释》第22条第4款亦规定:"在前三款规定的情形下,法定代表人、负责人或者工作人员在订立合同时虽然超越代表或者代理权限,但是依据民法典第504条的规定构成表见代表,或者依据民法典第172条的规定构成表见代理的,人民法院应当认定合同对法人、非法人组织发生效力。"这就要求我们在判断法定代表人的行为效果归属时,必须从对整个法律的体系化理解出发:

(1)根据《公司法》第10条的规定,法定代表人的代表权来自法律或者法人章程的规定。所以法定代表人的权限应根据法律或者法人章程进行判断,法定代表人只能在法律或者法人章程规定的权限范围内行使代表权。法律或者法人章程可对法定代表人的权限进行限制,前者为法定限制,包括本法和其他单行法律对法定代表人权限的限制;后者为意定限制,包括法人章程或者法人权力机构对法定代表人权限的限制。

(2)根据本条规定,法定代表人以法人名义从事的民事活动,其法律后果由法人承受。该款的适用应以本法第10条为前提,即法定代表人只有在法律或者法人章程规定的权限范围内以法人名义从事的民事活动,其法律后果才由法人承受。法定代表人超越法律或者法人章程的规定行使代表权,构成越权代表。

(3)根据本条第2款的规定,法人章程或者权力机构对法定代表人的代表权的限制,不得对抗善意第三人。根据该规定,法定代表人超越法人章程或者权力机构的限制,以法人名义从事的民事活动,其法律后果原则上仍应由法人承担,除非法人能够证明该第三人并非善意。也就是说,在法人章程、决议对法定代表人权限进行限制的情况下，非善意的第三人不得主张法定代表人的行为效果归属于法人。但对超越法定限制的行为，公司原则上不承受该行为的效果，除非第三人能够证明自己的善意。这是通过当然解释可以得出的结论，系不言自明之理。需要注意的是，法定限制与意定限制下，第三人善意证明责任的负担是不同的。在法定限制场合，相对人的善意需要自己举证证明；而在意定限制场合，交易相对人的善意是被依法推定的。对于善意的判断标准，可参考《民法典》关于“善意”相关规定。

【司法案例】

振兢暖通设备（北京）有限公司（简称暖通公司）诉乔某丰承揽合同纠纷上诉案[①]

诉讼结论：仅有公司法定代表人签名的合同，法定代表人未超越权限的，合同对公司有效

基本案情：2019 年 3 月 15 日，振兢暖通设备（北京）有限公司（以下简称暖通公司，承包人、乙方）与乔某丰（发包人、甲方）签订施工协议，约定工程名称为合生世界村项目 D 区所有图纸界面划分通风管道施工安装，承包方式为固定总价包干，包工包辅材、包中小型机械（包括加工机械等）、包质量、包工期等；本合同固定总价（不含税）为 152 万元，工程预付款为 10 万元，工程完工付款至合同总价的 50%，验收合格后结清余款；施工协议还约定了其他内容。截至 2020 年 6 月 24 日，乔某丰共计向暖通公司支付工程款 93 万元。一审庭审中，暖通公司称涉案工程在 2019 年年底就做完了，工程合格，没有验收单，已经交付使用了，涉案工程是一个商住楼的工程，该商住楼应该是在 2020 年竣工的，现在已经有商户开业了。

法院认为：本案中，虽然乔某丰持有的施工协议未有暖通公司盖章，仅由暖通公司法定代表人涂某兴签字，但暖通公司、涂某兴均认可该协议主体为暖通公司，故暖通公司作为原告向乔某丰主张权利并无不妥。乔某丰上诉提出暖通公司不具备诉讼主体资格，与事实不符，不予采纳。暖通公司与乔某丰于 2019 年 3 月 15 日签订的施工协议系双方当事人真实意思表示，内容不违反法律、行政法规的强制性规定，合法有效，双方均应恪守履行。该协议约定工程名称为合生世界村项目 D 区所有图纸界面划分通风管道施工安装，承包方式为固定总价包干，合同固定总价为 1，520，000 元。根据查明的事实，暖通公司按照约定完成了通风管道施工安装工程，乔某丰应按上述协议向暖通公司支付相应的工程价款并支付相应的

---

① 参见北京市第三中级人民法院（2022）京 03 民终 2631 号民事判决书。

利息损失。乔某丰辩称涉案工程未经其上面的发包方验收,其不同意支付工程款。但是,涉案工程已经于2019年年底完工,且已经投入使用,乔某丰上面的发包方是否验收,不影响暖通公司向乔某丰主张权利,故乔某丰的该项抗辩意见不能成立,不予采纳。

第十二条　有限责任公司变更为股份有限公司,应当符合本法规定的股份有限公司的条件。股份有限公司变更为有限责任公司,应当符合本法规定的有限责任公司的条件。

有限责任公司变更为股份有限公司的,或者股份有限公司变更为有限责任公司的,公司变更前的债权、债务由变更后的公司承继。

第十三条　公司可以设立子公司。子公司具有法人资格,依法独立承担民事责任。

公司可以设立分公司。分公司不具有法人资格,其民事责任由公司承担。

【条文主旨】

本条是关于公司设立子公司、分公司的规定。

【条文理解】

本条是在《公司法》(2018年)第14条规定的基础上经过修改形成的。这次修改,在维持原来规定的基础上,删除了设立分公司申请登记和领取营业执照的规定。将相关内容在《公司法》第2章"公司登记"中进行集中规定,其中第38条规定:"公司设立分公司,应当向公司登记机关申请登记,领取营业执照。"

一、公司可以设立子公司

公司根据生产经营的需要,除了可以设立分公司外,还可以设立子公司。子公司是相对于母公司而言的,是独立于向其投资的母公司而存在的法律主体。子公司具有如下特征:一是其一定比例以上的资本被另一公司持有或通过协议方式受到另一公司实际控制。对子公司有控制权的公司是母公司。子公司的重大事务都由母公司实际决定。二是子公司是独立的法人。子公司在财务上受母公司的支配与控制,但在法律上,子公司具有独立的法人资格。子公司的独立性主要表现为:拥有独立的公司名称和公司章程;具有独立的组织机构;拥有独立的财产,能够自负盈亏,独立核算;以自己的名义开展生产经营,从事各类民事活动;独立承担公司行为所带来的一切后果和责任。根据子公司的特征,本条明确规定了子公司的法律地位,即子公司具有企业法人资格,依法独立承担民事责任。

二、对法人分支机构的一般理解

《民法典》第 74 条规定:“法人可以依法设立分支机构。法律、行政法规规定分支机构应当登记的,依照其规定。分支机构以自己的名义从事民事活动,产生的民事责任由法人承担;也可以先以该分支机构管理的财产承担,不足以承担的,由法人承担。”可见,法人分支机构作为法人的组成部分,由法人依法设立,是法人在一定区域内设置的从事经营或者其他业务活动的机构,实现法人的全部或部分职能。分支机构以自己的名义所从事的民事活动,对法人直接产生权利义务,并构成整个法人权利义务的一部分。法人分支机构,在性质上属于法人的组成部分,不具有独立责任能力,其行为的效果仍由法人承担。法人的分支机构虽然在法人授权范围内可以对外从事各种民事活动,但法人的分支机构属于法人的组成部分,其承担责任的能力有一定的限制,因此,法人的分支机构进行民事活动所应承担的责任要由法人承担,也可以先以该分支机构管理的财产承担,不足以承担的部分,由法人承担。在涉及分支机构的诉讼中,可以将法人的分支机构与法人一起列为共同被告。

法人分支机构主要有两种形式:第一种形式的法人分支机构可以从事经营活动,多表现为分公司;第二种形式的法人分支机构一般只能从事法人营业范围内的业务联络活动,通常称为办事处。

三、公司依法可以设立分公司

依照本条规定,无论是有限责任公司还是股份有限公司,根据生产经营的需要,可以设立分公司。分公司是相对于(总)公司而言的,是公司的分支机构,也可以说是公司的一个组成部分。分公司不论是在经济上还是在法律上,都不具有独立性。分公司的非独立性主要表现在以下方面:一是分公司不具有法人资格,不能独立享有权利、承担责任,其一切行为的后果及责任由公司承担。二是分公司没有独立的公司名称及章程,其对外从事经营活动必须以公司的名义,遵守公司的章程。三是分公司在人事、经营上没有自主权,其主要业务活动及主要管理人员由公司决定并委任,并根据公司的委托或授权进行业务活动。四是分公司没有独立的财产,其所有资产属于公司,并作为公司的资产列入公司的资产负债表中。基于上述特性,本条明确规定了分公司的法律地位,即分公司不具有法人资格,其民事责任由公司承担。

四、子公司与分公司的区别

分公司与有独立责任能力的子公司不同。具体体现在:一是设立方式不同。子公司由股东发起设立,是独立法人,独立承担民事责任,在其自身经营范围内独立开展各种业务活动；分公司由公司在其住所地之外依法设立，设立时不要求注册资金，其属于公司的分支机构，虽然也可以独立开展业务活动，但应在公司授权范围内进行。二是名称和营业执照标注内容不同。按照《市场主体登记管理条例》第21条的规定，申请人申请市场主体设立登记，登记机关依法予以登记的，签发营业执照。无论子公司还是分公司，都应领取营业执照；但根据《市场主体登记管理条例实施细则》第9条第2款的规定，分支机构应当按所属市场主体类型注明分公司或者相应的分支机构。子公司名称中不冠以母公司的名字，而分公司名称中应标明为某公司的分公司。三是法律责任能力不同。子公司由于具有独立法人资格，其从事民事活动的法律后果由其自身承担，只能就其自身资产承担民事责任；而分公司虽然也可以以自己的名义从事民事活动，但其不具有法人资格，自身没有承担法律责任的能力，要由设立分公司的公司承担，也可以先以该分公司管理的财产承担，不足以承担的部分，由公司承担。

【司法适用】

一、分公司的认定

分公司的设立应当符合法律的规定。根据《公司法》等相关规定，分公司的设立，应当向登记机关申请登记，领取营业执照。因此，只有领取营业执照的机构才能作为公司的分支机构，才能以自己的名义从事民事活动。现实生活中，有的是公司自己设立分公司，这种分公司较为规范，是公司法意义上的分公司。还有很多分公司并非公司法意义上的分公司，仅是其他经济实体挂靠到某一公司名下，这些实体多为个体工商户、个人合伙以及个人独资企业等。它们挂靠公司后以分公司的名义对外开展业务。对于此类分公司，应就个案具体分析其应承担的民事责任。

实践中，企业在开发特定建设工程项目时，可能成立项目公司或者项目部。按照本条第2款设立为子公司的，则具有法人资格，可以独立承担民事责任；按照本条第1款设立为分公司的，虽可以自己名义从事民事活动，但不具有独立法人资格，产生的民事责任由公司承担；未设立为子公司，亦未设立为分公司的，通常表现为项目部，应属于公司的下属内设机构，不具有独立法人资格，应以公司名义从事民事活动，产生的民事责任亦由公司承担。实践中，房产开发商通常成立项目公司，而建筑施工企业通常设立项目部。

二、同一公司的不同分公司之间的纠纷不属于法院民事案件受案范围

公司可以依法设立多个分公司，不同分公司在各自区域内开展业务活动，但均不具有法人资格，从事民事活动产生的民事责任均由公司承担，故分公司与公司之间的纠纷以及同一公司下设的不同分公司之间产生的纠纷，属于公司内部的纠纷，不属于人民法院受理的民事案件范围。

三、分公司具有一定的独立性

分公司具有一定的独立性,以分公司名义从事民事活动的责任虽由公司承担,但亦存在与公司自身从事民事活动不同的效果。例如,以分公司名义与第三人交易产生债权债务的,应以分公司所在地为履行地,涉及诉讼时,亦应以分公司所在地而非公司所在地作为确定法院管辖权的因素。

四、分公司的诉讼主体资格

《民事诉讼法》第51条第1款规定,公民、法人和其他组织可以作为民事诉讼的当事人。《民事诉讼法解释》第52条规定:"民事诉讼法第51条规定的其他组织是指合法成立、有一定的组织机构和财产,但又不具备法人资格的组织,包括:(一)依法登记领取营业执照的个人独资企业;(二)依法登记领取营业执照的合伙企业;(三)依法登记领取我国营业执照的中外合作经营企业、外资企业;(四)依法成立的社会团体的分支机构、代表机构;(五)依法设立并领取营业执照的法人的分支机构;(六)依法设立并领取营业执照的商业银行、政策性银行和非银行金融机构的分支机构;(七)经依法登记领取营业执照的乡镇企业、街道企业;(八)其他符合本条规定条件的组织。"根据本条司法解释,依法设立并领取营业执照的法人的分支机构,依法设立并领取营业执照的商业银行、政策性银行和非银行金融机构的分支机构具有诉讼主体资格,可以作为民事诉讼的当事人。

五、分公司超越权限从事民事活动的效力

分公司以其名义从事经营活动,实际上是基于公司的授权。公司为分公司营业注册出具文件,任命分公司负责人,授权以分公司的名义对外为经营行为。当然,这种授权是一种概括授权,分公司在公司为其设定的营业范围内对外以分公司名义为民事行为,无须再得到公司的事先批准或追认,其从事的民事活动是否应由公司承担责任应根据民事代理以及职务行为的相关规定进行判断。分公司超越公司授权对外订立合同的,属于越权代理,除构成表见代理外,公司不应承担责任,第三人只能要求实际行为人承担责任。

六、分公司民事责任的承担

分公司从事民事活动产生的民事责任应由公司承担。对于公司承担的是何种性质的责任,理论上存在直接责任、补充责任、连带责任三种观点。本条第1款表述为"其民事责任由公司承担",实质上采直接责任说。实践中,如果权利人仅起诉分公司,法院也仅判决分公司承担责任。权利人在申请执行阶段,发现分公司不具有清偿能力,能否直接要求追加公司作为被执行人?司法解释回答了这一问题。《最高人民法院关于民事执行中变更、追加当事人若干问题的规定》第15

条规定:"作为被执行人的法人分支机构,不能清偿生效法律文书确定的债务,申请执行人申请变更、追加该法人为被执行人的,人民法院应予支持。法人直接管理的责任财产仍不能清偿债务的,人民法院可以直接执行该法人其他分支机构的财产。作为被执行人的法人,直接管理的责任财产不能清偿生效法律文书确定债务的,人民法院可以直接执行该法人分支机构的财产。"

【司法案例】

谢某金诉广州市东建物业管理有限公司、广州市东建物业管理有限公司东晓路分公司物业服务合同纠纷上诉案①

诉讼结论:分公司不具有法人资格,其民事责任由公司承担。

基本案情:位于广州市海珠区东晓路明珠大街68号2201房的产权登记在谢某金名下。谢某金表示:2020年5月11日约晚上7时,回家后发现2201房中出现水浸,水位30多厘米高。经检查,水是从阳台涌入房间。广州市东建物业管理有限公司东晓路分公司(以下简称东建分公司)、广州市东建物业管理有限公司(以下简称东建公司)确认2201房当天出现水浸情况。东建分公司、东建公司于2020年7月8日在海珠区东晓路明珠大街68号天台进行试水,当天使用沙包盖住2201房对应的天台排水口,使用消防水管围蔽天台部分范围,在围蔽范围内放水一段时间后挪开沙包,排水时2201房阳台排水口出现了返涌情况。东建分公司确认其为涉案2201房所在小区的物业管理方。谢某金为证明2201房因水浸产生的家具损失,提交照片、《银石装饰设计工程有限公司预算书》等证据。另查,东建分公司是东建公司的分公司。

法院认为:2201房于2020年5月11日出现返涌、水浸现象与东晓路明珠大街68号大楼天台排水口栅栏状挡板损坏、排水不及时或不顺畅之间存在因果关系。东建分公司、东建公司作为涉案2201房所在小区的物业管理方,与谢某金存在物业服务合同关系。东建分公司、东建公司对于大楼公用的天台排水口、主排水管道均负有管理、修缮、维护的义务,现因东建分公司、东建公司未尽物业管理义务,而致谢某金的财产损失,依法应承担法律责任。鉴于诉讼过程中,涉案大楼排水管排水不及时或不顺畅的情形已消失,且天台排水口已经过了维修,故侵权行为已经消失,谢某金主张对排水口、排水管道进行维修、疏通的诉请已得到处理,故本案对此诉请不予论处,仅对诉请二、三项予以论处。东建分公司是涉案

---

① 参见广东省广州市中级人民法院(2022)粤01民终2470号民事判决书。

2201房所在小区的物业管理方，东建分公司是东建公司的分公司。根据《公司法》(2018年)第14条第1款的规定，公司可以设立分公司。设立分公司，应当向公司登记机关申请登记，领取营业执照。分公司不具有法人资格，其民事责任由公司承担。故本案中东建分公司的赔偿责任应由东建公司承担。

第十四条 公司可以向其他企业投资。

法律规定公司不得成为对所投资企业的债务承担连带责任的出资人的，从其规定。

【条文主旨】

本条是关于公司转投资的规定。

【条文理解】

本条规定的实质内容与《公司法》(2018年)第15条"公司可以向其他企业投资；但是，除法律另有规定外，不得成为对所投资企业的债务承担连带责任的出资人"的规定相比，表面上看，似乎没有差别，但就公司转投资的连带责任而言，有巨大变化：《公司法》(2018年)第15条禁止公司成为对所投资企业的债务承担连带责任的出资人，而本条只是明确如果其他法律禁止公司成为对所投资企业的债务承担连带责任的出资人，则从其规定，但《公司法》自身并未作此规定。《公司法》(2018年)第15条对"债务""连带责任"的模糊使用，易导致人们对法条的误解，误认为法律禁止母公司为子公司的债务作连带责任担保。在司法实践中，法官对该条的适用也有着类似困惑。

公司可以向其他企业投资，这是因为公司是营利法人，享有自主经营的权利，能够自行承担责任。运用自己的财产进行投资是公司发展的正常要求，法律是允许的。按照这一规定，公司不仅可以向其他有限责任公司或者股份有限公司投资，也可以向公司以外的其他企业投资。

所谓公司转投资，是指公司作为投资主体，以公司法人财产的一部分作为对另一企业的出资，从而使本公司成为另一企业股东的行为。根据本条的规定，公司可以转投资，即向其他企业投资。公司转投资，对于分散经营风险，调整产业结构，节约交易成本和稳定经营有着重要意义，是顺应集约化、规模化经营需要的一种正常现象。此外，通过转投资以及由此而生的母子公司、相互持股公司，将有利于建立并巩固企业之间的联合，形成稳固的企业集团，发展规模经济，从而大大降低企业的经营成本，提高企业的知名度和竞争能力。

然而,转投资毕竟涉及转投资公司的权利及债权人的利益,所以本条明确规定,公司转投资,如果法律规定公司不可以成为对所投资企业的债务承担连带责任的出资人,则公司不得进行转投资。根据《合伙企业法》第2条的规定,普通合伙人对合伙企业债务承担无限连带责任。该法第3条规定:"国有独资公司、国有企业、上市公司以及公益性的事业单位、社会团体不得成为普通合伙人。"《合伙企业法》第3条就是《公司法》本条中的"公司不得成为对所投资企业的债务承担连带责任的出资人的"法律规定。这些法律之所以对某些公司转投资作出限制性规定,主要是考虑到公司对外投资有营利的机会,同时也有风险:对外投资失败,如果允许某些投资的公司承担无限责任,有可能直接导致该公司的破产或利益受到重大损失,进而损害该公司股东和债权人的利益,直接危害社会经济秩序的稳定。

【司法适用】

本条的立法目的在于鼓励公司的转投资行为,只要不违反其他法律中公司不得成为对所投资企业的债务承担连带责任的出资人的规定即可。

应当准确区分连带责任与无限责任的适用。公司如果作为目标公司的股东,就有可能要对其他股东抽逃出资或者出资不到位的行为承担连带责任,这是公司对外投资不可避免的商业风险。本条关注的是公司的转投资行为,同时避免公司因对外投资成为承担无限责任的普通合伙人,所以当法律禁止公司成为对所投资企业的债务承担无限责任的出资人时,应遵从这样的法律规定,而不是从根本上限制公司对外投资。

基于合同行为产生的公司设立过程中的债务清偿,公司经营中的出资填补,公司解散、破产以及强制执行后不能清偿时对公司债权人的责任,根据主体不同,应作有限责任与无限责任之分。发起人在成为股东之前的连带责任应为无限连带责任,股东承担的连带责任应为有限连带责任。同时,在体系上保持商事法定连带责任产生的连带之债与民法连带之债的结构一致性,对于公司设立过程中、合并、分立后的连带责任的规范应理解为承担连带债务并享有连带债权。另外,基于侵权行为产生的法定连带责任,对于滥用公司法人人格引起的股东连带责任、抽逃出资行为引起的其他股东或高管对公司债务的连带责任,以及清算义务人怠于履行清算义务造成公司财产损失时对公司债务的连带责任等应当注意适用相关制度的法律效果。

【司法案例】

柳州化工股份有限公司、广西柳州化工控股有限公司诉广西金伍岳能源集团有限公司、贵州鑫悦煤炭有限公司、贵州新益矿业有限公司合同纠纷上诉案①

诉讼结论:对公司原债务承担连带清偿责任的约定是受让人取得公司股权、成为公司出资人的条件之一,且该债务的内容、金额是明确的,并非在成为出资人之后再行对公司将来的不确定债务承担连带责任,不违反《公司法》的规定。

基本案情:2013年8月28日,广西柳州化工控股有限公司(以下简称柳控公司)、柳州化工股份有限公司(以下简称柳化公司)与贵州鑫悦煤炭有限公司(以下简称鑫悦公司)签订《股权转让合同》,约定转让方为柳控公司、柳化公司,受让方为鑫悦公司;转让标的为贵州新益矿业有限公司(以下简称新益公司)100%国有股权(其中柳控公司持有10%,柳化公司持有90%);由转让方委托广西北部湾产权交易所挂牌公开转让,采用网络竞价交易方式,最终由受让方成功受让;成交价格为1.6亿元;为保证转让方不受标的企业债权人的追索,受让方应采取有效措施促使标的企业在2014年8月31日前足额偿还全部债务,并就标的企业偿还债务承担连带保证责任。

同日,柳化公司(甲方)、柳控公司(乙方)、新益公司(丙方)、鑫悦公司(丁方)签订《债务清偿协议》。鉴于甲方、乙方将其合计持有的丙方新益公司100%股权在广西北部湾产权交易所挂牌转让,挂牌条件明确"为保证转让方不受标的企业债权人追索,受让方应采取有效措施促使标的企业在2014年8月31日前足额偿还全部债务,并就标的企业偿还债务承担连带保证责任",丁方竞价成功,成为新益公司100%股权的受让方;至本协议签订日,甲方及甲方的关联公司是丙方现有负债的主要债权人。现甲、乙、丙、丁四方经协商,就丙方的债务清偿达成如下协议:"一、截至2013年6月30日,丙方的债务为260,517,948.56元:(一)由丁方代丙方偿还其所欠甲方及其他债权人的债务2.4亿元,丁方应直接将该2.4亿元代偿债务款分三期存入甲方、乙方指定账户。2013年9月28日前,支付1亿元整;2013年10月28日前,支付4000万元整;2014年8月31日前,支付1亿元整。(二)丙方基于2013年7月31日之前以煤炭销售形成的债权由甲方及乙方收回并享有。(三)前述第(一)款由丁方支付的代偿债务款及第(二)款收回的债权,优先用于偿还丙方对甲方及甲方关联方的全部债务,剩余部分由甲方、乙方负责

① 参见最高人民法院(2017)最高法民终882号民事判决书。

清偿丙方对其他债权人的债务。二、丁方承诺:(一)丁方自愿代丙方偿还2.4亿元债务,并按时、足额向甲方支付2.4亿元代偿债务款。如丁方未能按期、足额支付任一期款项,甲方、乙方有权选择:1.要求丁方继续按第一条第(一)款约定的计划支付款项,丁方应立即支付到期款项和违约金,违约金按全部应付而未付金额的每日1‰自丁方违约之日起至纠正违约行为且支付完毕全部违约金之日止计算;2.随时向保证人追索,或通过诉讼实现债权。甲方、乙方实现债权的费用由丁方据实支付,甲方、乙方实现债权的费用是指甲方、乙方依照本协议及相应的担保合同行使任何权益、权利而发生的所有费用,包括但不限于诉讼费(仲裁费)、律师代理费等;3.甲方及甲方的关联方也可选择直接向丙方追偿……"

法院认为:金伍岳公司、鑫悦公司、新益公司主张,鑫悦公司受让新益公司全部股权的股东后,承担新益公司的全部对外债务,违反了《公司法》(2018年)第15条的强制性规定,故《股权转让合同》第2条第4项、《债务清偿协议》属无效,相应的担保合同亦无效。对此,法院认为,《公司法》(2018年)第15条规定,公司可以向其他企业投资,但不得成为对所投资企业的债务承担连带责任的出资人,法律另有规定除外。该条是关于公司对外投资责任限制的规定。作为法人主体的公司,享有自主经营的权利,法律应保护其运用自己的财产进行对外投资,但投资具有风险性,如果允许投资的公司承担无限责任,有可能直接导致公司的破产或利益受到重大损失,进而损害公司股东和债权人的利益,直接危害社会经济秩序的稳定。因此,在《公司法》范畴下,公司可以对其他企业投资,但不能在出资时约定对该企业的债务承担连带责任。本案并不属于《公司法》(2018年)第15条规定的情形。《股权转让合同》约定鑫悦公司应采取措施促使新益公司在2014年8月31日前足额偿还全部债务,并就偿还债务承担连带保证责任。同日订立的《债务清偿协议》约定,鑫悦公司代新益公司偿还债务2.4亿元。根据本案事实可见,鑫悦公司对新益公司原债务承担连带清偿责任是其取得新益公司股权、成为新益公司出资人的条件之一,且该债务的内容、金额是明确的,鑫悦公司并非在成为出资人之后再行对新益公司将来的不确定债务承担连带责任。因此,鑫悦公司不属于《公司法》(2018年)第15条规定的对新益公司的债务承担连带责任的出资人。三上诉人主张《股权转让合同》《债务清偿协议》违反《公司法》(2018年)第15条的规定,不能成立。

第十五条　公司向其他企业投资或者为他人提供担保,按照公司章程的规定,由董事会或者股东会决议;公司章程对投资或者担保的总额及单项投资或者担保的数额有限额规定的,不得超过规定的限额。

公司为公司股东或者实际控制人提供担保的，应当经股东会决议。

前款规定的股东或者受前款规定的实际控制人支配的股东，不得参加前款规定事项的表决。该项表决由出席会议的其他股东所持表决权的过半数通过。

【条文主旨】

本条是关于公司对外投资和提供担保的程序性规定。

【条文理解】

本条基本沿用了《公司法》(2018 年)第 16 条的规定。本次《公司法》修订中将有限责任公司、股份有限公司的权力机构统称为“股东会”，故本条将原条文中的“股东会、股东大会”统一为“股东会”。

一、公司向其他企业投资或者为他人提供担保的要求

公司作为市场经济主体，可以向其他企业投资或者为他人提供担保。担保，是指以保证、抵押、质押、留置以及定金等方式确保债务履行的一种法律制度。公司提供担保的方式，主要是保证、抵押、质押。保证，是指保证人和债权人约定，与债务人不履行债务时，由保证人按照约定履行主合同的义务或者承担责任的行为。抵押，是指债务人或者第三人不转移抵押财产的占有，将抵押财产作为债权的担保；当债务人不履行到期债务或者发生当事人约定的实现抵押权的情形，债权人有权依照法律的规定以抵押财产折价或者以拍卖、变卖该财产的价款优先受偿。质押，是指债务人或者第三人将其动产移交债权人占有，或者将其财产权利交由债权人控制，将该动产或者财产权利作为债权的担保；债务人不履行债务或者发生当事人约定的实现质权的情形，债权人有权依照法律的规定以该动产或者财产权利折价，或者以拍卖、变卖该动产或者财产权利的价款优先受偿。

公司向其他企业投资或者为他人提供担保，就要承担相应的责任，就会对公司和股东的利益产生影响。因此，有必要对公司向其他企业投资或者为他人提供担保作出严格的限制。本条第 1 款规定，公司向其他企业投资或者为他人提供担保，按照公司章程的规定由董事会或者股东会决议；公司章程对投资或者担保总额及单项担保的数额有限额规定的，不得超过规定的限额。

1. 公司向其他企业投资或者提供担保由董事会或者股东会作出决议

如果公司的董事、经理就可以决定公司为他人提供担保，会出现许多问题。公司向其他企业投资或者为他人提供担保，首先应当在公司章程中作出明确规定；其次应当按照公司章程的规定由董事会或者股东会作出决议。没有按照公司章程规定由董事会或者股东会作出决议的,可能会影响公司向其他企业投资或者为他人提供担保的效力。《民法典担保制度司法解释》第 7 条即规定,公司的法定代表人违反《公司法》关于公司对外担保决议程序的规定,超越权限代表公司与相对人订立担保合同,人民法院应当依照《民法典》第 61 条和第 504 条等规定处理:(1)相对人善意的,担保合同对公司发生效力;相对人请求公司承担担保责任的,人民法院应予支持。(2)相对人非善意的,担保合同对公司不发生效力。

2. 公司向其他企业投资或者提供投资或者担保不得突破规定的限额

公司向其他企业投资或者为他人提供担保,还必须遵守公司章程规定的限额。公司章程对投资或者担保总额及单项投资或者担保的数额有限额规定的,董事会或者股东会在作出担保决议时,不得超过规定的限额。

二、公司为股东或实际控制人提供担保的要求

为了防止少数股东损害公司和其他股东的利益,本条第 2 款规定,公司为公司股东或者实际控制人提供担保的,必须经股东会决议。所谓实际控制人,是指通过投资关系、协议或者其他安排,能够实际支配公司行为的人。

(1)公司可以为股东或实际控制人提供担保。公司可以根据具体情况以公司资产为本公司股东或者实际控制人提供担保。

(2)公司为股东或实际控制人提供担保必须经股东会决议。法律没有禁止公司为本公司股东或者实际控制人提供担保,但是公司为本公司股东或者实际控制人提供担保的,必须由股东会作出决议。需要注意的是,公司为他人提供担保,也需要董事会或者股东会决议,但要有公司章程的规定;而公司为本公司股东或实际控制人提供担保,是法律特别规定必须经股东会决议,公司章程不得对此作出相反的规定。

(3)股东会决议为股东或实际控制人提供担保的要求。公司为股东或实际控制人提供担保,必须经股东会决议。在决议表决时,该股东或者受该实际控制人支配的股东,不得参加表决。同时,在排除上述股东的表决权后,由出席会议的其他股东所持表决权的过半数通过,决议方为有效。

【司法适用】

对《公司法》(2018 年)第 16 条的性质的不同理解,决定了越权代表行为的不同效力认定规则。在相当长的一段时间内,司法实践中的主流观点认为,该条性质属于管理型规定,故即便法定代表人未经决议程序擅自对外签订担保合同,也不影响合同效力。这种理解,一方面,完全架空了《公司法》(2018 年)第 16 条的规定,使该条成为摆设。另一方面,让公司承担担保责任,不利于保护股东尤其是中小股东的合法权益。另一种观点认为，该条属于效力性规定，违反的后果是担保合同无效。但一概认定担保合同无效，既不利于善意相对人的保护，有时也不符合公司自身的利益。正是看到前述两种观点存在的不足，《九民纪要》第 17 条采代表权限制规范说，认为《公司法》(2018 年)第 16 条作为《公司法》规定的规范，属于组织规范的范畴，限制的是法定代表人的代表权限，即法定代表人尽管可以一般地代表公司对外从事行为，但对于担保行为，因其涉及公司以及股东的重大利益，不是法定代表人所能单独决定的事项，而必须要以公司股东会、董事会等公司机关的决议作为法定代表人代表权的基础和来源。法定代表人未经授权擅自为他人提供担保的，构成越权代表，应当根据《合同法》第 50 条(《民法典》第 504 条)的规定来认定效力。《公司法》作为组织法，其规范既有组织规范，也有行为规范，而《公司法》(2018 年)第 16 条就属于组织规范的范畴，因而不能简单地将其归入管理性规定或者效力性规定。此外，《民法总则》第 153 条第 1 款没有采用"效力性强制性规定"的概念，《民法典》第 153 条第 1 款继受了这一规定。《民法典合同编通则司法解释》也没有继续采用"效力性强制性规定"的表述，而是直接针对《民法典》第 153 条第 1 款的但书作出解释。

公司对外担保案件的基本裁判思路，可以归纳为以下三个步骤：

一是看有无决议。法定代表人未经公司决议程序对外提供担保，构成越权代表；相对人未审查公司决议，就直接与公司签订担保合同，表明其非善意相对人，因而公司不承担担保责任。当然，公司不承担担保责任，并不意味着无须承担任何责任，在一定情况下，公司也应承担一定的责任。

二是有决议的，要看其是否为适格决议。此时要遵循《九民纪要》第 18 条的规定，即"一种情形是，为公司股东或者实际控制人提供关联担保，《公司法》(2018 年)第 16 条明确规定必须由股东(大)会决议，未经股东(大)会决议，构成越权代表。在此情况下，债权人主张担保合同有效，应当提供证据证明其在订立合同时对股东(大)会决议进行了审查，决议的表决程序符合《公司法》第 16 条的规定，即在排除被担保股东表决权的情况下，该项表决由出席会议的其他股东所持表决权的过半数通过，签字人员也符合公司章程的规定。另一种情形是，公司为公司股东或者实际控制人以外的人提供非关联担保，根据《公司法》第 16 条的规定，此时由公司章程规定是由董事会决议还是股东(大)会决议。无论章程是否对决议机关作出规定，也无论章程规定决议机关为董事会还是股东(大)会，根据《民法总则》第 61 条第 3 款关于'法人章程或者法人权力机构对法定代表人代表权的限制，不得对抗善意相对人'的规定，只要债权人能够证明其在订立担保合同时对董事会决议或者股东(大)会决议进行了审查，同意决议的人数及签字人员符合公司章程的规定，就应当认定其构成善意，但公司能够证明债权人明知公司章程对决议机关有明确规定的除外。”

三是尽管有决议，但在决议伪造、变造等情况下，已经尽了必要的形式审查义务的善意相对人，可根据表见代表规则请求公司承担担保责任。《民法典担保制度司法解释》第 7 条第 3 款亦规定，该解释第 7 条第 1 款所称善意，是指相对人在订立担保合同时不知道且不应当知道法定代表人超越权限。相对人有证据证明已对公司决议进行了合理审查，人民法院应当认定其构成善意，但是公司有证据证明相对人知道或者应当知道决议系伪造、变造的除外。

第十六条　公司应当保护职工的合法权益，依法与职工签订劳动合同，参加社会保险，加强劳动保护，实现安全生产。

公司应当采用多种形式，加强公司职工的职业教育和岗位培训，提高职工素质。

【条文主旨】

本条是关于保护公司职工合法权益的规定。

【条文理解】

与《公司法》（2018 年）第 17 条的规定相比较，本条根据立法技术规范的要求，对个别文字作了修改，统一以“应当”替换“必须”，即将“公司必须保护”修改为“公司应当保护”。

第十七条　公司职工依照《中华人民共和国工会法》组织工会，开展工会活动，维护职工合法权益。公司应当为本公司工会提供必要的活动条件。公司工会代表职工就职工的劳动报酬、工作时间、休息休假、劳动安全卫生和保险福利等事项依法与公司签订集体合同。

公司依照宪法和有关法律的规定，建立健全以职工代表大会为基本形式的民主管理制度，通过职工代表大会或者其他形式，实行民主管理。

公司研究决定改制、解散、申请破产以及经营方面的重大问题、制定重要的规章制度时，应当听取公司工会的意见，并通过职工代表大会或者其他形式听取职工的意见和建议。

【条文主旨】

本条是关于公司职工组织工会、参与民主管理和重大决策的规定。

【条文理解】

本条是根据《公司法》实施情况和司法实践进行的修订，扩大了职工参与涉及自身权益和公司重大问题决策的民主权利。本条来源于《公司法》(2018 年)第 18 条，在本次修订草案一至三审稿中，本条只字未动，在四审稿修改第 1 款增加“休息休假”四个字，将原来的“福利、保险和”改为“保险福利”，与《劳动合同法》第 51 条“企业职工一方与用人单位通过平等协商，可以就劳动报酬、工作时间、休息休假、劳动安全卫生、保险福利等事项订立集体合同”规定的内容相协调，对集体合同相关内容作了修改，将“劳动报酬、工作时间、福利、保险和劳动安全卫生等事项”修改为“劳动报酬、工作时间、休息休假、劳动安全卫生和保险福利等事项”。第 2 款增加“建立健全以职工代表大会为基本形式的民主管理制度”。本条前两款的修改字数虽不多，但意义重大，与《公司法》(2023 年)第 1 条“保护公司、股东、职工和债权人的合法权益”中同时增加的“职工”和第 16 条“公司应当保护职工的合法权益”的新规定相呼应，也是本法第 1 条保护职工合法权益立法宗旨的具体化。本条第 2 款中“公司依照宪法……”，为《公司法》(2023 年)“根据宪法制定本法”提供了接地注脚。

公司研究决定重大问题、制定重要规章制度，应当听取公司工会和职工意见。本条第 3 款是对公司研究决定改制以及经营方面重大问题、制定重要规章制度等重大事项提出了程序上的要求，即公司在研究决定重大事项时，即公司股东会、董事会或者执行董事、经理在研究决定重大事项时，必须在事先听取工会的意见，还必须通过职工代表大会或者其他形式听取职工的意见和建议。因此，听取工会意见，并通过职工代表大会或者其他形式听取职工的意见和建议，是公司研究决定改制以及经营方面的重大问题、制定重要的规章制度必经的法定程序。本条第 3 款较《公司法》(2018 年)增加了“解散、申请破产”几个字，第 3 款的修改表现了立法者在本次修订时注意处理好《公司法》与《宪法》《工会法》《破产法》等其他法律的关系的思路，力图做好公司法修订与《民法典》《证券法》《企业国有资产法》以及正在修改的《企业破产法》等法律的衔接，并合理吸收相关行政法规、《公司法》相关司法解释的成果。

【司法适用】

支持公司职工依法组织工会并开展活动。公司职工有权依照《工会法》的规定组织工会，开展工会活动。根据《工会法》的规定，在中国境内的企业、事业单位、机关中以工资收入为主要生活来源的体力劳动者和脑力劳动者，不分民族、种族、性别、职业、宗教信仰、教育程度,都有依法参加和组织工会的权利。所以,公司职工依法组织工会应当受到司法保护。公司职工依法开展工会活动,参与管理法律规定的事务,可以更好地代表和维护职工的合法利益,并为调动职工的积极性,促进公司的发展提供支持和帮助。为此,公司应当提供必要的活动条件。

党的二十大报告提出,健全以职工代表大会为基本形式的企事业单位民主管理制度,维护职工合法权益。维护职工合法权益是工会的基本职责。譬如工会代表职工与企业进行平等协商,签订集体合同。集体合同所涉及的事项应包括职工的劳动报酬、工作时间、休息休假、劳动安全卫生和保险福利等涉及职工切身利益的事项。根据《工会法》的规定,公司违反集体合同,侵犯职工劳动权益的,工会可以依法要求企业承担责任,因履行集体合同发生争议的,工会可以向劳动争议仲裁机构提请仲裁,对仲裁裁决不服的,可以向人民法院提起诉讼。

公司应当依照《宪法》和有关法律实行民主管理。职工依法参与公司的管理,有利于公司开展正常经营活动,调动职工的积极性,发扬职工的主人翁精神,符合现代公司制度发展的潮流。为了保障公司经营活动正常的进行,保证其经营决策必要的效率,公司职工参与民主管理应当通过职代会和其他民主形式进行,并对经营决策中涉及职工切身利益的问题发表意见。我国《宪法》规定,国有企业依照法律规定,通过职工代表大会和其他形式,实行民主管理;集体经济组织实行民主管理,依照法律规定选举和罢免管理人员,决定经营管理的重大问题。《公司法》第 17 条第 2 款中也规定,公司依照宪法和有关法律的规定,通过职工代表大会或者其他形式,实行民主管理。其他法律也对此作了规定。例如,《全民所有制工业企业法》第 9 条规定,国家保障职工的主人翁地位,职工的合法权益受法律保护。第 10 条规定,企业通过职工代表大会和其他形式,实行民主管理。第 49 条规定了职工参加企业民主管理的权利和享受劳动保护、劳动保险、休息、休假的权利,以及批评控告权利。第 51 条规定,职工代表大会是企业实行民主管理的基本形式,是职工行使民主管理权力的机构。再如,《乡镇企业法》规定,乡镇企业依法实行民主管理,投资者在确定企业经营管理制度和企业负责人,作出重大经营决策和决定职工工资、生活福利、劳动保护、劳动安全等重大问题时,应当听取本企业工会或者职工的意见,实施情况要定期向职工公布,接受职工监督。

根据《企业破产法》第 48 条的规定,破产企业职工对管理人列出的债务人所欠职工的工资、医疗、伤残补助、抚恤费用等有异议的,可以要求更正,管理人不更正的,职工可以向人民法院提起诉讼;第 59 条第 5 款规定,债权人会议应当有债务人的职工和工会代表参加,对有关事项发表意见;第 113 条明确规定了破产人所欠职工的工资、医疗、伤残补助、抚恤费用,所欠的应当划入职工个人账户的基本养老保险、基本医疗保险费用，以及法律、行政法规规定应当支付给职工的补偿金的优先清偿顺序。

破产企业职工债权，又称劳动债权，是职工基于与债务人的劳动关系而形成的给付请求权，职工权益关系到职工的生存保障、关系到社会经济的稳定与发展，各国破产法律制度对职工债权均有保护规定，我国《企业破产法》第 113 条规定破产财产在优先清偿破产费用和共益债务后，优先清偿职工债权。

最高人民法院对职工破产债权确认纠纷作出的部分裁判规则有：一是关于高级管理人员的认定。最高人民法院认为：路桥一公司主张根据张玉喜在所处的岗位、作用，及张玉喜在工资报酬及福利待遇上远高于普通员工等情况，应认定为张玉喜实质上为公司的高级管理人员，82,388.85 元工资并非职工债权。法院认为，根据《公司法》（2018 年）第 216 条第 1 款的规定可知，高级管理人员是指公司的经理、副经理、财务负责人，上市公司董事会秘书和公司章程规定的其他人员。高级管理人员系一个法定概念，应当以《公司法》第 216 条第 1 款的规定为标准进行严格认定，避免公司不当扩大高级管理人员的范畴，以加重劳动者的负担，造成劳资关系的失衡。在本案中，张玉喜为路桥一公司的市场部经理，并不属于法律规定的高级管理人员，且路桥一公司的公司章程亦未将张玉喜认定为公司的高级管理人员。故二审法院认定张玉喜非路桥一公司的高级管理人员，张玉喜对路桥一公司享有的 82,388.85 元债权为职工债权符合法律的规定。① 二是职工报销款可认定为职工债权：企业职工为公司垫付的招投标费用、未报销的差旅费用等系基于劳动者履行职务而产生，不同于基于日常交易而与公司发生的一般性债务，垫付款往往来源于职工工资性收入，且该项支出目的是公司的生产经营需要，最终受益人是路桥一公司，故该笔报销款不应当认定为普通债权。二审法院将该项垫付款认定为职工债权的范畴并无不当②。三是劳务承包合同关系主体支付工人工资的行为，不属于第三方垫付的情形：原审认定林长相与国源公司之间形成的是劳务承包合同关系，而非劳动合同关系，并无不当。据此，林长相作为直接招用工人的主体，本身就具有支付工人工资的义务，其支付工人工资的行为不属于第三方垫付的情形，故不能适用《全国法院破产审判工作会议纪要》第 27 条之规定③。四是绩效奖金不属于工资范畴、不宜认定为职工债权：《个人业绩奖金申请报告》不能证明富贵鸟公司已经确认批准林某忠获得个人业绩奖金，林某忠也并无其他

① 参见最高人民法院（2021）最高法民申 3624 号民事裁定书。

② 参见最高人民法院（2021）最高法民申 3624 号民事裁定书。

③ 参见最高人民法院（2021）最高法民申 5077 号民事裁定书。

证据证明富贵鸟公司尚欠其绩效奖金 90 万元,加之绩效奖金不属于《企业破产法》第 113 条第 1 款第 1 项规定的工资范畴,二审判决据此驳回林建忠关于上述 90 万元奖金为职工债权的主张,适用法律并无不当①。五是由职工自行负担应由单位负担的社保费用,不宜列为职工债权:《劳动法》第 70 条、第 72 条分别规定建立社会保险制度,使劳动者在年老、患病、工伤、失业、生育等情况下获得帮助和补偿,用人单位和劳动者必须依法参加社会保险,缴纳社会保险费。劳动者的社会保险由法律明确规定,依法参加社会保险是劳动者和用人单位的法定义务。用人单位为职工缴纳各种社会保险,是完善、执行国家社会保障制度的要求,维护的不仅仅是职工个人利益,也是国家和社会的整体利益,此项法定义务不能通过用人单位和劳动者的约定进行变更或放弃。因此,二审判决不予支持由职工自行负担应由单位负担的社会保险费,并无明显错误。②

【司法案例】

袁某彬与湖南中顺置业投资有限公司劳动争议纠纷案③

诉讼结论:破产企业的董事、监事和高级管理人员的工资按照该企业职工的平均工资计算。

基本案情:本案的争议焦点为:原判决认定中顺公司无须向袁某彬支付 142.6016 万元高额工资及 23 万元奖金是否错误。

袁某彬在本案中主张其并非中顺公司的高级管理人员,主要目的在于其主张的 142.6016 万元工资及 23 万元奖金的权益能否得到人民法院支持。在中顺公司进入破产程序后,袁某彬作为该公司的劳动者向中顺公司主张其劳动债权。原判决依据《企业破产法》第 113 条第 3 款关于"破产企业的董事、监事和高级管理人员的工资按照该企业职工的平均工资计算"的规定,根据中顺公司 2012 年正常生产经营状况下职工平均工资 4250 元/月的标准计算,认定袁某彬从中顺公司借支的 476,500 元工资,已经超过了其在中顺公司进入破产程序后应获得的工资数额,并判决中顺公司无须向袁某彬支付 2011 年 1 月至 2016 年 10 月的 142.6016 万元工资及 2011 年年度绩效奖金 23 万元。

法院认为:用人单位进入破产程序后,企业员工作为公司的劳动者有权向用人单位主张其劳动债权。《企业破产法》关于在破产程序中,破产财产在优先清偿

---

① 参见最高人民法院(2021)最高法民申 6471 号民事裁定书。

② 参见最高人民法院(2022)最高法民申 28、29、30、31、32、33、34、35 号民事裁定书。

③ 参见最高人民法院(2018)最高法民申 3189 号民事裁定书。

破产费用和共益债务后，劳动债权可优先清偿的规定，体现了企业破产法保护劳动者的基本生存权的宗旨。据此，用人单位在进入破产程序后，不论劳动者是否是该公司的高级管理人员，在用人单位有限的破产财产范围内，应当支付职工的正常工资——普通债权。但若向其支付高额工资及奖金，则违背了《企业破产法》保护普通职工基本生存权的宗旨。原判决依据《企业破产法》第 113 条第 3 款关于“破产企业的董事、监事和高级管理人员的工资按照该企业职工的平均工资计算”的规定，根据用人单位 2012 年正常生产经营状况下职工平均工资 4250 元/月的标准计算并无不当。袁某彬关于中顺公司应向其支付 142.6016 万元工资及 23 万元奖金、2011 年和 2012 年的工资应全额支付、高出中顺公司职工平均工资计算的部分应作为普通破产债权清偿的申请再审理由不能成立，不予支持。

第十八条　在公司中，根据中国共产党章程的规定，设立中国共产党的组织，开展党的活动。公司应当为党组织的活动提供必要条件。

第十九条　公司从事经营活动，应当遵守法律法规，遵守社会公德、商业道德，诚实守信，接受政府和社会公众的监督。

【条文主旨】

本条是关于公司经营活动基本原则的规定。

【条文理解】

《公司法》(2018 年)第 5 条第 1 款规定：“公司从事经营活动，必须遵守法律、行政法规，遵守社会公德、商业道德，诚实守信，接受政府和社会公众的监督，承担社会责任。”本次《公司法》修订，将《公司法》(2018 年)第 5 条第 1 款拆分为两个条文，即本条与第 20 条；同时根据立法技术规范的要求，本条将《公司法》(2018 年)第 5 条第 1 款的“必须”修改为“应当”。对于本条的理解，应注意以下要点：

第一，公司作为社会经济活动的基本单位，作为民事主体，必须遵守法律法规，其各项经营活动都必须依法进行，这是公司最重要的义务。此处的“法律法规”应作广义理解，即包括法律、行政法规、部门规章、地方性法规和政府规章。

第二，公司应当遵守社会公德和商业道德。社会公德，是指各个社会主体在交往过程中应当遵循的公共道德规范；商业道德，是指从事商业活动应遵循的道德规范。这两种规范在市场主体的活动中相互交融，对法律起着较好的补充作用。公司作为一种与社会经济各个方面有广泛联系的实体，应当遵守社会公德和商业道德,接受这些规范的约束,促使公司形成良好的经营作风、树立商业信誉、维护社会公众利益和经济秩序。

第三,公司从事经营活动,必须诚实守信。这是民事主体从事民事活动的基本原则,也是公司应当遵循的原则。在实际生活中,许多公司能够诚实经营,并有良好的效益,但也有相当一些公司,采用虚假出资、以次充好等欺骗手段非法经营,违背了诚实守信的原则,严重损害了有关交易相对人的合法利益,对此,本条特别强调公司从事经营活动,要诚实守信。

第四,公司的经营活动要接受政府和社会公众的监督。公司的经营行为是否符合法律,是否符合商业道德规范,由政府和社会公众来进行监督。通过监督促使公司的行为规范化,更有效地维护国家利益、社会公众利益和公司自身的合法权益,维护市场秩序,促进公司的健康发展。

【司法适用】

《民法典》第7条规定:"民事主体从事民事活动,应当遵循诚信原则,秉持诚实,恪守承诺。"第8条规定:"民事主体从事民事活动,不得违反法律,不得违背公序良俗。"由此可见,本条规定的基本原则,是《民法典》相关条文在《公司法》中特别体现。同时,本条在功能上具有指示性,因此,在司法适用时,如果公司存在违反本条规定的经营活动,对其行为的效力评价及法律后果,应特别法优先,先适用《公司法》的规定,再适用《民法典》及其他法律法规的相关规定。

第二十条　公司从事经营活动,应当充分考虑公司职工、消费者等利益相关者的利益以及生态环境保护等社会公共利益,承担社会责任。

国家鼓励公司参与社会公益活动,公布社会责任报告。

【条文主旨】

本条是关于公司承担社会责任的规定。

【条文理解】

《公司法》(2018年)第5条第1款规定:"公司从事经营活动,必须遵守法律、行政法规,遵守社会公德、商业道德,诚实守信,接受政府和社会公众的监督,承担社会责任。"在本次《公司法》修订中,将《公司法》(2018年)第5条第1款拆分为两个条文,即本条与第19条。本条将公司承担社会责任的内容及方式进一步明确化,可谓《公司法》立法的一大进步。对于本条的理解,应注意以下要点:

第一,本条规定回应了国内外现实情况的需要。随着现代公司"社会回应"理论和“利益相关者”理论的出现以及国际运动与实践对于企业社会责任这一话题的推动,我国学界和实务界对于企业社会责任立法的关注也达到了新的高度。一方面,从我国国内现实的情况来看,某些区域环境污染较为严重、某些市场假冒伪劣行为还比较常见、一些行业劳工权益保障不足的现状引起了党和政府的高度重视,党的十八届四中全会明确提出了“加强企业社会责任立法”的目标,并将加强企业社会责任立法作为推动我国国家治理现代化建设的重要手段。此外,为落实党中央关于建设生态文明、实现可持续发展理念的要求,我国《民法典》第 9 条也规定了“绿色原则”,即“民事主体从事民事活动,应当有利于节约资源、保护生态环境”。另一方面,从国际环境来看,由于企业社会责任立法的不完善,我国企业在“走出去”的过程中经常因“破坏生态环境、损害劳工利益”等问题受到国际社会的诟病,而加强企业社会责任的专项立法有利于提升企业形象,拓展企业发展空间,提高我国企业的国际竞争力。

第二,关于企业社会责任的内涵。一般认为,企业社会责任,是指企业在谋求股东或投资者利益最大化之外所负有的维护和增进社会利益的义务。其内涵大致包括:一是要顾及几类利益与企业的运作密切相关的人群的利益,包括企业职工、消费者、债权人、供应商,甚至当地社区的居民。二是要尽量减少企业的运作对社会环境、自然资源的不必要的负面影响。三是要扩大企业对社会文化、整个社会的均衡发展的正面影响,如从事公益慈善活动。

第三,关于公司社会责任。公司作为重要的企业形态,理应承担社会责任,对此,本条明确规定“公司从事经营活动,应当在遵守法律法规规定义务的基础上,充分考虑公司职工、消费者等利益相关者的利益以及生态环境保护等社会公共利益,承担社会责任”。换言之,公司承担社会责任,首先是要合法合规地进行生产经营,其次应注重利益相关者及社会公共利益维护。此外,本条也明确规定,国家鼓励公司参与社会公益活动,比如进行慈善捐赠等,公布社会责任报告。而目前环境、社会和公司治理(Environmental,Social and Governance,ESG)更日益成为世界范围内衡量和评价上市公司社会责任贡献、高质量发展水平与中长期投资价值标尺的核心要素。

【司法适用】

第一,对于公司社会责任司法化,理论及实务界已达成共识。理论及实务界普遍认为,应当发挥司法能动作用,采取利益衡量的方法,实现公司社会责任的确定性和具体化,加强利益相关方的保护。本条确立了公司应承担社会责任的基本原则及应承担的责任类型,这有利于立法对司法裁判的指引性功能的发挥,强化了公司社会责任的可诉性与可裁判性。但是,本条系对公司的社会责任的原则性规定,在司法实践中,不应单独将本条作为请求权基础和裁判依据,当事人还应结合具体的法律法规条文规定提起诉讼请求,法院判决时原则上应依据事实结合其他法律法规对企业社会责任相关具体权利义务的规定,对涉诉企业的公司社会责任予以判定,尽量避免向一般性条款逃逸。

第二,对于公司社会责任的诉讼程序,传统上我国并未有单独针对公司承担社会责任的程序性规定,但《民事诉讼法》设立的公益诉讼制度,可作为追究公司社会责任的诉讼程序。

根据《民事诉讼法》第58条的规定:"对污染环境、侵害众多消费者合法权益等损害社会公共利益的行为,法律规定的机关和有关组织可以向人民法院提起诉讼。人民检察院在履行职责中发现破坏生态环境和资源保护、食品药品安全领域侵害众多消费者合法权益等损害社会公共利益的行为,在没有前款规定的机关和组织或者前款规定的机关和组织不提起诉讼的情况下,可以向人民法院提起诉讼。前款规定的机关或者组织提起诉讼的,人民检察院可以支持起诉。"由此可见,对于公司损害社会公共利益的行为,符合公益诉讼相关条件的,可由有关机关、组织或人民检察院提起公益诉讼,追究公司的社会责任。

【司法案例】

重庆市人民检察院第五分院诉重庆瑜煌电力设备制造有限公司等环境污染民事公益诉讼案①

诉讼结论:公司应当就其因非法排放危险废物对生态环境造成的损害承担赔偿和修复责任,公司实施技术改造,在相同产能的前提下明显减少危险废物的产生或降低资源的消耗,且未因环境违法行为受到处罚,其已支付的技术改造费用可以申请抵扣。

基本案情:鹏展公司、重庆瑜煌电力设备制造有限公司(以下简称瑜煌公司)、顺泰公司均无危险废物经营资质。2015年4月10日,鹏展公司分别与瑜煌公司、顺泰公司签订合同,约定鹏展公司以420元/吨的价格向瑜煌公司、顺泰公司出售盐酸,由鹏展公司承担运费。前述价格包含销售盐酸的价格和鹏展公司将废盐酸运回进行处置的费用。2015年7月开始,鹏展公司将废盐酸从瑜煌公司、顺泰公司运回后,将废盐酸直接非法排放。2015年7月至2016年3月,鹏展公司非法排放废盐酸累计至少达717.14吨,造成跳蹬河受到污染。经评估,本次事件生态环境损害数额为6,454,260元,同时还产生事务性费用25,100元及鉴定费5000元。

---

① 参见重庆市高级人民法院(2020)渝民终387号民事判决书。

本次污染事件发生后,瑜煌公司和顺泰公司投入资金开展酸雾收集、助镀槽再生系统等多个方面的技术改造,环境保护水平有所提升。公益诉讼起诉人重庆市人民检察院第五分院认为鹏展公司、瑜煌公司和顺泰公司应承担本次环境污染事件造成的损失,遂向法院提起诉讼请求:判决鹏展公司、瑜煌公司、顺泰公司承担生态环境损害赔偿金及鉴定费等共计6,484,360元,并向社会公众赔礼道歉。

法院认为:根据《固体废物污染环境防治法》(2015年修正)第57条的规定,从事收集、贮存、处置及利用危险废物经营活动的单位,必须取得经营许可证。本案中,瑜煌公司、顺泰公司作为危险废物的生产者,却将涉案危险废物交由未取得危险废物经营许可证的鹏展公司处置,违反了危险废物污染防治的法定义务。鹏展公司非法排放的危险废物中无法区分瑜煌公司、顺泰公司各自提供的具体数量或所占份额,构成共同侵权,故瑜煌公司和顺泰公司应对鹏展公司所造成的生态环境损害承担连带责任。环境公益诉讼作为《环境保护法》确立的重要诉讼制度,其诉讼目的不仅仅是追究环境侵权责任,更重要的是督促引导环境侵权人实施环境修复,鼓励企业走生态优先、绿色发展的道路,实现环境保护同经济建设和社会发展相协调。瑜煌公司和顺泰公司在案涉污染事件发生后实施技术改造,并请求以技术改造费用抵扣生态环境损害赔偿金。对技术改造费用能否用以抵扣应承担的生态环境损害赔偿金的问题,应秉持前述环境司法理念,对企业实施的环保技术改造的项目和目的加以区分,分类对待。本案中,由于河流具有自净能力,受到污染的水体现已无必要进行生态环境修复。瑜煌公司和顺泰公司愿意继续进行技术改造,其承诺实施的技术改造,有利于实现污染物的减量化、再利用和资源化,亦有利于降低当地的环境风险。因此,将瑜煌公司和顺泰公司已实际支付的环保技术改造费用用于抵扣其应承担的生态环境损害赔偿金,符合环境公益诉讼维护社会公共利益的目的。在环境民事公益诉讼案件中,既要确保受损的生态环境得到及时有效修复,又要给予正确面对自身环境违法行为、愿意积极承担环境法律责任的企业继续进行合法生产经营的机会,实现保护生态环境与促进经济发展的平衡。新冠肺炎疫情期间,瑜煌公司和顺泰公司的生产经营受到一定影响,两家企业在案发后投入大量资金实施技术改造,且部分尚欠的技术改造费用已到清偿期,两家企业当前均出现一定程度的经营困难。为促发展、稳预期、保民生,最大限度维持企业的持续经营能力,对瑜煌公司和顺泰公司请求分期支付的意见予以采纳,准许其两年内分三期支付生态环境损害赔偿金。

第二十一条　公司股东应当遵守法律、行政法规和公司章程，依法行使股东权利，不得滥用股东权利损害公司或者其他股东的利益。

公司股东滥用股东权利给公司或者其他股东造成损失的，应当承担赔偿责任。

【条文主旨】

本条是关于股东不得滥用权利损害公司或者其他股东利益的规定。

【条文理解】

《公司法》(2018 年)第 20 条规定:“公司股东应当遵守法律、行政法规和公司章程,依法行使股东权利,不得滥用股东权利损害公司或者其他股东的利益;不得滥用公司法人独立地位和股东有限责任损害公司债权人的利益。公司股东滥用股东权利给公司或者其他股东造成损失的,应当依法承担赔偿责任。公司股东滥用公司法人独立地位和股东有限责任,逃避债务,严重损害公司债权人利益的,应当对公司债务承担连带责任。”《民法典》第 83 条第 1 款在《公司法》(2018 年)第 20 条规定的基础上,将适用范围扩展到全部营利法人。本次《公司法》修订从股东权利行使的视角,将《公司法》(2018 年)第 20 条拆分为两个条文,将其中的第 1 款、第 2 款合并为本条,将其中的第 3 款规定在第 23 条。其中本条规定股东与公司及其他股东之间的关系,第 23 条规定股东滥用公司独立人格,损害公司债权人利益的情形。当股东滥用权利时,利益受损的主体是公司、其他股东或公司债权人,通过本条及第 23 条的规定,把股东不得滥用权利及对受害主体的救济规定清楚了。

本着权利、义务平等的原则,公司股东在享受各项权利的同时,负有正当行使权利的义务。股东正当行使权利受法律保护,滥用权利将受到法律的制裁。结合我国公司实践的实际需要,本条规定了公司股东正当行使权利的一般原则及其股东滥用权利损害公司或者其他股东利益的民事责任。股东在行使权利时,一要遵守法律有关权利行使的规定,二要依照法律规定的程序行使。股东行使权利不得损害公司和其他股东的利益。例如,本法规定,股东在涉及公司为其担保事项进行表决时,应当回避,如股东违反这一规定强行参与表决,则构成滥用股东权利。又如,本法规定有限责任股东有查阅公司会计账簿和会计凭证的权利,但前提是股东应当有正当的理由,如为了积极参与公司的经营活动或他人在财务处理上有可能损害股东利益。如果股东为个人经营的目的,以查账为由,窃取公司商业秘密,则构成股东滥用权利。再如,公司章程规定公司出售重大资产需股东会特别决议通过,公司的控股股东无视章程的规定,不经法定程序,强令公司经营管理层出售该资产,也构成股东权利的滥用。对股东滥用权利的行为,给公司和其他股东造成损失的,滥用权利的股东应承担赔偿责任。这样规定有利于规范股东行为,促使股东依法、正当行使权利。

【司法适用】

一、应注意识别哪些情形构成滥用股东权利

本条没有对什么情形构成滥用股东权利进行详细列举。在实践中,股东滥用权利主要有以下表现形式:公司股东利用股东会决议无故免除他人债务,损害公司财产权及债权人利益;公司股东利用职务身份等优势地位侵吞公司财产;公司股东利用关联关系转移公司财产,损害公司利益;公司股东行使知情权查阅会计账簿和会计凭证后窃取公司商业秘密,损害公司利益;股东利用自己的优势地位转移公司财产导致公司不能进行盈余分配;股东违规要求公司为其个人债务提供担保或代为偿还个人债务损害债权人合法权益;股东违反规定强行在涉及公司为其担保事项进行表决时参与表决等。对于上市公司而言,适用此条还需特别注意衔接中国证监会、证券交易所等对上市公司的特别要求。由于事关公众利益和金融秩序,上市公司控股股东、实际控制人是否依法行使股东权利遵守股东义务,对于资本市场稳定有序发展和公众利益尤其是广大的中小股民利益尤为重要。因此中国证监会及证券交易所对控股股东、实际控制人不得滥用股东权利进行了特别明确,比如不得以任何方式占用公司资金或要求公司违规担保,不得利用非公开重大信息谋取利益,不从事内幕交易、短线交易、操纵市场等行为,保持公司法人人格独立,遵守公开声明和承诺,严格履行信息披露义务等。[①] 总的说来,股东享有的权利、使用该权利是否依法依章、公司利益是否受到实质损害等问题,对判

---

① 《深圳证券交易所创业板股票上市规则(2023年8月修订)》(深证上〔2023〕702号)第4.3.2条规定:"上市公司控股股东、实际控制人应当诚实守信,依法行使股东权利,不滥用控制权损害公司或者其他股东的利益,履行以下义务:(一)遵守并促使公司遵守国家法律、行政法规、部门规章、规范性文件、本规则和本所其他相关规定、公司章程,接受本所监管;(二)不以任何方式违法违规占用公司资金或者要求公司违法违规提供担保;(三)不通过非公允的关联交易、利润分配、资产重组、对外投资等任何方式损害公司和其他股东的合法权益;(四)不利用公司未公开重大信息谋取利益,不以任何方式泄露有关公司的未公开重大信息,不从事内幕交易、短线交易、操纵市场等违法违规行为;(五)保证公司资产完整、人员独立、财务独立、机构独立和业务独立,不以任何方式影响公司的独立性;(六)严格履行作出的公开声明和各项承诺,不擅自变更或者解除;(七)严格按照有关规定履行信息披露义务,并保证披露的信息真实、准确、完整,不存在虚假记载、误导性陈述或者重大遗漏;积极主动配合公司做好信息披露工作,及时告知公司已发生或者拟发生的重大事项,并如实回答本所的相关问询;(八)本所认为应当履行的其他义务。"

断公司股东是否构成滥用股东权利具有关键作用。

二、股东滥用权利损害公司或者其他股东利益,其本质上属于侵权行为

股东滥用权利损害公司或者其他股东利益的,应符合以下侵权责任的构成要件:首先,股东有滥用股东权利的行为。公司股东滥用股东权利的行为,是指公司股东违反法律、行政法规或公司章程的规定,不正当地行使股东权利的行为。股东滥用权利将受到法律的制裁,股东在行使权利时,一是要遵守法律有关权利行使的规定;二是要依照法律、行政法规规定的程序行使。其次,股东滥用权利的行为具有主观故意,而非过失。从股东的主观过错来看,其目的是滥用股东权利,主观上有明显过错,是故意为之。如果股东主观上没有过错,或者过错不明显,属于过失,没有达到"滥用"的程度,则应排除适用。再次,股东滥用股东权利的行为,给公司或者其他股东造成了损失。公司股东滥用股东权利的行为,只有给公司或者其他股东造成了损失,滥用权利的股东才须承担赔偿责任。因此,公司或者其他股东若向滥用权利股东主张赔偿责任,应就滥用权利股东的权利滥用行为给公司或者其他股东造成的损失进行举证,若公司或者其他股东无法举证,则滥用权利股东虽有滥用权利的行为,但仍将无须承担赔偿责任。最后,股东滥用股东权利的行为与公司或者其他股东所遭受的损失之间存在因果关系。公司或者其他股东不但要举证证明滥用权利股东的权利滥用行为存在,还要证明公司或者其他股东所遭受的损失存在,并且须证明公司或者其他股东所遭受的损失是由于滥用权利股东的权利滥用行为造成的。只有证明了股东权利滥用与公司或者其他股东所遭受的损失之间存在因果关系,滥用权利股东才须承担赔偿责任。

三、关于救济路径的选择

根据诉权性质的不同,公司诉讼可以分为直接诉讼和派生诉讼。这两种性质的诉讼,本条均可能涉及。在一般情况下,公司或股东可依据本条规定直接起诉要求滥用权利股东承担赔偿责任,但对因公司利益受损导致的股东利益间接受损的情形,股东只能经由股东派生诉讼寻求救济。此外,本条常涉及的案由是"损害股东利益责任纠纷""损害公司利益责任纠纷"。

【司法案例】

1. 甘肃居立门业有限责任公司与庆阳市太一热力有限公司、李某军公司盈余分配纠纷案①

诉讼结论:公司部分股东变相分配利润、隐瞒或转移公司利润,损害其他股东

① 参见最高人民法院(2016)最高法民终528号民事判决书。

的实体利益，应当承担赔偿责任。

基本案情：庆阳市太一热力有限公司(以下简称太一热力公司)由李某军和张某龙二人于2006年3月设立，李某军持股65%，张某龙持股35%。经过股权转让，太一热力公司股东变更为太一工贸公司和甘肃居立门业有限责任公司(以下简称居立门业公司)，太一工贸公司持股比例60%，居立门业公司持股比例40%。

后太一热力公司资产被整体性收购，资产评估价款为9126.48万元。收到款项后，太一热力公司将5600万余元公司资产转让款转入兴盛建安公司账户。居立门业公司认为该款项构成公司盈余，应当依法进行分配，李某军利用其太一热力公司法定代表人身份和控制地位，滥用职权，应当承担连带责任。居立门业公司向法院提起诉讼，请求：(1)判令太一热力公司对盈余的7000余万元现金和盈余的32.7亩土地(从政府受让取得时的地价款为330万元)按照《公司法》第35条和太一热力公司章程第27条之规定向居立门业公司进行分配；(2)判令李某军对居立门业公司的第1项诉讼请求承担连带责任。

法院认为：(1)原则上是否进行公司盈余分配及分配多少，属于公司自制范畴，应当由股东会作出公司盈余分配的具体方案。但当部分股东变相分配利润、隐瞒或转移公司利润时，则会损害其他股东的实体利益，已非公司自治所能解决，此时应通过司法干预。本案中，首先，根据司法审计结论，太一热力公司有巨额可分配利润，具备进行盈余分配的前提条件；其次，李某军同为太一热力公司及其控股股东太一工贸公司法定代表人，未经公司另一股东居立门业公司同意，没有合理事由将5600万余元公司资产转让款转入兴盛建安公司账户，转移公司利润，给居立门业公司造成损失，属于太一工贸公司滥用股东权利，符合《公司法规定(四)》第15条规定应进行强制盈余分配的实质要件。最后，《公司法规定(四)》第15条规定的股东盈余分配的救济权利，并未规定需以采取股权回购、公司解散、代位诉讼等其他救济措施为前置程序，居立门业公司对不同的救济路径有自由选择的权利。(2)在未对盈余分配方案形成股东会或股东大会决议情况下司法介入盈余分配纠纷时，不仅要严格公司举证责任保护小股东利益，还要优先保护公司外部关系中债权人、债务人等的利益，因此，可分配的盈余数额应扣减有争议部分金额。司法干预盈余分配的，在盈余分配判决未生效之前，公司不负有法定给付义务，故不应计付利息。(3)李某军利用关联关系将太一热力公司5600万余元资产转让款转入关联公司，损害太一热力公司及股东居立门业公司利益，应在太一热力公司给付不能的范围内承担赔偿责任。

2. 海南海钢集团有限公司与中国冶金矿业总公司及三亚渡假村有限公司损害股东利益责任纠纷案①

诉讼结论：股东滥用控制权损害其他股东利益的认定。

基本案情：三亚渡假村有限公司（以下简称渡假村公司）成立于1996年，注册资本为6601.9万元，股东为中国冶金矿业总公司（以下简称中冶公司，持股60%）与海南海钢集团有限公司（以下简称海钢集团，持股40%）。后公司进行增资扩股，增资后注册资本为16,291.89万元，股东变更为中冶公司（持股49.70%）、海钢集团（持股33.30%）等6名法人股东。渡假村公司章程第8条第6项规定“议事规则：股东会一般一年召开一次，股东会的决议，修改章程必须经三分之二以上的股东表决通过”。

2006年11月9日，渡假村公司董事会向各股东致函，要求各股东针对渡假村公司与海韵公司合作开发事项进行表决，并将表决结果返回。股东反馈的表决结果为：中冶公司等3名股东（共持股61.24%）投赞成票，海钢集团等2名股东（共持股34.83%）投反对票、1名股东弃权未表决。根据该表决结果，形成了《三亚渡假村有限公司股东会决议》，通过了渡假村公司和海韵公司的合作开发方案。该决议落款为“三亚渡假村有限公司董事会，董事长邹健”，并加盖渡假村公司公章。后渡假村公司与海韵公司签订《三亚度假村合作开发协议》及相关补充协议，并实施了合作开发事项。

2008年3月开始，渡假村公司与海韵公司因合作项目土地问题产生纠纷。经海南省高级人民法院判决渡假村公司将部分项目及其占有的70.26亩土地使用权过户到海韵公司名下，并向海韵公司支付违约金1000万元。海钢集团认为由于中冶公司不顾其他股东反对，决定渡假村公司与海韵公司合作，导致渡假村公司损失，其中海钢集团损失2.344亿元，遂提起本案诉讼。请求法院：（1）认定中冶公司在通过案涉股东会决议过程中滥用股东权利；（2）判令中冶公司赔偿海钢集团经济损失2.344亿元或者赔偿同类地段同类价格同等数量的土地使用权（21.3亩）；（3）判令中冶公司赔偿海钢集团因渡假村公司支付海韵公司1000万元人民币违约金产生的333万元损失。

法院认为：渡假村公司及其股东中冶公司均为人格独立的公司法人，不应仅以两公司的董事长为同一自然人，便认定两公司的人格合一，进而将渡假村公司董事会的行为认定为中冶公司的行为，这势必造成公司法人内部决策机制及与其

① 参见最高人民法院（2013）民二终字第43号民事判决书。

法人单位股东在人格关系上的混乱。此外，两公司人格独立还表现为其财产状况的独立和明晰，在没有证据证明公司与其股东之间存在利益输送的情况下，此类“董事长同一”并不自然导致“法人人格否认原理”中的“人格混同”之情形，不能据此得出中冶公司的表决行为损害了渡假村公司及其股东海钢集团利益的结论。因此，原审判决依“中冶公司利用其董事长邹健同时为渡假村公司董事长的条件和掌管渡假村公司公章的权力自行制作《三亚渡假村有限公司股东会决议》”，认定中冶公司“系滥用股东权利，并由此侵犯了海钢集团的合法权益”，没有事实和法律依据。

第二十二条　公司的控股股东、实际控制人、董事、监事、高级管理人员不得利用关联关系损害公司利益。

违反前款规定，给公司造成损失的，应当承担赔偿责任。

【条文主旨】

本条是关于关联交易的规定。

【条文理解】

本条沿用了《公司法》(2018 年)第 22 条的规定，仅作文字修改。关联交易是一种特殊的自我交易，实质上也是一种利益冲突交易。历来各国的公司法都将其作为忠实义务制度中最为重要的内容加以规制。正常的关联交易可以稳定公司业务，分散经营风险，有利于公司发展，因此，我国《公司法》并未简单地禁止关联交易。但关联交易犹如“双刃剑”，一些公司大股东、实际控制人和管理层，违反忠实义务，利用与公司的关联关系和控制地位，迫使公司与自己或者其他关联方从事利益不正当的交易，以达到挪用公司资金、转移利润的目的，严重损害公司、少数股东和债权人利益，为此，本条对关联交易进行规范。

《公司法》所定义的关联关系，是指公司控股股东、实际控制人、董事、监事、高级管理人员与其直接或者间接控制的企业之间的关系，以及可能导致公司利益转移的其他关系。但是，国家控股的企业之间不仅因为同受国家控股而具有关联关系。控股股东，是指其出资额占有限责任公司资本总额 50%以上或者其持有的股份占股份有限公司股本总额 50%以上的股东；出资额或者持有股份的比例虽然不足 50%，但依其出资额或者持有的股份所享有的表决权已足以对股东会的决议产生重大影响的股东。实际控制人，是指通过投资关系、协议或者其他安排，能够实际支配公司行为的人。董事，是指公司股东会或者股东大会选举出来的董事会成员或依法不设董事会的公司的董事。监事，是指公司股东会或者股东大会选举出来的监事会成员或依法不设监事会的公司的监事。高级管理人员,指公司的经理、副经理、财务负责人,上市公司董事会秘书和公司章程规定的其他人员。前述人员,不得利用其关联关系,实施损害公司利益的行为。否则,致使公司遭受损害的,应当承担赔偿责任,赔偿公司的损失。《民法典》第84条在本条规定的基础上,将适用范围扩展到全部营利法人。需要指出的是,针对关联交易方以履行法定程序为由不能豁免赔偿责任、股东可以提起股东代表诉讼及确认关联交易合同无效与撤销问题,《公司法规定(五)》第1条、第2条进一步进行了规范。

【司法适用】

一、关联关系的认定

从文字上理解,关联交易即与有关联关系的关联方进行的交易,因此,关联关系是认定关联交易的基础与前提。根据《公司法》第265条的规定,关联关系,主要是指可能导致公司利益转移的各种关系,包括公司控股股东、实际控制人、董事、监事、高级管理人员与其直接或者间接控制的企业之间的关系,以及可能导致公司利益转移的其他关系。

从公司法视角分析,关联关系的主要形式有:公司控股股东与其直接或者间接控制的企业之间的关系;公司实际控制人与其直接或者间接控制的企业之间的关系;公司董事、监事、高级管理人员与其直接或者间接控制的企业之间的关系;其他可能导致公司利益转移的其他关系,如同一控股股东或者实际控制人控制下的公司之间的关系、合营企业之间的关系、联营企业之间的关系、主要投资者个人、关键管理人员或与其关系密切的家庭成员和公司之间的关系、受主要投资者个人、关键管理人员或与其关系密切的家庭成员直接控制的其他企业和公司之间的关系等。此外,考虑到我国国有企业的实际情况,《公司法》第265条还特别规定,即"国家控股的企业之间不仅因为同受国家控股而具有关联关系"。

对于上市公司而言,上市公司应及时将关联人情况报交易所备案、进行关联交易时应按照章程及相关议事规则对关联交易进行审议并履行相应的信息披露手续,因此关联关系及关联方的识别是对关联交易及其合理性、公允性及必要性核查的前提与基础。所以,上市公司关联关系及关联方的识别应当全面、准确、完整,除《公司法》规定外,还应该结合《企业会计准则第36号——关联方披露》以及中国证监会、上市公司所在证券交易所的上市规则及相关规定要求对于关联关系及关联方进行全面梳理。

二、关联交易是否损害公司利益的审查

对于关联交易行为是否损害公司利益,应着重从实体和程序两个方面进行审查。

（一）审查关联交易对价是否公允

交易价格是否公允是判断关联交易是否给公司造成损失的核心要件。关于公允价格的判断可参照《上市公司治理准则》第76条中的规定，即关联交易应当具有商业实质，价格应当公允，原则上不偏离市场独立第三方的价格或收费标准等交易条件。同时在个案中，法院应结合原被告双方的举证，结合合同权利义务关系、合同履行是否符合正常的商业交易规则、公司经营需要、交易动机、交易价格是否合理等，综合判定交易价格是否偏离正常市场价格，并认定是否对公司造成损失。[①]

（二）审查关联交易的程序是否合规

在程序审查方面，法院应审查关联交易是否已向公司披露，是否符合法律法规或公司章程的规定。在审查是否符合《公司法》的规定时，上市公司董事与董事会决议事项所涉及的企业有关联关系的，不得对该项决议行使表决权，也不得代理其他董事行使表决权；是否符合公司章程对关联交易的程序性规定，如需经股东会、股东大会或董事会的同意等。此外，需要注意的是，《公司法规定（五）》第1条第1款明确规定了关联交易损害公司利益的，履行法定程序不能豁免关联交易赔偿责任。实践中，法院审理公司关联交易损害责任纠纷案件时，相关行为人往往会以其行为已经履行了合法程序而进行抗辩，最主要的是经过了公司股东会或董事会决议批准，且行为人按照规定回避表决等。由于关联交易的核心是公平，《公司法规定（五）》第1条第1款的规定强调尽管交易已经履行了相应的程序，但如果违反公平原则，损害公司利益，公司依然可以主张行为人承担损害赔偿责任。除审查交易价格的公允性、审批程序的合法性之外，法院还可能针对具体个案案情，结合交易内容是否具有商业必要性、是否属于公司经营需要、是否具有真实的交易动机等其他因素，综合判定是否属于关联交易。

三、关联交易损害公司利益的赔偿范围

（一）关于非正当关联交易的赔偿范围

非正当关联交易的赔偿范围通常是非正当关联交易价格与已查明公允交易

---

① 参见最高人民法院（2021）最高法民再181号民事判决书。最高人民法院认为，《公司法》保护合法有效的关联交易，并未禁止关联交易，合法有效关联交易的实质要件是交易对价公允。参照《公司法规定（五）》第1条关于"关联交易损害公司利益，原告公司依据民法典第八十四条、公司法第二十一条规定请求控股股东、实际控制人、董事、监事、高级管理人员赔偿所造成的损失，被告仅以该交易已经履行了信息披露、经股东会或者股东大会同意等法律、行政法规或者公司章程规定的程序为由抗辩的，人民法院不予支持"的精神，应当从交易的实质内容即合同约定、合同履行是否符合正常的商业交易规则以及交易价格是否合理等进行审查。

价格之间的差额。该部分差额即为非正当关联交易对公司造成的损失，应由侵权人向公司进行赔偿。但是实践中对于如何认定公允价格存在一定的裁量分歧，对此可以综合考虑与第三方正常交易价格、往期交易价格、同行业拍卖或竞标价格、具有相关资质的审计评估机构的审计评估值等进行综合判定。

(二)关于自我交易的赔偿范围

《公司法》第182条第1款规定的自我交易归入权诉讼与第22条规定的关联交易损害赔偿诉讼，均为涉及损害公司利益的责任纠纷，均具备侵权责任的一般构成要件。两者区别在于，在行为主体上，自我交易的行为主体是负有忠实义务的董事、监事、高级管理人员本人，而关联交易的行为主体可涵盖与公司具有关联关系的所有主体；在行为和结果要件上，自我交易强调董事、监事、高级管理人员未将交易事项向董事会或股东会报告，或未按公司章程的规定经董事会或股东会决议通过与本公司进行交易，且其因自我交易而获得的收入应当归公司所有；关联交易则强调关联人利用关联关系使公司利益受损，关联人应当对公司所受损失承担赔偿责任。

四、关联交易合同存在效力瑕疵时，股东的救济方式

根据《公司法规定(五)》第1条第2款的规定，关联交易损害公司利益的，如果公司没有提起诉讼，符合《公司法》第189条第1款规定条件的股东，可以依据《公司法》第189条第2款、第3款规定向人民法院提起诉讼。同时，《公司法规定(五)》第2条规定了在关联交易合同存在效力瑕疵时，股东的救济方式。以公司名义订立的关联交易合同，其确认效力瑕疵的途径有两种：一是公司自己请求；二是股东通过股东代表诉讼进行请求。

第一，在我国目前的法律体系下，如果关联交易本身符合无效情形，或者构成了显失公平等可撤销情形，公司本身是有权请求确认无效或者撤销交易的。《民法典》继承了《民法总则》相关规定，在第146条第1款、第147条、第148条、第149条等条款，规定了民事法律行为无效与可撤销的相关情形。根据这些规定，当事人达成的关联交易如具备无效或者可撤销的情形，公司可以直接根据上述规定作为一方当事人请求确认无效或撤销该交易。但关联交易不公允本身只是产生赔偿责任，而非直接据此否定关联交易行为的效力，判断关联交易本身的效力是否存在瑕疵或者存在对公司不发生效力的情况，仍应根据《民法典》《公司法》等规定进行判定。

第二，考虑到上述情形下，行为人往往控制公司，公司本身很难主动撤销合同或请求确认合同无效。故为保护中小投资者利益，还应当给受到侵害的其他股东以救济的权利，因此，在公司不主动确认合同无效或撤销合同，损害公司利益的情形下,其他股东可提起股东代表诉讼,以维护公司和自身利益。

第三,我国股东代表诉讼适用的范围一直存在争议:股东代表诉讼是只针对侵权行为还是包括合同行为。司法实践中,考虑到合同相对性的问题,对以股东代表诉讼请求确认合同无效一般都认可,但以股东代表诉讼请求撤销合同则有很大争议。《公司法规定(五)》第2条扩展了股东代表诉讼的适用范围,将之扩大到关联交易中以公司名义订立的损害公司利益合同的确认无效和撤销纠纷中。实践中对于股东提起代表诉讼请求解除合同的,亦有法院予以支持。①

第四,规制公司法定代表人越权行为也是股东代表诉讼的一项重要功能。《民法典》第504条规定,"法人的法定代表人或者非法人组织的负责人超越权限订立的合同,除相对人知道或者应当知道其超越权限外,该代表行为有效,订立的合同对法人或者非法人组织发生效力"。该条明确了公司法定代表人超越权限订立的合同的法律效果归属问题,即合同权利义务是否由公司承受。关联交易中,如果合同相对人知道或者应当知道法定代表人越权订立合同,根据该条规定,《民法典》将法律后果确定为对公司不发生效力。因此,为保护中小股东利益,关联交易合同对公司不发生法律效力的,也属于股东代表诉讼范围。

【司法案例】

周某与甘肃中集华骏车辆有限公司、高某迎、毛某光关联交易损害赔偿纠纷案②

诉讼结论:公司高级管理人员利用关联关系损害公司利益,给公司造成损失,应当承担赔偿责任。

基本案情:周某于2007年7月30日被甘肃中集华骏车辆有限公司(以下简称华骏公司)任命为营销部经理,全面主持公司销售和采购供应工作,后被任命为该公司分管销售的副总经理,2010年7月调离。周某与高某迎于2006年确立恋

---

① 可参见陕西省高级人民法院(2018)陕民初71号民事判决书、最高人民法院(2021)最高法民终656号民事判决书。法院认为,《公司法规定(五)》第2条规定"关联交易合同存在无效或可撤销"情形,符合条件的股东可以依据《公司法》(2018年)第151条第3款规定向人民法院起诉合同相对方。可见,《公司法》规定的"他人侵犯公司合法权益"并不限于典型的侵权行为,他人通过签订或履行合同侵害公司利益的,亦可作为侵害公司合法权益的行为。且合同履行过程中因违约方的重大过错而严重违约可以行使解除权的情形与因欺诈、胁迫、乘人之危等导致合同效力瑕疵可撤销的情形,无论是在过错方的主观方面还是在使合同相对方所处的不利益状态以及撤销和解除的最终结果都是使合同效力归于消灭等方面,都是相似的,按照相同情况相同处理的法理,既然股东可以就可撤销合同提起股东代表诉讼,也应当允许股东对因违约方的严重违约行为而提起解除合同的股东代表诉讼。

② 参见甘肃省高级人民法院(2018)甘民终590号民事判决书。

爱关系,2008年5月登记结婚。2008年2月至2009年7月,华骏公司与高某迎发起设立的青海同海达公司签订了38份加工承揽合同,青海同海达公司拖欠货款未按时支付。其间,高某迎将青海同海达公司股权转让给其母亲,后又转让给他人。2011年9月,华骏公司与青海同海达公司就欠款偿还问题达成协议,确定青海同海达公司应付华骏公司欠款5,967,970元,双方请求人民法院制作了调解书。因青海同海达公司无财产可供执行,该调解书执行程序被终结。周某任职期间,除青海同海达货款外公司其他货款均及时回收。华骏公司认为周某利用关联交易,给公司造成了损失,遂起诉至法院。

法院认为:判断公司相关人员是否为高级管理人员,应从该人员是否担任《公司法》规定职务,或者公司章程是否作出规定进行分析。公司的高管应是执行公司出资人的决策,拥有执行权或一定程度的决策权,掌握着公司内部管理或外部业务的核心信息,并决定公司的决策及发展方向的特定人群。本案中,周某作为华骏公司营销部经理全面负责销售工作,在此期间公司并没有设立副总经理,周某对选择交易对象以及是否签订合同具有决策权,对以什么方式进行资金回收亦有决定权,其实际上行使的是公司高管的职权。其妻子高某迎和亲戚成立青海同海达公司及转让公司股权的行为,与周某任营销部经理及离任具有同步性。周某作为华骏公司高管隐瞒青海同海达公司控股股东、股东系其妻子、岳母和远方表弟的事实,在担任华骏公司营销部经理和销售副总期间,对青海同海达公司与华骏公司签订的38份《加工承揽合同》的履行、货款回收、交易方的财务状况、交易风险不闻不问,该行为构成关联交易。且周某在青海同海达公司未向华骏公司支付货款的情况下,利用职权继续与青海同海达公司签订合同和供货。同时,其任职期间,华骏公司其他货款均及时回收及时,唯独与青海同海达公司的交易给华骏公司造成了巨大损失,其应当承担赔偿责任。

第二十三条　公司股东滥用公司法人独立地位和股东有限责任,逃避债务,严重损害公司债权人利益的,应当对公司债务承担连带责任。

股东利用其控制的两个以上公司实施前款规定行为的,各公司应当对任一公司的债务承担连带责任。

只有一个股东的公司,股东不能证明公司财产独立于股东自己的财产的,应当对公司债务承担连带责任。

【条文主旨】

本条是关于公司法人人格否认的规定。

【条文理解】

《民法典》第 83 条第 2 款规定:“营利法人的出资人不得滥用法人独立地位和出资人有限责任损害法人债权人的利益;滥用法人独立地位和出资人有限责任,逃避债务,严重损害法人债权人的利益的,应当对法人债务承担连带责任。”该款确立了法人人格否认制度。依据《民法典》对法人人格否认制度的规定,本次《公司法》修订,将《公司法》(2018 年)第 5 条第 3 款、第 63 条及《九民纪要》第 10 条第 2 款中的相关规定,整合形成公司法人人格否认制度,即股东滥用公司独立人格,损害公司债权人利益的,应当对公司债务承担连带责任。

一、公司法人人格否认的三种情形

本条共分为 3 款,分别规定了纵向公司法人人格否认(第 1 款)、横向公司法人人格否认(第 2 款)、一人公司法人人格否认(第 3 款)。

(一)本条第 1 款是关于公司法人人格否认制度的一般规定,也称为纵向公司法人人格否认

通常所称公司法人人格否认,一般是指纵向否认,即否定公司独立人格,否定股东以出资为限对公司债务承担有限责任,而判令股东对公司债务承担连带责任。

《公司法》(2018 年)第 20 条第 3 款规定:“公司股东滥用公司法人独立地位和股东有限责任,逃避债务,严重损害公司债权人利益的,应当对公司债务承担连带责任。”本次《公司法》修订,本条第 1 款沿用了该规定,没有进行调整。实际经济生活中,有的公司的股东通过各种途径控制着公司,为赚取高额利润或逃避债务,常常擅自挪用公司的财产,或者与自己的财产混同、账目混同、业务混同。有的股东为达到非法目的,设立一个空壳公司从事违法活动,实际控制该公司,但又以有限责任为掩护逃避责任。在这些情况下,公司实际上已失去了独立地位,公司的人格已经被股东滥用了。同时,股东利用上述手段逃滥用其有限责任的待遇,导致公司的债权人面临极大的交易风险。面对这一现实问题,一些国家在维护公司股东有限责任的基本原则的同时,为切实保护债权人的利益,本着权利和义务相一致的原则,维护正常的交易秩序,创制了公司法人人格否认制度(在普通法系国家称为“揭开公司面纱”)。即当符合法定条件,认定股东滥用公司法人独立地位、股东滥用有限责任时,可以“揭开公司的面纱”,将公司股东和公司视为一体,由股东对公司债务承担连带责任。

(二)本条第 2 款是关于公司法人人格横向否认的规定

所谓横向否认,是对股东控制下的子公司或者关联公司相互否认人格,相互

承担连带责任,可形象称为“平行否认”。

《九民纪要》第 11 条第 2 款规定:“控制股东或实际控制人控制多个子公司或者关联公司,滥用控制权使多个子公司或者关联公司财产边界不清、财务混同,利益相互输送,丧失人格独立性,沦为控制股东逃避债务、非法经营,甚至违法犯罪工具的,可以综合案件事实,否认子公司或者关联公司法人人格,判令承担连带责任。”可见,该款明确规定了公司人格否认类型中横向否认的认定标准及法律后果。本次《公司法》修订,对《九民纪要》的该款规定进行了修改完善,明确规定“公司股东利用其控制的两个以上公司实施前款规定行为的,各公司应当对任一公司的债务承担连带责任”。

(三)本条第 3 款是关于一人公司否认法人人格、股东民事责任的特别规定

本次《公司法》修订,对《公司法》(2018 年)第 63 条进行了一定的修改,使本条第 3 款适用范围从一人有限责任公司拓展到一人股份有限公司。对于只有一个股东的公司,本条第 3 款规定明显更加严格,体现在两个方面:首先,举证责任倒置,股东必须证明公司财产独立于股东自己的财产。其次,如果公司财产与股东财产不具有独立性,则公司股东无须具有“逃避债务”的主观意图,就需要直接对公司债务承担连带责任。

二、公司法人人格否认的法律后果

股东滥用公司法人独立地位和股东有限责任的法律后果,体现为否认法人人格、股东不以出资额为限对公司债务承担责任。表现在:依据本条第 1 款及第 3 款规定,股东应当对公司债务承担连带责任;依据本条第 2 款规定构成公司法人人格横向否认的,各公司应当对任一公司的债务承担连带责任。

【司法适用】

一、如何正确理解与适用公司法人人格否认制度

有限责任是公司制度的基石,在理解公司法人人格否认制度时,应注意以下几点:

(1)对于一人公司以外的其他公司,只有在股东实施了滥用公司法人独立地位及股东有限责任的行为,且该行为严重损害了公司债权人利益的情况下,才能适用。损害债权人利益,主要是指股东滥用权利使公司财产不足以清偿公司债权人的债权。

(2)只有实施了滥用法人独立地位和股东有限责任行为的股东才对公司债务承担连带清偿责任,而其他股东不应承担此责任。

(3)公司人格否认不是全面、彻底、永久地否定公司的法人资格,而只是在具体案件中依据特定的法律事实、法律关系,突破股东对公司债务不承担责任的一

般规则,例外地判令其承担连带责任。在个案中否认公司人格的判决的既判力仅仅约束该诉讼的各方当事人,不当然适用于涉及该公司的其他诉讼,不影响公司独立法人资格的存续。如果其他债权人提起公司人格否认诉讼,已生效判决认定的事实可以作为证据使用。

(4)本条第1款规定的滥用行为,实践中常见的情形有人格混同、过度支配与控制、资本显著不足等。

二、公司法人人格否认的构成要件

公司股东滥用公司独立法人地位和股东有限责任,侵犯了公司债权人的利益,因此,公司人格否认的案件性质应属于侵权纠纷案件,应当按照侵权责任的构成要件承担相应的侵权赔偿责任。公司法人人格否认,应具备以下构成要件:

(一)主体要件

从双方当事人来看,原告是公司的债权人,包括主动债权人(如合同债权人)和被动债权人(如侵权行为中的赔偿权利人);被告是实施了滥用公司法人独立地位和股东有限责任的行为,且该行为严重损害了公司债权人利益的股东,而不是其他股东。

(二)主观要件

从被告的主观来看,其目的是逃避债务,主观上有明显过错,是故意为之。如果股东主观上没有过错,或者过错不明显,属于过失,则没有必要否定公司人格。换言之,公司股东的行为必须达到"滥用"公司法人独立地位和股东有限责任的程度,才有必要否定公司人格。如果没有达到"滥用"的程度,就没有必要否定公司人格,否则,有违公司人格独立和股东有限责任的基本原则。

(三)结果要件

从原告来看,其因股东实施的"滥用"公司法人独立地位和股东有限责任的行为,受到的损害必须达到"严重"程度,才有必要否定公司人格,让股东对公司债务承担连带责任。否则,没有必要对公司独立人格和股东有限责任进行突破。

(四)因果关系要件

债权人的债权受到"严重"损害,是因为股东"滥用"公司法人独立地位和股东有限责任行为造成的,股东实施"滥用"行为是"因",债权人受到"严重"损害是"果"。虽然债权人受到"严重"损害,如果不是股东"滥用"行为造成,而是其他原因,如市场价格变动原因、公司经营管理不善等所致,那么,就不能否认公司独立人格。

三、公司法人人格否认的几种典型实践形态

(一)人格混同

公司与股东人格混同,是公司人格否认的常见情形之一,又称公司人格的形骸化、公司与股东关系不清,意指公司成为股东的另一自我、工具、同一体,因而失去独立存在的价值,应否定其人格,股东对公司债务承担连带责任。根据《九民纪要》第10条的规定,人格混同主要包括以下情形:

第一,股东无偿使用公司资金、财产,不作财务记载。股东出资成立公司后,其出资的财产就成为公司的财产,所有权属于公司,与股东个人无关,公司是该财产的所有人,该财产完全独立于股东,因此,股东无偿使用公司资金、财产,不作财务记载,恰恰可以证明公司人格不独立,已成为股东的工具、另一个自我。这时,应否定公司的人格。

第二,股东用公司的资金、财产偿还股东的债务,或者将公司的资金供关联公司无偿使用,不作财务记载。此种情形的表现形态与上述第一种情形略有不同,即不是股东本人使用,而是偿还了股东自身的债务,或者供股东的关联公司无偿使用。虽表现形式不一样,但实质是一样的。

第三,公司账簿与股东账簿不分,致使公司财产与股东财产无法区分。这既表明公司没有独立的财产,也表明公司没有独立的意思。这就表明公司已经形骸化,因此,应当否定公司人格。

第四,股东自身收益与公司盈利不加区分,致使双方利益不清。这种情况也会导致使公司财产与股东财产无法区分,表明公司没有独立的意思,其财产也不独立,公司已经成为股东赚钱的工具,因此,应当否定公司人格。

第五,公司的财产记载于股东名下,由股东占有、使用。这一情形下,实质上是混淆了公司的财产和股东的财产,严重损害了公司债权人的利益,因此,应否定公司人格。

第六,人格混同的其他情形。实践中,除了上述5种情形外,可能还有各种各样的公司与股东人格混同的情形,因此,《九民纪要》规定了一个兜底条款:"人格混同的其他情形。"

此外,需要注意的是,上述情形应当综合考虑,实践中一般很少仅出现一种情形就认定人格混同。在出现人格混同时,往往同时出现以下混同:公司业务和股东业务混同;公司员工与股东员工混同,特别是财务人员混同;公司住所与股东住所混同。这时,关键要看是否构成人格混同,而不要求同时具备其他方面的混同,其他方面的混同往往只是人格混同的补强。

(二)过度支配与控制

过度支配与控制,是指公司控制股东对公司过度支配与控制,操纵公司的决策过程,使公司完全丧失独立性,沦为控制股东的工具或躯壳。公司一旦被某一股东滥用控制权,就不再具有独立意思和独立财产,其独立人格就会沦为工具。

此时，如果仍然恪守公司独立人格，就会严重损害公司债权人利益，否认公司人格就具有了正当性。根据《九民纪要》第 11 条第 1 款的规定，具有以下情形之一，一般可以认定为滥用控制权：

第一，母子公司之间或者子公司之间输送利益。母子公司之间或者子公司之间相互输送利益，表明无论是母公司，还是子公司，都没有独立的意思，财产也不独立，因此，应当否定母公司和子公司的人格，让滥用控制权的股东对母公司或者子公司的债务承担连带责任。

第二，母子公司或者子公司之间进行交易，收益归一方公司，风险、损失却由另一方公司承担。按照正常交易的规则，收益与风险、损失相伴随，理应由各个公司独立承担。如果存在收益永远归一方，风险、损失却固定由另一方公司承担的情形，表明公司的某一股东滥用控制行为，因此，应当否定母公司和子公司的人格，让滥用控制权的股东对母公司或者子公司的债务承担连带责任。

第三，先从原公司抽走资金，然后再成立经营目的相同或者类似的公司，逃避原公司债务。在这种情况下，也可能是原公司的某一控股股东在“滥用”公司控制权，因此，应当否定母公司和子公司的人格，让滥用控制权的股东对母公司或者子公司的债务承担连带责任。

第四，先解散公司，再以原设备、场所、人员及相同或者相似的经营目的另设公司，从而逃避原公司债务。这种解散公司的行为往往是不规范的，没有经过清算程序，直接损害了公司债权人利益，因此，公司债权人有权要求该股东对公司债务承担连带责任。

第五，过度支配与控制的其他情形。实践中，除了上述 4 种情形外，可能还存在其他的滥用控制权的行为，因此，《九民纪要》规定了一个兜底条款。

（三）资本显著不足

资本显著不足，是指公司成立后，在经营过程中，股东实际投入公司的资本数额与公司经营所隐含的风险相比明显不匹配。根据《九民纪要》第 12 条的规定，理解资本显著不足，需要注意以下几点：

第一，资本显著不足包括公司成立时资本显著不足和经营过程中资本显著不足两种情形。《九民纪要》没有规定公司成立时资本显著不足的情形，仅规定了经营过程中的资本显著不足。

第二，不匹配必须达到“明显”的程度。由于股东实际投入公司的资本数额与公司经营所隐含的风险相比是否相匹配，主观性很强，因此，只有发展到一般人都认为是“明显”不匹配的程度，才能否定公司人格。至于何为“明显”，需要进行个案判断。

第三,在判断股东实际投入公司的资本数额与公司经营所隐含的风险相比是否“明显”不匹配时,还应当有时间要求。只有“明显”不匹配达到了一定的时间段,而非一时的“明显”不匹配,才能认为是公司故意为之,才能否定公司人格。

第四,公司主观过错明显。公司在经营过程中资本显著不足,表明股东利用较少资本从事力所不及的经营,没有从事公司经营的诚意,实质是恶意利用公司独立人格和股东有限责任把投资风险转嫁给债权人。由于资本显著不足的判断标准有很大的模糊性,特别是要与公司采取“以小博大”的正常经营方式相区分,因此,在适用时要十分谨慎,应当与其他因素结合起来综合判断。

四、公司法人人格否认的举证责任

公司人格否认纠纷本质上属于侵权责任纠纷,依据《民事诉讼法解释》第 90 条、第 91 条的规定,原告应对侵权主体、侵权行为、侵权结果与因果关系等构成要件承担举证责任。当然,本条第 3 款规定的一人公司举证责任倒置情形除外。

在以往的司法实践中,不少法院考虑到债权人难以获取公司内部资料特别是财务资料的举证困境,适用《民事诉讼证据规定》(2001 年)第 7 条对举证责任进行调整,即在原告已举出盖然性证据证明滥用行为和损害结果时,将没有滥用的举证责任分配给被诉股东。但《民事诉讼证据规定》(2019 年)已删除了《民事诉讼证据规定》(2001 年)第 7 条,结合前述《民事诉讼法解释》的规定,确定了举证责任由法律分配、原则上不能由法官分配的规则。因此,除非具有本条第 3 款规定的情形,原告在公司人格否认纠纷中的举证责任应严格遵循“谁主张,谁举证”的规则。

【司法案例】

1. 海南碧桂园房地产开发有限公司诉三亚凯利投资有限公司、张某男等确认合同效力纠纷案①

诉讼结论:公司股东仅存在单笔转移公司资金的行为,尚不足以否认公司独立人格,不应依据关于法人人格否认的规定判决股东对公司的债务承担连带责任。

基本案情:2017 年 7 月 15 日,海南碧桂园房地产开发有限公司(以下简称碧桂园公司)作为甲方,三亚凯利投资有限公司(以下简称凯利公司)作为乙方,签订《资产转让合同》,约定:(1)乙方将用途为综合用地的某地块转让给甲方,转让价

---

① 参见最高人民法院(2019)最高法民终 960 号民事判决书,载《最高人民法院公报》2021 年第 2 期。

款暂定为7亿元;(2)转让先决条件:乙方承诺协调政府完成规划调整及用地性质变更;(3)转让价款支付:甲方通过项目公司向乙方支付诚意金3.2亿元,如乙方未于2017年10月30日前完成规划调整及用地性质变更,则甲方有权单方解除合同,乙方需在收到甲方通知3日内返还诚意金3.2亿元,超过3日后按应付未付款每日5‰给付违约金。

2017年8月7日,碧桂园公司向凯利公司转账3.2亿元。8月8日,凯利公司向股东圣芳公司转账2419.1616万元、股东张某男转账2951.8384万元。后凯利公司未按约完成规划调整及用地性质变更。碧桂园公司遂起诉请求:确认《资产转让合同》有效;解除《资产转让合同》,凯利公司退还诚意金3.2亿元,并支付违约金;张某男对上述债务承担连带责任。

法院认为:公司人格独立和股东有限责任是《公司法》的基本原则。否认公司独立人格,须具备股东实施滥用公司法人独立地位及股东有限责任的行为以及该行为严重损害公司债权人利益的法定要件。认定公司与股东人格混同,需要综合多方面因素判断公司是否具有独立意思、公司与股东的财产是否混同且无法区分、是否存在其他混同情形等。本案中张某男所举证据虽未能形成证据链证明其与凯利公司之间存在真实有效的借款关系,但凯利公司向张某男单笔转账的行为尚不足以证明凯利公司和张某男构成人格混同。且,凯利公司以目标地块为案涉债务设立了抵押,碧桂园公司亦未能举证证明凯利公司该笔转账行为严重损害了其作为债权人的利益。因此,凯利公司向张某男转账2951.8384万元的行为,尚未达到否认凯利公司独立人格的程度。作为凯利公司股东的张某男在未能证明其与凯利公司之间存在交易关系或者借贷关系等合法依据的情况下,接收凯利公司向其转账2951.8384万元,虽不足以否定凯利公司独立人格,但该行为客观上转移并减少了凯利公司资产,降低了凯利公司偿债能力,张某男应当承担相应责任。该笔转款2951.8384万元超出了张某男向凯利公司认缴的出资数额,根据举重以明轻的原则并参照《公司法规定(三)》第14条关于股东抽逃出资情况下的责任形态的规定,张某男应对凯利公司的3.2亿元及其违约金债务不能清偿的部分在2951.8384万元及其利息范围内承担补充赔偿责任。

2. 徐工集团工程机械股份有限公司诉成都川交工贸有限责任公司等买卖合同纠纷案①

诉讼结论:公司之间表征人格的因素(人员、业务、财务等)高度混同,导致各

① 参见江苏省高级人民法院(2011)苏商终字第0107号民事判决书,最高人民法院指导性案例15号。

自财产无法区分,已丧失独立人格,构成人格混同。

基本案情:徐工集团工程机械股份有限公司(以下简称徐工机械公司)诉称:成都川交工贸有限责任公司(以下简称川交工贸公司)拖欠其货款未付,而川交机械公司、瑞路公司与川交工贸公司人格混同,3个公司实际控制人王某礼及川交工贸公司股东等人的个人资产与公司资产混同,均应承担连带清偿责任。请求判令:川交工贸公司支付所欠货款10,916,405.71元及利息;川交机械公司、瑞路公司及王某礼等个人对上述债务承担连带清偿责任。

川交工贸公司、川交机械公司、瑞路公司辩称:3个公司虽有关联,但并不混同,川交机械公司、瑞路公司不应对川交工贸公司的债务承担清偿责任。王某礼等人辩称:王某礼等人的个人财产与川交工贸公司的财产并不混同,不应为川交工贸公司的债务承担清偿责任。

法院认为:川交工贸公司与川交机械公司、瑞路公司人格混同:(1)3个公司人员混同。3个公司的经理、财务负责人、出纳会计、工商手续经办人均相同,其他管理人员亦存在交叉任职情形,川交工贸公司的人事任免存在由川交机械公司决定的情形;(2)3个公司业务混同。3个公司实际经营中均涉及工程机械相关业务,经销过程中存在共用销售手册、经销协议的情形,对外进行宣传时信息混同;(3)3个公司财务混同。3个公司使用共同账户,以王某礼的签字作为具体用款依据,对其中的资金及支配无法证明已作区分。且3个公司与徐工机械公司之间的债权债务、业绩、账务及返利均计算在川交工贸公司名下。因此,3个公司之间表征人格的因素(人员、业务、财务等)高度混同,导致各自财产无法区分,已丧失独立人格,构成人格混同。

川交机械公司、瑞路公司应当对川交工贸公司的债务承担连带清偿责任。公司人格独立是其作为法人独立承担责任的前提。根据《公司法》(2018年)第3条第1款的规定,公司的独立财产是公司独立承担责任的物质保证,公司的独立人格也突出地表现在财产的独立上。当关联公司的财产无法区分,丧失独立人格时,就丧失了独立承担责任的基础。《公司法》(2018年)第20条第3款规定:"公司股东滥用公司法人独立地位和股东有限责任,逃避债务,严重损害公司债权人利益的,应当对公司债务承担连带责任。"本案中,3个公司虽在工商登记部门登记为彼此独立的企业法人,但实际上相互之间界限模糊、人格混同,其中川交工贸公司承担所有关联公司的债务却无力清偿,又使其他关联公司逃避巨额债务,严重损害了债权人利益。上述行为违背了法人制度设立的宗旨,违背了诚实信用原则,其行为本质和危害结果与《公司法》(2018年)第20条第3款规定的情形相当,故参照《公司法》(2018年)第20条第3款的规定,川交机械公司、瑞路公司对川交工贸公司的债务应当承担连带清偿责任。

第二十四条 公司股东会、董事会、监事会召开会议和表决可以采用电子通信方式,公司章程另有规定的除外。

【条文主旨】

本条是关于股东会、董事会、监事会会议召开及表决采用电子通信方式的规定。

【条文理解】

《公司法》(2018年)第37条、第40条、第43条、第55条、第100条等相关条文,对公司召开股东会、董事会、监事会及表决权行使等问题进行了规定,但能否以电子通信方式召开股东会、董事会、监事会及行使表决权,《公司法》(2018年)并没有进行规定。《上市公司股东大会规则(2022年修订)》第20条第2款规定:"股东大会应当设置会场,以现场会议形式召开,并应当按照法律、行政法规、中国证监会或公司章程的规定,采用安全、经济、便捷的网络和其他方式为股东参加股东大会提供便利。股东通过上述方式参加股东大会的,视为出席。"第21条第1款规定:"公司应当在股东大会通知中明确载明网络或其他方式的表决时间以及表决程序。"上述规定明确了上市公司召开股东会及进行表决,可以采用电子通信方式。司法实践中,对于能否采用电子通信方式召开股东会、董事会、监事会及行使表决权,尚存一定的争议。但多数观点认为,除非公司章程有除外规定,股东会、董事会、监事会及表决权行使可以采用电子通信方式。本次《公司法》修订,既为了顺应信息化和数字化的时代背景,又出于降低开会成本,尤其是小股东开会成本的考虑与参与公司经营管理的需要,因此本条增加规定,除非公司章程另有规定,否则,公司股东会、董事会、监事会召开会议和表决可以采用电子通信方式。这里的电子通信方式主要包括网络、电话、微信等。

【司法适用】

以电子通信方式形成的公司股东会、董事会、监事会决议,在性质上属于电子数据证据。应依据《民事诉讼法》《民事诉讼法解释》《民事诉讼证据规定》中的相关规定,对其进行真实性、合法性及关联性的审查。

第一,真实性。电子数据证据必须由电子设备正常运行而自动产生,不得经过人为篡改或加工;应完整提取和精确复制电子数据证据的内容;确保原始载体及其中的电子数据证据至提交法庭时不发生实质性变化。

第二,合法性。自行存证的证据,获得手段要合法合规,不能通过破坏加密措施或以其他方式非法侵入计算机系统;公证存证的证据,不得侵犯他人通信秘密、个人隐私,公证的方式不得违反法律、法规的禁止性规定;委托第三方存证平台固定的证据,要注意相关软件的合法合规,不能使用非法软件获取电子数据证据。

第三,关联性。电子数据证据要在案件待证事实发生时形成;电子数据证据能够确定(网络用户)真实、唯一的身份;收集、保管的记录要构成完整的证据保管链,能够相互印证。

第二十五条　公司股东会、董事会的决议内容违反法律、行政法规的无效。

【条文主旨】

本条是关于股东会、董事会决议无效的规定。

【条文理解】

与自然人可以通过人体器官作出意思表示不同,公司只能通过机关表达意志。因此,在公司生产经营过程中,公司的股东会、董事会、监事会以作出决议的方式行使其权力,决议是公司意志的体现。决议由决议机构成员按一定程序作出的意思表示构成。其主要包括股东会决议、董事会决议、监事会决议,这些决议对于公司整体运行以及相关者利益具有重要影响。关于公司决议的法律性质,《民法典》第134条采纳了法律行为说,认为决议行为是两个或者两个以上的当事人基于共同的意思表示而意图实现一定法律效果的行为。决议行为满足民事法律行为的所有条件,是一种民事法律行为。如果公司决议的程序或者内容违反法律法规和公司章程的规定,则因存在瑕疵不能被认定为是团体意思,应对其效力作出否定性评价。《公司法》(2018年)第22条规定了确认决议无效和撤销决议之诉,均系针对已经成立的决议,未涵盖决议不成立的情形。《公司法规定(四)》第5条确立了决议不成立之诉,即公司决议存在程序瑕疵明显重大,就连决议存在本身也无法被认可时,可以提起公司决议不成立或不存在的确认之诉。本次《公司法》修订,将《公司法》(2018年)第22条进行拆分,并新增了公司决议不成立,至此,我国《公司法》将公司决议瑕疵分为三种类型,即无效(本条)、可撤销(第26条)和不成立(第27条)。

公司的股东会,是公司的权力机构,应当依法行使职权。股东会行使职权的形式,就是对相关事项作出决议,并由公司业务执行机关执行。股东会作出的决议,内容上必须符合法律、行政法规的规定,而不得违反。否则,即为无效决议。

股东会作出内容违反法律、行政法规的决议，自始无效。董事会是公司的业务执行机关，享有特定的职权，董事会应当依法行使职权，作出的决议必须符合法律、行政法规的规定。董事会作出内容违反法律、行政法规的决议，为无效决议，自始无效。

【司法适用】

一、原告资格

《公司法规定（四）》第 1 条规定："公司股东、董事、监事等请求确认股东会或者股东大会、董事会决议无效或者不成立的，人民法院应当依法予以受理。"由此可见，公司股东、董事、监事等可以以原告身份请求确认股东会、董事会决议无效。认定公司决议无效之诉的适格原告，应注意以下两点：

第一，"公司股东、董事、监事等"中的"等"字包括与股东会、董事会决议内容有直接利害关系的高级管理人员、公司员工及公司的债权人。如果这些人员的合法权益受到股东会决议、董事会决议的侵害，则他们可以作为原告提起公司决议无效之诉。

第二，一般情况下，在起诉时具有股东、董事、监事资格的人，才是公司决议无效之诉的适格原告，但公司通过决议剥夺股东资格或解除董事、监事职务时，基于诉的利益原则，即使起诉时不具有股东、董事、监事资格，也应该享有对上述决议提起诉讼的权利。

二、无效事由

依据民事法律行为理论，只有已经成立的民事法律行为，才会涉及是否有效的问题。公司决议作为民事法律行为，如果不存在不成立的事由，则进入是否有效的判断。本条规定："公司股东会、董事会的决议内容违反法律、行政法规的无效。"在司法实务中，导致公司决议无效的事由主要包括：股东滥用股东权利通过决议损害公司或者其他股东的利益；决议过度分配利润、进行重大不当关联交易等导致公司债权人的利益受损；决议内容违反法律、行政法规强制性规定的其他情形。此外，适用该条时需注意的是，本条无效依据仅提及了"法律、行政法规"。根据《民法典》第 153 条第 1 款的规定，违反法律、行政法规效力的强制性规定的民事法律行为无效。该款还有但书除外有效的规定，对此但书，最高人民法院发布《民法典合同编通则司法解释》第 16 条列举了 5 种情形，可以不因违反法律、行政法规的强制性规定而无效。因此，应当对本条规定的"法律、行政法规"进行限缩解释，即公司决议内容违反法律、行政法规的强制性规定，并且不属于前述 5 种情形之一的，才可以认定为无效。

三、起诉时限

本法没有对决议无效纠纷的起诉时效作出限制性规定,原告提起决议无效纠纷的,不受起诉时限的限制。

【司法案例】

刘某芳诉常州凯瑞化学科技有限公司公司决议效力确认纠纷①

诉讼结论:公司所有股东在公司设立时均未履行出资义务,股东会以某一股东抽逃出资为由作出的解除其股东资格的决议无效。

基本案情:常州凯瑞化学科技有限公司(以下简称凯瑞公司)股东由刘某芳、洪某、洪某刚组成,刘某芳与洪某原系夫妻关系。凯瑞公司成立时的注册资本为51万元,洪某与刘某芳分别出资22.95万元,洪某刚出资5.1万元,但均未实际出资。2015年2月6日的凯瑞公司章程载明,注册资本增至300万元,洪某与刘某芳各增资112.05万元,洪某刚增资24.9万元,均应于2018年12月30日前增资到位。

2017年11月20日,凯瑞公司股东召开股东会并作出决议,参会股东有洪某、洪某刚,决议载明,鉴于股东刘某芳在公司经营过程中存在利用职务之便抽逃全部出资及侵占公司财产的行为,并经公司催告在合理期限内仍未偿还,表决同意解除刘某芳股东资格,公司后期协助办理相关变更登记手续。刘某芳对上述决议不服,向法院起诉,请求确认凯瑞公司于2017年11月20日作出的解除刘某芳股东资格的股东会决议无效。

法院认为:案涉股东除名决议的作出和内容于法无据,于实不符,应属无效。一方面,结合除名权的法理基础和功能分析,公司是股东之间、股东与公司以及公司与政府之间达成的契约结合体,因此股东之间的关系自当受该契约的约束。在公司的存续过程中,股东始终应恪守出资义务的全面实际履行,否则构成对其他守约股东合理期待的破坏,进而构成对公司契约的违反。一旦该股东未履行出资义务或抽逃全部出资,基于该违约行为已严重危害公司的经营和其他股东的共同利益,背离了契约订立的目的和初衷,故《公司法》赋予守约股东解除彼此间的合同,让违约股东退出公司的权利。这既体现了法律对违约方的惩罚和制裁,又彰显了对守约方的救济和保护。由此可见,合同“解除权”仅在守约方手中,违约方并不享有解除(合同或股东资格)的权利。本案中,凯瑞公司的所有股东在公司成

① 参见江苏省常州市中级人民法院(2018)苏04民终1874号民事判决书,载《最高人民法院公报》2023年第2期。

立时存在通谋的故意，沆瀣一气，全部虚假出资，恶意侵害公司与债权人之权益。但就股东内部而言，没有所谓的合法权益与利益受损之说，也就谈不上权利救济，否则有悖于权利与义务相一致、公平诚信等法律原则。即洪某、洪某刚无权通过召开股东会的形式，决议解除刘某芳的股东资格，除名决议的启动主体明显不合法。

另一方面，从虚假出资和抽逃出资的区别来看，前者是指股东未履行或者未全部履行出资义务，后者则是股东在履行出资义务之后，又将其出资取回。案涉股东除名决议认定刘某芳抽逃出资，事实上凯瑞公司包括刘某芳在内的所有股东在公司设立时均未履行出资义务，属于虚假出资，故该决议认定的内容亦有违客观事实。

第二十六条　公司股东会、董事会的会议召集程序、表决方式违反法律、行政法规或者公司章程，或者决议内容违反公司章程的，股东自决议作出之日起六十日内，可以请求人民法院撤销。但是，股东会、董事会的会议召集程序或者表决方式仅有轻微瑕疵，对决议未产生实质影响的除外。

未被通知参加股东会会议的股东自知道或者应当知道股东会决议作出之日起六十日内，可以请求人民法院撤销；自决议作出之日起一年内没有行使撤销权的，撤销权消灭。

【条文主旨】

本条是关于股东会、董事会决议可撤销的规定。

【条文理解】

《公司法》(2018 年)第 22 条第 2 款规定："股东会或者股东大会、董事会的会议召集程序、表决方式违反法律、行政法规或者公司章程，或者决议内容违反公司章程的，股东可以自决议作出之日起六十日内，请求人民法院撤销。"该条规定了公司股东会或者股东大会、董事会决议可撤销情形。《公司法规定(四)》第 2 条、第 4 条进一步完善了决议撤销之诉的原告资格、可撤销决议的裁量驳回。本次《公司法》修订，在结合司法实践，与《民法典》第 85 条的规定相衔接的基础上，整合《公司法》(2018 年)第 22 条第 2 款与《公司法规定(四)》第 2 条、第 4 条，删除《公司法》(2018 年)第 22 条第 3 款公司可要求股东提供担保的规定，形成本条。

对于此条的理解，应注意以下几点：

第一，关于会议召集程序。法律、行政法规以及公司章程对股东会、董事会会议的召集和主持作了规定,公司应当严格执行。如果股东会、董事会的会议召集程序违反法律、行政法规或者公司章程规定,该次会议所通过的决议,即为可撤销的决议。

第二,关于会议表决方式。股东会、董事会会议的表决方式,应当严格按照法律、行政法规或者公司章程的规定执行。如果采用违反法律、行政法规或者公司章程规定的表决方式通过的决议,即为可撤销的决议。需要指出的是,依据本条规定,股东会、董事会会议的召集程序或者表决方式仅有轻微瑕疵,对决议未产生实质影响的,人民法院不予支持股东的撤销请求。

第三,关于决议内容。股东会、董事会决议的内容,应当符合法律、行政法规和公司章程的规定,违反公司章程规定的,即为可撤销的决议;违反法律、行政法规规定的,则属于无效决议。

【司法适用】

一、原告资格

根据本条规定,股东会、董事会决议撤销之诉的原告仅限于股东,而不包括董事、监事及其他主体。根据《公司法规定(四)》第 2 条的规定,股东会、董事会决议撤销之诉不以决议时具有股东资格为适格原告要件,只要起诉时具备股东资格即可,且不受表决权有无、会议出席情况、表决情况,持股数量差异的限制。

二、可撤销事由

本条第 1 款规定:“公司股东会、董事会的会议召集程序、表决方式违反法律、行政法规或者公司章程,或者决议内容违反公司章程的,股东自决议作出之日起六十日内,可以请求人民法院撤销。但是,股东会、董事会的会议召集程序或者表决方式仅有轻微瑕疵,对决议未产生实质影响的除外。”由此可见,可撤销的股东会、董事会决议范围包括:会议的召集程序、表决方式违反法律、行政法规或者公司章程,或者决议内容违反公司章程。

三、可撤销决议的裁量驳回

考虑到撤销股东会、董事会决议的成本以及股东会、董事会决议被否定后可能给公司正常经营带来的挑战,本条第 1 款后半部分特别规定,会议召集程序或者表决方式仅有轻微瑕疵,且对决议未产生实质影响的,法院可以驳回股东撤销股东会、董事会决议的诉求,继续维持公司决议的效力。对可撤销的股东会、董事会决议进行“裁量驳回”,应符合以下要件:

第一,裁量驳回仅针对于“会议召集程序或者表决方式”方面的程序瑕疵。当决议内容违反公司章程规定时,对其并不存在适用裁量驳回的空间。

第二,上述程序方面“仅有轻微瑕疵”,可以将程序瑕疵是否会导致各个股东无法公平地参与多数意思的形成以及获取对此所需的信息作为判定标准。比如，本法要求股东会应提前15日通知全体股东，但召集人可能仅提前14日通知股东；又或者按照公司章程的规定，召集通知应当以书面形式发出，而实际情况是以电话或网络通信的形式发给了所有股东等情况。这些情况虽然属于程序瑕疵，如果没有妨碍股东公平地参与多数意思的形成和获知对其作出意思表示所需的必要信息，应当认定为法院可以“裁量驳回”的“轻微瑕疵”。

第三，“对决议未产生实质影响”，这需要对个案的具体情况进行判断。一般来说，是指程序瑕疵不具有影响决议结果的可能性，即该程序瑕疵的存在不改变公司决议的原定结果。

此外，需注意的是，“仅有轻微瑕疵”与“对决议未产生实质影响”两项要件属于叠加条件，应当同时具备。换言之，程序上的瑕疵即便完全不影响决议的结果，但只要这项程序瑕疵属于对股东程序权利的重大损害，法院也不得驳回原告的诉讼请求。

四、起诉时限

股东提起撤销股东会、董事会决议之诉，属于形成之诉，应当在除斥期间内行使。对此，本条明确规定，股东诉请撤销股东会、董事会决议，应当在决议作出之日起60日内行使，该期间不得中止、中断与延长。根据《公司法规定(一)》第3条的规定，超过上述规定期限的，法院不予受理。实践中，一些股东可能不知道相关股东会、董事会决议，待这些股东得知股东会、董事会决议时，已经超过了本法规定的提起决议撤销之诉的期间。这种情况下，如果剥夺这些股东的诉权，明显是不公平的，因此，本条第2款规定“未被通知参加股东会的股东自知道或者应当知道股东会决议作出之日起六十日内”，可以请求人民法院撤销股东会、董事会决议。但为维护公司正常的经营程序，根据本条第2款的规定：“自决议作出之日起一年内没有行使撤销权的，撤销权消灭。”

【司法案例】

李某军诉上海佳动力环保科技有限公司公司决议撤销纠纷①

诉讼结论：公司董事会会议的召集程序、表决方式、决议内容不违反法律、行政法规或者公司章程，不属可撤销决议。

基本案情：李某军系佳动力公司的股东，并担任总经理。上海佳动力环保科

---

① 参见上海市第二中级人民法院(2010)沪二中民四(商)终字第436号民事判决书，最高人民法院指导性案例第10号。

技有限公司(以下简称佳动力公司)股权结构为:葛某乐持股40%,李某军持股46%,王某胜持股14%。3位股东共同组成董事会,由葛某乐担任董事长,另两人为董事。公司章程规定:董事会行使包括聘任或者解聘公司经理等职权;董事会须由2/3以上的董事出席方才有效;董事会对所议事项作出的决定应由占全体董事2/3以上的董事表决通过方才有效。2009年7月18日,佳动力公司董事长葛某乐召集并主持董事会,3位董事均出席,会议形成了"鉴于总经理李某军不经董事会同意私自动用公司资金在二级市场炒股,造成巨大损失,现免去其总经理职务,即日生效"等内容的决议。该决议由葛某乐、王某胜及监事签名,李某军未在该决议上签名。李某军认为佳动力公司免除其总经理职务的决议所依据的事实和理由不成立,且董事会的召集程序、表决方式及决议内容均违反了《公司法》的规定,向法院提起诉讼,请求依法撤销该董事会决议。

法院认为:依据《公司法》(2018年)第22条第2款的规定,董事会决议可撤销事由包括:(1)召集程序违反法律、行政法规或公司章程;(2)表决方式违反法律、行政法规或公司章程;(3)决议内容违反公司章程。从召集程序看,佳动力公司于2009年7月18日召开的董事会由董事长葛某乐召集,3位董事均出席董事会,召集程序未违反法律、行政法规或公司章程的规定。从表决方式看,佳动力公司章程规定,对所议事项作出的决定应由占全体董事2/3以上的董事表决通过方才有效,该董事会决议由3位董事中的2名表决通过,表决方式未违反法律、行政法规或公司章程规定。从决议内容看,佳动力公司章程规定董事会有权解聘公司经理,董事会决议内容中"总经理李某军不经董事会同意私自动用公司资金在二级市场炒股,造成巨大损失"的陈述,仅是董事会解聘李某军总经理职务的原因,而解聘李某军总经理职务的决议内容本身并不违反公司章程。

董事会决议解聘李某军总经理职务的原因如果不存在,并不导致董事会决议撤销。首先,《公司法》尊重公司自治,公司内部法律关系原则上由公司自治机制调整,司法机关原则上不介入公司内部事务;其次,佳动力公司章程中未对董事会解聘公司经理的职权作出限制,未规定董事会解聘公司经理必须要有一定原因,该章程内容未违反《公司法》强制性规定,应认定有效。因此,佳动力公司董事会可以行使公司章程赋予的权力,解聘公司经理。故法院应尊重公司自治,无需审查佳动力公司董事会解聘公司经理的原因是否存在,即无须审查决议所依据的事实是否属实,理由是否成立。综上,李某军请求撤销董事会决议的诉讼请求不成立。

第二十七条 有下列情形之一的，公司股东会、董事会的决议不成立：

（一）未召开股东会、董事会会议作出决议；

（二）股东会、董事会会议未对决议事项进行表决；

（三）出席会议的人数或者所持表决权数未达到本法或者公司章程规定的人数或者所持表决权数；

（四）同意决议事项的人数或者所持表决权数未达到本法或者公司章程规定的人数或者所持表决权数。

【条文主旨】

本条是关于股东会、董事会决议不成立的规定。

【条文理解】

《公司法》（2018年）第22条规定了公司股东会、董事会决议无效及可撤销情形，但确认决议无效和撤销决议之诉，均系针对已经成立的决议，未涵盖决议不成立的情形。而《公司法规定（四）》第5条规定了决议不成立之诉，即公司股东会、董事会决议存在程序瑕疵明显重大，就连决议的存在本身也无法认可时，可以提起决议不成立的确认之诉。至此，公司决议瑕疵分为三种类型，即不成立、可撤销和无效。本次《公司法》修订，结合司法实践，进一步修改、完善了《公司法规定（四）》第5条的规定，形成本条前两项为公司根本未开会、未表决，理论上称为决议不存在；第3项、第4项包括虽然开会，但出席会议的人数或者股东所持表决权不符合本法或者公司章程的规定，或者会议的结果未达到法律或者公司章程规定的通过比例，理论上称为未形成有效决议。对于决议不成立的事由，分述如下：

第一，未召开股东会、董事会会议作出决议。公司没有召开股东会、董事会会议，没有公司决议的存在，不具备决议基本成立的要件，是严重的程序违法，该类决议因欠缺成立的要件而不成立。此外，需注意的是，根据本法第59条第3款的规定，有限责任公司股东以书面形式一致表示同意的，可以不召开股东会会议，直接作出决定，并由全体股东在决定文件上签名、盖章，因此，根据本法第59条第3款或者按照公司章程规定形成的决议，应排除在没有召开股东会形成的决议之外。

第二，股东会、董事会会议未对决议事项进行表决。虽然召开了股东会、董事会但没有形成决议，而行为人伪造他人签名形成决议的书面文件，该类虚构的决议不是公司股东或者董事意思表示的结果，仅反映了个别虚构者的内心意愿，实际上是以个人意思代替公司意思，不能产生法律约束力，因此，该类决议应认定为不成立。

第三,出席会议的人数或者所持表决权数未达到本法或者公司章程规定的人数或者所持表决权数。因本法并未对股东最低出席数作出规定,实践中主要通过公司章程加以规定。对于股东会未达最低出席数的情形,应当视为未召开股东会,既然没有股东会存在的事实,便无股东会决议成立的余地。同理,不满足出席法定人数,将导致会议不能被认定为董事会。这属于严重程序瑕疵,应视为决议不存在。达到出席的法定人数,其所持表决权数同样应该符合本法或者公司章程规定的表决权数,否则,决议仍然不成立。

第四,同意决议事项的人数或者所持表决权数未达到本法或者公司章程规定的人数或者所持表决权数。根据本法第 66 条、第 73 条、第 116 条及第 124 条的规定,无论是股东会决议,还是董事会决议,多数决是决议存在的意思合意要件。决议在表决时没有达到法定或者章程规定多数决,则表明决议的意思表示没有形成,未形成团体意思,相当于股东会、董事会未作出任何意思表示,决议不成立。

【司法适用】

一、原告资格

根据《公司法规定(四)》第 1 条的规定,公司股东、董事、监事等可以以原告身份请求确认股东会或者股东大会、董事会决议不成立。认定公司决议不成立之诉的适格原告,应注意以下两点:第一,"公司股东、董事、监事等"中的"等"字包括与股东会、董事会决议内容有直接利害关系的高级管理人员、公司员工及公司的债权人。如果这些人员的合法权益受到股东会决议、董事会决议的侵害,则他们可以作为原告提起公司决议不成立之诉。第二,一般情况下,在起诉时具有股东、董事、监事资格的人,才是公司决议不成立之诉的适格原告,但公司通过决议剥夺股东资格或解除董事、监事职务时,基于诉的利益原则,即使起诉时不具有股东、董事、监事资格,也应该享有对上述决议提起诉讼的权利。

二、不成立事由

关于公司决议不成立的事由,可参照本条【条文理解】部分的解释。

三、起诉时限

《公司法》及司法解释没有对决议不成立纠纷的起诉时效作出限制性规定,原告提起决议不成立纠纷的,不受起诉时限的限制。

四、公司决议不成立与可撤销的联系与区别

股东会、董事会决议不成立的原因是决议欠缺成立要件,属于程序上的瑕疵。由于公司决议撤销的原因在很大程度上也包含程序上的瑕疵,因此,区别撤销原因与决议不成立原因所涉及的程序瑕疵时,应注意以下几点:

第一，公司决议可撤销和不成立的根本区别在于制度价值不同。民事法律行为成立与否是事实判断问题，民事法律行为的效力如何是法律价值判断问题。如果一项决议缺乏基本的成立要件，自无所谓效力评价。

第二，从瑕疵程度上看，总体来讲，相较而言，可撤销决议的程序瑕疵严重程度要弱于不成立的决议，后者的程序瑕疵非常严重，以至于决议不能成立。

第三，从瑕疵原因看，决议可撤销的事由除了程序瑕疵外，还包括决议内容违反公司章程，后者的事由仅限于程序瑕疵。

此外，需要注意的是，同样的程序瑕疵，可能因程度的区别形成不同类型的决议瑕疵。决议可撤销的事由，可能因为瑕疵的严重程度而转化为决议不成立的事由。例如，纯粹的表决计算错误属于决议可撤销的事由之一，但如果因为表决权计算错误，使本无法达到法定或章程约定的表决权比例的公司决议得以通过，则构成决议不成立的情形。

五、公司决议撤销之诉与决议无效之诉、决议不成立之诉的转化与释明

实践中，同样的公司决议程序瑕疵可能会因为程度的不同，导致公司决议分别属于可撤销的决议或不成立的决议。甚至因为程序瑕疵导致决议内容可能违反《公司法》，这时，决议属于可撤销还是无效也难以区分。股东可能因为对公司决议及法律理解的不专业，在本应提起决议撤销之诉的情况下提起决议无效之诉或决议不成立之诉，而导致其后续重新提起决议撤销之诉时除斥期间已经经过。在这种情况下，法院应对当事人进行释明，征询当事人是否变更诉讼请求，以保护股东权利和诉讼当事人的处分权。

【司法案例】

1. 徐某、李某 1、李某 2 诉北京光耀东方时代购物广场有限公司公司决议纠纷案①

诉讼结论：股东会表决结果未达到法定及章程规定的通过比例，决议不成立。

基本案情：徐某与李某斌系夫妻，生有一子李某 2、一女李某 1。李某东系李某斌与前妻所生长子。李某杰系李某斌三弟。李某斌因病于 2016 年 10 月开始在医院住院治疗，于 2017 年 2 月 13 日去世。

北京光耀东方时代购物广场有限公司（以下简称时代广场公司）成立于 2014 年 1 月 14 日，注册资本为 2000 万元，股东为李某斌（持股 60%）、李某杰（持股 20%）、李某东（持股 20%），李某斌任法定代表人、执行董事和经理。2017 年 2 月

① 参见北京市第一中级人民法院（2019）京 01 民终 2322 号民事判决书。

3日，时代广场公司形成两份股东会决议，记载召开地点为公司会议室，决议同意李某斌将其全部出资转让给李某杰，免去李某斌执行董事职务，选举李某杰担任执行董事，同意修改公司章程。李某斌在落款处加盖手签章。后办理了法定代表人及股东工商变更登记。因上述股东会决议形成于李某斌癌症复发病危治疗期间。原告徐某、李某1、李某2认为李某斌病危没有条件和能力参加股东会、在股东会决议上签字作出意思表示，股东会决议中的签名“李某斌”不是本人书写，案涉股东会决议是在没有经过法定召集程序和表决程序、虚构李某斌到场和签名、李某斌没有作出真实意思表示的情况下形成的，认为决议不成立，故诉至法院，请求确认案涉两份股东会决议不成立，时代广场向公司登记机关申请撤销依据上述股东会决议作出的变更登记。

裁判理由：(1)首先，决议不成立之诉在性质上属于确认诉讼，立法上对请求确认股东会决议效力所涉主体范围并未明确界定，理论上不论任何人，只要存在诉讼利益，都可以提起确认不成立之诉；其次，司法确认决议不成立，事实上是认定不存在公司法意义上的决议，亦是对决议合法性的根本否定，所以与决议有直接利害关系的任何人都有权利提起该类诉讼；最后，上述决议记载的时间系李某斌病重住院期间，其法定继承人有理由对该决议是否为李某斌作出产生合理怀疑。决议内容涉及李某斌所持全部股权的转让，因股权含有财产属性，对李某斌财产的处分，涉及其法定继承人的财产权益。故原告3人作为李某斌的法定继承人，属于与该决议有直接利害关系的人，具有起诉本案的诉讼主体资格。

(2)公司决议是一种法律行为，股东会决议成立要件应当包括程序要件及意思合意要件。案涉股东会系当日由李某斌提议召开，通过口头方式通知，开会地点为其病房，召集程序不符合章程规定，也无证据证明股东会实际召开。本案亦不符合不召开股东会而直接作出有效决议的情形。经鉴定，2017年2月3日和4日李某斌为限制民事行为能力。而召集、主持、参加股东会及转让股权涉及重大财产利益，其法定代理人徐某亦拒绝追认，故上述行为无效，案涉股东会表决结果未达到法定及章程规定的通过比例，亦为不成立。

2. 彭某、LUISALBERTOCRUZ诉新瑞阳光粒子医疗装备(无锡)有限公司公司决议效力确认纠纷案[①]

诉讼结论：董事会会议召集程序不符合章程规定，存在瑕疵，但该瑕疵严重程度并不足以认定涉案决议不成立的，不应认定决议不成立。

---

① 参见江苏省无锡市中级人民法院(2019)苏02民初60号民事判决书。

基本案情:新瑞阳光粒子医疗装备(无锡)有限公司(以下简称医疗装备公司)董事会成员为李某若、彭某、LUISALBERTOCRUZ(克鲁兹)、周某成、周某5人,其《章程》第13条第19项规定,对公司合并、分立等作出决议属于股东所能行使的职权。第18条规定,除本章程另有规定外,全体董事中超过1/2董事出席董事会构成公司董事会会议的法定人数。董事会作出的决议,需要在正式召集的董事会会议上,由出席会议的超过1/2董事一致同意。第21条规定,所有董事会会议的召开均需要至少提前15日书面通知所有董事,董事会一致通过的除外。

2019年1月8日,医疗装备公司董事会秘书发出《临时会议通知》,将在2019年1月11日上午10时以电话会议形式召开临时董事会,讨论公司分立事项。2019年1月10日,LUISALBERTOCRUZ(克鲁兹)向程某、李某若等人发送电子邮件,以未提前15日书面通知等为由不同意召开董事会。1月11日凌晨2时,李某若向LUISALBERTOCRUZ(克鲁兹)等人发送电子邮件,就LUISALBERTOCRUZ(克鲁兹)在前述邮件中提到的问题进行回复和说明,同时对彭某进行了指责。彭某在当天上午11时58分通过电子邮件形式针对李某若前述指责逐一进行了说明。

涉案决议载明:公司于2019年1月11日上午10时在公司会议室以电话会议方式召开了临时董事会,讨论公司分立事项。出席董事为李某若、周某成、周某,并有监事会等人员列席。会议通过了《关于公司通过资产分立方式设立土地开发平台公司的议案》的决议。李某若、周某成、周某签字确认。

2019年3月19日[2019董办字02号]医疗装备公司第二届董事会决议显示,公司全体董事审议并一致通过决议,确认不再执行涉案决议。彭某、LUISALBERTOCRUZ(克鲁兹)诉至法院请求确认:医疗装备公司2019年1月11日的涉案决议不成立。公司辩称涉案决议已被主动撤销,无须法院确认决议不成立。

法院认为:2019董办字02号董事会决议并未言明撤销涉案决议,涉案决议实际并未被撤销,仅是不再执行,故原告有权申请法院对涉案决议是否成立进行审查。

涉案决议虽存在瑕疵,但并不满足决议不成立的法定情形。(1)涉案董事会会议召集程序不符合章程规定,存在瑕疵,但该瑕疵严重程度并不足以认定涉案决议不成立:①2019年1月8日通知中确定的开会时间是2019年1月11日,而医疗装备公司并未提交证据证明董事会成员一致同意该做法,故该召集程序并不符合章程第21条的规定;②彭某、LUISALBERTOCRUZ(克鲁兹)在会议召开前均已经得到会议通知并对会议议题有所准备,且均发表了反对意见,仅是由于双方矛盾激化才无法就相关议题达成一致。故通知程序方面的瑕疵不必然影响到彭某、LUISALBERTOCRUZ(克鲁兹)就该事项行使表决权,并未严重到导致涉案决议不成立的地步。(2)涉案决议内容虽违反公司章程规定,但该情况并不会导致涉案决议不成立:①章程第13条第19项明确将对公司分立作出决议纳入股东的职权范围。涉案决议涉及公司是否通过资产分立方式设立土地开发平台公司,明显属于公司分立事项而应由股东会表决,董事会无权对此作出决议,故涉案决议内容违反医疗装备公司章程;②根据《公司法》(2018年)第22条第2款的规定,涉案决议是否违反公司章程属判断决议是否可撤销时才应审查的实体瑕疵范畴,并非本案中判断涉案决议是否成立时审查的程序瑕疵范畴,故即便涉案决议内容违反公司章程,也不导致其不成立。

第二十八条　公司股东会、董事会决议被人民法院宣告无效、撤销或者确认不成立的,公司应当向公司登记机关申请撤销根据该决议已办理的登记。

股东会、董事会决议被人民法院宣告无效、撤销或者确认不成立的,公司根据该决议与善意相对人形成的民事法律关系不受影响。

【条文主旨】

本条是关于股东会、董事会决议宣告无效、撤销或者确认不成立的法律后果的规定。

【条文理解】

本条第1款是在《公司法》(2018年)第22条第4款基础上修改而成。《民法典》第85条规定:"营利法人的权力机构、执行机构作出决议的会议召集程序、表决方式违反法律、行政法规、法人章程,或者决议内容违反法人章程的,营利法人的出资人可以请求人民法院撤销该决议。但是,营利法人依据该决议与善意相对人形成的民事法律关系不受影响。"《公司法规定(四)》第6条规定:"股东会或者股东大会、董事会决议被人民法院判决确认无效或者撤销的,公司依据该决议与善意相对人形成的民事法律关系不受影响。"由此可见,《民法典》针对的是决议被撤销后其对外效力如何,《公司法规定(四)》涵盖了无效和撤销两种情形,但未涉及不成立之情形。本条第1款就是在《民法典》第85条、《公司法规定(四)》第6条规定基础上整合、修改而来,其适用范围扩展到决议不成立情形。

本条第1款规定,通过向人民法院提起诉讼,经人民法院依法审理后,分别作出决议不成立、撤销该决议或者宣告该决议无效的裁判。此时,如果公司已经按照股东会、董事会的决议办理了相关登记手续,公司应当向公司登记机关申请撤销登记。

本条第2款是关于股东会、董事会决议被人民法院宣告无效、撤销或者确认不成立后,根据该决议公司对外发生的其他法律行为效力是否受到直接影响的规定。该款规定旨在保护善意的、不知情的相对人。股东会、董事会决议不成立、无效及撤销之诉涉及的法律关系,与公司依据该决议与公司以外的他人建立的法律关系分别是两个独立的法律关系。法院对股东会、董事会决议不成立、无效或者撤销之诉的判决,对公司因该决议与公司以外善意相对人发生的其他法律关系没有溯及效力,公司依据该决议与善意相对人形成的民事法律关系不受影响。

【司法适用】

第一,依据《民法典》及本条第2款的规定,公司根据该决议与相对人形成的民事法律关系不受影响,应符合相对人是善意的要件。如果相对人是非善意的,决议被判决不成立、无效或者撤销时,有可能影响到公司与相对人之间形成的法律关系。所谓"善意",是指相对人在形成法律关系时不知道且不应当知道决议不成立、存在无效或可撤销的情形。这里的"知道",是指事实上的知道,即相对人实际上了解或认识到了决议存在不成立、存在无效或可撤销的瑕疵。"应当知道",是指推定的知道。在一般情况下,这是一个需要结合个案衡量的事实问题,学理上难以抽象出一个统一的认定标准。立法史上,合同法对"应当知道"曾经采用了"因重大过失而不知"的标准。所谓"因重大过失而不知",是指对相对人而言,根据其所知悉的一切情形,决议存在不成立、存在无效或可撤销的瑕疵是如此显而易见,只要不是熟视无睹,不可能不知该瑕疵。个案中能够辅助判断的情形,不仅包括特定交易的具体情况,如交易性质、金额、重要性,而且包括当事人之间的惯常做法、关于某种交易的特别交易习惯或交易行规等。对于相对人善意的衡量标准,除了相对人事实上不知道该瑕疵存在的情况外,在尽了合理审查义务之后仍然不可能知道瑕疵存在的事实,也应当认定相对人属于善意。

第二,由于股东会、董事会决议不成立、无效或者撤销之诉,与公司依据该决议与相对人形成的民事法律关系分别是两个独立的法律关系,因此,如果发生争议,构成两个独立的诉,法院可以依据具体情况合并审理或分开审理。

【司法案例】

魏某国诉中科西北(韩城)消防科技有限公司民间借贷纠纷①

诉讼结论:股东会决议召集程序违法,但并不能以该事由对抗善意第三人。

---

① 参见陕西省高级人民法院(2017)陕民终356号民事判决书。

基本案情：2015年7月8日，中科西北（韩城）消防科技有限公司（以下简称中科西北公司）成立。其后公司内部长期存在股东矛盾。股东王某涛多次代表中科西北公司对外融资。2016年7月18日，中科西北公司在召集程序瑕疵下作出更换公章的决议，将尾号783的原公章做丢失处理，并于2016年8月27日公告。新公章尾号为148，未在公安机关备案。2016年9月至2017年3月之间，股东王某涛以中科西北公司名义向魏某国借款7次，借款合同上均加盖尾号为148的新公章。魏某国将借款打入了王某涛的个人账户。

因中科西北公司未按期还款，魏某国将其诉至一审法院。中科西北公司抗辩称更换公章的决议因存在召集程序瑕疵且未登记，对外不发生效力。王某涛使用尾号为148的公章订立的合同不是公司的真实意思表示，公司不为该合同承担责任。

法院认为：王某涛是中科西北公司的股东、监事，曾被授权负责该公司的融资事宜，并就案涉工程保证金支付事宜作为中科西北公司具体经办人与魏某国进行对接，对魏某国而言王某涛具有代表中科西北公司职权的外观。而虽然中科西北公司抗辩称股东会召集程序违法，但根据股东会决议违法，并不能以其违法对抗善意第三人的法理，上述根据股东会决议刻制并对外公开使用的尾号为148的印章，对不知情的魏某国而言具有代表中科西北公司意志的效力。故应认定在中科西北公司与魏某国之间形成了民间借贷关系。

第二章　公司登记

第二十九条　设立公司，应当依法向公司登记机关申请设立登记。

法律、行政法规规定设立公司必须报经批准的，应当在公司登记前依法办理批准手续。

【条文主旨】

本条是关于公司设立登记的规定。

【条文理解】

在我国设立公司，实行准则主义加核准主义相结合的原则，即只要符合法律规定的公司设立条件，就应当允许设立公司，除非法律、行政法规明确规定设立公司必须事先取得批准。

团体人格非经登记不能创设，通常还需履行法定程序。可见，较之自然人人格的取得，公司法人人格之创设至为复杂。公司法人设立的立法模式，经历过从所谓"自由设立主义"到"特殊主义"，再到"核准主义"及至"准则主义"的发展过程。但各国立法根据其传统习惯及法律政策，在不同法人的设立方式上仍有不同规定。如德国民法，对于营利性社团法人、外国社团法人和依州法设立的财团法人采用行政许可主义，而对于非营利性社团法人，则采用准则主义；瑞士民法，就营利性法人的设立采用准则主义，但对公益法人的设立却采取自由设立主义；日本民法，认为自由设立主义会导致法人的法律关系不明确，有损害市场交易安全之虞，故不采自由设立主义，而对公益法人采行政许可主义，对以营利为目的的社团法人采准则主义，对其他法人采特许设立主义。我国现行法在法人设立方式上也不采自由主义，法律思想与日本民法相同。

【司法适用】

本条与《民法典》第77条相一致，则采准则主义，以现行法为根据，规定公司原则上采准则设立主义。所谓准则主义，是指公司设立的条件由法律作出规定。凡符合法定条件的，不必经国家主管机关批准，即可设立公司。法律、行政法规规定设立公司必须报经批准的，应当在公司登记前依法办理批准手续。这既是对申请人的要求,即申请人在向公司登记机关提出设立公司的申请之前,必须依照法律、行政法规的规定,取得有关部门的批准,如《证券法》《保险法》《商业银行法》均有批准的规定要求;同时,这也是对公司登记机关的要求。

第三十条　申请设立公司,应当提交设立登记申请书、公司章程等文件,提交的相关材料应当真实、合法和有效。

申请材料不齐全或者不符合法定形式的,公司登记机关应当一次性告知需要补正的材料。

【条文主旨】

本条是关于公司设立登记申请的规定。

【条文理解】

一、公司设立登记的申请

公司设立登记是公司取得法人主体资格的要求,经法定的公司登记机关核准登记注册,公司即为成立,成为具有民事权利能力和行为能力的法人,可以依法开展经营活动。按照本条规定,申请设立公司登记时,应当向公司登记机关提交公司登记申请书、公司章程等文件。公司登记申请书,应当是公司法定代表人签署的设立登记申请书。至于具体向登记机关提出公司设立登记申请的人,根据《市场主体登记管理条例》第 18 条的规定,申请人可以委托其他自然人或者中介机构代其办理市场主体登记。受委托的自然人或者中介机构代为办理登记事宜应当遵守有关规定,不得提供虚假信息和材料。也就是说,全体股东可以在股东中指定一人或者几人作为代表,或者共同委托股东之外的人员具体办理申请公司设立登记的事务。

二、公司提交材料应遵守诚实信用原则

公司应对其申请材料的真实性、合法性和有效性负责,这是法律对申请人设定的基本要求也是最重要的义务,向登记机关如实提交有关材料和反映真实情况,保证申请材料的真实性,应依诚实信用之方法,行使权利、履行义务。诚实信用原则作为民法上的一项基本原则,扩充到行政法领域,对于市场经济健康有序发展十分重要,个人和组织也应当遵守诚信原则。

【司法适用】

公司登记机关应当一次性告知相关义务。不管是《行政许可法》,还是《市场主体登记管理条例》,对申请材料不齐全、不完备或者不符合法定的格式、要求的补正告知,作出了一个较为严格的要求。申请材料不齐全或者不符合法定形式的,登记机关应当一次性告知申请人需要补正的材料,不能反复要求申请人补正,以避免浪费申请人的精力和时间。

第三十一条　申请设立公司,符合本法规定的设立条件的,由公司登记机关分别登记为有限责任公司或者股份有限公司;不符合本法规定的设立条件的,不得登记为有限责任公司或者股份有限公司。

【条文主旨】

本条是关于公司设立的规定。

【条文理解】

本条是在《公司法》(2018 年)第 6 条第 1 款的基础上修改规定而来。本次修订,将《公司法》(2018 年)第 6 条第 1 款规定的"设立公司,应当依法向公司登记机关申请设立登记"的内容规定在本法第 29 条第 1 款,而将其他内容在本条作出规定,内容并无实质性修改。

第三十二条　公司登记事项包括:

(一)名称;

(二)住所;

(三)注册资本;

(四)经营范围;

(五)法定代表人的姓名;

(六)有限责任公司股东、股份有限公司发起人的姓名或者名称。

公司登记机关应当将前款规定的公司登记事项通过国家企业信用信息公示系统向社会公示。

【条文主旨】

本条是关于公司登记事项的规定。

【条文理解】

本条属于本次修改新增加的规定,明确了公司登记事项的内容。《市场主体登记管理条例》第 8 条规定:"市场主体的一般登记事项包括:(一)名称;(二)主体类型;(三)经营范围;(四)住所或者主要经营场所;(五)注册资本或者出资额;

(六)法定代表人、执行事务合伙人或者负责人姓名。除前款规定外,还应当根据市场主体类型登记下列事项:(一)有限责任公司股东、股份有限公司发起人、非公司企业法人出资人的姓名或者名称;(二)个人独资企业的投资人姓名及居所;(三)合伙企业的合伙人名称或者姓名、住所、承担责任方式;(四)个体工商户的经营者姓名、住所、经营场所;(五)法律、行政法规规定的其他事项。"公司作为营利法人,具有不同于自然人一样的信息,这些信息中的名称、住所、注册资本、经营范围、法定代表人、发起人等,具有特定的法律意义,在公司设立时应当在公司登记机关进行登记。

【司法适用】

国务院市场监督管理部门制定统一的市场主体登记数据和系统建设规范,归集全国市场主体登记管理信息,推进登记全程电子化,提供规范化、标准化登记管理服务。根据本条第2款的规定,公司登记机关应当将本条第1款规定的公司登记事项通过国家企业信用信息公示系统向社会公示。公众可以通过企业信用信息公示系统查询公司登记事项,允许交易相对方通过合法渠道获得公司的真实信息,保护交易相对方的安全和合法权益,保障自然人、法人和非法人组织的知情权和监督权,维护社会经济秩序,促进市场经济的健康规范发展。

第三十三条　依法设立的公司,由公司登记机关发给公司营业执照。公司营业执照签发日期为公司成立日期。

公司营业执照应当载明公司的名称、住所、注册资本、经营范围、法定代表人姓名等事项。

公司登记机关可以发给电子营业执照。电子营业执照与纸质营业执照具有同等法律效力。

【条文主旨】

本条是关于公司营业执照的规定。

【条文理解】

公司何时成立对于其是否具有主体资格至关重要。本条明确了营业执照签发日期为公司的成立日期,与《民法典》第78条、《市场主体登记管理条例》第21条第1款之规定相一致。营业执照的签发,具有下列效力:第一,取得从事经营活动的合法身份,即取得法人资格。依照本法、《民法典》、《市场主体登记管理条例》等规定,公司经设立登记并取得营业执照时,始成立为法人,为权利义务之主体。第二，取得公司名称专用权。经公司登记机关核准登记的公司法人名称受法律保护。在登记主管机关辖区内，同类业务之企业法人，不得使用相同或近似的名称，但法律、法规有特殊规定者除外。由此，企业取得名称专用权。第三，取得公司经营权。我国《市场主体登记管理条例》第3条第1款也规定："市场主体应当依照本条例办理登记。未经登记，不得以市场主体名义从事经营活动。法律、行政法规规定无需办理登记的除外。"因此，公司在设立登记后，取得经营权，对外可以公司名义进行活动。

公众通过公司营业执照可以了解公司的基本情况，根据本条第2款的规定，公司营业执照应当载明公司的名称、住所、注册资本、经营范围、法定代表人姓名等事项。随着营商环境不断优化，"放管服"改革的深入推进，国务院市场监督管理部门统一制定营业执照样式、电子营业执照的标准。国家推行电子营业执照，本条第3款吸收了《市场主体登记管理条例》的相关内容，规定电子营业执照与纸质营业执照具有同等法律效力，公司可以凭电子营业执照开展经营活动。公司营业执照作为一种公示手段，将公司信息公之于众，借以保护公司本身及社会公众的利益，维护交易安全和市场秩序。公司的组织状态和营业状态等有关信息向社会公众公告，有利于相对人在交易中做出正确判断，有利于交易安全。

【司法适用】

公司营业执照，既是公司成立的法律依据，也是对外证明公司是企业法人、有资格从事经营活动的资格证书。公司在其经营场所应当悬挂公司营业执照，因此，公司的营业执照具有公示性。

【司法案例】

宜宾市翠屏区建安钢模租赁站诉成都森楠建筑劳务有限公司建筑设备租赁合同纠纷案①

诉讼结论：即使项目部的印章系伪造，任某松、冯某祥、谢某清等人与森楠公司时任法定代表人胡某富共同签订合同、参与项目始终并与建安租赁站进行结算，建安租赁站足以相信持有项目部章的任某松、冯某祥、谢某清等人代表森楠公司，森楠公司应当就《建筑周转材料租赁合同》向建安租赁站承担支付责任。

基本案情：成都森楠建筑劳务有限公司（以下简称森楠公司）成立于2014年10月10日，系经营建筑劳务分包等的有限责任公司，法定代表人系胡某富。2016

① 参见四川省宜宾市中级人民法院（2019）川15民终2515号民事判决书。

年3月,胡某富将森楠公司股权转让给杨某辉并由杨某辉担任法定代表人,杨某辉接手后办理了安全生产许可证。2017年6月,该公司法定代表人变更为罗某。

宜宾河湾苑安置房(二期)工程由贵州四建承建,贵州四建承包后将上述项目内部转包给曾某勇,并由其实际负责该项目工程的施工。2014年8月1日,宜宾市翠屏区建安钢模租赁站(以下简称建安租赁站,出租方,甲方)与贵州四建(承租方,乙方)签订《建筑周转材料租赁合同》,第1条规定,甲方将钢管、扣件、顶托等建筑周转材料租赁给乙方用于河湾苑项目,约定了租赁价格。第5条规定,本合同签订后,承租方向出租方交纳保证金3万元。第6条规定,指定经办人、租赁合同签订后,邓某国、曹某为乙方指定的提料人员。第7条规定,租金计算从承租方提货之日起至物资归还验收完为止。出租方按月提供租金结算单,承租方对账后,签字认可,并在次月10日前付清上月租金。承租方逾期10日未付清出租金,出租方按未付租金总额每天收取1%的违约金。合同末尾处,王某红作为出租方代表签字,并加盖了甲方公章,曾某勇、张某宾在承租方处签字,未加盖乙方公章。

2014年10月20日,胡某富、任某松等人持盖有森楠公司印章的相关证照(营业执照、机构代码证、税务登记证、安全生产许可证等)作为乙方(承包方),与贵州四建(发包方,甲方)签订了河湾苑项目的《建筑工程劳务分包合同》,约定:甲方将其承建的河湾苑安置房(二期)工程1#、2#、8#、9#、10#、11#、12#、13#楼施工图纸内土建、装饰工程发包给乙方;第4条第4项:该劳务承包合同内,1#、2#楼正负零以下甲方已完成的工程量及周转材料、架料、扣件、塔吊租赁、机具临建房等部分,甲乙双方暂定为1,923,800元……;第5项:架料、扣件、塔吊租赁费从乙方正式进场开始正式接收,租赁费从2014年11月1日起乙方开始承担。乙方加盖了公司印章,并由任某松、胡某富(法定代表人)、谢某清(委托代理人)、冯某祥(现场代表)签字。同时书面明确了该项目部管理人员,其中谢某清为项目负责人,冯某祥为施工工长,黄某为安全员等。其间,森楠公司向贵州四建出具授权委托书,载明:委托公司员工任某松到贵州四建办理河湾苑安置房二期劳务承包事宜。同月30日,任某松、冯某祥以森楠公司名义向贵州四建出具承诺书并加盖公司印章,对安全教育培训及安全责任、民工工资、工程违约责任等事项作了承诺。

2014年11月1日,建安租赁站与曾某勇将双方签订的《建筑周转材料租赁合同》作了调整补充,新增合同内容:租赁费由森楠公司从2014年11月1日起支付,2014年11月1日前的租赁费由曾某勇支付;增加了肖某、黄某为提料人员;第13条规定,租赁费每两个月必须支付一次,并将两个月累计租金付清。合同末尾承租人处增加了谢某清、冯某详的签名,并在承租人和担保人处分别加盖了刻有"成都森楠建筑劳务有限公司宜宾河湾苑工程项目部"(以下简称森楠公司河湾苑项目部)字样的印章。随后曾某勇与建安租赁站结算后将租赁的周转材料移交给任某松、冯某祥等人。2017 年年初该工程完工,任某松等人撤场,同年 1 月 22 日,建安公司经与现场人员核对收回部分周转材料,对损坏部分周转材料及所欠租金进行结算,黄某、冯某祥签字确认所欠金额为 693,871.96 元,后任某松、冯某祥于 1 月 27 日支付 150,000 元,尚欠 543,871.96 元。建安租赁站多次向胡某富、任某松、冯某祥等人催收,对方均承诺要付款,但一直未付,遂于 2018 年 7 月起诉到一审法院,请求判如所诉。(1)2018 年年初,森楠公司发现公司证照和印章被伪造后,先后向成都武侯区公安分局和宜宾临港公安分局报案,称胡某富、任某松等人在签订劳务分包合同及租赁合同时所使用的公司证照和相关印章均系伪造。宜宾临港公安分局于 2018 年 9 月 26 日立案侦查。经成都武侯区公安分局讯问,胡某富供述其与任某松等人伪造公司营业执照、税务登记证、机构代码证、安全生产许可证等并用于河湾苑项目签订相关合同的事实。(2)审理期间,经原告申请,一审法院依法对森楠公司名下的财产进行保全,建安租赁站为此支付保全费 5000 元。

法院认为:关于森楠公司是否应就《建筑周转材料租赁合同》向建安租赁站承担支付责任的问题。2014 年 10 月,森楠公司时任法定代表人胡某富与贵州四建签订《建筑工程劳务分包合同》,并加盖公司印章,任某松、谢某清、冯某祥分别在承包人、委托代理人、现场代表处签名;森楠公司加盖了公司印章的《项目部管理人员》清单上载明了谢某清为项目部负责人、冯某祥为施工工长;2014 年 10 月 30 日,森楠公司加盖了公司印章的《承诺书》由任某松、冯某祥签字。即使森楠公司及森楠公司项目部的印章系伪造,任某松、冯某祥、谢某清等人与森楠公司时任法定代表人胡某富共同签订合同、参与项目始终并与建安租赁站进行结算,建安租赁站足以相信持有项目部章的任某松、冯某祥、谢某清等人代表森楠公司,森楠公司应当就《建筑周转材料租赁合同》向建安租赁站承担支付责任。

第三十四条　公司登记事项发生变更的,应当依法办理变更登记。
公司登记事项未经登记或者未经变更登记,不得对抗善意相对人。

【条文主旨】

本条是关于公司登记事项变更及效力的规定。

【条文理解】

本条是对《民法典》相关规定的具体化。《民法典》第 64 条规定:“法人存续期间登记事项发生变化的，应当依法向登记机关申请变更登记。”第 65 条规定：“法人的实际情况与登记的事项不一致的，不得对抗善意相对人。”变更登记，是指法人因其存续中出现法定的变更事项而进行的登记。公司存续期间发生与其基本存在条件存有重大关系的事项如名称、住所、注册资本、经营范围、法定代表人、发起人等事项的变更，应依照法定内容和法定程序向法定的主管机关办理变更登记。变更登记是私法行为与公法行为的结合，也是要式行为。

法人的登记事项涉及相对人利益和交易安全，各国民法均规定法人变更必须进行登记。已变更的事项未予登记的，其变更对善意相对人不发生效力。例如，公司的法定代表人变更后未向登记机关登记，若该法定代表人继续以公司名义实施法律行为，在相对人不知道也不应当知道该变更事项时，该法定代表人实施的行为仍然有效，其后果应由公司承担。

【司法适用】

商事登记制度属于公司法中的强制性规范，登记产生的法律效果包括设权作用和公示作用，还具有推定的法律效力。① 它产生的权利外观是对相对人信赖的一种保护。在商事交易中，经常会产生真实的法律状态与外部所见的法律状态不相一致的情形。当实际情况与外观不一致时，只要符合特定要件，就可对外观信赖者，也就是善意相对人进行保护。反过来说，与相对人交易的法人不能因为内部意思的瑕疵而否认他人以法人名义代表或代理法人对外行为所产生的法律效果。②

【司法案例】

新加坡中华环保科技集团有限公司
诉大拇指环保科技集团（福建）有限公司股东出资纠纷案③

诉讼结论：登记的法定代表人对外具有公示效力、如涉及公司以外的第三人因公司代表权而产生的外部争议，应以登记为准。

基本案情：大拇指环保科技集团（福建）有限公司（以下简称大拇指公司）是新加坡中华环保科技集团有限公司（以下简称新加坡环保公司）在中国设立的外商独资企业，2008 年 6 月 30 日，大拇指公司经批准注册资本增至人民币 3.8 亿元。大拇指公司于 2012 年 4 月 27 日以新加坡环保公司未足额缴纳出资为由提起

---

① ［德］C. W. 卡纳里斯：《德国商法》，杨继译，法律出版社 2006 年版，第 74~75 页。

② 参见何建：《公司意思表示论》，法律出版社 2019 年版，第 300 页。

③ 参见最高人民法院（2014）民四终字第 20 号民事判决书。

诉讼,请求判令新加坡环保公司履行股东出资义务,缴付增资款4500万元。福建省高级人民法院一审认为,新加坡环保公司未履行股东足额缴纳出资的法定义务,侵害了大拇指公司的法人财产权,大拇指公司有权要求新加坡环保公司履行出资义务,补足出资。据此,判令新加坡环保公司向大拇指公司缴纳出资款4500万元。新加坡环保公司向最高人民法院提出上诉。

法院认为:按照《涉外民事关系法律适用法》第14条第1款的规定,我国外商投资企业与其外国投资者之间的出资义务等事项,应当适用我国法律;外国投资者的司法管理人和清盘人的民事权利能力及民事行为能力等事项,应当适用该外国投资者登记地的法律。根据新加坡公司法的规定,在司法管理期间,公司董事基于公司法及公司章程而获得的权力及职责均由司法管理人行使及履行。因此新加坡环保公司司法管理人作出的变更大拇指公司董事及法定代表人的任免决议有效。由于大拇指公司董事会未执行唯一股东环保公司的决议,造成了工商登记的法定代表人与股东任命的法定代表人不一致的情形,进而引发了争议。根据《公司法》的规定,工商登记的法定代表人对外具有公示效力,如涉及公司以外的第三人因公司代表权而产生的外部争议,应以工商登记为准;而对于公司与股东之间因法定代表人任免产生的内部争议,则应以有效的股东会任免决议为准,并在公司内部产生法定代表人变更的法律效果。本案起诉不能代表大拇指公司的真实意思,裁定撤销原判,驳回大拇指公司的起诉。

第三十五条　公司申请变更登记,应当向公司登记机关提交公司法定代表人签署的变更登记申请书、依法作出的变更决议或者决定等文件。

公司变更登记事项涉及修改公司章程的,应当提交修改后的公司章程。

公司变更法定代表人的,变更登记申请书由变更后的法定代表人签署。

【条文主旨】

本条是关于公司登记事项变更要求的规定。

【条文理解】

根据本法第30条的规定,申请设立公司,应当提交公司法定代表人签署的设立登记申请书、公司章程等文件。同理,在公司登记事项发生变更时,亦应由法定代表人签署变更登记申请书后向公司登记机关提交。《市场主体登记管理条例》第24条第1款规定:“市场主体变更登记事项,应当自作出变更决议、决定或者法定变更事项发生之日起30日内向登记机关申请变更登记。”为了保持法律、法规内在体系的统一,公司应当向登记机关提供登记事项发生变更所依据的变更决议或者决定等文件。

公司章程作为公司组织和行为的基本规则,对公司的类型、宗旨、组织机构设置等涉及公司根本性、方向性的重大问题作出规定。本法第32条规定了公司登记事项,其中不包括公司章程。公司章程不是市场主体的一般登记事项,其只需要向登记机关办理备案即可,但是公司变更登记事项涉及修改公司章程的,仍应当提交修改后的公司章程。

【司法适用】

公司法定代表人的行为构成公司的行为。法定代表人应当在登记机关登记,经登记的法定代表人,其行使职权具有法律效力,同时具有公示力。公司变更法定代表人,应当到公司登记机关办理变更手续,而未到登记机关变更的,不得对抗善意相对人。《公司法》(2018年)第13条只规定了"公司法定代表人变更,应当办理变更登记"。对于由谁来办理,变更登记申请书由谁签字,司法实践中经常发生新、老法定代表人争抢公司代表权的情形。公司法定代表人是基于股东会或董事会的选任而产生,并非基于登记而享有公司法定代表人的身份,只不过未做变更登记容易制造一种权利外观表象。① 现本条明确了变更登记申请书由变更后的法定代表人签署,符合法定代表人选任的法理逻辑,比较科学、合理。

【司法案例】

王某1诉平凉安康医院有限公司股东知情权纠纷案②

诉讼结论:股东知情权是法律赋予公司股东了解公司经营状况、财务状况以及其他与股东利益存在密切关系的公司情况的权利,也是股东实现其他股东权利的基础性权利,是股东参与公司管理的前提和基础,公司不得限制或者剥夺。公司登记事项发生变更的应当依法办理变更登记。

基本案情:2016年6月1日,王某1与康某、康某文3人设立了平凉安康医院有限公司(以下简称安康医院),王某1占股权40%,康某占股权30%,康某文占股权30%。2017年8月22日,对股权结构进行变更,由王某1认缴出资额1605万元,出资比例32.1%,康某认缴出资1605万元,出资比例32.1%,郭某认缴出资1790万元,出资比例35.8%。章程规定认缴出资分6次交纳,首期交纳120万元。安康医院在经营期间未清算分红。2019年6月16日,由唐某钊主持召开股东会

① 参见何建:《公司意思表示论》,法律出版社2019年版,第264页。

② 参见甘肃省平凉市(地区)中级人民法院(2020)甘08民终407号民事判决书。

议，形成决议：(1)郭某已实际出资到位55万元，其他股东应于2019年6月21日前出资到账，康某、王某1应实际到账42.42万元；(2)聘请有资质的会计事务所对公司财务进行清查；(3)2019年7月3日前按370万出资到账，郭某应出资130万元，康某、王某1各出资100万元；(4)2019年7月3日前未出资到账自愿退出，放弃股东身份，放弃股权。王某1签名并表示仅同意第2项决议。同年9月21日，由郭某主持召开股东会议，提议修改公司章程，变更公司股东，解除王某1股东身份，其他两股东表示同意，但王某1表示不同意变更股东及修改公司章程，其未在股东会决议上签字。当日，王某1提出书面申请，要求查阅公司会计账簿、会计凭证，以及股东会决议及公司章程，郭某、康某未接收，后王某1于同年10月9日委托他人向陈某、柳某梅邮寄查阅申请，该邮件于同年10月10日由前台代签收。安康医院收件后未予答复，王某1遂向法院提起诉讼。

法院认为：股东知情权是法律赋予公司股东了解公司经营状况、财务状况以及其他与股东利益存在密切关系的公司情况的权利，也是股东实现其他股东权利的基础性权利，是股东参与公司管理的前提和基础，公司不得限制或者剥夺。本案中，王某1作为安康医院的股东，其对安康医院的经营及财务等状况有知情权。安康医院上诉认为公司已形成股东会议决议，解除了王某1的股东资格，不具有本案主体资格，但其未提供有效证据证实。关于安康医院认为其收到的查阅资料上没有王某1签字的问题，虽然安康医院收到的王某1的申请书上没有王某1的签名，但该申请书上有王某1的盖章，王某1对该盖章的真实性认可，故应认定王某1在起诉本案以前要求查阅安康医院财务账簿的意思表示真实，安康医院认为起诉程序不合法的理由不能成立。

第三十六条　公司营业执照记载的事项发生变更的，公司办理变更登记后，由公司登记机关换发营业执照。

【条文主旨】

本条是关于公司营业执照换发的规定。

【条文理解】

公司登记机关在公司营业执照记载的事项对外具有公示效力。公司可以根据经营情况的需要，对有关事项作出调整，如变更公司法定代表人、更换新的公司办公地址等。当公司调整的事项涉及公司名称、住所、注册资本、经营范围、法定代表人姓名等，则属于公司营业执照载明事项，如这些事项发生变更，则必须依法办理变更登记,由公司登记机关换发营业执照。

【司法适用】

根据当地工商行政管理的规定,公司吊销营业执照后,不能再进行股权变更登记。但根据《公司法》相关的规定,股权转让后,公司有义务修改股东名册并将股东姓名或者名称进行工商变更登记,登记或者变更登记具有对抗第三人的效力,但公司未修改股东名册或者未办理工商变更登记不影响股权的取得和享有。因此,公司吊销营业执照后不能办理工商变更登记不影响股权转让协议的履行。

【司法案例】

新华信托股份有限公司诉北京时光房地产开发有限公司等合同纠纷案①

诉讼结论:公司的营业执照虽被吊销,但现行法律并未规定被吊销营业执照的公司不能进行股权变更,因此公司被吊销营业执照的事实不构成其股权变动的法律障碍,当事人以此为由拒绝履行合同义务的,不予支持。

基本案情:2010 年 10 月 21 日,兴安盟时光公司的股东由北京时光房地产开发有限公司(以下简称北京时光公司)变更为新华信托股份有限公司(以下简称信托公司)。

2010 年 10 月 27 日,内蒙古信通联合会计师事务所向兴安盟时光公司出具内信验通字(2010)第 223 号验资报告,载明"贵公司原注册资本为人民币 1000 万元,实收资本为人民币 1000 万元。根据贵公司股东会决议和修改后章程的规定,贵公司申请增加注册资本人民币 10,920 万元,由信托公司于 2010 年 10 月 27 日之前一次缴足,变更后的注册资本为人民币 11,920 万元。经审验,截至 2010 年 10 月 27 日,贵公司已收到信托公司缴纳的新增注册资本合计人民币 10,920 万元,增资方式为货币"。同日,兴安盟时光公司完成了增资事项的工商变更登记手续,注册资本由 1000 万元变更为 11,920 万元。

2011 年 9 月 23 日,信托公司向北京时光公司发出《关于受让兴安盟时光公司股权的函》,载明"信托计划将于 2011 年 10 月 26 日到期,请贵司根据《合作协议》的约定,收购 11,920 万元全部股权以实现信托资金的退出。同时,贵司作为本信托计划的保证担保人,请履行保证担保责任"。

2011 年 10 月 31 日,信托公司向北京时光公司发出《告知函》,要求"即刻履行偿还义务,向我公司划付包括增资本金 10,920 万元和信托收益 1253 万元共计

---

① 参见最高人民法院(2015)民申字第 3135 号民事裁定书。

12,173 万元资金”。

兴安盟时光公司因 2010 年、2011 年连续两年未参加企业法人年度检验,内蒙古自治区乌兰浩特市工商行政管理局于 2012 年 12 月 24 日吊销了该公司企业法人营业执照,该公司提出行政复议,兴安盟工商行政管理局于 2013 年 3 月 5 日作出(兴)工商复字(2013)1 号行政复议决定书维持了乌兰浩特市工商局作出的吊销营业执照的处罚决定。2012 年 10 月 17 日,信托公司作为兴安盟时光公司的唯一股东作出决定,从即日起免除许某理公司法定代表人和经理职务,任命杨某飞为兴安盟时光公司的法定代表人和经理。因该公司被吊销营业执照,工商行政登记机关对前述法定代表人变更未予办理变更登记,现兴安盟时光公司的法定代表人在工商登记材料中仍为许某理。

法院认为:2010 年 10 月 21 日,兴安盟时光公司的股东由北京时光公司变更为信托公司。

兴安盟时光公司因 2010 年、2011 年连续两年未参加企业法人年度检验,内蒙古自治区乌兰浩特市工商行政管理局于 2012 年 12 月 24 日吊销了该公司企业法人营业执照,该公司提出行政复议,兴安盟工商行政管理局于 2013 年 3 月 5 日作出(兴)工商复字(2013)1 号行政复议决定书维持了乌兰浩特市工商局作出的吊销营业执照的处罚决定。2012 年 10 月 17 日,信托公司作为兴安盟时光公司的唯一股东作出决定,从即日起免除许某理公司法定代表人和经理职务,任命杨某飞为兴安盟时光公司的法定代表人和经理。因该公司被吊销营业执照,工商行政登记机关对前述法定代表人变更未予办理变更登记,现兴安盟时光公司的法定代表人在工商登记材料中仍为许某理。

第三十七条　公司因解散、被宣告破产或者其他法定事由需要终止的,应当依法向公司登记机关申请注销登记,由公司登记机关公告公司终止。

【条文主旨】

本条是关于注销公司登记的规定。

【条文理解】

本条是在吸收《民法典》第 68 条规定的基础上形成。

公司的终止,也就是公司的消灭。公司终止后,其民事权利能力和行为能力随之消灭。终止后的公司不能再以公司的名义对外从事民事活动。根据本条规定,公司终止的事由包括解散、被宣告破产或者法律规定的其他原因。公司经清算、注销登记程序后终止。

《民法通则》第 45 条第 1 项规定企业法人终止的原因包括依法被撤销，但《民法典》第 68 条在有关法人终止的原因中用了兜底性条款，即“法律规定的其他原因”，“其他原因”也就是本条所指向的其他法定事由，当然包括依法被撤销这一事由。

《民法典》第 72 条第 3 款规定，清算结束并完成法人注销登记时，法人终止；依法不需要办理法人登记的，清算结束时，法人终止。第 73 条规定，法人被宣告破产的，依法进行破产清算并完成法人注销登记时，法人终止。即法人因解散、被宣告破产或者其他法定事由而需要终止的，应当在清算程序结束后，经过注销登记程序，法人才终止。《市场主体登记管理条例》第 31 条亦规定，市场主体因解散、被宣告破产或者其他法定事由需要终止的，应当依法向登记机关申请注销登记。经登记机关注销登记，市场主体终止。市场主体注销依法须经批准的，应当经批准后向登记机关申请注销登记。

本法第 239 条规定，公司清算结束后，清算组应当制作清算报告，报股东会或者人民法院确认，并报送公司登记机关，申请注销公司登记。即一般情况下，公司因解散、被宣告破产或者其他法定事由需要终止的，应当经清算后办理注销登记。而对于公司在存续期间未产生债务，或者已经清偿全部债务的，根据本法第 240 条的规定，经全体股东承诺，可以按照规定通过简易程序注销公司登记。

【司法适用】

清算终结时，清算组应申请公司注销登记，此登记一经完成，公司人格归于消灭。如果说公司登记机关办理设立登记是公司取得法人资格的前提，那么消灭公司的法人资格则要以公司登记机关注销其公司登记为依据。公司登记机关经过核准注销登记后，公司终止，公司法人资格消灭。

需要注意的是，公司被吊销营业执照是引起公司解散从而导致公司终止的原因。《最高人民法院关于企业法人营业执照被吊销后，其民事诉讼地位如何确定的复函》规定，吊销企业法人营业执照，是工商行政管理机关依据国家工商行政法规对违法的企业法人作出的一种行政处罚。企业法人被吊销营业执照后，应当依法进行清算，清算程序结束并办理工商注销登记后，该企业法人才归于消灭。因此，企业法人被吊销营业执照后至被注销登记前，该企业法人仍应视为存续，可以自己的名义进行诉讼活动。

【司法案例】

湖北省现代科技创业服务中心管理有限公司诉王某某、陈某某民间借贷纠纷案[①]

诉讼结论：借款人解散应当在依法清算完毕后，申请办理注销登记。借款人未经清算即办理注销登记，导致借款人无法进行清算，出借人主张借款人股东，以及借款人的实际控制人对借款人债务承担清偿责任的，法院应依法予以支持。

基本案情：2010年7月22日，武汉吉顺升升贸易有限公司在工商部门办理了变更登记手续，名称变更为武汉悦源贸易有限责任公司（以下简称悦源公司），法定代表人由陈某变更为王某某，监事由陈某清变更为陈某某，执行董事/总经理由陈某变更为王某某，股东由陈某（持股30%）、沈某蒙（持股70%）变更为王某某（持股30%）、陈某某（持股70%）。

工商档案显示，此次变更由黄某代为办理，向工商部门提交了武汉吉顺升升贸易有限公司《股东会变更决议》、《任免职决定》、两份《股权转让协议》等材料。其中，两份《股权转让协议》签订于2010年7月15日，内容分别为陈某某受让沈某蒙持有的武汉吉顺升升贸易有限公司70%的股份、王某某受让陈某持有的武汉吉顺升升贸易有限公司30%的股份；《股东会变更决议》落款日期2010年7月20日，载明根据公司于2010年7月15日召开的股东会议，决议武汉吉顺升升贸易有限公司名称变更为武汉悦源贸易有限责任公司、法定代表人变更为王某某，执行董事或董事会成员变更为王某某、监事或监事会成员变更为陈某某、经理变更为王某某，陈某持有的30%股份转让给王某某、沈某蒙持有的70%股份转让给陈某某等，委托黄某办理变更登记事宜；《任免职决定》落款日期2010年7月22日，落款处有王某某、陈某某、沈某蒙、陈某清、陈某签名字样，载明根据公司于2010年7月15日召开的股东会议，决定免去陈某执行董事职务、免去陈某清监事职务、免去陈某经理职务，选举王某某为公司执行董事、经理，陈某某为监事。经一审法院委托鉴定，查明《股权转让协议》、《任免职决定》上“王某某”的字迹非王某某本人所签。

2015年4月3日至2016年3月1日期间，科创公司陆续向悦源公司出借款项3,473,622元，科创公司认可悦源公司已还款280,000元，悦源公司尚欠借款3,193,622元。

2015年12月15日，悦源公司法定代表人、执行董事/总经理由王某某变更为

---

① 参见湖北省高级人民法院（2021）鄂民终1290号民事判决书。

宋某香。2020年,悦源公司向武汉经济技术开发区(汉南区)行政审批局申请简易注销,并提交《简易注销全体投资人承诺书》,承诺悦源公司申请注销登记前未发生债权债务/已将债权债务清算完结,清算工作已全面完结,否则全体投资人承担相应法律责任。该承诺书落款日期2020年7月1日,全体投资人签字处有王某某、陈某某签名字样。武汉经济技术开发区(汉南区)行政审批局于2020年9月4日核准悦源公司注销登记。

另查明,2017年11月22日,一审法院作出(2017)鄂01破申4号民事裁定书,裁定受理科创公司破产清算一案,并于2017年11月29日作出(2017)鄂01破6号决定书,指定湖北元申律师事务所担任管理人。2021年4月12日、6月2日,本案一审庭审及调查时陈某某、王某某认可科创公司提交的悦源公司工商资料的真实性,虽否认《简易注销全体投资人承诺书》中签名的真实性,但二人均未对除2010年7月15日《股权转让协议》和2010年7月22日《股东会关于公司执行董事、经理、监事的任免职决定》之外的其他工商登记资料中陈某某、王某某的签名申请笔迹鉴定。二审期间,经本院释明,王某某及其委托诉讼代理人既未在本院指定期间内申请鉴定,也未提交相关证据证明包括《简易注销全体投资人承诺书》在内的工商登记资料中王某某签名并非其本人所签。

法院认为:《民法典时间效力规定》第1条第2款规定"民法典施行前的法律事实引起的民事纠纷案件,适用当时的法律、司法解释的规定,但是法律、司法解释另有规定的除外",本案系民法典施行前的法律事实引起的民事纠纷案件,适用当时的法律、司法解释的规定。本案中,王某某辩称其不具有悦源公司股东身份,但其一审时对科创公司提交的悦源公司工商登记资料的真实性并无异议,而根据工商登记材料记载,王某某系有限责任公司悦源公司的自然人股东之一,认缴出资额为300万元,占股30%。一审法院虽然通过笔迹鉴定确认2010年7月15日《股权转让协议》和2010年7月22日《股东会关于公司执行董事、经理、监事的任免职决定》中"王某某"的签名非其本人所签,但对于包括2020年7月1日《简易注销全体投资人承诺书》和2010年7月20日、2015年12月1日《股东会变更决议》及公司章程等一系列工商登记资料中王某某的签名,并无证据推翻其真实性。根据《民事诉讼法》第64条第1款"当事人对自己提出的主张应当及时提供证据"和《民事诉讼法解释》第90条"当事人对自己提出的诉讼请求所依据的事实或者反驳对方诉讼请求所依据的事实,应当提供证据加以证明,但法律另有规定的除外。在作出判决前,当事人未能提供证据或者证据不足以证明其事实主张的,由负有举证证明责任的当事人承担不利的后果"之规定,经二审法院释明,被上诉人王某某既未在指定期间申请对相关工商登记资料中“王某某”的签名进行笔迹鉴定，也未提交其他证据予以佐证其主张，故应承担举证不能的不利法律后果。一审法院仅以《股权转让协议》上“王某某”的字迹非本人所签为由，在未考虑其他工商登记资料记载内容的情况下，直接否定王某某的股东身份不当，法院予以纠正。对科创公司提出一审认定王某某不是悦源公司股东并不承担责任，属于认定事实不清的上诉理由，法院予以支持。

《公司法规定(二)》第20条规定："公司解散应当在依法清算完毕后，申请办理注销登记。公司未经清算即办理注销登记，导致公司无法进行清算，债权人主张有限责任公司的股东、股份有限公司的董事和控股股东，以及公司的实际控制人对公司债务承担清偿责任的，人民法院应依法予以支持。公司未经依法清算即办理注销登记，股东或者第三人在公司登记机关办理注销登记时承诺对公司债务承担责任，债权人主张其对公司债务承担相应民事责任的，人民法院应依法予以支持。"本案中，悦源公司2020年申请简易注销登记时，未对欠付科创公司借款3,193,622元的债务进行清算，但在《简易注销全体投资人承诺书》中却明确承诺无未清算完结的债权债务，该承诺书盖有悦源公司印章，且“全体投资人签字”一栏处有王某某、陈某某签名字样，在无相反证据推翻该承诺书真实性的情况下，依照前述规定，王某某、陈某某作为悦源公司股东，均应对悦源公司的债务承担清偿责任。退一步说，即使将王某某认定为“第三人”身份，其也应承担相应的民事责任。故科创公司提出一审适用法律错误，应改判王某某与陈某某共同承担还款责任的上诉理由成立，本院予以支持。

第三十八条　公司设立分公司，应当向公司登记机关申请登记，领取营业执照。

【条文主旨】

本条是关于公司分公司的规定。

【条文理解】

本是在《公司法》(2018年)第14条第1款规定的基础上修改而来。本次修订时，将“公司可以设立分公司”以及“分公司不具有法人资格，其民事责任由公司承担”的内容规定在本法第13条第2款中，而将设立分公司的登记要求规定于本条，内容并无实质性修改。

第三十九条　虚报注册资本、提交虚假材料或者采取其他欺诈手段隐瞒重要事实取得公司设立登记的，公司登记机关应当依照法律、行政法规的规定予以撤销。

【条文主旨】

本条是关于公司撤销登记的规定。

【条文理解】

关于撤销公司登记的事由，关注的重点在于设立申请人在申请设立公司的过程中是否具有欺诈的意思表示和行为。欺诈取得公司登记，是指当事人在办理公司登记时，故意隐瞒有关的重要事实、制造假象、掩盖真相，使公司登记机关受蒙骗、发生错误认识而取得了公司登记。公司登记包括设立登记、变更登记、注销登记。本条规定了欺诈手段取得公司登记的 3 种情形，包括虚报注册资本、提交虚假材料或者采取其他欺诈手段隐瞒重要事实等。

【司法适用】

需要注意的是，《行政许可法》第 6 章“监督检查”中第 69 条第 1 款对行政机关违法履行职责而准予行政许可的撤销作了规定，第 2 款对被许可人以欺骗、贿赂等不正当手段取得行政许可的撤销作了规定。第 7 章“法律责任”第 79 条规定，被许可人以欺骗、贿赂等不正当手段取得行政许可的，行政机关应当依法给予行政处罚。依照《行政许可法》的上述规定，撤销被许可人以欺骗等不正当手段取得的行政许可，是对违法行为的纠正，不属于行政处罚。

【司法案例】

施某某诉宁波市市场监督管理局撤销公司登记决定案[①]

诉讼结论：根据司法鉴定意见，公司注销登记申请有关材料存有股东签字虚假问题，相关公司登记是否应当被撤销，需要将股东表决权对于决议效力的影响纳入考量。若股东签名非本人所签，但该股东拥有的表决权不足以否定决议效力的，则相关决议仍对外代表公司意志，故公司相关注销登记申请材料上股东签字虚假不属于应予撤销登记的情节严重情形。

基本案情：2008 年 10 月 28 日，第三人宁波凯捷国际贸易有限公司（以下简称凯捷公司）向被告宁波市工商行政管理局申请注销登记，并提交注销登记所需的

① 参见浙江省高级人民法院（2015）浙行再字第 8 号行政判决书。

注销登记申请书、股东会决议、注销公告、备案通知书和营业执照。其中，股东会决议载明第三人吴某为公司清算小组成员。2008年12月2日，第三人凯捷公司作出股东会决议，载明公司隐匿债务，由公司全体股东按出资比例负责承担。2008年12月3日，被告宁波市工商行政管理局作出准予第三人凯捷公司注销登记的决定。2012年11月14日，宁波市鄞州区人民法院作出(2011)甬鄞商初字第669号民事判决，基于第三人凯捷公司已注销登记及公司股东承诺承担债务的事实，判决第三人龙峰公司、尹某祥及吴某等人偿还原告施某东借款本金及其他费用。2012年5月3日，第三人吴某向宁波市江东区人民法院提起行政诉讼，要求撤销被告宁波市工商行政管理局准予第三人凯捷公司注销登记的决定，并申请对注销登记相关材料中的第三人吴某的签字进行鉴定。在宁波市江东区人民法院决定同意第三人吴某鉴定申请后，浙江汉博司法鉴定所于2012年7月25日作出浙汉博〔2012〕文鉴字第280号司法鉴定意见书，认为第三人凯捷公司落款日期为“2008年9月28日”“2008年9月28日”“2008年12月2日”的《股东会决议》及日期为“2008年12月2日”的《清算报告》上的“吴某”签名并非第三人吴某本人签名。2012年11月26日，被告宁波市工商行政管理局作出甬工商企注撤〔2012〕1号撤销注销登记的决定，撤销其于2008年12月3日作出的准予第三人凯捷公司的注销登记。原告施某东不服，于2013年1月18日向宁波市人民政府申请行政复议。宁波市人民政府于2013年4月16日作出甬政复决字〔2013〕17号行政复议决定，维持被告宁波市工商行政管理局作出的甬工商企注撤〔2012〕1号撤销注销登记决定。

法院认为：吴某在凯捷公司中的股权占比为15%，龙峰公司和尹某祥分别占比70%和15%，就凯捷公司注销登记事项，现并无相反证据表明违背后两者真实意思表示，故吴某作为股东是否同意公司注销，都不影响凯捷公司做出注销登记申请意思表示的效力，且吴某作为公司的股东与监事，从凯捷公司决定注销清算的2008年9月起至其对公司注销登记提起行政诉讼的2012年5月，长达近4年时间里，并没有提出异议，其对凯捷公司注销登记是明知的。另外，凯捷公司2008年被注销后已经法定形式向社会公告，相关公司资产、债权债务等亦被股东分配，公司实体上已不复存在，而且由于相关股东会决议存在，注销登记行为并没有损害相关债权人利益，亦不存在影响第三人权益或社会经营秩序的问题，故凯捷公司相关注销登记申请材料上股东吴某签字虚假问题，并不属于《公司登记管理条例》第69条规定的应予撤销登记的情节严重情形，被申请人在凯捷公司已实际注销4年后，仅依据涉案司法鉴定意见，未综合考量凯捷公司是否仍具备公司法律特征以及撤销注销登记可能会对既存的社会经营管理秩序造成不良影响的实际情况，径直根据《企业登记程序规定》第17条第2款的规定作出撤销注销登记决定,缺乏必要性与合理性,法律适用不当。

第四十条　公司应当按照规定通过国家企业信用信息公示系统公示下列事项:

(一)有限责任公司股东认缴和实缴的出资额、出资方式和出资日期,股份有限公司发起人认购的股份数;

(二)有限责任公司股东、股份有限公司发起人的股权、股份变更信息;

(三)行政许可取得、变更、注销等信息;

(四)法律、行政法规规定的其他信息。

公司应当确保前款公示信息真实、准确、完整。

【条文主旨】

本条是关于国家企业信用信息公示系统公示具体事项的规定。

【条文理解】

公司参与市场经济活动,离不开与他人发生业务联系,需要披露相关信息给他人,以获得交易的机会。同时,公司作为法人,具有不同于自然人的信息,如有限责任公司股东认缴和实缴的出资额、出资时间、出资方式,股份有限公司发起人认购的股份数;有限责任公司、股份有限公司发起人的股权、股份等变更信息;公司的行政许可取得、变更、注销等,均具有特定的法律意义,应当在公司登记机关进行登记公示。公司应当诚实守信,确保前述公示信息真实、准确、完整。

当前,国家市场监管总局建立了国家企业信用信息公示系统,并通过公示系统依法归集政府部门在履职过程中产生并对外公示的涉企信息,包括企业的登记注册、行政许可、行政处罚、年报公示、抽查检查结果等信息。为了保护交易相对方的安全和合法权益,维护社会经济秩序,促进市场经济的健康规范发展,应当公开必要的公司设立登记、变更登记与注销登记的事项,向公众提供查询服务和方便。这既是对公司登记机关提出要求,赋予不特定的社会公众查询公司登记事项的权利,也通过国家企业信用信息公示系统加强对公司的社会监督和信用监管。

第四十一条　公司登记机关应当优化公司登记办理流程,提高公司登记效率,加强信息化建设,推行网上办理等便捷方式,提升公司登记便利化水平。

国务院市场监督管理部门根据本法和有关法律、行政法规的规定,制定公司登记注册的具体办法。

【条文主旨】

本条是关于公司登记机关优化公司登记服务的规定。

【条文理解】

《市场主体登记管理条例》是我国制定出台第一部统一规范各类市场主体登记管理的行政法规,体现了党中央、国务院对深化"放管服"改革、优化营商环境的高度重视。随着《市场主体登记管理条例》的颁布实施,为保护市场主体合法权益、促进创业创新、维护市场秩序提供了坚实的法治保障。市场主体登记管理应当遵循依法合规、规范统一、公开透明、便捷高效的原则,本条要求公司登记机关优化公司登记办理流程,提高公司登记效率,加强信息化建设,推行网上办理等便捷方式,提升公司登记便利化水平,旨在进一步巩固拓展商事制度改革成果,持续营造稳定公平透明、可预期的营商环境。国务院市场监督管理部门根据《公司法》和有关法律、行政法规的规定,制定公司登记注册的具体办法。

第三章　有限责任公司的设立和组织机构

第一节　设　立

第四十二条　有限责任公司由一个以上五十个以下股东出资设立。

【条文主旨】

本条是关于有限责任公司股东数上下限的具体规定。

【条文理解】

一、考虑有限责任公司通常具有人合性特征，本条对股东数规定了上限

一般认为，有限责任公司除具有资合性外，通常还具有人合性特征。设立有限责任公司，股东之间往往是基于一定的信任关系，股东之间存在合作关系的特征，如果人数过多，不利于股东之间的合作与信任关系的维系。此外，对有限责任公司的股东数上限作出相应的规定，也有利于公司重大经营决策的正常进行。

根据本规定，设立时有限责任公司股东数不应超过 50 个，尽管并未明确规定在持续变更中不得超过 50 个，但实践中，登记部门仍然要求股东数不得超过 50 个。

二、增加有限责任公司股东数下限的规定

《公司法》（1993 年）第 20 条规定："有限责任公司由二个以上五十个以下股东共同出资设立"，承认公司的社团性。而现代公司法已经突破了公司的社团性，承认一人公司。《公司法》（2018 年）第 24 条规定："有限责任公司由五十个以下股东出资设立。"与《公司法》（1993 年）相比较显然是一大进步。《公司法》（2018 年）未规定有限责任公司股东数的下限。虽然从理论上推理，有限责任公司的股东数当然不会少于 1 个，因为不存在"无人公司"的概念，但从立法技术角度考虑，本次修订时增加关于有限责任公司股东数下限的规定，更加严谨。

三、从立法术语含义分析股东数上下限的具体数额

在汉语词义的解释中，"以上"指的是位置或者数目等在某一点之上；"以下"指的是位置或者数目不高于某一点。从其基本含义可以得知，"以上""以下"，应当包含本数。《民法典》第 1259 条也规定“民法所称的‘以上’、‘以下’、‘以内’、‘届满’，包括本数；所称的‘不满’、‘超过’、‘以外’，不包括本数。”因此，有限责任公司股东数的下限是 1 个，上限是 50 个。其中关于一人有限责任公司，《公司法》(2018 年)第 2 章设专节“一人有限责任公司的特别规定”予以规定，本次《公司法》修订未再对一人有限责任公司设专节规定，而是将相关内容规定于第三章第二节有限责任公司的“组织机构”内容之中。对国有独资公司，则在第六章“国家出资公司组织机构的特别规定”中予以规定。

【司法适用】

一、有限责任公司的股东可以是自然人，也可以是法人，也可以是非法人组织

(一)自然人股东

在正常情况下，自然人能否成为有限责任公司的股东还取决于自然人本身的能力，自然人股东应当具有民事行为能力，无民事行为能力人与限制民事行为能力人，不应当成为有限责任公司的设立股东，即不能成为有限责任公司的发起人。因为作为有限责任公司的设立股东，应当依法承担相应的民事责任，本法第 44 条对此有明确的规定，为了保护无民事行为能力人与限制民事行为能力人的利益以及他人的合法权益，不应允许他们作为有限责任公司的设立股东。

在自然人股东中，我国现行法律出于反腐败等工作的需要，禁止某些特定的自然人成为公司股东，如国家公务员，包括法官、检察官等，均不能成为有限责任公司的股东。

(二)法人股东

营利性法人可以成为有限责任公司的股东，这是没有疑义的。我国法律禁止机关法人、事业单位法人作为设立公司的发起人，但是经国家授权的国有资产管理机构作为发起人参与特定公司设立的除外。①

(三)非法人组织股东

《公司法》(2018 年)第 57 条第 2 款规定，“一个自然人股东或者一个法人股东设立的有限责任公司为一人有限责任公司”，公司法修订草案一审稿曾拟保留该款内容，但最终未对此作出规定，理论上认为本条规定实际上扩大了一人有限责任公司设立人的范围，将非法人组织纳入其中，承认其股东资格。《民法典》第 102 条第 2 款规定：“非法人组织包括个人独资企业、合伙企业、不具有法人资格的专业服务机构等。”

对于个人独资企业而言，因成立条件要求不高，个人独资企业所从事的活动

---

① 邵兴全编著：《公司法诉讼实务十八讲》，北京大学出版社 2023 年版，第 4 页。

一般以市场经营为主,应当具有股东资格。

《证券法》第157条第2款规定:"投资者申请开立账户,应当持有证明中华人民共和国公民、法人、合伙企业身份的合法证件。国家另有规定的除外。"即该条规定承认了公民、法人、合伙企业的证券市场投资者资格,也即上市公司的股东可以是公民、法人和合伙企业。

不具有法人资格的专业服务机构,主要包括律师事务所,外国律师事务所驻华代表机构,专利代理机构,不具备法人资格且未注册为合伙企业的注册会计师事务所、清算事务所、评估事务所、鉴定事务所等。这些专业服务机构所承担的职能并非普通的市场经营活动,而是提供专业服务,其不能从事其专业服务以外的经营活动,也不能出资设立公司,如《律师法》第27条规定:"律师事务所不得从事法律服务以外的经营活动。"该规定直接限制了律师事务所对外投资。

二、股东人数上限规定对股东资格认定的影响

有限责任公司股东数超过50个以上的情况比较少见,主要是在原国有或者集体所有制企业进行公司化改制的过程中,有的采取了职工参股的模式,而当员工人数较多时,就会出现股东数超过50个的情况。为了满足法律的限制性规定,这些公司中成立了职工持股会等以将较多的职工股权挂在其名下的情况。

本次修订后的《公司法》施行后,有限责任公司股东数超过50个的,对当事人登记为显名股东的主张不应当支持。当然,司法实践中多数也认为,本法关于有限责任公司股东数不得超过50个的规定,原则上不属于效力性强制性规定。

【司法案例】

1. 马某芳与远东控股集团有限公司(以下简称远东公司)股东名册记载纠纷案①

诉讼结论:因记载于股东名册中的股东数已达到法律规定上限,可通过变更为股份有限公司增加股东数,或者通过转让股份等其他形式实现,现股东要求公司办理股东登记的主张不予支持。

基本案情:2002年1月1日,马某芳向远东公司缴纳股本金5万元,远东公司向其发放股权证书,但其未在股东名册及公司章程中出现。远东公司2002年章程规定,公司签发的股权证持有者是股东。2006年1月5日,远东公司发布文件载明"经股东会研究决定,向关键性岗位上的员工开放股权。按照《公司法》的规定,持股前40名登记为公司注册股东,其余股东统一委托持股"。后远东公司解

---

① 参见江苏省无锡市中级人民法院(2015)锡商终字第00544号民事判决书。

除与马某芳等人的劳动关系。远东公司2013年12月20日股东会决议增加新股东，股东数由8个增加至50个，并通过修改后的公司章程等。同日，办理了注册资本及股东等变更登记，但未将马某芳作为新增加股东在股东名册上记载并办理变更登记。马某芳起诉请求判令远东公司将其记载在股东名册上并办理股东登记等。

法院认为：《公司法》(2013年)第24条规定，有限责任公司股东不得超过50个。马某芳自2002年1月1日起为远东公司股东，远东公司未及时办理股东名册记载和工商登记。后2013年12月20日远东公司股东会决议，将股东数增至50个，该增加的股东中未包括马某芳，因远东公司记载于股东名册的股东数已达到法律规定的上限，马某芳要求将其记载入股东名册并办理股东工商登记，需远东公司变更公司性质为股份有限公司增加股东人数或进行股权回购等其他方式实现，但该实现途径非本案理涉范畴，故马某芳的请求不予支持。

2. 华某滨、潘某英股东资格确认纠纷再审审查与审判监督案[①]

诉讼结论：有限责任公司实际出资人超过上限规定的，要求登记为显名股东的请求不予支持。

基本案情：1998年，松阳县长运集团公司实行改制，因职工人数较多，受《公司法》登记股东人数的限制，通过选举股东代表作为挂名股东的方式进行登记，共产生32名股东代表。改制后的松阳县长运有限公司(以下简称长运公司)股东代表大会决议通报了股东实际出资情况(包括原告华某滨等在内的股东名册)和代表分配及代表资格审查。2003年2月28日，长运公司向各出资职工发放出资证明书，华某滨、潘某英等出资额均载明为3750元。之后，因继承、转让及其他原因，长运公司注册资本、股东等多次发生变更。2018年4月30日，长运公司股东代表吴某东等5人分别与名下实际出资人签订《股权代持协议书》，实际出资人因自身原因未签名的，以公司核发的股权证为准，公司承认其出资人身份，不影响本协议书的生效。后华某滨、潘某英等多次要求将其股东身份在工商登记中显名未果，向法院起诉。

法院认为：长运公司至今其在册的职工股东数仍近200个，如将出资股东全部进行显名登记，明显违反《公司法》(2018年)第24条规定。为解决公司实际出资人超限问题，长运公司通过选举股东代表方式进行注册登记。股东代表吴某东

---

① 参见浙江省丽水市中级人民法院(2019)浙11民终319号民事判决书、浙江省高级人民法院(2020)浙民申36号民事裁定书。

等5人分别与其名下的大部分实际出资人签订股权代持协议书,可证明超过半数以上未登记的公司职工认可该代持方式。虽然本案原告加上现工商登记股东数总和未超过50个的法律规定,但若在本案中支持原告进行登记的诉请,可能导致已签订或暂未签订代持协议的其他职工股股东权利处于不确定状态,同时原告所提出的诉请将在实体上减少其他股东在同等情况下显名的机会,造成事实不公。基于上述理由及有限责任公司人合性特征,驳回原告诉请。

第四十三条　有限责任公司设立时的股东可以签订设立协议,明确各自在公司设立过程中的权利和义务。

【条文主旨】

本条是关于有限责任公司设立协议的规定。

【条文理解】

设立协议,即发起人协议,是指在公司设立过程中,由发起人订立的关于明确公司设立过程中的权利和义务的协议。

有限责任公司的设立同样也需要有发起人,发起人可以是有限责任公司的全部初始股东,也可以是部分初始股东。如果发起人是一个,则不存在发起人之间签订设立协议的需要,而当发起人是几个时,发起人之间就需要达成协议以明确内部关系。《公司法》(2018年)仅规定股份有限公司发起人应当签订设立协议,而未规定有限责任公司发起人是否需要签订设立协议的内容,本次修订时增加相应规定。

一、有限责任公司设立协议的性质和内容

关于有限责任公司设立协议的性质,本法虽未作出明确的规定,但可以适用《民法典》第3编对合同关系的规定,其中第27章专门规定了合伙合同,《民法典》第967条规定:"合伙合同是两个以上合伙人为了共同的事业目的,订立的共享利益、共担风险的协议。"一般认为,公司设立阶段的发起人之间的关系,类似于合伙合同关系,对其间协议符合合伙合同的特征,可以据此调整发起人之间的法律关系。①

签订设立协议的主要目的在于明确各自在公司设立过程中的权利和义务。一般来说,公司设立协议主要包括以下内容:

① 王东敏:《公司法审判实务与疑难问题案例解析》(第2版),人民法院出版社2021年版,第48页。

（1）约定设立公司的公共事务。设立股东期待的设立协议的目的是共同的，即成功设立公司并在设立公司中享有股东权利等。设立股东在公司设立过程中的分工可能有所不同，但是其权利义务的最终目标是一致的，因此设立公司公共事务的安排一般是设立协议的重要内容。

（2）设立股东在设立公司过程中的权利义务等。设立公司有一个过程，在此过程中，除公共事务外，还涉及设立股东的个人权利和义务的约定。设立股东还可以就违反法定义务或者约定义务的违约责任进行约定。

二、设立协议与公司章程

设立协议与公司章程之间存在着密切联系，例如，公司名称、注册资本、经营范围、股东构成、出资形式等事项，不仅是公司章程的绝对必要记载事项，而且也是设立协议的主要内容。有的设立协议不仅通过约定上述内容调整协议各方在设立过程中的权利义务、协调各发起人的设立行为，甚至还约定诸如未来公司的组织机构、股份转让、增资、减资、合并、分立、终止等事项。而且，在实务中，在订立有设立协议的场合，往往是以设立协议为基础制订公司章程，设立协议的基本内容通常都为公司章程所吸收。

公司章程与设立协议尽管目标一致，关系密切，但是两者毕竟在性质和功能方面不同，主要表现出以下几个方面差异：

（1）是否为要式文件不同。设立协议是不要式法律文件，作为当事人之间的合同，主要根据当事人的意思表示形成，其内容更多地体现了当事人的意志和要求，需要遵守《民法典》合同编的一般规则；而公司章程则是要式法律文件，公司章程自治是以不违反法律、行政法规为前提的，公司章程应当依据《公司法》的规定制订，是公司登记必须报送的文件之一，要经过有关政府部门必要的形式审查甚至实质审查，因此，公司章程的自治性是相对的。①

（2）法律效力不同。从效力的范围来看，由合同的相对性决定，设立协议由全体发起人签订，调整的是发起人之间的关系，因而只在发起人之间具有法律约束力；而公司章程调整的则是所有股东之间、股东与公司之间、公司的管理机构与公司之间的法律关系，其中包括制订公司章程的原始股东和章程制定后加入公司的新股东，都受章程的约束。从效力的期间来看，设立协议调整的一般是公司设立过程的法律关系和法律行为，而公司章程的效力则及于公司成立后的整个存续过程，直至公司终止。

（3）设立协议与公司章程的通过和修改条件不同。按照《公司法》的规定，有

---

① 最高人民法院民事审判第一庭编：《民事审判实务问答》，法律出版社 2021 年版，第 224 页。

限责任公司的章程,即使在设立时的通过需要全体设立人同意,但公司成立后的修改只需有“三分之二”表决权的股东同意即可。而按照《民法典》合同编的规定,合同无论是订立时的通过还是订立后的修改,都需要“协商一致”。如果任何一方当事人不同意,设立协议就不能成立或协议生效后就不能修改变更。设立协议规范和约束的当事人中,均为同意设立协议内容的当事人。如果任何一方当事人不同意设立协议的内容,该设立协议就可能不会成立。①

【司法适用】

关于公司成立后设立协议的效力。合同履行是合同终止的基本原因,公司的设立过程就是履行设立协议的过程,公司的成立就是履行设立协议的结果,并标志着公司设立过程的结束和设立协议的终止。公司成立时,设立协议可能已经全部履行,但也可能是部分履行。有些条款,特别是关于公司成立之后的法律事项,如有关公司合并、分立、解散、清算等事项的约定尚不可能履行。但由于这些事项作为公司组织自身的法律关系已经转换为《公司法》规范的对象,或成为公司章程规定的内容,因而设立协议中未履行的条款也同样终止。

对于相同的法律事项,设立协议与公司章程有不同的规定,设立协议应该让位于公司章程,自然失效。如果设立协议中有公司章程未涉及但又属于公司存续或解散之后可能会遇到的事项,相应的条款可继续有效,但只应限于签约的发起人。此外,设立协议的终止也不意味着其不再具有任何法律意义,如同其他已经终止的合同一样,合同有效期内发生的涉及签约当事人利益的问题,该协议仍是处理相关争议的基本依据。只是需要明确,这种争议应是公司设立期间而不是公司成立后的行为所发生的争议,争议所涉及的利益应是签约发起人的个别利益,而不是公司的整体利益。②

【司法案例】

1. 甘洛县建筑建材开发公司与重庆中环建设有限公司、甘洛县工棚电力开发有限责任公司合同纠纷案③

诉讼结论:公司设立协议,是指发起人之间为公司设立事项而达成的协议。

基本案情:2008 年 10 月 10 日,甘洛工棚电力公司(以下简称电力公司)股东

---

① 最高人民法院民事审判第一庭编:《民事审判实务问答》,法律出版社 2021 年版,第 225~226 页。

② 最高人民法院民事审判第二庭编著:《最高人民法院关于公司法解释(三)、清算纪要理解与适用(注释版)》,人民法院出版社 2016 年版,第 36 页。

③ 参见最高人民法院(2016)最高法民申 3077 号民事裁定书。

易某锦、吴某，与成都华特公司、甘洛县吉祥房地产开发有限责任公司（以下简称吉祥公司）、四川蓝电电力系统工程有限公司甘洛分公司（以下简称甘洛分公司）、甘洛建筑建材公司（以下简称建材公司）签订《联合开发甘洛河上游水电资源协议书》，约定各方修改电力公司章程并以变更后的电力公司作为联合开发主体即项目公司，其中易某锦、吴某持有项目公司30.11%的股权；建材公司持股4.09%；甘洛分公司持股3.23%；成都华特公司持股62.57%；项目公司向甘洛县人民政府申请甘洛河上游梯级电站开发权，并由甘洛县政府指定单位以资源入股方式在项目公司占股5%，该5%股权全部由成都华特公司出让。

法院认为：公司设立协议，是指发起人之间为公司设立事项而达成的协议。在联合开发协议签订之前，电力公司早已成立，其股东为易某锦、吴某。尔后成都华特公司、建材公司、甘洛分公司根据联合开发协议成为电力公司股东，是电力公司股东构成的变更，而非设立有别于电力公司的独立企业法人单位。从《联合开发甘洛河上游水电资源协议书》名称及内容上看，主要是各方就甘洛河上游水电资源进行统一规划调整和整体开发的具体安排，虽有关条款涉及注册资本、股东构成、出资形式等事项，但不能仅凭此将该协议理解成公司设立协议。

2. 四川西昌康明食品有限公司、云南诚源投资股份有限公司与公司有关的纠纷案①

诉讼结论：发起人协议并不当然对公司产生法律效力。

基本案情：2000年2月28日，云南诚源投资股份有限公司（以下简称云南证券）与四川西昌康明食品有限公司（以下简称康明公司）签订《发起人协议》，约定共同出资设立碧海大酒店，云南证券以货币投入300万元，康明公司以货币投入120万元，两公司的投入待酒店装修完毕后，按实际投入的货币与实物，再计算其股份。2000年3月8日，碧海大酒店成立，工商备案的登记资料载明：公司注册资本420万元，云南证券出资300万元，康明公司出资120万元。验资报告载明：云南证券实际出资货币资金300万元，康明公司实际出资货币资金120万元。登记档案资料留存的公司章程载明，云南证券以300万元投资入股，康明公司以120万元投资入股。

法院认为：发起人协议一般是在公司设立过程中由发起人订立的关于公司设立事项的协议，明确各发起人在公司设立过程中的权利义务，其对签订协议的发起人产生约束力。公司设立之后具有独立的法人人格，其并非发起人协议的一方

---

① 参见最高人民法院（2018）最高法民再2号民事判决书。

当事人,发起人协议也并不当然对公司产生法律效力。而且,从上述《发起人协议》约定内容看,以420万元注册资本金成立碧海大酒店是股东双方达成一致的意思表示;其中"两家公司的投入待酒店装修完毕后,按实际投入的货币与实物,再计算其股份",因公司已经设立,不能将"再计算其股份"解读为对股东初始出资义务的约定,而更符合股东认缴新增资本的约定。

第四十四条　有限责任公司设立时的股东为设立公司从事的民事活动,其法律后果由公司承受。

公司未成立的,其法律后果由公司设立时的股东承受;设立时的股东为二人以上的,享有连带债权,承担连带债务。

设立时的股东为设立公司以自己的名义从事民事活动产生的民事责任,第三人有权选择请求公司或者公司设立时的股东承担。

设立时的股东因履行公司设立职责造成他人损害的,公司或者无过错的股东承担赔偿责任后,可以向有过错的股东追偿。

【条文主旨】

本条是关于有限责任公司设立责任的规定。

【条文理解】

公司设立,是指设立股东依照法律规定在公司成立之前为组建公司而进行的、目的在于取得公司法律主体资格的活动。《公司法》(2018年)未对有限责任公司设立责任作出明确的规定,本条是本次《公司法》修订新增的内容。

一、"设立中公司"的性质与地位

法人不可能凭空产生,关于法人的设立,存在5种设立原则,一是自由设立主义,又称放任主义,即法人的设立不必具备何种形式,只要具备法人的实质,政府即予以承认;二是特许主义,又称立法特许主义,即专门颁布某项法律而成立某个法人组织;三是核准主义,又称许可主义、行政许可主义,即法人的设立必须经过行政机关的许可;四是准则主义,又称登记主义,即只要符合国家规定的设立标准,不必经过行政机关的许可,仅需向登记主管机关办理登记,法人即可成立;五是强制主义,即国家在特定范围内强制设立法人。① 法人设立的不同原则体现了国家对设立人设立法人自由权限的不同干预程度。

① 王利明:《民法总则新论》,法律出版社2023年版,第284~285页。

我国《民法典》第 77 条明确,营利法人的设立采准则主义,设立人可以依据法律预先设定的条件设立法人,依法登记后成立,取得法人资格,原则上无须经行政机关许可。当然,这只是法人设立的一般原则,并不排除法律对于特定类型的营利法人的设立采行政许可主义。在实践中,营利法人的设立应根据相关法律具体判断。①

本法关于有限责任公司的设立亦采准则主义,即除了按照法律、行政法规的规定必须进行审批外,只要符合设立条件的就应当办理注册登记。

虽然根据市场主体登记管理制度的改革,公司设立登记只需在较短的时间内即可以完成,但是公司设立实际上需要一个持续的时间。在设立公司的过程中,公司虽然未取得主体资格,但发起人已经为设立公司以自己或者拟设立公司的名义进行民事活动,即在公司未获得法人主体资格前,拟设立的公司有可能已经实际成为法律关系的一方当事人。

设立中公司,是指自设立股东签订设立协议或者达成发起合意时起,至设立登记完成前,尚未取得法人资格的主体。

(一)设立中公司的法律特征

(1)设立中公司的过渡性,即设立中公司为公司法人成立前的临时过渡阶段,它并不具有社团法人或者无权利能力社团的长久性,这是理解设立中公司的一个关键点。

(2)设立中公司起始于公司发起人签订设立协议或者达成发起合意之日,止于公司营业执照签发之日。

(3)设立中公司并非公司,仅是一个特定的称谓,公司是商事法上特指在商业登记簿上登记的特定商事组织,但是为了表明设立中公司与成立后公司之间的关系,称其为设立中公司。

(4)设立中公司具有依附性,是依附于未来经登记成立的公司法人而存在的,只有未来的公司法人登记成立,设立中公司在法律上才是有意义的,如果公司设立不能或者设立失败,设立中公司就没有意义。

设立中公司可能采取预先核准登记的名称,也可能采取"公司筹备处"这样的名称,但是其实质可以认为是发起人的合伙体。

设立中公司已经具备未来公司的成员及机关的一部分或者全部内容,也具备了一定的人、财、物基础,当然,设立中公司尚未取得法人资格,在外国法上,其属

① 最高人民法院民法典贯彻实施工作领导小组主编:《中华人民共和国民法典总则编理解与适用》,人民法院出版社 2020 年版,第 396 页。

于无权利能力社团,在我国则可以称为无权利能力组织。[①]

设立中公司虽然不是完全独立的民商事主体,但在设立公司的活动中具有相对独立性,具有有限的法律人格。

(二)设立中公司与成立后公司的关系

关于设立中公司与成立后公司的关系,理论上存在分离说[②]、同一体说[③]、修正同一体说三种。本法对此未予明确,但实践中多倾向于修正同一体说,即认为设立中公司不具有主体资格,成立后公司由于获准登记而取得主体资格,但从设立中公司到成立后公司是一个连续的过程,都笼罩在同一目的之下,且二者组织本质相同,且设立中公司与成立后公司在财产基础、机关等方面或者是相同的或者是具有延续性的,公司的成立本身就是继受了设立中公司行为后果的结果,因此,设立中公司发生的权利义务原则上无须再有继受的法律行为而当然转由成立后公司享有或者承担。[④]

二、有限责任公司设立民事责任的承担

关于有限责任公司设立活动所产生的民事责任的承担,《公司法》(2018 年)未作规定。《民法总则》第 75 条规定:"设立人为设立法人从事的民事活动,其法律后果由法人承受;法人未成立的,其法律后果由设立人承受,设立人为二人以上的,享有连带债权,承担连带债务。设立人为设立法人以自己的名义从事民事活动产生的民事责任,第三人有权选择请求法人或者设立人承担。"《民法典》第 75 条沿袭了《民法总则》第 75 条的规定。本法修订时吸收《民法典》的相关内容,对此问题作出了明确的规定。

(一)有限责任公司设立时的股东为设立公司从事的民事活动,其法律后果由公司承受

《民法典》第 75 条第 1 款中规定,"设立人为设立法人从事的民事活动,其法律后果由法人承受"。本条第 1 款亦规定:"有限责任公司设立时的股东为设立公

---

① 最高人民法院民事审判第二庭编著:《最高人民法院关于公司法解释(三)、清算纪要理解与适用》(注释版),人民法院出版社 2016 年版,第 33~34 页。

② 分离说认为,设立中的公司与成立后的公司是两个不同的主体,设立中的公司的行为应当由行为人自己承担责任,设立中的公司不得将设立期间的债务转嫁给成立后的公司,设立中公司取得的不动产如果未经办理过户手续,也不得转移给成立后的公司。

③ 同一体说认为,应当将设立中的公司与成立后的公司视为同一体,设立中的公司所形成的各种法律关系,都应当直接移转给成立后的公司,即公司成立前所享有的财产权利及形成的债权债务关系应由成立后的公司享有和承担。参见王利明:《民法总则新论》,法律出版社 2023 年版,第 292 页。

④ 最高人民法院民事审判第二庭编著:《最高人民法院关于公司法解释(三)、清算纪要理解与适用》(注释版),人民法院出版社 2016 年版,第 101 页。

司从事的民事活动,其法律后果由公司承受。”

关于设立公司的股东与成立后公司的关系,学理上有无因管理说、第三人利益契约说、代理说、继承说以及设立中公司之机关说等不同的观点,多数倾向于设立中公司之机关说。

在公司设立过程中,对外而言,设立股东是设立中公司的代表机关和执行机关,对外代表设立中公司进行民事活动,由于设立中公司与成立后的公司是同一体,设立股东因设立行为所产生的权利义务当然应当归属于成立后的公司。

有限责任公司设立时的股东为设立公司从事民事活动的法律后果确定的一般规则的适用,主要包括以下几个方面:

(1)民事行为是在公司设立阶段以拟设立公司名义进行的。实务中一般以某公司筹备处、公司设立阶段的临时名称、预核准登记名称等名义签订。有些合同直接加盖了某公司筹备处的印章,有些合同首部当事人栏目中填写某公司名称,在合同尾部未加盖印章,但有发起人签字。这类合同均可以认定为是以设立中公司的名义签订的合同。

(2)公司成立后应承继合同的义务及责任。这类合同存在合同当事人不确定的问题,在合同履行期限到来时公司有可能成立、设立失败或者公司尚未成立,相对人及发起人对此应有明确的预期,在合同中可以约定公司成立、设立失败及公司尚未成立时的合同主体承继问题。合同有约定且约定不违反法律、法规的,按约定处理;合同没有约定的,公司成立后直接承继合同内容,公司设立失败或者尚未设立的,可以适用本条第2款的规定。公司成立的标志应当是领取企业法人营业执照。

(二)设立股东为设立公司以自己名义从事民事活动的责任承担

《民法典》第75条第2款规定:“设立人为设立法人以自己的名义从事民事活动产生的民事责任,第三人有权选择请求法人或者设立人承担。”本条第3款亦规定:“设立时的股东为设立公司以自己的名义从事民事活动产生的民事责任,第三人有权选择请求公司或者公司设立时的股东承担。”

公司设立行为中包含了一系列法律行为,在设立公司的过程中,为设立公司进行的活动本应以设立中公司的名义进行。但在实践中,一方面,因设立中公司并不具备完全的民事主体资格,还不便以设立中公司的名义对外享有权利、承担义务;另一方面,一些设立股东在行为时没有意识到设立股东本身与设立中公司的关系问题,因此设立股东常以自己名义对外订立合同。在公司设立过程中,对外而言,设立股东是设立中公司的代表机关和执行机关,对外代表设立中公司进行民事活动。由于设立中公司与成立后公司是同一的,设立股东因设立行为所产生的权利义务当然属于成立后公司。设立股东以自己的名义对外签订合同,设立股东是合同的当事人,应允许第三人要求设立股东承担相应责任。设立股东虽以自己的名义对外签订合同,但因其以设立公司为目的,从保护第三人合理信赖利益的角度而言,亦应允许第三人选择成立后公司承担相应责任。本款规定实际上是按照间接代理的原则处理的。

《公司法规定(三)》(2014 年)第 2 条曾规定:"发起人为设立公司以自己的名义对外签订合同,合同相对人请求该发起人承担合同责任的,人民法院应予支持。公司成立后对前款规定的合同予以确认,或者已经实际享有合同权利或者履行合同义务,合同相对人请求公司承担合同责任的,人民法院应予支持。"这与《民法典》第 75 条第 2 款"设立人为设立法人以自己的名义从事民事活动产生的民事责任,第三人有权选择请求法人或者设立人承担"的规定相矛盾,因此,最高人民法院于 2020 年对《公司法规定(三)》(2014 年)第 2 条规定进行了修改,明确赋予此种情况下合同相对人的选择权,删除公司成立后合同相对人请求公司承担合同责任时的条件,明确规定不需要公司对合同予以确认或者公司实际享有合同权利或者履行合同义务的条件,保护合同相对人的选择权。

需要注意的是,公司设立股东可能为一人,也可能为数人。本条规定中所说的设立股东,是指以其名义对外订立合同的设立股东,可能是 1 人,也可能为 2 人以上,但不一定为全体设立股东。根据合同相对性原理,该设立股东以自己名义对外订立合同,合同相对人请求该设立股东承担合同责任时,不能请求订立合同行为以外的其他设立股东承担合同责任。[①]

三、有限责任公司设立失败的民事责任

公司设立失败,也称设立不能,是指未能完成公司设立的情形,包括未获准登记和设立停止两种情形。无论基于何种原因导致设立行为失败,其所产生的后果是一样的,即公司不能成立。

《民法典》第 75 条第 1 款中规定,"法人未成立的,其法律后果由设立人承受,设立人为二人以上的,享有连带债权,承担连带债务"。本条第 2 款规定:"公司未成立的,其法律后果由公司设立时的股东承受;设立时的股东为二人以上的,享有连带债权,承担连带债务。"

设立股东为设立公司对外从事的民事活动,公司未能设立时,相关的民事责任应由全体设立股东承担。从理论上看,全体设立股东内部属于合伙关系,故对

---

① 最高人民法院民法典贯彻实施工作领导小组办公室编著:《最高人民法院实施民法典清理司法解释修改条文(111 件)理解与适用》(上),人民法院出版社 2022 年版,第 473 页。

设立公司期间产生的债务应承担连带责任。设立股东之间可以对责任承担进行约定,但这种约定仅在设立股东之间有法律效力,不能对抗债权人。①

四、设立股东的职务侵权责任

本条第 4 款规定:“设立时的股东因履行公司设立职责造成他人损害的,公司或者无过错的股东承担赔偿责任后,可以向有过错的股东追偿。”

设立股东职务侵权行为的认定,需要满足以下几个构成要件:

(一)侵权行为由设立中公司的设立股东实施

设立股东是设立中公司的代表机关,设立中公司代表机关的行为视为设立中公司自身的行为。设立中公司代表机关施加损害于第三人,该行为后果自应归属于设立中公司。据此,设立中公司中其他工作人员的行为不包括在内。

(二)侵权行为是设立股东职责范围内的行为,即必须是为公司设立所为的行为,以此区别发起人个人的侵权行为

该行为可以是作为,也可以是不作为,如设立股东违反信息公开义务,致使债权人、认股人利益遭受损害。设立中公司具有自己的意思机关和执行机关,设立中公司的意志通过意思机关形成,通过执行机关实现,而设立股东同时是设立中公司的意思机关和执行机关,故设立股东在职责范围内实施的行为才体现设立中公司的意志,设立股东的行为方可视为设立中公司的行为,因此,设立股东职务行为的后果应归属设立中公司。

(三)存在损害事实

设立股东职务行为只有造成他人客观的损害后果,该不利后果才可归属于设立中公司,对该损害事实的举证责任由受害人负担。

(四)职务行为与损害事实之间有因果关系

设立股东是设立中公司的意思机关,设立股东行为之过错视为设立中公司之过错,根据过错归责原则,侵权行为的后果应归属于设立中公司。② 同时,全体设立股东内部属于合伙关系,故对设立公司期间产生的债务应承担连带责任;公司或者无过错的股东可能因此承担赔偿责任,因此,本款规定公司或者无过错的股东承担赔偿责任后,可以向有过错的股东追偿。

---

① 最高人民法院民法典贯彻实施工作领导小组主编:《中华人民共和国民法典总则编理解与适用》(上),人民法院出版社 2020 年版,第 387~388 页。

② 最高人民法院民事审判第二庭编著:《最高人民法院关于公司法解释(三)、清算纪要理解与适用(注释版)》,人民法院出版社 2016 年版,第 94~95 页。

【司法适用】

关于设立股东是否为设立公司行为的判断。设立股东从事的民事活动,只有为设立公司实施的,相应的法律后果才可以由设立后的公司或者设立失败时的全体设立股东承担。如果设立股东在公司设立过程中为自己利益而行为,即便设立股东以设立中公司的名义活动,其法律后果原则上也不应当由设立后的公司承担。①

实践中如何判断设立股东从事的民事活动是为设立公司实施,存在实质标准和形式标准两种判断方法,前者以设立股东从事的民事活动是否是设立公司固有的或者必要的行为进行判断,后者则以设立股东从事的民事活动是否以设立中公司的名义实施来进行判断。实践中的具体认定,可以参考《公司法规定(三)》的相关规定。

【司法案例】

1. 宁夏庆华小额贷款有限公司、黄某江再审审查与审判监督案②

诉讼结论:有限责任公司设立股东为设立公司从事的活动,其法律后果由公司承受。

基本案情:再审申请人宁夏庆华小额贷款有限公司(以下简称庆华小贷公司)因与被申请人黄某江、第三人宁夏银德房地产开发有限公司(以下简称银德公司)案外人执行异议之诉一案,不服宁夏回族自治区高级人民法院(2020)宁民终268号民事判决,向最高人民法院申请再审称:黄某江在诉讼中提交的《物业管理服务协议》和《安全责任书》系2017年5月与中卫市祥辉物业管理有限公司签订,但不存在中卫市祥辉物业管理有限公司,只有与其名称相近的中卫市祥辉物业服务有限公司,且该公司成立于2018年11月14日,2017年5月签订协议时该公司没有成立,黄某江提交的证据系伪造。黄某江称:中卫市祥辉物业服务有限公司曾以"中卫市祥辉物业管理有限公司"名称申请设立登记,未获批准,其名称的变化不应影响实体责任的承担。

法院认为:经审查,中卫市祥辉物业服务有限公司认可其在设立前以"中卫市祥辉物业管理有限公司"名义与黄某江签署物业管理服务协议并实际履行。根据《公司法规定(三)》(2020年)第3条第1款"发起人以设立中公司名义对外签订合同,公司成立后合同相对人请求公司承担合同责任的,人民法院应予支持"的规

---

① 李适时主编:《中华人民共和国民法总则释义》,法律出版社2017年版,第229页。

② 参见最高人民法院(2020)最高法民申5586号民事裁定书。

定,中卫市祥辉物业服务有限公司的认可行为系对公司设立前法律行为效力的追认,故相关证据真实、客观,庆华小贷公司该项申请再审理由不成立。

2. 北京毛世恒源厨房设备有限公司诉戴某某加工合同纠纷案①

诉讼结论:发起人为设立公司以自己名义对外签订合同,合同相对人依据合同相对性原则,请求该发起人承担合同责任的,该发起人为适格被告。

基本案情:2014 年 9 月 26 日,北京毛世恒源厨房设备有限公司(以下简称毛世恒源公司)与戴某某签订《厨房设备工程购销合同》,约定毛世恒源公司为戴某某加工、制作并安装厨房设备,交货地点在通州区宋庄、中关村五道口,毛世恒源公司负责所需安装设备的安装及调试。戴某某称其系北京十七城餐饮管理有限公司(以下简称十七城公司)的法定代表人,系代表十七城公司与毛世恒源公司签订合同,当时十七城公司尚未注册成立,正在筹备成立中。合同签订后,毛世恒源公司将合同约定的厨房设备安装于通州宋庄、五道口、新街口及机场十七城小面店等四家门店。戴某某称该四家门店均由十七城公司经营。毛世恒源公司认可合同约定厨房设备系安装于该四家门店,系四家门店使用,并非戴某某个人家庭使用。十七城公司认为戴某某签订合同的行为系履行职务行为,对其行为予以确认等。毛世恒源公司起诉请求依法判令戴某某支付设备款等。

法院认为:在签订《厨房设备工程购销合同》时,戴某某任法定代表人的十七城公司尚未成立,毛世恒源公司并不知晓戴某某系为设立中的十七城公司利益而与毛世恒源公司签约。发起人是设立中公司的代表机关和执行机关,对外代表设立中公司进行民事活动。在本案中,戴某某系作为十七城公司的发起人,为设立十七公司以自己名义与毛世恒源公司签订合同,毛世恒源公司系合同相对人。虽然十七城公司确认戴某某系代表该公司与毛世恒源公司签订合同,但是毛世恒源公司作为合同相对人,在签订合同时,其并不知悉戴某某系代表设立中的十七城公司的利益。毛世恒源公司有权要求戴某某承担合同责任。

第四十五条　设立有限责任公司,应当由股东共同制定公司章程。

① 参见北京市通州区人民法院(2015)通民(商)初字第 12576 号民事裁定书、北京市第三中级人民法院(2015)三中(商)终字第 14436 号民事裁定书,载最高人民法院中国应用法学研究所编:《人民法院案例选分类重排本(2016—2020)》(商事卷 1),人民法院出版社 2022 年版,第 494~496 页。

【条文主旨】

本条是关于有限责任公司章程制定主体的规定。

【条文理解】

公司章程，是公司必须具备的，由公司设立股东制定的，就公司的重要事务及公司的组织和活动作出具有规范性的长期安排，对公司、股东、公司经营管理人员具有约束力的，调整公司内部组织关系和经营行为的自治规则和根本准则。

《民法典》第79条规定："设立营利法人应当依法制定法人章程。"本条亦规定，设立有限责任公司，应当由股东共同制定公司章程。

由本条规定可知，设立有限责任公司，股东应当制定公司章程。本法第30条第1款也规定，申请设立公司，应当提交设立登记申请书、公司章程等文件。《市场主体登记管理条例》第16条第4项亦规定，申请公司登记，应当提交公司章程。

有限责任公司之所以应当制定公司章程，一是因为公司是由设立股东之间资本和人合的联合，股东之间需要对公司的组织和行为规则形成共同意志，以此为行为准则，并得到全体股东的遵守；二是公司的组织和行为虽是按照法律法规的要求而形成，但不同类型公司的营利目的、营利模式以及经营行为不同，因此，应当在法律规定的范围内，根据公司的实际情况对法定规则进行补充；三是公司是营利法人，以取得利润并分配给股东为目的，必然会依据其经营范围对外发生联系，需要向第三人表明公司基本情况，这些也需要通过公司章程的形式对外公示；四是对股东、公司董事、高级管理人员的行为进行约束。

公司章程的内容对于《公司法》具有补充性和排除《公司法》中选择性条款的效力，在实体意义上，构成了公司组织和活动的基本准则，在公司一系列文件中处于宪章性的地位。① 因此，有限责任公司章程应当由全体股东共同制定，体现全体股东的意志。本条规定的"共同制定"，是指在制定公司章程时，应由全体股东经协商取得一致，公司章程应当是全体股东的共同意思表示，体现全体股东的意志。此外，在有限责任公司中，由股东共同制定公司章程也具有可行性，因为有限责任公司的股东人数是有限的。

【司法适用】

一、公司章程应当采取书面形式

公司章程是依据《公司法》制定的，公司章程应当采用书面形式。在设立公司时，公司章程是需要报送公司登记机关的必备文件，而且，公司章程本身也是确定公司组织和规范公司行为的具有拘束力的法律文件，其内容如果不进行书面记

---

① 朱慈蕴：《公司法原论》，清华大学出版社2011年版，第82页。

载,则易导致争议产生,从而引发纠纷。

二、有限责任公司章程的生效时间

关于有限责任公司章程的生效时间问题,理论界有不同的观点,第一种观点认为,公司章程是股东或者发起人之间的契约,根据契约法规则,公司章程当然应当自当事人全体同意并签字时生效。公司章程对于公司的效力而言,是因为公司的继受行为导致设立中公司所制定的章程成为公司的章程;而对于公司管理者,则是他们对已经发生效力的公司章程的认同而加入公司章程。第二种观点认为,公司章程是约束包括公司在内的当事人之间的协议,公司尚未成立,何以约束公司和后来加入公司的投资者以及公司的管理者,因此公司章程应当自获得登记注册时起生效。第三种观点则认为,公司章程中调整发起设立公司的投资者之间的关系的内容,相当于公司设立协议,可以适用合同法的一般规则,自签字盖章时成立并生效,发起设立公司的投资者均自章程成立时受其约束,章程中调整尚未成立的公司,尚未产生的董事、监事、经理以及未来可能加入公司的其他股东的那些内容,则自公司成立时生效。①

【司法案例】

1. 永丰福斯派包装(扬州)有限公司、永丰余蓝色自然资源(扬州)有限公司与福斯派国际股份有限公司与公司有关的纠纷案②

诉讼结论:设立有限责任公司的章程应当经设立股东达成一致意思表示。

基本案情:2014 年 6 月,福斯派国际股份有限公司(以下简称福斯派国际公司)与永丰余蓝色自然资源(扬州)有限公司(以下简称永丰余公司)签订《合资合同》和原《章程》。《合资合同》规定,股东会由全体股东组成,股东会是公司最高权力机构。原《章程》规定,股东会由全体股东组成,股东会是公司的权力机构;公司设董事会,董事会对股东负责。7 月 21 日,开发区管委会作出批复,同意设立永丰福斯派包装(扬州)有限公司(以下简称永丰福斯派公司),原则同意公司投资方依法签订的原《章程》。开发区管委会所存《章程》内容与原《章程》一致。8 月 28 日,永丰福斯派公司召开股东会暨董事会会议并作出决议,股东会为最高权力机构。永丰福斯派公司工商备案《章程》签署日期为 2014 年 6 月 18 日,规定合营公司设董事会,董事会是合营公司的最高权力机构。

① 施天涛:《公司法论》(第 4 版),法律出版社 2018 年版,第 131~132 页。

② 参见江苏省高级人民法院(2018)苏民终 129 号民事判决书。

法院认为：有限责任公司章程系公司发起人就设立公司的权利、义务而达成一致的意思表示，是公司自治的重要载体。福斯派国际公司和永丰余公司作为永丰福斯派公司的发起股东，共同对永丰福斯派公司原《章程》进行签字确认，系双方意思表示一致的表现。原《章程》的相关内容与开发区管委会《章程》内容一致，故开发区管委会《章程》系经福斯派国际公司和永丰余公司共同合意达成。工商备案《章程》中虽有永丰余公司和福斯派国际公司加盖的印章，但该《章程》签署的日期为2014年6月18日，而8月28日永丰福斯派公司股东会一致决议股东会为公司最高权力机构，该决议内容与工商备案《章程》的规定明显相悖。因此，永丰福斯派公司和永丰余公司关于工商备案《章程》系经合资双方同意后交给工商部门的主张不能成立。

2. 盖某毅与北京长城嘉域影院管理有限公司等与公司有关的纠纷①

诉讼结论：公司章程中股东的签字均非本人所签，但股东事后均予追认的，非本人签字并不影响公司章程的效力。

基本案情：2016年7月起，贺某、陈某、盖某毅三人商讨北京长城嘉域影院管理有限公司（以下简称长城嘉域公司）装修事宜。8月3日，盖某毅通过微信向贺某等发送其与代办机构的聊天记录截图，代办机构称需要三人的身份证复印件及三人的签字样板，由代办机构进行模仿，索要签字及身份证复印件。8月15日，贺某、陈某、盖某毅共同签署指定委托书，委托盖某毅向办理长城嘉域公司的登记注册手续。同日，长城嘉域公司成立，工商局备案的《公司章程》记载：注册资本100万元，陈某出资30万元，盖某毅出资40万元，贺某出资30万元。陈某、贺某、盖某毅均表示各方签字非本人所签，但均认可公司成立手续是代办机构代办，贺某、陈某对委托书及公司章程上的签字均予以追认。盖某毅起诉请求判令公司设立时提交的章程无效。

法院认为：陈某、贺某委托盖某毅办理长城嘉域公司的登记注册手续，盖某毅对注册资本金数额应是明知且认可的，长城嘉域公司成立后，盖某毅一直负责该公司经营，并未对公司的设立提出异议，现陈某、贺某对公司章程的内容亦予以认可。应认为陈某、贺某、盖某毅对公司的注册资本金及股权比例达成了合意，长城嘉域公司2016年8月15日的公司章程为盖某毅、陈某、贺某的真实意思表示、内

---

① 参见北京市朝阳区人民法院（2018）京0105民初30938号民事判决书、北京市第三中级人民法院（2019）京03民终2045号民事判决书。

容未违反法律法规的强制性规定,应属合法有效。

第四十六条 有限责任公司章程应当载明下列事项:
(一)公司名称和住所;
(二)公司经营范围;
(三)公司注册资本;
(四)股东的姓名或者名称;
(五)股东的出资额、出资方式和出资日期;
(六)公司的机构及其产生办法、职权、议事规则;
(七)公司法定代表人的产生、变更办法;
(八)股东会认为需要规定的其他事项。
股东应当在公司章程上签名或者盖章。

【条文主旨】

本条是关于有限责任公司章程记载事项的规定。

【条文理解】

公司章程的记载事项包括必要记载事项和任意记载事项,其中必要记载事项又可以分为绝对必要记载事项和相对必要记载事项。

一、公司章程的绝对必要记载事项

公司章程的绝对必要记载事项,是指本条所规定的有限责任公司章程所应当记载的事项,如无记载则会因为不符合法律的规定而导致登记机关不予登记。这些事项包括公司名称和住所,公司经营范围,公司注册资本,股东的姓名或者名称,股东的出资方式、出资额和出资时间,公司的机构及其产生办法、职权、议事规则,公司法定代表人的产生、变更办法,股东会认为需要规定的其他事项。具体包括:

(一)公司名称和住所

公司名称是公司区别于其他市场主体的标志,是公司法人的名称,公司必须有自己的名称。

与自然人一样,公司也有其住所。本法第 8 条规定,公司住所是公司主要办事机构所在地,公司必须有自己的住所。

(二)公司经营范围

经营范围是公司从事的行业、经营项目的种类。公司经营范围应当依法经过登记,有些还需要依法办理批准手续。公司章程记载公司的经营范围,便于政府部门以及其他市场主体对其进行监督,也便于公司自己的经营管理人员按其记载的经营范围执行。

(三)公司注册资本

有限责任公司的注册资本是以货币表示的各股东认缴的出资额的总和,公司章程应当载明公司注册资本的具体数额。在资本认缴制下,公司注册资本只是股东承诺将向公司投入的资本总额,法律并不要求股东在公司成立时全额缴足。

(四)股东的姓名或者名称

公司章程应当记载股东的姓名或者名称,以确定公司的投资人,同时公司的股东可以依据公司章程依法享有股东权利和履行股东义务。其中章程应当记载自然人股东的姓名,对法人股东则应当记载其名称。

(五)股东的出资额、出资方式和出资日期

出资额,是指股东用以出资的各类资产所对应的货币价值金额。

股东出资方式,是指出资的种类,根据《公司法》第 48 条的规定,包括货币以及实物、知识产权、土地使用权、股权、债权等可以用货币估价并可以依法转让的非货币财产。无论是以何种形式的财产出资,均应当在公司章程中记载。

出资日期,是指股东出资的具体时间,应当具体到年月日,包括股东首次出资的时间以及公司成立以后股东认缴并分期缴足的出资时间。

(六)公司的机构及其产生办法、职权、议事规则

公司设立后,依法应当建立符合有限责任公司要求的组织机构,如股东会等。公司机构的产生办法应当在公司章程中明确记载。公司机构的职权、议事规则等,也应当在公司章程中进行规定。

(七)公司法定代表人的产生、变更办法

关于绝对必要记载事项中,《公司法》(2018 年)第 25 条第 1 款第 7 项规定,有限责任公司章程应当载明“公司法定代表人”。法定代表人是公司法人的代表,在公司对外发生法律关系时,由法定代表人代表公司作出公司法人的意思表示。从公司法定代表人的重要性角度而言,将其在公司章程中进行明确规定,有利于减少纠纷。但是,由于公司法定代表人并非一成不变,在公司存续期间,公司法定代表人可能发生多次变更,如果要求公司章程必须记载法定代表人,则在法定代表人的每一次变更时,都必须对公司章程进行修改,而公司章程的修改需要通过召开股东会,并且经代表 2/3 以上表决权的股东通过。根据本法第 66 条的规定,有限责任公司股东会更换董事,除章程另有规定外,只须经代表 1/2 上表决权的

股东通过。本法第 74 条第 1 款规定："有限责任公司可以设经理，由董事会决定聘任或者解聘。"第 10 条规定："公司的法定代表人按照公司章程的规定，由代表公司执行公司事务董事或者经理担任。"本条第 1 款第 7 项对《公司法》(2018 年)所规定的公司章程应当记载"公司法定代表人"修改为"公司法定代表人的产生、变更办法"。根据此项规定，只有在涉及法定代表人产生及变更办法的修改时，才需要作出修改公司章程的决议，这也与股东会权力机构的职能定位相匹配，但如果章程已经规定法定代表人的产生、变更办法时，法定代表人的变更则无须修改公司章程。

二、公司章程的相对必要记载事项

相对必要记载事项虽是公司章程中应当记载的事项，但是其具体内容则可以由公司章程决定，包括股东的权利与义务、公司利润的分配办法、公司解散与清算的办法等。相对必要记载事项如不记载，法律可以采取补救措施。

三、任意记载事项

任意记载事项，是指由公司自行决定是否在章程中予以记载的事项，即除必要事项以外，公司有自主决定权的记载事项。

除前述绝对必要记载事项和相对必要记载事项外，实践中公司股东会也可以通过决议的方式自行决定是否将其他需要的事项在公司章程中作相应记载。这些事项，如果公司章程根据股东会决议作出相关记载，则应当按照公司章程的记载执行，如果这些事项没有在公司章程中记载，则按照公司法的规定执行。

四、股东签章

《公司法》(2018 年)第 25 条第 2 款规定："股东应当在公司章程上签名、盖章。"本次修改为"股东应当在公司章程上签名或者盖章"，更加合理。通常，自然人股东在章程中应当签名，而法人(非法人组织)股东则应当在章程中盖章，盖章主要是指公章，但也并不排除私人名章。对于法人股东而言，如果没有在章程中加盖公章，则应当由其法定代表人签名。

一般情况下，股东应当在公司章程中签名或者盖章，但也可以委托他人代为签名或者盖章，委托他人的，应当持有股东的授权委托书，并写明委托代理人的姓名和授权事项等内容。

【司法适用】

关于公司章程缺少注册资本、股东的姓名或者名称、出资额等必要记载事项时，是否会导致公司章程无效，理论与实践中有不同的观点与裁判。有观点认为，公司章程的要式性是公司章程的效力要件，公司章程如不依法记载，譬如，法律规定了章程的必须记载事项,而公司章程中没有记载或者记载不正确,将导致公司章程不能生效。[①] 有观点认为,公司章程的绝对必要记载事项,是立法者强制公司章程必须记载,否则将会导致章程整体彻底无效的事项。[②] 最高人民法院曾在相关案件的裁判中认为:“公司章程是关于公司的组织结构、内部关系和开展公司业务活动的基本规则和依据,亦是股东自治意思规则的载体,具有公司自治特点,只要股东达成合意,且不违背法律的强制性规范,公司章程即为有效。案涉章程是在改制过程中经股东代表会议一致通过的法律文件,是全体股东的真实意思表示,该章程虽没有记载‘注册资本、股东姓名、出资额及出资比例’等事项,但其并未违反法律强制性规定,不能否认其效力,该章程已经经过股东代表会议一致通过,其应该作为处理公司与职工股东之间权利义务关系的依据。”[③]

此外,本条关于公司章程签署的规定并未如《民法典》并于合同成立中规定“按指印”的方式。如果实践中股东在公司章程中采取按指印的方式,也应当认定其具有与签名或者盖章同等的法律效力。

【司法案例】

袁某、潘某损害公司利益责任纠纷案[④]

诉讼结论:公司章程可以将股东会职权中决定公司经营方针和投资计划的部分权力赋予董事会行使。

基本案情:雅安珠峰商贸有限责任公司(以下简称珠峰公司)《章程》规定,应由公司股东大会作出决议的重大事项为:(1)对公司资产的全部或者部分(300万元以上)的出让、折价投资、合资开发、抵押贷款等(公司自主对公司资产开发,由董事会决定并向股东大会报告,不受上述金额限制)……2004年10月20日,成都森安技术研究院接受珠峰公司委托编制《6000吨/年工业黄磷生产装置可行性研究报告》。10月18日和20日,珠峰公司作出两次董事会决议,决定在石棉县投资建设黄磷生产厂。珠峰公司出资于2005年12月20日登记设立磷化分公司。磷化分公司自建厂后至2015年12月处于亏损状态。珠峰公司部分股东认为黄启某等董事违反《公司法》及公司章程,违法动用公司巨额资金私下设立磷化分公司。股东袁某、潘某、彭某、姜某霞提起股东代表诉讼,请求判令黄启某等董事赔

---

① 参见施天涛:《公司法论》(第4版),法律出版社2018年版,第125页。

② 参见刘俊海:《现代公司法》(第3版)(上册),法律出版社2015年版,第140页。

③ 董某凤、河南天海电器有限公司股东资格确认纠纷再审审查与审判监督案,最高人民法院(2015)民申字第710号民事裁定书。

④ 参见最高人民法院(2017)最高法民申1794号民事裁定书。

偿珠峰公司因滥用董事会职权设立石棉磷化分公司给公司造成的损失等。

法院认为：《公司法》并未禁止有限责任公司股东会自主地将一部分决定公司经营方针和投资计划的权力赋予董事会。故珠峰公司《公司章程》有关应由股东大会作出决议的重大事项中“公司自主对公司资产开发，由董事会决定并向股东大会报告，不受上述金额(300万元)限制”的例外规定，并不存在因违反法律、行政法规的强制性规定而无效的情形。且《公司章程》系由公司股东共同制定，在未被依法撤销之前，不仅对公司具有约束力，公司股东、董事、监事、高级管理人员也应严格遵守《公司章程》的规定。

第四十七条　有限责任公司的注册资本为在公司登记机关登记的全体股东认缴的出资额。全体股东认缴的出资额由股东按照公司章程的规定自公司成立之日起五年内缴足。

法律、行政法规以及国务院决定对有限责任公司注册资本实缴、注册资本最低限额、股东出资期限另有规定的，从其规定。

【条文主旨】

本条是关于有限责任公司注册资本制度的规定。

【条文理解】

《公司法》(1993年)第23条规定，有限责任公司的注册资本为在公司登记机关登记的全体股东实缴的出资额，即要求公司资本在公司设立时全部缴足。《公司法》(2005年)第26条第1款规定，有限责任公司的注册资本为在公司登记机关登记的全体股东实缴的出资额。公司全体股东的首次出资额不得低于注册资本的20%，也不得低于法定的注册资本最低限额，其余部分由股东自公司成立之日起两年内缴足；其中，投资公司可以在五年内缴足。即允许股东分期缴纳出资。《公司法》(2013年)实施注册资本认缴登记制，取消出资期限、最低注册资本和首期出资比例。《公司法》(2018年)第26条规定：“有限责任公司的注册资本为在公司登记机关登记的全体股东认缴的出资额。法律、行政法规以及国务院决定对有限责任公司注册资本实缴、注册资本最低限额另有规定的，从其规定。”该规定沿续了《公司法》(2013年)的规定。本条规定对有限责任公司注册资本继续实行认缴制，但对认缴的出资额的出资期限作出了较大修改。

一、《公司法》对有限责任公司继续实行注册资本认缴制

注册资本认缴制是《公司法》(2013年)的重大改革，《公司法》(2013年)允许股东出资实行章程自治，由股东自主约定出资时间，有效解决了实缴制下市场准入资金门槛过高制约创业创新、注册资金闲置等突出问题。

公司资本有实缴制和认缴制之分，实缴制，是指公司的发行资本需要由股东在公司设立时一次性足额缴纳，或者分期缴纳但必须满足法定要件的资本制度。认缴制则排除了法律强制干预因素，注册资本如何缴纳由股东通过公司章程自行规定，股东认缴出资在公司章程规定的期限内缴足。

无论是实行注册资本的实缴制还是认缴制，并不会改变股东出资义务的存在，只是出资义务履行的时间有所不同。也就是说，注册资本认缴制只是赋予了公司资本更大的弹性和机动性，给予了公司股东投资安排以更多的灵活性，但并未改变或者缩小股东的责任范围。

根据本条第 1 款的规定，有限责任公司的注册资本，是指公司章程所记载的股东认缴的全部资本，而非股东实际缴纳的资本。

二、有限责任公司股东认缴的出资额应当自公司成立之日起五年内缴足

该规定内容为 2023 年《公司法》修订新增的要求。

在《公司法》修订过程中，对此问题的争议较大。有的地方、部门、专家学者和社会公众提出，自《公司法》(2013 年)实施注册资本认缴制以来，方便了公司设立，激发了创业活力，公司数量增加迅速；但实践中也出现股东认缴期限过长，甚至已经出现了 100 年出资期限的案例，这大大超过自然人的平均寿命以及企业的平均寿命。[①] 一方面虚化了注册资本表示公司资金信用的作用，增加了市场交易信用的判断评估成本，致使出现公司多年实际出资为“零”的现象；另一方面在法律制度层面弱化了对公司股东出资的法律约束，客观上影响了投资的真实性和有效性，加大了发生债权股权纠纷的概率。因此，理论及实务界均有人建议在总结实践经验的基础上，进一步完善认缴登记制度，维护资本充实和交易安全。对此，本条增加有限责任公司股东认缴期限的规定，明确全体股东认缴的出资额应当按照公司章程的规定自公司成立之日起 5 年内缴足。本条修订是对认缴制的完善，既坚持守正创新，又以问题为导向，在保留认缴制的前提下，强化了对股东出资期限的制度性约束，对于保障交易安全、保护债权人利益必将发挥积极作用。

需要注意的是，本条规定与《公司法》(2005 年)关于注册资本分期缴纳的规定有所不同。《公司法》(2005 年)规定的分期缴纳制是建立在 3 万元注册资本最低限额以及首次出资额不低于注册资本 20%规则基础之上的，而本条规定的限期实缴制并无类似规定，股东仍可选择较低数额的出资额，只要在 5 年内缴足即可。

---

① 参见朱慈蕴：《中国公司资本制度体系化再造之思考》，载《法律科学》2021 年第 3 期。

三、有限责任公司注册资本实缴与最低限额的其他规定

对法定最低注册资本的取消，并不意味着公司可以没有注册资本，即使是注册资本只有 1 元，仍然要记载于公司章程并依法进行登记。

有关法律、行政法规以及国务院决定对银行业金融机构、期货公司、基金管理公司、保险专业代理机构、保险经纪人、典当行、小额贷款公司、保险资产管理公司、融资性担保公司、直销企业、对外劳务合作企业、劳务派遣企业等公司的注册资本实缴、最低限额都作了限制性的规定，应当适用其规定。

同时，本条第 2 款还在规定有限责任公司股东认缴出资须在公司成立之日起 5 年内缴足的基础上，明确法律、行政法规以及国务院决定可以对有限责任公司股东出资期限作出特别规定，为重点行业领域设定短于 5 年的认缴期限留出制度空间。

四、过渡期安排

《公司法》(2013 年)实施后到本法修订实施前设立的出资认缴的存量公司，能否直接适用本法的规定，全面转型为本法所规定的认缴制公司，理论与实务界均很关切。国家市场监督管理总局提出由授权国务院制定具体办法，对本法施行前已登记设立且出资期限超过本法规定期限的公司设置过渡期，要求其将出资期限逐步调整至本法规定的期限以内。因此，为避免新设公司和存量公司适用注册资本法律制度的不一致，强化法律适用的统一性，同时减少对绝大多数正常经营的存量公司的影响，充分考虑经营主体类型、行业领域等复杂情形，研究为存量公司设定一定年限、较为充裕的过渡期，本法第 266 条第 2 款规定，本法施行前已登记设立的公司，出资期限超过本法规定的期限的，除法律、行政法规或者国务院另有规定外，应当逐步调整至本法规定的期限以内；对于出资期限、出资额明显异常的，公司登记机关可以依法要求其及时调整。具体实施办法由国务院规定。

【司法案例】

李某军、河南省德瑞置业有限公司借款合同纠纷案①

诉讼结论：在没有证据证明款项系股东提供给公司的增资款或股东明确表示就多出资部分无须返还的情形下，超出注册资本的出资不能简单认定为股东的股权性投资。

法院认为：从原审查明的事实看，李某军已将 3000 万元交付于河南省德瑞置业有限公司(以下简称德瑞置业公司)。从德瑞置业公司最后一次变更工商登记

① 参见最高人民法院(2019)最高法民申 6078 号民事裁定书。

信息看,李某军登记的出资额为600万元。李某军超出注册资本的出资2400万元属什么性质,影响到本案的审理。德瑞置业公司主张收到的李某军3000万元款项系李某军对公司的出资,但德瑞置业公司未提供证据证明李某军超过注册资本出资额部分为股权性投资,亦未提供证据证明德瑞置业公司就李某军增资修改过公司章程并进行过变更登记,也未提供证据证明德瑞置业公司就李某军增资曾向李某军签发过新的出资证明书等。在没有证据证明德瑞置业公司所收李某军款项系股东提供给公司增资款或股东明确表示就多出资部分无须返还的情形下,超出注册资本的出资不能简单认定为股东的股权性投资。因此,原审在未查明李某军超出注册资本的出资性质情形下,就认定李某军所交付的3000万元系其对公司的出资,进而否定李某军的全部诉讼请求依据不足。

第四十八条　股东可以用货币出资,也可以用实物、知识产权、土地使用权、股权、债权等可以用货币估价并可以依法转让的非货币财产作价出资;但是,法律、行政法规规定不得作为出资的财产除外。

对作为出资的非货币财产应当评估作价,核实财产,不得高估或者低估作价。法律、行政法规对评估作价有规定的,从其规定。

【条文主旨】

本条是关于有限责任公司股东出资方式、出资财产评估作价的规定。

【条文理解】

一、股东出资财产的一般要求

(一)股东可以采取多种方式出资

《公司法》(2018年)第27条规定:"股东可以用货币出资,也可以用实物、知识产权、土地使用权等可以用货币估价并可以依法转让的非货币财产作价出资。"本条第1款亦规定:"股东可以用货币出资,也可以用实物、知识产权、土地使用权、股权、债权等可以用货币估价并可以依法转让的非货币财产作价出资。"即股东可以出资的财产种类是多样的,包括货币出资和非货币出资,非货币出资又包括有形资产出资和无形资产出资,包括知识产权、土地使用权、土地承包权、采矿权、探矿权、企业承包经营权、企业租赁权以及股权、债权等。

(二)不得用于出资的财产类型

法律和行政法规对不得用于股东出资的财产进行了规定,根据《公司法》(2018年)第27条第1款中的规定,法律、行政法规规定不得作为出资的财产不可以用于出资。本条第 1 款对该要求未作修改。

《公司登记管理条例》(2016 年,已废止)第 14 条规定:“股东的出资方式应当符合《公司法》第二十七条的规定,但是,股东不得以劳务、信用、自然人姓名、商誉、特许经营权或者设定担保的财产等作价出资。”《市场主体登记管理条例》第 13 条第 1 款规定:“除法律、行政法规或者国务院决定另有规定外,市场主体的注册资本或者出资额实行认缴登记制,以人民币表示。”第 2 款规定:“出资方式应当符合法律、行政法规的规定。公司股东、非公司企业法人出资人、农民专业合作社(联合社)成员不得以劳务、信用、自然人姓名、商誉、特许经营权或者设定担保的财产等作价出资。”

(三)非货币出资的要求

一般认为,股东作为出资的非货币财产应当具有合法性、可转让性和可评估性。

1. 合法性

合法性,是指依法可以用于出资的财产。

(1)股东以其不享有处分权的财产出资的,对于出资行为效力产生争议的,可以参照《民法典》第 311 条关于无权处分的规定予以认定。

(2)股东以贪污、受贿、侵占、挪用等违法犯罪所得的财产出资的,对违法犯罪行为予以追究、处罚时,应当采取拍卖或者变卖的方式处置其股权。

2. 可转让性

可转让性,是指可以进行交易、转让。根据本法第 49 条第 2 款的规定,股东以非货币财产出资的,应当依法办理其财产权的转移手续。

3. 可评估性

可评估性,是提可以评估以确定其价值并以此作价。

《公司法》(2018 年)第 27 条第 2 款规定:“对作为出资的非货币财产应当评估作价,核实财产,不得高估或者低估作价。法律、行政法规对评估作价有规定的,从其规定。”本条第 2 款对此亦未作修改。

股东以非货币财产出资,必须依法进行评估、核实财产,这样才能确定公司的注册资本总额以及各股东的具体出资数额和其出资比例。股东以非货币财产出资,未依法进行评估作价的,公司、其他股东或者公司债权人请求认定该股东未履行出资义务的,可以请求人民法院委托具有合法评估资格的评估机构对该财产进行评估作价,评估确定的价额显著低于公司单章程规定价额的,应当认定该股东未依法全面履行出资义务。

二、关于出资财产内容的修改

本条第1款对有限责任公司股东出资方式作了修改,将“股权、债权”纳入可以用于出资的非货币财产范围,但是由于可以作为出资的非货币财产应当具有合法性、可转让性和可评估性的要求,因此,可以出资的“股权、债权”也必须符合上述要求。

(一)关于以股权出资

在公司设立阶段,股东以股权出资一般是指以其持有的其他公司股权出资。《公司法规定(三)》第11条第1款规定:“出资人以其他公司股权出资,符合下列条件的,人民法院应当认定出资人已履行出资义务:(一)出资的股权由出资人合法持有并依法可以转让;(二)出资的股权无权利瑕疵或者权利负担;(三)出资人已履行关于股权转让的法定手续;(四)出资的股权已依法进行了价值评估。”股东以其持有的其他公司股权出资,应当满足以下四个条件。

(1)出资的股权由出资人合法持有并依法可以转让。由出资人合法持有,是指出资人获得该股权的方式符合法律、行政法规规定,不存在非法事由。依法可以转让,是指用于出资的股权的转让不受法律的限制,这也是公司出资的基本要求。按照本法规定,限制转让的股权主要是指股份有限公司公开发行股份前已发行的股份,以及董事、监事、高级管理人员所持有的在限售期内的股份。除了法律、行政法规、公司章程明确规定限制转让的股权之外,其他类型的股权均可依法转让。限制转让的股权在符合法定条件后,如股份有限公司的限售股在限售期满之后,也可以依法转让。

(2)出资的股权无权利瑕疵或权利负担。所谓无权利瑕疵,是指不存在任何第三人就该用于出资的股权向公司主张任何权利的事由。实践中,股权瑕疵多产生于出资义务未履行或未全面履行的情形,如出资不足、虚假出资、抽逃出资等。有的股权,如果当事人对其权属发生争议,也属于存在权利瑕疵的股权。无权利负担,是指股权之上不存在质押或者被冻结等权利行使受限的情形。由于权利瑕疵或权利负担的存在会使得股权出资存在不确定性,进而威胁到公司资本的确定和稳定,因此,合法有效的股权出资应不存在权利瑕疵或权利负担。

(3)出资人已履行关于股权转让的法定手续。股东以其持有的其他公司股权出资,应依法办理股权权属转移手续。

(4)出资的股权已依法进行了价值评估。根据本条第2款的规定,对作为出资的非货币财产应当评估作价,核实财产,不得高估或者低估作价。股权是一种典型的非货币财产,股东以其持有的其他公司股权出资,应当依法对该股权进行价值评估,以保证股权出资的真实性,防止注册资本不实。评估作价包括两个层面的要求：一是要求出资股权必须经合法设立的专业评估机构进行价值评估；二是评估应当依法进行，包括评估程序合法、评估方式合法、评估结果真实可靠，不存在高估或低估作价的情况。

股东以其持有的其他公司股权出资，同时符合以上 4 个条件，方可认定股权出资的效力，否则，作为利益相关方的公司、其他股东或者公司债权人可以依法向请求认定出资人未履行出资义务，并以此采取相应的法律救济措施。①

(二)关于以债权出资

《公司注册资本登记管理规定》第 7 条曾规定："债权人可以将其依法享有的对在中国境内设立的公司的债权，转为公司股权。转为公司股权的债权应当符合下列情形之一：(一)债权人已经履行债权所对应的合同义务，且不违反法律、行政法规、国务院决定或者公司章程的禁止性规定；(二)经人民法院生效裁判或者仲裁机构裁决确认；(三)公司破产重整或者和解期间，列入经人民法院批准的重整计划或者裁定认可的和解协议。用以转为公司股权的债权有两个以上债权人的，债权人对债权应当已经作出分割。债权转为公司股权的，公司应当增加注册资本。"《公司注册资本登记管理规定》已经废止，根据《公司法》(2023 年)的相关规定，非货币出资的资产必须是可以用货币评估作价并可以依法转让的财产。债权出资属于非货币出资，因债权的实现具有一定的不确定性，所以以对出资公司之外的第三人享有的债权作为出资时，必须符合以下条件。

(1)用于出资的债权原则上是可以依法转让的债权。以特定身份为基础的债权如抚养费请求权、抚恤金请求权等，系依法律性质不得转让的债权，该债权不能用于出资。

(2)用于出资的债权应是合法有效存在的确定债权，非法债权、超过诉讼时效的债权不得用于出资。

债权具有确定性，即该债权人已经完全履行了该债权所对应的合同义务，不存在对待给付义务，或者该债权已经经过法院或仲裁机构的生效法律文书所确认。若以附条件债权进行出资的，由于条件成就与否具有或然性，故债权成立与否亦处于不确定状态，故附条件债权不得用于出资。

以债权出资的需经债务人对债权进行确认，而且规定不得以虚构债权出资；虚构债权或未经债务人确认出资的，股东应当在债权不能实现范围内承担出资不足责任。

---

① 参见最高人民法院民事审判第二庭编著：《最高人民法院关于公司法解释(三)、清算纪要理解与适用(注释版)》，人民法院出版社 2016 年版，第 176～177 页。

(3)债权出资应具有可估值性。对第三人的债权是可以实现估值的。当然，相较于其他非货币财产，公司设立中以债权形式出资的估值难度会更大，但也不是无法实现。首先，以对第三人的债权出资的股东可以和全体股东协商，确定债权的价值。其次，目前已有的现代估值技术，包括现金流折现法、期权定价模型等已经较为成熟，能够为出资价值认定提供科学标准和参照，使得对于债权真实价值的认定成为可能。

除此之外，债权本身不能实现的风险，应是一个在债权价值评估中需要考虑的问题，与实物出资价值评估过高无实质区别，不宜另行设定特别的事前规制措施。至于债权人与债务人虚构债权或未经债务人确认情况下债务人的责任问题，《民法典》关于保理制度的规定、关于债权转让的规定可以适用，不需《公司法》再作规定。另外，对于未来债权，可考虑限定于公路、桥梁、隧道等不动产设施收费权。事实上，这种未来债权一般情况下比现有的债权更具确定性、可评估性，也无须债务人确认。对于债券出资、债转股等亦无作出特别规定之必要。①

(4)用于出资的债权应当通知债务人。根据《民法典》第546条的规定，债权人转让债权，未通知债务人的，该转让对债务人不发生效力。

(5)法律、行政法规未禁止。如《商业银行法》第43条规定，商业银行不得向非银行金融机构和企业投资，故银行不能以公司债权出资。实践中，银行会将不良债权转让给资产管理公司，资产管理公司将债转股作为其处置不良债权的手段之一。

【司法适用】

在公司经营期间，若公司债权人将其债权作为出资，会涉及公司增资事项，即债转股，但这并不属于公司设立阶段的以债权出资问题。

【司法案例】

1. 北京兴竹同智信息技术股份有限公司、西吉县农牧业产业化发展服务有限公司股东出资纠纷案②

诉讼结论：对用于出资的股权未评估作价的，不能认定完成出资义务。

基本案情：2016年12月，北京兴竹同智信息技术股份有限公司（以下简称兴竹公司）通过受让股权成为万家壹品公司股东。因出让方北京泰万堂投资管理中

---

① 参见刘贵祥：《从公司诉讼视角对公司法修改的几点思考》，载《中国政法大学学报》2022年第5期。

② 参见最高人民法院（2020）最高法民申5631号民事裁定书。

心未实际出资，双方约定由兴竹公司承担出资1900万元的义务。兴竹公司于2017年2月9日分8次以投资款名义汇入万家壹品公司共计1900万元。同日，万家壹品公司又以收购案外万家灯火网络技术有限责任公司（以下简称灯火公司）股权款名义，与上述8次转款相应，依次向兴竹公司账户转回1900万元。兴竹公司抗辩其已完全履行向万家壹品公司的出资义务。根据兴竹公司自认事实，其持有灯火公司19%股权，对应出资额为1900万元，万家壹品公司收购了该全部股权，故向其转回的1900万元系股权转让款。

法院认为：兴竹公司抗辩主张系用灯火公司的股权换购万家壹品公司股权，即用灯火公司的股权向万家壹品公司出资。但其未提交有效证据证实该出资方式符合万家壹品公司章程约定。同时，兴竹公司未提交有效证据证实灯火公司的股权价值，亦未提交资料进行相关审计，故原判决认定由其承担举证不能的法律后果并无不当。

2. 李某材与长春市正达房地产开发有限责任公司、长春建设国有资产经营有限公司股东出资纠纷案①

诉讼结论：以债权作为出资符合条件的，应予认可。

基本案情：建工集团吉洋公司（以下简称吉洋公司）成立于1998年4月7日，发起人为长春建设国有资产经营有限公司（以下简称建设公司）等五家单位，建设公司以部分资产出资1859.20万元，其中包括六建公司（长春建工集团分支机构）对长春市工业干部管理学校的债权558,930.21元、对长春市人大常委会债权2,352,628.48元。2011年1月30日，吉洋公司出具《情况说明》：长春市工业管理干部学校已将578,900元工程款转至我公司借用账户；2011年5月18日长春市人大办公厅出具《证明》：建设公司作为出资将六建公司的债权转至吉洋公司，并通知我委转至吉洋公司，此后我委已将2,352,628.48元全部清偿完毕。吉洋公司1998年12月26日应收账款明细账及记账凭证载明：作为出资的债权已经登记吉洋公司账册内，且吉洋公司已将作为自己的应收账款作为管理，同时该公司将此笔债权分配给吉洋一公司管理。

法院认为：法律并未限制股东以债权出资，并且债权具有实际价值，根据长春市人大办公厅2011年5月18日出具的《证明》和吉洋公司2011年1月30日出具的《情况说明》及相关转账票据，涉案的债权出资已经由长春市人大办公厅和长春市工业管理干部学校分别偿还到位。对于李某材要求建设公司在其股份出资内

① 参见吉林省高级人民法院（2020）吉民申694号民事裁定书。

对吉洋公司所欠债务承担清偿责任的诉讼请求,原判决未予支持并无不当。

第四十九条　股东应当按期足额缴纳公司章程规定的各自所认缴的出资额。

股东以货币出资的,应当将货币出资足额存入有限责任公司在银行开设的账户;以非货币财产出资的,应当依法办理其财产权的转移手续。

股东未按期足额缴纳出资的,除应当向公司足额缴纳外,还应当对给公司造成的损失承担赔偿责任。

【条文主旨】

本条是关于有限责任公司股东足额缴纳出资和未按期足额缴纳对公司赔偿责任承担的规定。

【条文理解】

本条第1款、第2款仅对《公司法》(2018年)第28条第1款的内容作了文字修改,将"股东应当按期足额缴纳公司章程中规定的"修改为"股东应当按期足额缴纳公司章程规定的",并将《公司法》(2018年)第1款的内容分作两款规定。本条第3款增加了对未按期足额缴纳出资股东对公司承担损失赔偿责任的内容。

一、有限责任公司股东应当按期足额缴纳出资

股东可以在公司章程中规定实际缴纳出资或者认缴出资的内容,公司章程的规定对股东具有约束力。股东应当按照公司章程的规定的期限按期缴纳出资,同时也应当按照章程规定的数额足额缴纳出资。如果公司章程规定的是一次性足额缴纳,股东就应当在公司章程规定的期限内一次性足额缴纳;如果公司章程规定的是分期缴纳,股东就应当根据公司章程规定的期次和数额分期缴纳。

二、有限责任公司股东缴纳出资的基本要求

《公司法》(2013年)将公司注册资本由公司法规定改为由公司章程规定,此后,中介机构的验资程序取消,必要的公示程序取代了验资环节,但并不意味着对股东缴纳出资没有任何要求,根据本条第2款的规定,股东缴纳出资应当符合以下要求。

(一)货币出资的要求

股东以货币出资的,应当将货币资金存入公司在银行开设的账户。

(二)非货币财产出资的要求

根据本法第48条的规定,股东可以用于出资的非货币财产包括实物、知识产权、土地使用权、股权、债权等,股东以非货币财产出资的,应当依法办理财产权的转移手续。

（1）以动产出资的,应当向公司移交动产。

（2）以不动产出资的,除交付外,还应当办理不动产权属的转移登记手续。依据物权公示原则,物权变动需要经过登记或者交付的法定形式,以不动产物权出资,应当依照法律规定的程序办理不动产权属登记手续,将不动产权利过户至公司名下,从而实现权利由出资股东向公司的转移。《公司法规定（三）》第 10 条规定,已经交付公司使用但尚未办理权属变更手续的房屋、土地使用权,股东应当在合理期限内办理相关权属变更手续。

《公司法规定（三）》第 8 条规定,股东以划拨土地使用权出资,或者以设定权利负担的土地使用权出资,股东可以在合理期限内办理土地变更手续或者解除权利负担,在合理期限内未办理或者未解除的,属于股东未依法全面履行出资义务。

（3）以知识产权出资的,应当向公司提交知识产权的技术文件资料和权属,需要办理登记手续的,应当到专利管理机关、商标注册机关办理权属变更登记手续。知识产权一旦作为出资投入到公司,就成为公司的法人财产,与货币出资不同,知识产权的出资不仅要完成事实上的交付,对于以需办理权属登记的知识产权出资的,还需要履行一定的交付形式,即向法定机关完成权利移转的变更登记手续。根据《公司法规定（三）》第 10 条的规定,股东以需要办理权属登记的知识产权出资,已经交付公司使用但尚未办理权属变更手续的,股东应当在合理期限内办理相关权属变更手续。

（4）股东以其持有的其他公司股权出资的,应依法办理股权权属转移手续。

股权的转移包括股权权属变更和股权权能转移,前者是指将作为出资股权的权利证明形式进行相应的变更,如股东变更登记、股票背书等,以实现股权在法律上的权属变更,后者是指将股东所享有的各种权利,包括共益权与自益权等实际转由公司行使,这是股权事实上的转移。需要注意的是,作为出资的股权形式不同,其股权转让所需办理的法定手续也有所不同。以有限责任公司的股权出资会涉及股东名册和工商登记的变更,而以股份有限公司的股份出资则可能涉及背书或证券登记过户,在实践中,需要根据情形区别对待。

（5）以对第三人的债权出资的,应当通知债务人。

三、未按期足额缴纳出资股东对公司的责任

本条第 3 款规定,股东未按期足额缴纳出资的,首先应当向公司足额缴纳出资,这是为了贯彻资本充实原则的要求。

同时,本条第 3 款还规定,股东未按期足额缴纳出资给公司造成损失的,还应当对公司承担赔偿责任,该损失的赔偿范围通常包含迟延缴纳出资的利息、因公司向其主张权利而产生的必要费用以及其他合理损失。

【司法适用】

一、关于未按期足额缴纳出资股东补缴义务的履行

在股东以非货币财产出资而未按要求办理财产权转移手续即存在出资财产瑕疵交付的情况下,股东可以在合理期限内补办相关财产权的转移手续。《公司法规定(三)》第10条即建立了出资财产瑕疵交付行为的治愈制度,即法院可以通过责令当事人在指定的合理期间内办理权属变更手续的方式,治愈瑕疵交付行为,一旦当事人在该合理期间办理了权属变更手续,法院应当认定其履行了出资义务。

而对于股东以货币出资情形下补缴义务的履行,由于《公司法》(2013年)全面实行认缴制后,对股东出资不再设验资环节的要求,因此,在实践中即存在不同的观点。实践中,相关股东在公司经营过程中与公司存在资金往来,往往会主张其向公司注入的一笔或多笔资金为补缴出资。对于此种主张是否予以支持,关键在于查明相关款项是否实际投入公司并由公司使用。人民法院可审查公司是否经过决议对该资金认可为补缴出资,公司是否在财务账册中将相关的资金记载为"实收资本"等。

股东以代公司清偿债务的形式补缴出资,也是补缴的一种形式。即股东主张本人或通过第三人已代为清偿公司的对外债务,以此主张其已补足出资。对此类补缴出资,应当审查:一是该代偿债务是否真实存在,公司与股东是否存在虚构债务情形。二是公司对该代偿行为是否认可。若公司认可,则该代偿行为对公司发生效力,可以视为股东已完成补足出资;若公司不认可,则股东不得以此代偿行为主张补足出资,对该代偿行为应由股东另案主张。三是审查公司是否同意将该代偿债务行为作为瑕疵出资的补足行为,包括公司是否有相关决议,公司"实收资本"账目有无相关记载等。①

股东以其对公司享有的债权,抵销其因未按期足额出资而产生的对公司所应负有的补缴出资义务,也是补缴出资补正的形式之一。对此种出资的补缴,应当审查以下内容:一是审查公司对股东所负债务是否真实。股东对公司的出资义务本质上是股东对公司的所负债务。因此,当股东以其对公司所享有的债权来补足对公司的出资时,本质上属于股东行使抵销权。法院应依照行使抵销权的要件对该补足出资行为的有效性进行审查。二是审查此种抵销行为是否经过公司决议

---

① 参考最高人民法院(2019)最高法民申2192号民事裁定书。

认可为补缴出资行为,是否在公司“实收资本”账目有记载。三是审查是否发生于债权人提起诉讼之前。[①]

二、关于未按期足额缴纳出资股东的违约责任

《公司法》(2018年)第28条第2款规定:“股东不按照前款规定缴纳出资的,除应当向公司足额缴纳出资外,还应当向已按期足额缴纳出资的股东承担违约责任。”

本条未规定股东承担出资违约责任的内容。关于股东出资违约责任,由于其性质是基于投资关系产生的违约请求权,其主张依据应当是股东之间的约定,一般是在公司设立协议中进行约定,相关违约责任的承担,按照《民法典》关于合同违约责任的规定处理。

【司法案例】

重庆凯怀石化公司与重庆紫容实业公司、香港友联国际公司股东损害公司债权人利益责任纠纷案[②]

诉讼结论:股东的货币出资未足额存入公司在银行开设的账户,应当认定为未履行出资义务。

基本案情:重庆紫联实业有限公司(以下简称紫联公司)成立于2014年3月14日,注册资本为2800万美元,股东为重庆紫容实业有限公司(以下简称紫容公司)和香港友联国际投资控股有限公司(以下简称友联公司),其中紫容公司出资为280万美元,以等值人民币现金缴付;友联公司出资为2520万美元,以美元现汇缴付出资;应于公司营业执照签发之日起3个月内缴付各自认缴出资的15%,其余部分于营业执照签发之日起两年内缴清。法院财产查询反馈:紫联公司在银行开具的账户状态均为“不动”;余额:“0.00”;无冻结信息;无资金往来信息;无关联账户信息。法院向银行发出协助查询存款通知书,银行回证写明:账号开户以来无交易发生。

法院认为:紫联公司所开银行账户余额为零,且从未有资金往来,说明紫容公司、友联公司未履行出资义务。紫容公司、友联公司在未能提交其他证据证明其出资已经如实到位或者事后补足的情况下,可以认定紫容公司、友联公司存在出资不实的情形。

---

① 参考最高人民法院(2018)最高法民终865号民事判决书。

② 参见重庆市高级人民法院(2019)渝民终366号民事判决书。

第五十条　有限责任公司设立时,股东未按照公司章程规定实际缴纳出资,或者实际出资的非货币财产的实际价额显著低于所认缴的出资额的,设立时的其他股东与该股东在出资不足的范围内承担连带责任。

【条文主旨】

本条是关于有限责任公司设立时股东出资不实及设立股东连带责任承担的规定。

【条文理解】

《公司法》(2018 年)第 30 条规定:“有限责任公司成立后,发现作为设立公司出资的非货币财产的实际价额显著低于公司章程所定价额的,应当由交付该出资的股东补足其差额;公司设立时的其他股东承担连带责任。”本条规定对《公司法》(2018 年)第 30 条的规定作了修改:一是将出资不实的时间点由“公司成立后”修改为“公司设立时”;二是将责任承担的情形由非货币财产出资不实扩大到未按照公司章程规定实际缴纳出资以及非货币财产出资不实的情形;三是将非货币财产出资不实的认定由“显著低于公司章程所定价额”修改为“显著低于所认缴的出资额”。

一、股东出资不实的认定

(一)基准时间的确定

公司设立一般有一个过程,公司设立前,也可能存在设立股东未按约定缴付出资的情况,此时由于公司尚未设立,属于公司设立股东之间的违约责任承担范畴,该违约责任的承担,适用当事人之间签订的设立协议的约定。公司设立时,如果设立股东未按公司章程规定履行出资义务,此时不仅在股东之间产生出资违约责任的承担问题,而且在股东与公司之间产生出资缴付责任的承担问题。

(二)出资不实的确定

1. 股东未按照公司章程规定实际缴纳出资

本法第 49 条对股东出资义务的履行作出了明确的规定,即股东应当按期足额缴纳公司章程规定的各自所认缴的出资额;股东以货币出资的,应当将货币出资足额存入有限责任公司在银行开设的账户;以非货币财产出资的,应当依法办理其财产权的转移手续。

公司章程规定在有限责任公司设立时,股东应当实际缴纳出资的,如股东未按照公司章程的规定要求,办理货币或者非货币财产出资手续的,应当认定其未按照公司章程规定实际缴纳出资。

《公司法规定(三)》第 13 条第 3 款规定:“股东在公司设立时未履行或者未

全面履行出资义务，依照本条第一款或者第二款提起诉讼的原告，请求公司的发起人与被告股东承担连带责任的，人民法院应予支持；公司的发起人承担责任后，可以向被告股东追偿。”既包括非货币出资不足的情形，也包括货币出资不足的情形。而《公司法》(2018年)第30条仅规定了非货币出资不足的情形，未规定货币出资不足的情形，本条规定吸收了《公司法规定(三)》的内容，予以扩展。

2. 作为实际出资的非货币财产的实际价额显著低于所认缴的出资额

非货币财产出资的价值具有一定程度的不确定性，公司设立前虽然已经经过评估或者经股东一致认可该非货币财产出资的价值，但仍难确保股东出资的非货币财产在公司设立时就一定具有公司章程所确定的价值。公司章程规定设立时股东应当向公司履行非货币财产出资缴纳义务的，股东应当如实缴纳。此为股东的章程规定及法定义务，否则会对公司设立后的经营产生不利的影响。因此，股东如不能如实缴付与认缴出资额相等的非货币财产，也应当承担相应的出资不实责任。对此，本条对《公司法》(2018年)第30条的规定予以吸收，并根据公司注册资本认缴制的要求，进行了文字修改，将“显著低于公司章程所定价额”修改为“显著低于所认缴的出资额”。

本法第48条第2款规定，对作为出资的非货币财产应当评估作价，核实财产，不得高估或者低估作价。当股东出资非货币财产的实际价额“显著低于所认缴的出资额”时，该股东即应当承担不如实缴付出资的责任。“显著低于”是指非货币财产的实际价额明显少于其所认缴的出资额。具体如何判断，本法并没有规定一个划一的标准，还应当结合具体情况，出资财产的实际价额与认缴出资额之间的具体差额比例，以及该行为对公司经营的实际影响等因素综合判断。

二、设立股东的连带责任

由于公司设立股东在设立公司时存在设立公司的共同目的和行为，他们之间系有共同意志的团体法律关系。根据设立公司的相关法律、法规的规定，设立股东在设立公司的章程中应当明确公司注册资本具体数额并将公司章程登记和公示，这些行为构成设立股东对外宣示的共同承诺，设立股东对公司章程中载明的设立公司注册资本有保证数据真实的义务。基于设立股东对注册资本整体的保证责任，设立股东有互相填补的责任，当其中一人出资未足额时，为保证公司注册资本数额的真实，维护团体对外的利益，其他股东负有填补义务。从这一点上看，各设立股东之间互为保证人，当出现出资未足额时，其间相互承担担保责任，保证各设立股东向公司履行足额缴纳出资的义务。[①] 另外，其他股东在公司设立过程

① 参见王东敏：《公司法审判实务与疑难问题案例解析》(第2版)，人民法院出版社2021年版，第159~160页。

中,也应当积极督促该股东履行认足出资的义务,否则在该股东已无力承担补足差额责任时,其他设立股东需承担连带责任。

由于本条规定的是设立股东的连带责任,因此关于基准时间的确定,本条规定将《公司法》(2018 年)第 30 条规定的"有限责任公司成立后"修改为"有限责任公司设立时",表述更为准确。

关于设立股东连带责任的范围,根据本法第 49 条的规定,一是设立股东应当就向公司足额缴纳出资承担连带责任;二是设立股东应当就对公司造成的损失赔偿承担连带责任。

其他设立股东承担连带责任后,可以向出资不实股东进行追偿。由于其他股东仍然可以对出资不实股东进行追偿,其他股东对出资债务所承担的最终责任仍然仅限于各自认缴份额之内,并未超过股东有限责任的范畴。因此,本法虽然未就其他股东的追偿权予以规定,但不能因此认为其他股东就丧失了承担连带责任后对出资不实股东的追偿权,也不能以此认为《公司法》突破了公司有限责任的原则。《公司法规定(三)》第 13 条第 3 款也规定:"股东在公司设立时未履行或者未全面履行出资义务,依照本条第一款或者第二款提起诉讼的原告,请求公司的发起人与被告股东承担连带责任的,人民法院应予支持;公司的发起人承担责任后,可以向被告股东追偿。"

【司法适用】

关于非货币财产出资纯因客观因素导致出资贬值的处理,《公司法规定(三)》第 15 条规定:"出资人以符合法定条件的非货币财产出资后,因市场变化或者其他客观因素导致出资财产贬值,公司、其他股东或者公司债权人请求该出资人承担补足出资责任的,人民法院不予支持。但是,当事人另有约定的除外。"在实践中,由于非货币财产(尤其如股权、债权等性质的出资)的特殊性,其价值受固有市场风险的诸多因素的影响,并不如土地、货币等保值性能高,因此在一定时间内可能出现贬值现象。有的出资人以非货币财产出资时,该财产的实际价值与章程所定价额并没有差别,只是后来在公司经营中由于市场环境变化导致财产贬值,使得该财产价值与章程所定价额出现差距,此时有的公司也要求股东补足该数额。

事实上,在出资时该非货币财产与章程所定价额没有差别,后来由于市场风险或者其他客观因素导致贬值,主要是指出资人在履行出资义务时,依据当时现有的资料、信息无法预见的客观事实和风险,包括不可抗力、意外事故、因市场经济规律产生的价格下跌、出资财产自身属性引起的价值损失等该贬值情形,属于公司应承担的正常商业风险,与出资股东无关,出资股东也没有过错,由此类事实导致的非货币出资财产贬值不得归咎于出资人，一般情况下出资股东不应再承担责任。

如果当事人之间约定，非货币财产无论因何种原因贬值时，出资股东皆负有补足出资的义务，则从尊重当事人意思自治出发，该种约定应为有效。实践中出资人在以市场风险较大的非货币财产进行出资时，其进行投资的意愿常常会因其财产价值的不稳定遭到其他设立股东的拒绝，如其愿意负担长期的出资补足义务，则在很大程度上可以得到其他设立股东的接受，从而提高自身的投资能力。[①]

【司法案例】

1. 上海振华重工(集团)股份有限公司、胡某跃等申请执行人执行异议之诉案[②]

诉讼结论：未能证明公司设立时用于出资的股权当时即因相关公司作为被执行人而贬值，设立股东亦未对此种股权贬值情形下的责任另作约定的，设立股东不承担出资不实责任。

基本案情：浙江汉力士实业有限公司(以下简称汉力士公司)股东为胡某跃、胡某碧，胡某跃、胡某碧共以浙江汉力士船用推进系统有限公司(以下简称船用系统公司)、浙江欧陆硬质合金有限公司(以下简称欧陆公司)、上海塞耐机械进出口有限公司(以下简称塞耐公司)股权出资4464.42万元。在以上述三家公司股权出资前，委托资产评估公司进行评估，并由会计师事务所对三家公司进行了审计。船用系统公司、欧陆公司、塞耐公司均于2010年10月完成了工商变更登记，汉力士公司取得胡某跃、胡某碧用于出资部分的股权。上海振华重工(集团)股份有限公司(以下简称振华公司)认为，胡某跃、胡某碧用于出资的股权已被多次强制执行，无任何价值，非货币出资贬值的，股东需补足差额。

法院认为：胡某跃、胡某碧以其所持有的经过评估的股权出资，并完成了变更登记，已经完成了出资义务。2015年之后，船用系统公司、欧陆公司、塞耐公司均有多起作为被执行人的案件，即使三家公司财产已经不足以清偿相应的债务，也不能据此认定当初胡某跃、胡某碧出资不实。以上述股权出资数年之后，公司股权的价值在经营中发生变化。《公司法规定(三)》第15条规定："出资人以符合法定条件的非货币财产出资后，因市场变化或者其他客观因素导致出资财产贬

---

① 参见最高人民法院民事审判第二庭编著：《最高人民法院关于公司法解释(三)、清算纪要理解与适用》(注释版)，人民法院出版社2016年版，第245~246页。

② 参见浙江省高级人民法院(2022)浙民终869号民事判决书。

值,公司、其他股东或者公司债权人请求该出资人承担补足出资责任的,人民法院不予支持。但是,当事人另有约定的除外。”振华公司并未提供证据证明出资股权当时即因公司作为被执行人而贬值,各方亦未就股东需对此种股权贬值情形承担责任另作约定。振华公司主张胡某跃、胡某碧需对该股权出资的贬值补足差额,于法无据。

2. 青海威德生物技术有限公司、北京威德生物科技有限公司公司增资纠纷案①

诉讼结论:已出资的非货币财产因客观因素贬值的,出资人无须承担补足出资责任。

基本案情:2009 年 11 月 27 日,北京大正评估公司受北京威德生物科技有限公司(以下简称北京威德)委托,对北京威德拥有的“一种以菊芋或菊苣为原料制造菊粉的新方法”发明专利及相关全套工业生产技术、“红菊芋”注册商标、“wede”注册商标无形资产作出评估报告,至评估基准日 2009 年 9 月 30 日,评估为 1300 万元。2010 年 4 月 9 日,青海威德生物技术有限公司(以下简称青海威德)股东会决议,同意北京威德以上述无形资产向青海威德增资,并以评估结果 1300 万元认定增资数额。嗣后完成了增资变更登记。2014 年 12 月 30 日,国家工商总局商标评审委员会作出裁定书,宣告“红菊芋”商标无效。2016 年 2 月 25 日,国家知识产权局专利复审委员会作出审查决定书,宣告一种以菊芋或菊苣为原料制造菊粉的新方法发明专利无效。“wede”注册商标仍在有效期内。青海威德起诉请求北京威德补充缴纳出资 1300 万元等。

法院认为:出资人以知识产权出资的,知识产权价值由出资时所作评估确定,出资人不对其后因市场变化或其他客观因素导致的贬值承担责任,除非当事人另有约定。北京威德的出资严格遵循了《公司法》对知识产权出资的要求。青海威德未能提交证据证明评估存在违法情形或者北京威德评估时存在违法情形,现以案涉两项知识产权被确认无效,要求北京威德承担补足出资和赔偿损失的责任,缺乏依据。根据《商标法》和《专利法》的规定,注册商标或者专利被宣告无效,对宣告无效前已经履行的商标或者专利转让不具有追溯力,除非证明权利人存在主观恶意。青海威德未能提交证据证明北京威德在向该公司股东会提交评估报告时存在故意隐瞒假设条件等主观恶意行为,未能证明北京威德存在明知其知识产

① 参见最高人民法院(2019)最高法民终 959 号民事判决书、最高人民法院(2020)最高法民申 4578 号民事裁定书。

权会被宣告无效的恶意情形,故其关于北京威德存在主观恶意的主张不具有事实依据。

第五十一条 有限责任公司成立后,董事会应当对股东的出资情况进行核查,发现股东未按期足额缴纳公司章程规定的出资的,应当由公司向该股东发出书面催缴书,催缴出资。

未及时履行前款规定的义务,给公司造成损失的,负有责任的董事应当承担赔偿责任。

【条文主旨】

本条是关于有限责任公司董事会对股东出资的核查与催缴责任的规定。

【条文理解】

一、董事会核查与催缴出资义务

公司对出资的核查催缴权,是公司作为出资债权的债权人应然享有的权利,因此公司对瑕疵出资的股东享有债权人的催告权,在公司法的语境下就表现为催缴出资的权利。但是,公司作为拟制的法人,虽然享有核查与催缴的权利却无法具体实施,需要借助内部专门主体执行。

按照董事勤勉义务之要求,董事应当像对待自己事情一样对待公司的经营决策。在公司出现资金流动性问题时,为公司解决财务困境及融资问题,乃董事勤勉义务之当然内容。而且,当公司因流动资金出现问题但未达破产界限时,采取何种渠道能最有效、成本最低地解决公司的融资问题,亦属董事勤勉义务之当然范畴。①

根据董事会的职能定位,董事会负责公司业务经营和事务管理,董事会由董事组成,董事是公司的业务执行者和事务管理者。股东全面履行出资是公司正常经营的基础,董事监督股东履行出资是保障公司正常经营的需要。最高人民法院在相关裁判中亦据此认为,董事负有向未履行或未全面履行出资义务的股东催缴出资的义务,这是由董事的职能定位和公司资本的重要作用决定的。② 因此,本条在借鉴国外相关公司法规定及总结我国司法实践的基础上,明确有限责任公司成

① 参见蒋大兴:《论出资义务加速到期的商业逻辑——股东/董事作为履行者与监督者责任之差异》,载《上海政法学院学报(法治论丛)》2022年第6期。

② 参见斯曼特微显示科技(深圳)有限公司、胡秋生损害公司利益责任纠纷案,最高人民法院(2018)最高法民再366号民事判决书。

立后,董事会应当对股东的出资情况进行核查,发现股东未按期足额缴纳出资的,应当由公司向该股东发出书面催缴书,催缴出资。如果公司不设董事会,则该责任应当由董事承担。此规定也与本次修订增强董事会在公司治理中决策权的趋势相契合,赋予董事会催缴职权后,可以增强董事会对公司的资本话语权。

公司法修订草案一审稿第 46 条第 1 款曾拟规定,有限责任公司成立后,应当对股东的出资情况进行核查。发现股东未按期足额缴纳出资,或者作为出资的非货币财产的实际价额显著低于所认缴的出资额的,应当向该股东发出书面催缴书,催缴出资。将核查及催缴出资的义务人确定为公司,也就是说,规定由公司进行出资情况的核查,再由公司进行催缴。由于修订草案一审稿对核查、催缴出资主体范围的界定过于模糊,容易造成实践中的混乱,即未明确"谁是公司意志的决定主体"这一核心问题。本条对催缴出资的义务主体予以明确。

二、董事赔偿责任

本条第 1 款明确规定,有限责任公司成立后,董事会应当对股东的出资情况进行核查,发现股东未按期足额缴纳出资的,应当由公司向该股东发出书面催缴书,催缴出资。本法第 179 条规定,董事、监事、高级管理人员应当遵守法律、行政法规和公司章程。第 180 条第 2 款规定,董事、监事、高级管理人员对公司负有勤勉义务。因此,向股东催收资本属于董事勤勉义务的范围,其未及时履行该义务会对公司及其他利益相关者的利益产生影响,故应当对公司承担损失赔偿的相应责任。

董事承担赔偿责任的条件:

(1)董事会未及时履行催缴出资义务,包括公司成立后,未及时对股东出资情况进行核查,以及经核查发现股东未按期足额缴纳出资后未及时向股东进行催缴。至于董事会履行催缴义务的方式,本条仅规定"应当由公司向该股东发出书面催缴书",因此,只要董事会对股东进行书面催缴即可构成对催缴义务的合格履行,该书面形式既包括纸面形式,也包括数据电文的形式,而不是必须采取诉讼的方式。①

(2)因董事会未及时履行催缴义务,给公司造成损失。

(3)董事对上述行为及公司损失的产生负有责任。

关于董事的责任形式,由于依法足额按时出资是股东的义务,股东未缴足出资是公司受有损失的直接原因,董事未及时履行核查与催缴义务居于次要地位,

---

① 参见邹学庚:《论董事对股东出资的监督义务——兼评"斯曼特"损害公司利益责任纠纷案》,载《甘肃政法大学学报》2022 年第 2 期。

因此本条第2款规定为“赔偿责任”。根据民法相关原理，董事承担责任后，可以向有关股东追偿。

【司法适用】

关于未及时履行核查与催缴义务的董事对公司债权人的责任承担，本条规定，对未按期足额缴纳出资义务的股东，董事会未及时履行核查及催缴义务，给公司造成损失的，负有责任的董事应当对公司承担赔偿责任，但并未明确规定负有责任的董事对公司债权人的责任。司法实践中，相关裁判认为，从是否负有法定义务方面来看，董事会负有催缴出资的法定义务；从是否具有行为能力来看，基于董事的高级管理层的职能定位，董事属于对公司信息的掌握程度较高的主体，应充分了解公司负债情况和偿债能力，其履行催缴义务不存在现实障碍。因此，董事会未实施催缴行为的，其消极不履行义务行为即与债权人利益受损之间存在因果关系，因此，负有责任的董事也应当向公司债权人承担相应责任。

【司法案例】

斯曼特微显示科技（深圳）有限公司、胡某生损害公司利益责任纠纷案①

诉讼结论：董事会负有向未履行或未全面履行出资义务的股东催缴出资的义务。

基本案情：斯曼特微显示科技（深圳）有限公司（以下简称深圳斯曼特公司）于2005年1月11日设立，股东为斯曼特微显示科技有限公司（以下简称斯曼特公司），认缴注册资本1600万美元，公司成立后90天内应缴付300万美元，第一次出资后1年内应缴付1300万美元。2005年1月11日至2006年12月29日，胡某生等三人担任深圳斯曼特公司董事，其中胡某生为董事长、法定代表人。2006年12月30日起，贺某明等三人担任深圳斯曼特公司董事，其中贺某明为董事长、法定代表人。斯曼特公司于2005年3月16日至11月3日分多次出资后，欠缴出资5,000,020美元。

法院认为：《公司法》并没有列举董事勤勉义务的具体情形，但是董事负有向未履行或未全面履行出资义务的股东催缴出资的义务，这是由董事的职能定位和公司资本的重要作用决定的。股东全面履行出资是公司正常经营的基础，董事监督股东履行出资是保障公司正常经营的需要。法律及司法解释赋予董事、高级管理人员对股东增资的监管、督促义务，从而保证股东全面履行出资义务、保障公司

① 参见最高人民法院（2018）最高法民再366号民事判决书。

资本充实。在公司注册资本认缴制下,公司设立时认缴出资的股东负有的出资义务与公司增资时是相同的,董事、高级管理人员负有的督促股东出资的义务也不应有所差别。胡某生等6名董事未能在股东出资期限届满后向股东履行催缴出资的义务,以消极不作为的方式构成了对董事勤勉义务的违反。斯曼特公司欠缴的出资即为深圳斯曼特公司遭受的损失,斯曼特公司欠缴出资的行为与胡某生等6名董事消极不作为共同造成损害的发生、持续,胡某生等6名董事未履行向股东催缴出资义务的行为与深圳斯曼特公司所受损失之间存在法律上的因果关系。

第五十二条　股东未按照公司章程规定的出资日期缴纳出资,公司依照前条第一款规定发出书面催缴书催缴出资的,可以载明缴纳出资的宽限期;宽限期自公司发出催缴书之日起,不得少于六十日。宽限期届满,股东仍未履行出资义务的,公司经董事会决议可以向该股东发出失权通知,通知应当以书面形式发出。自通知发出之日起,该股东丧失其未缴纳出资的股权。

依照前款规定丧失的股权应当依法转让,或者相应减少注册资本并注销该股权;六个月内未转让或者注销的,由公司其他股东按照其出资比例足额缴纳相应出资。

股东对失权有异议的,应当自接到失权通知之日起三十日内,向人民法院提起诉讼。

【条文主旨】

本条是关于有限责任公司未按期缴纳出资股东失权的规定。

【条文理解】

一、股东失权制度

本条规定的股东失权制度借鉴了域外相关制度以及我国相关司法实践经验。

股东失权,是指股东未按照公司章程规定的出资日期缴纳出资,且经过公司催缴后仍未履行,那么该股东将失去其持有的股权。股东失权制度是以剥夺股东权的方式,惩罚不诚信的股东,维护公司和其他股东的权利。该规定的目的在于促使公司按公司章程规定履行出资义务,保证公司资本的确定和充实。

2006年《英国公司法》中有与股东除名相类似的“股份没收”制度,在公司章程有明确规定的前提下,若股东未能缴付任何应缴金额,有限公司和公众公司均可以没收其股份,或者接受股东为代替没收而放弃的股份。美国《特拉华州普通公司法》针对未完全支付股款的股东，同样授予了公司董事会催缴出资及没收股份的权利。[①] 1980年修订的《德国有限责任公司法》第21条规定，股东迟延缴付出资时，可催告其在规定的宽限期内缴付，并提出警告可能因此没收其已缴的股份，催告的宽限期至少为1个月，股东在宽限期届满仍不缴付时，公司即可声明将该股东的股份及其已缴款项收归公司，公司就滞纳的款项或以后就股份追索的出资额受到损失时，被除名的股东仍应对损失负责。[②] 1996年《美国统一有限责任公司法》在美国立法上首次确立了股东除名制度，该法第601条规定股东除名是引发公司成员退出的事由，共所设定的股东被除名的条件包括："（1）股东可以根据经营协议被除名。（2）如符合下列条件，经其他股东投票一致同意可以将股东除名：①继续与该成员一起经营公司构成不合法；②股东实质上的全部分配权利已经被转让，但为担保目的所作的转让或全部分配利益被置于扣押令之下而未丧失赎回权者不在此列；③在法人股东已注册申报了解散证书或类似文件，或其特许证已经被撤销，又或者法人成立地的司法机关已经中止其从事商业经营权利的情况下，公司向该股东发出将其除名的通知之日起90日内，该法人股东仍未撤回解散证书，或者未能获新的许可证，又或者未能重新获得从事商业经营的授权；④股东已经被解散并处于清算之中。（3）如符合下列条件，经公司或其股东申请，股东可以被法院裁定除名：①股东实施了对公司商业不利并具有实质性影响的不正当行为；②股东持续、故意地严重违反了经营协议或本法规定的股东对公司或其他成员的义务；③股东作出了一项与公司商业相关的行为，使得继续与该股东共同经营商业在情理上已经不可行。"《日本公司法典》第3编第4章第2节规定了社员退股，其中第607条法定退股事由中第8项事由为除名。《日本商法》第86条规定，在股东出现不履行出资义务等情形时，公司可经其他半数以上股东形成决议后，将该股东除名，或请求法院宣告其丧失业务执行权或代表权。[③]

我国澳门特别行政区《商法典》第371条规定，在章程所指之特别情况下及因法院裁定股东之行为对公司引致相当损失时，得将股东除名。股东之除名，不免除股东对其引致公司之损失负赔偿义务。章程有关股东除名之事宜，经一致同意后，方得修改。我国台湾地区"公司法"第67条规定，股东应出之资本不能照

① 参见徐相煜：《论股东除名制度的体系重塑——兼评〈公司法（草案二审稿）〉第51条》，载《研究生法学》2022年第6期。

② 参见最高人民法院民事审判第二庭编著：《最高人民法院关于公司法解释（三）、清算纪要理解与适用》（注释版），人民法院出版社2016年版，第274页。

③ 参见最高人民法院民事审判第二庭编著：《最高人民法院关于公司法解释（三）、清算纪要理解与适用》（注释版），人民法院出版社2016年版，第275～276页。

缴或屡催不缴者,得经其他股东全体之同意决议除名。但非通知后不得对抗该股东。①

1988年对外经济贸易部、国家工商行政管理局发布的《中外合资经营企业合营各方出资的若干规定》(2014年失效)第7条第1款规定:“合营一方未按照合营合同的规定如期缴付或者缴清其出资的,即构成违约。守约方应当催告违约方在一个月内缴付或者缴清出资。逾期仍未缴付或者缴清的,视同违约方放弃在合营合同中的一切权利,自动退出合营企业。”《公司法规定(三)》规定了股东除名制度,其第18条第1款规定:“有限责任公司的股东未履行出资义务或者抽逃全部出资,经公司催告缴纳或者返还,其在合理期间内仍未缴纳或者返还出资,公司以股东会决议解除该股东的股东资格,该股东请求确认该解除行为无效的,人民法院不予支持。”股东失权规则在性质上属于合同解除规则在商法规范中的特殊表现形式,与股东除名、合伙人除名等规则具有本源上的一致性。

二、股东失权的条件与程序

股东失权制度对股东的权利影响重大,并且会对公司债权人利益产生较大的影响,因此该制度的适用应当符合一定的条件,遵循一定的程序。

(一)股东失权适用于股东未按照公司章程规定的出资日期缴纳出资的情形

未按照公司章程规定的出资日期缴纳出资,包括未履行出资和未全面履行出资义务两种情形。从本条第1款关于股东失权后果即“该股东丧失其未缴纳出资的股权”的规定,可以得出股东失权适用于股东未履行和未全面履行出资义务的情形。

与公司法修订草案一审稿相比,本条未规定作为出资的非货币财产的实际价额显著低于所认缴的出资额的情形。

(二)公司已经对股东履行出资义务进行催缴并给予宽限期

有限责任公司成立后,董事会应当对股东的出资情况进行核查,发现股东未按期足额缴纳出资的,应当由公司向该股东发出书面催缴书,催缴出资。公司对未按期履行出资义务的股东进行催缴时,可以载明缴纳出资的宽限期;宽限期自公司发出出资催缴书之日起,不得少于60日。

基于尊重公司意思自治的基本原则,作为公司全体股东意志体现的公司章程及全体股东会决议,可以对公司催缴的具体程序作出规定。

---

① 参见最高人民法院民事审判第二庭编著:《最高人民法院关于公司法解释(三)、清算纪要理解与适用》(注释版),人民法院出版社2016年版,第276页。

（三）股东失权应当经公司董事会决议

公司决定剥夺股东未出资部分的股权时，应当经过相应的内部决议程序，方能就股东失权事项形成有效的意思表示。与本法第 51 条所规定的董事会催缴义务相呼应，本条规定股东失权应当通过董事会决议形成公司意思。

（四）公司应当以书面形式通知未按期足额缴纳出资的股东

公司催缴的宽限期届满，股东仍未履行出资义务的，公司可以向该股东发出失权通知，通知应当以书面形式发出，自通知发出之日起，该股东丧失其未缴纳出资的股权。

股东失权是一种形成权，公司对不履行出资义务的股东适用失权制度，可以由董事会直接作出决定，公司通知该股东失权后，不履行出资义务的股东丧失其相应股东权即生效力。

（五）股东失权后的相关程序

即使是规定股东除名制度的域外公司法，也要求股东除名不得违反公司资本充实与资本维持原则，即股东除名后，要么安排由其他股东或第三者愿意受让该股东的股份，要么由公司进行减资。

本条第 2 款规定，依照本条第 1 款规定丧失的股权应当依法转让，或者相应减少注册资本并注销该股权；6 个月内未转让或者注销的，由公司其他股东按照其出资比例足额缴纳相应出资。

三、股东失权的救济程序

从股东失权制度司法实践来看，失权股东往往对自己是否未按照公司章程规定的出资日期缴纳出资提出异议、辩解。因此，应当给失权股东相应的救济程序。故本条第 3 款就此内容作出规定，即股东对失权有异议的，应当自接到失权通知之日起 30 日内，向人民法院提起诉讼。参考《公司法规定（三）》第 17 条关于股东除名救济程序的规定，被通知失权股权的诉讼请求应当是要求确认公司对其失权通知无效；同时，股东也可以就董事会决议一并提出确认效力的请求。

【司法适用】

一、股东失权与司法解释规定的股东除名制度

《公司法规定（三）》第 17 条规定："有限责任公司的股东未履行出资义务或者抽逃全部出资，经公司催告缴纳或者返还，其在合理期间内仍未缴纳或者返还出资，公司以股东会决议解除该股东的股东资格，该股东请求确认该解除行为无效的，人民法院不予支持。在前款规定的情形下，人民法院在判决时应当释明，公司应当及时办理法定减资程序或者由其他股东或者第三人缴纳相应的出资。在办理法定减资程序或者其他股东或者第三人缴纳相应的出资之前，公司债权人依照本规定第十三条或者第十四条请求相关当事人承担相应责任的,人民法院应予支持。"本条规定部分吸收了《公司法规定(三)》第17条的内容,但并未完全吸纳,两种制度的区别主要包括以下几个方面:

(一)制度名称不同

《公司法规定(三)》规定的是股东除名制度,而本条规定的是股东失权制度。

股东除名,是指公司基于特定的事由,依照法律规定的程序,将违反义务的股东从股东名册中删除,强制其退出公司,终止其与公司和其他股东关系的法律机制。

股东失权,是指有限责任公司股东未全面履行出资义务或抽逃部分出资,经公司催告后仍不补足的,公司有权解除其未出资额对应的股权。

股东失权源于权利失效理论,即股东在一定期间内不履行出资义务,使公司信赖其将不欲履行出资义务并行使对应的股东权利,则对应的股权基于诚实信用原则而丧失;股东除名源于股东违反对公司和其他股东的忠实义务。股东失权旨在维护资本真实,股东除名旨在维护公司的人合性。①

从股东除名到股东失权,表述更加准确,其背后的实质是厘清了股东资格和股权之间的关系。②

(二)适用情形不同

《公司法规定(三)》规定的股东除名制度,适用于"有限责任公司的股东未履行出资义务或者抽逃全部出资"的情形;而本法规定的股东失权制度,适用于"股东未按期出资"的情形。前者适用于股东完全未履行出资义务和抽逃全部出资的情形,而后者适用于股东完全未履行或者未全面履行出资义务的情形,但不适用于股东抽逃出资的情形。

(三)适用程序不同

《公司法规定(三)》所规定的股东除名制度,需要公司以股东会决议程序;而本法所规定的股东失权,由公司通知完成;股东失权则根据法律规定由董事会决议后由公司向股东发出失权通知,该股东丧失其未缴纳出资的股权。

(四)法律后果不同

股东失权程序运用的法律后果是瑕疵出资股东"丧失其未缴纳出资的股权";股东除名程序适用的法律后果是"解除股东资格"。即股东失权并不必然剥夺股

---

① 参见刘胜军:《论股东除名的事由与程序再造》,载《法学》2023年第3期。

② 参见葛伟军:《从股东资格解除到股东失权的嬗变》,载《北京理工大学学报(社会科学版)》2022年第5期。

东资格，而股东除名必然剥夺股东资格。相较而言，股东失权程序后果的描述更加清晰具体，而“解除股东资格”容易造成误解。比如，“解除资格”有可能存在多种含义，包括将其从股东名册中删除、让其不再行使股东权利、让其不再持有股权等。

此外，本条规定的股东失权，可以是一种按比例的失权，股东未按期足额缴纳出资，其将丧失未缴纳出资的股权；即已缴纳部分出资的股东可保留其相应比例的股权，只有在完全不履行出资义务的极端情形下，股东才会丧失全部股权。

（五）生效时间不同

股东失权以公司发出失权通知之日作为股东失权的生效时间。股东除名，则需将除名决议通知被除名股东后，方能发生股东除名的效果，因此可认为股东除名的生效时间为除名通知到达被除名股东之日。①

二、股东失权制度对中小股东的适用

根据本条规定，股东失权的操作均由公司作为主体推进，如果瑕疵出资股东为公司的控股股东或具有实际控制权的股东，则很难从公司行为保证对瑕疵出资股东权利的限制与解除，而现实中难以解决的瑕疵出资问题往往是小股东难以在公司内部限制大股东或有控制权的股东从而导致小股东利益受到损害。

三、股东失权以股东会决议方式进行的，相应表决权的行使规则

（一）失权股东应被通知参加相关股东会

根据本法规定，股东失权程序是由董事会决议，但是根据股东会的性质，公司通过股东会决议的方式确认股东失权，也不违反法律规定精神。但是根据股东会召开和议事的程序，公司作出股东失权决议时也应当通知失权的股东参会，听取失权股东出席申辩，以避免股东会决议因程序瑕疵而被认定为不成立、可撤销或无效的股东会决议。

（二）关于表决通过要求

本法对特别决议进行了完全列举，并未包含股东失权决议。因此，从文义来看，股东失权决议将落入普通决议的范畴。在司法实践中，法院通常也认为除名决议应为普通决议。

（三）股东失权决议程序中失权股东表决权的排除

在股东失权决议中失权股东的表决权应被排除。《公司法规定（三）》中规定的股东除名规则未规定除名决议中被除名股东是否有表决权，但是，为实现股东失权制度的目的，应排除失权股东的表决权。

① 王琦：《有限责任公司股东失权程序的建构路径》，载《法律适用》2022年第7期。

四、关于失权股东对于债权人的责任承担问题

本条未作明确规定。多数观点认为，适用股东失权制度后，平衡和保护公司外部债权人的利益至关重要。为了避免股东利用失权制度逃避债务损害公司债权人利益，失权股东在转让股权或公司办理减资程序之前，应在其未出资本息范围内对公司债务不能清偿部分承担补充赔偿责任。

【司法案例】

黑龙江农垦完达山贸易有限公司与王某力等公司决议效力确认纠纷案[①]

诉讼结论：有限责任公司股东未全面履行出资义务，经公司催告后仍不补足的，公司有权以股东会决议解除其未出资额对应的股权。

基本案情：完达山（北京）食品有限公司（以下简称北京完达山）股东为黑龙江农垦完达山贸易有限公司（以下简称黑龙江完达山）、王某力及乐姆农业科技股份有限公司（以下简称乐姆公司），公司注册资本850万元，其中黑龙江完达山认缴450万元，王某力认缴200万元，乐姆公司认缴200万元，出资期限均为2016年4月30日。后黑龙江完达山实际出资90万元，王某力出资200万元，乐姆公司出资40万元。11月22日，北京完达山向黑龙江完达山发函，要求按照章程注入欠缴出资。12月2日，王某力向北京完达山董事长王某生发函，要求就未缴纳出资股东的股东资格问题召开临时股东会。12月28日，北京完达山召开临时股东会，王某力和乐姆公司到会参加，黑龙江完达山未到会。与会股东一致表决通过，由王某力缴纳黑龙江完达山、乐姆公司认缴未缴资本、将股东持股比例进行调整并通过修改公司后的章程。其后，王某力向北京完达山公司支付520万元。

法院认为：股东应当向公司完全履行出资义务，该出资义务是股东取得股东权利的对价。股东未全面履行出资义务却享有完全的股东权利，违反民事活动中的权利义务对等原则。按期足额出资是股东信守承诺，对公司、其他股东及债权人尽忠实义务之必要行为。在股东拒不履行出资义务的情况下，应赋予公司更多的救济途径。涉案临时股东会决议在公司股东内部变更出资比例，由缴足出资的股东继续认缴相应的出资份额，是在不违反人合性基础上，股东与公司自主救济的方式。结合权利义务对等原则、尊重公司意思自治以及公司资本充足角度出发，不应直接否认公司股东会决议关于变更出资比例相关内容的效力。

---

① 参见北京市第二中级人民法院（2018）京02民终12476号民事判决书。

第五十三条　公司成立后，股东不得抽逃出资。

违反前款规定的，股东应当返还抽逃的出资；给公司造成损失的，负有责任的董事、监事、高级管理人员应当与该股东承担连带赔偿责任。

【条文主旨】

本条是关于股东不得抽逃出资以及抽逃出资民事责任的规定。

【条文理解】

一、股东不得抽逃出资

股东抽逃出资，是指股东向公司履行了出资义务后，通过制作虚假财务会计报告虚增利润进行分配、虚构债权债务关系将出资转出等方式，未经法定程序而将出资抽回，损害公司权益的行为。

股东对公司的出资，是公司设立并从事经营活动的物质基础，公司需要维持其资本充实。公司成立后，股东向公司所缴纳的出资财产即成为公司的财产，而非股东的财产。股东对公司的出资，构成有限责任公司的法人财产，是有限责任公司对外承担责任的物质保证。按照《公司法》的规定，公司营业执照签发日期，为公司成立日期，也即公司取得法人资格之时。此时，公司便可以以自身名义独立对外从事民事活动，独立享有法人财产权等一系列民事权利。虽然公司的财产最初来源于股东投资，但股东一旦履行出资义务，获得了公司股权的对价，该财产就与股东财产相分离，股东不得直接对其投入公司的财产权进行处分。股东抽逃出资，实际上是侵犯公司财产权益的行为，也是严重侵蚀公司资本的行为，因此本法明文禁止股东抽逃出资。股东不得"抽逃出资"或者"抽回股本"，是我国《公司法》(1993 年)施行以来就确立的规则。《公司法》(2018 年)第 35 条规定："公司成立后，股东不得抽逃出资。"本条第 1 款对此未作修改。

(一)抽逃出资的期间

抽逃只能发生在公司存续期间，即公司设立之后注销之前。

股东抽逃出资也应当是发生于股东已经出资之后的行为，股东已经出资并且构成了注册资本的一部分，此为股东抽逃出资的前提，股东已经出资是股东抽逃出资行为区别于股东其他违反出资义务形态的特点之一，因为虚假出资、出资不实、迟延出资等都是股东在出资之始就存在问题，自始未完全地履行出资义务。而股东抽逃出资则是在完成出资义务后又将出资抽回的行为。①

---

① 参见最高人民法院民事审判第二庭编著：《最高人民法院关于公司法解释(三)、清算纪要理解与适用》(注释版)，人民法院出版社 2016 年版，第 202 页。

(二)抽逃出资的形式

实践中,有的股东采取各种方式从公司取回财产,这些行为往往具有复杂性、模糊性和隐蔽性等特点,但由于《公司法》没有明确界定抽逃出资的形态,这使这些行为中哪些构成抽逃出资常常难以判断。当前股东抽逃出资主要采取直接将出资抽回、虚构合同等债权债务关系将出资抽回、利用关联交易将出资转出等方式,这些行为常常是故意、直接针对公司资本进行的侵害,但又囿于举证的困难使得其在个案中很难被认定。《公司法规定(三)》第 12 条对抽逃出资进行了明确界定,将实践中较为常见的一些资本侵蚀行为明确界定为抽逃出资,主要包括:制作虚假财务会计报告虚增利润进行分配;通过虚构债权债务关系将其出资转出;利用关联关系将出资转出;其他未经法定程序将出资抽回的行为,等等。

(三)抽逃出资的实质要件

确认某一行为是否构成抽逃出资,应当注意把握该行为对公司资本的侵蚀这一要素,并从行为人的主观目的、过错程度以及行为对公司造成的影响等角度进行综合分析,不宜将股东从公司不当获得财产的所有行为都笼统地认定为抽逃出资行为。①

股东不得抽逃出资并不意味着股东不得以任何形式从公司撤回其出资。根据《公司法》的规定,股东可以按照《公司法》所允许的方式实现出资撤回的目的,一般情况下股东可以通过股权转让的方式,也可以通过请求公司回购其股权的方式,当然后者将导致公司注册资本的减少,应当依法办理减资手续。

二、股东抽逃出资的民事责任

《公司法》(2018 年)对股东抽逃出资民事责任的承担未作明确的规定,本条第 2 款对此予以明确。

(一)抽逃出资股东的民事责任

1. 抽逃出资股东的返还责任

本条第 2 款明确,抽逃出资的股东应当返还抽逃的出资。

2. 抽逃出资股东的赔偿责任

根据本条第 2 款的规定,因股东抽逃出资给公司造成损失的,负有责任的董事、监事、高级管理人员应当与该股东承担连带赔偿责任,根据文义理解,抽逃出资的股东当然应当对给公司造成的损失承担赔偿责任。该损失赔偿的范围包括抽逃出资本金所对应的利息,公司向抽逃出资股东主张权利而支出的合理费用等。

---

① 参见宋晓明、张勇健、杜军:《〈关于适用公司法若干问题的规定(三)〉的理解与适用》,载《人民司法》2011 年第 5 期。

3. 抽逃出资股东对公司债权人的责任

抽逃出资股东对公司债权人的民事责任承担问题，本法未作明确规定。《公司法规定(三)》第14条第2款规定："公司债权人请求抽逃出资的股东在抽逃出资本息范围内对公司债务不能清偿的部分承担补充赔偿责任、协助抽逃出资的其他股东、董事、高级管理人员或者实际控制人对此承担连带责任的，人民法院应予支持；抽逃出资的股东已经承担上述责任，其他债权人提出相同请求的，人民法院不予支持。"

因此，司法实践中一般认为，债权人可以要求该抽逃出资股东在抽逃出资本息范围内，对公司不能清偿的债务承担补充责任。抽逃出资的股东无论是对公司承担的返还出资本息的责任，还是对债权人的偿还债务的补充责任，不应重复承担。

(二)董事、监事、高级管理人员的连带赔偿责任

根据本条第2款的规定，因股东抽逃出资给公司造成损失的，负有责任的董事、监事、高级管理人员应当与该股东承担连带赔偿责任。

公司法修订草案一审稿曾拟规定"知道或者应当知道"且"未采取必要措施"作为董事、监事、高级管理人员与抽逃出资股东承担连带赔偿责任的条件。本条第2款最终规定为"负有责任的"董事、监事、高级管理人员应当承担连带赔偿责任。"负有责任"亦不同于《公司法规定(三)》第14条第2款规定的"协助抽逃出资"，从该条文义解释，既包括"协助抽逃出资"的情形，也包括"知道或者应当知道股东抽逃出资而未采取必要措施"等情形。

【司法适用】

一、股东抽逃出资与借款行为的区分

实践中，难度较大的主要是关于股东抽逃出资与股东借款之间的区分，具体而言，应综合考虑以下几大因素：(1)金额。股东取得公司财产占其出资财产大部分的，抽逃出资的概率高；股东取得公司财产不占其出资财产大部分的，借款的概率高。(2)利息。以股东从公司取得财产金额有无对价为准，股东取得公司财产无利息约定的，抽逃出资的概率高；股东取得公司财产有利息约定的，借款的概率高。(3)偿还期限。以股东从公司取得财产金额有无偿还期限为准，股东取得公司财产无返还期限约定的，抽逃出资的概率高；股东取得公司财产有返还期限约定的，借款的概率高。(4)担保。以股东从公司取得财产金额有无担保手段为准，股东取得公司财产无担保手段的，抽逃出资的概率高；股东取得公司财产有担保手段的，借款的概率高。(5)程序。以股东从公司取得财产金额有无履行公司内部决策程序为准，股东取得公司财产未履行公司内部决策程序(如股东会决议、董

事会决议)的,抽逃出资的概率高;股东取得公司财产履行了公司内部的决策程序的,借款的概率高。(6)主体。以从公司取得财产的股东有无控制地位为准,积极的控制股东、当权派股东取得公司财产的,抽逃出资的概率高;消极的非控制股东、在野党股东取得公司财产的,借款的概率高。(7)会计处理方式。以公司对股东取得财产的财务会计处理方式为准,公司的财务会计报告将股东取得公司财产的行为作为应收款处理、确认公司对该股东债权事实的,借款的概率高;公司的财务会计报告对股东取得公司财产的行为未作应收款处理的,抽逃出资的概率高。该标准注意到了公司财务会计报告的重要性,也具有很强的可操作性。遗憾的是,财务会计报告时有虚假陈述行为发生,因此,不能以财务会计报告中的会计处理方式作为唯一判断标准。(8)透明度。以股东取得公司财产行为是否对外公开为准。股东取得公司财产行为向其他股东公开的,借款的概率高;不公开者抽逃出资的概率高。(9)行为发生期限。以股东抽逃出资的行为与公司成立之时的时间间隔为准。股东在公司成立很久后转移出资的,借款的概率高;股东在公司成立不久后转移出资的,抽逃出资概率高。①

二、抽逃资本公积金的性质认定

资本公积金是公司财务记账科目分类中的概念,股东溢价出资、接受捐赠、资产重新评估中的增值等非资本经营收益,可以计入资本公积金。因此,资本公积金是指由投资者或他人投入,所有权归属于投资者,但不构成实收资本的那部分资本或者资产。即资本公积金从形成来源看是投资者投入的资本金额中超过法定资本部分的资本,或者他人投入的不形成实收资本的资产的转化形式,它不是由企业实现的净利润转化而来,本质上属于资本的范畴。

三、抽逃出资的举证责任

通常情况下,在民商事诉讼案件中,应当遵循"谁主张,谁举证"举证责任分配原则。但在股东抽逃出资的案件中并非如此。由于抽逃出资的行为往往是公司的控股股东所为,其行为通常具有隐蔽性、复杂性、模糊性等特点,由于信息不对称,公司债权人和公司其他股东在举证上明显存在障碍,因此抽逃出资案件举证责任分配存在特殊性,参考《公司法规定(三)》第20条的规定,原告提供对股东存在抽逃出资行为产生合理怀疑证据的,被告股东应当就其未抽逃出资承担举证责任。换言之,在原告提供合理怀疑证据时,由被告股东举证证明其不存在抽逃出资的行为,否则会作出对其不利的判断,即认定股东构成抽逃出资。

---

① 参见最高人民法院民事审判第二庭编著:《最高人民法院关于公司法解释(三)、清算纪要理解与适用》(注释版),人民法院出版社2016年版,第200页。

【司法案例】

1. 西部传媒有限公司等与泰州德通电气有限公司股东损害公司债权人利益责任纠纷案[①]

诉讼结论:股东出资后以借款名义将出资款转出,但未能举证投资或借款的合理性,应认定为抽逃出资。

基本案情:2008 年 12 月 25 日,重庆西部发展建设投资有限公司(以下简称重庆公司)设立,注册资本 8000 万元,股东西部联合控股有限公司(以下简称联合公司)认缴 3900 万元、西部传媒有限公司(以下简称传媒公司)认缴 4100 万元。12 月 25 日止,重庆公司收到股东缴纳的注册资本合计 8000 万元,均存于重庆公司(筹)在的临时存款账户内。次日,款项全部转至重庆公司在重庆涪陵中行开设的账户内,后又转入该公司在经毕节发展村镇银行的账户。12 月 29 日,又分别向新疆凤凰煤电化工有限公司(以下简称凤凰公司)电汇 3000 万元、向西部能源产业有限公司(以下简称能源公司)电汇 3000 万元、向名为北京照东方造纸科技有限公司(以下简称照东方公司)电汇 2000 万元。

法院认为:虽然联合公司、传媒公司已经缴存全部认缴资金,但在重庆公司成立后的第四天即 12 月 29 日,账户内的 8000 万元款项就被分别电汇到了凤凰公司、能源公司和照东方公司账户内。而联合公司、传媒公司与凤凰公司、能源公司存在关联关系或人员混同情况,照东方公司又非经过工商行政管理部门注册登记的主体。在没有其他证据佐证的情况下,不足以证明联合公司、传媒公司关于其转出资金的行为系正当投资行为、后上述投资款因故转化为借款的事实主张。结合本案其他事实,综合认定联合公司、传媒公司存在通过虚构债权债务关系或利用关联交易将其出资转出的抽逃出资行为,并无不当。

2. 袁某岷与光彩宝龙兰州新区建设有限公司、宝纳资源控股(集团)有限公司、龙湾港集团有限公司股东出资纠纷案[②]

诉讼结论:公司董事、高级管理人员协助股东抽逃出资给公司造成损失的,应当承担连带赔偿责任。

基本案情:光彩宝龙兰州新区建设有限公司(以下简称宝龙公司)由股东龙湾

---

① 参见北京市第二中级人民法院(2018)京 02 民终 7808 号民事判决书。

② 参见最高人民法院(2014)民二终字第 00092 号民事判决书。

港集团有限公司(以下简称龙湾港公司)出资2719.2万元,宝纳资源控股(集团)有限公司(以下简称宝纳公司)出资2560.8万元,袁某岷为董事长兼总经理,也是龙湾港公司法定代表人,同时还是龙湾港公司下属子公司疏浚公司法定代表人。2007年9月28日,宝纳公司2560.8万元出资到位。9月29日,龙湾港公司、瑞福星公司、宝纳公司签订借款协议约定:经宝纳公司协调,瑞福星公司借款1439万元给龙湾港公司专用于宝龙公司所需注册资金,协议有梁某镯签字。同日,龙湾港公司向宝龙公司交纳1439万元和1280.2万元两笔出资。12月4日,宝龙公司以支付工程款名义向疏浚公司汇款1439万元。次日,疏浚公司又以工程款名义转付给瑞福星公司。12月7日,袁某岷在宝龙公司该笔用途为工程款的资金使用申请单上签字。另案由最高人民法院民事判决认定疏浚公司与宝龙公司无事实上的工程合同或委托关系;宝龙公司支付给疏浚公司的1439万元未用于工程建设,而是由疏浚公司支付给瑞福星公司偿付借款。梁某镯当时任疏浚公司、龙湾港公司人事部经理及宝龙公司董事。

法院认为:龙湾港公司、宝龙公司、疏浚公司之间通过虚构债务、间接转款用以抽逃出资、偿还债务的行为,显然系精心设计、相互配合、故意而为之,采用间接转款的隐蔽方式是为了规避公司法关于禁止股东抽逃出资的规定,袁某岷一方在庭审中对此也是认可的。在宝龙公司为龙湾港公司抽逃出资而出具的资金使用申请单上,袁某岷签字同意。龙湾港公司、宝龙公司、疏浚公司的时任法定代表人均为袁某岷,从常理上判断,袁某岷对其控制的三个关联公司之间故意实施的抽逃出资行为应是明知或应知的,袁某岷在虚构工程款以抽逃出资的资金使用申请单上签字同意亦可证明此点。有充足的理由使人相信,袁某岷对通过其担任法定代表人的三个关联公司之间故意虚构债务以抽逃出资的行为主观上存在过错,客观上也实施了协帮的行为,应当承担连带返还责任。

第五十四条　公司不能清偿到期债务的,公司或者已到期债权的债权人有权要求已认缴出资但未届出资期限的股东提前缴纳出资。

【条文主旨】

本条是关于有限责任公司股东出资加速到期的规定。

【条文理解】

股东出资加速到期是指在公司资产不足以偿还公司到期债务时,不考虑股东认缴出资期限是否届满,从而要求股东提前履行出资义务的一种情形,属于股东出资期限利益的例外情形。

有限责任公司注册资本认缴制的规定,一方面放松了市场主体合格的准入控制,另一方面也在一定程度上冲击了债权人的利益。

《企业破产法》第 35 条规定:“人民法院受理破产申请后,债务人的出资人尚未完全履行出资义务的,管理人应当要求该出资人缴纳所认缴的出资,而不受出资期限的限制。”其法理在于,公司破产后将终止存在(在破产重整、和解的场合,公司不终止,但清理债权债务同破产清算一样),不可能再根据原定期限请求股东履行出资义务,因此,如果公司不能要求股东提前缴付出资,则股东将逃避履行对公司的出资义务,并进而损害公司债权人和其他股东的正当利益。对于公司股东而言,虽然章程规定了明确的出资期限,但是由于出资义务的对象是公司,章程规定的出资期限不能超过公司的存续期限,所以,一旦公司破产,则视为章程规定的出资期限届至,即加速到期。《公司法规定(二)》(2008 年)第 22 条规定:“公司解散时,股东尚未缴纳的出资均应作为清算财产。股东尚未缴纳的出资,包括到期应缴未缴的出资,以及依照公司法第二十六条和第八十一条的规定分期缴纳尚未届满缴纳期限的出资。公司财产不足以清偿债务时,债权人主张未缴出资股东,以及公司设立时的其他股东或者发起人在未缴出资范围内对公司债务承担连带清偿责任的,人民法院应依法予以支持。”

《公司法》(2013 年)确立公司资本认缴制后,对于股东认缴期限尚未到期、公司不能清偿到期债务时是否可以加速到期未作出规定。《公司法规定(二)》(2008 年)和《企业破产法》关于企业解散和破产时可以适用股东出资义务加速到期的规定,在时间上均早于《公司法》(2013 年)中认缴制出资方式的规定,并且均是针对公司主体即将消灭的情形的规定。

无论是实缴资本制度还是认缴资本制度,均应以股东有限责任为其基础。公司资本制度的核心在于公司资本的维持与公司债权人保护的衡平。股东期限利益是基于现行公司法所允许的,股东通过内部出资协议的约定以及外部出资期限的公示而享有的法定利益应当予以保护。同时,认缴制下股东期限利益也应受公司财产权的约束,尤其是要保护公司债权人对公司财产权的信赖利益。

对未到期出资的加速到期,本质是对股东期限利益的一种剥夺。在认缴资本制度下,在公司不能清偿到期债务已经损及债权人利益时,股东出资是否应当加速到期,其实质在于合理地寻找并确定股东的期限利益与债权人的债权利益的边界。也就是说,在公司不能清偿到期债务已经损及债权人利益时,是否还应当将股东的期限利益作为首要价值目标予以保护,是一个值得研究的问题。①

---

① 参见何波:《公司注册资本认缴制带来的法律问题——公司纠纷诉讼的一个难点》,载《人民司法》2020 年第 8 期。

在公司存续情况下,公司债权人能否要求认缴但未届缴资期限的股东提前缴纳出资或就公司债务承担相应责任,理论与实务界均有不同观点。但多数观点认为,即便在法律上,以期限利益来解释股东对未届期出资有拒绝给付之权利,此种期限利益所带来的权利也并非完全刚性的,此种权益可能因为各种原因而被打破。[①] 公司股东在出资期限到期前,并非绝对排除其出资义务。股东对公司的出资义务既是公司设立协议、股东会决议或者公司章程规定的约定义务,也是公司法规定的法定义务。无论是法定资本制还是授权资本制,股东出资都是公司能够对外开展经营活动的必要保障。股东实缴或认缴的出资都应被理解为以价值形态存在的公司资产,公司对股东所认缴的出资享有合法的期待利益。换言之,公司股东的期限利益并不能凌驾于其确保公司实收资本以开展必要经营活动以及公司有能力对外偿付因正常经营活动所负债务的义务之上。[②] 本条规定对此问题予以明确。

一、股东出资加速到期的适用条件

《九民纪要》第 6 条认为:“在注册资本认缴制下,股东依法享有期限利益。债权人以公司不能清偿到期债务为由,请求未届出资期限的股东在未出资范围内对公司不能清偿的债务承担补充赔偿责任的,人民法院不予支持。但是,下列情形除外:(1)公司作为被执行人的案件,人民法院穷尽执行措施无财产可供执行,已具备破产原因,但不申请破产的;(2)在公司债务产生后,公司股东(大)会决议或以其他方式延长股东出资期限的。”该条规定了两种例外情形。换言之,债权人需承担繁重的举证责任才能形成债务人具备破产原因的证据链条,才能达到股东承担未届出资期限责任的最终目的。

理论与实践中均认为,所谓“已具备破产原因”是指《企业破产法》第 2 条第 1 款中规定的“企业法人不能清偿到期债务,并且资产不足以清偿全部债务或者明显缺乏清偿能力”,其实质要件与破产并无二致,仅仅欠缺破产的形式要件,但在法律效果上,与破产程序中股东出资加速到期不同,在此情形下,出资加速到期的财产由公司个别债权人受偿。对于该纪要所述第二种情形,其理论基础是债权人的撤销权,即公司股东会延长股东出资期限的行为实质上是公司放弃即将到期的对股东的债权,该行为损害了公司债权人的利益,公司债权人有权请求撤销。但

① 参见蒋大兴:《论出资义务加速到期的商业逻辑——股东/董事作为履行者与监督者责任之差异》,载《上海政法学院学报(法治论丛)》2022 年第 6 期。

② 参见最高人民法院第六巡回法庭编:《最高人民法院第六巡回法庭裁判规则》,人民法院出版社 2022 年版,第 300 页。

该行为并未考虑到即使公司延长股东的出资期限，在不影响公司债务清偿能力的情形下，股东期限利益是否应予保护的问题。

在公司法修订草案一审稿中，尽管明确了允许股东出资加速到期的主旨，但是也作出了一定的限制，其中第 48 条曾拟规定，公司不能清偿到期债务，且明显缺乏清偿能力的，公司或债权人有权要求已认缴出资但未届缴资期限的股东提前缴纳出资。

本条最终规定以“公司不能清偿到期债务”作为适用股东出资加速到期的条件。理由是公司财产包含股东认缴的出资额，在公司财产这一含义的框架下，将股东认缴的出资额与公司其他财产用于清偿到期债务是不分先后顺序的；公司不能清偿到期债务，实质上是公司作为债务人发生了丧失商业信用的事实，使股东在认缴制下享有的出资期限利益失去了基础。《公司法》将现有的股东出资加速到期条件进一步放宽，以至于只要出现公司不能清偿债务的情形，债权人都可以主张股东出资加速到期，这一规定可较明显看出立法层面对于债权人债权利益保护的增强。

本条规定的股东出资加速到期的条件是“公司不能清偿到期债务”，可以参考《企业破产法解释(一)》第 2 条的规定认定，即同时满足以下条件的，则应认定债务人“不能清偿到期债务”：

(一)债权债务关系依法成立

如债务人不否认或无正当理由否认债权债务关系，或者债务已经生效法律文书确定。原则上，当事人对债权债务关系存在争议，应当通过诉讼程序予以解决，但如果债务人提出的异议，经人民法院形式审查发现没有任何证据支持或者明显与事实不符的，不应对认定不能清偿构成影响。如果已经过生效法律文书确认，由于已经取得执行名义，应当视为债权债务关系已经确定。

(二)债务履行期限已经届满

如债权人在债务到期前认为债务人到期后将无法偿还，不能视为不能清偿。

(三)债务人未完全清偿债务

不论债务人的客观经济状况如何，只要其没有完全清偿到期债务，均构成不能清偿到期债务。

二、权利主体

公司或者已到期债权的债权人有权要求已认缴出资但未届出资期限的股东提前缴纳出资，即追究股东出资加速到期责任的权利主体包括公司和已到期债权的债权人。

三、责任形式

对于股东出资加速到期的责任形式，即在债权人主张股东出资加速到期时相应出资是否也需要“入库”，还是直接向债权人承担责任，实践中也是有争议的。即当债权人主张股东提前缴纳出资时，是将出资归入公司，由其他债权人公平受偿，还是对提出主张的债权人个别清偿？

《企业破产法》第35条的规定是“管理人应当要求该出资人缴纳所认缴的出资”，这一规定源于破产程序中避免个别清偿的要求。

从本质上来讲，公司债权人请求瑕疵出资股东承担民事责任，类似于合同法上的债权人代位权制度，《民法典》第537条规定：“人民法院认定代位权成立的，由债务人的相对人向债权人履行义务，债权人接受履行后，债权人与债务人、债务人与相对人之间相应的权利义务终止。”《公司法规定(二)》第22条规定的是债权人可以主张未缴出资股东在未缴出资范围内对公司债务承担连带清偿责任；而《九民纪要》第6条则认为债权人可以请求未届出资期限的股东在未出资范围内对公司不能清偿的债务承担补充赔偿责任。理论与实务中多数观点认为，如果债权人在诉讼中主张的结果是归入公司，则其主张出资加速到期的动力明显不足。何况，只有支持诉讼中的债权人个别清偿，才能促使其他债权人及时申请破产，避免公司彻底沦为“僵尸企业”后再破产清算。①

本条最终规定的股东出资加速到期的责任形式是“公司或者已到期债权的债权人有权要求已认缴出资但未届出资期限的股东提前缴纳出资”，即“入库”规则。

【司法案例】

1. 北京保盛国际旅行社有限公司与李某兵等执行异议之诉案②

诉讼结论：终本裁定后，公司无实际经营，债权人可申请追加出资未到期的股东为被执行人。

基本案情：北京万众旅游股份有限公司(以下简称万众公司)于2016年12月29日章程修正案载明，注册资本由2100万元变更为2500万元，其中李某兵出资1900万元，出资时间为2033年5月1日。后李某兵实缴出资268万元。2018年5月21日，北京仲裁委员会就北京保盛国际旅行社有限公司(以下简称保盛公司)与万众公司仲裁案作出裁决。此后，北京市第二中级人民法院立案执行。因万众

---

① 参见刘贵祥：《从公司诉讼视角对公司法修改的几点思考》，载《中国政法大学学报》2022年第5期。

② 参见北京市高级人民法院(2020)京民终10号民事判决书。

公司暂无财产可供执行,法院裁定终结本次执行程序。保盛公司以李某兵未对万众公司履行1632万元的出资义务为由,向法院申请追加李某兵为被执行人。法院裁定驳回其申请。保盛公司提起执行异议之诉,请求准许追加李某兵为被执行人。2018年8月23日,北京市旅游发展委员会作出暂停万众公司经营旅行社业务的通告,万众公司处于经营异常状态。一、二审法院就本案相关诉讼文书向万众公司注册地址以及李某兵身份证住址邮寄送达,均因原地址查无此人或迁移新址不明被退回,后公告送达。

法院认为:保盛公司已经向法院申请强制执行,但因万众公司暂无财产可供执行,法院裁定终结本次执行程序。同时万众公司法定代表人下落不明,公司亦无人负责管理。以上两点均可以认定万众公司明显缺乏清偿能力。对于万众公司的股东,虽并未届出资期限,但由于公司作为被执行人,人民法院穷尽执行措施无财产可供执行,已具备破产原因,不申请破产的,均应在未出资范围内对公司不能清偿的债务承担补充赔偿责任。故保盛公司请求追加李某兵为被执行人,于法有据。

2. 多某与张某执行异议之诉案①

诉讼结论:公司财产不足以清偿债务的情况下,股东出资应加速到期。

基本案情:张某与青海安馨尔房地产营销策划有限公司(以下简称安馨尔公司)居间合同纠纷一案,由仲裁委员会作出仲裁裁决。因安馨尔公司未履行给付义务,张某向法院申请强制执行。因安馨尔公司无可供执行的财产,张某以安馨尔公司的股东出资不实,导致公司不能清偿到期债务为由,申请追加多某、谢某菊、李某翔为被执行人。法院查明,安馨尔公司成立于2018年2月8日,注册资本为180万元,股东多某认缴115.2万元,谢某菊认缴32.4万元,李某翔认缴32.4万元,出资方式为货币,实缴出资额为0元。截至诉讼时,安馨尔公司存续,但未正常营业。裁定追加多某、谢某菊、李某翔为被执行人,在出资不实的范围内对张某承担责任。多某向法院起诉请求撤销执行裁定,判决不得追加其为被执行人。

法院认为:在注册资本认缴制下,股东依法享有期限利益,但该期限利益应当是在公司有财产可供执行、不损害债权人合法利益的情况下享有,而本案属于法院穷尽执行措施后公司仍无财产可供执行,在安馨尔公司的财产不足以清偿生效仲裁裁决所确定债务的情况下,虽然多某认缴出资时间未届满,但其作为安馨尔公司的现任股东,其实缴出资额为0元,属于未缴纳出资的股东,在此情形下股东

① 参见青海省高级人民法院(2020)青民终295号民事判决书。

出资应加速到期，多某应在其认缴出资额范围内对公司不能清偿的债务承担补充责任。

第五十五条　有限责任公司成立后，应当向股东签发出资证明书，记载下列事项：

（一）公司名称；

（二）公司成立日期；

（三）公司注册资本；

（四）股东的姓名或者名称、认缴和实缴的出资额、出资方式和出资日期；

（五）出资证明书的编号和核发日期。

出资证明书由法定代表人签名，并由公司盖章。

【条文主旨】

本条是关于有限责任公司股东出资证明书的规定。

【条文理解】

一、出资证明书的意义

有限责任公司股东的出资证明书，是指有限责任公司签发给股东的，证明其已经履行出资义务的法律文书。尽管出资证明书本身并不创设股权，但是却是股东对公司主张行使股权的一个重要凭证。

二、出资证明书的记载事项

《公司法》（2018 年）第 31 条规定："有限责任公司成立后，应当向股东签发出资证明书。出资证明书应当载明下列事项：（一）公司名称；（二）公司成立日期；（三）公司注册资本；（四）股东的姓名或者名称、缴纳的出资额和出资日期；（五）出资证明书的编号和核发日期。出资证明书由公司盖章。"本条第 1 款对《公司法》（2018 年）第 31 条第 1 款第 4 项作了修改，将"缴纳的出资额"修改为"认缴和实缴的出资额"，增加"出资方式"记载的规定。

根据本条的规定，有限责任公司的股东出资证明书应当记载以下事项：

（一）公司名称

公司名称的记载，是用于表明出资证明书的签发主体。公司名称不仅是公司章程的绝对必要记载事项，而且也是公司出资证明书必须载明的事项。没有公司的名称，难以确定该出资证明书的签发主体。故出资证明书必须记载公司的名称，以保障股东依法行使股东权，主张股东权益，并有利于公司对股东事务的管理。

（二）公司成立日期

公司成立日期即公司营业执照的签发日期，如果不载明公司的成立日期，就难以确定公司是什么时候成立的，股东从什么时候起可以依法行使股东权。

本条规定，公司向股东签发出资证明书是在“有限责任公司成立后”，只有公司在依法成立后签发的出资证明书才具有法律效力。公司成立之前，不得签发出资证明书。

（三）公司注册资本

公司的注册资本是在公司登记机关登记的全体股东认缴的出资总额。出资证明书中应当记载公司的注册资本，以便确定股东的出资额在公司注册资本中所占具体比例，并且可以据此结合公司章程或者法律规定来确定出资股东在公司事务中所应享有的权利和承担义务的范围。如果出资证明书遗漏了这一事项，则即使它载明了每个股东各自的出资额，公司的股东也难以直观地确定其权利份额，这将不利于股东行使其权利，也无法明确股东的权利义务范围。

（四）股东的姓名或者名称、认缴和实缴的出资额、出资方式和出资日期

（1）股东的姓名或者名称的记载，是用于表明履行出资义务的主体。

（2）认缴和实缴的出资额的记载，是用于结合法律规定或者公司章程规定确定出资股东的权利和义务的具体范围。

（3）出资方式的记载，是用于确定股东缴纳出资的具体方式，以判断其出资方式是否符合法律和公司章程的规定。

（4）出资日期的记载，是用于方便日后查询和确定该股东的出资时间是否符合《公司法》和公司章程的规定。

尽管公司签发出资证明书是天然法定的义务，但若股东未依法履行相应出资义务，其要求公司签发出资证明书的主张在司法中未必能得到支持。从体系解释角度看，这也反映出《公司法》对出资证明书的功能定位和法律效力在于“证明股东已履行出资义务”而非简单地“记录股东应当认缴的出资金额”。通常而言，公司要求增资股东在履行出资义务后再行签发出资证明书也可谓合法合理，因此出资证明书应当记载认缴和实缴的出资额、出资方式和出资日期。

（五）出资证明书的编号和核发日期

出资证明书的编号和核发日期的记载，是为了便于保管、查阅和核对，也便于确定股东依法享有股东权利和承担股东义务的具体起始时间。

三、出资证明书的签发

本条第 2 款对《公司法》（2018 年）第 31 条第 2 款作了修改，将“出资证明书由公司盖章”修改为“出资证明书由法定代表人签名，并由公司盖章”。

出资证明书应当由公司盖章，这是《公司法》(2023年)与《公司法》(2018年)的相同规定，2023年修订时增加“由法定代表人签名”的规定，即只有经过公司法定代表人签名和公司盖章，出资证明书才能产生法律效力。按照本条第2款的规定，法定代表人签名与公司盖章二者应当齐备，否则不具备法定的形式要件，出资证明书不能发生效力。

【司法适用】

股东依照法律和公司章程向公司履行出资义务后，公司应当向股东签发出资证明书，因此，向股东签发出资证明书也是公司的法定义务。公司未尽上述义务时，股东有权提起诉讼要求公司履行该义务。

【司法案例】

1. 宋某华与太康县天农置业有限公司股东名册记载纠纷案①

诉讼结论：有限责任公司成立后应当依法向缴纳出资的股东签发出资证明书。

基本案情：太康县天农置业有限公司(以下简称天农公司)于2017年5月16日成立，注册资本为2000万元，其中张某宇认缴1000万元，顾某享认缴500万元，宋某华认缴500万元。天农公司成立后，宋某华足额交纳其认缴的出资。2019年4月10日，经天农公司股东会决议，股东由3人变更为4人(张某宇、顾某享、宋某华、张某梅)，出资比例也相应变更。天农公司成立后未向股东宋某华签发出资证明书。宋某华多次要求签发出资证明书未果，遂起诉。

法院认为：《公司法》(2018年)第31条规定，有限责任公司成立后，应当向股东签发出资证明书。本案中，天农公司成立以来一直未向股东签发出资证明书并记载于股东名册，故宋某华的相关诉讼请求应予支持。判决天农公司向宋某华签发出资证明书等。

2. 丽水市丰元仓储有限公司、姚某芬股东名册记载纠纷案②

诉讼结论：公司签发的出资证明书不符合公司法规定要求，不属已经履行应尽义务

基本案情：丽水市丰元仓储有限公司(以下简称丰元公司)注册资本1000万元，原股东刘某齐和李某政，各占股份比例50%。姚某芬与丰元公司、李某政、刘

---

① 参见河南省太康县人民法院(2019)豫1627民初6061号民事判决书。

② 参见浙江省丽水市中级人民法院(2019)浙11民终815号民事判决书。

某齐股权转让纠纷一案,经法院主持调解并达成调解协议,李某政所持丰元公司50%股权中的14%以140万元转让给姚某芬,转让款已于2015年5月18日支付给李某政,相应的股权变更登记手续于2018年5月23日办理。后姚某芬起诉请求判令丰元公司向其签发出资证明书(载明出资金额为140万元,出资日期为2015年5月18日)并置备股东名册(载明出资证明书编号)。诉讼中,丰元公司提交股东名册表、出资证明书及变更登记1份,证明其义务已经履行完毕。姚某芬对变更登记情况无异议,但认为出资证明书不符合《公司法》的规定,没有载明出资金额和日期,股东名册表没有载明出资证明书的编号。

法院认为:丰元公司主张其已经履行了股东记载义务的理由不能成立,依据《公司法》的相关规定,有限责任公司成立后,应当向股东签发出资证明书,并置备股东名册,但丰元公司在二审中提交的股东名册表、出资证明书均不符合《公司法》的规定,该履行行为明显存在瑕疵,不能证明丰元公司已经履行了其应尽的义务。

第五十六条　有限责任公司应当置备股东名册,记载下列事项:

(一)股东的姓名或者名称及住所;

(二)股东认缴和实缴的出资额、出资方式和出资日期;

(三)出资证明书编号;

(四)取得和丧失股东资格的日期。

记载于股东名册的股东,可以依股东名册主张行使股东权利。

【条文主旨】

本条是关于有限责任公司股东名册的规定。

【条文理解】

一、有限责任公司股东名册的意义

股东名册,是指有限责任公司依照法律规定,对本公司股东及其出资和股东资格存续情况进行登记的法律文书。

一般来讲,根据本条第2款"记载于股东名册的股东,可以依股东名册主张行使股东权利"的规定,股东名册具有以下效力:

(一)推定效力

在股东名册上记载为股东的,推定其为公司的股东。也就是说,股东凭借该种记载就可以主张自己为股东,并以此为依据行使股东权利。股东名册上的股东没有义务证明自己是否实质上具有股东资格。不过,股东名册虽然具有推定效力,但是只是一种证权文件,如果有人对此有异议,异议者可以提供证据以证明其不是真正的股东。

(二)对抗效力

这是推定效力的必然结果。凡是未在股东名册上记载的人,均不能视为公司股东。当股东将其股权转让给第三人时,如果没有及时进行股东名册的变更记载,股东名册上记载的股东仍视为股东,即使受让人在实质上已经具备了股东的条件。也就是说,当出资证明书等的记载与股东名册的记载之间出现不一致时,公司应当以股东名册的记载为准,即实质上的权利人在尚未完成股东名册登记或者股东名册上的股东名义变更前,不能对抗公司。

(三)免责效力

股东名册推定效力的另一必然后果是公司只将股东名册上记载的股东视为股东,公司行为仅针对股东名册上的股东作出,如会议通知、股利分配、表决权的认定、优先认购权的认定等,即使股东名册上的股东不是真正的股东,公司也免责。但是,如果公司明知股东名册上记载的股东非真正股东,则不能免责。①

《公司法》(1993 年)第 31 条仅对股东名册应当记载的事项作了规定,即"有限责任公司应当置备股东名册,记载下列事项:(一)股东的姓名或者名称及住所;(二)股东的出资额;(三)出资证明书编号",并未对股东名册的法律意义作出明确的规定。《公司法》(2005 年)增加了第 33 条第 2 款的规定,即"记载于股东名册的股东,可以依股东名册主张行使股东权利"。本条第 2 款对该内容未作修改。

二、股东名册应当记载的事项

《公司法》(2018 年)第 32 条第 1 款规定:"有限责任公司应当置备股东名册,记载下列事项:(一)股东的姓名或者名称及住所;(二)股东的出资额;(三)出资证明书编号。"第 2 款规定:"记载于股东名册的股东,可以依股东名册主张行使股东权利。"第 3 款规定:"公司应当将股东的姓名或者名称向公司登记机关登记;登记事项发生变更的,应当办理变更登记。未经登记或者变更登记的,不得对抗第三人。"本条第 1 款对《公司法》(2018 年)第 32 条第 1 款第 2 项作了部分修改,增加"出资方式和出资日期"的内容,并增加第 4 项即"取得和丧失股东资格的日期"的内容;第 2 款对《公司法》(2018 年)第 32 条第 2 款的内容未作修改;将《公司法》(2018 年)第 32 条第 3 款的内容移至第 2 章"公司登记"部分。

① 参见施天涛:《公司法论》(第 4 版),法律出版社 2018 年版,第 249 页。

（一）股东的姓名或者名称及住所

股东的姓名或者名称及住所是股东基本情况的信息。

股东名册通过对股东姓名或者名称的记载，方便公司、公司登记机关、公司其他股东、债权人等通过查阅股东名册了解股东的状况，以此来决定是否向公司投资或者与公司进行交易。

对股东住所的记载，是股东名册与出资证明书的不同要求。公司召开股东会或者开展其他活动时，需要对相关股东进行通知，股东名册对股东住所的记载，便于公司向股东送达相关通知等文件，也便于股东及时参加公司活动、行使相关股东权利。

（二）股东认缴和实缴的出资额、出资方式和出资日期

股东认缴与实缴出资额的记载，有利于股东按法律规定或者公司章程的规定确定其行使相关股东权利、承担股东义务的具体比例。

相较于《公司法》（2018 年），2023 年对本条规定的修改与关于出资证明书记载内容的修改一致，增加"出资方式和出资日期"的内容。对出资方式和出资日期的记载，有利于确定股东行使股东权利和承担股东义务的起始时间。

（三）出资证明书编号

股东名册中对股东出资证明书编号的记载，方便公司及相关主体查阅股东出资证明书的签发情况，进而了解该股东出资义务履行的具体情况。

（四）取得和丧失股东资格的日期

这是 2023 年修订新增加的内容。实践中，公司股东并非一成不变，通过股权转让等方式，股东资格可能发生变化。股东名册增加取得和丧失股东资格的日期的记载，方便公司或者相关主体了解公司股东资格取得和丧失的相关情况，便于确定相关股东权利行使与义务承担起始或者终止时间。

【司法适用】

股东名册是法律规定有限责任公司必须置备的文本，置备股东名册是有限责任公司设立后应当履行的一项法定义务。根据《公司法》的规定，公司应当履行股权登记的义务。当公司不履行上述法定义务时，构成不作为侵权，应当承担相应的民事责任，股东可以诉请公司履行上述义务。

《公司法》确立了以股东名册作为股东认定依据的法律制度。股东名册记载的事项，根据法律规定，应当与公司登记的事项相一致，但实践中存在股东名册记载与公司登记机关的登记不一致的情形。一般认为，只在公司登记机关办理变更登记并不意味着取得股东资格，就公司与股东而言，股东资格的认定，应当以公司置备的股东名册为准；股东不能以在公司登记为依据来决定自己的股东权利，只有在完成股东名册的登记或者进行股东名册的名义变更后，股东才能成为可以对

公司行使股东权利的人,而公司只以股东名册上记载的股东为本公司的股东。公司登记具有对外公示的法律效力,对于第三人与公司或者股东的关系来说,公司登记是法律认定的标准。①

【司法案例】

李某河、佳木斯荣昌隆房地产开发有限公司公司解散纠纷案②

诉讼结论:记载于股东名册的股东,可以依股东名册主张行使股东权利。

基本案情:佳木斯荣昌隆房地产开发有限公司(以下简称荣昌隆公司)设立的登记审核表、变更登记审核表均记载股东为李某河、赵某霞。公司股东(发起人)名录记载,李某河、赵某霞作为股东(发起人)分别出资1000万元,各持有公司50%股份。会计师事务所出具的验资报告记载,荣昌隆公司已收到股东李某河、赵某霞缴纳的注册资本(实收资本)合计2000万元。荣昌隆公司成立后,赵某霞负责财务并保管公司印章、财务专用章等。

法院认为:公司股东(发起人)名录、公司章程、设立登记审核表、变更登记审核表等法律文件均明确记载公司股东为李某河和赵某霞;会计师事务所验资报告记载股东赵某霞已缴纳注册资本。《公司法》(2013年)第32条第2款规定,记载于股东名册的股东,可以依股东名册主张行使股东权利。原判根据上述证据依法认定赵某霞是荣昌隆公司的股东,有权行使股东权利,事实清楚,证据充分,适用法律正确。

第五十七条　股东有权查阅、复制公司章程、股东名册、股东会会议记录、董事会会议决议、监事会会议决议和财务会计报告。

股东可以要求查阅公司会计账簿、会计凭证。股东要求查阅公司会计账簿、会计凭证的,应当向公司提出书面请求,说明目的。公司有合理根据认为股东查阅会计账簿、会计凭证有不正当目的,可能损害公司合法利益的,可以拒绝提供查阅,并应当自股东提出书面请求之日起十五日内书面答复股东并说明理由。公司拒绝提供查阅的,股东可以向人民法院提起诉讼。

股东查阅前款规定的材料,可以委托会计师事务所、律师事务所等中介机构进行。

---

① 参见宋燕妮、赵旭东主编:《中华人民共和国公司法释义》,法律出版社2019年版,第69页。

② 参见最高人民法院(2017)最高法民申2323号民事裁定书。

股东及其委托的会计师事务所、律师事务所等中介机构查阅、复制有关材料,应当遵守有关保护国家秘密、商业秘密、个人隐私、个人信息等法律、行政法规的规定。

股东要求查阅、复制公司全资子公司相关材料的,适用前四款的规定。

【条文主旨】

本条是关于有限责任公司股东知情权的规定。

【条文理解】

股东知情权有广义与狭义之分。广义上的股东知情权,其权利构成包括积极权能(查阅权、质询权)和消极权能(信息接收权)。相应地,股东知情权制度体系包括公司法上的股东查阅权、质询权制度和公司法、证券法上的信息披露制度。而狭义上的知情权,仅指积极权能中的查阅权,即查阅公司文件和账簿的权利。①

赋予股东知情权,可以使股东获得公司的经营信息,是实现股东投资目的的必要保障,也有助于股东对公司董事、高级管理人员的行为形成一种制约,是公司治理的重要环节。

一、股东知情权的权利主体

股东知情权的权利主体为公司股东。一般情况下,具有股东资格才能享有股东权利,一旦丧失了股东身份,其便不再具有股东资格,不能行使知情权。

但是,后续股东有权查阅其成为公司股东之前的材料,公司法并未限制股东查阅文件的时间范围。公司的运营是一个持续的过程,如果拒绝股东查阅其成为公司股东之前公司的文件,将可能影响其对公司情况的全面了解,进而减损其知情权的制度价值,因此,作为后续股东,其有权查阅其成为公司股东之前的公司章程、股东会决议、董事会决议等资料。

《公司法规定(四)》第 7 条规定,股东丧失股东资格,但有初步证据证明在持股期间其合法权益受到损害,其请求行使股东知情权的,也应当认定其具有主体资格。

二、股东知情权的范围

根据股东可以查阅和复制的对象不同,知情权可以分为一般知情权和特殊知情权。一般知情权是指股东对公司章程、股东名册、股东会会议记录、董事会会议决议、监事会会议决议以及公司财务会计报告等进行查阅与复制的权利;而特殊

---

① 参见葛伟军:《股东知情权的法律框架:裁判、比较与借鉴——基于英国法的启示》,载顾功耘主编:《公司法律评论》(2020 年卷),法律出版社 2020 年版。

知情权则是指账簿查阅权,即股东查阅公司会计账簿、会计凭证的权利。

(一)一般知情权的范围

1. 公司章程

公司章程不是由每一个股东置备的,而是由公司统一置备的,这也是公司的法定义务,因此公司章程属于股东知情权的范围。

2. 股东名册

置备股东名册是公司的法定义务之一,也是股东行使股东权利的依据,因此也属于股东知情权的范围。这也是2023年修订《公司法》时增加的内容。

3. 股东会会议记录

公司召开股东会会议时需要将会议所议事项以及决议作出的过程记录下来,出席会议的股东应当在会议记录上签名确认。股东会会议记录是关于股东会决议作出过程的记录。股东会会议决议产生的程序是否符合法律和公司章程的规定,会议记录是重要证据,因此应属于股东知情权的范围。

4. 董事会会议决议

董事会是受股东会委托经营公司的决策机构,由股东会选举产生,并对股东会负责。董事会举行会议时,也会对所议事项的决定做成决议。由于股东并不参加董事会会议,所以股东如要了解董事会会议情况,对董事履行义务的情况进行监督,即需要查阅董事会决议。

5. 监事会会议决议

监事会是公司的日常监督机构,对股东会负责。监事会对所议事项的决定也要做成监事会决议。股东如要了解监事会履行监督义务的情况,也需要查阅监事会决议。

6. 财务会计报告

公司财务会计报告,一般能够较为全面地反映公司的财务状况和经营成效。根据《会计法》及相关法律、行政法规的规定,有限责任公司应当于每一会计年度终了时依法编制财务会计报告。公司应当按照章程的规定,向股东定期进行财务报告,因此财务会计报告也是股东知情权的范围。

对于公司财务会计报告,须借助于《会计法》及企业会计准则的规定予以理解。《会计法》第20条第2款中规定:“财务会计报告由会计报表、会计报表附注和财务情况说明书组成。”

(1)会计报表。

会计报表,是指由会计账簿的基础数据编制而成并且能够反映企业在某一会计期间内经营成果、现金流量的会计资料。根据其所旨在反映的不同方面的财务内容，会计报表可以分为资产负债表、利润表（又称损益表）、现金流量表以及所有者权益变动表等。

资产负债表，也称资产负债平衡表或者平衡表，反映公司在某一特定日期的财务状况，是静态的会计报表。资产负债表是根据公司资产、负债和所有者权益之间的相互关系，按照一定的分类标准和顺序，将公司一定日期的资产、负债和所有者权益各项目予以适当排列，并对日常工作中形成的大量数量进行整理后编制而成的。资产负债表可以表明公司在某一特定日期所拥有或者控制的经济资源、所承担的现有义务和所有者对净资产的要求权。资产负债表的基本结构是“资产=负债+所有者权益”。①

损益表，也称利润表、收支表或者收入支出表，反映公司在一个阶段内的经营成果。损益表可以帮助公司股东评估被投资公司的股权价值。

现金注量表，也称财务状况变动表，是反映公司在一定会计期间的现金和现金等价物流入和流出的会计报告，反映了公司的投资、筹资和经营活动对现金流量的影响，是公司财务健康与否的重要标志。

财务会计报告，是在会计报表的基础之上形成的报告文件，其内容包含具体的公司财务报表及其附注，以及财务情况说明书。因此，会计报表的内容依法属于公司财务会计报告的组成部分，在这个意义上，《公司法》赋予股东查阅复制公司财务会计报告的权利自然可以相应延伸成股东查阅复制公司会计报表的权利。

在遵循法律规定和财务会计准则的前提下，不同行业、不同类型企业所进行的财务会计报告的编制实践可能不尽相同。根据财政部发布的《企业会计准则》，企业会计报表应当至少包括资产负债表、利润表和现金流量表这三大类报表。但是，企业会计准则在适用中也具有较大的灵活性，根据财政部发布的《企业会计准则——基本准则》（2014 年）第 44 条的规定，并不强制要求所有企业都编制现金流量表。

根据国务院颁布的《企业财务会计报告条例》，财务会计报告按照不同的会计期间可以分为年度、半年度、季度和月度财务会计报告。但是，这并不意味着所有公司都会实际进行月度、季度或半年度财务报告的编制工作。《公司法》仅规定公司应编制年度的财务会计报告。在公司与股东的知情权纠纷中，如果公司章程明确规定公司负有编制和提供月度财务会计报告等资料的义务，则可以支持股东相应的查阅和复制请求。相反，如果公司章程中的财务会计制度没有作出特别的另行规定，有限责任公司仅仅以每一会计年度为单位编制财务会计报告，是完全符

① 参见徐强胜：《商法导论》（第 2 版），法律出版社 2023 年版，第 208 页。

合《公司法》等法律的规定的。该等情况下,股东如要求查阅公司月度会计报告、季度会计报告或半年度会计报告,一定程度上缺乏明确的法律依据。

此外,尽管财务会计报告的主要内容就是财务报表,但是不同财务会计报告所包含报表的完整性可能存在差异。《企业财务会计报告条例》第7条、第8条规定,年度、半年度的财务会计报告中的报表应当包括资产负债表、利润表、现金流量表及相关附表。但是对于季度和月度的财务会计报告,仅需要包括资产负债表和利润表这两项内容,可以不编制现金流量表,也可以不纳入报表附注、财务情况说明书等年度财务会计报告中的内容。

(2)会计报表附注。

会计报表附注,是对会计报表中列示的项目所作的进一步说明,以及对未能在会计报表中列示的项目的说明等,一般包括:不符合会计假设的说明,重要会计政策和会计评估及其变更情况、变更原因及其对财务状况和经营成果的影响,或有事项和资产负债表日后事项的说明,关联方关系及其交易的说明,重要资产转让及其出售说明,企业合并、分立的说明,重大投资、融资活动,会计报表中重要项目的明细资料,等等。

(3)财务情况说明书。

财务情况说明书,是公司对一定时期(通常为一年)财务、成本等情况进行分析、总结所作的书面文字说明,是会计报表的补充。财务情况说明书是根据有关会计报表和财务资料,并通过调查研究编写的,主要内容包括:财务、成本计划的执行情况及存在问题,固定资金、流动资金的使用情况及增减变化的原因,公司改善经营管理、提高经济效益等方面的具体措施,等等。

(二)特殊知情权的范围

特殊知情权的范围即公司会计账簿和会计凭证。

1. 会计账簿

会计账簿,是以会计凭证为依据,对全部经济业务进行全面、系统、连续、分类地记录和核算的簿籍,是由有专门格式并以一定形式联结在一起的账页所组成的。设置和登记会计账簿,是重要的会计核算基础工作,是连接会计凭证和会计报表的中间环节。因此,会计账簿是公司日常经营活动的直接记载,是编制公司财务会计报告的基础性资料。会计账簿本身所包含的内容较为丰富,根据我国《会计法》的规定,会计账簿包括总账、明细账、日记账和其他辅助性账簿。

2. 会计凭证

《公司法》(2018年)第33条第2款中规定:"股东可以要求查阅公司会计账簿。"而对股东是否可以要求查阅会计凭证则未作明确规定。理论中对此问题争议较大,司法实践中分歧明显,裁判标准不一。

多数意见认为,公司的具体经营活动只有通过查阅原始凭证才能知晓,不查阅原始凭证,中小股东可能无法准确了解公司真正的经营状况,因此,2023年修订《公司法》时增加了股东可以要求查阅会计凭证的内容。

会计凭证又称单据,是在经济业务发生或完成时取得或填制的,用以记录或证明经济业务的发生或完成情况的文字凭据。它不仅能用来记录经济业务发生或完成情况,还可以明确经济责任,是进行会计核算工作的原始资料和重要依据,是会计资料中最具有法律效力的一种文件。

《会计法》第9条第1款规定:"各单位必须根据实际发生的经济业务事项进行会计核算,填制会计凭证,登记会计帐簿,编制财务会计报告。"第14条规定:"会计凭证包括原始凭证和记帐凭证。办理本法第十条所列的经济业务事项,必须填制或者取得原始凭证并及时送交会计机构……记帐凭证应当根据经过审核的原始凭证及有关资料编制。"第15条第1款规定:"会计帐簿登记,必须以经过审核的会计凭证为依据,并符合有关法律、行政法规和国家统一的会计制度的规定。会计帐簿包括总帐、明细帐、日记帐和其他辅助性帐簿。"

原始凭证又可分为外来原始凭证(如从供货单位取得的增值税专用发票、收据,出差乘坐交通工具取得的车票、机票等)与自制原始凭证(如本单位人员填制的领料单、收料单、入库单等)。由于原始凭证内容广泛、种类繁多、格式不一,不能直接表明应计入会计账户的名称和方向,不适合作为直接登记账簿的依据,为了便于登记账簿和查账,则需要填制记账凭证——会计人员根据审核无误的原始凭证或原始凭证汇总表填制的、用来反映经济业务简要内容、确定会计分录,并直接作为记账依据的会计凭证。由此可见,原始凭证——记账凭证——会计账簿的外延广度呈递减趋势,由散乱逐渐归整简约。特别是原始凭证,其种类繁多,数量往往较大,会计账簿中的几个数字背后可能是数量难以想象的原始凭证。因此,从查阅必要性和查阅效率角度出发,也不宜将会计凭证(尤其是原始凭证)与会计账簿等同视之。①

需要注意的是,工作令号、购销合同、购料申请单等不能证明经济业务发生或完成情况的各种单证,一般不能作为会计原始凭证并据以记账,合同作为原始凭证不是强制性的会计操作规范。

实践中会有部分股东对合同、询证函等特定材料主张知情权,此类请求通常

---

① 参见上海市第二中级人民法院商事审判庭课题组:《股东知情权客体的第三层面:查阅会计凭证的证成与限度——兼谈公司法修订草案第51条》,载《法律适用》2022年第10期。

缺乏法律及司法解释的支持,原则上应予驳回。但对于一些确实具有客观合理事由,且仅对特定材料提出主张的原告,可以在严格审查行权事由及案件相关事实的基础上,予以综合审慎判断。[①] 即在允许股东查阅公司会计原始凭证的前提下,如果股东能够证明公司的相关合同系会计原始凭证的组成部分,则可以支持其查阅相关合同的请求,但裁判应当注明仅限于纳入会计原始凭证的合同。[②]

三、股东知情权的行使程序和行使目的

(一)股东知情权的行使程序

由于公司章程、股东名册、股东会会议记录、董事会会议决议、监事会会议决议和财务会计报告是公司依法应当置备的,这此材料也是在公司内部需要公开的资料,而且一般不涉及公司商业秘密,因此,《公司法》对股东要求查阅上述文件的权利,未设定前置程序,股东可以直接向公司主张行使。

会计账簿、会计凭证中记载并反映了大量更为详细的公司经营信息,所以该项查阅内容极易涉及公司的商业秘密,泄露后将对公司经营造成损害,因此法律对此特别进行了明确规定,查阅公司账簿、会计凭证的条件相对于其他材料更为严格。因此,本条第 2 款规定,股东要求查阅公司会计账簿、会计凭证的,应当向公司提出书面请求。在公司拒绝后,才能向人民法院提起诉讼。这一前置条件的规定的目的在于,既保障股东在其账簿查阅权受到侵犯时有相应的救济途径,也防止股东滥用查阅权,以维护公司的正常经营。

股东行使特殊知情权时的前置程序,属于《公司法》的强制性规定,股东必须严格遵守该程序,即股东在前置程序被公司拒绝时才可以提起诉讼,前置程序属于公司内部救济程序,救济成功时,股东无提起诉讼的必要;反之,内部救济不成才可通过司法途径进行救济。即使其在诉讼中说明了查阅目的也不能救济前置程序存在的瑕疵,否则属于人民法院不予受理的情形,已经受理的应当驳回起诉。[③]

这一条款表明,法律在明确赋予股东查阅公司部分财务报表信息权利的同时,将股东行使知情权的目的正当性设置为前提,即限制股东无条件以行使知情权为由任意查阅公司财务资料。

---

① 参见《上海市第二中级人民法院股东知情权纠纷案件要素式审判指引(试行)》。

② 参见熊静:《申请查阅公司相关合同的,一般不予支持》,载国家法官学院、最高人民法院司法案例研究院编:《公司纠纷裁判规则理解与适用》,中国法制出版社 2023 年版。

③ 参见人民法院出版社、《法律家》实践教学编委会编:《公司股权、破产纠纷裁判精要与规则适用》,人民法院出版社 2020 年版,第 91 页。

(二)股东知情权的行使目的

股东要求查阅、复制公司章程、股东名册、股东会会议记录、董事会会议决议、监事会会议决议和财务会计报告的,可以直接向公司主张行使,不需要说明目的。

出于维护公司正常经营活动,保护公司商业秘密以及防止股东滥用权利的需要,本条第 2 款规定,股东要求查阅公司会计账簿和会计凭证的,应当向公司提出书面请求,说明目的。公司有合理根据认为股东查阅会计账簿、会计凭证有不正当目的,可能损害公司合法利益的,可以拒绝提供查阅,并应当自股东提出书面请求之日起 15 日内书面答复股东并说明理由。

1. 股东行使特殊知情权出于不正当目的的判断

股东只有具有善意、正当的目的,才可能正确行使特殊知情权。

对于股东行使特殊知情权的目的正当性的审查,第一,因正当性是股东行使特殊知情权行为的主观外在表现,所以以"善意且无害于公司"为审查因素之一,即要求股东说明的查阅目的必须与客观事实相符,且其查阅行为对公司经营安全不具有危害性。第二,股东行使特殊知情权的目的在于维护其合法权益,一般只有在其行使一般知情权不能实现该目的时,才具备行使特殊知情权的条件。第三,关于查阅目的正当性判断的举证责任分配,按照《民事诉讼法》的一般规则,先由股东就其目的正当性举证,公司则承担否认其目的正当性的举证责任。对于公司的否认,只要证明股东行为存在损害公司合法利益的可能即可,而非以实际损害公司合法利益为标准。①

认定股东有不正当目的,一是必须可能损害公司合法利益。由于损害后果并未发生,因此对"可能"只能通过常理进行判断,但应当达到较大可能性。二是必须有合理根据。由于不正当目的属于主观心理,因此只能从股东的客观行为认定合理根据或者进行法律推定。

本条以存在"不正当目的"作为否定股东行使知情权的法定事由,但是对于"不正当目的"的内涵并未予以细化明确,司法实践中对此有不同的认识与标准,而且实践及理论研究中多以"正当目的"入手。由于"正当目的"难以准确全面覆盖,不能形成较为统一的裁判标准,《公司法规定(四)》第 8 条对认定不正当目的的合理根据作了列举性规定,可以参考,主要包括:

(1)股东自营或者为他人经营与公司主营业务有实质性竞争关系的业务的,但公司章程另有规定或全体股东另有约定的除外。

---

① 参见人民法院出版社、《法律家》实践教学编委会编:《公司股权、破产纠纷裁判精要与规则适用》,人民法院出版社 2020 年版,第 66 页。

在该情形下，为避免公司合法利益受到不正当竞争的损害，对此类股东的公司会计账簿、付凭证查阅权予以适当限制是必要的。同时，公司章程另有约定和全体股东约定的除外规定，保障了公司自治的权利，不至于对此类投资造成制度障碍。"自营"是指股东自身所经营的业务，既包括法人股东本身所从事的业务，也包括自然人股东除该公司之外投资的其他公司所从事的业务。"主营业务"是公司稳定利润的主要来源，是指企业为完成其经营目标而从事的日常活动中的主要活动，应当主要考虑该项业务对公司稳定利润的贡献，兼顾在营业收入中的比重。"实质性竞争关系"是指股东和公司之间存在利益冲突，可以参考上市公司监管和竞争法等法律制度，考虑地域市场、产品市场等因素。

(2)股东为了向他人通报有关信息查阅公司会计账簿，可能损害公司合法利益的。

"他人"往往是公司的竞争者或者诉讼对手，但不排除其他第三人。"有关信息"是指股东请求查阅的公司会计账簿所包含的信息，包括但不限于公司商业秘密。

股东为了向他人通报有关信息而查阅公司会计账簿，具有损害公司利益的或然性。公司只需证明股东行使知情权可能导致公司的合法利益受损，即完成了举证证明责任。股东为了向他人通报有关信息而查阅公司会计账簿，可能损害的必须是公司的"合法利益"。

考量股东是否具有不正当目的，应当审查股东查阅公司会计账簿行为与公司主张的股东不正当目的的实现之间是否具有因果关系。如果二者之间不具有因果关系，那么自然不能认定股东的该行为具有不正当目的。

(3)股东在向公司提出查阅请求之日前的3年内，曾通过查阅公司会计账簿，向他人通报有关信息损害公司合法利益的。

这实际上设定了一项法律推定，体现了对股东不诚信行为的惩罚，公司有理由认为不诚信的股东在一定时期内有很大可能重复这种行为，难以信任其具有正当目的。"过去三年内"是指股东向公司请求查阅公司会计账簿之日前的3年内，而非起诉之日前的3年内。①

(4)股东有不正当目的其他情形。

2. 公司主张可能损害公司合法利益的认定

本条规定，公司认为股东行使知情权"可能损害公司合法利益的，可以拒绝提

---

① 参见贺小荣等：《〈最高人民法院关于适用《中华人民共和国公司法》若干问题的规定(四)〉理解与适用》，载最高人民法院民事第二庭编：《商事审判指导》总第44辑，人民法院出版社2018年版。

供查阅”。因此,对公司可能受损的利益应当施加“合法性”条件的限制,否则可能导致公司成为“法外之地”。公司所为的一些违法行为往往具有隐蔽性,除非是公司内部的人员,其他人几乎无从得知,如果不允许股东通过行使知情权来了解公司的利益构成,监督公司是否获得了不法利益,那么公司的内部监督将流于形式,司法成本也必然增加。况且,这也与“法律不保护非法利益”的原理相悖。

四、股东知情权的行使方式

(一)查阅与复制

1. 一般知情权的行使方式

根据本条的规定,对公司章程、股东名册、股东会会议记录、董事会会议决议、监事会会议决议和财务会计报告,股东可以要求查阅、复制。

复制权是查阅权的延伸,两者构成有机的统一。为了有效行使知情权,除了肉眼观看之外,股东还可以采取复印、摄影、录像或者其他手段进行复制。①

2. 特殊知情权的行使方式

本条规定,股东可以要求查阅会计账簿、会计凭证,但并未规定可以“复制”。理论与实践中对于会计账簿、会计凭证的查阅方式是否包括“复制”,以及是否包括“摘抄”,争议较大,裁判标准亦不统一。

一种观点认为,《公司法》对股东知情权行使方式予以了明确限制,即将公司会计账簿知情权的行使方式限制为查阅,而不包括复制等其他方式。主要理由是《公司法》对公司会计账簿仅规定了查阅这一种知情权行使方式,而对公司章程、股东会会议记录、董事会会议决议、监事会会议决议和财务会计报告等其他文件材料则允许查阅或者复制。《最高人民法院公报》2011 年第 8 期(总第 178 期)所刊载的李某君、吴某等诉江苏佳德置业发展有限公司股东知情权纠纷案中,法院认为,《公司法》仅规定股东可以要求查阅公司财务会计账簿,但并未规定可以复制,而相关的公司章程亦无相关规定,因此股东要求复制公司会计账簿的诉讼请求既无法律上的规定,又超出了公司章程的约定,不予支持。

另一种观点则认为,不能将《公司法》的规定理解为对公司会计账簿、会计凭证知情权行使方式的限制,而应理解为《公司法》赋予公司股东知情权行使时最低程度的权利和自由,即查阅公司会计账簿、会计凭证的权利得到强制保护。会计账簿不同于财务会计报告等其他资料,会计账簿通常涉及公司的核心商业秘密,如果通过法律强制保护以“复制”等方式行使对会计账簿的知情权,会加大商业秘

---

① 参见彭真明、方妙:《股东知情权的限制与保障——以股东查阅权为例》,载《法商研究》2010 年第 3 期。

密的泄露风险,所以法律未将“复制”等知情权行使方式纳入强制保护范围,而是将“查阅”以外的其他知情权行使方式留给公司自治和当事人意思自治处理。基于此,当事人对于“查阅”这一公司会计账簿知情权行使方式本身存在不同理解时,应主要从股东最低程度权利保障角度探索立法意图,同时兼顾公司经营权保护。如果辅助手段有助于“查阅”权利实现,且不明显损害公司利益,则一般应当予以准许。①

(二)摘抄

从“复制”与“摘抄”的含义考虑,一般情况下,摘抄不等同于复制。《民事诉讼法》规定,书证应当提交原件,物证应当提交原物,提交原件或者原物确有困难的,可以提交复制品、照片、副本、节录本。《民事诉讼证据规定》第44条规定,摘录有关单位制作的与案件事实相关的文件、材料,应当注明出处,并加盖制作单位或保管单位的印章。参照法律和司法解释对证据的有关规定精神,节录、摘抄和复制具有不同的法律含义。从《现代汉语词典》记载的词义理解,“摘抄”与“摘录”意思相近,均可理解为“先取一部分内容抄录下来”,而“复制”可理解为“依照原件制作成同样的”,显然,摘录、摘抄与复制的含义不同,不能产生“制作成同样的”效果,因此不能认为摘抄本质上属于复制。即便严格依照《公司法》的规定,股东的查阅权利不包括复制,也不能当然得出股东不能摘抄的结论。②

(三)委托查阅(查阅辅助人)

对于股东能否委托专业第三人辅助其行使查阅权,《公司法》(2018年)没有作出明确的规定,司法实践中的裁判标准也不统一。

在股东知情权的保护方面,检查人选任制度和查阅权辅助人制度具有类似功能。有的国家和地区兼备两项制度,前者具有公法色彩,有利于股东获得更全面的公司资料,更易制约管理者而居于主导地位,后者相对薄弱,适用范围较窄;有的国家和地区没有规定检查人选任制度,查阅权制度相对发达,包含了查阅权辅助人制度。③

---

① 参见《北京倍爱康生物技术有限公司与东峰企业有限公司股东知情权执行争议案——股东查阅权的权利分析》,载中国应用法学研究所主编:《中华人民共和国最高人民法院案例选》(第6辑),法律出版社2022年版。

② 参见《北京倍爱康生物技术有限公司与东峰企业有限公司股东知情权执行争议案——股东查阅权的权利分析》,载中国应用法学研究所主编:《中华人民共和国最高人民法院案例选》(第6辑),法律出版社2022年版。

③ 参见李建伟:《股东查阅权辅助人制度之立法完善——兼评〈公司法(修订草案)〉“征求意见稿”条款设计之得失》,载《中国应用法学》2023年第1期。

《公司法规定(四)》第10条第2款规定,股东依据人民法院生效判决查阅公司文件材料的,在该股东在场的情况下,可以由会计师、律师等依法或者依据执业行为规范负有保密义务的中介机构执业人员辅助进行。

本条第3款规定:“股东查阅前款规定的材料,可以委托会计师事务所、律师事务所等中介机构进行。”

股东知情权是一个权利体系,从日常生活经验分析可知,公司财务会计报告、会计账簿和会计凭证具有较高的专业性,对不具有专业知识的股东来说,查阅上述资料具有一定的难度,而规定股东知情权法律制度的目的在于保护中小股东的权利,因此,股东可以委托由会计师事务所、律师事务所等专业中介机构行使知情权。

《民法典》第161条规定:“民事主体可以通过代理人实施民事法律行为。依照法律规定、当事人约定或者民事法律行为的性质,应当由本人亲自实施的民事法律行为,不得代理。”根据《民法典》的规定,委托合同是委托人和受托人约定,由受托人处理委托人事务的合同,法律未限制委托事务的种类。依据“法不禁止皆可为”的法理,股东当然可以委托适格的第三人辅助其行使查阅权。因此,除公司章程另有规定外,股东依法可以委托会计师事务所、律师事务所等中介机构代理行使知情权。

本条第3款关于辅助查阅人的规定与《公司法规定(四)》第10条有所不同,未将“人民法院生效判决”作为辅助查阅人介入的前提,也未规定“在该股东在场的情况下”的条件。

从目的解释与体系解释的角度看,辅助人制度的目的是保证股东查阅权的充分实现,这不因是否提起诉讼而发生改变。司法实践中大量辅助人纠纷滋生是因为股东、公司对于辅助人的产生存在争议,此类争议往往发生在诉讼之前。由此可推出,辅助人制度也可以适用于诉前。①

本条规定确立的是委托查阅制度,而不是辅助查阅人制度。既然是委托查阅,则受托人可以以委托人的名义行使相关的民事权利,而不需要委托人在场。

五、股东及委托查阅人的侵权赔偿责任

《公司法规定(四)》第11条规定,股东行使知情权后泄露公司商业秘密导致公司合法利益受到损害,公司有权请求该股东赔偿相关损失。辅助股东查阅公司文件材料的会计师事务所、律师事务所等泄露公司商业秘密导致公司合法利益受

① 参见李建伟:《股东查阅权辅助人制度之立法完善——兼评〈公司法(修订草案)〉“征求意见稿”条款设计之得失》,载《中国应用法学》2023年第1期。

到损害,公司也有权请求其赔偿相关损失。

本条第4款规定,股东及其委托的会计师事务所、律师事务所等中介机构查阅、复制有关材料,应当遵守有关保护国家秘密、商业秘密、个人隐私、个人信息等法律、行政法规的规定。

关于前述保密义务,在《民法典》侵权编、《公司法》其他章节、《反不正当竞争法》、《个人信息保护法》等法律规范中已作规定。

对于公司来说,股东行使知情权往往具有了解特定信息并以某种方式使用该等信息的目的。为了防止股东滥用该等信息,公司应当与股东协商签署保密承诺或协议,通过协议约定的方式明确限制股东对特定信息使用的方式和范围。

股东行使知情权后泄露公司商业秘密等导致公司合法利益受到损害,受股东委托查阅公司文件材料的会计师、律师等泄露公司商业秘密导致公司合法利益受到损害,股东、受托人应承担其实施商业秘密侵权行为产生的商业秘密侵权责任。股东及受托人的侵权行为属于非法披露合法知悉的商业秘密的侵权行为,主观上具有故意和过失。其区别于一般商业秘密侵权行为的特点在于获取商业秘密手段的正当性。

股东知情权行使过程中,侵犯公司商业秘密仅是一种情形,可能存在侵犯国家秘密、个人隐私以及损害个人信息的其他侵权行为,因此,本条第4款的规定不限于公司商业秘密。同时,由于相关规定涉及的面较广泛,防止公司出于不正当的目的对股东行使知情权制造障碍,本条第4款规定相关规定以"法律、行政法规"为限。

六、母公司股东对全资子公司的知情权

《公司法》(2018年)规定的股东知情权的义务主体是公司。关于母公司股东可否对子公司主张行使知情权,即理论上所称的母公司股东知情权的穿越,曾有不同观点。司法实践中绝大多数裁判均持否定意见,仅有少数裁判予以支持。

从域外立法来看,2003年修改的《特拉华州普通公司法》的第220条第b款明确将母公司股东的知情权延伸至子公司的账簿和记录,并以"实际拥有和控制"子公司作为行使知情权的条件。日本于1999年第一次引进母公司股东对子公司行使知情权的制度,并在2005年的公司法中保留了该项制度,其第433条第3款规定:"母公司股东经法院许可,可提第一款(即一般意义上的查阅权的相关规定)所列请求。"而其对于母子公司的相关定义,则在第2条进行了明确,这里常规情况下也仅要求母公司持有子公司过半数表决权,并不要求必须为母公司的全资子公司。

2023年修订《公司法》,增加了股东知情权义务主体的范围,即本条第5款

“股东要求查阅、复制公司全资子公司相关材料的,适用前四款的规定”,将义务主体扩大至全资子公司。母公司股东对全资子公司行使知情权符合了解公司事务、更好地监督维护公司利益的要求,并且由于全资子公司的实际权利最终归属于母公司股东,行使知情权的目的具有为经营发展需要的正当性。另外,规定母公司股东对全资子公司的知情权,也与《公司法》(2023 年)第 189 条所规定的股东双重代表诉讼制度相对应,即规定对全资子公司享有知情权,才能使股东双重代表诉讼的规定落到实处。

【司法适用】

一、关于股东知情权行使时间与地点

《公司法》(2023 年)对股东知情权行使的时间与地点均未作明确的规定,《公司法规定(四)》第 10 条规定,人民法院对股东知情权的诉讼请求予以支持的,应当在判决中明确查阅或者复制公司特定文件材料的时间、地点。

关于行权地点,原则上应确定为公司住所地或双方协商确定的其他地点。对于公司经营地址经常不定期转移的,或股东认为在公司住所地查阅可能有障碍并有相关证据证实的,若双方对其他地点协商不成,法院可依职权选择双方都较为便利的地点作为查阅地点。[①]

二、关于股东知情权的多次行使问题

股东知情权是与股东资格相联系的基础性权利,为一种持续的权利,以该权利为基础派生出的股东要求公司提供会计账簿供其查阅的行为请求权也应为一种持续存在的权利。有关股东知情权的前诉已经执行完毕,股东如果再次要求查阅公司其他会计账簿,公司不同意其申请的,可以再次提起诉讼。[②]

【司法案例】

1. 谢某、贵州奔马名车行销售服务有限公司股东知情权纠纷案[③]

诉讼结论:股东查询公司会计凭证、会计账簿等有不正当目的,可能存在损害公司合法利益情形的,不应支持其查阅公司会计账簿等财务材料的请求。

基本案情:谢某为贵州奔马名车行销售服务有限公司(以下简称奔马公司)股东,奔马公司经营范围为销售汽车、汽车零部件,汽车装饰,汽车租赁,汽车售后服

① 参见《上海市第二中级人民法院股东知情权纠纷案件要素式审判指引(试行)》。

② 参见余庆、王兴哲:《诉请查阅公司账簿不受一事不再理原则限制》,载《人民司法》2021 年第 2 期。

③ 参见贵州省贵阳市中级人民法院(2019)黔 01 民终 6464 号民事判决书。

务(不含汽车维修),汽车信息咨询服务,住所为贵州省××××尖山村。谢某于2012年5月2日成立贵州车天车地汽车销售服务有限公司,谢某系该公司的法定代表人及大股东,该公司经营范围为汽车销售及技术咨询服务,汽车装饰,销售汽车配件,轮胎,装饰材料,电子产品,住所为贵州省××××孟关乡汽贸城汽车超市A区二层01号。与奔马公司在经营范围内有重合部分,且二公司经营住所地亦相毗邻。谢某于2019年5月17日向奔马公司法定代表人刘某窑提出申请复制、查阅公司章程、股东会会议记录、董事会会议记录、监事会会议记录、财务会计账簿等的请求,并说明了相关理由。

法院认为:谢某在奔马公司担任股东期间,于2012年5月注册成立了车天车地公司,该公司经营范围与奔马公司经营范围存在重合部分,且二公司经营地在实际中亦相毗邻,其与奔马公司主营业务构成实质性竞争关系,故应认定谢某对查询奔马公司会计凭证、会计账簿等有不正当目的,可能存在损害奔马公司合法利益的情形,不应支持谢某查阅奔马公司会计账簿等财务材料的诉讼请求。

2. 北京倍爱康生物技术有限公司、东峰企业有限公司股东知情权纠纷案①

诉讼结论:股东行使对会计账簿的“查阅”方式包括查看与摘抄。

基本案情:东峰企业有限公司(以下简称东峰公司)与北京倍爱康生物技术有限公司(以下简称倍爱康公司)行使股东知情权一案,北京市高级人民法院判决倍爱康公司于判决生效之日起10日内提供该公司自1999年6月起至判决生效之日止的公司章程、股东会会议记录、董事会会议决议、监事会会议决议和财务会计报告供东峰公司查阅、复制,上述材料由东峰公司在倍爱康公司正常工作时间内至倍爱康公司办公场所查阅、复制;倍爱康公司于判决生效之日起10日内提供该公司自1999年6月起至判决生效之日止的公司会计账簿供东峰公司查阅,上述材料由东峰公司在倍爱康公司正常工作时间内至倍爱康公司办公场所查阅。判决生效后,东峰公司申请强制执行,执行过程中,法院执行实施机构在与东峰公司、倍爱康公司的谈话笔录中明确告知“摘抄应属于查阅的范围,决定按照查阅权里包括摘抄来执行”。倍爱康公司提出执行异议,请求撤销在执行过程中法院同意东峰公司摘抄会计账簿的执行行为,认为摘抄不属于“查阅”。

法院认为:摘抄是股东行使知情权、查阅会计账簿的辅助手段,是辅助股东查阅公司文件材料、了解公司信息的方法。不管是聘请专业人员,还是进行摘抄,都

---

① 参见最高人民法院(2020)最高法执监97号执行裁定书。

是辅助股东实现其知情权的手段。一般情况下,摘抄不等同于复制。参照法律和司法解释对证据的有关规定精神,摘录和复制具有不同的法律含义。从词意上理解,“摘抄”与“摘录”意思相近,均可理解为“选取一部分内容抄录下来”,“复制”可理解为“依照原件制作成同样的”。可见,摘录、摘抄与复制的含义不同,不能产生“制作成同样的”效果,不能认为摘抄本质上属于复制。股东对会计账簿进行摘抄,不违反《公司法》的规定,倍爱康公司关于“摘抄”本质上属于“复制”的主张,不能成立。

第二节　组织机构

第五十八条　有限责任公司股东会由全体股东组成。股东会是公司的权力机构,依照本法行使职权。

第五十九条　股东会行使下列职权:

(一)选举和更换董事、监事,决定有关董事、监事的报酬事项;

(二)审议批准董事会的报告;

(三)审议批准监事会的报告;

(四)审议批准公司的利润分配方案和弥补亏损方案;

(五)对公司增加或者减少注册资本作出决议;

(六)对发行公司债券作出决议;

(七)对公司合并、分立、解散、清算或者变更公司形式作出决议;

(八)修改公司章程;

(九)公司章程规定的其他职权。

股东会可以授权董事会对发行公司债券作出决议。

对本条第一款所列事项股东以书面形式一致表示同意的,可以不召开股东会会议,直接作出决定,并由全体股东在决定文件上签名或者盖章。

【条文主旨】

本条是关于有限责任公司股东会职权的规定。

【条文理解】

一、股东会中心主义与董事会中心主义界分

公司治理模式的选择是公司治理具体制度构建与革新的过程中需要解决的

基础性和前置性问题,这一看似偏向于在理论层面探讨的问题,实则贯穿于公司治理实践的方方面面,直接影响着公司各组织机构的权责甚至存废。公司治理模式选择方面的争议主要集中在股东会中心主义与董事会中心主义两种不同的公司经营体系的抉择上,两种治理模式孰优孰劣、何者更贴合当下《公司法》立法需求,一直是公司治理研究关注的热点话题,亦是 2023 年《公司法》修改的重要议题。

各国早期的公司法均奉行股东会中心主义,赋予股东会广泛的决议权。股东会除享有法定职权外,一般还在章程中为股东会设定种种职权,而董事会不过是股东会决议的执行者而已,股东会可随时就任何公司经营行为向董事会发号施令,董事会沦为股东会的消极、机械的附庸。股东会中心主义与当时的政治思潮和历史背景紧密相连,人们往往搬用政治生活中的民主概念去理解公司中的民主,并把公司章程与国家宪法进行类比。自 20 世纪初以来,随着科学技术的进步,生产力水平的提高,公司参与的市场经济流转不断加快,公司的经营范围空前拓宽,公司的经营活动亦趋复杂化和专业化,各国公司立法开始奉行董事会中心主义,逐渐强化董事会职权。

如何划分和选择"股东会中心主义"和"董事会中心主义"是学界争议的焦点,中外公司法学理有终极目标论、代理关系论、"最终决定权"和"权力独立"标准、剩余权力归属标准等多种理解和主张。

公司治理中心其实并非一个精确、界限十分清晰的法律概念,"股东会中心"或"董事会中心"之间有时难以划出严格的法律界线,任何一个因素或标准都无法成为绝对性的判断依据。公司治理权力在股东会、董事会和经理机构之间的分配会呈现此消彼长的变化,而这又是一个治理中心由量变到质变的过程,各个治理中心标准作为衡量的参数在治理中心的判断上会出现无数个变换组合。由此,判断公司治理中心的唯一途径和科学方法只能是综合判断,即应对公司经营者权利中的各项职权和各种因素进行比较衡量,并在其达到明显的主次差异和突出的权利优势时,才能形成股东会或董事会成为公司治理中心的结论。

二、股东会的法定职权

(一)本条规定的立法沿革

在我国《公司法》中,股东会职权范围是曲折变化的过程,呈现出由股东会中心主义向董事会中心主义转变的趋势。

《公司法》(1993 年)规定的股东会职权有 12 项,包括"(一)决定公司的经营方针和投资计划;(二)选举和更换董事,决定有关董事的报酬事项;(三)选举和更换由股东代表出任的监事,决定有关监事的报酬事项;(四)审议批准董事会的报告；（五）审议批准监事会或者监事的报告；（六）审议批准公司的年度财务预算方案、决算方案；（七）审议批准公司的利润分配方案和弥补亏损方案；（八）对公司增加或者减少注册资本作出决议；（九）对发行公司债券作出决议；（十）对股东向股东以外的人转让出资作出决议；（十一）对公司合并、分立、变更公司形式、解散和清算等事项作出决议；（十二）修改公司章程。"

《公司法》（2005 年）对股东会职权进行了修改，限定选举董事监事的范围即"选举和更换非由职工代表担任的董事、监事"，删除股东会职权中对股东向股东以外的人转让出资作出决议事项，赋予公司章程可自由约定其他股东会职权的权利，增加股东会决议的简易方式，即"对前款所列事项股东以书面形式一致表示同意的，可以不召开股东会会议，直接作出决定，并由全体股东在决定文件上签名、盖章"。

《公司法》（2023 年）采取"删减"加"授权"形式对股东会职权进行修改，一是将"决定公司的经营方针和投资计划"和"审议批准公司的年度财务预算方案、决算方案"两个事项从股东会的法定职权中删除；二是删除非由职工代表担任董事监事的限制，即选举全部董事、监事都在股东会职权范围内；三是明确股东会可以对其职权范围内的部分事项（如发行公司债券）授权董事会作出决议。

（二）所有者权利和经营者权利的界定

依上文所述，公司权利分为所有者权利和经营者权利。所有者权利是指股东作为公司的所有者对关涉公司最根本事项所保有的权利，这些事项关系公司的基础，直接决定公司的存续与发展并直接影响全体股东的重大投资权益；经营者权利是指公司的实际管理者对公司经营管理事项所享有的权利，为董事会和经理所享有。①

从《公司法》（2018 年）的权利配置来看，董事会和经理的法定职权固然都是经营者权利，但股东会的权利却不止所有者权利，还包括部分经营者权利。有观点提出，就《公司法》（2018 年）对股东会职权的列举，除了选举董事监事，修改章程，重大资产出售，公司合并、分立、解散，变更公司形式等结构性、根本性变化应保留为所有者权，配置给股东会的"发行公司债券"系公司对外举债，它和"决定公司的经营方针和投资计划""审议批准公司的年度财务预算方案、决算方案""审议批准公司的弥补亏损方案"实属经营者权。②

---

① 参见赵旭东：《股东会中心主义抑或董事会中心主义？——公司治理模式的界定、评判与选择》，载《法学评论》2021 年第 3 期。

② 参见潘林：《论公司机关决策权力的配置》，载《中国法学》2022 年第 1 期。

尽管按照学者的归纳，股东会与董事会的分权受制于决策所需的技能是侧重商业技能还是投资技能、决策的经济重要性程度、决策事项的发生频率、决策所需的速度、管理者的利益冲突以及股东的期待等因素。① 但在不同的时空条件下，这些都是或多或少的判断和权衡，某些决策事项是归属于所有者权还是经营者权并无一定之规，比较法上的规范也彼此不一。例如，德国、法国、意大利、日本等国的公司法仍要求利润分配须获得股东会的批准。②

(三)本条对股东会职权删减的修改思路

本条关于股东会职权的规定，是在《公司法》(2018年)第37条的基础上进行精简的，将涉及股东根本利益的基础性权利事项即“所有者权利”保留，将属于“经营者权利”事项的部分职权予以删除，进一步明确股东会与董事会的职权边界。

即将属于“经营者权利”的“决定公司的经营方针和投资计划”和“审议批准公司的年度财务预算方案、决算方案”两项经营者权利事项从股东会法定职权中删除。删除后，该职权非股东会法定职权，而章程中又未明确规定的，则默示属于董事会职权。

对于股东会职权中“决定公司的经营方针和投资计划”，除被认为归属于经营者权需要重构外，其表面上与本法董事会职权中的“决定公司经营计划及投资方案”相配套，但“经营方针”与“经营计划”等术语，明显语义模糊、边界不清，实践中往往难以厘清董事会与股东会在经营决策方面的权利界线，导致股东会与董事会在职权划分上存在交叉和重叠。本条将“决定公司的经营方针和投资计划”从股东会职权中删除，有利于厘清董事会与股东会权利界限，提高公司权利配置的效率。

对于股东会职权中“利润分配方案和弥补亏损方案”，虽与经营者权利关系甚密，但该事项也直接决定着全体股东在公司中的根本权益，实质性地影响着股东的投资利益和投资风险，该权利属于经营者权利还是所有者权利难以区分。本条采取了倾向于保护股东利益的标准，将其在股东会职权中予以保留。

(四)股东会的法定职权

按照以上思路修改后，本条第1款规定的股东会享有9项职权，归纳为以下五个方面：

---

① See Melvin Aron Eisenberg, *The Legal Roles of Shareholders and Management in Modern Corporate Decisionmaking*, California Law Review, Vol. 57:1, p. 7-60(1969).

② See Reinier Kraakman et al., *The Anatomy of Corporate Law: A Comparative and Functional Approach*, Oxford University Press, 2017, p. 57.

1. 人事权

股东会有权选任和决定本公司的董事、监事,可以对不合格的董事、监事予以更换。董事、监事受公司股东会委托或委任,为公司服务。有关董事、监事的报酬事项,包括数额、支付方式、支付时间等,都由股东会决定。公司高级管理人员的任免及报酬不需由股东会决定。

2. 审批权

股东会享有对重大事项的审批权,具体包括以下两方面:一是审议批准工作报告权,即股东会有权对公司董事会、监事会提出的报告进行审议,并决定是否予以批准。报告主要分为年度工作报告和重大事项报告。二是对利润分配方案以及弥补亏损方案进行审议,最终决定批准与否。上述方案应由董事会根据公司的经营情况进行拟定,然后提交股东会进行审议。

3. 决定(议)权

股东会有权对公司增加或者减少注册资本,发行公司债券,公司合并、分立、解散、清算或者变更公司形式的事项作出决议。上述事项与股东的所有者权益有着密切的联系,所以应由股东会作出决议。股东会作出决议以后,董事会、监事会应当认真组织实施。

4. 修改公司章程权

公司章程是由公司全体股东在公司设立时共同制定的,因此修改公司章程也应该由全体股东讨论,而不能由董事会、监事会直接进行修改。股东会修改公司章程,必须经代表 2/3 以上表决权的股东赞成通过方为有效。

5. 公司章程规定的其他职权

除了上述职权外,股东会还享有公司章程规定的其他职权。其他职权的具体内容,可在公司章程中进行规定。

以上是法律规定的股东会职权,但在不同种类的公司中,股东会实际行使的职权及行使职权的条件也各不相同,它与公司的规模大小、股权结构和股东偏好密切相关。一般有限责任公司股东会行使的权利要远比股份有限公司大,股权集中的公司股东会的权利比股权分散的公司大。① 股东会以何种方式行使职权有赖于公司根据不同需求对公司章程进行设计。

(五)股东会授权董事会对发行债券作出决议的权利

本条第 2 款是在《公司法》(2018 年)股东会职权基础上的新增内容,明确股东会可以授权董事会对发行公司债券作出决议。

① 参见石少侠主编:《公司法学》(第 5 版),中国政法大学出版社 2015 年版,第 155~156 页。

我国台湾地区“公司法”中,无论是一般公司债的发行,抑或可转换公司债的发行,均只需董事会的特别决议即可。[①] 在日本公司法中,公司债的发行由董事会决定。董事会通常需要从公司现状、市场利率或者证券市场等方面进行综合考虑,判断作为公司的资金筹措手段,发行公司债是否合适,接下来还必须决定公司债的总额、债券的券面金额、利率、发行价格、发行形态、偿还期限等。[②]

由此可见,公司债券的发行关涉事项众多,本质上属于商事裁量事项,归于董事会显然更具效率和信息优势。但从公司债券的性质来看,其又有一定特殊性。与股权融资相比,债券持有人不参与公司经营。公司债券具有团体性和长期性,在公开募集时还具有涉众性,与股份发行相类似。近年来以夹层融资、类别股等为代表的股债融合工具发展趋势明显。[③]

因此,本条结合域外法经验以及社会发展现状,未直接将发行债券决定权交由董事会行使,而是根据债券的具体性质由股东会确定是否授权董事会决策,债权发行的授权制度兼顾了公司决策的理性与效率。应由代表多少比例表决权的股东同意授权,本法并未明确规定,可由公司章程自治,但不应低于《公司法》(2023 年)对一般事项表决的比例限制。

三、股东会议事方式

(一)可不召开股东会的情形

本条第 3 款规定了股东会决议作出的简易方式。股东会行使职权,应当按照法律规定和公司章程规定的议事方式和表决程序进行。一般情况下,股东会应当通过召开股东会会议作出决定的形式行使职权。但是,如果全体股东对本条第 1 款所列事项书面一致同意的,可以不召开股东会会议,直接作出书面决定,否则必须召开股东会会议进行表决。

(二)明确股东决定形式

《公司法》(2018 年)第 37 条第 2 款规定,在全体股东以书面形式一致表示同意的情形下可直接作出股东决定,“并由全体股东在决定文件上签名、盖章”,本条第 3 款将其修改为“并由全体股东在决定文件上签名或者盖章”。原条文通常理解为股东是自然人的需要签名,股东是法人的则需要盖章,而对于法人股东的法定代表人是否需要在股东会决议上签名,并没有明确要求。本款将股东作出书面

---

① 参见王文:《公司法论》,台北,元照出版有限公司 2019 年版,第 534 页。

② 参见[日]近藤光男:《最新日本公司法》(第 7 版),梁爽译,法律出版社 2016 年版,第 369 页。

③ 参见李安安:《股债融合论:公司法贯通式改革的一个解释框架》,载《环球法律评论》2019 年第 4 期。

决定的形式进一步明确，“签名”“盖章”为二选一关系，而非并列关系，即股东是自然人的应签名，股东是法人的应盖章。

【司法适用】

关于能否将股东会法定职权赋予董事会行使的问题。

本条规定了股东会 8 项法定职权及 1 项“章程规定的其他职权”，能否将该等职权授予董事会行使，主要取决于该条规范的约束力。

关于法律规范的效力，通常有强制性规范和任意性规范的区分。强制性规范之下，公司机构的法定职权是绝对享有、不可通过公司章程的另外规定予以改变的权利。而任意性规范之下，这种法定职权则取决于公司的自我选择，只有在公司章程未作另外规定情况下，才成为公司机构实际拥有的职权，而在公司章程另有规定时，法定职权将让位于章定职权。①

就《公司法》（2023 年）规定的股东会职权而言，可分解为所有者权利和经营者权利，所有者权利包括本条规定的除发行公司债券外的其他股东会法定职权，对于这些职权，法律应作强制性规定。发行公司债券虽十分重大而被《公司法》规定为股东会的职权，但却并非所有者的固有权利，因此可通过授权董事会行使的方式，赋予其一定程度的任意性。② 而“章程规定的其他职权”属于完全任意性规范，可由公司章程自治。换言之，股东会仅可通过授权方式将法定可授权事项——“对发行债券作出决议”，以及公司章程规定的除法定股东会职权之外的权利赋予董事会行使，而其他法定职权属于强制性规范则不能下放。

【司法案例】

徐某霞诉安顺绿洲报业宾馆有限公司、第三人贵州黔中报业发展有限公司决议效力确认纠纷案③

诉讼结论：董事会、股东会均有法定职权和章程规定职权两类职权，但无论是法定职权还是章程规定职权，强调的都是权利，在没有法律明确禁止的情况下，股东可以通过公司章程调节股东会和董事会的权利边界。但是，修改公司章程、增加或者减少注册资本的决议，以及公司合并、分立、解散的决议有且只有公司股东会才有决定权，这是股东会的法定权利，公司章程规定股东会的法定权利由董事会行使，违反了《公司法》（2018 年）的强制性规定，该类条款无效。

---

① 参见赵旭东：《公司组织机构职权规范的制度安排与立法设计》，载《政法论坛》第 40 卷第 4 期。

② 参见赵旭东：《公司法修订中的公司治理制度革新》，载《中国法律评论》2020 年第 3 期。

③ 参见贵州省高级人民法院（2015）黔高民商终字第 61 号民事判决书。

基本案情:2009 年,徐某霞与第三人贵州黔中报业发展有限公司(以下简称报业公司)为设立安顺绿洲报业宾馆有限公司(以下简称报业宾馆)共同拟定了《安顺绿洲报业宾馆有限公司章程》,该章程主要载明:由报业公司发起,由报业公司和徐某霞共同出资租赁安顺报社办公楼为场所,合股经营报业宾馆;出资比例为报业公司 51 %、徐某霞 49 %。章程第 7 条规定,宾馆设董事会,行使下列权利:(1)决定宾馆的经营方针和投资计划;(2)决定总经理、副总经理的报酬事项;(3)选择和更换由股东派出的监事;(4)审议批准宾馆总经理的报告;(5)审议批准宾馆监事会的报告;(6)审议批准宾馆的年度财务预算方案、决算方案;(7)审议批准宾馆的利润分配方案和弥补亏损方案;(8)对宾馆增加或者减少注册资本作出决议;(9)对股东向股东以外的人转让出资作出决议;(10)对宾馆合并、分立、变更、解散和清算等事项作出决议;(11)修改宾馆章程;(12)制定宾馆的基本管理制度。章程第 32 条规定,宾馆有下列情况之一,可以解散:(1)宾馆章程规定的营业期限届满;(2)董事会决议解散;(3)宾馆合并或者分立需要解散;(4)宾馆违反法律、行政法规被依法责令关闭;(5)因不可抗力事件致使宾馆无法继续经营;(6)宣告破产。徐某霞认为报业宾馆章程第 7 条在董事会权利中规定了应由股东行使的法定权利,第 32 条也规定了董事会有权通过决议方式对报业宾馆进行解散等应由股东行使的权利,违反公司法强制性规定,侵犯了股东合法权益。

法院认为:《公司法》(2018 年)第 37 条、第 46 条分别以列举的形式规定了股东会和董事会的职权,从两条法律规定来看,董事会、股东会均有法定职权和章程规定职权两类职权。无论是法定职权还是章程规定职权,强调的都是权利,在没有法律明确禁止的情况下,权利可以行使、可以放弃,也可以委托他人行使。但《公司法》(2018 年)第 43 条第 2 款规定,“股东会会议作出修改公司章程、增加或者减少注册资本的决议,以及公司合并、分立、解散或者变更公司形式的决议,必须经代表三分之二以上表决权的股东通过”。从此条规定中的法律表述用语“必须”可以看出,修改公司章程、增加或者减少注册资本的决议,以及公司合并、分立、解散的决议有且只有公司股东会才有决定权,这是股东会的法定权利。报业宾馆章程规定股东会的法定权利由董事会行使,违反了上述强制性法律规定,应属无效。判决确认报业宾馆章程第 7 条第 8 项、第 10 项、第 11 项、第 32 条第 2 项无效。

第六十条　只有一个股东的有限责任公司不设股东会。股东作出前条第一款所列事项的决定时,应当采用书面形式,并由股东签名或者盖章后置备于公司。

【条文主旨】

本条是关于一人公司股东行使职权的书面形式要求的规定。

【条文理解】

一、一人公司的机构设置

（一）一人公司不设股东会

实践中，其他有限责任公司股东呈现多元化的特征，公司由于股东之间的利益不同，极易导致股东间的权利之争，或者决而不断，或者相互推诿扯皮，从而妨碍公司效率。一人公司的投资主体具有唯一性，有助于简化公司内部法律关系，不存在股东之间的利益冲突问题。因此，一人公司的特征之一便是公司没有股东会。如果照搬普通有限责任公司的模式进行股东会设置，则显得机械与不合实际。

（二）一人公司的股东类型

对于一人公司的股东类型，《公司法》（2018 年）突出了一人有限责任公司的特殊性质，将一人有限责任公司定义为"只有一个自然人股东或者一个法人股东的有限责任公司"，本条将"一人有限责任公司"变更为"只有一个股东的有限责任公司"，让一人公司股东类型更具有包容性，不仅包括自然人或法人，非法人组织尤其是合伙企业或其他机构也可成立一人公司。

二、一人公司的表决形式

对于一人公司，法律规定其不设股东会，因而也就无法以股东会会议的形式行使股东职权。但是，一人公司股东又必须采取一定的形式和程序行使股东职权。

为使一人公司的交易相对人在与公司进行交易时充分了解公司的状况，一些国家的法律规定了必要的书面记载制度，要求一人公司的股东在行使职权、决定公司重大事项时，应当以书面形式进行。同时，由他自己和由他代表的公司签订的合同，也应以书面形式记录入档。

例如，欧共体理事会《关于一人公司的第 12 号公司法指令》中就规定，一人公司的唯一股东行使公司股东会的权利。一人公司的唯一股东在行使股东会权利、作出相应决策时，应当载于会议记录或者以书面形式起草。一人公司的唯一股东在代表公司与自己签订合同时，应当载于会议记录或者以书面形式起草。

我国《公司法》（2005 年）借鉴了国外有关一人公司立法的有益经验，规定一人公司不设股东会，股东作出《公司法》（2005 年）第 38 条第 1 款所列决定时，应当采用书面形式，并由股东签字后置备于公司。也就是说，虽然一人公司不设股东会，但在涉及行使股东会职权等重大事项时，股东必须以书面形式作出决定并签字,而且这些文件还应该置备于公司中以方便各方查询。这样规定对于保护交易安全是完全必要的。

本条对《公司法》(2018 年)规定的“股东签名”修改为“股东签名或者盖章”,一人公司股东类型不仅包括自然人,还包括法人和其他组织。由自然人股东作出股东决定,应在书面股东决定上签名作为其意思表示的形式证明,而在由法人或非法人组织担任股东的情形下,意思表示形式应为盖章。本条的调整完善了一人公司股东决定的形式要求。

【司法适用】

一、关于一人公司股东作出重大决定时未采取书面形式是否影响决定行为的效力问题

与本条具有体系一致性的是《公司法》(2023 年)第 64 条第 2 款“股东会应当对所议事项的决定作成会议记录,出席会议的股东应当在会议记录上签名或者盖章”的规定。公司虽有义务制作并留存股东会会议记录,但目的是便于股东查阅会议记录,故而会议记录的作用更多的是作为股东会决议的证据。① 若某次股东会决议欠缺会议记录,将使公司及利害关系股东面临举证难题,并在诉讼中承担不利后果,但这不能作为股东会决议无效的理由。

本条规范意旨也是如此,通过股东决定的书面记载制度,与一人公司交易的相对人可以了解公司状况。但若只有一个股东的有限责任公司的股东决定未予以书面记载,其所导致的后果是公司将被认为治理存在缺陷,并非直接导致决议行为无效。②

二、关于夫妻共同设立并完全持股的公司是否属于一人公司的问题

针对该问题,不同的法院,甚至同一法院的不同法官,也存在不同的观点,司法实践中争议较大。有观点认为,一人有限责任公司即只有一个股东,应严格适用;夫妻公司是两个自然人股东,不符合一人公司的形式要件。③ 还有观点认为,就该问题不应一概而论,应透过现象看本质,综合考虑个案证据情况进行认定,比如设立公司的财产是否为夫妻共同财产;公司运营期间,夫妻财产是共同共有还是分别所有,等等。④

需要强调的是,即使被认定为一人公司,也并不必然会导致夫妻股东对公司

---

① 参见人大法工委编:《中华人民共和国公司法释义》,法律出版社 2005 年版,第 71 页。

② 参见范佳慧:《论一人公司关联担保的效力》,载《法学论坛》2021 年第 2 期。

③ 参见最高人民法院(2020)最高法民申 6688 号民事裁定书。

④ 参见最高人民法院(2019)最高法民再 372 号民事判决书。

的债务承担连带责任。如果夫妻股东能证明公司的财产与股东的财产分别独立,则夫妻股东可免予对公司的债务承担连带责任。就夫妻股东而言,在公司经营过程中,要有风险防范意识。为防止公司被认定为实质性的一人有限责任公司,建议夫妻股东规范经营。

【司法案例】

1. 熊某平、沈某霞因与武汉猫人制衣有限公司、江西青曼瑞服饰有限公司执行异议纠纷案①

诉讼结论:公司股权归属于夫妻共同财产权,股权主体具有利益的一致性和实质的单一性,构成实质上的一人公司。

基本案情:熊某平、沈某霞在婚姻关系存续期间设立江西青曼瑞服饰有限公司(以下简称青曼瑞公司),该公司未按照生效调解书向债权人武汉猫人制衣有限公司履行偿还义务,债权人在执行过程中认为青曼瑞公司符合一人公司实质要件,请求追加股东熊某平、沈某霞为被执行人承担连带责任。

法院认为:青曼瑞公司由熊某平、沈某霞夫妻二人在婚姻关系存续期间设立,公司资产归熊某平、沈某霞共同共有,双方利益具有高度一致性,难以形成有效的内部监督。熊某平、沈某霞均实际参与公司的管理经营,夫妻其他共同财产与青曼瑞公司财产亦容易混同,从而损害债权人利益。青曼瑞公司与一人有限责任公司在主体构成和规范适用上具有高度相似性,二审法院认定青曼瑞公司系实质意义上的一人有限责任公司并无不当。

2. 北钢管业(营口)有限公司诉中国建设银行股份有限公司营口分行等金融借款合同纠纷案②

诉讼结论:一人有限责任公司对外担保,虽未形成书面股东决定,但其唯一股东在担保合同中签字或盖章的,担保有效。

基本案情:北钢管业(营口)有限公司(以下简称北钢管业)与中国建设银行股份有限公司(以下简称建设银行)签订《保证合同》,约定北钢管业为营口盼盼超烁高科彩镀有限公司对建设银行的相关借款承担连带保证责任。借款发放后,营口盼盼超烁高科彩镀有限公司没有按期偿还债务,建设银行要求北钢管业承担连带保证责任。北钢管业主张保证未经公司决议程序,保证合同对其不发生效力。

① 参见最高人民法院(2019)最高法民再372号民事判决书。

② 参见最高人民法院(2021)最高法民申1651号民事裁定书。

法院认为：一人有限责任公司对外提供担保时，其唯一股东在保证合同中签字并加盖公司印章的行为，足以表明该公司具有为该债务提供担保的意思表示，应当依法认定保证合同合法有效。

第六十一条　首次股东会会议由出资最多的股东召集和主持，依照本法规定行使职权。

第六十二条　股东会会议分为定期会议和临时会议。

定期会议应当按照公司章程的规定按时召开。代表十分之一以上表决权的股东、三分之一以上的董事或者监事会提议召开临时会议的，应当召开临时会议。

【条文主旨】

本条是关于股东会的会议制度的规定。

【条文理解】

一、本条规定的立法沿革

《公司法》(1993 年)第 43 条规定："股东会会议分为定期会议和临时会议。定期会议应当按照公司章程的规定按时召开。代表四分之一以上表决权的股东，三分之一以上董事，或者监事，可以提议召开临时会议。有限责任公司设立董事会的，股东会会议由董事会召集，董事长主持，董事长因特殊原因不能履行职务时，由董事长指定的副董事长或者其他董事主持。"

1999 年、2004 年两次修改《公司法》时，对此条内容均未进行修改。直至 2005 年《公司法》修订时，将本条拆分成两条。保留了《公司法》(1993 年)第 43 条第 1 款，修改了第 2 款，规定了股东会分为定期会议和临时会议，并规定了提议召开会议的权利。条文序号由第 43 条变更为第 40 条。将第 3 款股东会会议的召集和主持的权利内容，形成单独的一条。

《公司法》(2005 年)修订时的主要修改是：一是将"代表四分之一以上表决权的股东"提议召开临时会议，修改为"代表十分之一以上表决权的股东"，降低了提议召开临时会议的股东所持表决权的比例，方便股东行使提议召开临时会议的权利，这是 2005 年修改《公司法》，健全股东权益保障机制的一项具体措施。二是将"三分之一以上董事，或者监事"修改为"三分之一以上的董事，监事会或者不设监事会的公司的监事"，更加准确地表述了董事 1/3 以上，监事会或者不设监事会的公司的监事可提议召开临时会议的含义,明确设监事会的公司监事个人或者数人不能提议召开临时会议。三是将“可以提议召开临时会议”的规定,修改为“提议召开临时会议的,应当召开临时会议”,明确了有法定提议权的人提议召开临时会议后,必须召开临时会议。修改后的条文为:“股东会会议分为定期会议和临时会议。定期会议应当依照公司章程的规定按时召开。代表十分之一以上表决权的股东,三分之一以上的董事,监事会或者不设监事会的公司的监事提议召开临时会议的,应当召开临时会议。”《公司法》(2013 年)修正时,条文序号由第 40 条变更为第 39 条。《公司法》(2018 年)未作修改。

本次修订主要将“不设监事会的公司的监事”删除,条文序号由第 39 条变更为第 62 条,强调了提议召开股东会会议应以监事会为单位,而非监事个人。

二、股东会会议的类型

股东会会议是公司股东权利的行使和决议的形成所采取的组织形式。股东是公司的最基本和最重要的成员构成,股东享有决定公司重大事务和选择管理者的权利。但股东不能以个人身份行使这些权利,只能以会议的形式行使这些权利。股东会依据召开的原因、时间、方式不同,通常分为定期会议和临时会议两种。

(一)定期会议

定期会议是指按照公司章程规定,公司在一定时间内定期召开的会议。《公司法》(2023 年)规定,股份有限公司的股东会应当每年召开一次会议,一般应于每个会计年度终结后 6 个月内召开,但并没有对有限责任公司定期会议的举行作出强制性规定,股东可以在公司章程中对定期股东会会议作出具体规定,显示了《公司法》的灵活性。因此,有限责任公司的定期会议可以是一年举行一次,也可以是一季度举行一次,可以是年初,也可以是年末。这种规定具有合理性,因为根据我国法律,有限责任公司的规模相差较大,尤其是对于小型封闭性公司而言,人和性较强,公司事务的决定具有相当的任意性,如果法律直接规定所有的有限责任公司均应采取一律的定期会议形式,不仅与公司的实际运作相悖,而且可能流于形式得不到遵守。

(二)临时会议

临时会议是一种不定期的会议,公司章程没有明确规定什么时间召开,当出现法定事项时,应相关人员的提议而召开。召开临时会议的法定情形主要有以下几种:(1)董事会或监事会按照公司章程的规定,认为必要时而决定召开;(2)应持法定比例以上股权的股东提议或请求召开;(3)法院责令召开。

三、临时会议的提议程序

（一）股东条件

当公司出现重大问题、重大事项，股东可要求召开临时会议。但为了防止股东滥用权利，导致频繁召开会议，对公司的正常生产经营活动产生不良影响，应当对股东提议召开临时会议的条件进行适当的限制。代表1/10以上表决权的股东，有权提议召开临时会议，此处的“以上”包含本数。

（二）董事条件

董事是董事会的组成人员，由公司股东会选举产生，参与公司的经营决策等事务，对公司的生产经营情况非常熟悉。当出现影响公司前途、股东重大权益、公司重大利益等问题，需要由股东会会议作出决定时，应当赋予董事召开临时会议的提议权。按照本条规定，1/3以上的董事，有权提议召开临时会议，此处的“以上”包含本数。

（三）监事会条件

公司监事会负有公司监督职责，对董事、经理等具体负责公司日常经营管理活动违反法律、公司章程等行为进行监督，如果发现情况需要通过召开股东会会议作出相应决定，应当赋予其提议权。因此，公司监事会有权提议召开临时会议。

相比《公司法》（2018年）第39条的规定，本条删去了“不设监事会的公司的监事”，意在强调提议召开股东会会议应以监事会为单位，而非监事个人。但这并不意味着不设监事会的公司的监事无权提议召开临时股东会会议，因为按照《公司法》（2023年）第83条的规定，不设监事会的公司的监事行使监事会的职权。

对提议召开临时会议的人员要求、比例限制，表明股东会的临时会议并不是随意就能够召开的会议。只有当公司需要作出重要决策，或者出现重大问题时，由法定人员根据法定程序才能提议召开。一般性、经常性的问题，可以在股东会的定期会议上解决。需要进一步明确的是，上述3类法定主体的提议权是并列的，不分先后；同时，依法提议召开股东会临时会议的，“应当”召开临时会议，即法律规定的股东会会议的召集人在法定情况下，必须召集临时会议，否则违反法律规定。股东会定期会议和临时会议的召集程序除首次股东会会议外，应遵守《公司法》（2023年）第63条的规定。

【司法适用】

关于请求召开临时股东会会议是否可诉的问题。

《九民纪要》第29条规定，“公司召开股东（大）会本质上属于公司内部治理范围。股东请求判令公司召开股东（大）会的，人民法院应当告知其按照《公司法》第40条或者第101条规定的程序自行召开。股东坚持起诉的，人民法院应当裁定不予受理;已经受理的,裁定驳回起诉”。

该条规定请求召开股东会会议不可诉的理由是,公司是否决定召开股东会会议本质上属于公司内部治理问题,司法尽量避免干预,《公司法》已经对股东会会议的召开作了比较完善的程序性规定,允许通过诉讼程序赋予所有股东对股东会的召集权是对现行规定的突破。若股东径行选择向法院起诉请求判令公司召开股东会,将会被法院告知按照《公司法》(2023 年)第 63 条的规定,自行召开股东会。股东坚持起诉的,法院将裁定不予受理。

第六十三条　股东会会议由董事会召集,董事长主持;董事长不能履行职务或者不履行职务的,由副董事长主持;副董事长不能履行职务或者不履行职务的,由过半数的董事共同推举一名董事主持。

董事会不能履行或者不履行召集股东会会议职责的,由监事会召集和主持;监事会不召集和主持的,代表十分之一以上表决权的股东可以自行召集和主持。

【条文主旨】

本条是关于股东会会议的召集与主持的规定。

【条文理解】

一、本条规定的立法沿革

《公司法》(1993 年)第 43 条第 3 款规定:“有限责任公司设立董事会的,股东会会议由董事会召集,董事长主持,董事长因特殊原因不能履行职务时,由董事长指定的副董事长或者其他董事持。”

1999 年、2004 年两次《公司法》修正过程中,对该款都没有进行修改。直至 2005 年对《公司法》进行修订时,将该款从第 43 条中独立出来,形成单独一条,其内容也进行了实质性修改和全面扩充,成为《公司法》(2005 年)第 41 条。

《公司法》(1993 年)第 43 条第 3 款规定实质就是只赋予董事长一人召集和主持股东会会议的权利。实践证明,现实生活中有限责任公司的大股东,往往就是公司的董事长、法定代表人,其利用对公司的实际控制权,对涉及公司前途、股东重大权益、公司重要利益等问题,不召开股东会会议就作出决定,有的甚至连董事会也不开就擅自作出决定,严重损害公司股东特别是中小股东的利益。所以,为健全股东合法权益的保障机制,《公司法》(2005 年)对股东会会议的召集和主持作出重大修改,详细设定了股东会会议召集和主持的程序。这是健全股东合法权益保障机制的一项重要措施。

《公司法》(2005 年)修改后的条文内容一直延续至《公司法》(2018 年),2023 年修订是在原基础上对该条进行了两处调整:一是删去了区分董事会设立与否董事召集主体的内容,二是删去了由不设监事会的公司的监事召集和主持股东会会议的内容,意在强调股东会会议召集与主持应以董事会或监事会为组织单位,而非执行董事或监事个人。但这两处修改并不代表本条不再允许有限责任公司的独任董事和监事召集和主持股东会会议,因为《公司法》(2023 年)第 75 条和第 83 条明确规定,有限责任公司的独任董事和监事分别行使董事会和监事会职权。

二、董事会是股东会会议第一顺位召集人

本条第 1 款规定,股东会会议由董事会召集,董事长主持;董事长不能履行职务或者不履行职务的,由副董事长主持;副董事长不能履行职务或者不履行职务的,由过半数的董事共同推举一名董事主持。股东会会议分为定期会议和临时会议,不论何种形式的股东会会议,其召集程序均应受本条约束和调整。所谓"不能履行职务",是指生病、出差在外等客观上的原因导致其无法履行职务的情形。所谓"不履行职务",是指不存在上述无法履行的客观原因,但以其他理由或者根本就没有理由而不履行职务的情形。

从条文的语法结构和相互之间的逻辑体系看,将董事会作为召集股东会会议的第一责任人是有法理依据和实践意义的。首先,股东会决议形成前需要股东对拟决议事项进行讨论和表决,董事会作为公司业务执行和经营意思决定的机关,处在商业决策的第一线,由其召集股东会会议,能确保讨论事项的针对性。其次,董事作为经营管理者,对公司负有忠实、勤勉义务,能确保提交股东会表决事项的合法性和公司利益不受损害。最后,若直接由股东自行召集股东会会议、准备相关讨论事项,可能导致控制股东滥用召集权和表决权,并通过对其他股东十分不利的决议。故召集程序上的层层设计,既能防止董事会权利滥用,减少多数决议产生的负面影响,又能贯彻公司机关权限分化的理念,以此谋求公司内部秩序和保障公司业务的正常运营。①

三、董事会不召集股东会会议情形下的召集和主持

在公司大股东担任董事长的情况下,存在大股东为自身利益,不配合、不召集、不主持董事会,进而不召集股东会会议的可能。另外,当公司的经营决策层出现问题,难以正常发挥作用时,也会出现董事会无法召集和主持股东会会议的情况。为了应对上述状况,防止公司陷入僵局,维护公司及公司股东和相关人的利

① 参见何建:《公司临时股东会议召集人之认定》,载《中国律师》2014 年第 6 期。

益,法律规定了补救程序,即本条第 2 款的规定。出现上述情况时,由监事会召集和主持股东会会议;监事会不召集和主持的,代表 1/10 以上表决权的股东可以自行召集和主持股东会会议。

据此,股东会会议的召集和主持,以下列次序确定:第一,由董事会召集,董事长主持;第二,董事会不能履行或者不履行召集股东会会议职务的,由监事会召集和主持;第三,监事会不召集和主持的,代表 1/10 以上表决权的股东可以召集和主持。

需要注意的是,召集和主持股东会会议必须按照以上顺序进行,只有前一顺序的机构或主体不履行或者不能履行该职责时,下一顺序的机构或主体才可以召集和主持。比如,代表 1/10 以上表决权的股东想要召开临时股东会,则必须先向董事会提议,由董事会召集;如果董事会拒绝召集,则可以向监事会提议,由监事会召集;如果监事会拒绝,才可以自行召集。否则,将有可能因违反《公司法》的程序性规定,而导致临时股东会会议作出的决议被撤销。

【司法适用】

一、股东会会议提议权与召集权的关系

一般来说,股东会会议需由有权人提议,由召集人召集,以通知或公告程序告知股东拟召开会议的时间、地点、表决事项等内容,并由特定人主持方可召开。同时,法律尊重股东意思自治,规定可由股东约定或在公司章程中规定股东会会议的通知程序,包括:明确董事会召集股东会会议的具体时间;明确董事会不履行或不能履行职能、监事会怠于行使召集权的具体标准和期限;明确持有一定表决权比例以上的股东、董事或监事会对临时会议提出提议后,董事会“不履行职务”的期限和答复内容的具体要求,作为对法定规则的补充完善。

通常情况下,召开股东会会议的提议人、提议权与会议的召集人、召集权是不同的,两者之间有略微重合。《公司法》第 62 条规定了有权提议召开有限责任公司临时股东会的主体分为 3 类:一是代表 1/10 以上表决权的股东,二是 1/3 以上的董事,三是监事会。上述 3 类主体的提议权是并列的,不分先后;同时,如提议人提议召开临时会议,则临时会议必须召开。本条规定的有权召集股东会会议的召集人也分 3 类:一是董事会,二是监事会,三是代表 1/10 以上表决权的股东。召集人行使召集权是分先后顺序的,不论是定期会议还是临时会议,公司董事会或执行董事是召集和主持股东会会议的第一责任人,其中,董事会是以董事会决议的形式行使召集权;仅当前述主体因主、客观原因而无法履行职责时,才由其他主体担任召集人。

二、关于股东会会议召集程序存在瑕疵是否当然导致决议可撤销的问题

《公司法》(2005 年)增加了公司决议瑕疵诉讼制度。针对其中的公司决议可撤销之诉,《公司法规定(四)》在重申存在法律规定瑕疵的公司决议应根据当事人的请求而撤销的基础上,规定人民法院对同时符合"会议召集程序或者表决方式""轻微瑕疵""未产生实质影响"三要件的公司决议,继续维持其效力,确立了"裁量驳回"制度。所谓"裁量驳回",是指对于相较决议无效或不存在瑕疵更为轻微的可撤销瑕疵,由法院权衡决议瑕疵与决议所生利益之利弊,对于瑕疵不严重且不影响决议的诉讼依职权驳回股东撤销决议的请求。

三、关于是否必须以召开董事会议并形成决议作为召集股东会会议前置程序的问题

有司法观点认为,法律仅规定召集股东会会议是董事会的一项职权,并未要求召集股东会会议前应先召开董事会会议。同时,根据公司章程中董事会表决比例的相关规定,会议通知中有相应比例董事签字即体现董事会成员集体意志,可视为董事会召集。①

【司法案例】

北京天客隆集团有限责任公司与北京物美商业集团股份有限公司、北京超市发连锁股份有限公司职工持股会、北京超市发国有资产经营公司、北京超市发连锁股份有限公司股权转让侵权纠纷案②

诉讼结论:代表 1/10 以上表决权的股东有权召开临时股东会会议,且所作出的决议内容没有违反相关规定的,应认定有效。

基本案情:2004 年北京超市发连锁股份有限公司(以下简称超市发)职工持股会召开会员代表大会,同意将职工股转让给北京物美商业集团股份有限公司(以下简称物美公司),物美公司受让股权后召集临时股东大会并形成相应决议。超市发最大股东北京天客隆集团有限责任公司(以下简称天客隆公司)认为职工持股会股权转让违反公司重组约定,恶意规避了重组对职工持股会事宜的处理,以达到物美公司的非法目的,转让行为无效,物美公司无超市发股东资格,其召集并形成的股东大会决议无效。

法院认为:物美公司与超市发职工持股会签订《股权转让协议书》,履行出资

① 参见北京市第二中级人民法院(2017)京 02 民终 6137 号民事判决书。

② 参见最高人民法院(2013)民申字第 1051 号民事裁定书。

义务，超市发将物美公司记载于超市发公司的股东名册，物美公司已经具备了合法的股东身份，有权召开临时股东大会，且所作出的决议内容没有违反法律、行政法规以及超市发公司章程的相关规定。原审判决认为天客隆公司“从法律上否认股东大会决议的效力，依据不足”，对天客隆公司该项主张未予支持，并无不当。

第六十四条　召开股东会会议，应当于会议召开十五日前通知全体股东；但是，公司章程另有规定或者全体股东另有约定的除外。

股东会应当对所议事项的决定作成会议记录，出席会议的股东应当在会议记录上签名或者盖章。

【条文主旨】

本条是关于股东会会议通知期限和记录的规定。

【条文理解】

本条对《公司法》(2018年)第41条第2款关于股东会记录的签名要求作了修改，即将“出席会议的股东应当在会议记录上签名”修改为“出席会议的股东应当在会议记录上签名或者盖章”，其他内容未作修改。

第六十五条　股东会会议由股东按照出资比例行使表决权；但是，公司章程另有规定的除外。

第六十六条　股东会的议事方式和表决程序，除本法有规定的外，由公司章程规定。

股东会作出决议，应当经代表过半数表决权的股东通过。

股东会作出修改公司章程、增加或者减少注册资本的决议，以及公司合并、分立、解散或者变更公司形式的决议，应当经代表三分之二以上表决权的股东通过。

【条文主旨】

本条是关于股东会议事方式和表决程序的规定。

【条文理解】

一、股东会议事方式和表决程序的确定

股东会是公司的权力机构，股东会的议事方式和表决程序是股东会行使权力的具体体现。所谓“议事方式”，是指公司股东会以什么方式就公司的重大问题进行讨论并作出决议。所谓“表决程序”，是指股东在股东会上如何行使表决权，决议产生效力需要多少股东赞成，才能通过某一特定决议。

由于有限责任公司具有人合性特征，公司不同，股东不同，表决机制就相差较大。为了保障各方面的合法权益，《公司法》作了原则性的规定，如第 65 条规定股东会会议由股东按照出资比例行使表决权，第 66 条第 2 款、第 3 款规定的对一般事项及特殊事项决议需要多少股东赞成等，这些原则性规定都是法律提出的法定要求，公司、股东以及股东会必须严格遵守。要保障股东会的议事和表决的具体实施和操作，除了《公司法》的原则规定外，还需要制定更为详细、具体的操作规则。股东会的议事方式和表决程序，只要不违反《公司法》的强制性规范均可归于公司的自治权范畴。

二、公司一般事项决议的规定

《公司法》（2018 年）第 43 条未对一般事项的表决方式进行规定，而是将其归于公司自治范畴，即由公司章程进行规定。但多数公司章程采用公司登记机关提供的模板，往往没有载明通过一般事项需要的表决权比例。实践中，一般认为，在公司章程没有就股东会决议一般事项通过所需表决权比例作出规定，或者规定不明确的情况下，依据资本多数决的基本要求，股东会会议决议通过一般事项，须经代表一半以上表决权的股东通过。

本条对股东会一般事项的表决方式进行了明确，规定一般事项“应当经代表过半数表决权的股东通过”，为公司章程没有规定或者没有明确规定股东会对一般事项的表决方式提供了明确的法律依据。

三、公司特别事项决议的规定

特别决议是指决定公司特别事项时采用的以绝对多数才能通过的决议。本条第 3 款是关于公司特定事项决议的规定，以下特别事项，应当经代表 2/3 以上表决权的股东通过，这是特别事项表决的法定要求，公司章程不得对此作出相反的规定。

（一）修改公司章程

公司章程是公司组织和行为的基本规则，是公司活动的依据，法律对其制定、内容、形式等有明确的要求。在股东协商一致的情况下，可以对公司章程进行修改，但必须严格遵守法定程序，应当经代表 2/3 以上表决权的股东通过。

（二）公司增加或者减少注册资本

公司注册资本是公司设立、存续、发展的物质基础，属于法定登记事项。公司成立后，根据经营发展需要，可以增加或者减少注册资本，但必须严格遵守法定程序，应当经代表 2/3 以上表决权的股东通过。

（三）公司合并、分立、解散

公司解散，即意味着公司丧失法人主体资格，公司不复存在；公司合并、分立，可能导致公司解散，也可能导致公司分裂。无论是公司合并、分立还是解散，都涉及公司财产的变化，影响股东重大权益，所以必须严格按照法定程序进行，应当经代表 2/3 以上表决权的股东通过。

（四）变更公司形式

有限责任公司可以依法变更为股份有限公司，股份有限公司也可以依法变更为有限责任公司。公司形式的变更，会引起公司注册资本、股东权益、组织机构等方面的重大变化，属于公司重大事项，必须严格按照法定程序，应当经代表 2/3 以上表决权的股东通过。

【司法适用】

如何认定章程约定"股东一致决"条款法律效力？

"资本多数决"是股东会决议的主要形成方式。尽管"资本多数决"体现了资本民主，对平衡股东间的利益冲突、促使公司快速有效地形成决议、保护股东的投资热情起到了巨大作用，[①]但其缺陷也一直存在。由于"资本多数决"以出资的多少决定"话语权"，容易导致在公司中持有多数表决权的股东操纵股东会决议，形成股东压制，造成股东之间的实质不平等，从而挫伤小股东参与公司决策的积极性，进而引发股东会形式化，对有序的公司治理构成极大挑战。近年来，多有通过公司章程约定股东会决议须经"股东一致决"条款约束大股东滥用"资本多数决"的案例出现。然而，对于股东人数较多或股东利益诉求多样化的公司，"股东一致决"毕竟难以达成，如果股东会决议事项均须"股东一致决"，势必会阻碍到股东会决议的形成或降低决策效率，而且还有可能引发股东的机会主义行为，甚至导致公司僵局的出现。

从目前检索到的案例来看，否定或肯定"股东一致决"条款法律效力的判决均大量存在。在认可"股东一致决"条款效力的判决中，主要从以下三个方面切入论证其合法性：一是章程具有自治性特征，在《公司法》没有明确禁止"股东一致决"的情况下，应尊重股东对于公司治理的约定；二是"股东一致决"只是对公司决议通过的程序要求更为严格，未超出《公司法》强制性规范所划定的范围；三是有限责任公司具有人合性，章程是体现股东人合性最直接的载体，最能体现股东之间

---

① 参见蔡元庆、龚建凤：《资本多数决原则与中小股东利益的协调》，载《当代法学》2003 年第 11 期。

的真实意思表示。否定“股东一致决”条款效力的判决理由则相对集中,通常将“资本多数决”视为《公司法》的基本原则,将有关“资本多数决”的规范认定为效力性强制性规范,并将公司章程关于股东会决议方式由“资本多数决”改为“股东一致决”视为对《公司法》基本原则和效力性强制性规范的违反,认为“股东一致决”会在客观上造成少数股东的意见左右股东会甚至决定股东会的意见,从而与公司治理的基本原则相违背,既影响公司的正常经营和决策,也不利于股东利益的维护和实现,以致公司僵局的出现,所以“股东一致决”条款不具备法律效力。

实践中,公司章程提高特别决议通过所需的表决权比例大量涌现。《公司法规定(四)》第 5 条第 4 项更是间接对公司章程提高股东会决议通过所需的表决权比例的做法予以认可。就理论而言,公司章程似乎可以将特别决议通过所需的表决权比例无限提高,但其背后的法理基础仍为“资本多数决”。

“股东一致决”的效力应区分不同情形判断:一是若有限责任公司章程约定“股东一致决”的事项通常都是关乎公司“生死存亡”、经营管理的重大决策,主要表现为《公司法》所列举的特别决议事项以及股东认为需要特别对待的决议事项,则这些决议事项的性质决定了此类议案从被提出、交付股东会审议到表决都必须审慎对待。从数量上讲,重大决策比普通决策要少得多,在重大决策上多花时间和精力对公司的正常经营不会产生太大影响,更不会影响到公司的正常运转,此类“股东一致决”应具有法律效力。但若该特别决议事项无法通过将使公司利益、其他股东利益甚至公共利益受到重大损害,则也应否定其效力。二是若有限责任公司章程约定所有股东会决议事项都纳入“股东一致决”,则有悖于“资本多数决”基本原则,可能导致股东会长期以来无法形成有效决议并严重危及公司正常的经营管理,因此不应确认其法律效力。但也不排除在人合性极强和股东人数极少的公司中“股东一致决”条款的适用性。

【司法案例】

姚某城诉鸿大(上海)投资管理有限公司、章某等公司决议纠纷案①

诉讼结论:修改出资期限一般须经全体股东一致通过,公司股东滥用控股地位,以多数决方式修改公司章程确定的出资期限,损害其他股东出资期限利益,受损股东诉请确认决议无效的,法院将予以支持。

基本案情:鸿大(上海)投资管理有限公司(以下简称鸿大公司)章程规定,注

① 参见上海市第二中级人民法院(2019)沪 02 民终 8024 号民事判决书,载《最高人民法院公报案例》2021 年第 3 期(总第 295 期)。

册资本1000万元,股东章某出资700万元,姚某城出资150万元,第三人蓝某球、何某松各出资75万元,出资时间均为2037年7月1日。2018年11月18日,鸿大公司召开临时股东会会议,股东姚某城未参会,股东章某、蓝某球、何某松参会,通过的决议内容包括将鸿大公司股东的出资时间修改为2018年12月1日、逾期缴纳出资应支付逾期利息。姚某城向法院起诉请求确认鸿大公司临时股东会决议无效。

法院认为:有限责任公司章程或股东出资协议确定的股东出资期限系股东之间达成的合意。除法律规定或存在其他合理、紧迫事由需要修改出资期限的情形外,股东会会议作出修改出资期限的决议应经全体股东一致通过。公司股东滥用控股地位,以多数决方式通过修改出资期限决议,损害其他股东期限权益,其他股东请求确认该项决议无效的,人民法院应予支持。

第六十七条　有限责任公司设董事会,本法第七十五条另有规定的除外。

董事会行使下列职权:

(一)召集股东会会议,并向股东会报告工作;

(二)执行股东会的决议;

(三)决定公司的经营计划和投资方案;

(四)制订公司的利润分配方案和弥补亏损方案;

(五)制订公司增加或者减少注册资本以及发行公司债券的方案;

(六)制订公司合并、分立、解散或者变更公司形式的方案;

(七)决定公司内部管理机构的设置;

(八)决定聘任或者解聘公司经理及其报酬事项,并根据经理的提名决定聘任或者解聘公司副经理、财务负责人及其报酬事项;

(九)制定公司的基本管理制度;

(十)公司章程规定或者股东会授予的其他职权。

公司章程对董事会职权的限制不得对抗善意相对人。

【条文主旨】

本条是关于董事会职权的规定。

【条文理解】

一、董事会的职权定位

(一)董事会为股东会的执行机构

《公司法》(1993年)第37条中规定,“股东会是公司的权力机构,依照本法行使职权”。第46条规定:“董事会对股东会负责,行使下列职权:(一)负责召集股东会,并向股东会报告工作;(二)执行股东会的决议……”至2018年,历次修订、修改均未实质变更上述内容。从立法精神来看,《公司法》(1993年)中出现“权力机构”“董事会对股东会负责”等词句,是仿照全国人民代表大会及其常务委员会的设立模式而来的。[①] 这种模仿很大程度上是由于其在制定时受到大量国有企业遵循行政管理模式影响。[②] 在前述背景影响下,股东会被界定为公司的权力机构,负责决议公司的“一切重大问题”,集体行使投资者权益,而将董事会限定为股东会的执行机构,受股东会的领导。但对于有职工董事的董事会,其需要兼顾股东利益和职工利益,同时执行股东会和职代会的意志,不应被视为股东会的单方执行机构。[③]

(二)董事会为公司的执行机构

《民法总则》第80条[④]和第81条[⑤]分别规定,营利法人应当设权力机构和执行机构,董事会或执行董事为执行机构,该规定被《民法典》第81条[⑥]沿用,直接将董事会或执行董事定性为营利法人的执行机构。依立法机关的解读,营利法人之所以必须同时设立权力机构和执行机构,是因为需要由执行机构来执行权力机构的决定,否则权力机构的决定就会落空,法人也无法正常运转。[⑦] 公司法修订草案一审稿延续了《民法典》的立法思路,拟将董事会确定为“公司”的执行机构,对董事会的独立地位有所推进,但仍然不足以反映董事会在公司治理中的地位。

(三)董事会的多元化职权定位

随着公司治理实践的发展,“执行”显然不足以涵盖董事会的公司经营决策、

---

① 参见赵旭东:《股东会中心主义抑或董事会中心主义?——公司治理模式的界定、评判与选择》,载《法学评论》2021年第3期。

② 参见刘斌:《公司类型的差序规制与重构要素》,载《当代法学》2021年第2期。

③ 参见叶林:《公司治理制度:理念、规则与实践》,中国人民大学出版社2021年版,第117页。

④ 《民法总则》第80条规定:“营利法人应当设权力机构。权力机构行使修改法人章程,选举或者更换执行机构、监督机构成员,以及法人章程规定的其他职权。”

⑤ 《民法总则》第81条规定:“营利法人应当设执行机构。执行机构行使召集权力机构会议,决定法人的经营计划和投资方案,决定法人内部管理机构的设置,以及法人章程规定的其他职权。执行机构为董事会或者执行董事的,董事长、执行董事或者经理按照法人章程的规定担任法定代表人;未设董事会或者执行董事的,法人章程规定的主要负责人为其执行机构和法定代表人。”

⑥ 《民法典》第81条规定:“营利法人应当设执行机构。执行机构行使召集权力机构会议,决定法人的经营计划和投资方案,决定法人内部管理机构的设置,以及法人章程规定的其他职权。执行机构为董事会或者执行董事的,董事长、执行董事或者经理按照法人章程的规定担任法定代表人;未设董事会或者执行董事的,法人章程规定的主要负责人为其执行机构和法定代表人。”

⑦ 参见黄薇主编:《中华人民共和国民法典总则编释义》,法律出版社2020年版,第200页。

业务执行、监督等职能。在《公司法》对公司治理机构进行诸多调整之后，董事会的职能定位也趋于多元化，如《公司法》对公司监督机制进行了重大改革，基于单层制治理架构，允许公司在设立董事会审计委员会的情况下选择性地不设置监事会，使单层制董事会负担了监督职能。事实上，董事会的角色定位并非一成不变。

从比较法上看，《美国公司法》上关于董事会角色的立法语言也有所变化，从传统立法上要求公司事务由董事会管理，转而发展至宽松地规定公司事务由董事会管理或者在董事会的指导及监督下进行。① 这种对董事会权利更为宽泛的规定，既可以满足公众公司中监督型董事会的定位，也可以满足封闭公司中管理型董事会的预设。从宏观角度视之，面对股东会中心主义、董事会中心主义、经理层中心主义等模式，《公司法》的使命不是从中“多选一”并排除其他，而是允许公司根据其自身需求进行适当安排。②

（四）将“董事会对股东会负责”删除

在不同的治理中心模式之下，董事会职能可能在执行机构、决策机构、监督机构等不同定位之间游移甚至叠加。股东会虽是公司权力机构，其决议对外直接代表公司意思，但董事会职权并非仅限于股东会授权，立法机关修法之目的在于突出董事会在公司治理中的地位，因此，《公司法》（1993 年）关于“董事会对股东会负责”的规定之局限性已经与当前实践、与立法目的格格不入，本条将“董事会对股东会负责”删除，未以明文规定董事会的机构定位，而是将容纳执行机构、决策机构、监督机构等多元董事会类型，为公司自治预留广泛空间。

二、厘清董事会与股东会的职权划分

（一）列举主义与概括主义

《公司法》对于公司机构职权的规范方式存在着列举主义和概括主义的两种模式。③列举主义将机构的职权逐项罗列，如本条所列董事会 9 项职权；概括主义则只做原则性或抽象性规定，如《法国商法典》第 225-35 条、④我国台湾地区“公司法”第 202 条⑤。

---

① See Richard Freer, *The Law of Corporations in a Nutshell*, West Academic Publishing, 2020, p. 106.

② 参见赵旭东：《股东会中心主义抑或董事会中心主义？——公司治理模式的界定、评判与选择》，载《法学评论》2021 年第 3 期。

③ 参见刘俊海：《基于公司理性自治的公司法规范重塑》，载《法学评论》2021 年第 5 期。

④ 《法国商法典》第 225-35 条规定：“除明文规定属于股东大会的权力之外，董事会处理涉及公司良好运作的所有问题。”参见《法国商法典》（上册），罗结珍译，北京大学出版社 2015 年版，第 243 页。

⑤ 我国台湾地区“公司法”第 202 条规定：“公司业务之执行，除本法或章程规定应由股东会决议之事项外，均应由董事会决议行之。”

1993 年以来,我国《公司法》对董事会职权一直采取封闭性的具体列举方式。2005 年《公司法》修订后,增加了章程自治的兜底性条款,但在实践中股东会列举职权及董事会列举职权均为法定职权,无法以章程自治方式进行调整,即只有列举之外才能在章程中约定职权归属。公司治理中的绝大多数权利都是经过长久实践、反复梳理提炼并被类型化之后进行法定分配的,完全被立法遗漏的剩余权利并无太大的空间,实质上无法实现 2005 年增加章程自治的修法目的。

1. 董事会职权概括式立法的含义

公司法修订草案一审稿第 62 条拟对董事会职权的规范形式进行重大改变,不再将董事会的职权逐项列举,而代之以抽象的原则性规定,即董事会可以"行使本法和公司章程规定属于股东会职权之外的职权"。

从形式上来看,公司法修订草案一审稿对董事会职权的规定已经与《美国示范公司法》第 8.01 条非常类似。后者规定,公司所有权力应由董事会或者在董事会授权下行使,公司的经营或事务应由董事会管理或者在其指导下管理,除非公司章程或者经 7.32 条的股东协议另有安排。类似的立法还有美国《特拉华州普通公司法》第 141 条(a)款:"依(本法)本章组建的公司,其业务或事务应由董事会管理或在董事会指令之下管理,除非(本法)本章或公司章程另有规定。"

从条文文义来看,公司法修订草案一审稿拟明确的"剩余权利"不仅涵盖了董事会的既有权利事项,也进一步扩大至《公司法》和公司章程未明确划分的事项,从逻辑来看董事会的权利将进一步扩张,反映了"突出董事会在公司治理中的地位"的修法思路,具有重要价值,该修改被部分观点解读为中国版的董事会中心主义。但也有观点认为其有导致股东会进一步侵蚀董事会权利之虞,妨碍董事会中心主义之实现,删除列举职权条款的同时,既没明确哪些权利是董事会不可被股东剥夺的,也没规定哪些职权是董事会可以主动放弃的,这或导致公司通过章程、股东会决议、股东间协议等方式将董事会的法定权利划归股东会,进一步弱化董事会的治理中心地位。

2. 董事会职权概括式立法的影响

从"列举+兜底式"立法模式转向概括式立法模式,产生的最直接效果就是原本属于董事会的法定职权可得自治安排。具体而言,《公司法》(2018 年)第 46 条规定的第 1 项至第 10 项职权原属于董事会的专属权利,解释上不能通过章程的方式调整至股东会。在删除了前述法定职权列举之后,公司可以通过章程的方式将其赋予股东会。由此可见,公司法修订草案一审稿修改方案的直接效果会导致董事会专属权利失去专属性。而公司法修订草案一审稿中关于股东会的法定权利列举和兜底条款却未作调整,即公司并不能通过章程将股东会的权利调整至董事会。这种公司权利分配机制仅具有从董事会向股东会的单向流动特征,而无法实现二者之间的双向流动。①

此外,概括式立法还将影响《公司法》规范的示范功能和公司自治的效率与自治规则的优化。对董事会职权只做抽象性规定,导致公司章程在公司机构职权划分中居于核心的地位,实际上成为职权分配的最终依据。公司章程的制定既是股东间投资行为的沟通博弈过程,也是特别的交易成本,还是公司治理结构、治理机制和方案的优化设计。《公司法》中的列举性规定恰是章程条款制定的重要根据和参照,在无特别需求和没有意见分歧的情况下,将《公司法》的规范内容直接转换为章程条款通常是绝大多数公司的自然选择。由此,《公司法》对董事会职权的列举性规定就具有了十分重要的法律功能和实践价值,而概括式规定则无法达到上述效果。②

(二)本条对董事会职权的调整

缩小股东会权利,扩大董事会权利,发挥经营者在业务经营管理领域的专长,是实现公司灵活、高效经营,增强公司活力的客观需要。③ 为实现董事会权利的实质矫正,压缩股东会的法定职权,《公司法》(2023 年)选择恢复董事会职权列举主义,并与股东会职权的相关修订相匹配,采取了“删减+授权”形式,从以下两个方面调整董事会职权:

一是对应股东会的法定职权删除了“审议批准公司的年度财务预算方案、决算方案”,本条将“制订公司的年度财务预算方案、决算方案”从董事会的法定职权中删除。删除后,具体财务安排事项归为公司剩余权利,可根据公司具体情况由章程自治。

二是对应股东会增加可授权董事会对发行公司债券事项作出决议,在董事会职权中也增加“股东会授予的其他职权”。除了《公司法》和章程对董事会职权的第一次分配之外,本条还规定了通过股东会决议授权的方式进行的二次分配,这是公司决策对专业化和效率化的需求使然。④ 可通过授权方式行使的公司权利,包括法定授权事项“对发行公司债券作出决议”及公司章程规定的除法定股东会

---

① 参见邓峰:《修订公司法,不如退而结网》,载《财经》2022 年第 1 期。

② 参见赵旭东:《公司组织机构职权规范的制度安排与立法设计》,载《政法论坛》2022 年第 4 期。

③ 参见郭富青:《从股东绝对主权主义到相对主权主义公司治理的困境及出路》,载《法律科学》2003 年第 4 期。

④ 参见蒋大兴、薛前强:《股东大会授权董事会的法理分析———基于理论与实践的双重解读》,载《投资者》2018 年第 3 期;曹兴权、黄超颖:《股东会授权董事会的底线:权利配置基础结构维持原则》,载《财经法学》2017 年第 3 期。

权利之外的权利。

（三）董事会的职权

（1）召集股东会会议，并向股东会报告工作。董事会由董事组成，董事由股东会选举产生，董事会对股东会负责。因此，召集股东会会议，并向股东会报告工作，既是董事会的一项职权，也是董事会的一项义务。董事会应当依照法律规定和公司章程的规定，及时召集股东会会议，并向股东会报告自己的工作情况。

（2）执行股东会的决议。股东会作为公司的权力机构，是公司的最高决策机关，依照法律规定和公司章程规定决定公司的重大问题。因此，执行股东会的决议，是董事会的一项职权，其实也是董事会的一项义务。

（3）决定公司的经营计划和投资方案。公司的经营计划是指管理公司内外业务的方向、目标和措施，是公司内部的、短期的管理计划。所谓公司的投资方案，是指公司内部的短期的资金的运用方向。本条董事会职权"决定公司经营计划及投资方案"并未随《公司法》（2023年）第59条股东会职权"决定经营方针和投资计划"一并删除，而是在董事会职权中予以保留。这不但有利于厘清董事会与股东会权利界限，也在一定程度上强化了董事会权利，突出董事会在公司治理中的地位。

（4）制订公司的利润分配方案和弥补亏损方案。公司经营过程中，必然会产生盈亏，或者出现收支相抵的情况。当公司产生利润时，应当进行分配；出现亏损时，应当进行弥补。根据法律规定，审议批准公司的利润分配方案和弥补亏损方案，是股东会的职权。而制订公司的利润分配方案和弥补亏损方案，则是董事会的职权。董事会应当按照规定及时制订公司的利润分配方案和弥补亏损方案，并提交股东会会议审议批准。

（5）制订公司增加或者减少注册资本以及发行公司债券的方案。公司可以根据经营情况的需要，决定增加注册资本或减少注册资本，甚至可以依照法律规定发行公司债券。根据法律规定，公司增加或者减少注册资本以及发行公司债券的方案，必须由股东会作出决议。但增加或者减少注册资本以及发行公司债券的方案，则是由董事会提出。董事会作为公司日常管理的参与者，更加熟悉公司的实际情况，应当根据公司经营需要，及时制订公司增加或者减少注册资本以及发行公司债券的方案，并提请股东会会议审议，作出决议。

（6）制订公司合并、分立、解散或者变更公司形式的方案。公司合并、分立、解散或者变更公司形式，属于公司的重大问题，应由公司股东会作出决议。但公司与谁合并、怎样分立、变更为什么样的股份有限公司以及解散的具体方案，需要由董事会制订,然后提请股东会会议进行审议并作出决议。

(7)决定公司内部管理机构的设置。董事会负责公司经营活动的指挥和管理,理应有权决定公司管理机构的设置。董事会可以根据本公司的实际情况为公司设立事业开发部、市场营销部、综合管理部、客户服务部等具体的业务部门和行政管理部门等内部管理机构。

(8)聘任或者解聘高级管理人员并决定报酬事项。董事会有权决定公司总经理的聘任或者解聘,并根据总经理的提名决定聘任或者解聘公司的副经理、财务负责人等高级管理人员。同时,董事会有权决定经理、副经理、财务负责人等高级管理人员的报酬事项,如报酬标准、支付时间、支付方式等。

(9)制定公司的基本管理制度。所谓公司的基本管理制度,是指保证公司能够正常运营的基本的管理体制。基本管理制度涉及公司内部运行的各个方面,董事会应当在符合国家法律和公司章程要求的前提下及时制定,以保证公司生产经营秩序的良好运行。

(10)行使公司章程规定或股东会授予的其他职权。公司股东可以根据公司的具体情况,通过公司章程或股东会决议形式授权董事会行使其他职权,如授权董事会对发行债券作出决议、由董事会决定聘任或解聘担任公司法律审查事务的律师事务所等。

三、公司章程对董事会职权的限制不得对抗善意相对人

本条第3款增加“公司章程对董事会职权的限制不得对抗善意相对人”的规定,体现了《公司法》修订过程中强调内外有别,突出善意相对人的保护。

(一)“内外有别”的体现

在民商法中,“内外有别”是极为重要的思考模型。简言之,公司内部(股东、董事、高级管理人员等)事项的特殊规定或变化,若非以相对人善意可知之形式呈现,则相对人的信赖和交易安全应优先保护。

如《民法典》第61条第3款规定:“法人章程或者法人权力机构对法定代表人代表权的限制,不得对抗善意相对人。”第65条规定:“法人的实际情况与登记的事项不一致的,不得对抗善意相对人。”《公司法》(2023年)中也多处可见该规则,如第11条第2款“公司章程或者股东会对法定代表人职权的限制,不得对抗善意相对人”,第28条第2款“股东会、董事会决议被人民法院宣告无效、撤销或者确认不成立的,公司根据该决议与善意相对人形成的民事法律关系不受影响”,第34条第2款“公司登记事项未经登记或者未经变更登记,不得对抗善意相对人”。

(二)对董事会职权限制的认定

董事会职权是任意性的,既可上收至股东会也可下放至经理层,不存在专属于董事会的职权。① 所谓“对董事会职权的限制”,是指通过公司章程将本条规定的董事会职权上收至股东会或增加其他限定性条件。

(三)善意相对人的认定

目前我国有限责任公司章程公示制度欠缺,相对人获取章程的难度与成本较大,章定董事会职权便被归入了透明度极低的公司自治范畴。基于商法效益优先、兼顾公平的理念,若对相对人施加对章定职权的审查义务,则可能挫败大批相对人的交易热情,断送商事交易的缔结机会,抑制商事实践的活力。故而,为交易便捷与提高效率,相对人不必负担主动审查有限责任公司内部章程的义务,仅需将本条列举的 10 项职权默认为该公司的董事会职权,负担一般注意义务,即可被认定为“善意”。

【司法适用】

公司章程规定非关联担保的决议机构为董事会,但改由股东会作出决议的效力问题。

公司担保本属于股东会的决策事项,若公司章程规定该事项由董事会进行决议,股东会又对特定的担保事项作出决议,对此有两种解释路径:

第一种路径,认定公司同意或者追认担保。代表人的担保代表权限经由有效的股东会决议得以授予或者追认。公司章程规定公司担保决议由董事会作出的,根据“举轻以明重”的解释规则,股东会决议当然也是适格决议。

第二种路径,认定股东会修改了公司章程,并在此事项上收回了对董事会的概括授权。不过,《公司法》规定股东会作出修改公司章程的决议,应当经代表 2/3 以上表决权的股东通过。在股东会自行对公司担保作出决议时,同意提供担保的股东所持表决权须达到修改公司章程的法定要求,以尊重《公司法》的组织法特征。

【司法案例】

1. 雪松国际信托股份有限公司诉泉州安华物流有限公司借款合同纠纷案②

诉讼结论:公司对外担保,只要债权人能够证明其在订立担保合同时对董事会决议或者股东会决议进行了审查,就应当认定其构成善意,但公司能够证明债

---

① 参见许可:《股东会与董事会分权制度研究》,载《中国法学》2017 年第 2 期。

② 参见最高人民法院(2020)最高法民终 4 号民事判决书。

权人明知公司章程对决议机关有明确规定的除外。上市公司对外提供担保,公司章程规定超过一定金额的对外担保需要股东会特别决议,因上市公司章程已公开披露不存在查阅困难,交易相对人以其持有董事会决议认为担保有效并要求承担保证责任的,将被认定为未尽到谨慎注意义务的非善意相对人,担保人不承担保证责任。

基本案情:雪松国际信托股份有限公司(以下简称雪松信托)向某公司发放信托贷款,为担保债务的履行,雪松信托与上市公司安通控股股份有限公司(以下简称安通控股)签订了保证合同。贷款到期后债务人未偿还,雪松信托诉至法院,要求安通控股履行担保责任。安通控股主张保证未经过股东会特别决议,安通控股未对案涉担保进行公告,不承担保证责任。

法院认为:关于安通控股是否应承担案涉连带保证责任。第一,雪松信托作为专业金融机构,应当清楚《公司法》及相关公司监管规范对公司担保的要求。安通控股作为上市公司,其公司章程应已向社会公开,不存在查阅困难。《安通控股公司章程》第80条规定下列事项由股东会以特别决议通过:“……4. 单笔担保额超过最近一期经审计净资产10%的担保。”截至雪松信托与安通控股签订《保证合同》时,安通控股最近一期经审计净资产报告应为《2015年年度报告》。该报告经审计后显示安通控股资产为负数。因此,案涉担保金额已经超过了最近一期经审计净资产的10%,安通控股对外担保应当由股东会以特别决议通过。《安通控股公司章程》第80条规定也是证监会对上市公司对外担保的规则要求,符合行业惯例。本案案涉资金数额巨大,相应案涉担保需要安通控股提供股东会特别决议,但雪松信托在交易过程中并未尽到审查股东会特别决议的谨慎注意义务。综上,安通控股不应当承担保证责任。

2. 中兴天恒能源科技(北京)股份公司诉中国华融资产管理股份有限公司江西省分公司合同纠纷案①

诉讼结论:担保人公司章程、对外担保管理制度、所在交易所《股票上市规则》均规定“单笔担保额超过最近一期经审计净资产10%的担保”须提交股东会审议批准。但担保数额和担保人净资产关系并不能从公开方式直接获取,债权人对担保人的董事会决议进行形式审查即可认定已尽到合理审查义务,保证合同有效。

基本案情:中国华融资产管理股份有限公司江西省分公司(以下简称华融公司)与金某公司签订《资金信托合同》,约定华融公司将2.4亿元资金委托给金某

---

① 参见最高人民法院(2021)最高法民申1267号民事裁定书。

公司发放信托贷款，中兴天恒能源科技(北京)股份公司(以下简称中能公司)等提供连带责任保证担保。同日，中能公司形成同意保证的董事会决议。后借款人未还款，华融公司诉至法院要求中能公司承担保证责任。华融公司主张中能公司最近一期审计报告显示净资产达40亿元，担保金额未超过中能公司章程规定净资产的10%，无须股东会决议。中能公司主张“净资产”为不包括少数股东权益在内的归属于母公司所有者的权益，因此净资产为23亿元，案涉担保金额已经超过上述10%的比例，故该担保应由股东会审议批准，中能公司不承担担保责任。

法院认为：债权人华融公司在订立《保证合同》时，对中能公司的董事会决议进行了形式审查，且中能公司对该《董事会决议》的真实性不持异议，《董事会决议》不仅同意为案涉债务提供担保，并声明担保金额和相关事项完全符合《公司法》和公司章程的规定。虽然中能公司公开披露的《公司章程》、《对外担保管理制度》、《2016年年度报告》以及上海证券交易所《股票上市规则》显示，案涉担保数额超过公司最近一期经审计净资产10%，应进一步提交股东会审议通过，但上述公司章程和内部制度对相关担保的决议机关规定属于约定限制，相对人的审查义务并非基于其对外效力，故应以形式审查为限；且对外担保数额和公司资产的关系并不能从相关公开文件中直接获取，需要债权人进一步计算得出，故不能以上述文件对外公开披露就认定本案债权人明知公司章程对案涉担保决议机关有明确规定；且要求债权人在签订担保合同时对公司担保数额和公司资产的关系比例进行实质审查，或者对债务人董事会相关声明的真伪予以确认，亦增加了债权人的举证责任和交易成本。综上，本案中，华融公司已经尽到合理审查义务，属于善意相对人，原审认定案涉《保证合同》有效，并判令中能公司承担连带保证责任，并无不当。

第六十八条　有限责任公司董事会成员为三人以上，其成员中可以有公司职工代表。职工人数三百人以上的有限责任公司，除依法设监事会并有公司职工代表的外，其董事会成员中应当有公司职工代表。董事会中的职工代表由公司职工通过职工代表大会、职工大会或者其他形式民主选举产生。

董事会设董事长一人，可以设副董事长。董事长、副董事长的产生办法由公司章程规定。

【条文主旨】

本条是关于有限责任公司董事会的组成的规定。

【条文理解】

本条与《公司法》(2018 年)第 44 条相比较,存在以下修改:

第一,取消公司董事会的人数上限。《公司法》(2018 年)规定了公司董事会的人数上下限,第 44 条第 1 款规定有限责任公司的董事会人数为 3—13 人,第 108 条第 1 款规定股份有限公司的董事会人数为 5—19 人。从比较法看,域外公司法一般仅规定董事会人数下限,而不强制限制董事会人数上限。如日本、韩国的公司法均规定董事会人数应为 3 人以上。相比较而言,我国《公司法》自 1993 年起就针对各类公司的董事会规定人数上限,在世界上较为独特。是否有必要通过立法强制限制董事会人数,是 2023 年《公司法》修订关注的问题之一。董事会是为解决公司所有权与管理权分离过程中出现的代理成本问题而产生的制度安排。实证研究显示,一家公司的董事会规模受多元化经营状况、董事会结构等多种因素的影响,制订单一标准并无实际意义。[①] 董事会的人数多少是公司根据内外部环境,基于成本-效益原则而作出的自主选择。[②] 因此,董事会的人数规模应通过市场自发调节,没有必要通过法律强制规定。基于上述考虑,《公司法》(2023 年)取消了董事会人数上限。《公司法》第 68 条和第 120 条针对有限责任公司和股份有限公司的董事会人数均规定"董事会成员为三人以上",不设上限。

第二,扩大董事会强制引入职工董事的适用范围。职工董事是指由职工民主选举一定数量的职工代表进入董事会,参与公司的决策和监督。职工董事制度是现代企业中职工民主管理的主要形式之一。《公司法》(2018 年)规定董事会"应当"有职工代表的公司范围仅限于国有独资公司和两个以上的国有企业或两个以上的其他国有投资主体投资设立的有限责任公司,而对于一般有限责任公司和股份有限公司仅规定董事会"可以"有职工代表。上述规定具有较强的所有制色彩,对公有制公司强制规定职工参与董事会,而对非公有制公司则未做硬性要求,在法律适用上存在不平等。实践中,非公有制公司董事会引入职工代表的情况十分少见。在公司需要作出影响职工利益的重大决策时,董事会中职工代表的缺位不利于维护职工的合法权益。并且,随着我国国企改革深化,越来越多的国有企业发展为混合所有制企业,引入职工董事有利于监督国有股东和非国有股东的行为,平衡二者之间的利益冲突,维护国有资产安全,完善公司内部治理。[③] 因此,

---

① 参见于东智、池国华:《董事会规模、稳定性与公司绩效:理论与经验分析》,载《经济研究》2004 年第 4 期。

② 参见李建伟:《董事会规模强制规制模式的解释与反思》,载《法学杂志》2019 年第 10 期。

③ 参见葛宝东:《职工董事制度的困境与出路——基于混合所有制下公司治理监督制衡难题的法律分析》,载《人民司法》2020 年第 10 期。

《公司法》第 68 条第 1 款和第 120 条第 2 款扩大了董事会强制引入职工董事的适用范围，不再仅限于国有全资公司，而是根据公司职工规模进行划分，规定职工人数 300 人以上且未设含职工监事的监事会的公司，无论是有限责任公司还是股份有限公司，其董事会成员中均应当有公司职工代表。此外，《公司法》第 173 条第 2 款针对国有独资公司，规定其董事会成员中"应当"有公司职工代表。

【司法适用】

一、本条第 1 款的规范属性

私法上的法律规范按照当事人能否通过约定排除适用划分，可以分为任意性规范和强制性规范。本条第 1 款关于"董事会成员为三人以上"的最低人数规定，虽然未冠以"应当""必须"等语词，但从《公司法》第 70 条第 2 款关于辞任董事留任义务的规定看，本条第 1 款关于董事会成员法定最低人数的规定应当属于强制性规范。同时，本条第 1 款关于职工人数 300 人以上的公司"应当"引入职工董事的规定，亦属于强制性规范。强制性规范不能通过公司章程的特别约定排除适用。

当公司董事会人数、人员组成违反上述强制性规范时，如何确定公司行为的法律效力？首先，如果公司章程规定的董事会人数少于法定最低人数，或董事会成员应当有职工代表的公司在章程中规定董事会不设职工代表，章程中的相关规定因违反强制性规范而无效，通过该章程的股东会决议亦属无效。其次，如果公司章程并未违反强制性规范，而是因董事死亡、丧失任职资格或辞任等事实的发生导致违反上述强制性规范，分为三种情况：一是因董事辞任导致董事会成员低于法定人数，辞任董事依法负有留任义务，故公司董事会的人数仍保持在合法状态。二是因董事死亡、丧失任职资格导致董事会人数不足法定人数。三是职工董事因辞职、死亡、被罢免或出现其他丧失任职资格的情形，导致董事会缺少公司法强制规定的职工代表。对于第二、三种情况，在公司选举出新的董事之前，原董事会的人数、组成处于违法状态，因此不得行使董事会的职权，相关事项应提交股东会决议，原董事会作出的决议属于无效决议。①

二、职工董事与公司的关系

职工董事具有职工与董事的双重身份，故职工董事与公司之间具有委任关系与劳动关系的双重法律关系。当职工与公司发生法律争议时，应根据争议标的所指向的法律关系确定应当适用的法律规定以及具体的权利义务关系。职工董事与公司之间关于劳动关系解除、劳动补偿发放等的争议，应当适用劳动法规定。

---

① 参见李建伟、毛快：《董事会人数违限的规范适用研究》，载《社会科学》2019 年第 5 期。

职工董事与公司之间关于董事任免、履职及董事责任的争议，应当适用公司法规定。

【司法案例】

孙某祥与吉林麦达斯轻合金有限公司劳动争议纠纷案①

诉讼结论：公司与董事之间形成委任关系，但该委任关系并不排斥劳动合同关系的存在，公司与董事之间在符合特定条件时还可以同时构成劳动法上的劳动合同关系。

基本案情：麦达斯控股公司与吉林麦达斯铝业公司、洛阳麦达斯铝业公司及吉林麦达斯轻合金有限公司（以下简称麦达斯轻合金公司）系关联公司。2001年3月至2017年7月，吉林麦达斯铝业公司先后聘任孙某祥为财务总监、副总经理。其间，孙某祥被派往洛阳麦达斯铝业公司兼任总经理。孙某祥在任职期间未与吉林麦达斯铝业公司、洛阳麦达斯铝业公司签订劳动合同，其工资由吉林麦达斯铝业公司支付，社会保险由外服公司代扣代缴。

2017年7月20日，麦达斯控股公司任命孙某祥为麦达斯轻合金公司董事长、法定代表人，麦达斯轻合金公司按月支付工资税后7万元并扣缴个税，“五险一金”仍委托外服公司代扣代缴。工作期间，孙某祥除履行董事长职责外，还因担任法定代表人而从事公司融资、财务管理及政府协调相关工作，但未签订劳动合同。2018年2月7日，麦达斯控股公司以企业内部正常职务调整为由，免去孙某祥的麦达斯轻合金公司董事长及法定代表人职务，此后未再安排孙某祥从事其他工作。自2018年3月起，麦达斯轻合金公司未向孙某祥发放工资及支付“五险一金”费用，外服公司代扣代缴的“五险一金”费用由孙某祥实际支付。2018年4月24日，法院裁定受理麦达斯轻合金公司重整申请。

孙某祥因公司未支付工资及“五险一金”等问题申请劳动仲裁，仲裁庭以不属于劳动争议处理范围为由不予受理。孙某祥遂提起本案诉讼，请求麦达斯轻合金公司支付拖欠的工资、劳动赔偿金及“五险一金”等。2019年1月18日，法院裁定终止麦达斯轻合金公司重整程序，宣告该公司破产。

法院认为：公司依据章程规定及股东会决议聘任董事行使法定职权，董事同意任职并依法开展委托事项，公司与董事之间即形成委任关系，但该委任关系并不排斥劳动合同关系的存在，即二者之间在符合特定条件时还可以同时构成劳动法上的劳动合同关系。孙某祥被任命为麦达斯轻合金公司董事长，与公司形成委

---

① 参见最高人民法院(2020)最高法民再50号民事判决书。

任关系；虽未签订书面劳动合同，但同时还担任公司法定代表人，负责公司融资、对外协调及财务管理等大量具体经营管理事务，受公司规章制度管理和约束，公司按月向其支付工资并委托外服公司代缴“五险一金”费用。故孙某祥因担任法定代表人而从事除董事职权以外的公司其他具体业务，并以工资为主要生活来源等事实，符合劳动关系的构成要素，足以认定其与公司之间同时形成委任关系和事实上的劳动合同关系。

第六十九条　有限责任公司可以按照公司章程的规定在董事会中设置由董事组成的审计委员会，行使本法规定的监事会的职权，不设监事会或者监事。公司董事会成员中的职工代表可以成为审计委员会成员。

【条文主旨】

本条是关于有限责任公司在董事会中设置审计委员会的规定。

【条文理解】

本条是2023年《公司法》修订新增加的规定。主要涉及保护职工权益及保障职工参与公司民主管理、完善公司监督机制等方面。

本法第1条明确，立法目的包括“保护职工的合法权益”。本条规定，公司董事会成员中的职工代表可以成为审计委员会成员，这是保护职工权益、保障职工参与公司民主管理的具体体现。

完善公司监督机制是2023年《公司法》修订的重点内容之一。《公司法》(2023年)从两方面完善公司监督机制：一是完善现有的监事会制度，强化监事会职权，增强监事的独立性和专业性，增加监事获取信息的渠道；二是引入单轨制模式，允许公司通过章程在单轨制和双轨制之间自主选择，选择单轨制的公司应当在董事会中设置审计委员会负责监督，不再设置监事会或监事。①

根据是否单独设置监督机构划分，公司治理结构分为单轨制和双轨制两种模式。② 单轨制以美国为代表，在单轨制结构中，公司机关由股东会和董事会构成，不设监事会，由董事会负责对公司经理的业务执行进行监督。在双轨制模式中，公司机关由股东会、董事会和监事会构成，由监事会行使监督职责。双轨制根据董事会选任方式的不同，又分为垂直式与并列式两类。垂直式以德国为代表，股东会选任监事组成监事会，再由监事会选任董事构成董事会，董事会负责公司的

① 参见刘斌：《公司治理中监督力量的再造与展开》，载《国家检察官学院学报》2022年第2期。

② 参见施天涛：《公司法论》(第4版)，法律出版社2018年版，第300页。

经营管理,监事会负责对董事会的业务执行进行监督。日本和我国采取并列式,由股东会分别选任董事会和监事会的成员,董事会作为公司执行机关,监事会作为公司监督机关,两者地位平等,同时隶属于股东会。

从域外公司制度的发展情况看,近年来单轨制与双轨制逐渐在功能上趋同。2002 年美国萨班斯法案第 301 条规定,上市公司必须设置审计委员会,担任委员的独立董事应当符合独立性的标准,该法案同时对审计委员会的具体监督职权作了规定。在实务运行中,美国董事会逐渐由执行机构演变为监督机构。[①] 此后,其他国家的公司治理规则中也出现了关于设置审计委员会的规定。在德国,2009 年《德国股份公司法》第 107 条规定,监事会可以设置一个或数个委员会,尤其可以设置审计委员会,负责监督公司的财务会计程序、内部监督系统、风险管理系统和审核系统的有效性以及决算审查等事务。[②] 在日本,2002 年《日本公司法》允许股份公司自行在单轨制和双轨制模式中进行选择。股份公司选择适用单轨制的,必须在董事会中设置提名委员会、监查委员会和薪酬委员会等三个专门委员会,各专门委员会均由过半数的独立董事构成,行使相应的监督职权,不再设置监事或者监事会。2014 年《日本公司法》对原先的三委员会机制作了简化,允许公司在董事会中仅设监查委员会,不设提名委员会和薪酬委员会。[③] 上述国家的公司治理规则变化反映出,单轨制中董事会的监督功能与双轨制中监事会的职能趋于一致。

在我国《公司法》中,监事会是公司的监督机构。但是,长期以来监事会发挥的监督作用并不理想,在不少公司中监事会或监事沦为摆设,并未起到对控股股东、董事会、经理的有效监督。公司监督机制失效导致内部代理风险增加,出现管理者损害公司和股东利益的隐患。如何完善公司监督机制一直是我国公司治理制度的重点研究内容。近年来我国在国有企业改革过程中,进一步完善国有资本投资运营公司的董事会规则,规定此类公司取消设置监事会,在董事会中设置审计委员会等专门委员会发挥监督作用。2018 年 3 月,中共中央印发《深化党和国家机构改革方案》,明确不再设立国有重点大型企业监事会。2018 年 7 月,国务院《关于推进国有资本投资、运营公司改革试点的实施意见》规定:国有资本投资、运营公司设立董事会,其成员原则上不少于 9 人,由执行董事、外部董事、职工董事

---

① 参见林一英:《公司监督机构的立法完善:超越单层制与双层制》,载《法学杂志》2022 年第 4 期。

② 参见[德]托马斯·莱塞尔、吕迪格·法伊尔:《德国资合公司法》(第 6 版),高旭军等译,上海人民出版社 2019 年版,第 263 页。

③ 参见[日]近藤光男:《最新日本公司法》,梁爽译,法律出版社 2016 年版,第 174~175 页。

组成;董事会下设战略与投资委员会、提名委员会、薪酬与考核委员会、审计委员会、风险控制委员会等专门委员会。上述国企改革中的董事会建设实践为完善我国公司治理规则提供了有益经验。

本条是关于有限责任公司单轨制的规定,可以从以下三个方面进行理解:

第一,有限责任公司应当在公司章程中对适用单轨制或双轨制作出规定。我国《公司法》将公司章程的记载事项分为必要记载事项和任意记载事项。《公司法》第46条第1款规定:“有限责任公司章程应当载明下列事项:(一)公司名称和住所;(二)公司经营范围;(三)公司注册资本;(四)股东的姓名或者名称;(五)股东的出资额、出资方式和出资日期;(六)公司的机构及其产生办法、职权、议事规则;(七)公司法定代表人的产生、变更办法;(八)股东会认为需要规定的其他事项。”根据该条规定,公司的机构及其产生办法、职权、议事规则是有限责任公司章程的必要记载事项,具有强制性,公司必须在其章程中对此规定。因此,当有限责任公司选择适用单轨制时,其公司章程必须明确规定在董事会中设置审计委员会。

第二,审计委员会与监事会、监事是二选一的关系,不得重复设置。关于设置审计委员会的公司是否还可以设置监事会、监事,在2023年修订《公司法》的过程中曾存在不同的观点。一种观点认为,《公司法》不应禁止设置审计委员会的公司同时设置监事会或监事,应当允许公司自主决定。公司法修订草案第一次审议稿第64条曾规定,“在董事会中设审计委员会的有限责任公司,可以不设监事会或者监事”。此处规定“可以”,意味着公司设置审计委员会的同时,还可以再设置监事会。另一种观点认为,审计委员会和监事会两种机制在公司中并存,往往难以实现分工配合的作用,反而容易出现相互推诿、搭便车的问题。因此,为避免公司的监督机构权责不清,选择由审计委员会等履行监督职权的公司不应再设置监事会或监事。[①]《公司法》(2023)采纳了第二种观点,规定在董事会中设置审计委员会的有限责任公司“不设监事会或者监事”,删除了一审稿中“可以”的规定。

第三,审计委员会行使监事会的职权。《公司法》第78条规定:“监事会行使下列职权:(一)检查公司财务;(二)对董事、高级管理人员执行职务的行为进行监督,对违反法律、行政法规、公司章程或者股东会决议的董事、高级管理人员提出解任的建议;(三)当董事、高级管理人员的行为损害公司的利益时,要求董事、高级管理人员予以纠正;(四)提议召开临时股东会会议,在董事会不履行本法规

---

① 参见林一英:《公司监督机构的立法完善:超越单层制与双层制》,载《法学杂志》2022年第4期。

定的召集和主持股东会会议职责时召集和主持股东会会议;(五)向股东会会议提出提案;(六)依照本法第一百八十九条的规定,对董事、高级管理人员提起诉讼;(七)公司章程规定的其他职权。”根据上述规定,监事会的职能分为对公司业务监督和对公司财务监督两大部分。关于如何设置审计委员会的职权范围,2023 年《公司法》修订过程中亦存在前后观点的变化。公司法修订草案第一次审议稿第 64 条曾规定,有限责任公司的审计委员会“负责对公司财务、会计进行监督,并行使公司章程规定的其他职权”。第一次审议稿将财务监督职权作为审计委员会的法定职权,同时将审计委员会的其他职权作为公司自治内容,允许公司章程自主分配。对此,有学者提出,奉行资本多数决的股东会难免被大股东左右,如果股东会对审计委员会的职权作有限规定甚至不作规定,会对小股东的利益产生不利影响,建议设定审计委员会职权的“权力束”,以确保其职权的有效行使。[①] 综合考虑上述观点,《公司法》(2023 年)作出了相应调整,扩大了审计委员会的法定职权,将其法定职权与监事会职权等同。同时,由于公司章程可以授权监事会行使其他职权,所以公司章程除《公司法》第 78 条第 1 项至第 6 项列举的监事会法定职权外,还可以授权审计委员会行使其他职权。

【司法适用】

与《公司法》(2018 年)不同,《公司法》(2023 年)针对不同类型公司对公司内部治理的需求差异作出差异化安排,允许不同类型公司设置不同的公司组织机构。在理解与适用《公司法》时,应当注意这一立法变化。《公司法》(2023 年)针对不同类型的有限责任公司,在监督机构方面作出以下不同规定:

首先,对于规模较小的有限责任公司,《公司法》第 75 条规定可以不设董事会,设 1 名董事行使董事会的职权;《公司法》第 83 条规定,可以不设监事会,设 1 至 2 名监事行使监事会的职权,经全体股东一致同意,也可以不设监事。上述规定属于任意性规定,对于此类公司,经全体股东一致同意,可以只设 1 名董事,不设监督机构。但是,对于“规模较小”如何认定,《公司法》未作规定,需要进一步明确。

其次,针对国有独资公司,《公司法》第 176 条规定不设监事会或者监事,在董事会中设置审计委员会行使监事会职权。该条是针对国有独资公司的强制性规定,此类公司应当在董事会中设置审计委员会作为监督机构,不设置监事会或监事。还需要注意的是,《公司法》第 173 条第 2 款规定,国有独资公司的董事会成员中,应当过半数为外部董事,并应当有公司职工代表。

---

① 参见林一英:《公司监督机构的立法完善:超越单层制与双层制》,载《法学杂志》2022 年第 4 期。

最后,对于其他有限责任公司,公司章程可以自主选择是在董事会中设置审计委员会行使监事会职权,还是另行设置监事会或监事作为公司的监督机构。对于设置审计委员会的有限责任公司,审计委员会的成员由董事组成,成员的数量及选任办法在符合《公司法》规定的基础上,由公司章程具体规定。

第七十条　董事任期由公司章程规定,但每届任期不得超过三年。董事任期届满,连选可以连任。

董事任期届满未及时改选,或者董事在任期内辞任导致董事会成员低于法定人数的,在改选出的董事就任前,原董事仍应当依照法律、行政法规和公司章程的规定,履行董事职务。

董事辞任的,应当以书面形式通知公司,公司收到通知之日辞任生效,但存在前款规定情形的,董事应当继续履行职务。

【条文主旨】

本条是关于有限责任公司董事任职期限以及董事辞任的规定。

【条文理解】

本条第 1 款关于董事任期和第 2 款关于董事留任的规定,与《公司法》(2018 年)相比并无变化。2023 年《公司法》修订在第 70 条第 3 款增加了关于董事辞任生效时间的规定。根据《公司法》第 120 条第 2 款的规定,第 70 条适用于股份有限公司。因此,《公司法》第 70 条关于董事辞任的规定对有限责任公司和股份有限公司均适用。

关于董事与公司之间的关系,理论上有委任说、代理说、信托说等不同观点。大陆法系多数国家(地区)采委任说。[①] 委任说认为,委任是当事人约定一方委托他方处理事务、他方承诺处理的合同关系,公司与董事是委任关系,公司是委任人,董事作为受任人被委任去管理公司业务。[②] 我国《公司法》对此未作正面规定,但第 178 条第 2 款在规定董事、监事、高级管理人员的任职条件时规定,"违反前款规定选举、委派董事、监事或者聘任高级管理人员的,该选举、委派或者聘任无效"。此处使用"委派董事"的表述,侧面体现了委任之意。[③] 从我国司法实践

---

① 参见《日本商法典》第 254 条之一第 3 项,《日本民法典》第 643-656 条,我国台湾地区"公司法"第 192 条、"民法典"第 528 条等。

② 参见叶林:《公司治理制度——理念、规则与实践》,中国人民大学出版社 2021 年版,第 151 页。

③ 参见王军:《中国公司法》,高等教育出版社 2015 年版,第 326 页。

的情况看，法院在司法裁判中亦采委任说的观点。最高人民法院在(2020)最高法民再50号“孙某祥与吉林麦达斯轻合金有限公司劳动争议纠纷再审案”以及(2017)最高法民再172号“北京中证万融医药投资集团有限公司诉曹某君等公司决议纠纷和损害公司利益纠纷案”的民事判决书中，均指出公司与董事之间属于委任关系。基于委任关系，董事是公司的管理者，享有经营管理权。

董事离任包括三种情形：一是董事辞任，指董事在其任期内向公司辞去董事职务；二是董事解任，指董事在其任期内被解除职务；三是董事任期届满，指董事与公司之间的委托关系终止。① 第一种情形系董事主动离任，第二种情形系董事被动离任。《公司法》(2018年)未就董事辞任的程序及生效时间作明确规定。从理论上看，在民法理论中，委托合同的委托人和受托人具有任意解除权，原因是委托合同以信任作为履行基础，如果委托人和受托人彼此丧失信任，即可不附理由地随时解约，而不问合同是否有期限。② 因此，《民法典》第933条规定，委托人或者受托人可以随时解除委托合同。我国公司法学者认为，《民法典》规定的委托合同任意解除权为董事辞任和董事解任提供了契约法依据。③ 董事与公司之间的委任关系以双方相互信赖为前提，如果双方信任关系破裂，其委任关系也将难以维系，应当允许董事在任期届满前主动辞职或公司更换董事。从司法实务情况看，法院在司法裁判中也允许董事辞任。最高人民法院在(2017)最高法民再172号案件中指出，董事辞职是单方民事法律行为，依据董事对公司的单方意思表示而发生效力，无须公司批准，故在法律和公司章程没有相反规定的情况下，董事辞职一般应于董事辞职意思到达公司董事会时发生法律效力。④

2023年《公司法》修订增加了关于董事辞任的规定，在具体理解上应注意以下方面：

第一，董事辞任应当采取书面通知的方式。在民法上，合同解除权应当以通知的方式行使。参考民法法理，本条第3款规定董事应当以通知的方式解除与公司之间的委任关系。同时，本条第3款规定此种通知应当是要式行为，以书面形式作出。如果董事未采取书面形式，而是在股东会会议或董事会会议上口头提出辞任董事职务，是否有效？对此，有学者认为，应当视公司是否接受作出判断，如

① 参见曹兴权、王婷婷：《董事离职补偿的公司法逻辑》，载《西南政法大学学报》2021年第6期。

② 参见武腾：《委托合同任意解除与违约责任》，载《现代法学》2020年第2期。

③ 参见刘俊海：《公司法中四重制度失灵的破解之道——以董事辞职僵局为中心》，载《中国政法大学学报》2022年第6期。

④ 参见最高人民法院(2017)最高法民再172号民事判决书；贺小荣主编：《最高人民法院民事审判第二庭法官会议纪要》，人民法院出版社2018年版，第256~257页。

果公司接受董事提出的辞任,应当视为董事辞任有效。①

第二,董事辞任以公司收到通知之日作为生效时间。本条第 3 款规定董事辞任的生效时间是公司收到通知之日,无须公司作出批准。关于如何认定公司收到通知,《民法典》第 137 条第 2 款规定:"以非对话方式作出的意思表示,到达相对人时生效。以非对话方式作出的采用数据电文形式的意思表示,相对人指定特定系统接收数据电文的,该数据电文进入该特定系统时生效;未指定特定系统的,相对人知道或者应当知道该数据电文进入其系统时生效。当事人对采用数据电文形式的意思表示的生效时间另有约定的,按照其约定。"董事的辞任通知也采取到达主义,以到达公司的时间而不是以董事发出时间作为生效时间。

第三,董事辞任导致董事会成员低于法定人数时,提出辞任的董事负有留任义务。本条第 2 款规定了延期董事的留任义务。延期董事指董事在任期届满前辞任,或者董事任期虽然届满,但因某种原因公司未及时改选,在任董事继续执行职务直至选出继任董事。② 根据本条第 2 款规定,董事延期的法定事由是"董事会成员低于法定人数"。关于董事会成员的法定人数,《公司法》第 68 条第 1 款和第 120 条第 1 款规定,有限责任公司和股东有限公司的董事会成员为 3 人以上。当董事辞任导致董事会成员少于 3 人时,董事负有留任义务,即仍应当继续履行董事职务。因此,此时董事辞任的生效时间发生延期,辞任并非自通知到达公司时生效,而是自公司改选出的继任董事就任时才生效。延期董事仍具有董事身份,其法律地位与原董事相同。本条第 2 款亦规定,延期董事在改选出的董事就任前,仍应当依照法律、行政法规和公司章程的规定履行董事职务。

【司法适用】

一、董事辞任书面通知的认定

董事辞任通知应当采取书面形式。何谓书面形式,《民法典》第 469 条规定,书面形式是合同书、信件、电报、电传、传真等可以有形地表现所载内容的形式;以电子数据交换、电子邮件等方式能够有形地表现所载内容,并可以随时调取查用的数据电文,视为书面形式。因此,在具体判断董事是否作出书面形式的辞任通知时,应当以是否可以有形地表现董事辞任意思表示的形式作为判断标准,具体包括通知函、信件、电报、电传、传真、电子邮件、微信记录等多种形式。

二、公司收到董事辞任通知的认定

董事辞任于公司收到通知时生效。在具体案件中,当董事与公司之间就董事

---

① 参见施天涛:《公司法论》(第 4 版),法律出版社 2018 年版,第 364 页。

② 参见施天涛:《公司法论》(第 4 版),法律出版社 2018 年版,第 362 页。

是否辞任以及辞任的生效时间发生争议时,除需要审查董事是否存在发送辞任通知的行为外,还需要审查公司是否实际收到该通知。董事可以提供公司出具的签收回执、邮局出具的邮件签收详情单、电子邮件到达公司特定系统或公司读取电子邮件的记录等作为公司收到通知的证据。

三、职工董事辞任的认定

《公司法》第 68 条第 1 款和第 120 条第 2 款规定,职工人数 300 人以上且未设含职工监事的监事会的有限责任公司和股份有限公司,其董事会成员中均应当有公司职工代表。《公司法》第 173 条第 2 款还针对国有独资公司,规定其董事会成员中应当有公司职工代表。职工董事是指由公司职工通过职工代表大会等形式民主选举产生,作为职工代表出任的公司董事。职工董事身份的取得以其与公司存在劳动关系为前提。[①] 当职工与公司解除劳动关系时,其董事资格亦失去存在的基础。故当职工董事向公司提出辞职,解除与公司之间的劳动关系时,应当视为其同时辞任董事职务。

【司法案例】

北京中证万融医药投资集团有限公司诉曹某君等公司决议纠纷和损害公司利益纠纷案[②]

诉讼结论:公司和董事之间属于委任关系,在法律和公司章程没有相反规定的情况下,公司董事辞职一般应于董事辞职书送达公司董事会时发生法律效力。

基本案情:2009 年 9 月,北京中证万融医药投资集团有限公司(以下简称中证万融公司)通过增资扩股成为世纪盛康公司股东,并持有该公司 70%股权。股东各方签订的《增资扩股协议书》约定:增资扩股完成后,甲方世纪盛康公司的原股东委派 2 人,乙方中证万融公司委派 3 人,共计 5 人组成董事会,董事长在乙方委派的董事中产生,副董事长在甲方委派的董事中产生。此后,中证万融公司委派董事赵某贤担任世纪盛康公司的法定代表人及董事长,原股东委派董事吴某担任副董事长,董事包括赵某贤、吴某、舒某平、曹某君、金某淑。2010 年 1 月,世纪盛康公司又增选王某飞、蔡某杰为董事。

2014 年 3 月,曹某君、金某淑、蔡某杰、吴某、舒某平(以下简称曹某君等 5 人)以赵某贤不能履行或不履行董事长职务为由,推选和提议副董事长吴某召集董事

---

① 参见阎维博:《董事离职法律制度理论基点辨析——以委任关系与劳动关系为双重视角》,载《中国人力资源开发》2016 年第 6 期。

② 参见最高人民法院(2017)最高法民再 172 号民事判决书。

会。吴某签署召开董事会会议通知,并向赵某贤、王某飞送达该通知。2014 年 3 月 20 日,曹某君等 5 人参加该次董事会议(以下简称 320 会议),赵某贤、王某飞未参加。该次董事会作出决议(以下简称 320 决议),决定免去赵某贤的董事长兼法定代表人职务,选举吴某为董事长兼法定代表人。

中证万融公司向法院起诉,请求撤销 320 决议。中证万融公司提交证据证明:金某淑、蔡某杰分别于 2011 年 10 月、11 月向世纪盛康公司董事会提交辞去该公司董事的辞职书;在 2012 年 2 月世纪盛康公司作出的董事会决议上,记载会议应参与表决董事 5 名,实际参加表决的董事 5 名,该 5 名董事中不包括金某淑、蔡某杰。

法院认为:公司和董事之间属于委任关系,在法律和公司章程没有相反规定的情况下,公司董事辞职一般应于董事辞职书送达公司董事会时发生法律效力。金某淑、蔡某杰分别于 2011 年 10 月、11 月向世纪盛康公司提交了辞去该公司董事职务的辞职书。此时,赵某贤系该公司法定代表人,可以依法代表该公司,因其认可已经收到该两份辞职书,故金某淑、蔡某杰的辞职已经生效。此外,2012 年 2 月世纪盛康公司董事会决议中已经明确确认会议应参与表决董事 5 名,实际参加表决董事 5 名,在该 5 名董事中不包括金某淑、蔡某杰,印证了世纪盛康公司董事会认可金某淑、蔡某杰辞去董事职务的行为。金某淑、蔡某杰在辞职时虽表示"望公司批准",但不影响金某淑、蔡某杰辞职生效。320 会议召集时金某淑、蔡某杰已不具备世纪盛康公司董事资格,依法不应享有召集提议权和表决权。320 会议召集程序及表决方式均存在重大瑕疵,且 320 决议内容亦违反公司及全体股东对公司章程的解释,该决议应当予以撤销。据此,法院判决撤销该次董事会决议。

第七十一条　股东会可以决议解任董事,决议作出之日解任生效。
无正当理由,在任期届满前解任董事的,该董事可以要求公司予以赔偿。

【条文主旨】

本条是关于董事解任的规定。

【条文理解】

董事离任的原因包括董事辞任、董事解任和董事任期届满三种情形。董事解任是指董事在任期届满前被解除职务。本条是关于董事解任的规定,属于 2023 年《公司法》修订新增加的规定。《公司法》第 120 条第 2 款规定,第 71 条适用于股份有限公司。因此,本条规定对有限责任公司和股份有限公司均适用。

一、我国《公司法》关于董事解任规则的立场演变

关于在董事任期届满前,股东会能否无故解除董事职务,我国立法存在从"有因”到“无因”的立场转变。《公司法》(1993 年)第 47 条第 2 款和第 115 条第 2 款针对有限责任公司和股份有限公司均规定,董事在任期届满前,股东(大)会不得无故解除其职务。《公司法》(2005 年)将上述规定删除,未作规定。根据当时的立法资料,2005 年《公司法》修订时之所以对此未作规定,是因为社会各界关于股东会解任董事职务是有因解任还是无因解任的意见不一致。[①] 此后,2013 年、2018 年两次修改均未再对董事解任进行规定。从实践情况看,2005 年之后关于能否无因解除董事职务的问题,在上市公司与非上市公司之间存在不同规定。2006 年,证监会《上市公司章程指引》第 96 条沿用《公司法》(1993 年)的规定,明确规定:“董事在任期届满以前,股东大会不能无故解除其职务。”不少上市公司将该规定作为公司章程条款。因此,上市公司关于董事有因解任的规则较为一致。而对于有限责任公司和其他股份有限公司能否无故解除董事职务,从 2019 年以前的司法裁判看,对该问题存在不同认识。[②] 为实现我国公司治理规则与国际通行规则接轨,2019 年 4 月 28 日,最高人民法院颁布《公司法规定(五)》,其中第 3 条对董事无因解任以及补偿标准作了规定。该司法解释第 3 条规定:“董事任期届满前被股东会或者股东大会有效决议解除职务,其主张解除不发生法律效力的,人民法院不予支持。董事职务被解除后,因补偿与公司发生纠纷提起诉讼的,人民法院应当依据法律、行政法规、公司章程的规定或者合同的约定,综合考虑解除的原因、剩余任期、董事薪酬等因素,确定是否补偿以及补偿的合理数额。”同时,2019 年 4 月 17 日,证监会将《上市公司章程指引》第 96 条修改为董事无因解任,第 1 款中规定:“董事由股东大会选举或者更换,并可在任期届满前由股东大会解除其职务。”2023 年《公司法》修订在吸收上述实践经验的基础上,在第 71 条第 1 款规定股东会可以决议解任董事,而无须提供正当理由,从而在立法层面正式明确了关于董事解任的“无因”立场。

二、董事无因解任的法理基础

从法律解释的角度看,在民法上,委托合同的双方均有任意解除权。董事与公司之间系委任关系,参考民法法理,董事与公司也应具有任意解除委任关系的权利,董事可以随时向公司辞任董事职务,公司也可以随时解任董事职务,而无须任何理由。从公司组织法角度看,董事无因解任反映出公司权力分配机制的进化。现代公司所有权与经营权分离,导致在所有者与管理者之间出现信息不对

---

① 参见曹康秀:《新公司法修订研究报告》(上册),中国法制出版社 2005 年版,第 118 页。

② 参见袁坚:《董事无因解任的体系评析和制度完善——兼评〈关于适用《中华人民共和国公司法》若干问题的规定(五)〉第三条》,载《东北大学学报(社会科学版)》2020 年第 3 期。

称,遂产生管理层滥用职权侵害股东权利的代理成本的情形。[①] 因此,股东有必要保留对公司的剩余权利,从而对管理层进行制约。股东保留的剩余权利包括两方面:一是剩余索取权,指对公司收入扣除公司经营成本后的余额所享有的要求权;二是剩余控制权,指对公司经营中的最重大事项包括修改章程、任免董事、监督财务审计等享有的决定权。[②] 通过股东会决议任命和免除董事职务,是股东行使股东权利的重要方式。根据《公司法》第 71 条第 1 款的规定,自股东会决议作出之日,董事即解任职务。

三、董事无因解任时的赔偿请求权

虽然在"有因"和"无因"的情况下公司均有权解任董事,但当公司无因解任董事时,董事有权要求公司给予赔偿。因此,"有因"产生公司的免责解任,"无因"产生公司的有责赔偿。关于董事赔偿请求权的法理基础,存在不同观点。一种观点认为,依据董事与公司之间的委任合同关系,公司在董事任期届满前无故解除其职务,公司对董事存在违约,董事可以依据合同法寻求违约责任救济。[③] 另一种观点认为,董事被无因解任时的赔偿请求权不同于民法上的违约责任或侵权责任,是《公司法》为给予董事救济而特别规定的法定责任,故其责任构成上不能按照违约责任或侵权责任的构成要件进行归责。[④]《公司法》第 71 条第 2 款仅规定董事"在任期届满前""无正当理由"被解任时具有赔偿请求权,但对其责任性质并未明确,亦未规定确定赔偿金额的具体考量因素,需要在今后适用过程中进一步明确。

【司法适用】

适用《公司法》第 71 条时,应注意以下四方面问题:

第一,董事对其在任期届满前被解任,不得以无正当理由作为抗辩。《公司法》第 71 条规定公司对董事职务具有任意解除权,公司行使该权利具有随时性和无因性。只要公司股东会作出合法的免职决议,董事的职务即被解任,而无须审查股东会作出该决议是否具有正当理由。因此,针对公司股东会的解任决议,董事不能以自己无任职过失、公司无正当理由为由提出抗辩。

第二,股东会作出的董事解任决议应当符合正当程序。根据《公司法》第 71 条规定,董事解任的生效时间是股东会决议作出之日。因此,董事解任生效的前

---

① 参见吴宣恭等:《产权理论比较——马克思主义与西方现代产权学派》,经济科学出版社 2000 年版,第 93~94 页。

② 参见赵心泽:《股东会决议瑕疵诉讼制度研究》,法律出版社 2017 年版,第 15 页。

③ 参见赵旭东主编:《公司法学》(第 4 版),高等教育出版社 2015 年版,第 296 页。

④ 参见赵峰:《论董事职务期前解任与补偿请求权》,载《南大法学》2022 年第 5 期。

提是股东会决议有效。《公司法》第 25 条、第 26 条和第 27 条分别对股东会决议无效、撤销和不成立作出规定。需要注意的是,《公司法》第 26 条规定股东会决议撤销权的权利主体是股东。因此,当解任董事职务的股东会决议存在召集、表决方式方面的程序瑕疵或内容违反公司章程时,被解任的董事不能直接提起股东会决议撤销诉讼。《公司法》第 25 条和第 27 条并未限制有权主张股东会决议无效、不成立的权利主体。《公司法规定(四)》第 1 条规定,"公司股东、董事、监事等请求确认股东会或者股东大会、董事会决议无效或者不成立的,人民法院应当依法予以受理"。因此,当解任董事的股东会决议存在《公司法》第 25 条、第 27 条规定的无效、不成立事由时,董事有权直接起诉要求确认该决议无效、不成立。

第三,董事请求公司赔偿的前提是解任董事"无正当理由"。如何界定公司解任董事的正当理由,是判断董事能否主张赔偿的关键。正当理由属于不确定的法律概念,需要通过个案司法裁判进行具体化。有学者提出,董事解任的正当理由可以分为两方面:一是董事的行为原因,即董事因违反董事义务而被公司解任,如董事存在通过关联交易损害公司利益、占用公司资产、违反竞业禁止规定等行为。二是董事的个人原因,即董事在任职资格、专业能力或身体健康等方面存在无法胜任职务的缺陷,如董事在任职期间出现不符合法定任职条件的情况,或其因长期疾病无法担任董事职务。[①] 董事与股东存在经营方面的意见分歧不属于解任董事的正当理由。《公司法》赋予董事会不同于股东会的法定职权,董事会具有为公司利益独立决策的权力。在董事依法行使表决权,并未违反董事义务、自身也不具有导致不能胜任职务的情形或能力缺陷的情况下,股东会以董事意见与股东会不一致为由解任其职务的,不属于正当理由。

第四,公司无因解任董事时的赔偿金额,《公司法》未作具体规定。在具体案件中,需要审查公司章程或董事与公司之间的合同中是否有特别约定,有约定按照约定处理。如果没有约定,根据《公司法规定(五)》第 3 条的规定,应当综合考虑解除的原因、剩余任期、董事薪酬等因素,确定公司赔偿的合理数额。

【司法案例】

梁某利诉辽宁曙光汽车集团股份有限公司劳动争议案诉讼案[②]

诉讼结论:公司与董事因离职补偿发生纠纷,属于与公司有关的纠纷,应当适用《公司法》等相关法律。董事报酬是公司因董事日常提供经营管理服务、履行董

---

① 参见赵峰:《论董事职务期前解任与补偿请求权》,载《南大法学》2022 年第 5 期。

② 参见辽宁省丹东市中级人民法院(2022)辽 06 民终 1729 号民事判决书。

事职责而支付的对价。公司在董事任期未满而离职时同意给与的离职补偿不同于董事报酬。

基本案情：梁某利于1992年与辽宁曙光汽车集团股份有限公司(以下简称曙光公司)签订劳动合同，离职前任公司董事兼总裁。2020年5月，甲方曙光公司与乙方梁某利签订《协议书》，约定：鉴于乙方对甲方作出的重大贡献及同意遵守竞业禁止条款等，甲方同意给予乙方奖励金及竞业补偿金等，合计700万元，分7年支付，2020年12月31日前支付50万元，之后每年6月30日前和12月31日前分别支付50万元；乙方承诺不得实施与甲方的竞争方进行投资、合作、受聘于甲方的竞争方、自行投资或与他人共同投资设立对甲方业务构成竞争关系的实体等行为。同日，双方签订《解除劳动合同协议书》解除劳动关系。

至诉讼时，没有证据证明梁某利违反了《协议书》约定的义务，但曙光公司未向梁某利支付第一笔50万元。故梁某利起诉，请求曙光公司给付该50万元。曙光公司辩称，《协议书》约定的700万元部分属于董事报酬，未经公司股东大会或董事会批准，系无效协议。

法院认为：董事职务解除后，双方可以对董事离职补偿进行约定。公司与董事因离职补偿发生纠纷，属于与公司有关的纠纷，应当适用《公司法》等相关法律。董事报酬指董事受公司股东会委托或委任，为公司服务，参与公司日常经营管理活动，由公司支付的相应报酬。《协议书》既有董事离职补偿协议的性质，又涵盖竞业禁止协议的内容。双方约定的700万元并非因梁某利日常提供经营管理服务、履行董事职责而由曙光公司支付的对价即董事报酬，而是曙光公司对梁某利任期未满而离职及离职后继续履行竞业禁止义务支付的补偿和对价。因此，曙光公司关于700万元部分属于董事报酬的主张不能成立。由于我国法律并未明确规定董事离职补偿及董事竞业限制补偿金的确定需经公司董事会或股东大会批准生效，梁某利有理由相信曙光公司时任法定代表人有权代表公司与其签订协议，故《协议书》不违反法律法规禁止性规定，应为有效。法院判决曙光公司给付梁某利补偿金50万元。

第七十二条　董事会会议由董事长召集和主持；董事长不能履行职务或者不履行职务的，由副董事长召集和主持；副董事长不能履行职务或者不履行职务的，由过半数的董事共同推举一名董事召集和主持。

【条文主旨】

本条是关于有限责任公司董事会会议的召集和主持的规定。

【条文理解】

本条与《公司法》(2018 年)第 47 条的规定相比较,仅对“副董事长不能履行职务或者不履行职务”时,共同推举一名董事履行职务的董事人数要求进行修改,将“由半数以上的董事共同推举”修改为“由过半数的董事共同推举”。

第七十三条　董事会的议事方式和表决程序,除本法有规定的外,由公司章程规定。

董事会会议应当有过半数的董事出席方可举行。董事会作出决议,应当经全体董事的过半数通过。

董事会决议的表决,应当一人一票。

董事会应当对所议事项的决定作成会议记录,出席会议的董事应当在会议记录上签名。

【条文主旨】

本条是关于有限公司董事会议事方式和表决程序的规定。

【条文理解】

与《公司法》(2018 年)第 48 条内容相比,本条主要有两个方面变化:一是增设董事会举行人数的要求,并对有效决议人数作出明确规定;二是对于董事会表决票数计算,由“实行”一人一票,改为“应当”一人一票。

本条具体内容包括三个方面:一是董事会的议事方式和表决程序授权除外规范,二是董事会参会人员及决议方式的规定,三是董事会会议记录的规定。

一、董事会的议事方式和表决程序授权除外规范

公司章程授权除外规范[①],是指法律已经规定了具体的内容,但允许章程以“但书”的形式作出另外规定,如果章程作出其他规定,则依据章程;如果章程没有作出其他规定,就推定适用《公司法》的具体内容。

董事会作为公司的执行机构,公司章程需要根据公司经营特色而进行相应的赋权,因此,本条第 1 款的规定赋予了公司在“董事会议事方式和表决程序”方面的自治权,但这种自治权并非完全自治,需要依法自治,简言之,章定董事会职权

---

① 参见王谨:《公司章程制定中应注意的法律问题解析》,载《北京仲裁》2022 年第 1 期。

既不能与法律强制性规定相抵触,又不能超越董事会的职权。

二、董事会参会人员及决议方式的规定

董事会作为公司治理架构的重要组成部分,其决议涉及公司意志的表达,将这个意志表达按照民事法律行为[①]构成进行拆分,可以分为内在意思表达与外在意思表达。前者涉及董事会决议在客观上是否能够开展的问题,后者涉及董事会决议是否能够作出的问题。针对前者,本条第2款规定"董事会会议应当有过半数的董事出席方可举行";针对后者,本条第2款规定"董事会作出决议,应当经全体董事的过半数通过"。

董事会决议的形成过程是董事会按照法律和章程规定,归总董事会成员的各类意见,再将多数成员的意思视为团体意思的过程。[②] 其本身属于集体决策,而集体决策便涉及决策权力分配问题,合理的权力分配不仅有助于组织实体高效运行,还可以减少管治成本。基于此,《公司法》明确规定,董事会决议的表决应当一人一票。

三、董事会会议记录的规定

董事会会议记录能够客观地反映董事会的全过程,详细地记载了董事在董事会会议上发表的各种意见,并记载会议形成的各项决议。会议记录有别于会议决议,主要表现在三方面:一是两者制作不同。只要会议召开,必然会形成会议记录,其是对会议主要过程和内容的客观记载,而会议召开未必形成肯定性决议。[③] 二是文件记载不同。会议决议简要记载会议通过的决议事项,而会议记录既要记录会议全过程,又要记录会议决议的内容。三是文件的效力不同。会议决议反映董事会最终意思,而会议记录主要是证明公司已召开董事会的事实,其中记载的决议事项,与单独制作的会议决议具有同等效力。

由于董事会记录是对董事会召开全过程的客观反映,基于此,出席会议的董事需要在会议记录上签名,一方面是出席会议董事对会议全程纸面再现的确认;另一方面会议记录具有证据作用,证明董事出席董事会的状态,以及其对某项决策的意见,进而能够确定其责任的承担。

【司法适用】

一、章定董事会的议事方式和表决程序的注意事项

本条在法律适用过程中,对章定"董事会的议事方式和表决程序"需要注意如

---

① 《民法典》第134条对民事法律行为成立作出分类规定,主要有多方意思表示民事法律行为、双方意思表示民事法律行为和单方意思表示民事法律行为。

② 参见周淳:《组织法视阈中的公司决议及其法律适用》,载《中国法学》2019年第6期。

③ 参见叶林:《股东会会议决议形成制度》,载《法学杂志》2011年第10期。

下事项：

章定董事会表决事项时，是否可以规定董事会可以对修订公司章程、公司合并分立、变更公司形式等特殊事项作出表决。从《公司法》第 59 条可以看出，修改公司章程等属于股东会的法定职权，且从《公司法》第 66 条可以看出，修改公司章程等事项属于股东会特殊表决事项，基于此，章定董事会议事方式不得超越其职权，否则会导致章定内容无效。

二、出席董事会会议人数或表决未达到法定数量则决议不成立

本条第 2 款规定董事会会议应当有过半数的董事出席方可举行，董事会作出决议，应当经全体董事的过半数通过。如果董事会参加人数或表决没有达到法定“过半数”，根据《公司法》第 27 条和《公司法规定（四）》第 5 条的规定，董事会出席会议的人数或者同意决议事项的人所持表决权数未达到《公司法》或公司章程规定的人数或所持表决权数，则董事会的决议不成立。

三、董事会没有作成会议记录不会导致董事会决议无效或可撤销

按照本条第 4 款的规定，董事会应当对其所议事项的决定作成会议记录，但实践中，如果董事会没有作成会议记录，则需要审视章程对会议记录是否有明确严格的规定，如果有，则从章定来判断效力，如果没有，则根据《公司法》第 26 条和《公司法规定（四）》第 4 条的规定，董事会会议的“召集程序或者表决方式仅有轻微瑕疵，且对决议未产生实质影响”，董事会会议决议有效。

四、董事会作成会议记录，但出席会议的董事没有签名或没有亲自签名，不会导致董事会记录无效

按照本条第 4 款的规定，董事会作成的会议记录，出席会议的董事还需要在该会议记录上签名，如果出席会议的董事没有签名，属于董事会会议的召集程序有轻微瑕疵，对决议未产生实质影响，则不会导致董事会记录无效。如果出席会议的人员不是董事，而是董事授权委托的第三人，那么，第三人代理董事签名，此签名不会导致会议记录无效。理由如下：《公司法》仅是在第 125 条第 1 款规定，股份有限公司董事不能出席会议，则需要委托其他董事代为出席，但《公司法》并没有对有限责任公司董事的委托人资格作出限制，因此，有限责任公司的董事可以委托第三人代为参加董事会，受托人只要受托权限范围内作出签名，那么对董事会会议记录效力无影响。

【司法案例】

奇虎三六零软件(北京)有限公司与上海老友计网络科技有限公司、蒋某文等请求变更公司登记纠纷上诉案①

诉讼结论:公司章程赋予某个董事在董事会中的一票否决权限,只要不违反法律强制性规定,则为有效规定。

基本案情:奇虎三六零软件(北京)有限公司(以下简称奇虎三六零公司)于2011年6月以现金出资方式认购上海老友计网络科技有限公司(以下简称老友计公司)注册资本38%的股权,并与老友计公司及股东胡某、李某签订《投资协议书》,协议书赋予奇虎三六零公司对老友记公司某些行为一票否决权,其中包括胡某和李某对外股权转让事项。2011年6月13日,老友记公司出台《上海老友记有限公司章程》,其中第16条规定,董事会对所议事项作出决定,由1/2以上的董事表决通过方为有效,并作出会议记录,出席会议的董事应当在会议记录上签名,但以下事项的表决还需要取得股东奇虎三六零公司委派的董事的书面同意方能通过:以下事项就是《投资协议书》中一票否决事项。2013年8月,胡某书面通知奇虎三六零公司及其他股东,其欲将股权转让公司以外的其他人蒋某,收到书面通知的股东没有作出书面回复。2013年9月,胡某与蒋某签订股权转让协议,奇虎三六零公司以公司章程规定的一票否决权来否定胡某的股权转让行为。于是双方就董事一票否决权和股权转让等事宜产生争议,诉至法院。

法院认为:公司章程赋予奇虎三六零公司派出董事一票否决权,是公司股东合议结果,符合股东意思自治,且未违反《公司法》的强制性规定,属于有效条款。

第七十四条　有限责任公司可以设经理,由董事会决定聘任或者解聘。

经理对董事会负责,根据公司章程的规定或者董事会的授权行使职权。经理列席董事会会议。

【条文主旨】

本条是关于有限公司经理产生及职权的规定。

【条文理解】

本条文对应的是《公司法》(2018年)第49条。与《公司法》(2018年)第49

① 参见上海市第二中级人民法院(2014)沪二中民四(商)终字第330号民事判决书。

条内容相比,本条主要变化点在于:删除对经理法定职权的具体规定,改为“根据公司章程的规定或者董事会的授权行使职权”。本条具体内容主要包括“经理任职的规定”和“经理的职权”。

一、经理任职的规定

公司经理作为公司主要的业务执行机关,[①]在现代公司治理体系中发挥极为重要的作用,对内行使管理权,对外辅助公司完成相应经营管理活动,其业务既具有决策中执行的职能,又具有执行中决策的效果。[②] 其主要从事公司微观层面和公司经营管理中的具体事务活动,因此,根据本条及《公司法》第67条规定,董事会决定聘任或解聘公司经理及其报酬事项,并根据经理的提名决定聘任或者解聘公司副经理及其报酬事项。

鉴于实践中公司运行模式不同,本条第1款规定,有限责任公司“可以”设经理。简言之,不是所有公司在具体运营过程中都要聘任经理。

二、经理职权规定

本条主要从三方面规定经理职权。一是经理需要对董事会负责。由于经理是董事会聘任的,那么从科层体制治理视角来分析,经理在日常工作中,需要对董事会负责。二是经理的职权不再进行法定列举,而是由公司章程规定或者董事会授权。其中,章程规定符合公司自治需求,可以由公司根据经营特色对经理的职权在章程中进行明确,以便经理能够清楚其职权范围。而董事会授权的职责模式,使经理的职权更具灵活性,董事会可以根据市场变化,适时调整经理职权,以便促进公司微观决策符合市场需求,进而为公司创造更大价值。三是经理具有列席董事会会议的职责。董事会属于公司中观层面事务的决策者,其涉及公司管理机构设置、基本管理制度和主要管理人员聘任的公司重要事项,而经理从事的是公司微观层面的决策,然而,微观决策需要中观决策的引导,基于此,经理必须清楚董事会各项决策的意图,唯有此,经理才能做出符合公司发展的微观决策,因此,经理需要列席董事会。

【司法适用】

一、本条与《民法典》第170条“职务代理”衔接适用

《民法典》第170条规定,执行法人或者非法人组织工作任务的人员,就其职权范围内的事项,以法人或者非法人组织的名义实施的民事法律行为,对法人或

---

① 参见赵旭东:《再思公司经理的法律定位与制度设计》,载《法律科学(西北政法大学学报)》2021年第3期。

② 参见王鸿:《公司经理法律地位的确认与职权区域的界定》,载《当代法学》2003年第7期。

者非法人组织发生效力。法人或者非法人组织对执行其工作任务的人员职权范围的限制,不得对抗善意相对人。这是《民法典》对"职务代理"的规定,而"经理"因《公司法》(2018年)对其法定职权的列举,使人们产生这样的商事交易习惯,仅凭"经理"称谓这一商事外观,便认为经理具有相关的职权,人们在交易时无须经理出示其授权委托书,[①]然而,《公司法》(2023年)取消了经理的法定职权规定,经理的职权由公司章程或者董事会授权,此条款的修订对司法实践中经理职务代理的"职权范围的识别"提出两方面挑战:

第一,如果章程中对经理职权有具体规定,那么与经理进行交易的"相对人"只有到登记机关查询公司章程对经理职权的规定,才能推定其为"善意相对人"。

第二,如果章程中没有对经理职权作出具体规定,而是董事会授权模式,那么,按照《民法典》第170条的规定,法人或者非法人组织对执行其工作任务的人员职权范围的限制,不得对抗善意相对人。而相对人是否善意,或者按照商事惯例来判断,或者按照其是否尽合理注意义务来识别。

二、经理担任法定代表人所产生法律问题

(一)经理与法定代表人身份竞合时身份识别问题

按照《公司法》第10条的规定,经理可以担任法定代表人,按照第74条的规定,经理对董事会负责,而从《公司法》第11条规定可以看出,法定代表人职权是由股东会来赋权,简言之,法定代表人对股东会负责,如果经理担任法定代表人,那么,在实践中,可能会出现经理既需要对董事会负责,又需要对股东会负责的局面,还可能出现章程中对经理职权的规定与章程中对法定代表人职权规定不统一的局面。基于此,本书认为,如果经理担任法定代表人,其行为是"职务代理",还是"职务代表",[②]取决于行为人本身是否示明身份,如果行为人示明自己当下所为行为属于职务代理,那么,按照经理的职权来判断其所为的行为的效力;如果行为人没有示明自己身份,那么,就推定其在履行法定代表人的职权。

(二)经理担任法定代表人"辞任"问题

如果公司经理担任法定代表人,其辞去"经理"职务,是否还能够担任法定代表人?对于此问题,《公司法》第10条第2款作出明确规定,担任法定代表人的董事或者经理辞任的,视为同时辞去法定代表人。

三、经理不能以董事会没有通知其列席而主张董事会决议无效

经理列席董事会,在董事会召开过程中,其具有发言权但不具有表决权,其可

---

① 参见刘骏:《"职务代理"独立性之质疑》,载《财经法学》2023年第2期。

② 参见昝强龙:《双重路径借鉴下我国"职务代理"规则的体系构建——以〈民法典〉第170条为起点》,载《法学家》2023年第6期。

以结合自己的具体工作，对董事会所议事项进行发言，但不能对董事会的决议进行表决，因此，董事会召开没有通知经理列席，可以依据《公司法》第 26 条的规定进行判断，即董事会会议的召集程序仅有轻微瑕疵，对决议未产生实质影响，因此，董事会的决议有效。

第七十五条　规模较小或者股东人数较少的有限责任公司，可以不设董事会，设一名董事，行使本法规定的董事会的职权。该董事可以兼任公司经理。

【条文主旨】

本条是关于有限公司董事会设置例外的规定。

【条文理解】

本条文对应的是《公司法》(2018 年)第 50 条。与《公司法》(2018 年)第 50 条内容相比，本条主要有三个方面变化：一是将有限责任公司“执行董事”改为“董事”。之所以将“执行董事”改为“董事”，主要是考虑到公司法体系化表述的需求，修订后的《公司法》统一称谓，不再存在其他关于董事的称谓，如本法第 10 条将法定代表人的人选，改为“董事”或者“经理”，不再使用“执行董事”表述方式。二是明确董事行使董事会的法定职权。此处的“董事”不再是简单的个人，而是代表公司机关，此董事必然具有董事会的职权。三是将规模较小或者股东人数较少的有限责任公司不设董事会，改为“可以不设董事会”，增加了公司在董事会设置方面的选择权，公司可以根据自我运营情况进行治理机构的选择。

对于规模较小或股东人数较少的有限责任公司而言，其公司治理结构不同于一般的有限责任公司，因此，《公司法》作为制度供给方，其需要考量这些特殊公司运营的特殊诉求，基于此，本条款对“规模较小或者股东人数较少”的公司治理的特殊诉求进行回应。如果公司经营需要，那么可以设置董事会。当然，也可以不设置董事会，只设置 1 名董事来行使董事会职权，并且该董事可以兼任经理，进一步减少公司治理人力成本。

【司法适用】

本条款在法律适用过程中需要注意一点，即如何识别“规模较小或者股东人数较少”。如果一个公司拥有 10 名股东，那么其是否属于“规模小”的公司？其不设置董事会，仅设 1 名董事，此行为是否违法？

对此，本书认为，可以参照《中小企业促进法》第 2 条的规定来确定，中小企业是指依法设立的人员规模、经营规模相对较小的企业，包括中型企业、小型企业和微型企业,其划分标准由国务院负责中小企业促进工作综合管理的部门根据企业从业人员、营业收入、资产总额等指标,结合行业特点制定,报国务院批准。或者根据2019年国家发布的《关于促进中小企业健康发展的指导意见》,到“国家企业信用信息公示系统和小微企业名录”来确定某公司是否属于“规模较小或者股东人数较少”的公司。

【司法案例】

姜某、腾冲理想嘉园置业服务有限公司纠纷案①

诉讼结论:董事兼任经理导致两个身份混同一人,董事对经理报酬的决定,如果侵犯股东的权益,则需要股东会决议或股东以书面形式表示同意。

基本案情:被告腾冲理想嘉园置业服务有限公司(以下简称腾冲理想嘉园公司)于2019年9月2日成立,公司类型为有限责任公司,法定代表人姜某,任该公司执行董事、经理。该公司股东为姬某、姜某、姜某某,分别持股比例为51%、34%和15%。2020年3月,股东会决定解散公司,公司进入清算阶段,姜某要求清算组确认其作为总经理的60万元工资债权,清算组不认可,故产生纠纷,提起诉讼。

法院认为:姜某担任腾冲理想嘉园公司的执行董事兼总经理,由其本人决定自己的薪资,将使公司利益、股东权益面临被侵害的风险,剥夺股东会的相关权利。因此,姜某的薪酬应由股东会决议或者股东以书面形式表示同意,但姜某自认其薪酬并未履行前述程序,因此,姜某主张公司欠其6万元工资债权,不予采纳。

第七十六条　有限责任公司设监事会,本法第六十九条、第八十三条另有规定的除外。

监事会成员为三人以上。监事会成员应当包括股东代表和适当比例的公司职工代表,其中职工代表的比例不得低于三分之一,具体比例由公司章程规定。监事会中的职工代表由公司职工通过职工代表大会、职工大会或者其他形式民主选举产生。

监事会设主席一人,由全体监事过半数选举产生。监事会主席召集和主持监事会会议;监事会主席不能履行职务或者不履行职务的,由过半数的监事共同推举一名监事召集和主持监事会会议。

董事、高级管理人员不得兼任监事。

---

① 参见云南省保山市中级人民法院(2023)云05民终47号民事判决书。

【条文主旨】

本条是关于有限公司监事会和监事的规定。

【条文理解】

本条对应的是《公司法》(2018年)第51条。与《公司法》(2018年)第51条内容相比,本条主要有四个方面变化:一是集中回应监事会设置的"可选择"问题。依据本条的规定,"监事会设置不再是一种必然或者必须",是否设置监事会成为公司自治事项。① 此种修订,无涉公司"监督权"的存废,只是制度层面对有限公司干预与约束机制的减少,即使公司不设监事会,也不意味着公司内部监督权的消亡。只不过公司内部"监督权"由"公司内设审计委员会"等机构行使而已,这是市场机制的一种复归。二是监事会设置人数的变化。由《公司法》(2018年)"不得少于三人"改为"三人以上",从而与《民法典》第1259条的规定相衔接。② 我国采取"民商合一"体例,《公司法》作为民法的特别法,需要遵循民法基本规范。三是立法语言表述更精准化。"监事会"改为"监事会成员",股东代表是自然人,对应的是监事会成员,立法语言表述更准确。四是法律体系化表述所需,本条款将"半数以上监事",改为"过半数的监事"。

本条具体内容包括四个方面:一是公司监督模式的选择,二是监事会人员构成及表决要求,三是监事会会议的召集和主持,四是监事任职资格。

一、公司监督模式的选择

从本条第1款规定可以看出,公司根据公司运行情况,既可以选择监事会模式,也可以根据《公司法》第69条和第83条的规定,选择其他监督模式,具体分析如下:

(一)监事会模式

监事会是公司治理三大核心治理机构之一,1993年《公司法》初次制定时,就对监事会作出规定,并历经30年的实践运行,虽然监督成效备受争议,但监事会模式仍然是当下公司首先选择的常设监督机构。③

(二)仅设监事模式或不设监事模式

根据《公司法》第83条的规定,公司规模较小或股东人数较少的有限责任公

---

① 参见杨为乔:《突围叠床架屋的困境:审计委员会能否替代监事会?》,载《董事会》2023年第1期。

② 《民法典》第1259条规定:"民法所称的'以上'、'以下'、'以内'、'届满',包括本数;所称的'不满'、'超过'、'以外',不包括本数。"

③ 参见郭雳:《中国式监事会:安于何处,去向何方?——国际比较视野下的再审思》,载《比较法研究》2016年第2期。

司,可以不设监事会,设1名监事,行使《公司法》规定的监事会的职权。或者公司规模小或股东人数较少的有限责任公司,经全体股东一致同意,可以不设监事,此种模式是立法者回应小型闭锁公司降低治理成本和提高效率的需求,进行利益衡平的结果,实现了公司治理权的法律配置与自治配置的有效融合,从而促进公司经济高质量发展。①

(三)审计委员会模式

有限责任公司可以根据《公司法》第69条的规定,以及公司运营需求,在公司章程中规定,在董事会中设置审计委员会,由审计委员会行使监事会的职权,这一制度改革,也是《公司法》对公司监督实践的回应。公司治理权的配置关涉公司的存续和发展,也是公司良性运作、降低成本和创造佳绩的可靠保障,基于此,《公司法》采取授权规范赋予公司自主决定公司治理模式,分配公司治理权力,可以促进公司灵活经营,提振公司经营活力和市场竞争力。

二、监事会人员构成要求

(一)监事会人员组成主要是股东与职工

规定股东参加监事会是其作为投资者行使股东权利内在所需;职工参与公司监督,体现监督的民主性。为了使职工能够进行有效监督,《公司法》明确规定,职工监事不得低于监事会人员的1/3。至于具体比例,考虑到各公司运营情况不同,《公司法》采取任意规范的形式,由公司章程规定。

(二)监事会人数要求

考虑到多数决时需要"少数服从多数",因此,监事会人数为3人以上。鉴于监事会属于集体决策,因此,虽然《公司法》规定监事人数为3人以上,但是实践中,监事会人数应为3人以上的奇数,而不是偶数,否则,可能出现表决数人数对等状态,无法作出有效的决策。

三、监事会会议的召集和主持

监事会采取会议形式做出有效的集体决策,其需要会议召集人与主持人。而监事会主席因其具有个人号召力与影响力,能够很好地掌握会议进程及应对会议突发情况,基于此,按照《公司法》的规定,由监事会主席召集和主持监事会会议。同时规定,有限责任公司的监事会主席通过选举产生,由"全体监事过半数"通过即可。为了避免监事会主席出现主观上或客观上不主持监事会会议的情形,本条第3款特别规定由半数以上监事共同推举1名监事召集和主持监事会会议。

---

① 郭富青:《我国公司治理权配置的争点辨析与立法选择——以〈公司法〉修改为视角》,载《学术论坛》2013年第1期。

四、监事任职资格

监事会的职能是监督董事和高级管理人员的履职情况。为了避免“监督主体与被监督主体合二为一”，出现“自我监督”的情形，本条保留了监事会成员消极资格的限制——董事及高级管理人员不得兼任监事。对于监事的任职资格，本书认为《公司法》的配套法律在《公司法》消极资格的规定的基础上，还需要增加积极资格门槛，以便监事真正发挥监督职能。例如，参酌《德国公司治理准则》第 5. 4. 1 条及《德国股份法》第 100 条第 5 款的规定，要求监事会组成人员具有独立履行职务所必需的知识、能力及专业经验，且至少有 1 名组成员人具有编制账目、决算审查等公司财务领域的专业知识。①

【司法适用】

一、准确把握本条修改的社会背景与立法目的

《公司法》(2023 年)对监事会制度改革既顺应国际潮流，又尊重公司自治，可谓对公司内部监督机制的“重构”，符合公司监督机构从内部到外部、从单一到多元、从平面到立体的演化发展规律，②形成具有中国特色的公司监督机制。其既是为了顺应“放管服”优化营商环境的治理理念，③也是为了更好发挥监事会的职能。因此，法院在受理相关案件时，应重点审查公司章程，并结合公司运营实际，尊重公司对监督模式的选择。

二、具体适用时要注意四个方面的问题

第一，监事身份的解除。担任监事的人只能是股东或职工代表。如果股东因股权全部转让而失去股东身份，且又不是公司职工，则监事本人须向公司申请辞去监事身份。如果公司不同意或不表态，应当通过向人民法院起诉的方式，请求解除原股东的监事职务。④

第二，“职工代表的比例不得低于三分之一”的性质属于“效力性强制性规定”，而非“管理性强制性规定”。《九民纪要》第 30 条对“效力性强制性规定”进行列举，包括强制性规定涉及金融安全、市场秩序、国家宏观政策等公序良俗的；交易标的禁止买卖的，如禁止人体器官、毒品、枪支等买卖；违反特许经营规定的，如场外配资合同；交易方式严重违法的，如违反招投标等竞争性缔约方式订立的

---

① 参见崔文玉：《公司治理优化视域下的监事会制度重塑及其功能实现》，载《现代法学》2022 年第 6 期。

② 参见蔡伟：《公司内部监督责任体系的困境——基于对监事的再考察》，载《中外法学》2018 年第 6 期。

③ 参见王世权、覃瑞生：《从监事会制度变迁，看监督的困境与重构》，载《董事会》2023 年第 1 期。

④ 参见上海市黄浦区人民法院(2021)沪 0101 民初 13979 号民事判决书。

合同;交易场所违法的,如在批准的交易场所之外进行期货交易。而"管理性强制性规定",一般是关于经营范围、交易时间、交易数量等行政管理性质的强制性规定。本条款对职工监事比例设定最低法定要求,是为了确保公司在经营决策管理过程中不侵害职工合法权益,同时积极推动全体员工利益共同体,让企业发展成果更公平惠及全体员工。如果缺少职工代表,监事会的组成及运作就无法反映职工意志,违反强制性规定。①

第三,本条第 4 款关于"董事、高级管理人员不得兼任监事"的规定也属于"效力性强制性规定"。监事的主要职责就是监督董事、高级管理人员的履职行为,如果立法允许董事、高级管理人员兼任监事,则形成自我监督的局面,无法实现权力制衡的立法目的。公司治理属于社会治理的重要组成部分,若干个公司的微观治理秩序直接影响市场秩序的有序运行,因此,按照《九民纪要》第 30 条的规定,本条款涉及市场秩序,属于强制性效力规范,因此,董事或高级管理人员兼任监事属于无效法律行为。

第四,监事身份的取得以股东会决议通过为有效形式要件。法院在审理此类案例时,需要注意一点,监事身份取得不是以登记为有效取得方式,登记仅是起到公示效果。如果监事离职,公司应当主动变更监事登记;如果公司怠于申请变更登记,监事在穷尽公司内部救济机制后,可以通过提起诉讼的方式要求公司变更登记。同时,因公司原因影响监事身份登记的,由公司承担全部责任。

【司法案例】

山东九州永信企业管理有限公司、武某宁请求变更公司登记纠纷案②

诉讼结论:人民法院支持武某宁的请求,因职工辞职,而不具有履行监事职责的客观条件,公司应变更职工监事身份的登记。

基本案情:武某宁于 2020 年 5 月在山东九州永信企业管理有限公司工作,任公司监事及内勤,2021 年 7 月武某宁与公司解除劳动关系,并向公司提出解除监事职务的书面请求,但公司没有回应,于是武某宁分别于 2022 年 8 月 5 日、2022 年 8 月 10 日以邮政 EMS 方式向公司提出解除监事及内勤职务,公司均予以拒收。于是,武某宁以公司为被告提出诉讼。

法院认为:公司职工担任监事,既涉及劳动合同又涉及委托合同。前者职工

① 参见上海市第二中级人民法院(2017)沪 02 民终 891 号民事判决书。

② 参见山东省滨州市人民法院(2022)鲁 16 民终 3250 号二审民事判决书。

辞去工作，劳动合同终止，职工身份不复存在。而监事身份是因为职工这一身份而取得的。因此，虽然此职工监事解除监事一职，引发监事任期内的监事成员低于法定人数，但是如果职工已经书面提出解除监事一职，公司收到申请不及时选任、更换监事，则公司需要承担不利后果，职工监事客观履职不具备条件，无法继续履行职责。因此，此种情形不能僵化地适用“监事在任期内辞职导致监事会成员低于法定人数的，在改选出的监事就任前，原监事仍然应当依照法律、行政法规和公司章程的规定，履行监事职务”的规定。故法院判决公司于判决生效之日起30日内为武某宁办理公司监事变更登记。

第七十七条　监事的任期每届为三年。监事任期届满，连选可以连任。

监事任期届满未及时改选，或者监事在任期内辞任导致监事会成员低于法定人数的，在改选出的监事就任前，原监事仍应当依照法律、行政法规和公司章程的规定，履行监事职务。

【条文主旨】

本条是关于有限责任公司监事任职期限的规定。

【条文理解】

本条对《公司法》(2018年)第52条的规定作了个别文字修改，即将第2款规定的“监事在任期内辞职”修改为“监事在任期内辞任”，与本法第70条第2款关于董事辞任的修改相一致。

第七十八条　监事会行使下列职权：

(一)检查公司财务；

(二)对董事、高级管理人员执行职务的行为进行监督，对违反法律、行政法规、公司章程或者股东会决议的董事、高级管理人员提出解任的建议；

(三)当董事、高级管理人员的行为损害公司的利益时，要求董事、高级管理人员予以纠正；

(四)提议召开临时股东会会议，在董事会不履行本法规定的召集和主持股东会会议职责时召集和主持股东会会议；

(五)向股东会会议提出提案；

(六)依照本法第一百八十九条的规定，对董事、高级管理人员提起诉讼；

(七)公司章程规定的其他职权。

【条文主旨】

本条是关于监事会职权的规定。

【条文理解】

本条对应的是《公司法》(2018年)第53条。与《公司法》(2018年)第53条相比,本条款主要进行了四方面微调:一是去掉"不设监事会的公司的监事"这一主体。如此变化的原因是《公司法》第83条已经将"不设监事会的监事"视同"监事会",没有必要赘述。二是去掉第2项中的"公司"二字。监事会监督的是董事和高级管理人员的执行职务行为,而这个职务行为必然属于"公司职务",没有必要加"公司"二字进行强调。三是将第2项的"罢免"改为"解任"。罢免是指对任期未满的违法失职人员免去职务,而"解任"具有"解除职务、卸任、免职和停职"等意思。董事和高级管理人员执行职务违反股东会决议,不一定违法,因此,"解任"表述更精准。四是将第6项的"依照本法第一百五十一条"改为"依照本法第一百八十九条",此变化是对《公司法》修订导致法条顺位变化的回应。

本条款对监事会职权作出列举性规定。监事会的职权共有7项,其中,最后一项为赋权条款,公司可以根据公司经营实践需求,在公司章程中规定监事的其他职权。其他6项具体职权如下:一是公司财务检查权。监事会履行监督权,必须知晓公司财务情况,基于此,《公司法》赋予监事财务检查权,监事通过行使财务检查权,了解公司财务状态,才能对董事、高级管理人员的经营行为正当性做出正确且专业的判断。二是对董事及高级管理人员的监督与解任建议权。监督是为了公司整体利益的提升,同时在监督过程中,发现问题并及时解决问题,才能做到及时止损,避免公司损失进一步扩大,因此,《公司法》赋权监事解任建议权。三是对董事及高级管理人员损害公司利益行为的纠正权。监事在行使监督权过程中,发现的问题也有轻重缓急之分,因此,对于及时更正就能止损的问题,监事只需要行使纠正权即可。四是召开临时股东会的提议权与附条件地召集和主持股东会会议权。监事在行使监督权过程中,如果发现其监督的内容属于股东会法定职权或章定职权中需要讨论的内容,那么,监事需要启动临时股东会,通过股东会集体决议来做出有效决策。五是向股东会提出议案的权利。此处监事会提出议案的权利,主要是指股东会常规会议召开前,监事会需要结合监督情况,向董事会提交定期股东会需要讨论解决的议题。六是附条件的诉讼权。附条件的诉讼权主要是指股东代表诉讼,如果董事、高级管理人员或者全资子公司的董事、高级管理人员侵犯公司权益,股东可以书面请求监事会向人民法院提起诉讼,按照《公司法》第189条的规定,股东可以书面请求监事会向人民法院提起诉讼,按照《公司法规定(四)》第23条第1款的规定,监事会提起诉讼,应当将公司列为原告,然后依法由监事会主席或不设监事会的有限责任公司的监事代表公司进行诉讼。

【司法适用】

本条文在司法适用过程中需要注意两方面事项:

一是监事的职权仅限于法定与章定。监事从事法定以外的行为,不能代表公司。监事从事章定以外行为的效果是否由公司承继,需要根据章程登记情况而定,如果公司章程没有登记,不具有公示效力,章定监事职权只能对公司内部有效,对外不具有对抗善意第三人的效力。①

二是监事仅具有解任提议权,不具有实际解任的权力。简言之,监事解任的意见,仅是停留在"提议"这一层面。因此,法院不能简单地根据监事解任提议,来免除董事、高级管理人员的任职。

【司法案例】

北京翔云智慧教育科技有限公司等与李某红公司决议纠纷案②

诉讼结论:股东会决议或公司章程限制监事行使监督权法律行为无效。

基本案情:2021 年 10 月 31 日,北京翔云智慧教育科技有限公司召开临时股东会,临时股东会会议决定对公司章程的部分内容作出修改,其中关于监事会职责的修改如下:将第 5 章第 18 条第 1 项的"监事检查公司财务"改为"监事本人检查公司财务,如需第三方介入,需要代表三分之二以上表决权的股东通过决议"。

法院认为:《公司法》为监事赋予检查公司财务的权利,目的是防止董事、高级管理人员滥用职权,损害公司及股东利益,对公司的经营发展具有重要的监督意义。若监事发现公司经营情况异常,聘请第三方会计师事务所协助进行,属于正常行使监事权利的行为,如果公司股东会决议或者公司章程对监事的财务监督权进行限制,此限制属于无效法律行为。

第七十九条　监事可以列席董事会会议,并对董事会决议事项提出质询或者建议。

监事会发现公司经营情况异常,可以进行调查;必要时,可以聘请会计师事务所等协助其工作,费用由公司承担。

---

① 参见重庆市永川区人民法院(2019)渝 0118 民初 12181 号民事判决书。

② 参见北京市第三中级人民法院(2022)京 03 民终 17496 号民事判决书。

【条文主旨】

本条是关于监事质询建议权与监事会调查权的规定。

【条文理解】

本条对应的是《公司法》(2018 年)第 54 条。与《公司法》(2018 年)第 54 条相比,本条款将"不设监事会的公司的监事"去掉,如此变化的主要原因在于《公司法》(2023 年)第 83 条将不设监事会的监事赋予了监事会职权,在此没有重复表述的必要。

本条款主要规定三方面内容:一是监事列席董事会会议的职权。监事行使监督权的前提是其对公司运营情况知情,基于此,本条第 1 款赋予监事列席董事会会议的职权,立法目的是促进监事动态了解公司经营事务,以便更好地履行监督职责。二是监事对董事会会议决议事项的咨询与建议权。监事列席董事会会议时,如果发现董事会存在违法、违章或者不利于公司发展的决议,那么,监事可以对董事会会议决议事项提出咨询与建议,此项权益是监事进行事前预防性监督的应有之义。三是监事会调查权。监事发现公司经营情况异常,则监事需要进行调查,才能够清楚经营异常的真正原因,而监事实施调查,可能会遇到"会计"或"法律"等专业事务,基于此,《公司法》赋予监事聘请会计师事务所等机构协助其工作的权利。立法者无法预知监事履行调查权时需要何种类型的专业技术团队,基于此,《公司法》采取"等"字立法技术。本书认为此处"等"属于实质主义解释路径的"等外等",主要理由如下:公司运营涉及复杂的商业活动,监事行使监督权过程中,不仅仅需要会计师事务所辅助调查,还可能涉及律师事务所、审计机构、工程评估机构等专业技术机构。

本条款规定监事会相关职权时,虽然采用"可以"的表述形式,但是本条款属于强制性条款。理由如下:如果本条款属于任意性条款,则很可能出现"章定排除此条款适用"的情况。然而,监事会行使质询建议权和调查权属于履行监督职能的应有之义,既属于法定义务又属于法定权利,而非章定排除之选项,因此,本条款属于强制性条款。

至于《公司法》将调查权赋予"监事会",本书认为"监事会"表述欠缺精准性。主要理由有两方面:一是按照文义解释,只要具备监事的身份,则具有监督权,而调查权属于监督权的应有之义,无须以"会"这种集体合议形式来进行;二是从法的体系视角来分析,如果监事提出咨询或建议未果,则监事可以对发现的问题进行调查,如此操作符合商事效率原则。

【司法适用】

本条文在司法适用过程中需要注意四方面:

第一,法院对"必要"条件认定时需要注意的事项。其一,专业机构不限于会计师事务所。虽然本条款仅列举了会计师事务所,但由于"等"属于"等外等",因此,如果监事因行使监督权需要相关法律专业的辅助,那么监事会聘请律师事务所协助履行监事职责,应符合"必要"条件。其二,对于"必要"条件的识别,本书认为,法官需要甄别"是否具有专业性,以及与监事履行监督职务是否具有关联性"。其三,对于"非必要"的判断,公司先行审查不是提起诉讼的前提条件,法院不能以此为理由驳回诉讼。①

第二,如果董事会会议召开且没有通知监事列席,则董事会决议原则上可撤销。监事列席董事会会议属于法定职权。董事会没有通知,致使监事没有行使列席权,是对监事法定权利的侵犯,依据《公司法》第 26 条的规定,董事会会议召集程序违法,则董事会会议决议效力属于可撤销。

第三,监事无正当理由不列席董事会会议,监事需要承担民事责任。监事列席董事会会议既属于法定权利也属于法定义务。监事法定义务不履行而给公司造成不当损失的,属于失职行为,可以根据《公司法》第 188 条的规定,承担赔偿责任。

第四,监事会附条件行使调查权,而这个条件是"经营情况异常"。现行法律没有对"经营情况异常"给出具体的标准或者指引性规定,因此,此类案件,需要人民法院在司法实践中根据相关商业经验和具体情况来进行判断。

【司法案例】

殷某婷、玉门市润泽环保再生能源新技术有限公司追偿权纠纷案②

诉讼结论:监事履行监督职权所花费的必要费用由公司承担。

基本案情:殷某婷作为玉门市润泽环保再生能源新技术有限公司(以下简称玉门公司)监事,同时还担任公司副总经理,其于 2022 年 1 月 4 日,委托律师事务所代理其列席股东会会议、公司会议和诉讼等职权,相关委托费用 6 万元。玉门公司认为殷某婷是副总经理不能兼任监事,且委托律师行职的职权属于监事应具备的技能,不属于"必要费用",双方产生争议,诉至法院。

法院认为:上诉人(殷某婷)签署的劳动合同书中载明,其担任被上诉人(玉门公司)副总经理一职,并且上诉人在被上诉人章程上登记为该公司监事,但是,公司章程中并未将上诉人列为高级管理人员,因此上诉人作为被上诉公司的监事,

---

① 参见甘肃省酒泉市中级人民法院(2022)甘 09 民终 958 号民事判决书。

② 参见甘肃省酒泉市中级人民法院(2022)甘 09 民终 958 号民事判决书。

符合法律规定。上诉人在公司两股东发生纠纷,公司可能出现运转机制失灵的情况下,委托律事代理其列席股东会会议和公司会议、接受上诉人的日常咨询、配合调查公司经营状况、代理起诉公司股东会决议不成立的诉讼案件,属于监事履行监督职权的行为,相关费用应由公司承担。

第八十条　监事会可以要求董事、高级管理人员提交执行职务的报告。

董事、高级管理人员应当如实向监事会提供有关情况和资料,不得妨碍监事会或者监事行使职权。

【条文主旨】

本条是关于董事、高级管理人员报告工作义务和协助监事工作的规定。

【条文理解】

本条对应的是《公司法》(2018 年)第 150 条第 2 款。与《公司法》(2018 年)第 150 条第 2 款相比,本条款主要有两方面变化:一是增加了“监事会可以要求董事、高级管理人员提交执行职务的报告”的规定,二是删除了“或者不设监事会的有限责任公司的监事”的规定。本条款属于 2005 年修订《公司法》时新增条款,2013 年和 2018 年对《公司法》进行修改时,没有对本条款进行调整,2023 年修订时进行相应调整变化的主要目的是强化监事会的信息知情权。①

董事、高级管理人员配合监事会行使监督职权的具体表现形式有两方面:一是应监事会要求提交执行职务的报告;二是如实提供有关情况和资料。

一、董事、高级管理人员合规行为的监督

关于本条款所规定内容性质的判断,有的学者认为其属于董事、高级管理人员勤勉和忠实义务。本书认为本条款所规定的内容应属于董事、高级管理人员的合规义务。理由如下:按照《公司法》第 180 条对忠实义务和勤勉义务的界定②,忠实义务的规制核心在于董事和公司、股东的利益冲突时,董事不得利用公司和股东的信任以及双方之间的信息不对称而谋求个人私利。勤勉义务的规制核心在于董事必须具有履行相应职务的能力和水平,同时履行职务尽到合理的注意,不

---

① 参见张志坡:《如何构建独立、有效的监事会?》,载《经贸法律评论》2022 年第 2 期。

② 《公司法》第 180 条规定:“董事、监事、高级管理人员对公司负有忠实义务,应当采取措施避免自身利益与公司利益冲突,不得利用职权牟取不正当利益。董事、监事、高级管理人员对公司负有勤勉义务,执行职务应当为公司的最大利益尽到管理者通常应有的合理注意。公司的控股股东、实际控制人不担任公司董事但实际执行公司事务的,适用前两款规定。”

得粗心大意、草率鲁莽。[1] 合规义务是指董事采取符合法律规定和章程规定的形式来经营公司。本条款所规范的董事、高级管理人员报告义务和提供相关材料等属于事务性工作，为经营公司行为所需，因此，本条款属于对董事合规监督行为的规定。[2]

二、董事、高级管理人员报告义务

董事、高级管理人员报告义务属于《公司法》(2023年)新增制度。监事会成员本身不参与企业的经营和管理，因此，监事会履行监督职责，其必须对公司日常经营情况“知情”，而这个“知情”分为主动知情和被动知情。前者可以由监事会实地调研，亲自了解企业状况，例如，直接询问职工或者对相关人员进行实地勘察，了解董事、高级管理人员将采用的经营政策，但这个知情，基本上是事后监督，且因监事会对董事、高级管理人员进行间接监督，还可能导致其与董事、高级管理人员之间的信任危机。[3] 而后者属于预防性监督，且因为其是立法赋予董事会、高级管理人员的法定职责，避免了信任危机的出现。《公司法》仅规定了“报告”职责，至于董事、高级管理人员如何在微观层面履行报告职责，本书认为，可以由章程规定，董事会的全面报告义务。例如，以季度报告、年度报告、收益报告、特别报告等形式，动态地将必要的信息提交给监事会，如此操作，监事会可以相对较早地知悉公司核心业务的发展状况，并通过批判性问询及时商讨公司经营管理中存在的风险，及时发现可能存在的决策失误，从而采取积极措施避免董事会错误决策的作出，从而最大程度地保护公司的整体利益。在此，需要在章程中增加一点，与董事会全面报告义务相对应的监事会成员需要承担保密义务。[4]

三、董事、高级管理人员如实提供有关情况和资料的职责

如前所述，董事、高级管理人员报告义务是监事会“主动知情”方式之一，而董事、高级管理人员履行报告义务，需要提交的材料必须是真实地反映公司经营情况的材料，唯有此，监事会才能做出有效的监督，而董事、高级管理人员如实提供有关情况和资料的职责，也正是“诚实守信企业家精神”的应有之义。如果董事、高级管理人员不能做到诚信履行职责，那么监事就无法做出正确的价值判断，因此，董事、高级管理人员如实提供资料是监事会有效监督的前提与基础。

---

① 参见王建文:《我国董事信义义务制度的扩张适用:一般规定的确立》,载《当代法学》2023年第1期。

② 参见傅穹:《公司利益范式下的董事义务改革》,载《中国法学》2022年第6期。

③ 参见[德]泰赫曼:《德国股份公司的监事会:历史发展与现代挑战》,王彦明、孙昊译,载《社会科学战线》2015年第5期。

④ 参见赵大伟:《监事会监督方式变革论》,载《当代法学》2017年第2期。

【司法适用】

本条文在司法适用过程中需要注意两方面事项：

一是如果监事会没有主动要求公司董事、高级管理人员提交执行职务报告，导致公司产生损失，则监事会相关人员需要承担民事责任。人民法院可以根据《公司法》第188条[①]的规定进行追责。

二是如果监事会要求公司董事、高级管理人员提交执行职务报告或相关情况与资料，董事、高级管理人员无正当理由不提交，给公司造成损失，则人民法院可以根据《公司法》第188条的规定，裁决追究相关董事、高级管理人员的赔偿责任。

【司法案例】

北京煜森股权投资有限公司 与刘某梅等损害公司利益责任纠纷案[②]

诉讼结论：董事、高级管理人员是否如实向监事提供有关情况和资料，妨碍监事行使职权的判断标准要从主观、客观、因果关系三方面综合判断。

基本案情：王某生作为北京煜森股权投资有限公司（以下简称煜森公司）的监事，于2019年8月12日向煜森公司及刘某梅董事和李某纯董事发送《关于公司开展审计监督检查所需明细材料的通知》，通知公司、李某纯、刘某梅及各位股东，于2019年8月21日之前准备完毕，并按照该通知的要求放置指定地点以供核查。刘某梅、李某纯提交证明证明其以邮件和微信方式向各位股东提交相关资料。王某生监事认为刘某梅、李某纯没有按照要求提交相关资料，给公司造成损失，要求刘某梅、李某纯赔偿公司损失。

法院认为：判断董事、高级管理人员是否如实向监事提供有关情况和资料，且未妨碍监事行使职权的标准主要有三方面：一是董事、高级管理人员没有提交相关资料给监事或监事会，主观上不存在故意和重大过失；二是董事、高级管理人员没有提交相关资料给监事或监事会，客观上没有给公司造成损失；三是即使公司存在损失，此损失与董事、高级管理人员没有提交相关资料给监事之间不存在因果关系。从上述三方面来判断本案刘某梅等人的行为，人民法院判决刘某梅等人不承担赔偿法律责任。

---

① 《公司法》第188条规定："董事、监事、高级管理人员执行职务违反法律、行政法规或者公司章程的规定，给公司造成损失的，应当承担赔偿责任。"

② 参见北京市高级人民法院（2020）京民终696号民事判决书。

第八十一条　监事会每年度至少召开一次会议，监事可以提议召开临时监事会会议。

监事会的议事方式和表决程序，除本法有规定的外，由公司章程规定。

监事会决议应当经全体监事的过半数通过。

监事会决议的表决，应当一人一票。

监事会应当对所议事项的决定作成会议记录，出席会议的监事应当在会议记录上签名。

【条文主旨】

本条是关于监事会会议制度的规定。

【条文理解】

本条与《公司法》(2018 年)第 55 条相比，仅从立法语言简准性视角，[①]对个别表述进行了微调：一是将监事会决议应当“经半数以上监事通过”，改为“经全体监事的过半数通过”，二是增加监事会表决方式是一人一票的规定。本条款自 1993 年《公司法》初次制定以来，虽然历经 5 次修法，仅是在 2005 年修法时，做出重大调整：一是对监事会的表决方式进行明确规定，即监事会决议应当经过半数以上监事通过；二是增加监事会会议记录的规定。

本条款主要从三方面进行规定：一是监事会会议的种类，二是监事会的议事方式和表决程序，三是监事会会议记录及签名的要求。

一、监事会会议的种类

监事会会议分为定期会议和临时会议。前者召开时间由公司章程进行规定，按照《公司法》的规定，监事会的定期会议，每年度至少召开 1 次会议。考虑到章程内容变化需要按照《市场主体登记管理条例》的规定进行备案登记，因此，通常情况下，公司章程也采取抽象概括表述方式，对定期监事会召开时间进行规定。后者根据需要，由监事提议召开，至于“何种需要”，则由公司根据经营情况在公司章程中作出规定。

二、监事会的议事方式和表决程序

《公司法》(2023 年)增加了监事会决议的表决方式，即一人一票。同时，监事会有效决议需要经全体监事过半数通过。其中，“过半数”是《公司法》(2023 年)

---

① 参见刘斌：《中国公司法的立法技术革新——以立法技术瑕疵评估为中心》，载《大连理工大学学报(社会科学版)》2021 年第 3 期。

的“小变化”,这个变化主要体现了法律的体系性。《公司法》第 73 条对董事会表决的规定为“全体董事的过半数”通过。第 76 条对监事会主席的选举,要求“全体监事过半数”,对召集和主持会议监事的推选,也要求“过半数的监事”。

三、监事会会议记录及签名的要求

监事会会议记录是公司会议的必备文件,其具有如下意义:其一,记载会议出席人员。如果章程对会议召开人数有要求,那么记录直接关涉监事会会议是否成立,按照《公司法规定(四)》第 5 条第 3 项的规定,出席会议的人数或者股东所持表决权不符合《公司法》或者公司章程规定的,会议决议不成立。其二,记载会议表决结果,证明待决事项经过表决及表决情况。这个记录是否真实,对股东的知情权会产生很大的影响。其三,提供查询、备记,使参会人员及其他利害关系人能够及时知晓会议情况。其四,证明作用。[①] 监事签名是监事违反监督职责而追究其责任的重要证据资料,因此,本条款规定,监事会应当对所议事项的决定作成会议记录,并要求所有出席会议的监事在监事会会议记录上签名。

【司法适用】

本条文在司法适用过程中需要注意的事项主要有两方面:

一是现行法律对“欠缺监事签名的监事会会议记录是否有效”缺乏明确规定。人民法院可以参照《公司法》第 26 条的规定进行裁决,即“公司股东会、董事会的会议召集程序、表决方式违反法律、行政法规或者公司章程,或者决议内容违反公司章程的……可以请求人民法院撤销。但是,股东会、董事会的会议召集程序或者表决方式仅有轻微瑕疵,对决议未产生实质影响的除外”。简言之,没有监事签名的监事会会议记录,则看其对决议是否产生实质影响,如果没有,可以参酌对决议未产生实质影响的“轻微瑕疵”进行处理,此决议为有效的决议。

二是按照《公司法》的规定,公司每年至少召开 1 次监事会会议,如果公司一次监事会会议都没有召开,则公司处于违法状态。实践中,如果公司无法提供监事签名的会议记录,并且无其他证据能佐证公司召开过监事会会议,那么,人民法院可以裁决公司处于违法状态。至于未召开监事会会议是否需要承担法律责任,则需要根据监事会没有依法召开会议是否给公司及利益相关主体造成损害来裁决。

---

① 参见李建伟、王力一:《公司决议不成立之诉实证研究——〈公司法解释四〉出台前审判创新实践的价值发展》,载《经贸法律评论》2020 年第 3 期。

【司法案例】

徐某光与云南豆力香食品有限公司股东知情权纠纷案[①]

诉讼结论：公司提供给股东要求查阅的监事会记录应当有出席监事会的监事签名。

基本案情：原告徐某光持有被告云南豆力香食品有限公司49%股权，认缴出资额为49万元，原告提起诉讼，要求查阅、复制财务会计报告、股东会会议记录、董事会会议记录和监事会会议记录。其中，董事会会议记录必须由出席会议的董事签名，监事会会议记录也要求有监事的签名。

法院认为：股东行使知情权要求查阅、复制财务会计报告（包括资产负债表、损益表、现金流量表、财务情况说明书和利润分配表）、股东会会议记录、董事会会议记录和监事会会议记录，其中，监事会会议记录需要公司提供的是出席会议监事在会议记录上签名的会议记录。如果公司提供的监事会会议记录没有出席会议监事的签名，则视为其没有提供会议记录。

第八十二条　监事会行使职权所必需的费用，由公司承担。

【条文主旨】

本条是关于监事会监督费用负担的规定。

【条文理解】

本条与《公司法》（2018年）第56条相比，只有一处变化，即根据《公司法》修法体系化需求，将“不设监事会的公司的监事”去掉。本条款在2005年修订时，增加了一个条款，即监事会行使职权所必需的费用由公司承担。2013年和2018年修正《公司法》时没有任何改动。

监事会在日常监督过程中，必然产生监督成本。然而，实践中，公司日常经营管理由董事会以及经理等人员负责，其中，包括公司财务管理。如果《公司法》对监事会监督行为所花费的费用不作出专门且有针对性的规定，则很可能出现监事会因“监督费用”问题而不监督或者不能监督的局面，因此，本条款明确规定，监事会行使职权所必需的费用，由公司承担，公司董事、高级管理人员不得以行何理由拒绝或者拖延支付上述费用。同时，为了避免监事会将超出行使职权的开支转嫁

---

① 参见云南省昆明市官渡区人民法院（2018）云0111民初10025号民事判决书。

给公司,《公司法》明确规定,费用必须是“行使职权所必需的费用”。

【司法适用】

本条在司法适用过程中需要注意的事项主要有两方面:

一是监事会行使“职权”的识别。监事会行使的法律行为,是否属于“职权”行为,主要判断标准为:监事从事的行为是否为按照法律规定或者章程规定,抑或按照授权委托书委托的内容所从事的法律行为。

二是监事会履行监督职责时必需花费的费用,由公司来承担,这个“必需”需要法院在审理相关案件时,根据《公司法》第78条的规定来判断。

【司法案例】

上诉人江苏苏尊容大律师事务所、南京兆润投资发展有限公司与原审第三人乔某因委托代理合同纠纷案①

诉讼结论:人民法院裁决监事履行监督职责必需花费的费用由公司承担。

基本案情:2018年3月25日,南京兆润投资发展有限公司(以下简称兆润公司)的监事乔某代表兆润公司与江苏苏尊容大律师事务所(以下简称苏尊容大律所)签订《委托代理合同》,合同主要内容有两方面:一是兆润公司与王某林、王某斌等损害公司利益责任纠纷一案,由律所代监事乔某作为诉讼代表人提起诉讼;二是实行全风险代理。所有代理费用都由兆润公司支付。乔某与苏尊容大律所签订委托代理合同的内容及律师费计费与支付方式,均未告知兆润公司。案件审理期间,乔某被兆润公司免去监督事一职,苏尊容大律所已代理兆润公司部分案件,有生效的裁判文书佐证。兆润公司不认可乔某签订的律师服务合同及确定的相关律师费用,双方产生纠纷。

法院认为:关于监事行使职权必要费用的判断。首先,根据《公司法》的规定,监事具有聘请律师事务所协助工作的职权,然而,如果章程没有特别规定或相关授权委托书,则监事在聘请费用确定方面没有代理权,费用最终决定权在公司。其次,如果监事与律师事务所签订律师代理费合同,合同约定的费用超过合理限度,则监事确定费用的条款效力待定,如果公司不追认,则对公司不产生约束力。最后,如果监事聘请律师事务所协助工作,且律师事务所已完成协助工作,并有裁判文书作为证据,那么,依据《公司法规定(四)》第26条的规定,可以认定该支出的费用应为合理的费用。

---

① 参见江苏省南京市中级人民法院(2020)苏01民终7400号民事判决书。

第八十三条　规模较小或者股东人数较少的有限责任公司，可以不设监事会，设一名监事，行使本法规定的监事会的职权；经全体股东一致同意，也可以不设监事。

【条文主旨】

本条是关于监事会设置例外的规定。

【条文理解】

本条与《公司法》（2018年）第51条第1款相比，主要有三方面变化：一是删除"有限责任公司设监事会，其成员不得少于三人"的表述；二是将监事人员的设置由"一至二名"改为"一名"，并增加此名监事"行使本法规定的监事会的职权"；三是增加经全体股东同意，可以不设监事的规定。

本条涉及两方面内容：一是规模较小或者股东人数较少的公司可以不设监事会，设1名监事，来行使监事会的职权；二是经全体股东一致同意，也可以不设监事。

本条也属于《公司法》（2023年）修订变化比较大的条款。首先，为了便于"规模较小或者股东人数较少"的公司履行监事会职责，本条款规定监事的人数只有1人，而且这个监事属于一个组织机构，来行使监事会的职权。其次，1名监事的设置符合法律体系性需求。《公司法》作为一部完整的部门法，其内部法律表述应前后一致，相互印证，本条款与《公司法》第75条董事会设置表述一致，即"规模较小或者股东人数较少"的有限责任公司，可以不设董事会，设1名董事。最后，增加"经全体股东一致同意，也可以不设监事"。如此规定，破解了小型公司法律治理形态供给不足的问题。法律对监事会严苛的规定，与小型公司对公司简化的治理结构需要相脱节，因此，2023年《公司法》修订最大亮点在于，小型公司可以经股东一致同意，不再设置监事，进而降低小型公司的治理成本，激发其采取灵活多样的经营方式，促进公司经济增长。①

【司法适用】

本条在司法适用过程中需要注意两方面事项：

一是规模较小或股东人数较少的有限责任公司可以经全体股东一致同意，不设监事。本条款在司法适用时，需要注意的是，公司不设置监督机构需要同时满

---

① 参见郭富青：《论公司法律形态现代化再造与创新》，载《北方法学》2022年第1期。

足两个条件,即公司规模较小或者股东人数较少且全体股东一致同意。

二是规模较小或股东人数较少的有限责任公司设置的监事,可以不通过选举产生,可以通过委托合同产生。因为《公司法》对规模较小或股东人数较少有限责任公司的监事,使用的法律措辞为“设”,而不是“选举”。

第四章　有限责任公司的股权转让

第八十四条　有限责任公司的股东之间可以相互转让其全部或者部分股权。

股东向股东以外的人转让股权的，应当将股权转让的数量、价格、支付方式和期限等事项书面通知其他股东，其他股东在同等条件下有优先购买权。股东自接到书面通知之日起三十日内未答复的，视为放弃优先购买权。两个以上股东行使优先购买权的，协商确定各自的购买比例；协商不成的，按照转让时各自的出资比例行使优先购买权。

公司章程对股权转让另有规定的，从其规定。

【条文主旨】

本条是关于有限责任公司股权转让的条件与限制的规定。

【条文理解】

本条是在《公司法》(2018年)第71条的基础上修改而成。本条第1款、第3款和《公司法》(2018年)第71条第1款、第4款的内容完全相同，未作修改。本条第2款是在将《公司法》(2018年)第71条第2款、第3款内容整合的基础上稍作修改，修改的重要内容是取消了股东向股东以外的人转让股权应当经其他股东过半数同意的规定，但保留了其他股东在规定的期限内的优先购买权的内容。依据本条规定，股东对外转让股权的，其他股东不必就股权转让作出是否同意的表示，只需就是否购买被转让的股权作出表示即可。这将有利于股东对外转让其全部或者部分股权，提高股权转让效率。

一、股东之间可以相互转让其全部或者部分股权

股权转让，是指公司股东将向公司缴纳的出资及因此产生的权益和义务，部分或全部地、概括地转移给其他股东或股东以外投资者的行为。基本特点在于以下几点：股权转让是股权买卖行为；转让的标的是股权；股权转让是要式行为；股权转让不改变公司的法人资格。

依本条第1款规定，有限责任公司的股东之间可以相互转让其全部或者部分股权。也就是说,股东之间相互转让股权是股东的固有权利。这种转让被称为内部转让。在部分转让的情况下,公司股东的股权结构会发生变化,但股东人数不会因该转让而改变;在全部转让的情况下,股东人数会相应减少,受让股东的股权比例则会增加。由于股权的内部转让不会改变公司的信用基础,且股权在股东间转让不会对公司产生实质性影响,因而大多数国家公司法对此都未作出很严格的限制。

二、股东享有向股东以外的人转让股权的权利

股权具有财产权利的属性,它具有价值并可转让。同时,有限责任公司又具有人合性质,公司的组建依赖于股东之间的信任关系和共同利益关系。因此,一方面,法律要确认并保障有限责任公司股东转让股权的权利;另一方面,法律也要维护股东间的相互信赖及其他股东的正当利益。因此,有限责任公司中,股权对外转让不应是一个完全自由的行为,而必须是在考虑公司人合性的基础上对股权对外转让设定规则。

本条规定了股东对外转让股权时其他股东享有优先购买权。无疑,这是从维护有限责任公司人合性的角度对股权对外转让作出的规范。也就是说,原则上有限责任公司股权转让应当在股东之间进行,股东之间可以自由转让股权;法律对股东向公司现有股东以外的其他人转让股权设定了一定的条件。需要注意的是,本条规定仅适用于有限责任公司,不适用于股份有限公司。除非公司章程另有规定,本法没有赋予股份有限公司的股东对其他股东转让股份的同意权或优先购买权。

股东向股东以外的人转让股权的条件:

(一)优先购买权及其行使问题

1.《公司法》(2018 年)第 71 条规定的其他股东同意权只具有象征意义

与《公司法》(2018 年)第 71 条规定不同,本条未规定股东向公司现有股东以外的其他人转让股权应当经其他股东过半数同意。这是因为原规定的其他股东同意权与其购买义务相关联。按照原来的规定,某一股东对外转让股权时,即使其他股东全体都不同意,此时并非该股东不能对外转让,而是自然产生了其他股东的购买义务。虽然其他股东可以通过购买股权阻却对外转让,但这种阻却意义十分有限。因为:一是其他股东将付出相应代价(即股权转让款)且转让股东并未受到不利影响(即转让股东将股权内部转让仍然实现了出让目的,使股权得以“脱手”);二是因定价权掌握在转让股东手中,转让股东可能通过“高报价”来吓阻其他股东,致使其他股东无力购买而被迫被视为同意对外转让。所以,其他股东同意与否一般不会对出让股东造成影响。另外,原规定还对同意权作了相应限制。

针对转让股东征求同意的书面通知,如果其他股东在接到书面通知之日起满 30 日未作答复,对其他股东采取了法律推定的处理措施,即“视为同意转让股东对外转让股权”。如果其他股东半数以上不同意转让股东对外转让股权,不同意的股东就负有购买转让股东拟对外转让的股权的义务。

实质上,《公司法》(2018 年)将同意权、异议股东的强制购买义务以及股东优先购买权三项制度糅合一体。由于股东对外转让股权,只要外部有人愿意买,并且认可转让价格的,其他股东不论是否同意,股权是一定能卖出的,所以,其他股东是否同意,对于转让股东来说,可能只有程序意义,没有实质作用。因此,对于同意权而言,其本身并不产生防止股权对外转让的效力,不同意股东若无力或不愿购买,将被视为同意转让,所以这项权利的限制作用不大。

2. 优先购买权的含义

其他股东优先购买权,是指股东向股东以外的人转让股权时,在同等条件下,其他股东享有优先购买的权利。

股东优先购买权制度的正当性主要源自有限责任公司具有资合兼人合的性质,既需要强调股东之间的信任与合作关系,也需要确保股权作为财产权利的自由流动。股东享有优先购买权,主要目的是保证有限责任公司的其他股东可以通过行使优先购买权实现对公司的控制权,因为有限责任公司兼具资合与人合的性质,人合的性质要求公司股东之间具有很强的信任与合作关系,赋予其他股东优先购买权,以便其选择是否接受新股东的合作。同时,也是对其他股东对公司贡献的承认和对其他股东既得利益的维护,其中便包括公司控制权的归属。因此,在公司股东向股东以外的人转让股权时,考虑到股权转让对公司信用关系和股权结构的影响,有必要在保证股权自由转让的基础上,予以一定限制。在司法审判实务当中,对股东优先购买权案件的解释、适用法律时应当立足于对股东优先购买权制度的立法目的,既要把握住维护有限责任公司人合性、确保其他股东可以优先受让股权的首要立法目的,又要兼顾转让股东与公司之外第三人的利益,维持有限责任公司中股权转让的自由度。

3. 涉及优先购买权主体的两种特别情形

依本条规定,享有优先购买权的主体就是公司的其他股东。实务中对于权利行使主体存有的争议主要在于瑕疵出资的股东以及股权继承等情形下能否享有优先购买权。

其一,关于瑕疵出资的股东是否享有优先购买权的问题。从广义上而言,瑕疵出资一般是指未履行或者未全面履行出资义务或者抽逃出资。《公司法规定(三)》第 16 条规定:“股东未履行或者未全面履行出资义务或者抽逃出资,公司根据公司章程或者股东会决议对其利润分配请求权、新股优先认购权、剩余财产分配请求权等股东权利作出相应的合理限制,该股东请求认定该限制无效的,人民法院不予支持。”该条规定对瑕疵出资的股东的权利进行了限制。依据这一规定,公司章程或者股东会决议依法限制股东的权利是否包括本条规定的优先购买权?由于优先购买权与新股优先认购权比较相似,性质上更多具有浓厚的自益权色彩。因此,应当允许公司根据公司章程或者股东会决议对其此项权利进行限制,否则在股东已经构成瑕疵出资的情况下,其是否具备财力出资受让股权,也存在疑问。当然,除非股东被股东会依法除名,否则因出资瑕疵并不导致股东丧失股东资格,只要公司章程或股东会决议对出资瑕疵的股东未作限制,则由于其具有股东资格,因而享有优先购买权利。

其二,关于股权继承时是否享有优先购买权。本法并未明确股权继承时其他股东是否享有优先购买权。对此,《公司法规定(四)》第16条对此予以明确,该条规定,有限责任公司的自然人股东因继承发生变化时,其他股东主张依据《公司法》(2018年)第71条第3款规定行使优先购买权的,人民法院不予支持,但公司章程另有规定或者全体股东另有约定的除外。显然,自然人股东因继承发生变化时,原则上其他股东不享有优先购买权,公司章程另有规定或者全体股东另有约定的除外。

4. 同等条件的认定

同等条件是其他股东行使优先购买权的前提和实质条件。本条仅原则性规定在同等条件下,其他股东有优先购买权。那么,同等条件应当如何认定?实践及理论中素来有“绝对同等说”和“相对同等说”之争,在此基础上又有学者提出“折中说”。“绝对同等说”认为,优先购买权人认购的条件应与第三人绝对相同和完全一致。“相对同等说”认为,优先购买权人购买条件与第三人条件大致相等即为“同等条件”,不能僵化地理解。本书认为,总体而言,确定股东行使优先购买权时的同等条件标准应采“相对同等说”。因为“绝对同等说”过于严苛,实践中难以操作,且容易架空股东的优先购买权,而“相对同等说”与“折中说”并无本质差异。

《公司法规定(四)》第18条对“同等条件”的认定作出了规定,即人民法院在判断是否符合《公司法》(2018年)第71条第3款及本规定所称的“同等条件”时,应当考虑转让股权的数量、价格、支付方式及期限等因素。本条第2款对《公司法规定(四)》第18条的内容予以吸收,只是将其规定为转让股东向公司股东为书面通知时的通知内容,即“应当将股权转让的数量、价格、支付方式和期限等事项书面通知其他股东”,实践中,可以结合关于书面通知内容的规定认定同等条件。具

体而言,“同等条件”的内容主要包括以下五方面:

第一,对股权数量相同的判断。标的数量往往是合同中的核心条款之一,故股权数量也应是衡量“同等条件”的核心因素之一。其他股东在行使优先购买权时,必须按照转让股东与第三人约定转让的股权数量行使,即股东的优先购买权不得部分行使。简而言之,第三人在购买特定比例的股权时,是将该比例的股权视作一个整体购买,转让股东同样是将股权作为整体出售,交易双方就转让股权的整体达成合意。如果允许其他股东部分行使优先购买权,则违反了转让股东的意思,改变了合同中的实质条款,显然未达到“同等条件”。此外,允许优先购买权的部分行使可能损害转让股东和第三人的利益。因为股东转让的股份中往往还蕴含着控制权的附加价值,如果允许其他股东部分行使优先购买权,则转让条件中的控制权要素将被解构,剩余部分的股权价值将因此大大降低,第三人可能不愿再购买剩余部分的股权,转让股东也难以再行出售该部分股权,最终转让股东和第三人的利益均受到损害。

当然,如果在公司章程规定或全体股东另有约定允许部分行使优先购买权,或者转让股东及第三人同意其他股东对部分股权优先购买时,应当允许优先购买权的部分行使。

第二,对转让价格相同的判断。价格条款是股权转让合同中的核心条款。一般情况下,其他股东行使优先购买权时支付的价款应当等同于第三人向转让股东允诺支付的价款。原则上,股东应当以高于第三人或与第三人相同的价格行使优先购买权,而转让股东与第三人恶意串通虚拟高价以规避其他股东的优先购买权时,其他股东有权要求以双方之间的真实转让价格作为确定“同等条件”的标准。

第三,对支付方式相同的判断。支付方式可分为一次性付款及分期付款,又可依据具体付款方式的不同分为信汇、电汇、票汇、信用证等。此处关于支付方式作为“同等条件”的衡量因素,旨在关注该支付方式是否从根本上影响转让股东的利益。因为每个人的信用及支付能力不尽相同,分期支付通常基于转让股东对第三人资信状况、履约意愿及能力的信赖,分期付款的支付方式与一次性付款相比风险较大,故出让人出于对第三人资信情况及履约能力的信赖同意分期付款的方式也是合同的一个重要条件。第三人一次性付款的,其他股东不得主张分期支付。

第四,对履行期限相同的判断。对于转让股东而言,获得股权对价是其基于股权转让合同的主要权利,如以金钱为对价,该笔款何时可以占有和使用对转让股东的利益有直接影响。在转让股东转让股权系基于对于现金的急迫需求时,履行期限直接关系到其转让目的是否能够实现,故履行期限应属于判断“同等条件”

的重要考量因素。

第五，对于其他因素相同的判断。其他因素如违约金条款，从给付义务，受让方承诺增加商业机会、帮助提升经营管理能力、拓宽经营渠道等，在实践中不如数量、价格、支付方式及期限等因素常见、重要。例如，从给付义务虽不属于合同核心条款，但也是对价的一部分，原则上也应属于“同等条件”的一部分，尤其在某些情形下，从给付义务对合同订立有决定作用。比如，转让股东向第三人出让自己的一部分股权，第三人除按约定的价格支付外，还应当向公司提供一项关键的技术，则该从给付义务亦属于“同等条件”的内容，除非该从给付义务可替代履行或可以金钱作价，否则其他股东不得行使优先购买权。其他因素是否相同的判断，仍要遵循利益平衡的原则，根据股权转让合同的具体情况以及其他合同条款是否影响转让股东实质利益的实现，是否侵犯股东优先购买权，如交易条件的变化是否使当事人增加履行负担，是否增加了股权转让的难度等，来认定其是否能够作为“同等条件”的判断因素。

另外，需要注意的是，为了规避其他股东的优先购买权，转让股东与第三人恶意串通，虚拟过高的价款或严苛的支付条件，或以假赠掩盖真买卖，这些无效的约定不影响其他股东以真实价款或支付条件确定“同等条件”。如果转让股东与第三人订立“阴阳合同”，依据所载股份数量不符、交易价格高或其他条件更苛刻的“阳合同”通知其他股东，迫使其他股东放弃优先购买权后，转让股东与第三人按载有真正的数量和交易价格及其他条件的“阴合同”履行，第三人因“阴合同”的履行取得了股权后，已经放弃“阳合同”购买条件下优先购买权的其他股东，仍然有权以“阴合同”的条件请求行使优先购买权。因为“阳合同”是转让股东与第三人恶意串通下的虚假意思表示。根据《民法典》第 154 条的规定：“行为人与相对人恶意串通，损害他人合法权益的民事法律行为无效。”因此，该“阳合同”无效，也不能作为其他股东放弃优先购买权的根据。

实践中，还存在股东与股东以外的人恶意串通，股东先通过高价向该股东以外的人转让少量股权，待其取得股东身份之后，再基于本条第 1 款的规定，以不合理的低价向其转让剩余股权的方式，实现由该股东以外的人取得相应的股权的目的。那么两次股权转让行为可能会被认定为属于《民法典》第 154 条规定的行为，从而被确认为无效。

5. 优先购买权的行使期限

关于股东优先购买权的行使期限问题，本条第 2 款中规定“股东自接到书面通知之日起三十日内未答复的，视为放弃优先购买权”。该规定是否为优先购买权的行使期限，实践中存在争议。为减少争议，《公司法规定(四)》第 19 条规定：

"有限责任公司的股东主张优先购买转让股权的，应当在收到通知后，在公司章程规定的行使期间内提出购买请求。公司章程没有规定行使期间或者规定不明确的，以通知确定的期间为准，通知确定的期间短于三十日或者未明确行使期间的，行使期间为三十日。"根据该规定，股东优先购买权的行使期间交由当事人决定，法律仅对最短期限作出硬性规定。如果公司股东事先在章程中进行了约定，则以章程约定的期间为准。即章程约定或转让股东指定的行使期间不得低于 30 日，短于 30 日则视为 30 日，当事人未作约定或约定的行使期间不明的，直接拟制为 30 日。

此外，还需注意的是，股东优先购买权行使期间，属于不可变期间，不适用中止、中断或延长的相关规定。优先购买权的行使期间起算之日不应早于通知到达其他股东之日。因为优先购买权的行使期限从通知到达其他股东之日开始起算，权利人的意思表示应当自到达相对方之时发生法律效力。如果公司章程或转让股东发出的征询通知确定了优先购买权行使期间的起算时间，但前述确定的起算时间，早于该通知到达其他股东的时间，则行使期间的起算之日应当相应顺延至通知到达其他股东之日。

6. 按照出资比例行使优先购买权的认定

本条第 2 款规定的按照出资比例行使优先购买权，这里的"出资比例"是认缴出资比例还是实缴出资比例？尤其是认缴制下不可避免会出现出资期限未届满而出资尚未缴足的情形，或者是出资期限已届满但并未缴足的情形，此时到底是按照认缴出资比例还是实缴出资比例行使优先购买权，实践中争议较多。有意见认为，"可以理解为股权转让时主张行使优先购买权的各股东认缴的出资份额"。对此，本书认为，如果公司章程对此有规定，则按照公司章程规定；如果章程未规定，当事人又协商不成，在届满期限已至但并未缴足的情形下，如果公司章程或者股东会决议未对其优先购买权作出限定，按照实缴出资比例行使优先购买权更为合理，否则在其本身出资尚未足额到位的情形下，还支持其按照认缴出资比例行使优先购买权可能对其他股东不公；在出资期限尚未届满的情形，按照认缴出资比例行使优先购买权。

7. 侵犯优先购买权的股权转让合同的效力认定

优先购买权的行使，必然会在出卖人、第三人、优先权人之间成立两个合同，形成在同一股权之上的"一股二卖"局面。其中，在未遵守本条规定的情况下，如何处理转让人与第三人在先转让合同的效力问题，产生了较大争议。主要存在无效说、附法定生效条件说、效力待定说、可撤销说以及相对无效说等观点。

《公司法规定（四）》第 21 条对侵犯优先购买权作出了具体规定，支持其他股东主张按照同等条件购买该转让股权,并规定因股东行使优先购买权而不能实现合同目的的,可以依法请求转让股东承担相应民事责任。虽然该条没有明文规定转让股东没有履行《公司法》(2018 年)第 71 条第 2 款、第 3 款的义务侵犯了其他股东的优先购买权,转让股东与股东以外的股权受让人之间签订的股权转让合同效力如何,但从文义来看,如无其他无效事由,应该也是有效的。

为减少争议,《九民纪要》第 9 条对侵犯优先购买权的股权转让合同的效力予以明确,规定:"审判实践中,部分人民法院对公司法司法解释(四)第 21 条规定的理解存在偏差,往往以保护其他股东的优先购买权为由认定股权转让合同无效。准确理解该条规定,既要注意保护其他股东的优先购买权,也要注意保护股东以外的股权受让人的合法权益,正确认定有限责任公司的股东与股东以外的股权受让人订立的股权转让合同的效力。一方面,其他股东依法享有优先购买权,在其主张按照股权转让合同约定的同等条件购买股权的情况下,应当支持其诉讼请求,除非出现该条第 1 款规定的情形。另一方面,为保护股东以外的股权受让人的合法权益,股权转让合同如无其他影响合同效力的事由,应当认定有效。其他股东行使优先购买权的,虽然股东以外的股权受让人关于继续履行股权转让合同的请求不能得到支持,但不影响其依约请求转让股东承担相应的违约责任。"也就是说,除转让股东和股东以外的股权受让人恶意串通损害其他股东优先购买权订立的合同无效外,一般情况下,转让股东与股东以外的股权受让人之间签订股权转让合同时即使没有履行本条规定的义务,侵犯了其他股东的优先购买权,该合同也是有效的。主要理由是股东优先购买权的行使目的在于通过保障其他股东优先购买权获得拟转让股份而维护公司内部信赖关系,法律所要否定的是股东以外的股权受让人优先于公司其他股东取得公司股份的行为,而不是转让股东与股东以外的股权受让人之间签订的股权转让合同的效力。而且,合同的效力是可以与权利变动的结果相区分的。在否定合同效力情况下,股东以外的股权受让人只能通过缔约过失的责任机制获得救济,在肯定合同效力的情况下,股东以外的股权受让人则可以凭借违约为由获得救济,而违约责任与缔约过失责任,无论在归责要件上还是在追责力度上都有较大不同。

8. 侵害股东优先购买权的救济

根据《公司法规定(四)》第 21 条的规定,有限责任公司的股东向股东以外的人转让股权,未就其股权转让事项征求其他股东意见,或者以欺诈、恶意串通等手段,损害其他股东优先购买权,其他股东主张按照同等条件购买该转让股权的,人民法院应当予以支持。在转让股东未就其股权转让事项征求其他股东意见,或者以欺诈、恶意串通等手段,损害其他股东优先购买权的情况下,其他股东应当自知道或者应当知道行使优先购买权的同等条件之日起 30 日内主张,或者自股权变更登记之日起 1 年内主张。规定自股权变更登记之日起 1 年之内必须主张,是因为股权变更登记之后,新的股东进入公司,公司的生产经营可能会发生较大变化,如果时间太长,还允许推翻已经形成的法律关系,不利于公司的稳定经营,也不便强制新进入的股东退出公司,因为新股东进入后,其投入、产出很多时候很难计算。但优先购买权受到损害的其他股东,仍然可以依法向转让股东或者受让人主张相应的民事权利,转让股东或者受让人应当承担相应的民事责任。"三十日"和"一年",属于不变期间,不适用中止、中断和延长的规定。

优先购买权受到损害的其他股东,如果仅提出确认股权转让合同及股权变动效力等请求,未同时主张按照同等条件购买转让股权的,其请求不应支持。这是因为,其他股东主张优先购买权受到损害,那么,法律要做的就是保护其优先购买权,对其权利进行救济。而优先购买权的救济方式首先应当是支持其行使优先购买权的主张。如果其他股东主张其优先购买权受到损害,同时,又不主张优先购买权,而提出其他主张,那么其他主张就没有依据,除非其他股东非因自身原因导致无法行使优先购买权,请求损害赔偿。

优先购买权受到损害的其他股东,如果不是因为自身原因导致无法行使优先购买权,就只能请求损害赔偿,因为已经无法主张优先购买权了。比如,股权变更登记已经超过 1 年,其他股东才知道或者应当知道其优先购买权受到损害,不能主张优先购买权,只能请求损害赔偿。

股东以外的股权受让人,因股东行使优先购买权而不能实现合同目的的,可以依法请求转让股东承担相应的民事责任。

9. 转让股东放弃转让时的处理

根据《公司法规定(四)》第 20 条的规定,在有限责任公司的其他股东主张优先购买后,转让股东又不同意转让的,对其他股东优先购买的主张,不应支持。也就是说,原则上转让股东享有"不同意转让股权"的权利,即反悔权。但是,存在两种例外情形:一是如果公司章程规定转让股东不允许反悔,不享有"不同意转让股权"的权利,那么,对其他股东优先购买的主张,应当予以支持。二是如果全体股东约定转让股东不允许"反悔",不享有"不同意转让股权"的权利,那么对其他股东优先购买的主张,应当予以支持。除了上述两种例外情形,在有限责任公司的其他股东主张优先购买后,转让股东又不同意转让的,在支持转让股东"不同意转让股权"的情况下,转让股东该行为给其他股东造成了损失,其他股东主张转让股东赔偿其损失合理的,应当予以支持。

（二）股权转让生效时点的认定

《九民纪要》第8条规定以股东名册变更作为股权移转的标志。以股东名册变更作为股权移转的标志，区分了股权转让合同生效与股权权属变更、股东名册记载与公司登记机关记载的效力，兼顾了转让股东、受让股东的利益以及对公司债权人和不特定相对人的保护。本法第56条规定，有限责任公司应当置备股东名册，记载股东的姓名或者名称及住所、股东认缴和实缴的出资额、出资方式和出资日期、出资证明书编号、取得和丧失股东资格的日期。记载于股东名册的股东，可以依股东名册主张行使股东权利。故有限责任公司股东名册记载在效力上属于设权登记，即有关事项登记后产生创设权利或者法律关系的效力。受让人取得股权是股权转让合同与股东名册变更共同作用的结果，而股东名册的变更是受让人取得股权的标志。

值得注意的是，虽然《公司法》中明确要求有限责任公司应当置备股东名册，但是目前实践中部分公司管理不规范，存在股东名册形同虚设甚至不设股东名册的情况。针对这一现实情况，考虑到股东名册记载变更的目的归根结底是公司正式认可股权转让的事实，审判实践中可以根据案件实际审理情况，认定股东名册是否变更。在不存在规范股东名册的情况下，有关的公司文件，如公司章程、会议纪要等，只要能够证明公司认可受让人为新股东的，都可以产生相应的效力。

还需要注意的是，因股权转让行为发生的股权变动与因其他原因发生的股权变动生效时点相互区分。例如，司法实践中人民法院强制执行标的物为有限责任公司股权的情形也很多见，根据《民事诉讼法解释》第491条关于"拍卖成交或者依法定程序裁定以物抵债的，标的物所有权自拍卖成交裁定或者抵债裁定送达买受人或者接受抵债物的债权人时转移"之规定，如果有限责任公司股权被人民法院在执行程序中强制拍卖或者依照法定程序裁定以物抵债，则在拍卖成交裁定书或者抵债裁定送达买受人或者接受抵债物的债权人时，该股权由原股东移转至买受人或者接受抵债物的债权人。

有限责任公司股权转让过程中，还涉及公司登记机关的登记变更环节。有限责任公司股东转让股权的，可能出现股东名册与公司登记机关记载之间不一致的情况，对此公司应当及时办理变更登记，保持股东名册与公司登记机关登记之间的一致性。公司登记机关登记与股东名册记载都属于登记范畴，但两者效力存在区别：股东名册记载确定股权的归属，变更股东名册记载之后，受让人便可以股东身份参与公司事务，实际享有股权。而公司登记机关登记是以公司股东名册登记为基础和根据，具有向社会不特定多数人公示的作用。因此，有限责任公司股权转让后经公司登记机关变更登记，产生对抗效力。

综上，在有限责任公司股权转让领域，《九民纪要》明确了股东名册变更、公司登记机关变更登记与股权转让合同效力、股权变动效力之间的关系。即以转让方式变动有限责任公司股权的，有限责任公司股权转让合同自签订时生效，附条件的自所附条件成就时生效，公司股东名册变更登记与公司登记机关变更登记不影响股权转让合同本身的效力；股权转让生效时点以股东名册变更为准，法律、行政法规规定应当办理批准手续才能生效的，则以股东名册变更与办理批准手续完成为准；股权变动未经公司登记机关变更登记的，不得对抗善意相对人。

（三）对股权变更的救济问题

股权转让自受让股东记载于股东名册时发生变动，由此产生的问题是公司如果没有按照法律规定履行股东名册变更义务，受让人如何救济自己的权利。股权转让实际是股权转让合同的履行行为。股权转让合同生效后，转让人所负的主要合同义务就是向受让人交付股权，而转让人与受让人股权转移的标志是股东名册变更，故转让人交付股权的义务就具体体现为将股权转让的事实以书面方式通知公司，请求公司办理变更登记手续，并在需要时进行协助配合。而根据本法规定，有限责任公司股东转让股权的，公司负有将股权转让结果记载于股东名册、修改公司章程、申请变更工商登记的义务。故根据股权转让合同，双方当事人有权要求公司办理股东名册的变更，公司有义务将受让人的姓名或者名称、住所地在股东名册上记载，从而使受让人取得股东资格。

如果因转让人不履行交付股权的义务导致公司不变更股东名册，则受让人应当就股权转让合同纠纷提起诉讼，追究转让人的违约责任。

如果转让人通知了公司股权转让的事实，请求公司办理变更登记手续，而公司怠于或者拒绝履行义务，既造成转让人不能履行自己的合同义务，妨碍了转让人转让股权，又造成受让人不能正常取得股东身份或者行使股东权利，则转让人、受让人均可以公司为被告起诉请求办理股东名册变更，得到法律救济。法院可以判令公司履行法律规定的义务，排除对股东行使权利的妨碍。

（四）公司章程对股权转让限制问题

本条第3款规定："公司章程对股权转让另有规定的，从其规定。"因此，公司章程可以对股权转让作出限制性规定。公司章程对股权转让的规定可能比本法关于股权转让的一般性规定，更为苛刻。这是章程制定者为了维护自身及公司利益达成合意的体现。在肯定章程可以对股权转让作出限制性约定的同时，必须明确，公司章程的限制规定是受制约的。凡是违法的或者违反公司法原理的限制性条款，不应认定其效力。至少包括以下两点：(1)公司章程对股权转让的限制性条款与法律和行政法规的强制性规定相抵触的，应确认该公司章程条款无效，对股东没有法律约束力,股东违反该条款转让股权而签订的股权转让合同有效。(2)公司章程的限制性条款造成禁止股权转让的后果。这种约定如果违反股权自由转让的基本原则,剥夺了股东的基本权利,应属无效,股权转让不因违反这些限制性约定而无效。

(五)国有股的股权转让问题

国有股权交易行为属于平等主体之间实施的民事行为,因此,国有股权的转让应当适用《公司法》及《民法典》合同编的相关规定。为贯彻国有股权转让的基本原则,最大限度地维护国家利益,防止国有资产流失,国有资产监督管理法律规范就国有股权转让程序和方式都作出了有别于非国有股权转让更加严格的要求和限制。因此,不同于一般股权的转让,国有股权转让应遵循国有资产监督管理法律法规的诸多强制性规范。国有股权转让的特殊规定有以下三方面:

1. 严格的股权转让审批制度

国有股权转让涉及国家股东的切身利益,因此,《企业国有资产法》及国资委、财政部发布的《企业国有资产交易监督管理办法》均规定了国有股权转让的审批程序。《企业国有资产交易监督管理办法》第 7 条规定:"国资监管机构负责审核国家出资企业的产权转让事项。其中,因产权转让致使国家不再拥有所出资企业控股权的,须由国资监管机构报本级人民政府批准。"第 8 条规定:"国家出资企业应当制定其子企业产权转让管理制度,确定审批管理权限。其中,对主业处于关系国家安全、国民经济命脉的重要行业和关键领域,主要承担重大专项任务子企业的产权转让,须由国家出资企业报同级国资监管机构批准。"

2. 国有股权转让应经资产评估确定转让价格

为防止国有资产流失,不同于非国有股权一般以协商确定股权转让价格的方式,国有股权的转让应经资产评估确定转让价格。《企业国有资产交易监督管理办法》第 12 条规定:"对按照有关法律法规要求必须进行资产评估的产权转让事项,转让方应当委托具有相应资质的评估机构对转让标的进行资产评估,产权转让价格应以经核准或备案的评估结果为基础确定。"《企业国有资产法》第 55 条还规定:"国有资产转让应当以依法评估的、经履行出资人职责的机构认可或者由履行出资人职责的机构报经本级人民政府核准的价格为依据,合理确定最低转让价格。"

3. 国有股权转让应公开进场交易

国有股权公开进场交易规则,是指法律规定国有股权转让时,必须在特定产权交易机构挂牌交易,以拍卖、招标、协议转让等公开方式进行交易的规则。《企业国有资产交易监督管理办法》第 13 条中规定,"产权转让原则上通过产权市场公开进行”。《企业国有资产法》第 54 条第 2 款规定:“除按照国家规定可以直接协议转让的以外,国有资产转让应当在依法设立的产权交易场所公开进行。转让方应当如实披露有关信息,征集受让方;征集产生的受让方为两个以上的,转让应当采用公开竞价的交易方式。”上述法律法规规定确立我国的国有股权公开进场交易制度,除按照国家规定可以直接协议转让的之外,国有股权转让必须按照相关国有资产监督管理法律规范的规定,在依法设立的产权交易场所进行,否则国有资产监督管理机构或者企业国有产权转让相关批准机构有权要求转让方终止股权转让活动,必要时可依法向人民法院提起诉讼,确认股权转让行为无效。

国有股权转让公开进场交易方式,主要有两种:一是协议转让。《企业国有资产交易监督管理办法》第 31 条规定:“以下情形的产权转让可以采取非公开协议转让方式:(一)涉及主业处于关系国家安全、国民经济命脉的重要行业和关键领域企业的重组整合,对受让方有特殊要求,企业产权需要在国有及国有控股企业之间转让的,经国资监管机构批准,可以采取非公开协议转让方式;(二)同一国家出资企业及其各级控股企业或实际控制企业之间因实施内部重组整合进行产权转让的,经该国家出资企业审议决策,可以采取非公开协议转让方式。”二是公开竞价。经公开征集产生两个以上受让方时,由产权交易机构按照转让方公告时公布的竞价方式实施公开竞价。按照《企业国有产权交易操作规则》的规定,公开竞价方式包括拍卖、招投标、网络竞价以及其他竞价方式。与协议方式相比,拍卖和招投标等公开竞价交易方式由于引入了竞争机制,更加公开、公正和透明,有利于实现国有产权的真实价值。

根据《公司法规定(四)》第 22 条第 2 款的规定,在依法设立的产权交易场所转让有限责任公司国有股权的,适用《公司法》第 71 条第 2 款、第 3 款或者第 72 条规定的“书面通知”“通知”“同等条件”时,可以参照产权交易场所的交易规则。在实践中,关于优先权股东是否必须进场参与交易,各地产权交易机构的做法也不统一,北京某产权交易所不要求必须到场,而上海某产权交易所规定必须到场。在立法对于是否进场没有明确的情形下,将该行权细则交由市场自主调整。

【司法适用】

一、股东对外转让股权时未采取书面通知方式的效力认定

本条规定股东对外转让股权时,应当将转让事项书面通知其他股东同意。按照立法者解读,之所以要求采用书面方式:一是便于对股东间是否达成合意进行判断,从而具备证据效力;二是当由于股权出让导致股东身份变化时,也会引起后续的一系列法定程序的启动(如修改公司章程、变更公司的注册登记事项、向原审批机关办理变更审批手续等),而这些程序都需要以书面材料作为事实依据。由此可见,法律是从证据保留和便利办理登记手续两方面综合考虑而要求采用书面通知形式。法律对此作出的规定无疑对股权对外转让过程具有积极的指导作用。

实践中,如果转让股东未采取法律规定的书面通知形式,是否意味着不发生相应的法律效力呢?答案显然是否定的。从通知内容应实际被其他股东所知晓的角度来考虑,转让股东向其他股东的告知方式可以拓宽。对此,《公司法规定(四)》第17条规定,在认定转让股东是否恰当告知其他股东有关信息方面,除了书面形式的通知外,还可以采取"其他能够确认收悉的合理方式通知其他股东"。实践中,所谓"其他能够确认收悉的合理方式通知其他股东",存在如下情形:一是向其他股东发出了公告,并且为其他股东所知晓。有的公司股东常年未在公司出现,转让股东也并不清楚该股东的住所和通信地址,要求转让股东逐一书面通知可能是勉为其难。此时,转让股东如果采取发布公告的形式告知有关内容,并且有证据证明其他股东知晓了该公告内容(如其他股东在公告后就公告内容向转让股东或他人提出了异议或意见),就应当等同于书面通知之效果。二是在诉讼、仲裁等法律程序中转让股东陈述股权对外转让事项或者优先购买权相关事项,并且为其他股东所知晓,当然也就可以发生相应后果。三是转让股东虽以口头方式通知其他股东,但有证据证明其他股东已经知晓。这种情况下,因通知的功能是完成信息传递,所以在信息传递已经准确完成的情况下,也应当视为转让股东已尽到通知义务。

还需要注意的是,根据《公司法规定(四)》第17条的规定,转让股东对外转让时,其对其他股东的通知并不限于一次。在不同的交易模式中,转让股东可以根据实际情况决定需要作出一次或者多次通知以及每次通知的具体内容,转让股东的不同通知行为、通知形式会产生不同的法律后果,法律没有必要强制性要求第一次就通知齐所有转让条件。

二、瑕疵出资股权转让的效力及责任承担问题

根据《公司法》的规定,股东必须正确、适当地履行自身的出资义务,但是在实践中,却常常存在股东违反出资义务的情形,未履行出资义务和未完全履行出资义务。出资瑕疵的股东转让股权的,应当按照相关司法解释处理。《公司法规定(三)》第18条规定:"有限责任公司的股东未履行或者未全面履行出资义务即转让股权,受让人对此知道或者应当知道,公司请求该股东履行出资义务、受让人对此承担连带责任的,人民法院应予支持;公司债权人依照本规定第十三条第二款向该股东提起诉讼,同时请求前述受让人对此承担连带责任的,人民法院应予支持。受让人根据前款规定承担责任后,向该未履行或者未全面履行出资义务的股东追偿的,人民法院应予支持。但是,当事人另有约定的除外。"

（一）关于效力认定问题

根据前述规定，认定出资瑕疵股东转让股权的效力时，除了当事人适格、股权可以依法转让等法定条件外，尤其应当根据受让人的意思表示是否真实来处理。当转让人隐瞒出资瑕疵事实，受让人对此不知亦不应当知道时，股权转让合同属于可变更、可撤销的合同。股权转让合同是否变更或者撤销取决于受让人的意志，受让人可在法定期间内以欺诈为由主张变更合同转让价款或者撤销合同；如果受让人明知或者应知转让股东出资瑕疵事实，那么股权转让合同应当认定为有效合同。

1. 受让人不知情的处理原则

如果转让人与受让人签订股权转让合同时，隐瞒了出资瑕疵的事实，受让人并不知道也不应当知道出资瑕疵的事实，并因此而受让股权，则受让人有权以欺诈为由请求撤销或者变更股权转让合同；如果受让人考虑到公司经营前景较好，不愿撤销股权转让协议，法院应当确认转让合同的效力。当然，对于是否构成隐瞒出资瑕疵的欺诈行为，在现实中应当具体分析，同时要看受让人的受让股权行为是否受到出资瑕疵的重大影响。

2. 受让人明知或应知时的处理原则

转让人与受让人签订股权转让合同时，将出资瑕疵的事实告知受让人，或者受让人知道或者应当知道出资瑕疵的事实，仍然受让转让人转让的股权，则股权转让合同有效，受让人应当就出资瑕疵承担补足出资的责任。至于对“应知”的理解，则需要根据受让人的具体情况进行判定。

（二）关于责任承担问题

股东未尽出资义务即转让股权，转让股东的出资义务不得因股权转让而解除，公司仍有权请求转让股东履行出资义务。为了尽快促使公司资本充实，弥补资本“空洞”，本法第 50 条、第 107 条规定其他股东或发起人应对未出资股东的义务承担连带责任。那么，由于受让人在受让股权时应当查证该股权所对应的出资义务是否履行，具有较公司其他股东更高的注意义务，在受让人明知转让股东未尽出资义务仍受让股权时，其更应对转让股东未尽的出资义务承担连带责任。

股权转让合同存在瑕疵出资的，受让人不能以自身不知并不应知出资瑕疵为由对抗公司债权人，主张不承担相应责任。当公司的债权人能够举证证明公司的注册资本没有实际到位时，有权将工商登记在册的股东（包括受让人）与公司一同列为被告，追究其相应的连带责任。受让人向公司债权人承担清偿责任后，有权向转让人追偿。这也是遵循商事外观主义的需要。

因此,当转让股东未履行或者未全面履行出资义务即转让股权时,受让人对此知道或者应当知道,公司债权人有权请求转让股东在未出资本息范围内对公司债务不能清偿的部分承担补充赔偿责任、受让人承担连带责任。此处需要强调两点:(1)公司债权人享有诉权的条件是因股东未履行或未全面履行出资义务侵害了公司债权人的债权,即公司不能清偿公司债务;(2)公司债权人请求赔偿的金额以股东未出资本金及利息范围为限。

公司或者债权人请求股权受让人对转让股东的出资义务承担连带责任时,如果存在股权多次转让情形,即受让人为多数人时,则公司或者债权人既可以请求知道或者应当知道转让股东未尽出资义务的全部受让人承担连带责任,也可以向其中的部分受让人请求承担连带责任。被选择承担连带责任的受让人,不得以其与前手股东或者后手股东之间的约定对抗公司或者债权人。当然,根据连带责任内部求偿原理,已承担责任的受让人有权向包括转让股东在内的所有前手股东追偿,因被追偿而受到损失的受让人有权继续向其前手追偿。但是,受让人之间或者受让人与转让股东之间关于出资义务的承担另有约定的,从其约定。

综上,未缴足出资的股东也可以将其股权转让给其他股东或股东以外的人。但是,在有限责任公司股东履行其对公司的出资义务的期限已经届至的情况下,股东未履行出资义务或未全面履行出资义务转让股权,其出资义务不因股权转让而免除;而且在受让人知道或应当知道转让人未履行出资义务或未全面履行出资义务转让股权的情况下,受让人还应当与转让人就其出资义务承担连带责任。应当指出,在股东出资分期缴付的情况下,出让股权的股东认缴了出资,但尚未缴足即出让股权的,该股东有义务将出资不足的情况告知受让方,受让方应当向公司承诺在成为公司股东后承担继续缴资的义务。

当然,作为转让人的股东在其对公司的出资义务的履行期限已经届至、应履行出资义务而未履行或未全面履行出资义务的情况下将其股权转让给他人,如果出资义务的履行期限尚未届满,则应由受让人履行相应的出资义务。

三、关于股权转让的善意取得问题

根据《公司法规定(三)》第 25 条、第 27 条的规定,名义股东将登记于其名下的股权转让,或者股权转让后原股东再次处分股权,均可适用善意取得制度。

在名义股东擅自处分登记在其名下股权的情形中,当善意第三人终局地取得该股权时,名义股东违反双方隐名出资协议的行为构成了对实际出资人股权的侵权,实际出资人的投资权益将不复存在,其可以要求作出处分行为的名义股东承担赔偿责任。

【司法案例】

中静实业(集团)有限公司诉上海电力实业有限公司、中国水利电力物资有限公司、第三人上海新能源环保工程有限公司、上海联合产权交易所股权转让纠纷上诉案①

诉讼结论:虽然国有产权转让应当进产权交易所进行公开交易,但因产权交易所并不具有判断交易一方是否丧失优先购买权这类法律事项的权利,在法律无明文规定且股东未明示放弃优先购买权的情况下,享有优先购买权的股东未进场交易,并不能根据交易所自行制定的"未进场则视为放弃优先购买权"的交易规则,得出其优先购买权已经丧失的结论。

基本案情:上海新能源环保工程有限公司(以下简称新能源公司)成立于1999年3月16日,股东原为上海电力实业有限公司(以下简称电力公司)、上海工业投资(集团)有限公司、上海环保工程成套有限公司、中国中静能源投资有限公司(以下简称中静能源),各方持股分别为45%、10%、6.8%、38.2%。2010年2月10日,电力公司和中静能源签订《关于新能源公司之增资及股权调整框架协议》(以下简称框架协议),约定:双方共同收购上海工业投资(集团)有限公司、上海环保工程成套有限公司的股份,使得电力公司和中静能源股权占比分别为51%和49%;中静能源尽快将其持有的38.2%股权转让给中静实业(集团)有限公司(以下简称中静公司),使新能源公司变更为内资公司。2010年5月,中静公司取代中静能源成为新能源公司股东。8月6日,电力公司与中静公司签订补充协议书,约定:由电力公司先行出资受让上海工业投资(集团)有限公司和上海环保工程成套有限公司的股权计16.8%,电力公司与中静公司在新能源公司的股权占比分别为61.8%、38.2%;电力公司受让股权后,在同样条件下将新能源公司10.8%的股权转让给中静公司,或在增资过程中,由双方针对具体情况将股权比例调整为电力公司占51%,中静公司占49%,并最终根据框架协议的规定,将双方股权比例调整为各占50%。12月1日,上海联合产权交易所(以下简称联交所)出具电力公司受让上海工业投资(集团)有限公司和上海环保工程成套有限公司持有新能源公司16.8%股权的产权交易凭证。2012年2月15日,新能源公司通过股东会决议,内容为:同意电力公司转让其所持61.8%股权,转让价以评估价为依据;中静公司不放弃优先购买权;股权转让相关手续由双方按法定程序办理;股权转让后,相应修改公司章程及股东出资额记载;委托上海沪港金茂会计师事务所有限公司、上海东州资产

① 参见上海市第二中级人民法院(2014)沪二中民四(商)终字第1566号民事判决书。

评估有限公司进行财务审计和资产评估;转让评估基准日为2011年12月31日。

2012年5月25日,新能源公司将股权公开转让材料报送联交所。6月1日,联交所公告新能源公司61.8%股权转让的信息:挂牌期为2012年6月1日至7月2日;"标的企业股权结构"一栏载明老股东未放弃行使优先购买权;"交易条件"为挂牌价48,691,000元,一次性付款,继续履行原标的公司员工的劳动合同,支持标的企业长远发展,促进标的公司业绩增长;意向受让方应在确认资格后3个工作日内向联交所支付保证金1400万元,否则视为放弃受让资格;若挂牌期满只征集到一个符合条件的意向受让方,则采用协议方式成交,保证金充作股权转让款;若征集到两个或两个以上符合条件的意向受让方,则采取竞价方式确定受让人;意向受让方在联交所出具产权交易凭证后1个工作日内须代标的公司偿还其对转让方的3500万元债务。标的公司其他股东拟参与受让的,应在产权转让信息公告期间向联交所提出受让申请,并在竞价现场同等条件下优先行使购买权,否则视为放弃受让。电力公司通过手机短信、特快专递、公证等方式通知了中静公司相关的挂牌信息。7月2日,中静公司向联交所发函称,根据框架协议及补充协议,系争转让股权信息披露遗漏、权属存在争议,以及中静公司享有优先购买权,请求联交所暂停挂牌交易,重新披露信息。7月3日,中国水利电力物资有限公司(以下简称水利公司)与电力公司签订产权交易合同,内容为:合同交易的标的为电力公司持有的新能源公司61.8%股权;合同标的产权价值及双方交易价款为48,691,000元;价款(包括保证金)在签订合同后5个工作日内一次性支付;新标的公司须继续履行原标的公司员工的劳动合同;在联交所出具交易凭证后1个工作日内,水利公司须代新能源公司偿还其对电力公司的3500万元的债务,一次性付到电力公司指定账户等。次日,联交所出具产权交易凭证,水利公司亦履行了股权转让款以及债务承担的合同义务。同日,联交所发出不予中止交易决定书给中静公司称,经审核,股权转让程序符合产权交易相关规定,故决定不同意中静公司的申请。9月11日,新能源公司向水利公司出具出资证明书,并将其列入公司股东名册,但未能办理工商登记变更。中静公司认为,其和电力公司为新能源公司股东,两公司分别持股38.2%、61.8%。2012年6月1日,电力公司未经中静公司同意擅自将其持有的股份在联交所挂牌交易,中静公司于7月2日向联交所提出异议,明确表示保留优先购买权,要求暂停交易重新进行信息披露,但电力公司为避免中静公司行使优先购买权,在水利公司未缴纳保证金情况下于7月3日与水利公司签订了产权交易合同,而且整个交易是在中静公司异议审查期间完成的,联交所于7月6日才向中静公司送达交易不予中止决定通知书。中静公司认为,电力公司擅自转让股份侵害了其股东优先购买权,水利公司和联交所以中静公司未进场交易为由认定中静公司放弃优先购买权没有法律依据，故请求判令：(1)中静公司对电力公司与水利公司转让的新能源公司的61.8%股权享有优先购买权，并以转让价48,691,000元行使该优先购买权；(2)电力公司、水利公司承担本案全部诉讼费用。原审中，中静公司表示愿意接受电力公司、水利公司签订转让合同的条件。

法院认为：中静公司并未丧失涉案股权的股东优先购买权。理由在于：(1)考虑到有限公司的人合性特征，《公司法》等相关法律法规规定了股东向股东以外的人转让股权的，应当向其他股东充分履行通知义务。其他股东在同等条件下享有优先购买权。此处所涉通知的内容，应当包括拟转让的股权数量、价格、履行方式、拟受让人的有关情况等多项主要的转让条件。结合本案，首先，在电力公司于新能源公司股东会议中表示了股权转让的意愿后，中静公司已明确表示不放弃优先购买权。其次，电力公司确定将股权转让给水利公司后，也并未将明确的拟受让人的情况告知中静公司。故而对于中静公司及时、合法地行使权利造成了障碍。而权利的放弃需要明示，故不能当然地认定中静公司已经放弃或者丧失了该股东优先购买权。(2)中静公司在联交所的挂牌公告期内向联交所提出了异议，并明确提出了股东优先购买权的问题，要求联交所暂停挂牌交易。但联交所未予及时反馈，而仍然促成电力公司与水利公司达成交易。并在交易完成之后，方通知中静公司不予暂停交易，该做法明显欠妥。需要说明的是，联交所的性质为经市政府批准设立，不以盈利为目的，仅为产权交易提供场所设施和市场服务，并按照规定收取服务费的事业法人。基于此，联交所并非司法机构，并不具有处置法律纠纷的职能，其无权对于中静公司是否享有优先购买权等做出法律意义上的认定。故当中静公司作为新能源公司的股东在挂牌公告期内向联交所提出异议时，联交所即应当暂停挂牌交易，待新能源公司股东之间的纠纷依法解决后方恢复交易才更为合理、妥当。故其不应擅自判断标的公司其余股东提出的异议成立与否，其设定的交易规则也不应与法律规定相矛盾和冲突。(3)虽然电力公司已经与水利公司完成股权转让的交接手续，水利公司也已经登记入新能源公司的股东名册。但如若作为新能源公司股东的中静公司在法律规定的期限内依法行权，则前述登记状态并不能与法律相对抗。即股权转让并不存在不可逆的情形，而仍然有回旋余地。

第八十五条　人民法院依照法律规定的强制执行程序转让股东的股权时，应当通知公司及全体股东，其他股东在同等条件下有优先购买权。其他股东自人民法院通知之日起满二十日不行使优先购买权的，视为放弃优先购买权。

第八十六条　股东转让股权的,应当书面通知公司,请求变更股东名册;需要办理变更登记的,并请求公司向公司登记机关办理变更登记。公司拒绝或者在合理期限内不予答复的,转让人、受让人可以依法向人民法院提起诉讼。

股权转让的,受让人自记载于股东名册时起可以向公司主张行使股东权利。

【条文主旨】

本条是关于转让股东对公司的通知义务及公司办理变更登记义务的规定。

【条文理解】

本条是新增规定。《公司法》(2018 年)及之前的《公司法》中没有相应规定。

一、本条规定具体内容

本条规定的具体内容包括:(1)股东转让其股权的,应当通知公司;(2)通知形式仅限于书面形式,排除书面形式以外的其他通知形式,如口头通知;(3)负有通知义务的主体为转让股权的股东;(4)通知义务受领主体为公司;(5)公司有义务配合办理变更股东名册和工商登记手续;(6)公司拒绝办理或者在合理期限内不予答复的,转让方和受让方享有诉讼权利。

二、规定股东通知义务的意义

本条规定股东对公司的通知义务,强化了股权转让过程中公司的作用。本法第 84 条第 2 款未保留《公司法》(2018 年)第 71 条第 2 款"股东向股东以外的人转让股权,应当经其他股东过半数同意"的内容,同时增加本条。这一"减"一"增"变化,理顺了股权转让中其他股东和公司的角色定位,应当属于立法的进步和创新。

不过,值得注意的是,本条强调了股东转让其股权的,负有通知公司的义务,并不意味着公司享有对股权转让的"同意权"或"认可权"。如果本条承认股权权属变动需经公司的"同意"或者"认可",则在股东通知公司并且公司知悉之后公司有做出"同意"或者"拒绝同意"的自决权。相反,本条后半句只是明确规定公司拒绝办理变更登记时,转让方和受让方享有向人民法院起诉公司的权利。这等于实际赋予了股东在股权转让中的主导地位,强调股东股权处分权法益之优先保护,公司只是"被动"配合办理股权变动相关手续的角色。换言之,本条虽然肯定了股权变动公司意思介入,但这种介入属于"被动"而非"主动"介入。相反,如果法律规定公司对股东转让股权的"同意权",有违公司与股东应有的法律关系。毕竟公司是根据股东的意思而成立,公司为实现股东利益而存在。当然,本条有关股东的通知行为意义,在解释论上可考虑将“通知”义务作为股权权属变动的生效要件。这样,不仅能够有效解决股权转让过程中股东对股权处分权“主导”地位和公司意思介入股权转让的冲突调整问题,亦能够消解长期以来关于股权权属变动确定标准的理论分歧,并与我国《公司法》及相关司法解释规定以及司法实务相吻合。

本法第 55 条、第 87 条规定公司成立或者转让股权后应当向新股东签发出资证明书;第 56 条第 2 款规定股东名册系股东行使股权之依据。根据《九民纪要》第 8 条的规定,有限责任公司股东转让股权,受让人以其姓名或者名称已经记载于股东名册为由主张其已经取得股权的,人民法院应当依法予以支持。股东名册具有证明股权权属变动的效力。

三、公司不得拒绝办理变更登记义务

公司办理变更登记属履行程序性义务。公司履行程序性义务的前提是股权转让合同当事人的主动告知,在转让方和受让方将股权转让事宜通知公司后,公司有义务协助其办理变更股东名册和公司章程、签发新的出资证明书以及变更股权登记等手续。前已述及,此种公司的参与是被动的,也就是说,其必须等到股权转让的当事人提示、询问或者提出变更要求之后才可以介入。如果公司拒绝协助履行前述程序或者在合理期限内不予答复,在《公司法》(2018 年)及司法解释中没有相关规定。本条明确规定转让方或者受让方可以依法向人民法院起诉。当公司不履行或者不配合履行上述义务时,股权受让人亦可以依据自己将享有公司股权的事实要求公司进行变更,甚至依法可以提出变更之诉。若因股权变更时间迟延等原因导致受让股权收益受损,股东可以提起损害赔偿之诉甚至派生诉讼,要求公司承担损害赔偿责任或者可能产生董事等赔偿责任问题。

【司法适用】

一、受让股东是否有权通知公司

既然股权转让行为由转让股东发起,除依本条字面理解外,转让股东是最主要的利益相关方,理应由其承担通知义务。但为保障公司能够及时知晓股权转让事宜,对此处通知义务主体可做扩张解释,包括转让方和受让方亦合乎逻辑。无论转让人还是受让人,只要实现使公司知晓股东转让目的即可。更重要的是,本条中的“公司拒绝或者在合理期限内不予答复的,转让人、受让人可以依法向人民法院提起诉讼”规定表明转让人与受让人均享有诉权。因而受让人通知公司亦可实现立法目的。

二、通知受让的对象

依字面理解,通知的受让对象当然是公司,但公司作为拟制主体无法受领。本法第 10 条第 1 款规定:“公司的法定代表人按照公司章程的规定,由代表公司执行公司事务的董事或者经理担任。”根据该条规定执行公司事务的董事或者经理为公司法定代表人。当股权转让书面通知书达到公司住所、指定邮箱或者在法定代表人收悉通知书之后应判定转让方和受让方履行了通知义务。

三、转让人与受让人的诉权

本条规定公司无正当理由拒绝办理变更登记义务或者在合理期限内不予答复的,转让人、受让人可以依法向人民法院提起诉讼。这种诉讼的目的是要求公司将受让人变更为公司股东,但该诉讼本身不是变更之诉,法院只能在公司依法提交答辩意见后,根据具体案情判决公司履行变更登记义务或者作出其他裁判,例如,在因公司迟延履行办理变更登记义务导致转让人或者受让人损失而判决责任人承担赔偿责任,或者股权转让合同被依法认定无效的情形下,判决驳回转让人或者受让人的诉讼请求等。

第八十七条　依照本法转让股权后,公司应当及时注销原股东的出资证明书,向新股东签发出资证明书,并相应修改公司章程和股东名册中有关股东及其出资额的记载。对公司章程的该项修改不需再由股东会表决。

【条文主旨】

本条是关于转让股权后公司应当履行的手续的规定。

【条文理解】

本条与《公司法》(2018 年)第 73 条相比,仅进行了文字表述的修改,将原“依照本法第七十一条、第七十二条转让股权后”修改为“依照本法转让股权后”。文字更为简洁且全面。当然,依照本法转让股权的情形主要指《公司法》第 84 条和第 85 条分别规定的股东自由转让和依照人民法院强制执行程序转让股权两种情形。

一、公司在股权转让后的程序性义务

根据本法第 55 条、第 56 条的规定,为股东签发出资证明书,将股东姓名记载于股东名册,并向公司登记机关办理股东变更登记,是公司的法定义务。因而有限责任公司股权转让后,本条规定了公司的三项程序性义务:一是注销原股东的出资证明书,向新股东签发出资证明书;二是根据股东以及股权的变化情况修改公司章程中有关股东及出资额的记载;三是根据股东以及股权变化情况修改股东名册中有关股东及出资额的记载。需要说明的是，由于公司股权转让的情况各有差异、股权转让的具体交割时间与方式也可能不尽一致，因此本条并未规定程序性义务的履行时间，但公司应当在合理的时间内完成。

完整的股东资格的取得，除了满足出资或者认缴出资的实质要件之外，还应通过法定的形式要件予以公示。本法规定，有限责任公司成立后，应当向股东签发出资证明书，置备股东名册，将股东的基本情况记载于股东名册，并到公司登记机关将公司股东的姓名或者名称进行登记。股权继受取得的，公司应当注销原股东的出资证明书，修改股东名册中有关股东的记载，并到公司登记机关办理变更记。本法第 55 条、第 56 条具体规定了颁发出资证明书、股东名册记载及登记办理的具体事项内容。因此，股权取得的公示，通过出资证明、股东名册和工商登记等形式表现出来。

（一）注销原股东的出资证明书，向新股东签发出资证明书

出资证明书，是有限责任公司向股东签发的股东资格证明。本法第 55 条规定："有限责任公司成立后，应当向股东签发出资证明书，记载下列事项：（一）公司名称；（二）公司成立日期；（三）公司注册资本；（四）股东的姓名或者名称、认缴和实缴的出资额、出资方式和出资日期；（五）出资证明书的编号和核发日期。出资证明书由法定代表人签名，并由公司盖章。"

（二）修改公司章程

公司章程对股权确认的重要意义得到普遍认可。因为公司章程由全体股东共同制定，并记载了有关公司的主要事项，包括公司名称和住所、公司的注册资本、股东的出资方式、出资额等，股东要在公司章程中签字并盖章。在公司设立时，公司将章程提交公司登记机关备案，转让股权时要变更公司章程并到公司登记机关申请变更登记。据此，公司章程不仅表明了出资者向公司出资，有作为公司股东的真实意思表示，也在一定程度上起到了公示的作用。所以，无论股东转让出资是自由转让还是强制转让，受让人是其他股东还是股东以外的人，都会引起公司章程法定记载事项的改变。在此情形下，必须修改公司章程。

（三）修改股东名册

股东名册，是指公司依照法律要求设置的记载股东及其所持股份的簿册。一般而言，股东名册作为有限责任公司必须置备的重要法律文件，至少发生以下三个方面的法律效力：一是权利推定效力，二是对抗效力，三是免责效力。

股东依法转让股权后，股东的姓名、名称、住所及出资额等会发生变化，各股东之间，股东与公司之间的权利义务关系也会进行相应的调整，要确立这些新的权利义务关系，就需要将根据变化的情况及时调整股东名册内容，由公司将转让

股权的情况和内容在股东名册上反映出来。

股东转让股权后,需要在股东名册中作出变更的内容主要是,将新股东也就是受让人的姓名或者名称、住所以及受让的出资额予以记载。如果受让人是本公司股东,则只就受让人的出资额进行调整就可以了。至于转让出资的股东,如果是转让全部股权,则将其在股东名册除名;如果是转让部分股权,只调整其出资额就可以了。

根据股东及其股权的变化情况修改公司章程、修改股东名册并记载变更后各股东的出资额,以使股权转让后的公司章程和股东名册能够反映公司股东的真实情况,使各股东的合法权益得到保障。

二、因股权转让而修改公司章程不需由股东会表决

依照本法规定,股东会行使的职权包括对公司章程的修改。因而修改章程本应属于股东会的法定审议和表决事项。但是,考虑股东之间已经就股权转让达成书面协议或者推定同意,本条规定对公司章程的该项修改不需再由股东会表决。

(一)股东之间转让股权而修改公司章程不需由股东会表决

股东之间转让股权,可以分为两种情形:第一种是股东之间直接转让股权;第二种是股东向股东之外的第三人转让股权,其他股东行使优先购买权。无论哪种情形,由此引起的公司章程修改,不需经过股东会表决同意。这是因为本法第59条就股东会的职权范围所作规定,并未将股东之间转让股权进行决议列入股东会的职权范围,而是股东本身依法享有的权利。这种情形下修改公司章程,自然不需经过股东会决议。

(二)股东向股东以外的人转让出资

股东向股东以外的人转让其股权,是公司其他股东放弃优先购买权,并推定同意股东对外转让其股权。因此,股东向股东以外的人转让出资,一旦发生,必然已经得到了其他股东的同意。在此情形下,自然不必再召开股东会就修改公司章程进行决议,因为股东一旦同意了转让出资,就自然同意了因转让出资而修改公司章程。

(三)因法院强制执行程序而转让出资

人民法院依照法律规定的强制执行程序转让股东的股权,是法院的职权范围,公司的股东会不得对法院的强制执行程序表示异议。因此,由此进行的修改公司章程,也不需经过股东会表决同意。

【司法适用】

一、公司违反股权变更登记义务时受让人的救济途径

本法第87条虽然规定了公司的三项程序性义务,但没有明确违反该义务时应承担的法律责任。产生的问题就是公司如果没有按照法律规定履行有关义务，受让人如何救济自己的权利。

股权转让实际是股权转让合同的履行行为。股权转让合同生效后，转让人所负的主要合同义务就是向受让人交付股权，而转让人与受让人股权转移的标志是股东名册变更，故转让人交付股权的义务就具体体现为将股权转让的事实以书面方式通知公司，请求公司办理变更登记手续，并在需要时进行协助配合。而根据《公司法》及《市场主体登记管理条例》的相关规定，有限责任公司股东转让股权的，公司负有将股权转让结果记载于股东名册、修改公司章程、申请变更工商登记的义务。故根据股权转让合同，双方当事人有权要求公司办理股东名册的变更，公司有义务将受让人的姓名或者名称、住所地在股东名册上记载，从而使受让人取得股东资格。如果转让人通知了公司股权转让的事实请求公司办理变更登记手续，而公司怠于或者拒绝履行义务，不履行上述法定义务时，构成不作为侵权，应当承担相应的民事责任。受让人可以公司为被告起诉请求办理相应变更，得到法律救济。法院可以判令公司履行法律规定的义务，排除对股东行使权利的妨碍。根据《公司法规定(三)》第 23 条的规定，当公司未履行签发出资证明书、记载于股东名册并办理工商变更登记的义务的，受让人请求公司履行上述义务的，人民法院应当予以支持。如果受让人因此遭受实际损失的，有权请求公司予以赔偿。

不过，如果股权转让合同的当事人包括受让方的过错，导致公司不知道或者不应当知道股权转让合同生效的事实，由此导致公司未及时变更股东名册、修改公司章程、办理工商变更登记的，公司依然有权推定股东为记载于原有股东名册上的股东。但受让方有权依据生效的股权转让合同请求转让方协助受让方请求公司变更股东名册。在股权转让合同生效后，股权转让方接受股利或剩余财产分配的，应当对受让人承担不当得利之债；但转让双方在合同中约定以股权变动作为划分股利、剩余财产分配权属的时点的，不在此限。

二、因股权转让行为发生的股权变动与因其他原因发生的股权变动生效时点相互区分

有限责任公司股权转让行为发生股权变动的生效时点，应当与因其他原因发生的股权变动生效时点区分开。例如，司法实践中法院强制执行标的物为有限责任公司股权的情形较为常见，根据《民事诉讼法解释》第 491 条关于“拍卖成交或者依法定程序裁定以物抵债的，标的物所有权自拍卖成交裁定或者抵债裁定送达买受人或者接受抵债物的债权人时转移”之规定，如果有限责任公司股权被人民法院在执行程序中强制拍卖或者依照法定程序裁定以物抵债，则在拍卖成交裁定书或者抵债裁定送达买受人或者接受抵债物的债权人时，该股权由原股东移转至买受人或者接受抵债物的债权人。

【司法案例】

刘某诉隆回县紫宏置业有限公司股东资格确认纠纷上诉案①

诉讼结论：经股权转让成为公司股东，已经公司股东会决议同意，符合法律规定，公司应依法履行相应的股权记载、办理变更登记义务。

基本案情：原告于2018年与被告隆回县紫宏置业有限公司（以下简称紫宏公司）股东黄某英合伙收购了被告公司原股东肖某飞、周某民在被告公司的股权，经与黄某英结算并于2020年5月27日达成协议，原告占被告公司5.5%的股权（其中黄某英转让4.5%的股权，肖某飞、周某民转让1%的股权）。2020年9月14日原告向法院提起诉讼，湖南省隆回县人民法院于2021年6月4日作出（2020）湘0524民初3351号民事判决书，确认原告已出资174.1万元，享有被告公司5.5%的股权（现登记在被告公司股东黄某英名下），该判决书已发生法律效力。被告公司记载于股东名册的股东为4人，分别为海某军占股46%、黄某英占股21%、高某胜占股7%、袁某轩占股26%。2021年12月7日，被告召开股东会，海某军、高某胜、袁某轩参加会议，合计占股75%的股东海某军、袁某轩同意原告成为公司股东，办理股东变更登记手续，并形成紫宏公司股东会决议，但被告至今未给原告办理。另查明，根据紫宏公司章程，对于修改公司章程、增加或减少注册资本、分立、合并、解散或者变更公司形式等事项作出决议，须经代表2/3以上表决权的股东同意通过。

法院认为：刘某因2018年收购上诉人紫宏公司原股东肖某飞、周某民的股权，合法取得了紫宏公司5.5%的股权，已经生效的湖南省隆回县人民法院（2020）湘0524民初3351号民事判决书确认，并注明登记在紫宏公司股东黄某英名下。而现在紫宏公司记载于股东名册及工商登记的股东为海某军、黄某英、高某胜、袁某轩4人，分别为占股46%、21%、7%与26%，刘某尚未在紫宏公司股东名册及工商登记信息登记为公司的股东，其所有的5.5%紫宏公司股份为黄某英代持。刘某作为紫宏公司的实际出资人，现要求紫宏公司将其记载于公司股东名册、办理公司登记机关登记，并经紫宏公司股东会决议，由半数以上同意，符合法律规定，紫宏公司应依法履行相应的记载、办理变更登记义务。紫宏公司的上诉请求不能成立。

---

① 参见湖南省邵阳市中级人民法院（2022）湘05民终554号民事判决书。

第八十八条　股东转让已认缴出资但未届出资期限的股权的，由受让人承担缴纳该出资的义务；受让人未按期足额缴纳出资的，转让人对受让人未按期缴纳的出资承担补充责任。

未按照公司章程规定的出资日期缴纳出资或者作为出资的非货币财产的实际价额显著低于所认缴的出资额的股东转让股权的，转让人与受让人在出资不足的范围内承担连带责任；受让人不知道且不应当知道存在上述情形的，由转让人承担责任。

【条文主旨】

本条是关于瑕疵出资股权转让中出资责任的规定。

【条文理解】

本条是2023年《公司法》修订时新增加的条款，吸收了司法解释的相关内容。《公司法规定（三）》第18条规定："有限责任公司的股东未履行或者未全面履行出资义务即转让股权，受让人对此知道或者应当知道，公司请求该股东履行出资义务、受让人对此承担连带责任的，人民法院应予支持；公司债权人依照本规定第十三条第二款向该股东提起诉讼，同时请求前述受让人对此承担连带责任的，人民法院应予支持。受让人根据前款规定承担责任后，向该未履行或者未全面履行出资义务的股东追偿的，人民法院应予支持。但是，当事人另有约定的除外。"《公司法》（2018年）及司法解释并没有对未届出资期限股权转让的责任承担作出规定，由此导致实践中出现较大争议。本条在吸收《公司法规定（三）》第18条的基础上，将受让人不知道且不应当知道瑕疵出资情形的举证责任改由受让人承担，加强对于公司和债权人的保护。同时，进一步规定转让未届出资期限股权的，应由受让人承担出资义务，转让人需对受让人未按期缴纳出资的部分承担补充责任。此种责任配置将促使转让股东谨慎选择受让股东，进而督促股东诚实履行出资义务。

一、瑕疵出资股权转让中出资责任规则的理解

（一）基本含义及立法考虑

本条规定的瑕疵出资股权转让中出资责任规则，是《公司法》（2023年）在有限责任公司资本制度上的创新之一。所谓"股权受让人出资责任"，是指在有限责任公司股东转让其股权时，如果转让人有出资义务尚待履行或有出资责任尚需承担，则由股权受让人履行出资义务或者承担出资责任。此项制度创新具有积极意义，是在实行注册资本认缴制的情形下，为兼顾股权转让的资源配置效益与资本充实的信用保障效益,而对认缴制的实际漏洞进行有效填补的法律规则。

本法确立的瑕疵出资股权转让中的出资责任制度的基本考虑主要有以下几点:第一,公司股权转让应当由股东自主处分,除了因维持公司人合性而设的股东优先购买权制度之外,《公司法》不应对股权转让再设其他限制,以保障股权转让的资源配置功能。第二,实行注册资本认缴制亦应坚持资本充实原则,不能因股权转让而使认缴出资的股东得以逃避出资义务。如果股东将其股权变现获益却可不必缴资,受让人又可只享有股权而不履行出资义务,则公司及其债权人就会因公司信用减损而致权益落空。第三,既要坚持股权自主转让以实现资源配置效益,又要确保有效缴资以实现资本充实信用效益,就要建构股权转让情形下能同时实现这两者目标的新型规则,即在股权转让人与受让人之间建构附着于股权交易的法定责任关系结构,并以连带责任或者补充责任作为基本的规则模型。第四,在股权转让人和受让人之间建立与出资义务有关的意思联系,只要受让人"知道或者应当知道"转让人有尚未履行的出资义务或者尚未承担的出资违约责任,就等于受让人与转让人之间就标的股权相关的出资事项有了共同意思,因而构成受让人承担出资责任的法律关系。

(二)瑕疵出资股权转让中出资责任具体内容

根据本条规定,出资责任的主体包括股权转人和受让人。本条第 1 款规定,股东转让已认缴但未届出资期限的股权时,首先由受让人承担履行出资义务的全部责任,其次由转让人对受让人未按期缴纳的出资承担补充责任,即受让人承担居先履行出资义务责任,转让人承担居后履行的补充责任。根据本条第 2 款的规定,股权受让人与转让人在特定情形下对出资责任承担连带责任。所谓特定情形,包括两种:一是未按期足额缴纳出资,即出资期限届至时,股东未缴纳或者未足额缴纳所认缴的出资,此情形可称"逾期欠资";二是"作为出资的非货币财产的实际价额显著低于所认缴的出资额",即股东按照其认缴出资额以非货币财产出资,但经估价,该出资财产在出资当时实际价额显著低于股东所认缴出资额,此情形可称"虚价出资"。但是,如果"受让人不知道且不应当知道存在上述情形",则不承担责任,而是由转让人自行承担。

二、本条规定与相关司法解释的联系及区别

本条所涉制度创新有司法实践的经验基础。《公司法规定(三)》第 18 条规定:"有限责任公司的股东未履行或者未全面履行出资义务即转让股权,受让人对此知道或者应当知道,公司请求该股东履行出资义务、受让人对此承担连带责任的,人民法院应予支持……受让人根据前款规定承担责任后,向该未履行或者未全面履行出资义务的股东追偿的,人民法院应予支持……"可见,本条吸收了司法解释确立的股权转让当事人之间出资责任规则的建构理念与基本内容,但在适用范围、责任结构以及规范表述上,均做了重大调整。

（一）限定了瑕疵出资股权转让中出资责任规则的适用范围

本条规定的瑕疵出资股权转让中出资责任,只适用于实行注册资本认缴制的公司股权转让。《公司法》对有限责任公司注册资本制度原则上实行认缴制,但"法律、行政法规以及国务院决定对有限责任公司注册资本实缴、注册资本最低限额另有规定的",则应采行实缴制。

本条对适用范围的明确界定的意义:一是在适用目的上,旨在破解对认缴制的恶意利用。如"公司章程所定注册资本为巨大数额,如人民币 10 亿元……但实际缴付资本为 10 元或数万元,余额在章程中约定自公司成立后第 50 年"。而传统的实缴制规则"对现实中层出不穷的巨额认缴及长期出资的现象束手无策",以致认缴制是那些"股东不负责任的数字游戏"。故而《公司法》创设股权转让双方当事人出资责任规则,以免投资者利用股权转让从其"数字游戏"中脱逸。二是适用范围限于注册资本认缴制公司,决定了股权受让人责任规则须以认缴制下股权与出资义务的特殊关联性为基点。三是在解释路径上,适用范围限于认缴制公司,决定了立法理由及规则解释须围绕认缴制的特殊性而展开。

（二）区分瑕疵出资股权转让中出资责任的情形

根据转让人是否已有出资违约行为,本条将适用瑕疵出资股权转让中出资责任的情形分为两类:一是转让人未届出资期限而转让股权,此种情形中的转让人并未构成出资违约;二是转让人逾期欠资或虚价出资时转让股权,此种情形中的转让人已经构成出资违约。两种情形下,股权受让人承担的责任类型也不同。

（三）受让人对不承担出资责任负有举证义务

依本条规定,在转让人已有逾期欠资或者虚价出资的违约情形时,转让人与受让人在出资不足的范围内承担连带责任;受让人不知道且不应当知道上述情形的,由转让人承担责任,受让人不承担责任。受让人不承担责任以其不知道且不应当知道转让人逾期欠资或者虚价出资为前提,其必须有证据证明其不知道且不应当知道。本条规定与司法解释规定不同。按照《公司法规定(三)》第 18 条的规定,不由受让人承担证明责任,而是由转让人或者公司债权人承担证明责任。

（四）区分不同适用情形下的责任承担方式

依据股权转让人是否已有出资违约情形,对受让人和转让人采取了有区别的责任承担方式。依本条规定,如果转让人未有出资违约情形,只是未届出资期限而转让股权,则在期限届至时,由受让人先行承担出资责任;如果受让人未按期足额出资,则由转让人承担补充责任。如果转让人已有出资违约情形,则由受让人与转让人承担出资连带责任,除非受让人提供证据证明其不知道且不应当知道转让人有出资违约情形。

(五)取消一般性追偿条款

本条没有采取《公司法规定(三)》第 18 条第 2 款的规定,即股权受让人承担出资责任后,可以向转让股东进行追偿。本条不再一般性地规定当事人承担出资责任后的追偿权利。首先,如果股权转让双方的出资责任是连带责任,某一当事人在承担出资连带责任之后的追偿权利,完全可以按照民法上连带责任制度的一般规则进行处理,在《公司法》上不必另作规定。其次,也是更为重要的,本条并非完全按照连带责任原理来建构出资责任归属规则。在转让人没有出资违约情形时,受让人是出资义务主体,当受让人未按期足额缴资而成为主责任人时,转让人再充当补充责任人,此时的追偿权主体是转让人;在转让人已有出资违约情形时,受让人与转让人共同承担出资连带责任,如果双方未对标的股权转让后的出资责任另有约定,则追偿权主体一般应是受让人。

【司法适用】

本条是在现有司法解释相关规定的基础上作出的新规定,在适用上需要根据司法实践的具体情况对个案纠纷予以裁判。以下情形值得注意:

一、股权多次转让情形下的出资责任归属问题

任何法律规范,皆适用于特定情形。在创制新的法律规范时,对其适用情形的立法考虑应有恰当性,这是新设法律规范具有可行性的前提。本条规定,从字面上看似是只针对标的股权只转让一次的情形。

实践中,公司股权被多次转让并非罕见现象。首先,法律从未限制认缴制公司股权的转让次数,即使转让人出资义务未届履行期限或已有出资违约行为,其所持股权亦可转让,而受让人亦可再行转让。毕竟股东是否愿意转让并与他人签订转让合同完全属于其个人自治的范围。其次,《公司法》对出资期限限定为 5 年。因而出资期限届至之前,股权发生多次转让时,就产生了出资责任主体范围确定及担责次序问题。

例如,法院在处理股权转让后出资责任案件时,案涉标的股权已经转让了 3 次,即甲转让给乙,乙转让给丙,丙又转让给丁,其间相隔 20 年,而且最后一个受让人丁仍未履行出资义务,或者第一个转让人甲仍未承担出资违约责任。这样,就产生以下问题:一是如何确定本案当事人范围。是选择单独一个股权交易关系的直接双方(甲和乙、乙和丙、丙和丁)作为本案当事人,还是选择第一个转让人甲和最后一个受让人丁作为本案当事人,或者把标的股权 3 次交易的 4 个主体甲、乙、丙、丁都纳入本案当事人范围。即使作为原告的公司或其债权人选择特定股权交易主体作为请求对象,但是,当该被选定主体抗辩成立时,原告公司或其债权人能否再选择其他股权交易主体再行请求。二是如果3次转让的中间交易主体如丙先行承担出资责任,其如何再向其他连带责任人行使追偿权。三是本条第2款中受让人"知道或应当知道"的主观状态是承担出资责任的构成要件之一,当标的股权转让3次时,是3个受让人中谁知道或应当知道谁就担责,还是最先一个或最后一个知道或应当知道的受让人担责。四是本条规定了未届出资期限的股权转让人的补充责任。如果标的股权转让3次后出资期限届至,但丁未按期足额出资,此时法院将面临如何确定补充责任人范围的问题。

二、出资责任的诉讼时效带来的长期或然债务负担如何处理

对于股东的出资义务与责任,法律上并无时效限制。《公司法规定(三)》第19条第1款规定,"公司股东未履行或者未全面履行出资义务或者抽逃出资,公司或者其他股东请求其向公司全面履行出资义务或者返还出资,被告股东以诉讼时效为由进行抗辩的,人民法院不予支持"。因此在股权转让场合,完全可能出现这样一种情形:由于公司章程规定的出资期限较长,公司出资请求权不会罹于时效而消灭,股权转让人可能在交易发生之后很长时间里(10年甚至50年),意外地因最后受让人的出资违约行为而承担出资补充责任。这将给转让人带来长期的或然债务风险。特别是,如果其直接受让人将股权再行转让,转让人对其后交易完全无权控制甚至一无所知,对这种或然债务将没有任何防范能力。

同样的长期而意外的连带责任负担也会发生在受让人身上。例如,当转让人有虚价出资情形时,不仅转让人要承担出资违约责任,而且受让人要对此承担出资连带责任。虽然"作为出资的非货币财产的实际价额"是指股东将非货币财产向公司交付时的实际价额,但法律并未规定公司发现或应当发现虚价出资事实的合理期限。因此,公司可能在股东非货币财产出资之后的很长时间后才发现虚价出资事实,相应地,知道或应当知道的受让人也要在受让股权很长时间后,为此承担出资连带责任。特别是,股东转让股权未必是一次性转让其全部股权,可能控制股东转让部分股权后仍对公司有控制权,可以在转让部分股权后很长时间内掩盖其虚价出资行为。由于公司向违约股东追偿的权利不会罹于时效而消灭,受让人出资连带责任的或然风险也具有长期性。即使最后受让人对前面转让人的出资违约行为确实不知,但是公司及其债权人仍可以"受让人知道或应知"为由提出诉求。这样的情形下,法院必须依法不让受让人担责且不宜使其陷于诉讼困扰。

【司法案例】

成都三鼎电力科技有限公司诉罗某群、方某凯、毛某英股东损害公司债权人利益责任纠纷上诉案①

诉讼结论：股东转让已认缴但未届出资期限的股权的，由受让人承担缴纳该出资的义务，转让对受让人未按期缴纳的出资也应承担责任。

基本案情：瑞能公司成立于2011年6月27日，注册资本100万元。方某凯出资80万元占股80%，罗某群出资20万元占股20%。2015年6月3日，瑞能公司第一次增资，注册资本由100万元增至1000万元，罗某群认缴20万元占股2%，方某凯认缴980万元占股98%。2016年3月4日，瑞能公司第二次增资，注册资本由1000万元增至5000万元。增资4000万元中方某凯认缴3920万元，罗某群认缴80万元，认缴期限均为2046年3月4日。以上增资均未实际出资。2017年1月10日，瑞能公司进行股东变更，罗某群、方某凯将自己持有的所有股权转让给毛某英，瑞能公司变更为一人有限公司。2017年11月2日，瑞能公司减资，注册资本由5000万元减至100万元，于2017年9月13日在《四川科技报》上发布减资公告。另查明，罗某群与方某凯系夫妻，毛某英系罗某群之母。瑞能公司与成都三鼎电力科技有限公司（以下简称三鼎公司）承揽合同纠纷一案，法院于2018年3月21日作出（2017）川0107民初5014号民事判决书，判决瑞能公司向三鼎公司返还已支付的110万元货款及资金占用利息。瑞能公司提起上诉，法院于2018年10月19日作出（2018）川01民终7865号民事判决书，驳回上诉，维持原判。该案经三鼎公司申请强制执行，因瑞能公司无可供执行财产，法院作出（2019）川0107执830号执行裁定终结本次执行程序。三鼎公司起诉请求：（1）判令罗某群在未实缴出资80万元范围内，对（2018）川01民终7865号民事判决书中瑞能公司所负金钱债务承担补充赔偿责任；（2）判令方某凯在未实缴出资4820万元范围内，对第1项中的金钱债务承担补充赔偿责任；（3）判令毛某英对第1项中的金钱债务承担连带责任。

法院认为：三鼎公司对瑞能公司的案涉债权经人民法院生效判决予以确认。在三鼎公司申请执行案件中，人民法院对被执行人瑞能公司送达了执行通知书及财产报告令，通过两次网络查询和传统的查询方式，均未发现可供执行的财产或财产线索，并决定终止本次执行程序。目前，瑞能公司并未申请破产。作为被执行人的瑞能公司，在人民法院穷尽执行措施仍无财产可供执行，已具备破产原因

① 参见四川省成都市中级人民法院（2021）川01民终18442号民事判决书。

且不申请破产，则瑞能公司股东的认缴出资期限应当加速到期。本案中，虽然罗某群、方某凯的全部股权于2017年1月10日转让给毛某英，但罗某群、方某凯为增资认购股东，负有保证瑞能公司资本充实的法定责任。罗某群、方某凯在转让股权前，瑞能公司与三鼎公司间的《TFW6500发动机购销合同》早已成立并部分履行，但未履行完毕，瑞能公司存在向三鼎公司承担合同债务的风险。罗某群、方某凯向毛某英转让股权，并无合法有效证据证明为有价转让，该转让行为具有逃废出资义务的恶意。因此，罗某群、方某凯的出资义务不因股权转让而免除，罗某群、方某凯仍应承担对瑞能公司的法定出资义务。根据《公司法规定(三)》第13条第2款"公司债权人请求未履行或者未全面履行出资义务的股东在未出资本息范围内对公司债务不能清偿的部分承担补充赔偿责任的，人民法院应予支持"，第18条第1款"有限责任公司的股东未履行或者未全面履行出资义务即转让股权，受让人对此知道或者应当知道，公司请求该股东履行出资义务、受让人对此承担连带责任的，人民法院应予支持；公司债权人依照本规定第十三条第二款向该股东提起诉讼，同时请求前述受让人对此承担连带责任的，人民法院应予支持"的规定，三鼎公司主张罗某群、方某凯对瑞能公司的案涉债务在未出资范围内承担补充赔偿责任，应予支持。

关于毛某英的民事责任，毛某英在受让方某凯和罗某群的股权时，并无合法有效证据证明支付了对价，结合三人之间的亲属关系，毛某英应当知道方某凯和罗某群未实际出资增资部分。因此，根据《公司法规定(三)》第18条规定，毛某英应当对方某凯、罗某群本案的出资义务承担连带责任。

第八十九条　有下列情形之一的，对股东会该项决议投反对票的股东可以请求公司按照合理的价格收购其股权：

(一)公司连续五年不向股东分配利润，而公司该五年连续盈利，并且符合本法规定的分配利润条件；

(二)公司合并、分立、转让主要财产；

(三)公司章程规定的营业期限届满或者章程规定的其他解散事由出现，股东会通过决议修改章程使公司存续。

自股东会决议作出之日起六十日内，股东与公司不能达成股权收购协议的，股东可以自股东会决议作出之日起九十日内向人民法院提起诉讼。

公司的控股股东滥用股东权利，严重损害公司或者其他股东利益的，其他股东有权请求公司按照合理的价格收购其股权。

公司因本条第一款、第三款规定的情形收购的本公司股权，应当在六个月内依法转让或者注销。

【条文主旨】

本条是关于有限责任公司异议股东及股权压制情形下股权回购请求权的规定。

【条文理解】

本条在基本沿用《公司法》(2018 年)第 74 条的基础上，增加规定：第一，在股东压制情形下，被压制股东有权请求公司按照合理价格收购其股权。第二，公司的控股股东滥用股东权利，严重损害公司或者其他股东利益的，其他股东有权请求公司按照合理的价格收购其股权。第三，公司依照本条收购股权的，应当在 6 个月内依法转让或者注销。

一、异议股东的股权回购请求权

(一)异议股东股权回购请求权的产生及其基本含义

公司收购股权是股东转让股权的一种特殊方式，但由于收购者是本公司，其性质就不单纯是股权的转让了，而是股东撤回投资退出公司的行为。本条是在"资本多数决"的情况下，赋予中小股东或少数股东维护自身权益的救济措施的制度设计。当公司的控股股东或者代表多数表决权的股东利用股东会决议的方式，客观上造成"绑架"或"裹挟"其他股东，使其合理期待的利益落空或者蒙受额外风险威胁的局面时，后者可以利用本条规定的救济措施，实现退出公司的目的。

异议股东回购请求权制度最早见于美国俄亥俄州 1851 年法律中，产生于契约原则与商业应急的融合。起初仅适用于公司合并时异议股东股份的收买，后逐渐扩张至公司章程修改、营业转让、资产出售等事项。19 世纪早期，在公司契约理论下，有关公司结构、财产处分、股东权利及公司章程重大改变的决策均须经公司全体股东同意，这就是"全体一致同意"原则。在此原则下，凡是涉及公司合并、分立、解散、收购和章程的修改等事项，每一个股东都有权反对该提议，并且因为任何一个股东的反对，该提议将不能被通过并生效。这一原则保障了所有股东对公司的期待利益，当公司变更其基本结构或营运政策时，就要平等地赋予每一位股东表决的权利以维护自身的利益。19 世纪末，美国迎来了经济的高速发展，此时公司的规模不断扩大，股权日益分散。股东人数增加且不断变动，在这样的背景下，公司的行动要获得全体股东的一致同意变得十分困难。"全体一致同意"原则的弊端越来越显现出来，它使公司的决策效率低下，限制了公司的发展。为了使公司经营更加灵活，为多数股东谋求更大利益，法官和立法者意识到公司灵活的必要性，“全体一致同意”原则便由此逐渐被“资本多数决”原则取代。确立“资本多数决”原则的同时，必然意味着少数股东的意志可能被多数股东的决策掩埋，为了补偿少数股东所丧失的对公司决议实质意义上的否决权，法律赋予了异议股东股份回购请求权。

异议股东回购请求权，又称中小股东异议估价权、少数股东收买请求权，是指在股东大会就合并、解散、营业让与等公司重大事项进行表决前和表决时，如果股东明确表示了反对意见，而该事项获得决议通过，则该股东有权要求公司以公平价格收买其所持有的公司股份。该制度是保护少数股东最有力、也是最后一道救济程序，其与股东大会决议不成立、撤销及无效之诉、公司解散之诉、股东派生诉讼等诉讼救济方式相比节约了成本，因此各国公司法中大都规定了异议股东回购请求权制度。

(二)享有回购请求权的主体

虽然本条并未对异议股东的持股比例、持股时间作出规定，但股东应该在相关事项作出决议时享有表决权，如果不享有表决权或者表决权受限，则当然谈不上投反对票的问题。这里的反对票是指必须作出明确反对的意思表示，如果仅表明有异议，但未投反对票，而是投赞成票或者弃权票，或者在股东会上投赞成票或者弃权票，嗣后又后悔，提出异议，均不属于异议股东，即主体不适格。

另外，对于未参加股东会议并投反对票的股东，如果该股东并非因自身过错导致未能参加股东会议，如未被通知参加股东会，自然无法通过投反对票的方式表达异议，如其知道股东会决议后明确持反对意见，则应当认定其享有回购请求权。

(三)异议股东股权回购请求权的条件

异议股东股权回购请求权有严格条件限制，即有以下三种情形之一，并且股东会在该股东投反对票的情况下依然作出了有效的决议，该投反对票的股东才可以请求公司按照合理的价格收购其股权。

1. 连续5年不分红

公司连续5年不向股东分配利润，而公司该5年连续盈利，并且符合《公司法》规定的分配利润的条件。股东基于投资关系对利润分配具有期待权。在长期不分红的情形下，股东要求分配利润的主张是合法的，但持有公司多数表决权的其他股东却通过股东会决议的形式阻碍了少数异议股东分配利润的要求。按照规定，必须是连续5年不分红，股东才能请求公司回购其股权，如果公司的盈利不具有连续性，而是断断续续地累计，股东则不享有此项权利。此外，根据《公司法》

第 210 条的规定,只有在公司弥补亏损和提取公积金后有剩余利润,才能向股东分配利润。如果公司不符合分配利润条件,股东也不能享有此项权利。

2. 公司合并、分立、转让主要财产

公司合并与分立是实践中常见的公司重组策略。在这两种情形下,公司的股东情况、股权结构、资产以及负债情况都将发生重大变化,导致公司未来的发展充满不确定性,甚至可能产生风险。而公司转让主要财产也会严重影响公司的发展前景,甚至带来风险,足以从根本上动摇股东对公司的投资预期。此处的"主要财产",即主要资产应当如何认定?中国证券监督管理委员会《上市公司重大资产重组管理办法》第 2 条中规定,"购买、出售资产或者通过其他方式进行资产交易达到规定的标准,导致上市公司的主营业务、资产、收入发生重大变化的资产交易行为"构成重大资产重组。该办法虽然针对的是上市公司,但对于有限责任公司转让主要财产也具有参考意义,即如果有限责任公司转让的财产导致公司的主营业务、资产、收入发生重大变化,则该财产应该认定为转让主要财产。仅从理论上分析,公司转让主要财产中所指的主要财产包括两种情形:一是从财产价值上看,公司转让的主要财产在公司净资产中所占比例较高,如 30%以上;二是从用途、效能与重要性来看,公司转让的财产属于公司的核心业务资产。

在公司合并、分立、转让主要财产的情形下,尽管股东会按照资本多数决原则形成了合法的决议,但少数股东反对。此时,公司合并、分立、转让主要财产与少数股东的意愿相反,改变了其设立或者加入公司的初衷,改变了其合理利益期待,应允许其退出公司。

3. 公司章程规定的营业期限届满或者章程规定的其他解散事由出现,股东会会议通过修改章程使公司存续

根据《公司法》第 229 条的规定,公司章程规定的营业期限届满或者公司章程规定的其他解散事由出现,公司应当解散。同时第 230 条规定,此种情形下可以通过修改公司章程而存续,有限责任公司须经持有 2/3 以上表决权的股东通过即可。因此,章程规定的营业期限届满或者章程规定的其他解散事由出现时,公司本应解散并成立清算组对公司财产进行清算,公司终止并注销,股东据此得以退出公司。如果持有公司多数表决权的其他股东通过股东会决议修改公司章程决定使公司存续,这显然与股东投资公司的预期不符,面临着更多的经营风险,股东也不能通过清算获得公司的剩余财产并进行分配,因此应允许对决议投反对票的股东退出公司,不能要求少数表决权股东违背意愿被强迫面对公司继续经营的风险。

(四)异议股东股权回购请求权的程序

1. 股东对有关决议持有异议,即投反对票

根据本条规定,在发生法定的异议股东回购请求权的情形下,只要股东在股东会上对有关决议投反对票即可享有回购请求权。

2. 异议股东与公司协商股票的收购价格

至于价格的确定,《公司法》仅规定合理的价格,至于何谓合理的价格,双方可协商以退股时公司的净资产为准,也可以上一年度的净资产为准等,由双方确定。

3. 收购股权的期限

作为保护中小股东合理利益的救济措施,为实现救济手段的可操作性,本条规定了股东要求公司收购其股权的协议期限,即自股东会会议决议通过之日起 60 日内。如果双方在该期限内不能达成股权收购协议,则股东有权自股东会决议通过之日起 90 日内向人民法院提起诉讼。值得注意的是,该 90 日为除斥期间,自股东会决议通过之日起算,而非自股东与公司谈判破裂之日起算。

(五)公司收购股东股权后的处理

公司收购异议股东的股权后,部分股东因投资的退还而退出公司,这导致公司注册资本与实际情况不符,因此,有限责任公司依据本条的规定收购其股东的股权的,根据本条第 3 款的规定,公司应当及时依法转让或者注销。所谓转让是指转让给其他人,包括公司现有股东以及公司之外的人。

二、股权压制情形下的股权回购请求权

2023 年修订《公司法》时新增了一种股权回购请求权的情形,即股权压制情形,当公司的控股股东滥用股东权利,严重损害公司或者其他股东利益的,其他股东有权请求公司按照合理的价格收购其股权。

这一规定的目的是强化对中小股东的保护。在我国,公司股权结构往往高度集中。《公司法》(2018 年)中规定的三种异议回购情形的适用条件相对严格,容易被控股股东规避,例如,控股股东可以通过在第五年度少量分红规避《公司法》(2018 年)第 74 条第 1 款第 1 项中的情况。因此,对于少数股东而言,《公司法》(2018 年)规定的异议回购权还并不能完全称得上是足够有效的救济手段。因此,为了加强对中小股东的保护,2023 年修订时在回购请求权的部分引入了股权压制相关规则,为中小股东提供了有效的救济途径。当大股东滥用权力、损害公司或其他股东的利益时,其他股东可以通过行使回购请求权来保护自己的权益。此外,这一规定也有助于缓解公司解散制度的适用。在公司陷入僵局或无法正常运营的情况下,当事人和法院可以借助这一规定来解决纠纷,提供更多的解决机制。

【司法适用】

一、决议通过之日的确定

决议通过之日为法定期限的起算之日，但需要区分不同的情形：一是以股东会形式通过决议。此时可能出现两个日期：召开会议通过决议之日和与会人员在决议文件上签名之日。通常情况下，这两个日期是统一的，即与会人员表决通过决议并同时在会议记录等决议文件上签名。但实践中也可能出现两个日期不一致的情况：决议通过时间与参会人员在文件上的署名日期不同，此时应当以会议通过决议的日期为准，以其作为期限的起算日。除非公司无法证明会议通过决议的时间，并因此与股东所认定的“在文件上签章的日期”有争议，则认定股东在决议上签章之日为决议通过之日。二是传签书面文件通过决议。此时，最后一个应当参加表决的股东在传签的决议上签章的日期，为该决议通过之日。简言之，决议通过的日期可以分为两种情形进行确定：以召开股东会会议形式进行表决的情形，此时，法定比例的股东表决同意提案之日即是决议通过之日；传签书面文件通过决议的情形，此时，最后一个应当参加表决的股东在传签的文件上签章的日期，为该决议通过日期。

二、请求公司收购股权之诉超过法定期限的处理

对于超过本条规定的90日期间提起诉讼的，本条未规定相应的后果，即当事人会丧失什么样的权利，继而也不容易断定此法定期间的性质。

《公司法规定(一)》第3条规定，原告以《公司法》(2018年)第22条第2款、第74条第2款规定事由，向人民法院提起诉讼时，超过《公司法》规定期限的，人民法院不予受理。因此，如果原告提起公司收购股权之诉超过90日的法定期限，人民法院不予受理。此时股东丧失的是诉权，其丧失的是进入到诉讼程序的权利，而不是胜诉权利的消灭，也不是实体权利的消灭。可见，此处的期间并不是诉讼时效期间。至于除斥期间，虽然其自身不能“中止、中断、延长”，但它可以通过性质转换，从而达到权利生存期限的“再生”。例如，债权人在保证期间内主张权利，开始起算保证债务的诉讼时效，但这里的法定期间显然不具有该种性质。因此，不能将此期限视为除斥期间。因此，它既区别于诉讼时效，也不同于除斥期间，为了反映其具有的这种起诉唯一性的特征，应当将其称为商法上特殊的起诉期限。

异议股东股权回购请求权之诉法定期间的起算之日比较明确，“决议通过之日”为请求公司收购股权之诉90日期限的开始。《公司法》将决议生效这一客观事实作为法定期限的起算日期，而并不对股东知道与否或应当知道与否的主观状态进行考量。人民法院在审查起诉阶段无须对当事人是否知道或应当知道决议的通过日期，起诉期间有没有中止、中断或者延长事由等事实因素进行审查和认定,更无须通过原、被告间的抗辩来确认期间是否已经经过,因此,当事人在进入诉讼程序前即可确定是否超过 90 日的法定期限。这不但易于当事人确定股东起诉时是否超过了本法规定的期限,也方便人民法院作出接受起诉或者裁定不予受理的选择。

请求公司收购股权之诉的法定期间届满意味着,异议股东采取向人民法院提起诉讼的方式已经不能实现其退出公司的目的,异议股东只能通过协商等其他自力救济的办法寻求权利的保护。可见,一旦法定期间届满,股东就丧失了通过诉讼途径保护其利益的权利。

为了在已有法律框架下尽可能地保护中小股东的利益,在出现当事人对会议通过决议的时间或者股东在决议上签章的时间有争议,但根据双方提供的证据无法确定期间起算日期的情形时,人民法院应当推定股东的起诉没有超过法定期间,并予以受理。

三、除了本条规定的三种情形,公司能否回购股权

公司原则上不得收购本公司股权,因为根据《公司法》上的人格独立原则,公司以其全部财产对公司债务承担责任。如果允许公司以自身的财产收购并持有本公司股份,势必会减少公司责任财产的范围,同时给公司非诚信股东借此手段抽逃出资创造了机会。那么是否意味着,对于有限责任公司,只有出现本条规定的三种情形,公司才能回购股东的股权呢?在公司僵局的情形下,《公司法规定(二)》第 5 条规定,人民法院在审理解散公司诉讼案件时,当事人协商同意由公司收购股权,或者以减资等方式使公司存续,且不违反法律、行政法规强制性规定的,人民法院应予支持。也就是说,在公司解散诉讼中,如果经过法院的调解,当事人能够通过转让或者减资达成股权收购协议,公司可以收购股东的股权。此外,《公司法规定(五)》第 5 条规定,如果有限责任公司的股东出现重大分歧,公司也可以回购股东股份。

如果公司章程明确约定公司回购条款,只要不违反《公司法》等法律、行政法规的强制性规定,可认定为有效。对此,最高人民法院指导案例 96 号可资参考。

【司法案例】

王某飞诉贵州金农科技有限责任公司请求公司收购股份纠纷案①

诉讼结论:可以要求公司收购股权的仅限于公司股东,实际出资人不能直接以股东身份主张公司收购股权。

---

① 参见贵州省贵阳市中级人民法院(2021)黔 01 民终 7652 号民事判决书。

基本案情:贵州金农科技有限责任公司(以下简称金农科技公司)是2000年7月18日登记设立的有限责任公司,注册资本为3000万元,经营期限至2020年7月13日。2020年7月9日,金农科技公司在工商登记部门将经营期限变更为长期经营。经注册登记的股东为贵州省农业科学院、陈某璋、陈某娅、黎某等20余人,分别于2015年10月21日、2018年10月25日分两次对20余名股东的姓名及持股股份进行了更改。上述工商登记中记载的股东姓名并无原告王某飞。其中,2015年1月,金农科技公司作出(2015)13号决定,指定高某、张某虎等24人作为注册股东,代表公司169名实际股东参加股东代表大会或董事会,该决定所附的《注册股东代持股人员明细表》中载明,王某飞出资16万元,由张某虎代持。原告王某飞表示没有参加过股东大会,对于代持股东的事情也不清楚。2018年6月金农科技公司发给王某飞的出资证明书载明王某飞缴纳的出资金额为16万元,出资日期为2011年12月。金农科技公司于2014年11月修订的公司章程第7条列明了股东名册共29人及相应的出资额,第11条约定:“公司股东不在公司任职后,必须退出其岗位股份。退出方式按实际入股金额+未分配利润(未分配利润为正数时),或按实际入股金额+未分配利润(未分配利润为负数时)的方式计算。退出股份暂由公司收购后再进行分配转让。”2015年10月25日,金农科技公司作出(2015)05号董事会会议纪要中载明:到会董事会全票通过董事长陈某璋提出的12.5%(含税)的分红计划和按照年利润提取20%作为员工奖励绩效分配方案。2016年11月4日,金农科技公司(2016)01号董事会会议纪要中载明:“到会董事充分讨论并一致同意12.5%(税后10%)的股东分红计划,并按照实际完成利润提取20%作为员工奖励绩效由公司自行分配……”2017年11月4日,金农科技公司(2017)01号董事会会议纪要中载明:“……到会董事充分讨论董事长陈华璋提出的12.5%(税后10%)的股东分红计划和按照年利润提取20%作为员工奖励绩效进行分配方案。”金农科技公司提交2014年至2017年以及2020年股东分红发放记录,证明向原告发放了2014年的股东分红1.6万元、2015年的股东分红1.6万元、2016年的股东分红1.6万元、2017年的股东分红1.6万元、2020年的股东分红8000元,合计7.2万元。原告陈述认可收到上述分红款,但提出金农科技公司未向其支付2018年度及2019年度的分红款。金农科技公司提交贵州智融点石会计师事务所出具的2018年度及2019年度的《审计报告》2份以及金农科技公司的(2019)1号董事会会议纪要,证明2017年至2018年、2018年至2019年两年间公司均处于亏损状态,无可分配利润,公司已作出不分红决定。原告王某飞从未在被告处任职,并表示其从获得被告股东资格,根据公司章程第11条约定,金农科技公司应回购原告的股权并支付股权回购款。金农科技公司表示公司章程第11

条约定的是岗位股份,不适用于原告的原始投资股,并提交了2020年6月22日更新的公司章程,陈述新章程中未约定回购股份的条款,原告无权要求回购。对此,原告表示金农科技公司原经营期届满时间为2020年7月13日,于2020年7月9日将经营期限延长为长期,原告不同意延长经营期限。

法院认为:根据《公司法》(2018)第24条的规定,有限责任公司由50个以下股东出资设立。金农科技公司在2011年改制时吸收169名自然人出资,公司增资至3000万元。根据上述法律规定,169名自然人中仅有部分人员能够作为金农科技公司登记股东。王某飞并非金农科技公司登记股东,其对于上述法律规定及公司对于登记股东的安排应当知晓,结合当事人陈述及查明事实,王某飞亦未行使公司法上的股东权利,仅对其出资金额享有财产权益,其身份应当认定为实际出资人。结合金农科技公司章程规定及农科院2011年8月22日会议纪要,金农科技公司改制时系由农科院系统职工出资用于金农科技公司增资,王某飞作为农科院职工参与增资,其出资之时并非金农科技公司员工,现其以始终未在金农科技公司任职、公司未将其登记为股东为由要求金农科技公司收购股份的主张不能成立。关于王某飞提出的营业期限问题,《公司法》(2018)第74条规定:"有下列情形之一的,对股东会该项决议投反对票的股东可以请求公司按照合理的价格收购其股权:(一)公司连续五年不向股东分配利润,而公司该五年连续盈利,并且符合本法规定的分配利润条件的;(二)公司合并、分立、转让主要财产的;(三)公司章程规定的营业期限届满或者章程规定的其他解散事由出现,股东会会议通过决议修改章程使公司存续的。自股东会会议决议通过之日起六十日内,股东与公司不能达成股权收购协议的,股东可以自股东会会议决议通过之日起九十日内向人民法院提起诉讼。"根据上述法律规定,可以要求公司收购股权的仅限于公司股东,而王某飞仅系实际出资人,不能直接以股东身份主张金农科技公司根据上述法律规定收购股权。综上,王某飞的诉讼请求无法律依据,应当予以驳回。

第九十条　自然人股东死亡后,其合法继承人可以继承股东资格;但是,公司章程另有规定的除外。

【条文主旨】

本条是关于自然人股东死亡后其股东资格由谁承继的规定。

【条文理解】

一、修改情况

本条与《公司法》(2018年)第75条相比,未作任何修改。

二、股东资格可以依法被继承

遗产继承是财产转让的合法形式之一。《民法典》第 124 条第 2 款和第 1122 条第 1 款分别规定,“自然人合法的私有财产,可以依法继承”;“遗产是自然人死亡时遗留的个人合法财产”。依照继承法律制度的规定,自然人股东死亡后,其遗留的个人合法财产依法由他人继承。股东的出资额是股东的个人合法财产,也将依照继承法律制度由他人依法继承。但是,继承法律制度规定的继承,仅限于财产权的范围,继承法律制度对于具有人身专属性的身份关系,并没有作出规定。有限责任公司具有人合性,要成为公司的股东,不仅需要有一定的出资额,而且需要与其他股东之间存在相互信任的关系。按照继承法律制度的规定,继承了股东遗产的人能否具有股东资格,成为公司的股东,还需要予以明确。为此,本条对股东资格的继承作出了专门的规定。

在中国,由于历史、文化等因素的影响,人们一般认为继承人当然继承被继承的财产以及与财产有关的权利。考虑到我国的实际情况,本条规定自然人股东死亡后,以其合法继承人继承股东资格为原则,即自然人股东死亡后,其合法继承人依法继承其出资额,并同时继承其股东资格,成为公司的股东,依法享有资产收益、参与重大决策、选择管理者等各项权利。

自然人股东的合法继承人可以继承股东资格。这样规定是考虑到股东身份(即股东资格)是基于股东的财产权而产生的。一般来说,其身份权应当随其财产权一同转让;同时,也考虑到被继承人作为公司的股东,对公司曾作出过贡献,其死后如无遗嘱另作安排,由其法定继承人继承其股东资格具有合理性,也符合我国传统。

三、公司章程可以规定股东资格不得被继承

本条明确股东资格被依法继承系一般原则,但公司章程也可以作出相反的规定。法律允许公司章程另行规定股东资格继承办法,主要是考虑到有限责任公司具有人合性,股东之间的合作是基于相互间的信任。自然人股东死亡后,其继承人毕竟已不是原股东本人,股权实质上发生了转让。在此情况下,其他股东对原股东的信任并不能自然转变为对继承人的信任,因而其他股东不一定愿意与继承人合作,由此可能导致股东之间的纠纷,甚至形成公司僵局。为此,从实际出发,应当允许章程规定股东认为切实可行的办法,解决股东资格继承问题。比如,公司章程可以规定,当股东不同意某人继承已死亡的股东的资格时,可以采用股权转让的办法处理股权继承问题等。

我国目前公司诉讼现状表明,有关股东资格继承纠纷呈逐年增多趋势。为避免不必要的纠纷,股东在制定章程时应充分考虑股权的继承问题,事先约定继承办法。应当注意,公司章程只能限制继承人继承股东资格,不得违反《民法典》继承编的基本原则剥夺继承人获得与股权价值相适应的财产对价的权利。公司章程对股东资格继承的限制,也只能以合理为标准。这种合理,应当体现为公司利益、其他股东利益、已死亡股东生前的意愿及其继承人的利益之间的协调与平衡。公司章程中未约定继承办法的,应当按照本条规定的一般原则由继承人继承死亡股东的股东资格。

【司法适用】

一、无民事行为能力人和限制民事行为能力人能否继承股东资格的问题

无民事行为能力人和限制民事行为能力人能否成为有限责任公司股东,学界有不同的理解。有观点认为,应当以公司设立时和公司存续中两个阶段来分别界定。自然人作为设立公司时的股东必须具备民事行为能力。在这阶段,股东实际上担任着公司发起人的职责,这些职责明显与无民事行为能力人或限制民事行为能力人的年龄、智力不相适应,所以不宜由这些自然人担任公司设立阶段的股东。而有限责任公司设立后,股东不必再承担发起职责,也可以不实际参与公司管理,所以对股东的行为能力要求可以降低。尽管这样的观点有一定的道理,但是对此问题,原国家工商行政管理总局2007年在对广东省工商行政管理局作出的《关于未成年人能否成为公司股东问题的答复》(工商企字〔2007〕131号)中载明:"经请示全国人大常委会法制工作委员会同意,现答复如下:《公司法》对未成年人能否成为公司股东没有作出限制性规定。因此,未成年人可以成为公司股东,其股东权利可以由法定代理人代为行使。"

上述答复意见正确。继承行为不是民事法律行为,而是事实行为,只要被继承人死亡的事实发生,就产生继承问题,与继承人的民事行为能力无关。《民法典》继承编并未规定继承人的民事行为能力与继承资格相关。既然《公司法》规定继承人可以继承股东身份,那么,取得股东身份的人,可以是完全民事行为能人,也可以是无民事行为能力人或者限制民事行为能力人。继承人如果是无民事行为能力人或者限制民事行为能力人,其股权可以由其法定代理人代为行使。当然,股东共益权的行使以股东具有完全民事行为能力为前提,但是共益权的享有与共益权的行使是性质不同的两个问题,继承人虽然不具有完全民事民行为能力,但是取得股东资格后,完全可以由其法定代理人行使共益权。

二、股东资格继承后公司只有一个股东或者人数超过50人时的处理

有限责任公司中不少是家族性质的公司,有些公司的股东可能仅为夫妻二人。如果夫妻二人同时死亡,继承人又只有一人的,或者公司仅有的两个股东中一个股东死亡而继承人就是另一股东时,都会导致公司股东变成一人。此时,原先的普通有限责任公司将变成一人有限责任公司。因此,在发生股东资格继承时如果将导致公司股东只有一人,法院在因股东资格继承提起的诉讼中可以确认继承人的股东资格,但同时应在裁判文书中向公司和股东释明及时将部分或全部股权转出以符合有限责任公司股东人数的要求,或者释明及时办理公司形态变更,将普通有限责任公司变更为一人有限责任公司。

各继承人均取得股东资格后,如果将导致有限责任公司的人数超过 50 人的,此时该如何处理。《公司法》第 42 条规定,“有限责任公司由一个以上五十个以下股东出资设立。”在股东资格被继承时,同样不得使有限责任公司股东人数超过 50 人。如果因继承将导致股东人数超过 50 人,在实务中可作以下处理:首先,应当引导各继承人协商由部分继承人继承股东资格,未继承股东资格的其他继承人的其他股权(投资)收益不受影响。其次,各继承人协商后未达成协议的,应当引导公司将公司形态变更为股份有限公司,从而避免受有限责任公司股东 50 名股东人数上限的限制。最后,各继承人协商不成且公司不愿变更组织形态的,不得同时确认各继承人的股东资格。

三、公司章程中的“另行规定”是否当然有效

本条第一句规定,自然人股东死亡后,其合法继承人可以继承股东资格。这是股东资格继承的一般原则。但是第二句规定,公司章程可以另行作出规定。对带有“另有规定”之表述的法条而言,立法者实际上是将《公司法》的规定变为当事人意思空白情形下的一种补充,在适用法的顺位上,改变了公司章程与《公司法》的关系,将公司章程置于优先适用的地位。然而这并非意味着当事人的“另有规定”可以恣意妄为。因为这种“另有规定”授权下所制定的章程内容应当获得法律上或一般社会观念上的肯定性评价。也就是说,公司章程所作出的不同于《公司法》的规定,并非均被当然认可,其有效性还有进一步探讨的余地。

如前所述,正如立法者所解读的,即便公司章程要限制继承权,一是要以合理为标准,这种合理,应当体现为公司利益、其他股东利益、已死亡股东生前的意愿及其继承人利益之间的协调和平衡;二是该限制只能限制继承人继承股东的资格,而不得违反继承法律制度的基本原则剥夺继承人获得与股权价值相适应的财产对价的权利。

因此,在股东资格继承上如果公司章程作出不同于《公司法》本条的规定,那么以下两点值得注意:一是该章程规定的形成时间。理论上,就公司章程区分为初始章程(即公司设立时经全体股东一致同意制定的章程)和后续的章程修正案。初始章程因经过了全体股东一致同意而当然有效自无疑问。后续章程修正案往往是经“资本多数决”形成,应否对效力持怀疑态度呢?实际上,股东资格继承并不会对该股权利益本身造成实质性影响。在公司章程(哪怕是经资本多数决形成的章程修正案)已作出“另行规定”的情况下,表明对股东资格继承的不同规定已有较为深厚的公司内部民意基础,所以这种情况下,当然不宜笼统地以作出的“另行规定”系章程修正案授权为由对其不予认定。但是,如果该章程修正案是在股东死亡后才形成,即在作出修正案时死亡的股东已无机会表达意见,此时形成的章程修正案的公平性及其效力则需谨慎对待。在公司或其他股东未提出充足理由的情况下,对这种突击式修改形成的章程内容,不宜认定。二是该章程规定是否平等对待所有股东。虽然在有限责任公司中对股东平等有一些特殊规定,但是股东平等原则应是公司法的基本原则。例如,《公司法》第210条中规定,“有限责任公司按照股东实缴的出资比例分配利润,全体股东约定不按照出资比例分配利润的除外”。但此处对股东权利限制是以“全体股东约定”即股东一致同意(尤其是被限制权利的股东表示同意)为前提。否则,相应权利在股东间必须平等享有。在股东资格继承问题上,如果章程系针对一部分股东甚至某位股东在继承方面作出限制,那么原则上,除非被限制的股东同意,否则不能轻易认为章程内容发生效力。此外,既然是股东的“全体约定”,则该“全体约定”应是死亡股东在死亡前股东之前作出的约定,死亡后其他股东的一致约定并不代表全体股东,应不足以排除股东资格可以继承。

四、自然人股东因继承发生变化时其他股东是否可以主张行使优先购买权

《公司法规定(四)》第16条规定:“有限责任公司的自然人股东因继承发生变化时,其他股东主张依据公司法第七十一条第三款规定行使优先购买权的,人民法院不予支持,但公司章程另有规定或者全体股东另有约定的除外。”据此,因继承而发生股东资格或股权变动时,其他股东不享有同意权和优先购买权,但是公司章程另有规定或者全体股东另有约定的除外。对于公司章程另有规定的适用上文已有介绍。《公司法规定(四)》第16条还明确规定“全体股东另有约定”时可以对股东资格继承作出另行处理。这是考虑到目前在有限责任公司这种企业形态的实践中,投资者(股东)的章程意识并不强烈。就此,一个明显的表现就是有些公司的章程均原文摘抄《公司法》的条文,而未结合自身经营事业的特点和投资者(股东)的特点“私人定制”公司自己的章程条款。在很多公司中,股东也并不知道章程的意义、作用和法律效果,在公司事务上较多采用股东约定的形式来处理公司事务。对此,在处理纠纷时,应当充分注意目前我国有限责任公司实践的上述现实。

相应地,股东间采取约定并以全体同意的方式就股东资格继承作出不同规定的,相当于股东全体一致同意通过了关于该项事务的章程。即使其在形式上并未通过章程形式表现出来,也不因此影响该内容对全体股东的约束力。当然,如同对前一问题的分析理由,该股东的"全体约定"应是死亡股东在死亡前股东之间作出的约定,死亡后其他股东的一致约定并不代表全体股东,应不足以排除股东资格可以继承。

五、特定身份的股东资格继承问题

《公务员法》第59条规定:"公务员应当遵纪守法,不得有下列行为……(十六)违反有关规定从事或者参与营利性活动,在企业或者其他营利性组织中兼任职务……"根据这一规定,公务员被禁止从事或者参与营利性活动。但是,公务员是否就不得继承股权成为公司的股东呢?对此有权威解答。如果认为公务员不得因继承而取得股东资格,则有限责任公司的股东死亡后,其继承人如果是公务员,继承人只能依法继承的是与该股东所拥有的股权相对应的财产权益,不能继承股东资格或者股东地位。

【司法案例】

陈某丁诉如皋市第六航运有限责任公司股东资格确认纠纷上诉案①

诉讼结论:人民法院支持了原告的诉讼请求。

基本案情:第六航运有限责任公司(以下简称第六航运公司)系于2001年11月14日经登记设立的有限责任公司,根据其设立时的章程显示,该公司拟的注册资本为50万元,陈某甲为该公司的发起股东,以净资产出资3.5万元,占注册资本的比例为7%。2008年6月2日,第六航运公司对公司章程进行修改,其修改后的章程中增加了"第十四条股东死亡后,其合法继承人可以继承股东资格"。此后,第六航运公司对该条款并未进行删改。2013年8月22日,陈某甲由陈某丙代书遗嘱一份,表明将其在第六航运公司所持有的股份由陈某丁继承。该遗嘱有陈某甲的签名、捺印,代写人陈某丙的签名,未有其他见证人签名。2013年9月25日,陈某甲因病去世时,其法定继承人包括妻子周某甲,儿子陈某丁,女儿陈某戊、陈某己、陈某庚、陈某辛。2016年4月26日,陈某辛因病去世时,其法定继承人包括母亲周某甲、丈夫尹某甲、儿子尹某乙。2018年6月18日,第六航运公司出具证明一份,载明兹有公司原股东陈某甲股份转让给其儿子陈某丁。2019年1月30日,由周某甲、陈某戊、陈某己、陈某庚、尹某甲出具承诺书,承诺陈某甲在第六航运公司的股份由陈某丁继承。第六航运公司的股东周某林、周某乙、韩某玉在承诺书中亦签字同意陈某甲的股份由陈某丁继承。2019年4月26日,陈某丁向第

---

① 参见江苏省南通市中级人民法院(2021)苏06民终5832号民事判决书。

六航运公司出具承诺书一份,承诺陈某甲在第六航运公司的股份分配权由陈某丁继承分配,周某甲、陈某戊、陈某己、陈某庚、尹某甲不到第六航运公司主张分配权利。因第六航运公司至今未能办理陈某丁继承陈某甲在该公司股东资格的相关手续,陈某丁于2021年8月16日诉至法院,要求判如所请。一审庭审中,陈某丁补充提交陈某辛的法定继承人尹某乙出具的承诺书一份,承诺陈某甲在第六航运公司的股份由陈某丁继承。另查明,第六航运公司于2021年10月13日就确认2008年6月2日的股东会决议、章程等无效向一审法院以陈某丁为被告另案提起诉讼,该案已于2021年10月22日被一审法院裁定驳回起诉。2022年1月19日,陈某甲的所有法定继承人签订书面承诺书,确认陈某丁继承陈某甲在第六航运公司的股东资格,第六航运公司代理人在场见证。

法院认为:本案中第六航运公司对于陈某丁的父亲陈某甲系该公司占出资比例7%的股东资格不持异议,在陈某甲死亡后,陈某甲在该公司的股东资格可由其合法继承人继承,除非第六航运公司在公司章程有排除或限制继承发生时新股东的加入,但第六航运公司登记设立时的章程、现行有效的章程均未作出排除或限制股权继承的相关规定,故陈某甲在第六航运公司的占出资比例7%的股东资格应由其合法继承人继承。《公司法》(2018年)第75条规定,自然人股东死亡后,其合法继承人可以继承股东资格;但是,公司章程另有规定的除外。陈某甲为第六航运公司的自然人股东,其死亡后,陈某丁作为其合法继承人有权继承其股东资格。陈某甲的合法继承人虽非陈某丁一人,但股东资格并非一定要所有继承人共同继承,得由全体继承人协商确定。本案中,陈某甲的其他继承人均书面表示同意由陈某丁一人继承股东资格,与法不悖。该书面承诺已经法院核实,确系各继承人真实意思,故陈某丁作为原告提起诉讼并无不当,一审不存在漏列诉讼主体之情形。2008年6月2日,第六航运公司对公司章程进行修改,增加了“股东死亡后,其合法继承人可以继承股东资格”的条款。虽然第六航运公司对股东会决议及章程的修改有异议并提起诉讼。但依照法律规定,第六航运公司能够排除合法继承人继承股东资格的只能是公司章程对此另有规定,而二审中第六航运公司确认修改前的章程中并未规定股东资格不得继承,即不存在“公司章程另有规定”,因此,即便前述修改的章程无效,亦不能据此否定陈某丁对股东资格具有继承权,本案审理无须等待确认股东会决议和章程修改无效之诉的审理结果。故判决:(1)确认陈某丁系第六航运公司占出资比例7%的股东。(2)第六航运公司于判决生效后30日内为陈某丁办理将上述第1项中的相应股东资格记载于股东名册,并办理公司登记机关登记的手续等。

第五章　股份有限公司的设立和组织机构

第一节　设　　立

第九十一条　设立股份有限公司，可以采取发起设立或者募集设立的方式。

发起设立，是指由发起人认购设立公司时应发行的全部股份而设立公司。

募集设立，是指由发起人认购设立公司时应发行股份的一部分，其余股份向特定对象募集或者向社会公开募集而设立公司。

【条文主旨】

本条是关于股份有限公司设立方式的规定。

【条文理解】

《公司法》(1993年)规定了股份有限公司的设立方式，有发起设立和募集设立。《公司法》(2005年)修订时，增加了定向募集的设立方式，在原有公募之外增加了私募方式，进一步拓宽了投融资渠道，便于公司设立。随后2013年和2018年《公司法》两次修正并未修改该部分。此次修订，在《公司法》(2018年)第77条第2款和第3款中增加了"设立公司时"的文字表述，正是基于此次公司资本制度改革，即授权资本制的引入而作出的。

股份有限公司属于典型资合性公司，资本要么由全体发起人缴纳，要么由发起人缴纳一部分，剩余部分通过募集而来。《公司法》(1993年)规定股份有限公司的注册资本为在公司登记机关登记的实收股本总额，不论发起设立还是募集设立，发起人认购的均为应发行股份的全部或者部分，需要一次性实缴出资。《公司法》(2005年)修改为分期实缴，股份有限公司采取发起设立方式设立的，注册资本为在公司登记机关登记的全体发起人认购的股本总额，首次出资额不得少于注册资本的20%，剩余部分在公司成立后一定期限内缴足；采取募集方式设立的，注册资本为在公司登记机关登记的实收股本总额设置了注册资本不得少于500万元的最低限额。《公司法》(2013 年)取消了发起设立股份有限公司首次实缴20%,也取消了募集方式设立时的最低注册资本限额,实行全面的资本认缴制。

发起设立,是指由发起人认购公司应发行的全部股份而设立公司。在公司设立时,发起人将其注册资本划分成等额股份并全部认购,发起人成为公司的最初股东。发起设立公司的方式具有周期短、成本低的特点,但由于公司注册资本来源于发起人的出资或者认缴,公司规模相对较小。因此人合性强的有限责任公司以及规模不大的股份有限公司常常采用发起设立方式设立公司。

相对于发起设立,另一种方式为募集设立。募集设立,是指由发起人认购公司应发行股份的一部分,其余部分向社会不特定对象公开募集或向特定对象定向募集而设立公司,因此募集设立又区分为公募和私募两种方式。公开募集的对象具有不特定性,涉及社会公共利益,因而法律对公开募集规定了更为严格的条件和复杂的程序,募集费用较高,风险相对较大,也容易造成股权的高度分散,不利于发起人实现对公司的控制权。但公开募集可以缓解发起人出资压力,广泛吸收社会闲散资金,在短期内筹集公司设立所需资本,降低公司设立门槛,尤其有利于优化民营企业营商环境。

发起人不向社会公众募集股份,而是在一定范围内向特定对象募集股份,即为私募设立公司,此种募集方式也被称为定向募集设立,也需要发行人认购一部分应发行股份。特定对象主要是以机构投资者为主,而且不得超过 200 人。私募设立程序简单、时间短,但是投资者数量相对有限。

本次修订前的《公司法》,股份有限公司发起设立和募集设立均是指公司设立之时发行或者募集股份,但当引入授权资本制时,发行股份或者募集股份可能在公司设立时,也可能在公司设立后的一段时间内。因此此处修改特意增加了“设立公司时”这样的限定词语,使条文逻辑更为周延。此次《公司法》修改在股份有限公司中引入了授权资本制,是出于方便公司设立,打造市场化、法治化、国际化营商环境的需要,将有利于更好地激发市场创新动能和活力。

在法定资本制下,股份有限公司设立门槛较高,融资成本不仅大,程序也复杂。特别是法定资本制下的认缴制度常常成为诸多股东逃避出资义务的借口。由于股东自主决定出资期限,有的公司设立时认缴期限 30 年、50 年,甚至 80 年、100 年,直至公司濒临破产股东的认缴期限还没有到,《公司法》规定的股东出资义务难以落到实处,在司法实践中衍生出大量的股东出资责任纠纷、执行异议之诉等案件,公司股东的出资义务形同虚设,极度不利于公司融资和对债权人的保护。因此此次《公司法》修改,立足于解决法定资本制下认缴资本制所产生的问题,引入了授权资本制,不仅便利公司融资需要,同时防止认缴资本制度下产生的股东出资义务难以落实的问题。

因此本法对股份有限公司规定了授权资本制,股份有限公司在设立时只需发行一部分股份,对剩余股份予以预留不作发行,留待公司成立后基于公司章程或股东会授权董事会择机发行。在授权资本制下,发起人仅对公司设立时应当发行的股份认购全部或一部分,而不包括公司设立后再行发行的股份。

【司法适用】

通过募集方式发行股份的,认股人认购股份后,应当按照募集说明书确定的期限缴纳所认购的全部股款,到期未缴纳的,应当承担责任。当认股人全部未缴纳或者部分未缴纳,或者延期缴纳时,存在违约责任和违反出资义务的竞合。认股人既存在违反认购合同缴纳股款的违约责任,也构成违反公司出资义务的侵权责任。公司发起人可以向该认股人发出催缴通知,要求其在合理期限内缴纳股款。如果认股人于催告期满仍未缴纳的,发起人可以解除认股合同。此时,针对未缴纳股款的股份,发起人可以另行募集。公司因另行募集发生额外费用和支出的,以及公司延迟设立产生相关损失的,应当属于认股人违约责任或侵权责任的赔偿范围。

第九十二条　设立股份有限公司,应当有一人以上二百人以下为发起人,其中应当有半数以上的发起人在中华人民共和国境内有住所。

【条文主旨】

本条是关于股份有限公司发起人人数及其资格的规定。

【条文理解】

本条较之《公司法》(2018 年)第 78 条,股份有限公司发起人由两人降低为一人,取消了最低股东人数为两人的限制,法律上认可了一人股份有限公司的存在;同时将“中国”修改为“中华人民共和国”。

本次《公司法》修订继续降低了股份有限公司的设立门槛。《公司法》(1993 年)规定,设立股份有限公司,应当有 5 人以上为发起人,但并未限制发起人数量上限。由于发起人数量不设置上限,当发起人数量过多时,不仅对公司设立造成妨碍,甚至可能导致投资者利用发起设立方式进行募集设立,甚至进行非法集资。《公司法》(2005 年)第 78 条将“五人以上为发起人”修改为“二人以上二百人以下为发起人”,并未承认一人股份有限公司,同时将公司发起人上限限制为 200 人以下。此次《公司法》修订进一步放宽限制,允许设立一人股份有限公司,解决了实践中因股东退出等因素而导致的实质上一人股份有限公司的法律地位合法性问题。

在公司设立阶段，发起人处于核心地位，发起人相关的权利、义务和责任追究，对于公司和公司外部债权人具有重要意义。本法中并未对发起人的概念予以规定。《公司法规定（三）》第1条规定，发起人是为设立公司而签署公司章程、向公司认购出资或者股份并履行公司设立职责的人。可见，成为发起人需要满足三个条件，第一，为了设立公司而签署公司章程。公司章程是公司的宪法性文件，由设立公司时的发起人或股东协商一致制订，是调整公司内部组织关系和经营行为的公司自治规则。公司章程的制订需要由发起人讨论协商，虽然实务中很多公司设立时直接采用工商登记机构的格式化模板作为公司章程，但是作为公司初始股东或者发起人至少要有签署公司章程的行为。第二，发起人需要认购出资或认购股份。股份有限公司发起人在设立公司时，认购全部股份或者认购部分股份，有限责任公司发起人（股东）认购出资。认购股份不同于实际缴纳股款，只要发起人作出了认购行为即可。第三，发起人履行公司设立职责。这里并非要求发起人亲自参与公司筹办的具体事务，其完全可以授权委托其他人代为处理，但享有发起人的身份前提必须是可以享有依据法律规定或者发起人协议等合同约定的权利，以及承担应当负有的发起人义务，对公司和公司外部债权人就公司设立事务承担发起人责任。上述三个方面构成了认定公司发起人的三个法定条件。

此次《公司法》修订，将股份有限公司发起人最低人数设置为1人，最高是200人，承认一人股份有限公司，一人可以是自然人也可以是法人，可以是中国人也可以是外国人，但必须有半数以上的发起人在中华人民共和国境内有住所。之所以就发起人住所有特别的限定，主要是考虑在中华人民共和国内有住所的发起人更便于办理各种设立手续，便于国家监管机构对发起人进行监督管理，防止发起人利用设立股份有限公司损害广大社会公众的利益。

【司法案例】

庹某云诉湖南张家界天门山旅游股份有限公司股东资格确认纠纷[①]

诉讼结论：仅支付股份认购款，但没有作为发起人参加创立大会，未参与制定公司章程，没有承担公司筹办事务，不应认定为公司发起人。

基本案情：1997年11月，张家界金马（集团）有限公司（2002年6月19日，经湖南省证券委批准，张家界市金马发展有限公司申请变更为湖南金马投资股份有限公司）以张家界天门山公司（筹）的名义在张家界日报上刊登《湖南张家界天门

---

① 参见湖南省张家界市永定区人民法院（2020）湘08民终231号民事判决书。

山旅游股份有限公司(筹)征寻发起人公告》,对天门山景区的开发项目、投资规模、经济效益、战略目标、市场开发等问题进行了分析论证和公告公开征寻发起人。

1997年11月左右,庹某云认购张家界天门山公司(筹)的公司股份2000股,先取得股票证明,后才取得发行的股票2张,时间约为2001年6月4日以后,股票编号分别为0007259、0007260,股票正面为湖南张家界天门山旅游有限公司,票面股票数为1000股,每股面值:人民币壹圆整。持股人姓名处盖有湖南金马投资股份有限公司代理,其下方有持股人姓名:庹某云,身份证号码:4331021964××××××××。1997年11月,张家界金马(集团)有限公司在未正式取得证监会等法定部门批准的前提下,以张家界天门山公司(筹)名义向社会约2800名个人公开征集发起人并发行股票,收取包括庹某云在内的1000万股(每股一元)的股金。1997年11月28日,由三个公司发起人及24个自然人签订《湖南张家界天门山旅游股份有限公司发起人协议书》,载明的发起人没有庹某云。

1999年1月2日,张家界天门山公司召开公司创立大会,一致讨论通过《湖南张家界天门山旅游股份有限公司章程(草案)》。庹某云并未作为发起人在上面签名。1999年1月8日,张家界天门山公司核准成立。张家界天门山公司共分红三次,庹某云从湖南金马投资有限公司三次领取分红款,均由湖南金马投资股份有限公司在工商银行尾号为3706账户打入庹某云在工商银行尾号为8835账户内,并在备注栏里注明用途为红利。

庹某云诉至法院,要求确认其是张家界天门山公司的股东,并在工商管理部门进行股东变更登记。

法院认为:庹某云虽依据张家界日报公告而向张家界金马(集团)有限公司认购2000股,但属于由其他公司代理,其既没有参与制订公司章程,参加创立大会,也没有承担公司筹办事务,其未从公司直接领取红利,故庹某云不属于公司发起人,对其要求在工商管理部门进行股东变更登记的诉讼请求不予支持。

第九十三条　股份有限公司发起人承担公司筹办事务。

发起人应当签订发起人协议,明确各自在公司设立过程中的权利和义务。

第九十四条　设立股份有限公司,应当由发起人共同制订公司章程。

【条文主旨】

本条是关于股份有限公司发起人制订公司章程的规定。

【条文理解】

本条是本次《公司法》修订的新增法条，明确规定股份有限公司设立时，公司的章程由发起人共同制订。

公司章程，是指公司必须配备的由发起人制订的规定公司名称、住所、组织机构、经营范围、资本制度等重大事项，对公司、股东、董事、监事及高级管理人员具有约束力，调整公司内部组织关系和经营行为的自治规则。公司章程是公司的"宪章"，是设立公司时向政府行政主管部门提交的书面法律文件，是约束公司内部组织关系及经营行为的自治规则。公司章程备案于工商登记部门，具有对外效力，第三人可以基于公司章程了解公司基本情况，便于决策是否与公司开展经营往来，从而保障市场交易活动安全。

发起人制订公司章程是发起人的义务，公司章程与发起人协议之间有着密切的关系。发起人一般会在发起人协议中就公司名称、注册资本、经营范围、股东出资形式及数额等重要事项作出约定，在性质上属于合伙人之间就公司设立这一共同事务而订立的合伙协议。实践中制订公司章程常常以发起人协议为基础，但发起人协议与公司章程还在性质和功能方面存在以下区别。

首先，公司章程是公司设立的必备性文件；而发起人协议则属于任意性文件。其次，公司章程由于需要在公司登记机关备案，必须符合一定的形式或实质的要式要求；而发起人协议属于当事人之间的合同，无须遵循特定的要式要求，只要当事人意思表示真实且达成一致意见，发起人协议即可成立并生效。最后，法律效力存在差异。发起人协议在性质上属于合伙合同，具有相对性，由全体发起人签订，调整的也是发起人之间的权利义务关系，对发起人具有法律拘束力；公司章程虽然也是由发起人协商制订，但是由于公司章程涵盖的内容还包括公司治理方面的内容，其不仅规定公司股东之间，也规定公司与股东、公司组织机构、公司"董监高"等之间的法律关系，以及对于公司成立后新加入公司的股东也需要受到公司章程的约束，因此公司章程不仅具有合同的特性，也具有组织法的色彩。同时，发起人协议在时间效力上一般调整的是公司设立过程中的法律关系和法律行为，公司设立的过程就是履行发起人协议的过程，公司最终成功设立也是发起人协议的履行结果。当然发起人协议可能存在全部履行完毕或者部分履行的情况，而公司章程则在公司成立后仍旧适用。

第九十五条　股份有限公司章程应当载明下列事项：

（一）公司名称和住所；

（二）公司经营范围；

（三）公司设立方式；

（四）公司注册资本、已发行的股份数和设立时发行的股份数，面额股的每股金额；

（五）发行类别股的，每一类别股的股份数及其权利和义务；

（六）发起人的姓名或者名称、认购的股份数、出资方式；

（七）董事会的组成、职权和议事规则；

（八）公司法定代表人的产生、变更办法；

（九）监事会的组成、职权和议事规则；

（十）公司利润分配办法；

（十一）公司的解散事由与清算办法；

（十二）公司的通知和公告办法；

（十三）股东会认为需要规定的其他事项。

【条文主旨】

本条是关于股份有限公司公司章程载明内容的规定。

【条文理解】

较《公司法》（2018年）第81条，本条修改了第4项、第6项和第8项，增加了第5项内容，其中将第4项“公司股份总数、每股金额和注册资本”修改为“公司注册资本、已发行的股份数和设立时发行的股份数，面额股的每股金额”，第6项将原第5项中“和出资时间”予以删减，第8项将原第7项中“公司法定代表人”修改为“公司法定代表人的产生、变更办法”；新增的第5项增加了“发行类别股的，每一类别股的股份数及其权利和义务”这一要求。可以说本条文的修改，都是与本次《公司法》修订引入授权资本制，认可类别股等股份形式紧密结合的。其中第8项关于公司法定代表人产生、变更办法的规定，与有限责任公司章程记载要求的修改相同。

此次《公司法》修订的重要内容就是公司资本制度，从公司注册资本制修改为授权资本制，在股份有限公司的公司章程中也相应作出修改。将《公司法》（2018年）公司章程需要载明的“公司股份总数、每股金额和注册资本”修改为“公司注册资本、已发行的股份数和设立时发行的股份数，面额股的每股金额”。同时针对发行类别股情况下,公司章程则载明类别股的股份数及持有该类别股股东的权利和义务。

一、法定资本制到授权资本制的修改

《公司法》(2018 年)实行法定资本制,要求在公司设立之初就一次性发行全部股份,如果后续仍需发行股份,则需要通过公司股东会 2/3 多数决进行增资决议。而授权资本制相对灵活,在公司设立之初先由股东会预先作出授权,在公司经营过程中由董事会根据公司实际经营需要决定是否发行,极大增加了公司融资的便利性和灵活度。但是由于股东会授权董事会发行股份,由此产生的公司治理成本问题也是本次《公司法》需要关注的配套问题。但至少授权资本制的引入可以有效降低公司融资的制度成本。

二、打破同股同权,允许发行类别股

公司根据实际需要将公司所有权划分为等额股份,每一股份代表相同的权利,即所谓同股同权。股东依据持有股份的多少,决定其在股东会上表决权的大小,就是公司资本多数决的体现。

普通股是享有普通权利、承担普通义务的股份,是公司股份的最基本形式。普通股的股东对公司的管理、收益享有平等权利,根据公司经营效益享有分红,投资风险较大。在公司的经营管理和盈利及财产的分配上享有普通权利的股份,代表满足所有债权偿付要求及优先股东的收益权与求偿权要求后对企业盈利和剩余财产的索取权。它构成公司资本的基础,是股票的一种基本形式,也是发行量最大、最为重要的股票。在上海和深圳证券交易所中交易的股票,都是普通股。

类别股是有异于普通股而言的,其在流通性、价格、分红和表决权等方面不同于普通股的股份。《公司法》(2018 年)虽然没有规定类别股,但是在现代公司经营实践中,由融资需求催生出了诸多种类的类别股。

优先股其实早已出现。2013 年 11 月 30 日,国务院发布《关于开展优先股试点的指导意见》(国发〔2013〕46 号)开展优先股试点工作,2014 年 3 月 21 日中国证券监督管理委员会发布《优先股试点管理办法》(中国证券监督管理委员会令第 97 号),随后上海证券交易所、深圳证券交易所先后出台优先股的业务试点管理规定。科创板、创业板、北交所/新三板等资本市场允许特殊表决权股份、优先股。此次《公司法》修订就是针对我国公司实践和市场经济的发展,规定了包括优先股在内的类别股。

《公司法》第 144 条确定了我国类别股的类型,包含"(一)优先或者劣后分配利润或者剩余财产的股份;(二)每一股的表决权数多于或者少于普通股的股份;

(三)转让须经公司同意等转让受限的股份;(四)国务院规定的其他类别股”四类情形,第 145 条进一步要求公司章程中载明类别股分配的顺序、表决权数、转让限制、保护中小股东权益的措施,并明确了对于监事或审计委员会成员的选任,同等股权的表决票数相同。

类别股制度的确立在实践中产生非常大的积极意义。通过类别股的设置可以有效解决企业融资需求,即便原始股东持有很少的股份,也可通过表决权差异等类别股方式保有公司的控制权。同样对于公司后进入的投资人,可以通过类别股制度,让投资人享有较多数量的股份,具有优先分配利润和剩余财产的权利,但同时享有较少或者不享表决权。类别股制度不仅有利于企业融资,更有利于实现多样化的投资需求,通过公司股权的多样化架构设计,保障公司创始股东和后进投资人均可实现自身投资利益,实现公司平稳健康发展。

【司法适用】

此次《公司法》修订,对股份有限公司发行“类别股”进行规定,将“优先股”内容以及科创板、创业板及新三板上市公司适用的“表决权差异安排”内容进行了扩充,同时不再限制“类别股”的适用主体,可以适用于非上市股份有限公司。

虽然“表决权差异安排”制度在实务中已经施行数年,融资优势非常显著,但该制度的弊端也不能忽视。此次类别股制度的引入,必然对《公司法》中“同股同权”制度造成一定的冲击。在“同股同权”制度下,每一股份对应一表决权这是一般性原则,同股不同权属于极其例外的情况。参考科创板上市公司适用的“表决权差异安排”制度,其对股权持有主体、表决权差异倍数等事项都进行了规定限制,或者设置了一定条件,以尽可能保障投资者的利益。但是由于类别股的存在,有可能持有股份较少的创始股东,通过表决权的差异化安排不当控制公司,侵害拥有股份较多但没有表决权或只有少量表决权投资者的合法权益,这已经与我们在审理公司纠纷案件中常常提到的中小投资者(小股东)权益保护不完全一致。在同股同权理念下,拥有多数股份的为大股东,也是对公司享有控制权的一方,维护持有股份数较少的中小股东权益是公司治理中的重要内容。但是在类别股制度下,我们需要重新定义大股东、中小股东,不能仅从持有股份数额来定,而需要考量股份的表决权精准界定实际控制的内涵和外延。因此在类别股制度下,可能需要对创始股东的表决权进行更多的衡平限制,以实现该制度的健康运行,维持创始股东、投资人等各方主体的合法权益的平衡。

第九十六条 股份有限公司的注册资本为在公司登记机关登记的已发行股份的股本总额。在发起人认购的股份缴足前，不得向他人募集股份。

法律、行政法规以及国务院决定对股份有限公司注册资本最低限额另有规定的，从其规定。

【条文主旨】

本条是关于股份有限公司注册资本的规定。

【条文理解】

本条较《公司法》(2018 年)第 80 条的相应规定变化较大。《公司法》(2018 年)第 80 条规定将股份有限公司注册资本的数额认定区分为两种情况：一是针对公司采用发起设立方式设立的，注册资本为在公司登记机关登记的全体发起人认购的股本总额；二是针对公司采取募集方式设立的，注册资本为在公司登记机关登记的实收股本总额。结合这两种情况来看，《公司法》(2018 年)规定的无论公司采取发起设立还是募集设立，都是以实际缴纳的股本数作为注册资本。修订后的《公司法》并未因设立方式而对注册资本进行区分，注册资本为在公司登记机关登记的已发行股份的股本总额。这里暗含了不论发起设立还是募集设立，不论公募还是私募，发起人和投资人均应当实缴认购的股款。

此外，本条第 2 款将《公司法》(2018 年)第 80 条第 3 款中"注册资本实缴"予以删除，但并不能否定修订后的《公司法》对股份有限公司采取实缴制的法律要求。

【司法适用】

公司注册资本作为公司经济实力、经营能力的重要表征，在市场交易中发挥了重要的意义。司法实务中针对公司注册资本的公司出资纠纷非常多，表现为股东未出资、虚假出资甚至在执行异议之诉中基于股东出资问题而要求追加被执行人。根据本条规定，发起人认购的缴足以前，不得再募集资本，可预防减少纠纷，缓解执行难。如果募集发行的股份限期缴足留有窗口，便于募集设立方式成立公司。但同时也会造成公司成立后，募集方式认购股份的股东限期缴纳出资问题。

第九十七条 以发起设立方式设立股份有限公司的，发起人应当认足公司章程规定的公司设立时应发行的股份。

以募集设立方式设立股份有限公司的，发起人认购的股份不得少于公司章程规定的公司设立时应发行股份总数的百分之三十五；但是，法律、行政法规另有规定的，从其规定。

【条文主旨】

本条是关于股份有限公司两种设立方式下发起人认足和认购公司设立时发行股份的法定最低限额。

【条文理解】

本次《公司法》修订将《公司法》(2018年)第83条和第84条进行糅合。其中,将《公司法》(2018年)第83条规定的发起设立方式下"发起人应当书面认足公司章程规定其认购的股份"修改为"发起人应当认足公司章程规定的公司设立时应发行的股份";将《公司法》(2018年)第84条规定的募集设立方式下"发起人认购的股份不得少于公司股份总数的百分之三十五"修改为"发起人认购的股份不得少于公司章程规定的公司设立时应发行股份总数的百分之三十五";均明确为"公司章程规定的公司设立时应发行的股份(总数)"。上述修改与此次公司授权资本制度的引入密切相关。在授权资本制度之下,公司在设立阶段的股本数并不恒定不变,股份公司在设立时只需发行一部分股份,对剩余股份予以预留不作发行,留待公司成立后基于公司章程或股东会授权董事会择机发行。为便利于公司设立,发起人仅对公司设立时应当发行的股份认足全部(发起设立)或认足一部分(募集设立),而不包括公司设立后再行发行的股份。在公司设立后,也可以采取新一轮的发行股份或者募集股份。

【司法适用】

在募集设立公司中,由于募集对象是不特定的,存在筹集资本的不稳定因素,同时由于募集方式导致股权高度分散,也会影响发起人对公司的控制权。所以法律对发起人认购比例和股款缴纳特别进行规制。也就是《公司法》(2018年)和本次《公司法》修订中都要求发起人在募集方式设立下认购的股份不得少于35%。这一限额的规定仅适用于股份有限公司采取募集设立方式的情形,对于有限责任公司和发起设立方式并不适用。而且该35%的数额基数,是"公司章程规定的公司设立时应发行股份总数"。

【司法案例】

广东宝特农业科技发展股份有限公司与路某梅、陈某、吴某玲、李某明等与公司有关的纠纷上诉案[①]

诉讼结论:股份有限公司采取发起设立方式设立公司的,发起人应当将其认购的股份足额缴纳后再行向他人募集,否则新募集股份的合同因违反社会公共利

---

① 参见广东省佛山市中级人民法院(2019)粤06民终4991号民事判决书。

益而应当被认定无效。

基本案情：宝特公司于2015年7月登记成立，为股份有限公司，发起人包括吴某玲、陈某等16人，王某新任公司法定代表人。公司注册资本1060万元，首期20%于2015年6月15日前出资支付到位，其余出资于2025年6月15日前缴足。2015年8月15日，路某梅与宝特公司签订《新进股东认股协议》。协议约定宝特公司以定向增资的方式向路某梅发行75万股份，每股认购价1元，认股金总价为75万元，路某梅承诺于2015年8月15日前向宝特公司支付认股款15万元，其余60万元认股款根据《广东宝特农业科技发展股份有限公司章程》于2025年6月15日前支付。2015年8月，路某梅向宝特公司支付了15万元认股款。此后路某梅参与了宝特公司的一些经营管理活动，包括参加股东大会等。宝特公司自成立后，股东发生过变更。

一审法院认为：《公司法》规定股份有限公司采用发起设立方式设立公司的，在发起人认购的股份缴足前，不得向他人募集股份。该规定旨在防止该类公司被滥用于非法集资等情形，为禁止性法律规定。本案中宝特公司系采取发起设立方式成立的股份有限公司，发起人认购的股份尚未缴足，根据法律规定，不得向他人募集股份。因此，路某梅与宝特公司签订的《新进股东认股协议》，因违反上述禁止性的法律规定，应属无效。

二审法院认为：宝特公司属股份有限公司，其设立方式为发起人发起设立。而根据宝特公司章程等证据反映，宝特公司在设立时包括吴某玲等16位发起人仅履行了20%的出资义务，尚有80%的出资义务待2025年6月15日前才能缴足。宝特公司在其发起人缴足认股的股份前，不能向股东以外的他人募集股份。《公司法》的相关规定其立法本意不但是为了规范股份有限公司的设立程序，更在于防止股份有限公司发起人将股份有限公司发起程序滥用于非法集资等违法行为，损害不特定投资者及社会公众的利益，继而引发广泛的社会问题。宝特公司的行为有损国家、集体和社会公共利益，路某梅据此主张其与宝特公司签订的《新进股东认股协议》属无效合同。

第九十八条　发起人应当在公司成立前按照其认购的股份全额缴纳股款。

发起人的出资，适用本法第四十八条、第四十九条第二款关于有限责任公司股东出资的规定。

【条文主旨】

本条是关于发起设立时发起人足额缴纳股款的规定。

【条文理解】

本条第1款明确规定了发起人在公司成立前应当实缴其认购的全部股款,较《公司法》(2018年)第83条第1款变化较大。为便于理解本条第1款,先对于相应条款的变化情况做一梳理。

《公司法》(2005年)第81条第1款、第2款规定,股份有限公司采取发起方式设立的,注册资本为在公司登记机关登记的全体发起人认购的股本总额。公司全体发起人的首次出资额不得低于注册资本的20%,其余部分由发起人自公司成立之日起两年内缴足;其中,投资公司可以在五年内缴足。股份有限公司采取募集方式设立的,注册资本为在公司登记机关登记的实收股本总额。实际上实行了更偏向法定资本制的"分期缴纳制",或者称为缓和的法定资本制度。《公司法》(2013年)引入了认缴资本制度,取消了首次出资额限额、足额缴纳期限以及法定资本最低限额的规定,体现了放松行政管制,宽松资本制度,有利于鼓励创业与扩大就业的营商环境,激发社会投资活力。《公司法》(2018年)沿续了《公司法》(2013年)的规定,股份有限公司发起设立的为认缴股本,募集设立的为实收股本。但认缴制下,注册资本可以零首付,股东的出资期限和出资数额均有公司发起人(股东)在公司章程中予以规定,特别是出资期限法律上无限制,实践中大量公司认缴注册资本几个亿元、十几个亿元,但是出资期限50年、100年,实际上导致了公司资本制度的落空。在此背景之下,本条第1款进行了修改,不论发起设立还是募集设立的公司,发起人均应当在公司成立前按照其认购的股份全额缴纳股款,将原先发起设立的认缴制修改为实缴制,严格保障发起人出资义务落实到位。同时,由于本法新增规定了股份有限公司的授权资本制,股份有限公司已经可以根据需要调整注册资本,再给予发起人认缴出资的期限利益不再具有必要性。

发起人的出资义务,不仅源于发起人协议也来源于公司章程,既是合同法上的义务,又是《公司法》上的法定义务。如果发起人在公司成立前没有将其认购的股份全部实缴,则其不仅要按照发起人协议承担违约责任,更出于对公司财产权的侵害行为(不作为),承担出资责任。

本条第2款与《公司法》(2018年)第82条相比,增加了股份有限公司股东出资适用本法关于有限责任公司股东出资义务履行的要求。

《公司法》(2018年)第82条规定:"发起人的出资方式,适用本法第27条的规定。"本条第2款不仅规定股份有限公司发起人的出资方式,适用有限责任公司的规定,即第 48 条的规定,而且增加规定,发起人以货币或者非货币财产出资的履行也适用有限责任公司的规定,即本法第 49 条第 2 款的规定。

【司法适用】

本法明确将发起设立的股份公司从原来的认缴制修改为了实缴制。那么存量的发起设立公司如何过渡成为一个现实问题。本法第 266 条第 2 款规定,本法施行前已登记设立的公司,出资期限超过本法规定的期限的,除法律、行政法规或者国务院另有规定外,应当逐步调整至本法规定的期限以内;对于出资期限、出资额明显异常的,公司登记机关可以依法要求其及时调整。具体实施办法由国务院规定。因此对于之前采用认缴制方式发起设立的公司,发起人股东应当在过渡期内完成实缴。

第九十九条　发起人不按照其认购的股份缴纳股款,或者作为出资的非货币财产的实际价额显著低于所认购的股份的,其他发起人与该发起人在出资不足的范围内承担连带责任。

【条文主旨】

本条是关于股份有限公司发起人出资不足的连带责任规定。

【条文理解】

本条将《公司法》(2018 年)第 93 条进行了修改,将原规定的两款合并为一款进行规定,并对部分文字进行了修改。

本法第 50 条规定:"有限责任公司设立时,股东未按照公司章程规定实际缴纳出资,或者实际出资的非货币财产的实际价额显著低于所认缴的出资额,设立时的其他股东与该股东在出资不足的范围内承担连带责任。"出于体系化的要求,本条对《公司法》(2018 年)第 93 条的内容进行修改,与本法关于有限公司股东出资不足连带责任的规定前后一致。

股份有限公司发起人不按照认购的股份缴纳股款,或者作为出资的非货币财产的实际价额显著低于所认购的股份的,其他发起人都应当承担连带责任。公司既可以要求出资不足的发起人承担补足出资并赔偿损失的责任,也可以要求其他任何一个或者几个发起人承担连带责任。根据民法关于连带责任承担的规定,承担连带责任的发起人有权向未足额出资的发起人追偿。

第一百条　发起人向社会公开募集股份，应当公告招股说明书，并制作认股书。认股书应当载明本法第一百五十四条第二款、第三款所列事项，由认股人填写认购的股份数、金额、住所，并签名或者盖章。认股人应当按照所认购股份足额缴纳股款。

【条文主旨】

本条是关于股份有限公司募集股份的发起人必须公告招股说明书并制作认股书的规定。

【条文理解】

为了便于广大社会公众知悉发起人、将要设立的股份有限公司及将要发行的股份的情况，了解认购股份后将会享受的权利以及应当承担的义务等，吸引社会公众认购股份，本条对招股说明书的要求作了规定。

本条与《公司法》(2018 年)第 85 条规定相比，作了如下修改：一是根据立法技术规范的要求，将“必须公告招股说明书”修改为“应当公告招股说明书”；二是将“认股书应当载明本法第八十六条所列事项”修改为“认股书应当载明本法第一百五十四条第二款、第三款所列事项”，将“填写认购股数”修改为“填写认购的股份数”；三是将“并签名、盖章”修改为“并签名或者盖章”，规定更加明确。

《公司法》(2018 年)第 86 条规定：“招股说明书应当附有发起人制订的公司章程，并载明下列事项：(一)发起人认购的股份数；(二)每股的票面金额和发行价格；(三)无记名股票的发行总数；(四)募集资金的用途；(五)认股人的权利、义务；(六)本次募股的起止期限及逾期未募足时认股人可以撤回所认购股份的说明。”本法第 154 条第 2 款规定：“招股说明书应当附有公司章程，并载明下列事项：(一)发行的股份总数；(二)面额股的票面金额和发行价格或者无面额股的发行价格；(三)募集资金的用途；(四)认股人的权利和义务；(五)股份种类及其权利和义务。(六)本次募股的起止日期及逾期未募足时认股人可以撤回所认股份的说明。”第 3 款规定：“公司设立时发行股份的，还应当载明发起人认购的股份数。”因本法取消了股份有限公司无记名股票的规定，并规定了无面额股及类别股，因此，招股说明书应当记载的内容也应作相应调整。

第一百零一条　向社会公开募集股份的股款缴足后，应当经依法设立的验资机构验资并出具证明。

【条文主旨】

本条是关于股份有限公司公开募集股款缴足后验资的规定。

【条文理解】

《公司法》(2018 年)第 89 条第 1 款中规定:“发行股份的股款缴足后,必须经依法设立的验资机构验资并出具证明。”本条对该部分内容单列一条进行规定,并作相应修改。一是将应当办理验资手续的范围由“发行股份的股款缴足后”修改为“向社会公开募集股份的股款缴足后”;二是根据立法技术规范的要求,将“必须”验资修改为“应当”验资。

发起人向社会公开募集的股份已经全部发售完毕的,在所有的股款已经缴纳的情况下,对存入银行的发起人和其他认股人已经缴纳的股款,应当经法定的验资机构进行验资并出具相应的证明,以保证公司资本的足额、真实、合法,防止虚假出资。实践中,法定的验资机构是指会计师事务所和审计事务所。

会计师事务所或者审计事务所出具的验资证明,一般应当包括发起人、认股人的名称或者姓名,出资方式和出资额,实际缴纳出资情况等。以货币出资的,应当说明出资的时间、出资额、开户银行和临时账户及账号,以非货币财产出资的,应当说明相关财产的权属情况、转移或者承诺情况,以实物、知识产权、土地使用权出资的评估情况和评估结果等。

第一百零二条　股份有限公司应当制作股东名册并置备于公司。股东名册应当记载下列事项:

(一)股东的姓名或者名称及住所;

(二)各股东所认购的股份种类及股份数;

(三)发行纸面形式的股票的,股票的编号;

(四)各股东取得股份的日期。

【条文主旨】

本条是关于股份有限公司股东名册的规定。

【条文理解】

本条较《公司法》(2018 年)第 130 条进行了部分修改。主要体现在:一是将设置股东名册的股份有限的范围由“公司发行记名股票的”修改为所有股份有限公司;二是将第 2 项规定的“各股东所持股份数”修改为“各股东所认购的股份种类及股份数”,与其他条文规定的“认购的股份数”保持表述一致,避免了“持有”

这一容易产生歧义的表述,同时根据本法新增股份有限公司类别股的规定于该项增加"股份种类"的内容;三是将第 3 项规定的"各股东所持股票的编号"修改为"发行纸面形式的股票的,股票的编号",文字表述上更为准确。四是删除了第 2 款"发行无记名股票的,公司应当记载其股票数量、编号及发行日期"的规定,与本法取消无记名股票的规定相协调。

【司法适用】

本条所称股东名册,是指股份有限公司置备的记载股东姓名或者名称以及持股种类和数量等情况的簿册。股份有限公司置备股东名册的意义在于:(1)可以使股份有限公司根据股东名册的记载,了解本公司股东的情况以及股权分布情况,方便公司的运营。(2)股东名册是确认记名股票股东身份的根据,也是记名股票股东向公司主张行使股东权利的依据。记名股票的股东按照其股票的记载享有股东权利,但是这种权利的行使是以记名股票的记载与股东名册的记载相一致为前提的,在两者不一致的情况下,以股东名册的记载为依据。例如,记名股票的股东依法对其股份进行了转让,但没有及时办理股东名册的变更,这时该股票的合法受让人就不能以股东的身份向公司主张行使股东权利。(3)股东名册是公司向记名股票股东履行各项义务的依据。公司可以根据股东名册的记载向股东办理派息分红和各项通知事宜,如通知召开股东大会等。

第一百零三条　募集设立股份有限公司的发起人应当自公司设立时应发行股份的股款缴足之日起三十日内召开公司成立大会。发起人应当在成立大会召开十五日前将会议日期通知各认股人或者予以公告。成立大会应当有持有表决权过半数的认股人出席,方可举行。

以发起设立方式设立股份有限公司成立大会的召开和表决程序由公司章程或者发起人协议规定。

【条文主旨】

本条是关于股份有限公司发起人成立大会召开的时间、程序的规定。

【条文理解】

本条将《公司法》(2018 年)第 89 条、第 90 条关于创立大会的相关内容合并为一条进行规定,并对相关内容进行了修改:一是将《公司法》(2018 年)所规定的创立大会修改为"成立大会"。二是对于成立大会的召开时间及程序,区分募集设立与发起设立的股份有限公司,并分别进行规定。三是将募集设立股份有限公司成立大会的出席人员表述从“应有代表股份总数过半数的发起人、认股人出席”修改为“应当有持有表决权过半数的认股人出席”。四是规定发起设立股份有限公司成立大会的召开和表决程序由公司章程规定或者发起人协议约定来确定。

成立大会是指在股份有限公司成立之前,由募集设立代表股份有限公司持有表决权过半数的认股人或者发起设立股份有限公司的发起人,决定是否设立公司以及决定公司设立过程中和设立后的重大事项的会议,是在股份有限公司成立前的决议机关。

根据本条第1款的规定,以募集设立股份有限公司的,发起人召开成立大会,应当自公司设立时应发行股份的股款缴足之日起30日内召开成立大会,且应在成立大会召开的15日以前,将会议日期通知各认股人或者进行公告,以便各认股人按期参加成立大会。同时,在通知或者公告的日期举行成立大会时,应当有持有表决权过半数的认股人出席,方可举行。如果出席成立大会的发起人、认股人所持表决权未达到本款规定的,则成立大会不得举行,否则成立大会的决议属于无效决议。

本条第2款规定,发起设立股份有限公司的,成立大会的召开和表决程序由公司章程或者发起人协议规定。但如果公司章程或者发起人协议并作明确规定的如何处理,该款并未明确。另外,如果公司章程和发起人协议对于成立大会的召开和表决程序规定不一致的情况,以何者为优先,本条也并未予以明确。

第一百零四条　公司成立大会行使下列职权:

(一)审议发起人关于公司筹办情况的报告;

(二)通过公司章程;

(三)选举董事、监事;

(四)对公司的设立费用进行审核;

(五)对发起人非货币财产出资的作价进行审核;

(六)发生不可抗力或者经营条件发生重大变化直接影响公司设立的,可以作出不设立公司的决议。

成立大会对前款所列事项作出决议,应当经出席会议的认股人所持表决权过半数通过。

【条文主旨】

本条是关于股份有限公司成立大会职权的规定。

【条文理解】

与《公司法》(2018 年)第 90 条第 2 款、第 3 款的内容相比较,本条作了相应的文字修改,主要包括以下三个方面:

一是将《公司法》(2018 年)第 90 条第 2 款第 3 项、第 4 项规定的“选举董事会成员”“选举监事会成员”合并为第 3 项并修改为“选举董事、监事”。原因是本法第 128 条规定“规模较小或者股东人数较少的股份有限公司,可以不设董事会,设一名董事,行使本法规定的董事会的职权”。第 133 条亦规定“规模较小或者数较少的股份有限公司,可以不设监事会,设一名监事,行使本法规定的监事会的职权”。

二是将《公司法》(2018 年)第 90 条第 2 款第 6 项规定的“对发起人用于抵作股款的财产的作价进行审核”修改为“对发起人非货币财产出资的作价进行审核”。与本法关于股东出资方式的规定表述一致。

三是根据立法技术规范的要求,将“必须经出席会议”修改为“应当经出席会议”。

第一百零五条　公司设立时应发行的股份未募足,或者发行股份的股款缴足后,发起人在三十日内未召开成立大会的,认股人可以按照所缴股款并加算银行同期存款利息,要求发起人返还。

发起人、认股人缴纳股款或者交付非货币财产出资后,除未按期募足股份、发起人未按期召开成立大会或者成立大会决议不设立公司的情形外,不得抽回其股本。

【条文主旨】

本条是关于股份有限公司股份未募足或者未召开成立大会的处理以及发起人、认股人不得抽回股本的规定。

【条文理解】

本条是在《公司法》(2018 年)第 89 条第 2 款、第 91 条的基础上进行修改并合并规定为一条。

一、发起人未募足股款或者未召开成立大会时应当依法返还认股人所缴股款

本条第 1 款对股份有限公司发起人未募足股款的时间由“发行的股份超过招股说明书规定的截止期限尚未募足的”修改为“公司设立时应发行的股份未募足”,与本法第 103 条第 1 款“募集设立股份有限公司的发起人应当自公司设立时应发行股份的股款缴足之日起30日内召开公司成立大会”的规定一致。如果发起人到期未募足股款,股份有限公司即不能成立。此时,属于认股人的股款就应当返还。由于认股人的股款是由银行保存,银行对其存款应当计付利息,该利息就属认股人的股款所生的孳息,也应当归认股人所有。

如果发起人在发行股款募足后30日内没有召开成立大会,认股人也有权要求发起人返还其所缴纳的股款以及按银行存款利率计算的利息。否则发起人到期迟迟不召开成立大会,将会损害认股人的利益。

二、发起人、认股人不得擅自抽回其股本

本条第2款对《公司法》(2018年)第91条的规定进行了文字修改,将“交付抵作股款的出资”修改为“交付非货币财产出资”,以与本法关于股东出资财产形式的规定表述一致。

本款在规定发起人、认股人不得抽回本股本的同时,又作了例外规定,即在公司未能成立的情形下,包括未按期募集股份、发起人未按期召开成立大会或者成立大会决议不设立公司,发起人、认股人可以收回其出资。因为只有在公司设立的情况下,发起人、认股人所缴纳的股本才会作为公司的资产,此时应当禁止发起人、认股人抽回其股本。如果因未按期募足股份、发起人未按期召开成立大会或者成立大会决议不设立公司,致使公司最终未能成立,则发起人、认股人所缴纳的股本,应当依法予以返还。

第一百零六条　董事会应当授权代表,于公司成立大会结束后三十日内向公司登记机关申请设立登记。

【条文主旨】

本条是关于董事会授权代表申请公司设立登记的规定。

【条文理解】

本条较之于《公司法》(2018年)第92条,一是将“董事会”修改为“董事会应当授权代表”。二是未再规定设立登记的文件内容。三是将第92条第2款“以募集方式设立股份有限公司公开发行股票的,还应当向公司登记机关报送国务院证券监督管理机构的核准文件”规定予以删除。

本法第29条第1款规定:“设立公司,应当依法向公司登记机关申请设立登记。”由于股份有限公司是公司的执行机关,所以,在成立大会选举董事会成员后,董事会就应当负责向公司登记机关申请办理设立登记,以使公司最终成立。董事会申请办理公司设立登记，应当授权相应的代表办理。对于不设董事会的股份有限公司，其设立登记即应当由董事或者董事授权的代表办理。

本法第 30 条第 1 款规定："申请设立公司，应当提交设立登记申请书、公司章程等文件，提交的相关材料应当真实、合法和有效。"同时，本法第 32 条对公司登记事项作了规定。因此，本条未再对股份有限公司设立登记时应当提交的文件名称作出详细规定。

《公司法》(2018 年)第 92 条第 2 款还规定："以募集方式设立股份有限公司公开发行股票的，还应当向公司登记机关报送国务院证券监督管理机构的核准文件。"由于我国股份有限公司公开发行股票已经由核准制改为注册制，因此，原规定已无必要，本次修订时予以删除。

第一百零七条　本法第四十四条、第四十九条第三款、第五十一条、第五十二条、第五十三条的规定，适用于股份有限公司。

【条文主旨】

本条是关于股份有限公司适用有限责任公司设立中的相关民事责任等内容的规定。

【条文理解】

本条文属于 2023 年《公司法》修改的新增条文，其中明确了针对股份有限公司在公司设立中相关民事责任方面可以适用有限责任公司的相应规定。比如公司设立行为的法律后果、未按期足额缴纳出资的赔偿责任、董事会出资核查义务及责任、股东失权、股东抽逃出资责任等制度规定，股份有限公司均可以适用有限责任公司的规定。

第一百零八条　有限责任公司变更为股份有限公司时，折合的实收股本总额不得高于公司净资产额。有限责任公司变更为股份有限公司，为增加注册资本公开发行股份时，应当依法办理。

【条文主旨】

本条是关于有限责任公司变更为股份有限公司相关事项的规定。

【条文理解】

本条与《公司法》(2018 年)第 95 条规定相比，仅是对有限责任公司变更为股份有限公司时,将“为增加资本公开发行股份”修改为“为增加注册资本公开发行股份”,其他内容未作修改。

第一百零九条 股份有限公司应当将公司章程、股东名册、股东会会议记录、董事会会议记录、监事会会议记录、财务会计报告、债券持有人名册置备于本公司。

【条文主旨】

本条是关于股份有限公司有关文件置备的规定。

【条文理解】

《公司法》(1993 年)要求股份有限公司置备于公司的文件包括公司章程、股东名册、股东大会会议记录、财务会计报告。《公司法》(2005 年)增加了公司债券存根、董事会会议记录、监事会会议记录三项内容。本次修订对相关内容进行修改,一是将“公司债券存根”修改为“债券持有人名册”,与本法第 198 条的规定相一致;二是将“股东大会会议记录”修改为“股东会会议记录”,与本法其他表述相一致。

第一百一十条 股东有权查阅、复制公司章程、股东名册、股东会会议记录、董事会会议决议、监事会会议决议、财务会计报告,对公司的经营提出建议或者质询。

连续一百八十日以上单独或者合计持有公司百分之三以上股份的股东要求查阅公司的会计账簿、会计凭证的,适用本法第五十七条第二款、第三款、第四款的规定。公司章程对持股比例有较低规定的,从其规定。

股东要求查阅、复制公司全资子公司相关材料的,适用前两款的规定。

上市公司股东查阅、复制相关材料的,应当遵守《中华人民共和国证券法》等法律、行政法规的规定。

【条文主旨】

本条是关于股份有限公司股东知情权、建议和质询权的规定。

【条文理解】

较《公司法》(2018 年)第 97 条的规定,本条的修改幅度较大。第一,在原有股东查阅权的基础上增加了复制权,复制权和查阅权的范围包括公司章程、股东名册、股东会会议记录、董事会会议决议、监事会会议决议、财务会计报告，同时将原条文查阅范围内的“公司债券存根”进行删除。第二，增加了连续 180 日以上单独或者合计持有公司 3%以上股份的股东要求查阅公司的会计账簿、会计凭证的规定，具体要求按照有限责任公司股东查阅会计账簿、会计凭证的规定处理。同时“连续一百八十日以上单独或者合计持有公司百分之三以上股份的股东”这一股东资格法律仅规定了上限，如果公司章程对持股比例有较低规定，按照公司章程规定的比例确定查阅股东资格，有利于进一步保护中小股东的查询权利。第三，增加股东对全资子公司相关材料的查阅、复制权利，与有限责任公司一致。第四，增加上市公司股东查阅、复制相关材料的，应当遵守《证券法》等法律、行政法规的规定。

一、关于股份有限公司股东一般知情权的范围与行使方式

第 1 款规定与股份有限公司置备有关文件的范围相对应，根据本法第 109 条关于股份有限公司应当置备文件的修改，对相应的范围进行修改。

同时，本款在《公司法》(2018 年)规定的“查阅”方式的基础上，新增“复制”方式的规定，与本法第 57 条关于有限责任公司股东行使知情权的方式一致。

二、关于股份有限公司股东特殊知情权的范围

本条第 2 款新增符合条件的股东查阅公司会计账簿和会计凭证的规定。

《公司法》(2018 年)并未规定股份有限公司股东可以查阅公司会计账簿和会计凭证。作为上市公司的股份有限公司，受信息披露制度的要求，其股东还可以通过查询上市公司公开资料了解和掌握公司的财务状况，但是，除了上市公司以外，还有众多股份有限公司并不是上市公司，公司并无法定的信息披露要求，因此股东也就没有掌握公司具体财务信息的公开路径。在《公司法》(2018 年)框架下，股份有限公司股东知情权的行使实际上是有限的。

本次修订，规定股份有限公司符合条件的股东享有与有限责任公司股东类似的特殊知情权，即查阅公司会计账簿、会计凭证的权利，是对股份有限公司股东权利保护的强化。但是享有特殊知情权的股东应当符合一定的条件，即“连续一百八十日以上单独或者合计持有公司百分之三以上股份的股东”。在一定程度上提高了股份有限公司股东行使特殊知情权的门槛，防止权利滥用，避免影响公司的正常经营。同时，本条第 2 款还规定，股份有限公司可以通过章程规定将股东行使特殊知情权的持股比例降低到 3%以下，按照该款文义理解，公司不得通过章程提高最低持股比例的要求。

关于股份有限公司股东特殊知情权行使前置程序的要求，根据本款规定，适用本法第 57 条第 2 款的规定，即股份有限公司股东要求查阅公司账簿、会计凭证的,应当向公司提出书面请求,并说明目的。公司有合理根据认为股东查阅会计账簿、会计凭证有不正当目的,可能损害公司合法利益的,可以拒绝提供查阅,并应当自股东提出书面请求之日起 15 日内书面答复说明理由。公司提供查阅的,股东可以向人民法院提起诉讼。

三、股份有限公司股东知情权的委托行使与保密要求

本条第 2 款规定,股份有限公司符合条件的股东行使知情权的,适用本法第 57 条第 3 款、第 4 款的规定,即可以委托会计师事务所、律师事务所等中介机构进行,股东及其委托的会计师事务所、律师事务所等中介机构查阅、复制有关材料,应当遵守有关保护国家秘密、商业秘密、个人隐私、个人信息等法律、行政法规的规定。

四、关于股份有限公司股东对公司全资子公司知情权的行使

本条第 3 款新增关于股份有限公司股东查阅、复制公司全资子公司相关材料的规定,但同时规定应当受本条前两款规定的限制。

股份有限公司的全资子公司可能是有限责任公司,也可能是股份有限公司,本款并没有对其母公司股东知情权行使作出不同的要求。

五、上市公司股东行使知情权的特殊要求

本条第 4 款新增关于上市公司股东行使知情权特殊要求的规定,即特别强调上市公司股东行使知情权需要同时符合《证券法》等法律、行政法规的要求。

《证券法》第 83 条规定:“信息披露义务人披露的信息应当同时向所有投资者披露,不得提前向任何单位和个人泄露。但是,法律、行政法规另有规定的除外。任何单位和个人不得非法要求信息披露义务人提供依法需要披露但尚未披露的信息。任何单位和个人提前获知的前述信息,在依法披露前应当保密。”第 86 条规定:“依法披露的信息,应当在证券交易场所的网站和符合国务院证券监督管理机构规定条件的媒体发布,同时将其置备于公司住所、证券交易场所,供社会公众查阅。”依据《证券法》第 80 条、第 81 条的规定,依法应当披露的信息,是指发生可能对上市公司、股票在国务院批准的其他全国性证券交易场所交易的公司的股票交易价格产生较大影响的重大事件、发生可能对上市交易公司债券的交易价格产生较大影响的重大事件,投资者尚未得知时,公司应当立即将有关该重大事件的情况向国务院证券监督管理机构和证券交易场所报送临时报告,并予公告,说明事件的起因、目前的状态和可能产生的法律后果,并没有包含上市公司的会计账簿以及会计凭证。

前述《证券法》的相关条款是要求上市公司依法应当披露的信息,应当同时向所有投资者披露,法律、行政法规另有规定的除外。而对于《证券法》第 83 条第 1

款所规定的“法律、行政法规另有规定的除外”的理解，相关释义列举说明，例如，依据有关法律、行政法规的规定，上市公司需要在公开披露前，向监管部门报告有关信息，以满足监管或审批需要，这种情况不违反《证券法》关于信息披露公平性的要求。

同时，除了本法以及《证券法》所规定的股东及其委托查阅人所应当遵守的保密义务外，对于上市公司股东，其行使知情权还应当遵守《证券法》的其他规定，如《证券法》第50条规定：“禁止证券交易内幕信息的知情人和非法获取内幕信息的人利用内幕信息从事证券交易活动。”第53条规定：“证券交易内幕信息的知情人和非法获取内幕信息的人，在内幕信息公开前，不得买卖该公司的证券，或者泄露该信息，或者建议他人买卖该证券。”

【司法适用】

股东知情权纠纷诉讼数量居高不下，关于能否复制、能否查阅会计凭证的争议一直存在，同层级法院、不同层级法院的判决思路存在矛盾。本次修订积极回应了司法实务中的疑难问题。比如《公司法》（2018年）仅规定了查阅权，但是现实中股东行使知情权就是为了保有证据材料，为进一步诉讼做准备。此时就希望通过查阅来复制公司资料，但是《公司法》并未明确规定。执行的变通操作一般是允许股东进行摘抄，但是并不能完全满足股东需要。

另外对于股东能否查阅会计凭证，司法实务中争议也是非常大。此次修订亦明确了符合条件的股东可以查阅股份有限公司的会计账簿与会计凭证，解决了多年存在的司法疑难问题。

第二节　股　东　会

第一百一十一条　股份有限公司股东会由全体股东组成。股东会是公司的权力机构，依照本法行使职权。

【条文主旨】

本条是关于股份有限公司股东会及其组成、地位的规定。

【条文理解】

本条与《公司法》（2018年）第98条的规定相比较，作了文字修改，即将“股东大会”修改为“股东会”。

第一百一十二条　本法第五十九条第一款、第二款关于有限责任公司股东会职权的规定，适用于股份有限公司股东会。

本法第六十条关于只有一个股东的有限责任公司不设股东会的规定，适用于只有一个股东的股份有限公司。

【条文主旨】

本条是关于股份有限公司股东会职权及不设股东会情形的规定。

【条文理解】

一、股份有限公司股东会的职权

《公司法》(2018 年)第 99 条规定："本法第 37 条第 1 款关于有限责任公司股东会职权的规定，适用于股份有限公司股东大会。"

本法第 59 条对有限责任公司股东会的职权作了列举式的规定，本条第 1 款亦规定，本法第 59 条第 1 款关于有限责任公司股东会职权的规定，适用于股份有限公司。

本法第 59 条第 2 款对有限责任公司股东会职权的规定增加"股东会可以授权董事会对发行公司债券作出决议"的内容，与该款相对应，本条第 1 款亦规定，本法第 59 条第 2 款关于有限责任公司股东会职权的规定，适用于股份有限公司股东会。

二、一人股份有限公司不设股东会

本法第 60 条中规定，"只有一个股东的有限责任公司不设股东会"。由于本次修订承认一人股份有限公司，因此，本条第 2 款也规定，一人股份有限公司不设股东会。

第一百一十三条　股东会应当每年召开一次年会。有下列情形之一的，应当在两个月内召开临时股东会会议：

(一)董事人数不足本法规定人数或者公司章程所定人数的三分之二时；

(二)公司未弥补的亏损达股本总额三分之一时；

(三)单独或者合计持有公司百分之十以上股份的股东请求时；

(四)董事会认为必要时；

(五)监事会提议召开时；

(六)公司章程规定的其他情形。

【条文主旨】

本条是关于股份有限公司股东会年会和临时股东会会议的规定。

【条文理解】

本条与《公司法》(2018 年)第 100 条规定相比较,对召开临时股东会的第二种情形,即由“公司未弥补的亏损达实收股本总额三分之一时”修改为“公司未弥补的亏损达股本总额三分之一时”,删除了“实收”二字。因此在计算亏损数额 1/3 的基数时,应当按照股本总额计算,而不是实收股本总额,提高了临时股东会召开的门槛,也便于实务中判断是否应当召开临时股东会。此处修改,在司法实务中应当予以充分的重视。此外,还对原条文进行了文字修改,即将“股东大会”修改为“股东会”;将“临时股东大会”修改为“临时股东会会议”。

第一百一十四条　股东会会议由董事会召集,董事长主持;董事长不能履行职务或者不履行职务的,由副董事长主持;副董事长不能履行职务或者不履行职务的,由过半数的董事共同推举一名董事主持。

董事会不能履行或者不履行召集股东会会议职责的,监事会应当及时召集和主持;监事会不召集和主持的,连续九十日以上单独或者合计持有公司百分之十以上股份的股东可以自行召集和主持。

单独或者合计持有公司百分之十以上股份的股东请求召开临时股东会会议的,董事会、监事会应当在收到请求之日起十日内作出是否召开临时股东会会议的决定,并书面答复股东。

【条文主旨】

本条是关于股份有限公司股东会会议召集、主持和股东请求召开临时股东会会议的规定。

【条文理解】

与《公司法》(2018 年)第 101 条规定相比较,本法第 114 条第 1 款、第 2 款作了两处文字修改,一是文字修改,即将“股东大会”修改为“股东会”;二是对副董事长不能履行职务或者不履行职务时由董事共同推举一名董事主持时的表决权数由“半数以上”修改为“过半数”。同时,本条新增一款,对股东请求召开临时股东会会议的情形作出规定。

一、一般情况下的股份有限公司股东会会议的召集和主持

为了保证股东会会议的顺利进行,保护股东表决权的充分行使,本法规定在一般情况下,股份有限公司的股东会会议由董事会召集,由董事长主持。董事会是公司的经营决策和业务执行机构,决定除由股东会会议决定以外的重要事项,所以,股东会会议由董事会召集,即由董事会依法决定股东会会议的举行及有关会议召开的各种具体事项,如决定召开的时间、地点以及将要作出决议的事项等,并依法通知各股东,使股东能够集中起来举行会议。股东会会议在召开时,为了使会议顺利、有效地进行,应当由主持人负责掌握和处理会议的有关事项。由于股东会由董事会组织召集,由董事长主持是题中应有之义。

二、特殊情况下股东会会议的召集和主持

因主客观方面的原因,董事会及董事长不能履行职务或者不履行职务的情形时有发生,此时,应当由哪个机构和人员负责召集和主持公司股东会会议,直接关系到公司决策与正常经营,从而关系到股东权益的保障。《公司法》对特殊情况下股份有限公司股东会会议的召集和主持作了明确的规定,主要包括:

(1)在董事会能够履行职务召集股东会会议,而董事长不能履行职务或者不履行职务时,则由副董事长主持股东会会议;在副董事长不能履行职务或者不履行职务时,由过半数的董事共同推举一名董事主持股东会会议。也就是说,在董事会能够召集股东会的情形下,股东会由董事会内部成员,如副董事长或者过半数董事共同推选的董事主持。

本条第1款对《公司法》(2018年)第101条第1款中关于副董事长不能履行职务或者不履行职务时,董事共同推举一名董事主持的表决权数要求进行了修改,由“半数以上”修改为“过半数”。根据《民法典》第1259条的规定,“民法所称的‘以上’、‘以下’、‘以内’、‘届满’,包括本数;所称的‘不满’、‘超过’、‘以外’,不包括本数”,因此,“过半数”是超过半数,而不包括半数。

(2)在董事会不能履行或者不履行召集股东会会议的职责时,监事会作为公司的监督机构,代表的是公司及其股东的整体利益,应当及时召集和主持股东会会议。

(3)在监事会不召集和主持股东会会议时,连续90日以上单独或者合计持有公司10%以上股份的股东可以自行召集和主持股东会会议。即在股东会会议的召集和主持在穷尽其他途径而未能实现时,在一定时期内持有公司一定数量股份的股东可以自行召集和主持股东会会议,从而保障公司股东的利益,但本法对此亦有限制性的规定:一是持股数额的限制,必须单独或者合计持有公司10%以上股份;二是持股时间的限制,必须连续持股90日以上;三是程序限制,必须是在出现应当召开股东会的情形,而董事会、监事会均不履行其召集股东会会议的义务时,上述股东才能自行召集。

三、股东请求召开临时股东会的情形

《公司法》(2018 年)第 100 条第 3 项规定,“单独或者合计持有公司百分之十以上股份的股东请求时”,应当在两个月内召开临时股东大会,本法第 113 条第 3 项沿用了该项规定,但法律对于股东的请求应当向谁提出以及对其提出的请求如何处理未作明确规定。

《上市公司股东大会规则》(2022 年 1 月 5 日修订,证监会公告〔2022〕13 号)第 9 条规定:“单独或者合计持有公司百分之十以上股份的普通股股东(含表决权恢复的优先股股东)有权向董事会请求召开临时股东大会,并应当以书面形式向董事会提出。董事会应当根据法律、行政法规和公司章程的规定,在收到请求后十日内提出同意或不同意召开临时股东大会的书面反馈意见。董事会同意召开临时股东大会的,应当在作出董事会决议后的五日内发出召开股东大会的通知,通知中对原请求的变更,应当征得相关股东的同意。董事会不同意召开临时股东大会,或者在收到请求后十日内未作出反馈的,单独或者合计持有公司百分之十以上股份的普通股股东(含表决权恢复的优先股股东)有权向监事会提议召开临时股东大会,并应当以书面形式向监事会提出请求。监事会同意召开临时股东大会的,应当在收到请求五日内发出召开股东大会的通知,通知中对原请求的变更,应当征得相关股东的同意。监事会未在规定期限内发出股东大会通知的,视为监事会不召集和主持股东大会,连续九十日以上单独或者合计持有公司百分之十以上股份的普通股股东(含表决权恢复的优先股股东)可以自行召集和主持。”本条第 3 款吸收了《上市公司股东大会规则》的相关内容,对股份有限公司股东请求召开临时股东会的情形作了规定。

股份有限公司股东请求召开临时股东会,应当符合相关条件及程序:一是提出主体为单独或者合计持有公司 10%以上股份的股东;二是股东应当向公司董事会或者监事会提出召开临时股东会会议的请求;三是董事会、监事会应当在收到请求之日起 10 日内作出是否召开临时股东会会议的决定,并书面答复股东,以确保股东能够及时自行召集股东会。董事会或者监事会不同意召开临时股东会或者对股东请求不作答复的,符合条件的股东可以自行召集和主持。

【司法案例】

1. 新蓝置业有限公司、铁岭银行股份有限公司公司决议纠纷案①

诉讼结论:在董事会、监事会不召集和主持股东会时,符合条件的股东可以自

① 参见辽宁省铁岭市中级人民法院(2018)辽 12 民终 2667 号民事判决书、辽宁省高级人民法院(2019)辽民申 4972 号民事裁定书。

行召集股东会。

基本案情:辽宁铁法能源有限责任公司(以下简称铁法公司)持有铁岭银行股份有限公司(以下简称铁岭银行)9.97%股份,铁岭市交通投资有限公司(以下简称交投公司)持股3.49%。铁岭银行董事会决议指定并授权副董事长孙某升代为行使董事长职权。2017年2月24日,银监会铁岭监管分局监管意见书明确:董事会、监事会成员任期已满,要求铁岭银行于3月末召开股东会,落实相应监管意见。11月3日,铁法公司及交投公司联合向铁岭银行董事会提议召开临时股东会,审议修改公司章程等。11月4日,董事会办公室回复:因董事辞职、免职等原因,达不到召开董事会法定人数,董事会不能提议召开临时股东会,股东可依据章程规定自行提议召开。11月5日,铁法公司及交投公司以提议股东身份向铁岭银行股东发出召开临时股东会的通知,会议议程为审议修改铁岭银行公司章程等三件议案,并在11月6日铁岭日报刊载公告。临时股东会由副董事长孙某升主持,审议通过了关于修改公司章程的提案等。股东新蓝置业有限公司(以下简称新蓝公司)委托代理人赴会时,被认为代理人所持材料不全,未准予参会,遂提起诉讼,请求撤销临时股东会决议。

法院认为:银监会铁岭监管分局向铁岭银行下发监管意见书,明确要求召开股东会落实解决相关问题。铁岭银行的董事会和监事会仍然未能在规定的期限内召集召开临时股东会,以上事实足以表明铁岭银行的董事会和监事会不能正常履行职责及不按规定召开临时股东会,严重影响了铁岭银行的正常运行。在此情况下,有权股东自行提议召开临时股东会符合法律和公司章程的规定。副董事长孙某升在董事长被"双规"后行使董事长的权利和义务主持此次会议也符合相关规定。铁法公司与交投公司持有的表决权的股份超过了10%,符合《公司法》及公司章程关于股东提议召集临时股东会的主体条件。

2. 永安智胜投资股份有限公司与智胜化工股份有限公司等公司决议撤销纠纷案[①]

诉讼结论:董事会、监事会在收到符合条件的股东提请召开临时股东会的书面请求后,不论同意或不同意召开,均应以董事会或者监事会的名义作出通知或反馈。

基本案情:智胜化工股份有限公司(以下简称智胜化工)原股东为高能控股公司、罗某强、永安智胜投资股份有限公司(以下简称智胜投资)、余某钱、郑某基、薛

① 参见福建省三明市中级人民法院(2021)闽04民终882号民事判决书。

某发。其中高能控股公司持股52.4872%,因法院执行,高能控股公司所持股份于2019年12月12日变更为上海弘钛网络科技合伙企业(有限合伙)(以下简称上海弘钛)所有,并于12月16日进行公示。2020年2月20日,上海弘钛分别向智胜化工备案董事王某忠等送达提请董事会召开临时股东会的通知及附件法院执行裁定书等。董事王某忠等分别以个人名义作出答复。3月19日,上海弘钛分别向备案监事冯某等送达提请监事会召开临时股东会的通知。冯某于3月31日以监事会主席名义回函,要求上海弘钛提供已按照法定程序成为智胜化工新股东的变更登记情况材料等。4月10日,上海弘钛以公司董事会、监事会不履行召开临时股东会的职责并以股东身份为由,决定自行召集和主持智胜化工临时股东会。5月7日,上海弘钛作为召集人,在智胜化工住所地召开临时股东会,股东上海弘钛、余某钱、郑某基、罗某强、薛某发出席,会议形成决议。智胜投资认为临时股东会召集程序、表决方式违反法律、行政法规、公司章程,遂提起诉讼,要求撤销临时股东会决议。

法院认为:上海弘钛依法取得智胜化工股份,具备股东身份资格。上海弘钛基于对登记公示性的信赖,向智胜化工备案的董事会、监事会提出召开临时股东会的请求及发出召开临时股东会的通知,符合法律法规及公司章程规定。董事会在收到股东提请召开临时股东会的请求后,不论是同意或不同意召开,均应以董事会的名义作出通知或反馈,董事会不同意召开或逾期未反馈的,视为董事会不能履行或不履行召集股东大会会议职责;同样,监事会亦是如此。本案中,董事、监事均是以个人名义作出回函且内容均为对上海弘钛提议召开临时股东会的异议或质疑,并未对召开临时股东会的请求通过召开董事会或监事会的方式就同意或不同意进行决议,其回复应视为智胜化工董事会、监事会不履行召集和主持股东会会议职责。上海弘钛并未违反《公司法》及公司章程之规定,不构成召集程序违法。

第一百一十五条　召开股东会会议,应当将会议召开的时间、地点和审议的事项于会议召开二十日前通知各股东;临时股东会会议应当于会议召开十五日前通知各股东。

单独或者合计持有公司百分之一以上股份的股东,可以在股东会会议召开十日前提出临时提案并书面提交董事会。临时提案应当有明确议题和具体决议事项。董事会应当在收到提案后二日内通知其他股东,并将该临时提案提交股东会审议;但临时提案违反法律、行政法规或者公司章程的规定,或

者不属于股东会职权范围的除外。公司不得提高提出临时提案股东的持股比例。

公开发行股份的公司，应当以公告方式作出前两款规定的通知。

股东会不得对通知中未列明的事项作出决议。

【条文主旨】

本条是关于股份有限公司股东会召开通知、公告、临时提案、决议事项的规定。

【条文理解】

一、股东会会议的通知和公告

股份有限公司的股东有权出席股东会会议，本条第1款规定董事会应当将股东会会议召开的时间、地点和审议的事项于会议召开前通知各股东或者向股东公告。无论是通知还是公告，都应当明确股东会会议审议的事项，以便股东进行必要准备并在股东会会议上进行审议和表决。

对于临时股东会会议，通知的期限要求要短于股东会年会和定期会议的时间，为会议召开15日前，股东会年会和定期会议的通知则为会议召开20日前。

对于公开发行股份的股份有限公司，应当以公告方式对股东会会议召开时间、地点和审议事项进行通知，这有利于促进外部投资者了解公司经营运作情况，进而做出相应的投资决策。对于上市公司股东会的公告方式，《上市公司股东大会规则》(2022年1月5日修订，证监会公告〔2022〕13号)第52条规定："本规则所称公告、通知或股东大会补充通知，是指在符合中国证监会规定条件的媒体和证券交易所网站上公布有关信息披露内容。"

由于本法删除了股份有限公司可以发行无记名股票的规定，因此，本条第1款也删除了《公司法》(2018年)第102条第1款关于"发行无记名股票的，应当于会议召开三十日前公告会议召开的时间、地点和审议事项"的内容，同时删除《公司法》(2018年)第102条第4款关于"无记名股票持有人出席股东大会会议的，应当于会议召开五日前至股东大会闭会时将股票交存于公司"的内容。

二、股东临时提案

股东的提案权，是指符合条件的股东依照法定程序提出要求作为股东会会议审议事项的权利。《公司法》(2005年)在第103条第2款对股东提案权制度作了规定，《公司法》(2013年)及《公司法》(2018年)对此未作修改。本次修订对股东提案权制度进行了完善。

(一)股东临时提案的提出主体和提出时间

根据本条第2款规定，股东临时提案，应当由单独或者合并持有公司1%以上股份的股东提出,这是对提出主体的要求。与《公司法》(2018 年)相比,本条对提出临时提案主体的限制作了修改,将股东持股比例的要求由“百分之三”降为“百分之一”,有助于加强对投资者特别是中小投资者合法权益的保护。实践中,在我国上市公司,能够持有 3%以上股份的通常为大股东,并且该部分股东通常会兼任公司的董事、监事或者高管职务。本条第 2 款明确,公司不得提高提出临时提案股东的持股比例。如允许公司提高相应持股比例要求,则与《公司法》修订的精神相违背。不过,按照文义理解,公司可以降低提出临时提案股东的持股比例。

本条并没有对股东连续持股时间作出限制性要求。参照本条“公司不得提高提出临时提案股东的持股比例”规定的精神,公司章程也不应对股东连续持股时间作出限制性规定。

此外,本条还规定,股东临时提案,应当在股东会会议召开 10 日前提出。对临时提案主体与提出时间作出要求,旨在避免个别股东滥用权利,损害公司及其他股东的合法权益。

(二)股东临时提案的要求

股东临时提案,应当有明确议题和具体决议事项,并属于股东会职权范围,此为股东临时提案的应有之义。《上市公司股东大会规则》第 13 条规定:“提案的内容应当属于股东大会职权范围,有明确的议题和具体决议事项,并且符合法律、行政法规和公司章程的有关规定。”本条规定将上述监管规则上升为法律规范。

股东向股东会提出临时提案,董事会是否有权对股东提出的临时提案进行审核,审核范围有多大,《公司法》(2018 年)第 102 条的规定并不十分明确,仅规定“临时提案的内容应当属于股东大会职权范围,并有明确议题和具体决议事项”,本次修订时,对此问题作进一步明确,除了规定临时提案应当属于股东会职权范围并且有明确议题和具体决议事项外,还规定了除外情形,即临时提案不得违反法律、行政法规或者公司章程的规定。

该规定实际上是将证监会《上市公司股东大会规则》第 13 条的规定予以吸收并上升为法律规范。通常理解,提案不得违反法律、行政法规和公司章程的规定,是为了避免临时提案存在无效或可撤销的效力瑕疵导致决议也无效。

(三)临时提案的通知

董事会应当在收到提案后 2 日内通知其他股东,并将该临时提案提交股东会审议。董事会认为提案不符合法律规定要求的,可以拒绝将临时提案提交股东会。董事会在收到股东临时提案后,应当根据法律、行政法规或者公司章程的规定,对提出提案的股东进行反馈。

三、股东会审议事项以通知为限

股东会是公司的权力机构，其所审议的事项事关公司的重大事项以及股东权益，因此在股东会召开前的一定时间内，有关股东会会议的通知和公告应当明确股东会会议审议的事项，股东为此可以有必要的时间作相应的准备，从而便于股东在股东会会议上进行审议和表决，对于未经通知的事项，不得在股东会会议上进行审议。

【司法适用】

董事会是否有权对提案进行审查，董事会对提案的审查权限有多大，是程序性审查，还是实质性审查，对此，本条规定仍然没有明确。

有的专家认为，不符合条件和程序的提案，公司董事会有权不提交股东大会审议。① 虽然该解读不属于正式的立法解释，但在一定程度上能够反映当时参与立法的专家所持态度，即董事会有权审查且在特定情形下也有权拒绝股东提交的临时提案。尽管法律层面仍然存在一定争议，但在当前实践中，董事会审查股东提交的临时提案已经成为通行做法。按照本条规定，董事会对股东提交的临时提案可以从以下几个方面进行审查：(1)提案股东持股比例是否符合法律规定的要求；(2)临时提案是否超出提案规定时限；(3)提案是否有明确的议题或具体决议事项；(4)提案是否属于股东会职权范围；(5)提案内容是否违反法律、行政法规或者公司章程的规定；(6)提案内容是否属于选举、解任董事监事、修改公司章程、增减注册资本、合并、分立、解散、变更公司形式。

与此问题相关的是，股东会临时提案内容是否可以包含选举、解任董事、监事以及修改公司章程、增减注册资本、公司合并、分立、解散、变更公司形式等。《公司法》修订草案二审稿、三审稿曾拟规定上述事项不得以临时提案提出。本条最终未对此问题作出明确规定。实践中，对该问题，可以通过公司章程规定的方式予以明确。

【司法案例】

创新医疗管理股份有限公司、浙江富浙资本管理有限公司公司决议纠纷案②

诉讼结论：董事会对符合要求的临时提案应当提交股东大会审议。

基本案情：浙江富浙资本管理有限公司(以下简称富浙公司)为创新医疗管理

---

① 参见安建主编：《中华人民共和国公司法释义》，法律出版社2013年版，第167页。

② 参见浙江省绍兴市中级人民法院(2021)浙06民终3045号民事判决书。

股份有限公司(以下简称创新公司)股东。2020年11月10日,创新公司发布关于召开临时股东会的通知,决定于11月25日召开临时股东会。富浙公司(持有4.02%股份)与从某林(持有2.22%股份)、汇悦医疗基金(持有1.07%股份)作为合计持有创新公司3%以上股份的股东,11月12日通过电子邮件向创新公司临时股东会召集人(第五届董事会)发送临时提案,提请增加临时股东大会的临时提案。11月13日,富浙公司将上述临时提案的纸质材料送至《关于召开2020年第一次临时股东大会的通知》中所写的股东大会召集人创新公司董事会办公室联系地址。11月18日,创新公司发布关于收到股东临时提案的公告,披露收到上述提案纸质材料的时间为11月16日,以收到上述临时提案纸质材料的时间距离临时股东会召开日期不足10日为由,认定该临时议案为无效议案,并决定不将该临时议案提交临时股东会审议。浙江证监局曾向创新公司下达监管问询函等,确认富浙公司将临时提案纸质材料送至创新公司的时间为11月13日。后富浙公司起诉请求判令撤销临时股东会决议。

法院认为:《公司法》(2018年)第102条第2款、创新公司章程都没有就"书面提交"的具体形式作出要求。电子邮件作为书面形式的一种,已在商业交往中被广泛运用,加之双方的历史沟通习惯,应当认为富浙公司通过邮件提出临时议案是可行有效的。2020年11月13日,富浙公司将纸质材料送至创新公司披露的董事会办公室办公地址。作为创新公司对外公开的董事会办公室地址,创新公司有义务为该地址能正常接收股东临时提案创造条件,并应确保公司的工作人员能在接收临时提案的时间内正常履职,但富浙公司在工作时间到达上述地址递交临时提案,却被拒绝进入,应当认为富浙公司已在临时提案提交的法定期限内到达创新公司的控制范围内递交纸质材料以供创新公司核实。浙江证监局亦确认富浙公司将临时提案纸质材料送至创新公司的时间,应认定富浙公司已经向创新公司有效送达了临时提案。富浙公司临时提案的内容是提名董事会、监事会候选人,属于股东会职权范围,有明确议题和具体决议事项,也未违反法律、行政法规和公司章程的有关规定。董事会拒绝将案涉临时提案列入股东大会议程的行为,不仅会对股东会的通知、提案和议程的确定产生影响,同时还将影响投票、计票等表决方式,故股东会决议应予撤销。

第一百一十六条　股东出席股东会会议,所持每一股份有一表决权,类别股股东除外。公司持有的本公司股份没有表决权。

股东会作出决议,应当经出席会议的股东所持表决权过半数通过。

股东会作出修改公司章程、增加或者减少注册资本的决议，以及公司合并、分立、解散或者变更公司形式的决议，应当经出席会议的股东所持表决权的三分之二以上通过。

【条文主旨】

本条是关于股份有限公司股东表决权计算方法以及股东大会决议通过的规定。

【条文理解】

一、股份有限公司股东表决权的计算方法

股东的表决权是股东对于股份有限公司股东会会议决议事项表示赞成或者否决的意思表示而参与决议的权利。

（一）股东表决权计算方法的一般规则

股份有限公司是资合性公司，股东在公司中享有的权利多少，是以股东所持公司股份数额多少来表示的。股份有限公司股东在股东会会议表决权不是按参加会议的股东人数来计算，一般情况下，股东所持每一股份享有一表决权，体现了一般情况下股份有限公司同股同权特性。

（二）类别股股东的表决权

本次公司法修订，相较于《公司法》（2018 年）第 103 条第 1 款，增加了关于股份有限公司可以发行类别股的规定，并明确股份有限公司章程应当载明类别股的股份数及其权利和义务。由于类别股股东享有的表决权可以与普通股股东有所不同，因此，本条就类别股股东表决权的计算方法规定了除外情况，具体计算方法应当由公司章程作出规定。

（三）公司所持本公司股份不享受表决权

公司可以收购本公司的股份，从而持有本公司的股份。由于公司是独立法人，其股东应当是公司以外的第三人，否则会导致公司与其股东之间的人格难以区分的后果。因此，公司虽然依法可以收购自己的股份，但不能依其所持股份享有表决权。

二、股东会决议的通过

（一）普通决议的通过

普通决议是指在股东会举行会议时，适用于公司普通事项，以简单多数的表决权即可通过的决议。普通决议应当经出席会议的所持表决权过半数的股东同意才能通过。即在出席股东会会议的股东中，表示赞成的股东所持有的股份总额应当超过出席会议所有股东所持有的股份总额的一半。

(二)特殊决议的通过

特殊决议是指在股东会会议中适用于法定事项,以绝对多数表决权才能通过的决议,即应当经出席会议的股东所持表决权的2/3以上才能通过。

特殊决议的范围,根据本法规定,包括修改公司章程、增加或者减少注册资本的决议,以及公司合并、分立、解散或者变更公司形式。这些事项都是直接关系公司生存和发展的基础事项,应当经出席会议的股东所持表决权的2/3以上通过。

(1)修改公司章程。公司章程是公司的自治规范,是公司治理的重要依据,更是设立公司的必备文件之一,公司章程的重要性不言而喻,被称为是公司的"宪法",所以对公司章程修改应当经代表2/3以上表决权的股东通过是慎重的体现。

(2)增加或者减少注册资本。注册资本来源于股东的出资,公司有独立的法人人格,股东出资构成公司存在的物质基础,决定公司的经营发展。因此,增加或减少注册资本都会对公司产生重大影响,进而影响股东的权益,所以该事项应当经出席会议的股东所持表决权的2/3以上通过。

(3)公司合并、分立、解散。公司的合并、分立,会导致公司资产发生重大变化,必然对股东的权益也产生重大影响,公司解散导致公司主体法人人格丧失,主体消亡。所以,无论是哪一种变化都极为重要,对该些事项表决也应当经出席会议的股东所持表决权的2/3以上通过。

(4)变更公司形式。根据法律规定,公司的形式可以相互变更,但是有限责任公司和股份有限公司在注册资本、组织机构等方面存在较大差别,变更公司形式会对股东权益产生很大影响,因此,该事项属于重大表决事项,应当经出席会议的股东所持表决权的2/3以上通过。

以上4种特殊的表决事项,应当经出席会议的股东所持表决权的2/3以上通过。需要注意的是,如果公司章程对这4种特殊的表决事项,作出高于出席股东会会议的所持2/3以上表决权的股东通过规定的,应当按公司章程的规定进行表决。

【司法适用】

股份有限公司的股东人数一般较多,考虑到召开股东会会议,应当依法定程序通知股东,股东不参加股东会会议,表明其对自己权利的放弃,因此本法并没有对股份有限公司股东会出席股东的最低人数或者持有的最低股份数作出规定。实践中,可以由公司章程作出规定。

关于股份有限公司特殊决议通过的要求,本条规定是"经出席会议的股东所持表决权的三分之二以上通过",而不同于一般决议的"经出席会议的股东所持表决权过半数通过”。根据《民法典》第1259条的规定,“民法所称的‘以上’、‘以下’、‘以内’、‘届满’,包括本数;所称的‘不满’、‘超过’、‘以外’,不包括本数”,因此,一般决议通过要求的“过半数”是超过半数,而不包括半数;特殊决议通过要求的“三分之二”则包括本数。

【司法案例】

李某文、山东水泊梁山影视基地股份有限公司与公司有关的纠纷案①

诉讼结论:股东会决议未经章程所规定的股东所持表决权通过,决议不成立。

基本案情:山东水泊梁山影视基地股份有限公司(以下简称影视基地公司)注册资本为2200万元,其中北京信义时代电影股份有限公司(以下简称信义公司)持股45%;梁山水浒文化旅游股份有限公司(以下简称水浒文化公司)持股18.18%;刘某义持股18.64%;李某文持股18.18%(出资时间均为空白)。公司章程约定:股东会修改公司章程必须经全体股东所持表决权的3/4及以上通过。影视基地公司2018年7月10日作出临时股东会决议,对公司章程关于股东出资时间等内容进行修改。李某文称其并不知晓影视基地公司股东会及其决议,诉请确认临时股东会作出的决议不成立。

法院认为:结合李某文主张其未收到召开临时股东大会的通知未能参会且持股比例为45%的信义公司针对与自身利益直接相关的事项无表决权,即使剩余股东均参会且对会议决议全数表决通过,也未达到“四分之三及以上”的标准,并且影视基地公司无证据证明其已按章程确定的时间提前通知李某文参加股东大会并说明会议地点,另外水浒文化公司亦陈述其对临时股东会决议的内容并不知情,该公司当时的法定代表人李某并未得到会议通知,也未出席参与表决,临时股东大会并未召开。故应认定影视基地公司股东会决议不成立。

第一百一十七条　股东会选举董事、监事,可以按照公司章程的规定或者股东会的决议,实行累积投票制。

本法所称累积投票制,是指股东会选举董事或者监事时,每一股份拥有与应选董事或者监事人数相同的表决权,股东拥有的表决权可以集中使用。

① 参见山东省济宁市中级人民法院(2020)鲁08民终5318号民事判决书。

【条文主旨】

本条是关于股份有限公司累积投票制的规定。

【条文理解】

本条对《公司法》(2018 年)第 105 条规定的股份有限公司累积投票制的内容仅作了文字修改,即将“股东大会”修改为“股东会”;将“依照公司章程”修改为“按照公司章程”。前者是与《公司法》本次修订中对股东会的统一表述要求;后者是立法技术规范的要求,即以法律法规作为依据的,一般用“依照”的表述,对以公司章程为依据的,不再用“依照”的表述。

累积投票制,是指股份有限公司股东会选举董事或者监事时,每一股份拥有与应选董事或者监事人数相同的表决权,股东拥有的表决权可以集中使用,是一种与直接投票制相对应的公司董事、监事选举制度。

累积投票制最早起源于英国,其目的在于防止大股东利用表决权优势操纵董事、监事的选举。我国证监会《上市公司治理准则》(2002 年)规定了累积投票制,《公司法》(2005 年)引入了累积投票制。在累积投票制下,每一有表决权的股份享有与拟选出的董事或者监事人数相同的表决权,股东可以自由地在各候选人之间分配其表决权,既可以分散投于多人,也可以集中投于一人,然后根据各候选人得票多少的顺序决定董事或者监事的人选。而按通常投票法,股东必须在候选人中间平均分配其选票。累积投票制则可允许股东将其所有的选票投给一位候选人,通过这一制度安排,中小股东提名的人选就有可能进入董事会或者监事会,将监督机制引入董事会内部,也能对其他董事起到督促作用,从而使中小股东对公司重大事务享有发言权,从而实现董事会内部权力制衡。

累积投票制看似是“一股数票”,其实不过是股东将其所拥有的表决权集中行使,因此累积投票制并未背离“一股一票”原则。采取累积投票制选举,虽然存在中小股东击败大股东的可能性,但是董事、监事候选人最终是否当选仍然是以资本的表决权所体现的选票的多少为依据,因而累积投票制并未全然否定资本多数原则,其仅仅是资本多数原则的有益补充而非例外。

对于累积投票制,本条规定并非强制所有的股份有限公司必须遵守,而是按照由公司章程或者公司股东会决议规定。在公司章程没有规定或者没有股东会决议的情况下,股东会会议的表决方式以直接投票制为原则;只有在公司章程有明确规定或者股东大会有决议的情况下,公司选举董事、监事方可适用累计投票制。

【司法适用】

根据证监会《上市公司治理准则》(2018 年)第 17 条的规定,董事、监事的选举,应当充分反映中小股东意见。股东大会在董事、监事选举中应当积极推行累积投票制。单一股东及其一致行动人拥有权益的股份比例在30%及以上的上市公司,应当采用累积投票制。采用累积投票制的上市公司应当在公司章程中规定实施细则。《深圳证券交易所上市公司自律监管指引第1号——主板上市公司规范运作》第2.1.15条规定:董事、监事的选举,应当充分反映中小股东意见。股东大会在董事、监事选举中应当积极推行累积投票制。选举两名以上独立董事,单一股东及其一致行动人拥有权益的股份比例在30%及以上的上市公司选举两名及以上董事或监事,应当采用累积投票制。股东大会以累积投票方式选举董事的,独立董事和非独立董事的表决应当分别进行。不采取累积投票方式选举董事、监事的,每位董事、监事候选人应当以单项提案提出。采用累积投票制度的公司应当在公司章程中规定该制度的实施细则,鼓励上市公司通过差额选举的方式选举独立董事。《深圳证券交易所上市公司自律监管指引第2号——创业板上市公司规范运作》第2.1.15条规定:上市公司应当在董事、监事选举时实行累积投票制度,选举一名董事或监事的情形除外。本所鼓励公司选举董事、监事时实行差额选举。股东大会选举董事时,独立董事和非独立董事的表决应当分别进行。《上海证券交易所上市公司自律监管指引第1号——规范运作》第2.1.14条规定:董事、监事的选举应当充分反映中小股东的意见。股东大会在董事、监事的选举中应当积极推行累积投票制度。上市公司选举2名以上独立董事的,上市公司单一股东及其一致行动人拥有权益的股份比例在30%以上的,应当采用累积投票制。股东大会以累积投票方式选举董事的,独立董事和非独立董事的表决应当分别进行,并根据应选董事、监事人数,按照获得的选举票数由多到少的顺序确定当选董事、监事。不采取累积投票方式选举董事、监事的,每位董事、监事候选人应当以单项提案提出。采用累积投票制的公司应当在公司章程里规定实施细则,鼓励上市公司通过差额选举的方式选举独立董事。《科创板上市公司自律监管指南第6号——业务操作事项》之《科创板上市公司召开股东大会通知》采取附件方式对累积投票进行说明。《北京证券交易所股票上市规则(试行)》第4.1.16条规定:股东大会选举董事、监事时,应当充分反映中小股东意见。鼓励上市公司股东会在董事、监事选举中推行累积投票制。选举两名以上独立董事、单一股东及其一致行动人拥有权益的股份比例在30%及以上的上市公司选举两名及以上董事或监事,应当采用累积投票制。采用累积投票制的公司应当在公司章程中规定具体实施办法,鼓励上市公司通过差额选举的方式选举独立董事。

在上述规定中,深交所主板、上交所主板及北交所关于单一股东及其一致行动人拥有权益的股份比例在30%及以上应当使用累积投票制的规定与《上市公司治理准则》(2018 年)第 17 条是基本一致的,而深交所创业板的规定有所不同,按照创业板的规定,公司选举董(监)事超过一名的都应当使用累积投票制,并没有规定单一股东及其一致行动人拥有权益的股份比例未达到 30%的可以豁免适用。同时根据上述规定也可总结,选举一名董(监)事时,并没有使用累积投票制的必要,只有在应选人数大于一人时才能发挥累积投票制的作用。

【司法案例】

1. 深圳市卢堡工贸有限公司诉深圳市新都酒店股份有限公司公司决议侵害股东权纠纷案①

诉讼结论:上市公司选举董事未按规定实行累计投票制,股东会有关董事选举的决议无效。

基本案情:深圳市新都酒店股份有限公司(以下简称新都酒店)董事会曾推荐王某燕等 7 人为公司第四届董事会董事候选人,推荐吴某明等 6 人为独立董事候选人。后新都酒店第一大股东深圳市瀚明投资有限公司又临时提名李某全、戈某为董事候选人。新都酒店于 2003 年 6 月 27 日召开的股东会选举王某燕等 4 人为公司董事,选举季某钧、靳某军为公司独立董事,组成了第四届董事会。8 月,深圳市卢堡工贸有限公司起诉,要求确认新都酒店股东会有关董事选举无效及停止侵权行为等。

法院认为:新都酒店股东会有关董事选举决议,因所选出的两名独立董事不含会计专业人士、董事潘某忠属于参照国家公务员的管理范围,及其选举中未实行累计投票制,均违反了我国法律法规及公司章程的规定,其中任何一项事由的违反,都可以构成公司的董事选举无效,因此该次股东会有关董事选举的决议无效。

2. 致生联发信息技术股份有限公司与北京鼎驰融达投资管理有限公司公司决议纠纷案②

诉讼结论:公司章程对选任董事有明确的表决权比例约定时,采取累积投票制选举董事应当遵照公司章程的规定。

---

① 参见上海证券报网络版 2003 年 12 月 12 日,http://finance. sina. com. cn;李涛:《深圳市卢堡工贸有限公司诉深圳市新都酒店股份有限公司股东大会选举董事的决议无效案——兼论上市公司实行累积投票制的作用和意义》,载《判例与研究》2004 年第 4 期。

② 参见北京市第三中级人民法院(2019)京 03 民终 11637 号民事判决书。

基本案情：致生联发信息技术股份有限公司（以下简称联发公司）章程规定股东会作出普通决议，应当由出席股东会的股东（包括股东代理人）所持表决权多于1/2通过；同时规定董事会和监事会成员的任免及其报酬和支付方法事项由股东会以普通决议通过；股东会就选举董事、监事进行表决时，根据本章程的规定或者股东大会的决议，可以实行累积投票制。2018年7月4日，联发公司召开临时股东会并作出决议，审议通过关于选举迟某为公司董事的议案，采用累积投票制进行表决，同意表决权票数占本次股东会表决权总数的44.28%；通过关于选举张某为公司董事的议案，采用累积投票制进行表决，同意表决权票数占本次股东会表决权总数的38.45%；通过关于选举杨某为公司监事的议案，采用累积投票制进行表决，同意表决权票数占本次股东会表决权总数的75.60%。

法院认为：根据联发公司章程规定，董事选任属于股东会以普通决议通过的事项，应当由出席股东会的股东（包括股东代理人）所持表决权多于1/2通过，而累积投票制是指股东会采用该方法选举董事或监事时，每一股份拥有与应选董事或者监事人数相同的表决权，股东拥有的表决权可以集中使用，主要为投票技术方式的约定。当公司章程对选任董事有明确的表决权比例约定时，应当遵照公司章程的规定。表决票上附言"按得票多少决定当选董事或监事"应为对累积投票制本身的文字性解读，而不应当视为对公司章程关于选任董事表决权比例要求的适用排除。上述表述并未经股东会决议，即使有相关附言，亦不能排除公司章程关于董事选任需1/2以上表决权通过的比例要求的适用。关于选举迟某为公司董事的议案以及关于选举张某为公司董事的议案两项议案的决议得票率均未过50%，两项议案的决议违反公司章程中表决权比例的规定，应予撤销。

第一百一十八条　股东委托代理人出席股东会会议的，应当明确代理人代理的事项、权限和期限；代理人应当向公司提交股东授权委托书，并在授权范围内行使表决权。

【条文主旨】

本条是关于股份有限公司股东委托代理人出席股东会会议行使表决权的规定。

【条文理解】

一、股东可以委托代理人出席股东会会议

出席股东会会议并行使表决权是股东固有的权利之一。但股份有限公司由于股权分散，股东众多，股东可能因为交通不便、出差、生病等种种原因不能亲自出席股东会会议，部分公众股东也有可能对于亲自参加股东会并不积极，为了保证股东在股东会会议上能够充分行使自己的权利，也为了不影响股份有限公司股东会决议的有效性，本条明确股东可以委托代理人出席股东会会议。

股东在委托代理人出席股东会会议时，应当出具书面的授权委托书。《公司法》(2018年)第106条未对股东授权委托书应当记载的事项作出具体的规定，本条修改时明确规定股东委托代理人出席股东会会议的，“应当明确代理人代理的事项、权限和期限”。因此，股东的授权委托书应当符合以下要求：

(一)授权委托书应当以书面形式出具

除了书面形式的授权委托书外，其他形式如股东以口头或者电话等方式授权他人代理自己出席股东会会议并行使表决权是无效的。

(二)授权委托书应当明确代理人代理的事项

授权委托书应当记载委托何人，参加哪一次股东会会议。

(三)授权委托书应当明确代理人的权限

授权委托书应当明确代理人可以就哪些事项进行表决，以防止代理人对股东未授权的事项进行表决，违背股东的真实意思，损害股东的利益。如《上市公司章程指引》(2023年修正)第62条即规定，股东出具的委托他人出席股东大会的授权委托书应当载明分别对列入股东大会议程的每一审议事项投赞成、反对或弃权票的指示。

(四)授权委托书应当明确代理期限

授权委托书应当明确代理人的代理有效期，以防止代理人以委托股东的名义多次出席股东未授权其出席的股东会会议。

本条对表决权代理期限没有作任何规定。通常认为，表决权代理应注明有效期，每次表决权代理授权只能用于本次股东会，下次股东会包括临时会议都要重新进行授权。

(五)代理表决权的撤销

股东可以撤回其代理授权，不管是以明示的方式，还是以行为来表示撤销代理权。

实践中，绝大多数表决权委托协议都会约定，表决权委托“不可撤销”，以避免引发争议从而引起法律纠纷。对于表明“不可撤销”的表决权委托，是否可以撤销？实践中仍有不同的观点。多数观点认为，虽然《民法典》未在条款中直接对委托合同进行有偿性和无偿性的分类，但是给予了无偿委托合同真正的任意解除权，无偿委托合同可以无须理由随时解除，且不必为该解除付出代价，但若解除行使时间不当的,则需要承担因此造成的直接损失。而对于有偿委托合同,没有正当理由随时解除的,应受到间接限制,即解除方原则上须赔偿对方的直接损失和可得利益损失。根据前述法律及法理分析,在面对表决权委托中的"不可撤销"条款是否真的不可撤销时,需要进一步区分该表决权委托合同是有偿还是无偿合同,是一般民事委托合同还是商事委托合同。

二、代理人应当向公司提交股东授权委托书

代理人出席股东会会议时,应当向公司提交股东出具的书面授权委托书。经公司审核认为授权委托有效时,代理人才能出席股东会会议并行使表决权。

无民事行为能力股东的法定代理人、法人股东的法定代表人,基于法定代理权而出席股东会会议并行使表决权的,无须出具授权委托书。

三、代理人应当在授权范围内行使表决权

本条规定为不能亲自出席股东会的股东提供便利,即股东可以通过授权委托方式由其代理人在授权范围内代为出席股东会并行使表决权,表决应当遵循股东的意志,而非代理人的意志。根据民法上关于代理的基本原理,代理人只有在代理权限范围内行使代理权,其代理行为才能对被代理人产生法律效力。代理人超出股东的授权范围行使表决权的,如果股东不予追认,则该行为无效,由此给股东或者公司造成损失的,代理人应当承担赔偿。

【司法适用】

一、关于代理人的资格和人数限制问题

关于表决权代理中代理人的资格是否应有所限制的问题,域外立法有不同规定,有的限定代理人必须是公司股东,有的限定必须是公司的管理层,还有的限定为公司外的第三人。本条对此未作明确限制,理论和实务主流观点认为不应缩减代理人范围,不论是公司股东或者高管人员,或者是公司外第三人,股东得自由决定委托何人来代理行使表决权。但公司本身不得代理行使股东的表决权。

关于表决权代理中,被代理人只能委托一人还是可以同时委托数人行使代理权的问题,本法亦没有对此作出明确的规定,理论上存在不同的观点。主流观点认为,代理人的人数可以是一人,也可以是数人。在代理人为数人时,为共同代理,由代理人共同统一行使表决权;如果表决权为不统一行使时,则可以分开行使,各自代理一部分,[①]这和表决权不统一行使规则相呼应。

二、关于表决权征集问题

表决权征集,是指符合条件的主体公开请求不特定的公司股东委托其代为出

---

① 施天涛:《公司法论》(第4版),法律出版社2018年版,第352页。

席股东会,并代为行使表决权等股东权利的行为。

《公司法》和《证券法》并未直接对表决权征集制度本身进行规范,表决权征集制度只是在其他相关的法律法规条款中有体现,如《上市公司治理准则》第16条规定:“上市公司董事会、独立董事和符合有关条件的股东可以向公司股东征集其在股东大会上的投票权。上市公司及股东大会召集人不得对股东征集投票权设定最低持股比例限制。投票权征集应当采取无偿的方式进行,并向被征集人充分披露具体投票意向等信息。不得以有偿或变相有偿的方式征集股东投票权。”

表决权征集可以使股东会的召开易达到法定出席人数而能有效进行,重要方案得以顺利通过,提高了公司运作效率。也可以使少数股股东通过集中表决权的行使以影响公司决策,促进公司运作的民主化。

表决权征集与表决权的一般代理区别在于,表决权征集中代理人权限的获得是源于受托人主动争取,一般代理中代理权限是股东自行委托产生。

现行法律法规对采取公开征集的形式向公司全体股东征集表决权的行为并无禁止性规定,只是在部分规范性文件中有关于表决权征集的规范,如《上市公司章程指引》(2022年修订)第79条第5款规定:“公司董事会、独立董事、持有百分之一以上有表决权股份的股东或者依照法律、行政法规或者中国证监会的规定设立的投资者保护机构可以公开征集股东投票权。征集股东投票权应当向被征集人充分披露具体投票意向等信息。禁止以有偿或者变相有偿的方式征集股东投票权。除法定条件外,公司不得对征集投票权提出最低持股比例限制。”

第一百一十九条　股东会应当对所议事项的决定作成会议记录,主持人、出席会议的董事应当在会议记录上签名。会议记录应当与出席股东的签名册及代理出席的委托书一并保存。

【条文主旨】

本条是关于股份有限公司股东会会议记录的规定。

【条文理解】

本条仅对《公司法》(2018年)第107条规定进行了个别文字修改,即将“股东大会”修改为“股东会”。

一、股东会应当对所议事项的决定作成会议记录

股份有限公司的股东会会议记录,是载明股东会对所议事项作出的决定的书面文件。股东会会议举行时,公司负责召集会议的董事会以及主持会议的董事长应当安排人员对会议情况进行详细记录。

《上市公司股东大会规则》对此作了细化规定,即股东大会会议记录由董事会秘书负责,会议记录应记载以下内容:(1)会议时间、地点、议程和召集人姓名或名称;(2)会议主持人以及出席或列席会议的董事、监事、董事会秘书、经理和其他高级管理人员姓名;(3)出席会议的股东和代理人人数、所持有表决权的股份总数及占公司股份总数的比例;(4)对每一提案的审议经过、发言要点和表决结果;(5)股东的质询意见或建议以及相应的答复或说明;(6)律师及计票人、监票人姓名;(7)公司章程规定应当载入会议记录的其他内容。

二、会议记录的签名

会议主持人、出席会议的董事应当在会议记录上签名,表明其出席了股东会会议,并对自己在会议上的行为负责。

股东会一般由董事会召集并由董事长主持,会议的主持人以及出席会议的董事的行为,对股东会的进行有着重要的影响,同时也对股东会的召开及决议起着重要的见证作用。为了明确主持人以及出席会议的董事对会议所承担的责任,会议记录由主持人、出席会议的董事签名,以保证会议记录内容真实准确和完整。

对于有限责任公司,会议记录需要由出席会议的股东签名,但是对于股份有限公司来说,由于股东人数比有限公司股东人数更多,要求所有股东在记录上签名不方便,因此本法未作此要求。

三、会议记录的保存

股东会会议记录应当与出席股东的签名册及代理出席的委托书一并保存,置备于公司,以便于股东(包括未出席会议的股东和以后加入的新股东)查阅,便于出席会议的股东在今后能够更加确切地了解股东会的内容。股东会作成会议记录,也为将来在某种情况下,需要了解股东会的情况时提供了有利的条件。

对于上市公司股东会会议记录,根据证券监督管理机构的要求,与出席股东的签名册、代理出席的委托书,保存期限均不少于10年。

【司法适用】

股份有限公司股东会应当提供会议记录,如果没有会议记录的,有些法院会判决公司应当承担举证不能的责任,从而导致相应股东会会议决议被撤销。也就是说会议记录是股东会会议召开及表决程序合法合规的证据。如公司无法提供相应证据,而部分股东申请撤销该等决议的,公司如无法提供会议记录并表明会议召集和表决程序符合法律和章程规定,那么,相关决议存在被撤销的可能。

【司法案例】

上海润杰通信科技股份有限公司与余某平公司决议撤销纠纷案①

诉讼结论:股份有限公司未提供股东会会议记录等证明股东或者股东委托他人参加会议并投票,决议程序存在瑕疵。

基本案情:上海润杰通信科技股份有限公司(以下简称润杰公司)于2020年8月28日召开股东会,对相关议案表决。9月1日,润杰公司对股东会决议进行公告:出席和授权出席本次股东大会的股东共39人,持有表决权的股份总数占公司有表决权股份总数的87.50%;会议审议通过了7项议案,每项议案同意股数均占出席本次会议有表决权股份总数的51.32%;反对股数占出席本次会议有表决权股份总数的48.68%;弃权股数0股。截至2020年8月20日,余某平持有润杰公司1,874,100股股份,案外人刘某持有1,250,763股,曾某持有2,217,864股,余某平接受刘某、曾某委托出席股东会并行使表决权,对七项议案均投了反对票。徐某1持有润杰公司200,000股股份,称并未参加股东大会。徐某2称持有润杰公司100,000股股票,未参加股东大会,也未授权他人参加,事后也未补签过授权委托书。润杰公司确认,股东会现场未推选计票人与唱票人,由董事会秘书进行了票数统计,且只统计了反对票,未统计赞成票、弃权票。余某平起诉请求撤销润杰公司股东会决议。

法院认为:润杰公司章程约定,召开股东会应当制作会议登记册、会议记录,委托他人参会的股东应提交授权委托书。针对证人徐某1及徐某2提出的本人未出席也未授权他人出席股东会的主张,润杰公司既未否认,也未提供会议登记册、会议记录、授权委托书等证明徐某1、徐某2委托他人参加了会议,由此也未能进一步证明其他股东曾授权委托公司股东出席会议并投票。且根据润杰公司的自认,股东会并未推选唱票人、计票人,计票程序也不符合章程规定,故股东会存在程序瑕疵,表决方式违反了公司章程规定,决议依法应予撤销。

第三节　董事会、经理

第一百二十条　股份有限公司设董事会,本法第一百二十八条另有规定的除外。

---

① 参见上海市第二中级人民法院(2021)沪02民终11418号民事判决书。

本法第六十七条、第六十八条第一款、第七十条、第七十一条的规定，适用于股份有限公司。

【条文主旨】

本条是关于股份有限公司董事会的设立及其职权的规定。

【条文理解】

本条是在《公司法》(2018 年)第 108 条规定的基础上修改而成，有关董事会的规定更加全面。有如下变化：一是明确规定规模较小或者股东人数较少的股份有限公司，可以不设董事会；二是职工人数 300 人以上的股份有限公司，除依法设监事会并有公司职工代表的外，其董事会成员中应当有公司职工代表；三是有关董事任期的规定，更加详细和合理，如规定法定代表人辞任的，公司应当在法定代表人辞任之日起 30 日内确定新的法定代表人；四是增加了有董事会解任董事的规定；五是明确规定公司章程对董事会权力的限制不得对抗善意相对人。

一、董事会的设立

本条第 1 款规定，股份有限公司设董事会，根据本法第 128 条的规定，如果股份有限公司规模较小或者股东人数较少，可以不设董事会，而只设一名董事，行使本法规定的董事会的职权。

如果股份有限公司规模较大或者股东人数较多，则应当设立董事会。股份有限公司股东较多，每个股东对公司的经营管理都可能存有自己的意见。如果每个股东都对公司进行具体的经营管理，那么就会因为股东意见纷纭而使公司无所适从，从而造成公司经营管理的混乱，因而以管理公司为目的的董事会应运而生。董事会是股东会这一权力机关的业务执行机关，负责公司和业务经营活动的指挥与管理，对公司股东会负责并报告工作。股东会作出的决定，董事会必须执行。作为公司治理组织结构的核心机构，董事会的主要职责是制定公司的战略规划、监督公司的经营管理并保障公司的合法权益，从而提高公司的治理水平。董事会的设立，能够提高公司的竞争力，保证公司的稳定发展，促进公司的持续经营并树立公司良好的社会形象。

二、董事会的职权

股份有限公司的董事会是公司的经营管理决策机构，掌握股东委托给它的经营权，在经营决策方面占有重要的地位，因而权限比较广泛。根据本条第 2 款的规定，本法第 67 条的规定适用于股份有限公司。因而股份有限公司董事会的职权如下：

(一)召集股东会会议,并向股东会报告工作

董事会由董事组成,董事由股东会选举产生,董事会对股东会负责。因此,召集股东会会议,并向股东会报告工作,既是董事会的一项职权,也是董事会的一项职责。董事会应当依照法律规定和公司章程的规定,及时召集股东会会议,并向股东会报告自己的工作情况。

(二)执行股东会的决议

股东会作为公司的权力机构,是公司的最高决策机关,依照法律规定和公司章程规定决定公司的重大问题。股东会对公司生产经营方面作出的决议,由董事会执行。因此,执行股东会的决议,是董事会的一项职权,也是董事会的一项职责。董事会应当认真贯彻执行股东会的决议。

(三)制订公司的利润分配方案和弥补亏损方案

公司经过一定期间的经营活动,或者产生利润,或者产生亏损,或者收支相抵没有盈亏。当公司出现利润时,应当进行分配;出现亏损时,应当进行弥补。根据法律规定,审议批准公司的利润分配方案和弥补亏损方案,是股东会的职权。而制订公司的利润分配方案和弥补亏损方案,则是董事会的职权。董事会应当按照规定及时制订公司的利润分配方案和弥补亏损方案,并提交股东会会议审议批准。

(四)制订公司增加或者减少注册资本以及发行公司债券的方案

公司根据客观经营情况的需要,可以增加注册资本,也可以减少注册资本,还可以依照法律规定发行公司债券。根据法律规定,公司增加或者减少注册资本以及发行公司债券的方案,由股东会作出决议。而提出增加或者减少注册资本以及发行公司债券的方案,则是董事会的职权。董事会应当根据公司经营需要,及时制订公司增加或者减少注册资本以及发行公司债券的方案,并提请股东会会议审议,作出决议。

(五)制订公司合并、分立、解散或者变更公司形式的方案

合并、分立、变更公司形式以及解散,都是公司的重大问题,关系到公司是否继续存在、以何种形式存在、股东权利义务变化等,依照法律规定,由股东会作出决议。但是,公司与谁合并、怎样分立、变更为什么样的股份有限公司以及解散的具体方案,由董事会拟订,然后提请股东会会议进行审议并作出决议。

(六)决定公司内部管理机构的设置

董事会作为公司的业务执行机关,负责公司经营活动的指挥和管理,所以有权决定公司管理机构的设置。董事会决定内部管理机构设置,是指董事会有权根

据本公司的具体情况，确定内部的管理机构设置，如设立事业开发部、市场营销部、综合管理部、客户服务部等具体的业务部门、行政管理部门等。

（七）决定聘任或者解聘公司经理及其报酬事项，并根据经理的提名决定聘任或者解聘公司副经理、财务负责人及其报酬事项

董事会有权决定聘任或者解聘公司经理，并根据经理的提名决定聘任或者解聘公司的副经理、财务负责人等高级管理人员。同时，董事会有权决定经理、副经理、财务负责人等高级管理人员的报酬事项，如报酬标准、支付时间、支付方式等。

（八）制定公司的基本管理制度

公司的基本管理制度，是指保证公司能够正常运营的基本管理体制。基本管理制度涉及公司内部运行的方方面面，董事会应当依照国家法律、公司章程等的要求，及时制定公司的基本管理制度，保证公司具有良好的生产经营秩序。

（九）公司章程规定或者股东会授予的其他职权

除了上述（一）至（九）项职权外，本条第（十）项还赋予公司对其他应当由董事会履行的勤勉和忠实义务加以规范的职权。公司股东可以根据公司的具体情况，通过公司章程授予董事会其他职权，例如，规定由董事会决定承办公司审计业务的会计师事务所的聘任或者解聘等。此项职权的规定，体现了公司自治原则，为公司扩大董事会职权提供了弹性空间。

特别应当注意的是，根据本法第 67 条第 3 款“公司章程对董事会职权的限制不得对抗善意相对人”的规定，股份有限公司章程对董事会权力的限制不得对抗善意相对人。进而言之，公司股东会对董事会权力的限制亦不得对抗善意相对人。

三、董事会董事人数及其董事构成

根据本条第 2 款的规定，本法第 68 条第 1 款的规定适用于股份有限公司。由于董事会的行为决定了公司的经营状况，关系到每个股东的利益，为了集思广益，使公司得到良好的经营管理，同时也为了避免少数股东操纵董事会，损害其他股东的利益，股份有限公司董事会的人数应该适中，至少应为 3 人以上。董事会成员人数通常应为单数，以防止董事会在作出决定时出现赞成、反对各半的僵局。本法未就董事会成员上限作出规定，可由公司自行决定。当然，董事会成员不宜过多，否则既增加公司运营成本，还会降低公司运营效率。

根据本法第 68 条第 1 款的规定，董事会成员中可以有公司职工代表。不过，职工人数 300 人以上的股份有限公司，除依法设监事会并有公司职工代表的外，其董事会成员中应当有公司职工代表。董事会中的职工代表由公司职工通过职工代表大会、职工大会或者其他形式民主选举产生。董事会成员中可以有公司职

工代表,或者职工人数 300 人以上的股份有限公司应当有公司职工代表的规定,突出了对职工权益的保障。另外,职工人数 300 人以上的股份有限公司董事会成员中应当有公司职工代表的规定属于强行性规范。

四、董事的任期

董事任期是指担任董事职务的时间限制。根据本条第 2 款的规定,本法第 70 条的规定适用于股份有限公司。

根据本条和本法第 70 条的规定,董事任期包括以下内容:

1. 董事任期由公司章程规定,但每届任期不得超过 3 年。董事任期届满,连选可以连任。

2. 董事任期届满未及时改选,或者董事在任期内辞任导致董事会成员低于法定人数的,在改选出的董事就任前,原董事仍应当依照法律、行政法规和公司章程的规定,履行董事职务。

3. 董事辞任的,应当以书面形式通知公司,公司收到通知之日辞任生效,但如果董事任期届满未及时改选或者董事在任期内辞任导致董事会成员低于法定人数的,在改选出的董事就任前,原董事应当继续履行职务。

4. 担任法定代表人的董事辞任的,视为同时辞去法定代表人。

5. 法定代表人辞任的,公司应当在法定代表人辞任之日起 30 日内确定新的法定代表人。

五、董事的解任

董事的解任属于董事任期的特别规定,是指董事在任期届满前被股东会决议解除其担任的董事职务。根据本条第 2 款的规定,本法第 71 条的规定适用于股份有限公司。

根据本法第 59 条的规定,股东会的职权包括选举和更换董事、决定董事的报酬等事项。因而,股东会当然有权决议解任董事,而且决议作出之日解任即生效。不过,无正当理由,在任期届满前解任董事的,该董事可以要求公司予以赔偿。

【司法适用】

一、关于董事会职权属性

依照本法的规定,股份有限公司董事会享有广泛的职权。不过,董事会的职权,既有权利属性,也有义务属性。董事会不行使其职权,实际上也是不履行其应尽的职责。如果董事会不依法行使其职权,就可能导致公司的管理和经营决策发生障碍。如召集股东会、决定经营计划和投资方案、制订年度财务预算方案及利润分配方案等,如果董事会不履行或怠于履行,则会损害公司的经营及运行,损害股东权利,因而董事会不得因其职责在法律表现为职权而不予履行。

二、关于公司自治的界限问题

股东向公司履行出资义务后，分红、分配利润即成为其最基本的股东权利。实践中，一些公司的股东会、董事会由大股东控制，压迫、排挤小股东，在公司有盈余可以分配利润时，使公司无法形成董事会、股东会决议或者决议侵害小股东利益。被侵害的股东只能通过提起相应的分配诉讼、对外转让股权或者要求公司回购股权的方式，保护和救济自己的权利。从实务分析，公司盈余分配纠纷是发生频率较高的纠纷类型，在审理此类案件时，要准确把握公司自治与司法干预之间的关系，董事会的职权之一即制订公司的利润分配方案，由股东会批准，此即公司经营自治范畴。利润分配属公司或者股东基于自身知识和经验作出的商业判断，公司享有是否分配以及如何分配公司利润的决策权，司法不宜代替公司作出盈余分配的相关判断。

三、股东会解任董事引起的损害赔偿纠纷为新类型纠纷

根据本法第71条的规定，股东会无正当理由，在任期届满前解任董事的，该董事可以要求公司予以赔偿。但对于何谓正当理由或者非正当理由、董事因提前解任而遭受的损失的计算方式等，皆需进一步明确。为了更好落实本条规定，公司选任董事后，应当通过合同约定方式对提前解任董事的情形及损失赔偿范围予以明确。否则，很容易在发生纠纷后各执一词，甚至在诉至人民法院后，人民法院也难以判断。

【司法案例】

徐某南诉鲁南制药集团股份有限公司与第三人张某平、王某强、李某忠公司决议纠纷案①

诉讼结论：解任公司董事长的董事会决议因程序瑕疵被依法撤销的，公司不应再依该决议办理董事长的变更登记手续。

基本案情：鲁南制药集团股份有限公司（以下简称鲁南制药公司）成立于1995年12月14日，法定代表人为张某民，注册资本8170.5万元。徐某南持有该公司股权25,000股。张某民、张某平、李某忠、王某强、张某星为公司董事，张某民为董事长兼任公司总经理，朱某峰、李某、苏某强为公司监事。第三人提交的2017年3月2日《关于提请鲁南制药集团股份有限公司召开董事会更换董事长、法定代表人及总经理的提案》载明“张某民董事长先生：我等董事提请您于3月7日之前发出召集董事会临时会议的通知，并于3月12日召开董事会，免去您集团

① 参见山东省临沂市中级人民法院（2019）鲁13民终7106号民事判决书。

公司董事长、法定代表人及总经理职务，同时提名张某平先生为集团公司新任董事长及法定代表人、王某强先生为集团公司新任总经理”，张某平、王某强、李某忠在提案中签名，提案中还签有“张某星”的姓名。王某强将提案发送至张某民的电子邮箱，并载明“经公司四位董事签名的《关于更换集团董事长、法定代表人及总经理的提案》原件，已于今日下午委托李某杰先生转交给您，现通过本邮件将原件拍照发送给您”。3月11日下午5时许，王某强通过电子邮箱向张某民、张某星的邮箱发送了《董事会会议补充通知》，主要内容：依据《公司章程》，我（王某强）作为张某平董事、李某忠董事共同推举的召集人，现代表三名董事通知你召开鲁南制药公司董事会临时会议。此前三名董事已于3月2日向你书面发出了提请召开董事会临时会议的提案，并明确告知于3月12日召开董事会临时会议。此次董事会临时会议将就如下事项进行表决……董事会临时会议时间：3月12日上午8:00，地点：……3月12日上午8时7分许，张某平、王某强、李某忠在通知地点召开临时会议，由张某平主持，王某强担任会议记录人。会议作出董事会决议：一致同意免去张某民担任的董事长及法定代表人职务，一致推选张某平担任董事长及法定代表人。一致同意免去张某民担任的总经理职务，根据董事长张某平的提名，一致同意聘任王某强担任总经理。公证处对会议召开的全过程进行了公证。2017年3月14日，张某平、王某强、李某忠以鲁南制药公司的名义在法制网、《法制日报》刊登了声明。3月12日晚，王某强通过电子邮箱向张某民、张某星发送《鲁南制药公司董事会临时会议通知》，内容为：根据公司章程及董事会议事规则，经王某强董事、李某忠董事、张某民董事、张某星董事提议，本人与王某强董事、李某忠董事共同决定召集、召开董事会临时会议，讨论决定如何处理张某民在公司的任职问题相关事宜，会议时间3月18日上午9:00，会议地点……3月17日晚，王某强通过电子邮箱向张某民、张某星发送了《鲁南制药3月18日董事会提案》，载明会议将就九项提案进行表决。3月18日9时，张某平、王某强、李某忠三人在通知地点召开会议，由张某平主持、王某强记录，形成董事会决议。公证处对会议的通知及会议的召开进行了公证。

法院认为：3月12日及3月18日的董事会决议显示的内容系对董事长任免及研究公司的经营决策问题，均未超出公司章程规定的董事会会议的职权范围，故董事会决议内容不违反公司章程的规定。本案第三人张某平、王某强、李某忠均在2017年3月2日《关于提请鲁南制药集团股份有限公司召开董事会更换董事长、法定代表人及总经理的提案》中签名，其中还签有张某星的名字，超过全部董事的1/3，该提案不违背公司法及公司章程的规定。第三人于2017年3月2日发出提议，要求董事长张某民于2017年3月7日之前发出召集董事会临时会议的通知，并于2017年3月12日召开董事会。虽然当事人对于召开会议的期限存在争议，但自3月2日发出提议至3月12日，张某民在接到提议后10日内，并未召集和主持董事会会议，应视为其未履行董事长的该项职务，至此，半数以上董事有权共同推举一名董事履行职务。对于3月18日的会议，因系张某平以董事长的名义召集，故其召集权的合法与否取决于3月12日董事会决议的效力。如果董事会决议有效则张某平有权以董事长的名义召集会议，如果3月12日的董事会决议被撤销或认定为无效，则张某平无权行使董事长的权利。在张某民未履行召集和主持会议的职责的情况下，第三人一致推选王某强作为召集人，其有权召集和主持会议。王某强应当按照章程及议事规则的规定，通知全体应参会人员召开会议，但应在会议召开5日以前通知到每一位应参会人员，通知内容包括议事规则第35条规定的会议时间和地点、会议事由及议题、发出通知的日期。即使按第三人主张的张某民应于3月7日前发出召集董事会临时会议的通知而未履行，此后三董事共同推举的董事王某强取得临时董事会召集和主持权，其应向各应参会人员发出召集会议的通知，会议的召开时间为通知到达的5日后，但王某强仅于2017年3月11日下午5时许通过电子邮箱向张某民、张某星的邮箱发送了《董事会会议补充通知》，通知于3月12日召开董事会会议。如果按第三人主张该补充通知系对2017年3月2日《关于提请鲁南制药集团股份有限公司召开董事会更换董事长、法定代表人及总经理的提案》的补充，则王某强对3月12日的会议未履行召集和通知程序；如果该补充通知视为召集会议的通知，则通知次日召开会议严重不符合公司章程、议事规则的规定。因此3月12日的董事会召集程序存在重大瑕疵。召开临时会议也应通知全体董事和监事，因此3月12日及3月18日的董事会会议系在未通知监事的情况下召开的，程序上存在瑕疵。王某强于2017年3月11日通过电子邮箱向张某民、张某星的邮箱发送的《董事会会议补充通知》载明其为张某平董事、李某忠董事共同推举的召集人，其有权召集和主持会议，但2017年3月12日的《鲁南制药集团股份有限公司董事会会议记录》载明会议主持人为张某平，明显违反了公司章程的规定。3月12日的董事会会议形成决议的内容系免除张某民的董事长及法定代表人、总经理职务，属于公司重大人事调整事项，虽然张某民没有履行其作为董事长召集和主持会议的职责，但由于会议的召集系以“半数以上董事有权共同推举一名董事履行职务”的方式启动的，会议未按法定及章程规定的程序进行召集、通知和召开，亦未通知公司监事，剥夺或削弱了张某民参加董事会应享有的董事长权利及董事权利，亦限制了监事会对于公司重大决策的监督权、对会议事项的质询和建议权，应当认定对决议产生了实质性影响。2017年3月12日召开的董事会会议在召集程序、通知参会人员方面违反公司法及鲁南制药公司章程、议事规则的规定,均存在重大瑕疵,足以对决议的内容产生实质性影响,原告徐某南作为被告的股东,在董事会决议作出后的60日内起诉,要求撤销该董事会会议决议符合法律规定;2017年3月18日的董事会会议因系张某平以董事长的名义召集和主持,且未通知监事参加,故其会议的召集程序违反公司法及鲁南制药公司章程、议事规则的规定,原告徐某南要求撤销该会议形成的董事会决议符合法律规定。由于决议被撤销后其效力及于初始,故对第三人要求鲁南制药公司协助办理各项过户登记,配合第三人履行决议确定的职权,不符合法律规定,不予支持。

第一百二十一条　股份有限公司可以按照公司章程的规定在董事会中设置由董事组成的审计委员会,行使本法规定的监事会的职权,不设监事会或者监事。

审计委员会成员为三名以上,过半数成员不得在公司担任除董事以外的其他职务,且不得与公司存在任何可能影响其独立客观判断的关系。公司董事会成员中的职工代表可以成为审计委员会成员。

审计委员会作出决议,应当经审计委员会成员的过半数通过。

审计委员会决议的表决,应当一人一票。

审计委员会的议事方式和表决程序,除本法有规定的外,由公司章程规定。

公司可以按照公司章程的规定在董事会中设置其他委员会。

【条文主旨】

本条是关于股份有限公司审计委员会等职权、组成及议事规则的规定。

【条文理解】

本条是新增条款。

一、关于股份有限公司审计委员会的设立与职权

本次修订的重大制度创新是在保留现有的双层制的基础上,引入以审计委员会为核心的单层制监督机制。本法第69条对有限责任公司董事会中设立审计委员会问题作了规定,并明确审计委员会行使本法规定的监事会的职权。本条第1款明确,股份有限公司也可以按照公司章程的规定在董事会中设置审计委员会,行使本法规定的监事会的职权,不设监事会或者监事。与有限责任公司要求一样,股份有限公司审计委员会与监事会、监事是二选一的关系,不得重复设置。

二、关于股份有限公司审计委员会的组成

（一）审计委员会由董事组成

本条第1款规定，股份有限公司审计委员会由董事组成。同时，与本法第69条的规定一致，本条第2款亦规定，股份有限公司董事会成员中的职工代表可以成为审计委员会成员。实践中，如《上海证券交易所上市公司董事会审计委员会运作指引》第7条也明确，审计委员会成员由董事会从董事会成员中任命。

（二）关于审计委员会人数下限要求

与有限责任公司审计委员会的规定不同，本条第2款对股份有限公司审计委员会的组成作出特别规定，即审计委员会成员为3人以上。实践中，如《上海证券交易所上市公司董事会审计委员会运作指引》第7条明确，审计委员会由3名或以上成员组成。

（三）审计委员会成员的任职资格

审计委员会能否有效发挥其职能，核心因素在于审计委员会成员的独立性。审计委员会成员需独立于公司管理层，以保护所有股东的合法利益。

公司法修订草案二审稿第121条曾拟规定，股份有限公司审计委员会中，独立董事应当过半数，且至少有1名独立董事是会计专业人士。虽然上市公司董事会审计委员会中要求至少有1名会计专业人士这一制度已经为多国所采用并实行多年，但我国学者对于股份有限公司审计委员会中是否应该要求至少有1名会计专业人士仍有争议，故本条最终未对此作出限制性规定。

而对于独立董事及其人数的要求，本条虽然没有保留修订草案二审稿的要求，但仍然规定“过半数成员不得在公司担任除董事以外的其他职务，且不得与公司存在任何可能影响其独立客观判断的关系”。在国有独资公司中，本法第173条第1款规定，其董事会成员应当过半数为外部董事，可以满足审计委员会成员的任职要求。对于上市公司，《上市公司治理准则》（2018年）第38条第2款规定：“专门委员会成员全部由董事组成，其中审计委员会、提名委员会、薪酬与考核委员会中独立董事应当占多数并担任召集人，审计委员会的召集人应当为会计专业人士。”《上海证券交易所上市公司董事会审计委员会运作指引》第8条要求：“审计委员会成员原则上须独立于上市公司的日常经营管理事务。审计委员会中独立董事委员应当占审计委员会成员总数的1/2以上。”

三、审计委员会的议事规则

审计委员会作出决议，应当经审计委员会成员的过半数通过；审计委员会决议的表决，应当一人一票。与董事会决议的表决实行一人一票制相同，审计委员会决议也是以人数为基准的决议制度，因此其表决也应实行一人一票制。

审计委员会的议事方式和表决程序，除本法有规定的外，由公司章程规定。

四、关于董事会其他委员会的设立

本条第6款规定，股份有限公司可以按照公司章程的规定在董事会中设置其他委员会。

设置董事会专门委员会的目的，主要是为董事会决策提供专业支持，从目前国内实践来看，在董事会中设置其他专门委员会的主要是上市公司和部分国家出资公司、国有参股公司；除审计委员会外，其他专门委员会一般包括战略委员会或者投资委员会、提名委员会和薪酬考核委员会等。如证监会和国家经贸委2002年1月发布的《上市公司治理准则》（证监发〔2002〕1号）首次对董事会专门委员会做出明确规定，提出上市公司董事会可以按照股东大会的有关决议，设置战略、审计、提名、薪酬与考核专门委员会。《国务院办公厅关于进一步完善国有企业法人治理结构的指导意见》（国办发〔2017〕36号）明确，董事会应当设立提名委员会、薪酬与考核委员会、审计委员会等专门委员会。

设置董事会专门委员会需要综合考虑决策效率、专业增值、运行成本和退出条件等因素，从投入产出角度来进行综合研判。对于大型股份有限公司而言，董事会成员较多，设置专门委员会可以提高分工与专业化效率，可以提升董事决策的专业性和科学性。而大多数股份有限公司的规模并不大，其董事会成员也不多，设置专门委员会的意义并不大，反而会增加成本。因此本条第6款规定并非强制性要求，而是“可以”根据公司章程的规定设置。公司章程规定设置专门委员会的，应同时对专门委员会的组成、职责等事项作出规定。如本法第136条第2款即规定，上市公司的公司章程即应当依照法律、行政法规的规定载明董事会专门委员会的组成、职权等事项。

第一百二十二条　董事会设董事长一人，可以设副董事长。董事长和副董事长由董事会以全体董事的过半数选举产生。

董事长召集和主持董事会会议，检查董事会决议的实施情况。副董事长协助董事长工作，董事长不能履行职务或者不履行职务的，由副董事长履行职务；副董事长不能履行职务或者不履行职务的，由过半数的董事共同推举一名董事履行职务。

【条文主旨】

本条是关于股份有限公司董事会董事长、副董事长产生及其职权、董事会会议召集和主持的规定。

【条文理解】

本条与《公司法》(2018年)第109条的规定相比较,仅对"副董事长不能履行职务或者不履行职务"时,共同推举一名董事履行职务的董事人数要求进行修改,由"由半数以上的董事共同推举"修改为"由过半数的董事共同推举"。

第一百二十三条　董事会每年度至少召开两次会议,每次会议应当于会议召开十日前通知全体董事和监事。

代表十分之一以上表决权的股东、三分之一以上董事或者监事会,可以提议召开临时董事会会议。董事长应当自接到提议后十日内,召集和主持董事会会议。

董事会召开临时会议,可以另定召集董事会的通知方式和通知时限。

【条文主旨】

本条是关于股份有限公司董事会种类、通知、召集和主持的规定。

【条文理解】

与《公司法》(2018年)相比较,本条仅作了文字修改,即将第2款中的"董事会临时会议"修改为"临时董事会会议",表述更为准确。

第一百二十四条　董事会会议应当有过半数的董事出席方可举行。董事会作出决议,必须经全体董事的过半数通过。

董事会决议的表决,应当一人一票。

董事会应当对所议事项的决定作成会议记录,出席会议的董事应当在会议记录上签名。

【条文主旨】

本条是关于董事会议事规则的规定。

【条文理解】

与《公司法》(2018年)相比较,2023年修订一是将《公司法》(2018年)第111条及第112条第2款的内容合并为一条。二是文字表述上有所变化,包括:"必须经全体董事的过半数通过"修改为"应当经全体董事的过半数通过";"董事会应当对会议所议事项的决定作成会议记录"修改为"董事会应当对所议事项的决定作成会议记录”。修改后的表述更精准。

一、董事会会议应当有过半数的董事出席方可举行

既然董事会主要通过召开会议的形式来行使职权,会议就必然要满足一定的程序要求:一是出席人数要求。如果只有少数人出席会议并作出决议,该决议就不能代表多数意见。二是表决比例要求。根据表决事项的不同,表决比例有简单多数和绝对多数之分。三是董事会会议记录必须符合法定形式要求。

董事会作为公司的集体决策和业务执行机构,对公司的经营有着至关重要的作用。为了保证董事会的决议能够代表大多数股东的利益,有利于公司的经营,就必须有足够的董事参加,否则会议就无法正常召开。本条采取折衷的做法,规定董事会召开的条件为:应当有过半数的董事出席方能召开。半数这一个法定的比例,也是集体决策合法性的标志。在董事会依法通知全体董事和监事之后,因各种主客观原因,董事会并不是一定能够按时召开。如果按照董事会通知的时间和地点,出席董事会会议的董事不足全体董事的一半,则董事会会议就不得召开。这时即使举行了董事会会议,该董事会会议及其所作出的决议也是不成立的。只有出席董事会会议的董事占全体董事的一半以上,董事会会议才能召开。

二、董事会作出决议应当经全体董事的过半数通过

召开董事会,总是要作出一些决议的。董事会作出决议的条件,也是董事会决议合法与有效的标志。董事会人数总体上来说比较少,容易形成相对集中的意志。同时,董事会作出决议,应当反映大多数成员的意愿。因此,本条要求董事会作出决议,应当经全体董事的过半数通过,该决议方为有效。

需要注意的是,董事会作出决议,应当经全体董事的过半数通过,而不是出席会议的董事人数的过半数。如果以出席会议的董事人数的过半数来判断,加上董事会会议召开的条件,则有可能董事会决议仅取得四分之一的董事支持就获得通过,这样就会使董事会决议无法代表多数董事的意见,不具有权威性,不利于保护全体股东尤其是中小股东的权利。

三、董事会决议的表决规则:实行一人一票

董事会的决议事项需要董事进行表决,因此必须对董事表决的方式作出规定。董事会决议的表决实行的一人一票制规则与股东会表决实行的每一股份有一表决权制是不同的。董事是因股东的选任而成为董事的(其中包含股东对其专业知识和管理经验以及人身品格的信任),与其是否出资及出资的多少无关。因此只能每人平等地享有一票表决权;而股东则是因出资而具有股东身份的,因此应按照出资的多少来分享表决权。董事会会议审议表决事项时,往往实行一事一议的表决方式,每一董事享有一票表决权。实践中,表决票往往分为赞成票、否决票和弃权票三种类型。

董事会决议的表决实行的一人一票制，与股东会选任董事、监事实行的累积投票制也是不一样的。一人一票制是以人数为基准的决议制度，而累积投票制实质上是一种特殊的股份决议制度，以股份为基准，二者的区别很明显。

四、董事会会议记录的要求

董事会会议记录不仅明确、真实地记载董事会会议对决议事项作出的决定，反映董事会活动，而且由于董事会对公司的经营决策和管理活动负有直接责任，此会议记录也就成为区分和确定董事责任的具有法律意义的文件。在董事会举行会议时，董事长应当指定专门的人员对董事会会议的举行情况、决议的事项及结果进行记录，并作成会议记录。出席会议的董事应当在会议记录上签名，表明该记录真实，对自己在董事会会议上的言行负责。董事会对会议所决议事项及结果作成会议记录，是将董事会的会议情况留下一个真实的证据，如为了查证董事会会议是否违法、某个董事是否对公司负赔偿责任时，能够比较方便地了解董事会会议的真实情况。

董事会决议不需要加盖公章或者董事会章或附签名模板，只需出席会议的董事签名即可。

【司法适用】

对于董事长代表公司的对外行为是否需要董事会决议的问题，在公司法理论中，董事长被选任为公司法定代表人，承担对外代表公司的职权。一般来讲，董事长作为法定代表人对外代表公司的职权是法律直接赋予的，不受限制。但在公司法实务中，仍然可以看到，不少公司通过章程或者内部决议的形式，对董事长对外代表公司的行为加以限制。例如，公司章程中记载"如果公司对外交易达到一定金额，董事长必须在经过董事会作出相关决议之后才有权对外代表公司，否则，董事长的代表行为将不被公司承认"。那么应当如何看待公司章程的类似内容效力？对外代表公司是《公司法》赋予董事长的法定职权，这里探讨的问题实质上是公司能否以内部约定的方式改变《公司法》规定的董事长法定的对外代表权。《公司法》并不排除公司通过内部约定限制董事长对外行为的权限，这种限制对内是有效的，但对外不应具有对抗第三人的效力，如果第三人不知道也不应当知道公司对董事长的对外代表行为作出的限制，那么，虽然董事长越权，但其行为构成表见代表行为，公司应当承担董事长代表行为的结果。如果由于多次交易等原因第三人知道或者应当知道公司对董事长对外行为所作的限制，那么董事长的越权行为则为无效，公司对此可以不予认可。

第一百二十五条　董事会会议，应当由董事本人出席；董事因故不能出席，可以书面委托其他董事代为出席，委托书应当载明授权范围。

董事应当对董事会的决议承担责任。董事会的决议违反法律、行政法规或者公司章程、股东会决议，给公司造成严重损失的，参与决议的董事对公司负赔偿责任；经证明在表决时曾表明异议并记载于会议记录的，该董事可以免除责任。

【条文主旨】

本条是关于董事出席、代理出席及责任承担的规定。

【条文理解】

一、董事出席董事会会议的要求

董事会通过举行董事会会议并作出决议来行使其职权，董事会是受股东会的信任而被选举出来经营公司财产的集体。董事本人应当对股东会负责，在董事会开会时对公司的经营决策和业务执行发表自己的意见，使董事会能够集思广益，作出符合公司利益的决定。但是，如果董事因身体健康或者其他工作等原因，无法出席董事会会议，可以委托他人代为出席董事会会议。但董事委托他人代为出席董事会会议，必须符合两个条件：一是应当委托本公司的其他董事代为出席，而不能委托本公司董事以外的人代为出席；二是应当出具书面委托书，并在委托书中载明委托哪位董事就哪些事项代为发表意见。由于董事会就公司的重大决策事项进行审议决定，可能涉及公司的商业秘密，所以董事委托的代理人应为其他董事，不能委托董事以外的人员代为出席董事会会议。除书面委托外，其他委托方式如口头委托、电话委托等无效，代理人超出董事的授权范围行使表决权的，该行为无效。另外，《上市公司治理准则》规定，上市公司的独立董事不得委托非独立董事代为投票。

二、董事对董事会的决议承担责任

董事会是一个集体，在作出决议时，应当由出席会议的董事过半数同意，才能通过。也就是说，董事会的决议结果是根据各董事表示同意或者不同意的情况而作出的，董事应当对董事会的决议承担责任。当董事会的决议违反法律、行政法规或者公司章程、股东会决议，致使公司遭受严重损失时，参与决议的董事对公司负赔偿责任。

依据本条规定，并非在任何情况下，更非所有的董事都对公司负赔偿责任。只有同时存在以下四种情形，董事才对公司负赔偿责任：一是董事会的决议违反法律、行政法规或者公司章程、股东会决议。从保护公司利益、规范和约束董事行为角度出发,本条所指法律、行政法规,涵盖所有法律、行政法规的规定,包括《公司法》有关董事负有忠实和勤勉义务的规定等。二是董事会的决议致使公司遭受严重损失。即使董事会的决议违反了法律、行政法规或者公司章程、股东会决议,但如果董事会决议没有造成公司严重损失,董事也就无须对公司负赔偿责任。此处公司受有损失包括两种情况:董事会决议瑕疵导致决议被撤销、无效或者不存在,这会影响公司效率,造成公司重新召开董事会、承担诉讼费用等公司运营成本的增加;因违反法律、行政法规或者公司章程或者股东会决议被执行,导致公司受有损失。三是该董事参与了董事会的决议。本法未明确规定董事承担责任以董事有过错为前提。虽然一般而言,董事对公司的责任应当以过错责任为原则,只有在董事越权等例外情况下才承担无过错责任。但是结合商事责任的特殊性,只要董事违反法律、行政法规或者公司章程(包括违反忠实和注意义务),就推定董事有过错,除非董事能够证明自己无过错。关于承担责任的董事范围,本法规定为参与决议并且未表明异议的董事即表决时投赞成票的董事。董事无论是从任职资格还是从法律规定上讲,都有审查董事会决议程序、内容是否符合法律、行政法规、公司章程和股东会决议的现实能力,负有对决议进行审查的义务,该义务也是董事忠实和注意义务的重要内容。表决时对瑕疵决议投赞成票的董事违反了此项审查义务的,应当承担责任。四是董事的赞同或弃权行为与公司损失之间存在因果关系。作为受股东信任而接受委托参与公司经营的董事,应当遵守公司章程,忠实履行职务,维护公司利益。当董事在董事会会议上对某一决议表示同意或者不同意,致使董事会作出了违反法律、行政法规或者公司章程或者股东会决议的决议,给公司造成了严重损失时,该董事应当对公司承担赔偿责任,而对该决议持相反意见的董事,则不对公司负赔偿责任。当然,责任的免除需要有证据,即只有证明在表决时该董事曾表示异议并记载于会议记录的,才能免除该董事的责任。

【司法适用】

关于缺席董事和投弃权票的董事是否要承担责任这一问题。缺席董事分为两种情况:一是董事虽然未亲自参加会议,但委托其他董事参会表决,这时缺席董事对委托的表决承担相应的责任,而不是由受托董事承担责任。二是缺席董事既未亲自参会也未委托他人参会。参加董事会是董事的职权,不可以无故放弃。《公司法》设立董事会制度就是要通过集中董事集体智慧进行决策,从而实现公司利益最大化。而且董事是否出席董事会,也会影响决议效力,各国公司法几乎都有对出席董事会的董事需要达到法定人数的规定,否则董事会无法形成决议,由此可见,董事无故不参加董事会既违背董事会制度本意,又会导致董事以不参会为由逃避董事责任,甚至影响董事会决议的效力。《公司法》有必要规定无故不参加董事会的董事也要对董事会决议效力瑕疵承担责任,从民事责任角度强化董事参会的义务。且根据本条规定,参与决议并且未表明异议的董事都要为效力瑕疵承担责任。对该条应采扩大解释,即只要没有投反对票的,无论是弃权还是赞成,都要承担责任。而且,董事必须具备一定的能力才具有任职资格,表决时董事应当充分发挥自身能力水平并尽到忠实和注意义务,如果任由董事弃权而不承担责任则会变相鼓励董事逃避职责,从而出现道德风险。

第一百二十六条　股份有限公司设经理,由董事会决定聘任或者解聘。

经理对董事会负责,根据公司章程的规定或者董事会的授权行使职权。经理列席董事会会议。

【条文主旨】

本条是关于股份有限公司经理的设立及其职权的规定。

【条文理解】

本条是在《公司法》(2018 年)第 113 条的基础上修改而成。与《公司法》(2018 年)相比,本条第 1 款未作任何改动;第 2 款有关经理职权的规定在表述上有所变化,未再具体列明有限责任公司经理职权,而是直接规定经理的职权由公司章程规定或者由董事会授权,同时规定经理对董事会负责,列席董事会会议。当然,本条第 2 款与本法第 74 条第 2 款的内容完全相同。

一、经理的法律地位

经理,是指应当在公司中设置的、以辅助董事会执行业务、进行日常经营管理的人员。简而言之,所谓经理,就是公司的日常经营管理和行政事务的负责人,可由董事和自然人股东充任,也可由非股东的职业经理人充任。经理由董事会聘任免,对董事会负责。

经理这一职位具有以下特征:一是经理通常不是公司的法定机关,即公司可以设置经理,也可以不设置经理。二是股份有限公司的经理通常由董事会决定聘任。三是经理在授权范围内对外代表公司,并享有管理公司事务的广泛权力。四是公司章程、董事会或者公司与经理的契约可以对经理的权限予以限制。五是对经理职权的限制,不得对抗善意第三人。在我国的公司实践中,通常股份有限公司均设置经理作为董事会的执行辅助机关,由董事会决定聘任或解聘,经理对董事会负责,向董事会报告工作,接受董事会的监督。

《公司法》对作为公司高级管理人员的经理的任职资格有明确的规定。经理作为辅助董事会执行业务的人员,由董事会聘任或者解聘,对董事会负责。董事会以经营管理知识、工作经验和创利能力为标准,挑选和聘任适合于本公司的经理,并决定经理的报酬及其支付方法。董事会如果认为某个经理不适合于本公司,可以依法召开董事会会议决定解聘该经理。由此可见,经理和董事会之间的法律关系,是经理对董事会负责,经理和董事会并不是具有同等权利的相互间平行存在的关系。

经理只设一人,副经理的设置人数在本法中未作规定,可以根据公司的情况自行决定。

二、经理的职权

本次修订,未采用《公司法》(2018 年)的立法模式,以列举的形式明确规定经理的职权,只是原则规定,经理对董事会负责并列席董事会,根据公司章程和董事会的授权行使职权。根据公司经营管理的需要,通常情形下,经理作为公司具体业务执行者,负责公司生产经营管理工作,指挥公司内部管理机构的活动,可以享有以下职权:

(1)主持公司的生产经营管理工作,组织实施董事会决议。经理负责主持公司的日常生产经营管理工作,掌管公司与经营管理有关的必要事务。与董事会职权的区分在于,董事会有经营决策权,而经理是组织实施公司董事会作出的决议。

(2)组织实施公司年度经营计划和投资方案。公司的经营方针和投资计划由股东会决定,经营计划和投资方案由董事会决定。经理负责组织实施公司的年度经营计划和投资方案,具体落实董事会决定的经营计划和投资方案。

(3)拟订公司内部管理机构设置方案。为了有序地进行工作,公司需要设立既有一定分工、又能协调配合的内部管理机构,保障生产经营活动的正常进行。公司内部管理机构的设置方案,由经理拟订,报请董事会决定。

(4)拟订公司的基本管理制度。经理负责拟订公司的基本管理制度,报请董事会决定。

(5)制定公司的具体规章制度。经理根据董事会制定的公司基本管理制度,结合具体情况,制定公司的具体规章。

(6)提请聘任或者解聘公司副经理、财务负责人。经理根据工作需要,考察确定公司副经理、财务负责人的人选,提请董事会并由董事会决定聘任或者解聘。

(7)决定聘任或者解聘除应由董事会决定聘任或者解聘以外的负责管理人员。经理根据工作需要,决定聘任或者解聘由董事会决定聘任或者解聘以外的负责管理人员。

(8)公司章程和董事会授予的其他职权。从这一项与其他各项联系起来看,《公司法》中对经理的职权从三个方面作出规定:一是法定的职权,即由《公司法》规定的经理职权,如经理可以担任公司法定代表人;二是由公司章程规定的职权,即股东会通过公司章程授予经理的职权,之所以说到股东会,因为公司章程是股东会通过的,章程的内容反映了其制定者的意志;三是董事会的授权,这种授权的内容和形式可能比较多,而且,一般来说也是经理职权的一个重要来源。依本条规定,经理的职权主要由公司章程规定或者董事会授权。

经理的上述职权,概括起来主要是公司日常经营管理活动的组织实施以及公司内部管理机构的设置、人员配备和具体规章制度的制定。

【司法适用】

一、注意区分《公司法》上的经理与实践中的“经理”

本条规定的经理是《公司法》意义上的经理,并非实践中所称的公司经理。虽然两种称谓下的经理,都是公司雇员,但本条规定的经理是董事会的业务执行机构,由董事会决定聘任或者解聘,在董事会的领导下工作,对董事会负责,是对公司日常经营管理工作负总责的管理人员,公司实务中更多地称为总经理。而实践中一般所称的“经理”,指负责公司某一部门具体管理工作的负责人,是在“总经理”领导下、协助“总经理”负责日常管理工作的管理人员,不享有《公司法》规定的经理职权。

二、准确把握公司经理职权的意义

依据本条第2款规定,经理根据公司章程的规定或者董事会的授权行使职权。也就是说,经理职权无论是来源于公司章程还是董事会授权,都是根据自身情况完善其内部法人治理结构的需要。在多数情况下,公司为了自身财产安全及内部治理需要,可能增加对经理职权的限制,既是为了将公司认为重要的权力上移,也是对公司经理的一种约束。当然,公司章程还可以将法定职权之外的职权赋予经理,并不为法律所禁止。

第一百二十七条　公司董事会可以决定由董事会成员兼任经理。

第一百二十八条　规模较小或者股东人数较少的股份有限公司,可以不设董事会,设一名董事,行使本法规定的董事会的职权。该董事可以兼任公司经理。

【条文主旨】

本条是关于股份有限公司不设董事会的规定。

【条文理解】

本条为新增规定。《公司法》(2018 年)未就规模较小或者股东人数较少的股份有限公司可以不设董事会作出规定。

一、规模较小或者股东人数较少的股份有限公司客观存在

有限责任公司与股份有限公司虽然属两种不同的公司组织形式,但二者具有许多共同点,除了皆须遵循资本维持原则、对外承担有限责任原则、皆有法人资格及皆属盈利组织外,在出资要求与最低股东人数方面二者有以下共同特点:其一,按照本法第 91 条的规定,股份有限公司的设立方式包括发起设立和募集设立两种方式。发起设立的,由发起人认购设立公司时应发行的全部股份而设立公司。因而发起设立的股份有限公司的股东出资要求(即其认购的股份)本质上与有限责任公司股东出资要求(即其认缴的出资额)并无不同,全部由投资人承担。其二,本法第 92 条规定,“设立股份有限公司应当有一人以上二百人以下为发起人”,而本法第 42 条规定,“有限责任公司由一个以上五十个以下股东出资设立”。也就是说,不仅存在一人有限责任公司,也存在一人股份有限公司。

二、规模较小或者股东人数较少的股份有限公司组织机构存在简化需求

本法施行后,规模较小或者股东人数较少的股份有限公司将与有限责任公司一样:数量大,种类多。这样的股份有限公司因实行发起设立,公司的设立相对简单和容易,“小快灵”的股份有限公司与有限责任公司一样,具有股东人数少、组织机构相对简单等特点。因而本法规定,规模较小或者股东人数较少的股份有限公司可以不设董事会,只设一名董事作为公司的执行机关,避免议事及决议的繁冗程序。客观上,一人股份有限公司,既不能设立股东会,也无须设立董事会。

三、规模较小或者股东人数较少的股份有限公司可以设一名董事行使董事会的职权

根据本条规定,规模较小或者股东人数较少的股份有限公司可以不设董事会,而只设一名董事。之所以允许其不设董事会,只设一名董事,就是为了精简公司业务执行机构,提高运营效率,尽快将公司相关决策落实下去。

四、不设董事会的股份有限公司的董事可以兼任公司经理

规模较小或者股东人数较少的股份有限公司,不设董事会,只设一名董事行使董事会的职权。按照本法第 127 条的规定,该董事可以兼任经理。这样,有利于提高公司运营效率,减少公司运营成本。

五、规模较小或者股东人数较少的股份有限公司董事的职权

董事虽然只有一人，但其法律地位与董事会相同，是公司的执行机关和业务决策机关，对股东会负责。仅由一名董事行使职权，虽然与董事会集体决策、集体行使职权不同，但该董事的职权，可以与董事会的职权完全相同。当然，股东会或者股东可以通过公司章程对董事的职权作出明确界定。这样，即使股份有限公司只设一名董事，执行董事应当严格根据公司章程的规定行使职权，履行职责。

结合股份有限公司董事会的一般职权，执行董事的职权一般包含：召集股东会会议，并向股东会报告工作；执行股东会的决议；决定公司的经营计划和投资方案；制订公司的年度财务预算方案、决算方案；制订公司的利润分配方案和弥补亏损方案；制订公司增加或者减少注册资本以及发行公司债券的方案；拟订公司合并、分立、解散或者变更公司形式的方案；决定公司内部管理机构的设置；决定聘任或者解聘公司经理及其报酬事项，并根据经理的提名决定聘任或者解聘公司副经理、财务负责人及其报酬事项；制定公司的基本管理制度；公司章程规定的其他职权。

【司法适用】

一、"规模较小或者股东人数较少"的具体理解

公司由股东投资设立，在不违反法律强制性规定的前提下，如何确立公司的治理结构，提高公司的运营效率，维护股东权益，应交由股东自己决定。因此，本条并未对可以不设立董事会的股份有限公司的具体条件作出规定，而是将这一权力交与公司，公司可以在公司章程中或者通过股东会决议的形式，对这一事项作出规定。也就是说，对"规模较小或者股东人数较少"的具体理解由公司股东自行把握。如按照本法第 92 条的规定，股份有限公司的发起人为 1 人以上 200 人以下，则股东人数是否较少，法律交给股东自己判断。

二、关于董事的职权及认定在案件审理中的运用

在司法实践中，公司决议纠纷经常涉及董事的选任与职权范围问题。因公司在实际经营和治理过程中，董事或者（总）经理等核心人员并非一成不变，随着公司的发展变化，相关人员的职位也会发生变更或撤换，这是公司治理的正常现象。因此在审判实践中，一方面，要根据查明的案件事实，对争议的公司董事或者（总）经理等职务及职权加以认定，而该认定并不能仅依据工商登记的记载信息或者公司公示信息等作直接判断，还应当随着公司的章程更迭、公司的实际经营管理事实等多方面加以认定其职务，防止发生纠纷后逃避责任。另一方面，还要判断该公司董事行使权利是否超越了职权范围。这需要结合本法相关规定和公司章程内容加以判断,可以通过分析董事作出的决定是属于公司具体的业务活动,还是属于应当由公司决议决定的决策性事务从而判断是否超越职权。

第一百二十九条 公司应当定期向股东披露董事、监事、高级管理人员从公司获得报酬的情况。

第四节 监 事 会

第一百三十条 股份有限公司设监事会,本法第一百二十一条第一款、第一百三十三条另有规定的除外。

监事会成员为三人以上。监事会成员应当包括股东代表和适当比例的公司职工代表,其中职工代表的比例不得低于三分之一,具体比例由公司章程规定。监事会中的职工代表由公司职工通过职工代表大会、职工大会或者其他形式民主选举产生。

监事会设主席一人,可以设副主席。监事会主席和副主席由全体监事过半数选举产生。监事会主席召集和主持监事会会议;监事会主席不能履行职务或者不履行职务的,由监事会副主席召集和主持监事会会议;监事会副主席不能履行职务或者不履行职务的,由过半数的监事共同推举一名监事召集和主持监事会会议。

董事、高级管理人员不得兼任监事。

本法第七十七条关于有限责任公司监事任期的规定,适用于股份有限公司监事。

【条文主旨】

本条是关于监事会的设立、任期及召集和主持监事会的规定。

【条文理解】

一、股份有限公司监事会设置的例外规定

《公司法》(2018年)规定,股份有限公司均应当设置监事会。本次《公司法》修订,对股份有限公司设置监事会作出了两项例外规定。

一是根据本法第121条规定,按照股份有限公司章程的规定在董事会中设置符合规定的审计委员会后,由审计委员会行使本法规定的监事会的职权,不设监事会或者监事。上述规定中的审计委员会应当由3名以上董事组成,过半数成员不得在公司担任除董事以外的其他职务,且不得与公司存在任何可能影响其独立客观判断的关系。公司董事会成员中的职工代表可以成为审计委员会成员,股份有限公司可以根据公司的具体情况设置董事会审计委员会或者监事会,对股份有限公司治理结构提供了可选和调整方案,是本次公司法修订的亮点之一。

公司治理的核心是处理好公司经营者与出资者之间的关系,既要保证公司的经营效率,又要保护股东的合法利益。目前,在各国公司治理的实践中,有"单层制"和"双层制"两种公司治理结构。在单层制治理结构中,除股东大会外,董事会是必设机构,没有监事会等专门的监督机构,由独立董事履行相关监督职能。对公司经营活动的监督主要以市场监管机构等外部机构的外部监督为主,特点是"弱股东、强管理层"。在双层制的治理结构中,董事会和监事会同时参与公司治理,分别发挥治理职能。但监事会对董事会的监督往往对董事会的经营活动有较大的制约,对公司的经营效率有一定影响。[①]《公司法》(2018年)施行期间,虽然公司治理结构采用"双层制"结构,但公司内部监督力量处于相对弱势地位,法律设计的股东会、董事会、监事会分权制约模式往往流于形式,监督机制的实际效果未如预期。本次《公司法》修订的重大创新是突破了强制性的"双层制"公司治理结构,允许公司有条件适用公司治理结构的单层制模式,即在符合法律规定的前提下允许股份有限公司在董事会下设审计委员会而不再设置监事会。对于股份有限公司而言,若不设监事会或监事,除董事会设立审计委员会以外,还规定了审计委员会应当由3名以上董事组成,过半数成员不得在公司担任除董事以外的其他职务。上述规定主要考虑到股份有限公司通过向社会公众广泛发行股票来募集较大规模的资金,公司股份也往往具有良好的流通性,这必然导致公司股东人数众多,持股较为分散。因此,通过审计委员会来监督股权较为分散、股东人数众多的股份有限公司的运营,应当充分发挥董事特别是不在公司担任其他职务的董事的作用,因此,本法对股份有限公司审计委员会设置了过半数成员不得在公司担任除董事以外的其他职务,且不得与公司存在任何可能影响其独立客观判断关系的要求。

二是规模较小或者股东人数较少的股份有限公司,可以不设监事会,设1名监事,行使本法规定的监事会的职权。规模较小或者股东人数较少的股份有限公

---

① 王海丰:《公司法修订背景下审计委员会制度的完善与落实》,载《审计观察》2022年第7期。

司,设1名监事即可有效行使对公司经营管理和公司财务的监督权,因此可不再设置监事会,由监事行使本法规定的监事会的职权即可。监事人数的设置,应当与股份有限公司的规模和经营情况相适应。如果监事人数设置过多,既增加了公司的成本,也对董事会和高级管理人员的经营形成了较大的制约,导致经营效率下降,不利于公司的发展,亦损害了股东的利益;如果监事人数设置不足,无法充分行使对公司经营管理的监督权,无法充分发挥监事作为公司内部约束机制的监督作用。该例外规定也是本次《公司法》修订后的新增内容,不再对股份有限公司作出设置监事会的强制性规定,而是根据股份有限公司的规模,作出灵活规定,该修改体现出对股份有限公司监事会设立形式的灵活性和适应性。

二、监事会的组成

(一)监事会成员的数量要求

与有限责任公司人合性的特征相对应,股份有限公司是资合性的公司,股东人数较多,股份较为分散。因此,股东对公司的监督是有限的,且亦非专业性和经常性的监督。因此,本条规定设置监事会来实现对公司的经营管理的监督。而监事会成员的数量,需要根据股份有限公司的规模来进行设置。由于股份有限公司是募集资金较多的资合性公司,公司规模一般较有限责任公司更大,股东数量更多,因此本条对股份有限公司监事会成员的数量规定为原则上3人以上,与《公司法》(2018年)第117条第1款规定的"成员不得少于三人"的要求是相同的,具体数量可由股份有限公司的章程另行规定。如前所述,本条不再对股份有限公司作出设置监事会的强制性规定,如果股份有限公司规模较小或者股东人数较少的,1名监事即可有效行使对公司经营管理和公司财务的监督权,可不再设置监事会,由监事行使本法规定的监事会的职权。

(二)监事会的组成

监事会由全体监事组成。根据本条第2款的规定,股份有限公司监事会的成员主要包括股东代表、职工代表,与《公司法》(2018年)第117条第2款的规定相比,未作修改。

股东是公司的出资人,通过出资对公司享有股权并据此享有股东会会议表决权、获得股利分配、知情权等出资者合法权益。对于未直接参与公司经营的股东亦享有对公司经营的监督权。因此,股东有权选派自己的代表作为监事,对公司的经营管理以及财务的相关情况依法予以监督。股东代表,顾名思义,监事会中的股东代表应当由公司股东担任。股东代表的确定,包括股东代表的任职条件、选任程序、股东代表在监事会中所占的比例等,由公司章程予以规定。

股份有限公司募集的资金数额较大,公司规模较为庞大,相应职工人数也较多。股份有限公司的经营状况不仅关系到股东的利益,也与职工的切身利益息息相关。同时,职工直接参与公司运营,对公司的情况更为了解和熟悉。因此,在监事会中设置一定比例的职工代表,能够更好地发挥监事会的监督作用,亦可维护公司职工的合法权益。根据本条规定,监事会中职工代表的比例不可少于1/3,在此基础上,公司章程可以规定监事会中职工代表的具体比例。监事会中职工代表,由股份有限公司的职工通过职工代表大会、职工大会或者其他形式民主选举产生,而不能通过董事会或者高级管理人员指定等方式确定。

股份有限公司的董事以及公司的经理、副经理、财务负责人、上市公司董事会秘书等高级管理人员,属于公司业务的执行人员,属于监事会监督的对象。董事或者高级管理人员兼任监事,会令监事会对公司经营行为的监督流于形式,损害股东或者职工的利益,因此本条规定,公司董事和高级管理人员不得兼任公司监事。

(三)监事会主席的产生

股份有限公司监事会设主席一人,可以设副主席。监事会主席和副主席由全体监事过半数选举产生。《公司法》(2023年)未对《公司法》(2018年)的相关规定进行修改。

三、监事的任期

根据本条第5款的规定,有限责任公司监事任期的规定适用股份有限公司。即监事的任期每届为3年;监事任期届满,连选可以连任;监事任期届满未及时改选,或者监事在任期内辞任导致监事会成员低于法定人数的,在改选出的监事就任前,原监事仍应当依照法律、行政法规和公司章程的规定,履行监事职务。

关于监事的任期,本法规定为3年,并且没有任期限制。监事任期届满后,经股东会、职工大会等机构选举,可以继续担任股份有限公司的监事,且可以连选连任。

因公司经营具有连续性,为保障股份有限公司监事会监督职能的有效发挥,本法规定任期届满或任期内辞任监事的延期履职义务。在监事任职届满后,股份有限公司应当及时对监事会进行改选,选出新一届监事会。但为保证公司监事会监督职能的连续性,防止监督工作出现断档,在新一届监事会选出之前,上届监事仍应当继续履行监督职责,不能因任期届满而拒绝履职,使公司经营处于无法监管的状态。同样,如果监事因个人原因在任期内提出辞任,应当按照公司章程等有关规定办理有关手续。如果因其辞任导致监事会成员低于法定人数,导致监事会无法正常履职,监督职能不能有效发挥,则辞任的监事应当在新的监事补选完成并就任前,继续履行监事职务。

四、监事会会议的召集和主持

本条第 3 款规定,监事会主席召集和主持监事会会议;监事会主席不能履行职务或者不履行职务的,由监事会副主席召集和主持监事会会议;监事会副主席不能履行职务或者不履行职务的,由过半数的监事共同推举一名监事召集和主持监事会会议;将《公司法》(2018 年)第 117 条第 3 款规定的“由半数以上监事共同推举”修改为“由过半数的监事共同推举”。

【司法适用】

司法实践中,比较常见的情形是因股份有限公司出现经营异常导致监事无法正常改选,担任公司监事的离职员工起诉请求将其监事职务从公司工商登记中涤除的纠纷。《公司法》第 77 条及本条虽然规定了任期届满或任期内辞任监事的延期履职义务,但对此类案件,还应当考虑如下因素:一是任期届满或者提出辞任的监事是否具备任职条件以及是否具备履职的条件和能力。提起此类诉讼的监事,很多已经从案涉公司离职,不再属于公司职工,亦无法有效了解公司的经营管理情况,难以履行作为监事的正常职责,已经不再具备监事的任职条件及能力。在此情况下,如果坚持让其延期履职,其监事职务已名存实亡,无法实现本法规定任期届满或者提出辞任的监事延期履职义务的立法目的。二是监事未及时改选的原因。任期届满或者提出辞任的监事应当依照法律或者公司章程规定的程序敦促股份有限公司及时对监事会进行改选或者对监事进行补选。但提出此类诉讼的监事,已经明确作出不再担任公司监事的意思表示,亦已履行相关程序,但由于公司经营异常无法联系公司,公司无法通过正常程序完成对监事会的改选或者监事的补选,已形成僵局,已无法采用公司内部救济解决纠纷。在案件审理过程中,如果任期届满或者提出辞任的监事已依照法定程序敦促公司改选监事会或者监事,且无法通过公司内部救济解决纠纷,对将其监事职务从公司工商登记中涤除的诉讼请求,亦可予以支持。

【司法案例】

刘某诉深圳市盛世黄金股份有限公司请求变更公司登记纠纷案①

诉讼结论:公司监事已申请辞去公司监事职务,由其继续担任监事不符合公司法和公司章程规定,其有权要求公司将其监事职务从工商登记中涤除。

基本案情:深圳市盛世黄金股份有限公司(以下简称盛世公司)成立于 2013 年 1 月 14 日。2018 年 5 月 14 日,刘某登记为盛世公司监事。

---

① 参见广东省深圳市罗湖区人民法院(2020)粤 0303 民初 33051 号民事判决书。

刘某主张盛世公司从2018年5月开始未向其支付工资，刘某于2018年7月20日口头向盛世公司提出离职，并向盛世公司提出辞去监事一职，但是盛世公司一直拖延办理变更登记手续，后来盛世公司停止经营，并搬离注册地址导致无法联系。2020年4月26日，刘某向盛世公司工商登记的住所地邮寄了《辞去公司监事职务告知函》，内容为：刘某已于2018年7月20日从盛世公司辞职，无法了解公司的经营管理情况，未能履行作为监事的正常职责，正式申请辞去公司监事职务，并请盛世公司在接到告知函的5个工作日内办理监事的相关工商变更登记手续。该邮单未能妥投，原因为原址"查无此公司"。

法院认为：本案是请求变更公司登记纠纷。本案中，刘某已不在盛世公司工作，因联络不到盛世公司，刘某向盛世公司邮寄《辞去公司监事职务告知函》提出辞去监事职务，但盛世公司已搬离公司注册登记的地址无法联系，已形成僵局，刘某无法采用公司内部救济解决。刘某作为完全民事行为能力人，有选择是否担任盛世公司监事的自由，担任盛世公司监事并非刘某必须履行的义务。刘某早已不在盛世公司处工作，离开公司后未能了解公司的经营管理情况，不能履行作为监事的正常职责，且刘某已申请辞去公司监事，由刘某继续担任监事不符合公司法和公司章程规定。因此，刘某有权要求盛世公司将其监事职务从工商登记中涤除。

第一百三十一条　本法第七十八条至第八十条的规定，适用于股份有限公司监事会。

监事会行使职权所必需的费用，由公司承担。

【条文主旨】

本条是关于股份有限公司监事会的职权和经费承担的规定。

【条文理解】

《公司法》（2018年）第118条第1款规定："本法第五十三条、第五十四条关于有限责任公司监事会职权的规定，适用于股份有限公司监事会。"由于《公司法》对有限责任公司监事会职权规定的修改体现为第78条至第80条，因此本条第1款对相应内容作了相应修改，而对其他内容未作修改。

一、股份有限公司监事会的职权

（一）监督检查公司财务状况

公司是营利性单位，对公司的财务情况进行监督是股份有限公司最重要的职权和职责。为了保证公司财务客观、准确地反映公司的经营状况，防止董事、经理及财务负责人利用职务便利弄虚作假，违反法律、行政法规的规定开展经营活动，利用公司财产为自己或他人谋利，侵害股东或者损害第三者利益，监事会应当对公司财务进行经营检查。监事会财务检查的对象主要为各类财务报表、会计凭证、会计账簿等财务资料，还包括公司经营管理活动的资料等。监事会还可以核查资产类、负债类、所有者权益类和损益类项目等方面的资料，明晰企业资产状况。国有控股公司监事会还可以向财政、工商、税务、审计、海关等有关部门和银行调查了解公司的财务状况和经营管理情况。

（二）对董事、高级管理人员进行监督

根据本法第 78 条第 2 项、第 3 项以及第 80 条的规定，监事会有权对董事、高级管理人员执行职务的行为进行监督，监事会可以要求董事、高级管理人员提交执行职务的报告；董事、高级管理人员应当如实向监事会提供有关情况和资料，不得妨碍监事会或者监事行使职权；当董事、高级管理人员的行为损害公司的利益时，有权要求董事、高级管理人员予以纠正；董事、高级管理人员违反法律、行政法规、公司章程或者股东会决议的，监事有权提出解任的建议。

监事会可以要求董事、高级管理人员提交执行职务的报告是本次《公司法》修订新增加的内容。监事会是股份有限公司的监督机构，董事及高级管理人员根据监事会的要求提交执行职务的报告，是董事及高级管理人员接受监事会监督的重要表现形式。董事、高级管理人员执行职务的报告主要应当包括履职情况、对公司及股东权利保护的相关情况、可能影响公司及股东权益的风险问题以及监事会关注的有关问题等。

董事、高级管理人员在向监事会提供有关情况和资料时，包括在应监事会要求提交执行职务的报告等情况下，应当如实提供，并不得妨碍监事会或者监事行使职权。如果故意提供虚假情况和资料，或者妨碍监事会或者监事行使职权，应承担相应的法律责任；情节严重的，监事会还可以提请解任违法董事、高级管理人员的职务。

（三）对董事会进行监督

本法第 79 条第 1 款规定："监事可以列席董事会会议，并对董事会决议事项提出质询或者建议。"根据上述规定，监事有权对董事会会议进行监督。与前项对董事的监督不同，本款规定的监督对象是董事会。董事会是依照有关法律、行政法规，按公司章程设立并由全体董事组成的业务执行机构。董事会由股东会选举产生，对股东会负责，对内掌管公司事务、对外代表公司的经营决策和业务执行。而监事会由股东会和职工选举产生，对公司经营活动进行监督。由此，公司运营活动主要由董事会负责，监事会对公司运营活动进行监督，对董事会的监督自然是监事会的法定职责。股份有限公司的董事会会议除执行股东会的决议外，还决定公司的经营计划和投资方案，制订利润分配方案和弥补亏损方案，制订公司增加或者减少注册资本以及发行公司债券方案，制订公司合并、分立、解散或者变更公司形式的方案，决定公司内部管理机构的设置、聘任或者解聘高级管理人员并决定报酬事项，制定公司的基本管理制度等。董事会会议研究的上述事项，都是关系到公司经营、管理及发展方向的重大事项，与公司及股东的利益密切相关。监事会对公司运营活动的监督，前提是要了解公司的经营活动和运营情况。监事列席董事会会议，是监事了解公司经营情况、董事会重大事项的重要途径，是监事有效开展监督工作的前提和基础。因此，股份有限公司董事会在召开会议之前，应在合理的时间内提前通知监事，并将董事会会议讨论的事项及相关资料一并提供，为监事行使监督权提供便利。

根据本法第 79 条第 1 款的规定，监事列席董事会会议时，有权对董事会决议事项提出质询或者建议。如果监事认为董事会决议可能违反法律、行政法规或者有关监管规定，可能损害公司或者股东的利益或者侵犯职工合法权益等情形，有权对董事会决议事项提出质询或者建议。对董事会决议提出质询或者建议，是《公司法》赋予监事的职权之一，因此，对于监事的质询，董事会应当给予答复，对监事关切的内容和事项作出说明或者解释；对于监事的建议，应当认真研究，对合理建议予以采纳，对未能采纳的建议也应当说明原因和理由。

（四）提议召开或者召集和主持股东会会议

根据本法第 78 条第 4 项的规定，监事会提议召开临时股东会会议，在董事会不履行本法规定的召集和主持股东会会议职责时召集和主持股东会会议。监事会在对公司运营情况进行监督过程中，发现董事、高级管理人员等实施严重违法行为或者严重损害公司利益的行为，应当提出纠正意见。如果董事、高级管理人员对监事会的纠正意见不予执行，且其违法行为或者危害公司利益的行为存在紧急情况的，监事会有权提议召开临时股东会会议。如果董事会对监事会要求召开股东会会议的提议不履行召集股东会会议的职责，监事会可以召集和主持股东会会议。

（五）向股东会提出提案

向股东会会议提出提案是监事会的重要权力，亦为保障监事会依法履职的重要保障。监事会对董事进行监督，对股东会会议产生的公司董事提出解任等提案，也是监事会行使监督权的形式之一。

（六）提起损害公司利益责任纠纷之诉

根据本法第 189 条的规定，公司董事、高级管理人员在执行公司职务时，违反法律、行政法规或者公司章程的规定，给公司造成损失的，监事会、监事有权依法对董事、高级管理人员提起诉讼，要求董事、高级管理人员赔偿公司损失。

(七)对公司经营状况进行调查

根据本法第79条第2款的规定，监事会发现公司经营情况异常，可以进行调查；必要时，可以聘请会计师事务所等协助其工作，费用由公司承担。监事会依法行使监督权，需要了解公司经营和财务的具体情况，但公司经营情况处于异常状态时，监事会难以通过正常渠道了解公司经营状况，《公司法》在此情况下赋予监事会调查权，即监事会发现公司经营情况异常，可以进行调查。如果涉及财务审计等专业性工作，监事会可以聘请会计师事务所等专业机构协助其工作。

二、监事会所需经费的承担

监事会是股份有限公司依据《公司法》的规定依法设立的，对公司经营活动等情况依法行使监督权的组织机构，其工作性质和工作内容都是为了确保公司依法开展经营活动，维护公司和股东的合法利益，故其所需费用均属于公司运营过程中的合理费用，应由股份有限公司承担。

由于股份有限公司的经营管理决策权由董事会行使，股份有限公司日常经营管理权由经理等高级管理人员行使，监事会作为监督机构，本身并不掌握公司的资产和资金，而监督活动的开展必然以有必需的经费作为前提，因此，股份有限公司应为监事会的监督工作提供必要的经费。上述经费既包括监事应享有的工资待遇和劳动保障支出，也包括开展监督工作所需的经费。

本书认为，与监事会履职活动无关的经费不属于必需费用的范围；对于明显超过合理需要的部分，股份有限公司也有权拒绝承担。但同时本书认为，由于监督工作的必要性和复杂性，在无法确定监事会故意开展不必要的监督活动或者故意采用不必要的监督措施的情况下，除非监事会的监督行为明显超过必要限度，不应对监事会的经费作出过于严苛的限制。

【司法适用】

董事、高级管理人员执行职务违反法律、行政法规或者公司章程的规定，给公司造成损失的，股份有限公司连续180日以上单独或者合计持有公司1%以上股份的股东，可以书面请求监事会向人民法院提起诉讼，要求其承担赔偿责任。《公司法规定(四)》第23条第1款规定："监事会或者不设监事会的有限责任公司的监事依据公司法第一百五十一条第一款规定对董事、高级管理人员提起诉讼的，应当列公司为原告，依法由监事会主席或者不设监事会的有限责任公司的监事代表公司进行诉讼。"在此类案件中，公司作为直接的权利主体，是《民事诉讼法》第122条第1项规定的"与本案有直接利害关系"的适格原告。《公司法》第189条第1款规定的意旨并非由监事会替代公司作为原告参加诉讼,而在于明确可接受股东请求代表公司起诉的公司机关,解决公司怠于行使诉权的问题。因此,监事会或者不设监事会的监事提起此类诉讼时,应当以公司为原告提起诉讼。[①] 符合《公司法》第189条第1款规定的股东已经请求监事会或者不设监事会的监事提起诉讼,监事会或者董事会收到前款规定的股东书面请求后拒绝提起诉讼,或者自收到请求之日起30日内未提起诉讼,或者情况紧急、不立即提起诉讼将会使公司利益受到难以弥补的损害的,股份有限公司连续180日以上单独或者合计持有公司1%以上股份的股东有权为公司利益以自己的名义直接向人民法院提起诉讼。

【司法案例】

龙岩市汇金发展集团有限公司与吴某某、石某损害公司利益责任纠纷案[②]

诉讼结论:股东请求监事会或者不设监事会的监事提起诉讼,请求违法执行职务的董事、高级管理人员赔偿给公司造成的损失,监事会拒绝提起诉讼,股东有权为公司利益以自己的名义直接向人民法院提起诉讼。

基本案情:福建帕特纳环境产品有限公司(以下简称帕特纳公司)于2014年12月8日成立,股东为福建紫荆环境工程技术有限公司(以下简称福建紫荆公司,出资比例52%)及龙岩市汇金发展集团有限公司(以下简称汇金公司,出资比例48%),法定代表人为吴某某,总经理为石某,公司成立时资产总额及净资产为3125万元,截至2017年12月31日,资产总额为7111.06万元,负债总额为4723.07万元,净资产总额2387.99万元。另查明,吴某某为福建紫荆公司的法定代表人,石某为福建紫荆公司的经理、董事。福建紫荆公司系安徽紫朔公司的股东,石某系安徽紫朔公司法定代表人。

帕特纳公司章程规定:股东会审议批准标的金额超过公司净资产20%的交易项目。董事会审议批准标的金额不高于净资产20%的交易事项。董事会决议的表决,实行一人一票,董事会对所议事项作出的决定必须经全体董事的2/3以上通过方为有效。

2016年10月13日,帕特纳公司与河南环碧公司签订《乐亭县集中供热改造项目除尘脱硫脱硝项目买卖合同》,约定河南环碧公司向帕特纳公司购买催化剂

---

① 最高人民法院民事审判第二庭编著:《最高人民法院公司法司法解释(四)理解与适用》,人民法院出版社2017年版,第521页。

② 参见福建省龙岩市新罗区人民法院(2019)闽0802民初1305号民事判决书。

模块,金额为204.39万元。2016年10月24日,总经理石某主持召开《关于乐亭项目生产专题会》,决议包括:乐亭项目订单共147.74立方米,其中127.74立方米每立方16,000元,其中包含4000元商务费,合同总价2,043,840元,另外20立方米作为研发项目(再生市场的推广工作)列入研发费用同时生产交货,研保部黄某明提交研发费用报告。董事长吴某某、董事叶某某、钟某、庄某某未参会。此后,关于该20立方米催化剂并未办理相关手续。此后,帕特纳公司陆续向河南环碧公司发货。2017年11月2日,石某在发给吴某某的邮件中写明:"关于红叶项目发货,对方总包给我方,根据合同,我方应当按照要求的节点提供催化剂。如果不按照往来函要求发货,造成的损失只能由我方承担……按照当时价格计算20立方米就是20万元左右,我个人承担主要责任……"2017年11月4日,帕特纳公司财务总监范某峰在发货通知单审批栏写明:河南环碧公司迟迟不履行合同付款义务,2016年11月应付货款30.6585万元已逾期11个月,此批次货款也未收到,且原合同订单催化剂数量为127.744立方米,本次要求发货147.744立方米数量不符合,财务不同意发货。此后,吴某某仍要求发货,货物已经实际发出。2017年11月6日,汇金公司向帕特纳公司发出《股东质询函》。2017年11月10日,帕特纳公司召开临时股东会,主要讨论乐亭项目中出现的问题、公司经营亏损问题,并提出一些经营改善方案。

2019年1月15日,汇金公司以股东身份向帕特纳公司监事会、监事会主席发出《关于对吴某某、石某提起诉讼的意见函》,以董事长吴某某、总经理石某在执行公司职务时违反公司章程及法律规定,在与河南环碧公司的买卖合同中造成帕特纳公司货款损失320,000元为由,请求监事会及监事会主席以公司名义对吴某某、石某提起民事诉讼。2019年1月16日,监事会主席作出书面回函,内容为:监事会/监事现不便为此事提起诉讼,望汇金公司作为帕特纳公司的股东自行对吴某某、石某提起民事诉讼。2019年1月21日,汇金公司向法院提起诉讼。

法院认为:汇金公司作为帕特纳公司的股东,书面请求监事会向人民法院提起诉讼,监事会主席回复"不便提起诉讼",实质为拒绝提起诉讼,且监事会也未在收到请求之日起30日内提起诉讼,汇金公司有权为了帕特纳公司的利益以自己的名义直接向人民法院提起诉讼。董事、监事、高级管理人员执行公司职务时违反法律、行政法规或者公司章程的规定,给公司造成损失的,应当承担赔偿责任。帕特纳公司(卖方)与河南环碧公司(买方)签订买卖合同,并在研发项目未立项、无研发合同、无董事会决议的情况下,另行向河南环碧公司赠送20立方米的催化剂。根据福建帕特纳环境产品有限公司章程规定,不高于净资产20%的研究开发项目,属于应当由董事会审议批准通过的交易事项。董事长吴某某、总经理石某未履行忠实和勤勉义务、未经董事会决议,名为研究开发,实为擅自决定赠送催化剂,已损害帕特纳公司的利益,应对因此造成帕特纳公司的损失320,000元承担赔偿责任。综上判决吴某某、石某于判决生效之日起15日内赔偿帕特纳公司损失320,000元。

第一百三十二条　监事会每六个月至少召开一次会议。监事可以提议召开临时监事会会议。

监事会的议事方式和表决程序,除本法有规定的外,由公司章程规定。

监事会决议应当经全体监事的过半数通过。

监事会决议的表决,应当一人一票。

监事会应当对所议事项的决定作成会议记录,出席会议的监事应当在会议记录上签名。

【条文主旨】

本条是关于股份有限公司监事会会议的规定。

【条文理解】

本条与《公司法》(2018年)第119条相比作了两处修改,一是对监事会决议通过人数的要求进行修改,将"应当经半数以上监事通过"修改为"应当经全体监事的过半数通过";二是增加规定"监事会决议的表决,应当一人一票"。

一、股份有限公司监事会会议的召开

根据本条规定,股份有限公司监事会会议每六月至少召开一次。根据本法第81条的规定,有限责任公司监事会每年度至少召开一次会议。与股份有限公司相比,有限责任公司股东人数较少,股权结构和公司治理结构相对简单,且企业所有权和经营权分离程度较低,公司股东通常在企业任职,直接参与有限责任公司的经营管理。因此,本法规定有限责任公司监事会会议召开的频率较低。定期召开监事会会议,可以对监督公司经营及财务等情况进行部署和总结,对监督中发现的问题及时进行处理,防止监事会形同虚设。股份有限公司的章程可以对监事会召开的时间、召集程序作出细化规定,亦可作出高于《公司法》规定的召开频率。

股份有限公司监事会除定期召开以外,如遇重大事项和特殊情况时,监事可以提议召开临时会议。

二、监事会会议的议事方式和表决程序

根据本法第131条的规定有限责任公司监事会职权的规定也适用于股份有

限公司监事会，监事会在其职权范围内行使监督权，对公司经营活动进行监督。《公司法》对监事会的监督活动并未作出严格的规定，而是根据自治原则，除规定监事会决议应由全体监事的过半数同意、监事会会议表决实行一人一票外，将监事会议事方式和表决程序交由公司章程来规定。公司章程应当根据股份有限公司的经营模式、股权结构等情况，充分考虑保证有效监督和有利于公司经营的关系，规定本公司监事会议事方式和表决程序，确保股份有限公司监事会正确、合理、适当行使监督权。

本次修订对监事会决议通过的人数要求进行了明确。将监事会决议通过的人数要求由"监事会决议应当经半数以上监事通过"进一步明确为"监事会决议应当经全体监事的过半数通过"。以前的规定未明确监事会决议半数通过的人员范围，可能会产生"全体监事的半数以上"还是"参加会议监事人数的一半以上"的不同理解。本书认为，《公司法》未对监事会召开的人数作出明确要求，如果参加监事会会议的监事人数较少，以参加监事会会议的监事过半数通过监事会决议，则有可能形成监事会的少数监事通过监事会决议的局面，与本法规定的监事会决议由多数监事通过的精神不符，因此，本次《公司法》修订对该问题予以了修改明确，可以更加有效发挥监事会对股份有限公司的监督作用。

与董事会决议的表决实行一人一票制相同，监事会决议是以人数为基准的决议制度，因此监事会表决也应实行一人一票制。

三、监事会会议记录

监事会会议的过程和决议应当形成书面的记录，且参会的监事应当在会议记录上签名确认。监事会会议记录应当主要包括会议举行的时间、地点、参会人员、会议讨论的事项及决议，并且应当记载会议决议的表决情况。出席会议的监事应当在会议记录上签名，表明对记录的真实性认可，并对自己在监事会会议发表的意见和表决负责。监事会会议记录应当存档备查。

第一百三十三条　规模较小或者股东人数较少的股份有限公司，可以不设监事会，设一名监事，行使本法规定的监事会的职权。

【条文主旨】

本条是关于规模较小的股份有限公司可以不设监事会的规定。

【条文理解】

本条内容是2023年《公司法》修订新增的规定。

《公司法》(2018 年)规定,股份有限公司均应当设置监事会。2023 年《公司法》修订,对股份有限公司设置监事会做出了两项例外规定。一是根据《公司法》第 121 条的规定,按照股份有限公司章程的规定在董事会中设置了符合规定的审计委员会后,由审计委员会行使本法规定的监事会的职权,不设监事会或者监事。二是本条的规定,即规模较小或者股东人数较少的股份有限公司,可以不设监事会,设一名监事,行使本法规定的监事会的职权。

监事人数的设置,应当与股份有限公司的规模和经营情况相适应。如果监事人数设置过多,既增加了公司的成本,也对董事会和高级管理人员的经营形成了较大的制约,导致经营效率下降,不利于公司的发展,亦损害了股东的利益;如果监事人数设置不足,无法充分行使对公司经营管理的监督权,无法充分发挥监事作为公司内部约束机制的监督作用。规模较小或者股东人数较少的股份有限公司,1 名监事即可有效行使对公司经营管理和公司财务的监督权,因此可不再设置监事会,由监事行使本法规定的监事会的职权即可。2023 年修订,不再对股份有限公司作出设置监事会的强制性规定,而是根据股份有限公司的规模,作出灵活规定,该修改体现出对股份有限公司监事会设立形式的灵活性和适应性。

第五节　上市公司组织机构的特别规定

第一百三十四条　本法所称上市公司,是指其股票在证券交易所上市交易的股份有限公司。

第一百三十五条　上市公司在一年内购买、出售重大资产或者向他人提供担保的金额超过公司资产总额百分之三十的,应当由股东会作出决议,并经出席会议的股东所持表决权的三分之二以上通过。

【条文主旨】

本条是关于上市公司购买、出售重大资产及为他人提供大额担保时应当经股东大会决议通过的规定。

【条文理解】

一、应由上市公司股东大会决议的情形

上市公司购买、出售资产或者对外提供大额担保,虽属于公司经营事项,但由

于涉及的金额巨大,可能会对上市公司经营带来巨大影响,对股份有限公司的公司资产、负债等因素造成影响。上市公司为公众公司,股权分散,中小股东众多,为保护公司利益和股东合法权益,防止公司管理层滥用经营权,《公司法》对上市公司购买、出售重大资产以及对外提供大额担保规定了特别程序。根据本条规定,上市公司在 1 年内购买、出售重大资产或者为他人提供担保的金额超过公司资产总额 30%的,应当由股东会作出决议,并经出席会议的股东所持表决权的 2/3 以上通过。

(一)对本条中"一年内"的理解

本条规定的"一年内"并非一个自然年,而是从任意时点起算 1 年内,只要上市公司购买、出售资产或者为他人提供担保的金额超过公司资产总额 30%,都要得到公司股东会的授权方能进行。

(二)2023 年修订的内容

《公司法》(2018 年)第 121 条规定:"上市公司在一年内购买、出售重大资产或者担保金额超过公司资产总额百分之三十的,应当由股东大会作出决议,并经出席会议的股东所持表决权的三分之二以上通过。"2023 年修订《公司法》时,将担保限定为"为他人提供"的担保。为本公司进行担保,是上市公司融资的正常行为,一般不会损害上市公司的利益和股东的合法权益。如果对为公司的担保也设置复杂的审批程序,反而会影响上市公司的经营效率并可能增加公司的运营成本,故 2023 年修订时作出了上述修改。

二、公司对外担保时,无须机关决议的例外情形的规定

根据《民法典担保制度司法解释》第 8 条的规定,金融机构开立保函或者担保公司提供担保时,公司以其未依照《公司法》关于公司对外担保的规定作出决议为由主张不承担担保责任的,人民法院不予支持。作为上市公司的金融机构开立保函或者担保公司提供担保时,因上述业务属于公司的经营内容,股东会通过的公司章程对此已有相应规定,可以视为股东会已经有相应的授权,且因正常的经营业务召开股东会进行特别决议,会影响上市公司运营效率,故对此类上市公司对外担保的金额超过公司资产总额 30%的,不再强制要求通过股东会作出特别决议,亦不因未通过股东会决议而不承担担保责任。

【司法适用】

《上市公司股东大会规则》第 5 条明确规定:"公司召开股东大会,应当聘请律师对以下问题出具法律意见并公告:(一)会议的召集、召开程序是否符合法律、行政法规、本规则和公司章程的规定;(二)出席会议人员的资格、召集人资格是否合法有效;(三)会议的表决程序、表决结果是否合法有效;(四)应公司要求对其他有关问题出具的法律意见。”从实践来看，凡是股东大会通过的决议，均会在指定的平台发布公告。因此，如果债权人依据公开披露的信息与上市公司签订担保合同，人民法院将认定担保有效，境内上市公司应承担担保责任。通过查阅上市公司公开发布的公告来确定上市公司对大额对外担保事项是否已经过股东会决议，对于债权人而言是一种简单便捷的确认方式，有利于提高交易效率。因此，《民法典担保制度司法解释》第9条第1款作出了“相对人根据上市公司公开披露的关于担保事项已经董事会或者股东大会决议通过的信息，与上市公司订立担保合同，相对人主张担保合同对上市公司发生效力，并由上市公司承担担保责任的，人民法院应予支持”的规定。

与《民法典担保制度司法解释》第9条第1款相对应，该解释第9条第2款规定：“相对人未根据上市公司公开披露的关于担保事项已经董事会或者股东大会决议通过的信息，与上市公司订立担保合同，上市公司主张担保合同对其不发生效力，且不承担担保责任或者赔偿责任的，人民法院应予支持。”上市公司股东会决议是公开披露的信息，如果债权人不是根据境内上市公司公开披露的对外担保的信息签订担保合同，可以认定债权人未尽到审查义务，人民法院也应认为担保合同对境内上市公司不发生效力，此时公司既不承担担保责任，也不承担其他赔偿责任。根据《民法典时间效力规定》第2条的规定，《民法典担保制度司法解释》第9条仅适用于2021年1月1日后发生的担保行为。换言之，《民法典》施行之前相对人与上市公司订立的担保合同被认定无效的，上市公司应当视情况承担不超过主债务人不能履行部分的1/2或者1/3的民事赔偿责任；《民法典》施行之后相对人与上市公司订立的担保合同被认定对上市公司不发生效力的，上市公司不承担任何民事责任。①

【司法案例】

上海瀚辉投资有限公司与上海斐讯数据通信技术有限公司、广西慧金科技股份有限公司等借款合同纠纷案②

诉讼结论：上市公司为他人提供担保的金额超过公司资产总额30%而未经股东会决议的，应认定债权人未履行审查义务。

① 参见最高人民法院民事审判第二庭编：《最高人民法院民法典担保制度司法解释理解与适用》，人民法院出版社2021年版，第159~160页。

② 参见上海市高级人民法院（2019）沪民终274号民事判决书、最高人民法院（2020）最高法民申1773号民事裁定书。

基本案情:2015 年 5 月 8 日,上海瀚辉投资有限公司(以下简称瀚辉公司)与上海斐讯投资有限公司(以下简称斐讯投资公司)以及顾某平、上海斐讯数据通信技术有限公司(以下简称斐讯通信公司)、广西慧金科技股份有限公司(以下简称慧金公司)签订了协议。约定瀚辉公司向斐讯投资公司提供 1.5 亿元投资款项。双方还约定了斐讯投资公司获得收益的条件及方式。还约定担保人顾某平、斐讯通信公司、慧金公司对该协议项下斐讯投资公司的义务提供无限连带责任担保。签约时顾某平同时以斐讯投资公司、斐讯通信公司和慧金公司法定代表人的身份签名。签约后,瀚辉公司合计向斐讯投资公司汇付 1.5 亿元。慧金公司股东大会审议通过并依法公告的公司章程规定,公司对外担保总额,达到或超过最近一期经审计总资产的 30%以后提供的任何担保,对股东、实际控制人及其关联方提供的担保须经股东大会审议通过。慧金公司经依法公告并审计通过的《广西慧球科技股份有限公司 2014 年年度报告摘要》载明"……2014 年末总资产 54,472,584.15 元……归属于上市公司股东的净资产 1,981,964.37 元……"后斐讯投资公司未按照约定返还投资款及部分收益,故瀚辉公司向人民法院起诉请求斐讯投资公司支付投资款及相应收益,并要求担保方就上述斐讯投资公司的付款义务承担连带清偿责任。

法院认为:上海市高级人民法院二审认为,系争协议约定的瀚辉公司向斐讯投资公司收取基本收益及收益率的条款并无违法无效之处,故瀚辉公司在本案中的相关诉讼请求应予支持。因慧金公司系上市公司,担保金额 1.5 亿元是远超公司当时资产总值 30%的,且未经公司股东大会审议同意。作为专业投资公司的瀚辉公司在签订系争协议时,应尽到基本的形式审查义务。但在约定承担担保责任,未进一步出示股东会或董事会决议情况下,与其签订了系争担保协议,且事后也未经该些机构追认,故应认定瀚辉公司是知道顾某平是超越权限与其签约的,系争担保应为无效。

最高人民法院再审审查认为,慧金公司为斐讯投资公司提供担保依法亦须以董事会或股东会、股东大会决议作为授权的基础和来源。慧金公司的法定代表人顾某平未经授权为斐讯投资公司提供担保,该担保行为是否有效需考量相对人瀚辉公司签订合同时对顾某平的越权担保行为是否知道或应当知道。据原审查明,慧金公司系上市公司,其公司章程已在巨潮资讯网上备案公示且可当庭查询。根据慧金公司章程规定,担保金额超过公司总资产 30%或者公司对关联方的担保须经股东大会审议通过。根据该公司 2014 年年底的审计,公司总资产 5400 余万元,而案涉担保的主债务本金即达 1.5 亿元,故而系争担保已超过公司总资产 30%。作为具备专业投资能力的商事主体,瀚辉公司理应查询并知晓慧金公司章程对担保所作限制性规定,但其未尽该基本注意义务,其责自负。

第一百三十六条　上市公司设独立董事,具体管理办法由国务院证券监督管理机构规定。

上市公司的公司章程除载明本法第九十五条规定的事项外,还应当依照法律、行政法规的规定载明董事会专门委员会的组成、职权以及董事、监事、高级管理人员薪酬考核机制等事项。

【条文主旨】

本条是关于上市公司独立董事的规定,以及上市公司章程中对董事会专门委员会相关机制及高级管理人员薪酬考核机制予以规定的要求。

【条文理解】

一、上市公司独立董事制度

根据中国证券监督管理委员会(以下简称中国证监会)《上市公司独立董事规则》,上市公司独立董事是指不在上市公司担任除董事外的其他职务,并与其所受聘的上市公司及其主要股东不存在可能妨碍其进行独立客观判断关系的董事。

(一)独立董事制度的历史沿革

独立董事制度是英美国家公司治理结构中权力制衡和监督的机制。在英美国家单层制治理结构中,股东大会、董事会是必设机构,并没有监事会等专门的监督机构。美国联邦层面立法最早引入独立董事制度的是1940年《投资公司法》。自20世纪60年代以来,一些国家和地区在规范和完善公司治理结构时,逐步建立起独立董事制度。[①] 独立董事是以客观、公正立场监督经营层、保护公司利益的重要角色,对管理层发挥监督和制约的作用。后被世界各国纷纷效仿。从美国等国家的实践来看,独立董事制度对提高公司决策过程的科学性、民主性、安全性,防止公司管理层和实际控制人滥用权利侵害公司利益,维护中小股东合法权益等发挥了积极作用。

中国的独立董事制度首先在中国的海外上市公司中探索。国家经济贸易委员会、中国证监会于1999年3月26日发布的《关于进一步促进境外上市公司规范运作和深化改革的意见》就要求逐步建立健全外部董事和独立董事制度,境外上市公司董事会换届时,外部董事应占董事会人数的1/2以上,并设置2名以上

① 参见宋燕妮、赵旭东主编:《中华人民共和国公司法释义》,法律出版社2019年版,第250~251页。

的独立董事。该意见还规定：公司的关联交易必须由独立董事签字后方能生效；2名以上的独立董事可提议召开临时股东大会；独立董事可直接向股东大会、中国证监会和其他有关部门报告情况。2001 年 8 月中国证监会发布了《关于在上市公司建立独立董事制度的指导意见》，正式引入独立董事制度。《公司法》（2005 年）正式在法律中规定独立董事制度。2022 年 1 月 5 日，中国证监会总结独立董事制度建立以来的经验，制定了《上市公司独立董事规则》。后经多次修改，目前生效的是 2023 年 8 月 1 日中国证监会发布的《上市公司独立董事管理办法》（证监会令第 220 号），该办法自 2023 年 9 月 4 日起施行。

2023 年修订《公司法》前，关于独立董事的具体办法由国务院规定，修订后，将独立董事管理办法的制定权授权国务院证券监督管理机构行使。中国证监会依照法律、法规和国务院授权，统一监督管理全国证券期货市场，为国务院证券监督管理机构，依照本条规定制定独立董事管理办法。

（二）独立董事相关制度规定

1. 独立董事的独立性

为保证独立董事的独立性，独立董事应当独立履行职责，不受上市公司主要股东、实际控制人或者其他与上市公司存在利害关系的单位或个人的影响。为此，最近 12 个月内有下列情况的人员不得担任上市公司的独立董事：在上市公司或者其附属企业任职的人员及其配偶、父母、子女、主要社会关系；直接或间接持有上市公司已发行股份 1%以上或者是上市公司前 10 名股东中的自然人股东及其配偶、父母、子女；在直接或间接持有上市公司已发行股份 5%以上的股东或者在上市公司前五名股东任职的人员及其配偶、父母、子女；在上市公司控股股东、实际控制人的附属企业任职的人员及其配偶、父母、子女；与上市公司及其控股股东、实际控制人或者其各自的附属企业有重大业务往来的人员，或者在有重大业务往来的单位及其控股股东、实际控制人任职的人员；为上市公司及其控股股东、实际控制人或者其各自附属企业提供财务、法律、咨询、保荐等服务的人员，包括但不限于提供服务的中介机构的项目组全体人员、各级复核人员、在报告上签字的人员、合伙人、董事、高级管理人员及主要负责人。另外，法律、行政法规、中国证监会规定、证券交易所业务规则和公司章程规定的不具备独立性的其他人员亦不得担任上市公司的独立董事。

此外，独立董事原则上最多在 3 家境内上市公司兼任独立董事，并确保有足够的时间和精力有效地履行独立董事的职责，独立董事每年在上市公司的现场工作时间应当不少于 15 日。

2. 独立董事的任职条件

独立董事担任独立董事应当符合下列基本条件:一是符合根据法律、行政法规及其他有关规定中担任上市公司董事的资格;二是符合《上市公司独立董事管理办法》规定的独立性要求;三是具备上市公司运作的基本知识,熟悉相关法律法规和规则;四是具有5年以上履行独立董事职责所必需的法律、会计或者经济等工作经验;五是具有良好的个人品德,不存在重大失信等不良记录;六是符合法律、行政法规、中国证监会规定、证券交易所业务规则和公司章程规定的其他条件。独立董事及拟担任独立董事的人士还应当依照规定参加中国证监会及其授权机构所组织的培训。

3. 独立董事的职权

根据《上市公司独立董事管理办法》的规定,上市公司独立董事行使以下特别职权:(1)独立聘请中介机构,对上市公司具体事项进行审计、咨询或者核查;(2)向董事会提议召开临时股东大会;(3)提议召开董事会会议;(4)依法公开向股东征集股东权利;(5)对可能损害上市公司或者中小股东权益的事项发表独立意见;(6)法律、行政法规、中国证监会规定和公司章程规定的其他职权。

独立董事行使第1项至第3项所列职权的,应当经全体独立董事过半数同意。

二、上市公司董事会专门委员会

本法第121条除对股份有限公司董事会设置审计委员会进行规定以外,还规定公司可以按照公司章程的规定在董事会中设置其他委员会。上市公司董事会的专门委员会是董事会的内部机构,全部由董事组成。除本法第121条规定的审计委员会,上市公司董事会还可以按照上市公司股东大会的有关决议,设立其他的专门委员会。本法对审计委员会以外的专门委员会未作专门规定,由上市公司股东大会根据需要设立。根据中国证券监督管理委员会《上市公司治理准则》的规定,上市公司可以根据需要设立战略、提名、薪酬与考核等相关专门委员会。专门委员会对董事会负责,依照公司章程和董事会授权履行职责,专门委员会的提案应当提交董事会审议决定。战略委员会的主要职责是对公司长期发展战略和重大投资决策进行研究并提出建议。审计委员会的主要职责包括提议聘请或更换外部审计机构、监督公司的内部审计制度及其实施、负责内部审计与外部审计之间的沟通、审核公司的财务信息及其披露、审查公司的内控制度等。提名委员会的主要职责包括研究董事、经理人员的选择标准和程序并提出建议、广泛搜寻合格的董事和经理人员的人选、对董事候选人和经理人选进行审查并提出建议。薪酬与考核委员会的主要职责包括研究董事与经理人员考核的标准,进行考核并提出建议;研究和审查董事、高级管理人员的薪酬政策与方案等。根据本条第2款的规定,上市公司可以根据需要,在董事会中选择设立上述专门委员会,并在上市公司章程中对董事会专门委员会的组成、职权等内容予以规定。

三、董事、监事、高级管理人员薪酬考核机制

董事、监事、高级管理人员在上市公司中发挥着举足轻重的作用。高级管理人员制定企业战略、负责公司营运,对上市公司企业的整体运营结果负责。科学合理的高级管理人员薪酬考核制度可以激励高级管理人员积极创新,提升企业竞争力,同时可以对高级管理人员的绩效进行科学评估,保证高级管理人员的薪酬水平与企业的发展成果相对应,激励高级管理人员为企业做出更多贡献。

薪酬考核机制主要包括:根据董事、监事、高级管理人员管理岗位的主要范围、职责、重要性以及其他相关企业相关岗位的薪酬水平制定薪酬计划或方案;董事、监事、高级管理人员的绩效评价标准、程序及主要评价体系,奖励和惩罚的主要方案和制度等;公司薪酬制度执行情况的监督机制等。薪酬与考核委员会提出的公司董事的薪酬计划,须报经董事会同意,提交股东大会审议通过后方可实施;公司经理人员的薪酬分配方案须报董事会批准。

近年来,有的上市公司在负债压力并未显著改善的背景下,控股股东及其关联方借着高薪酬及分红从中获取了巨额财富,将财务风险变相转移至了资本市场。2023年修订《公司法》的审议过程中,有全国人大常委会委员建议将规范企业高管薪酬的内容纳入《公司法》修法中,以治理"高负债高分红"的现象,全国人大常委会采纳了该建议,本条第2款将董事、监事、高级管理人员的薪酬考核机制纳入上市公司章程的规定范围。

【司法适用】

《公司法》第180条第1款规定:"董事、监事、高级管理人员对公司负有忠实义务,应当采取措施避免自身利益与公司利益冲突,不得利用职权牟取不正当利益。"《证券法》第85条规定:"信息披露义务人未按照规定披露信息,或者公告的证券发行文件、定期报告、临时报告及其他信息披露资料存在虚假记载、误导性陈述或者重大遗漏,致使投资者在证券交易中遭受损失的,信息披露义务人应当承担赔偿责任;发行人的控股股东、实际控制人、董事、监事、高级管理人员和其他直接责任人员以及保荐人、承销的证券公司及其直接责任人员,应当与发行人承担连带赔偿责任,但是能够证明自己没有过错的除外。"根据上述法律规定,独立董事应当在履职过程中为公司的利益和股东的合法权益,尽合理的谨慎、勤勉和注意义务。独立董事的勤勉义务应当与其所在的行业领域、行业要求、业务素质匹配,与其工作职责所要求的工作能力相匹配。根据《上市公司独立董事管理办法》

的规定,独立董事行使特别职权的,上市公司应当及时披露;特别职权不能正常行使的,上市公司应当披露具体情况和理由;上市公司在披露董事会决议时,应当同时披露独立董事的异议意见,并在董事会决议和会议记录中载明。如果信息披露资料存在虚假记载、误导性陈述或者重大遗漏,致使投资者在证券交易中遭受损失,即使在信息披露时并未直接参与财务造假,却未勤勉尽责,存在过失,且在财务报告中签字,保证财务报告真实、准确、完整,也应当对投资者的损失承担连带责任。司法实践中,对独立董事承担连带责任的比例,一般为认定的投资者损失的5%~10%。

《上市公司独立董事管理办法》第46条第1款规定,独立董事能够证明其已履行基本职责,且存在下列情形之一的,可以认定其没有主观过错,依照《行政处罚法》不予行政处罚:(1)在审议或者签署信息披露文件前,对不属于自身专业领域的相关具体问题,借助会计、法律等专门职业的帮助仍然未能发现问题的;(2)对违法违规事项提出具体异议,明确记载于董事会、董事会专门委员会或者独立董事专门会议的会议记录中,并在董事会会议中投反对票或者弃权票的;(3)上市公司或者相关方有意隐瞒,且没有迹象表明独立董事知悉或者能够发现违法违规线索的;(4)因上市公司拒绝、阻碍独立董事履行职责,导致其无法对相关信息披露文件是否真实、准确、完整作出判断,并及时向中国证监会和证券交易所书面报告的;(5)能够证明勤勉尽责的其他情形。该规定也可以认定独立董事民事责任时予以参照。

【司法案例】

刘某龙与山东汇益创业投资有限公司、青岛亨达股份有限公司等证券虚假陈述责任纠纷案[①]

诉讼结论:上市公司独立董事对公司虚假陈述未尽独立履行职责之勤勉义务的,应当承担相应的责任。

基本案情:青岛亨达股份有限公司(以下简称亨达股份)作为全国股转系统挂牌的非上市公众公司,在全国股转系统采用非公开方式向特定对象发行股票。亨达股份2015年4月28日实施了诱多型的重大虚假陈述行为,山东汇益创业投资有限公司(以下简称汇益公司)2015年6月29日实际买入股票。汇益公司买入股票的时间在2015年4月28日虚假陈述实施日至2017年8月17日揭露日之间。后亨达股份股票停牌后未再复牌直至被摘牌。汇益公司起诉至人民法院,请求亨

① 参见最高人民法院(2022)最高法民申99号民事裁定书。

达股份赔偿其投资损失,并请求独立董事刘某龙等责任人员承担连带责任。

法院认为:汇益公司买入股票的时间在虚假陈述实施日至揭露日之间,应推定汇益公司的损失与亨达股份的虚假陈述行为之间存在因果关系。考虑到亨达股份所实施的虚假陈述行为主观恶意极为明显以及汇益公司是专业机构投资者,二审酌定亨达股份赔偿汇益公司投资损失的70%并无不当。独立董事独立履行职责,不受公司主要股东、实际控制人或其他与公司存在利害关系的人的影响。独立董事刘某龙未积极采取必要、合理的方法对公司进行调查、监督,未就财务审计报告等提出进一步沟通核实要求,以尽独立履行职责之勤勉义务,存在一定过错。考虑到独立董事不参与公司日常经营管理,无法对公司财务数额的真实性作出直观判断,没有证据证明刘某龙在相关年报、半年报上签字时即知悉存在虚假陈述,以及刘某龙一定程度系基于对专业会计机构已出具无保留意见的信赖等多方面因素,酌定其在5%范围内承担连带赔偿责任。

第一百三十七条　上市公司在董事会中设置审计委员会的,董事会对下列事项作出决议前应当经审计委员会全体成员过半数通过:

(一)聘用、解聘承办公司审计业务的会计师事务所;

(二)聘任、解聘财务负责人;

(三)披露财务会计报告;

(四)国务院证券监督管理机构规定的其他事项。

【条文主旨】

本条是关于上市公司审计委员会预先决议董事会重大事项的规定。

【条文理解】

本条是新增条款。

公司治理的核心是处理好公司经营者与出资者之间的关系,既要保证公司的经营效率,又要保护股东的合法利益。本次修订的重大创新是突破了强制性的双层制公司治理结构,允许公司有条件适用公司治理结构的单层制模式,即在符合法律规定的前提下允许公司只设董事会而不再设置监事会。对于股份有限公司而言,可以选择性设置董事会审计委员会或者监事会,对股份有限公司治理结构提供了可选和调整方案,是本次修订的亮点之一。

本条规定是新增的条文,主要规定上市公司董事会决议的以下重大事项应预先经审计委员会全体成员过半数通过:

一是聘用、解聘承办公司审计业务的会计师事务所。承办公司审计业务的会计师事务所，是接受公司委托，对公司的财务会计报告进行独立审计，出具审计意见的会计师事务所。会计师事务所依法独立、客观开展审计工作，并非对委托人负责。开展审计工作，也是上市公司依法接受监督，维护公司和股东合法利益的有效监督方式之一。因此，为了保障会计师事务所独立开展审计工作，聘用、解聘会计师事务所应当在董事会作出决定前由审计委员会全体成员过半数通过。根据《深圳证券交易所股票上市规则(2023 年 8 月修订)》《深圳证券交易所创业板股票上市规则(2023 年 8 月修订)》的规定，上市公司聘请或者解聘会计师事务所必须由股东大会决定，董事会不得在股东大会决定前委任会计师事务所开展工作。

二是聘任、解聘财务负责人。本法第 67 条第 8 项规定，有限责任公司董事会有权根据经理的提名决定聘任或者解聘公司副经理、财务负责人。第 120 条规定，本法第 67 条的规定适用于股份有限公司。财务负责人全面负责公司的财务管理、会计核算与监督工作，是上市公司的高级管理人员，对公司财务管理和财务监督起到至关重要的作用，应当具有高度的敬业精神，坚持原则，遵纪守法，有良好的职业道德和职业操守。因此，对财务负责人的聘任及解聘，是对公司管理层进行监管的重要抓手，是对公司财务进行监督的重要事项，应当在董事会作出决定前经审计委员会全体成员过半数通过。

三是披露财务会计报告。财务会计报告是上市公司会计部门根据经过审核的会计账簿记录和有关资料，编制并对外提供的反映上市公司某一特定日期财务状况和某一会计期间经营成果、现金流量及所有者权益等会计信息的重要文件。根据《上市公司信息披露管理办法》，上市公司应当披露的定期报告包括年度报告、中期报告，上述报告均包括财务会计报告，财务会计报告是定期报告的重要内容。定期报告内容提交上市公司董事会审议通过之前，审计委员会应当财务会计报告进行审核，包括财务会计报告的编制和审计程序是否符合法律、行政法规和中国证监会的规定，报告的内容是否能够真实、准确、完整地反映上市公司的实际情况等，并经审计委员会全体成员过半数通过。

四是国务院证券监督管理机构规定的其他事项。国务院证券监督管理机构根据监管工作实际，制定的其他应由审计委员会全体成员过半数通过的上市公司董事会决议的其他重大事项时，也应当履行上述预先决议程序。

第一百三十八条　上市公司设董事会秘书，负责公司股东会和董事会会议的筹备、文件保管以及公司股东资料的管理，办理信息披露事务等事宜。

【条文主旨】

本条是关于上市公司董事会秘书职责的规定。

【条文理解】

本次修订将公司的股东会和股东大会统一规定为“股东会”，故本条亦将“股东大会”修改为“股东会”，对《公司法》（2018年）第123条规定的其他内容未作修改。

一、上市公司设立董事会秘书

上市公司设立董事会秘书。董事会秘书由上市公司聘任，作为上市公司与证券交易所之间的指定联络人，以上市公司名义办理上市公司股东会和董事会会议的筹备、文件保管，公司股东资料的管理，信息披露事务等事宜。上市公司董事会应当在公司首次公开发行股票上市后3个月内，或原任董事会秘书离职后3个月内聘任董事会秘书。

二、董事会秘书的任职条件

董事会秘书作为上市公司的高级管理人员，应当具备履行职责所必需的财务、管理、法律等专业知识，具有良好的职业道德和个人品质。但具有以下情形的，不得担任董事会秘书：

（1）《公司法》规定不得担任董事、监事和高级管理人员的情形。若存在本法第178条规定的情形之一的，不得担任上市公司的董事会秘书：一是无民事行为能力或者限制民事行为能力；二是因贪污、贿赂、侵占财产、挪用财产或者破坏社会主义市场经济秩序，被判处刑罚，或者因犯罪被剥夺政治权利，执行期满未逾5年，被判处缓刑的，自缓刑考验期满之日起未逾2年的；三是担任破产清算的公司、企业的董事或者厂长、经理，对该公司、企业的破产负有个人责任的，自该公司、企业破产清算完结之日起未逾3年的；四是担任因违法被吊销营业执照、责令关闭的公司、企业的法定代表人，并负有个人责任的，自该公司、企业被吊销营业执照、责令关闭之日起未逾3年的；五是个人因所负数额较大债务到期未清偿被人民法院列为失信被执行人的。

（2）被中国证监会采取不得担任上市公司董事、监事和高级管理人员的证券市场禁入措施，期限尚未届满或者最近3年受到过中国证监会的行政处罚的。

（3）被证券交易所公开认定为不适合担任上市公司董事、监事和高级管理人员，期限尚未届满或者最近3年受到过证券交易所公开谴责或者3次以上通报批评的。

（4）在该上市公司担任监事的。

（5）法律法规、上市公司所在证券交易所规定的其他情形。

三、董事会秘书的职责

根据证券交易所的有关规定，董事会秘书主要负有以下职责：

(1)负责公司信息披露事务，协调公司信息披露工作，组织制定公司信息披露事务管理制度，督促上市公司及相关信息披露义务人遵守信息披露有关规定。

(2)负责组织和协调公司投资者关系管理工作，协调公司与证券监管机构、股东及实际控制人、中介机构、媒体等之间的信息沟通。

(3)组织筹备董事会会议和股东会会议，参加股东会、董事会、监事会及高级管理人员相关会议，负责董事会会议记录工作并签字。

(4)负责公司信息披露的保密工作，在未公开重大信息泄露时，及时向本所报告并公告。

(5)关注有关公司的传闻并主动求证真实情况，督促董事会等有关主体及时回复本所问询。

(6)组织董事、监事和高级管理人员进行相关法律法规、证券交易所的其他规定要求的培训，协助前述人员了解各自在信息披露中的职责。

(7)督促董事、监事和高级管理人员遵守法律法规、证券交易所的其他规定及公司章程，切实履行其所作出的承诺；在知悉公司、董事、监事和高级管理人员作出或者可能作出违反有关规定的决议时，应当予以提醒并立即如实向证券交易所报告。

(8)负责公司股票及其衍生品种变动的管理事务等。

(9)法律法规、证券交易所要求履行的其他职责。

根据本法第179条、第180条的规定，董事会秘书应当遵守法律、行政法规和公司章程；对公司负有忠实义务，应为采取措施避免自身利益与公司利益冲突，不得利用职权牟取不正当利益；对公司负有勤勉义务，执行职务应当为公司的最大利益尽到管理者通常应有的合理注意。

为保证董事会秘书依法履职，上市公司应当为董事会秘书履行职责提供便利条件，董事、监事、财务负责人及其他高级管理人员和公司相关人员应当支持、配合董事会秘书工作。董事会秘书为履行职责，有权了解公司的财务和经营情况，参加涉及信息披露的有关会议，查阅相关文件，并要求公司有关部门和人员及时提供相关资料和信息。上市公司解聘董事会秘书应当具备充足的理由，不得无故将其解聘。

董事会秘书在履行职责过程中受到不当妨碍和严重阻挠时，可以直接向证券交易所或者中国证监会报告。

第一百三十九条　上市公司董事与董事会会议决议事项所涉及的企业或者个人有关联关系的,该董事应当及时向董事会书面报告。有关联关系的董事不得对该项决议行使表决权,也不得代理其他董事行使表决权。该董事会会议由过半数的无关联关系董事出席即可举行,董事会会议所作决议须经无关联关系董事过半数通过。出席董事会会议的无关联关系董事人数不足三人的,应当将该事项提交上市公司股东会审议。

【条文主旨】

本条是关于上市公司董事关联交易表决回避的规定。

【条文理解】

关联交易,指公司与其存在关联的企业或者个人之间发生的转移资源或者义务的法律行为。《公司法》(2018 年)第 124 条规定的上市公司的董事应该回避表决的关联交易,包括董事会会议决议事项所涉及的企业的关联交易,而本次修订,将董事会会议决议事项所涉及的个人的关联交易,也纳入上市公司董事应该回避表决的关联交易范围。

关联交易可以降低交易成本、优化资源配置、尽可能增加公司利润和关联方的利益,因此上市公司很难避免发生关联交易。但在实践中,有的上市公司的控制人利用关联交易输送利益,规避法律,损害上市公司及其投资者的利益,因此需要对关联交易进行规制。对涉及关联交易的董事在该关联交易的事项,既不能参与表决,也不能代其他董事行使表决权。同时,本次修订时,还增加了上市公司董事对存在的关联关系主动申报和披露的规定,要求上市公司董事与董事会会议决议事项所涉及的企业或者个人有关联关系的,该董事"应当及时向董事会书面报告",避免上市公司因不了解董事与相关决议存在关联关系导致表决程序违法。

对于因关联关系回避关联交易的表决程序时,董事会会议由过半数的无关联关系董事出席即可举行,董事会会议所作决议须经无关联关系董事过半数通过。如果因存在与董事会决议存在关联关系的董事较多,出席董事会的无关联关系董事人数不足 3 人时,难以形成多数意见,且未达到法定人数,故董事会已无法进行表决。因董事会是由公司股东会选举产生,股东会由全体股东组成,是上市公司的最高权力机关,对公司重大事项进行决策,并对公司的经营管理有广泛的决定权。此时上市公司董事会应将该事项提交上市公司股东会进行审议。

第一百四十条　上市公司应当依法披露股东、实际控制人的信息，相关信息应当真实、准确、完整。

禁止违反法律、行政法规的规定代持上市公司股票。

【条文主旨】

本条是关于对上市公司股东、实际控制人信息依法予以披露以及禁止违法代持上市公司股票的规定。

【条文理解】

本条规定是本次《公司法》修订新增的内容。

上市公司信息披露是公众公司向投资者和社会公众全面沟通信息的重要途径。投资者和社会公众获取的上市公司披露的信息，可以作为其投资决策的主要依据。上市公司的股东和实际控制人信息也是投资者作出投资决策的重要内容，因此，《上市公司信息披露管理办法》第 14 条第 3 项、第 4 项将股东总数、公司前十大股东持股情况和持股 5%以上股东、控股股东及实际控制人情况作为上市公司应当披露的信息。本次修订吸收了《上市公司信息披露管理办法》的上述内容，在立法层面进一步强化了上市公司信息披露义务的规定，保证投资者真实、全面、及时、充分地了解上市公司的股东和实际控制人等上市公司信息，维护证券市场投资者的合法权益。

上市公司股份代持行为侵犯不特定多数的证券市场投资者的合法权益，危害金融安全、证券市场秩序，为我国法律法规和行政规章所禁止。《证券法》第 78 条第 1 款、第 2 款规定："发行人及法律、行政法规和国务院证券监督管理机构规定的其他信息披露义务人，应当及时依法履行信息披露义务。信息披露义务人披露的信息，应当真实、准确、完整，简明清晰，通俗易懂，不得有虚假记载、误导性陈述或者重大遗漏。"依据上述规定，上市公司必须股权清晰，股份不存在重大权属纠纷，披露的信息必须真实、准确、完整。上市公司因涉及发行人等信息披露真实的监管法规要求，要求发行人应当如实披露股份权属情况，不得存在隐名代持上市公司股票的情形。同时，根据《上市公司重大资产重组管理办法》第 43 条的规定，上市公司发行股份购买资产，应当充分说明并披露上市公司发行股份所购买的资产为权属清晰的经营性资产，并能在约定期限内办理完毕权属转移手续。在上市公司隐名代持的情况下，上市公司股东信息披露不实，会影响证券监管部门对内幕交易、关联交易审查、高管人员任职回避等证券市场基本监管要求，属于证券市场基本交易规范，关系到证券市场秩序的规范和证券市场投资者合法权益的保护,因此,本条第2款明确规定禁止违法代持上市公司的股票。禁止违法代持上市公司的股票,是防止通过股票代持的方式,规避法律法规关于披露股东、实际控制人信息的有关规定,进一步强化了法律法规对上市公司的信息披露制度的规定,有效保证上市公司依法向公众投资者披露公司信息特别是股权结构信息的透明度,可以有效保护投资者的合法权益,进一步规范证券市场的秩序。

【司法案例】

1. 杨某国诉林某坤股权转让纠纷案①

诉讼结论:上市公司股权隐名代持协议无效。

基本案情:2010年,杨某国与林某坤签订《委托投资协议书》,内容为:(1)林某坤受杨某国委托,以林某坤名义投资收购亚玛顿公司的股权;(2)林某坤承诺以杨某国的出资额代为杨某国投资并持有亚玛顿公司总股本1%(即1200万股)的股权;(3)投资亚玛顿公司所产生的利润和其他收益,均归杨某国所有,杨某国承诺将收到的投资本金和收益的20%支付给林某坤,作为林某坤代为投资与持股的管理服务费用;(4)杨某国享受亚玛顿公司一切待遇,3年内未上市,商量赎回,自主权归杨某国。2011年10月,亚玛顿公司正式在A股市场公开发行股票。公司实际控制人林某锡、林某汉、亚玛顿科技公司、林某坤均承诺,自公司股票上市之日起36个月内,不转让或者委托他人管理其已直接和间接持有的发行人股份。

法院认为:杨某国与林某坤签订的本案《委托投资协议书》及《协议书》实质构成上市公司股权的隐名代持。诉争协议即为上市公司股权代持协议,对于其效力的认定则应当根据上市公司监管相关法律法规以及《合同法》等规定综合予以判定。首先,《证券法》《首次公开发行股票并上市管理办法》《上市公司信息披露管理办法》等规定,公司上市发行人必须股权清晰,且股份不存在重大权属纠纷,公司上市需遵守如实披露的义务,披露的信息必须真实、准确、完整。由此可见,上市公司发行人必须真实,并不允许发行过程中隐匿真实股东,否则公司股票不得上市发行,即上市公司股权不得隐名代持。本案之中,在亚玛顿公司上市前,林某坤代杨某国持有股份,以林某坤名义参与公司上市发行,实际隐瞒了真实股东或投资人身份,违反了发行人如实披露义务,为上述规定明令禁止。其次,中国证监会根据《证券法》授权对证券行业进行监督管理,是为保护广大非特定投资者的合法权益。要求拟上市公司股权必须清晰,约束上市公司不得隐名代持股权,系

---

① 参见江苏省高级人民法院(2016)苏民终1031号民事判决书、最高人民法院(2017)最高法民申2454号民事裁定书。

对上市公司监管的基本要求，否则必然损害到广大非特定投资者的合法权益，从而损害到资本市场基本交易秩序与基本交易安全，损害到金融安全与社会稳定，从而损害到社会公共利益。本案杨某国与林某坤签订的《委托投资协议书》《协议书》，违反公司上市系列监管规定，应认定为无效。

2. 陆某林诉陈某、沈某俊、姜某圆、上海明匠智能系统有限公司、河南黄河旋风股份有限公司股权转让纠纷案①

诉讼结论：代持上市公司股份的协议无效。

基本案情：2015 年 2 月 28 日，陆某林与陈某签订《股权代持协议书》，约定：陆某林委托陈某作为其对上海明匠智能系统有限公司（以下简称明匠公司）2000 万元出资的名义持有人，认购陈某在明匠公司 9.1%的股权，并委托陈某代持，此次成交前陈某拥有明匠公司 49%股权。上市公司收购后，陆某林可以选择陈某按估值溢价的价格一次性给付本金和收益，也可以选择先行给付本金，估值溢价部分折合成股权，还可以选择将本金与收益部分全部折合成股权。

2015 年 10 月 19 日，陆某林、陈某、沈某俊、明匠公司四方签订《协议》。约定：陈某在证监会关于兼并重组正式核准批复下发后的 10 个工作日内完成陆某林在明匠公司 9.1%股份的工商实名确认工作以及河南黄河旋风股份有限公司（以下简称黄河旋风公司）相应股权确认事宜。陆某林选择以下收益方式之一：(1)陆某林可同时获得黄河旋风（证券代码 600172）487.5 万股流通股股票，陆某林可要求陈某将自有的黄河旋风流通股股票变更登记至陆某林名下，亦可以是陈某另行购买黄河旋风（证券代码 600172）487.5 万股流通股股票并变更登记至陆某林名下。(2)陈某应当根据陆某林指定的股票交易日，按照当日黄河旋风（证券代码 600172）的收盘价为标准，将 487.5 万股股票价值转化为现金标的额，并由陈某在此后三日内将该笔款项汇入陆某林指定的银行账户，具体金额以当日价格为准。本协议由沈某俊、明匠公司对陈某的上述全部义务承担无限连带保证责任，保证期间直至陈某履行全部约定事项止，沈某俊自愿优先承担保证责任。

法院认为：系争《股权代持协议书》虽约定陈某向陆某林承诺明匠公司在被上市公司按照估值不低于 3.5 亿元价格收购，但该协议签订时明匠公司尚未被黄河旋风公司兼并重组，不涉及上市公司股权代持争议，故该协议合法有效。但 2015 年 10 月 19 日各方签订的《协议》系在黄河旋风公司收购明匠公司 100%股权等基础上，为了黄河旋风公司收购明匠公司股权事项平稳获得证监会核准批文及陆某

---

① 参见上海市高级人民法院(2019)沪民终 295 号民事判决书。

林委托陈某代持股份的股东权益所签订。系争《协议》约定的“购买股权”“出售股票”等时间均与明匠公司与黄河旋风公司之间股权交易时间点提前一一对应。《协议》无论是内容还是签订过程，都涉及明匠公司与上市公司间的股权交易，也即双方明知陈某替陆某林代持的明匠公司股权将可溢价转化为上市公司股票。明匠公司被上市公司兼并重组前，陈某代陆某林持有股份，以自身名义参与黄河旋风公司通过发行股份并募集配套资金的方式收购明匠公司股权，成为上市公司前十大股东，隐瞒了实际投资人的真实身份。陆某林和陈某双方的行为构成了上市公司定向增发股份的隐名代持，违反了证券市场的公共秩序，损害了证券市场的公共利益，系争《协议》应属无效。

第一百四十一条　上市公司控股子公司不得取得该上市公司的股份。

上市公司控股子公司因公司合并、质权行使等原因持有上市公司股份的，不得行使所持股份对应的表决权，并应当及时处分相关上市公司股份。

【条文主旨】

本条是关于上市公司控股子公司不得持有该上市公司股票的规定。

【条文理解】

本条规定是本次《公司法》修订新增的内容。

《上海证券交易所股票上市规则(2023 年 8 月修订)》第 3. 4. 15 条规定，上市公司控股子公司不得取得该上市公司发行的股份。确因特殊原因持有股份的，应当在 1 年内消除该情形。前述情形消除前，相关子公司不得行使所持股份对应的表决权。《深圳证券交易所股票上市规则(2023 年 8 月修订)》亦有类似规定。上述规定意在防止上市公司经营管理层利用与控股子公司通过交叉持股的方式架空公司股东的权利。本次《公司法》修订吸收了上述规定的内容，将上述规定通过立法形式予以确定，确保上市公司股权结构清晰。

关于上市公司控股子公司，本法及《证券法》均未作明确界定。《上海证券交易所股票上市规则》(2023 年 8 月修订)第 15. 1 条规定，上市公司控股子公司，指上市公司持有其 50%以上的股份，或者能够决定其董事会半数以上成员的当选，或者通过协议或其他安排能够实际控制的公司。《深圳证券交易所股票上市规则》(2023 年 8 月修订)第 15. 1 条规定，上市公司控股子公司，指上市公司能够控制或者实际控制的公司或其他主体，此处的控制是指投资方拥有对被投资方的权力，通过参与被投资方的相关活动而享有可变回报，并且有能力运用对被投资方的权力影响其回报金额。《北京证券交易所股票上市规则(试行)》第12.1条则规定,上市公司控股子公司,是指上市公司合并报表范围内的子公司,即持有其50%以上股份,或者能够决定其董事会半数以上成员组成,或者通过协议或其他安排能够实际控制的公司。

本条虽然禁止上市公司控股子公司持有上市公司股份,但仅规定上市公司控股子公司取得上市公司股份后应"及时处分"相关上市公司股份,暂未明确规处置股份的具体时间要求,后续可待监督机构通过监管规则进一步明确。

第六章　股份有限公司的股份发行和转让

第一节　股份发行

第一百四十二条　公司的资本划分为股份。公司的全部股份，根据公司章程的规定择一采用面额股或者无面额股。采用面额股的，每一股的金额相等。

公司可以根据公司章程的规定将已发行的面额股全部转换为无面额股或者将无面额股全部转换为面额股。

采用无面额股的，应当将发行股份所得股款的二分之一以上计入注册资本。

【条文主旨】

本条是关于股份有限公司股份及其形式的规定。

【条文理解】

本条是2023年《公司法》修订的重要条文，突出规定了股份有限公司面额股和无面额股。相较于《公司法》(2018年)第125条第1款，本条明确股份形式为面额股还是无面额股，应当根据公司章程规定确定，如果采用面额股，那么每一股的金额应当相等。《公司法》(2018年)中规定的股份形式均为面额股，股票的发行价格虽然可以超过票面金额，但是不得低于票面金额。面额股通过明确载明票面金额以及禁止折价发行来保证公司的资本充足率，保障公司外部第三人能够通过公司资本外观对公司经营实力有基本判断，维护商业交易安全。但是实际上公司的资本是一个固态概念，公司的资信能力随时存在变化，盲目崇拜注册资本外观也不能真正保障交易安全。

2023年修订《公司法》时首次引入了无面额股这一股份形式，并规定公司可以根据公司章程的规定就已发行的全部股份在面额股和无面额股之间自由转换。降低企业融资成本，最大限度释放优化营商环境红利是2023年《公司法》修改的重要初衷。在面额股制度下,公司创始股东认购股份时至少要按照每股 1 元缴纳认股款。而在无面额股制度下,由于每股对应的金额不一,创始股东可以以较少的资金投入获得较多的股份,而后续投资者可以以较多的资金获得较少的股份,通过溢价方式投资入公司,这不仅减轻了创始股东的资金压力,也便利了公司融资,为公司后续投资者提供了更为灵活的投资渠道。同时,由于无面额股没有对折价发行进行限制,急于融资的公司甚至可以低于票面金额发行股份获得融资。当然需要注意的一点是,公司虽然可以将全部的面额股转换为无面额股,或者可以将全部的无面额股转换为面额股,但是同一个公司不能既发行面额股又发行无面额股,因此实务中要准确理解"全部"的含义。

自 1993 年颁布《公司法》以来,我国一直施行面额股制度。基于此,公司的法定资本制度也是在这之上建立起来的。在面额股制度下,公司的注册资本由票面金额与股份数量乘积所得;但是在无面额股制度下,没有直接计算关系,公司的资本不再与票面金额和股份数量挂钩。因此上市公司配发新股的方式也会更加灵活,进一步有利于降低融资门槛。而在无面额股制度下,如何衔接公司注册资本呢？本条第 3 款作出了回应,即采用无面额股的,应当将发行股份所得股款的 1/2 以上计入注册资本。这里计入 1/2 基数需要考虑两个条件,一是发行的股份,二是所得的股款,也就是发行无面额股的实缴股款。另外,当公司发行新股时,公司股东会有权根据公司经营情况和财务状况决定是否发行无面额股,以及确定无面额股的发行价格。

【司法适用】

由于无面额股制度是本次《公司法》修订首次引入的,虽然顺应了公司法定资本的变化趋势,也能为企业纾危解困降低企业融资成本,但需要有相应的配套制度规则予以支持。特别是,当无面额股发行存在溢价时,该部分溢价款应当纳入注册资本还是纳入公司资本公积？在面额股制度下,股份溢价发行的溢价款进入公司资本公积,即使该投资股东减资退出公司,纳入资本公积的溢价款也不会返还给该投资股东。然而,无面额股本身就没有面值和溢价,不能够完全按照面额股的规则来区分注册资本和资本公积金。由于 2023 年《公司法》修改明确了公司章程记载列入注册资本的股款比例,因此公司可以自主决定将无面额股股款全部或者 1/2 以上计入注册资本。那么未计入注册资本的股款应当列为公司资本公积金。

第一百四十三条　股份的发行，实行公平、公正的原则，同类别的每一股份应当具有同等权利。

同次发行的同类别股份，每股的发行条件和价格应当相同；认购人所认购的股份，每股应当支付相同价额。

【条文主旨】

本条是关于股份发行原则的规定。

【条文理解】

本条较《公司法》(2018 年)第 126 条有 3 处修改。第一，将第 1 款中“同种类的每一股份”修改为“同类别的每一股份”；第二，将第 2 款中“同次发行的同种类股票”修改为“同次发行的同类别股份”；第三，将第 2 款中“任何单位或者个人”修改为“认购人”。前两处修改与 2023 年《公司法》修订中新加入的类别股股份类型相统一，表明针对同一类别股份，其股东权利仍旧是同股同权。第三处文字上修改为“认购人”，文字表述更为精准专业。

股份的发行是股份有限公司为了筹集资金而出售和分配股份的法律行为。《证券法》第 5 条规定，证券的发行、交易活动，必须遵守法律、行政法规；禁止欺诈、内幕交易和操纵证券市场的行为。《股票发行与交易管理暂行条例》(国务院令第 112 号)第 3 条规定，股票的发行与交易，应当遵循公开、公平和诚实信用的原则。因此，股份有限公司的股票不论是公开发行还是定向发行，均应当公平、公正，这是保护中小股东合法权益及维护社会公共利益的必然要求。同时，虽然《公司法》规定了普通股和类别股，股票存在不同种类，但是同种类别的股份仍应当同股同权，该同一种类股东享有相同权利。

另外，不论是股份有限公司在设立阶段发行的股份，还是在公司成立后新发行的股份，只要是同一次发行的同类别股份，那么该次每股的发行条件和价格应当相同；认购人所认购股份，每股应当支付相同价额。

【司法适用】

司法实务中违反“同股同权”而产生的纠纷较多，大多因合同纠纷、股东出资纠纷、与公司有关的利益纠纷而提起诉讼。《公司法》(2018 年)施行的是完全的同股同权，而《公司法》(2023 年)更加强调同一类别股份应当同股同权。相同类别的股份在相同条件下，如发行条件和发行价格等，应当具有平等性。同一个公司同一次发行的股份，类别一致的股份所承载的权利和义务应当是平等的，股东基于该股份享有的表决权应当是一致的，不能有所差异，同样基于该股份享有的股息分红以及相对应的剩余财产分配利益也应当相同股份相同权利。

【司法案例】

欧阳某诉长沙农村商业银行股份有限公司
新增资本认购纠纷、买卖合同纠纷案①

诉讼结论:股份有限公司新增入股,原股东与新增股东应当同股同权,对新增股份不享有优先购买权。

基本案情:欧阳某于2016年3月19日签署了《长沙农村商业银行股份有限公司发起人协议书》,该协议约定长沙农村商业银行股份有限公司(以下简称长沙农商银行)股份划分为等额股份,每股面值人民币1元。新募股采取溢价发行,每股溢价0.536元,另行出资每股0.464元用于购买不良资产和平衡老股东权益,即合计每股2元。欧阳某签订发起人协议且缴足出资后,又主张以低于发起人协议约定和其他发起人缴付的出资金额入股,同时主张对新增资扩股享有优先购买权。诉讼中,长沙农商银行认为欧阳某的诉讼主张不仅违反《公司法》(2018年)第126条第2款"同次发行的同种类股票,每股的发行条件和价格应当相同;任何单位或者个人所认购的股份,每股应当支付相同价额"之规定,更有违诚实信用原则。

法院认为:欧阳某签署了《长沙农村商业银行股份有限公司发起人协议书》及《长沙农村商业银行发起人另行出资购买不良贷款和平衡老股东权益协议书》,并参加了被告长沙农商银行的创立大会暨股东大会,被告长沙农商银行亦向其发放了《股权证书》确认了其股东资格及享有834,900股。原、被告双方均已按约完成《长沙农村商业银行股份有限公司发起人协议书》项下权利义务,原告欧阳某现要求与被告长沙农商银行重新按1元/股的对价重新签订834,900股的股东协议,欠缺事实和法律依据。另欧阳兰系作为股份有限公司的发起人认购长沙农商银行的股份,与其他新增自然人股东同股同权,不具备优先购买权的合同及法律依据,故对于欧阳某相应的诉讼请求,不予支持。

第一百四十四条　公司可以按照公司章程的规定发行下列与普通股权利不同的类别股:

(一)优先或者劣后分配利润或者剩余财产的股份;

① 参见湖南省长沙市天心区人民法院(2019)湘0103民初12296号民事判决书。

（二）每一股的表决权数多于或者少于普通股的股份；

（三）转让须经公司同意等转让受限的股份；

（四）国务院规定的其他类别股。

公开发行股份的公司不得发行前款第二项、第三项规定的类别股；公开发行前已发行的除外。

公司发行本条第一款第二项规定的类别股的，对于监事或者审计委员会成员的选举和更换，类别股与普通股每一股的表决权数相同。

【条文主旨】

本条是关于股份有限公司类别股发行规则的规定。

【条文理解】

按照股份所表示的股东权的内容不同，股份可分为普通股和类别股。普通股，是指公司发行的在股息或者红利分配、剩余财产分配以及表决权行使等方面没有特别权利和特别限制的股份。《公司法》（2018 年）规定的股份有限公司股份一般是普通股。类别股是相对于普通股而言，又称为特别股，是指在公司章程中规定，在公司盈余分配、公司剩余财产分配以及表决权行使等方面不同于普通股的股东公司发行的设有特别权利、特别限制的股份。类别股也区分很多种类。比如，在公司某些事项上享有优先权的类别股，称为优先股，进而根据优先权所针对事项的不同，又分为表决权优先股、公司盈余分配优先股以及公司剩余财产分配优先股等。针对公司某些事项受到特别限制的类别股，被称为劣后股，包括盈余分配劣后股和剩余财产分配劣后股等。当然，上述分类不是非此即彼的，实践中往往是某一个类别股兼具多种性质。比如，在公司盈余分配上享有优先权的类别股，常常在表决权行使上受限制，劣后于普通股的表决权。

《公司法》（1993 年）第 135 条规定："国务院可以对公司发行本法规定的股票以外的其他种类的股票另行作出规定。"但之后一段时间，我国关于优先股、类别股的立法和实践无重大进展。2013 年 11 月，国务院发布《关于开展优先股试点的指导意见》，明确了优先股股东的权利与义务、优先股发行与交易、组织管理与配套政策。2014 年 3 月，中国证监会发布《优先股试点管理办法》，就规范上市公司及非上市公众公司优先股的发行和交易行为作出规定。2014 年 4 月，中国银行业监督管理委员会与中国证监会联合发布《关于商业银行发行优先股补充一级资本的指导意见》，对商业银行优先股发行作出规范。

《公司法》（2018 年）在坚持"同股同权"的原则下，以"国务院另有规定"的方式对类别股留有一定空间。第 131 条规定，国务院可以对公司发行《公司法》(2018 年)规定以外的其他种类的股份，另行作出规定。2019 年 1 月，中国证监会发布《关于在上海证券交易所设立科创板并试点注册制的实施意见》，允许特殊股权结构公司上市。2019 年 6 月，最高人民法院发布《关于为设立科创板并试点注册制改革提供司法保障的若干意见》，该意见规定："科创板上市公司在上市前进行差异化表决权安排的，人民法院要根据全国人大常委会对进行股票发行注册制改革的授权和公司法第一百三十一条的规定，依法认定有关股东大会决议的效力。"

此次正式在股份有限公司章节引入类别股制度，允许公司可以按照公司章程的规定发行与普通股权利不同的类别股。将类别股制度上升至法律层面，为我国类别股制度前期大量实践提供了上位法依据。

本条第 1 款采用"列举+兜底"的立法模式规定了股份公司可以发行的类别股的种类，包括：第一，优先或者劣后分配利润或者剩余财产的股份（优先股和劣后股）；第二，每一股的表决权数多于或者少于普通股的股份（与表决权相关的特殊表决权股）；第三，转让须经公司同意等转让受限的股份（转让受限股）；以及用"国务院规定的其他类别股"予以兜底。本条第 1 款采取列举的方式规定可发行的类别股的种类，属于严格意义上的类型法定，虽然有"国务院规定的其他类别股"的兜底条款，商事主体公司仍旧不可以随意创设新的股份类别。

其实我国在类别股方面已有非常丰富的实践经验。而此次也是对具有较多实践经验基础的类别股种类作出了规定，包括有优先股和劣后股、特殊表决权股、转让受限股等。类别股制度的引入，便于降低企业融资门槛，妥善保障投融资交易各方合法权益，有利于维护交易安全。但是由于其同股不同权的天然属性，容易形成类别股股东权益保护的劣势，因此本次《公司法》修改中加入了保护类别股股东的配套机制，如章程公示要求、类别股股东会表决要求等。

本条第 2 款规定了，公开发行股份的公众公司在公开发行后，不得再行发行特别表决权股和转让受限股。这主要是考虑保障公司治理和运营的稳定性，以及对公众投资者的保护。

同时为了平衡类别股东的监督权利，本条第 3 款特别规定了"对于监事或者审计委员会成员的选举和更换"公司治理事项，即使存在表决权差异的类别股股东其对于上述事项仍需遵守"一股一权"的表决机制，每一股对应的表决权相同。之所以在这一特定公司治理事项上类别股股东与普通股股东表决权一致，是因为投融资实践以及现实中司法纠纷多发。类别股制度的引入无疑会给我国现有的公司治理机制带来一系列挑战，投资者认购发行的劣后股或表决权差异股主要是看中股权的财产收益价值，然后公司财务制度的主要监督机构就是监事或审计委员会，如果监督机构履职不到位那么类别股股东的投资初衷将落空。因此第 3 款通过制度设计保障了公司监事、审计委员会成员的选任、履职不受享有“超级投票权”的类别股股东的干扰，也维护了劣后股或表决权受限股股东依法选任自己监事和审计委员会成员的权利。

【司法适用】

类别股的引入打破了我国实行多年的“同股同权”，对于公司治理、中小股东保护无疑产生巨大的影响。可以说本次《公司法》修订已经就这一问题进行了积极的考虑，不仅在本条中加入了第 2 款和第 3 款的规定要求，同时在第 145 条和第 146 条规定了相应制度用以保护类别股股东的合法权益。但是实际运行情况如何，尚需要实践予以检验。

第一百四十五条　发行类别股的公司，应当在公司章程中载明以下事项：

（一）类别股分配利润或者剩余财产的顺序；

（二）类别股的表决权数；

（三）类别股的转让限制；

（四）保护中小股东权益的措施；

（五）股东会认为需要规定的其他事项。

【条文主旨】

本条是关于公司章程对类别股法定记载事项的规定。

【条文理解】

为了类别股制度良性运行，《公司法》（2023 年）建立了类别股股东保护机制，本条规定的公司章程公示制度就是保护机制之一。发行类别股的公司，应当在公司章程中规定类别股对应的权利和义务，比如类别股分配利润或者剩余财产的顺序、类别股的表决权数、类别股的转让限制、保护中小股东权益的措施，以及股东会认为需要规定的其他事项。

公司章程强制记载的意义在于公示，通过告知外界公司的股本结构、公司有哪些类别的股份及具体情况，避免公司通过发行类别股的方式损害投资者或债权人的利益，保护交易安全。

第一百四十六条　发行类别股的公司，有本法第一百一十六条第三款规定的事项等可能影响类别股股东权利的，除应当依照第一百一十六条第三款的规定经股东会决议外，还应当经出席类别股股东会议的股东所持表决权的三分之二以上通过。

公司章程可以对需经类别股股东会议决议的其他事项作出规定。

【条文主旨】

本条是关于类别股股东表决权行使规则的规定。

【条文理解】

为实现对类别股股东合法权益的保护，本条规定有可能影响类别股股东权利的公司特殊决议事项，不仅需要通过股东会会议的特别多数决之外，还应当经出席类别股股东会议的股东所持表决权的2/3以上通过。本条通过类别股股东分类表决的方式强化了对类别股股东权益的保护。

分类表决，是在普通股股东会会议之外另行召集的类别股股东会会议上，由类别股股东对审议事项单独进行表决。

具体而言，发行类别股的公司，对于修改公司章程、增加或者减少注册资本的决议，以及公司合并、分立、解散或者变更公司形式的决议，凡可能影响类别股股东权益的事项均需要双层公司特别多数决决议机制，即除应当经过出席会议的股东所持表决权的2/3以上通过外，还应当经过出席类别股股东会议的股东所持表决权的2/3以上通过。法定的类别股股东表决机制，对于保护处于相对少数股东地位的类别股股东起到一定的积极作用。但是类别股股东表决机制的设立，也对《公司法》中的公司决议进行了一定的拓展和丰富。《公司法》(2018年)第22条针对股东(大)会决议和董事会决议的无效和被撤销进行了规定。《公司法》(2023年)吸收了后来公司法司法解释的内容，对公司股东会董事会决议的不成立、无效、可撤销进行了规定。此处类别股股东会议也属于股东会决议的一种，也应当适用《公司法》(2023年)关于股东会决议效力方面的相关规定。

本条第2款规定，公司章程可以对需经类别股股东会议决议的其他事项作出规定。授权公司章程在《公司法》规定以外增加分类表决事项，不仅充分尊重了公司的意思自治，也保护了作为弱势群体的类别股股东的合法权益，具有重要的制度价值。但是，本条第2款规定是否包括对法定的分类表决事项进行减损。从意思自治与权利处分的角度来说，类别股股东自愿放弃其有关权益并无不妥，但考虑到我国公众投资者专业水平普遍不高、公司治理体系尚未健全的现状，公司章程减少分类表决事项是否体现了类别股股东的真实意志实难查证,立法在相关问题上理应予以保留。因此,本条第 2 款中“公司章程可以对需经类别股股东会决议的其他事项作出规定”宜解释为公司章程可以增加需经类别股股东会议表决事项,而不包括对《公司法》规定的类别表决事项进行减损。

第一百四十七条　公司的股份采取股票的形式。股票是公司签发的证明股东所持股份的凭证。

公司发行的股票,应当为记名股票。

【条文主旨】

本条是关于股票的规定。

【条文理解】

本条将《公司法》(2018 年)第 125 条第 2 款和第 129 条第 1 款合二为一,并分别删除其第 1 款和第 2 款,对《公司法》(2018 年)第 129 条第 1 款作了较大修改。即将“可以为记名股票,也可以为无记名股票”修改为“应当为记名股票”。其实质在于禁止公司发行无记名股票。《公司法》(2018 年)第 129 条第 1 款规定,公司发行的股票,可以为记名股票,也可以为无记名股票。记名股票和无记名股票之分,是基于股票上是否记载股东的姓名或者名称而做的区分。记名股票上需要记载股东姓名或名称;无记名股票,则无需记载。由于无记名股票仅以交付就发生转让的法律效力,实践中流动性大、安全性差,公司对自身股东的变化情况常常不能及时掌握,导致公司经营风险较大,甚至影响正常运作,不利于营商环境的发展。特别是之前《公司法》并未限制公司对社会公众发行股票的形式,可以为记名股票,也可以为无记名股票。这就导致不法分子极易通过借助多层级复杂的所有权和控制权架构设立空壳公司,发行无记名股票,将实际受益所有人隐藏,最终达到洗钱和恐怖融资的目的。由于无记名股票存在股东身份信息不透明问题,我国现实中的反洗钱执行工作开展也是困难重重;同时,国际上部分国家也取消了无记名股票。综合上述因素,2023 年《公司法》修订时取消了无记名股票这类形式。

【司法适用】

虽然法律禁止无记名股票的发行,但是对于已经发行的无记名股票如何处理的问题,《公司法》(2023 年)中并未予以回应。我国应当参考域外法的相关做法,设置一定期限的“过渡期”。在过渡期内将无记名股票转换为记名股票;过渡期满未转换的,该无记名股票的财产性权益将受到限制,如无权获得股息或分配,甚至股份转让协议也将被认定无效。

由于本条第 2 款明确规定了公司发行的股票应当为记名股票。此处用的是“应当”字眼，属于强制性的法律规定。同时结合 2023 年修法取消无记名股票的立法本意，禁止公司发行无记名股票也与社会公共利益休戚相关，因此公司发行无记名股票而签订的认购合同也相应归于无效。在《公司法》（2023 年）实施办法中设置一个过渡期较为合适，可以对过渡期结束仍未转换的无记名股票的认购合同溯及既往地判定无效；而对于在过渡期内已经转换为记名股票的合同，因无效事由已经消除，合同不应再被认定无效。

第一百四十八条　面额股股票的发行价格可以按票面金额，也可以超过票面金额，但不得低于票面金额。

【条文主旨】

本条是关于面额股股票的发行价格的规定。

【条文理解】

《公司法》（2018 年）第 127 条规定，股票发行价格可以按票面金额，也可以超过票面金额，但不得低于票面金额。本条较《公司法》（2018 年）第 127 条的变化主要是将“股票”限定为“面额股股票”。

股份有限公司的资本划分为股份，股份也是股份有限公司的特有概念，是公司资本的最为基本的构成单位。股票是由股份有限公司签发，证明股东按照其所持有的股份享有股东权利、承担股东义务的权利凭证。首先，股票是一种有价证券，具有财产价值。其次，股票也是一种证权证券。持有股票即享有股东权利，可以要求公司支付股息、分配公司剩余财产。当股票发生权属转移时，该股票附带的股东权利义务也随之转移。再次，股票也是一种要式证券，应当按照法律或者监管机构的要求采用特定形式，其上记载的内容和事项需要符合法律法规的相关规定。最后，股票是一种流通证券，对于上市公司其股票可以在证券市场上进行交易，当然限售股票属于例外情况。

《公司法》（2023 年）明确规定了股份有限公司的全部股份，需要根据公司章程的规定择一采用面额股或者无面额股。如果采用面额股，每一股的金额相等。由于 2023 年修法增加了无面额股，因此在该条文中特意将《公司法》（2018 年）第 127 条的“股票”限定为“面额股股票”。

面额股股票也称面值股股票，是指需要在票面上载明金额的股票，该金额就是票面值或股票面值。票面上注明的每股金额由公司决定,公司章程应载明公司股份总数和每股股份的票面金额。同次发行的面额股股票每股的票面价值必须是相同的。我国从1993年《公司法》开始就正式规定面额股制度。虽然面额股的票面金额是固定的,但是股份有限公司在发行面额股股票时的价格可以按照票面金额,也可以超出票面金额,但是法律规定不得低于票面金额。此时如果按照票面金额发行股票,则股票发行所得股款构成公司的注册资本;但是如果超过票面金额发行股票,则股票发行所得股款溢价部分将列为资本公积金。因此面额股股票的发行价格不但与公司注册资本有关,还与资本公积金、公司工商登记、公司财务处理,甚至公司外部债权人交易安全利益的保护有关联。

【司法适用】

自1993年至2023年,30年来我国一直施行的是面额股制度,该制度无疑具有一定的功能意义。司法实践中,认定面额股股票的发行价格是否按票面金额,是否超过票面金额,是否低于票面金额,应当以发行人初始发行时间为认定标准。这样认定,符合同股同权原则,有利于交易安全。

首先,有利于股东平等保护。由于面额股股票明确载明股票票面金额,股东按照票面金额认购公司股票,每股股东权利义务一致,地位平等。当然股东按照票面价格认购股票基本上存在于公司设立时期,此时发起人按照股票票面金额认购公司的全部或者部分股份。一旦上述股份进入二级市场,股票的价格与票面价值常常无法一致。另外我们说的面额股股票上票面价格一致也是相对的,在同次发行时如此。公司成立后再行发行新的面额股股票时,每次票面金额与上一次金额也不一定一致。

其次,有利于保护公司外部债权人交易安全。由于面额股股票的票面金额与公司发行股票数额的乘积构成公司的注册资本,因此公司在章程中记载了发行面额股股票的票面金额和发行股份数额,公司债权人就可以了解公司的注册资本规模,从而评估判断与公司交易的风险。

第一百四十九条　股票采用纸面形式或者国务院证券监督管理机构规定的其他形式。

股票采用纸面形式的,应当载明下列主要事项:

(一)公司名称;

(二)公司成立日期或者股票发行的时间;

（三）股票种类、票面金额及代表的股份数，发行无面额股的，股票代表的股份数。

股票采用纸面形式的，还应当载明股票的编号，由法定代表人签名，公司盖章。

发起人股票采用纸面形式的，应当标明发起人股票字样。

【条文主旨】

本条是关于股票的形式以及股票记载事项的规定。

【条文理解】

随着现代科学技术的发展，股票形式已日益多元化，尤其在上市公司中，股票已经标准化、电子化，为此，本条在《公司法》（2018 年）第 128 条的基础上，仅规定了采用纸面形式的股票应记载的事项，而采用其他形式的股票应记载的内容，则由《证券法》等其他法律法规予以规范。

根据本条第 1 款的规定，股份有限公司发行的股票应当采取纸面形式或者国务院证券监督管理机构规定的其他形式。传统的股票多采取纸面形式，即实物券式的股票，在纸制品上载明股票应当记载的事项，并将该纸制品作为股东权利凭证。随着电子技术在证券业务领域的运用，出现了簿记形式的股票，即无纸化股票，以登记结算机构所记载的电子信息作为股权凭证。实践中，对于公开发行并上市交易的股票，按照《证券法》第 148 条第 1 款的规定，应当全部在中国证券登记结算有限责任公司集中存管，都为簿记形式。本条考虑到纸面形式是股票的传统形式，部分非上市公司仍然采用，因此，本条规定股票可以采取纸面形式；同时，为保护投资者权益，防止发生欺诈行为，本条规定，股票采取纸面形式以外的其他形式的，应当符合国务院证券监督管理机构的规定。

股票是一种要式有价证券，只有其形式和记载内容符合法律规定，才具有法律的效力。由于其他形式的股票应记载的内容由《证券法》等其他法律法规予以规范，因此，本条仅规定采用纸面形式的股票应记载的事项。根据本条的规定，股票采用纸面形式的，记载事项应当包括以下几种：第一，公司的基本情况，包括公司的名称、公司登记成立的日期或者股票发行的时间，这些情况对于证明股票持有人或者股票所有人的股东权利是必需的。第二，股票的基本情况。具体包括：股票的种类，即股票是普通股股票还是特别股股票，如果是特别股股票，是什么样的特别股；是享有分红优先权的特别股，还是其他类型的特别股。如果是发行面额股，则应载明股票的票面金额，即股票的票面价值，按照《公司法》（2023 年）第

148 条关于面额股票可以平价或者溢价发行但不得折价发行的规定,面额股票必须标明票面金额。同时,面额股所代表的股份数也应载明,这是表明股东在公司享有多大权利的基本依据。如果发行无面额股,则没有票面金额,但仍然需要载明股票代表的股份数。第三,为了有效区分发起人与非发起人持有的股票,如果向发起人发行纸面股票,应当标明发起人股票的字样,以便于公众了解。

纸面股票是一种公司签发的要式证券,因此本条要求纸面股票必须载明股票编号,由代表公司的法定代表人签名,并由公司盖章。代表公司在纸面股票上签名的公司法定代表人,根据本法有关条款的规定,可以是执行公司事务的董事或者经理,具体由公司章程规定。

【司法适用】

第一,本条将股票从形式上,分为传统的纸面形式与国务院证券监督管理机构规定的其他形式。股票的形式不同,在持有人转让及股票变动上,均可能存在差异,因此,在涉及股票纠纷的处理中,应查明股票的形式,以正确适用不同的法律。第二,对于是否采用纸面形式的股票有争议的,应查明其记载事项是否完整,是否清晰、准确;公司法定代表人是否签名,公司是否加盖公章。如果是向发起人发行的纸面股票,是否记载了发起人字样。再依据本条规定,综合进行认定。

第一百五十条　股份有限公司成立后,即向股东正式交付股票。公司成立前不得向股东交付股票。

第一百五十一条　公司发行新股,股东会应当对下列事项作出决议:

(一)新股种类及数额;

(二)新股发行价格;

(三)新股发行的起止日期;

(四)向原有股东发行新股的种类及数额;

(五)发行无面额股的,新股发行所得股款计入注册资本的金额。

公司发行新股,可以根据公司经营情况和财务状况,确定其作价方案。

【条文主旨】

本条是关于公司发行新股的决议及作价方案的规定。

【条文理解】

一、公司发行新股应经股东会决议

本条第1款对《公司法》(2018年)第133条的规定进行了修改,系对公司发行新股决议程序的规定。公司发行新股是指股份有限公司成立之后再次发行股份的行为。股份有限公司设立之后,即建立了独立完善的法人治理结构,而发行新股即为增加公司注册资本,根据《公司法》(2023年)第59条和第112条,该等重大事项的决定权归属股东会。根据本条规定,是否发行新股、发行新股的时机、种类、数量、价格、发行时间、发行对象、发行无面额股所得股款计入注册资本的金额等事项均属于公司自治的范畴,具体包括:(1)新股种类及数额。即本次发行的新股是普通股还是本法第144条规定的类别股,是面额股还是无面额股,发行的新股数量是多少。(2)新股发行价格。发行面额股的,根据本法第148条的规定,面额股股票的发行价格可以按照票面金额,也可以超过票面金额,但不得低于票面金额。发行无面额股的,亦应由股东会决定每股的发行价格。(3)新股发行的起止日期。根据《证券法》第33条的规定,股票发行采用代销方式,代销期限届满,向投资者出售的股票数量未达到拟公开发行股票数量70%的,为发行失败。发行人应当按照发行价并加算银行同期存款利息返还股票认购人。因此股东会应该对新股发行的期限做出明确的规定。(4)向原有股东发行新股的种类及数额。按照股权平等原则,为维护所有股东的权益,公司向原有股东发行新股的,亦应经股东会决议。(5)发行无面额股的,新股发行所得股款计入注册资本的金额。本法第142条第3款规定,采用无面额股的,应当将发行股份所得股款的1/2以上计入注册资本。由于涉及公司注册资本的变动,影响相关股东权益,在符合本法第142条规定的前提下,发行无面额股时多少股款计入公司注册资本应当由股东会决议。

二、公司发行新股应当确定其股票价格

本条第2款延续了《公司法》(2018年)第135条的规定。股份有限公司发行新股的,无论是发行面额股还是无面额股,都应当确定其股票价格。本条规定,公司发行新股,可以根据公司的经营情况和财务状况,来确定其作价方案。实践中公司在确定其新股作价方案时,一般会综合考虑公司的资金需求、盈利能力、经营方针、投资计划、行业特点、经济环境、企业发展前景等因素。就公开发行新股而言,同时还要考虑股票市场的状况,如股票一级市场的供求情况以及二级市场的整体股价水平、股票市场的走势、股票的市盈率、同类股票的价格水平以及同期银行利率水平等因素。

需注意的是,全面注册制带来了发行定价的市场化这一重大变化,根据《证券发行与承销管理办法》第6条的规定,首次公开发行证券发行数量2000万股(份)以下且无老股转让计划的,发行人和主承销商可以通过直接定价的方式确定发行价格。发行人尚未盈利的,应当通过向网下投资者询价方式确定发行价格,不得直接定价。通过直接定价方式确定的发行价格对应市盈率不得超过同行业上市公司二级市场平均市盈率;已经或者同时境外发行的,通过直接定价方式确定的发行价格还不得超过发行人境外市场价格。因此通过公开发行的方式发行新股的,还应在遵守注册制下证券发行和承销的相关规定,直接定价的不得超过同行业上市公司的二级市场市盈率。股份有限公司发行新股所确定的作价方案应当能反映公司股票的内在价值,以市场化取向为原则,遵循证券市场内在规律和基本模式,反映市场供求关系和整体股票价格水平,满足发行人筹集资金的需求,同时保证发行价格能够为投资者所接受,避免发行失败。

【司法适用】

就已上市公司向社会公开发行股票或向特定对象发行股票而言,根据《证券法》《首次公开发行股票注册管理办法》《上市公司证券发行注册管理办法》等法律法规的规定,上市公司发行股票应当符合发行条件以及相关信息披露要求,依法经交易所发行上市审核,并报中国证监会注册。就非上市公司发行股份而言,如果股东人数超过200人,则根据《证券法》《非上市公众公司监管指引第4号——股东人数超过二百人的未上市股份有限公司申请行政许可有关问题的审核指引》的规定,该等发行亦视为公开发行,需依法报经中国证监会注册。在前述情况下,股东大会的决议文件是申报材料之一,未召开股东会对发行股票事项做出决议或者做出的决议不符合本条要求,则可能面临该次发行难以通过交易所审核及中国证监会注册的风险,难以成功发行。

对于未上市且股东人数未超过200人的股份有限公司,如公司与投资人签署了有效的增资协议或股份发行协议等交易文件,而后公司并未依据本条规定就股份发行做出股东会决议,实践中一般存在确认协议效力和确认股东资格两种纠纷。对于协议效力而言,根据《民法典》第153条的规定,违反法律、行政法规的强制性规定的民事法律行为无效。但是,该强制性规定不导致该民事法律行为无效的除外。根据《民法典合同编通则司法解释》第16条的规定,法律、行政法规的强制性规定旨在规制合同订立后的履行行为,当事人以合同违反强制性规定为由请求认定合同无效的,人民法院不予支持。但是,合同履行必然导致违反强制性规定或者法律、司法解释另有规定的除外。对于未上市且股东人数并未超过200人的股份有限公司而言,其发行股份事项并不涉及不特定多数投资人的权益,一般而言并不会触及金融安全,本条规定应被视为对合同订立后实施股份发行这一履行行为的规定,如协议本身并不存在其他效力瑕疵事由,应认定合同有效。

对于投资人是否取得了股东资格,根据本法第147条的规定,公司的股份采取股票的形式。股票是公司签发的证明股东所持股份的凭证,但实践中非上市股份有限公司并不一定会签发股票,在已经签署增资协议或股份发行协议时,如投资人已经履行了出资义务,而公司召开股东会修改了公司章程中关于注册资本等事项,但就本次发行的决议事项并不完全符合本条规定,在此等情况下宜认为股东会已经就公司发行股份事宜进行了决议,虽然股东会效力存在瑕疵,但该等瑕疵并未产生实质影响,宜认定投资人已经取得了股东资格。如果公司尚未就该等事项召开股东会做出决议,则即使投资人已经履行了出资义务,甚至部分行使了知情权等权利,此等情况下也宜认为增资行为仍未完成,投资人并未取得股东资格。

【司法案例】

中国节能减排有限公司、山东新华医疗器械股份有限公司股东资格确认纠纷案①

诉讼结论:非登记股东无证据证明其取得股东资格,且无证据证明其推进上市公司或上市公司实际推进增加股东注册资本金的程序,应认定其不享有股东资格。

基本案情:2006年4月13日,原告中国机电出口产品投资公司与被告签订协议,约定中国机电出口产品投资公司以国家出资人代表身份向被告年产300万件高品质无电镀手术器械项目投入中央财政预算内资金5,460,000元,根据国家有关规定,双方确认中国机电出口产品投资公司以国债专项资金作为对企业项目投入的项目资本金,中国机电出口产品投资公司享有相应的股东权益,并于本协议生效后3个月内就双方今后的合作方式择时进行协商。2006年4月19日、2007年1月18日,中国机电出口产品投资公司两次向被告共计汇款5,460,000元,汇款用途为国家资本金(国债)。另查明,2008年12月24日,中国机电出口产品投资公司更名为中国机电出口产品投资有限公司。2013年12月11日,中国机电出口产品投资有限公司更名为原告现名称。还查明,被告系上市公司,于1993年4月18日成立,现股东包括淄博市国有资产管理局、社会公众股、内部职工股。后原告向

① 参见山东省淄博市高新技术产业开发区人民法院(2018)鲁0391民初1324号民事判决书、山东省淄博市中级人民法院(2018)鲁03民终3820号民事判决书。

法院起诉要求确认股东资格。

法院认为：本案系股东资格确认纠纷，原告并非被告的登记股东，原告主张根据双方签订的协议约定，原告对被告投入项目资本金5,460,000元后即享有相应的股东权益，即该款系出资，但该协议约定的项目资本金系国债专项资金，汇款用途原告也注明系国家资本金（国债），该款并非出资，原告并无其他有效证据证明原告依法取得了被告的股东资格，依照《公司法规定（三）》第22条"当事人之间对股权归属发生争议，一方请求人民法院确认其享有股权的，应当证明以下事实之一：（一）已经依法向公司出资或者认缴出资，且不违反法律法规强制性规定；（二）已经受让或者以其他形式继受公司股权，且不违反法律法规强制性规定"的规定，原告以上述理由主张享有被告的股权不予支持。同时，上市公司增加股东注册资本金的程序，需要经过股东大会通过，需要证监会批准，原告未有证据证明其要求被告推进该方面的工作或被告实际推进该方面的工作，即从双方的不作为中亦能判断出就原告成为股东及享有相应股权未形成一致的意思表示。据此，法院对原告关于确认其为被告股东和股东比例、股东权益诉求以及进而主张办理股权变更手续的诉求，法院不予支持。原告相关投资为债权性质，可另案主张。

第一百五十二条　公司章程或者股东会可以授权董事会在三年内决定发行不超过已发行股份百分之五十的股份。但以非货币财产作价出资的应当经股东会决议。

董事会依照前款规定决定发行股份导致公司注册资本、已发行股份数发生变化的，对公司章程该项记载事项的修改不需再由股东会表决。

【条文主旨】

本条是关于股份公司授权资本制适用情形的规定。

【条文理解】

授权资本制系本次修订新增的制度。公司法修订草案一审稿第97条规定："公司章程或者股东会可以授权董事会决定发行公司股份总数中设立时应发行股份数之外的部分，并可以对授权发行股份的期限和比例作出限制"，同时修订草案一审稿第164条规定："发行新股所代表的表决权数超过公司已发行股份代表的表决权总数百分之二十的，应当经股东会决议。"一方面，为避免股东会决议限制可授权发行股份的期限和比例使得董事会的发行权处于不稳定状态，本条放弃了修订草案一审稿中股东会决议自治限制公司董事会的立法设计，对可授权董事会发行股份的期限和比例明确不再由股东会决定，而是明确以法定形式加以 3 年法定发行期限以及 50%发行比例的限制。另一方面，修订草案一审稿设置了可授权发行的资本数额占表决权总数 20%的上限，实际上使得授权资本制可发挥的作用有限，本条删除了 20%的可授权发行的资本数额上限，进一步扩大了董事会的决策权限。同时 3 年法定发行期限以及 50%发行比例的法定限制也能够避免董事会滥用职权发行新股对原股东的股权进行过度稀释，避免公司控制权变动。同时，为防范非货币财产价值风险，相较于一审稿本条新增了非货币财产支付股款需经股东会决议的要求。此外，本条第 2 款明确董事会根据授权发行股份导致的公司章程记载的注册资本及已发行股份数发生变化无须再由股东会表决。

一、授权资本制简介

授权资本制或称授权股份制，是指公司设立时只需发行部分股份，公司章程或者股东会可以做出授权，由董事会根据公司运营的实际需要决定发行剩余股份。[①] 与之相对应的是法定资本制，要求章程规定公司股份总数且股份总数在公司设立时必须一次发行，全部由股东认缴后公司方能成立。公司设立后，增发新股应当召开股东会，经股东会审议通过后履行法定程序修改公司章程上规定的股份总数。授权资本制与法定资本制的关键区别在于公司设立时是否需要发行并认购章程规定的股份总数，以及公司设立后一定范围内的发行新股或增加出资比例的权限归属于股东会还是董事会。

引入授权资本制是激发市场活力的需要。授权资本制的核心是法律允许公司自主设置发行股份的内部决策权，有权选择将公司融资自主权赋予掌握专业能力和商业经验的管理层。在注册资本认缴制背景下，股东虽可约定认缴期限，但仍需在公司设立时认缴已确定的全部注册资本；而与现行法定资本制相比，授权资本制更具灵活性，只要求发行部分股份即可成立公司，减轻了发起人的出资负担，也利于减少公司注册资本虚化等问题的发生。[②]

授权资本制有利于融资效率的提高。法定资本制背景下，公司如需在后续经营过程增发股份，需要履行董事会起草方案、召集股东会并做出股东会决议、办理工商变更手续等程序，融资周期也较长。但授权资本制下，剩余股份的发行由董事会在授权范围内自行决定，不需要召开股东会进行表决、不需要修改公司章程并进行工商变更登记，简化了后续公司经营的融资程序，缩短了融资周期，使得公司发行新股筹集资金的过程更具灵活性，在最短时间内最大程度实现融资目的。

---

① 参见《关于〈中华人民共和国公司法（修订草案）〉的说明》。

② 参见《关于〈中华人民共和国公司法（修订草案）〉的说明》。

授权资本制能够满足公司融资、并购及反并购的需求。就融资而言，董事会是公司运营的核心机关，基于执行公司事务的优势更能掌握公司经营信息，可基于市场变化判断公司何时需要资本、需要多少资本、拟引入的发行对象为谁等关键融资要素，更有利于扩大融资规模。就并购而言，实践中因为资金筹措考量和税费成本等因素，公司并购常以发行新股作为支付手段，在授权资本制下可以直接由董事会做出决策，节约召开股东会的时间成本，避免贻误并购商机。对于反收购而言，我国《公司法》(2023 年)下被收购公司欠缺反收购手段，而在授权资本制下，可以在章程中事先做出授权安排，董事会可以在面临敌意收购时及时向其他投资者增发新股以稀释收购方的股权比例，避免法定资本制之下复杂的股东会流程以及收购方作为公司股东后在股东会上行使知情权及投票权使得反收购手段难以实现。

二、授权资本制的适用主体

授权资本制的规定设置于第 6 章“股份有限公司的股份发行和转让”下，说明适用资本授权制的主体类型仅限于股份有限公司。法定资本制下，公司设立时便已经将公司全部注册资本登记在公司章程中，全体股东一次性认缴出资并约定出资缴纳期限及方式，股东人数、股东后续实缴出资的义务均已经确定，债权人能够通过公司注册资本判断公司信用。而授权资本制下，发起人在公司设立时仅认购部分股份，仅有部分股东需要承担相应的出资义务，公司设立时未发行的剩余股份可以由后续新股东认缴，能够最大程度满足公司融资需求，但债权人不太可能从注册资本角度判断公司信用。对于人合性较强、信息公开程度较低、股东会和董事会“两权分离”并不充分的有限责任公司而言，全面认缴制下的法定资本制能够平衡股东和债权人之间的利益，引入授权资本制反而不利于债权人保护；而股份有限公司资合性更甚、开放程度更高、股东会和董事会“两权分离”程度更高，因此股份有限公司能够最大限度地实现授权资本制的制度目的，提升公司融资效率。

三、授权资本制的行使

(一)注册资本实缴

根据本法第 98 条的规定，发起人应当按照其认购的股份足额缴纳股款。选择授权资本制的股份有限公司只允许实缴方式，不允许认缴。授权资本制以实缴资本作为偿债资产，体现公司信用，反映公司资本状况，而如果采用认缴制将使得公司已发行股份数乘以每股金额不能反映公司注册资本情况，增加公示成本，不利于债权人保护。

(二)发行比例和期限限制

授权资本制之下,本归属于原股东的股份发行决策权被部分转移给董事会,若不加任何限制必然会导致原股东的经济利益与控制利益受损。例如,公司董事会可能会以低价方式发行股份,新股东可以较低价格取得较高价值的股权,原股东股权中所含经济利益就会遭到稀释。同时公司对原股东之外的第三人进行定向增发,则原股东所持股份的表决权比例被稀释,可能丧失对公司的控制权。因此,一方面需要防止过度授权,影响公司控制权稳定,或者大股东利用对董事的控制力而通过发行新股的方式稀释其他原股东的权利;另一方面需要防止董事会拥有永久发行权,从而事实上架空本属于原股东的新股发行权。因此,根据本条的规定,公司章程或者股东会可以授权董事会在 3 年内决定发行不超过已发行股份 50% 的股份。本条规定应当被理解为效力性规定,违反本条规定的属于过度授权,当属无效。如果超过 3 年未完全发行股份,或者公司发行的股份已经超过了章程或者股东会决议约定的发行股份数量,董事会应丧失发行权,董事会应当经过股东会决议或者修改公司章程的方式获得新的授权。

(三)股款支付方式的限制

授权资本制代理成本的控制关键点在于新股发行的价格是否公允,为避免董事会发行股份的价格低于公允价格,本条规定,以非货币财产作价支付股款的应当经股东会决议。如果非货币财产作价支付的股款未经股东会决议,属于董事会内容违反法律行政法规的强制性规定,根据本法第 25 条的规定,“公司股东会、董事会的决议内容违反法律、行政法规的无效”,应认定作出同意以非货币财产作价支付股款的董事会决议无效。

(四)公司章程的修改

本法第 59 条、第 112 条及第 116 条规定,对公司增加或者减少注册资本作出决议以及修改公司章程系股东会职权,且需要经出席会议的股东所持表决权的 2/3 以上通过。而根据本法第 96 条的规定,股份有限公司的注册资本为在公司登记机关登记的已发行股份的股本总额。因此董事会根据授权发行新股当然会导致公司章程中记载的已发行股份和注册资本变化,如果该等事项的变化及由此导致的公司章程修改仍需要股东会决议无疑会影响授权资本制的效率及功能,因此公司章程或股东会对于董事会发行新股的授权应视为已经对由此必然导致的公司章程记载事项变更一并做出了授权,故本条第 2 款明确,董事会依照前款规定决定发行股份导致公司注册资本、已发行股份数发生变化的,对公司章程该项记载事项的修改不需再由股东会表决。公司董事会根据授权就发行新股及修改公司章程做出有效决议即为已足。

【司法案例】

福建省金燕海洋生物科技股份有限公司、林某永合同纠纷案[①]

诉讼结论：投资人按协议出资且公司章程修改后，公司以未召开股东会和涉及增资款汇入指定账户为由主张协议无效的，应认定协议有效，投资人享有股东资格。

法院认为：金燕公司主张本案《投资协议》《补充协议》无效的理由为，金燕公司增资扩股没有召开股东会，违反《公司法》(2018年)第133条的规定，且林某永将增资款1596万元的其中756万元汇入陈某祥账户，违反《公司法》(2018年)第28条的规定。但双方签订的《投资协议》第1条增资扩股方案的1.2款明确载明："标的公司原所有股东自愿放弃本次增资认购权。此次新增股份全部由王某、吴某玲、林某永认购"，第3条章程修改的3.1款明确载明："标的公司应在投资方缴付出资后6日内召开股东大会，根据本协议规定修改公司章程"，林某永于2015年5月12日汇入金燕公司账户840万元、陈某祥账户756万元，合计1596万元，是依据双方签订的《补充协议》第1条投资款的1.2款载明的指定账户汇入的投资款，同日，金燕公司章程也修正为林某永700万股(本案420万股)，占股份总数比例10%。据此，双方已实际履行了《投资协议》《补充协议》的约定内容，金燕公司现又以没有召开股东大会及林某永将投资款其中756万元汇入陈某祥账户为由，主张林某永与陈某祥、金燕公司签订的本案《投资协议》《补充协议》无效，没有事实理由，不予采纳。

第一百五十三条　公司章程或者股东会授权董事会决定发行新股的，董事会决议应当经全体董事三分之二以上通过。

【条文主旨】

本条是关于股份公司授权资本制表决比例的规定。

【条文理解】

本条规定保留了公司法修订草案一审稿中第164条的表述。董事会决定发行新股的权力来源于公司章程或股东会的授权，本身是一种股东会权力的让渡；而董事会发行新股会引起注册资本的增加，此时作为被授权代股东会行使职权的

---

① 参见福建省高级人民法院(2018)闽民终654号民事判决书。

董事会，理应遵守股东会在增加注册资本决议中的程序规定。为避免损害股东或者公司权益的风险，根据《公司法》(2023 年)第 116 条第 3 款的规定，股东会作出修改公司章程、增加或者减少注册资本的决议，以及公司合并、分立、解散或者变更公司形式的决议，必须经出席会议的股东所持表决权的 2/3 以上通过，所以在决定发行新股的董事会决议上，也应当经全体董事 2/3 以上通过。如果出席董事会并决定发行新股的董事会决议不满足全体董事 2/3 以上通过的要求，根据本法第 27 条的规定，“有下列情形之一的，公司股东会、董事会的决议不成立：……(三)出席会议的人数或者所持表决权数未达到本法或者公司章程规定的人数或者所持表决权数；(四)同意决议事项的人数或者所持表决权数未达到本法或者公司章程规定的人数或者所持表决权数”。股东可向人民法院提起公司决议效力确认纠纷，确认股份发行决议不成立。

同时，基于权利义务相对等的原则，董事会有权做出发行股份的决议，但是不得违法或不当发行新股。如果股份发行程序存在瑕疵，或者董事会为控制公司以特别低的价格做出发行股份的决议，一方面损害了股东的财产权益，另一方面可能危及公司控制权的稳定，此时董事违反了其勤勉义务及忠实义务，该等情况下即属于本法第 181 条第 6 项规定的“违反对公司忠实义务的其他行为”，根据本法第 188 条至 190 条的规定，董事应为其未尽到勤勉义务以及忠实义务而向股东及公司承担赔偿责任。

第一百五十四条　公司向社会公开募集股份，应当经国务院证券监督管理机构注册，公告招股说明书。

招股说明书应当附有公司章程，并载明下列事项：

(一)发行的股份总数；

(二)面额股的票面金额和发行价格或者无面额股的发行价格；

(三)募集资金的用途；

(四)认股人的权利和义务；

(五)股份种类及其权利和义务；

(六)本次募股的起止日期及逾期未募足时认股人可以撤回所认股份的说明。

公司设立时发行股份的，还应当载明发起人认购的股份数。

【条文主旨】

本条是关于公司向社会公开募集股份应当遵守程序及招股说明书内容的规定。

【条文理解】

一、公司向社会公开募集股份必须经国务院证券监督管理机构注册

公开发行股份涉及公众投资者的利益和我国资本市场和金融秩序的安全稳定，需要对其进行一定的监管，但此前核准制下普遍存在市盈率过高、股票定价过高、超募金额过高的问题，制约了资本市场资源的合理流动，且核准制下的自由裁量权容易诱发权力寻租和权力滥用。为实现依法合法管制和保证资本市场流动性的平衡，2019 年修改的《证券法》采取了注册制，即公开发行不再经证券监督管理部门核准，而是报经国务院证券监督管理机构或者国务院授权的部门注册后才能实施。2023 年 2 月 17 日施行《首次公开发行股票注册管理办法》意味着全面落实注册制，本条即承接全面注册制改革，衔接《证券法》及《首次公开发行股票注册管理办法》等相关规定，对《公司法》(2018 年)第 134 条进行了修改。

根据《证券法》第 9 条的规定，公开发行包括：(1)向不特定对象发行证券；(2)向特定对象发行证券累计超过 200 人，但依法实施员工持股计划的员工人数不计算在内；(3)法律、行政法规规定的其他发行行为。公司需公开发行证券的，必须符合法律、行政法规规定的条件，并依法报经国务院证券监督管理机构或者国务院授权的部门注册。未经依法注册，任何单位和个人不得公开发行证券。

二、招股说明书的内容

招股说明书是拟向社会公开募集股份的公司专门表达募集股份的意思并载明有关信息的书面文件，在全面注册制下，招股说明书是股票发行阶段信息披露的主要载体，是投资者作出价值判断和投资决策的基本依据，是企业发行上市过程中最核心、最重要的法律文件。因此，招股说明书披露的信息应当真实、准确、完整，简明清晰、通俗易懂，不得存在虚假记载、误导性陈述或者重大遗漏。根据本条的规定，公司向社会公开募集股份，应当公告招股说明书，招股说明书除应当附有公司章程外，还应该载明以下事项。

(1)发行的股份总数。《公司法》(2018 年)要求招股说明书载明发起人认购的股份数，对此可能有两种理解，一种是全部发起人认购的股份总额，另一种是每个发起人所认购的股份数额。除公司设立时涉及发行股份的情况外，实践中每个发起人认购的股份数额在制作、披露招股说明书阶段并不确定，所以《中国证券监督管理委员会公告〔2023〕4 号—关于公布公开发行证券的公司信息披露内容与格式准则第 57 号——招股说明书的公告》(以下简称《57 号格式准则》)仅要求载

明本次发行的股数即可。而根据《证券发行与承销管理办法》的规定,每个发起人认购的股份数量需采用网上申购和配售等方式最终确定。因此本条与证券发行相关规定统一,仅要求招股说明书载明发行的股份总数。

(2)面额股的票面金额和发行价格或者无面额股的发行价格。面额股的票面金额和发行价格是指面额股股票上所记载的每一份额代表的货币数额和发行股票时每一股的价格。根据本法第148条的规定,面额股股票的发行价格可以按票面金额,也可以超过票面金额,但不得低于票面金额。无面额股虽然没有票面金额,但仍应在招股说明书中披露每一股的发行价格,便于投资人进行认购。

(3)募集资金的用途。即公司拟将募集资金用于何种事项,该等事项是决定投资人是否认购股份及投资金额的重要考量因素。根据《57号格式准则》的规定,发行人应披露募集资金的投向和使用管理制度,披露募集资金对发行人主营业务发展的贡献、未来经营战略的影响。发行人应结合公司主营业务、生产经营规模、财务状况、技术条件、管理能力、发展目标等情况,披露募集资金投资项目的确定依据,披露相关项目实施后是否新增构成重大不利影响的同业竞争,是否对发行人的独立性产生不利影响。同时,发行人还应该按照重要性原则披露募集资金运用状况,主要包括:①募集资金的具体用途,简要分析可行性及与发行人主要业务、核心技术之间的关系。②募集资金的运用和管理安排,所筹资金不能满足预计资金使用需求的,应披露缺口部分的资金来源及落实情况。③募集资金运用涉及审批、核准或备案程序的,应披露相关程序履行情况。④募集资金运用涉及与他人合作的,应披露合作方基本情况、合作方式、各方权利义务关系。⑤募集资金拟用于收购资产的,应披露拟收购资产的内容、定价情况及与发行人主营业务的关系;向实际控制人、控股股东及其关联方收购资产,对被收购资产有效益承诺的,应披露承诺效益无法完成时的补偿责任。⑥募集资金拟用于向其他企业增资或收购其他企业股份的,应披露拟增资或收购企业的基本情况、主要经营情况及财务情况,增资资金折合股份或收购股份定价情况,增资或收购前后持股比例及控制情况,增资或收购行为与发行人业务发展规划的关系。⑦募集资金用于偿还债务的,应披露该项债务的金额、利率、到期日、产生原因及用途,对发行人偿债能力、财务状况和财务费用的具体影响。

(4)认股人的权利和义务。一般说来,认股人的权利包括要求代收股款的银行或者其他金融机构出具收款单据的权利、参加创立大会并依法行使表决权的权利、要求未按期募足股份或者未按期召开创立大会的发起人依法返还其股款及同期银行存款利息的权利等。认股人的义务包括按照所认股数缴纳股款、不得擅自抽回其股本等。

(5)股份种类及其权利和义务。《公司法》(2023年)第143条规定,同类别的每一股份应当具有同等权利;第144条规定,公司可以按照公司章程的规定发行与普通股权利不同的类别股。由于同次发行的同类别股份的每一股份具有相同的权利,为便于认购人判断其所认购股份的权利及义务,招股说明书中应对此做出披露。

(6)本次募股的起止期限及逾期未募足时认股人可以撤回所认股份的说明。根据《证券法》第33条的规定,股票发行采用代销方式,代销期限届满,向投资者出售的股票数量未达到拟公开发行股票数量70%的,为发行失败。发行人应当按照发行价并加算银行同期存款利息返还股票认购人。因此招股说明书中应该载明本次募集股份从何时开始至何时结束,并说明逾期未募足时认股人可以撤回其购买股份的承诺。

三、公司设立时发行股份的,还应当载明发起人认购的股份数

公司设立时涉及发行股份的,此时发起人确定,招股说明书中载明发起人认购的股份数,可以方便社会公众判断发起人的出资状况,因此应当在招股说明书中予以载明。

【司法适用】

公告招股说明书系证券发行的法定流程,根据《证券法》第180条的规定,违反该法第9条的规定,擅自公开或者变相公开发行证券的,责令停止发行,退还所募资金并加算银行同期存款利息,处以非法所募资金金额5%以上50%以下的罚款;对擅自公开或者变相公开发行证券设立的公司,由依法履行监督管理职责的机构或者部门会同县级以上地方人民政府予以取缔。对直接负责的主管人员和其他直接责任人员给予警告,并处以50万元以上500万元以下的罚款。

【司法案例】

江苏银行股份有限公司与南通嘉宾发大酒楼有限公司、江苏银行股份有限公司南通分行股东资格确认纠纷案①

诉讼结论:股东不在公司上市前股东名册中,且股东持有的公司上市前股份在招股说明书中亦未作为发起人股份记载并披露,应认定其并不具备公司上市后的股东资格。

基本案情:1997年5月,南通市城市合作银行申请开业,注册资本金为1.2亿余元,其中全市信用社转股金额占总股本35.13%、地方财政参股占总股本

---

① 参见江苏省南通市中级人民法院(2018)苏06民终4391号民事判决书。

24.06%，新募社会法人股占总股本40.81%。1998年4月，南通市城市合作银行申请变更名称为南通市商业银行，经南通市工商行政管理局核定股东名册中有南通开发区中宇工贸发展公司、南通市友谊高级汽车维修中心、南通嘉宾发酒楼有限责任公司。1998年7月，中国人民银行南通分行向江苏省工商行政管理局报送的股权资本金确认证明中确认南通市商业银行法人股东单位50家，个人股东1350户，南通开发区中宇工贸发展公司、南通市友谊高级汽车维修中心、南通嘉宾发酒楼有限责任公司等股东均按1∶1.1的比例认定入股金额为5.5万元。

2001年11月，南通市商业银行通过公司章程修正案的决议，该决议中股东明细中未列入南通嘉宾发酒楼有限责任公司，同时确认南通开发区中宇工贸发展公司、南通市友谊高级汽车维修中心分别出资55,000元，认购股份55,000股。此后，南通市商业银行相关章程股东明细、股东名册中未再列入南通嘉宾发酒楼有限责任公司。2006年12月，江苏省内包括南通市商业银行在内的十家商业银行通过合并，以定向募集方式设立江苏银行，公司章程中确定：公司设立后，合并发起人解散，合并发起人的原股东成为本公司股东，持股数为经评估确认后的折股数。截至2006年12月25日，江苏银行(筹)股东名册中认定南通开发区中宇工贸发展公司、南通市友谊高级汽车维修中心净资产折股219,653.06股。2007年1月，江苏银行设立。

2000年2月，南通嘉宾发酒楼有限责任公司更名为南通嘉宾发大酒楼有限公司，即本案原告现名称。

法院认为：江苏银行系经证券管理部门批准的上市公司，其股份的发行和转让具有公开性、自由性，欲成为上市公司股东须遵循严格的管理程序和交易规则。根据《公司法》(2013年)第134条、《证券法》第52条、第53条以及中国证券监督管理委员会发布的《上市公司信息管理披露管理办法》的相关规定，上市公司在上市前应向证券交易所上报公司章程、最近一次的招股说明书等相关文件，并在经证券交易所审核同意后对相关文件予以公告，其中发行人股东及持股情况便是上市审查的重要内容之一。经过审核同意并对外公告的发行人股东及持股情况，是确定上市公司发行人股东的依据。而公司上市之后拟成为股东，可通过在依法设立的证券交易所公开受让股票而取得股东资格。同时，根据中国证券监督管理委员会公布的《证券登记结算管理办法》的相关规定，上市证券的发行人，应当委托证券登记结算机构办理其所发行证券的登记业务；证券公开发行后，证券发行人应当向证券登记结算机构提交已发行证券的证券持有人名册及其他相关资料，证券登记结算机构据此办理证券持有人名册的初始登记。本案中，嘉宾发公司主张其系江苏银行股东,并非基于江苏银行上市后嘉宾发公司通过上市交易或转让取得股票,而是基于其曾拥有的原南通市商业银行5.5万元股权。如该股权未发生变动,则在江苏银行成立时嘉宾发公司应登记为股东,在江苏银行上市时,嘉宾发公司应为发行人股东,并在证券发行后由证券登记结算机构办理相关登记手续。但在江苏银行上市前,嘉宾发公司并不在其股东名册中,2016年江苏银行的上市申请被批准后,经审核同意的招股说明书在证券管理部门指定的上市公司信息披露网站上予以发布,公示了发行人股东及其持股情况,嘉宾发公司亦未在其列。因此,嘉宾发公司现要求通过工商变更登记的方式确认其为江苏银行的股东,法律上存在客观障碍导致履行不能,该主张法院难以支持。

第一百五十五条 公司向社会公开募集股份,应当由依法设立的证券公司承销,签订承销协议。

【条文主旨】

本条是关于公司向社会公开募集股份的方式的规定。

【条文理解】

《公司法》(2018年)第87条规定:"发起人向社会公开募集股份,应当由依法设立的证券公司承销,签订承销协议。"第134条第2款规定:"本法第八十七条、第八十八条的规定适用于公司公开发行新股。"《公司法》未对股份有限公司发起人向社会公开募集股份的承销作出规定。因此本条对公司向社会公开募集股份的承销作出规定。

根据本条的规定,公司向社会公开募集股份,只能通过由依法设立的证券公司承销的方式进行。公司向社会募集股份有两种方式,一种是公司直接向社会募集股票,称为直接发行;另一种是公司通过中介机构销售股票,称为间接发行。由于公司向社会公开募集股份涉及的人数众多,且公司与社会公众之间存在信息差,发行人自身没有专业的证券销售渠道和专业人才,直接发行需要付出巨大的发行成本,且无法保证其足额募集股份。同时,作为中介机构的承销商可以对公司申请文件和信息披露材料的真实性、合法性、有效性进行核查,有利于进一步保护投资者的合法权益。因此,我国就募集股份方式的立法以间接发行的方式为原则,直接发行为例外。本条规定,公司向社会公开募集股份,应当由依法设立的证券公司承销。同时,在非公开发行的情况下,公司对特定发行对象比较熟悉,客观上具备直接发行的能力,也可采用直接发行的方式,《上市公司证券发行注册管理办法》规定,上市公司可以向特定对象发行证券,上市公司董事会决议提前确定全部发行对象的,可以由上市公司自行销售。

所谓承销,即证券公司在规定的期限内将公司拟发行的股票销售出去,同时承销的证券公司按照约定收取一定的佣金或约定的报酬的行为。根据《证券法》第26条的规定,证券承销业务采取代销或者包销方式。证券代销是指证券公司代发行人发售证券,在承销期结束时,将未售出的证券全部退还给发行人的承销方式。证券包销是指证券公司将发行人的证券按照协议全部购入或者在承销期结束时将售后剩余证券全部自行购入的承销方式。证券代销是一种代理关系,公司作为委托人委托证券公司作为受托人在承销期内销售股份,未能完全销售的自然退还给公司。销售证券所得的全部收入均归公司所有,公司另行向证券公司支付佣金。而证券包销不同,如果证券公司将发行人的证券按照协议全部购入再销售,实践中称为全额包销,实际上公司与证券公司是一种买卖关系,即证券公司将证券低价买进然后高价卖出赚取中间的差额;如果证券公司先代为销售证券,在承销期结束时将售后剩余证券全部自行购入,实践中称为余额包销,实际上是代理关系和买卖关系的结合,也即代销和全额包销的结合。在证券包销模式下,承销商不能完全销售的股票不能退还给公司。公司向社会公开募集股份时采取何种方式,一般需根据公司的具体情况、发行数量、证券公司销售能力及承销费用等情况综合判断。

现行证券法规对部分证券发行所采取的承销方式进行了明确规定,如《上市公司证券发行注册管理办法》第53条规定,上市公司配股的,应当采用代销方式发行。《证券发行与承销管理办法》第32条规定,上市公司向特定对象发行证券未采用自行销售方式或者上市公司向原股东配售股份的,应当采用代销方式。

本条所称的证券公司,是指依据《证券法》及《证券公司监督管理条例》等法律法规设立的可以经营证券承销与保荐业务的公司。根据《证券法》第118条的规定,设立证券公司应经国务院证券监督管理机构批准,未经国务院证券监督管理机构批准,任何单位和个人不得以证券公司名义开展证券业务活动。

《证券法》规定,公开发行证券的发行人有权依法自主选择承销的证券公司。证券公司承销证券,应当同发行人签订代销或者包销协议,载明下列事项:当事人的名称、住所及法定代表人姓名;代销、包销证券的种类、数量、金额及发行价格;代销、包销的期限及起止日期;代销、包销的付款方式及日期;代销、包销的费用和结算办法;违约责任;国务院证券监督管理机构规定的其他事项。

第一百五十六条　公司向社会公开募集股份，应当同银行签订代收股款协议。

代收股款的银行应当按照协议代收和保存股款，向缴纳股款的认股人出具收款单据，并负有向有关部门出具收款证明的义务。

公司发行股份募足股款后，应予公告。

【条文主旨】

本条是公司向社会公开募集股份时收取股款方式的规定。

【条文理解】

《公司法》(2018年)第88条规定："发起人向社会公开募集股份，应当同银行签订代收股款协议。代收股款的银行应当按照协议代收和保存股款，向缴纳股款的认股人出具收款单据，并负有向有关部门出具收款证明的义务。"第134条第2款规定："本法第八十七条、第八十八条的规定适用于公司公开发行新股。"《公司法》未对股份有限公司发起人向社会公开募集股份时收取股款的方式作出规定，因此本条第1款对公司向社会公开募集股份时收取股款的方式作出规定。

一、公司向社会公开募集股份应当同银行签订代收股款协议

由于公司向社会公开募集股份的资金量十分庞大，缴纳股款的股东众多，由承销商或公司自行收取股款操作难度较大。同时上市公司募集资金的管理是保障股东权益、维护公司经营稳定及持续性的重要环节，实践中不乏上市公司的募集资金管理存在资金流向不透明、违规使用募集资金等现象，因此《证券法》及《上市公司监管指引第2号——上市公司募集资金管理和使用的监管要求》(以下简称《上市公司2号监管指引》)等规定，募集资金处于公司、保荐机构、存放募集资金的商业银行三方共同严格监管的状态，后续必须按照招股说明书或者其他公开发行募集文件所列资金用途使用；改变资金用途，必须经股东大会作出决议。擅自改变用途，未作纠正的，或者未经股东大会认可的，不得公开发行新股。由商业银行代收股款可确保募集资金从资金来源层面即处于受监管状态，根据本条的规定，公司向社会公开募集股份虽然系通过证券公司签署承销协议采用代销或者包销的方式进行，但证券公司并不直接收取发售股份所得的股款，相关资金必须由公司与商业银行签订代收股款协议委托银行代收股款。

二、代收股权的银行所负义务

代收股款的银行与发起人签订的代收股款协议，是代收股款的银行与发起人之间设立民事权利义务关系的合同，对此合同，双方都应当按照约定全面履行自

己的义务,一般而言代收股款的银行应承担以下义务:

(一)按照协议代收和保存股款

代收股款的协议签订之后,代收股款的银行就应当按照协议的规定,代公司收取其向社会公开募集股份所得的股款。同时根据《上市公司2号监管指引》的规定,公司应当将募集资金存放于经董事会批准设立的专项账户集中管理和使用,并在募集资金到位后一个月内与保荐机构、存放募集资金的商业银行签订三方监管协议,募集资金专项账户不得存放非募集资金或用作其他用途。

(二)向缴纳股款的认股人出具收款单据

认股人在缴纳股款后,有权取得证明其已经缴纳股款的书面文件。为此,本条规定代收股款的银行对向其缴纳股款的认股人,负有出具收到该认股人已经缴纳股款的单据的义务,以使认股人能够持有已经缴纳股款的凭据。代收股款的银行在出具收款单据前,应根据公司提供的股款缴纳人名册及印鉴证书和认购人缴纳的认股书,核实认购人印鉴及缴款信息,并将存根收据副本交付公司。

(三)向有关部门出具收款证明

为使有关部门能够知悉公司的资金情况,以便对股票发行进行监督管理、对所收股款进行审核验资,本条规定代收股款的银行还负有向有关部门出具收款证明的义务。

三、公司发行股份募足股款后,应予公告

由于公司公开募集股份涉及众多的公众投资者,为使公司股东及社会公众了解公司募集股份情况,本条第2款规定公司发行股份募足股款后,应予公告。根据《证券发行与承销管理办法》第47条的规定,首次公开发行证券的发行人和证券公司应该在发行结果公告中披露获配投资者名称以及每个获配投资者的报价、申购数量和获配数量等,并明确说明自主配售的结果是否符合事先公布的配售原则;对于提供有效报价但未参与申购,或实际申购数量明显少于报价时拟申购量的投资者应当列表公示并着重说明;披露网上、网下投资者获配未缴款金额以及主承销商的包销比例,列表公示获得配售但未足额缴款的网下投资者;披露保荐费用、承销费用、其他中介费用等发行费用信息。实施战略配售的,应当在网下配售结果公告中披露参与战略配售的投资者的名称、认购数量及持有期限等情况。

《公司法》(2018年)第136条规定:"公司发行新股募足股款后,必须向公司登记机关办理变更登记,并公告。"本条第2款未规定公司应当向公司登记机关办理变更登记的内容,对此应当适用《公司法》第34条关于公司登记事项变更登记的规定。

第二节　股份转让

第一百五十七条　股份有限公司的股东持有的股份可以向其他股东转让,也可以向股东以外的人转让;公司章程对股份转让有限制的,其转让按照公司章程的规定进行。

【条文主旨】

本条是关于股份有限公司股份转让的原则性规定。

【条文理解】

《公司法》(2018年)第137条规定:"股东持有的股份可以依法转让。"本次修订进一步明确了股东可以将持有的股份对内或对外转让,新增了"公司章程对股份转让有限制的,其转让按照公司章程的规定。"

一、股份有限公司的股份转让,即公司股东将其股份转让给他人

股份代表一定的财产权益,具有流通性,因此,股份自由转让是股份有限公司的典型特征。第一,股份有限公司是资合性公司,是资本的集合,不注重股东的个人身份。与有限责任公司、合伙企业相比,有限责任公司、合伙企业兼有资合性与人合性,有限公司、合伙企业的投资者之间存在相互信任的关系,股东或者合伙人的身份特征对有限公司、合伙企业具有重要意义,因此其份额转让受到较大限制,如本法第84条规定,股东向股东以外的人转让股权的,应书面通知其他股东,其他股东在同等条件下有优先购买权;《合伙企业法》第22条、第23条也作出类似规定。股份有限公司则不同,如果公司章程没有特别规定,其他股东就没有优先购买权。第二,股份有限公司的股份即股票,作为财产的一种,本身也应具有可转让性。投资者可以通过对股份有限公司股份的自由转让转移投资风险,这也是股份有限公司同有限责任公司、合伙企业相比更能吸引投资者的一个重要原因。

二、股份有限公司的股份转让,应当依法进行

法律对股份有限公司的股份转让作出限制的,受限制的股份不得转让。一般来说,不论是公开发行还是非公开发行的股份,都应当允许其通过转让变现,但是,为加强信息披露、规范关联人员行为、保护投资者的合法权益,也有必要在特定情形下对其转让作出一定限制。本法第160条、第162条对股份有限公司股份转让作出了限制规定。第一,公司股票在证券交易所上市交易的,公开发行股份前的股份自上市交易之日起 1 年内不得转让。第二,公司董事、监事、高级管理人员持有的本公司的股份,在其任职期间每年转让的股份不得超过其所持有本公司股份总数的 25%;所持本公司股票在证券交易所上市交易的,自上市交易之日起 1 年内不得转让;上述人员离职后半年内,不得转让其所持有的本公司股份;公司章程可以对公司董事、监事、高级管理人员转让其所持有的本公司股份作出其他限制性规定。第三,股票在法律、行政法规规定的限制转让期限内出质的,质权人不得在限制转让期限内行使质权。第四,除法定情形外,公司不得收购本公司的股份。其他法律对股份有限公司的股份转让作出限制规定的,也应依照执行。第五,对法律未作限制、可自由转让的股份,其转让的场所、方式、信息披露等也应当符合法律的规定。

三、公司章程对股份转让有限制的,其转让按照公司章程的规定

第一,针对有限责任公司的股权转让,《公司法》(2023 年)第 84 条第 3 款规定:"公司章程对股权转让另有规定的,从其规定。"本条考虑到有些股份有限公司人数较少,类似于有限责任公司股东之间具有"人合性"的特征,因此,参照有限责任公司股权转让的规定,以确保这类股份有限公司的股东被限制在一定范围之内。第二,本次《公司法》修订,在股份有限公司中引入了类别股制度。本法第 144 条第 1 款第 3 项规定,股份有限公司可以发行转让须经公司同意等转让受限的股份。股份有限公司发行这类转让受限的类别股时,其具体受限内容及转让条件也需要在公司章程中进行明确,因此,本条后半句对此进行了相应的回应。第三,在理论与实务界,公司章程能否限制股份有限公司股份转让,一直存在争议。本次规定对此进行了明确,即股份有限公司公司章程可以限制股份的转让。

【司法适用】

第一,股份转让合同纠纷的法律适用。股份转让纠纷通常是由股份转让合同的签订、履行、终止等所产生的纠纷。从其财产权利的属性方面来看,股份与其他财产的交易在法律适用上并无区别,同样应该适用《民法典》总则编、物权编及合同编的相关规定。同时,公司具有团体性质,股份又是一种社员权利,股份转让可能会涉及股东、高级管理人员、债权人等不同主体的利益,因此,《公司法》《证券法》《企业国有资产法》《外商投资法》等法律法规也适用于股份转让纠纷。对于股份转让合同纠纷中的法律适用问题,《关于审理买卖合同纠纷案件适用法律问题的解释》第 32 条规定:"法律或者行政法规对债权转让、股权转让等权利转让合同有规定的,依照其规定;没有规定的,人民法院可以根据民法典第四百六十七条和第六百四十六条的规定,参照适用买卖合同的有关规定。"由此可见,《公司法》《证券法》《企业国有资产法》《外商投资法》等法律法规相对于《民法典》总则编、物权编及合同编而言,前者属于特别规定,后者属于一般规定。按照特别法优先一般法适用的原则,当《公司法》《证券法》《企业国有资产法》《外商投资法》等法律法规对股份转让合同有规定的,应当优先适用这些规定。当《公司法》等法律法规没有规定时,应该参照适用《民法典》总则编、物权编及合同编,尤其是买卖合同的有关规定。第二,违反股份转让限制的合同效力。针对股份有限公司股份转让的限制,可分为法律法规规定的限制(如本法第 160 条、第 162 条)与公司章程中规定的限制两种类型。对于前者,可参照本法第 160 条、第 162 条的解读,这里关注公司章程中规定的限制是否影响股份转让合同的效力。本条后半句规定,公司章程规定转让受限的股份,其转让按照公司章程的规定。但违反公司章程规定的限制转让股份的合同的效力,本条却没有明确。本书认为,如果公司章程规定禁止或者变相禁止股份转让的条款,应认定为无效条款,因为这样的规定违反了财产可自由转让的原则。同时,因公司章程并非法律法规性质的强制性规定,因此,违反公司章程的限制性规定,并不必然导致股份转让合同无效。虽然合同效力不会因此受影响,但由于违反公司章程的限制性规定,受让人的股东身份可能不会得到其他股东或公司的认可,比如无法记载于股东名册,这可能最终导致股份无法变动,影响合同目的实现。这仅涉及因合同履行不能而解除股份转让合同的问题,与股份转让合同的效力无涉。

【司法案例】

张家港保税区千兴投资贸易有限公司、梦兰星河能源股份有限公司股东资格确认纠纷案①

诉讼结论:《股权转让协议》不符合股份有限公司公司章程规定条件的,应认定为股权转让条件不成就,在股权转让条件成就前,受让方不得诉求履行。

基本案情:梦兰星河能源股份有限公司(以下简称梦兰星河公司)成立于 2010 年 7 月 14 日,股东分别为梦兰集团公司、天狼星公司、风范公司、梦星投资公司、孙某。其中,梦兰集团公司持有梦兰星河公司 20276.5 万股,占公司股份比例为 28.97%。

2018 年 5 月 7 日,梦兰集团公司(甲方)与千兴投资公司(乙方)签订《股权转让协议》,约定梦兰集团公司将其持有梦兰星河公司 4.29%的 3000 万股股份转让给千兴投资公司,转让价格 9000 万元。协议第 6 条"协议生效"约定,本股权转让协议的生效应全部满足下列条件:目标公司股东会同意本协议项下的目标股权转

① 参见最高人民法院(2020)最高法民终 1224 号民事判决书。

让的决议或者其他股东放弃优先受让权;千兴投资公司股东会同意本协议项下的目标股权受让的决议;本协议经甲方与乙方共同签字并盖章。同日,千兴投资公司向梦兰集团公司转账支付9000万元股权转让款,梦兰集团公司出具了收据。

2018年4月28日,梦兰集团公司向梦兰星河公司的其他股东天狼星公司、风范公司、梦星投资公司发出《股权转让通知》,三份通知内容一致,均列明了转让的股份数、价格、受让主体(载明的受让主体为沙钢集团)及要求5个工作日之内反馈是否同意转让及行使优先购买权。

梦兰星河公司、风范公司、天狼星公司均于2018年5月24日复函给梦兰集团公司称,在梦兰集团公司在偿还上述借款之前,不同意本次股权转让。

千兴投资公司向一审法院起诉请求:(1)确认千兴投资公司的梦兰星河公司股东身份,并确认千兴投资公司持有梦兰星河公司出资金额为3000万股9000万元占梦兰星河公司4.36%的股份;(2)判令梦兰星河公司限期办理千兴投资公司出资金额3000万股9000万元占梦兰星河公司4.36%股份的股东名册和工商变更登记;(3)诉讼费由梦兰星河公司负担。

法院认为:本案系股东资格确认纠纷,焦点问题为:案涉股份转让条件是否已成就,即该转让行为是否符合梦兰星河公司章程规定。修改后的梦兰星河公司章程第24条共有4款,详细规定了股东持有的股份转让的条件。结合本案查明事实,梦兰集团公司股份转让条件尚未成就。具体理由如下。

首先,本案中,现无证据显示梦兰集团公司在对外转让股份前曾事先与其他股东充分协商,梦兰集团公司在2018年4月28日发出《股权转让通知》时直接确定了对外转让价格,天狼星公司、风范公司、梦兰星河公司在收到通知后,于2018年5月24日明确回函,考虑到梦兰集团公司向梦兰星河公司借款且该款可能产生抽取其公司注册资本的实质后果,不符合《公司法》关于资本维持原则的基本精神,存在法定障碍,要求梦兰集团清除该障碍,并召开股东大会表决。该理由合理、正当,梦兰集团公司该时点并未解决该问题并及时提请股东大会讨论。其次,2018年4月28日《股权转让通知》所称股份受让对象为"沙钢集团",与实际受让主体千兴投资公司不一致,虽然千兴投资公司主张梦兰集团公司于2019年1月分别向天狼星公司、风范公司、梦星投资公司寄出的落款日期为2018年4月28日的《股份转让通知》,明确主体问题,但该通知内容属于告知股份转让,并非与其他股东商讨行使优先购买权或同售权,形式并不完备。最后,本案中,梦兰星河公司股东为梦兰集团公司、天狼星公司、风范公司、梦星投资公司、孙某,但无论是2018年4月28日通知还是2019年1月通知,均无证据显示梦兰集团公司已实质通知到小股东孙某,并不符合章程第24条规定的"一致"要求。因此,千兴投资公司虽主张其与梦兰集团公司签订的《股权转让协议》已对梦兰星河公司以及公司其他股东发生法律效力，但在现有情况下，其履行情况尚不符合公司章程第24条的规定，其可待充分履行章程规定的条件后再行主张权利。

第一百五十八条　股东转让其股份，应当在依法设立的证券交易场所进行或者按照国务院规定的其他方式进行。

第一百五十九条　股票的转让，由股东以背书方式或者法律、行政法规规定的其他方式进行；转让后由公司将受让人的姓名或者名称及住所记载于股东名册。

股东会会议召开前二十日内或者公司决定分配股利的基准日前五日内，不得变更股东名册。法律、行政法规或者国务院证券监督管理机构对上市公司股东名册变更另有规定的，从其规定。

【条文主旨】

本条是关于股票转让方式的规定。

【条文理解】

本法第147条规定："公司的股份采取股票的形式。股票是公司签发的证明股东所持股份的凭证。公司发行的股票，应当为记名股票。"由此可见，这与《公司法》（2018年）允许发行无记名股票明显不同，修订后的《公司法》只允许股份有限公司发行记名股票，禁止发行无记名股票。为了适应上述修订，本条在沿用《公司法》（2018年）第139条的基础上，删除了"记名"二字，统一称为"股票"。但需注意的是，由于修订后的《公司法》只允许股份有限公司发行记名股票，禁止发行无记名股票，因此，这里所指的"股票"，其含义就是指"记名股票"。

（1）记名股票，是指股票上记载有股东姓名或者名称的股票。按照本条的规定，股份有限公司的记名股票，由股东以背书方式或者法律、行政法规规定的其他方式转让。所谓背书，是有价证券转让的一种法定形式，对记名股票转让而言，就是指记名股票上所记载的股东作为背书人，在股票签章，并在股票背面或者股票所粘附的粘单上记载受让人即被背书人的名称或者姓名，以表示将该股票所代表的股东权利转让给受让人的行为。由于实践中很多股份有限公司的股票是采取无纸化的形式，对于这些股票，应依据本条规定，由股东以法律、行政法规规定的其他方式转让。如我国目前上市交易的公司股票，采取的是簿记券式，即以在证券登记结算机构记载股东账户的方式发行股票,不印制实物股票。这些股票的交易,按照有关法律、行政法规的规定,要依照交易者在证券公司开户、委托证券公司买卖、达成交易合同、进行清算交割、办理证券的登记过户手续等程序进行。这种交易方式,就属于本条所规定的"法律、行政法规规定的其他方式"。

股东名册是确认记名股票股东身份的根据,也是记名股票股东向公司主张行使股东权利的依据。记名股票转让后,根据本条第 2 款后半句的规定,公司应当将受让人姓名或者名称及住所记载于股东名册,以便于受让股东行使股东权利,也便于公司其他股东及其他有关人员了解公司的股份构成和分布情况。

(2)本条第 2 款规定,股东会会议召开前 20 日内或者公司决定分配股利的基准日前 5 日内,不得进行前款规定的股东名册的变更登记。本法第 115 条第 1 款规定,召开股东会会议,应当将会议召开的时间、地点和审议的事项于会议召开 20 日前通知各股东;临时股东会应当于会议召开 15 日前通知各股东。这就要求在股东会召开前的一段时间内,持有公司股票的股东应当是确定的,才能保证股东会的顺利召开。因此,在股东会召开前 20 日内不得进行股东名册的变更登记。这段时间内,即使进行了股票的转让,受让人也不得要求公司在股东名册上对有关事项进行变更;仍然由原记名股票的转让人,作为股东参加股东会、行使股东权利。同时,在公司确定利润分配方案、进行股利分配时,也需要保持股东的确定性,以有利于操作。因此,在公司决定分配股利的基准日前 5 日内,也不得进行股东名册的变更登记,仍然由记名股票的转让人作为股东接受股利分配;在股利分配结束后,记名股票的受让人可以向转让人请求返还该部分股利。

此外,法律、行政法规或者国务院证券监督管理机构对上市公司股东名册变更登记另有规定的,从其规定。比如《证券法》第 151 条的规定:"证券登记结算机构应当向证券发行人提供证券持有人名册及有关资料。证券登记结算机构应当根据证券登记结算的结果,确认证券持有人持有证券的事实,提供证券持有人登记资料。证券登记结算机构应当保证证券持有人名册和登记过户记录真实、准确、完整,不得隐匿、伪造、篡改或者毁损。"

【司法适用】

一、股份转让合同生效与股份权属变动生效的区分

任何法律交易都需要经过订立合同与合同履行两个阶段,而且都是民事法律行为推动的,股份转让合同作为一种民事法律行为,同样如此。借鉴民法理论上的区分原则,关于股份转让合同效力与股份权属变动效力的区分,可以得出如下结论:第一,股份转让合同必须在合同履行之前生效,借助于合同债权的约束力保障股份转让合同的履行。第二,股份转让合同生效发生债权,不能把这一债权作为股份权属变动的充分根据，更不能把股份权属变动作为股份转让合同生效的根据。第三，权属变动以公示原则（不动产登记和动产交付）作为生效要件，对于股份权属变动同样适用。对此，本条第1款规定："股票的转让，由股东以背书方式或者法律、行政法规规定的其他方式进行；转让后由公司将受让人的姓名或者名称及住所记载于股东名册。"可见，股份有限公司股份权属变动的生效时点以记载于股东名册为准。此外，非依民事法律行为导致的股份权属变动，比如依据法院裁定或者事实行为的股份权属变动不在此列。

二、关于股份转让登记的性质

根据《市场主体登记管理条例》第8条第2款的规定，股份有限公司发起人属于登记事项，但股份有限公司股份转让不属于登记事项，因此，不需要进行变更登记。但是，依照本法第40条第2项的规定，股份有限公司发起人股份发生变更的，应当进行公示。实践中，依据股份有限公司的不同类型，不同的登记机构事实上依然行使着登记职能，但需要明确的是这些登记行为并非"创设权利"或"认定股份发生变动"的依据。在我国现行的法律体系下，根据股东人数是否超过200人，以及股份是否公开发行和转让，可将股份有限公司分为上市公司、非上市公众公司及非上市非公众股份有限公司。上市公司是指股票在证券交易所上市交易的股份有限公司。上市公司的股东人数可以超过200人，股份可以公开发行和公开转让。非上市公众公司是指根据《非上市公众公司监督管理办法》第2条的规定，有下列情形之一且其股票未在证券交易所上市交易的股份有限公司：(1)股票向特定对象发行或者转让导致股东累计超过200人；(2)股票公开转让。非上市公众公司包括了通常所称的"新三板挂牌公司"、两网及退市公司以及其他类型的非上市公众公司。非上市非公众股份公司是指除上市公司和非上市公众公司之外的其他股份有限公司。此类公司股东人数不得超过200人，股份不得公开发行及公开转让。

第一，上市公司股份变更登记。上市公司的股份转让在上海证券交易所以及深圳证券交易所进行。股份转让涉及的变更登记由中国证券登记结算有限责任公司负责办理。

第二，新三板挂牌公司股份变更登记。根据《全国中小企业股份转让系统有限责任公司管理暂行办法》，新三板挂牌公司的股份转让在全国中小企业股份转让系统进行，股份转让涉及的变更登记由中国证券登记结算有限责任公司负责办理。

第三，非上市非公众公司股份变更登记。目前，对于非上市非公众公司的股份转让及变更登记的规定不明晰，并且相关规定与实务存在脱节之处。首先，事实上并不存在《公司法》第158条提及的国务院对于上述股份公司股份转让场所的规定。其次,在地方股权交易中心办理了股份托管的股份有限公司,其股份在交易中心转让,登记也由交易中心办理。但各地的规范性文件内容以及实操方式存在较大差异。此外,大多数地方股权交易中心的交易并不活跃。最后,实务中,大量的非上市非公众公司并未在地方股权交易中心办理股份托管。事实上也并不存在针对此类股份转让的专门监管部门和交易场所,也并无专门机关对此类股份转让涉及的变更事宜进行登记。司法实践中,各级法院通常也不会因非上市非公众公司的股份转让未在特定场所进行而认为股份转让协议无效,法院倾向于认为《公司法》第158条不属于禁止性、效力性规范,不影响对股权转让合同效力的认定,并且实践中对未上市股份有限公司股权交易方式尚未有明确、统一的操作规程。

【司法案例】

云南滇资生物产业有限公司与孙某等案外人执行异议之诉案①

诉讼结论:股份已完成权属转移,且股东已实际行使股东权利的,可以排除法院的强制执行。

基本案情:2016年11月21日,云南省临沧市中级人民法院作出(2016)云09执23号之二执行裁定书,在执行魏某全与凌丰公司等借款合同纠纷一案中,裁定冻结凌丰公司持有的临沧临翔沪农商行股本金200万元。冻结期限为2年。

2017年4月1日,凌丰公司(甲方、出让方)与滇资公司(乙方、受让方)订立《股权转让协议书》,约定将甲方持有的临沧临翔沪农商行股份转让给乙方,转让股份数额为200万股,价格为每股人民币1元,转让价款200万元整。

2017年4月13日,云南省临沧市中级人民法院向滇资公司出具《情况说明》,载明:因法院正在执行凌丰公司借款合同纠纷案,经查询被执行人凌丰公司在临沧临翔沪农商行有股本金200万元,按照法院要求,该笔股本金由凌丰公司自行处置变卖后用于清偿债务。因滇资公司与凌丰公司达成买卖协议,该笔变卖价款确系凌丰公司清偿债务的款项,要求滇资公司按法院要求打入法院指定账户。同日,滇资公司按照法院要求向指定账户转款200万元。2017年4月18日,法院从凌丰公司该账户强制扣划200万元并于当日作出执行裁定:将凌丰公司持有的临沧临翔沪农商行股本金200万元予以解除冻结。

2017年4月22日,临沧临翔沪农商行向滇资公司出具《股权证》,载明了股权证编号、股份数及面值信息。同日,滇资公司被记入临沧临翔沪农商行股东名册,

---

① 参见最高人民法院(2020)最高法民再324号民事判决书。

临沧临翔沪农商行在国家企业信用信息公示系统对此予以变更登记。2017 年 10 月 19 日,临沧临翔沪农商行通过国家企业信用信息公示系统对滇资公司成为该行股东的相关信息进行了公示。

股权转让后,临沧临翔沪农商行即同意由滇资公司法人代表作为临沧临翔沪农商行第二届监事会监事,并就监事任选及股权转让事宜向分管部门临沧银监分局作出报告。滇资公司派员参加了该行 2017 年度、2018 年度股东大会并参与会议审议事项的表决。

因孙某与凌丰公司民间借贷纠纷案,一审法院于 2017 年 7 月 11 日向临沧市工商局发出协助执行通知书,冻结了案涉股份。滇资公司以标的股份所有人向一审法院提出执行异议,请求中止执行标的股份,一审法院裁定驳回滇资公司的异议请求,滇资公司遂提起案外人执行异议之诉。一、二审法院均认为:滇资公司受让股份后未进行变更登记,根据《最高人民法院关于人民法院办理执行异议和复议案件若干问题的规定》第 25 条第 4 项“股权按照工商行政管理机关的登记和企业信用信息公示系统公示的信息判断”的规定,判决驳回滇资公司的诉讼请求。滇资公司不服二审判决,申请再审。

法院认为:本案再审的争议焦点为案涉股份是否为滇资公司所有以及滇资公司对案涉股份是否享有足以排除强制执行的民事权益。

执行异议之诉案件审理中,有别于执行异议程序中以形式审查为主的标准,对执行标的权利的归属,不能简单地仅根据权利外观及程序性法律或者司法解释的规定加以判断,而是应当以民事实体法的相关规定为依据进行实质审查。本案中,对于案涉股份是否属于滇资公司所有,则应当依照法律对股份有限公司股份转让的规定,结合凌丰公司向滇资公司转让案涉股权的交易事实、股权名册的记载、股权证的颁发、股东行使股东权利及履行相应义务等事实进行实质性判断。

首先,滇资公司和凌丰公司于 2017 年 4 月 1 日签订了《股权转让协议书》。其次,滇资公司依照《股权转让协议书》的约定向凌丰公司支付了案涉股权转让对价。再次,案涉股份已经完成权属转移,滇资公司也已实际行使股东权利。因此滇资公司已经实际享有案涉股份权利,本院确认案涉股份为滇资公司所有。

第一百六十条　公司公开发行股份前已发行的股份,自公司股票在证券交易所上市交易之日起一年内不得转让。法律、行政法规或者国务院证券监督管理机构对上市公司的股东、实际控制人转让其所持有的本公司股份另有规定的,从其规定。

公司董事、监事、高级管理人员应当向公司申报所持有的本公司的股份及其变动情况，在就任时确定的任职期间每年转让的股份不得超过其所持有本公司股份总数的百分之二十五；所持本公司股份自公司股票上市交易之日起一年内不得转让。上述人员离职后半年内，不得转让其所持有的本公司股份。公司章程可以对公司董事、监事、高级管理人员转让其所持有的本公司股份作出其他限制性规定。

股份在法律、行政法规规定的限制转让期限内出质的，质权人不得在限制转让期限内行使质权。

【条文主旨】

本条是关于股份有限公司股份转让限制的规定。

【条文理解】

《公司法》（2018 年）第 141 条第 1 款规定，发起人持有的本公司股份，自公司成立之日起 1 年内不得转让。本条第 1 款删去了发起人所持股份自公司成立后 1 年内不得转让的规定，新增了“法律、行政法规或者国务院证券监督管理机构对上市公司的股东、实际控制人转让其所持有的本公司股份另有规定的，从其规定”的规定。同时，本条第 2 款将《公司法》（2018 年）第 141 条第 2 款规定的“在职期间”改为“在就任时确定的任职期间”。本条新增第 3 款关于限制转让期间内质权不得行使的规定。

一、取消了对发起人持有的本公司股份转让限制

《公司法》（2018 年）限制发起人股份转让的目的为保证公司稳定和运营的连续性，防范公司发起人不适当地转移投资风险，以设立公司为名义非法集资或者操作股票赢利。考虑到实践中以募集方式设立的股份公司较少，未上市的股份公司发起人所持股份流通性较为有限，基本不会出现前述非法集资或者操作股票赢利的情况，同时，一概限制发起人股份自公司成立后 1 年内不得转让，对于实践中较多的从有限责任公司整体变更为股份有限公司的方式发起设立的情况而言，上述锁定期要求有损股份流动性，对以重组、股权激励或者其他目的而需转让股份的发起人造成了法律障碍。因此，2023 年《公司法》修订删除了对未上市的股份有限公司发起人所持股份自公司成立后 1 年内不得转让的规定，不再对股份有限公司的发起人做出区别对待。而如果发起人出于公司稳定和运行的持续性考量有限制股权转让的需求，自可依据本法第 144 条规定发行与普通股权利不同的“转让须经公司同意等转让受限的股份”，并依据本法第 157 条的规定在公司章程中作出相关的限制股份转让约定。

二、对于公开发行股份前公司已发行的股份的限制

股份有限公司发行股份包括向社会公开发行和向特定对象发行两种方式，按照《证券法》第 37 条的规定，公开发行的证券，应当在依法设立的证券交易所上市交易或者在国务院批准的其他全国性证券交易场所交易。但实践中公司公开发行前的股份价格在公司上市之后可能会暴涨，如果允许发起人在公司上市之后很短的时间内就将公司上市之前已经发行的股份转让，可能会出现发起人不适当地转移投资风险，甚至以设立公司的名义非法集资或者炒作股票营利的现象。为避免公司股东在公司上市后迅速大量抛售公司股票以套现牟利，扰乱资本市场秩序及影响公司运营，本条规定，公司公开发行股份前已发行的股份，自公司股票在证券交易所上市交易之日起 1 年内不得转让。

出于维护证券市场交易秩序，避免“突击入股”“违规造富”等行为以及强化对上市公司股东、实际控制人等转让股权监管的需要，作为特别法的法律、行政法规或者国务院证券监督管理机构会对上市公司股东、实际控制人转让其所持本公司股权作出更为严格的规定。因此本条基于“特别法优于一般法”的原则，新增了授权立法性规范，对于股东、实际控制人股权转让限制，可以由其他法律法规规章根据实际情况另行规定，提升了规则的灵活性。现行证券监督管理机构颁布的限制股东、实际控制人转让股份的规定主要包括：《监管规则适用指引——关于申请首发上市企业股东信息披露》第 3 条规定，发行人提交申请前 12 个月内新增股东应当承诺所持新增股份自取得之日起 36 个月内不得转让。《上海证券交易所股票上市规则（2023 年 8 月修订）》第 3. 1. 10 条规定，发行人向本所申请其首次公开发行股票上市时，其控股股东和实际控制人应当承诺：自发行人股票上市之日起 36 个月内，不转让或者委托他人管理其直接和间接持有的发行人首次公开发行股票前已发行的股份，也不由发行人回购该部分股份。《深圳证券交易所股票上市规则》亦有类似规定。《北京证券交易所股票上市规则（试行）》第 2. 4. 2 条规定，上市公司控股股东、实际控制人及其亲属，以及上市前直接持有 10%以上股份的股东或虽未直接持有但可实际支配 10%以上股份表决权的相关主体，持有或控制的本公司向不特定合格投资者公开发行前的股份，自公开发行并上市之日起 12 个月内不得转让或委托他人代为管理。

三、对董事、监事、高级管理人员转让其所持有的本公司股份的限制

董事、监事、高级管理人员在公司经营管理中处于控制地位，其在公司经营发展、治理运行中负有专门义务和特殊责任，为实现董事、监事、高级管理人员利益与公司利益之间的一致性，防止其为一己之私违规减持套现，应加强其与公司之间的联系，促使其尽职尽责地履行职务，以更好地维护公司利益与股东利益。再者，董事、监事、高级管理人员负责公司的生产经营，掌握大量的公司信息，相对于外部投资者而言其具有信息优势，为防止董事、监事、高级管理人员利用其对公司经营管理的控制权和所掌握的信息进行内幕交易、损害公司利益以及股东利益，需对其转让持有的公司股份进行限制。

根据本条第 2 款的规定，对董事、监事、高级管理人员转让其所持有的本公司股份的限制包括以下内容：

(1)董事、监事、高级管理人员应当向公司申报其所持有的本公司股份及变动情况，不得隐瞒。《上市公司董事、监事和高级管理人员所持本公司股份及其变动管理规则》第 3 条规定，上市公司董事、监事和高级管理人员所持本公司股份，是指登记在其名下的所有本公司股份。上市公司董事、监事和高级管理人员从事融资融券交易的，还包括记载在其信用账户内的本公司股份。但是，本条并未规定上市公司董事、监事、高级管理人员间接持有的上市公司股份是否包括在内，一般需考虑董事、监事、高级管理人员在招股说明书等公开发行的信息披露文件中是否承诺过相关间接持股也要受到 25% 的比例限制以及履行预披露义务等内容。如果其作出过相关的承诺，则应当按照承诺就间接持有的上市公司股份严格履行相关报告及披露义务。

(2)董事、监事、高级管理人员在就任时确定的任职期间每年转让的股份不得超过其所持有的本公司股份总数的 25%。《公司法》(2018 年)规定的是“在任期间”，为了避免董事、监事、高级管理人员通过提前离职的方式快速套现规避任职期间转让股份的限制规定，本条吸收了现行上市公司的监管规则，将“在任期间”改为“在就任时确定的任职期间”，如此即便公司的董事、监事、高级管理人员提前离职，其所持的股份在原定任职期间内仍然收到本款规定的限制，可以避免其通过提前离职快速违规减持套现。

(3)董事、监事、高级管理人员持有的本公司股份，自公司股票在证券交易所上市交易之日起 1 年内不得转让。

(4)董事、监事、高级管理人员所持有的本公司股份，自上述人员从公司离职之日起半年内不得转让。

(5)在上述限制以外，公司章程可以对董事、监事、高级管理人员转让其所持有的本公司股份做出其他限制性规定，如以公司章程的形式规定董事、监事、高级管理人员在任职期间一律不得转让股份。[①]

四、对限制转让期限内股票出质的权利行使限制

此前关于限制转让期内的股票出质效力问题，实践中存在争议，一种观点认为，股票质押需要满足"可以转让"这一条件，法律、行政法规禁止转让的权利不得出质。另一种观点认为，权利的可让与性是权利质权的核心，限售股在法律上依然属于可让与的流通股，虽在一定期限内其处置受到限制，但其可让与性并未改变，因此，限售股可以质押。本次《公司法》修订，增加了限制转让期限内股份出质的相关规定，明确规定股东可将限制转让期限内的股份进行出质，同时明确规定了质权行使规则，即质权人不得在限制转让期限内行使质权。该规定一方面确保股东可以将限售期内的股份出质以在一定程度上实现股份的经济价值，另一方面为了确保限售的效果，规定了质权人在限售期内不得行使质权，以避免股东通过名为"出质"实为"转让"的方式来规避限售要求。

【司法适用】

一、关于限售期内签署的远期转让协议的效力

所谓远期转让协议，是指负有限制转让股份义务的股东在《公司法》及有关法律、行政法规规定的限制转让期间内签署股份转让协议，约定未来限售期满再向证券交易所申请办理转让手续的股权转让协议。远期转让协议由两部分组成，一部分是约定股份转让的行为，另一部分是具体实现股份转让效果的履行行为。

对于前者，《民法典》第 160 条规定，民事法律行为可以附期限，但是根据其性质不得附期限的除外。远期转让协议从性质上应属于一种附期限的民事法律行为，但签订协议时，股东并不拥有相关股份的处分权。《民法典》第 597 条规定，因出卖人未取得处分权致使标的物所有权不能转移的，买受人可以解除合同并请求出卖人承担违约责任。因此，股东即便不拥有相关股份的处分权，远期转让协议也并不当然无效，除非其行为具有其他法定的无效或者可撤销的事由。最高人民法院案例中关于《公司法》（2004 年）第 147 条第 1 款关于"发起人持有的本公司股份，自公司成立之日起三年内不得转让"的规定的裁判要旨也持相同意见，[②]最高人民法院认为，前述规定旨在防范发起人利用公司设立谋取不当利益，并通过

---

① 本条第 2 款适用范围并未明确是否包括未上市股份公司，法律条文本身并未限缩其适用范围仅限于上市公司，同时从司法实践来看，各地法院亦适用该条判断非上市股份公司董事、监事、高级管理人员转让股权的效力［如江苏省高级人民法院（2016）苏民再 418 号民事判决书、北京市第一中级人民法院（2022）京 01 民终 2138 号民事判决书等］，因此本条也应适用于非上市股份公司。

② 参见江苏省高级人民法院（2005）苏民二初字第 0009 号民事判决书，载《最高人民法院公报》2007 年第 5 期。

转让股份逃避发起人可能承担的法律责任。股份有限公司的发起人在公司成立后3年内，与他人签订股权转让协议，约定待公司成立3年后为受让方办理股权过户手续，并在协议中约定将股权委托受让方行使的，该股权转让合同不违反《公司法》(2018年)第147条第1款的规定。协议双方在《公司法》所规定的发起人股份禁售期内，将股权委托给未来的股权受让方行使，也并不违反法律的强制性规定，且在双方正式办理股权登记过户前，上述行为并不能免除转让股份的发起人的法律责任，也不能免除其股东责任。因此，上述股权转让合同应认定为合法有效。

对于后者，由于远期协议的履行行为也即股东履行合同将股票交付给买受人，或者在股份登记机关将股份过户登记于买受人名下的行为将直接引起股东身份的变更，在判断股东、实际控制人、董事、监事、高级管理人员转让股权行为的履行行为效力时，应综合转让方行为是否存在恶意转让股份、逃避风险和责任、侵害广大投资者和其他中小股东的利益等谋取不法利益的行为。如果履行行为有违立法关于禁止股东、实际控制人、董事、监事、高级管理人员等“内部人”减持套现，损害外部投资者的利益等本意，该等履行行为应属无效，且实践中证券交易所的相关规定亦对公众公司股东签署的远期转让协议的履行行为设置了限制，如《上海证券交易所上市公司股份协议转让业务办理指引(2021年修订)》第7条规定，转让双方办理协议转让业务存在以下情形之一的，本所不予受理……本次转让可能导致规避股份限售相关规定。但是对于非上市股份公司而言，转让协议的履行不具有涉众因素，股份转让本身不具有侵害社会不特定多数人的情况，如果转让方并未通过转让股份谋取不当利益，从本条规范的法益基础角度，似不应认为非上市股份公司的股份转让履行行为一概无效，《市场主体登记管理条例》亦并未要求未上市股份公司的股东变更需要办理工商变更登记或备案手续，仅需公司将股东变更情况记载于股东名册并相应变更公司章程即可。[①]

二、限售股期内签署的股权转让协议无法排除强制执行

限售股转让合同签订后，受让人只有在限售期满前或者限售条件满足后才能进行股份登记成为股东，但实践中在限售期满或者条件满足之前，出让人的债权人可能就限售股申请强制执行。根据《民事诉讼法解释》第312条第1款的规定：“对案外人提起的执行异议之诉，人民法院经审理，按照下列情形分别处理：(一)案外人就执行标的享有足以排除强制执行的民事权益的，判决不得执行该执行标的；(二)案外人就执行标的不享有足以排除强制执行的民事权益的，判决驳回诉

① 类似观点参见北京市第一中级人民法院(2022)京01民终2138号民事判决书。

讼请求。”判断限售股能否执行,需查明出让人就作为执行标的的限售股是否享有民事权益,以此确定其所享有的权利在效力上是否优先于申请执行人的权利,以排除强制执行。实践中法院一般认为①,因受让人明知《公司法》等法律法规关于限售期的约定而受让股权,其对于限售股无法产生股权转让交付的法律效力存在过错,不属于没有过错的第三人,无权要求排除强制执行。

【司法案例】

郭某东等与郭某林股权转让合同纠纷案②

诉讼结论:限售期内公司未实际任职董事向内部股东转让股权,不损害第三人利益的,转让合同当属有效。

基本案情:2017 年 11 月 10 日,郭某林、郭某东、金浦集团公司、金浦新材料公司、金陵塑胶公司、金浦房地产公司签订《全面和解协议》,约定,鉴于(1)郭某林、郭某东均为金浦集团公司股东,郭某林持有 25.264%股权,郭某东持有 74.736%股权,两人合计持有金浦集团公司 100%股权;(2)郭某林、郭某东均为金浦新材料公司股东,郭某林持有 4883.8176 万元股权,郭某东持有 1953.72 万元股权。经双方充分友好协商,现就金浦集团公司及金浦新材料公司股权纠纷达成《全面和解协议》,约定郭某东以税后 3.1 亿元的价格受让郭某林在金浦集团公司、金浦新材料公司所持有的全部股权。郭某林在金浦新材料公司的董事任期于 2015 年 11 月 6 日到期,金浦新材料公司之后并未召开股东大会进行董事会换届选举。

法院认为:《公司法》(2018 年)第 141 条第 2 款系对股份公司的董事、监事、高级管理人员在任职期间以及离职后转让其持有公司股份的数额及期限的规定,其立法目的在于防止公司董事、监事、高级管理人员利用因职务便利所掌握的信息进行内幕交易、损害公司外部第三人的利益以及损害公司利益、公司中小股东利益等。本案中,一是股权转让的双方当事人均为金浦新材料公司的股东,二是转让方郭某林的董事任期已于 2015 年 11 月 6 日届满,虽金浦新材料公司未改选董事会,但其认可郭某林自 2014 年 7 月 22 日被免董事长职务后未再履行董事职务。故原审判决基于本案事实从法律规定的立法目的考虑,认定上述《公司法》规定不影响案涉股权转让的效力,并无不当。

---

① 参见最高人民法院(2021)最高法民申 3108 号民事裁定书。

② 参见江苏省高级人民法院(2019)苏民终 940 号民事判决书及最高人民法院(2020)最高法民申 1991 号民事裁定书。

第一百六十一条　有下列情形之一的，对股东会该项决议投反对票的股东可以请求公司按照合理的价格收购其股份，公开发行股份的公司除外：

（一）公司连续五年不向股东分配利润，而公司该五年连续盈利，并且符合本法规定的分配利润条件；

（二）公司转让主要财产；

（三）公司章程规定的营业期限届满或者章程规定的其他解散事由出现，股东会通过决议修改章程使公司存续。

自股东会决议作出之日起六十日内，股东与公司不能达成股份收购协议的，股东可以自股东会决议作出之日起九十日内向人民法院提起诉讼。

公司因本条第一款规定的情形收购的本公司股份，应当在六个月内依法转让或者注销。

【条文主旨】

本条是关于股份有限公司股东在特殊情况下可以请求公司回购其股份而退出公司的规定。

【条文理解】

本条为2023年修订新增加的内容。

股东与公司作为两个独立的主体，除非在特殊情况下，基于资本维持的需要，公司原则上不能回购自身发行的股份。本条规定的异议股东股份回购请求权，就属于公司回购自身股份的特殊情况之一。所谓异议股东股份回购请求权，理论上又称为“异议股东评估权”，是指在特定的交易或者情形下，法律赋予对该事项存有异议的股东请求公司以公平价格回购其股份的权利。其价值基础在于资本多数决语境下少数股东权利的救济，是对特定情形中的异议股东提供的一种保护性措施。当多数股东或大股东主导下作出的商业决策不符合少数股东的根本利益，根据现行的股东会决议表决机制少数股东无法影响决议通过时，该异议股东有权要求公司支付其股份的公平价值以使其退出公司。《公司法》（2018年）第74条规定了有限责任公司中的异议股东股权回购请求权。目前，我国大多数股份有限公司股东人数较少，仍然存在大股东滥用控制权，损害小股东利益的情况。为保护小股东利益，给小股东提供一条退出公司的渠道，便是可行的选择，因此，本次《公司法》修订，将原来仅适用于有限责任公司的异议股东股权回购请求权，扩大适用到股份有限公司。

一、股东可以退出股份有限公司的法定条件

公司回购股份是股东转让股份的一种特殊方式，但由于收购者是本公司，其性质就不单纯是股份的转让，而是股东撤回投资退出公司的行为。因此，实施本条规定有严格的条件限制，即有下列 3 种情形之一，并且股东会在该股东投反对票的情况下依然作出了有效的决议，该投反对票的股东才可以请求公司按照合理的价格收购其股份。这 3 种情形分别是：

（1）公司连续 5 年不向股东分配利润，而该公司 5 年连续盈利，并且符合本法规定的分配利润的条件。在该情形下，股东要求分配利润的主张是合法的，但持有公司多数表决权的其他股东却通过股东会决议的形式阻碍了前者分配利润的合理利益的实现。

（2）公司转让主要财产。在该情形下，公司现有的赖以开展生产经营活动的主要财产出现变化，未来的发展充满不确定性甚至可能产生风险；尽管股东会按照“资本多数决”原则形成了合法的决议，但与少数表决权股东的意愿相反，改变了其在设立公司时的合理利益期待，应允许其退出公司。

（3）公司章程规定的营业期限届满或章程规定的其他解散事由出现，股东会通过决议修改章程使公司存续。章程规定的营业期限届满或章程规定的其他解散事由出现时，公司本应解散，股东可以退出经营。持有公司多数表决权的其他股东通过股东会决议修改公司章程，决定公司存续，已与公司章程订立时股东的意愿发生重大差异，应允许对此决议投反对票的股东退出公司，不能要求少数表决权股东违背自己意愿被迫面对公司继续经营的风险。

二、股东退出股份有限公司的法定程序

（一）请求公司收购其股份

股东要求退出公司时，首先应当请求公司收购其股份。股东请求公司收购其股份时，其所要求的价格不应当过高，而应当是合理的。这样才能既满足股东的要求，保护要求退出公司的股东的权益，又不损害公司的权益和其他股东的权益。但需注意的是，公开发行股份的公司的股东不得请求公司回购其股份，比如上市公司的股份回购适用本法第 162 条及《证券法》的相关规定。

（二）依法向人民法院提起诉讼

股东请求公司收购其股份，应当尽量通过协商的方式解决。但如果股东与公司长时间不能就股份收购达成协议，那么，既可能影响请求收购的股东的权益，又可能影响公司的生产经营活动。为此，本条赋予了股东诉权，规定自股东会会议决议通过之日起 60 日内，股东与公司不能达成股份收购协议的，股东可以自股东会会议决议通过之日起 60 日内向人民法院提起诉讼，由人民法院对股份收购事项依法作出裁判。此外，需注意的是，根据《公司法规定（一）》第 3 条的规定，原告以上述事由，向人民法院提起诉讼时，超过《公司法》规定期限的，人民法院不予受理。

三、回购股份的处理

公司收购自身股份,导致部分股东因投资的退还而退出公司,这导致发行的股份数与实际情况不符,因此,公司应对收购的股份进行处理,即应当在 6 个月内依法转让或者注销。

【司法适用】

司法实践中,如何判定公司"连续五年盈利、符合分配利润条件但连续五年不向股东分配利润",如何判定公司"转让主要财产",如何确定公司收购的"合理价格",上述问题往往成为争议的焦点,针对这些问题,可参照本书第 89 条的论述。

第一百六十二条 公司不得收购本公司股份。但是,有下列情形之一的除外:

(一)减少公司注册资本;

(二)与持有本公司股份的其他公司合并;

(三)将股份用于员工持股计划或者股权激励;

(四)股东因对股东会作出的公司合并、分立决议持异议,要求公司收购其股份;

(五)将股份用于转换公司发行的可转换为股票的公司债券;

(六)上市公司为维护公司价值及股东权益所必需。

公司因前款第一项、第二项规定的情形收购本公司股份的,应当经股东会决议;公司因前款第三项、第五项、第六项规定的情形收购本公司股份的,可以按照公司章程或者股东会的授权,经三分之二以上董事出席的董事会会议决议。

公司依照本条第一款规定收购本公司股份后,属于第一项情形的,应当自收购之日起十日内注销;属于第二项、第四项情形的,应当在六个月内转让或者注销;属于第三项、第五项、第六项情形的,公司合计持有的本公司股份数不得超过本公司已发行股份总数的百分之十,并应当在三年内转让或者注销。

上市公司收购本公司股份的,应当依照《中华人民共和国证券法》的规定履行信息披露义务。上市公司因本条第一款第三项、第五项、第六项规定的情形收购本公司股份的,应当通过公开的集中交易方式进行。

公司不得接受本公司的股份作为质权的标的。

【条文主旨】

本条是关于公司股份回购的规定。

【条文理解】

股东与公司作为两个独立的主体，除非在特殊情况下，基于资本维持的需要，公司原则上不能回购自身发行的股份。本法第 161 条规定的异议股东股份回购请求权，就属于公司回购自身股份的特殊情况之一。本条规定了其他允许公司回购自身股份的特殊情况。本条沿用了《公司法》(2018 年)第 142 条的表述，仅作了将“股东大会”改为“股东会”、“总额”改为“总数”、“股票”改为“股份”、“质押权”改为“质权”等文字修改。

一、股份回购的基本内涵

股份回购，是指公司收购本公司已发行的股份。发行股份以筹集资金，是现代公司的基本特征，公司回购股份将减少公司资产，应属极少发生的情形。从股份回购的效果看，可能产生以下弊端：一是损害资本维持原则。股份回购导致公司资本减少，可能使公司财产不足以偿付其债务，危及债权人利益。二是损害股东平等原则。如果公司选择向部分股东实施股份回购，则损害其他股东的平等交易机会；如果公司以不公平的价格向部分股东回购股份，或者在公司经营陷入危机时通过回购使部分股东脱险等，则必然损害其他股东的利益。三是损害公司控制权的公正性。通过股份回购减少公司流通股的数量，可以强化部分股东或者管理层对公司的控制权，在公司面临被收购的情形时，可用作提高收购难度和成本的工具。四是损害交易的公平性。因公司和公司管理层掌握公司的内幕信息，在股份回购过程中容易出现内幕交易、操纵市场等不公平交易行为。另外，证券交易应遵循公开、公平、公正的原则，对于有效的证券市场而言，股票价格应由市场机制决定。上市公司实施股份回购，将影响其股票价格，可能导致其股票价格与实际价值不符。

但是，特定情形下的股份回购具有合理性，主要是：一是股份回购能减少资本冗余。通常情况下公司需要资本以谋求更大的发展，但当公司资本充裕，又不需要对外投资或者对外投资收益率较低时，公司可以回购股份以减少资本(也可采取向股东分配利润的方式减少资本)。二是股份回购有利于保持股本结构。当公司因各种原因(如实施员工持股计划)需发行新股时，为保持公司股份总数不增加或股本结构稳定，公司以回购的股份替代需增发的股份可实现上述目的。三是股份回购有助于维持公司控制权。通过股份回购减少公司流通股的数量，可以强化现有控制人对公司的控制权，或者防止公司被他人收购，在某些情况下对公司有利。四是股份回购有利于纠正公司股价。当市场过度低估公司股价，或者在发生股市危机时,公司回购股份能够为市场释放积极信号,有可能在一定程度上纠正市场偏离行为,有利于稳定市场。因此,主要国际和地区普遍对股份回购实行“原则禁止,例外允许”。

二、本条对股份回购的规定

本条对禁止股份回购作出原则规定,同时,允许公司按照以下规定回购股份:

(一)减少公司注册资本

本法第59条、第112条分别对有限责任公司股东会、股份有限公司股东会的职权作了规定,公司减少注册资本,属于股东会职权。因此,公司依法经股东会决议决定减少注册资本的,可以回购股份,并应当在回购之日起10日内注销股份,以完成减资程序。

(二)与持有本公司股份的其他公司合并

公司股份可以为其他公司所持有。当公司与拥有本公司股份的其他公司合并时,被合并的其他公司的资产都归属本公司,也包括其他公司所持有的本公司的股份,形成股份回购。按照本法第59条、第112条的规定,公司合并、分立等也属于股东会职权,应由其决议。公司回购股份后,应当在回购之日起6个月内转让或者注销股份。

(三)将股份用于员工持股计划或者股权激励

按照国务院证券监督管理机构的有关规定,员工持股计划,是指公司根据员工意愿,通过合法方式使员工获得本公司股票并长期持有,股份权益按约定分配给员工的制度安排。员工持股计划的参加对象为公司员工,包括管理层人员。股权激励,是指上市公司以本公司股票为标的,对其董事、高级管理人员及其他员工进行的长期性激励,激励对象可以包括上市公司的董事、高级管理人员、核心技术人员或者核心业务人员等。公司推行员工持股计划或者股权激励,也可以通过发行新股进行,但可能稀释未来股权收益。而通过股份回购进行,有利于提升股价,也不会稀释未来股权收益,既维护了既有股东利益,也有利于对员工的激励。为提高效率,利于公司及时把握市场机会,对这一情形下的股份回购决策程序进行了简化,即可以依照公司章程的规定或者股东会的授权,经2/3以上董事出席的董事会会议决议。回购股份后,可根据公司的具体实际情况适时推行员工持股计划或者股权激励计划,但公司持股最长不得超过3年。

(四)股东因对股东会作出的公司合并、分立决议持异议,要求公司收购其股份

为维护异议股东权利,当股东对股东会作出的公司合并、分立决议持异议时,可以要求公司回购其股份,公司应当回购,不需要经股东会或者董事会决议。公司回购股份后,应当在回购之日起6个月内转让或者注销股份。

（五）将股份用于转换上市公司发行的可转换为股票的公司债券

可转换为股票的公司债券是以债券形式发行的，在一定时期内依据约定的条件可以转换为股票的债券。依照本法第202条、第203条的规定，股份有限公司可以发行可转债，发行可转换为股票的公司债券的，公司应当按照其转换办法向债券持有人换发股票，因此，为了实现债券持有人转换股票的需求，本项赋予公司回购本公司股份的权利。同时，为提高效率、简化决策程序，此类回购可以依照公司章程的规定或者股东会的授权，经2/3以上董事出席的董事会会议决议。所回购的股份，应当在3年内按照可转债募集办法的规定转换给可转债持有人。

（六）上市公司为维护公司价值及股东权益所必需

为提高效率、简化决策程序，此类回购可以依照公司章程的规定或者股东会的授权，经2/3以上董事出席的董事会会议决议。所回购的股份，应当在3年内转让或者注销。

三、股权回购时的公司信息披露义务

为确保股份回购按照公开、公正、公平的原则进行，保护公司、股东、债权人及投资者的合法权益，便于对股份回购进行监督，本条规定，上市公司收购本公司股份的，应当依照《证券法》的规定履行信息披露义务。同时，上市公司因员工持股计划或者股权激励、用于转换可转债、维护公司价值及股东权益等原因回购股份的，应当通过证券交易所内公开的集中交易方式进行。

四、本公司股份不得对自身质押

本条第5款是关于公司不得接受本公司的股份作为质权标的的规定。质押，属于担保的一种形式，即债务人或者第三人在不转移所有权的前提下，将某一动产或者权利转由债权人占有和控制，以保证债权人的权利的实现；在债务人不履行债务时，债权人有权以该动产或者权利折价或者以变卖、拍卖该动产或者权利的价款优先受偿。因此，质权的设立，是以债权人可以取得质权标的物的所有权为前提的。而本法规定，除了法定特殊情况外，公司是不得拥有本公司股份的，因此本公司的股份不能作为质权标的，用来对公司债权进行担保；即使设立了以本公司股份为质权标的的担保，最后也无法实现。因此，本法禁止公司接受本公司的股份作为质权标的。

【司法适用】

一、违反或规避本条第1款相关规定的民事法律行为的效力认定

本条第1款使用了“公司不得收购本公司股份。但是，有下列情形之一的除外……”的表述，因此，除了本条第1款列明的情形外，在其他任何情况下，股份公司都不能收购本公司的股份。这是一种“原则禁止、例外允许”的立法模式。加之,本条为维护股份有限公司资本制度,禁止任意减少公司的股份,避免股东抽逃资金,损害公司及债权人利益而制定的,具有维护社会公共秩序的功能。因此,在该款规定的 4 种情形之外,禁止公司收购本公司股份的规定,属于强制性规定。违反或规避本条第 1 款相关规定的民事法律行为,应依据《民法典》第 153 条第 1 款,《民法典合同编通则司法解释》第 16 条、第 18 条的相关规定认定其效力。

二、违反或规避本条第 5 款相关规定的民事法律行为的效力认定

本条第 5 款规定,公司不得接受本公司的股票作为质权的标的。这是本条第 1 款相关规定的必然要求,从立法目的上看明显不是对股份有限公司实现管理的需要而设置,而是针对股份有限公司是否能实施接受本公司的股票作为质权的标的这种行为而设置的。从调整对象上看针对的是股份有限公司行为内容,而不是单纯限制哪些公司不具有接受本公司的股票作为质权的标的主体行为资格,因此,本条第 5 款属于强制性规定。违反或规避该规定的民事法律行为,应依据《民法典》第 153 条第 1 款,《民法典合同编通则司法解释》第 16 条、第 18 条的相关规定认定其效力。

三、违反本条第 2 款程序及表决安排的公司决议的效力

本条第 2 款是关于公司回购在公司治理层面上内部决定步骤的规定,系资本事项的程序性安排,属于利益关系重大情况下的程序规则。规范目的在于通过强化股东决策权来规范公司回购股份的行为,进而保护非控股股东的权益,因此,对于违反本条第 2 款相关规定形成的公司决议,属于瑕疵公司决议,股东或董事等相关主体可依据本法第 26 条、第 27 条的规定,请求人民法院确认该决议不成立或应予撤销。

【司法案例】

1. 珠海领先互联高新技术产业投资中心
与旭日环保集团股份有限公司等股权转让纠纷案①

诉讼结论:回购股份将导致注册资本减少,因此,《回购协议》的履行涉及公司减资程序。在没有履行减资程序的情况下,应驳回投资方的诉讼请求。

基本案情:东湖公司(甲方、转让方)与领先投资中心(乙方、受让方)签订《投资意向协议》,约定甲方将其持有的旭日环保集团股份有限公司(以下简称旭日环保公司)150 万股股份通过公开挂牌交易的方式转让给领先投资中心。2017 年 11

① 参见新疆维吾尔自治区高级人民法院(2022)新民终 159 号民事判决书。

月16日,双方签订《产权交易合同》。2017年11月23日,领先投资中心支付了股份交易价款1800万元,双方完成了股权交割手续。

2017年9月,领先投资中心与旭日环保公司、张某煌签订《补充协议》,约定了股份回购条款。即股份转让完成后至2018年12月31日,如届时旭日环保公司未达到上市标准或未获批准,领先投资中心不愿继续持有受让股份的,可要求旭日环保公司回购股份。张某煌作为旭日环保公司实际控制人,对本补充协议项下旭日环保公司的责任和义务自愿承担无限连带责任。协议还对回购价款、程序等做了详细约定。

因旭日环保公司截至2018年12月31日并未依照上述《补充协议》的约定,达到上市标准或获得批准,领先投资中心于2020年8月25日委托律师向旭日环保公司及张某煌发出律师函,要求旭日环保公司、张某煌履行回购义务。

法院认为:本案二审争议焦点为:(1)一审法院以完成减资程序作为领先投资中心请求旭日环保公司回购股份的前置条件有无法律依据;(2)张某煌应否承担连带给付责任。

关于一审法院以完成减资程序作为领先投资中心请求旭日环保公司回购股份的前置条件有无法律依据的问题。本案中,旭日环保公司的股权能否回购应分两方面进行审理。一是涉案《补充协议》的效力问题;二是基于合同有效前提下的履行问题。

(一)关于合同效力的问题

《补充协议》系各方当事人真实意思表示,内容不违反法律、行政法规的强制性规定,应属合法有效,对各方当事人具有法律约束力。

(二)关于合同履行的问题

涉案《补充协议》约定了"截至2018年12月31日若旭日环保公司未达到上市标准或未获批准,而领先投资中心又不欲继续持有股份时,旭日环保公司需对领先投资中心受让的股份进行回购。"旭日环保公司为股份有限公司,回购股份将导致其对应的注册资本减少,因此,《补充协议》的履行涉及公司减资程序,故处理本案纠纷不仅应适用《合同法》的规定,还应适用《公司法》的规定,依法平衡投资方、目标公司、公司股东、公司债权人之间的利益。根据公司法资本维持原则的要求,对于目标公司旭日环保公司回购股权的履行问题,应根据《公司法》(2018年)第35条关于"股东不得抽逃出资"或者第142条规定关于"股份回购的强制性规定"进行审查。《公司法》(2018年)第35条规定:"股东按照实缴的出资比例分取红利;公司新增资本时,股东有权优先按照实缴的出资比例认缴出资。但是,全体股东约定不按照出资比例分取红利或者不按照出资比例优先认缴出资的除外。"

第142条规定:“公司不得收购本公司股份。但是,有下列情形之一的除外:(一)减少公司注册资本;(二)与持有本公司股份的其他公司合并;(三)将股份用于员工持股计划或者股权激励;(四)股东因对股东大会作出的公司合并、分立决议持异议,要求公司收购其股份;(五)将股份用于转换上市公司发行的可转换为股票的公司债券;(六)上市公司为维护公司价值及股东权益所必需。”根据上述法律规定,旭日环保公司回购股份的行为应属减少公司注册资本的情形,故旭日环保公司回购股份的前提条件应当经股东大会决议,并依据《公司法》(2018年)第177条的规定完成减资程序。实际上,涉案《补充协议》约定的股权回购能否履行客观上存在着多种可能性,而非一种必然性。股权回购是否经过2/3以上有表决权的股东通过、目标公司是否已完成减资程序、债权人是否同意等事项均具有不确定性。因此,在旭日环保公司未完成减资程序的情况下,一审法院认定旭日环保公司未完成目标公司回购股份的前置程序有事实和法律依据。

2. 山东盛祥动力有限责任公司与王某新等请求公司收购股份纠纷案①

诉讼结论:股份有限公司股东因对股东会作出的公司合并、分立决议持异议,与公司达不成收购协议的,可以向法院起诉请求公司收购。

基本案情:2003年1月,由潍坊柴油机厂和刘某伍、王某新等20名自然人股东共同设立潍柴零部件公司(后更名为盛瑞公司),公司注册资本530万元,王某新于2003年1月17日实缴出资5万元,占总出资额0.94%。王某新实缴了5万元出资额。后盛瑞公司两次增加注册资本,增资后注册资本变更为12,000万元人民币,王某新出资额增加至99.5455万元,占总出资额0.83%。

2009年10月19日,盛瑞公司新增股份共计3278.6885万股,由潍坊财瑞合伙企业(有限合伙)以货币资金认购全部新增股份,认购金额为40,000万元,公司注册资本变更为21,878.6885万元。

2020年8月31日,盛瑞公司召开临时股东大会,表决《关于公司存续分立的议案》《关于修改公司章程的议案》,其中《关于公司存续分立的议案》载明盛瑞公司进行存续分立,分立后盛瑞公司将继续存续,同时从盛瑞公司分立的相关资产等新设一家具有企业法人资格的公司,暂定名为山东盛祥动力有限责任公司,分立后盛瑞公司注册资本12,000万元,盛祥公司注册资本8000万元。王某新、陈某明作为公司股东出席会议,对上述两份议案均投反对票,反对股数占出席会议有表决权股份总数的0.91%。

---

① 参见山东省潍坊市中级人民法院(2022)鲁07民终10691号民事判决书。

2020年10月29日,王某新委托律师向盛瑞公司邮寄了请求公司收购股权函。2020年11月12日,盛瑞公司在登记机关注册资本变更为12,000万元;同日,盛祥公司注册成立,注册资本8000万元。王某新在现盛瑞公司股数为699,070股,股比0.5826%。

法院认为:本案二审争议的主要问题是:(1)一审审理程序是否存在严重违法情形;(2)被上诉人王某新请求公司收购股份的法律依据。关于一审审理程序问题……综上,上诉人盛祥公司主张一审审理程序严重违法,依据不足,本院不予支持。关于被上诉人王某新请求公司收购股份的法律依据。《公司法》(2018年)第142条第1款第4项规定,公司不得收购本公司股份。但是股东因对股东大会作出的公司合并、分立决议持异议,要求公司收购其股份的除外。据此,股份有限公司的股东对股东大会作出的公司合并、分立决议持异议的,有权要求公司收购其股份,虽然该条款作为股份有限公司不得收购本公司股份的除外情形予以规定,未对股份有限公司股东与公司达不成收购协议时可否向人民法院寻求救济作出明确规定,但赋予股份有限公司异议股东请求法院司法救济的权利属于异议股东股份收购请求权权利范畴的应有之义,如此方能使《公司法》(2018年)第142条第1款第4项规定的异议股东股份收购请求权发挥实际意义,切实保护中小股东的合法权益。本案中,被上诉人王某新持有盛瑞公司股份,在盛瑞公司召开临时股东大会就《关于公司存续分立的议案》进行表决时投出反对票,在盛瑞公司分立前请求公司收购其股份未果,后被上诉人王某新通过诉讼方式维护自身权益,本案情形符合《公司法》(2018年)第142条第1款第4项的规定,一审法院依据《公司法》(2018年)第142条及相关法律规定认定公司收购王某新的股份,并无不当。

第一百六十三条　公司不得为他人取得本公司或者其母公司的股份提供赠与、借款、担保以及其他财务资助,公司实施员工持股计划的除外。

为公司利益,经股东会决议,或者董事会按照公司章程或者股东会的授权作出决议,公司可以为他人取得本公司或者其母公司的股份提供财务资助,但财务资助的累计总额不得超过已发行股本总额的百分之十。董事会作出决议应当经全体董事的三分之二以上通过。

违反前两款规定,给公司造成损失的,负有责任的董事、监事、高级管理人员应当承担赔偿责任。

【条文主旨】

本条是关于禁止财务资助的规定。

【条文理解】

实践中，我国广泛存在资助他人购买本公司股东所持股份的收购交易、反复资助他人认购本公司新股的循环增资等现象。为预防公司控制权人（控股股东、实际控制人、董事等）滥用权限，使用公司资产为股东或潜在股东取得本公司股份进行不当的利益输送，损害公司、股东、债权人的利益。2023年《公司法》修订，在借鉴国外立法例及证监会等部门文件的基础上，系统地规范了财务资助行为。本条所称的财务资助行为，是指公司及其子公司为他人取得本公司或者母公司股份而提供财务资助的行为，包括贷款、担保、债务减免等使公司资产向公司股东或潜在股东流出的行为。本条分为3款，采用“原则禁止—特殊例外——般例外—法律责任”的立法模式，系统地规范了股份有限公司的财务资助行为。

一、原则禁止公司为他人取得本公司的股份实施财务资助行为

本条第1款前半句规定，本公司或者其母公司不得为他人取得本公司的股份提供赠与、借款、担保以及其他财务资助。可见，从规范层面观察，财务资助行为有3项构成要件：其一，他人购买或认购本公司或者其母公司股份；其二，公司为他人提供了财务方面的资助；其三，公司提供资助的目的是帮助他人取得本公司股份。其中，公司的主观目的通常隐而不彰，为他人提供财务方面的资助往往表现为常规的商业行为，如保证、借款等。但是，如果公司提供资助的主观意图是以自有资产认购或购买自己的股份，就会产生公司虚假扩张股本或者股东掏空公司的危险，为此，本条填补了《公司法》对我国财务资助行为规制的漏洞。①

二、实施员工持股计划的特殊例外

本条第1款后半句规定，公司可以为实施员工持股计划提供财务资助。员工持股计划作为禁止财务资助制度的例外，一方面，考虑到通过员工持股计划，引进技术骨干等人才，可以增强公司竞争力；另一方面，考虑到员工的薪酬收入的购买力不足以购买公司股份，为了避免员工对外举债以行权，故允许公司对员工提供财务资助。这类例外为禁止财务资助的制度源头地英国所创设，2023年《公司法》修订我国也予以借鉴。此外，需注意员工持股计划的例外，亦应当附有财源限制，即其资助数额不应超过公司未分配利润。

三、为公司利益的一般例外

一律地禁止公司提供财务资助，容易打击一些诚实的或对公司有利的交易。

---

① 参见皮正德：《禁止财务资助规则的公司法构建》，载《法学研究》2023年第1期。

例如,公司将资金借贷给他人在二级市场购买本公司股份,如果贷款有很好的担保,或者债务人的信用很少,公司借贷的利率也丰厚,这样的财务资助的结果是公司获得利益,相应的公司的股东及债权人也获利。[①] 为此,本条第 2 款规定了禁止财务资助的一般例外,即"为公司利益,经股东会决议,或者董事会按照公司章程或者股东会的授权作出决议,公司可以为他人取得本公司或者其母公司的股份提供财务资助,但财务资助的累计总额不得超过已发行股本总额的百分之十。董事会作出决议应当经全体董事的三分之二以上通过"。可见,作为禁止财务资助的一般例外,应符合以下条件:第一,实施财务资助是为公司利益。第二,实施财务资助的对象及标的物是为他人取得本公司或者其母公司的股份。第三,在程序上,经股东会决议,或者董事会按照公司章程或者股东会的授权作出决议,特别是董事会作出决议应当经全体董事的 2/3 以上通过。第四,财务资助的累计总额不得超过已发行股本总额的 10%。

四、违反财务资助规则的民事责任

本条第 3 款规定,"违反前两款规定,给公司造成损失的,负有责任的董事、监事、高级管理人员应当承担赔偿责任"。可见,违法财务资助的行为,本质上属于董事、监事、高级管理人员违反受信义务的行为,对于这种行为,立法上采用了与董事、监事、高级管理人员违反受信义务的其他行为一致的规制思路,即董事、监事、高级管理人员违法提供财务资助的行为构成侵权,应依法承担赔偿责任。

【司法适用】

一、注意理顺与公司其他资产流出行为之间的关系

具有财务资助特点的行为,不仅在取得本公司股份领域存在,其他行为也具有这种特点,如利润分配、公司清算中资产分配、减资、股份回购等。这些行为均可能导致公司相关资产流出,但如果这些行为已经在《公司法》及其他法律法规中有特别立法,则在解释上属于禁止财务资助制度的例外,即理论上所称的无条件例外。[②] 对于这些行为的法律适用,自然应该适用《公司法》及其他法律法规的特别规定,而不应适用本条的规定。

二、注意理顺与上市公司股权激励计划、国企改革中的员工持股之间的关系

第一,《上市公司股权激励管理办法》(2018 年)第 21 条第 2 款规定,上市公

---

① See Stephen Bottomley et al. , *Contemporary Australian Corporation Law*, Melbeurne: Cambridge University Press, 2018, p. 226. 转引自沈朝晖:《财务资助行为的体系化规制——兼评释 2021〈公司法(修订草案)〉第 174 条》,载《中国政法大学学报》2022 年第 5 期。

② 参见沈朝晖:《财务资助行为的体系化规制——兼评释 2021〈公司法(修订草案)〉第 174 条》,载《中国政法大学学报》2022 年第 5 期。

司不得为激励对象依股权激励计划获取有关权益提供贷款以及其他任何形式的财务资助,包括为其贷款提供担保。可见,《上市公司股权激励管理办法》第 21 条第 2 款规定的禁止对股权激励计划提供财务资助与本条第 1 款规定的例外情况相悖,应按照本条第 1 款的规定进行修改。第二,《关于国有控股混合所有制企业开展员工持股试点的意见》(国资发改革〔2016〕133 号)明确规定:“试点企业、国有股东不得向员工无偿赠与股份,不得向持股员工提供垫资、担保、借贷等财务资助。持股员工不得接受与试点企业有生产经营业务往来的其他企业的借款或融资帮助。”《国有科技型企业股权和分红激励暂行办法》(2016 年)第 20 条规定,企业不得为激励对象购买股权提供贷款以及其他形式的财务资助,包括为激励对象向其他单位或者个人贷款提供担保。企业要坚持同股同权,不得向激励对象承诺年度分红回报或设置托底回购条款。上述国有企业改革中不得为员工持股提供财务资助的相关规定,是为了防止公司对员工进行利益输送,导致国有资产流失而进行的特别规定。在上述规定没有修改之前,应继续有效。

三、违反财务资助行为的效力认定

立法上,本条采用了“原则禁止—特殊例外——般例外—法律责任”的模式,因此,除了例外情况外,为了避免公司资产流失,保护公司、股东及债权人的利益,禁止公司实施财务资助,应当属于强制性规范。当公司违法提供财务资助行为,其从事的民事法律行为的效力,应依据《民法典》第 153 条第 1 款,《民法典合同编通则司法解释》第 16 条、第 18 条的相关规定进行认定。

四、由谁启动追究董事、监事、高级管理人员的赔偿责任

本条第 3 款规定,违法提供财务资助,给公司造成损失的,负有责任的董事、监事、高级管理人员应当承担赔偿责任。那么,应该由谁启动追究董事、监事、高级管理人员的赔偿责任?由于违法提供财务资助,给公司造成了损失,因此,毫无疑问,公司当然可以启动追责程序。同时,依据《公司法》第 189 条的规定,当公司利益受损时,股东还可以提起股东代表诉讼,追究董事、监事、高级管理人员的赔偿责任。需注意的是,公司债权人不能依据本条第 3 款的相关规定启动追责程序。但在符合《民法典》第 538 条、第 539 条的情况下,公司债权人可以行使撤销权,撤销违法的财务资助行为。

第一百六十四条　股票被盗、遗失或者灭失,股东可以依照《中华人民共和国民事诉讼法》规定的公示催告程序,请求人民法院宣告该股票失效。人民法院宣告该股票失效后,股东可以向公司申请补发股票。

第一百六十五条 上市公司的股票,依照有关法律、行政法规及证券交易所交易规则上市交易。

第一百六十六条 上市公司应当依照法律、行政法规的规定披露相关信息。

【条文主旨】

本条是关于上市公司依法披露公司相关信息的规定。

【条文理解】

上市公司信息披露是上市公司向投资者和社会公众全面沟通信息的重要途径。投资者和社会公众获取的上市公司披露的信息,可以作为其投资决策的主要依据。为了方便投资者进行投资决策、保护投资者的合法权益,上市公司应当将公司的有关情况及时、准确地予以披露。《公司法》(2018 年)第 145 条规定:"上市公司必须依照法律、行政法规的规定,公开其财务状况、经营情况及重大诉讼,在每会计年度内半年公布一次财务会计报告。"随着《证券法》《上市公司信息披露管理办法》等专门法律法规规章对上市公司信息披露规则的不断完善,上市公司信息披露的深度、广度增加,2023 年《公司法》修订对上市公司信息披露进行概括性规定,上市公司须依照相关法律、行政法规的具体规定进行信息披露。《证券法》对上市公司的信息披露规则作出了专门规定:

一、原则

信息披露义务人披露的信息,应当真实、准确、完整,简明清晰,通俗易懂,不得有虚假记载、误导性陈述或者重大遗漏。

二、定期报告

上市公司、公司债券上市交易的公司、股票在国务院批准的其他全国性证券交易场所交易的公司,应当按照国务院证券监督管理机构和证券交易场所规定的内容和格式编制定期报告,并按照相关规定报送和公告。

三、临时报告

发生可能对上市公司、股票在国务院批准的其他全国性证券交易场所交易的公司的股票交易价格产生较大影响的重大事件,投资者尚未得知时,公司应当立即将有关该重大事件的情况向国务院证券监督管理机构和证券交易场所报送临时报告,并予公告,说明事件的起因、目前的状态和可能产生的法律后果。

四、违法披露的法律责任

信息披露义务人未按照规定披露信息,或者公告的证券发行文件、定期报告、临时报告及其他信息披露资料存在虚假记载、误导性陈述或者重大遗漏,致使投资者在证券交易中遭受损失的,信息披露义务人应当承担赔偿责任;发行人的控股股东、实际控制人、董事、监事、高级管理人员和其他直接责任人员以及保荐人、承销的证券公司及其直接责任人员,应当与发行人承担连带赔偿责任,但是能够证明自己没有过错的除外。

五、信息披露的监督管理

国务院证券监督管理机构对信息披露义务人的信息披露行为进行监督管理。证券交易场所应当对其组织交易的证券的信息披露义务人的信息披露行为进行监督,督促其依法及时、准确地披露信息。

此外,《上市公司信息披露管理办法》等部门规章也对上市公司的信息披露作出了更为详细的规定。

《证券法》于 2019 年修订时,已经对上市公司信息披露制度作了较大修改,对上市公司信息披露作了详细规定,因此,2023 年《公司法》修订时对《公司法》(2018 年)第 145 条进行了修改,对上市公司信息披露只进行了原则规定。

第一百六十七条　自然人股东死亡后,其合法继承人可以继承股东资格;但是,股份转让受限的股份有限公司的章程另有规定的除外。

【条文主旨】

本条是关于股份有限公司自然人股东死亡后其股东资格如何承继的规定。

【条文理解】

依照《民法典》继承编的规定,自然人股东死亡后,其遗留的个人合法财产依法由他人继承。股份有限公司的自然人股东持有的股份,属于股东的个人合法财产,也将依照《民法典》继承编的规定,由他人依法继承。但是,《民法典》继承编规定的继承,仅限于财产权的范围,对于具有人身专属性的身份关系,并没有作出规定。因此,对于股份有限公司股东资格的继承问题,有必要在《公司法》中作出规定。本条在借鉴《公司法》(2018 年)第 75 条规定的基础上,填补了《公司法》(2018 年)没有对股份有限公司股东资格继承问题做出规定的漏洞。本条规定提供了股份有限公司股东资格继承的一般原则,即自然人股东的合法继承人可以继承股东资格,同时也允许股份转让受限的股份有限公司的章程作出其他规定。

一、股份有限公司自然人股东的合法继承人可以继承其股东资格

这样规定既考虑到股东身份即股东资格是基于股东的财产权而产生的,一般来说,其身份权应当随其财产权一同转让;同时,也考虑到被继承人作为公司的股东,对公司曾做出过贡献,其死后如无遗嘱另作安排,由其法定继承人继承其股东资格有合理性,也符合我国传统。

二、发行股份转让受限类别股的除外规定

与有限责任公司更为关注股东之间的"人合性"不同,股份有限公司更注重股份的流动性,因此,除公司章程依据《公司法》第 144 条第 1 款第 3 项的规定发行股份转让受限的类别股外,公司章程不得对股东资格继承问题另做限制规定。此外,应当注意的是,公司章程在规定转让受限的类别股时,只能限制继承人继承股东资格,不得违反《民法典》继承编的基本原则,剥夺继承人获得与股份价值相适应的财产对价的权利。如果公司没有发行股份转让受限的类别股,应当按照本条规定的一般原则由继承人继承死亡股东的股东资格。

【司法适用】

由于股份有限公司自然人股东资格继承与有限责任公司股东资格继承具有类似性,因此,关于股份有限公司自然人股东资格继承中的司法适用问题,可参照本书对第 90 条的论述。此外,需注意的是,股份有限公司只能通过章程规定发行类别股对自然人股东资格继承做出限制,这与有限责任公司通过章程对自然人股东资格继承做限制不同。换言之,有限责任公司对自然人股东资格继承的限制不是通过类别股的方式进行,而是由章程直接对继承人范围、资格及数量等进行限制。

【司法案例】

赵某 1、鹤壁佳多科工贸股份有限公司等法定继承纠纷案①

诉讼结论:自然人股东死亡后,股份有限公司章程未对其合法继承人继承股东资格进行限制性规定的,合法继承人可以继承已死亡自然人股东的股东资格。

基本案情:佳多科公司成立于 2004 年 7 月 23 日,2014 年 12 月 26 日变更为股份有限公司,赵某英系该公司发起人之一,并任该公司法定代表人,同时持有该公司 79.3435%的股份。2021 年 4 月 1 日,赵某英因病去世。赵某 2、李某、王某分别系赵某英的儿子、母亲、妻子,赵某 1 系赵某英女儿。赵某 1 系佳多科公司员工,赵某英去世后,赵某 1 实际负责佳多科公司的经营和管理。赵某 2、王某、李某因股权分割事宜与赵某 1 产生争议。

佳多科公司章程对于股权继承并未规定限制性条款,该公司向其股东颁发的

① 参见河南省鹤壁市中级人民法院(2021)豫 06 民终 1485 号民事判决书。

位于股权证书证封皮后内侧的股份管理规定第1条第3款载明:“在佳多工作多年病、老、死、因公致残或丧失劳动能力者,可终生享有股权权益,持有人按序处理股权权益:(1)指定继承人。(2)按公司董事会裁决执行。(3)法律规定继承。”

2021年10月22日,佳多科公司召开了董事会,形成决议:赵某2、王某、李某非公司员工,未参与公司经营,公司董事会不同意赵某2、王某、李某成为公司股东并拥有股东资格,赵某2、王某、李某对赵某英持有的公司股份享有的相应财产权益,其可另行与公司协商解决;赵某1系公司员工,并参与公司经营,其对赵某英持有的公司股份所应享有的份额,可由其本人选择成为公司股东并拥有股东资格,或者选择享有所对应的财产权益并另行与公司协商解决。

法院认为:《公司法》(2018年)第75条规定,自然人股东死亡后,其合法继承人可以继承股东资格;但是公司章程另有规定的除外。本案中,佳多科公司现系股份有限公司,较有限责任公司而言,股份有限公司更具有资合性及开放性,公司规模较大,公司内部治理及架构较为成熟,为激发其市场活力,我国《公司法》对股份有限公司的股权转让并未进行过多限制。因此,股权的法定继承在本案中具备适用空间。公司章程作为公司筹备、设立、运行的纲领性文件,应当对股东间对于权利限制的条款进行明确记载,并登记备案于工商行政部门。根据本案当事人提交的有效证据分析本案,佳多科公司章程中并未对股权的法定继承、自然人股东死亡后其合法继承人继承股东资格进行限制性约定。佳多科公司提交的《佳多股份管理规定》仅在股权证书封皮中予以记载,且系佳多科公司变更为股份有限公司之前所形成,在此基础上佳多科公司作出董事会决议,对赵某2、王某、李某均不具有约束力。现赵某1、佳多科公司依据该股份管理规定及董事会决议排除赵某2、王某、李某作为法定继承人对赵某英股东资格的继承,于法无据,不应支持。赵某2、王某、李某要求共同分割赵某英在佳多科公司的股权,并要求赵某1、佳多科公司配合办理股权变更手续的诉讼请求,符合法律规定,一审法院判决予以支持并无不当。

第七章　国家出资公司组织机构的特别规定*

第一百六十八条　国家出资公司的组织机构，适用本章规定；本章没有规定的，适用本法其他规定。

本法所称国家出资公司，是指国家出资的国有独资公司、国有资本控股公司，包括国家出资的有限责任公司、股份有限公司。

【条文主旨】

本条是关于国家出资公司组织机构法律适用、国家出资公司定义的规定。

【条文理解】

本章对国家出资公司的组织机构进行了特别规定，将《公司法》(2018年)“国有独资”公司的特别规定修改为“国家出资”公司组织机构的特别规定专章。

本条规定由《公司法》(2018年)第64条演变而来，在适用主体范围方面，将主体适用范围由国有独资有限责任公司扩展为国有独资公司、国有资本控股公司；将组织形式从“有限责任公司”扩展到“有限责任公司和股份有限公司”；在适用事项范围方面，本条将“设立和组织机构”缩减为“组织机构”。

一、国家出资公司的定义

国家出资公司源于《企业国有资产法》第5条所规定“国家出资企业”这一概念。

基于国家出资公司特殊性，将国家出资公司纳入《公司法》规制很有必要，也符合《公司法》(1993年)后历次修改的总体思路。国有资产的监管从“实物监管”向“资本监管”转变，国有资产的监管以“优化国有经济布局和产业结构”“国有资产保值增值”为核心，以“推动国有资本向关系国民经济命脉和国家安全的重要行业和关键领域集中”“提高国有经济的整体素质”“增强国有经济的控制力、影响力”为目标。在此背景下，《公司法》有必要对国家出资公司组织机构进行特别规定。

---

* 国家法官学院科研部主任黄斌、云南大学副教授赵忠龙对本章也有贡献。

根据本条第2款的规定,国家出资公司,是指国家出资的国有独资公司、国有资本控股公司,包括国家出资的有限责任公司、股份有限公司。即本条所规定的“国家出资公司”的外延实际上小于“国家出资企业”。《企业国有资产法》(2008年)规定,“国家出资企业”包括国家出资的国有独资企业、国有独资公司,以及国有资本控股公司、国有资本参股公司。最高人民法院、最高人民检察院发布的《〈关于办理国家出资企业中职务犯罪案件具体应用法律若干问题的意见〉的通知》(法发〔2010〕49号,2010年11月26日)沿用了该概念。《国家出资企业产权登记管理暂行办法》(国务院国有资产监督管理委员会令第29号,2012年4月20日)将其规制范围扩大为国家出资企业、国家出资企业(不含国有资本参股公司)拥有实际控制权的境内外各级企业及其投资参股企业。

本条所规定的“国家出资公司”不包括国有资本参股公司。由于国有资本参股公司中的国有资本没有控股地位,即使公司的国有资本仅占一股亦可纳入国有资本参股公司的概念范围,其公共属性较弱,不宜纳入“国家出资公司的特殊规定”的范畴。

二、国家出资公司的主体范围

《公司法》(2018年)第64条规定的国有独资公司仅指国有独资有限责任公司,是有限责任公司的一种特殊形式。在保留国有独资有限责任公司的基础上,《公司法》将股份有限公司发起人人数调整为“一人以上二百人以下”,因此将本章的适用范围扩展至国有独资股份有限公司、国有资本控股有限责任公司和国有资本控股股份有限公司,国家出资公司实质成为国有独资公司上一位阶的法律概念。适用范围的扩展是为了适应我国国有企业改革的需要,更能满足《公司法》与我国已有法律制度的衔接协调。

国有独资公司,一般理解为向国有独资公司出资,代表国家依法履行出资人职责的主体只有一个。结合《企业国有资产法》、《企业国有资产交易监督管理办法》(国务院国有资产监督管理委员会、中华人民共和国财政部令第32号)相关法律法规规定,国有独资公司是指公司的资本金全部为国家所有,由政府部门、机构、事业单位出资设立的公司,其出资人仅有一个,即只有一个股东。国有资本控股公司是指政府部门、机构、事业单位、企业直接或间接合计持股为100%的国有全资公司;前述所列单位、企业单独或共同出资,合计拥有产(股)权比例超过50%,且其中之一为最大股东的公司;前述所列企业对外出资,拥有股权比例超过50%的各级子公司;政府部门、机构、事业单位、单一国有及国有控股企业直接或间接持股比例未超过50%,但为第一大股东,并且通过股东协议、公司章程、董事会决议或者其他协议安排能够对其实际支配的公司。国有独资公司、国有资本控股公司均包括有限责任公司、股份有限公司两种公司形态。

三、国家出资公司的法律适用

在适用事项范围方面,《公司法》(2023 年)删除了《公司法》(2018 年)关于国家独资公司的“设立”,只保留了“国家出资公司的组织机构,适用本章规定”的内容。这是因为在所有制方面,国家出资公司与其他公司不同。国家出资公司属于国有经济的一部分,即全民所有。由于所有制的不同,进而国家出资公司的组织机构会有特殊性。但是,除出资人有区别外,其设立与其他所有制的公司无异,特别是在“以国内大循环为主体,国内国际两个循环相互促进”的今天,国家出资公司的设立更不应与其他所有制公司存在特别之处。因此,国家出资公司的组织机构需要单独作出“特别规定”,而其他事项均应适用统一的《公司法》规则。

【司法适用】

随着我国社会主义市场经济改革逐渐深化,国有企业也经历了时代发展和制度变迁,司法适用中识别和厘清本条所确立的适用范围具有重要意义。

第一,根据《公司法》的规定,国家出资公司的组织机构必须适用本章关于“国家出资公司组织机构的特别规定”,只有在本章没有规定的前提下,才能适用《公司法》的其他规定。

第二,本章调整的“国家出资公司组织机构”事项包括:国家出资公司中中国共产党的组织领导,国家出资公司的出资人主体,国有独资公司内履行出资人职责的机构行使股东会职权,国有独资公司董事会,国有独资公司经理,国有独资公司董事、高级管理人员兼职限制,国有独资公司董事会中设置审计委员会,国家出资公司应当依法建立健全内部监督管理和风险控制制度,等等。不属于上述事项的,适用《公司法》的其他规定。

第三,本章适用的范围是国家出资公司,即国家出资的国有独资公司、国有资本控股公司,包括国家出资的有限责任公司、股份有限公司。

本条将国家出资公司分为国有独资公司与国有资本控股公司,但对于何谓“国有资本控股公司”,并未作进一步明确的规定。根据体系解释的规则,参考《公司法》关于“控股股东”的规定,则“国有资本控股公司”应当指国家出资占 50%以上或者国家出资虽然不足 50%,但依其表决权已足以对股东会的决议产生重大影响的公司。

【司法案例】

芷江侗族自治县财政局诉湖南格兰蒂斯投资股份有限公司、江西省第六建筑工程有限公司等执行异议之诉纠纷案①

诉讼结论：以国有独资公司性质上属于一人有限责任公司为由，追加其股东为被执行人并承担连带责任，于法无据。

基本案情：芷江侗族自治县工业园区投资开发有限责任公司（以下简称芷江投资公司）经注册登记为有限责任公司（国有独资），股东为芷江侗族自治县财政局（以下简称芷江财政局），注册资本500万元。芷江投资公司的董事会成员、监事会成员均由芷江财政局委派。

芷江工业集中区管委会（以下简称芷江管委会）、芷江投资公司与湖南格兰蒂斯投资担保股份有限公司（以下简称格兰蒂斯公司）、江西省第六建筑工程有限公司（以下简称江西六建公司）建设工程施工合同纠纷一案，由湖南省高级人民法院于2018年7月18日作出（2018）湘民终180号民事判决书，该判决已发生法律效力。格兰蒂斯公司、江西六建公司依据该生效判决申请法院强制执行。法院在执行过程中，格兰蒂斯公司、江西六建公司申请追加芷江财政局为被执行人。法院于2018年11月22日以（2018）湘12执异议134号执行裁定追加芷江财政局为该案被执行人，对芷江投资公司的债务承担连带责任。芷江财政局不服该执行裁定，向一审法院提起诉讼，请求确认芷江财政局财产独立于芷江投资公司财产，并停止对芷江财政局的一切执行措施。

法院认为：《公司法》（2018年）第2章"有限责任公司的设立和组织机构"中分设第3节"一人有限责任公司的特别规定"及第4节"国有独资公司的特别规定"，其中第4节第64条第1款规定："国有独资公司的设立和组织机构，适用本节规定；本节没有规定的，适用本章第一节、第二节的规定。"可见一人有限责任公司及国有独资公司系两种不同形态的有限责任公司，分别适用《公司法》的特别规定。在无《公司法》特别规定的情形下，国有独资公司应当适用《公司法》关于有限责任公司的规定而不适用一人有限责任公司的规定。《公司法》（2018年）第2章第3节"一人有限责任公司的特别规定"第63条"一人有限责任公司的股东不能证明公司财产独立于股东自己的财产的，应当对公司债务承担连带责任"，以及《最高人民法院关于民事执行中变更、追加当事人若干问题的规定》第20条"作为

---

① 参见湖南省怀化市中级人民法院（2019）湘12民初8号民事判决书、湖南省高级人民法院（2019）湘民终274号民事判决书、最高人民法院（2020）最高法民申1439号民事裁定书。

被执行人的一人有限责任公司,财产不足以清偿生效法律文书确定的债务,股东不能证明公司财产独立于自己的财产,申请执行人申请变更、追加该股东为被执行人,对公司债务承担连带责任的,人民法院应予支持”的规定,均是对一人有限责任公司的特别规定,不能适用于国有独资公司。而对于国有独资公司,法律及司法解释没有相同或类似规定。故原审法院以国有独资公司性质上属于一人有限责任公司为由,依据上述法律及司法解释关于一人有限责任公司的特别规定追加芷江财政局为被执行人,并对芷江投资公司的债务承担连带责任于法无据。芷江财政局关于其不应被追加为被执行人的上诉理由成立,予以支持。

第一百六十九条　国家出资公司,由国务院或者地方人民政府分别代表国家依法履行出资人职责,享有出资人权益。国务院或者地方人民政府可以授权国有资产监督管理机构或者其他部门、机构代表本级人民政府对国家出资公司履行出资人职责。

代表本级人民政府履行出资人职责的机构、部门,以下统称为履行出资人职责的机构。

【条文主旨】

本条是关于国家出资公司的出资人制度的规定。

【条文理解】

本条为2023年修订《公司法》时新增加的条款。国家出资公司,由国务院或者地方人民政府分别代表国家依法履行出资人职责,享有出资人权益。

依据《企业国有资产法》第2章的相关规定,对国家出资公司履行出资人职责的机构有以下几类:第一类为国务院国有资产监督管理委员会。根据《国务院关于机构设置的通知》(国发〔2023〕5号),设立国务院国有资产监督管理委员会(正部级),为国务院直属特设机构。国务院国有资产监督管理委员会党委履行党中央规定的职责。第二类为地方人民政府按照国务院的规定设立的国有资产监督管理机构(如四川省政府国有资产监督管理委员会、南通市人民政府国有资产监督管理委员会、绵阳市国有资产监督管理委员会等)。根据地方人民政府的授权,其代表地方人民政府对国家出资企业履行出资人职责。第三类为国务院和地方人民政府根据需要,授权的其他部门、机构。如根据国务院的有关规定、国务院授权财政部对金融行业的国有资产进行监管,授权财政部对中国邮政集团公司履行出资人职责等。

履行出资人职责的机构的基本职责主要有:第一,代表本级人民政府对国家出资企业依法享有资产收益、参与重大决策和选择管理者等出资人权利。第二,依照法律、行政法规的规定,制定或者参与制定国家出资企业的章程。第三,对法律、行政法规和本级人民政府规定须经本级人民政府批准的履行出资人职责的重大的事项,应当报请本级人民政府批准。第四,委派股东代表参加国有资本控股公司召开的股东会会议,应当按照委派机构的指示提出提案、发表意见、行使表决权,并将其履行职责的情况和结果及时报告委派机构。

履行出资人职责的机构的履职要求主要有:第一,应当依照法律、行政法规以及企业章程履行出资人职责,保障出资人权益,防止企业国有资产损失。第二,维护企业作为市场主体依法享有的权利,除依法履行出资人职责外,不得干预企业经营活动。第三,对本级人民政府负责,向本级人民政府报告履行出资人职责的情况,接受本级人民政府的监督和考核,对企业国有资产的保值增值负责。第四,按照国家有关规定,定期向本级人民政府报告有关企业国有资产总量、结构、变动、收益等汇总分析的情况。

【司法适用】

由国务院或者地方人民政府分别代表国家依法履行出资人职责,享有出资人权益。国务院或者地方人民政府可以授权国有资产监督管理机构或者其他部门、机构代表本级人民政府对国家出资公司履行出资人职责。国有资产监督管理机构,就履行的管理、监督国有资产的出资人职责而言,与《公司法》上的股东享有同等法律地位。

【司法案例】

1. 沁阳市人民政府与河南华昌精细化工有限公司执行异议之诉案①

诉讼结论:国务院或者地方人民政府可以授权国有资产监督管理机构或者其他部门、机构代表本级人民政府对国家出资公司履行出资人职责。

基本案情:河南华昌精细化工有限公司(以下简称河南华昌)成立于1992年10月30日,注册资本197万美元,股东台湾韦顺企业有限公司(以下简称韦顺公司)认缴出资96.53万美元,股东河南省沁阳市化工总厂(以下简称沁阳市化工总厂)认缴出资100.47万美元。沁阳市化工总厂的主管部门是沁阳市轻化工业局。沁阳市财政局1992年沁财字(1992)第9号文件显示:沁阳市轻化工业局和韦顺

① 参见河南省高级人民法院(2020)豫民终533号民事判决书、最高人民法院(2021)最高法民申1468号民事裁定书。

公司合资兴建年产300吨山梨酸项目，总投资为1100万元人民币，其中韦顺公司投资500万元，市财政投资600万元，该项目资金已经到位，论证后即可兴建。生效判决明确认定，韦顺公司和沁阳市化工总厂出资不实。河南华昌处于已吊销状态。

2015年12月14日，河南省新乡市中级人民法院作出（2011）新民三初字第60号民事判决：（1）河南华昌偿付贺某玉本金400万元人民币及利息366.33万元，共计人民币766.33万元；（2）韦顺公司在96.53万美元范围内对河南华昌不能清偿部分承担补充赔偿责任；（3）沁阳市化工总厂在100.47万美元范围内对河南华昌不能清偿部分承担补充赔偿责任。

2016年5月3日，贺某玉向法院申请强制执行，执行过程中，贺某玉申请追加沁阳市财政局、沁阳市人民政府为被执行人，法院作出执行裁定，追加沁阳市政府为本案被执行人；沁阳市政府在7,680,992元范围内对贺某玉承担清偿责任；驳回贺某玉追加沁阳市财政局为被执行人的请求。2019年3月26日，沁阳市政府提出执行异议之诉，请求判决不得追加沁阳市政府为被执行人。

法院认为：河南省新乡市中级人民法院一审认为，结合沁阳市财政局1992年沁财字（1992）第9号文件、其他证据和庭审情况，可以认定河南华昌作为中外合资企业，其中的中方出资来源是沁阳市财政，故沁阳市政府可以认定为河南华昌的出资人。在未足额缴纳出资的范围内，沁阳市政府应依法承担相关责任。

河南省高级人民法院二审认为，《外商投资企业申请登记表》显示河南华昌的投资中方为沁阳市化工总厂，投资外方为韦顺公司。注册资本197万美元，股东韦顺公司认缴出资96.53万美元，股东沁阳市化工总厂认缴出资100.47万美元。河南华昌的工商登记情况不能反映沁阳市政府为出资人，一审以沁阳市财政局1992年沁财字（1992）第9号文件认定沁阳市政府为河南华昌的出资人，证据不足，追加沁阳市政府在未足额缴纳600万元出资范围内承担责任不当。

最高人民法院再审审查认为，关于沁阳市政府是否系河南华昌出资人的问题。沁阳市财政局沁财字（1992）第9号文件载明："沁阳市轻化工业局和韦顺公司合资兴建年产300吨山梨酸项目，总投资为1100万元，其中韦顺公司投资500万元，市财政投资600万元，该项目资金已经到位，论证后即可兴建。"河南省沁阳市轻化工业局为沁阳市政府国有资产管理部门，是河南省沁阳市化工总厂的主管部门。河南华昌虽为沁阳市政府财政投资项目，但其出资人在工商登记资料中记载为河南省沁阳市化工总厂，二审判决未认定沁阳市政府系河南华昌的出资人有事实依据。《企业国有资产监督管理暂行条例》第45条明确规定："本条例施行前制定的有关企业国有资产监督管理的行政法规与本条例不一致的，依照本条例的规定执行。”国务院国有资产监督管理机构及地方人民政府按照国务院的规定设立的国有资产监督管理机构,系履行出资人职责的机构,根据本级人民政府的授权,代表本级人民政府对国家所出资的企业履行出资人职责。二审判决认定沁阳市政府并非河南华昌的出资人,适用法律并无不当。

2. 铜川市耀州区住房和城乡建设局与铜川市城乡建设投资开发有限公司、铜川市建设项目管理处公司设立纠纷案①

诉讼结论:国家出资公司中代表本级人民政府履行出资人职责的机构、部门,应由国务院或者地方人民政府授权。

基本案情:2009年12月8日铜川市人民政府常务会作出第62号会议纪要,会议确定:由市建设规划局牵头组建市城乡建设投资开发有限公司,公司性质为股份制,市场化运作,市、区共同经营开发。省、市城镇建设配套资金作为市城乡建设投资开发有限公司资本金,先期注册资本金为9000万元。市财政局要尽快将省市城镇建设配套资金拨付到位,耀州区、王益区、印台区政府要按照省级城镇建设资金配套标准足额拨付。2010年4月6日铜川市耀州区城乡建设局向财政局报送“关于划转城镇建设耀州区配套资金的申请报告”,2010年4月9日铜川市耀州区财政局(以下简称区财政局)将903.6万元拨付到铜川市建设项目管理处(以下简称项目管理处)账户。2010年5月19日登记设立铜川市城乡建设投资开发有限公司(以下简称城建投资公司),公司类型为有限责任公司(国有独资)。公司章程第11条规定:“铜川市人民政府授权铜川市建设规划局下属项目管理处作为城建投资公司出资人(股东),行使股东的权利、义务和责任。”2010年6月30日铜川市耀州区住房和城乡建设局(以下简称区住建局)向原铜川市规划局发出铜耀建字(2010)44号耀州区建设局照金镇城镇建设项目资金申请的报告,申请拨付城镇项目建设资金,后城建投资公司以借款协议形式向区住建局支付300万元用于照金镇建设。2018年11月9日铜川市人民政府下发《铜川市人民政府关于确认铜川发达工程承包有限责任公司等15家公司国有股权划入铜川市国有资本投资运营有限公司的批复》[铜政函(2018)49号],其中包括城建投资公司。2018年12月7日城建投资公司在工商部门进行了投资人(股权)变更登记,投资人(股权)由项目管理处变更为铜川市国有资本投资运营有限公司。

区住建局起诉请求判令城建投资公司及项目管理处连带返还903.6万元的

---

① 参见陕西省铜川市中级人民法院(2019)陕02民终386号民事判决书。

股权投资款及利息。

法院认为:《公司法》(2018 年)第 64 条第 2 款中规定:“国有独资公司,是指国家单独出资、由国务院或者地方人民政府授权本级人民政府国有资产监督管理机构履行出资人职责的有限责任公司。”本案中,铜川市市区两级人民政府以会议纪要形式明确了两级政府组建城建投资公司事宜,之后城建投资公司成立其性质为国有控股公司,其设立资本均为铜川市各区县财政资金,设立之初城建投资公司董事长为铜川市城乡建设规划局局长,副董事长为铜川市城乡建设规划局总工程师,董事为铜川市各区副区长,公司监事会主席及监事也均为市区两级政府单位工作人员,项目管理处作为公司的出资人行使股东的权利、义务和责任。原告耀州区住建局前身铜川市耀州区城乡建设局受耀州区政府委托以业务主管部门名义向铜川市耀州区财政局提出《关于划转城镇建设耀州区配套资金的申请报告》,铜川市耀州区财政局将 903.6 万元资金拨付项目管理处账户,并非公司法定意义上的股东的注资行为,且在城建投资公司设立初期,区住建局并未在公司章程上签章,公司成立后,也未向区住建局签发出资证明书,区住建局在 2010 年 5 月 19 日公司成立后也未对此提出异议,而且区住建局依据铜川市人民政府常务会作出第 62 号会议纪要内容,在 2010 年 6 月 30 日向原铜川市规划局发出《耀州区建设局照金镇城镇建设项目资金申请的报告》[铜耀建字(2010)44 号],申请拨付城镇项目建设资金,后城建投资公司以借款协议形式向原告支付 300 万元用于照金镇建设。区住建局并非城建投资公司登记的股东,其要求城建投资公司、项目管理处连带返还 903.6 万元的股权投资款的诉讼请求,无事实及法律依据,不予支持。

法院认为,区住建局主张案涉的 903.6 万元是其向城建投资公司的投资款,认为其拨付该笔资金后即应成为股东,现其未成为股东城建投资公司应向其返还该笔投资款,但其依据的铜川市人民政府常务第 62 次会议纪要明确要求区建设局及其他单位按期足额拨付配套资金,完成城镇建设资金融资平台建设,并未明确区建设局在拨付该资金后即成为城建投资公司股东,区住建局对其主张负有举证义务,但其在一、二审审理中并未提交有效证据证实其主张,应承担举证不能的法律后果,一审驳回区住建局的诉讼请求并无不当。

第一百七十条　国家出资公司中中国共产党的组织,按照中国共产党章程的规定发挥领导作用,研究讨论公司重大经营管理事项,支持公司的组织机构依法行使职权。

【条文主旨】

本条是关于国家出资公司中中国共产党组织领导的规定。

【条文理解】

一、明确党组织在国家出资公司中的法定治理地位

本条规定为2023年修订《公司法》时新增加的条款。中国特色社会主义现代国有企业,“特”就特在把党的领导融入公司治理各环节,把企业党组织内嵌到公司治理结构之中,是明确和落实党组织在公司法人治理结构中的法定地位的体现,并且强调了中国共产党对国家出资公司的领导作用这一基本原则,规定了党组织的相应职责,将党组织的领导与国家出资公司的现代化治理架构相结合,也是完善中国特色社会现代企业制度的体现。2019年12月,中共中央印发的《中国共产党国有企业基层组织工作条例(试行)》第11条规定:“国有企业党委(党组)发挥领导作用,把方向、管大局、保落实,依照规定讨论和决定企业重大事项。主要职责是……(三)研究讨论企业重大经营管理事项,支持股东(大)会、董事会、监事会和经理层依法行使职权……”国务院国资委发布的《国企改革三年行动方案(2020—2022年)》,要求国有企业制定本单位党委(党组)前置研究讨论重大经营管理事项清单,厘清各治理主体权责边界。2023年《公司法》修订,将坚持党对国家出资公司的领导纳入《公司法》范畴。

二、国家出资公司中党组织领导作用的依据

本轮国企改革的重点之一,就是要按照《中国共产党章程》,将党的领导纳入国有企业章程,如国务院国资委、财政部2020年12月31日发布的《关于印发〈国有企业公司章程制定管理办法〉的通知》第9条规定:“公司党组织条款应当按照《中国共产党章程》《中国共产党国有企业基层组织工作条例(试行)》等有关规定,写明党委(党组)或党支部(党总支)的职责权限、机构设置、运行机制等重要事项。明确党组织研究讨论是董事会、经理层决策重大问题的前置程序。设立公司党委(党组)的国有企业应当明确党委(党组)发挥领导作用,把方向、管大局、保落实,依照规定讨论和决定企业重大事项;明确坚持和完善‘双向进入、交叉任职’领导体制及有关要求。设立公司党支部(党总支)的国有企业应当明确公司党支部(党总支)围绕生产经营开展工作,发挥战斗堡垒作用;具有人财物重大事项决策权的企业党支部(党总支),明确一般由企业党员负责人担任书记和委员,由党支部(党总支)对企业重大事项进行集体研究把关。对于国有相对控股企业的党建工作,需结合企业股权结构、经营管理等实际,充分听取其他股东包括机构投资者的意见,参照有关规定和本条款的内容把党建工作基本要求写入公司章程。”

三、国家出资公司中党组织领导作用的体现

《中国共产党章程》第 33 条第 2 款中规定："国有企业党委(党组)发挥领导作用,把方向、管大局、保落实,依照规定讨论和决定企业重大事项。国有企业和集体企业中党的基层组织,围绕企业生产经营开展工作。"对此,本条规定,国家出资公司的党组织领导作用的体现,是按照党章的规定,研究讨论公司重大经营管理事项,支持公司的组织机构依法行使职权。

(一)关于研究讨论公司重大经营管理事项

何谓"公司重大经营管理事项"? 如何进行"研究讨论"?《公司法》并未作出进一步明确的规定。中共中央办公厅、国务院办公厅印发的《关于进一步推进国有企业贯彻落实"三重一大"决策制度的意见》第 13 条规定,董事会、未设董事会的经理班子研究"三重一大"事项时,应事先与党委(党组)沟通,听取党委(党组)的意见。进入董事会、未设董事会的经理班子的党委(党组)成员,应当贯彻党组织的意见或决定。企业党组织要团结带领全体党员和广大职工群众,推动决策的实施,并对实施中发现的与党和国家方针政策、法律法规不符或脱离实际的情况及时提出意见,如得不到纠正,应当向上级反映。

关于"三重一大"事项的主要范围,《关于进一步推进国有企业贯彻落实"三重一大"决策制度的意见》第 3 条至第 6 条分别明确,重大决策事项是指依照《公司法》、《全民所有制工业企业法》、《企业国有资产法》、《商业银行法》、《证券法》、《保险法》以及其他有关法律法规和党内法规规定的应当由股东大会(股东会)、董事会、未设董事会的经理班子、职工代表大会和党委(党组)决定的事项。主要包括企业贯彻执行党和国家的路线方针政策、法律法规和上级重要决定的重大措施,企业发展战略、破产、改制、兼并重组、资产调整、产权转让、对外投资、利益调配、机构调整等方面的重大决策,企业党的建设和安全稳定的重大决策,以及其他重大决策事项。重要人事任免事项是指企业直接管理的领导人员以及其他经营管理人员的职务调整事项。主要包括企业中层以上经营管理人员和下属企业、单位领导班子成员的任免、聘用、解除聘用和后备人选的确定,向控股和参股企业委派股东代表,推荐董事会、监事会成员和经理、财务负责人,以及其他重要人事任免事项。重大项目安排事项是指对企业资产规模、资本结构、盈利能力以及生产装备、技术状况等产生重要影响的项目的设立和安排。主要包括年度投资计划,融资、担保项目,期权、期货等金融衍生业务,重要设备和技术引进,采购大宗物资和购买服务,重大工程建设项目,以及其他重大项目安排事项。大额度资金运作事项是指超过由企业或者履行国有资产出资人职责的机构所规定的企业领导人员有权调动、使用的资金限额的资金调动和使用。主要包括年度预算内大额度资

金调动和使用,超预算的资金调动和使用,对外大额捐赠、赞助,以及其他大额度资金运作事项。

按照《关于进一步推进国有企业贯彻落实“三重一大”决策制度的意见》的要求,党组织的研究讨论是董事会、经理层决策的前置程序。

(二)支持公司的组织机构依法行使职权

公司法修订草案一审稿拟规定国家出资公司中的党组织“支持股东会、董事会、监事会、高级管理人员依法行使职权”。最终,本条规定为:“支持公司的组织机构依法行使职权”,表述更加简洁。

根据《中国共产党章程》和党内法规,党委(党组)与党支部(党总支)在国有企业中的治理地位和决策角色不相同,所支持的治理主体也不同:党委(党组)把方向、管大局、促落实,依照规定研究讨论企业重大经营管理事项,支持股东(大)会、董事会、监事会和经理层依法行使职权;党支部(党总支)以及国有企业内设机构中设立的党委围绕生产经营开展工作,发挥战斗堡垒作用,按照规定参与本单位重大问题的决策,支持本单位负责人开展工作。

国家出资公司要坚持党对公司的领导,同时,建立现代企业制度也不容偏废。“支持”一词表明,即使党组织发挥领导作用,国家出资公司的职权仍然由股东会、董事会、监事会、高级管理人员行使。在处理好党对国有公司的领导和建立现代企业制度的关系的前提下,必须处理好党组织与董事会的关系,否则就会影响党组织在国有公司中的功能发挥。

【司法案例】

1. 上海阳亨实业投资有限公司与江苏省盐业集团有限责任公司、李某股权转让纠纷案①

诉讼结论:国有独资公司的党政会议纪要实则已与其控股子公司的股权转让、新旧股东共同参与经营管理的行为相互印证,国有独资公司的缔约意思与其履行行为已构成不可分割的整体。

基本案情:江苏省盐业集团有限责任公司(以下简称盐业集团)成立于1987年6月1日,企业类型为国有独资有限公司,现任法定代表人为周某勇。杨某华为盐业集团常务副总经理。江苏新世纪盐化集团有限责任公司(以下简称盐化公司)为盐业集团控股的子公司。

---

① 参见江苏省高级人民法院(2015)苏商终字第00163号民事判决书、最高人民法院(2016)最高法民申474号民事裁定书。

2011 年 1 月 20 日，盐化公司与朵仁公司签订股权转让协议，约定朵仁公司作为战略投资者收购部分自然人所持股权，盐业集团放弃优先购买权。朵仁公司收购不少于 20%的股权。盐业集团、盐化公司承诺，力争在 5 年内促使盐化公司上市，如工商部门办理完股权变更登记手续后 5 年内仍未上市，朵仁公司提出退股，盐业集团应收购朵仁公司依据协议受让的目标公司股权，每股收购价格为“1 元/股+一年期银行同期贷款利息-持有期间累计分红”。签订股权转让协议时，因上海阳亨实业投资有限公司（以下简称阳亨公司）正在筹建，故以朵仁公司的名义谈判和签署，阳亨公司成立后，出资收购等事宜均由阳亨公司进行，相应权利亦由阳亨公司行使。

2011 年 4 月 8 日，盐业集团召开党政领导办公会，并形成党政会议纪要，原则同意该集团投资发展部提出的盐化公司股权整合意见：一是以自然人股东冯某渡出面以股本金 1 倍的价格收购目标公司其他自然人股东的股权共计 25%，并将 20%股权转让给阳亨公司；二是引进战略投资者或盐业集团以股本金 1.4 倍的价格收购职工持股会所持 9.01198%股权，优先考虑由阳亨公司单独收购或与诚行投资共同收购；三是完成该次股权转让 5 年后，如盐化公司未上市，同意阳亨公司、诚行投资退股或由集团收购其退出股份。退股或收购价格按原始转让股权的价格+股权持有期内银行贷款利息-股权持有期内累计分红。

2011 年 8 月 16 日，盐业集团出具承诺书，载明：(1) 完成本次股权转让 5 年后，盐化公司没有上市，同意诚行投资等 3 家公司以减资方式退出，股权退出价格按“股权原始投资价格+股权持有期内银行贷款利息-股权持有期内累计分红”计算；(2) 盐业集团有权优先受让诚行投资等 3 家公司的股权，受让价格按“股权原始投资价格+股权持有期内银行贷款利息-股权持有期内累计分红”计算，此价格为不变价格。盐业集团及盐化公司均在承诺书上盖章确认。

时任盐业集团法定代表人的王某善称：就诚行投资、阳亨公司投资及退出目标公司事项，盐业集团依据盐化公司的报告形成党政会议纪要；杨某华在股权转让专题会议纪要上签字并非个人行为。时任总经理周某勇称：其于 2013 年被任命为总经理，对之前案涉事宜未参与；时任常务副总经理杨某华作为常务副总经理在股权转让专题会议纪要上签字系受其指派。杨某华称：引进诚行企业、阳亨公司投资目标公司及退出事项，系由盐化公司法定代表人李某依据党政会议纪要精神办理；股权转让专题会议纪要与党政会议纪要的精神基本一致；其在股权转让专题会议纪要上签字，系受周某勇指派，并非个人行为。

2011 年 9 月 28 日，盐化公司召开股东会，决议修改公司章程，对诚行投资、阳亨公司等股东的加入、股东及股权比例的调整进行了记载。2012 年 6 月 12 日，盐化公司召开临时股东会,决议任命诚行企业的狄某、阳亨公司的刘某为目标公司第二届董事会成员。杨某华以盐业集团代表的身份,在股东会决议上签字,盐业集团在杨某华签名处加盖公司印章确认。

盐化公司2012年的净利润为-131,119,200元。各方当事人均确认盐化公司已不具备在诚行投资、阳亨公司受让股权后5年内上市的条件。

2013年6月23日,诚行投资执行事务合伙人代表狄某、阳亨公司法定代表人刘某、盐业集团常务副总经理杨某华共同签署股权转让专题会议纪要,载明:(1)盐业集团同意受让诚行投资、阳亨公司持有的盐化公司股权;(2)受让价格按原承诺价格执行;(3)盐业集团同意于2015年12月31日内完成股权受让;(4)盐业集团按规定履行股权受让相关程序;(5)在完成股权转让前,诚行企业、阳亨公司各董事应在盐化公司关于银行贷款事宜的历次会议决议上签字同意。

法院认为:应认定案涉股权回购的承诺系出于盐业集团的真实意愿。第一,盐业集团党政会议纪要记载盐化公司的股权整合方案是先由盐化公司原自然人股东冯某渡收购其他自然人股东合计25%的股权,再由冯某渡将20%的股权转让给阳亨公司;此外引进战略投资人收购职工持股会所持9.01198%的股权,由阳亨公司单独或与诚行投资共同收购。第二,从投融资的实际履行情况来看,诚行投资以1.4元/股的价格向盐化公司职工持股会收购9.01198%的股权,以1元/股的价格向冯某渡收购6.91447%的股权;阳亨公司以1元/股的价格向冯某渡收购16.99992%的股权,股权转让的实际履行情况与党政会议纪要的内容相互对应,盐业集团在前述盐化公司的股权转让中亦未主张行使股东优先购买权。第三,在阳亨公司完成投资后,盐业集团作为控股股东多次参加目标公司的股东会会议,在2011年的股东会会议上,其已知晓盐化公司新股东的加入、股权比例发生的变更,并签署修改目标公司章程的决议。在2012年的临时股东会上,盐业集团表决同意任命新股东指派的董事会成员。参加股东会会议及签署相关决议的行为与党政会议纪要、盐化公司的股权整合步骤在时间上前后衔接,变更后的盐化公司股东成员及股权比例,与盐业集团党政会议纪要内容亦基本一致。盐业集团虽否认党政会议纪要的效力、认为该纪要不能代表公司意志,但党政会议纪要实则已与盐化公司的股权转让、新旧股东共同参与经营管理的行为相互印证,盐业集团的缔约意思与其履行行为已构成不可分割的整体。

2. 甘肃农垦金昌农场有限公司、金昌水泥(集团)有限责任公司公司决议效力确认纠纷案①

诉讼结论:“三重一大”决策制度是党中央、国务院规范国有企业决策管理的制度,仅从《企业国有资产法》第47条规定并不能得出股东会决议效力的结果。

基本案情:2011年4月12日,金昌水泥(集团)有限责任公司(以下简称金泥公司)的股东由甘肃省国营八一农场(以下简称八一农场)、永昌县计划经济局、金川区乡镇企业管理局变更为八一农场和金昌市人民政府国有资产监督管理委员会(以下简称金昌市国资委),该公司的注册资金为6943.4万元。八一农场和金昌市国资委的出资额分别为4126.54万元、2816.86万元,出资比例分别为59.43%、40.57%。金泥公司章程中关于股东会议事方式、表决程序符合《公司法》的有关规定。2014年10月22日,金泥公司董事长石某仁主持召开股东会,公司股东八一农场的代表石某仁、股东金昌市国资委的代表董某某参加会议,并在会议记录上签名。经参会股东一致同意后,股东会作出如下决议:按照国家国有企业改革的有关规定,金泥公司使用的国有划拨土地依照基准价重新评估,依照重新评估的土地价值进行增资,金泥公司的注册资本由6943.4万元变更为10,997.4万元,股东的出资额作相应变动。其中,金昌市国资委以实物出资6870.86万元,出资比例为62.48%;八一农场的出资额为4126.54万元,出资比例为37.52%。八一农场和金昌市国资委在金泥公司股东会决议上签字盖章。经金昌市人民政府批准,金昌市国土资源局同意将金泥公司无偿使用的面积484,081.91平方米的国有划拨土地使用权进行评估作价,以评估土地资产4054万元作为股本金注入金泥公司,所形成的股份由金昌市国资委持有。经查,八一农场所提金昌市国资委用以出资的2宗土地,在金泥公司增资中不存在重复评估的问题。2014年11月21日,金泥公司依照股东会决议内容办理了工商登记变更手续。

2020年6月24日,八一农场名称变更为甘肃农垦金昌农场有限公司(以下统称八一农场)。

八一农场起诉请求:(1)确认金泥公司股东会于2014年10月22日作出的股东会决议无效;(2)确认八一农场享有金泥公司增资的2404.2922万元资产对应的股权;(3)判令金泥公司限期向登记机关申请撤销该增资变更登记;(4)判令金泥公司承担本案全部诉讼费用。

---

① 参见甘肃省高级人民法院(2020)甘民终576号民事判决书、最高人民法院(2021)最高法民申3524号民事裁定书。

法院认为:金泥公司于2014年10月22日所作股东会决议内容是否违反相关法律、行政法规强制性规定的问题。金泥公司股东会的召开方式和表决程序均未违反公司法和公司章程的规定。此外,《公司法》第3条是关于公司法律地位和股东责任形式的规定,《企业国有资产法》第47条、《国有资产评估管理办法施行细则》第50条、《国资委关于促进企业国有产权流转有关事项的通知》第1条是关于国家出资企业资产评估事项的规定,"三重一大"决策制度是党中央、国务院规范国有企业决策管理的制度,从上述法律法规不能得出八一农场所主张的金泥公司股东会决议效力的结果。鉴于案涉争议的六宗土地经金昌市人民政府批准,金昌市国土资源局亦同意将金泥公司无偿使用的面积484,081.91平方米的国有划拨土地使用权进行评估作价,以评估土地资产4054万元作为股本金注入金泥公司,所形成的股份由金昌市国资委持有。2014年11月21日,金泥公司依照股东会决议内容办理了工商登记变更手续。上述事实与八一农场的再审理由相悖,故八一农场的该项再审请求,亦不予支持。

第一百七十一条　国有独资公司章程由履行出资人职责的机构制定。

【条文主旨】

本条是关于国有独资公司章程制定的规定。

【条文理解】

本法第45条规定:"设立有限责任公司,应当由股东共同制定公司章程。"第94条规定:"设立股份有限公司,应当由发起人共同制订公司章程。"由于国有独资公司是由国家单独出资,因此,本条规定国有独资公司章程由履行出资人职责的机构制定,即由代表本级人民政府履行出资人职责的机构、部门制定,并且国有独资公司章程的制定主体只能是履行出资人职责的机构。

由于本条已经明确规定国有独资公司的章程由履行出资人职责的机构制定,因此,《公司法》(2018年)第65条规定的"或者由董事会制订报国有资产监督管理机构批准"的内容已无保留必要,故予以删除。

本条只明确了国有独资公司的章程由履行出资人职责的机构制定,至于章程应当记载哪些事项等则未作规定。根据本法第168条第1款"国家出资公司的组织机构,适用本章规定;本章没有规定的,适用本法其他规定"的规定,国有独资公司章程的内容,除本章关于国家出资公司组织机构规定的内容外,应当适用本法关于公司章程的其他规定。

除本法规定的公司章程内容的一般事项之外,根据现行国资国企监管规定对国家出资公司章程的明确要求,国有独资公司章程还应载明以下内容:(1)公司的功能定位和经营宗旨;(2)公司的国有资产监管路径以及须报请履行出资人职责的机构的事项;(3)公司党组织的职责权限、机构设置、运行机制、基础保障;(4)重大经营管理决策党委(党组)事前研究讨论机制、程序以及事项,或者重大经营管理决策党支部(党总支)集体审核把关机制、程序以及事项;(5)明确坚持和完善"双向进入、交叉任职"领导体制及有关要求。

第一百七十二条　国有独资公司不设股东会,由履行出资人职责的机构行使股东会职权。履行出资人职责的机构可以授权公司董事会行使股东会的部分职权,但公司章程的制定和修改,公司的合并、分立、解散、申请破产,增加或者减少注册资本,分配利润,应当由履行出资人职责的机构决定。

【条文主旨】

本条是关于国有独资公司不设股东会及相应的职权行使的规定。

【条文理解】

一、国有独资公司不设股东会,由履行出资人职责的机构行使股东会职权

《公司法》(2018年)第66条第1款中规定,"国有独资公司不设股东会,由国有资产监督管理机构行使股东会职权",本条对《公司法》(2018年)第66条第1款关于国有独资公司不设股东会的规定予以保留。由于本法第169条第1款已经明确规定"国家出资公司,由国务院或者地方人民政府分别代表国家依法履行出资人职责,享有出资人权益。国务院或者地方人民政府可以授权国有资产监督管理机构或者其他部门、机构代表本级人民政府对国家出资公司履行出资人职责",因此,本条将《公司法》(2018年)第66条第1款规定的"由国有资产监督管理机构行使股东会职权"修改为"由履行出资人职责的机构行使股东会职权"。

二、国有独资公司重大事项的决定

(一)履行出资人职责的机构可以授权董事会行使股东会的部分职权

因国有独资公司不设股东会,因此公司的决策职能只能由国有独资公司的唯一股东即履行出资人职责的机构履行。但是考虑到履行出资人职责的机构的独立性,国有独资公司的决策也不能完全由履行出资人职责的机构行使。履行出资人职责的机构也要承担监督管理国有资产的职责,因此,《公司法》(2018年)第66条第1款中规定,"国有资产监督管理机构可以授权公司董事会行使股东会的部分职权,决定公司的重大事项”。本条规定对原规定仅作了部分修改,即将“国有资产监督管理机构”修改为“履行出资人职责的机构”。

(二)国有独资公司章程的制定和修改等重要事项的决定

相较于一般公司的股东会职权,在国有独资公司中分别由履行出资人职责的机构和其授权的公司董事会行使。公司的一般事项由董事会决策,而重大事项则需要由履行出资人职责的机构决定。

《公司法》(2018 年)第 66 条第 1 款中规定,“国有资产监督管理机构可以授权公司董事会行使股东会的部分职权,决定公司的重大事项,但公司的合并、分立、解散、增加或者减少注册资本和发行公司债券,必须由国有资产监督管理机构决定”;本条规定,“履行出资人职责的机构可以授权公司董事会行使股东会的部分职权,但公司章程的制定和修改,公司的合并、分立、解散、申请破产,增加或者减少注册资本,分配利润,应当由履行出资人职责的机构决定”。

(1)增加由履行出资人职责的机构决定的事项。

①增加“公司章程的制定和修改”事项。与第 171 条规定的“国有独资公司章程由履行出资人职责的机构制定”的内容相呼应。

②增加“申请破产”事项。申请破产与公司解散都可能导致公司法人主体资格终止,因此也应当由履行出资人职责的机构决定。

③增加“分配利润”事项。利润分配是股东权利的核心,因此应当由履行出资人职责的机构决定。

(2)删减由履行出资人职责的机构决定的事项。

与《公司法》(2018 年)第 66 条的规定相比较,本条未再规定“发行公司债券”为履行出资人职责的机构决定的重大事项。本法第 59 条第 2 款已规定:“股东会可以授权董事会对发行公司债券作出决议”,第 112 条第 1 款亦明确本法第 59 条第 1 款、第 2 款关于有限责任公司股东会职权的规定,适用于股份有限公司股东会。因此,国有独资公司发行公司债券,也可以授权由公司董事会作出决议。

(3)不再限定重要国有独资公司重大事项的批准程序。

《公司法》(2018 年)第 66 条第 1 款中规定:“其中,重要的国有独资公司合并、分立、解散、申请破产的,应当由国有资产监督管理机构审核后,报本级人民政府批准。”第 2 款规定:“前款所称重要的国有独资公司,按照国务院的规定确定。”本法不再限定重要的国有独资公司以及其合并、分立、解散、申请破产事项需要由国有资产监督管理机构审核后报本级人民政府批准的程序。

【司法适用】

本条是维护国家利益与社会公共利益的效力性强制性规定,蕴含着国家出资企业生存权与发展权、公司合规、公司治理、国有资产保值增值、公序良俗等价值导向。国有独资公司的重大事项，如公司章程的制定和修改，公司的合并、分立、解散、申请破产，增加或者减少注册资本，分配利润等必须由履行出资人职责的机构决定。违反本条规定，将导致合同效力瑕疵。

此外，本条规定的是"履行出资人职责的机构可以授权公司董事会行使股东会的部分职权"，而并非要求履行出资人职责的机构必须将股东会的部分职权都授权由董事行使，同时，授权范围也应当以履行出资人职责的机构的明确授权为准，对于履行出资人职责的机构未明确授权董事会行使的属于股东会职权范围的事项，则按文义理解，仍应当由履行出资人职责的机构决定。

【司法案例】

1. 江川县龙街集中供水站与陈某明、江川县供排水有限公司劳动争议纠纷案①

诉讼结论：国有独资公司的合并必须由履行出资人职责的机构决定。

基本案情：陈某明于2003年到江川县龙街集中供水站（以下简称供水站）工作，劳动合同每年一签，2014年后未再签订书面劳动合同。2013年10月18日，陈某明在供水站用角磨机切割铸铁管的工作过程中左眼受伤，经玉溪市人力资源和社会保障局认定为工伤。2014年7月24日，玉溪市劳动能力鉴定委员会认定陈某明的伤残等级为6级。2014年5月19日，在江川县江城镇人民政府、龙街供水站和江川县供排水有限公司（以下简称供排水公司）有关人员参与下协商供水站经营管理权移交供排水公司的相关事宜并签署了备忘录，2014年10月30日，上述三方就经营管理权移交相关事宜再次协商形成会议纪要。

法院认为：陈某明从2003年开始即到供水站工作，双方自2003年起建立劳动关系。2014年5月19日，江川县江城镇人民政府组织供水站、供排水公司共同协商，决定将供水站经营管理权自2014年6月30日移交供排水公司，供水站工作人员6人由供排水公司接管等事宜，并由三方签属了备忘录，达成了供水站与供排水公司合并意向，但供水站、供排水公司均未按法律规定报国有资产监督管理机构决定或报本级人民政府批准，也未就两家公司合并签订合并协议且至今未办理供水站法人注销事宜，供水站虽然向供排水公司移交了大门钥匙，但双方合并工作实际并未完成，供水站也未与陈某明办理过解除劳动合同的手续，故供水站仍然与陈某明存在劳动关系，原审确定由供水站支付陈某明2014年7月1日至

① 参见云南省玉溪市中级人民法院（2015）玉中民一终字第239号民事判决书。

2015年1月31日工资并确定由供水站适当安排陈某明工作,按月支付工资正确,予以维持。

2. 北京中矿天安科技发展有限公司与广西壮族自治区右江矿务局有限公司股东出资纠纷案①

诉讼结论:国有独资公司对外投资重大事项如未经履行出资职责的机构授权由董事会决定的,应当由履行出资职责的机构决定。

基本案情:广西壮族自治区右江矿务局有限公司(以下简称矿务局公司)系经百色市人民政府批准并出资设立的国有独资公司,百色市人民政府授权百色市国有资产监督管理委员会(以下简称百色国资委)履行出资人职责;公司不设股东会,由百色市人民政府或授权的百色市国资委行使《公司法》规定的有限责任公司股东会职权。

2012年1月8日,北京中矿天安科技发展有限公司(以下简称天安公司)与矿务局公司签订合作协议,约定天安公司通过增资扩股或股权转让的方式,引入矿务局公司作为合作伙伴参股或控股;在本合作协议签订后,双方各自上报有权机构批准,尽快完善合资公司的各项手续。协议签订后,矿务局公司向天安公司支付款项100万元。2012年5月13日,山东天实经贸有限公司(以下简称天实公司)、李某勇、朱某兰、张某军、李某政(以上五方为天安公司原股东)与天安公司签订股东增资扩股协议书,约定天安公司原股东与矿务局公司签订《中矿天安公司股东增资扩股协议书》,天安公司原股东同意矿务局公司增资,扩大公司注册资本至5045万元;公司股东会于2012年5月8日通过了本次增资扩股方案,天安公司原股东同意并且确认放弃对新增注册资本中2321万元的认缴出资优先权;矿务局公司以现金认购新增注册资本2321万元等。同日,矿务局公司与天安公司签订《增资扩股合同书》,内容基本与上述合同相同。天安公司作出的2012年第三次股东会决议载明:同意增加注册资本,决定将公司的注册资本由人民币1500万元增加到5045万元,新增注册资本3545万元;矿务局公司为2321万元。天安公司现登记股东为矿务局公司、天实公司、李某勇、朱某兰、张某军、李某政。

2012年7月17日,矿务局公司向天安公司企业入资专用账户再次支付1000万元。2013年7月25日、2014年8月22日,天安公司向矿务局公司发出催告函,要求尽快缴纳剩余增资扩股认购款。

2018年11月28日,矿务局公司向百色国资委请示。12月13日,百色国资委

① 参见北京市丰台区人民法院(2018)京0106民初12152号民事判决书。

作出《关于查询右江矿务局公司相关批复文件情况的回复》，载明：我委查阅了本委的档案和2011年、2012年的收文发文记录，未查询到任何涉及你公司通过增资扩股形式入股天安公司的相关材料。2018年12月28日，右江矿务局公司向百色国资委发出《关于同意右江矿务局公司增资扩股中矿天安公司的请示》。2019年1月15日，百色国资委作出《关于右江矿务局公司增资扩股中矿天安公司的批复》，载明：根据《百色市人民政府国有资产监督管理委员会监管企业重大投资管理暂行办法》相关规定……经研究，不同意你公司增资扩股天安公司。

法院认为：本案的争议焦点在于，《中矿天安公司股东增资扩股协议书》以及《增资扩股合同书》是否已生效，矿务局公司是否应按照协议约定向天安公司给付拖欠的股权认购款项。经查明，双方均已在合同上盖章并授权代表签字，天安公司也形成股东会决议同意上述增资事项。但矿务局公司作为国有独资公司，依照其公司章程，由百色市人民政府或授权的百色市国资委代行股东会职权。而审批公司重大事项报告，批准公司重大投资、融资计划系股东会职权，章程也明确规定了董事会的构成、议事程序及表决规则。依据现有证据，矿务局公司并未及时启动董事会议事程序、履行报批手续并获得百色国资委及董事会的批准，即涉案合同的生效条件并未完全成就。因此，天安公司要求矿务局公司履行股权认购出资义务的主张理由尚不充分。

另外，国有企业系国有资产的使用权人，而非所有权人，其在国有资产的经营、使用、管理过程中，因所有者缺位而导致因个人利益、集体利益或者部门利益而损害国家利益的情形不可避免，因此需要通过设立由专门国有资产管理部门进行的批准等程序来防止国有资产流失。本级人民政府有权决定需由其批准的履行出资人职责的重大事项。本案中，涉案协议共涉及的股权认购款共计4000万元，如增资扩股完成，矿务局公司将占公司出资比例的46.01%，成为天安公司第一大股东，该项投资事项已属于百色市人民政府规定的重大事项，需履行相关批准或核准手续。

第一百七十三条 国有独资公司的董事会依照本法规定行使职权。

国有独资公司的董事会成员中，应当过半数为外部董事，并应当有公司职工代表。

董事会成员由履行出资人职责的机构委派；但是，董事会成员中的职工代表由公司职工代表大会选举产生。

董事会设董事长一人，可以设副董事长。董事长、副董事长由履行出资人职责的机构从董事会成员中指定。

【条文主旨】

本条是关于国有独资公司董事会设立、职权、成员组成的规定。

【条文理解】

一、国有独资公司董事会的职权

本条基本沿用《公司法》(2018 年)第 67 条第 1 款,仅作了文字修改。由于《公司法》第 168 条第 1 款已经明确规定:“国家出资公司的组织机构,适用本章规定;本章没有规定的,适用本法其他规定。”因此本条未再对国有独资公司董事的任期作出规定,应当适用本法关于其他公司董事任期的规定。

二、国有独资公司董事的产生方式

本条基本沿用《公司法》(2018 年)第 67 条第 2 款,仅将“由国有资产监督管理机构委派”修改为“由履行出资人职责的机构委派”。根据本条第 3 款的规定,董事会成员由履行出资人职责的机构委派;但是,董事会成员中的职工代表由公司职工代表大会选举产生。

三、国有独资公司董事会的组成

(一)董事会成员中应当有公司职工代表

本条第 2 款对《公司法》(2018 年)第 67 条第 1 款“董事会成员中应当有公司职工代表”的内容予以保留,仅作文字修改,规定国有独资公司的董事会成员中“并应当有公司职工代表”。

(二)董事会成员中应当过半数为外部董事

外部董事,是指由非本公司员工的外部人员担任的董事,不在公司担任除董事和董事会专门委员会有关职务外的其他职务,不在本公司担任其他职务。外部董事一般由法律、经济、金融、所属行业、商业管理等方面背景的专业人士担任,能够对公司的高级管理人员形成监督作用。

2004 年《关于中央企业建立和完善国有独资公司董事会试点工作的通知》中首次提出建立外部董事制度。2004 年、2009 年曾分别印发《国有独资公司董事会试点企业外部董事管理办法(试行)》、《董事会试点中央企业专职外部董事管理办法(试行)》(目前均已失效),对外部董事制度进行试点,规定了外部董事的选聘、管理、评价、激励、退出等程序,拟通过“外部董事”在董事会中占多数的制度性安排,从根本上促进企业决策层与执行层的分离。2015 年,中共中央与国务院联合发布的《关于深化国有企业改革的指导意见》明确要求(全国范围内)国有独资、全资公司董事会外部董事应占多数,外部董事因而从中央试点推向全国。2017 年,国务院办公厅印发《国务院办公厅关于进一步完善国有企业法人治理结构的指导意见》,对国有独资公司外部董事制度进行了进一步的探索完善,要求到

2020年，国有独资、全资公司全面建立外部董事占多数的董事会，国有控股企业实行外部董事派出制度，完成外派监事会改革。建立完善外部董事选聘和管理制度，严格资格认定和考试考察程序，拓宽外部董事来源渠道，扩大专职外部董事队伍，选聘一批现职国有企业负责人转任专职外部董事，定期报告外部董事履职情况。2020年，中央深改委审议通过了《国企改革三年行动方案（2020—2022年）》，要求到2022年，国有企业实现董事会应建尽建，配齐建强董事会中外部董事原则上占多数。2021年，国务院国资委印发《中央企业董事会工作规则（试行）》，强调董事会会议应当有过半数董事且过半数外部董事出席方可举行。

此次公司法修订，吸收了上述改革成果。本条第2款中规定，“国有独资公司的董事会成员中，应当过半数为外部董事”。该规定有利于规范公司治理结构、提高决策科学性。按照国务院国资委的界定标准，外部董事分为专职外部董事和兼职外部董事，前者是指只在一家国家出资公司担任外部董事的董事；后者是指兼任多家国家出资公司外部董事的董事。

（三）董事长与副董事长

本条第3款规定：“董事会设董事长一人，可以设副董事长。董事长、副董事长由履行出资人职责的机构从董事会成员中指定。”

【司法适用】

国有独资公司外部董事也应当依法履行董事忠实义务与勤勉义务，一旦违反，可能承担相应的法律责任，外部董事并不能以自身是受委派履职而主张减免。比如，在国资监管规定方面，《企业国有资产法》第71条规定，“国家出资企业的董事、监事、高级管理人员有下列行为之一，造成国有资产损失的，依法承担赔偿责任；属于国家工作人员的，并依法给予处分”。《公司法》对各种董事的责任并未区别对待。

【司法案例】

甘肃银行股份有限公司兰州新区支行、兰州科天投资控股股份有限公司等金融借款合同纠纷案①

诉讼结论：国有资产监督管理机构任命的国有独资公司董事会成员召开的董事会决议为有效决议，对外具有公示效力。

基本案情：2016年4月5日，甘肃银行股份有限公司兰州新区支行（以下简称甘肃银行新区支行）与兰州科天投资控股股份有限公司（以下简称科天公司）签订

---

① 参见甘肃省兰州市中级人民法院（2021）甘01民初605号民事判决书。

《固定资产借款合同》，合同主要约定：贷款金额1.2亿元，贷款期限36个月，贷款利率为年利率6.65%，罚息利率适用借款利率加收50%执行等。2016年4月7日，甘肃银行新区支行与兰州市城市发展投资有限公司（以下简称城投公司）签订保证合同，保证方式为连带责任保证。城投公司向甘肃银行新区支行出具《授信业务核保书》核对担保方式为保证，债权金额为1.2亿元。2016年4月13日，甘肃银行新区支行向科天公司发放贷款1.2亿元。

2016年1月21日，兰州市人民政府国有资产监督管理委员会作出《关于兰州城投为科天公司提供5亿元贷款担保的批复》，主要载明：1.同意城投公司先为科天公司提供3亿元银行贷款信用担保，并督促科天公司为其担保之日起10个工作日内办理完成兰州中科房地产开发有限公司151亩土地（宗地号为6××1）的解押手续，并由城投公司保管其上交的土地证原件。2.同意城投公司代科天公司完成土地工作后，可再向科天公司提供2亿元银行贷款有限担保。2016年3月14日，城投公司作出《董事会决议》，主要载明：鉴于科天公司在甘肃银行新区支行办理的1.2亿元、期限为3年的贷款，根据批复，同意为上述贷款提供保证担保。股东会（董事会）成员：魏某克、王某国、杨某国、曹某芝、罗某武签字确认。上述人员经由2015年8月14日兰州市国资委印发的《关于巨某庆等同志职务任免的通知》和2015年12月4日兰州市人民政府印发的《关于魏某克等职务任免的通知》任命。2018年3月29日，城投公司市场主体类型由国有独资变更为国有控股。

法院认为：结合城投公司工商登记之信息，截至2018年3月29日，其市场主体类型仍为国有独资企业。其次，魏某克、王某国、杨某国、曹某芝、罗某武经由兰州市国资委任命文件和兰州市人民政府任命文件，依法成为城投公司的董事会成员；再次，上述文件为国有资产监督管理机构印发，符合法律规定。城投公司应当遵照且亦于2015年至2018年期间切实执行。综上，魏某克、王某国、杨某国、曹某芝、罗某武于2016年3月14日召开城投公司董事会的董事会决议为有效决议，对外具有公示效力。城投公司关于上述人员不为工商登记备案董事，案涉董事会决议无效从而案涉保证合同无效的抗辩理由，不符合法律关于国有独资企业董事之特别规定，亦不符合客观事实，不予支持。

第一百七十四条　国有独资公司的经理由董事会聘任或者解聘。
经履行出资人职责的机构同意，董事会成员可以兼任经理。

【条文主旨】

本条是关于国有独资公司经理的规定。

【条文理解】

本条在基本沿用《公司法》(2018年)第68条的基础上,删除了经理职权相关规定,并将原条款中“国有资产监督管理机构”修改为“履行出资人职责的机构”。

本条第1款规定国有独资公司的经理是公司业务执行机构,依法由董事会聘任或者解聘,接受董事会管理和监督,经理对董事会负责。在公司章程或者董事会授权范围内,依法行使管理生产经营、组织实施董事会决议等职权,向董事会报告工作,董事会闭会期间向董事长报告工作。

本条第2款规定董事会成员兼任经理的,需经履行出资人职责的机构同意。国有独资公司一般规模较大,为保障公司治理机构的稳定有序,确保公司生产经营的发展,保障国有资产保值增值,要求公司治理机构的人员各司其职、各尽其责,避免因董事、高级管理人员之间交叉任职,导致董事会、经理层权责界限不清,边界不明,因此,董事会成员兼任经理需经履行出资人职责的机构同意。

【司法案例】

河南省畜牧业发展总公司与苏某群返还原物纠纷案①

诉讼结论:未设董事会的国有独资公司,国有资产监督管理机构聘任国有独资公司的经理有效。

基本案情:河南省畜牧业发展总公司(以下简称畜牧业公司)于1990年在工商局登记注册,系河南省畜牧局出资的国有独资公司,其主管单位为河南省畜牧局,1992年4月24日更名为畜牧业公司,苏某群原为畜牧业公司总经理及公司的法定代表人,2003年3月7日,河南省畜牧局党组任命朱某宾为畜牧业公司总经理,并免去了苏某群的总经理职务。2003年8月1日,工商登记材料显示畜牧业公司法定代表人由苏某群变更登记为朱某宾。1990年7月19日的畜牧业公司章程第6条内容为“公司实行经理负责制”,第7条内容为“法定代表人由主管局组织人事部门考核,局长聘任,主管公司全面工作,对公司的经营活动、行政工作实行统一领导”。2012年5月10日,河南省畜牧局作出《关于局属企业河南省畜牧业发展总公司总经理任免等有关问题的函》,内容为:“畜牧业公司是隶属于我局的全资国有企业,注册资本224.6万元,该企业自成立以来,一直由我局行使国有资产监管权利。该企业总经理和法定代表人一直由我局任免,现总经理和法定代

① 参见河南省郑州市金水区人民法院(2012)金民一初字第1104号民事判决书。

表人是朱某宾,临时负责人是郜某生,苏某群自 2003 年 3 月 7 日被免职后未担任该企业任何职务。该企业自成立以来,一直实行总经理负责制,从未设立过董事会,我局也未向该企业委派过董事会成员。”

法院认为:公司的基本情况应当以工商登记为准。原告畜牧业公司系河南省畜牧局出资的国有独资企业,河南省畜牧局作为其出资单位和主管单位,同时也是畜牧业公司的权力机构,依据《公司法》及该公司章程的规定,公司的法定代表人应由河南省畜牧局聘任。根据原告的工商登记及其主管单位河南省畜牧局出具的函,河南省畜牧业发展总公司登记法定代表人为朱某宾,现临时负责人是郜某生,苏某群自 2003 年 3 月 7 日被免职后并未再担任任何职务,苏某群现以其为公司董事长进行答辩并无有效证据,关于苏某群提交的公司董事会、人事处文件等材料,在公司的工商登记中并没有关于董事会及人事处的任何记载,且在河南省畜牧局出具的函中明确说明“该企业自成立以来,一直实行总经理负责制,从未设立过董事会,我局也未向该企业委派过董事会成员”。苏某群提交的关于董事会、人事处的证据并不能证明其为公司董事长及法定代表人的合法性。依据以上法律规定、工商登记等证据材料,苏某群并非畜牧业公司的董事长及法定代表人。

第一百七十五条　国有独资公司的董事、高级管理人员,未经履行出资人职责的机构同意,不得在其他有限责任公司、股份有限公司或者其他经济组织兼职。

【条文主旨】

本条是关于国有独资公司董事、高级管理人员兼职的规定。

【条文理解】

《公司法》(2018 年)第 69 条规定:“国有独资公司的董事长、副董事长、董事、高级管理人员,未经国有资产监督管理机构同意,不得在其他有限责任公司、股份有限公司或者其他经济组织兼职。”本条对其作了文字修改,将“董事长、副董事长、董事”修改统一表述为“董事”,因董事长、副董事长也属董事范畴。

一、关于兼职禁止人员范围

《企业国有资产法》第 25 条第 1 款中规定:“未经履行出资人职责的机构同意,国有独资企业、国有独资公司的董事、高级管理人员不得在其他企业兼职。”国有独资公司董事会成员和其他高级管理人员是国有独资公司的经营管理者,行使国有独资公司的经营管理权,承担国有资产保值增值的重要责任,因此,国有独资公司的董事会成员和其他高级管理人员必须专人专职。除经过履行出资人职责的机构同意外,不得兼任其他公司或者经济组织的职务。设置此制度是为了防止国有独资公司的高级管理人员因兼职而疏于对国有独资公司的管理或者有损害国有独资公司利益的行为出现。

二、关于同意机构

国有独资公司董事会成员和其他高级管理人员的兼职也并非绝对禁止,只要经过履行出资人职责的机构的同意,国有独资公司的董事会成员和高级管理人员也可以兼职。

【司法案例】

1. 中盈基金管理有限公司与李某平、陕西煤业化工集团有限责任公司确认合同效力纠纷案①

诉讼结论:关于国有独资公司管理人员兼职的规定所规范的对象是国有独资公司的董事及其他高级管理人员。

基本案情:2012 年 10 月 11 日,中盈基金管理有限公司(以下简称中盈公司)与陕西煤业化工集团有限责任公司(以下简称煤化公司)签署合伙协议,约定由中盈公司作为普通合伙人、煤化公司作为有限合伙人。2016 年 11 月 25 日,中盈公司与李某平、煤化公司三方签署入伙、退伙协议,约定:中恒基金系 2012 年 1 月在陕西省西安市注册成立的有限合伙企业,中盈公司为合伙企业的普通合伙人,煤化公司为合伙企业的有限合伙人,就合伙企业的设立已签订了原合伙协议。李某平拟向合伙企业出资,并作为普通合伙人加入合伙企业,全体合伙人同意接纳李某平入伙。中盈公司自愿退出合伙企业,合伙企业应退还其在合伙企业中的财产份额。李某平自愿作为普通合伙人加入合伙企业,全体合伙人同意李某平入伙成为合伙企业的普通合伙人及执行事务合伙人。李某平与煤化公司具有劳动关系,其代理人承认李某平为煤化公司职工,职务为财务部中层领导。

法院认为:《企业国有资产法》第 25 条规定是关于国家出资企业管理者兼职限制的管理性规定。中盈公司主张李某平是煤化公司的高级管理人员,其任职违反上述法律规定,但未能提供证据证明李某平是煤化公司的董事或高级管理人员,其主张不能成立。

---

① 参见陕西省高级人民法院(2019)陕民终 870 号民事判决书。

2. 漯河市佳和汽车运输有限公司与河南志捷专用汽车有限公司合同纠纷案①

诉讼结论：国有独资公司高管与自己控制的企业进行交易，关联交易的倾向性十分明显，相关合作经营协议违反法律、行政法规的强制性规定。

基本案情：漯河市佳和汽车运输有限公司（以下简称佳和公司）成立于2009年4月22日，负责人为陈某，之后佳和公司的负责人多次进行变更，其中2009年7月31日至2010年12月17日、2012年8月9日至2012年8月29日的负责人为李某安。2017年9月12日，佳和公司的投资人由李某安（占股76%）、陈某（占股24%）变更为李某安、丁某诚。

河南志捷专用汽车有限公司（以下简称志捷公司）于2015年4月15日核准设立，系有限责任公司（国有独资），李某安为法定代表人。

2015年11月1日，佳和公司与志捷公司签订合作经营协议一份，双方工作人员在该协议书上签名并加盖公章。协议签订后，双方即开始合作经营。

2016年1月28日，漯河市人民政府国有资产监督管理委员会作出《关于对河南志捷专用汽车有限公司和漯河市博华铸造机械有限公司改制的请示》，拟对以上两家公司进行改制，改制方式为将两家公司现有土地、房产及其设备等存量资产捆绑转让，引进战略投资者，盘活存量资产。2016年2月15日，漯河市国资委下发《关于成立河南志捷专用汽车有限公司、漯河市博华铸造机械有限公司改制工作领导小组的通知》，决定成立工作领导小组对上述二公司进行改制。

2016年9月26日，志捷公司向佳和公司发送告知函，告知佳和公司因志捷公司企业改制，合作维修场地不再续租，不能继续合作经营。佳和公司收到告知函后，向志捷公司发送加盖其公章的《关于要求志捷汽车公司承担提前终止〈合作经营协议〉法律责任的通知》，要求志捷公司承担违约责任并赔偿原告的各项损失。志捷汽车公司称其公司为国有独资企业，涉案合同签订时李某安为其法定代表人，同时也为佳和公司的控股股东，该协议的签订违反国家强制性法律规定，系无效合同。同时，该协议基于政府改革的不可抗力而解除，佳和公司主张的各项损失及违约责任没有事实依据和法律依据，即便是有，佳和公司对于涉案协议的签订和履行也存在过错，应承担相应的责任。

法院认为：志捷公司为国有独资企业，法定代表人为李某安，根据上述法律规定，李某安未经国有资产监督管理机构同意，不得在佳和公司兼职。然而，涉案合作

① 参见河南省漯河市郾城区人民法院（2019）豫1103民初6067号民事判决书。

经营协议签订前,李某安曾两次为佳和公司的负责人,涉案合作经营协议签订时,李某安虽然不是佳和公司的负责人,但为佳和公司的控股股东,占股76%。李某安作为国有独资企业公司高管与自己控制的企业进行交易,关联交易的倾向性十分明显。涉案合作经营协议的签订,违反了法律、行政法规的强制性规定,系无效协议。

第一百七十六条　国有独资公司在董事会中设置由董事组成的审计委员会行使本法规定的监事会职权的,不设监事会或者监事。

【条文主旨】

本条是关于国有独资公司董事会中设置审计委员会的规定。

【条文理解】

本条系新增条款,对国有独资公司监事会制度进行修订,由董事组成的审计委员会负责对公司财务、会计进行监督,行使公司监事会职权。历史上,外派监事会发挥了维护国有资产安全、促进国有资产保值增值的重要作用。但也存在弊端:一是独立性不够。监事会是国资委的派出机构,控制和管理的意义大于监督的意义,客观有效的独立监督不足,弱化了监督职能。二是监督滞后。监督职能更多体现为通过对所查证问题的整改,多为事后监督。这两种弊端,大大限制了外派监事会的监督职能发挥,使监督行为越来越多地体现在形式上。国有独资公司取消外派监事,设立审计委员会的意义在于:由审计部门通过行使国家审计权取代外派监事会,解决外派监事会"独立性不够"的弊端;由外部董事会发挥决策前的监督职能,解决外派监事会"监督滞后"的弊端。

一、国有独资公司应当设审计委员会

与普通公司可自由选择审计委员会抑或监事会制度相比,国有独资公司引入审计委员会制度带有一定的"强制性",即以审计委员会取代监事会制度,国有独资公司在组织架构上不具有选择权。实际上,这种强制引入顺应了国有企业改革的实践。2018年2月中共十九届三中全会通过的《深化党和国家机构改革方案》明确,不再设立国有重点大型企业监事会;2018年国务院《关于推进国有资本投资、运营公司改革试点的实施意见》提出,国有资本投资、运营公司设立董事会,不设监事会。目前,国务院国资委履行出资人职责的中央企业取消外派监事会后,也不再内设监事会,而是通过引入外部董事并成立董事会审计委员会等专门委员会发挥监督作用。

二、审计委员会行使监事会的职权

参照本法关于监事会职权的规定,审计委员会的职权包括:(1)检查公司财务;(2)对董事、高级管理人员执行职务的行为进行监督,对违反法律、行政法规、公司章程或者股东会决议的董事、高级管理人员提出解任的建议;(3)当董事、高级管理人员的行为损害公司的利益时,要求董事、高级管理人员予以纠正;(4)提议召开临时股东会会议,在董事会不履行本法规定的召集和主持股东会会议职责时召集和主持股东会会议;(5)向股东会会议提出提案;(6)依照《公司法》第 189 条的规定,对董事、高级管理人员提起诉讼;(7)公司章程规定的其他职权。

三、关于审计委员会组成人员

本条仅规定,国有独资公司董事会中设立的审计委员会由董事组成,对其人数及其他任职资格均未明确规定。《中央企业内部审计管理暂行办法》(2004 年)第 7 条规定:"国有控股公司和国有独资公司,应当依据完善公司治理结构和完备内部控制机制的要求,在董事会下设立独立的审计委员会。企业审计委员会成员应当由熟悉企业财务、会计和审计等方面专业知识并具备相应业务能力的董事组成,其中主任委员应当由外部董事担任。"在人员组成上,可参照《公司法》第 121 条第 2 款对股份有限公司审计委员会的组成的规定,即审计委员会成员为 3 名以上,过半数成员不得在公司担任除董事以外的其他职务,且不得与公司存在任何可能影响其独立客观判断的关系。公司董事会成员中的职工代表可以成为审计委员会成员。

第一百七十七条　国家出资公司应当依法建立健全内部监督管理和风险控制制度,加强内部合规管理。

【条文主旨】

本条是关于国家出资公司内部合规管理的规定。

【条文理解】

本条为《公司法》新增条文,完善内部合规管理是国家出资公司应当履行的法定义务,也是与《企业国有资产法》相关规定的衔接。

2018 年 11 月 2 日,《中央企业合规管理指引(试行)》提出根据合规管理体系初步建设、巩固强化、完善提升的"三步走"部署。《关于加强中央企业内部控制体系建设与监督工作的实施意见》提出:全面梳理内控、风险和合规管理相关制度,及时将法律法规等外部监管要求转化为企业内部规章制度,持续完善企业内部管理制度体系。在具体业务制度的制定、审核和修订中嵌入统一的内控体系管控要求,明确重要业务领域和关键环节的控制要求和风险应对措施。将违规经营投资责任追究内容纳入企业内部管理制度中，强化制度执行刚性约束。2021年12月3日国务院国资委召开专题工作部署会，宣布2022年为中央企业“合规管理强化年”，并随后印发《关于开展中央企业“合规管理强化年”工作的通知》。

2022年10月1日，《中央企业合规管理办法》施行，该办法第3条规定：“本办法所称合规，是指企业经营管理行为和员工履职行为符合国家法律法规、监管规定、行业准则和国际条约、规则，以及公司章程、相关规章制度等要求。本办法所称合规风险，是指企业及其员工在经营管理过程中因违规行为引发法律责任、造成经济或者声誉损失以及其他负面影响的可能性。本办法所称合规管理，是指企业以有效防控合规风险为目的，以提升依法合规经营管理水平为导向，以企业经营管理行为和员工履职行为为对象，开展的包括建立合规制度、完善运行机制、培育合规文化、强化监督问责等有组织、有计划的管理活动。”第40条规定：“地方国有资产监督管理机构参照本办法，指导所出资企业加强合规管理工作。”

本条规定从立法层面将国家出资公司的合规管理提高到一个全新高度，同时还要求国家出资公司依法建立健全内部监督管理和风险控制制度，有利于加强国家出资公司形成合规管理意识，提升依法治企能力，同时这也是顺应持续优化营商环境、进一步增强企业竞争力、创新力、抗风险能力的迫切需要。

第八章　公司董事、监事、高级管理人员的资格和义务

第一百七十八条　有下列情形之一的，不得担任公司的董事、监事、高级管理人员：

（一）无民事行为能力或者限制民事行为能力；

（二）因贪污、贿赂、侵占财产、挪用财产或者破坏社会主义市场经济秩序，被判处刑罚，或者因犯罪被剥夺政治权利，执行期满未逾五年，被宣告缓刑的，自缓刑考验期满之日起未逾二年；

（三）担任破产清算的公司、企业的董事或者厂长、经理，对该公司、企业的破产负有个人责任的，自该公司、企业破产清算完结之日起未逾三年；

（四）担任因违法被吊销营业执照、责令关闭的公司、企业的法定代表人，并负有个人责任的，自该公司、企业被吊销营业执照、责令关闭之日起未逾三年；

（五）个人因所负数额较大债务到期未清偿被人民法院列为失信被执行人。

违反前款规定选举、委派董事、监事或者聘任高级管理人员的，该选举、委派或者聘任无效。

董事、监事、高级管理人员在任职期间出现本条第一款所列情形的，公司应当解除其职务。

【条文主旨】

本条是关于董事、监事、高级管理人员资格禁止的规定。

【条文理解】

本条是在《公司法》（2018年）第146条规定的基础上修改而成的。主要有三处修改：一是在原第2项增加“被宣告缓刑的，自缓刑考验期满之日起未逾二年”的规定；二是将第5项“个人所负数额较大的债务到期未清偿”修改为“个人因所

负数额较大债务到期未清偿被人民法院列为失信被执行人”；三是删除原该条第2款中“公司”两字。

一、董事、监事、高级管理人员资格禁止的必要性和重要性

资格禁止，是指以规定从事某类职业消极资格的方式禁止相关主体从事某类职业。本条第1款对董事、监事、高级管理人员资格禁止情形进行了规定。

（一）规定董事、监事、高级管理人员资格禁止的必要性和重要性

一是公司承担社会责任的体现。公司作为重要的市场主体，其组织结构以及董事、监事、高级管理人员的配置不仅涉及公司私主体的私利益，也影响到与其进行交易的主体利益、正常市场秩序的维护以及国家宏观政策的贯彻落实、社会公共利益的保护问题，因此，通说认为，现代化大生产情况下，公司负有社会责任，公司负有依法经营、构建以及维护社会诚信等义务。作为组织体，公司的行为通过其组织机构以及组成其组织机构的自然人实施，作为公司决策机构、执行机构、经营机构的重要人员，董事、监事、高级管理人员的道德品质、资信能力、专业素质关系到公司能否依法经营以及能否承担社会责任，因此，选举、委派董事、监事或者聘任高级管理人员，不仅是公司作为私主体的私权利，也关系到社会公共利益的保护问题，国家确有必要以立法的形式对上述人员的任职资质进行规定。

二是《公司法》落实行业准入规定、更好维护市场秩序的体现。推行行业准入制度，不仅是对个人职业禁止的规定，也是对职业声誉的维护。禁止对公司的破产清算以及违法负有个人责任的主体在一定期限内担任董事、监事、高级管理人员，通过该责任机制约束公司、企业法定代表人合法经营，尽到忠实义务和勤勉义务，确有必要。

三是刑法预防犯罪功能的体现。在法治社会，为最大限度地保护公共利益，预防潜在犯罪者，禁限有犯罪前科者从事特定职业是通行做法。根据犯罪学，对于有犯罪前科者进行从事特定职业禁限制度，是刑法惩罚、预防、保护功能的一种体现。有犯罪前科者在进行社会活动中，存在本条规定的犯罪事实表明其政治素质、道德品质、诚信能力存在问题，已经危害到社会公共利益，必须对其担任董事、监事、高级管理人员依法进行禁止或者限制，以保障企业诚信、依法经营，维护社会公共利益。

（二）具体情形

一是无民事行为能力或者限制民事行为能力。作为董事、监事、高级管理人员，正常履职所具备的基本条件即应为完全民事行为能力人，因此，无民事行为能力或者限制民事行为能力人不符合任职要求。

二是因贪污、贿赂、侵占财产、挪用财产或者破坏社会主义市场经济秩序，被

判处刑罚，或者因犯罪被剥夺政治权利，执行期满未逾 5 年，被宣告缓刑的，自缓刑考验期满之日起未逾 2 年。此为构成犯罪的任职禁止规定。董事、监事、高级管理人员承担经营管理公司、监督公司的职责，应具有较高的诚信度和道德素质，不能违法谋取私利，因此，构成上述犯罪的主体，在法定期限内不宜担任上述职务。虽被宣告缓刑，但行为人仍具有违法谋取私利构成犯罪的违法行为，故也应限制其任职。

三是担任破产清算的公司、企业的董事或者厂长、经理，对该公司、企业的破产负有个人责任的，自该公司、企业破产清算完结之日起未逾 3 年。关于该项规定的适用，应注意需符合两个要件：其一任职公司、企业被破产清算；其二董事或者厂长、经理，对该公司、企业的破产负有个人责任。如果系集体决策，不承担个人责任的，则不属于该项规定的情形。如果系公司的董事长自行决策进行担保，导致公司破产清算，则其应负个人责任。行为人存在本项规定情形，说明其经营管理企业的专业素质能力欠缺，故本条规定了该任职禁止情形。但应注意的是，该项禁止并非终身禁止，而系有禁止期限，即自该公司、企业破产清算完结之日起未逾 3 年，作此规定，是给予行为人一定时间提高自身素质能力以使其在期满后能够具有相应能力胜任职务。

四是担任因违法被吊销营业执照、责令关闭的公司、企业的法定代表人，并负有个人责任的，自该公司、企业被吊销营业执照、责令关闭之日起未逾 3 年。存在本项规定事由的事实表明，公司、企业的法定代表人违反了守法义务，法治意识和素质能力需要提高以适应任职需要，故在一定期限内应禁止其任职。应予注意的是，本项事由也重点强调了公司、企业的法定代表人对公司、企业的违法行为应负有个人责任。

五是个人因所负数额较大债务到期未清偿被人民法院列为失信被执行人。本次修订增加了“被人民法院列为失信被执行人”的规定，强调对不信守承诺主体的任职限制，符合建设诚信社会的需要，也是公司落实企业社会责任的体现。关于本项规定，在适用时应注意两点：一是存在到期未清偿数额较大债务的事实；二是被人民法院列为失信被执行人。

关于失信被执行人的界定，《最高人民法院关于公布失信被执行人名单信息的若干规定》第 1 条规定，被执行人未履行生效法律文书确定的义务，并具有下列情形之一的，人民法院应当将其纳入失信被执行人名单，依法对其进行信用惩戒：(1)有履行能力而拒不履行生效法律文书确定义务的；(2)以伪造证据、暴力、威胁等方法妨碍、抗拒执行的；(3)以虚假诉讼、虚假仲裁或者以隐匿、转移财产等方法规避执行的；(4)违反财产报告制度的；(5)违反限制消费令的；(6)无正当理由拒不履行执行和解协议的。

二、违反任职禁止的法律后果及处理

本条第 2 款对违反任职禁止的法律后果进行了规定,即违反前款规定选举、委派董事、监事或者聘任高级管理人员的,该选举、委派或者聘任无效。

本条第 3 款规定董事、监事、高级管理人员在任职期间出现任职禁止情形的,公司应当解除其职务。如在任期内中,某董事因出现精神疾病,被确诊为限制行为能力人。在该情形下,公司应依法解除其职务。在审判实务中,在发生任职禁止事由后,公司应尽快作出解除决定。

【司法适用】

一、特别法有特别规定的,应适用特别规定

在特殊行业和领域,特别法对该行业或者领域公司的董事、监事和高级管理人员的任职资格有特别的规定。《保险法》第 81 条规定:"保险公司的董事、监事和高级管理人员,应当品行良好,熟悉与保险相关的法律、行政法规,具有履行职责所需的经营管理能力,并在任职前取得保险监督管理机构核准的任职资格。保险公司高级管理人员的范围由国务院保险监督管理机构规定。"第 82 条规定:"有《中华人民共和国公司法》第一百四十六条规定的情形或者下列情形之一的,不得担任保险公司的董事、监事、高级管理人员:(一)因违法行为或者违纪行为被金融监督管理机构取消任职资格的金融机构的董事、监事、高级管理人员,自被取消任职资格之日起未逾五年的;(二)因违法行为或者违纪行为被吊销执业资格的律师、注册会计师或者资产评估机构、验证机构等机构的专业人员,自被吊销执业资格之日起未逾五年的。"《商业银行法》第 27 条规定:"有下列情形之一的,不得担任商业银行的董事、高级管理人员:(一)因犯有贪污、贿赂、侵占财产、挪用财产罪或者破坏社会经济秩序罪,被判处刑罚,或者因犯罪被剥夺政治权利的;(二)担任因经营不善破产清算的公司、企业的董事或者厂长、经理,并对该公司、企业的破产负有个人责任的;(三)担任因违法被吊销营业执照的公司、企业的法定代表人,并负有个人责任的;(四)个人所负数额较大的债务到期未清偿的。"由上述规定可见,《保险法》和《商业银行法》对公司董事、监事、高级管理人员的任职规定较之普通公司要更为严格。依据特别法优于普通法的法适用的一般原则,对于保险公司、商业银行董事、监事和高级管理人员的任职资格,应适用其特别规定。

二、关于失信被执行人信息查询

《最高人民法院关于公布失信被执行人名单信息的若干规定》第 7 条规定:各级人民法院应当将失信被执行人名单信息录入最高人民法院失信被执行人名单库,并通过该名单库统一向社会公布。各级人民法院可以根据各地实际情况,将失信被执行人名单通过报纸、广播、电视、网络、法院公告栏等其他方式予以公布，并可以采取新闻发布会或者其他方式对本院及辖区法院实施失信被执行人名单制度的情况定期向社会公布。第 8 条规定：人民法院应当将失信被执行人名单信息，向政府相关部门、金融监管机构、金融机构、承担行政职能的事业单位及行业协会等通报，供相关单位依照法律、法规和有关规定，在政府采购、招标投标、行政审批、政府扶持、融资信贷、市场准入、资质认定等方面，对失信被执行人予以信用惩戒。人民法院应当将失信被执行人名单信息向征信机构通报，并由征信机构在其征信系统中记录。国家工作人员、人大代表、政协委员等被纳入失信被执行人名单的，人民法院应当将失信情况通报其所在单位和相关部门。

三、个人因涉嫌信用卡诈骗被公安机关采取取保候审强制措施，其行为是否构成犯罪尚待司法机关予以认定的，是否能够担任公司高级管理人员

严格地说，符合本条第 2 项规定因构成犯罪而任职禁止的情形，一般应以依法认定其构成犯罪为确定依据，但在审判实务中，因个人涉嫌犯罪存在其被认定构成犯罪的较大可能，故为避免之后可能存在的被认定构成犯罪而被免职情形发生，公司应慎重聘任该主体担任公司高级管理人员。

四、董事以其任期未届满为由请求确认股东会作出解除职务决议对其不发生效力的，人民法院应否支持

如董事在任期内，发生本条所规定的任职禁止事由，则公司有权依照本条第 3 款规定解除其职务。《公司法规定(五)》第 3 条第 1 款规定："董事任期届满前被股东会或者股东大会有效决议解除职务，其主张解除不发生法律效力的，人民法院不予支持。"

五、违反任职禁止规定认定的董事、监事或者高级管理人员对外行为的效力认定

公司为组织体，公司董事、监事或者高级管理人员在其职权范围内代表公司为相关行为。在其不具备任职资质但被错误选举、委派或者聘任的情形下，虽然根据本条第 2 款规定，选举、委派或者聘任应认定无效。但对外部第三人而言，其可能并不能及时知晓存在任职禁止情形。本书倾向认为，无效的认定应区分对内对外效力。对于公司而言，选举、委派或者聘任是其内部行为，故该行为对于公司无效。但对于公司之外的第三人而言，则该无效的选举、委派或者聘任行为不能对抗善意第三人。

【司法案例】

甲公司、于某某与张某某请求变更公司登记纠纷案①

诉讼结论:公司选举监事等行为属于公司自治范畴,在不违反法律、行政法规的前提下,司法不应过度干预。公司选举非公司职工的人员担任公司监事,不存在任职禁止性情形的,应认定有效。

基本案情:甲公司设立于2017年1月16日,注册资本人民币500万元,其股东为张某某(认缴出资额人民币400万元,持股比例80%)、于某某(认缴出资额人民币100万元,持股比例20%)。2017年3月27日,甲公司的执行董事兼总经理由张某某变更为于某某,监事则由于某某变更为张某某;同时,法定代表人由张某某变更为于某某。

2018年3月12日,张某某向于某某送达《关于召开甲公司股东会临时会议的通知》,该通知载明:依监事张某某之提议,现定于2018年4月9日召开股东会临时会议;会议时间2018年4月9日下午1:30;会议地点……;会议议题免去于某某公司执行董事、总经理及法定代表人职务,免去张某某公司监事职务,选举张某某为公司执行董事、总经理,并担任公司法定代表人,选举林某某为公司监事等。

2018年4月9日,甲公司召开了临时股东会会议,股东张某某、于某某到会,会议由张某某主持。经表决,代表甲公司20%股权的于某某弃权,代表公司80%股权的张某某表决同意,形成临时股东会决议。该决议内容:(1)免去于某某执行董事、总经理及法定代表人职务;(2)免去张某某监事职务;(3)选举张某某为公司执行董事、总经理,并担任公司法定代表人,任期3年;(4)选举林某某为公司监事,任期3年。张某某在该决议上签字,于某某未签字。于某某认为涉案临时股东会决议无效。

张某某提起诉讼,请求:判令甲公司、于某某协助张某某至甲公司所在地的市场监督管理局办理变更登记手续;免去于某某在甲公司的执行董事、总经理及法定代表人职务,变更张某某为甲公司的执行董事、总经理及法定代表人,免去张某某在甲公司的监事职务,变更林某某为甲公司的监事……

法院认为:公司股东会是公司的权力机构,股东会会议由股东按照出资比例行使表决权。现涉案临时股东会决议的内容不违反法律、行政法规的规定,且该决议已经占80%表决权的股东通过,故应属合法有效。

---

① 参见上海市青浦区人民法院(2019)沪0118民初1029号民事判决书、上海市第二中级人民法院(2019)沪02民终8568号民事判决书。

根据相关法律规定,有限责任公司可以设1~2名监事,不设监事会;监事会应当包括股东代表和适当比例的公司职工代表。由此可见,法律并无强制性规定,不设监事会的公司监事必须由股东或职工担任。且公司选举监事等行为属于公司自治范畴,在不违反法律、行政法规的前提下,司法亦不应过度干预。又,林某某并非甲公司的执行董事、高级管理人员,不存在任职禁止性情形,其亦同意担任甲公司的监事。故选举林某某为甲公司监事的决议内容有效。于某某认为涉案临时股东会决议无效的抗辩不能成立,一审法院不予采纳。

第一百七十九条　董事、监事、高级管理人员应当遵守法律、行政法规和公司章程。

【条文主旨】

本条是关于公司董事、监事、高级管理人员守法义务的规定。

【条文理解】

本条原为《公司法》(2018年)第147条第1款的部分规定,现单独作为一条进行规定,主要强调公司董事、监事、高级管理人员的本条义务。本次修订,对董事、监事、高级管理人员的忠实义务和勤勉义务另设专条进行规定,本条侧重规定董事、监事、高级管理人员遵守忠实义务和勤勉义务之外的其他法律、行政法规和公司章程义务。这是本次修订重在强调和完善董事、监事、高级管理人员义务体系的一个重要体现。《公司法》(2018年)第147条规定,从文义解释的角度分析,易给人造成依照法律、行政法规和公司章程,董事、监事和高级管理人员仅负有忠实义务和勤勉义务的误解。显然,董事、监事和高级管理人员的义务并不限于该两类。

一、遵守法律和行政法规义务

我国《宪法》第58条第1款规定:"全国人民代表大会和全国人民代表大会常务委员会行使国家立法权。"《立法法》第10条第1款规定:全国人民代表大会和全国人民代表大会常务委员会根据宪法规定行使国家立法权。第72条第1款规定:国务院根据宪法和法律,制定行政法规。在司法实务中,在判定公司董事、监事和高级管理人员是否违反本条规定的守法义务时,应注意区分法律、行政法规、部门规章等规范性文件的层级,以明确司法裁判依据。

二、遵守公司章程义务

公司章程系公司内部"宪法",对公司名称、住所、经营范围、资本制度、公司治理等重大事项进行规定,是股东自治的基础和公司监督管理者的行动指南。《公司法》第 5 条规定:设立公司应当依法制定公司章程。公司章程对公司、股东、董事、监事、高级管理人员具有约束力。

基于公司自治原则,《公司法》在对相关问题进行强制性规定之外,也授权公司章程对一些问题进行规定。

依据《公司法》是否未对公司章程可以进行规定的内容有一定限制来进行区分,授权公司章程进行规定的法律规范可分为完全授权法律规范和在一定范围内授权的法律规范。完全授权法律规范,如《公司法》第 9 条、第 68 条。第 9 条中规定:公司的经营范围由公司章程规定。第 68 条中规定:“董事长、副董事长的产生办法由公司章程规定。”一定范围内授权规范,如《公司法》第 10 条规定:“公司的法定代表人按照公司章程的规定,由代表公司执行公司事务的董事或者经理担任。”

根据是授权公司章程规定补充适用内容、选择相关内容还是授权另行规定与《公司法》规定不同的内容,授权公司章程进行规定的法律规范也可分为授权补充性法律规范、授权选择法律规范和授权除外适用法律规范。授权补充性法律规范,如《公司法》第 59 条、第 66 条。第 59 条中规定:“股东会行使下列职权……公司章程规定的其他职权。”第 66 条第 1 款规定:“股东会的议事方式和表决程序,除本法有规定的外,由公司章程规定。”授权选择法律规范,如《公司法》第 10 条。授权除外适用法律规范,如《公司法》第 65 条规定:“股东会会议由股东按照出资比例行使表决权;但是,公司章程另有规定的除外。”

【司法适用】

一、人民法院应否对公司章程的合法性进行审查

公司章程应依法制定。本条所指应遵守的公司章程,是指具有合法性的公司章程。在公司实务中,关于董事、监事、高级管理人员依据公司章程做出的行为是否具有合法性的问题,涉及人民法院对公司章程的合法性审查问题。

二、关于公司章程规定全体股东一致同意表决机制条款的效力

《公司法》第 66 条规定:“股东会的议事方式和表决程序,除本法有规定的外,由公司章程规定。股东会作出决议,应当经代表过半数表决权的股东通过。股东会作出修改公司章程、增加或者减少注册资本的决议,以及公司合并、分立、解散或者变更公司形式的决议,应当经代表 2/3 以上表决权的股东通过。”由上述规定可见,该条第 2 款对股东会的表决机制作出了最低表决权数额的规定。该条规定对公司重大事项,规定了资本多数决表决机制。资本多数决是股东会表决机制的基本原则,但是在控股股东或者大股东滥用资本多数决表决机制、控制公司的情形下,该机制存在损害中小股东利益问题。为避免该问题,弥补资本多数决适用的缺陷,近年来,一些公司在章程中约定,涉及重大事项,股东会决议须经全体股东一致同意。对此条款的法律效力,存在争议。否定观点认为,全体股东一致同意条款违反了我国《公司法》关于资本多数决机制的基本原则。全体股东一致同意条款存在降低公司决策效率,甚至导致出现公司僵局的问题,不应认可其法律效力。肯定观点认为,根据《公司法》第66条的规定进行文义解释,该条第3款的表述为"三分之二以上表决权",其并非表明只能是"三分之二表决权","以上"表明可以超过"三分之二表决权",并不禁止"百分之百表决权"。从体系解释角度进行分析,该条第1款规定,公司章程可以在不违反第2、3款规定的基础上对表决机制进行规定。从目的解释角度进行分析,"全体股东一致同意条款"是基于公平原则、对股东进行平等保护的理念进行的规定,如果其是全体股东基于平等、自愿原则协商一致确定的,则应认定其效力。虽然其存在否定观点所述弊端,但这是股东基于利益权衡所作出的自主选择,应予尊重。因此,除非存在恶意串通、欺诈、胁迫等违反事实,否则,一般应认定该条款的效力。

【司法案例】

上诉人甲公司与被上诉人乙信托公司等金融借款合同纠纷案[①]

诉讼结论:公司对股东提供担保,应经股东会决议通过。公司董事会作出决议,同意该公司为其股东向第三人提供担保的,违反了法律和公司章程规定,应认定担保无效。

基本案情:2017年3月27日,乙信托公司作为贷款人与作为借款人的丙公司签订贷款合同,约定:乙信托公司以其设立的"某信托贷款集合资金信托计划"募集的信托资金向丙公司发放贷款。合同还约定了担保措施。合同签署后,乙信托公司向丙公司发放贷款。除两笔小额还款外丙公司未有其他还款行为。

根据借款合同10.9条关于加速到期条款,乙信托公司起诉请求:判令丙公司偿还信托贷款本金、罚息和利息;判令丙公司向乙信托公司支付违约金;判令甲公司对上述债务承担连带清偿责任;如果乙信托公司与甲公司签订的差额补足合同被法院认定为无效,请求判令甲公司对乙信托公司的上述债权损失承担赔偿责任……

乙信托公司向一审法院提交了差额补足合同,并称该合同系其与甲公司于2017年3月27日签订。该合同约定:甲公司为差额补足义务人,乙信托公司为债

---

① 参见最高人民法院(2020)最高法民终710号民事判决书。

权人,主债务人为丙公司。差额补足合同订立时,丙公司为甲公司第一大股东,持股比例为32.89%。

甲公司公司章程规定,对股东、实际控制人及其关联方提供的担保须经股东大会审议通过。股东大会在审议为股东、实际控制人或其关联方提供的担保议案时,该股东或受该实际控制人支配的股东,不得参与该项表决。董事会在股东大会授权范围内,决定公司的对外投资、收购出售资产、资产抵押、对外担保事项、委托理财、关联交易等事项。

乙信托公司向一审法院提交了甲公司于2017年3月24日作出的2017年度第三次董事会决议,该决议内容为同意为贷款合同项下的资金支付义务提供差额补足承诺。该决议书上还包括8位董事的签名以及甲公司公章。

2019年3月21日,某法院裁定受理丙公司破产重整一案。

法院认为:关于差额补足合同的效力认定。甲公司为上市公司,该公司在为债务人丙公司出具案涉差额补足合同时,丙公司为其第一大股东,因此,该保证实为上市公司为其股东提供担保。甲公司公司章程明确规定公司为其股东提供担保,应经股东大会决议。甲公司提供担保,应经过其股东大会决议通过方能认定有效,该担保是否经过甲公司董事会决议通过并不影响其效力。因此,甲公司关于案涉担保的董事会决议是否有效的事实并不影响本案审理结果。甲公司为境内上市公司,境内上市公司属于公众公司,涉及众多投资者利益。我国法律为保护广大投资者利益,明确规定境内上市公司有信息披露的义务,其中担保事项也是必须披露的内容。综上,甲公司为丙公司提供案涉担保,不仅需依据《公司法》和公司章程的规定,经股东大会决议,还必须对股东大会决议依法进行信息披露。一审判决以甲公司与丙公司长期存在相互担保的商业合作关系,认定差额补足合同符合甲公司的真实意思表示,该合同应属有效,属于适用法律确有错误,予以纠正。甲公司签订的差额补足合同因担保行为未经该公司股东大会机构决议且未进行信息披露而应认定无效。

关于差额补足合同的责任承担。因本案所涉担保行为发生在《民法典》施行之前,且《担保法解释》对担保无效的责任有明确规定,本案不存在适用《民法典》及《民法典担保制度司法解释》的例外情形,故关于担保无效的责任确定,应适用《担保法解释》第7条的规定,而不适用《民法典担保制度司法解释》第9条的规定。作为金融公司,乙信托公司应依法审核甲公司提供的案涉担保是否经过股东大会决议同意,是否就该担保履行信息披露义务,但该公司在甲公司没有提交股东大会决议且没有进行信息披露的情形下即接受担保,显然没有尽到审查义务,故其对案涉担保无效存在过错。甲公司应依据《公司法》、公司章程的规定召开股东大会对担保事宜作出决议,并进行信息披露,但其未经股东大会决议同意即擅自对外提供担保,且未依法进行信息披露,对担保无效成立也存在过错。综合双方过错,法院酌定甲公司对案涉乙信托公司债权在丙公司不能清偿的范围内承担50%的赔偿责任。

第一百八十条　董事、监事、高级管理人员对公司负有忠实义务,应当采取措施避免自身利益与公司利益冲突,不得利用职权牟取不正当利益。

董事、监事、高级管理人员对公司负有勤勉义务,执行职务应当为公司的最大利益尽到管理者通常应有的合理注意。

公司的控股股东、实际控制人不担任公司董事但实际执行公司事务的,适用前两款规定。

【条文主旨】

本条是关于公司"董监高"以及实际执行公司事务控股股东、实际控制人忠实义务和勤勉义务的规定。

【条文理解】

本条是在《公司法》(2018 年)第 147 条第 1 款的基础上修改而成的,修改主要有四处:一是分两款分别对董事、监事、高级管理人员的忠实义务和勤勉义务进行了界定。二是将该条第 1 款关于"董事、监事、高级管理人员应当遵守法律、行政法规和公司章程"的内容单独作为一条规定。三是删除该条第 2 款关于董事、监事、高级管理人员违反忠实义务的一项规定。四是增加本条第 3 款规定。以上修改,对忠实义务和勤勉义务的界定更为科学准确,也更有体系性。

公司基于对董事、监事、高级管理人员的品德、才能等方面的信任,委任其分别行使公司经营、管理或者监督职权,董事、监事、高级管理人员理应基于诚实信用原则对公司绝对忠诚,为公司的最大利益勤勉尽责,这主要体现为忠实义务和勤勉义务。世界两大法系国家的公司法均对董事、监事、高级管理人员的忠实义务和勤勉义务进行了规定。英美法系国家认为,忠实义务和勤勉义务来源于信义义务。根据《布莱克法律词典》的解释,信义义务是一种由受信人对受益人承担的具有最大诚信、忠诚、信任和正直的义务。普通法系的信义义务由两部分组成:勤勉或注意义务和忠实义务。[①] 在大陆法系国家,通说认为,董事与公司之间的关系

---

① 威廉姆·T.爱伦:《公司法和公司治理初论:当代中国公司法中新增勤勉信义义务的前景和问题展望》,黄婕等译,载《法律适用》2006 年第 3 期。

为委任关系,如《德国民法典》第 27 条(董事会的选任和事务执行)第 3 款规定,董事会的事务执行,准用第 664 条至第 670 条关于委任的规定。《日本商法》第 254 条第 3 款规定,董事与公司间的关系从有关委任的规定。《日本民法典》第 644 条规定,受任者必须尽到善良管理者的注意义务。因此,基于委任法理,在公司法律关系中,作为受任人的董事应对公司的事务尽到勤勉义务和忠实义务。我国并无信托法传统,倾向意见认为,认定董事与公司之间为委任关系较符合我国的法律传统。无论是信托法律关系还是委任法律关系,信任、信赖均是产生公司与董事、监事、高级管理人员之间法律关系的前提与基础。现代公司制度中,所有权与经营权相分离,在保障董事、监事、高级管理人员经营自主权、管理监督权的同时也应防止其滥用权利,规定上述主体对公司负勤勉义务和忠实义务具有重要意义。

一、忠实义务

忠实义务,是指董事、监事、高级管理人员在执行公司业务时所承担的以公司利益作为自己行为和行动的最高准则,不得追求自己利益,损害公司利益的义务。

在理解与适用中应注意两点:一是其是对忠实义务的一般性规定,除本条规定外,《公司法》在第 181 条至第 186 条对违反公司忠实义务的具体情形、程序性问题以及法律责任进行了具体规定。二是其本质上规范的是董事、监事、高级管理人员利用职权谋取不正当利益,导致自身利益与公司利益冲突的行为。

根据《民事案件案由规定》,董事违反忠实义务的案件被归入侵权部分的董事损害公司权益纠纷。鉴于董事、监事和高级管理人员与公司之间还存在合同关系,故违反忠实义务的责任,既可构成违约行为,也可构成侵权行为。

就一般侵权责任构成要件而言,一般而言,应具备以下四个要件:一是行为人从事了违反忠实义务的行为;二是该行为损害了公司利益或者行为人因该行为获得利益;三是行为人的行为与公司利益损害或者行为人获得的利益具有因果关系;四是行为人具有过错。

关于违约责任的构成要件,是否仍然也为前述四个要件问题,争议主要集中在是否应有第四要件即要求行为人具有过错问题。倾向意见认为,应包含该要件。主要理由为:《民法典》虽然规定了违约归责原则采用严格责任原则,并不要求行为人具有过错,但就违反具体合同义务的违约责任而言,是否要求行为人具有过错这一责任构成要件,应视具体合同法律关系和权利义务进行确定。委任一般与专门职业提供服务具有密切关系。委任一般适用于专门职业提供服务。在现代化公司治理机制中,企业的经营管理监督事务已成为职业性事务,将公司经营管理权委任给专业人士,有助于很好地提高公司的经营管理水平。在公司实务中,公司通过与董事、监事、高级经理签订委任合同等方式对相关权利义务责任进行约定。《民法典》第929条规定:“有偿的委托合同,因受托人的过错造成委托人损失的,委托人可以请求赔偿损失。无偿的委托合同,因受托人的故意或者重大过失造成委托人损失的,委托人可以请求赔偿损失。受托人超越权限造成委托人损失的,应当赔偿损失。”董事、监事、高级经理接受委任并收取报酬,其与公司之间成立的是有偿委任法律关系,因此,就违反忠实义务而言,违约责任的构成要件应包括行为人具有过错这一要件。从相关国家的法律规定来看,各国在董事归责问题上采取的基本上都是过错责任原则。

应注意的是,侵权责任和违约责任在责任方式、责任范围、免责条款等其他方面存在差异,因此,在公司权益受损、发生侵权责任与违约责任竞合时,应由公司自己选择依据何种请求权基础追究行为人的责任。

二、勤勉义务

勤勉义务,是指公司董事、监事、高级管理人员在执行职务应当为公司的最大利益尽到管理者通常应有的合理注意。

《公司法》(1993年)没有规定勤勉义务。在公司实践中,公司经营者在公司亏损甚至破产时很少承担法律责任,不利于保护公司权利。有鉴于此,2005年修改《公司法》时,增加了董事勤勉义务的规定,对于规制董事的经营行为,防止董事怠于履行职责,督促其为实现公司利益最大竭尽全力,保护公司和全体股东权益,提高我国公司治理整体水平具有重要意义。本次修订,进一步明确了勤勉义务的概念、完善了义务主体。

在理解与适用中,要注意以下两点:

(一)该义务具有法定性和意定性

我国《公司法》《证券法》《企业破产法》等法律均对勤勉义务作出了概括性规定,因此,该义务是法定义务。此外,在公司实践中,公司章程以及公司与董事、监事、高级管理人员签订的合同中也会细化勤勉义务的具体内容,因此,其也具有意定性。

(二)尽到勤勉义务的判断标准为一般勤勉义务标准

根据本条第2款的定义,勤勉义务要求董事、监事、高级管理人员应具备职位所需技能,并基于善意为公司最大利益,尽到普通谨慎的同行在同类公司、同类职务、同类相关情形中所应具有的合理注意,恪尽职守,勤勉尽责。其采用了一般勤勉义务标准。关于是否符合该勤勉义务的标准,应从以下三点进行认定:

(1)是否基于善意为公司最大利益目的行为。基于善意为公司最大利益目的,是指董事、监事、高级管理人员在从事职务行为时,依据行为当时的情势,为公司利益最大化进行了充分考虑,并不知晓或不应当知晓其行为会损害公司利益。

这里的“为公司最大利益”是指公司的整体利益，而非个别股东或个别种类股东的利益。应予指出的是，从长远利益看，公司利益是股东利益赖以存在和发展的前提和保障。

近年来，随着公司社会责任论的兴起，在社会责任本位下如何理解公司利益最大化成为争点，即勤勉义务是以单纯的公司利益最大化为目标，还是应兼顾社会利益。本书认为，基于公司作为商事主体的特征，其以追求经济利益最大化为基本目标，但基于公司社会责任，该目标应是在保障社会利益的基础上的公司利益最大化。因此，“公司利益最大化”应遵循正当目的原则。董事、监事、高级管理人员为不当目的而行事，即使其为公司创造了极大的经济利益，也违反了勤勉义务。例如，如果公司从事走私等非法活动，获得了巨大的经济利益，但因其违反了法律、行政法规关于公司在合法范围内行使职权的目的、损害了社会利益而将承担相应法律责任，从最终法律效果看，实质损害了公司利益。正当目的的判断依据应为法律、行政法规和公司章程的相关规定。在公司实务中，应注重对董事、监事、高级管理人员履职行为的真实目的以及该真实目的是否背离其法定或约定的职权进行考察。

(2)是否尽到“通常应有的合理注意”。主要指董事、监事、高级管理人员根据其职责，按照通常标准确定的普通谨慎之人在相似的地位和情况下应负有的合乎常理的注意义务。大陆法系国家规定的客观标准为“良家父标准”，又称“善良管理人标准”，英美法系国家则称为“合理人标准”，或称“合理谨慎人标准”。我国系大陆法系国家，依据法律传统，将该客观标准称为善良管理人标准较为适宜。应予注意的是，这一标准并非意味着所有义务均适用同一标准，而是指同一身份的义务人在从事同一或类似事务时适用该情形下一个通情达理的人的标准。以公司董事为例，董事种类不同，注意义务的判断标准也应有所差异。如公司董事长和普通董事的职权范围不同，故关于两者是否尽到注意义务的判断标准也有不同。因内部董事对公司事务了解更多，故其较外部董事对公司负有的注意义务的认定标准更高。对于金融机构的董事而言，由于其行为不仅影响相关利害关系人的利益，还影响国家金融秩序的稳定，故其所负注意义务的标准较之非金融部门的董事不同，要考虑其所处行业的特殊性。对于具有法律专长的负责公司法律事务的董事，认定其是否尽到勤勉义务，则应结合其专业法律背景和职务进行考量，而对于不具有法律专长的一般董事，则不能要求其尽到相应的法律专家应尽的注意义务。一般而言，判断董事是否尽到合理注意义务可以考虑以下因素：董事个人的智识能力与专业能力、公司的经营和规模、公司的性质和董事权限、公司章程的相关规定等。此外，未尽合理注意，不仅指义务人完全未注意到其行为的不利后果的情形,还包括其部分未注意、其未尽应尽的特殊注意等情形。

(3)是否勤勉尽责。所谓勤勉尽责,是指董事、监事、高级管理人员应依法依约尽到其职责所要求的努力和勤奋。例如,应熟知其职责;具有职责所需技能;应对进入其注意范围的公司事务作出合理的调查;持续性学习、掌握相关信息和关注了解研究公司经营状况;基于其所拥有的知识和技能深思熟虑自主作出决定;按照要求参加董事会或监事会对相关事项进行表决;应保证有足够的时间和精力履行其应尽的职责等。

根据《民事案件案由规定》,董事违反勤勉义务的案件也被归入侵权部分的董事损害公司权益纠纷。但勤勉义务除具有法定性外,也因其可以在合同中进行约定,故具有意定性。因此,公司也可以基于合同的约定主张违约责任。

关于侵权责任,主要有四个构成要件:一是行为的违法性;二是公司有损害;三是违法行为与损害结果之间具有因果关系;四是行为人具有过错。

关于违约责任的构成要件,存在三要件说和四要件说。两者的区别,在于是否以行为人主观上具有过错作为要件。一般认为,《民法典》关于违反委托合同的责任为过错责任。勤勉义务主要约束行为人的履职行为,通过规定积极标准要求行为人积极履职,因此,违反勤勉义务责任的认定要平衡防止董事、监事、高级管理人员怠于履行该义务损害公司利益行为以及约束过当影响积极董事、监事、高级管理人员履职的关系。综上,应以行为人具有过错作为责任构成要件。这样规定,更有利于引导、规范行为人知责善履,有助于公司在复杂商业环境中的高效决策与成功运营。

应注意的是,侵权责任和违约责任在责任方式、责任范围、免责条款等其他方面存在差异,因此,在公司权益受损、发生侵权责任与违约责任竞合时,应由公司自己选择依据何种请求权基础追究行为人的责任。

在审判实务中,应注意的是,认定本条规定的义务主体是否违反勤勉义务,应根据董事、监事、高级管理人员的职责范围进行认定。一般而言,董事的职责范围包括经营决策、管理和监督等。相应地,董事勤勉的范围也分为决策勤勉、管理勤勉和监督勤勉等。监事会、不设监事会的公司监事作为公司的监督机构,监督董事及高级管理人员的履职情况、执行公司职务行为的尽责情况。因此,其勤勉义务的范围主要是监督勤勉。高级管理人员作为董事会决议的执行者,不享有公司经营管理的决策权,其职责主要是经营管理和监督。

三、对实际执行公司事务控股股东、实际控制人的规制

在起草过程中,有人提出,实践中有的控股股东、实际控制人虽不在公司任职但实际控制公司事务,通过关联交易等方式侵害公司利益,建议进一步加强对控

股股东和实际控制人的规范。也有观点认为,如果公司的实际控制者对公司的经营事务具有与董事一样的权力,即使其不是根据公司法和公司章程规定正式选举产生的董事,但实际上已以董事身份行事,属于事实上的董事,故也应当负有忠实义务和勤勉义务。因此,本次修订,增加了第3款的规定。在对本款规定进行理解与适用时,应注意的是,其核心点是应能够认定控股股东、实际控制实际执行公司事务。

【司法适用】

一、商业判断规则的法理和适用

商业裁判规则(Business Judgement Rule),又译作经营判断规则、营业裁判规则,"是指豁免经营者在公司业务方面责任的一个规则,其前提是该业务属于公司权力和管理者权限范围之内,并且有合理的根据表明该业务是以善意方式为之。"①商业判断规则旨在保护董事免于因合理的经营失误而承担个人责任。本书认为,适用商业判断规则应满足以下条件:

一是行为人在行为时具有善意,该决议事务与其本人利益无关联。

二是在决策作出之时,行为人有理由相信其所依赖的资料是可靠的、充分的,其采取的方式是合理的。

三是行为人所从事的行为应在其职权范围之内。任何未经追认的越权行为均不能成为免责的理由。

四是该原则适用于行为人积极从事经营决策的行为。如果行为人不作为,怠于履行其义务,则其本身构成了对勤勉义务的违反,也因为其不存在积极的经营管理行为而不可能适用商业判断规则。

二、关于董事依据律师、审计师、会计师等专业人员的错误报告和意见作出的错误决定,是否可以免责问题

关于该问题,存在争议。一种观点认为,作为非专业人士的董事,基于对上述中介机构的专业人员出具专家意见的合理信赖而作出的错误决定,其不应担责。另一种观点认为,董事负有的勤勉义务应包括其基于自身应有的专业智识(专家董事)或善良管理人应有的智识对公司事务进行独立判断,包括对由中介机构的专业人员出具的审计报告或律师意见等专家意见进行合理审查,而不能完全依赖于上述专家意见,不进行独立和正确的判断,对于其如果尽到合理审查义务即可发现上述报告或意见错误,但其未尽审查义务的,则其不能免责。本书同意后一种意见,理由为:上述问题实质涉及对《公司法》上董事依赖权利的理解问题。所

---

① Black's Law Dictionary, p. 181.

谓董事依赖权利,是指董事不必事必躬亲,可以依赖公司的高级管理人员、雇员、外部顾问、独立的审计员和董事会善意提供的报告、信息、报表或决定,但应予注意的是,该权利并不排除董事的合理注意义务。质言之,董事仍需在合理范围内对前述报告和意见进行审查。

【司法案例】

1. 陈某与甲公司损害公司利益责任纠纷案①

诉讼结论:公司高级管理人员,通过向公司借款的方式购买个人车辆,并无意归还借款,该行为给公司造成损失的,应认定其违反忠实义务,应承担赔偿公司购车款损失的责任。

基本案情:杨某、陈某为甲公司股东。自2010年1月16日起陈某担任甲公司的法定代表人、经理。2017年9月20日甲公司的法定代表人、经理由陈某变更为杨某。杨某担任甲公司的执行董事。

2013年8月4日,甲公司账户向乙公司转账503,748元,用途为购车款,该笔款项用于购买奥迪牌汽车一辆,并登记于陈某名下。2017年4月12日,甲公司账户向丁公司转账167,857元,备注为陈某,系陈某用于置换车辆并将置换后的车辆登记于陈某名下。

陈某在经营管理甲公司期间,2017年2月10日、2月23日、3月14日、4月5日、4月24日、5月9日共计从公司的账户中提取6笔备用金,每笔49,999元,以上共计340,832.61元未归还甲公司。

法院认为:董事、监事、高级管理人员应当遵守法律、行政法规和公司章程,对公司负有忠实义务和勤勉义务。董事、监事、高级管理人员不得利用职权收受贿赂或者其他非法收入,不得侵占公司的财产。董事、监事、高级管理人员执行公司职务时违反法律、行政法规或者公司章程的规定,给公司造成损失的,应当承担赔偿责任。陈某自甲公司成立至2017年6月9日被免职期间一直担任甲公司的法定代表人、经理。关于陈某使用甲公司的50.37万元款项为个人购买车辆一事,陈某认可使用甲公司50.37万元用于为个人购买车辆,一审法院对此不持异议,但陈某称该笔款项系从甲公司借款,并且称已经通过甲公司2013年及2014年应对其个人的分红予以偿还,并提交了还款证明。一审法院对陈某的意见不予采信,陈某并未实际归还该笔款项,应当向甲公司赔偿购车款损失50.37万元。如

---

① 参见北京市朝阳区人民法院(2018)京0105民初28501号民事判决书、北京市第三中级人民法院(2019)京03民终15352号民事判决书。

果甲公司应当向陈某分配利润而没有分配，陈某可以就分配利润一事另行主张。

二审法院认为：高级管理人员的忠实义务要求高级管理人员在管理公司、经营业务、履行职责时，必须代表全体股东为公司最大利益而努力工作，当自身利益与公司利益发生冲突时，必须以公司利益为重，不得将自身利益置于公司利益之上。关于陈某向甲公司借款用于个人购买车辆的事实，陈某主张已通过甲公司2013年及2014年对其个人的分红予以偿还，除了一审提交的证据外，陈某在二审期间提交了加盖甲公司公章的还款证明原件予以证明，甲公司对此不予认可，无法认定该笔款项陈某已实际偿还。一审法院对此项损失予以认定并无不当。如果陈某认为甲公司应当向其分配利润而没有分配，可以就分配利润事宜另行主张。

2. 甲公司与高某损害公司利益责任纠纷案①

诉讼结论：公司高级管理人员执行落实公司决策的行为是职权范围内的正当职务行为，并未违反勤勉义务。

基本案情：甲公司系中外合作经营企业，公司章程规定实行董事会负责制，董事会由董事长负责召集。高某自2009年9月1日任甲公司的总经理，作为日方派驻董事参加董事会。2011年3月1日，甲公司与案外人乙公司签订合作协议，约定由甲公司提供所持有的空地以及已有的足球场、篮球场与乙公司合作经营体育中心；乙公司投资改造甲公司原有场地，并将空地新建成体育设施场所，负责日常经营；甲公司提供给乙公司4个月的改造期。改造期结束后，乙公司每月向甲公司上缴11万元的利润，乙公司根据经营状态年终一次性向甲公司上缴3%～10%的税后利润；合作期限为3年，期满时乙公司在同条件下有优先续约权；乙公司对甲公司面临的工业园再开发的可能性有充分了解。乙公司在场地不得搭建任何永久性建筑，不得转租。在甲公司与乙公司协商签订协议时，甲公司董事会于2011年2月26日就协议签署向高某作出如下部署：再开发最优先；为了处理对再开发不利的问题，可以不用事前请示报告，实施以后汇报即可；与空地利用的收益比，优先尽快消除空地；缓和对空地利用的限制（只要不影响再开发，临时建筑、商业利用等也可以）。2013年12月27日，甲公司向乙公司出具《合作经营协议期满终止通知》，以乙公司未取得经营所需证照以及未按协议上缴税后年终利润为由通知解约。2015年1月29日，甲公司再次向乙公司发出解除合同通知书，以乙公司存在擅自扩大场地使用面积、未按约定上缴利润、擅自转租等行为为由解除合

---

① 参见广东省深圳市中级人民法院（2019）粤03民终1558号民事判决书。

同。甲公司与乙公司由此产生争议,乙公司于2015年4月10日申请仲裁,要求确认甲公司发出的解除合同通知书无效。甲公司据此提出反请求,要求确认合作协议解除,乙公司向甲公司支付占有场地使用费、提交财务数据并支付拖欠的应缴利润。仲裁机构经过审理裁决驳回乙公司的仲裁请求,乙公司应当向甲公司提供合作期间的财务数据,驳回甲公司的其他反仲裁请求。

甲公司向一审法院起诉,请求判令高某赔偿甲公司损失300万元,并承担诉讼费用。

一审庭审中,高某承认由于场馆建造的变化,甲公司又与乙公司在2011年6月重新签署了一份合作协议,该协议落款时间仍为2011年3月1日。两份协议内容差异有二处:一是合作协议(2011年3月)约定,合作期限暂定为3年。合作协议(2011年6月)约定,合作期限暂定为3年。期满时,以上缴利润提高10%的条件续约两年。二是合作协议(2011年6月)删除了不得转租的约定。

一审法院认为:甲公司与乙公司之间系合作经营关系,乙公司每月固定向甲公司缴纳经营收入,而非按场地面积支付使用费。同时,甲公司与乙公司的合作协议也未约定新建场馆面积,甲公司主张合作方多占土地导致其损失没有事实依据。由于高某的决策,甲公司与乙公司签署了前后两份条款不同的合作协议。上述两份协议除合作协议履行期限以及"不得转租"删除系实质变更外,前后两份合同条款内容并无实质改变。协议履行期限约定的不一致,并没有导致甲公司主张权利的迟延,也无证据证明甲公司因履行期限的变更产生实际损失。对于"不得转租"条款的删除对于甲公司的影响:一是乙公司在协议履行过程中从未拖欠每月固定上缴的利润;二是合作协议约定乙公司每年根据经营状况一次性向甲公司上缴3%~10%的税后利润。该部分利润甲公司已经在仲裁阶段提出申请,仲裁裁决并未支持其请求。甲公司此部分是否存在损失尚无证据证明。即使该部分损失存在,根据甲公司董事会给予高某的指示,可以看出对于空地的开发利用属于优先考虑,甲公司就合作协议给予高某的决策权已经超过了甲公司之前的决策程序,高某据此对合作协议进行变更属于职业经理人对于市场情况的判断,由此产生的风险应当由甲公司承担。因此,在甲公司已经要求高某优先处理空地的情况下,高某依据市场变化进行处理属于行使正常的管理权限,且甲公司并无证据证明合作协议中约定的利益受损。高某提交的电子邮件已经证实在2011年3月1日签约后汇报了场馆建设需要变更的情况。甲公司主张高某将场地交付给乙公司进行合作,属于自我交易的证据不足。该院判决:驳回甲公司的诉讼请求。

二审法院认为:本案中,甲公司主张高某违反忠实勤勉义务主要体现在以下三个方面:一是高某放任乙公司多占用场地,造成甲公司租金损失;二是高某先后制作了两份条款不同的协议书,其中第二份协议变更了履行期限并删除了不得转租的条款,损害了公司利益;三是高某涉嫌自我交易。甲公司的上述主张均不成立。判决驳回上诉,维持原判。

第一百八十一条　董事、监事、高级管理人员不得有下列行为:

(一)侵占公司财产、挪用公司资金;

(二)将公司资金以其个人名义或者以其他个人名义开立账户存储;

(三)利用职权贿赂或者收受其他非法收入;

(四)接受他人与公司交易的佣金归为己有;

(五)擅自披露公司秘密;

(六)违反对公司忠实义务的其他行为。

【条文主旨】

本条是关于董事、监事、高级管理人员的禁止行为的规定。

【条文理解】

本条是在《公司法》(2018年)第148条的基础上修改而成的规定,主要有五处修改:一是在《公司法》(2018年)第148条第1项规定基础上增加关于“侵占公司财产”的规定;二是删除原规定第3项关于“违反公司章程的规定,未经股东会、股东大会或者董事会同意,将公司资金借贷给他人或者以公司财产为他人提供担保”的规定;三是将原规定第4项关于同公司进行自我交易以及第5项关于谋取公司商业机会和竞业禁止的规定单独成条进行规定;四是将原规定第2款删除,在《公司法》中单独作为一条进行规定;五是增加“监事”这一义务主体。

一、侵占公司财产、挪用公司资金

侵占公司财产,是指公司董事、监事、高级管理人员利用分管、负责或者办理某项业务的权利或职权所形成的便利条件,擅自将公司所有的财产占为己有。实践中一般表现为采取侵吞、盗窃、骗取等非法手段侵占。

挪用公司资金,是指公司董事、监事、高级管理人员利用分管、负责或者办理某项业务的权利或职权所形成的便利条件,擅自将公司所有或公司有支配权的资金挪作他用,主要是为其个人使用或者为与其有利害关系的他人使用。

上述行为均为典型的公司董事、监事、高级管理人员从事的为个人私利,损害公司利益的行为,必然会给公司资金的正常使用造成影响,进而影响公司的正常投资经营活动,危害公司利益,故应禁止。

二、将公司资金以其个人名义或者以其他个人名义开立账户存储

公司资金应依法存入公司账户,这有助于保护公司享有独立财产权,也便于公司对资金的正常使用和管理。在公司与本条规定的个人没有发生正常交易或者没有其他个人从公司处获得资金的合理理由的情况下,将公司资金以本条规定的个人名义存储,会影响公司对其自有资产的直接控制和处分,极易造成公司财产的流失,损害公司利益。

三、利用职权贿赂或者收受其他非法收入

这里强调的是"利用职权"和"非法收入"。利用职权贿赂或者收受其他非法收入,是典型的利用职权获得非法个人利益的行为,具有违法性,应予禁止。贿赂或者收受其他非法收入的表现形式,可能为非法收取手续费、资格股、介绍费或者相关实物等。

四、接受他人与公司交易的佣金归为己有

董事、监事、高级管理人员执行公司职务,代表的是公司的利益,不能收取他人支付的佣金。接受他人与公司交易的佣金归为己有,本质上属于利用职务为自己牟取利益,违背了忠实义务,这种行为应当禁止。

五、擅自披露公司秘密

公司秘密关系到公司的生存和发展,公司秘密的披露往往会对公司的市场地位产生影响,有些公司秘密的披露甚至会使公司丧失竞争优势,从而给公司的利益造成重大损害。对于根据职权知道公司秘密的主体,其负有依法保护公司秘密的义务,这是其忠实履职的应有之义。这里强调了"擅自",强调行为的个人性和违法性。

在审判实务中,关于是否构成擅自披露公司秘密这一违反忠实义务的行为,应注重要围绕公司秘密的认定标准审查是否泄露的是公司秘密。例如,如果公司某类客户名单并不具有唯一性、秘密性,则不应认定为公司秘密。

六、违反对公司忠实义务的其他行为

社会生活的复杂性导致法律不能穷尽公司实践中形式多样的违反公司忠实义务的行为,因此,本项进行了概括性规定。

【司法适用】

在审判实务中,存在本条规定未能列明的违反忠实义务的行为。因此,在个案中,我们在进行判断时,主要应把握的判断标准是:董事、监事或者高级管理人员是否利用职权牟取了不正当利益,导致个人利益与公司利益冲突,使公司利益受损。

【司法案例】

1. 甲公司与王某等损害公司利益责任纠纷案[①]

诉讼结论：公司法定代表人不得接受他人与公司交易的佣金归为己有。公司法定代表人要求交易相对方将佣金打入个人账户的行为属于违反忠实义务行为，该部分款项应收归公司所有。

基本案情：甲公司系2000年2月1日成立的有限责任公司，该公司股东为马某某及王某，其中王某占公司52%股权并担任公司法定代表人。2003年7月10日，乙会社向甲公司颁发市场授权书。2009年10月30日，王某代表甲公司向乙会社签发英文商业发票，该文书中文文义有“根据贵公司（乙会社）与我公司（甲公司）于2003年9月1日签署的代理协议，我们请您将73,140美元汇入下列账号”的表述。经查，该账号为王某开立的个人账号，乙会社有多笔款项转入王某在商业发票上写明的此账号。

法院认为：王某以甲公司的名义向乙会社签发商业发票，要求乙会社向自己的个人账户支付甲公司的应收款项。庭审中，王某同意向甲公司返还该笔款项，法院予以支持。由于商业发票记载的应收款项为美元，则王某有义务依当时的汇率向甲公司返还相应数量的人民币。甲公司主张另有2007年11月15日王某代表甲公司向乙会社签发的商业发票，但该发票为复印件，王某对此不予认可，故对甲公司的相关主张，法院不予支持。甲公司认为王某相应账户中乙会社的全部转款均应返还甲公司，但其并未提交证据证明这些款项的产生系甲公司与乙会社业务所致，王某对此亦不认可，故对甲公司的相应诉求，法院不予支持。

2. 李某真、甲公司损害公司利益责任纠纷案[②]

诉讼结论：公司法定代表人利用在公司担任执行董事和法定代表人的职务便利，将公司账户资金汇入其配偶账户，但无充分证据证明该上述行为系经公司股东会或董事会的授权和认可，是按照公司的意志的行为，也无充分证据证明其主张的该部分款项系其通过其配偶偿还创建公司时的借款的事实。该行为已导致公司不能直接控制和处分自有资产，侵害了甲公司作为公司法人应享有的财产独

---

① 参见北京市丰台区人民法院（2018）京0106民初37958号民事判决书、北京市第二中级人民法院（2020）京02民终7355号民事判决书。

② 参见宁夏回族自治区高级人民法院（2018）宁民终98号民事判决书、最高人民法院（2019）最高法民再331号民事判决书。

立性,损害了公司合法权益,违反了忠实义务,应当对公司承担赔偿责任。

基本案情:甲公司成立于2008年4月18日。2008年4月18日至2010年2月22日期间,李某真担任甲公司执行董事和法定代表人。2010年2月23日,甲公司法定代表人变更为马某,李某真任该公司监事。李某真分别于2010年1月5日、2010年1月29日从甲公司账户向呼某芳汇款合计7,056,068元。之后,甲公司以李某真涉嫌职务侵占为由向石嘴山市公安局报案。2012年6月14日,石嘴山市公安局经济犯罪侦查支队对李某真所做的讯问笔录中,李某真陈述"钱全都是让我妻子呼某芳用来还创建公司时的借款"。鉴定报告中的长期出借资金明细表中记载了案涉三笔向呼某芳的汇款。

一审法院认为:李某真曾任甲公司的法定代表人和公司监事,任职期间对公司负有忠实义务和勤勉义务。呼某芳与甲公司并无业务往来。李某真利用其在甲公司担任执行董事和法定代表人的职务便利,将钱汇入其妻呼某芳的账户,该行为已导致甲公司不能直接控制和处分自有资产,李某真也未举出相应的证据证明该上述行为系经公司股东会或董事会的授权和认可,故侵害了甲公司作为公司法人应享有的财产独立性,损害了公司合法权益。公司股东滥用股东权利给公司或者其他股东造成损失的,应当依法承担赔偿责任。综上,甲公司要求李某真赔偿损害公司利益损失的诉讼请求,予以支持。呼某芳并非甲公司的董事、监事、高级管理人员,甲公司要求呼某芳赔偿损害公司利益损失的诉讼请求无法律依据,不予支持。

二审法院认为:李某真虽主张转款是让呼某芳偿还创建甲公司时的借款,但没有提供相应证据予以证明。李某真提出在向呼某芳转款时其为甲公司唯一股东,其以法定代表人身份对外清偿借款是履行职务行为。但从甲公司工商登记信息来看,李某真从未持有甲公司100%股权,在甲公司向呼某芳转款时李某真并非甲公司唯一股东,且本案没有证据证明甲公司向呼某芳转款经过甲公司股东会或者董事会的授权和认可,故李某真上诉理由没有事实依据,不能成立,不予支持。

再审法院查明:2010年1月3日,甲公司与案外人马某签订增资扩股协议,约定马某注资进入甲公司,成为甲公司股东,并作为甲公司的法定代表人。该协议第2条"合作方式"第2款约定"马某认可甲公司早前与平罗县第二建筑有限公司所签订的合作开发协议,所开发的建筑面积不超过十万平方米,甲公司在协议中的权利和义务由甲公司的原股东享有,与增资扩股后的新公司及新股东马某无关";第3条"双方的权利和义务"约定"1. 债权和债务 a. 水岸锦华项目中所有在建工程的债权和债务属新公司,其中:旧甲公司支付的土建工程款需达到1000万元,所收取的预售房屋款不超过1300万元;b. 除上述债权和债务外,在新公司成立后,如发现有其他债权和债务,其涉及的权利和义务由甲公司的原股东承担;2. 本合同签订后,甲公司与马某于 2009 年 12 月 2 日所签订的合作开发协议废止,已履约的 1200 万元资金冲抵本合同中马某的履约资金”。

再审法院认为:本案再审的焦点问题是案涉转款是否损害甲公司利益,李某真是否应承担赔偿责任。甲公司向呼某芳账户转款共计 7,056,068 元,均发生在增资扩股协议签订之后。李某真称上述款项中其中 50 万元是通过呼某芳偿还了甲公司向赵某的借款,提供了赵某出具的证明。该证明属于证人证言性质,赵某并未出庭,也未有证据证明其存在《民事诉讼法》第 70 条规定的“证人确有困难不能出庭”的情形,因此对该证据不予采信。即使该证据形式合法,因证明中记载款项转入李某真账户,李某真没有提供相关证据证明该款项用于甲公司,仅以此证据不能证明甲公司向赵某借款,故对李某真所称的该转款是归还甲公司借款,该院不予采信。李某真称上述转款是通过呼某芳账户偿还创建甲公司时向他人的借款,其中向马某转账 300 万元,用于偿还创建甲公司时向乙公司的借款;向高某转账 330 万元;向魏某转账 167 万元。对此陈述,李某真、呼某芳并未提供证据证明呼某芳账户向上述主体转账的事实,因此对李某真此陈述不予采信。

李某真主张以上转款是其依据增资扩股协议第 2 条第 2 款和第 3 条第 1 款应当取得的权益。对于该协议第 2 条第 2 款,李某真提供的证据不能证明案涉转款来源于其从合作开发协议取得的权利。该协议第 3 条第 1 款约定旧甲公司支付的土建工程款需达到 1000 万元,所收取的预售房屋款不超过 1300 万元,李某真未提供证据证明旧甲公司支付了相应的土建工程款,其认为案涉转款来源于该条款的约定没有事实依据。故对李某真此主张不予采信。

李某真作为甲公司原法定代表人,其在代表公司履行职务时,应当按照法律、行政法规和公司章程的规定履行,按照公司的意志行为。在上述转款期间甲公司并非一人公司。现无证据证明上述转款经过甲公司股东会授权或认可,也无证据证明上述转款的合法事由,李某真在任职期间从甲公司账户向呼某芳转款,侵害了甲公司的财产权益,应当承担赔偿责任。原判决认定李某真对上述转款及相应利息承担赔偿责任,并无不当。

第一百八十二条　董事、监事、高级管理人员,直接或者间接与本公司订立合同或者进行交易,应当就与订立合同或者进行交易有关的事项向董事会或者股东会报告,并按照公司章程的规定经董事会或者股东会决议通过。

董事、监事、高级管理人员的近亲属，董事、监事、高级管理人员或者其近亲属直接或者间接控制的企业，以及与董事、监事、高级管理人员有其他关联关系的关联人，与公司订立合同或者进行交易，适用前款规定。

【条文主旨】

本条是关于公司董事、监事、高级管理人员与本公司进行自我交易的规定。

【条文理解】

自我交易原为《公司法》(2018 年)第 148 条列明的违反忠实义务的一项事由。本次修改，将该事由单独作为一条进行规定，并进行了修改。《公司法》(2018 年)第 148 条规定："董事、高级管理人员不得有下列行为：……(四)违反公司章程的规定或者未经股东会、股东大会同意，与本公司订立合同或者进行交易……董事、高级管理人员违反前款规定所得的收入应当归公司所有。"本次修订从义务主体、行为主体、禁止行为范围、相关程序等五个方面进行了全面修改。具体为：一是增加了公司监事这一义务主体。二是对被认定为自我交易的行为主体进行了扩展。《公司法》(2018 年)第 148 条规定的行为主体仅为董事、高级管理人员本人，本次修订，除保留董事、高级管理人员的规定外，还将行为主体扩展为监事以及董事、监事、高级管理人员的近亲属，董事、监事、高级管理人员或其近亲属直接或者间接控制的企业等。三是对违反忠实义务的行为范围进行了扩展。《公司法》(2018 年)禁止的行为是"与本公司订立合同或者进行交易"，本次修订表述为"直接或者间接与本公司订立合同或者进行交易"。四是增加了董事、监事、高级管理人员的报告义务。五是对审批机构进行了修改。《公司法》(2018 年)规定，自我交易不得违反公司章程的规定，或者要经公司股东会、股东大会同意。本次修订将决议机构修改为"按照公司章程的规定经董事会或者股东会决议"。

一、概念界定及禁止自我交易的法理

自我交易，是指董事、监事、高级管理人员采取直接或者间接的方式与本公司订立合同或者进行交易。自我交易是公司利益冲突交易的一种典型形式。《公司法》并未一概禁止自我交易，其禁止的是董事、监事、高级管理人员在从事自我交易时利用自己的权力损害公司利益而使自己获取不当利益的行为。根据该立法目的，本条禁止的是董事、监事、高级管理人员违反忠实义务、损害公司利益的自我交易行为。如果董事、监事、高级管理人员的自我交易履行了法定程序，经过了法定决议机构决议同意，则该自我交易为合法自我交易。

二、关于本条第 1 款规定的理解

关于本条第 1 款规定，在理解与适用时主要应注意以下 5 点：

(1)义务主体为董事、监事、高级管理人员。

(2)自我交易包括直接自我交易和间接自我交易。自我交易的形式主要有自我契约、自我雇佣以及自我贷款或以公司财产为董事、监事、高级管理人员的贷款提供担保等。自我契约,是指董事、监事、高级管理人员与公司订立合同,转让公司或董事、监事、高级管理人员的财产等。自我雇佣,是指公司雇用董事、监事、高级管理人员为公司提供劳务服务。自我贷款,是指公司向董事、监事、高级管理人员出借款项或者借款,其既可以是以签订借款合同的方式出借款项,也可以是采取对一方签发的票据进行承兑的方式进行借款等。间接自我交易,是指一方或者双方行为主体并非董事、监事、高级管理人员或者公司,而是其关联主体,从形式上该交易并非发生在公司与董事、监事、高级管理人员之间,双方没有直接的法律关系,但实质上董事、监事、高级管理人员与该交易有利害关系,可以认定为董事、监事、高级管理人员的自我交易。

(3)本条规制的自我交易行为是本条规定的义务主体利用职权使自己获取不当利益,使个人利益和公司利益发生冲突、损害公司利益而行为。

(4)义务主体应就订立合同或者进行交易的有关事项向批准机构报告。该行为是忠实义务的积极履行形式。基于诚实信用原则,为保证自我交易行为的公平性和不损害公司利益,董事、监事、高级管理人员在进行自我交易时,负有对自我交易的相关信息进行披露的义务。信息披露的内容是与订立合同或者进行交易有关的事项。一般而言,应报告所涉利益的性质和范围以及披露主体所知悉的与该交易事项有关的所有事实。信息披露的对象是批准机构,即公司董事会或者股东会。信息披露,一方面可以公开利益冲突,将自我交易置于监督之下;另一方面也可以为批准机关提供评判的依据。批准机构只有在掌握充分的利益冲突信息才能做出客观、公正的决议。

(5)关于自我交易的批准程序。根据自我交易所涉事务的重大程度,自我交易分为两类,一类是日常性自我交易,另一类是涉及公司重大利益的自我交易,如重大投资等。不同的交易可依法由公司章程规定是由董事会还是股东会进行决议。因此,本条规定,自我交易,按照公司章程的规定经董事会或者股东会决议。

三、关于本条第 2 款规定的理解

本条第 2 款是关于董事、监事、高级管理人员关联人与公司进行自我交易的规定。在公司实务中,存在董事、监事、高级管理人员为规避自我交易,而采用由其近亲属直接或者间接控制的企业与公司进行前述自我交易行为等方式。为实质规制变相自我交易行为,本次《公司法》修改,规定了第 2 款内容。

本款规定的行为主体是董事、监事、高级管理人员的近亲属,董事、监事、高级管理人员或者其近亲属直接或者间接控制的企业，以及与董事、监事、高级管理人员有其他关联关系的关联人。根据《民法典》第 1045 条第 2 款的规定，配偶、父母、子女、兄弟姐妹、祖父母、外祖父母、孙子女、外孙子女为近亲属。《公司法》第 265 条对关联关系进行了如下界定："关联关系，是指公司控股股东、实际控制人、董事、监事、高级管理人员与其直接或者间接控制的企业之间的关系，以及可能导致公司利益转移的其他关系。但是，国家控股的企业之间不仅因为同受国家控股而具有关联关系。"该条在规定"直接或者间接控制的企业之间的关系"之外，以"可能导致公司利益转移的其他关系"作为兜底条款来涵盖关联关系的外延。这里的关联人，既可能为自然人，也可能为企业组织体。"可能导致公司利益转移的其他关系"的关系人包括但不限于董事、监事、经理和高级管理人员及其近亲属的信托人以及公司董事、监事、经理和其他高级管理人员的合伙人等。

【司法适用】

一、应注意区分本条规定的义务主体与行为主体

忠实义务的义务主体与直接进行违反该义务的行为主体并不完全相同。忠实义务的义务主体是公司董事、监事、高级管理人员，但从事违反本条规定的行为主体并不一定是公司董事、监事、高级管理人员本人，也可能是其关联人。上述规定的法理基础是，行为主体的行为实质是义务主体的行为，义务主体采用了间接方式违反了忠实义务，故其关联人与公司进行的自我交易也应认定为自我交易。

二、关于间接控制的认定

在公司实务中，间接控制的表现形式多样，包括但不限于董事、监事、高级管理人员的近亲属或者具有关联关系的关联人采用投资关系、协议或者其他安排，如股权安排、人事安排等能够实际控制的形式进行控制。

三、关于司法审查标准

自我交易本质上是一种利益冲突交易，从规范该交易的立法目的分析，司法审查的标准一般为公平性标准。公平审查应包含程序公平和与实质公平两大方面。在程序上判断自我交易公平性，主要是分析义务主体是否依照法律和章程的规定对自我交易利益冲突的情况进行了信息披露，且是否经过了公司董事会或者股东会决议。信息披露的目的，是使无利害关系董事或者股东能够在充分掌握交易信息的基础之上进行理性投票。实质公平审查，是指法院需从是否真正的避免个人利益与公司利益冲突的"实质正义"角度对自我交易事项是否实质公平进行审查。一般可审查以下因素：交易的时机是否适当，交易的启动以及形成过程是否具有合理性、合法性，董事会或者股东会决议是否具有合法性等。

【司法案例】

牛某甫、王某杰等与鄂某轩等损害公司利益责任纠纷案①

诉讼结论:行为主体兼任两关联公司执行董事,当其为一关联公司实际经营向另一关联公司拆借资金、为借款人(债务人)便于注销而代表出借人(债权人)同意转移债务时,符合为了他人利益而与公司进行交易的情形,属于典型的自我交易。

基本案情:美讯甲公司是注册资本为50万元的有限责任公司,牛某甫、王某杰是该公司股东。鄂某轩是该公司股东、执行董事兼总经理、法定代表人,负责公司的运营管理。张某与鄂某轩系夫妻关系,是该公司监事。鄂某轩在2016年12月31日前,未召开任何公司会议决议的情况下将美讯甲公司的资金4,558,361元全部转入由其担任法定代表人、执行董事兼经理,由张某担任监事的美讯乙公司。2021年1月11日,美讯乙公司清算组负责人鄂某轩代表公司申请注销登记,公司于当月14日注销。但鄂某轩未向美讯乙公司主张返还相关款项,且在美讯乙公司注销的清算报告上,签字确认美讯乙公司债权债务已清理完毕,但实际案涉债务未清理完毕。《债务转让协议》显示,美讯乙公司将案涉债务转移给美讯丙公司,但美讯丙公司并无偿还行为。2015年12月28日美讯甲公司《公司章程》未规定公司对外出借资金需经股东会同意。该章程规定,监事行使检查公司财务等职权。

美讯甲公司和美讯乙公司均为美讯系VIE架构下公司。美讯丙公司100%持股美讯乙公司,股本1港元(普通股),董事为鄂某轩、张某等5人。MaxMaxInc.(Cayman)100%持股美讯丙公司,鄂某轩、张某为MaxMaxInc.(Cayman)公司普通股股东。MaxMaxInc.(Cayman)保持对美讯甲公司完全的协议控制能力。

2021年7月29日,牛某甫、王某杰向鄂某轩、监事张某发送《要求对公司高管鄂某轩、监事张某提起损害公司利益责任纠纷诉讼的函》,要求美讯甲公司对鄂某轩、张某提起损害公司利益责任纠纷诉讼,追究二人法律责任。张某、鄂某轩收到上述函件,但美讯甲公司对鄂某轩、张某未提起诉讼。牛某甫、王某杰遂向法院提起诉讼,请求:(1)判令被告鄂某轩、张某赔偿美讯甲公司4,558,361元及以4,558,361元为基数,自2016年12月31日起至实际付款日止,按照年利率6%计算的利息;(2)诉讼费由被告鄂某轩、张某承担。

法院认为:第一,案涉交易为自我交易,鄂某轩、张某违反信义义务。在美讯

① 参见北京市怀柔区人民法院(2021)京0116民初7599号民事判决书。

系VIE架构下,鄂某轩、张某均是美讯甲公司和美讯乙公司的执行董事和监事。二公司一方为债权人,一方为债务人,对涉案钱款的利益取向必然产生冲突。鄂某轩在进行关乎美讯甲公司利益的重大决策事项时,应充分向股东履行披露义务,且获得股东的同意;或者在利益冲突中,找到"最佳利益"点,平衡双方利益。同时张某与鄂某轩是夫妻关系,鄂某轩实际控制美讯甲公司、美讯乙公司,而张某作为两个公司的监事,其更应当积极发挥监事职责,杜绝股东产生合理怀疑。(1)鄂某轩在涉案款项支出和债务转移中有违披露义务和批准义务。①鄂某轩兼任美讯甲公司和美讯乙公司执行董事,当鄂某轩为美讯乙公司实际经营向美讯甲公司拆借资金,为美讯乙公司便于注销而代表美讯甲公司同意转移债务时,均符合为了他人利益而与公司进行交易的情形,属于典型的自我交易。此时,鄂某轩存在严重的利益冲突,其不仅有义务也有责任将上述交易事项向美讯甲公司股东如实、充分披露,更应当获得股东会的决议批准。我国《公司法》明确规定,董事、高级管理人员不得违反公司章程的规定,未经股东会、股东大会或者董事会同意,将公司资金借贷给他人或者以公司财产为他人提供担保。上述规定反映,公司对外借款属于公司经营中的重大事项,不得违反股东共同制定的公司章程规定,应当经股东会或者董事会同意。而且根据代理法上的禁止自我代理和双方代理理论及信托法上的禁止受托人与信托财产交易的基本原理,当同一人兼任两个交易相对方公司执行董事时,必须通过披露、公开交易事实、经股东会批准等程序性的限制,达到履行自我交易中忠诚义务的初步要求。虽然2015年12月28日美讯甲公司《公司章程》并未规定公司对外出借资金需经股东会同意,但鄂某轩作为两个公司的执行董事,对公司的财务情况知悉了解,此时将美讯甲公司资金拆借给美讯乙公司用于实际经营,对美讯甲公司确实存在未能偿还的风险。鄂某轩作为自我交易中的利害关系董事,在代表美讯甲公司拆借资金时应当通过完整充分地披露该交易风险,并让各个股东在充分了解情况下经由股东会决议予以批准。否则鄂某轩无法免除举证责任,仍应当证明该交易对美讯甲公司不具有不公正性。庭审中,并无证据显示涉案款项在支付时,美讯甲公司全体股东知悉且经过正式的股东会决议批准。②如果《债务转让协议》真实存在,对于美讯甲公司而言属于重大经营事项,即使鄂某轩作为执行董事拥有决定权,但按照美讯甲公司章程,执行董事也负有向股东会报告工作的义务。但是直至本案诉讼过程中,鄂某轩才披露该文件。债务转移需要作为债权人美讯甲公司同意,该种同意应当是全体股东在充分了解债务转移风险的情况下,通过正式决议程序作出的同意决定。同样,鄂某轩并未向美讯甲公司股东披露债务转移交易事实,更未获得股东会批准,有违披露和批准义务。(2)鄂某轩对涉案款项一直未归还有违善意履行义务。鄂某轩未履行追收债权职责。鄂某轩在债务转移中存在不当控制行为。鄂某轩利用其对公司的控制权利，擅自代表美讯甲公司对债务转移事项予以同意，是对美讯甲公司债权利益的漠视。鄂某轩存在欺诈注销行为。(3)鄂某轩怠于申请美讯乙公司破产清算。(4)张某违反监事职责，有违信义义务。张某作为美讯甲公司的监事，负有检查公司财务的职责，应当在美讯乙公司注销前和注销时持续督促美讯甲公司主张债权。张某作为美讯乙公司的监事也应当对清算过程中公司财务情况履行监督义务，但其身为两公司监事均未尽到相应职责。由于张某和鄂某轩系夫妻关系，是美讯系公司的创始股东，张某对鄂某轩的违反信义义务行为知道或应当知道，其放任对美讯甲公司的侵害，不履行对执行董事鄂某轩的监督职责，构成间接故意，应当与鄂某轩共同承担责任。

第二，美讯甲公司因涉案款项拆借给美讯乙公司给美讯甲公司造成损失。美讯甲公司支付给美讯乙公司用于开展生产经营的往来款项，属于关联企业之间的资金拆借行为。鄂某轩在美讯系 VIE 框架下通过股权投资、授权委托等形式实际控制美讯甲公司和美讯乙公司。VIE(可变利益实体)架构，又称协议控制架构，其实质是境外壳公司通过合作协议的方式，实际控制境内公司，进而将境内公司收入和利润转移到境外壳公司的一种集团公司形式。美讯乙公司注销前，鄂某轩、张某未曾推动美讯甲公司向美讯乙公司追偿过债权。鄂某轩在办理美讯乙公司注销前并未开展实质清算；张某未参与美讯乙公司清算和注销。未有证据证明美讯丙公司开展过实际经营，且作为 VIE 架构下属于连接开曼公司与美讯乙公司的股权持有桥梁，美讯丙公司不仅没有开展实际经营的需要，其登记的股本仅为 1 港元。美讯系公司的项目已经终止，境外融资也不具有现实可能性。因此，香港公司获取资金的可能性几乎为零。美讯甲公司对涉案欠款的债权一直未受偿，且没有受偿可能性。综上，美讯甲公司涉案款项存在受偿困难，其利益已经实际受损，受损范围应当为全部债权金额即 4,558,361 元及资金占用费用。

第三，美讯甲公司债权受损与上述行为存在因果关系。

第一百八十三条　董事、监事、高级管理人员，不得利用职务便利为自己或者他人谋取属于公司的商业机会。但是，下列情形之一的除外：

（一）向董事会或者股东会报告，并按照公司章程的规定经董事会或者股东会决议通过；

（二）根据法律、行政法规或者公司章程的规定，公司不能利用该商业机会。

【条文主旨】

本条是关于公司董事、监事、高级管理人员不得篡夺公司商业机会的规定。

【条文理解】

本条是在对《公司法》(2018年)第148条修正的基础上进行的规定。《公司法》(2018年)第148条将公司董事、高级管理人员不得谋取属于公司的商业机会作为一项内容进行了规定,即"董事、高级管理人员不得有下列行为:……(五)未经股东会或者股东大会同意,利用职务便利为自己或者他人谋取属于公司的商业机会,自营或者为他人经营与所任职公司同类的业务……"本次修改主要体现为三个方面:一是将该内容进行细化,使其规定更为完备,并作为单独一条进行规定。二是增加了公司监事这一义务主体。三是规定了除外事由。

一、篡夺公司商业机会的概念及禁止规定的法理

篡夺公司商业机会,是指公司董事、监事、高级管理人员利用职务便利把属于公司的商业机会转归自己或他人利用而谋利。

不得篡夺公司商业机会是董事、监事、高级管理人员忠实义务的一项重要内容。商业机会,是公司赢得客户、获取商业利润的机会。商业机会对公司的发展至关重要,如果公司董事、高级管理人员利用职务便利抢占本属于公司的商业机会为自己或为他人牟取利益,会使董事、监事、高级管理人员的利益与公司利益发生冲突,损害公司利益。因此,世界两大法系国家的公司法均对该行为进行了禁止规定。我国2005年修订《公司法》时对董事、高级管理人员不得谋取公司商业机会进行了规定。

二、关于谋取公司机会行为的认定要件

谋取公司商业机会行为必须符合以下三个要件:

(一)主体要件

谋取公司商业机会的主体是公司董事、监事和高级管理人员。本次修订,增加了监事这一义务主体。监事的职责是监督公司业务执行情况和检查公司财务状况,是行使监督权主体。基于其身份和地位,其也可以接触、获得和利用公司信息和机会,故应将其纳入本条规制的主体范围。

(二)行为要件

禁止的行为是前述主体利用职务便利为自己或者他人谋取属于公司的商业机会。关于该要件的理解,应注意以下两点:

一是行为的表现形式,不仅包括董事、监事或其他高级管理人员为自己谋取属于公司的商业机会,也包括为他人谋取的情形。

二是前述主体利用职务之便为知悉和夺取公司商业机会谋利。这里的关键,是如何界定公司商业机会。公司商业机会指董事、监事、高级管理人员在执行公司职务过程中获得的、与公司经营活动密切相关的,为公司带来利益的各种商业机会。

关于公司商业机会的认定标准,主要有4种观点。第一种观点认为,应采利益或期待标准(interest-or-expectancy test)。该标准认为,公司机会必须涉及公司既得利益的财产或者公司拥有由既得权利而产生的期待,它所强调的重点是公司的受托人董事、监事和高级管理人员不得有意伤害公司的现存和期待的利益。第二种观点认为,应采用经营范围标准(line-of-business test)。根据该标准,公司机会必须与公司的经营范围密切相关。第三种观点认为,应采用公平标准(fairness test)。根据该标准,判断某一机会是否构成公司机会,应以公平、公正标准进行衡量。第四种观点认为,上述三种标准均不够全面,应根据个案,综合采用三种标准。实务中多倾向第四种观点。

在审判实务中,一般认为,在认定公司机会时应注意审查以下四点:

一是该机会是否与公司经营范围相关。这里的公司经营范围,既包括公司现存的经营业务范围,也包括公司未来将要开展的经营活动范围。一般而言,如果某一商业机会符合公司现实和未来发展需要,且公司拥有相关的业务知识、相应的财务能力等能力能够利用该商业机会,则该商业机会就可被认为与公司的经营范围相关。

二是该机会能够给公司带来预期利益。忠实义务的本质是避免发生个人利益与公司利益冲突问题,因此,该机会应能够给公司带来预期利益,才属于本条所规定的公司机会。

三是该机会应是机会的提供者"期待将机会提供给公司"的。

四是该机会应是董事、监事和高级管理人员"利用职务之便"获知的机会。这里的"利用职务之便",包括公司董事、监事或其他高级管理人员利用其职务,也包括其在任职期间利用公司的物质条件或其他便利条件等情形。

(三)欠缺法定程序要件

这里的法定程序要件是指公司董事、经理和高级管理人员应依法向公司报告,且利用公司机会的行为应经公司股东会或者董事会决议允许。忠实义务要求公司董事、经理和高级管理人员在履行职责时应以公司利益为先,因此对于属于公司的商业机会,董事、经理和高级管理人员应向公司披露并由公司决定是否利用。义务主体在进行信息披露时应做到全面充分准确,并表明存在个人利益与公司利益的冲突,以便董事或者股东在全面了解事实的基础上作出理性决议。如果公司董事会或者股东会决议后,存在本条规定的除外情形,则董事、经理和高级管理人员可利用公司商业机会。

因公司机会所涉事项不同,故本条规定,决议机关为董事会或者股东会。在公司实务中,股东会并不经常召开,此次修改增加了董事会的规定有助于保证交易的效率性。在实践中,公司应在公司章程中明确哪些事务需由董事会或者股东会决议,以免出现争议。此外,关于公司决议机构,应注意关于特别公司的特别规定。例如,《公司法》第172条规定,国有独资公司不设股东会,由履行出资人职责的机构行使股东会职权。履行出资人职责的机构可以授权公司董事会行使股东会的部分职权,但公司章程的制定和修改,公司的合并、分立、解散、申请破产,增加或者减少注册资本,分配利润,应当由履行出资人职责的机构决定。

三、篡夺公司商业机会的除外情形

在不损害公司利益的情形,应允许董事、监事和高级管理人员利用"公司的商业机会",这有助于平衡公司发展与本条规定的义务主体的利益,也有助于促进商事交易,增加社会财富。本条规定了两种除外情形:

(1)向董事会或者股东会报告,并按照公司章程的规定经董事会或者股东会决议通过。该情形表明,利用公司商业机会得到了公司认可,故不存在损害公司利益行为。

(2)根据法律、行政法规或者公司章程的规定,公司不能利用该商业机会。该情形又称"公司利用机会不能"。从法理上分析,公司利用机会不能包括法律上的不能,也包括事实上的不能。前者如公司利用该商业机会构成违法行为或越权行为,后者如公司不具备利用该机会的人力、财力等能力。根据法律、行政法规的规定,公司不能利用该商业机会,属于典型的法律上的不能。根据公司章程的规定,公司不能利用该商业机会,既包括法律上的不能,也包括事实不能。在审判实践中,应谨慎认定公司因财务困难不能利用公司机会这一除外事由,防止董事、监事、高级管理人员为利用公司机会而怠于履行勤勉义务,不尽其最大努力为公司筹资。

关于本条规定的义务主体已经向董事会或者股东会报告,但董事会或者股东会明确拒绝该商业机会的情形。在三审稿中,还保留此项除外情形,在正式公布稿中删除了该情形。该情形属于公司放弃商业机会情形。在公司拒绝利用商业机会的情形,自然可以允许董事、监事和高级管理人员进行利用,不存在个人利益与公司利益的冲突问题。但在审判实务中,应予注意的是,要注意审查是否存在实际控制人或者控股股东滥用控制权,操控公司决议机关放弃公司商业机会的不当行为。

【司法适用】

一、关于认定篡夺公司商业机会行为应注意的问题

在审判实务中,应注意以下5点:

一是在认定是否属于公司商业机会时,应把握综合标准,个案结合实际情况进行判断。

二是董事、监事或者高级管理人员知道或者应当知道该机会属于公司商业机会。"知道或者应当知道"的认定标准,一般应采取客观性标准,即相同或者类似公司中处于相同或者类似地位的董事、监事或者高级管理人员在相同或类似情形下,尽到勤勉义务,通常能够认识到或者应当认识到该机会的提供者有正当理由不拒绝将机会传递给公司,该机会能给公司带来利益。该客观性标准主要体现了"公正性"。

三是认定某一商业机会是否属于公司经营活动范围,一般采取形式判断标准和实质判断标准相结合的标准。形式判断,一般应以公司章程或者营业执照载明、企业信息公示系统中登记的营业范围为判断依据。实质判断,一般以公司实质从事的经营活动作为判断依据,但应予明确的是,由于公司有营业规划和业务重点,以及也要考虑合适的商机,故不能认为在某一时点公司没有从事营业执照所载明的营业,就认为依据实质判断标准认为该营业不属于公司营业范围。总体而言,在认定商业机会是否属于公司营业范围时,可以综合考虑如下因素:该商业机会是否属于现实业务或未来拓展业务范围;公司是否就该商业机会进行过研究、谈判;公司是否为寻找该商业机会投入人力、物力,财力;公司是否具有知识、经验和财力等能够利用该商业机会等。

四是该机会应是董事、监事、高级管理人员利用职务便利谋取的商业机会,而非其在职务之外获得的机会。

五是认定是否属于篡夺公司机会情形,应区分义务主体类型,根据义务主体的职责进行分析。如前所述,根据相关法律规定和职责,董事有多种类型,如董事长、执行董事、普通董事、内部董事和独立董事等。不同类型的董事的职责权限不同,因此,在认定其是否构成篡夺公司机会的义务上也应区分其职责权限进行区别认定。

二、公司商业机会是否包括董事、监事、高级管理人员任职公司的全资子公司的商业机会

关于该问题,有两种观点。肯定观点认为,虽然母子公司人格独立,但本质上,母子公司利益具有一致性,子公司利益受损也会导致母公司利益受损,导致董事、监事、高级管理人员个人利益与公司利益冲突,故篡夺子公司的商业机会的行为也属于本条规定的谋取公司商业机会的行为。如此理解，方能保障公司及其他股东的合法权益，真正实现公司法设置忠实义务的立法本意。否定观点认为，《公司法》对民事责任主体作出了明确具体的严格限制。母子公司人格独立，子公司的商业机会不能等同于母公司的商业机会。在母公司的董事、监事和高级管理人员并不在子公司任上述职务的情形下，不能认定其利用职务便利获得和利用子公司商业机会属于本条规定规制范围。

【司法案例】

徐某某等与甲公司损害公司利益责任纠纷案①

诉讼结论：我国《公司法》规定的高级管理人员，包括公司的副总经理。商业机会属于公司营业执照业务范围，且公司没有拒绝利用该机会，公司高级管理人员也没有证据证明公司没有能力利用该商业机会，应认定该机会属于公司机会。公司高级管理人员在公司任职期间，利用其担任控股股东的公司篡夺其因职务之便获得的公司机会，给公司造成损失，属于篡夺公司机会行为，应对公司承担赔偿责任。

基本案情：甲公司成立于2012年9月20日，法定代表人陈某，经营范围包括环境领域技术开发、技术推广、技术转让、技术咨询、技术服务等乙公司成立日期为2010年11月15日。两公司为关联公司，张某某为两家公司的实际控制人。

2015年6月1日，徐某某与乙公司签订有2015年6月1日至2018年5月31日固定期限劳动合同，并于2018年6月1日续订无固定期限劳动合同。2019年1月9日，徐某某与乙公司签订《协议书》，协议解除双方劳动关系。

2018年2月9日，甲公司做出〔2018〕人字第001号《人事任命通知》，任命徐某某为公司兼职副总经理，负责处理公司特定事务。2018年12月12日，甲公司和乙公司联合做出《人事安排通知》："徐某某借调到甲公司兼任销售副总经理，主管国内销售及市场工作。"该人事安排通知以邮件群发方式送达包括徐某某在内的相关人员。

丙公司成立日期为2018年4月13日，注册资本500万元，由徐某某100%持股，并由徐某某担任法定代表人。丙公司经营范围：从事环保科技、水污染处理技术、固体废物污染处理技术领域内的技术开发、技术咨询、技术服务、技术转让等。水合公司成立日期为2018年11月23日，注册资本100万元，股东为徐某某持股95%，王某某持股5%，并由王某某担任法定代表人。水合公司经营范围：从事智

① 参见北京市海淀区人民法院（2019）京0108民初51601号民事判决书、北京市第一中级人民法院（2021）京01民终6267号民事判决书。

能科技、环保科技、水污染处理技术、废气处理技术、固体废物污染处理技术领域内的技术开发等。

上海公卫项目是指上海公卫中心焚烧炉项目，第一阶段是 2017 年 3 月，招标项目为焚烧炉采购，中标单位为丁公司，丁公司是该项目的总包方，甲公司为总包方提供技术服务，乙公司为总包方提供设备配件。第二阶段是 2018 年，招标项目为焚烧炉委托运行管理服务，甲公司中标焚烧炉委托运行管理服务项目。2017 年至今，上海公卫中心一直是甲公司的客户。徐某某任甲公司主管销售的副总经理，主管上海公卫项目及国内市场工作，在上海公卫项目中主要负责与项目委托方的磋商合作、商业谈判及推进招投标项目的进行。

2018 年 7 月，丙公司（需方）与戊公司（供方）签订《实验室废液处理系统采购合同》，约定丙公司采购实验室综合废液处理系统 XSYFYH-20L-D 及服务 1 套和系统资料 2 套。2019 年 3 月，上海公卫中心（甲方）与丙公司（乙方）签订《实验室废液即时处置项目设备租赁合同》，约定甲方租赁乙方 20L/D 实验室废液“一站式即时”处理设备 1 台，租赁期限 2019 年 3 月 1 日至 2024 年 2 月 29 日，租赁价格为每年 19.6 万元。2019 年 3 月，上海公卫中心（甲方）与水合公司（乙方）签订《上海公卫中心实验室废液即时处置项目设备运行服务合同》，约定甲方委托乙方对 20L/D 实验室废液处理设备进行操作、维护和保养。服务期限为：2019 年 3 月 1 日至 2020 年 2 月 29 日，若合同到期，双方无异议，服务期限自动续延 1 年。服务费用：每年 9.6 万元。2019 年，徐某某向张某某发送电子邮件，就前述其控股两公司与上海公卫中心签订合同事情道歉，称考虑过是否与甲公司的利益冲突问题。

甲公司向法院起诉请求：(1) 请求判令徐某某、丙公司、水合公司立即停止经营与甲公司经营业务同类的业务；(2) 请求判令徐某某、丙公司、水合公司立即将损害甲公司利益所得的全部收入 100 万元及利息返还给甲公司，并对各年利润按同期银行贷款利率向甲公司支付利息至实际返还之日；(3) 依法判令徐某某、丙公司、水合公司承担本案诉讼费、保全费等。

法院认为：徐某某系甲公司高级管理人员。判断董事、高管人员获得的商业机会是否构成公司的商业机会，应当同时考虑以下因素：一是公司商业机会是否为董事、高管人员在执行公司职务过程中获得。二是公司商业机会是否与公司经营活动密切相关。三是公司商业机会是否为董事、高管人员有义务向公司披露的。首先，上海公卫废液处理项目的一方是上海公卫中心，上海公卫中心是甲公司客户，现徐某某未能提交有效证据证明其获知上海公卫废液处理项目系基于其个人身份，故应认定其系在执行甲公司职务过程中获得，应属甲公司的商业机会。其次，虽然甲公司未实际开展过类似上海公卫废液处理项目业务，但该业务的开展在甲公司经营范围内,不需要特殊资质,徐某某未能提举有效证据证明甲公司在明知存在上海公卫废液处理项目商业机会的情况下,明确表示拒绝,故应认定该商业机会对甲公司具有可利用性且与公司经营活动密切相关。最后,徐某某系在执行甲公司职务过程中获得的商业信息和机会,即负有向甲公司披露的义务。综上,应认定案涉上海公卫废液处理项目属于甲公司的商业机会,徐某某通过丙公司、水合公司利用该商业机会开展经营活动,谋取了甲公司的商业机会,侵害了甲公司的合法权益。

第一百八十四条　董事、监事、高级管理人员未向董事会或者股东会报告,并按照公司章程的规定经董事会或者股东会决议通过,不得自营或者为他人经营与其任职公司同类的业务。

【条文主旨】

本条是关于董事、监事、高级管理人员竞业禁止的规定。

【条文理解】

本条是在对《公司法》(2018年)第148条进行修正的基础上进行的规定。《公司法》(2018年)第148条规定:"董事、高级管理人员不得有下列行为:……(五)未经股东会或者股东大会同意,利用职务便利为自己或者他人谋取属于公司的商业机会,自营或者为他人经营与所任职公司同类的业务……"本次修改,将该事由单独作为一条进行规定,并从义务主体、竞业范围、决议机构三个方面进行了修改。一是增加了公司监事这一义务主体。二是将竞业范围由原规定的"与所任职公司同类的业务"修改为"与其任职公司同类的业务"。三是将决议机构由原规定的股东会或者股东大会修改为按照公司章程的规定经董事会或者股东会决议。

一、概念界定及法理基础

竞业禁止义务,又称同业禁止义务,是指董事、监事、高级管理人员负有不得未经公司决议机构批准自营或者为他人经营与本公司存在竞争关系的同类业务的义务。

董事、监事、高级管理人员依据职责,均可了解公司经营状况、经营信息等关系公司经营发展的事项,如果上述主体自营或为他人经营与其任职公司同类的业务,将会与所任职公司产生利益冲突、损害任职公司合法商业利益。因此,董事、监事、高级管理人员从事竞业业务,应当经过公司董事会或者股东会决议通过,否则,上述行为属于违反忠实义务的行为,应当予以禁止。基于前述考虑,世界两大法系国家均规定了竞业禁止义务,我国《公司法》也不例外。

二、违反竞业禁止义务的认定要件

构成违反竞业禁止义务必须符合以下三个要件:

(一)主体要件

本条规制的义务主体是公司董事、监事和高级管理人员。监事的职责是监督业务执行情况和检查公司财务状况,是监督权主体,基于其身份和地位,其也可以接触、获得和利用与公司经营义务范围相关的信息和机会,故本条将监事纳入规制的主体范围。

(二)行为要件

关于该要件的理解,主要应注意以下两点:

一是董事、监事、高级管理人员经营与其任职公司同类的业务。在司法实务中,在认定"同类业务"时,应采取形式判断标准与实质判断标准相结合的认定标准。形式判断,一般以公司章程或者营业执照载明、企业信息公示系统中登记的营业范围为判断依据。实质判断,一般以公司实质从事的经营活动作为判断依据。在司法实务中,应予注意的是,必须两种判断标准结合判断,而不能只偏重一种标准,否则容易导致以偏概全。在个案中,应注意区别具体情况进行综合认定。其根本判断标准为是否存在本条规定的义务主体利用职务便利从事的导致其与公司间的利益冲突的竞业行为。考虑到经营范围登记类别是工商部门划分的大类,所以,在具体个案中考察是否属于"同类业务"时,不应仅从依法登记的经营范围是否重合进行判断,还应当结合实际经营内容、服务对象或者产品受众、对应市场等方面进行综合判断。例如,互联网企业在注册登记时,往往经营范围都包括了软硬件开发、技术咨询、技术转让、技术服务,但事实上,不同的互联网企业有其侧重。在审判实务中,应结合该企业实际确定的经营范围进行确定。如某互联网公司专注于金融数据、信息和软件服务,但另一互联网公司则专注于文艺信息、数据和视频开发,则不能认为两者为是"存在竞争关系的同类业务"。如果前一公司的董事又为后一公司的高级管理人员,且不存在利用前一公司职务便利为后一公司利用以谋取个人私利的情形,则不能认定构成竞业禁止行为。

二是这里规定的经营,包括自营或者为他人经营两种情形。

(三)未履行法定程序要件

这里的法定程序要件是指公司董事、监事和高级管理人员应对公司披露竞业信息,且竞业行为应经公司股东会或者董事会决议。如前所述,本条禁止的是导致公司董事、监事、高级管理人员个人利益与公司利益发生冲突,违反忠实义务的行为。忠实义务要求上述主体在履行职责时应以公司利益为先,因此,如需从事竞业行为,应先向公司相关决议机构报告并由其决定是否同意。如果竞业行为不损害公司利益,甚至有利于公司,则无须禁止。作此规定,有利于平衡公司与董事、监事、高级管理人员的利益关系,有助于促进商事交易,增进社会经济利益,符合公司法关于该问题规定的发展趋势。

本条规定,应向公司董事会或者股东会报告,并按照公司章程的规定经董事会或者股东会决议通过。如果公司董事、经理和高级管理人员向公司披露利用公司机会事宜,且该行为获得公司董事会或者股东会决议批准,则上述行为为合法行为。因公司机会所涉事项不同,故其可能属于董事会决议事项也可能属于股东会决议事项,且在公司实务中,股东会并不经常召开,作此修改也有助于保证交易的效率性。在实践中,公司应在公司章程中明确哪些事务需由董事会或者股东会决议,以免出现争议。因此,本条特别规定"并按照公司章程的规定经董事会或者股东会决议通过"。如前所述,义务主体在披露信息时应全面充分准确,并表明存在个人与公司的利益冲突,以便董事会或者股东会在全面了解事实的基础上作出理性决议。

【司法适用】

一、公司法上的竞业禁止与劳动法上的竞业限制的区别

(一)法律依据、法理依据以及定义不同

前者法律依据是《公司法》的本条规定,法理依据是基于诚实信用原则,作为公司的受托人,董事、监事、高级管理人员应履行忠实义务,不能利用职务便利未经公司决议机构批准而从事与任职公司同类业务,以避免公司利益与个人利益发生冲突,损害公司利益。后者法律依据是《劳动合同法》第 23 条、第 24 条的规定,其含义是承担保密义务的劳动者根据约定负有在离开用人单位一定期限内不得自营或者为他人经营与原用人单位有竞争的业务。作此规定的目的,是用人单位通过在劳动合同中约定竞业限制条款的方式对劳动者就业权的一定限制,以淡化劳动者在职期间所掌握的用人单位的技术秘密和经营信息,用以保护自身商业秘密。通过对劳动者离职后择业范围进行适当、合理的限制,不仅能够防止企业的商业秘密受到侵犯,而且还能够促进建立公开、公平的竞争环境,避免不正当竞争行为的发生。正因如此,两者的权利来源不同,前者来源于法律强制性规定,即使当事人不进行约定,该义务也必须遵守。后者则是法律赋予用人单位签订竞业禁止条款的权利,但是否约定、如何约定,取决于用人单位与劳动者在法律范围内的自由约定,故有观点将前者称为法定竞业禁止义务、后者称为约定竞业禁止义务。

(二)适用对象不同

前者适用的对象是《公司法》本条规定的董事、监事、高级管理人员。根据《劳动合同法》第2条、第23条、第24条的规定，后者适用的对象是我国境内的企业、个体经济组织、民办非企业单位等组织内负有保密义务的劳动者，限于用人单位的高级管理人员、高级技术人员和其他负有保密义务的人员。在实务中，一般包括用人单位的高级管理人员、研究开发人员及技术员工、管理部门人员、财会、秘书人员、重要岗位的工人等。

（三）适用期限以及范围不同

根据本条的规定，前者的适用范围为自营或者为他人经营与任职公司同类业务。关于适用期限，由于其限定的为“利用职务便利”，故一般认为，适用于董事、监事、高级管理人员任职期间。但近年来，关于《公司法》有关竞业禁止的规定是否对离职后的本条所涉义务主体适用，存在争议。第一种观点认为，本条所规定的竞业禁止义务，应仅限于义务主体在任职期间，因为只有在任职期间，才存在受托义务问题。离职以后，不存在本条所规定的义务主体与公司之间的信托或者委托法律关系，也不存在竞业禁止义务。而且，在任职期间，公司给予本条所规定的义务主体的薪酬中包括了其遵守竞业禁止义务的对价。如果该义务延伸到离职期间，则公司应给予相应补偿，方为公平。而关于离职后的竞业限制，《劳动法》有相应的规定，且明确用人单位应给予补偿金。因此，本条所涉义务主体离职后有权在同类业务公司中任职，应受《反不正当竞争法》或《劳动法》的约束。第二种观点认为，本条所规定义务主体虽已离职，但其行为具有一定的连续性，为了防止本条所规定的义务主体离任后滥用权利，损害公司利益，其离职后也应当负有竞业禁止义务。第三种观点认为，离任以后，由于本条所规定的义务主体在公司任职期间而产生的权利及其影响并不会因其与公司之间法律关系的解除而自动终止，一旦离任后其不当使用该权利，则可能损害公司的利益，故在离任后不能完全免除其对公司的竞业禁止义务。但其离任后的竞业禁止义务虽系其在任职期间竞业禁止义务的延续，但并不完全相同，对此应当存在一定的限制，即应是离职后经营的同类业务确系其在公司任职期间接洽、联系，或者确实利用了其在公司任职期间的职务或者影响的，方可认定离职后违反了竞业禁止义务，并应当承担相应的赔偿责任。关于后者的适用期限和适用范围，根据《劳动合同法》第24条的规定，竞业限制的范围、地域、期限由用人单位与劳动者约定，竞业限制的约定不得违反法律、法规的规定。在解除或者终止劳动合同后，前款规定的人员到与本单位生产或者经营同类产品、从事同类业务的有竞争关系的其他用人单位，或者自己开业生产或者经营同类产品、从事同类业务的竞业限制期限，不得超过2年。上述规定，允许用人单位与当事人对竞业地域进行约定。一般理解认为，其主要适用于离职后的期间。

（四）是否享有经济补偿存在不同

董事、监事、高级管理人员履行《公司法》上的竞业禁止义务不享有经济补偿。根据我国《劳动合同法》第23条第2款的规定，对负有保密义务的劳动者，用人单位可以在劳动合同或者保密协议中与劳动者约定竞业限制条款，并约定在解除或者终止劳动合同后，在竞业限制期限内按月给予劳动者经济补偿。用人单位要给予劳动者补偿的法理基础在于，竞业限制后，劳动者的择业权将会受到限制。劳动者在竞业限制期内不能从事自己擅长的专业或工作，其经济收入和生活质量将会有不同程度的降低，此损失是因保护用人单位的商业秘密造成。此外，用人单位因为该劳动者未参加该行业的劳动或竞争，可能现时或潜在的从中获取相应的商业利益，因此，依据公平原则，用人单位应当给予劳动者合理的补偿，以弥补劳动者由于不能从事约定的工作而造成的损失。

（五）违反义务规定的法律责任不同

根据我国《公司法》的规定，违反《公司法》规定的竞业限制义务的，公司可依法主张归入权和要求义务主体承担赔偿责任。根据我国《劳动合同法》第23条的规定，劳动者违反竞业限制约定的，应当按照约定向用人单位支付违约金。

二、关于竞业禁止行为与篡夺公司商业机会行为的区别

在公司实务中，两种行为有交叉重叠之处，但由于董事、监事、高级管理人员违反竞业禁止义务并不必然同时利用公司商业机会，而且，经营与任职公司同类业务属于长期经营行为，而篡夺公司商业机会则多为一时性行为，故两者本质上存在不同。

三、关于董事、监事、高管人员的关联关系人是否也应受竞业禁止义务之限制

本条没有对该问题进行规定。是否限制，应以董事、监事、高管人员的关联关系人的行为是否可以实质上认定为董事、监事、高管人员行为，是否导致个人利益与公司利益相冲突而定。

四、高级管理人员在公司任职期间设立了与所任职公司同类的业务，但该公司并未经营，且经审计也未产生利润，是否属于违反竞业禁止义务行为

对于该问题，存在争议。第一种观点认为，本条规定仅对公司高级管理人员经营与任职公司同类业务进行规制，但未对设立同类公司这一行为进行规制，设立同类公司但未实际经营，恰恰是遵守了竞业禁止义务。第二种观点认为，公司高级管理人员在任职期间，应当履行忠实义务，这一义务不仅包括禁止经营同类业务，还应当包括禁止设立同类公司，故设立同类公司这一行为本身就违反了竞业禁止义务。第三种观点认为，关于这一问题，应从本条规定的立法目的和保护的法益进行分析。本条规定公司高级管理人员的竞业禁止义务，目的是防止公司高级管理人员利用职务便利在经营与公司具有竞争性的同类业务时，使其自身利益与公司利益发生冲突，损害公司利益。这里的“经营”应作广义理解，既应包括实质经营行为，也应包括虽未进行实质经营，但为经营进行前期准备的接洽、联系等事务。故尽管高级管理人员设立的与任职公司具有竞争性的同类业务的公司在其任职期间未从事实际经营活动、未产生利润，但如果该高级管理人员在任职期间从事了为其设立公司进行经营进行前期准备的接洽、联系等事宜，且将相关接洽、联系费用由任职公司负担，在其离职后的一定时间内，该高级管理人员设立的公司连续前期经营准备行为、进行了经营，则可以认定该高级管理人员违反了竞业禁止义务，其任职期间可以依法主张其赔偿公司支付的接洽、联系等费用损失。

【司法案例】

1. 甲公司诉赵某损害公司利益纠纷案

诉讼结论：公司董事在任职期间成立并经营与任职公司业务范围相同的个人独资公司，虽然后期其将公司的股东和法定代表人变更为其妻子，但其为该公司实质控制人，故该行为应认定为竞业禁止行为。

基本案情：赵某为甲公司股东并担任公司董事。甲公司于 2018 年 3 月成立，注册资本为 717,500 元，企业类型为有限责任公司，经营范围纸箱制造、印刷（含商标）、销售；纸张购销；化工产品（危险品除外）销售。甲公司经工商部门核准成立后，即按其经营范围进行生产经营。2020 年 3 月，赵某向工商行政管理局申请设立了一家独资公司甲纸箱包装印刷公司，企业法定代表人为赵某告，经营范围为纸箱制造、印刷（含商标）、销售；纸张购销；塑料包装制品制造、销售。甲纸箱包装印刷公司自成立后按其经营范围进行生产经营。

2021 年 5 月，甲公司以赵某从事同其公司同类的营业活动而获取利益，从而损害其合法权益为由，向法院提起诉讼，要求赵某立即停止自营活动，并将其自营期间（自 2020 年 3 月至诉讼提起时）的收入 20,000 元归甲公司所有。案件审理过程之中，赵某于 2021 年 6 月到工商部门申请将甲纸箱包装印刷公司股东和法定代表人均变更为其妻子夏某。

法院认为：赵某系甲公司董事，应当遵守《公司法》关于不得自营或者为他人经营与其所任职公司同类的业务的规定。赵某在其所任职期间成立并经营与甲公司相同类型的营业活动，尽管后期将甲公司股东及法定代表人变更为其妻子夏某，但该公司实质控制人以及经营范围和内容没有改变。从本质上说，赵某仍为自身的利益而进行的生产经营，赵某的这一行为已损害了原企业公司的利益，赵某应当停止经营与甲公司相同类型的营业活动。

2. 上诉人袁某某与被上诉人甲公司，原审第三人乙公司损害公司利益责任纠纷案①

诉讼结论：公司高级管理人员在任职期间注册本人独资设立的公司并担任法定代表人，后虽不再担任法定代表人，但对公司仍具有控制权。虽然公司高级管理人员主张其设立的公司只是营业执照登记的范围与任职公司的营业范围有交叉，但实际经营业务并无重合，但在法院依法委托会计师事务所对两公司业务情况开展司法审计时，其未按照要求提供相应鉴材，故其应承担举证不能的法律责任，应认定其经营与任职公司同类业务。在该行为未经公司股东会决议的情形下，应认定其从事了竞业禁止行为。

基本案情：2018 年 4 月 10 日甲公司成立，经营范围为计算机软件开发、技术推广、技术转让、技术咨询、技术服务；软件销售；科技项目评估、代理服务；企业管理；科技信息、财务、工商、税务的咨询服务；知识产权代理及咨询服务；标识标牌设计及制作；企业品牌策划；市场营销策划；职业中介服务（不含出国劳务）。法定代表人为门某某，赵某任总经理。赵某提交了 2018 年 4 月 12 日赵某签订的《甲公司业务协议》，其内容为：为更好地开展泰安地区业务，有利于长远合作，并使泰安公司利益最大化，经商议形成以下规定：(1) 公司经营常规业务为高新技术企业认定、研发费用加计扣除、高新技术企业所得税备案；(2) 作为股东，泰安地区负责人有责任保证公司常规业务的开展，有责任保证高新技术企业认定、研发费用加计扣除、高新技术企业所得税备案业务公司常规得以确保在泰安汇桥签订合同。除此之外的业务，双方具体如何开展，公司不做强求。该业务协议上加盖了甲公司公章和法定代表人门某某的私章，有赵某、袁某某的签字。庭审中，甲公司诉称对此协议不知情，主张系赵某管理公司印鉴时自行加盖。

2018 年 4 月 18 日，第三人乙公司成立，该公司为有限责任公司（自然人独资），法定代表人及股东为袁某某。经营范围为：计算机软件开发与销售，计算机技术推广、技术转让、技术咨询、技术服务、知识产权代理服务等。

2019 年 12 月 26 日，甲公司、赵某签订公司注销协议一份，其内容为，法人门某某、股东袁某某，经双方沟通同意注销甲公司，并于 2019 年 10 月以后不用甲公司开展任何业务。注销日期根据公司 2019 年 10 月之前业务完结，商议注销。袁

---

① 参见泰安高新技术产业开发区人民法院（2022）鲁 0991 民初 82 号民事判决书、山东省泰安市中级人民法院（2022）鲁 09 民终 3941 号民事判决书。

某某于2019年12月26日将公章、法人章、财务章、合同章全部移交法人门某某。该协议由甲公司加盖公章，门某某、袁某某签字。

同时查明，2020年3月19日，第三人乙公司名称变更为丙公司，法定代表人及股东由袁某某变更为苑某某。

同年4月13日，甲公司以赵某经营第三人乙公司损害甲公司利益为由诉至法院。审理过程中，甲公司申请对第三人乙公司科技服务类业务相关情况进行审计。申请审计期间：2018年4月18日起至2021年6月7日；审计范围：第三人乙公司开展的专利及计算机软件著作权申报、高新技术企业认定咨询、科技项目申报咨询、研发费用加计扣除咨询、研发平台申报咨询、软件企业及软件产品认定咨询等业务；审计内容：上述业务合同总金额、合同对应应收及应收款项情况、合同直接成本及合同利润情况。根据案件审理情况，因双方当事人均未按照要求提交补充资料，致委托业务无法进行，故将委托业务退回。

2018年4月18日至2020年3月19日，第三人乙公司通过其账户向赵某转款合计165,780元。

甲公司向一审法院提出诉讼请求：(1)请求依法判令赵某、袁某某自2018年4月18日起至2020年3月19日从第三人乙公司所得的全部收益归甲公司所有(收益数额353,809.77元)；(2)本案诉讼费及其他相关费用由赵某承担。

庭审中，赵某称现已不在第三人乙公司任职工作，只在第三人乙公司缴纳社保。

法院认为：一审法院认为，本案的争议焦点为：赵某是否实施了损害甲公司利益的行为及收益的数额。《公司法》第148条规定："董事、高管人员的禁止行为：……(五)未经股东会或者股东大会同意，利用职务便利为自己或者他人谋取属于公司的商业机会，自营或者为他人经营与所任职公司同类的业务；……(八)违反对公司忠实义务的其他行为。董事、高级管理人员违反前款规定所得的收入应当归公司所有。"赵某自2018年4月10日起任甲公司总经理，属于该公司高级管理人员。赵某未经甲公司股东会或股东大会许可，在担任该公司高级管理人员期间开设第三人乙公司，利用职务便利谋取属于公司的商业机会，自营与所任职公司同类的业务，违反了法定关于竞业禁止的规定，客观上造成甲公司的损失。一审判决：(1)袁某某于判决生效后10日内向甲公司支付165,780元；(2)驳回甲公司的其他诉讼请求。

袁某某提起上诉。

二审中，袁某某自认乙公司的现法定代表人苑某某是其亲堂弟的配偶，其将该公司股份转让给苑某某，苑某某未支付对价，目前该公司注册资本没有实际缴纳,上诉人袁某某对公司有控制,苑某某也有控制。

二审法院认为,袁某某自2018年4月10日起担任甲公司总经理一职,在未经甲公司股东会同意的情况下,其于2018年4月18日以自然人独资的方式注册成立山东科迅信息技术有限公司,并担任公司法定代表人,经营业务与被上诉人甲公司亦属于同类业务,其违反公司法的规定所取得的收入应当归甲公司所有袁某某主张,其注册成立的乙有限公司与甲公司只是营业执照经营范围有重合之处,但实际经营业务并无重合,但经一审法院依法委托某会计师事务所对两公司业务情况开展司法审计,上诉人袁某某与原审第三人乙公司均未按照要求提供相应鉴材,结合上诉人袁某某二审自认的其仍对第三人乙公司享有一定控制权的陈述,一审法院认定应由袁某某承担相应举证责任并无不当,本院对袁某某有关乙公司与甲公司实际经营业务并无重合的主张不予采信。该院判决驳回上诉,维持原判。

第一百八十五条　董事会对本法第一百八十二条至第一百八十四条规定的事项决议时,关联董事不得参与表决,其表决权不计入表决权总数。出席董事会会议的无关联关系董事人数不足三人的,应当将该事项提交股东会审议。

【条文主旨】

本条是关于董事会对《公司法》第182条至第184条规定的事项决议时关联董事表决回避规则的规定。

【条文理解】

本条是2023年《公司法》修订时新增加的规定,借鉴了《公司法》(2018年)第124条关于上市公司的关联董事表决回避规则。2023年修订,《公司法》在增加公司董事、监事、高级管理人员对涉及违反忠实义务的《公司法》第182条至第184条规定的事项负有报告义务的同时,增加了关联董事表决回避规则的规定。

一、关联董事回避表决规则以及本条规定的必要性和重要性

关联董事表决回避规则是指董事与董事会议上的决议事项有关联关系时,该董事或其代理人不得对该决议行使表决权的规则。

董事表决回避规则是《公司法》下表决权回避制度的重要组成部分,也是董事会决议公平的重要保障。《公司法》(2018年)仅在第16条及第124条明确规定了关联董事表决回避规则,但并未对董事会对本条所涉事项进行表决时是否应遵循董事表决回避规则进行规定。其原因当然与《公司法》(2018年)对相关事项进行决议的决议机构是公司的权力机构股东会有关，但应当说，在 2023 年修订已经规定了决议机构可以是公司董事会的情形下，就存在需对关联董事是否应遵循表决回避规则问题进行规定的必要。

关联董事表决回避制度的功能主要有四：一是防止董事滥用权利，二是兼顾公司决策的公平与效率，三是实现公司及董事会治理的优化，四是维护公司良好的运营秩序和保护公司权益。自我交易、篡夺公司机会、竞业禁止等行为均涉及公司的合法权益保护问题。基于关联董事与进行自我交易、篡夺公司机会、从事与竞业禁止行为的义务主体的利益相关性，如果允许关联董事在董事会上对上述事项进行表决，则可能产生因关联董事表决权占多数而导致损害公司利益的前述事项被董事会决议通过的问题。因此，本条对关联董事表决回避制度进行了规定。作此规定，有利于实现关联董事表决回避制度的目的以及《公司法》第 182 条至第 184 条规定的立法目的。

二、本条规定具有强制性

本条的理解与适用，应注意以下四点：

一是本条是对关联董事法定义务的规定，关联董事必须遵守。我们倾向于认为本条属于强制性规定，若关联董事违反了本条所规定的回避事项，将导致董事会决议无效。

二是本条适用的范围是董事会对《公司法》第 182 条至第 184 条规定的事项进行决议的情形。

三是本条规定的回避方式是关联董事不得参与表决，其表决权不计入表决权总数。应予注意的是，关联董事不得参与表决，既包括其本人不得参与表决，也包括其不得委托代理人参与表决。

四是在出席董事会会议的无关联关系董事人数不足 3 人时，应当将该事项提交股东会审议。出席董事会的无关联关系董事人数太少，容易造成少数人操纵表决，使董事会会议决议难以体现大多数股东的意志和利益。因此，为了有效地保护公司和多数股东的利益，当出席董事会的无关联董事人数不足 3 人时，应当将本条所涉事项提交公司股东会会议审议。

【司法适用】

在审判实务中，关于本条规定的正确适用，应注意正确判断何为关联董事。此外，本条规定往往会涉及董事会决议的效力认定问题，应注意结合个案具体情况依法进行判定。可参照《公司法》第 139 条的规定，关联董事是指该董事与董事会会议决议事项所涉及的企业或者个人有关联关系的董事。依照《公司法》第 265 条第 4 项的规定，关联关系是指公司控股股东、实际控制人、董事、监事、高级管理人员与其直接或者间接控制的企业之间的关系,以及可能导致公司利益转移的其他关系。但是,国家控股的企业之间不仅因为同受国家控股而具有关联关系。

在审判实务中,可能出现本条所涉关联董事未履行报告义务对本条所涉事项进行表决、造成公司损失的责任认定问题。因此,有观点认为,应配套规定关联董事的报告义务。未尽该义务,应认定该关联董事未尽忠实义务,因此给公司造成的损失,应与从事本条所涉事项的董事、监事或者高级管理人员对公司承担连带赔偿责任。

此外,有观点认为,还应规定关联股东在对《公司法》第 182 条至第 184 条规定的事项进行决议时的表决回避制度。理由为:《公司法》第 22 条明确规定,"公司的控股股东、实际控制人、董事、监事、高级管理人员不得利用关联关系损害公司利益。违反前款规定,给公司造成损失的,应当承担赔偿责任"。规定关联股东表决回避制度有助于保障股东公正行使表决权,保障股东会决议的公平性,更好保护公司利益。

第一百八十六条　董事、监事、高级管理人员违反本法第一百八十一条至第一百八十四条规定所得的收入应当归公司所有。

【条文主旨】

本条是关于公司行使归入权的规定。

【条文理解】

本条所规定的归入权,是指公司依法享有的,对公司董事、监事、高级管理人员等违反忠实义务等特定行为而获取的利益收归自己所有的法定权利。

"任何人不得从自己的违法行为中获利",是公司法确立归入权制度的自然法基础。公司归入权制度最早源于美国证券法领域。随着法律制度的不断扩展,归入权制度在公司法领域也逐渐适用。我国 1993 年在《公司法》中引入这一制度,《公司法》(1993 年)第 61 条第 1 款规定:"董事、经理不得自营或者为他人经营与其所任职公司同类的营业或者从事损害本公司利益的活动。从事上述营业或者活动的,所得收入应当归公司所有。"《公司法》(2005 年)第 149 条第 2 款、《公司法》(2018 年)第 148 条第 2 款规定:"董事、高级管理人员违反前款规定所得的收入应当归公司所有。"本条规定:"董事、监事、高级管理人员违反本法第一百八十一条至第一百八十四条规定所得的收入应当归公司所有。"就归入权的义务主体、适用行为等内容进行了修改。

一、归入权的主体

(一)权利主体

主张归入权的主体应当是公司,因此相关归入权诉讼的原告一般应当是公司。由于公司董事、监事、高级管理人员可能存在怠于提起诉讼的情形,因此,符合条件的股东可以提起股东代表诉讼,此时该符合条件的股东即为原告。

(二)义务主体

归入权的义务主体包括董事、监事、高级管理人员及其利害关系人。

1. 董事、监事、高级管理人员

这是公司归入权行使的主要义务主体。《公司法》(1993 年)规定的归入权义务主体是董事、经理。《公司法》(2005 年)、《公司法》(2018 年)规定的归入权义务主体则是董事、高级管理人员。在实践中,监事也存在实施自我交易等行为损害公司利益并自己获取利益的可能性。因此,本条对《公司法》(2018 年)的内容作了相应修改,将监事也纳入归入权的义务主体范围。

2. 特定情形下董事、监事、高级管理人员的利害关系人

《公司法》第 182 条第 2 款规定:"董事、监事、高级管理人员的近亲属,董事、监事、高级管理人员或者其近亲属直接或者间接控制的企业,以及与董事、监事、高级管理人员有其他关联关系的关联人,与公司订立合同或者进行交易,适用前款规定。"因此,董事、监事、高级管理人员的上述利害关系人,与公司订立合同或者进行交易而获取利益,也可以成为归入权的义务主体。

二、归入权的对象

归入权的对象应是董事、监事、高级管理人员及其利害关系人因违反《公司法》规定的忠实义务等特定行为而取得的收入。

(一)收入应当是基于违反忠实义务等特定行为的所得

本条规定公司行使归入权的情形主要是董事、监事、高级管理人员违反《公司法》第 181 条至第 184 条规定的行为。其中第 181 条所规定的情形包括:侵占公司财产、挪用公司资金;将公司资金以其个人名义或者以其他个人名义开立账户存储;利用职权贿赂或者收受其他非法收入;接受他人与公司交易的佣金归为已有;擅自披露公司秘密;违反对公司忠实义务的其他行为。违反第 182 条规定的行为,则是指董事、监事、高级管理人员,或者其近亲属,以及其本人或者其近亲属直接或者间接控制的企业,或者与其有其他关联关系的关联人,未向董事会或者股东会报告,并按照公司章程的规定经董事会或者股东会决议通过,直接或者间接与本公司订立合同或者进行交易的行为。违反第 183 条规定的行为是篡夺公司商业机会的行为。违反第 184 条规定的行为是违反竞业禁止义务的行为。董事、

监事、高级管理人员及其利害关系人非因违反《公司法》第181条至第184条规定所得的收入，不属于公司行使归入权的对象。

（二）收入应当是董事、监事、高级管理人员及其利害关系人的所得收入

因董事、监事、高级管理人员及其利害关系人违背忠实义务等特定行为，使他人受益而获得的利益不属于归入权的范围，如果公司因此受到损失，可以按有关法律规定对相关主体主张承担相应的民事责任。

三、归入权的范围

关于归入权的范围即归入权的数额确定，是司法实践中难度较大的问题。在董事、监事、高级管理人员及其利害关系人实施违反忠实义务等特定行为的情况下，公司往往很难获知董事、监事、高级管理人员及其利害关系人的所得收入，取证存在不同程度的困难。

《公司法》及相关司法解释并未规定收入的确定或者计算方法。在司法实践中，也存在不同做法。通常情况下，就董事、监事、高级管理人员等的收入因其特定行为的不同而有所不同：

（1）侵占公司财产行为中，公司可请求将董事、监事、高级管理人员从侵占公司财产所获得的占用费等作为其收入。以侵占的公司财产进行交易的，则交易中所得利益也应作为其收入。

（2）挪用公司资金，将公司资金以其个人名义或者以其他个人名义开立账户存储的行为所得收入，通常为相关资金的利息等；挪用公司资金进行经营的，经营所得利益也可作为其收入。

（3）利用职权贿赂或者收受其他非法收入、接受他人与公司交易的佣金归为已有，以及擅自披露公司秘密行为所对应的收入，通常是指贿赂、佣金或者其他非法收入本身。

（4）未向董事会或者股东会报告，并按照公司章程的规定经董事会或者股东会决议，直接或者间接与本公司订立合同或者进行交易以及篡夺公司机会、违反竞业禁止义务的行为所得收入，金额一般难以确定，多数情况下需要借助第三方中介机构（会计师事务所）以专项审计的方式对经营收入、利润进行审计，采用审计报告结论作为判定收入金额的依据。

董事、监事、高级管理人员等人员的上述特定行为，往往会在其他公司、企业获得收入，通常表现为薪酬、奖金等，而对于其在相关公司、企业已经获得或者可以获得的盈余分配等应否纳入收入范围，在司法实践中存在不同观点。有观点认为，从归入权的性质上来看，只要是因相关人员违反忠实义务等特定行为而取得的不正当收益，都属于归入权的权利范畴，按照此原则，收入不以实际取得为限。

而且,根据公司经营惯例,只要公司章程规定了盈余分配比例,就存在将来获取收益的可能。所以,以应得收入界定归入权范畴更加能体现立法原意,有利于保护公司合法利益,制裁不诚信的违法侵权行为。因而,有的法院以其他公司、企业年度未分配利润为基数,乘以董事、监事、高级管理人员等人员在该公司、企业的持股比例,得出其可从相关公司、企业分得的利润额为收入确定归入权数额;有的法院则参照相关公司、企业营业收入及年检报告确认的费用,确认利润,再乘以董事、监事、高级管理人等人员的持股比例确定收入;也有以相关公司、企业的净利润为基数计算收入的情况。

需要注意的是,归入权的行使以董事、监事、高级管理人员等违反忠实义务等特定行为所得为基础,而不以该行为造成公司损失为前提,由此区别于对公司的侵权赔偿责任。

四、归入权的行使期间

《公司法》对此问题并未作出明确的规定,基于归入权的请求权性质,应当适用《民法典》关于诉讼时效期间的规定。

【司法适用】

关于公司归入权与损害赔偿请求权的竞合问题。

公司董事、监事、高级管理人员等违反法律规定义务的行为,既可能导致公司归入权的形成,也可能导致公司损害赔偿请求权的形成。在此情形下,公司应当行使何种权利,存在不同的观点。第一种观点认为应择一行使,公司只能根据情况和意愿行使一种权利,不能同时行使两种权利。第二种观点认为可以叠加行使,即公司可以重叠行使两种权利,当行使归入权之后尚有损害的时候,还可以行使损害赔偿请求权。第三种观点则认为应单独行使,即用法定的归入权代替损害赔偿请求权,特定人员违反对规定义务获得的收入即等同于损害额,将获得的收入交给公司即不再承担赔偿损害责任。

在择一行使情形下,如果选择适用损害赔偿方法,在侵权人收益大于公司损失的情形下,侵权人会获益,同时会限制公司对自身权益的救济;而如果选择适用或者单独适用归入权方法,在侵权人的收益小于公司损失的情形下,仍会限制公司对自身权益的救济。

因此,实践中多数观点认为,在保护公司利益与避免赔偿责任过重相结合原则的指导下,两种赔偿方式可以叠加适用,具体而言,首先应由公司行使归入权,把相关人员的收益归入公司,让行为人不能因此获得利益;其次在无法确定收益或者公司行使归入权后仍然不能救济公司损失时,可以一并行使损害赔偿请求权,进一步救济自身权益。[①] 归入权和损害赔偿请求权属于两种不同的请求权,但二者属于可以并存的权利,可以同时提起,前者在于没收被告的违法所得,后者在于赔偿原告的经济损失。从《民事案件案由规定》来看,两者案由均为"损害公司利益责任纠纷",属于同一案由,不涉及案由不同需要另案起诉的问题。

【司法案例】

1. 冷某峰、谢某与公司有关的纠纷案[②]

诉讼结论:公司执行董事兼经理出借资金并收取高额利息,该利息收入应当归公司所有。

基本案情:冷某峰为云创公司法定代表人,任执行董事兼总经理,谢某任云创公司监事。2016 年 1 月至 3 月,云创公司因资金困难需要对外贷款,冷某峰将自有资金假借"夏某平"、"陶某"(两人不存在)以及李某容的名义借给云创公司使用,合计 1240 万元。后云创公司按照约定日利率 5‰至 6‰向冷某峰支付利息共计 14,840,435 元。谢某起诉请求判令冷某峰向云创公司支付非法利息收入。

法院认为:冷某峰作为云创公司的执行董事兼总经理,属高级管理人员,理应履行对公司的忠实义务。由于云创公司章程中没有允许董事、高级管理人员同本公司订立合同或者进行交易的明确规定,且冷某峰假借他人的名义与云创公司订立借款合同,出借资金给云创公司,并未经股东会同意或得到另一股东谢某的同意。冷某峰的行为已经违反了《公司法》(2018 年)第 148 条第 1 款第 4 项的规定。冷某峰出借资金给云创公司并收取了高额利息,根据前述规定,冷某峰从云创公司所获得的利息收入应当归公司所有。

2. 鑫波食品(上海)有限公司与宋某涛损害公司利益责任纠纷案[③]

诉讼结论:可以根据董事、高级管理人员在从事同业经营而另设公司的持股比例并结合其他证据酌定董事、高级管理人员同业经营中所获得的个人收益。

基本案情:鑫波食品(上海)有限公司(以下简称鑫波公司)于 2011 年 4 月 2 日设立,经营范围为:生产、加工肉制品(香肠、火腿);公司章程规定,高级人员不

---

① 参见北京市建国出租汽车有限责任公司与张某成损害公司利益责任纠纷案,北京市东城区人民法院(2019)京 0101 民初 1289 号民事判决书、北京市第二中级人民法院(2020)京 02 民终 8216 号民事判决书。

② 参见重庆市高级人民法院(2020)渝民终 543 号民事判决书。

③ 参见上海市第二中级人民法院(2015)沪二中民四(商)终字第 793 号民事判决书。

得参与其他经济组织对本公司的商业竞争行为。宋某涛担任总经理。申根贸易(上海)有限公司(以下简称申根公司)于2012年6月7日设立,宋某涛及其父宋某根等为股东,经营范围为:批发非实物方式,预包装食品(不含熟食卤味、冷冻冷藏)等。鑫波公司以宋某涛严重违反《公司法》等规定,解除其总经理职务并诉至法院,请求判令宋某涛在职期间从申根公司取得的收入20万元(暂估)归鑫波公司所有。

法院认为:宋某涛担任鑫波公司总经理期间,与其父亲宋某根共同设立申根公司。申根公司的经营范围包括销售香肠、火腿等肉制品,且大量销售鑫波公司生产的香肠类制品,存在获利。应推定宋某涛利用职务便利为自己及申根公司谋取本属于鑫波公司的商业机会,并为申根公司经营与鑫波公司同类的业务,应当承担相应法律责任。宋某涛本人拒绝提供其在申根公司的收入证明,鑫波公司确无法通过合理途径取证;经法院要求,宋某涛仍拒绝提供申根公司的资产负债表及其销售香肠类制品的统计数据,导致无从核实申根公司的具体经营项目、销售盈亏状况以及职员工资收入等;结合现有证据,并参考香肠类制品的一般盈利情况以及宋某涛在申根公司30%的持股比例,酌情判令宋某涛赔偿鑫波公司8万元。

第一百八十七条　股东会要求董事、监事、高级管理人员列席会议的,董事、监事、高级管理人员应当列席并接受股东的质询。

【条文主旨】

本条是关于董事、监事、高级管理人员列席股东会并接受股东质询义务的规定。

【条文理解】

本条是在对《公司法》(2018年)第150条的基础上进行修订形成的规定。主要有两处修改:一是删除了《公司法》(2018年)第150条第2款规定,即“董事、高级管理人员应当如实向监事会或者不设监事会的有限责任公司的监事提供有关情况和资料,不得妨碍监事会或者监事行使职权”。二是删除了《公司法》(2018年)第150条第1款“或者股东大会”的规定。

在公司实践中,存在有的董事、监事、高级管理人员不愿意或者故意不向股东汇报自己经营管理工作,导致股东不能全面准确了解公司经营管理情况,损害股东和公司合法利益的情形。为解决该问题,2005年修订《公司法》时,规定了应股东会或股东大会要求,董事、监事、高级管理人员应当列席股东会或者股东大会会议并接受质询。其法理为:董事、监事、高级管理人员与公司之间是基于信任而形成的委任法律关系,也是出资者和公司经营管理者的关系。公司所有者股东基于信任将公司的经营管理权和监督权委托给董事、监事、高级管理人员,并支付相应的报酬,因此,董事、监事、高级管理人员有义务按照法律、行政法规和公司章程的规定,忠实勤勉地履行自己的职责,向公司股东会报告工作情况,并接受质询。公司股东通过行使质询权,全面深入了解公司经营管理事项,有助于其在充分了解公司情况的基础上正确行使表决权,更好地保障公司权益和股东权益。

股东会为公司的最高权力机构,也是股东表达其意志和要求的主要场所,因此,股东通过召开股东会会议的方式决策公司重大事项,股东有权要求监事、高级管理人员列席股东会会议并接受股东的质询。

关于本条规定的理解,应注意以下四点:

一是该义务为法定义务。因此,董事、监事、高级管理人员必须按照要求按时列席会议并接受质询,没有合理理由,不得拒绝列席会议,不得拒绝质询。

二是本条既是对董事、监事、高级管理人员列席股东会会议并接受股东质询义务的规定,也是对股东享有对董事、监事、高级管理人员质询权的保障。股东质询权是指出席股东会会议的股东,为行使股东权,而请求董事、监事、高级管理人员就公司经营管理等相关问题进行说明的权利。股东质询权的对象是公司董事、监事、高级管理人员。

三是该义务的履行方式是董事、监事、高级管理人员按照股东会的要求列席会议,并在会上接受股东的质询。

四是质询的范围是董事、监事、高级管理人员职权范围内的经营管理事项。董事、监事、高级管理人员必须如实及时全面回答质询,不得无正当理由拖延,不得隐瞒事实作虚假陈述,不得提交虚假材料。

【司法适用】

一、应注意细化该义务的履行程序

本条仅系原则性规定,在公司实务中,还需在公司章程中细化股东会如何提出要求,哪些人提出要求,是否必须全部董事、监事、高级管理人员参加,董事、监事、高级管理人员是否可以委托他人参加会议等问题,以使股东的质询权落到实处。

二、关于本条规定的义务与股东知情权规定的关系

《公司法》第57条对股东知情权进行了如下规定:“股东有权查阅、复制公司章程、股东名册、股东会会议记录、董事会会议决议、监事会会议决议和财务会计报告。”由上述规定可见,股东知情权是指股东享有的了解和掌握公司经营管理等重要信息的权利,该权利为股东的固有权利,当股东在行使股东知情权受阻时,其有权获得司法救济。股东行使知情权的对象是公司,义务主体也是公司。本条所规定的义务的义务主体则是公司董事、监事、高级管理人员。

第一百八十八条　董事、监事、高级管理人员执行职务违反法律、行政法规或者公司章程的规定，给公司造成损失的，应当承担赔偿责任。

【条文主旨】

本条是关于董事、监事、高级管理人员因执行职务对公司造成损害时应当承担赔偿责任的规定。

【条文理解】

《公司法》规定，董事、监事、高级管理人员对公司负有忠实义务和勤勉义务。董事、监事、高级管理人员执行职务时，应当忠实、勤勉地行使公司赋予的职权，特别是不能违反法律、行政法规或者公司章程的规定。董事、监事、高级管理人员违反忠实与勤勉义务，因执行职务违反法律、行政法规或者公司章程，给公司造成损失的，应该承担对公司的赔偿责任。《公司法》（2018 年）第 149 条规定："董事、监事、高级管理人员执行公司职务时违反法律、行政法规或者公司章程的规定，给公司造成损失的，应当承担赔偿责任。"本条对《公司法》（2018 年）第 149 条的规定仅作了文字修改，将"执行公司职务时"修改为"执行职务"。

一、董事、监事、高级管理人员执行职务行为的认定

董事、监事、高级管理人员与执行职务无关的行为所产生的责任不在本条所规定的赔偿责任范围之列。对于董事、监事、高级管理人员行为是否属于本条所规定的执行职务的判断，主要从以下几个方面考虑：

（一）职责范围

在判断董事、监事、高级管理人员的行为是否为执行职务时，一般应考量行为是否在董事、监事、高级管理人员的职责范围内。如果该行为是在其职责范围内，则该行为可以认定为执行职务行为。而对于董事、监事、高级管理人员的职务范围的判断，则应以公司章程为主要依据。

依照《公司法》的规定，设立公司都必须依法制定公司章程，公司章程应当载明董事会、监事会的组成、职权、议事规则以及董事、监事、经理等人员的职权，而且公司章程对董事、监事、高级管理人员具有约束力。因此，公司章程可以作为认定董事、监事、高级管理人员的行为是否与其职务相关的重要依据。不同的公司，对于董事、监事、高级管理人员职责的界定可能有所不同，因此，应当结合具体公司章程及内部文件规定来判断某一事项是否属于董事、监事、高级管理人员的职责范围。

需要注意的是,依照相关法律规定,除公司章程外,公司经理还可由董事会授权、国有独资公司的董事会还可由履行出资人职责的机构授权董事会行使股东会部分职权,因此在确定经理、国有独资公司的董事的职权范围时,除公司章程规定外还需要同时考量上述职权来源。

(二)公司经营目的与利益

鉴于公司商业活动的复杂性和公司董事、监事、高级管理人员职责的多样性,虽然可在公司章程中对董事、监事、高级管理人员的职责进行规定,但是显然不能穷尽其职责。因此,难以单独依据公司章程来认定董事、监事、高级管理人员的职责。对此,可以结合公司的经营目的进行认定。具体而言,董事、高级管理人员造成公司损害的行为如果与公司的经营目的相符,可以认定该行为与职务行为相关;如果与公司的经营目的不符,即可认定该行为与职务行为无关。但公司经营目的的判断,并不能简单地以公司经营范围为依据。

司法实践中,在判断董事、监事、高级管理人员的行为是否为职务行为时,还会考量该行为利益的归属问题,该行为利益归属于公司的,则可能会认定该行为是职务行为;如果该行为利益不属于公司,则认定该行为不是职务行为。

(三)任职时间

董事、监事、高级管理人员的行为应限于"执行职务",即任职期间。若相关行为发生于离职之后,则原则上不构成本条所规定的赔偿责任,除非该行为属于董事、监事、高级管理人员履职行为的必要延续。

由于公司与董事、监事、高级管理人员之间的损害赔偿纠纷,属于内部争议范畴,所以关于相关人员任职的认定,通常以公司登记或公司章程的记载为准,但即使未经过登记或章程明示,只要是通过公司有效的会议决议任命或解聘的,也可以认定董事、监事和高级管理人员的身份。

二、董事、监事、高级管理人员行为违法性的认定

董事、监事、高级管理人员依本条规定承担赔偿责任,应当是其行为违反了法律、行政法规或者公司章程的规定,即行为具有违法性。

(一)违反法律、行政法规

董事、监事、高级管理人员执行职务行业违反法律、行政法规的规定,包括违反本法关于董事、监事、高级管理人员忠实与勤勉义务的规定。《公司法》第8章对董事、监事、高级管理人员忠实与勤勉义务的典型情形作了规定。此外,《公司法》其他条文也对董事、高级管理人员的行为作了限制性规定,如第15条规定,公司为他人提供担保,应当按照公司章程的规定,由董事会或者股东会决议;为公司股东或者实际控制人提供担保,应当经股东会决议。关于公司法定代表人违规对外提供担保的责任承担,《民法典担保制度司法解释》第 7 条第 2 款即规定:“法定代表人超越权限提供担保造成公司损失,公司请求法定代表人承担赔偿责任的,人民法院应予支持。”又如,《公司法》第 22 条规定,公司董事、监事、高级管理人员不得利用关联关系损害公司利益;第 51 条对有限责任公司董事会就股东出资的核查与催缴义务进行了规定;第 53 条规定,对股东抽逃出资负有责任的董事、监事、高级管理人员对公司损失的连带赔偿责任;第 125 条规定,董事会决议违反法律、行政法规或者公司章程、股东会决议给公司造成损失的,参与决议董事对公司负赔偿责任;第 163 条对违规为他人取得本公司股份提供财务资助的赔偿责任进行了规定;第 211 条规定了违规分配利润的赔偿责任;第 226 条规定了违法减资赔偿责任;第 232 条规定了未履行清算义务的赔偿责任等。

董事、监事、高级管理人员执行职务行业违反法律、行政法规的规定,还包括违反其他法律、行政法规的情形,如违反法律与行政法规关于劳动关系、社会保险、安全生产、环境保护等方面的规定等。

(二)违反公司章程

除《公司法》规定外,实践中,公司章程对董事、监事、高级管理人员的行为往往也会作出限制性规定。

三、执行职务行为给公司造成损失

董事、监事、高级管理人员承担损害赔偿责任的前提是造成了损害后果,即公司存在损失,无损失则无赔偿。公司受到的损失,包括直接损失(既存利益的减少)和可得利益损失(应当增加而没有增加的利益)。

关于董事、监事、高级管理人员执行职务对公司造成损害赔偿责任的性质,理论上有不同的观点,有观点认为此种责任仍属于一般侵权责任范畴,对其责任构成应按一般侵权行为处理,即主体系从事执行职务、主观方面违法性与过错、客观方面对公司造成损失、执行职务行为与公司损失之间有因果关系。有观点则认为此种责任是一定法定责任,区别于一般的侵权行为责任。本条规定并没有明确董事、监事、高级管理人员的行为为侵权行为,也没有以执行职务行为与公司损失之间的因果关系作为承担赔偿责任的构成要件。而在司法实践中,多数裁判将违反法律、行政法规或者公司章程的行为与损失之间的因果关系也作为董事、监事、高级管理人员承担赔偿责任的前提条件,认为如果没有因果关系,董事、监事、高级管理人员的赔偿责任即不能成立,原告公司需证明公司所受损失系因董事、监事、高级管理人员的违法行为造成。

【司法适用】

依据商业判断原则,如果公司董事、监事、高级管理人员执行职务的行为是基于其已经充分获取相关信息,且其诚实、善意地认为该判断符合公司的最佳利益,该判断与行为人自身无交易利害关系,那么就应当尊重董事、监事、高级管理人员的商业判断,不作司法干预。即使该行为对公司造成了一定损失,亦应予以司法豁免。

虽然《公司法》最终并没有引入商业判断规则,但是商业判断的表述和理念已经为法院的司法实践所接受,并被不同程度地适用。有的法院裁判认为,如果董事、监事、高级管理人员的行为是为了公司利益最大化,则该行为属于商业(经营)判断;有的法院裁判认为,如果董事、监事、高级管理人员的行为有利于公司正常健康发展,则即使履职失误,也不能简单认定应当承担责任;还有的法院裁判则认为,除非董事、监事、高级管理人员存在主观恶意或者重大过失,否则对其行为不予审查。[①]

【司法案例】

1. 上海泰琪房地产有限公司损害公司利益责任纠纷案[②]

诉讼结论:高级管理人员的行为未违反法律、行政法规或者公司章程的规定,不应承担责任。

基本案情:上海泰琪房地产有限公司(以下简称泰琪公司)系中外合资公司,迈克任法定代表人、董事长。公司章程规定,董事会是公司最高权力机构,决定公司一切重大事宜。自2018年下半年,中外方董事就公司账户资金使用存在较大争议。2018年8月7日,泰琪公司向兴业银行申请预留签章和签字变更。8月13日,迈克向兴业银行发函称公司账户指定签字人未经董事会批准被更改,是严重且未经授权的行为,泰琪公司保留因未经授权从公司账户提出资金而要求赔偿的权利。兴业银行与泰琪公司、迈克商谈后暂停了公司账户的对外结算支付功能。9月17日,迈克起诉请求确认变更账户预留签章的行为无效,恢复原先预留签章,并对公司账户申请财产保全。法院以迈克不是储蓄存款合同当事人、不具有诉讼

① 参见冯曦:《我国〈公司法〉下董监高赔偿责任规则之检视与完善——基于691起司法案件的实证分析》,载《财经法学》2022年第2期。

② 参见上海市黄浦区人民法院(2019)沪0101民初3223号民事判决书、上海市第二中级人民法院(2019)沪02民终11661号民事判决书。

主体资格为由,裁定驳回诉请。泰琪公司中方股东要求监事王某以公司名义对迈克干涉公司经营管理、违反董事勤勉义务的行为提起诉讼。2019 年 2 月 1 日,监事王某遂以公司名义提起诉讼。

法院认为:迈克向银行发函要求暂停账户对外支付功能,是在公司中外方股东就账户控制权发生争议、账户预留印鉴发生变更背景下实施的;迈克起诉的原因亦是基于泰琪公司的股东争议,希望通过诉讼恢复账户的联合控制;主要的目的均是防止账户发生单方变动,保持账户和资金现状并等待进一步协商处理。迈克被诉两项行为并没有违反法律、行政法规规定,且鉴于公司章程并未对办理存款及账户控制问题进行规定,故亦不能认定为违反公司章程。迈克的行为属于特定情形下采取的救济措施,该措施的目的和实际效果并未超过合理的限度和范围,也没有违反正常商业道德和职业伦理,既不属于故意实施侵权行为以侵害公司利益的行为,也未违反法律规定的董事忠实勤勉义务。

2. 毛勒桥梁附件有限公司与吴某海损害公司利益责任纠纷案①

诉讼结论:总经理未按照法律规定为员工缴纳社会保险费用,对公司造成的社保滞纳金损失承担赔偿责任。

基本案情:毛勒桥梁附件有限公司(以下简称毛勒公司)章程规定董事会决定公司有关社会保障基金的交纳比例,总经理负责公司日常经营管理。郑某东自 2008 年入职,毛勒公司未曾为其缴纳社会保险。2008 年 11 月 17 日,监事单某基向原总经理发送邮件称"养老保险标准由毛勒公司根据公司的标准来定"。11 月 30 日起,吴某海担任总经理。2011 年 3 月 6 日,吴某海向单某基发送邮件称公司工作人员工资低、养老保险基数未完全按照每个人工资标准缴费等,并要求给予明确答复。3 月 17 日,单某基邮件答复"养老保险费用,类似休假,您看着办,我们不强迫您也不阻拦您,出了问题,不批评您,但也不能为您分担风险"。2015 年 7 月,毛勒公司被吴某海举报后补交郑某东保险,并缴纳滞纳金。后公司又为 49 名员工补交了社会保险金,同时缴纳滞纳金。

法院认为:吴某海向公司监事单某基发送的邮件中对给公司员工缴纳社会保险问题提出了两种解决方案,其中第二种方案(即不按照员工实际工资标准缴纳社会保险)违反了《社会保险法》的规定,吴某海该行为违背了《公司法》关于公司高级管理人员应当遵守法律、行政法规的规定。而监事单某基回复中明确给员工

---

① 参见江苏省南京市中级人民法院(2017)苏 01 民终 1149 号民事判决书、江苏省高级人民法院(2017)苏民申 3996 号民事裁定书。

缴纳社会保险由吴某海决定，公司不为吴某海承担风险。在此情况下，吴某海应当依法处理员工社会保险问题。但吴某海没有按照法律规定处理，毛勒公司因此补交社会保险并额外向社会保险机构缴纳了滞纳金，吴某海对此负有过错，判决吴某海承担责任，不违反法律规定。

第一百八十九条　董事、高级管理人员有前条规定的情形的，有限责任公司的股东、股份有限公司连续一百八十日以上单独或者合计持有公司百分之一以上股份的股东，可以书面请求监事会向人民法院提起诉讼；监事有前条规定的情形的，前述股东可以书面请求董事会向人民法院提起诉讼。

监事会或者董事会收到前款规定的股东书面请求后拒绝提起诉讼，或者自收到请求之日起三十日内未提起诉讼，或者情况紧急、不立即提起诉讼将会使公司利益受到难以弥补的损害的，前款规定的股东有权为公司的利益以自己的名义直接向人民法院提起诉讼。

他人侵犯公司合法权益，给公司造成损失的，本条第一款规定的股东可以依照前两款的规定向人民法院提起诉讼。

公司全资子公司的董事、监事、高级管理人员有前条规定情形，或者他人侵犯公司全资子公司合法权益造成损失的，有限责任公司的股东、股份有限公司连续一百八十日以上单独或者合计持有公司百分之一以上股份的股东，可以依照前三款规定书面请求全资子公司的监事会、董事会向人民法院提起诉讼或者以自己的名义直接向人民法院提起诉讼。

【条文主旨】

本条是关于股东代表诉讼的规定。

【条文理解】

一、股东代表诉讼的基本内涵

股东代表诉讼，又称派生诉讼（英美法系）、代表诉讼（大陆法系）、传来诉讼、代位诉讼等，是指当公司的利益受到侵害而公司怠于起诉，或者说公司的控制者拒绝以公司名义起诉时，公司股东以自己的名义起诉，所得赔偿归于公司的一种诉讼形态。[①] 或者说，当公司的正当权益受到他人侵害，特别是受到公司控股股东

① 参见王东敏：《公司法审判实务与疑难问题案例解析》（第2版），人民法院出版社2021年版，第421页。

或者实际控制人、董事、监事、高级管理人员的侵害，而公司怠于行使诉权时，符合法定条件的股东以自己的名义为公司的利益提起诉讼，请求赔偿或者将相关利益归于公司，并追究相关人员法律责任的诉讼制度。《公司法》（1993 年）并没有明确规定股东代表诉讼制度，《公司法》（2005 年）确立了我国《公司法》上的股东代表诉讼制度。

股东代表诉讼是相对于股东直接诉讼而言的，当股东自身权益受到直接侵害时，其可提起股东直接诉讼，而当股东因公司利益受损而股东权益间接受损时，则可以股东代表诉讼来维护自身权益。

二、股东双重代表诉讼

股东双重代表诉讼，是指在母子公司架构中，当子公司的利益遭到损害时，母公司与该子公司均怠于通过诉讼追究行为人责任，由母公司股东以自己名义提起的并将诉讼利益归属子公司的诉讼。

双重派生诉讼是在公司集团化背景下的母子公司架构中应运而生的，是为解决立体化的母子公司架构下股东权缩减问题而发展出的应对规则，对于当下优化营商环境语境下的少数股东权益保护、保护公司资产免遭不法侵害都具有无可替代的价值。

一般情况下，是否对子公司诉权行使代表诉讼，应由作为子公司股东的母公司决定。然而，有时候有证据证明母公司的董事会不可能就是否主张子公司的请求权作出公正的商业判断，一些国家和地区的立法例允许母公司的股东代表母公司主张请求权，即立法认可股东双重代表诉讼。双重代表诉讼也可以理解为两个诉讼合二为一：一是母公司股东提起的代表诉讼，取代了母公司的诉讼权利；二是代表母公司作为子公司股东，取得了子公司的诉讼权利。

我国《公司法》（2018 年）以前，均未承认股东双重代表诉讼。理论上也一度对此持反对态度，认为只有在穷尽所有救济手段仍无法保护合法权益时，司法才可启动例外原则进行个案突破，《公司法》中没有授权股东的股东可以穿透行使权力。市场主体在商业活动中设计多层次的投资结构从事商业活动，应该予以尊重。在没有出现法人人格否认的情形下，司法不应轻易否定这种多层次的投资安排，否则不仅违背《公司法》的立法初衷，而且会给《公司法》的实践带来混乱。[①]

① 参见最高人民法院民事审判第二庭编著：《〈全国法院民商事审判工作会议纪要〉理解与适用》，人民法院出版社 2019 年版，第 215 页。

最高人民法院的相关裁判也对股东双重代表诉讼持否定态度。[①] 只有少数地方法院的裁判支持股东双重代表诉讼。[②]《公司法规定(四)》提交审委会讨论时,讨论稿中规定了双重代表诉讼相关条文,最高人民法院审判委员会经研究认为,鉴于当时此类案件较少,待案件数量增加,积累经验后再提交审委会讨论,最终在正式出台时删除了有关双重股东代表诉讼的规定。

本条第 4 款规定意味着,在原有股东代表诉讼的基础上,对于全资子公司董事、监事、高级管理人员损害全资子公司合法利益的行为,或者他人侵犯公司全资子公司合法权益造成损失的情形,增加了新的权利救济途径。其一,母公司股东可以请求全资子公司的监事会、董事会,代表全资子公司提起诉讼;其二,当全资子公司监事会、董事会拒绝提起诉讼时,母公司的股东可以直接以自己的名义代表全资子公司提起诉讼。

为了防止小股东滥用权利,《公司法》仅将母公司股东可以提起代表诉讼的对象扩展至全资子公司,而不包括控股公司和其他参股公司。此外,本条也未明确认可多重代表诉讼。所谓多重代表诉讼,是指由母公司的股东提起诉讼,代表母公司所属子公司的子公司,主张属于子公司的诉权。

三、股东代表诉讼的主体

(一)原告主体资格

为防止股东权利的滥用,各国公司法一般均对可以行使股东代表诉讼权利股东的持股比例、持股数额和持股时间作出相应的限制性规定。

本条第 1 款规定,有限责任公司的股东、股份有限公司连续 180 日以上单独或者合计持有公司 1%以上股份的股东,可以提起股东代表诉讼或者双重代表诉讼。

对于有限责任公司而言,《公司法》规定股东代表诉讼的权利为单独股东权,持有一股的股东即可以提起股东代表诉讼。

对于股份有限公司而言,《公司法》规定的则是少数股东权,即连续 180 日以上单独或者合计持有公司 1%以上股份的股东才可提起股东代表诉讼。《公司法规定(一)》第 4 条规定,《公司法》第 151 条规定的 180 日以上连续持股期间,应为股东向人民法院提起诉讼时,已期满的持股时间;合计持有公司 1%以上股份,是指两个以上股东持股份额的合计。

---

① 参见新佰益(香港)投资有限公司、金某英与公司有关的纠纷案,最高人民法院(2018)最高法民终 113 号民事裁定书。

② 参见江苏开元众鑫玩具有限公司与杨桂平损害公司利益责任纠纷案,江苏省镇江市中级人民法院(2018)苏 11 民终 35 号民事判决书。

控股股东与公司存在更大的利害关系，故持有控股股权不应成为否定控股股东具有股东代表诉讼原告资格的理由。且在公司的经营管理过程中，公司控股股东实际无法主导公司经营的情况也有存在，认定控股股东享有股东代表诉讼原告资格符合现实之需，也有利于公司利益的救济。[①]

代表诉讼是股东代表公司主张权利，其诉权来源于公司，当股东在诉讼中丧失股东资格或不满足持股比例要求时，公司的利益就与他无关，法院应当裁定驳回起诉。

《公司法规定（四）》第 24 条第 2 款规定，一审法庭辩论终结前，符合《公司法》规定条件的其他股东，以相同的诉讼请求申请参加诉讼的，应当列为共同原告。

（二）被告主体

股东代表诉讼的被告，包括公司董事、监事、高级管理人员和侵犯公司合法权益的他人。

1. 公司及公司全资子公司的董事、监事、高级管理人员

根据本条第 1 款、第 4 款的规定，股东代表诉讼的被告包括公司以及全资子公司的董事、监事、高级管理人员。因此，股东代表诉讼的内部被告不仅包括本公司的董事、监事、高级管理人员，还包括公司全资子公司的董事、监事、高级管理人员。这一规定解决了司法实践中对相关问题的争议。

2. "他人"

依据本条第 3 款、第 4 款的规定，股东代表诉讼的被告，还包括侵犯公司或者全资子公司合法权益，给公司或者全资子公司造成损失的"他人"。实践中，对于"他人"的范围，主要包括：（1）公司或者全资子公司的控股股东、实际控制人；（2）公司或者全资子公司的其他非控股股东；（3）公司或者全资子公司之外的任意第三人。凡是对公司或者全资子公司实施了不当行为而致公司利益受损的人都可能成为股东代表诉讼的被告。

（三）股东代表诉讼的诉因

根据《公司法》的规定，董事、监事、高级管理人员执行职务违反法律、行政法规或者公司章程的规定，给公司造成损失的，股东可以提起代表诉讼，相关行为并不限于侵权行为。

因他人侵犯公司合法权益，给公司造成损失的，也是股东提起代表诉讼的常见事由。实践中，对于"他人"侵犯公司合法权益是否仅指侵权行为，《公司法》没

---

① 参见中融国际信托有限公司、广西建设燃料有限责任公司买卖合同纠纷案，最高人民法院（2020）最高法民终 208 号民事裁定书。

有作出明确规定。他人可能与公司发生的常见法律关系包括侵权和违约两种类型,"他人侵犯公司合法权益"的类似表述,在其他法律法规之中均包括了合同和侵权的两层含义,而且实际上合同和侵权的划分也不清晰。实际上各国均存在类似情形,即股东通过对董事、高级管理人员的诉讼试图否定与第三人之间构成的合同关系。股东代表诉讼制度的立法本意并不是去处理合同或者侵权,而是通过对董事过失和责任的判断,解决对董事、高管人员的监督和制约问题。[①]《公司法规定(五)》第1条规定,关联交易损害公司利益,公司没有提起诉讼的,符合《公司法》规定条件的股东,可以依据《公司法》规定向人民法院提起诉讼。第2条进一步明确规定,关联交易合同存在无效、可撤销或者对公司不发生效力的情形,公司没有起诉合同相对方的,符合规定条件的股东,可以依据《公司法》规定向人民法院提起诉讼。《公司法规定(五)》实际扩展了股东代表诉讼的适用范围,将之扩大到关联交易合同的确认无效和撤销之诉,即不限于侵权行为。

(四)公司的诉讼地位

由于股东代表诉讼的提起,是为了维护公司的合法权益,故股东提起代表诉讼的胜诉利益,将归公司或者全资子公司所有,而不是直接归属于提起代表诉讼的股东。因此,股东代表诉讼,应当列公司或者全资子公司为第三人参加诉讼。

四、股东代表诉讼的前置程序

股东代表诉讼的前置程序,又称为先诉请求,是指股东提起股东代表诉讼之前,必须先书面请求公司或者全资子公司以自己的名义向法院提起诉讼,是股东代表诉讼"穷尽内部救济原则"的体现。

(一)对董事、监事、高级管理人员提起股东代表诉讼的前置程序

1. 对董事、高级管理人员提起代表诉讼的前置程序

《公司法》(2018年)第151条第1款规定,董事、高级管理人员有《公司法》(2018年)第149条规定的情形的,具备资格条件的股东在提起股东代表诉讼前,应当请求公司监事会或者不设监事会的有限责任公司的监事向法院提起诉讼。本条第1款则规定,董事、高级管理人员有《公司法》(2023年)第188条规定的情形的,具备条件的股东,可以书面请求监事会向人民法院提起诉讼。《公司法》第83条、第133条均规定,规模较小或者股东人数较少的有限责任公司、股份有限公司可以不设监事会,设1名监事,行使《公司法》规定的监事会的职权。此时,前置程序的请求即应向监事提出。

① 参见最高人民法院民事审判第二庭编著:《最高人民法院公司法司法解释(四)理解与适用》,人民法院出版社2017年版,第559页。

2. 对监事提起股东代表诉讼的前置程序

《公司法》(2018 年)第 151 条第 1 款规定,监事有《公司法》(2018 年)第 149 条规定的情形的,具备资格条件的股东在提起股东代表诉讼前,应当请求董事会或者不设董事会的有限责任公司的执行董事向法院提起诉讼。本条第 1 款则规定,监事有《公司法》(2023 年)第 188 条规定的情形的,具备条件的股东可以书面请求董事会向人民法院提起诉讼。《公司法》第 75 条、第 128 条均规定,规模较小或者股东人数较少的有限责任公司、股份有限公司可以不设董事会,设 1 名董事,行使《公司法》规定的董事会的职权。此时,前置程序的请求即应向董事提出。

(二)对"他人"提起股东代表诉讼的前置程序

本条第 3 款规定,他人侵犯公司合法权益,给公司造成损失的,本条第 1 款规定的股东可以依照本条第 1 款、第 2 款的规定向人民法院提起诉讼。对《公司法》(2018 年)第 151 条第 3 款的规定内容未作修改。股东因他人侵犯公司合法权益提起代表诉讼,《公司法》对先诉请求机关仍未明确写明。而依据《公司法规定(四)》第 23 条第 2 款的规定,此时股东的先诉请求应当向董事会提出。

(三)关于双重代表诉讼的前置程序

按照股东代表诉讼前置程序的要求,在双重股东代表诉讼下,母公司股东应先向子公司提出由子公司提起诉讼的请求,即穷尽子公司的内部救济。而对于母公司股东是否也要向母公司提出请求由母公司提起诉讼这一前置程序,域外有不同的立法例,我国公司法理论上也存在不同的观点。

本条第 4 款规定,完善了股东对全资子公司董事、监事、高级管理人员等提起双重代表诉讼的前置程序。即符合条件的股东"可以依照前三款规定书面请求全资子公司的监事会、董事会向人民法院提起诉讼或者以自己的名义直接向人民法院提起诉讼",从该规定文义分析,股东只需要向全资子公司的监事会、董事会提出即可完成前置程序。

(四)紧急情形下前置程序的豁免

《公司法》(2018 年)第 151 条第 2 款规定,监事会、不设监事会的有限责任公司的监事,或者董事会、执行董事收到股东书面请求后拒绝提起诉讼,或者自收到请求之日起 30 日内未提诉讼,或者情况紧急、不立即提起诉讼将会使公司利益受到难以弥补的损害的,该条第 1 款规定的股东有权为了公司的利益以自己的名义直接向人民法院提起诉讼。

本条第 2 款规定,监事会或者董事会收到本条第 1 款规定的股东书面请求后拒绝提起诉讼,或者自收到请求之日起 30 日内未提起诉讼,或者情况紧急、不立即提起诉讼将会使公司利益受到难以弥补的损害的,本条第 1 款规定的股东有权为公司的利益以自己的名义直接向人民法院提起诉讼。

《公司法》对股东代表诉讼前置程序的豁免事由未作修改，仍为“情况紧急、不立即提起诉讼将会使公司利益受到难以弥补的损害的”。至于何为“紧急情况”，应由法官根据个案情况及商业判断规则作出判定。理论界认为，可将紧急情形类型化如下：(1)公司丧失或即将丧失对大额资产的控制，且具有挽回的可能性。丧失对资产的控制会导致公司利益受到难以弥补的损害的可能性增加。被诉的侵害后果应具有挽回的可能性，如侵害公司利益的事实已经发生，当下仅是要求对方承担相应的侵权责任，则不符合情况紧急的要求。(2)公司相关权利行使的期间或者诉讼时效即将经过。(3)正在进行的、持续的、具有扩张性的侵害公司利益的其他行为。①

五、股东代表诉讼的胜诉利益归属

股东代表诉讼的胜诉利益归属于公司或者全资子公司；股东请求被告直接向其承担民事责任的，不予支持。

【司法适用】

一、关于双重代表诉讼的具体适用

（一）关于母公司持股期间限制

有观点认为，双重派生诉讼实质是股东代表诉讼的扩张适用，为了防止持股条件太过宽松造成诉讼的不当扩散，应当确立更严格的限制。出于体系协调的考虑，如果在子公司股东无诉权时允许母公司的股东起诉，使得母公司的股东享有超越了单层代位诉讼的优越条件，有违限制滥诉原则。因此，应要求只有在子公司的股东、母公司的股东均符合持股期限要件亦即“双重满足”时，后者才可提起双重代表诉讼，以求规范内外体系的自洽。② 本条并未对母公司持股期间作出限制性规定。

（二）关于母子公司的地位

根据法律、司法解释规定的精神以及司法实践，在双重代表诉讼中，应当列子公司为第三人参加诉讼，由于母公司不是诉讼利益的归属方，一般不应将母公司作为第三人。

二、关于非紧急情形下股东代表诉讼前置程序的豁免

股东代表诉讼的前置程序并不是绝对的，对于虽不属于紧急情况，但股东寻求内部救济不可能达到既定目的或者履行前置程序确有困难的情形同样存在前

---

① 参见李建伟：《股东派生诉讼前置程序的公司参与》，载《中国法律评论》2022年第3期。

② 参见李建伟：《股东双重派生诉讼的制度构成与规范表达》，载《社会科学研究》2023年第2期。

置程序豁免的需要。《九民纪要》第25条规定,股东代表诉讼的前置程序针对的是公司治理的一般情况,即在股东向公司有关机关提出书面申请之时,存在公司有关机关提起诉讼的可能性。如果查明的相关事实表明,根本不存在该种可能性,人民法院不应当以原告未履行前置程序为由驳回起诉。当股东提起股东代表诉讼时,如果存在以下情形的也可以豁免前置程序:

第一,公司相关机关不存在或者因公司陷入经营僵局,相应的公司机关或者有关人员已不在其位或者不司其职,股东无从提起请求。

第二,股东准备起诉董事、监事、高级管理人员,按照前置程序要求本应先书面请求公司董事会或者监事会以公司名义起诉,假如董事会或者监事会受到同一股东或者实际控制人控制,则其根本不可能起诉董事、监事、高级管理人员,此时,可以根据具体案情豁免前置程序。

第三,当董事会及监事会成员均为被告时,也应免除前置程序。

第四,董事会多数成员本身与他人损害公司利益的行为有利害关系,此种情况下可豁免前置程序。

第五,虽然董事会成员与所诉称的他人损害公司利益的行为不存在利害关系,但既可能因受到与行为有关的利害关系人的控制而失去其独立性的,也可能免除前置程序。①

【司法案例】

1. 中融国际信托有限公司、广西建设燃料有限责任公司买卖合同纠纷案②

诉讼结论:公司控股股东有权提起股东代表诉讼。

基本案情:中融国际信托有限公司(以下简称中融公司)为广西通达天和投资管理有限公司(以下简称通达公司)持股60%的股东。2018年5月4日,中融公司通过EMS邮件向通达公司执行董事时某和监事卢某钟分别发送《关于:请求立即对广西建燃公司长期拖欠货款事宜提起诉讼的函》,请求两人立即以通达公司的名义就广西建设燃料有限责任公司(以下简称燃料公司)长期拖欠货款事宜提起诉讼。两人签收后的30日内未向法院提起诉讼。

法院认为:《公司法》(2018年)第151条第1款规定,《公司法》所规定的有权

① 参见最高人民法院民事审判第二庭编著:《〈全国法院民商事审判工作会议纪要〉理解与适用》,人民法院出版社2019年版,第213~214页。

② 参见最高人民法院(2020)最高法民终208号民事裁定书。

提起诉讼的股东为有限责任公司的股东、股份有限公司连续180日以上单独或者合计持有公司1%以上股份的股东,并未排除控股股东的原告资格。控股股东的出资额通常占有限责任公司资本总额50%以上,与公司存在更大的利害关系,故持有控股股权不应成为否定控股股东具有股东代表诉讼原告资格的理由。且在公司的经营管理过程中,公司控股股东实际无法主导公司经营的情况亦有存在,认定控股股东享有股东代表诉讼原告资格符合现实之需,也有利于公司利益的救济。燃料公司关于控股股东不应通过股东代表诉讼行使权利的答辩理由,理据不足,不能成立。

2. 南京兆润投资发展有限公司
诉王某斌等损害公司利益责任纠纷案①

诉讼结论:子公司的"董监高"实施损害子公司利益的行为,子公司拒绝提起损害公司利益责任之诉,母公司有权以自己的名义提起股东代表诉讼以维护子公司的利益。如果母公司拒绝提起诉讼,则母公司的监事有权代表母公司对子公司的"董监高"提起诉讼。

基本案情:南京兆润投资发展有限公司(以下简称兆润公司)为南京广厦(集团)万杰置业有限公司(以下简称万杰公司)股东,持股90%。兆润公司法定代表人为王某斌,股东为王某斌、乔某,监事为乔某。2012年7月18日,王某林以与万杰公司之间存在《关于联合开发合同履约和解协议书》为由起诉万杰公司,经法院调解,确认万杰公司返还王某林投资转让款本金2000万元及利润5800万元。民事调解书签收后,万杰公司向王某林支付4800万元。后经法院判决确认,王某林与万杰公司之间无真实投资关系,并无实质争议,没有诉讼纠纷,本质上是王某斌、王某林为了谋取利益,虚构事实并试图利用诉讼程序掩盖其违法行为的虚假诉讼。但万杰公司明确表示不起诉王某林等。兆润公司控股股东王某斌拒绝对王某林等提起诉讼,乔某作为兆润公司监事,以兆润公司名义向法院提起代表诉讼,要求判令王某斌、王某林向万杰公司返还4800万元及利息等。

法院认为:根据《公司法》(2013年)第151条第1款、第2款的规定,兆润公司作为万杰公司的股东,认为万杰公司董事、高级管理人员有损害万杰公司利益行为的,在万杰公司拒绝对王某斌、王某林提起诉讼的情况下,有权以自己的名义提起损害赔偿之诉。根据《公司法》(2013年)第53条第6项的规定,乔某作为兆

---

① 参见江苏省南京市中级人民法院(2017)苏01民终7525号民事判决书、江苏省高级人民法院(2020)苏民申777号民事裁定书。

润公司监事,认为兆润公司利益受到损害的,有权代表兆润公司提起损害赔偿之诉。本案中,乔某作为兆润公司股东,与本案具有诉的利益,但无法通过正常的表决程序推动由王某斌代表兆润公司提起《公司法》(2013年)第151条规定的诉讼以维护万杰公司利益,结合本案具体情况,认定乔某有权以监事的身份代表兆润公司,以兆润公司的名义对损害万杰公司利益的行为提起股东代表诉讼。

第一百九十条　董事、高级管理人员违反法律、行政法规或者公司章程的规定,损害股东利益的,股东可以向人民法院提起诉讼。

第一百九十一条　董事、高级管理人员执行职务,给他人造成损害的,公司应当承担赔偿责任;董事、高级管理人员存在故意或者重大过失的,也应当承担赔偿责任。

【条文主旨】

本条是关于公司董事、高级管理人员执行职务行为致他人损害责任承担的规定。

【条文理解】

《公司法》(2018年)未就董事、高级管理人员执行职务行为对他人造成损害的责任作出明确规定。《公司法规定(二)》第18条、第19条对公司清算中的董事对债权人责任作了规定,是在公司清算的特殊情形下,董事对他人(债权人)承担责任的依据。《证券法》第85条规定了违反信息披露义务的董事、高级管理人员对投资者的责任,也是上市公司董事责任外部化的体现,但仅适用于上市公司,且第三人的主体范围限定于投资人。《民法典》第1191条第1款规定:"用人单位的工作人员因执行工作任务造成他人损害的,由用人单位承担侵权责任。用人单位承担侵权责任后,可以向有故意或者重大过失的工作人员追偿。"但该条规定仅适用于侵权行为,而董事、高级管理人员执行职务行为造成他人损害的情形较为复杂,并不能为侵权行为责任承担的规定所覆盖,因此本条对此作出明确规定。

一、董事、高级管理人员执行职务行为的认定

就他人而言,董事、高级管理人员的行为是否属于执行职务的行为,一般可以结合其行为是否以公司名义作出,以及其职责范围、行为与公司经营目的与利益关系、任职时间等方面综合考虑。

在处理与"他人"的关系时,董事、高级管理人以公司名义作出行为,包括董事、高级管理人员得到公司授权实施的行为和未得到公司正式授权但具有外观,并足以使善意第三人相信董事是以公司名义行事的行为。这是由董事、高级管理人员身份的双面性决定的,若董事、高级管理人员以个人名义行事,责任即不能归属于公司,应当由董事、高级管理人员对受损害的他人直接承担赔偿责任。

二、董事、高级管理人员执行职务行为中的公司责任

《民法典》第1191条第1款中规定:“用人单位的工作人员因执行工作任务造成他人损害的,由用人单位承担侵权责任。”本条规定,董事、高级管理人员执行职务,给他人造成损害的,公司应当承担赔偿责任。

公司在此情况下承担的是无过错责任,即只要公司董事、高级管理人员执行职务给他人造成损害,公司即应当首先承担赔偿责任。公司不能通过证明自己在选任董事、高级管理人员或者监督方面尽到了相应的义务来主张免除公司的责任。

本条规定并未使用侵权责任的表述,而是直接规定由公司承担赔偿责任,由此可见,本条规定所涉及的董事、高级管理人员执行职务行为致他人损害的行为并不局限于侵权行为。

三、董事、高级管理人员对他人的责任

(一)董事、高级管理人员责任性质

传统公司法学界的通说认为,董事、高级管理人员作为法人的执行机关,其执行职务之行为即公司法人之行为。在董事、高级管理人员以公司名义与相对人发生关系时,相对人只能向公司而不是公司董事、高级管理人员主张权利,即传统公司法理论并不承认公司董事、高级管理人员和第三人之间的法律关系,也就无所谓董事、高级管理人员对第三人的责任,民法学原则上也否认法人董事、高级管理人员对第三人的责任。《民法典》第1191条第1款中也仅是规定:“用人单位承担侵权责任后,可以向有故意或者重大过失的工作人员追偿。”

但是,完全由公司对第三人承担责任,然后再由公司向董事、高级管理人员追偿的制度设计对第三人未必有利。由于董事、高级管理人员在公司的特殊地位,董事、高级管理人员的责任在很大程度上可能被逃避或减轻。在公司处于正常经营状态时,公司往往具有清偿能力,但当公司陷入经营困境甚至破产状态时,若仍仅由公司对第三人承担责任,无疑将使第三人的利益无法得到保障。因此,一概由公司对第三人承担责任,否认董事、高级管理人员的个人责任,对第三人未必一定有利。事实上,董事、高级管理人员的职务行为一方面是公司法人的行为,另一方面又受其自身意志的支配,即董事、高级管理人员的人格其实无法被公司完全吸收。在证券市场上,董事直接向公司债权人承担责任的案例已经屡见不鲜,2022年11月12日,广东省广州市中级人民法院就康美药业一案作出判决,判令独立董事对公司财务造假给投资者带来的损失承担连带赔偿责任,为董事直接向公司债权人承担责任的先例。因此,在《公司法》上规定董事、高级管理人员对第三人的责任,有助于强化对第三人的保护。本条即就董事、高级管理人员对第三人的赔偿责任作出了明确规定。

就董事、高级管理人员对第三人承担民事责任的性质,理论界主要有三种观点:一种是法定责任说,认为董事、高级管理人员对第三人的责任往往不是直接损害所致,而是间接损害所引发,该种责任不同于一般侵权责任,应当将其视为基于特别法的法定事由而引起的责任较为妥当。另一种是侵权责任说,认为公司董事、高级管理人员对第三人责任的性质应为侵权责任,应根据民法有关侵权行为的一般规定承担责任。还有一种为折衷说,即认为董事对第三人的责任具有混合性,既是一种特别法定责任,但也不排斥其为侵权责任。多数观点认为应采取法定责任说,更能体现对第三人利益的保护。

(二)主观要件

我国民法理论认为,法律上的过错,是指行为人实施加害行为时的主观心理状态,即行为人行为时在心理上没有达到应当达到的注意程度,分为故意和过失两种。具体又可分为无过失、过失、重大过失和故意等多种状态。

董事、高级管理人员对第三人的注意义务应是一种较低标准的要求,原则上讲,他们仅对其故意或者严重、重大的过失行为负责,对普通过失不承担责任。如果对董事、高级管理人员的注意义务的标准作较严苛的要求,则意味着董事、高级管理人员的职位所承担的风险过大。

本条规定的董事、高级管理人员责任,对主观方面的要求不同于《公司法》第125条所规定的董事会决议违反法律、行政法规或者公司章程、股东会决议给公司造成严重损失时参与决议的董事对公司负有的赔偿责任,后者对董事主观方面并不限于故意或者重大过失,除经证明在表决时曾表示异议并记载于会议记录以外,董事均不能免责。

本条规定的董事、高级管理人员责任,也不同于《公司法》第11条第3款规定的公司法定代表人的责任。法定代表人因执行职务造成他人损害的,由公司承担民事责任,公司承担民事责任后,依照法律或者公司章程的规定,可以向有过错的法定代表人追偿。对于公司向法定代表人的追偿,以法定代表人有过错为主观要件,包括普通过失。

(三)责任形式

公司法修订草案一审稿曾拟规定董事、高级管理人员在此情况下对公司承担连带责任。规定董事、高级管理人员连带赔偿责任虽然有助于提高公司治理水平,但可能同时出现驱赶效应和恐惧心理。而规定董事、高级管理人员的赔偿责任则可以有效协调赔偿损失和合理惩戒的双重功能。通过协调两种功能,可以避免过度赔偿带来的问题,也不至于对第三人带来重大不利,并形成合理的董事、高级管理人员履职约束机制。因此,本条规定的董事、高级管理人员责任是一种赔偿责任,董事、高级管理人员相互之间也不承担连带责任。至于董事、高级管理人员与公司之间的责任是否有顺位、层次的区分,则有待司法解释进一步细化。

(四)"他人"的范围

本条规定中的"他人"首先是指公司以外的第三人。

与股东代表诉讼制度规定所涉及的"他人"不同;此外,《公司法》第190条也规定"董事、高级管理人员违反法律、行政法规或者公司章程的规定,损害股东利益的,股东可以向人民法院提起诉讼",该条已然规定了董事对"股东"的责任,因此,根据法条位置进行体系解释可知,本条规定中的"他人"不应当包括公司股东。

【司法案例】

李某芬与上海中毅达股份有限公司、林某楠等证券虚假陈述责任纠纷案①

诉讼结论:上市公司虚假陈述中,对于投资人的损失,负有过错的董事、高级管理人员应与公司承担赔偿责任。

基本案情:本案系投资者诉上海中毅达股份有限公司(以下简称中毅达公司)虚假陈述责任纠纷案的示范案件判决认定,中毅达公司在2015年第三季度报告中虚增营业收入和利润的行为构成证券市场虚假陈述,中毅达公司对虚假陈述导致的投资者损失应当赔偿。证券会上海监管局行政处罚决定书认定,林某楠(时任董事会秘书兼财务总监)、任某虎(时任代董事长、副董事长、总经理)、吴某兴(前任董事长)是信息披露违法行为直接负责的主管人员。2020年4月10日,上海市第三中级人民法院刑事判决认定,2015年10月,中毅达公司虚增业绩的行为由任某虎决定,具体由公司副总经理、财务总监林某楠等实施。任某虎作为直接负责的主管人员,林某楠等人作为其他直接责任人员,均已构成违规披露重要信息罪。投资者李某芬诉请判令中毅达公司赔偿损失外,请求判令林某楠、任某虎、吴某兴对于其投资损失承担连带赔偿责任。

法院认为:生效刑事判决书载明,中毅达公司虚增营业收入和利润的行为,系由任某虎决策,由林某楠等人具体实施,任某虎、林某楠的行为已经涉及刑事犯罪

---

① 参见上海金融法院(2018)沪74民初767号民事判决书、上海市高级人民法院(2020)沪民终550号民事判决书。

并被判处刑罚，其行为已具有严重的社会危害性，具有明显过错，属于《最高人民法院关于审理证券市场因虚假陈述引发的民事赔偿案件的若干规定》(以下简称《虚假陈述赔偿若干规定》)第28条所述“参与虚假陈述”情形，应当对投资者损失承担连带赔偿责任。吴某兴作为时任公司负责人亦承诺保证季度报告中财务报表的真实、准确、完整，其理应承担相应的责任，参照适用《虚假陈述赔偿若干规定》第28条，吴某兴应当对投资者损失承担连带赔偿责任。

第一百九十二条　公司的控股股东、实际控制人指示董事、高级管理人员从事损害公司或者股东利益的行为的，与该董事、高级管理人员承担连带责任。

【条文主旨】

本条是关于公司控股股东、实际控制人指示董事、高级管理人员从事损害公司或者股东利益行为民事责任的规定。

【条文理解】

在我国资本市场中，由于缺少有效的法律规制，控股股东和实际控制人滥用其对公司的影响力，控制、操纵公司董事、高级管理人员，侵害公司和股东利益并逃避责任承担的情况屡见不鲜。本条规定对此予以明确，完善了对于公司控股股东、实际控制人的合规治理责任。

一般而言，公司内部权力分配存在两种形式：一种是股东控制，即股东通过股东会，对公司管理者进行监督和约束；另一种是企业的内部管理层控制，即独立于股东之外的董事或高级管理人员等管理层掌握公司实际控制权。除控股股东和管理层之外，实践中还存在控制权掌握在实际控制人手中的情形。对于能够实际控制公司的控股股东、实际控制人等，虽然其没有董事身份，但是如果其实际行使了董事的职权，成为所谓的“影子董事”，也应当承担相应的责任。2023年《公司法》修订的一大亮点就是强化了控股股东、实际控制人的责任。①

《公司法》(2018年)第20条规定：“公司股东应当遵守法律、行政法规和公司章程，依法行使股东权利，不得滥用股东权利损害公司或者其他股东的利益；不得滥用公司法人独立地位和股东有限责任损害公司债权人的利益。公司股东滥用股东权利给公司或者其他股东造成损失的，应当依法承担赔偿责任。公司股东滥

---

① 参见杨永清、潘勇锋：《公司法修订若干问题探讨》，载《法律适用》2023年第1期。

用公司法人独立地位和股东有限责任，逃避债务，严重损害公司债权人利益的，应当对公司债务承担连带责任。”第 21 条规定：“公司的控股股东、实际控制人、董事、监事、高级管理人员不得利用其关联关系损害公司利益。违反前款规定，给公司造成损失的，应当承担赔偿责任。”上述规定并不能解决实践中公司控股股东、实际控制人滥用影响力的问题，控股股东、实际控制人完全可以不通过行使股东权利，而是通过自己对公司经营者的人事决定权，通过公司经营者影响甚至间接决定该公司的经营事项。为此，《证券法》第 197 条第 1 款对发行人的控股股东、实际控制人组织、指使从事信息披露违法行为，或者隐瞒相关事项导致发生信息披露违法情形的行政责任进行了规定。

本条规定是为了解决公司控股股东、实际控制人指示董事、高级管理人员从事损害公司或者股东利益的行为，即滥用影响力的行为问题，规定其与董事、高级管理人员承担连带责任，实际上是借鉴了英国公司法中“影子董事”制度的相关内容。

【司法适用】

一、控股股东、实际控制人的界定

根据《公司法》第 265 条第 2 项的规定，符合下列情形之一的，构成公司的控股股东：(1) 出资数额占有限责任公司资本总额的 50%以上；(2) 持有股份占股份有限公司股本总额的 50%以上；(3) 出资额或者持有股份的比例虽然不足 50%，但依其出资额或者持有的股份所享有的表决权已足以对股东会的决议产生重大影响。

《公司法》第 265 条第 3 项规定，实际控制人，是指通过投资关系、协议或者其他安排，能够实际支配公司行为的人。

二、“指示”行为的认定

从实践看，控股股东、实际控制人“指示”的方式和途径多种多样，而且更多的是采取更为隐蔽的方式。《证券法》第 197 条使用的表述是“指使”，公司法修订草案一审稿也使用“指使”的表述，本条规定使用的则是“指示”。“指示”带有上级对下级说明处理某个问题原则和方法的含义。因此，对于“指示”行为的认定，应紧紧抓住“滥用支配权”“滥用控制地位”这一核心特征，对实际控制人所实施的各种形态的行为进行甄别，将符合上述特征的行为纳入“指示”的范畴予以规制，这样才能真正实现对实际控制人违法行为的有效惩治与预防。实践中，对于凭借专业知识影响公司决策的行为不应简单地认定为控股股东、实际控制人的“指示”行为。

控股股东、实际控制人实施“指示”行为，往往不会采取直接的指挥行为，不会留下“指示”的直接证据。行为人往往是采取各种隐蔽的方式将自己的意志表达给公司管理层，转化为公司决策行为，进而实现影响、控制公司的经营决策，让公司董事、高级管理人员"执行"自己的意志,实施相关损害公司或者股东利益的行为。判断控股股东、实际控制人意思的表达、特定信息的传递是否构成"指示",应当依据所有证据进行综合客观认定,而不能以实际控制人本人认可"指示"、有人指认"指示"、有直接证据指向"指示"行为为据。①

三、责任形式

董事、高级管理人员的责任性质无论是选择侵权责任说还是法定责任说,都不影响控股股东、实际控制人与其承担连带责任。在法定责任的视角下,可以直接通过法律规定上述主体之间的连带责任。在侵权责任视角下,由于控股股东、实际控制人损害公司和股东利益的行为是通过指示董事、高级管理人员完成的,故属于共同侵权行为。二人以上共同侵权造成他人损害的,应当承担连带责任。因此,由控股股东、实际控制人与相关董事、高级管理人员承担连带责任,符合法理。

四、责任承担的对象

本条虽然规定了公司控股股东、实际控制人的责任,但只规定了对于"公司和股东"的责任,并未扩展至对公司之外第三人的责任。

【司法案例】

覃某与中国证券监督管理委员会等行政诉讼案②

诉讼结论:实际控制人滥用支配地位,授意、指挥上市公司从事信息披露违法行为,应当认定为"指使"行为。

基本案情:覃某系宁波圣莱达电器股份有限公司(以下简称圣莱达公司)实际控制人。覃某同时控制"星美系"多家公司,相关公司之间具有关联关系。2017年8月30日中国证监会作出处罚决定,查明圣莱达公司存在通过虚构影视版权转让业务、虚构财政补助虚增收入和利润的行为,违反《证券法》第63条的规定,构成《证券法》第193条所述信息披露违法行为。时任圣莱达公司董事长的胡某和财务总监的康某在具体操作过程中向实际控制人覃某汇报,覃某对相关汇报内容点赞同意,知悉并授意涉案行为,构成《证券法》第193条第3款所述情形。决定对覃某给予警告,并处以60万元罚款。覃某仍不服,向法院提起行政诉讼,请求撤销被诉处罚决定中针对自己的处罚决定以及被诉复议决定。

---

① 参见赵锋、张婷婷:《实际控制人指使从事违法行为的认定》,载微信公众号"北京市第一中级人民法院"2022年11月17日,https://mp.weixin.qq.com/s/r0dWwAonLWYVdzGPhpWniw。

② 参见北京市第一中级人民法院(2019)京01行初670号行政判决书。

法院认为：实际控制人滥用支配地位，授意、指挥上市公司从事信息披露违法行为，应当认定为"指使"行为。这种"授意、指挥"，既可能是明示，也可能是默许。实际控制人指使公司从事违法行为往往更具隐蔽性。在案证据能够形成证据链条，并结合日常生活逻辑和经验法则，证明实际控制人存在"指使"情形，而该实际控制人又不能提供合理解释说明和反证，则可认定实际控制人实施了指使上市公司从事相关违法行为的行为。在案证据能够形成证据链条，共同证明覃某对圣莱达公司财务造假具有实施指使的动机，其对涉案虚假收入知情，相关资金流转均经其实际控制的"星美系"公司调配、划转。再结合前述覃某对圣莱达公司的实际控制和参与经营，涉案两则财务造假行为发生的特殊时期和实际效果等事实，并遵循日常生活经验和逻辑法则，中国证监会有理由认定覃某指使圣莱达公司从事涉案违法行为。

第一百九十三条　公司可以在董事任职期间为董事因执行公司职务承担的赔偿责任投保责任保险。

公司为董事投保责任保险或者续保后，董事会应当向股东会报告责任保险的投保金额、承保范围及保险费率等内容。

【条文主旨】

本条是关于公司董事责任保险制度的规定。

【条文理解】

本条规定的董事责任保险，是指保险人针对公司董事在履行职务过程中可能发生的各种风险而设立的一种特殊保险。其主要目的在于降低董事履职可能引致的风险，从而降低民事赔偿责任对公司正常经营活动的影响。

我国的董事责任保险，源于英美国家的董事责任保险，在域外较为成熟的资本市场中，董事责任保险已经被视作一项行之有效的董事保护机制。中国证券监督管理委员会 2001 年发布的《关于在上市公司建立独立董事制度的指导意见》明确，"上市公司可以建立必要的独立董事责任保险制度，以降低独立董事正常履行职责可能引致的风险"，首次提及董事责任保险制度。证监会发布的《上市公司治理准则》第 24 条将董事责任保险制度的适用范围从"独立董事"扩大到"董事"，并对投保事宜的内部决议程序及保险的除外事由作出更为明确的规定，即"经股东大会批准，上市公司可以为董事购买责任保险。责任保险范围由合同约定，但董事因违反法律法规和公司章程规定而导致的责任除外"。这一规定在 2018 年

《上市公司治理准则》修订时得到保留。中国人民银行《股份制商业银行公司治理指引》(2002年)、原中国保监会《关于积极推进责任保险发展有关问题的通知》(2004年)等也规定了针对商业银行的独立董事和董事的非强制性(仅为建议性)的"董事责任保险"制度。《国务院关于保险业改革发展的若干意见》(2006年)将董事责任保险作为责任保险之一种,并通过"市场运作、政策引导、政府推动、立法强制等方式"提倡发展。2018年中国银行保险监督管理委员会印发《〈保险机构独立董事管理办法〉的通知》,授权保险机构建立必要的独立董事责任保险制度。国务院办公厅发布的《关于上市公司独立董事制度改革的意见》(国办发〔2023〕9号,2023年4月7日)规定,鼓励上市公司为独立董事投保董事责任保险,支持保险公司开展符合上市公司需求的相关责任保险业务,降低独立董事正常履职的风险。

本条规定系首次在法律中鼓励公司投保董事责任保险,强化了董事责任保险的法律地位。相关条款吸收了《上市公司治理准则》与《上市公司独立董事规则》中的倡导性与授权性条款,而未改为强制性规定。

一、本条规定的董事责任保险基本内容

(一)董事责任保险的性质

董事责任保险是一种职业责任保险,其是以董事对公司、股东或者第三人的赔偿责任为保险标的的保险,当董事因执行职务行为而负担赔偿责任时,即视为保险事故发生,由保险人承担保险责任。

(二)董事责任保险的投保人

本条规定的董事责任保险的投保人是购买该险种的公司,因为公司与其董事的利益通常具有一致性。如《公司法》第191条规定:"董事、高级管理人员执行职务,给他人造成损害的,公司应当承担赔偿责任;董事、高级管理人员存在故意或者重大过失的,也应当承担赔偿责任。"

但实践中也存在董事个人出资购买董事责任保险的情形,董事个人出资时,投保人就是董事个人。

(三)董事责任保险的被保险人

本条规定的董事责任保险合同,被保险人是公司董事。同时,公司为董事购买保险也应当限于董事任职期间。

二、董事责任保险的信息披露制度

本条规定,公司为董事投保责任保险或者续保后,董事会应当向股东会报告责任保险的投保金额、承保范围及保险费率等内容。

董事责任保险中的上述内容与公司的财务状况和治理结构特征有不同程度的关联性,在一定程度上是反映公司经营管理和治理水平的重要指标。上述内容包含了保险公司作为专业的风险管理机构对购买保险的公司的治理风险的全面评估,对于投资者具有重要的参考价值,投资者可以借助这些重要信息做出更好的投资决策。而且,在一定程度上来说,董事责任保险也可以被视为董事薪酬的一部分,因此投资者也有权了解这些信息。[①]

【司法案例】

吴某与中国人民财产保险股份有限公司北京市分公司保险纠纷案[②]

诉讼结论:董事责任保险超赔保单的被保险人应按超额责任险保险合同的约定认定。

基本案情:吴某是普大煤业有限公司(以下简称普大煤业)的财务总监。普大煤业购买了董事、高级管理人员责任险。邱博保险集团联邦保险公司(以下简称邱博保险)出具《董事及高级管理人员责任及公司补偿保险》保险单,被保险人为包括吴某在内的普大煤业及其分支机构的董事与高级管理人员,保险责任限额为500万美元,承保范围包括律师抗辩费用。中国人民财产保险股份有限公司北京市分公司(以下简称人保北京分公司)奥运村营业部出具《超额责任险保险合同》,合同指定被保险人为普大煤业和/或其现有子公司,原始保险合同保险人为邱博保险。自2011年4月开始,普大煤业及其董事、高管在美国遭受多起集团诉讼与股东衍生诉讼,吴某委托美国律师事务所为其在美国的诉讼提供抗辩法律服务。普大煤业向人保北京分公司通报了相关诉讼情况。后邱博保险基础保单保险责任限额用尽,无法支付美国律师事务所账单。2014年9月至2016年2月,吴某向人保北京分公司提交账单。人保北京分公司明确拒赔。吴某诉至法院,请求判令人保北京分公司按照《超额责任险保险合同》约定向其理赔。

法院认为:起诉应当符合法律规定的条件,原告应当是与本案有直接利害关系的公民、法人和其他组织。本案中,涉案《超额责任险保险合同》中明确约定的被保险人为普大煤业或其现有子公司,吴某不是保险合同约定的被保险人或受益人,与本案不存在直接利害关系,故其作为原告提起本诉,主体不适格,依法应予驳回。

---

① 参见王民:《董事责任保险理论与实务》,中国金融出版社2023年版,第121页。

② 参见北京市东城区人民法院(2016)京0101民初22256号民事裁定书。

第九章 公司债券

第一百九十四条 本法所称公司债券,是指公司发行的约定按期还本付息的有价证券。

公司债券可以公开发行,也可以非公开发行。

公司债券的发行和交易应当符合《中华人民共和国证券法》等法律、行政法规的规定。

【条文主旨】

本条是关于公司债券的含义、发行方式及法律适用的规定。

【条文理解】

《公司法》(1993年)第5章以专章形式规定了公司债券制度,内容包括公司债券的含义、债券形式要件规范和发行转让制度;此外在股东会、董事会职权中规定债券发行的公司决议机制,是我国首次在法律层面确认以公司为代表的商事主体可以通过发行债券进行融资。此后《公司法》(2005年)修订时未对公司债券制度进行实质修改,仅将公司债券发行条件转移至《证券法》规定,基本保留了《公司法》(1993年)的立法体例,作为第7章。与快速发展的债券市场相比,公司法的债券制度表现出明显的滞后性。本次修订时,对公司债券制度进行了较大修改与完善。

一、公司债券的含义

《公司法》(2018年)第153条第1款规定:"本法所称公司债券,是指公司依照法定程序发行、约定在一定期限还本付息的有价证券。"公司债券以"还本付息"为核心,本条第1款规定对《公司法》(2018年)作了修改,删除"依照法定程序"的规定,将"在一定期限内还本付息"修改为"按期还本付息"。

公司债券是以证券的形式来表现的一种公司债。公司债券与企业债券密切相关,《公司法》(1993年)颁布前,我国法律和行政法规中没有公司债券而只有企业债券的规定,国务院于1987年3月颁布《企业债券管理暂行条例》,于1993年8月制定《企业债券管理条例》,适用于中国境内具有法人资格的企业在境内发行的债券。《公司法》(1993 年)颁布后,公司债券从企业债券中分离出来,《公司法》和《证券法》对其都有专门的规定。2021 年出台的《公司债券发行与交易管理办法》则对公司债券进行了较为全面的规范。① 随着债券管理制度的改革,中国证券监督管理委员会于 2023 年 10 月 20 日发布修订后的《公司债券发行与交易管理办法》,将企业债券的发行、交易或转让与公司债券一并进行规范。

公司债券具有如下法律属性:

(一)按期还本付息

公司债券发行并以认购以后,即在发债公司与投资者之间形成一种债权债务关系,债券持有人成为公司的债权人,有权按期收回本息。公司经营不善出现亏损时,则有可能不能按期还本付息,投资者将会面临投资风险。

2020 年 7 月 15 日,《债券纠纷座谈会纪要》第 21 条“发行人的违约责任范围”明确,债券发行人未能如约偿付债券当期利息或者到期本息的,债券持有人请求发行人支付当期利息或者到期本息,并支付逾期利息、违约金、实现债权的合理费用的,人民法院应当予以支持。

(二)公司债券属有价证券

公司债券属于有价证券的一种,公司债券也是一种要式证券,必须依法记载一定的事项。公司债券具有流通性,依法可以转让。公司债券具有可回赎性。

二、公司债券既可以公开发行,也可以非公开发行

按发行方式划分,公司债券可以分为公募公司债券和私募公司债券。

公募公司债券,是指按法定程序经国家的监督管理机构注册公开向社会投资者发行的公司债券。《公司法》(2018 年)以及《证券法》都对此种形式的公司债券作了规定,称为公开发行的公司债券。《证券法》第 9 条第 1 款、第 2 款规定:“公开发行证券,必须符合法律、行政法规规定的条件,并依法报经国务院证券监督管理机构或者国务院授权的部门注册。未经依法注册,任何单位和个人不得公开发行证券。证券发行注册制的具体范围、实施步骤,由国务院规定。有下列情形之一的,为公开发行:(一)向不特定对象发行证券;(二)向特定对象发行证券累计超过二百人,但依法实施员工持股计划的员工人数不计算在内;(三)法律、行政法规规定的其他发行行为。”

私募公司债券,是指以特定的少数特定投资者为对象发行的公司债券,发行手续简单。《公司债券发行与交易管理办法》(2023 年)第 3 条规定:“公司债券可以公开发行,也可以非公开发行。”第 34 条规定:“非公开发行的公司债券应当向

① 周友苏:《证券法新论》,法律出版社 2020 年版,第 58~59 页。

专业投资者发行,不得采用广告、公开劝诱和变相公开方式,每次发行对象不得超过二百人。"关于对象"特定性"和"不得超过二百人"的规定,是现行有关规定界定非公开发行的两项主要标准。[①] 但是,"不得超过二百人"也有例外,即"依法实施员工持股计划的员工人数不计算在内"。

由于《公司法》和《证券法》都使用了"公司债券"的概念表述,导致实践中普遍认为二者关于"公司债券"制度的调整范围是一致的,只有按照《证券法》规定发行的债券才是公司债券,任何公司债券都应当同时适用《公司法》和《证券法》。这种理解上的偏差源于立法之间未能有效衔接,即未进行必要的术语区分,但更根本的原因在于忽视了《公司法》与《证券法》之间"源"与"流"的关系,忽视了对二者立法目的和功能定位的区分。《证券法》上公司债券的制度范围应当是小于《公司法》的,那些不需要证券法调整的公司债券,无论是因为未产生"公开化"问题,抑或是虽然"公开化"但存在其他法律在投资者保护方面提供了与证券法同等的保护效果,都应当保留在公司法制度框架内。[②]

《公司法》(2018 年)并未对私募公司债券或者非公开发行公司债券作出规定,公司法修订草案一审、二审稿也未就此作出相关的安排,根据有关方面提出的意见,本条第 2 款规定:"公司债券可以公开发行,也可以非公开发行。"适应了公司债券市场的实际需求,确定了非公开发行公司债券的公司法地位,同时与此修改相对应,本条第 1 款对《公司法》(2018 年)第 153 条第 1 款中"依照法定程序"的规定予以删除。

【司法适用】

《公司法》(2018 年)第 153 条第 2 款规定:"公司发行债券应当符合《中华人民共和国证券法》规定的发行条件。"依照该规定,公司债券的"发行条件"应当符合《证券法》规定,其他事项仍适用《公司法》规定。本条第 3 款规定,将公司"发行"债券的法律适用修改为公司债券"发行和交易"的法律适用;并将"符合《中华人民共和国证券法》规定"修改为"符合《中华人民共和国证券法》等法律、行政法规的规定"。

由于《公司法》(2018 年)仅对公开发行的公司债券作了规定,因此在法律适用上规定公司债券的发行适用《证券法》的规定。本条已经规定明确公司债券分为公开发行与非公开发行两种,因此在债券发行与交易的法律适用上即不应再限

---

① 叶林:《公司债券非公开发行的规范模式》,载《法学研究》2021 年第 3 期。

② 李曙光、刘欣东:《〈公司法〉修订中债券制度的改革与重构》,载《中国应用法学》2023 年第 1 期。

于《证券法》的规定，还包括《公司法》等法律以及行政法规的规定。《证券法》第 2 条第 1 款规定："在中华人民共和国境内，股票、公司债券、存托凭证和国务院依法认定的其他证券的发行和交易，适用本法；本法未规定的，适用《公司法》和其他法律、行政法规的规定。"其中，在中华人民共和国境内公开发行公司债券并在证券交易所、全国中小企业股份转让系统交易，非公开发行公司债券并在证券交易所、全国中小企业股份转让系统、证券公司柜台转让的，适用《公司债券发行与交易管理办法》(2023 年)的规定。本条规定与《证券法》第 2 条的规定是相衔接的。

【司法案例】

张某敏与春和集团有限公司其他证券纠纷案①

诉讼结论：公司债券违约不能按期兑付，发行人责任承担时的利息计算。

基本案情：2012 年 6 月 7 日，春和集团有限公司(以下简称春和集团)发布公司债券上市公告书，发行"12 春和债"总额 5.4 亿元；6 年期固定利率债券，在存续期内前 3 年票面年利率为 7.78%，在第 3 个计息年度末发行人可选择上调票面利率 0 至 100 个基点、在 3 年内固定不变；本期债券采用单利按年计息，不计复利，逾期不另计利息。2018 年 4 月 24 日，春和集团发布公司债券未按期足额兑付本息的公告，因公司资金链紧张无法兑付本息，构成实质性违约，后续将配合债券持有人召开会议，商议违约后投资者保护措施。

法院认为：本案系债券违约引起的纠纷，春和集团向不特定公众公开发售案涉债券产品，以上市公告书的形式对案涉债券发行人与持有人之间的权利义务进行约定，合同内容非因协商而成，系格式条款。根据法律规定，对格式条款有两种以上解释的，应当作出不利于提供格式条款一方的解释。上市公告书约定"债券逾期不另计利息"，在存在不同解释的情况下，应按照对接受格式条款一方有利的解释原则，结合债券的金融产品性质理解为，债券逾期按照票面利率计息，不再另行计收高于票面利率的逾期利息的意思。

第一百九十五条　公开发行公司债券，应当经国务院证券监督管理机构注册，公告公司债券募集办法。

公司债券募集办法应当载明下列主要事项：

(一)公司名称；

---

① 参见上海金融法院(2022)沪 74 民再 1 号民事判决书。

（二）债券募集资金的用途；
（三）债券总额和债券的票面金额；
（四）债券利率的确定方式；
（五）还本付息的期限和方式；
（六）债券担保情况；
（七）债券的发行价格、发行的起止日期；
（八）公司净资产额；
（九）已发行的尚未到期的公司债券总额；
（十）公司债券的承销机构。

【条文主旨】

本条是关于公司债券公开发行注册制和募集办法的规定。

【条文理解】

一、公司债券公开发行注册制

《公司法》（2018年）第154条第1款规定："发行公司债券的申请经国务院授权的部门核准后，应当公告公司债券募集办法。"本条第1款对此作了相应修改，一是将公司债券发行核准制修改为注册制，与证券发行注册制相配套；二是将发行需要办理注册手续的公司债券限定为"公开发行"的公司债券；三是将国务院授权的部门作为核准机关的规定修改为国务院证券监督管理机构并作为注册机关。

（一）公司公开发行债券的注册制

《证券法》第9条第1款规定："公开发行证券，必须符合法律、行政法规规定的条件，并依法报经国务院证券监督管理机构或者国务院授权的部门注册。未经依法注册，任何单位和个人不得公开发行证券。证券发行注册制的具体范围、实施步骤，由国务院规定。"明确全面实施证券公开发行注册制，具体实施办法由国务院规定。

2020年2月29日，《国务院办公厅关于贯彻实施修订后的证券法有关工作的通知》中提出："落实好公司债券公开发行注册制要求。依据修订后的证券法规定，公开发行公司债券应当依法经证监会或者国家发展改革委注册。依法由证监会负责作出注册决定的公开发行公司债券申请，由证监会指定的证券交易所负责受理、审核。"其所规制的债券仅包括证监会主管的公司债券和国家发展改革委主管的企业债券。根据该通知，证监会主管的公司债券和国家发展改革委主管的企业债券的注册程序是不同的：证监会主管的公司债券由证监会指定的证券交易所负责受理、审核,证监会做出注册决定;国家发展改革委主管的企业债券由国家发展改革委指定的机构负责受理、审核,国家发展改革委做出注册决定。

2020年3月1日,《国家发展改革委关于企业债券发行实施注册制有关事项的通知》(发改财金〔2020〕298号)第1条明确,按照《证券法》和《国务院办公厅关于贯彻实施修订后的证券法有关工作的通知》有关要求,企业债券发行由核准制改为注册制。国家发展改革委为企业债券的法定注册机关,发行企业债券应当依法经国家发展改革委注册。国家发展改革委指定相关机构负责企业债券的受理、审核。其中,中央国债登记结算有限责任公司为受理机构,中央国债登记结算有限责任公司、中国银行间市场交易商协会为审核机构。两家机构应尽快制定相关业务流程、受理审核标准等配套制度,并在规定的时限内完成受理、审核工作。企业债券发行人直接向受理机构提出申请,国家发展改革委对企业债券受理、审核工作及两家指定机构进行监督指导,并在法定时限内履行发行注册程序。

2020年3月1日,中国证券监督管理委员会发布的《关于公开发行公司债券实施注册制有关事项的通知》(证监办发〔2020〕14号)第1条要求,自2020年3月1日起,公司债券公开发行实行注册制。公开发行公司债券,应当符合修订后的《证券法》《国务院关于贯彻实施修订后的证券法有关工作的通知》规定的发行条件和信息披露要求等。第2条明确,公开发行公司债券,由证券交易所负责受理、审核,并报我会履行发行注册程序。《公司债券发行与交易管理办法》(2023年)第14条第2款规定:"公开发行公司债券,由证券交易所负责受理、审核,并报中国证监会注册。"如《上海证券交易所公司债券发行上市审核规则2023年修订》(上证发〔2023〕162号)第3条即明确,发行人申请公开发行公司债券并在本所上市的,应当按照中国证券监督管理委员会和本所相关规定制作并向本所提交发行上市申请文件。本所负责受理、审核发行上市申请文件。本所审核认为发行人符合发行上市条件和信息披露要求的,将审核意见、发行上市申请文件及相关审核资料报送中国证监会履行发行注册程序;审核认为发行人不符合发行上市条件或信息披露要求的,终止发行上市审核并告知理由。

公司债券发行规定属于证券法发行注册制相关的基础性规定,因此,为保持《公司法》和《证券法》相关规定的一致性,避免法律规定之间的冲突,本次修订时对公司债券发行制度进行修改,由核准制修改为注册制,并根据公司债券注册机构的现实情况,对注册机构的规定进行了相应的修改。

此外,《证券法》第15条第1款对公开发行公司债券的条件作了规定,即具备健全且运行良好的组织机构;最近3年平均分配利润足以支付公司债券1年的利息;国务院规定的其他条件。

（二）非公开发行公司债券不实行注册制

《公司债券发行与交易管理办法》（2023年）第36条规定："非公开发行公司债券，承销机构或依照本办法第三十九条规定自行销售的发行人应当在每次发行完成后五个工作日内向中国证券业协会报备。中国证券业协会在材料齐备时应当及时予以报备。报备不代表中国证券业协会实行合规性审查，不构成市场准入，也不豁免相关主体的违规责任。"即非公开发行公司债券，不实行注册制，仅适用备案制。公司在计划发行债券时，必须首先判断该发行是否为公开发行。只要是公廾发行，就必须注册；采用非公开发行的，即无需办理注册。

（三）公司公开发行债券的注册机关

根据2023年3月10日《第十四届全国人大一次会议关于国务院机构改革方案的决定》，中国证券监督管理委员会由国务院直属事业单位调整为国务院直属机构。强化资本市场监管职责，划入国家发展和改革委员会的企业债券发行审核职责，由中国证券监督管理委员会统一负责公司（企业）债券发行审核工作。《公司债券发行与交易管理办法》（2023年）已经据此作出相应修改。因此，本条修改时明确公司公开发行债券的注册机构为国务院证券监督管理机构。

二、公司债券募集办法

公司债券募集办法，是公司为了募集公司债券而制定的载有法定内容的书面文件。公开发行公司债券的，应当公告公司债券募集办法。《证券法》第16条第1款规定："申请公开发行公司债券，应当向国务院授权的部门或者国务院证券监督管理机构报送下列文件：（一）公司营业执照；（二）公司章程；（三）公司债券募集办法；（四）国务院授权的部门或者国务院证券监督管理机构规定的其他文件。"

公告公司债券募集办法的法律意义在于，公司债券募集办法是公司筹集资金向不特定的公司债券认购人发出的一种要约，首先，表明公司将以何种条件发行公司债券，以期同意该条件的不特定人在自愿的前提下认购公司债券。其次，通过公司债券募集办法，可以披露公司的最基本的状况，向不特定投资者提供与发行公司债券有关的情况，避免欺诈发行。最后，其他有关监督管理部门和社会公众也可以通过债券募集办法，对公司进行监督。

公司债券募集办法应当记载以下事项：

（1）公司名称。该事项的记载用于表明债券发行的主体，明确债券的募集人和偿债主体。

（2）债券募集资金的用途。该事项用于监督债券发行以后资金的使用情况。

（3）债券总额和债券的票面金额。债券总额是指当次发行的公司债券的总金额，不包括过往已经发行的公司债券余额。债券的票面金额是指当次发行的债权中不同单位的票面金额。

(4)债券利率的确定方式。公司可以在法律和有关部门限定的利率范围内，自行确定当次发行债券的利率。

(5)还本付息的期限和方式。一般来说，公司债券还本付息的期限和方式是相互结合的。包括确定一个日期一次性还本付息，或者确定在债券发行后一定期限的闲置期，在闲置期过后随之支付本息或者抽签支付本息。对于利息，可以按记载在每年的确定日期支付，也可以在还本时一并支付。

(6)债券担保情况。公司应当记载具体的担保人、担保方式、担保期间等情况，担保应当符合《民法典》关于担保制度的有关规定。

(7)债券的发行价格、发行的起止日期。是认购人认购公司债券的重要条件以及确定认购时间的重要依据。

(8)公司净资产额。公司净资产额既是公司债券发行的重要条件之一，也是认购公司债券的重要依据之一。

(9)已发行的尚未到期的公司债券总额。已发行的尚未到期的公司债券总额是不特定投资者认购公司债券的重要依据之一。

(10)公司债券的承销机构。一般情况下，总金额比较大的公司债券的发行是通过证券公司代为发行的，为了向认购人表明债券发行公司与代为发行的证券公司的关系，在债券募集办法中应当记载承销的证券公司名称以及承销协议。

【司法适用】

国务院国有资产监督管理委员会2023年4月16日发布的《中央企业债券发行管理办法》(国资发产权规〔2023〕34号)第6条中规定，中央企业债券发行实行年度计划管理。第7条中规定，中央企业集团公司年度债券发行计划由国资委审核批准。股权多元化中央企业股东会审议集团公司年度债券发行计划时，应当将相关材料报送包括国资委在内的全体股东，国资委出具意见后，由其股东代表在股东会上行使表决权。第10条规定，中央企业集团公司可以在国资委批准的年度债券发行计划范围内自行确定债券发行具体时间、品种、期限，年度实际发行额拟超出国资委批准的年度债券发行计划的，应当将超出额度的每笔债券发行方案报国资委批准。第11条规定，国资委批准的中央企业集团公司年度债券发行计划当年有效，不与中央企业在债券市场注册的债券额度挂钩。因此，中央企业发行公司债券，还应当遵守《中央企业债券发行管理办法》的规定。

第一百九十六条　公司以纸面形式发行公司债券的，应当在债券上载明公司名称、债券票面金额、利率、偿还期限等事项，并由法定代表人签名，公司盖章。

【条文主旨】

本条是关于公司以实物券方式发行债券时应当载明事项的规定。

【条文理解】

本条与《公司法》（2018 年）第 155 条的规定内容基本相同，有两处修改，一是将“实物券方式”修改为“纸面形式”；二是按照立法技术规范关于法律在表述义务性规范时一般用“应当”而不用“必须”的要求，将“必须”修改为“应当”。

公司债券按形态可以划分为实物债券、凭证式债券及记账式债券。其中实物债券、凭证式债券是具有标准格式的纸面形式的公司债券，是一种要式证券，应当按照法律规定的事项进行记载。根据本条规定，以纸面形式发行公司债券的，公司债券应当记载以下事项：

（1）公司名称，即发行人名称，指明债券的债务主体，为债权人到期追回本金和利息提供依据。

（2）债券票面金额，即债券的票面价值，既是发行人对债券持有人在债券到期后应偿还的本金数额，也是公司向债券持有人按期支付利息的计算依据。债券的票面金额与债券实际的发行价格并不一定是一致的，发行价格大于面值称为溢价发行，小于面值称为折价发行，等价发行称为平价发行。

（3）利率。债券的票面利率是指债券利息与债券面值的比率，是发行人承诺以后一定时期支付给债券持有人报酬的计算标准。债券票面利率的确定主要受到银行利率、发行者的资信状况、偿还期限和利息计算方法以及当时资金市场上资金供求情况等因素的影响。

（4）偿还期限。偿还期限，是指公司债券上载明的偿还债券本金的期限，即债券发行日至到期日之间的时间间隔。公司要结合自身资金周转状况及外部资本市场的各种影响因素来确定公司债券的偿还期。

实践中，纸面形式的公司债券还会记载下列事项：

（1）债券的种类，对于可转换的公司债券，需要在债券票面记载可转换债券的字样。

（2）债券的编号和发行日期。

（3）利息支付方法。利息可以是到期一次支付，或一年、半年或者三个月支付一次。在考虑货币时间价值和通货膨胀因素的情况下，付息期对债券投资者的实际收益有很大影响。到期一次付息的债券，其利息通常是按单利计算的；而年内分期付息的债券，其利息是按复利计算的。

(4)附有担保的债券，需要记载有关担保的事项。纸面形式的公司债券的票面记载事项对公司债券发行人具有法律约束力，而且，其记载的事项也应当与公司所作出的有关决议内容一致，而且也应当与公司债券募集办法、公司债券持有人名册的记载内容相一致。

公司除了应当在所发行的纸面形式的债券上记载法定应当记载的事项外，还应当在债券上由公司法定代表人签名，并加盖公司印章。

第一百九十七条　公司债券应当为记名债券。

【条文主旨】

本条是关于公司债券应当记名的规定。

【条文理解】

以公司债券票面上是否记名为标准，将公司债券分为记名债券与无记名债券。

公司记名债券，是指券面上记载有公司债券持有人的姓名或者名称的债券。如果债券持有人为自然人，则应当记载持有人的姓名。如果债券持有人为法人或者非法人组织，则应当记载持有人的名称。记名公司债券的权利只能由记名持有人本人行使，除此之外的其他人不能凭此向公司主张债权。公司在发行记名债券时，应当置备公司债券持有人名册，记载有关事项。记名债券被盗、遗失或者灭失的，债券持有人可以依照《民事诉讼法》规定公示催告程序，请求人民法院宣告失效，依法进行补救。

无记名债券，是指无须将持有人的姓名或者名称记载于公司债券和公司债券持有人名册的公司债券。《公司法》(2018 年)第 157 条第 3 款曾规定，公司发行无记名债券的，应当在公司债券存根簿上载明债券总额、利率、偿还期限和方式、发行日期及债券的编号。由于无记名公司债券并不在债券上记载持有人的姓名或者名称，转让时也无须背书或履行过户手续，任何合法持有债券的人就是债权人，都可以向公司主张债权。

《公司法》(2018 年)第 156 条规定："公司债券，可以为记名债券，也可以为无记名债券。"本条对《公司法》(2018 年)的规定作了修改，按照反洗钱有关要求，取消了关于公司可以发行无记名债券的规定。

第一百九十八条　公司发行公司债券应当置备公司债券持有人名册。

发行公司债券的，应当在公司债券持有人名册上载明下列事项：

（一）债券持有人的姓名或者名称及住所；

（二）债券持有人取得债券的日期及债券的编号；

（三）债券总额，债券的票面金额、利率、还本付息的期限和方式；

（四）债券的发行日期。

【条文主旨】

本条是关于公司债券持有人名册的规定。

【条文理解】

传统的公司债券通常采用纸面形式，即在纸制品上载明应当记载的事项，并以此纸制品作为证明或者设定权利的凭证。随着电脑技术在证券市场的应用，证券无纸化逐渐发展起来。无纸化后的公司债券，不再采用纸面形式，而是将有关事项输入电脑，以电脑所贮存的有关信息作为公司债券的法律凭证。由于这种通过现代信息技术手段建立起来的公司债券保管、登记以及交易清算系统，具有高效、保密、费用低等特点，因此，公司债券也朝着无纸化方向发展。

2015 年 6 月 15 日，中国证券登记结算有限责任公司对 2008 年 10 月发布实施的《中国证券登记结算有限责任公司债券登记、托管与结算业务细则》进行了修订，形成《中国证券登记结算有限责任公司债券登记、托管与结算业务细则（2015 年修订）》，经中国证监会批准发布，并自发布之日起施行。其中第 8 条规定，中国证券登记结算有限公司设立电子化证券登记簿记系统，实行债券的无纸化管理；债券持有人持有债券的事实依据电子化证券登记簿记系统记录结果确认。《证券法》第 39 条规定："证券交易当事人买卖的证券可以采用纸面形式或者国务院证券监督管理机构规定的其他形式。"《中国证券登记结算有限责任公司证券登记规则》（中国结算发〔2023〕28 号）第 4 条第 1 款规定："本公司设立电子化证券登记簿记系统，根据证券账户的记录，办理证券持有人名册的登记。"

为适应公司债券无纸化实践发展的需要，本条规定将《公司法》（2018 年）第 157 条规定的"公司发行债券应当置备公司债券存根簿"修改为"公司发行债券应当置备公司债券持有人名册"。置备公司债券持有人名册的法律意义在于：确保公司发行公司债券行为的真实性，保护债券持有人的合法权益；在债券持有人转让债券时,具有变更债券持有人名义的功能;是公司对债券持有人发出有关通知书或者催告书的依据;债券持有人以公司债券设定质押担保时,具有记载该债券法律状态的功能。

由于本法删去了《公司法》(2018 年)关于无记名公司债券的内容,因此,公司债券持有人名册即应当记载以下内容:(1)债券持有人的姓名或者名称及住所;(2)债券持有人取得债券的日期及债券的编号;(3)债券总额,债券的票面金额、利率、还本付息的期限和方式;(4)债券的发行日期。公司应当清楚、明确地记载上述事项,不得含混不清或者遗漏。

第一百九十九条　公司债券的登记结算机构应当建立债券登记、存管、付息、兑付等相关制度。

【条文主旨】

本条是关于公司债券登记结算机构应当建立债券登记等相关制度的规定。

【条文理解】

因《公司法》(2023 年)删除了公司可以发行无记名债券的规定,因此,本条相对于《公司法》(2018 年)第 158 条而言,仅作了文字修改,即将"记名公司债券的登记结算机构"修改为"公司债券的登记结算机构"。

《证券法》第 9 章对证券登记结算机构作了专门规定。本条所规定的公司债券的登记结算机构与《证券法》第 145 条所规定的证券登记结算机构相同,即为证券交易提供集中登记、存管与结算服务,不以营利为目的的法人。设立证券登记结算机构必须经国务院证券监督管理机构批准。

根据本条规定,公司债券的登记结算机构应当建立债券登记、存管、付息、兑付等相关制度。《证券法》第 147 条规定,证券登记结算机构履行下列职能:(1)证券账户、结算账户的设立;(2)证券的存管和过户;(3)证券持有人名册登记;(4)证券交易的清算和交收;(5)受发行人的委托派发证券权益;(6)办理与上述业务有关的查询、信息服务;(7)国务院证券监督管理机构批准的其他业务。本条规定的相关制度要求均在证券登记结算机构的法定职能范围以内。

《证券法》第 151 条第 3 款规定:"证券登记结算机构应当保证证券持有人名册和登记过户记录真实、准确、完整,不得隐匿、伪造、篡改或者毁损。"第 153 条规定:"证券登记结算机构应当妥善保存登记、存管和结算的原始凭证及有关文件和资料。其保存期限不得少于二十年。"

第二百条　公司债券可以转让,转让价格由转让人与受让人约定。
公司债券的转让应当符合法律、行政法规的规定。

【条文主旨】

本条是关于公司债券转让的规定。

【条文理解】

一、公司债券可以转让

公司债券是一种有价证券,其特点之一就是具有流通性,因此公司债券可以转让。

二、公司债券的转让价格由转让人与受让人约定

公司债券的转让价格即公司债券的买卖的交易价格。公司债券转让的价格不同于公司债券的发行价格,公司债券的发行价格一般按事先确定的债券票面金额确定,公司债券发行以后的转让价格,则需要根据债券市场的需求情况由转让双方约定。

三、公司债券的转让应当符合法律、行政法规的规定

《公司法》(2018 年)第 159 条第 2 款规定:"公司债券在证券交易所上市交易的,按照证券交易所的交易规则转让。"本条第 2 款对原规定进行了修改。

本法第 194 条第 2 款规定,公司债券可以公开发行,也可以是非公开发行。《证券法》第 37 条规定:"公开发行的证券,应当在依法设立的证券交易所上市交易或者在国务院批准的其他全国性证券交易场所交易。非公开发行的证券,可以在证券交易所、国务院批准的其他全国性证券交易所、按照国务院规定设立的区域性股权市场转让。"《公司债券发行与交易管理办法》(2023 年)第 2 条规定,公开发行公司债券并在证券交易所、全国中小企业股份转让系统交易,非公开发行公司债券并在证券交易所、全国中小企业股份转让系统、证券公司柜台转让的,适用本办法。法律法规和中国证券监督管理委员会另有规定的,从其规定。第 31 条规定:"公开发行的公司债券,应当在证券交易场所交易。公开发行公司债券并在证券交易场所交易的,应当符合证券交易场所规定的上市、挂牌条件。"第 37 条规定:"非公开发行公司债券,可以申请在证券交易场所、证券公司柜台转让。非公开发行公司债券并在证券交易场所转让的,应当遵守证券交易场所制定的业务规则,并经证券交易场所同意。非公开发行公司债券并在证券公司柜台转让的,应当符合中国证监会的相关规定。"

第二百零一条　公司债券由债券持有人以背书方式或者法律、行政法规规定的其他方式转让；转让后由公司将受让人的姓名或者名称及住所记载于公司债券持有人名册。

【条文主旨】

本条是关于公司债券转让方式的规定。

【条文理解】

公司债券的转让方式因债券种类不同而有所不同，由于《公司法》修订时取消了无记名公司债券的规定，因此本条规定对《公司法》（2018 年）第 160 条第 2 款关于无记名公司债券转让方式的规定未作保留，本条规定是针对记名公司债券的转让方式而言的。

根据本条规定，记名公司债券的转让方式包括两种：第一种转让方式是由债券持有人以背书方式转让。即债券持有人在转让记名债券时，应当在债券上写明受让人的姓名或者名称。第二种转让方式是法律、行政法规规定的其他方式，如按照《证券法》第 38 条规定："证券在证券交易所上市交易，应当采用公开的集中交易方式或者国务院证券监督管理机构批准的其他方式。"

记名债券转让后，债券持有人就发生了变化，所以记名债券转让后还需要由公司将受让人的姓名或者名称及其住所记载于公司债券持有人名册。

债券转让未在公司债券持有人名册记载的，其转让只在转让人与受让人之间产生效力，对公司无法律约束力。

因本法第 198 条将《公司法》（2018 年）第 157 条规定的"债券存根簿"修改为"债券持有人名册"，本条也将《公司法》（2018 年）第 160 条第 1 款的"债券存根簿"修改为"债券持有人名册"。

第二百零二条　股份有限公司经股东会决议，或者经公司章程、股东会授权由董事会决议，可以发行可转换为股票的公司债券，并规定具体的转换办法。上市公司发行可转换为股票的公司债券，应当经国务院证券监督管理机构注册。

发行可转换为股票的公司债券，应当在债券上标明可转换公司债券字样，并在公司债券持有人名册上载明可转换公司债券的数额。

【条文主旨】

本条是关于股份有限公司发行可转换公司债券的规定。

【条文理解】

按是否可转换为股票为标准,可以将公司债券分为可转换公司债券与不可转换公司债券。

可转换公司债券,是指在一定时间内可以按照约定的转股价格转换成公司股票的债券,是债券与股票期权的结合。《可转换公司债券管理办法》第2条第2款规定:"本办法所称可转债,是指公司依法发行、在一定期间内依据约定的条件可以转换成本公司股票的公司债券,属于《证券法》规定的具有股权性质的证券。"

不可转换公司债券,即普通公司债券,是指不能转换为公司股票的债券。由于其没有赋予债券持有人将来成为公司股东的权利,所以其利率一般高于可转换债券。

一、可转换公司债券的性质

普通公司债券在约定的债券期限届满时,债券发行人必须兑现债券,向债权人还本付息,解除债务关系。而可转换公司债券,债券持有人可以选择行使转换权,在一定期限内依据约定的条件将该债券转换为公司的股份,也可以选择不行使转换权,和普通债券一样,在约定的债券期限届满时要求公司还本付息。因此,可转换公司债券是一种特殊的公司债券,既有股权性质,又有债权性质,具有债务与权益双重属性,属于一种混合性筹资方式。

二、可转换公司债券的发行要求

(一)发行主体

《公司法》(2018年)第161条第1款规定,可以发行可转换公司债券的主体限于上市公司。本条第1款规定将可转换公司债券的发行主体扩大到股份有限公司,即包括上市公司与非上市股份有限公司。

(二)发行程序

《公司法》(2018年)第161条第1款规定,发行可转换公司债券由股东大会决议。本条第1款规定修改为经股东会决议,或者经公司章程、股东会授权由董事会决议,均可发行可转换公司债券,即由股东会决议扩大到股东会或者经授权的董事会决议。

股东会决议或者董事会决议,至少应包括发行规模、转股价格的确定以及调整原则、债券利率、转股期、还本付息的期限和方式、赎回条款及回售条款、向原股东配售的安排、募集资金用途等事项。

（三）转换方法

根据《公司法》（2018 年）第 161 条第 1 款的规定，可转换公司债券的具体转换方法应当在公司债券募集办法中规定。本条第 1 款仅规定，发行可转换公司债券的，应当规定具体的转换办法。转换办法一般包括：

（1）转换比率或者转换价额。转换比率即以多少公司债券转换多少公司股票，转换价额即公司债券金额与股票市值之比，以此来折换股票，但需事先确定股票市值的基准日。

（2）转换为何种股票。在公司发行有不同各类股票的情况下，需要明确债券在期限届满时可以转换为何种股票。

（3）转换期限。即明确债券持有人行使转换权的期限，在此期间内，债券持有人可以请求公司换发股票。

（四）可转换公司债券的发行条件

发行可转换公司债券，通常情况下既要满足发行普通公司债券的条件，也要满足公司再融资的条件。例外情形是，上市公司通过收购本公司股份的方式进行公司债券转换，此时所涉及的股份为“库存股”，不属于新发行股份，因此不需要满足再融资的条件。《公司法》（2018 年）第 142 条第 1 款第 5 项规定，公司不得收购本公司股份，但是将股份用于转换上市公司发行的可转换为股票的公司债券除外。本法第 162 条第 1 款第 5 项对上述规定予以保留。

《证券法》第 15 条第 3 款规定，上市公司发行可转换为股票的公司债券，除应当符合《证券法》第 15 条第 1 款规定的条件外，还应当遵守《证券法》第 12 条第 2 款的规定（即上市公司发行新股，应当符合经国务院批准的国务院证券监督管理机构规定的条件，具体管理办法由国务院证券监督管理机构规定）；但是，按照公司债券募集办法，上市公司通过收购本公司股份的方式进行公司债券转换的除外。

三、可转换公司债券字样的标明

股份有限公司发行可转换公司债券时，应当在债券上标明可转换公司债券字样，以明确公司向该类债券持有人按照约定的期限换发股票的义务，并明确该类债券持有人有按约定要求换发股票的权利。

为了明确上述权利与义务，本条第 2 款还规定公司应当在公司债券持有人名册上载明可转换公司债券的数额。

第二百零三条　发行可转换为股票的公司债券的，公司应当按照其转换办法向债券持有人换发股票，但债券持有人对转换股票或者不转换股票有选择权。法律、行政法规另有规定的除外。

【条文主旨】

本条是关于可转换公司债券持有人选择权的规定。

【条文理解】

一、可转换公司债券的发行人有义务按约定换发股票

股份有限公司在发行可转换公司债券的情况下，有义务按照转换办法的规定，向债券持有人换发股票。可转换债券转换成股票的效力，由债券持有人依法提出请求时产生。转换权是以债券持有人一方意思表示决定的。

二、债券持有享有选择权

可转换公司债券持有人在债券期限届满时，既可以要求公司换发股票，也可以要求公司对该债券还本付息，即债券持有人享有选择权。

《可转换公司债券管理办法》对上市公司可转换公司债券持有人的选择权行使作了具体规定。

（1）关于转换期限，《可转换公司债券管理办法》第 8 条规定："可转债自发行结束之日起不少于六个月后方可转换为公司股票，转股期限由公司根据可转债的存续期限及公司财务状况确定。可转债持有人对转股或者不转股有选择权，并于转股的次日成为发行人股东。"

（2）关于初始转换价格的确定，《可转换公司债券管理办法》第 9 条规定："上市公司向不特定对象发行可转债的转股价格应当不低于募集说明书公告日前二十个交易日发行人股票交易均价和前一个交易日均价，且不得向上修正。上市公司向特定对象发行可转债的转股价格应当不低于认购邀请书发出前二十个交易日发行人股票交易均价和前一个交易日均价，且不得向下修正。"

（3）关于转换价格的调整，《可转换公司债券管理办法》第 10 条第 1 款规定："募集说明书应当约定转股价格调整的原则及方式。发行可转债后，因配股、增发、送股、派息、分立、减资及其他原因引起发行人股份变动的，应当同时调整转股价格。"第 10 条第 2 款规定："上市公司可转债募集说明书约定转股价格向下修正条款的，应当同时约定：（一）转股价格修正方案须提交发行人股东大会表决，且须经出席会议的股东所持表决权的三分之二以上同意，持有发行人可转债的股东应当回避；（二）修正后的转股价格不低于前项通过修正方案的股东大会召开日前二十个交易日该发行人股票交易均价和前一个交易日均价。"

此外，《可转换公司债券管理办法》对上市公司可转换公司债券的赎回和回售问题作了规定，第 11 条规定："募集说明书可以约定赎回条款，规定发行人可按事先约定的条件和价格赎回尚未转股的可转债。募集说明书可以约定回售条款，规定可转债持有人可按事先约定的条件和价格将所持可转债回售给发行人。募集说明书应当约定,发行人改变募集资金用途的,赋予可转债持有人一次回售的权利。”

【司法适用】

在正常情况下,可转换公司债券的持有人决定行使选择权而要求公司换发股票时,发行人应按照约定形成转股所需的内部决策文件,并为债券持有人办理相应的登记手续。

债券持有人行使转股权需要发行人一方配合才能实现,具体配合义务主要包括:发行人股东之间形成增资、认购、修订公司章程的股东会决议;发行人为持有人出具出资证明,将持有人登记在发行人股东名册之上,为持有人办理变更登记手续。

但当发行人出于自身利益考量拒绝履行转股义务时,债券持有人能否通过诉讼方式强制行使转股权,颇具复杂性,无论从行权主体安排、诉讼请求设定、案涉义务是否具有实际可履行性等方面,都需要法律或者司法解释进一步予以明确。

第二百零四条　公开发行公司债券的,应当为同期债券持有人设立债券持有人会议,并在债券募集办法中对债券持有人会议的召集程序、会议规则和其他重要事项作出规定。债券持有人会议可以对与债券持有人有利害关系的事项作出决议。

除公司债券募集办法另有约定外,债券持有人会议决议对同期全体债券持有人发生效力。

【条文主旨】

本条是关于公开发行公司债券,设立债券持有人会议的规定。

【条文理解】

证券市场投资者的专业知识、风险防范和自我保护意识和能力较为薄弱,随着公司债券市场的发展,债券违约事件时有发生,而公开发行公司债券的持有人人数众多,但个体力量相对弱小,无法有效制衡发行债券的公司,同时债券持有人自己维权的成本较高,难度一般也比较大。因此,需要建立起保护以及方便保护公司债券投资者合法权益的相关机制,协调众多债券持有人的利益诉求,扩大债券持有人对公司重大事项的参与权和发言权。2003 年,中国证监会在原《证券公司债券管理暂行办法》中即首次引入了债券持有人会议制度。《证券法》第 92 条第 1 款规定:“公开发行公司债券的,应当设立债券持有人会议,并应当在募集说明书中说明债券持有人会议的召集程序、会议规则和其他重要事项。”2023 年修订

《公司法》过程中，根据有关方面提出的建议，增加本条规定，对公开发行公司债券的债券持有人会议制度进行了规定。

一、债券持有人会议

债券持有人会议，是由全体债券持有人组成，按照一定的规则和程序召开并为全体持有人的整体利益而集体行使权利的决议机构。

债券持有人会议是债券持有人的非常设机构和议事平台。债券持有人会议制度最早源于大陆法系，该制度能够集合全部债券持有人之力，增强维权效果，具有重要价值。

二、债券持有人会议的职责

债券持有人会议可以对与债券持有人有利害关系的事项作出决议，如变更债券募集办法的内容，修改债券持有人会议规则，变更债券受托管理人或者受托管理协议的主要内容，发行人减资、合并等可能导致偿债能力发生重大不得变化需要决定或者授权采取相应措施，其他对债券持有人权益有重大影响的事项等。

三、债券持有人会议的召集等程序由债券募集办法规定

本条第 1 款规定，公开发行公司债券的，应当在债券募集办法中对债券持有人会议的召集程序、会议规则和其他重要事项作出规定。

（一）债券持有人会议的召集

本条第 1 款规定，债券持有人会议的召集程序，应当在债券募集办法中作出规定，一般包括债券持有人会议的召集人、会议通知、拟审议事项、会议的延期和取消、债权登记日等事项。

根据《公司债券发行与交易管理办法》（2023 年）第 63 条第 1 款的规定，存在下列情形的，债券受托管理人应当按规定或约定召集债券持有人会议：（1）拟变更债券募集说明书的约定；（2）拟修改债券持有人会议规则；（3）拟变更债券受托管理人或受托管理协议的主要内容；（4）发行人不能按期支付本息；（5）发行人减资、合并等可能导致偿债能力发生重大不利变化，需要决定或者授权采取相应措施；（6）发行人分立、被托管、解散、申请破产或者依法进入破产程序；（7）保证人、担保物或者其他偿债保障措施发生重大变化；（8）发行人、单独或合计持有本期债券总额 10%以上的债券持有人书面提议召开；（9）发行人管理层不能正常履行职责，导致发行人债务清偿能力面临严重不确定性；（10）发行人提出债务重组方案的；（11）发生其他对债券持有人权益有重大影响的事项。

实践中，当事人可在募集文件中另行约定其他应当召开持有人会议的情形，或者结合其他规定解释特定情形是否属于应当召集债券持有人会议的情形，从而对法定召集情形进行增补，如发行人控制权变更可能影响债务清偿、发行人可能丧失对重要子公司控制权等。

公司债券募集说明书等发行文件中一般还会约定兜底条款即“其他重大影响持有人利益”的也属于召集情形，至于何种情况构成“重大影响”，主要是参照相关法律法规就信息披露“重大事件”的规定进行判定。

一般情况下，债券受托管理人是有权召开债券持有人会议的主体。在债券受托管理人应当召集而未召集债券持有人会议时，《公司债券发行与交易管理办法》（2023年）第63条第2款规定，单独或合计持有本期债券总额10%以上的债券持有人有权自行召集债券持有人会议。

（二）债券持有人会议规则

《公司债券发行与交易管理办法》（2023年）第62条规定，发行公司债券，应当在债券募集说明书中约定债券持有人会议规则。债券持有人会议规则应当公平、合理。债券持有人会议规则应当明确债券持有人通过债券持有人会议行使权利的范围，债券持有人会议的召集、通知、决策生效条件与决策程序、决策效力范围和其他重要事项。

四、债券持有人会议决议的效力

《公司债券发行与交易管理办法》（2023年）第62条第2款规定，债券持有人会议按照该办法的规定及会议规则的程序要求所形成的决议对全体债券持有人有约束力，债券持有人会议规则另有约定的除外。《债券纠纷座谈会纪要》第15条“债券持有人会议决议的效力”明确，债券持有人会议根据债券募集文件规定的决议范围、议事方式和表决程序所作出的决议，除非存在法定无效事由，人民法院应当认定为合法有效，除该纪要第5条、第6条和第16条[①]规定的事项外，对全体

---

① 《债券纠纷座谈会纪要》第5条规定：“债券受托管理人的诉讼主体资格。债券发行人不能如约偿付债券本息或者出现债券募集文件约定的违约情形时，受托管理人根据债券募集文件、债券受托管理协议的约定或者债券持有人会议决议的授权，以自己的名义代表债券持有人提起、参加民事诉讼，或者申请发行人破产重整、破产清算的，人民法院应当依法予以受理。受托管理人应当向人民法院提交符合债券募集文件、债券受托管理协议或者债券持有人会议规则的授权文件。”第6条规定：“债券持有人自行或者共同提起诉讼。在债券持有人会议决议授权受托管理人或者推选代表人代表部分债券持有人主张权利的情况下，其他债券持有人另行单独或者共同提起、参加民事诉讼，或者申请发行人破产重整、破产清算的，人民法院应当依法予以受理。债券持有人会议以受托管理人怠于行使职责为由作出自行主张权利的有效决议后，债券持有人根据决议单独、共同或者代表其他债券持有人向人民法院提起诉讼、申请发行人破产重整或者破产清算的，人民法院应当依法予以受理。”第16条规定：“债券持有人重大事项决定权的保留。债券持有人会议授权的受托管理人或者推选的代表人作出可能减损、让渡债券持有人利益的行为，在案件审理中与对方当事人达成调解协议，或者在破产程序中就发行人重整计划草案、和解协议进行表决时，如未获得债券持有人会议特别授权的，应当事先征求各债券持有人的意见或者由各债券持有人自行决定。”

债券持有人具有约束力。债券持有人会议表决过程中，发行人及其关联方，以及对决议事项存在利益冲突的债券持有人应当回避表决。《公司法》本条第 2 款规定，除公司债券募集办法另有约定的，债券持有人会议决议对同期全体债券持有人发生效力。与《公司债券发行与交易管理办法》（2023 年）第 62 条第 2 款及《债券纠纷座谈会纪要》第 15 条规定相比，将"决议对全体债券持有人有约束力"规定为"决议对同期全体债券持有人发生效力"，增加"同期"二字，表述更为准确。

债券持有人会议决议的效力主要体现在以下几个方面：

第一，债券持有人会议通过的决议，一般而言对同期全体债券持有人均有效力和约束力。即债券持有人会议决议是根据债券募集文件规定的决议范围、议事方式和表决程序作出时，则除非存在法定无效事由，一般情况下应当认定为合法有效。

第二，有效的债券持有人会议决议，对同期全体债券持有人具有约束力，但有两种例外情形，一是在债券持有人会议决议授权受托管理人或者推选代表人代表部分债券持有人主张权利的情况下，其他债券持有人有权另行单独或者共同提起、参加民事诉讼；二是债券持有人对重大事项决定权的保留，债券持有人会议授权的受托管理人或推选的代表人作出可能减损、让渡债券持有人利益的行为，在案件审理中与对方当事人达成调解协议，或者在破产程序中就发行人重整计划草案、和解协议进行表决时，如未获得债券持有人会议特别授权，应当事先征求各债券持有人的意见或者由各债券持有人自行决定。

第三，对于债券受托管理人而言，其在某种程度上得解释为债券持有人会议的执行机关，涉及债券持有人重大利益的事项由债券持有人会议决定，债券受托管理人的权利义务受到债券持有人会议决议的约束。①

第四，债券持有人会议决议的对外效力。一般认为，债券持有人会议有权对法定或约定的事项作出决议，但其中很多决议涉及发行人或其控股股东和实际控制人、债券清偿义务承继方、保证人或者其他提供增信或偿债保障措施的机构或个人等其他第三方主体，涉及多方的决议，只有在各方达成一致的前提下，才具有实际执行效力。

【司法适用】

现行法律法规并未明确列举债券持有人会议决议无效或可撤销的情形，参照《债券纠纷座谈会纪要》第 15 条规定，若出现决议违反议事方式和表决程序、决议内容不属于债券募集文件规定的决议范围或存在法定无效事由等情形，该决议的

---

① 参见冯果：《债券市场风险防范的法治逻辑》，法律出版社 2016 年版，第 114 页。

效力可能存在瑕疵。但是,《债券纠纷座谈会纪要》并未进一步规定出现效力瑕疵时如何救济,是否可参照股东有权请求撤销股东会或董事会决议或请求确认决议无效等方式予以救济,仍有待后续法律法规或司法解释予以明确。

【司法案例】

中山证券有限责任公司与亿阳集团股份有限公司公司债券交易纠纷案①

诉讼结论:债券持有人会议形式和内容符合相关约定,相关决议合法有效。

基本案情:2016年6月13日,亿阳集团股份有限公司(以下简称亿阳公司)公开发行公司债券,中山证券有限责任公司(以下简称中山公司)为主承销商、债券受托管理人。募集说明书记载:该期债券项下的违约事件出现时,受托管理人将依据债券受托管理协议代表债券持有人向发行人进行追索;债券持有人会议决议经代表该次债券1/2以上表决权的债券持有人和/或代理人同意方为有效。自2017年10月起,亿阳公司部分资产受限,子公司银行账户被冻结,持有股票被多家司法机关轮候冻结,且信用评级公司将其主体信用等级、涉案债券的债项信用等级在短期内接连下调,已严重影响偿债能力,且已构成对该期债券的违约。中山公司作为债券受托管理人于2018年5月10日召集召开债券持有人会议,通知债券持有人对待表决事项可以在网络投票时间内通过中国结算持有人大会网络投票系统进行网络投票。会议决议通过了关于债券持有人会议给予受托管理人采取相关行动的授权的议案等多项议案,表决结果为全部通过。中山公司将表决结果送达告知亿阳公司,并要求提前偿付债券本息,但亿阳公司未予偿付。中山公司提起诉讼。

法院认为:亿阳公司发行债券后对到期的应付利息未予兑付,相关情形已充分证明亿阳公司的经营情况持续恶化,偿债能力明显下降。中山公司组织召开债券持有人会议,并审议通过了相关议案,会议形式和内容符合相关约定,合法有效。根据相关规定和议案表决结果,中山公司有权代表所有债券持有人以中山公司名义向亿阳公司主张相关权益。中山公司依据议案内容宣布该期债券提前到期,且亿阳公司知悉相关议案内容后,至今未按照相关约定和中山公司的要求兑付该期债券的本息,现因经营陷入困难,无法偿还到期债务,其行为已构成对该期债券的实质性违约,应按照募集说明书和债券受托管理协议的约定承担责任。

---

① 参见北京市高级人民法院(2018)京民初106号民事判决书。

第二百零五条　公开发行公司债券的，发行人应当为债券持有人聘请债券受托管理人，由其为债券持有人办理受领清偿、债权保全、与债券相关的诉讼以及参与债务人破产程序等事项。

【条文主旨】

本条是关于公司债券受托管理人聘请及委托事项的规定。

【条文理解】

债券受托管理人，是根据债券受托管理协议而设立的维护债券持有人利益的机构。中国证监会发布的原《证券公司债券管理暂行办法》从多个方面构建了债权代理人制度规范。中国证监会2007年8月14日发布的原《公司债券发行试点办法》第4章“债券持有人权益保护”首次明确规定债券受托管理人制度。《证券法》第92条第2款中规定：“公开发行公司债券的，发行人应当为债券持有人聘请债券受托管理人，并订立债券受托管理协议。”作为调整公司债券的基础性法律，本条规定适应维护公开发行公司债券持有人权益的需要，增加了债券受托管理人的聘请及其主要职责的规定。

一、债券受托管理人与相关主体的关系

债券交易中主要的当事人包括债券发行人、承销机构、债券持有人及受托管理人，受托管理人与其他3个主体的关系分别是：

（一）债券受托管理人与发行人

受托管理人由发行人委托，与发行人分别作为合同双方签订债券受托管理协议，但受托管理人并不对发行人负责，仅需按照受托管理协议约定或法律规定履行相关职责，并非为了发行人的利益，而发行人则需要配合受托管理人的工作。

（二）债券受托管理人与债券承销机构

债券承销机构和受托管理人在实践中常常为同一主体，但两者在履职期间、职责范围上存在明确的界限。承销机构系在债券发行前和发行阶段履行职责，债券发行结束后由受托管理人依法持续履行受托管理职责。就职责范围而言，承销机构负有在债券发行之前对债券发行文件按照规定进行核查的职责。而受托管理人主要承担着代表债券持有人监督发行人的职责，维护债券持有人的合法利益。

（三）债券受托管理人与债券持有人

债券持有人与受托管理人之间虽未直接签订合同，但募集说明书中一般会约定“投资者认购、交易或者其他合法方式取得本期债券视作同意债券受托管理协议”的内容，甚至明确约定“受托管理人应作为本期债券全体持有人的代理人”，由此通常认为债券持有人与受托管理人之间成立委托合同关系。原《证券公司债券管理暂行办法》中采取了委托代理说,并基于制度衔接一致性的考虑,原《公司债券发行试点办法》的规定思路一脉相承,后来的《公司债券发行与交易管理办法》中依旧倾向认定受托管理人权力来源于授权委托。在司法实践中,法院一般均肯定委托代理学说的适用。委托关系说是债券实务界的主流观点。

二、债券受托管理人的选任

根据本条规定,公开发行公司债券的,发行人应当为债券持有人聘请债券受托管理人。

债券受托管理人受债券持有人委托管理债券事务,本来应当由债券持有人聘请,但是由于公开发行公司债券时,还没有债券持有人,所以债券受托管理人只能由发行人代为聘请。

《公司债券发行与交易管理办法》(2023 年)第 57 条规定,在债券存续期限内,由债券受托管理人按照规定或协议的约定维护债券持有人的利益。发行人应当在债券募集说明书中约定,投资者认购或持有本期公司债券视作同意债券受托管理协议、债券持有人会议规则及债券募集说明书中其他有关发行人、债券持有人权利义务的相关约定。

对于债券受托管理人的资质,本条规定没有明确,根据《证券法》第 92 条第 2 款的规定,"受托管理人应当由本次发行的承销机构或者其他经国务院证券监督管理机构认可的机构担任,债券持有人会议可以决议变更债券受托管理人"。《公司债券发行与交易管理办法》(2023 年)第 58 条规定,债券受托管理人由本次发行的承销机构或其他经中国证监会认可的机构担任。债券受托管理人应当为中国证券业协会会员。为本次债券发行提供担保的机构不得担任本次债券发行的受托管理人。由于债券受托管理人在债券管理中发挥重要作用,对债券持有人的利益有重大影响,因此,应当对其资质有所限制。中国证券业协会 2023 年修改的《公司债券受托管理人执业行为准则》(中证协发〔2023〕203 号,2023 年 10 月 20 日)规定,担任受托管理人的上述机构需为证券业协会的会员,需配备充足的、具备履职能力的专业人员,保证充足的业务投入,且不应是为本次发行提供担保的机构或者自行销售的发行人以及发行人的实际控制人、控股股东、合并报表范围内子公司及其他关联方。

三、对债券受托管理人的委托事项

根据本条规定,对债券受托管理人的委托事项一般包括:

(一)办理受领清偿

《债券纠纷座谈会纪要》"四、关于债券持有人权利保护的特别规定"明确,支持受托管理人开展代债券持有人统一受领案件执行款等工作，切实保护债券持有人的合法权益。

（二）债权保全

《公司债券发行与交易管理办法》（2023 年）第 59 条第 5 项规定，预计发行人不能偿还债务时，要求发行人追加担保，并可以依法申请法定机关采取财产保全措施；第 7 项规定，发行人为债券设定担保的，债券受托管理人应在债券发行前或债券募集说明书约定的时间内取得担保的权利证明或其他有关文件，并在增信措施有效期内妥善保管。

《债券纠纷座谈会纪要》“四、关于债券持有人权利保护的特别规定”明确，支持受托管理人开展代债券持有人行使担保物权等工作，切实保护债券持有人的合法权益。第 18 条“登记在受托管理人名下的担保物权行使”明确，根据《最高人民法院关于〈国土资源部办公厅关于征求为公司债券持有人办理国有土地使用权抵押登记意见函〉的答复》精神，为债券设定的担保物权可登记在受托管理人名下，受托管理人根据《民事诉讼法》（2017 年）第 196 条、第 197 条的规定或者通过普通程序主张担保物权的，人民法院应当予以支持，但应在裁判文书主文中明确由此所得权益归属于全体债券持有人。受托管理人仅代表部分债券持有人提起诉讼的，人民法院还应当根据其所代表的债券持有人份额占当期发行债券的比例明确其相应的份额。

《债券纠纷座谈会纪要》并未明确债券持有人是否有权直接向法院主张登记在受托管理人名下的担保物权。对此，《民法典担保制度司法解释》第 4 条第 1 项在前述基础上明确肯定了债券持有人得以自身名义实现担保物权的权利，避免了因受托管理人怠于行使权利等可能阻碍其实现担保物权的不利影响。

（三）与债券相关的诉讼以及参与债务人破产程序等事项

《证券法》第 92 条第 3 款规定：“债券发行人未能按期兑付债券本息的，债券受托管理人可以接受全部或者部分债券持有人的委托，以自己名义代表债券持有人提起、参加民事诉讼或者清算程序。”《公司债券发行与交易管理办法》（2023 年）第 59 条第 8 项规定，公开发行公司债券的受托管理人在发行人不能按期兑付债券本息或出现募集说明书约定的其他违约事件的，可以接受全部或部分债券持有人的委托，以自己名义代表债券持有人提起、参加民事诉讼或者破产等法律程序，或者代表债券持有人申请处置抵质押物。

《债券纠纷座谈会纪要》“二、关于诉讼主体资格的认定”明确，同期发行债券的持有人利益诉求高度同质化且往往人数众多，采用共同诉讼的方式能够切实降低债券持有人的维权成本，最大限度地保障债券持有人的利益，也有利于提高案件审理效率，节约司法资源，实现诉讼经济。案件审理中，人民法院应当根据当事人的协议约定或者债券持有人会议的决议，承认债券受托管理人或者债券持有人会议推选的代表人的法律地位，充分保障受托管理人、诉讼代表人履行统一行使诉权的职能。对于债券违约合同纠纷案件，应当以债券受托管理人或者债券持有人会议推选的代表人集中起诉为原则，以债券持有人个别起诉为补充。《债券纠纷座谈会纪要》第 5 条“债券受托管理人的诉讼主体资格”明确，债券发行人不能如约偿付债券本息或者出现债券募集文件约定的违约情形时，受托管理人根据债券募集文件、债券受托管理协议的约定或者债券持有人会议决议的授权，以自己的名义代表债券持有人提起、参加民事诉讼，或者申请发行人破产重整、破产清算的，人民法院应当依法予以受理。受托管理人应当向人民法院提交符合债券募集文件、债券受托管理协议或者债券持有人会议规则的授权文件。

【司法适用】

一、破产程序中债券受托管理人权利的行使

《债券纠纷座谈会纪要》明确了在有募集文件、债券持有人会议决议或债券受托管理协议授权时，债券受托管理人以自身名义代债券持有人参与诉讼的诉讼主体地位。享有民事诉讼主体地位的主体，是申请破产和申报债权的适格主体。

若受托管理人已取得生效法律文书，且生效法律文书中载明受托管理人为权利人，则受托管理人依据生效法律文书申报即可，无需其他授权文件。债券持有人授权受托管理人统一代理参与发行人破产程序有利于提高破产案件推进效率。债券持有人购买相同的债券，其破产债权性质一般相同，根据债权申报材料其债权金额的计算方式大同小异，受托管理人统一代为申报债权的，可以极大提高参与破产程序的效率。便利破产管理人开展工作，从而搭建良好的沟通渠道，高效推进破产程序。

虽然《债券纠纷座谈会纪要》确定了受托管理人的诉讼主体地位，但保留了债券持有人对重大事项的决定权。例如，在破产程序中就发行人重整计划草案、和解协议进行的表决，此类可能减损、让渡债券持有人利益的行为，应事先征求债券持有人的意见或者由债券持有人自行决定，除非提前获得债券持有人会议特别授权。

二、非公开发行公司债券的受托管理

《公司债券发行与交易管理办法》(2023 年)第 57 条第 1 款规定，非公开发行公司债券的，发行人应当在募集说明书中约定债券受托管理事项。第 60 条规定，非公开发行公司债券的，债券受托管理人应当按照债券受托管理协议的约定履行职责。

【司法案例】

太合汇投资管理(昆山)有限公司、绍兴众富控股有限公司买卖合同纠纷案[①]

诉讼结论:债券受托管理人有权接受全部或部分债券持有人委托,以自己的名义代表债券持有人提起民事诉讼。

基本案情:绍兴众富控股有限公司(以下简称众富控股)发行众富控股定向债务融资工具债券,精功集团有限公司(以下简称精功公司)提供担保,太合汇投资管理(昆山)有限公司(以下简称太合汇公司)作为债券受托管理人。债券募集说明书规定,在发行人不能偿还债券本金和收益时,受托管理人可通过诉讼等程序强制发行人和保证人偿还本金和收益。《认购协议》规定,投资人和发行人不可撤销地特别授权受托管理人作为债权人(即投资人、认购人)的全权代表,对与债券的发行和管理有关的事项进行债权处理,包括但不限于代为办理与债券发行及管理有关的各项事宜等。2019 年 7 月 6 日至 7 月 7 日召开的众富控股债券持有人会议表决:针对发行人和保证人的违约行为,不可撤销地授权受托管理人以受托管理人名义向发行人和保证人进行包括诉讼在内的一切必要行动和措施,主张全部收回全部本金和收益等权利,并追究发行人和保证人违约责任;确认并认可受托管理人针对发行人和保证人的违约行为已采取的和未来将要采取的包括财产保全、诉讼等为持有人之利益采取其他一切必要行动和措施;确认债券提前到期,并认可受托管理人以受托管理人名义向发行人和保证人发送的提前到期的相关通知。太合汇公司起诉请求判令众富公司支付债券本金、支付各类产品费用,支付违约金、律师费;精功公司对前述给付义务承担连带责任等。

法院认为:根据当事人之间协议条款约定,众富公司未能按期足额偿付到期应付本金和收益的,太合汇公司可以自己名义代表债券持有人提起诉讼。太合汇公司提交证据证明其通过召开持有人会议以及持有人出具《确认函》的方式取得了持有人的授权。众富公司和精功公司不持异议,认可太合汇公司的原告主体资格。因此,太合汇公司已按照各方当事人协议约定及证券管理部门相关规范履行了债券受托管理人的职能,其接受全部或部分债券持有人委托,以自己的名义代表债券持有人提起民事诉讼,符合现行债券发行和交易市场的规则体系以及《公司债券发行与交易管理办法》的相关规定,也符合《证券法》的立法趋势。太合汇公司作为本案原告诉讼主体适格。

---

① 参见最高人民法院(2019)最高法民终 1502 号民事裁定书。

第二百零六条　债券受托管理人应当勤勉尽责，公正履行受托管理职责，不得损害债券持有人利益。

受托管理人与债券持有人存在利益冲突可能损害债券持有人利益的，债券持有人会议可以决议变更债券受托管理人。

债券受托管理人违反法律、行政法规或者债券持有人会议决议，损害债券持有人利益的，应当承担赔偿责任。

【条文主旨】

本条是关于公司债券受托管理人义务、变更及损害赔偿责任的规定。

【条文理解】

一、债券受托管理人的义务

债券受托管理人虽然最初是由发行人聘请的，管理费用也是由发行人支付的，但是债券受托管理人实质上是受债券持有人的委托管理债券事务，应当为债券持有人的利益勤勉尽责，公正履行受托管理职责，不得损害债券持有人的利益。

债券持有人与受托管理人之间存在委托关系，受托管理人作为独立于发行人与持有人的第三方专业机构，为全体债券持有人的最大利益管理债券，对债券持有人承担信义义务。[①]《证券法》第92条第2款中规定："债券受托管理人应当勤勉尽责，公正履行受托管理职责，不得损害债券持有人利益。"《公司债券发行与交易管理办法》(2023年)第58条规定，债券受托管理人应当勤勉尽责，公正履行受托管理职责，不得损害债券持有人利益。一般认为，债券受托管理人对债券持有人负有忠实义务与勤勉义务。

（一）债券受托管理人的忠实义务

根据受信义务理论，忠实义务的意义是受信人服务于受益人，在处理事务过程中不得有利益冲突行为或必须事前披露回避利益冲突，具体体现为"任职资格限制"和"利益冲突的披露回避"两个方面。

"任职资格限制"作为规避外部利益冲突的核心，主要体现为对受托管理人资格加以限制。《公司债券发行与交易管理办法》(2023年)第58条规定，债券受托管理人由本次发行的承销机构或其他经中国证监会认可的机构担任。债券受托管理人应当为中国证券业协会会员。为本次发行提供担保的机构不得担任本次债券发行的受托管理人。《公司债券受托管理人执业行为准则》(2023年)第7条

---

① 参见李曙光、刘欣东：《〈公司法〉修订中债券制度的改革与重构》，载《中国应用法学》2023年第1期。

规定,受托管理人应当为协会会员。以下机构可以担任受托管理人:(1)本次发行公司债券的承销机构;(2)其他经中国证监会认可的机构。为本次发行提供担保的机构、自行销售的发行人以及发行人的实际控制人、控股股东、合并报表范围内子公司及其他关联方不得担任本次债券发行的受托管理人。第9条规定,受托管理人应当配备充足的具备履职能力的专业人员,并保证充足的业务投入,避免因人员和投入不足影响受托管理职责的履行。

在"利益冲突的披露回避"方面,《公司债券发行与交易管理办法》(2023年)第58条规定,对于债券受托管理人在履行受托管理职责时可能存在的利益冲突情形及相关风险防范、解决机制,发行人应当在债券募集说明书及债券存续期间的信息披露文件中予以充分披露,并同时在债券受托管理协议中载明。《公司债券受托管理人执业行为准则》(2023年)第8条规定,对于受托管理人在履行受托管理职责时可能存在的利益冲突情形及相关风险防范、解决机制,发行人应当在公司债券募集说明书及债券存续期间的信息披露文件中予以充分披露,并同时在受托协议中载明。

(二)债券受托管理人的勤勉义务

但是,"勤勉尽责"具体在程序上、实质结果上应当达到何种效果,相关规则并没有明确客观的判断标准。

《公司债券发行与交易管理办法》(2023年)第59条规定,公开发行公司债券的受托管理人应当按规定或约定履行下列职责:(1)持续关注发行人和保证人的资信状况、担保物状况、增信措施及偿债保障措施的实施情况,出现可能影响债券持有人重大权益的事项时,召集债券持有人会议;(2)在债券存续期内监督发行人募集资金的使用情况;(3)对发行人的偿债能力和增信措施的有效性进行全面调查和持续关注,并至少每年向市场公告一次受托管理事务报告;(4)在债券存续期内持续督导发行人履行信息披露义务;(5)预计发行人不能偿还债务时,要求发行人追加担保,并可以依法申请法定机关采取财产保全措施;(6)在债券存续期内勤勉处理债券持有人与发行人之间的谈判或者诉讼事务;(7)发行人为债券设定担保的,债券受托管理人应在债券发行前或债券募集说明书约定的时间内取得担保的权利证明或其他有关文件,并在增信措施有效期内妥善保管;(8)发行人不能按期兑付债券本息或出现募集说明书约定的其他违约事件的,可以接受全部或部分债券持有人的委托,以自己名义代表债券持有人提起、参加民事诉讼或者破产等法律程序,或者代表债券持有人申请处置抵质押物。第60条规定,非公开发行公司债券的,债券受托管理人应当按照债券受托管理协议的约定履行职责。《公司债券受托管理人执业行为准则》(2023年)第6条规定:"在公司债券存续期内,受托管理人应当依照本准则的规定和受托协议的约定维护债券持有人的权益，落实投资者权益保护机制。受托管理人应当勤勉尽责，公正履行受托管理职责，不得损害债券持有人的权益。”第11条至第29条对债券受托管理人日常监测、督促发行人履约及信息披露、风险应对与违约处置等各方面职责进行了规定，是该领域最重要、最具系统化和可操作性的行业规范。上述规定及准则可以作为认定受托管理人是否勤勉尽责的参考。

二、债券受托管理人的更换

《证券法》第92条第2款规定：“受托管理人应当由本次发行的承销机构或者其他经国务院证券监督管理机构认可的机构担任，债券持有人会议可以决议变更债券受托管理人。”《公司债券发行与交易管理办法》(2023年)第63条第1款第3项规定，债券持有人会议有权变更债券受托管理人。《公司债券受托管理人执业行为准则》(2023年)第30条第1款规定：“在公司债券存续期内，出现下列情形之一的，应当召开公司债券持有人会议，履行变更受托管理人的程序：(一)受托管理人未能持续履行本准则或受托协议约定的受托管理人职责；(二)受托管理人停业、解散、破产或依法被撤销；(三)受托管理人提出书面辞职；(四)受托管理人不再符合受托管理人资格的其他情形。”

本条第2款明确，变更债券受托管理人的适格主体为债券持有人会议，即债券持有人会议可以决议变更债券受托管理人，与《证券法》等法律法规的规定是一致的。

三、债券受托管理人的赔偿责任

《债券纠纷座谈会纪要》第25条“受托管理人的赔偿责任”明确，受托管理人未能勤勉尽责公正履行受托管理职责，损害债券持有人合法利益，债券持有人请求其承担相应赔偿责任的，人民法院应当予以支持。

本条第3款规定，债券受托管理人违反法律、行政法规或者债券持有人会议决议，损害债券持有人利益的，应当承担赔偿责任。

受托管理人承担的是“赔偿责任”，即受托管理人承担的是一种补充责任，因为债券持有人的权利能否实现，首先取决于发行人及发行服务机构，包括发行人的资信以及发行过程中是否存在欺诈等。

【司法案例】

雷某强与中信建投证券股份有限公司证券托管纠纷案[①]

诉讼结论：债券持有人以受托管理人未履行受托管理义务而要求其赔偿损失

① 参见北京市朝阳区人民法院(2014)朝民(商)初字第27934号民事判决书。

的,应当承担举证责任。

基本案情:2011年10月20日,上海超日太阳能科技股份有限公司(以下简称超日公司)在境内公开发行11超日债。9月2日,超日公司与中信建投证券股份有限公司(以下简称中信建投公司)签订公司债券受托管理协议,聘任中信建投公司为受托管理人。2013年1月8日至5月21日,超日公司董事会多次发布关于11超日债跟踪信用评级结果的公告,评级机构将债券信用等级逐次下调为CCC等级。2014年3月5日,超日公司发布第二期利息无法按期全额支付的公告。5月30日11超日债被终止上市。6月26日,超日公司发布关于法院裁定受理公司重整事宜的公告。7月10日,超日公司管理人发布关于债权申报说明的公告,告知债券持有人的特别申报方式。9月30日,超日公司管理人发布重整计划草案。10月28日,上海一中院裁定批准超日公司重整计划,并终止重整程序。12月17日,超日公司董事会发布债券兑付公告。12月26日,超日公司发布关于重整计划执行完毕的公告。

法院认为:公开发行公司债券的募集说明书中明确写明承销商中信建投公司是债券受托管理人,中信建投公司应按照募集说明书以及其与超日公司所签债券受托管理协议的约定全面履行自己的义务。募集说明书和债券受托管理协议对受托管理人的义务进行了规定。中信建投公司提交的证据已形成证据链,可以证明其按约定履行义务的情况。债券持有人主张中信建投公司在四个方面未尽受托管理人义务,以致其产生利息损失,应承担举证责任。

第十章　公司财务、会计

第二百零七条　公司应当依照法律、行政法规和国务院财政部门的规定建立本公司的财务、会计制度。

第二百零八条　公司应当在每一会计年度终了时编制财务会计报告，并依法经会计师事务所审计。

财务会计报告应当依照法律、行政法规和国务院财政部门的规定制作。

第二百零九条　有限责任公司应当按照公司章程规定的期限将财务会计报告送交各股东。

股份有限公司的财务会计报告应当在召开股东会年会的二十日前置备于本公司，供股东查阅；公开发行股份的股份有限公司应当公告其财务会计报告。

【条文主旨】

本条是关于公司应当依法对股东公开财务会计报告的规定。

【条文理解】

本条对《公司法》(2018 年)第 165 条作了部分修改，一是根据立法技术规范，将第 1 款“依照公司章程”修改为“按照公司章程”；将第 2 款后半句“必须公告”修改为“应当公告”。二是将第 2 款后半句“公开发行股票的股份有限公司”修改为“公开发行股份的股份有限公司”，进一步扩大应当公告财务会计报告的股份有限公司的范围，以更好保护广大公众投资者的利益。

第二百一十条　公司分配当年税后利润时，应当提取利润的百分之十列入公司法定公积金。公司法定公积金累计额为公司注册资本的百分之五十以上的，可以不再提取。

公司的法定公积金不足以弥补以前年度亏损的，在依照前款规定提取法定公积金之前，应当先用当年利润弥补亏损。

公司从税后利润中提取法定公积金后，经股东会决议，还可以从税后利润中提取任意公积金。

公司弥补亏损和提取公积金后所余税后利润，有限责任公司按照股东实缴的出资比例分配利润，全体股东约定不按照出资比例分配利润的除外；股份有限公司按照股东所持有的股份比例分配利润，公司章程另有规定的除外。

公司持有的本公司股份不得分配利润。

【条文主旨】

本条是关于法定公积金的提取及公司利润分配原则的规定。

【条文理解】

本条与《公司法》(2018年)第166条的规定相比较，一是对第4款内容进行了修改；二是将第5款内容修改后作为第211条单独规定。

关于公司利润分配，《公司法》(2018年)在第2章“有限责任公司的设立和组织机构”第34条规定，股东按照实缴的出资比例分取红利，但是，全体股东约定不按照出资比例分取红利的除外。《公司法》(2018年)第166条第4款规定：“公司弥补亏损和提取公积金后所余税后利润，有限责任公司依照本法第三十四条的规定分配；股份有限公司按照股东持有的股份比例分配，但股份有限公司章程规定不按持股比例分配的除外。”由于利润分配实质上并不属于公司设立和组织机构的范畴，因此《公司法》将公司利润分配仅于第10章“公司财务、会计”部分作出规定，同时因未在有限责任公司设立和组织机构部分规定利润分配问题，因此本条第4款将有限责任公司利润分配规则由引用性表述改为具体表述，即按照股东实缴的出资比例分配利润，全体股东约定不按照出资比例分配利润的除外。

本条第4款后半句对股份有限公司利润分配规则的内容作了文字修改，即将“股东持有”修改为“股东所持有”；将“但股份有限公司章程规定不按持股比例分配的除外”修改为“公司章程另有规定的除外”，表述更为精简。

【司法案例】

甘肃居立门业有限责任公司
与庆阳市太一热力有限公司、李某军公司盈余分配纠纷案①

诉讼结论：公司有盈余且存在部分股东隐瞒或转移公司利润等滥用股东权利

① 参见最高人民法院(2016)最高法民终528号民事判决书。

情形的,其他股东可以直接提起分配之诉,无须股东大会作出决议。

基本案情:居立门业公司持有太一热力公司40%股份,李某军持有60%股份。李某军利用其太一热力公司法定代表人身份和控制地位,拒绝利润分配,将公司收入挪为己用,将太一热力公司盈余的32.7亩土地变更登记在自己的房地产公司名下,损害公司和股东利益。

法院认为:在公司盈余分配纠纷中,虽请求分配利润的股东未提交载明具体分配方案的股东会或股东大会决议,但当有证据证明公司有盈余且存在部分股东变相分配利润、隐瞒或转移公司利润等滥用股东权利情形的,诉讼中可强制盈余分配,且不以股权回购、代位诉讼等其他救济措施为前提。在确定盈余分配数额时,要严格公司举证责任以保护弱势小股东的利益,但还要注意优先保护公司外部关系中债权人、债务人等的利益,对于有争议的款项因涉及案外人实体权利而不应在公司盈余分配纠纷中作出认定和处理。有盈余分配决议的,在公司股东会或股东大会作出决议时,在公司与股东之间即形成债权债务关系,若未按照决议及时给付则应计付利息,而司法干预的强制盈余分配则不然,在盈余分配判决未生效之前,公司不负有法定给付义务,故不应计付利息。盈余分配义务的给付主体是公司,若公司的应分配资金因被部分股东变相分配利润、隐瞒或转移公司利润而不足以现实支付时,不仅直接损害了公司的利益,也损害到其他股东的利益,利益受损的股东可直接依据《公司法》第20条第2款的规定向滥用股东权利的公司股东主张赔偿责任,或依据《公司法》第21条的规定向利用其关联关系损害公司利益的控股股东、实际控制人、董事、监事、高级管理人员主张赔偿责任,或依据《公司法》第149条的规定向违反法律、行政法规或者公司章程规定给公司造成损失的董事、监事、高级管理人员主张赔偿责任。

第二百一十一条　公司违反本法规定向股东分配利润的,股东应当将违反规定分配的利润退还公司;给公司造成损失的,股东及负有责任的董事、监事、高级管理人员应当承担赔偿责任。

【条文主旨】

本条是关于股东违法分配利润的处理及责任承担主体的规定。

【条文理解】

本条是在《公司法》(2018年)第166条第5款的基础上修改而来的,《公司法》(2018年)第166条第5款规定的内容是“股东会、股东大会或者董事会违反前款规定，在公司弥补亏损和提取法定公积金之前向股东分配利润的，股东必须将违反规定分配的利润退还公司”。本次修改主要包括：一是将相关主体由“股东会、股东大会或者董事会”修改为“公司”；二是将“违反前款规定”修改为“违反本法规定”，不再仅仅局限为“在公司弥补亏损和提取法定公积金之前向股东分配利润”；三是新增了“给公司造成损失的，股东及负有责任的董事、监事、高级管理人员应当承担赔偿责任”的内容。

第二百一十二条　股东会作出分配利润的决议的，董事会应当在股东会决议作出之日起六个月内进行分配。

【条文主旨】

本条是关于股东会作出利润分配决议情况下的分配期限的规定。

【条文理解】

本条属于新增条文，规定了如果公司股东会已经作出分配利润的决议，董事会应当在6个月内完成分配。此外，最终条文删除了修订意见稿中“公司章程或者股东会决议另有规定的除外”的例外情形，能够最大限度避免公司、控股股东等拖延支付分配利润给其他股东的情况。本条以简明的语言、可行的方案解决了《公司法规定(五)》第4条设定的问题。与司法解释相比，一是明确了由董事会负责分配，二是限定6个月以内。实践中应当适用修订后《公司法》的规定。

《公司法规定(五)》第4条规定：“分配利润的股东会或者股东大会决议作出后，公司应当在决议载明的时间内完成利润分配。决议没有载明时间的，以公司章程规定的为准。决议、章程中均未规定时间或者时间超过一年的，公司应当自决议作出之日起一年内完成利润分配。决议中载明的利润分配完成时间超过公司章程规定时间的，股东可以依据民法典第八十五条、公司法第二十二条第二款规定请求人民法院撤销决议中关于该时间的规定。”

【司法案例】

1. 甘肃乾金达矿业开发集团有限公司与万城商务东升庙有限责任公司盈余分配纠纷案①

诉讼结论：当分配利润期限届满而公司仍未分配时，股东可以直接请求公司按照决议载明的具体分配方案给付利润。

---

① 参见(2021)最高法民再23号民事判决书，载《最高人民法院公报》2023年第1期。

基本案情：乾金达公司是万城公司持股52.50%的股东，其依据2014年2月股东会决议要求对2013年度未支付利润进行分配，股东会决议未明确分配比例，但公司章程明确约定“按照出资比例分取红利”。作出股东会决议之后，万城公司未进行利润分配，乾金达公司将持有的万城公司52.5%的股权转让给赵某堂。

法院认为：股东要求公司分配利润的必要条件是提交载明具体分配方案的股东会决议。具体的利润分配方案应当包括待分配利润数额、分配政策、分配范围以及分配时间等具体分配事项内容。判断利润分配方案是否具体，关键在于综合现有信息能否确定主张分配的权利人根据方案能够得到的具体利润数额。如公司股东会决议确定了待分配利润总额、分配时间，结合公司章程中关于股东按照出资比例分取红利的分配政策之约定，能够确定股东根据方案应当得到的具体利润数额的，该股东会决议载明的利润分配方案应当认为是具体的。

载明具体分配方案的股东会决议一经作出，抽象性的利润分配请求权即转化为具体性的利润分配请求权，从股东的成员权转化为独立于股东权利的普通债权。股东转让股权时，抽象性的利润分配请求权随之转让，而具体的利润分配请求权除合同中有明确约定外，并不随股权转让而转让。当分配利润时间届至而公司未分配时，权利人可以直接请求公司按照决议载明的具体分配方案给付利润。

2. 郑州宛耀置业有限公司与郑州鑫岚光房地产开发有限公司、郑州欣宇原房地产开发有限公司公司盈余分配纠纷案①

诉讼结论：控股股东滥用权利导致公司无法按公司章程规定向股东分配利润，可以根据财务报告计算公司实际盈余情况并直接判决分配给相关股东，控股股东承担连带责任。

基本案情：宛耀置业是鑫岚光公司实际出资40%的股东，欣宇原公司持股鑫岚光公司60%股权，是控股股东，欣宇原公司超出四方《补充协议》约定的调用资金金额的限制，向其全资控股的关联公司阳光城公司转账共计15.6亿多元，有11亿元资金未返还给鑫岚光公司。阳光城公司2019年年度报告显示，该期归属于少数股东鑫岚光公司的损益为11.4亿多元，鑫岚光公司2019年综合收益总额应为2.8亿多元；根据鑫岚光公司年度审计报告及关联公司阳光城公司2019年年度报告，可以计算出截至2019年鑫岚光公司应向宛耀置业分配的利润数额。宛耀置业起诉请求：鑫岚光公司支付盈余分配款38,476万元；在鑫岚光公司不能履行义务的范围内，由欣宇原公司和阳光城公司承担连带赔偿责任。

---

① 参见（2021）豫民终445号民事裁定书，河南省高级人民法院2021年度十大商事暨涉企典型案例之二。

法院认为：鑫岚光公司章程规定，公司产生利润时，每年至少分配利润一次。根据查明的案情，截至2019年鑫岚光公司有盈余可供分配。宛耀置业作为鑫岚光公司实际出资40%的股东，依法享有取得投资利润的权利。鑫岚光公司的控股股东欣宇原公司利用优势地位，超出四方《补充协议》约定的调用资金金额的限制，向其全资控股的关联公司阳光城公司转账共计15.6多亿元，至一审起诉时，尚有11亿元资金未返还鑫岚光公司，此行为系滥用股东权利的行为，其同时也有阻碍小股东宛耀置业知情权行使的行为，上述行为导致鑫岚光公司无法按公司章程规定向股东分配利润，严重损害宛耀置业的利益。根据鑫岚光公司年度审计报告、关联公司阳光城公司2019年年度报告及股东实际出资比例，可以计算出截至2019年宛耀置业应分配利润数额0.82亿元。

根据《公司法》的规定，公司股东滥用股东权利给公司或者其他股东造成损失的，应当依法承担赔偿责任。本案中鑫岚光公司未按章程规定分配利润，且欣宇原公司利用其大股东身份转移鑫岚光公司巨额财产，并阻碍宛耀置业行使股东知情权，存在滥用股东权利的行为，给宛耀置业造成不能分配利润的实际损失，应当在鑫岚光公司盈余分配给付不能的范围内向宛耀置业承担赔偿责任。

第二百一十三条　公司以超过股票票面金额的发行价格发行股份所得的溢价款、发行无面额股所得股款未计入注册资本的金额以及国务院财政部门规定列入资本公积金的其他项目，应当列为公司资本公积金。

【条文主旨】

本条是关于可以计入公司资本公积金科目的内容的规定。

【条文理解】

《公司法》(2023年)明确了无面额股与面额股的区分，把发行无面额股所得股款未计入注册资本的金额计入资本公积，为新增规定；其他内容与《公司法》(2018年)保持一致。

【相关规定】

新《企业会计准则》中资本公积的核算设置两个明细科目：资本(或股本)溢价和其他资本公积。“资本公积——资本溢价”核算内容主要包括：

(1)股东投资溢价；股票发行费用(冲减资本公积)。

(2)同一控制下企业合并差额。

(3)“拨款转入”在“资本公积——资本溢价”中过渡。

“资本公积——其他资本公积”核算内容主要包括：

(1)以权益结算股份支付通过“资本公积——其他资本公积”过渡。

(2)“权益法”下，享有被投资企业除损益外的所有者权益变动的份额。

(3)关联方交易时，交易价格显失公允的差额。

(4)“可供出售金融资产”的公允值变动差额。

(5)自用房地产或存货转为“投资性房地产”日公允值大于原账面值的差额。

【司法案例】

兰州神骏物流有限公司与兰州民百(集团)股份有限公司侵权纠纷案①

诉讼结论：资本公积金属于公司所有，是公司的资产，股东不能主张该资本公积金中与自己持股比例相对应的部分归属于自己。

基本案情：上市公司民百公司股东大会审议通过股权分置改革方案，公司第一大股东红楼集团向民百公司无偿注入兰州红楼房地产开发有限公司36.6%的股权，该受赠资产形成的资本公积金转增的股份28,379,137股是否应由包括神骏公司在内的民百公司全体非流通股股东和流通股股东共同享有成为本案争议焦点。

法院认为：公司因接受赠与而增加的资本公积金属于公司所有，是公司的资产，股东不能主张该资本公积金中与自己持股比例相对应的部分归属于自己，上市公司股权分置改革中，公司股东大会作出决议将资本公积金向流通股股东转增股份时，公司的流通股股东可以按持股比例获得相应的新增股份，而非流通股股东不能以其持股比例向公司请求支付相应的新增股份。即使该股东大会决议无效，也只是产生流通股股东不能取得新增股份的法律效果，而非流通股东仍然不能取得该新增的股份。上市公司股权分置改革中，公司以资本公积金向流通股股东转增资本，不会导致公司资产减损。非流通股股东以资产减损为由主张自己应获得减损数中相应份额的补偿，不应支持。

第二百一十四条　公司的公积金用于弥补公司的亏损、扩大公司生产经营或者转为增加公司注册资本。

公积金弥补公司亏损，应当先使用任意公积金和法定公积金；仍不能弥补的，可以按照规定使用资本公积金。

① 参见最高人民法院(2009)民二终字第75号民事判决书，载《最高人民法院公报》2010年第2期。

法定公积金转为增加注册资本时,所留存的该项公积金不得少于转增前公司注册资本的百分之二十五。

【条文主旨】

本条是关于公积金用途的规定。

【条文理解】①

一、修订变化情况

《公司法》(1993 年)第 179 条第 1 款规定,公司的公积金用于弥补公司的亏损,扩大公司生产经营或者转为增加公司资本。《公司法》(2015 年)第 169 条第 1 款规定,公司的公积金用于弥补公司的亏损、扩大公司生产经营或者转为增加公司资本。但是,资本公积金不得用于弥补公司的亏损。

二、资本公积金补亏的含义

资本公积金是列在公司资产负债表中"所有权权益"项下的一个会计科目。它记录的一项重要内容是公司以超过股票票面金额的发行价格发行股份所得的溢价款。"资本公积金弥补亏损"是一种会计处理程序,即将"资本公积金"账户中的金额转入因亏损而呈负数的"未分配利润"账户,并不存在实际的"使用资金"或"资金流出",在账面上消除亏损从而改善企业的财务报表数据。许多国家的《公司法》都明确认可资本公积金弥补企业亏损的作用。例如,《日本商法》第 289 条第 1 款规定:"资本公积金或者盈余公积金除弥补公司的亏损之外不得使用。"《德国股份法》也有相关规定。"资本公积金补亏"是一种账务处理程序,意味着在"所有者权益"项下的相关科目之间进行金额调整,它是一个抽象的计算过程。

三、资本公积金补亏的约束条件

资本公积金可以分为两类:一类是企业在经营过程中取得的、代表所有者权益实际增长的资源,但是从会计准则角度不作为收入确认,主要包括股东溢价增资款、他人捐赠的现金或实物财产、因债务重组而获得的债务豁免或减少、国家拨入的专门用于技术改造等目的资金等。另一类是因会计计量而引起的所有者权益的账面增长,并没有资源实际流入公司,如公司为改制、合并或其他财务目的对资产进行评估增值金额,以及公司的对外股权投资采用权益法核算时产生的被投资单位接受捐赠准备等。这部分金额并未涉及实际的资金流入,是由于特定的会

① 该部分内容主要参见刘燕:《新公司法的资本公积补亏禁令评析》,载《中国法学》2006 年第 6 期。

计处理程序造成的。只有当它们被处置、转让时，增值部分才有可能实现，因此这些项目属于“未实现的收益”。

【司法适用】

传统公司法对资本公积金用途的限制是不得用于分派股利。“无盈利不分配”是各国公司法普遍奉行的一项利润分配规则，其目的是维持公司资本的完整性，由此衍生出“资本公积金不得用于派发股利”的限制。如果许可资本公积金补亏，同时又没有要求资本公积金只能在当年利润、盈余公积无法弥补亏损后用于补亏，意味着公司可以在亏损年度通过用资本公积金补亏而把本年利润或者累积盈余释放出来，用于利润分配，从而使“资本公积金”不得用于利润分配的限制形同虚设。因此，一些国家和地区的公司法中明确规定盈余公积金应先于资本公积金补亏。例如，我国台湾地区“公司法”第239条第2项规定，公司非于盈余公积填补资本亏损有不足时，不得以资本公积补充之。

资本公积金补亏并非天然的不合理，只有那些基于会计处理程序而产生的、尚未实现的股东权益的增长不能用于补亏。实际流入公司的资金或资源、已经实现的股东权益等资本公积金项目所代表的资金或资产都曾经真实地存在过，投入到公司的经营中，可以用来进行补亏。

第二百一十五条　公司聘用、解聘承办公司审计业务的会计师事务所，按照公司章程的规定，由股东会、董事会或者监事会决定。

公司股东会、董事会或者监事会就解聘会计师事务所进行表决时，应当允许会计师事务所陈述意见。

【条文主旨】

本条是关于公司聘用、解聘会计师事务所的规定。

【条文理解】

本条的变化在于新增监事会作为有权聘用、解聘公司会计师事务所的公司机关。会计师事务所的审计工作成果是审计报告，作为外部专业机构出具的结论性意见，能够在很大程度上反映一家公司的财务规范性程度及财务的真实性。尤其对于上市公司而言，会计师事务所的选聘对上市公司维持上市地位、信息披露、规范运作的重要性不言而喻。

根据《公司法》第78条第1项的规定，有限责任公司监事会有权检查公司财务。第79条第2款规定，有限责任公司监事会发现公司经营情况异常，可以进行调查;必要时,可以聘请会计师事务所等协助其工作,费用由公司承担。《公司法》第 131 条第 1 款明确,《公司法》第 78 条至第 80 条的规定,适用于股份有限公司。因此,2023 年《公司法》修订,允许公司以章程规定的方式将监事会作为决定聘用、解聘会计师事务所的公司机关,意在扩大监事会的决策权及影响力,强化公司治理。

第二百一十六条 公司应当向聘用的会计师事务所提供真实、完整的会计凭证、会计账簿、财务会计报告及其他会计资料,不得拒绝、隐匿、谎报。

第二百一十七条 公司除法定的会计账簿外,不得另立会计账簿。

对公司资金,不得以任何个人名义开立账户存储。

【条文主旨】

本条是关于会计账簿和开立账户的禁止性规定的规定。

【条文理解】

本条与《公司法》(2018 年)第 171 条的规定相比,仅作了文字修改,即将第 2 款中的“公司资产”修改为“公司资金”,表述更为准确。与《公司法》第 181 条第 2 项规定的“将公司资金以其个人名义或者以其他个人名义开立账户存储”内容表述一致。

第十一章 公司合并、分立、增资、减资

第二百一十八条 公司合并可以采取吸收合并或者新设合并。

一个公司吸收其他公司为吸收合并,被吸收的公司解散。两个以上公司合并设立一个新的公司为新设合并,合并各方解散。

第二百一十九条 公司与其持股百分之九十以上的公司合并,被合并的公司不需经股东会决议,但应当通知其他股东,其他股东有权请求公司按照合理的价格收购其股权或者股份。

公司合并支付的价款不超过本公司净资产百分之十的,可以不经股东会决议;但是,公司章程另有规定的除外。

公司依照前两款规定合并不经股东会决议的,应当经董事会决议。

【条文主旨】

本条是关于特殊情况下,公司合并无须股东会决议的情形,以及被合并公司股东的股权收购请求权的规定。

【条文理解】

本条规定的主要目的是便利股份公司尤其是上市公司开展并购重组,减少股东会召开次数,方便公司在遇到商业机会时,及时召开董事会,审议公司收购议案,迅速达成交易。第一种情况是,针对公司与其持股90%以上股份的子公司进行合并,这种情况下,公司能够通过子公司股东会决定子公司各项事宜,且已经为持股少于10%的少数股东提供了退出渠道,因此,可以不必召开股东会。第二种情况是,公司收购的目标公司相比于自身体量较小,此项收购可以视为日常经营事项,不再看作对公司影响重大的事项,可以不经股东会审议。

第二百二十条 公司合并,应当由合并各方签订合并协议,并编制资产负债表及财产清单。公司应当自作出合并决议之日起十日内通知债权人,并

于三十日内在报纸上或者国家企业信用信息公示系统公告。债权人自接到通知之日起三十日内，未接到通知的自公告之日起四十五日内，可以要求公司清偿债务或者提供相应的担保。

【条文主旨】

本条是关于公司合并程序以及对债权人的保护措施的规定。

【条文理解】

公司法对于公司合并中债权人的保护，主要体现在债权人在公司合并程序中所享有的知情权、异议权、损害赔偿请求权三个方面。

一、知情权

知情权是指公司的债权人有权知悉债务人公司合并的具体情况、资产负债表及财产清单等可能影响债权人债权实现事项的权利。公司合并中编制资产负债表及财产清单是知情权的实现方式之一。此外，公司通过一对一发送通知书、通过报纸或者国家企业信用信息公示系统公告通知债权人。这两种方式应当是债务人公司都需要进行的，并不是只要择一方式通知。具体来说，公司对已知债权人应当一一发送书面通知，对于未能通知到的债权人或其他利害关系人可以通过报纸形式公告。

二、异议权

异议权是公司合并中债权人对于公司合并的决议有异议时，有权要求债务人公司清偿债务或提供担保。

首先，异议权的行使期限应当是“债权人自接到通知之日起三十日内，未接到通知的自公告之日起四十五日内”，超过法定期限未提出异议的，视为债权人同意公司合并。

其次，异议权的行使条件应当是债权人认为债务人公司合并可能会不利于其债权的实现。尤其是公司与其他存在亏损的公司进行合并的情况下，债权人的债权可能因为合并后的公司偿债能力差而受到不利影响。

最后，行使异议权的法律后果是可以要求债务人公司清偿债务或提供担保。具体是清账债务还是提供担保，需要结合债权是否已到期进行判断。

三、损害赔偿请求权

损害赔偿请求权，是指债权人的债权受到侵害时，债权人可以通过仲裁或诉讼方式要求债务人公司偿还债务的权利救济方式。

如果债权人行使异议权，债务人公司在未清偿债务或提供担保的情况下仍然办理了公司合并,此种情况下债权人可以行使损害赔偿请求权。债权人可以要求合并后存续的公司或者新设的公司承担偿还责任。如果债务人公司已注销或公司人格否认等特殊情形下无法履行通知义务,债权人因未接到合并通知而丧失了行使异议权的机会,此时债权人可以债务人股东为被告,提起股东损害债权人利益责任纠纷,要求股东单独承担或者连带承担债务人公司的债务。

【司法案例】

上海致达科技集团有限公司因与中国第十三冶金建设有限公司股东损害公司债权人利益责任纠纷案①

诉讼结论:公司未通知债权人而合并,一方公司清算的,相关股东需承担赔偿责任。

基本案情:五洲纸业公司和新大纸业公司先合并后直接破产的公司终止方式侵害了五洲纸业公司债权人十三冶公司的利益。

法院认为:虽然签订《合并协议》等外部程序的系列行为由五洲纸业公司以自己的名义作出,但是就内部程序而言,该合并的决定系由五洲纸业公司当时的唯一股东致达科技公司作出,且根据已查明事实,致达科技公司在作出该决定时清楚案涉合并的模式和最终目的,且主动追求该结果的发生。五洲纸业公司和新大纸业公司的所谓"合并"直接导致五洲纸业公司违法越过清算环节而终止,对由此造成的五洲纸业公司债权人的损失,亦应当由侵权人即五洲纸业公司的清算义务人致达科技公司承担。

第二百二十一条　公司合并时,合并各方的债权、债务,应当由合并后存续的公司或者新设的公司承继。

第二百二十二条　公司分立,其财产作相应的分割。

公司分立,应当编制资产负债表及财产清单。公司应当自作出分立决议之日起十日内通知债权人,并于三十日内在报纸上或者国家企业信用信息公示系统公告。

【条文主旨】

本条是关于公司分立时财产分割以及分立程序的规定。

---

① 参见江苏省高级人民法院(2016)苏民终187号民事判决书。

【条文理解】

一、公司分立的意义

公司通过分立，可以减少经营的事业范围、缩小经营的规模，从而实现公司经营的专业化与效率化，以增强公司的竞争力。公司分立可以为公司集团内部将各个子公司中相同的事业部门整合成独立之公司提供便捷之路径，可以在公司重组中作为事业转让以及构建母子公司的手段加以利用。此外，公司分立还可以作为公司经营意见发生对立时解决公司内部纷争的手段，从而发挥在公司治理中的功能。

二、公司分立与营业转让

营业转让是指移转作为组织统一体的营业财产。营业转让的效力，就让与人和受让人之间而言，主要表现为营业让与人的营业移转义务和竞业禁止义务；就让与人的债权人而言，营业上的债务也因此而转移给受让人，债权人可以对营业的受让人主张债权。公司分立与公司营业转让颇为相似，但二者还是有着本质的不同：

（1）营业转让是买卖法上的问题，而公司分立是组织法上的问题。营业转让合同的效力，适用合同法的一般原则，是债权债务一并转让的法律事实；而公司分立无效则适用公司法。如公司分立已经过工商部门登记发生效力，公司股东等在一定期间内可提起主张分立无效的诉讼，但分立无效的判决没有溯及效力。

（2）营业转让不消灭原公司，若以新设分立方式进行分立，则原公司可能消灭。存续分立是在公司存续的状态下转移其部分营业，因此部分营业的转让也可取得与公司分立相同的分立营业效果。

（3）营业转让的方式不发生因公司分立而产生的连带债务问题。①

第二百二十三条　公司分立前的债务由分立后的公司承担连带责任。但是，公司在分立前与债权人就债务清偿达成的书面协议另有约定的除外。

第二百二十四条　公司减少注册资本，应当编制资产负债表及财产清单。

公司应当自股东会作出减少注册资本决议之日起十日内通知债权人，并于三十日内在报纸上或者国家企业信用信息公示系统公告。债权人自接到通知之日起三十日内，未接到通知的自公告之日起四十五日内，有权要求公司清偿债务或者提供相应的担保。

---

① 傅建奇：《公司分立中小股东保护的若干法律问题研究》，载《法律科学》2001年第5期。

公司减少注册资本,应当按照股东出资或者持有股份的比例相应减少出资额或者股份,法律另有规定、有限责任公司全体股东另有约定或者股份有限公司章程另有规定的除外。

【条文主旨】

本条是关于公司普通减资程序以及等比例减资的规定。

【条文理解】

法定资本制下,减少注册资本被认为是可能损及公司债权人利益的典型行为,为此,公司法一般为其配备了非常严格的程序及要求,包括提前通知公司债权人以及在公司债权人要求公司清偿债务或者提供相应担保的情况下,公司需履行偿债或者担保的义务。

对于减资需同比例的要求,《公司法》(2023 年)修订过程中存在不同意见,最终条文中吸收相关意见,增加了例外规定,即"有限责任公司全体股东另有约定或者股份有限公司章程另有规定的除外"。公司实践中,除了公司法规定的有限责任公司股东请求公司收购其股权、股份公司进行股份回购外,公司经营运作中常见的非同比例定向减资情形如下:(1)股东会经绝对多数表决权同意某一股东退出,公司因此定向回购该股东股权并进行减资;(2)公司和投资人达成的对赌协议约定的回购条件触发,公司需回收购该股东持有股份并进行定向减资;(3)公司开展股权激励,触发了激励对象所持股份应被回购的条件,因此回购该激励对象所持股权。因此,定向减资在公司日常经营中时常发生,具有充分的商业合理性,并非非同比例减资即侵害中小股东之利益。

第二百二十五条　公司依照本法第二百一十四条第二款的规定弥补亏损后,仍有亏损的,可以减少注册资本弥补亏损。减少注册资本弥补亏损的,公司不得向股东分配,也不得免除股东缴纳出资或者股款的义务。

依照前款规定减少注册资本的,不适用前条第二款的规定,但应当自股东会作出减少注册资本决议之日起三十日内在报纸上或者国家企业信用信息公示系统公告。

公司依照前两款的规定减少注册资本后,在法定公积金和任意公积金累计额达到公司注册资本百分之五十前,不得分配利润。

【条文主旨】

本条是关于公司可以减少注册资本以弥补亏损的注意事项的规定。

【条文理解】

日本、德国、法国等国家的公司法都允许企业采用此种方式弥补亏损。企业以减少注册资本的方式弥补亏损实质上是企业在实际资本已经减少的情况下,为了保持名义资本和实际资本相符而进行的减少名义资本的行为。以减少注册资本的方式来弥补亏损只核减账面上的资本总额,并不减少企业的净资产。

第二百二十六条　违反本法规定减少注册资本的,股东应当退还其收到的资金,减免股东出资的应当恢复原状;给公司造成损失的,股东及负有责任的董事、监事、高级管理人员应当承担赔偿责任。

【条文主旨】

本条是关于公司违法减少注册资本的责任承担的规定。

【条文理解】

本条是此次《公司法》修订中新增条款,涉及违反减少注册资本的民事责任承担。明确对于违法减资的,股东应当退还减资对应的资金,减免股东出资的,应当恢复到减资前的出资状态。此外,明确了如果违法减资给公司造成损失的情况下,股东及有责任的董事、监事、高级管理人员应当承担赔偿责任。此处的"违反本法规定减少注册资本",从程序的角度,主要是公司需由董事会制订公司减少注册资本的方案,并由股东会对减少注册资本作出决议,有限公司需经代表 2/3 以上表决权的股东通过,股份公司需经出席会议的股东所持表决权的 2/3 以上通过。从区分减资情形来看,对于普通减资而言主要是指公司未履行本法第 224 条规定的编制资产负债表及财产清单义务、通知债权人义务、在报纸上或者国家企业信用信息公示系统公告义务、应债权人要求清偿债务或者提供担保义务等。应当说,上述义务主要是公司董事会的主要职责,因此如违法减资损害公司利益时,其他股东可以针对公司董事提起派生诉讼。对于涉及"减少注册资本弥补亏损"的简易减资,根据本法第 225 条的规定,除履行编制资产负债表及财产清单义务及在报纸上或者国家企业信用信息公示系统公告义务外,无需通知债权人及应债权人要求清偿债务或者提供担保;原因在于"减少注册资本弥补亏损"的减资仅涉及股东权益内部项目调整,不会导致公司资产减少,因而不会危及公司偿债能力。

违反《公司法》规定减少注册资本属于违反法律强制性规定的法律行为,根据

《民法典》第 153 条的规定，违反法律、行政法规的强制性规定的民事法律行为无效。《民法典》第 157 条规定，民事法律行为无效、被撤销或者确定不发生效力后，行为人因该行为取得的财产，应当予以返还；不能返还或者没有必要返还的，应当折价补偿。有过错的一方应当赔偿对方由此所受到的损失；各方都有过错的，应当各自承担相应的责任。因此，减资无效后，股东返还资金、减免出资的需恢复原状、股东及董监高承担赔偿责任，均是减资行为这一法律行为无效后，相关责任主体法律责任承担方式。

【司法案例】

广东省深圳市宜安延保担保服务有限公司诉上海昊跃投资管理有限公司等股权转让纠纷案①

诉讼结论：违法减资导致减资部分的认缴期限失去存在基础，则相应的股东期限利益亦不复存在。

基本案情：昊跃公司股东作出增资决议后又违法减资，出让股东徐某松未以股东身份签署减资股东会决议，但实际配合参与了昊跃公司的减资程序。而受让股东接某建、林某雪在减资审批过程中向工商登记机关出具了有关债务清偿及担保情况说明，承诺对公司未清偿的债务在法律规定范围内提供相应的担保。

法院认为：股权转让的交易自由不得动摇法定的公司资本充实基础，不得损害公司债权人的合法利益。无论股权转让双方对后续出资履行作何种安排和约定，仅在公司内部发生法律效力，不能当然对抗公司债权人宜安公司。在受让人未按期缴纳出资的情况下，出让股东仍应对其原认缴的出资承担财产担保责任。昊跃公司股东的股权转让行为存在受让股东失联，公司的公章、证照仍由出让股东徐某松持有等异常情况。若股权受让人接某建、林某雪未能按期足额出资，徐某松、毛某露的出资义务并不因股权出让而免除。股东基于认缴制所受到的法律保护应以初始认缴时的章程规定和公示内容为主要依据。徐某松、林某雪作出增资决议，注册资本从 2000 万元增至 10 亿元，出资期限变更为 2024 年 12 月 31 日。对于其中初始认缴出资中尚未实缴的 1600 万元注册资本，属于延长认缴期限。该延期行为明显延长了股东以期限利益对抗公司及公司债权人权利主张的行使时间，显著增大了公司债权人对尚未足额出资股东追究补充赔偿责任的时间成本。在昊跃公司不能清偿对外债务的情况下，可以认定本案的延长认缴出资期限存在股东滥用期限利益的情况，对宜安公司的债权清偿已经造成严重影响，故昊

① 参见上海市第二中级人民法院（2018）沪 02 民终 9359 号民事判决书。

跃公司股东延长认缴期限的行为对公司债权人宜安公司不发生法律效力，宜安公司有权按照昊跃公司初始公司章程约定的认缴期限向股东主张权利。本案现有证据不足以证明林某雪、接某建在1600万元注册资本金范围内实际履行了出资义务，故毛某露、徐某松虽然已经出让其股权，但仍应在已到期的认缴出资额范围内对公司债务不能清偿部分承担补充赔偿责任。至于徐某松在增资过程中认缴的68,600万元，股权受让人接某建与林某雪又将公司注册资本从10亿元减至400万元，导致原增资对应的认缴期限已不存在，期限利益亦不复存在。徐某松承认曾在公司减资过程中予以配合，减资导致丧失期限利益的法律后果应由徐某松自行承担，故徐某松还应在认缴增资68,600万元的范围内对公司债务不能清偿的部分承担补充赔偿责任。

第二百二十七条　有限责任公司增加注册资本时，股东在同等条件下有权优先按照实缴的出资比例认缴出资。但是，全体股东约定不按照出资比例优先认缴出资的除外。

股份有限公司为增加注册资本发行新股时，股东不享有优先认购权，公司章程另有规定或者股东会决议决定股东享有优先认购权的除外。

【条文主旨】

本条是关于公司增资时股东优先认缴出资权的规定。

【条文理解】

《公司法》（2018年）第2章"有限责任公司的设立和组织机构"中规定了股东的优先认缴出资权，对于股份有限公司股东是否同样享有此优先权，《公司法》（2018年）并未明确。《公司法》（2023年）明确了股份有限公司的股东原则上不享有优先认缴出资权，体现了股份公司的资合性，最大限度地便利股份有限公司开展融资。

【司法案例】

绵阳市红日实业有限公司、蒋某诉绵阳高新区科创实业有限公司股东会决议效力及公司增资纠纷案①

诉讼结论：股东优先认缴公司新增资本的权利属形成权，该权利应当在一定

① 参见最高人民法院（2010）民提字第48号民事判决书，载《最高人民法院公报》2011年第3期。

合理期间内行使，超出合理期间行使无法得到保护。

基本案情：红日公司和蒋某是科创公司股东，其于2003年12月22日知道其优先认缴出资权被侵犯并于当日主张优先认缴新增资本800万元，但是迟滞于2005年12月12日才提起诉讼。红日公司和蒋某认为，公司法对股东行使优先认缴出资权的诉讼时效没有规定，应适用《民法通则》规定的两年诉讼时效。科创公司认为，红日公司和蒋某在长达两年时间内多次参加董事会和股东会，没有就优先出资权进一步采取法律措施，却在公司稍有起色的情况下提起诉讼。

法院认为：红日公司和蒋某是否能够行使上述新增资本的优先认缴权还需要考虑其是否恰当地主张了权利。股东优先认缴公司新增资本的权利属形成权，虽然现行法律没有明确规定该项权利的行使期限，但为维护交易安全和稳定经济秩序，该权利应当在一定合理期间内行使，并且由于这一权利的行使属于典型的商事行为，对于合理期间的认定应当比通常的民事行为更加严格。本案红日公司和蒋某在科创公司2003年12月16日召开股东会时已经知道其优先认缴权受到侵害，且作出了要求行使优先认缴权的意思表示，但并未及时采取诉讼等方式积极主张权利。在此后科创公司召开股东会、决议通过陈某高将部分股权赠与固生公司提案时，红日公司和蒋某参加了会议，且未表示反对。红日公司和蒋某在股权变动近两年后又提起诉讼，争议的股权价值已经发生了较大变化，此时允许其行使优先认缴出资的权利将导致已趋稳定的法律关系遭到破坏，并极易产生显失公平的后果。

第二百二十八条　有限责任公司增加注册资本时，股东认缴新增资本的出资，依照本法设立有限责任公司缴纳出资的有关规定执行。

股份有限公司为增加注册资本发行新股时，股东认购新股，依照本法设立股份有限公司缴纳股款的有关规定执行。

第十二章　公司解散和清算

第二百二十九条　公司因下列原因解散：

（一）公司章程规定的营业期限届满或者公司章程规定的其他解散事由出现；

（二）股东会决议解散；

（三）因公司合并或者分立需要解散；

（四）依法被吊销营业执照、责令关闭或者被撤销；

（五）人民法院依照本法第二百三十一条的规定予以解散。

公司出现前款规定的解散事由，应当在十日内将解散事由通过国家企业信用信息公示系统予以公示。

【条文主旨】

本条是关于公司解散原因的规定。

【条文理解】

本条是在《公司法》（2018 年）第 180 条的基础上进行的修改，主要有两处：一是删除《公司法》（2018 年）第 180 条第 2 项关于“股东大会”的规定；二是增加了本条第 2 款规定。

2005 年修改《公司法》时，规定了公司自愿解散、行政解散和司法解散三种公司解散事由。之后的修改，没有发生实质变化，本次也没有进行实质修改，只是根据信息化时代的发展，增加了“通过国家企业信用信息公示系统予以公示”的规定。

一、公司解散的概念及其法律效力

公司解散，是指已经成立的公司，因公司章程规定的事由或者法定事由出现而停止公司的经营活动，开始进行清算，使公司法人资格消灭的法律行为。

公司解散的法律效力是，公司停止经营活动，开始清算，并依法进行注销、消灭法人人格。

二、公司解散的原因以及对本条第1款规定的理解

依据解散是否基于公司自身意愿,公司解散分为自愿解散和强制解散。自愿解散是指公司基于自身意愿而解散;强制解散又称非自愿解散,是指公司非因自身意愿,被政府有关部门决定或者被法院裁判解散。强制解散又可分为行政解散和司法解散。《民法典》第69条对法人解散进行了如下规定:"有下列情形之一的,法人解散:(一)法人章程规定的存续期间届满或者法人章程规定的其他解散事由出现;(二)法人的权力机构决议解散;(三)因法人合并或者分立需要解散;(四)法人依法被吊销营业执照、登记证书,被责令关闭或者被撤销;(五)法律规定的其他情形。"本条第1款对公司解散情形进行了规定,其中,第1~3项是自愿解散情形,第4项是行政解散情形,第5项是司法解散情形。

(一)公司章程规定的营业期限届满或者公司章程规定的其他解散事由出现

公司章程可以具体规定公司的营业期限,也可以规定公司解散的具体事由。公司的营业期限是公司存续的时间界限。公司营业执照签发日期是公司的成立日期,公司的营业期限从公司营业执照签发之日起计算,到公司的营业期限届满为止。营业期限届满,公司应当停止经营活动,进入解散阶段。如果根据公司经营需要,需要缩短或者延长原营业期限的,则由公司股东会决议,并向工商行政管理部门申请变更营业期限。

(二)股东会决议解散

公司解散、停止经营活动是公司的重要事务,应当由公司的权力机构作出决议。对于普通公司而言,股东会为其权力机构,有权根据公司经营形势变化的需要,决议公司解散。本次修改,不再区分有限责任公司和股份有限公司的权力机构,而是将两者的权力机构统一规定为股东会。应予指出的是,在公司法对公司解散事由的决议机构有特别规定的情形下,其决议机构应依照公司法的特别规定。如《公司法》第172条规定:"国有独资公司不设股东会,由履行出资人职责的机构行使股东会职权。履行出资人职责的机构可以授权公司董事会行使股东会的部分职权,但公司章程的制定和修改,公司的合并、分立、解散、申请破产,增加或者减少注册资本,分配利润,必须由履行出资人职责的机构决定。"

(三)因公司合并或者分立需要解散

公司合并分为吸收合并和新设合并两种方式。吸收合并,是指一个公司吸收其他公司,被吸收公司解散,又称存续合并;新设合并,是指两个或两个以上的公司合并设立一个新的公司,合并各方解散,又称新设合并。吸收合并情形下,被吸收公司应予解散;新设合并情形下,合并各方应予解散。公司分立分为存续分立和解散分立两种方式。存续分立,是指一个公司分解为两个或者两个以上的公

司,本公司继续存在,又称派生分立;解散分立,是指一个公司分解为两个或者两个以上的公司,本公司解散,又称新设分立。在解散分立的情况下,发生公司解散的结果。

(四)依法被吊销营业执照、责令关闭、被撤销

本项是对行政解散的规定。吊销营业执照,是指剥夺被处罚公司已取得的营业执照,使其丧失继续从事经营活动的资格,但其法人主体资格仍然存在,仍然可以参加民事诉讼。责令关闭,是指公司违反了有关法律规定,行政机关作出停止经营的处罚决定,使公司停止其经营活动。被撤销,是指由行政机关撤销有瑕疵的工商行政登记。上述情形均因行政机关的行政行为所致。在上述行政行为作出后,法人应解散并进入清算程序。如《外资保险公司管理条例》第 27 条规定:"外资保险公司违反法律、行政法规,被国务院保险监督管理机构吊销经营保险业务许可证的,依法撤销,由国务院保险监督管理机构依法及时组织成立清算组进行清算。"

(五)人民法院依照本法第 231 条的规定予以解散

本法第 231 条是对司法解散的规定,详见该条论述,此处不再赘述。

三、公司解散事由公告

公司解散属于公司的重大事项,关系到公司是否仍有经营资格、是否应进行清算、公司债权人等利害关系人利益保护以及交易安全等问题,需要向社会进行公示。适应信息化、数字化发展形势,本条规定,公司应当在 10 日内将解散事由通过国家企业信用信息公示系统予以公示。

关于该款的适用,应注意两个关键点:一是公示的载体为国家企业信用信息公示系统;二是公示时间是在解散事由出现后 10 日内。此外,依据《公司法》第 40 条的规定,公司应当确保公示的信息真实、准确、完整。

【司法适用】

一、关于吊销营业执照与注销营业执照的区别

吊销企业法人营业执照,是工商行政管理部门依照国家工商行政管理法规对违法的企业法人作出的一种行政处罚。企业法人在被吊销营业执照后未注销登记前,虽然丧失了经营资格,但其法人资格仍然存续。

依据《公司法》第 37 条的规定,公司因解散需要终止的,应当依法向公司登记机关申请注销登记,由公司登记机关公告公司终止。注销营业执照后公司的法人主体资格消灭,不能从事任何民事活动和诉讼活动。

二、关于特别规定的适用

对于商业银行、保险公司等处于特殊行业的公司,法律对于其解散具有特别

规定。如《保险法》第 89 条规定:“保险公司因分立、合并需要解散,或者股东会、股东大会决议解散,或者公司章程规定的解散事由出现,经国务院保险监督管理机构批准后解散。经营有人寿保险业务的保险公司,除因分立、合并或者被依法撤销外,不得解散。保险公司解散,应当依法成立清算组进行清算。”《商业银行法》第 69 条第 1 款规定:“商业银行因分立、合并或者出现公司章程规定的解散事由需要解散的,应当向国务院银行业监督管理机构提出申请,并附解散的理由和支付存款的本金和利息等债务清偿计划。经国务院银行业监督管理机构批准后解散。”根据特别法优于普通法的适用原则,商业银行、保险公司解散的,应优先适用《保险法》《商业银行法》及有关行政法规的特别规定。

【司法案例】

甲公司诉胡某军、乙公司以及第三人丙公司损害公司利益责任纠纷案①

诉讼结论:公司章程规定的经营期限届满,经公司股东会决议,解散公司并成立清算组,确定清算组负责人。

基本案情:丙公司成立于 1998 年 2 月 23 日,法定代表人为胡某军。

2002 年 7 月 8 日,丙公司与甲公司签订《联合协议书》,甲公司成为持有丙公司 26 万元股份(占公司注册资本的 52%)的股东。丙公司的另一股东为胡某军。

因丙公司公司章程规定的经营期限至 2012 年 7 月 7 日届满,2012 年 9 月 4 日,由甲公司、胡某军参加丙公司股东会,形成会议意见:(1)因胡某军不同意继续合作经营,各股东同意公司解散;(2)经商定成立清算组,清算组由胡某军等组成,胡某军担任组长。

经丙公司申请,2013 年 8 月 8 日,淮安市运管处同意将丙公司经营的淮安至高沟等 9 条班线、25 辆车、44 对班、26 个标志牌变更至乙公司。2014 年 9 月 17 日,甲公司以丙公司虽然成立清算组,但故意拖延清算为由,向甲法院提出强制清算申请。甲法院作出民事裁定,指定某会计师事务所有限公司为丙公司清算组。

甲公司向一审法院起诉,请求:(1)确认胡某军向淮安市运管处申请将丙公司名下的客运线路及车辆经营主体变更至乙公司无效;(2)判令乙公司向淮安市运管处出具申请将由丙公司变更至乙公司的线路变更回转;(3)由胡某军和乙公司承担诉讼费用。

---

① 参见江苏省淮安市中级人民法院(2015)淮中商初字第 00038 号民事判决书、江苏省高级人民法院(2019)苏民终 982 号民事判决书。

法院认为：一审法院认为，争议焦点之一是运营线路是否构成企业资产，胡某军、乙公司的行为是否侵害了丙公司的利益，进而损害了甲公司的利益。判决胡某军向淮安市运管处申请变更运营线路及车辆经营主体的行为无效；乙公司于判决生效后15日内向淮安市运管处出具由丙公司变更至乙公司的线路变更回转的申请。

胡某军、乙公司提起上诉。

二审法院查明：

(1)淮安市运管处曾于2013年6月20日向甲公司发函征求该公司对丙公司申请经营主体变更事宜的意见，甲公司于次日回函称：申请变更客运线路经营主体是胡某军的个人行为，未经公司股东会讨论，丙公司的经营期限已于2012年7月7日到期，目前无权申请变更经营线路，甲公司不同意丙公司关于经营主体及线路变更的申请。

(2)丙公司于2002年7月8日召开第六次股东会，决定公司的合营期限改为10年。丙公司其后据此修订了公司章程并办理了工商变更登记。甲公司于2002年7月19日向丙公司汇款26万元，丙公司向甲公司开具收到入股金26万元的收据，并在2002年7月30日的记账凭证中记载收到甲公司入股金26万元。2003年8月，丙公司分别向甲公司下属的4家子公司各投资5.5万元(合计22万元)，后于2004年、2005年将股权转让给他人，股权转让款汇至甲公司，甲公司于2014年将上述22万元汇至丙公司清算组。

二审法院认为，胡某军系与乙公司恶意串通将丙公司名下的客运线路和车辆经营主体变更至乙公司，损害了丙公司的合法权益，该行为无效，胡某军以丙公司名义向淮安市运管处申请变更的行为亦无效。判决驳回上诉，维持原判。

第二百三十条　公司有前条第一款第一项、第二项情形，且尚未向股东分配财产的，可以通过修改公司章程或者经股东会决议而存续。

依照前款规定修改公司章程或者经股东会决议，有限责任公司须经持有三分之二以上表决权的股东通过，股份有限公司须经出席股东会会议的股东所持表决权的三分之二以上通过。

【条文主旨】

本条是关于公司继续存续的规定。

【条文理解】

本条是在《公司法》(2018年)第181条的基础上进行的修改，主要有4处：一是将“公司有本法第一百八十条第(一)项情形”修改为“公司有前条第一款第一项、第二项情形”;二是增加“且尚未向股东分配财产”这一公司继续存续的条件;三是除“修改公司章程”外,增加“或者经股东会决议”这一决定公司继续存续的方式;四是将“股东大会”修改为“股东会”。

一、公司自治原则以及公司继续存续

《公司法》第229条第1款第1~3项是关于公司自愿解散事由的规定。公司自治是公司制度的基本原则之一,公司有权依照法律规定和公司章程,自主安排公司治理机构,确定营业期限。公司自治原则要求作为公司所有者的股东享有对公司进行自主决策、管理、监督、经营的权利。根据公司自治原则,公司有权依法通过自主意思决定公司营业期限事项。

二、公司继续存续的要件

公司继续存续的要件包括实质要件和程序要件。

实质要件是公司尚未向股东分配财产。作为独立法人,公司应具有独立财产,这是公司存续的财产条件。

程序要件是公司可以通过修改公司章程或者经股东会决议的方式而继续存续。公司自治的实现需通过公司的意思机关形成各种决定实现,即通过公司章程或股东会、董事会决议实现。公司解散是公司重大事项,一般而言,公司章程应对该问题进行明确规定。如果公司认为还需要继续生产或者经营,使公司继续存续的,可以通过修改公司章程关于公司解散事由的方式明确该问题。股东会为公司的决议机构,根据《公司法》第59条的规定,股东会行使对公司是否解散、是否修改公司章程等事项进行决议的职权。因此,公司也可以通过股东会决议的方式,决定公司继续存续,本条遂增加“或者经股东会决议”这一决定公司继续存续期间方式的规定。

由于公司解散是公司特别重大的事务,因此,本条规定,有限责任公司必须经持有2/3以上表决权的股东通过,股份有限公司须经出席股东会会议的股东所持表决权的2/3以上通过。

【司法适用】

对投反对票的股东的权利救济。在实务中,存在对延长公司存续期间事项投反对票的股东的权利如何救济问题。《公司法》第89条规定:“有下列情形之一的,对股东会该项决议投反对票的股东可以请求公司按照合理的价格收购其股权:……(三)公司章程规定的营业期限届满或者章程规定的其他解散事由出现,股东会通过决议修改章程使公司存续。自股东会决议作出之日起六十日内,股东与公司不能达成股权收购协议的,股东可以自股东会决议作出之日起九十日内向人民法院提起诉讼。公司的控股股东滥用股东权利，严重损害公司或者其他股东利益的，其他股东有权请求公司按照合理的价格收购其股权。公司因本条第一款、第三款规定的情形收购的本公司股权，应当在六个月内依法转让或者注销。"根据该条规定，对延长公司存续期间事项投反对票的股东，可以依法行使异议股东收购请求权。

【司法案例】

甲公司与丙公司请求公司收购股份纠纷案[①]

诉讼结论：公司通过召开股东会决议的方式决定延长公司经营期限，并经持有2/3以上表决权的股东通过的，应认定决议有效。公司经营期限依法延长。

投反对票的股东可以请求公司按照合理的价格收购其股份。

基本案情：2000年5月29日，甲公司与乙公司、石炭井矿务局签订《石炭井矿务局债权转股权协议》，三方就石炭井矿务局实施债转股的有关事宜达成协议：债权方甲公司、乙公司以转股债权按照1∶1转换比例折合的债转股资产作为出资，石炭井矿务局以转入新公司的净资产按照1∶1转换比例折合的资产作为出资，共同设立丙公司。其中，石炭井矿务局出资107,783万元，占注册资本的80.45%；乙公司出资20,000万元，占注册资本的14.93%；甲公司出资6193万元，占注册资本的4.62%。乙公司、甲公司所持有新公司的股权可采取新公司回购、债权方转让和石炭井矿务局收购三种退出方式，退出的时间为7年，从2000年开始退出，在2007年前全部退出。2000年6月9日，甲公司与乙公司、石炭井矿务局签订《债权转股权补充协议》，约定债权方的股权通过新公司回购方式退出时，股权退出价格为债权方转股债权原值，不采取溢价方式计算。原协议股权退出价款支付计划，按如下原则调整：原协议中债权方每年的股权退出比例、股权退出数额及股权全部退出年限不变，取消原计划中关于股权退出按一定股权溢价率支付回购价款的约定，新公司在每具体回购年度按照原计划中约定的回购股权本金比率实施回购，新公司回购股权价款绝对金额按上述原则重新确定。

2001年12月28日，工商行政部门核发了丙公司《企业法人营业执照》，营业期限自2000年6月28日至2010年6月28日。2011年8月18日，丙公司向各股东发出《关于以信函方式召开丙公司临时股东会会议的通知》，决定采取信函方式于2011年8月28日召开临时股东会会议并形成股东会决议，通知载明："各股东

---

① 参见宁夏回族自治区高级人民法院(2011)宁民商初字第16号民事判决书、最高人民法院(2016)最高法民终34号民事判决书。

接到此通知后,如无异议,请在'关于丙公司延长经营期限股东会决议'加盖相应印鉴……如果就延长经营期限事项有异议,不能加盖印鉴,请回函明示为放弃表决或反对表决……"2011年8月28日,丙公司形成《关于丙公司有限责任公司延长经营期限股东会决议》,将营业期限延长至2016年6月28日,丙公司和乙公司在决议上盖章,甲公司未盖章。甲公司于2011年9月13日向丙公司发出《关于对丙公司有限责任公司临时股东会议题表决的函》,表示不同意延长丙公司经营期限。2011年9月20日经工商登记部门核准,丙公司营业期限延长至2014年6月28日。

2011年10月20日,甲公司向丁集团发出《关于要求以合理价格收购我公司持有的丙公司有限责任公司股权的函》,要求在法定期限内收购甲公司的股权,但双方未能达成一致意见。为此,甲公司提起诉讼,请求:(1)判决丙公司以甲公司持有丙公司4.65%股份的合理价格即28245.23万元+丁公司2012年净资产增加额×0.97%+2007年至2012年应该通过丙公司从丁公司分配的股利,以及上述款项2012年之后至实际偿还之日的利息,利息按照中国人民银行逾期利息计算。(2)本案诉讼费由被告承担。

法院认为:一审法院认为,丙公司于2011年8月18日向各股东发出召开临时股东会的通知,告知各股东临时股东会采取信函方式于2011年8月28日召开并形成股东会决议。甲公司于2011年9月13日向丙公司发函,表示不同意延长丙公司经营期限。在股东会会议决议通过之日起60日内,甲公司与丙公司之间未能达成股权收购协议。甲公司于股东会决议通过之日起90日内即2011年11月28日提起诉讼,请求丙公司以合理价格收购其股权,符合《公司法》(2013年)第74条的规定。甲公司的诉讼请求部分成立。该院判决:(1)丙公司于判决生效之日起10日内支付甲公司4.65%股份的股份回购款6158万元,自2007年1月1日至判决生效之日按中国人民银行同期贷款基准利率计算的利息。(2)驳回甲公司的其他诉讼请求。

甲公司提起上诉称:(1)甲公司要求丙公司收购其股权,系基于《公司法》(2013年)第74条规定,案由为"请求公司收购股权纠纷"。(2)甲公司起诉要求丙公司收购其股权与《债权转股权协议》及《债权转股权补充协议》完全无关,《债权转股权协议》及《债权转股权补充协议》股权回购条款不能作为裁判依据。请求:(1)依法撤销宁夏回族自治区高级人民法院(2013)宁民商初字第16号民事判决;(2)依法改判支持甲公司全部诉讼请求;(3)案件受理费全部由被上诉人承担。

二审法院认为,上诉争议焦点为甲公司是否有权依照《公司法》(2013年)第

74条规定请求丙公司收购其股份以及收购股权价格如何确定和是否应当支付利息的问题。2011年8月18日，丙公司向甲公司等股东发出《关于以信函方式召开丙公司临时股东会会议的通知》，决定采取信函方式于2011年8月28日召开临时股东会会议并形成股东会决议，上述内容为丙公司召集临时股东会会议及形成决议的时间，并非限制各股东对决议的异议期限。甲公司在丙公司3个股东中有两个股东于2011年8月28日形成了《关于丙公司有限责任公司延长经营期限股东会决议》的情况下，于2011年9月13日向丙公司发出《关于对丙公司有限责任公司临时股东会议题表决的函》，表示不同意延长丙公司经营期限，并在法定期限内向原审法院提起诉讼，请求丙公司以合理的价格收购其在丙公司的股份，符合《公司法》(2013年)第74条第1款第3项规定的"公司章程规定的营业期限届满或者章程规定的其他解散事由出现，股东会会议通过决议修改章程使公司存续的"法定收购股权条件，甲公司对丙公司关于延长经营期限的股东会决议书面提出反对意见，当然有权依法请求丙公司按照合理的价格收购其股权，且符合相应程序规定。丙公司关于甲公司超出决议表决期作出无效反对表决，不符合公司收购股东股份条件，甲公司无权请求丙公司收购其股权的理由，不符合事实，缺乏法律依据……该院判决驳回上诉，维持原判。

第二百三十一条　公司经营管理发生严重困难，继续存续会使股东利益受到重大损失，通过其他途径不能解决的，持有公司百分之十以上表决权的股东，可以请求人民法院解散公司。

【条文主旨】

本条是关于公司司法解散的规定。

【条文理解】

本条是在《公司法》(2018年)第182条的基础上进行的修改，删除该条关于"全部股东"的表述。

一、概念及法理基础

司法解散，又称人民法院强制解散公司，是指在公司经营管理发生严重困难，继续存续会使股东利益受到重大损失，通过其他途径不能解决的情况下，人民法院可以基于公司股东的诉讼请求解散公司。

公司经营管理出现严重困难，是指因公司股东之间或者公司管理人员之间发生利益冲突和矛盾，导致公司有效运行失灵。例如，股东会或者董事会因部分股东或者董事拒绝而无法有效召集,或者即使能够举行会议,但因为任何一方的提议都不被对方接受和认可而无法通过任何议案。在该种情况下,应当先由公司内部通过相关主体进行协商等方式自行解决,或者寻求外部主体介入的方式进行解决。在通过司法解散之外的其他途径不能解决的情况下,为避免任由公司僵局的存在,损害公司、股东和债权人等利益行为的发生,应赋予股东诉求司法解散公司的权利。但应注意的是,公司系私法意义上的自治组织,遵循意思自治原则依法进行自主经营管理,公司经营期限等也是其意思自治范围,除非存在法定的行政解散或者司法解散事由。公司司法解散制度本质上是国家公权力对公司经营管理的干预和介入,且公司解散的结果是消灭公司人格,该行为对股东、公司债权人等关系巨大,故股东诉求司法解散公司,人民法院应该慎重处理。因此,本条规定司法解散应具备相应的条件。

二、适用要件

公司司法解散应符合以下三个要件:一是公司经营管理发生严重困难;二是公司继续存续会使股东利益受到重大损失;三是通过其他途径不能解决。

（一）公司经营管理发生严重困难

学理上,公司经营管理发生严重困难的情况被称为公司僵局。在审判实务中,关于公司经营管理发生严重困难的认定,应结合个案实际情况作出综合判断。

一般而言,下列情形可认定为构成公司僵局:(1)公司持续两年以上无法召开股东会或者股东大会,公司经营管理发生严重困难的;(2)股东表决时无法达到法定或者公司章程规定的比例,持续两年以上不能作出有效的股东会或者股东大会决议,公司经营管理发生严重困难的;(3)公司董事长期冲突,且无法通过股东会或者股东大会解决,公司经营管理发生严重困难的;(4)经营管理发生其他严重困难,公司继续存续会使股东利益受到重大损失的情形。

应予明确的是,本条规定的公司经营管理发生严重困难,主要指因公司内部原因导致的经营管理困难,如公司的股东会、董事会或者监事会等公司管理机构发生严重问题,使经营决策无法正常作出,公司日常运作陷入停顿或者不正常状态;或者一方股东实际控制公司,排斥另一方参与经营管理,使公司治理结构失衡,无法开展正常经营活动等。如果公司仅是因为银行断贷等外部原因暂时陷入经营困难,则不能认定为本条所规定的公司经营管理发生严重困难情形。

还应注意的是,股东以知情权、利润分配请求权等权益受到损害,或者公司亏损、财产不足以偿还全部债务,以及公司被吊销企业法人营业执照未进行清算等为由,提起解散公司诉讼的,人民法院不予受理。质言之,上述情形不属于构成公司僵局情形。股东可依法提起知情权诉讼、股东请求给付利润诉讼、请求公司清算诉讼等解决争议。

(二)公司继续存续会使股东利益受到重大损失

并非一概出现公司僵局均可诉求司法解散公司。基于保护公司股东合法权益的立法目的,只有在存在公司僵局,且公司继续存续会使股东利益受到重大损失、通过其他途径不能解决的情况下,才为避免股东的重大损失,人民法院根据股东诉求,可以判决解散公司。例如,对于有限责任公司而言,如果股东之间发生不可调和的矛盾,无法在经营管理上达成合意,则其人合性基础已丧失,公司无法进行正常经营,继续存续将空耗公司财产,使股东利益受到重大损失,该情形符合本要件。

(三)通过其他途径不能解决

作此规定的立法目的,是鼓励通过其他非诉讼途径解决公司僵局,防止股东滥用司法解散制度损害其他股东、公司以及公司债权人等的合法权益。如果原告股东已经采取了其能够采取的其他方法,但仍然不能解决公司僵局,则可认定满足了本要件。

在公司实务中,关于以非诉讼方式解决公司僵局的方法,包括但不限于以下方式:一是可以采用调解的方式化解纠纷主体之间的矛盾。二是可以采取争议主体一方退出公司的方式。如股东一方通过转让股权的方式退出公司。关于矛盾的解决主体,既可以是争议方,也可以是争议方之外的相关第三方,如相关股东、实际控制人、行业协会、相关行政管理部门等第三方介入解决。

人民法院对公司解散应慎重处理。审理案件时,应坚持先行调解原则,依法行使释明权。应综合考虑公司的设立目的能否实现、公司运行障碍能否消除等因素,依法进行裁决。

三、关于解散公司诉讼的原告

为防止个别股东利用该制度滥诉,影响公司开展正常经营活动、损害其他股东合法权益,《公司法》(2005 年)在规定人民法院司法解散公司诉讼时,对提起解散公司诉讼的原告股东作出了与一般民事诉讼案件原告不同的特殊要求,即原告必须是“持有公司全部股东表决权百分之十以上的股东”。本次修订仅删除“全部股东”表述,未作实质性修改。关于“持有”的理解,根据相关规定,应指“单独或者合计持有公司全部股东表决权百分之十以上的股东”。理由为:公司司法解散之诉的目的在于对股东利益的保护,公司法规定持股比例的目的是明确公司司法解散反映持股较多的股东的判断和意愿,基于该目的,无论是单独持股还是合计持股,都反映了要求解散公司的股东与公司之间的利益联系达到了一定的程度,公司解散成为持股较多的股东的需求。在审判实务中,多个股东合计持有公司全部股东表决权 10%以上的,可以作为共同原告向人民法院提起解散公司诉讼。

在审判实务中,在确定原告股东是否为适格原告时,应注意两点:一是在起诉时,原告应具有公司股东资格;二是对股东资格的确认,依据《公司法》的规定,可以从是否出资、是否记载在股东名册、是否在工商登记管理机关进行登记三个方面,结合个案具体情况综合进行认定。

【司法适用】

一、管辖法院及诉讼主体

《民事诉讼法》第 27 条规定:"因公司设立、确认股东资格、分配利润、解散等纠纷提起的诉讼,由公司住所地人民法院管辖。"第 279 条规定,因在中华人民共和国领域内设立的法人或者其他组织的设立、解散、清算,以及该法人或者其他组织作出的决议的效力等纠纷提起的诉讼,由人民法院专属管辖。根据上述规定,因公司解散纠纷提起的诉讼,应由公司住所地人民法院管辖。

股东提起解散公司诉讼应当以公司为被告。原告以其他股东为被告一并提起诉讼的,人民法院应当告知原告将其他股东变更为第三人;原告坚持不予变更的,人民法院应当驳回原告对其他股东的起诉。原告提起解散公司诉讼应当告知其他股东,或者由人民法院通知其参加诉讼。其他股东或者有关利害关系人申请以共同原告或者第三人身份参加诉讼的,人民法院应予准许。

二、股东提起解散公司诉讼时,向人民法院申请财产保全或者证据保全的,人民法院应否支持

股东提起解散公司诉讼时,向人民法院申请财产保全或者证据保全的,在股东提供担保且不影响公司正常经营的情形下,人民法院可予以保全。

三、人民法院审理解散公司诉讼案件的原则

人民法院受理解散公司案件,并不意味着必然判决解散公司,人民法院首先要对案件进行调解,尽量在保持公司存续的基础上解决纠纷,但也不应久调不决。当事人不能协商一致使公司存续的,人民法院应当及时判决。在当事人协商同意由公司或者股东收购股份,或者以减资等方式使公司存续的情形下,人民法院应注重审查当事人调解意见的合法性,在不违反法律、行政法规强制性规定的情形下,应予支持。经人民法院调解公司收购原告股份的,公司应当自调解书生效之日起 6 个月内将股份转让或者注销。前述情形,在股份转让或者注销之前,原告不得以公司收购其股份为由对抗公司债权人。

四、股东提起解散公司诉讼,同时又申请人民法院对公司进行清算的,人民法院对其提出的清算申请是否予以受理

公司清算与公司解散不同,在确定公司解散后才存在后续的清算问题,因此,股东提起解散公司诉讼,同时又申请人民法院对公司进行清算的,人民法院对其提出的清算申请不予受理。人民法院可以告知原告,在人民法院判决解散公司后,依据《民法典》第70条等相关规定,自行组织清算或者另行申请人民法院对公司进行清算。

五、当事人以公司未清算,还不具备解散条件为由请求不解散公司的,人民法院应否支持

如前所述,公司司法解散的受理要件仅为本条规定的三个要件。清算是公司解散事由出现后需要依法进行的事项,并非公司解散条件。因此,该抗辩理由不能成立。

六、解散公司诉讼作出的判决的既判力

人民法院关于解散公司诉讼作出的判决,对公司全体股东具有法律约束力。人民法院判决驳回解散公司诉讼请求后,提起该诉讼的股东或者其他股东又以同一事实和理由提起解散公司诉讼的,人民法院不予受理。但应明确的是,在审判实务中,如果原告在有了新情况、新理由后再次起诉解散公司的,则根据《民事诉讼法解释》第248条关于"裁判发生法律效力后,发生新的事实,当事人再次提起诉讼的,人民法院应当依法受理"的规定,人民法院可以受理,并依法裁决是否应判决解散公司。

【司法案例】

1. 甲公司与丙公司、乙公司、董某某公司解散纠纷案①

诉讼结论:判断公司的经营管理是否出现严重困难,应当从公司组织机构的运行状态进行综合分析,公司是否处于盈利状态并非判断公司经营管理发生严重困难的必要条件。其侧重点在于公司经营管理是否存在严重的内部障碍,股东会或董事会是否因矛盾激化而处于僵持状态,一方股东无法有效参与公司经营管理。属于公司僵局的,人民法院可依法判决公司解散。

基本案情:2004年9月20日乙公司注册成立,至2015年12月乙公司工商登记显示,甲公司持股44%,董某某持股51%,丙公司持股5%。甲公司以乙公司经营管理发生严重困难、其股东利益受到重大损害、通过其他途径不能解决僵局等

① 参见最高人民法院(2017)最高法民申2148号民事裁定书。

事实为由,请求解散乙公司。

一审、二审法院均认为已构成公司僵局,判决解散乙公司。

董某某申请再审称:(1)乙公司持续盈利,一审、二审法院认定乙公司经营管理发生了严重困难,公司股东会、董事会、监事会等权力机构不能正常运行,决策机构失灵,股东之间发生矛盾不可调和,证据不足。(2)二审法院认定公司继续存续会使甲公司股东权益受到重大损失,缺乏依据。(3)二审法院认定公司经营管理上的重大困难通过其他途径不能解决,认定事实错误。(4)一审、二审法院判决解散乙公司适用法律错误。

乙公司申请再审称:(1)乙公司经营并未陷入僵局,经营管理未发生严重困难。(2)没有证据显示乙公司继续存续会使股东利益受到重大损失,乙公司连年盈利。(3)甲公司意图谋取高额回报而解散公司,并非穷尽司法救济渠道解决现有纠纷,并不符合通过其他途径不能解决的法定条件。

法院认为:本案的焦点问题是乙公司是否符合公司解散的法定条件。

首先,关于法律适用问题。有限责任公司系具有自主决策和行为能力的组织体,虽然公司会由于内部成员间的对抗而出现机制失灵、无法运转,公司决策和管理无法形成有效决议而陷入僵局,但是基于公司永久存续性的特征,国家公权力对于股东请求解散公司的主张必须秉持谨慎态度。当股东之间的冲突不能通过协商达成谅解,任何一方都不愿或无法退出公司时,为保护股东的合法权益,强制解散公司就成为唯一解决公司僵局的措施。因此,《公司法》第182条规定:"公司经营管理发生严重困难,继续存续会使股东利益受到重大损失,通过其他途径不能解决的,持有公司全部股东表决权百分之十以上的股东,可以请求人民法院解散公司。"并且,《公司法规定(二)》第1条第1款规定了人民法院受理解散公司诉讼案件形式要件及判决是否解散公司实体审查标准的4种情形:(1)公司持续两年以上无法召开股东会或者股东大会,公司经营管理发生严重困难;(2)股东表决时无法达到法定或者公司章程规定的比例,持续两年以上不能作出有效的股东会或者股东大会决议,公司经营管理发生严重困难的;(3)公司董事长期冲突,且无法通过股东会或者股东大会解决,公司经营管理发生严重困难的;(4)经营管理发生其他严重困难的,公司继续存续会使股东利益受到重大损失的情形。在公司解散案件中,法律并未设置主张解散公司的股东需要行使某项权利作为请求人民法院解散公司的前置程序。一审、二审法院根据查明的案件事实,在多次调解未果的情况下,为充分保护公司股东合法权益,依法规范公司治理结构,促进市场经济健康发展,作出解散乙公司的判决,适用法律并无不当。

其次,关于乙公司是否符合公司解散的法定条件的问题。(1)乙公司的经营管理已发生严重困难。判断公司的经营管理是否出现严重困难,应当从公司组织机构的运行状态进行综合分析,公司是否处于盈利状态并非判断公司经营管理发生严重困难的必要条件。其侧重点在于公司经营管理是否存在严重的内部障碍,股东会或董事会是否因矛盾激化而处于僵持状态,一方股东无法有效参与公司经营管理。就本案而言,可以从董事会、股东会及监事会运行机制三个方面进行综合分析。关于董事会方面,乙公司董事会有5名成员,董某某方3人,甲公司方2人。《公司章程》第53条规定:董事会会议由董事代股东行使表决权,董事会会议对所议事项作出决议,决议应由代表3/5以上(含本数)表决权的董事表决通过。根据以上规定,董某某方提出的方案,无须甲公司方同意即可通过。甲公司曾3次提出修改公司章程,均遭到董某某的拒绝。此外,甲公司向丙公司转让部分股权一事,乙公司拒绝配合,最终通过诉讼才得以实现。2013年8月6日起,乙公司已有两年未召开董事会,董事会早已不能良性运转。关于股东会方面,自2015年2月3日至今,乙公司长达两年没有召开股东会,无法形成有效决议,更不能通过股东会解决董事间激烈的矛盾,股东会机制失灵。关于监事会方面,乙公司成立至今从未召开过监事会,监事亦没有依照《公司法》及《公司章程》行使监督职权。综上,客观上乙公司董事会已由董某某方控制,甲公司无法正常行使股东权利,无法通过委派董事加入董事会参与经营管理。乙公司的内部机构已不能正常运转,公司经营管理陷入僵局。(2)乙公司继续存续会使甲公司股东权益受到重大损失。公司股东依法享有选择管理者、参与重大决策和分取收益等权利。本案中,甲公司已不能正常委派管理者。2007年8月29日,甲公司推荐常某某出任总经理,2015年3月11日,甲公司委派宋某某、徐某某出任董事并担任副董事长和副总经理,乙公司均以未达到公司章程规定的3/5决策比例为由拒绝,乙公司人事任免权完全掌握在董某某一方。甲公司不能正常参与公司重大决策,乙公司向董某某个人借款7222万元,没有与之对应的股东会或董事会决议,另外审计报告显示,董某某的关联方从乙公司借款近1亿元。2014年10月,乙公司向某银行申请了5000万元贷款,而甲公司对于该笔贷款的用途并不知晓。2015年乙公司粮油市场改造扩建一事,甲公司及其委派的董事也并未参与。甲公司未能从乙公司获取收益,乙公司虽称公司持续盈利,但多年并未分红。甲公司作为乙公司的第二大股东,早已不能正常行使参与公司经营决策、管理和监督以及选择管理者的股东权利,甲公司投资乙公司的合同目的无法实现,股东权益受到重大损失。(3)通过其他途径亦不能解决乙公司股东之间的冲突。基于有限责任公司的人合性,股东之间应当互谅互让,积极理性地解决冲突。在乙公司股东发生矛盾冲突后,甲公司试图通过修改公司章程改变公司决策机制解决双方纠纷,或通过向董某某转让股权等退出公司的方式解决公司僵局状态,但均未能成功。即使甲公司向丙公司转让部分股权,也由于甲公司与董某某双方的冲突历经诉讼程序方能实现。同时,一审法院基于慎用司法手段强制解散公司理念,多次组织各方当事人进行调解。在二审法院调解过程中,甲公司、丙公司主张对乙公司进行资产价格评估,确定股权价格后,由董某某收购甲公司及丙公司所持乙公司的股权,甲公司及丙公司退出乙公司,最终各方对此未能达成一致意见,调解未果。乙公司僵局状态已无法通过其他途径解决。综合来看,乙公司股东及董事之间长期冲突,已失去继续合作的信任基础,公司决策管理机制失灵,公司继续存续必然损害甲公司的重大利益,且无法通过其他途径解决公司僵局,甲公司坚持解散乙公司的条件已经成就。

综上,法院裁定:驳回董某某、乙公司的再审申请。

2. 再审申请人甲公司与被申请人刘某等公司解散纠纷案①

诉讼结论:股东之间的矛盾并非解散公司的法定事由,股东纠纷可采取内部解决的方式来解决。股东主要因要求公司分红未果以及公司财务不公开等事项而与公司及其他股东产生矛盾,属于股东分红请求权、知情权纠纷。依照《公司法》的规定,股东认为上述权利受到侵害的,可以诉请要求分配利润或提供账册查询,不属于公司解散诉讼的受理事由。

基本案情:甲公司于2002年3月7日成立。《公司章程》第46条约定,公司经营期限为10年,自营业执照签发之日起计算。根据第47条第1项的约定,公司章程规定的经营期限届满或者公司章程规定解散的其他事由出现时,公司可以解散。第48条约定,公司各股东一致同意延长经营期限时,应由股东会在经营期限届满前6个月作出决议,向公司登记机关申请变更登记。因股权变更,甲公司股东会于2006年3月5日作出章程修正案,修改股东姓名及出资比例为温某出资517.64万元,占注册资本17.97%;韦某出资639.41万元,占注册资本22.2%;黄某出资611.06万元,占注册资本21.21%;刘某出资537.48万元,占注册资本18.67%;李某出资574.41万元,占注册资本19.95%。

2007年6月3日,甲公司就股东股份分红事宜召开股东会并作出股东会决议。刘某对该股东会决议提出反对意见。2009年1月17日,甲公司就工程款债务问题召开股东会,刘某未参加该次股东会议。该会议决议各股东分别再向公司

---

① 参见广西壮族自治区高级人民法院(2016)桂民终233号民事判决书、最高人民法院(2017)最高法民再373号民事判决书。

出资共计22万元,其中刘某应出资4万元。2009年7月26日,甲公司召开临时股东会,会议决议内容为:(1)由各股东委派财务人员或亲属一人或本人参加审核公司财务、项目部收支情况。审核后各股东不得再就财务问题纠缠。审核自2009年8月1日开始,时间为10日。股东未派人参加,其他股东的审核结果有效。(2)审核后,涉及税金、房产办证等税费的支出。在公司款项不足部分,由各股东按股份比例现金出资,在公司办公室或财务通知后5日内支付。逾期由此产生的一切法律责任由未履行义务的股东承担。刘某参加此次股东会且未有异议。

2012年3月9日,甲公司以刘某未返还借款为由向某区法院起诉,公司胜诉。2012年,刘某以甲公司未返还借款为由向某区法院起诉,刘某败诉。

2014年8月8日、11月26日,刘某以书面方式向甲公司分别就公司盈利分配方案及精简人员配置事项提议召开临时股东会。该两份书面提议通过邮政快递送达甲公司。

甲公司2007年至2011年年检报告书中记载的经营状况分别为:2007年全年净利润-1,214,753,959元;2008年全年净利润-9,990,434.31元;2009年全年净利润27,737,996.74元;2010年全年净利润-2,157,199.04元;2011年全年净利润-1,417,156.85元。

法院认为:本案的争议焦点为:甲公司是否符合法定解散条件应予解散。《公司法》第182条规定:"公司经营管理发生严重困难,继续存续会使股东利益受到重大损失,通过其他途径不能解决的,持有公司全部股东表决权百分之十以上的股东,可以请求人民法院解散公司。"《公司法规定(二)》第1条规定了司法解散公司的条件。公司解散属于公司的生死存亡问题,关涉公司股东、债权人及员工等多方利益主体,关涉市场经济秩序的稳定和安宁。因此,人民法院对公司解散应慎重处理,应综合考虑公司的设立目的能否实现、公司运行障碍能否消除等因素。只有公司经营管理出现严重困难,严重损害股东利益,且穷尽其他途径不能解决的,才能判决解散公司。

首先,甲公司尚不存在公司经营管理发生严重困难的情形。判断"公司经营管理是否发生严重困难",应从公司组织机构的运行状态进行综合分析,如股东会、董事会以及监事会等公司权力机构和管理机构是否无法正常运行,是否对公司事项无法作出有效决议,公司的一切事务是否处于瘫痪状态等。本案中,虽然甲公司自2009年召开股东会后未再召开股东会,也未召开董事会,但是根据合计持股60.12%的股东(温某17.97%、韦某22.2%、李某19.95%)明确表示不同意解散公司的事实可知,即便持股18.67%的股东刘某不参加股东会,甲公司仍可以召开股东会并形成有效决议。这一推断也被甲公司2017年3月23日召开临时股东会并制定有效公司章程的事实所印证。刘某称其与黄某的股权合计已经超过甲公司股份总额的1/3,但刘某并无证据证明黄某同意解散公司。未召开股东会并不等于无法召开股东会,更不等于股东会议机制失灵,刘某提出公司机制失灵的理由不成立。公司的法人性质及多数决的权力行使模式决定公司经营管理和发展方向必然不能遵循所有投资人的意志,会议制度的存在为所有参与者提供表达意见的机会,但是最终的结果仍应由多数决作出,除非有例外约定。刘某作为持股比例较低的股东,在会议机制仍能运转的前提下,若认为其意见不被采纳进而损害自己的利益,可采取退出公司等方式维护自己的权益,据此主张公司应当解散的理由不成立。刘某主张甲公司目前处于歇业状态,但其提交的证据不能予以证明。刘某还主张甲公司是房地产开发公司,仅开发一个项目,该项目已经建设销售完毕,甲公司无存续必要。但在再审庭审中对于法院“公司现在经营情况怎样”的询问,甲公司回应称“部分公司车位未销售完毕,现在正在正常经营。主要原来的项目未销售完毕,现在无新的项目开发”,对此刘某并未提出充分的证据予以反驳。

其次,甲公司继续存续并不会使股东利益受到重大损失。公司继续存续是否会使“股东利益受到重大损失”应结合股东利益的救济方式进行综合分析。如果有其他途径对股东的利益予以救济,则不宜通过解散公司的方式进行。刘某主要因要求甲公司分红未果以及公司财务不公开等事项而与甲公司及其他股东产生矛盾,属于股东分红请求权、知情权纠纷。依照《公司法》的规定,股东认为上述权利受到侵害的,可以诉请要求分配利润或提供账册查询,性质上不属于公司解散诉讼的受理事由。甲公司主张债权的行为属于合法行为,刘某主张差别对待,严重损害其利益的理由不成立。刘某主张甲公司财务状况异常混乱,存在内外账、会计账和出纳账常年不符、款项支付不明、财务凭证不齐等问题,但其提供的证据不足以认定该事实。刘某主张甲公司经营亏损,继续经营会严重损害股东利益。公司经营亏损不属于法定解散事由。在刘某尚未采取其他法律措施维护自己权利的情况下,就本案现有证据而言,尚不足以证实甲公司继续存续会使股东利益受到重大损失。从本案诉讼来看,刘某与其他股东之间的矛盾的确难以调和,但股东之间的矛盾并非解散公司的法定事由,股东纠纷可采取内部解决方式(如知情权、分红请求权、股权退出机制)来解决。公司解散对于公司而言,是最严厉、最具破坏性的结果,若非万不得已,就不宜选择解散公司的办法来解决股东之间的矛盾,以维护社会关系的稳定,保障债权人的利益。甲公司各股东之间应本着诚信原则和公平原则,妥善处理好股东之间的矛盾。

第二百三十二条 公司因本法第二百二十九条第一款第一项、第二项、第四项、第五项规定而解散的，应当清算。董事为公司清算义务人，应当在解散事由出现之日起十五日内组成清算组进行清算。

清算组由董事组成，但是公司章程另有规定或者股东会决议另选他人的除外。

清算义务人未及时履行清算义务，给公司或者债权人造成损失的，应当承担赔偿责任。

【条文主旨】

本条是关于公司清算事由、清算义务人、清算组组成以及清算义务人未及时履行清算义务责任的规定。

【条文理解】

本条是在《公司法》(2018 年)第 183 条的基础上进行的修改，修改主要有 5 处：一是将“一百八十条”改为“二百二十九条”；将“开始清算”变更为“进行清算”；二是增加“董事为公司清算义务人”的规定；三是将“有限责任公司的清算组由股东组成，股份有限公司的清算组由董事或者股东大会确定的人员”修改为“清算组由董事组成，但是公司章程另有规定或者股东会决议另选他人的除外”，并单独作为第 2 款；四是将逾期不成立清算组的救济措施删除，单独作为一条规定；五是增加“清算义务人未及时履行清算义务，给公司或者债权人造成损失的，应当承担赔偿责任”的规定。

一、公司清算的概念界定及清算事由

公司清算也称公司清盘，是指公司解散后，依照法律规定的方式和程序清理公司债权债务，处理公司剩余财产，在了结公司各种法律关系后，向公司登记机关申请注销登记，最终消灭公司法人资格的一种法律行为。

清算的主要内容包括：清理法人财产，分别编制资产负债表和财产清单；通知、公告债权人；处理与清算法人未了结的业务；清缴所欠税款以及清算过程中产生的税款；清理债权、债务；处理清偿债务后的剩余法人财产；参与民事诉讼活动等。公司清算的目的是保护公司债权人和股东的利益。《民法典》第 70 条规定，法人解散的，除合并或者分立的情形外，清算义务人应当及时组成清算组进行清算。公司因合并或者分立解散，其债权债务全部由合并或分立后存续或者新设的公司承继，故该情形下，公司不需要进行清算。除此之外的公司解散必须依法清算。清算是公司终止的必经前置程序。因此，本条第 1 款规定，公司因本法第 229

条第1款第1项、第2项、第4项、第5项规定而解散的,应当清算。

如前所述,公司解散分为自愿解散、行政解散、司法解散三种,因此,公司清算,也依照不同解散原因、形式以及是否需要相关机构介入,分为不同类型。根据清算是否完全由公司自行组织进行划分,清算可以分为普通清算和强制清算。依据清算原因进行划分,清算可以分为破产清算和非破产清算。破产清算是指公司被依法宣布破产后,依照《企业破产法》的规定进行的清算。非破产清算是指破产清算以外的其他清算。

二、清算义务人

清算义务人,是指基于其与法人之间存在的特定法律关系而在法人解散时对法人负有依法组织清算的义务,并在法人因未及时清算给相关权利人造成损害时依法承担相应责任的民事主体。

《民法典》第70条第2款规定:"法人的董事、理事等执行机构或者决策机构的成员为清算义务人。法律、行政法规另有规定的,依照其规定。"公司董事是由公司权力机构选举产生的公司执行机构的成员,直接负责法人的运营,了解法人的运行状况,要求其承担清算义务具有职权上的便利性,可以有效防止公司财产的流失,进而保护债权人等利害关系人的利益。因此,本条第1款规定,公司清算的清算义务人为董事。

三、清算组及其组成

清算组,也称清算人,是指具体负责清算事务的主体,其义务是依照法定程序具体实施清算事务。公司解散后即应进入清算阶段,需首先组成清算组,由公司清算义务人选任清算组,清算组接替公司法人机关执行清算事务。因组建清算组需要一定的时间,因此本条第1款规定,清算义务人应当在解散事由出现之日起15日内组成清算组进行清算。在审判实务中,应注意成立清算组的起算时间点。

董事是清算义务人,一般而言,其应为清算组成员。本条还规定,公司章程另有规定或者股东会决议另选他人的,其他主体也可以成为清算组成员。

四、清算义务人不履行及时清算义务的责任

清算义务人负有及时履行清算义务的责任。在公司实务中,存在清算义务人不及时履行清算义务给公司或者公司的债权人造成损失的情形,引发相关纠纷。《民法典》第70条规定,清算义务人未及时履行清算义务,造成损害的,应当承担民事责任。作为公司领域的特别法,本条第3款对清算义务人未及时履行清算义务的责任进行了强调和细化。关于该款规定的理解与适用,应注意以下两点:

一是该责任的性质为侵权责任。清算义务人与公司债权人之间并无合同关系,清算义务人及时履行清算义务属于法定义务,因此,违反该义务的赔偿责任的性质为侵权责任。

二是构成该侵权赔偿责任应具备四个要件。第一，清算义务人存在未及时履行清算义务的行为。例如，没有按照本条规定及时组成清算组，履行清算职责。这里的“未及时履行”，从广义上理解，包括未履行以及迟延履行两类行为。第二，清算义务人未及时履行清算义务具有过错。清算义务人如果能够举证证明其已经为及时履行清算义务作出最大努力，未能及时履行清算义务是由于实际控制公司主要财产、账册、文件的股东的故意拖延、拒绝清算行为等客观原因所造成的，则不能认定其具有过错。第三，该行为给公司或者债权人造成损失。如清算义务人未及时组成清算组导致公司财产贬值、流失、毁损或者灭失，给公司造成损失，或者导致债权人的债权因不能受偿或者不能完全受偿受损。第四，公司或者债权人的损失与清算义务人的不及时履行义务行为之间具有因果关系。在审判实务中，如果有证据证明在公司解散事由出现前，公司已经处于无清偿能力状态，即使清算义务人及时履行组成清算组进行清算的义务债权人也不可能受偿的，则不能认定债权人债权损失是由于清算义务人不及时履行清算义务造成，两者之间没有因果关系。

【司法适用】

一、关于清算组的登记备案和公告

公司是市场活动主体，为保障交易安全，公司进入清算状态以及清算组的组成均应向社会公告。《市场主体登记管理条例》第 32 条规定：“市场主体注销登记前依法应当清算的，清算组应当自成立之日起 10 日内将清算组成员、清算组负责人名单通过国家企业信用信息公示系统公告。清算组可以通过国家企业信用信息公示系统发布债权人公告。清算组应当自清算结束之日起 30 日内向登记机关申请注销登记。市场主体申请注销登记前，应当依法办理分支机构注销登记。”

二、关于清算义务人与清算人的区别

清算义务人与清算人两者是不同的法律概念。清算义务人是公司解散时依法承担组织公司清算、启动公司清算程序的义务主体。清算人是公司解散后接管公司财产、具体执行公司清算事务的主体。清算义务人与清算人的区别主要有以下五个方面：

一是主体不同。根据本条规定，清算义务人为公司董事。依据组成方式不同，清算人分为法定清算人、意定清算人和指定清算人三种。清算组一般由董事组成，但是公司章程另有规定或者股东会决议另选他人的除外，一般可包括股东等其他有关人员。逾期不成立清算组的，由人民法院指定有关人员组成清算组。

二是所负义务内容不同。清算义务人的义务是负责启动清算程序、组织清算和产生清算人。清算人的义务是执行公司具体清算事务。

三是所负义务的性质不同。清算义务人的义务是法定的,不能任意解除。清算人的义务是约定或指定的,是基于公司或法院等的委任或指派产生的,因公司或者法院的解任或清算人的辞任而解除义务。

四是不履行义务承担责任的原因不同。清算义务人怠于履行义务时对公司债务承担的赔偿责任源于其法定的义务,清算人不履行清算义务给公司或者债权人造成损失时承担的赔偿责任源于其与公司之间的委任关系。

五是法律资格不同。清算人对内处理、了结公司业务,对外代表公司,具有诉讼主体地位。清算义务人没有这样的法律资格。

三、关于清算义务人未在法定期限内成立清算组进行清算,导致公司财产贬值、流失、毁损或者灭失,给债权人造成损失的责任

该情形符合本条第3款规定的责任构成要件,故清算义务人应在其造成损失的范围内对公司债务承担赔偿责任。如果义务主体为多人,则两个以上义务主体构成共同侵权,对外承担连带赔偿责任,内部依照其过错分担责任。

此外,在公司实务中,还存在由于清算义务人未在法定期限内成立清算组开始清算,导致公司主要财产、账册、重要文件等灭失,无法进行清算给债权人造成损失的情形。该情形与前述情形不同,前者是公司可以清算,而该情形是公司无法进行清算。该情形下,清算义务人应对公司债务承担连带清偿责任。其法理为侵害债权理论。其主要是解决公司“借解散逃废债务”“人去楼空”、滥用公司法人独立地位和股东有限责任,恶意损害债权人利益的问题。

四、关于债权人诉求清算义务人履行清算责任,是否受诉讼时效限制

债权人诉求清算义务人承担本条第3款规定的责任与债权人诉求董事履行清算责任在本质上并不相同。前者为清算义务人应根据侵权法理和本条第3款的规定,承担侵权赔偿责任,后者则为清算义务人根据本法规定承担清算责任。前者可以适用诉讼时效的规定,后者不适用诉讼时效的规定。

【司法案例】

上诉人张某华、赵某晖、廖某子与被上诉人李某昊股东损害公司债权人利益责任纠纷案[①]

诉讼结论:公司被吊销营业执照,构成公司解散的法定事由,公司清算义务人应于解散事由出现之日起15日内成立清算组进行清算。公司股东,同时也是公

① 参见北京市高级人民法院(2020)京民终187号民事判决书。

司的董事,并未在法定期限内成立清算组进行清算,亦未举证证明已为履行清算义务采取了积极措施,存在不及时履行清算义务的行为。因股东(董事)未及时履行清算义务,导致公司未能妥善保管财务账册及相应文件,无法进行清算,应认定未及时履行清算义务与公司无法清算、造成债权人损失之间具有因果关系,清算义务人应对公司债权人承担连带赔偿责任。

基本案情:甲公司成立于2010年8月24日,注册资本100万元,股东是张某华(持股34%)、赵某晖(持股33%)和廖某子(持股33%),股东均实缴出资。2016年5月19日,甲公司被北京市工商行政管理局朝阳分局吊销营业执照。

依据法院判决,李某昊对甲公司享有请求给付房屋使用费的债权。因甲公司一直未给付上述房屋使用费,故李某昊于2014年8月18日向某法院申请强制执行。鉴于李某昊无法提供、法院亦未发现甲公司名下可供执行的财产线索,某法院于2018年8月20日作出12933号裁定,裁定终结本次执行程序,至本案起诉未恢复执行。李某昊遂向一审法院起诉,请求:(1)甲公司前述三股东向李某昊支付房屋使用费;(2)甲公司前述三股东向李某昊支付自2014年7月28日起至实际支付之日止的迟延履行利息;(3)甲公司前述三股东承担本案律师费。

一审法院组织当事人对甲公司的账册进行了清点。三股东仅能提供甲公司电脑上留存的2010年、2013年、2014年的电子账册打印件,其他年份的电子账册无法提供。所有年份的纸质财务账册已经全部丢失,无法提供。

法院认为:甲公司于2016年5月19日被吊销营业执照,已经构成公司解散的法定事由,公司清算义务人应于解散事由出现之日起15日内成立清算组开始清算。但截至本案诉讼,甲公司三股东作为清算主体并未组织公司清算,三股东亦未举证证明已为履行清算义务采取了积极措施,故三股东已经构成怠于履行清算义务的情形。甲公司工商登记的股东为三股东,廖某子主张其仅为名义股东,未参与公司经营,但其未能提供充分证据予以证明,法院无法认定存在代持关系;李某昊基于信赖工商登记公示效力向三股东主张权利,于法有据。据已查明事实,三股东未依法履行股东义务及董事职责,导致公司未能妥善保管财务账册及相应文件,且已无法据以查明公司财产,亦无法进行清算,故本案三股东怠于履行清算义务与公司因无账册、重要文件而无法清算之间具有因果关系。一审判决认为,三股东应当对甲公司债务承担连带清偿责任,认定正确,予以确认;三股东上诉认为其怠于清算义务与李某昊债权受损没有因果关系,故不应承担责任,没有法律依据,不予支持,判决:驳回上诉,维持原判。

第二百三十三条　公司依照前条第一款的规定应当清算,逾期不成立清算组进行清算或者成立清算组后不清算的,利害关系人可以申请人民法院指定有关人员组成清算组进行清算。人民法院应当受理该申请,并及时组织清算组进行清算。

公司因本法第二百二十九条第一款第四项的规定而解散的,作出吊销营业执照、责令关闭或者撤销决定的部门或者公司登记机关,可以申请人民法院指定有关人员组成清算组进行清算。

【条文主旨】

本条是关于人民法院指定组成清算组进行清算的规定。

【条文理解】

本条是在《公司法》(2018 年)第 183 条的基础上修改而成。主要有 3 处修改:一是将《公司法》(2018 年)第 183 条规定的"逾期不成立清算组进行清算的,债权人可以申请人民法院指定有关人员组成清算组进行清算。人民法院应当受理该申请,并及时组织清算组进行清算"单独作为本条规定的第 1 款内容并进行了修改,并增加一个事由"成立清算组后不清算的"。二是将申请主体由"债权人"修改为"利害关系人"。三是增加本条第 2 款规定内容。

在普通清算出现障碍情形下,利害关系人可以申请人民法院组成清算组进行清算。在理解与适用时,应注意以下三点:

一是适用事由。主要适用于公司应进行普通清算,但出现清算障碍的情形。本条规定的清算障碍包括逾期不成立清算组进行清算、成立清算组后不清算。

二是申请主体。本次修改,将申请主体修改为利害关系人,扩大了该主体范围。利害关系人是与公司清算具有利害关系的所有主体,包括公司债权人,也包括公司股东、董事、职工等。

三是人民法院受理申请后应及时组成清算组进行清算。根据《公司法规定(二)》第 8 条的规定,清算组成员可以从下列人员或者机构中产生:(1)公司股东、董事、监事、高级管理人员;(2)依法设立的律师事务所、会计师事务所、破产清算事务所等社会中介机构;(3)依法设立的律师事务所、会计师事务所、破产清算事务所等社会中介机构中具备相关专业知识并取得执业资格的人员。

根据《公司法规定(二)》第 9 条的规定,人民法院指定的清算组成员有下列情形之一的,人民法院可以根据利害关系人的申请,或者依职权更换清算组成员:(1)有违反法律或者行政法规的行为;(2)丧失执业能力或者民事行为能力;

(3)有严重损害公司或者债权人利益的行为。

本条第2款是对行政解散情形下,相关主体可以申请人民法院强制清算的规定。对该款规定的理解,应注意以下两点:

一是适用事由。主要指因本法第229条第1款第4项的规定而解散的,作出吊销营业执照、责令关闭或者撤销设立登记等公司被行政解散情形。

二是申请主体。申请主体为作出吊销营业执照、责令关闭或者撤销决定的部门或者公司登记机关。

【司法适用】

在司法实务中,对于申请强制清算案件,人民法院应对是否符合强制清算事由以及申请人是否具有适格主体资格进行审查。符合受理条件的,人民法院应制作民事裁定书裁定受理申请人关于对某公司进行强制清算的申请。人民法院受理后,应作出决定书,指定清算管理人组成清算组,并指定清算组的成员及清算组负责人。

【司法案例】

再审申请人郭某与被申请人甲公司申请公司清算纠纷案①

诉讼结论:申请人以其系公司的债权人、公司被吊销营业执照为由,申请人民法院对公司进行强制清算,但其证据不足以证明其债权人身份,公司亦不予认可的,应认定申请人不具有适格申请主体资格。

基本案情:甲公司于2011年被吊销营业执照。郭某向法院递交《强制清算申请书》,称其与甲公司于2010年6月23日签订砖厂承包合同,承包期为7年且交清了承包费用,但2016年8月承包期尚未结束时砖厂被侵占,故郭某与甲公司之间存在侵权之债。甲公司具备解散条件,请求人民法院组成清算组进行清算。

一审中,甲公司对郭某债权人的身份提出异议。郭某虽提交了另案判决书作为证据,但该判决书并未明确郭某与甲公司之间的债权债务关系,不足以证明其系甲公司的债权人或其他利害关系人,故一审法院裁定不予受理。

郭某提起上诉,二审法院裁定驳回上诉,维持原裁定。

郭某申请再审。

法院认为:需要审查的问题为二审法院裁定不予受理郭某的强制清算申请是否有误。根据最高人民法院《强制清算会议纪要》第13条的规定,申请公司清算

---

① 参见新疆维吾尔自治区高级人民法院(2021)新清终1号民事裁定书、最高人民法院(2021)最高法民申7534号民事裁定书。

应当满足两个条件,即申请人具备申请资格和公司发生解散事由,被申请人对上述两个条件中的任何一个提出异议,人民法院均不应受理。《公司法规定(二)》第7条以及《民法典》第70条将申请强制清算的主体扩大至其他利害关系人,因这一规定更有利于敦促符合清算条件的公司及时进行清算,以免因公司未及时清算造成他人损害,故宜将《强制清算会议纪要》中的申请强制清算的主体扩大至利害关系人。然而申请强制清算的主体扩大至利害关系人,并未改变《强制清算会议纪要》所确立的申请资格另案确认的原则,申请人是否属于利害关系人仍需要通过诉讼程序予以确认,即应当在提出强制清算申请之前明确其利害关系人身份。当被申请人对其利害关系人身份提出异议时,除有生效法律文书能够证明其利害关系人身份的,人民法院应当告知其另行诉讼或者通过其他途径确认其申请人身份后再行申请强制清算。

甲公司已于2011年被吊销营业执照,已经具备解散的事由。但申请对公司进行强制清算还需符合主体要件。本案一审中,甲公司对郭某债权人的身份提出异议。郭某虽提交了另案判决书作为证据,但该判决书并未明确郭某与甲公司之间的债权债务关系,不足以证明其系甲公司的债权人或其他利害关系人,郭某应当承担举证不能的后果。因此,本案并不具备《强制清算会议纪要》第13条中规定的"对异议事项已有生效法律文书予以确认"的情形,二审法院对郭某的强制清算申请不予受理并无不当。

第二百三十四条　清算组在清算期间行使下列职权:

(一)清理公司财产,分别编制资产负债表和财产清单;

(二)通知、公告债权人;

(三)处理与清算有关的公司未了结的业务;

(四)清缴所欠税款以及清算过程中产生的税款;

(五)清理债权、债务;

(六)分配公司清偿债务后的剩余财产;

(七)代表公司参与民事诉讼活动。

【条文主旨】

本条是关于清算组职权的规定。

【条文理解】

本条是在《公司法》(2018年)第184条的基础上修改而成。修改一处,将《公司法》(2018 年)第 184 条规定的“(六)处理公司清偿债务后的剩余财产”修改为“(六)分配公司清偿债务后的剩余财产”。

清算组是在公司清算期间负责清算事务执行的法定组织。公司宣布解散后，公司的业务执行机关失去业务执行的权力，公司的后继事务由清算组接管。因此，在清算期间，清算组是公司业务的执行机构，全面负责公司相关业务的处理，应依法赋予清算组必要的职权。

一、清理公司财产，分别编制资产负债表和财产清单

依据清算的目的，清算组有义务全面清理公司的全部财产，并列出财产清单，同时编制公司的资产负债表，以明晰公司的负债情况。公司的全部财产，包括固定资产、流动资产等现有的自有资产。清算组履行该职责的目的是确定债务人的财产数额，防止偿债资产流失。

二、通知、公告债权人

公司解散，涉及公司债权人债权保护问题。因此，清算组应对公司债权进行清理，依法通知、公告公司债权人公司解散清算事宜，并依法申报债权。

三、处理与清算有关的公司未了结的业务

关于该职责的理解，应注意两点：一是该事务为公司未了结的业务。该业务应为公司解散前已经开始、公司解散进入清算程序时尚未了结的业务。二是该事务为与清算有关的事务。例如，公司解散进入清算程序时，可能存在公司解散前已经订立、尚在履行中的合同，清算组需要决定公司继续履行或者终止履行。清算组无权进行与清算无关的新的业务活动。

在处理本项所涉业务时，清算组应当注意坚持三项原则：一是合法性，即必须依法作出处理决定；二是要有利于保护公司和债权人的合法权益；三是要有利于尽快了结该业务。

四、清缴所欠税款以及清算过程中产生的税款

公司应依法缴纳税款。因此，清算组在清算过程中应当对公司的纳税事宜进行清查，对公司欠缴税款或者在清算过程中产生的税款，有义务报请税务机关审核查实，并以清算公司的清算财产缴纳。

五、清理债权、债务

清算组应清理公司解散清算前及为清算的目的产生的各项债权、债务关系。应查明公司对外债权并依法进行主张，并经债权人的申报和自身查核，清理公司对外债务。清理债权、债务必须依法进行，不能损害公司和公司债权人的利益，例如，清算组不能违法放弃公司权利或无偿转让公司债权。

六、分配公司清偿债务后的剩余财产

公司在支付清算费用、职工工资、劳动保险费用、法定补偿金，清缴税款，清偿所欠债务后剩余的财产属于股东权益，清算组应依法进行分配。

七、代表公司参与民事诉讼活动

公司清算未注销前，法人资格和民事诉讼主体资格仍然存在，有关公司的民事诉讼，应当以公司的名义进行。公司清算组成立后，有关公司的民事诉讼，不再由公司法定代表人代表公司参加诉讼，而是由清算组负责人代表公司参加诉讼。公司已解散但尚未成立清算组的，由原法定代表人代表公司参加诉讼。

【司法适用】

在审判实务中，存在公司解散时股东尚未缴纳的出资应否作为清算财产问题。本书认为，公司解散时，股东尚未缴纳的出资均应作为清算财产。股东尚未缴纳的出资，包括到期应缴未缴的出资，以及依照《公司法》规定分期缴纳尚未届满缴纳期限的出资。

【司法案例】

上诉人甲公司与被上诉人张某新、被上诉人丙公司、原审第三人乙公司损害公司利益责任纠纷案①

诉讼结论：公司进入强制清算程序后，应由清算组负责人代表公司参加诉讼。

基本案情：甲公司系私营企业，是自然人投资或控股的有限责任公司，注册资本 500 万元，法定代表人陈某，成立日期 2008 年 3 月 26 日，营业期限自 2008 年 3 月 26 日至 2011 年 11 月 11 日，营业执照吊销日期 2013 年 12 月 4 日。股东陈某（250 万元）持股比例 50%，股东魏某（出资 137.5 万元）持股比例 27.5%，股东乙公司（出资 112.5 万元）持股比例 22.5%。甲公司公司章程约定公司不设董事会。

2017 年 1 月 18 日，一审法院作出民事裁定书裁定受理乙公司提出的对甲公司进行强制清算的申请。2018 年 6 月 12 日，一审法院作出决定书：指定山东华信产权流动破产清算事务有限公司青岛分公司担任甲公司的清算管理人组成清算组，并指定清算组的成员及清算组负责人。

乙公司系私营企业，是自然人投资或控股的有限责任公司，注册资本 100 万元，法定代表人王某，成立日期 2006 年 11 月 22 日，营业期限自 2006 年 11 月 22 日至 2016 年 11 月 22 日，吊销日期 2010 年 11 月 24 日。张某新为公司经理，任期

---

① 参见山东省青岛市中级人民法院（2020）鲁 02 民初 1414 号民事判决书、山东省高级人民法院（2021）鲁民终 1663 号民事判决书。

3年。相关案件审理期间,乙公司均认可张某新是乙公司派到甲公司任职的,担任总经理一职。

甲公司以其与丙公司之间存在协议款项纠纷为由,向一审法院起诉请求:(1)丙公司返还甲公司2013年11月22日协议转让款58万元及相应孳息;(2)丙公司返还甲公司2013年12月6日协议转让款80万元及相应孳息;(3)丙公司返还甲公司2014年12月15日协议转让款100万元及相应孳息;(4)张某新对丙公司应承担的上述返还责任承担连带责任等。

一审法院认为:2017年1月18日,一审法院裁定受理甲公司股东乙公司提出的对甲公司进行强制清算的申请,2018年6月12日作出(2016)鲁02清申1号民事决定书,指定山东华信产权流动破产清算事务有限公司青岛分公司担任甲公司的清算管理人组成清算组,并指定清算组的成员及清算组负责人,甲公司进入强制清算程序。本案系由甲公司清算组提起的因强制清算程序引起的衍生案件。本案的焦点问题是甲公司要求丙公司、张某新返还案涉款项证据是否充分。从本案查明的事实来看,的确存在将甲公司款项转出的事实,但并不能因此就径行判令返还款项。甲公司已成立清算组目前正在进行清算,清算过程中,应对上述账目在内的公司资产进行清理,在不审查运营涉案资产包的费用、服务费是否支付等事实的情况下,仅仅通过诉讼主张返还,没有事实依据,且若得到法院支持,必然会对清算过程造成影响。综上,甲公司的诉讼请求并无充分证据予以证明,甲公司清算组应先行审核完毕账目后,若发现付款超过约定,可再行追偿。一审法院判决:驳回甲公司的诉讼请求。

二审法院认为:清算过程中,应当整体审查因营运资产包取得的收益及相应的必要支出成本,应对包括上述账目在内的公司资产进行清理,如果经核实账目有异议,再向相关责任人进行追偿。故一审法院对甲公司诉请不予支持,并作出待审核完毕账目后再行追偿的处理并无不当。

第二百三十五条　清算组应当自成立之日起十日内通知债权人,并于六十日内在报纸上或者国家企业信用信息公示系统公告。债权人应当自接到通知之日起三十日内,未接到通知的自公告之日起四十五日内,向清算组申报其债权。

债权人申报债权,应当说明债权的有关事项,并提供证明材料。清算组应当对债权进行登记。

在申报债权期间,清算组不得对债权人进行清偿。

【条文主旨】

本条是关于清算期间债权申报的相关规定。

【条文理解】

本条是在《公司法》(2018年)第185条的基础上修改而成。修改主要有两处:一是将《公司法》(2018年)第185条规定的“通知书”改为“通知”;二是增加“国家企业信用信息公示系统”作为公告载体。

一、清算组通知、公告债权人

本条第1款对上述问题进行了规定。清算组接管公司后,应告知债权人公司解散和进入清算阶段的事实,使债权人获悉公司的真实情况,在法定期限内及时向清算组申报债权,保护自身合法权益。

对于已知的债权人,应在法定期限内直接通知,对于未知的债权人,则应在法定期限内通过法定的媒体发布公告通知。

关于本条规定的理解与适用,应注意三点:一是通知或者公告期间的起算点,为清算组成立之日。二是刊登公告的载体,适应信息化发展,除包括报纸外,还包括国家企业信用信息公示系统。这里的报纸,根据公司规模和营业地域范围,是指全国或者公司注册登记地省级有影响的报纸。此处报纸,不仅包括其纸质版,也包括其电子版。三是公告的生效时间是一经发布即生效。

二、债权人申报债权的时间要求

债权人应当自接到通知起30日内,未接到通知的自公告之日起45日内,向清算组申报其债权。“通知”的方式可以是送达书面通知书,也可以是口头通知,因此,本条在修订时删除“通知书”的表述。

三、债权人申报债权的要求

本条第2款对该问题进行了规定,即债权人应当说明债权的有关事项,并提供证明材料。作此规定,是便于清算组核定审查债权。

公司清算时,债权人对清算组核定的债权有异议的,可以要求清算组重新核定。清算组不予重新核定,或者债权人对重新核定的债权仍有异议,债权人以公司为被告向人民法院提起诉讼请求确认的,人民法院应予受理。

四、申报债权期间清算组不得对债权人进行清偿

此系对清算组的行为规范,明确禁止清算组在申报债权期间对债权人进行清偿的行为。债权人会议是破产清算程序中债权人利益诉求的机构。但在公司解散清算程序中,并无该机构。在公司解散清算程序中,对债权人的保护主要体现在对清算组的行为规制方面。本条第3款作出相应规定,以保障同顺位债权人公平受偿机会。

【司法适用】

一、公司清算案件的管辖

公司清算案件由公司住所地人民法院管辖。公司住所地是指公司主要办事机构所在地。公司办事机构所在地不明确的，由其注册地人民法院管辖。

基层人民法院管辖县、县级市或者区的公司登记机关核准登记公司的公司清算案件；中级人民法院管辖地区、地级市以上的公司登记机关核准登记公司的公司清算案件。

二、关于债权补充申报问题

在公司实务中，存在债权人因自身原因或者非因自身原因逾期申报债权的情形。是否允许补充申报，实质涉及债权申报期限是否具有除斥期间的性质问题。公司清算，债权人申报债权，是为了明确公司债务，依法进行清偿，并非否定公司债务，否定公司债权人的实体权利。明确申报期限，是为了保护各方主体的期限利益，使公司债权人能够及时申报权利，清算组尽快处理清算事宜。因此，债权申报期限并非除斥期间，期间经过，不能因此认为债权人的债权归于消灭。基于此，虽然申报期限经过，但基于保护债权的原则，应当给予债权人补救的机会，但债权申报救济制度也应注意利益衡平，同时债权人也应承担因其过错而未能及时申报的法律后果。《企业破产法》第 56 条第 1 款规定："在人民法院确定的债权申报期限内，债权人未申报债权的，可以在破产财产最后分配前补充申报；但是，此前已进行的分配，不再对其补充分配。为审查和确认补充申报债权的费用，由补充申报人承担。"在制定《公司法规定(二)》规定公司清算程序中是否允许补报债权时，参考了《企业破产法》的规定，确立了补充申报制度，即对已经超过申报期限的债权，允许其在公司清算程序终结前进行补充申报并获清偿。

关于补充申报债权，应注意以下两点：一是补充申报必须在限定期限内提出。债权人补充申报的期限是"公司清算程序终结前"。公司清算程序终结是指清算报告经股东会、股东大会或者人民法院确认完毕。二是享有补充申报权的债权人范围是全体债权人，既包括有过错的债权人又包括无过错的债权人，既包括已知债权人又包括未知债权人。

三、关于补充申报债权的分配

债权人补充申报的债权，可以在公司尚未分配财产中依法清偿。公司尚未分配财产不能全额清偿，债权人主张股东以其在剩余财产分配中已经取得的财产予以清偿的，人民法院应予支持；但债权人因重大过错未在规定期限内申报债权的除外。

四、清算组未按照本条规定履行通知和公告义务，导致债权人未及时申报债权而使其债权未获清偿，清算组成员的责任认定

如果存在该情形，清算组成员对债权人构成共同侵权，债权人据此主张清算组成员对因此造成的损失承担连带赔偿责任的，人民法院应依法予以支持。

【司法案例】

上诉人仇某伟与被上诉人甲公司、原审被告李某清算责任纠纷案①

诉讼结论：公司两股东组成清算组，在清算期间，未向债权人发出申报债权通知，导致债权人因未申报债权受损，应认定两股东具有过错，对债权人构成共同侵权，对债权人的损失承担连带赔偿责任。

基本案情：甲公司是一家香港公司，于2016年10月8日与乙公司签署投资权转让协议。协议约定，甲公司应向乙公司支付人民币1234万元，乙公司应向甲公司支付影片发行纯收益的10%。协议签署后，甲公司按约向乙公司支付了全部合同款。影片发行公映后，截至2017年7月25日，乙公司应支付给甲公司的纯收益已达1365万港币（按当日汇率，相当于人民币11,799,333元），但乙公司一直未按约定向甲公司支付上述发行纯收益。随时间经过，上述发行纯收益数额不断增加，但乙公司仍未与甲公司结算并支付该影片的发行纯收益。经甲公司不断催告，直至2020年4月才收到一份乙公司出具的发行收益结算报表（事后得知此报告为仇某伟发送），该报表显示截至2019年12月31日，乙公司应向甲公司支付的发行收益为14,812,643.25港币。甲公司准备向乙公司确认以上结算报表中的金额时，得知乙公司已于2020年3月10日注销。经查询其登记档案得知，乙公司清算时，由仇某伟、李某组成清算组，但清算组未依法将清算事宜通知甲公司，导致甲公司无从申报债权并获得相应清偿。

一审法院认为：首先，甲公司系在我国香港特别行政区注册成立的公司，故本案属于涉港案件。本案系因公司不当清算所引发的纠纷，属于与公司有关的纠纷，则公司所在地法律即为与本案有最密切联系的法律。而本案与甲公司存在债务关系且已被注销的乙公司系内地公司，故本案应适用内地法律。其次，甲公司与乙公司签订的投资权转让协议系双方当事人的真实意思表示，应认定合法有效。仇某伟和李某作为乙公司的股东和清算组成员，未按规定将公司解散清算事宜书面通知甲公司，导致甲公司未及时申报债权而未获清偿，两人应对由此造成

① 参见浙江省嘉兴市中级人民法院（2021）浙04民初70号民事判决书、浙江省高级人民法院（2022）浙民终377号民事判决书。

甲公司的损失承担赔偿责任。虽然仇某伟认可李某所持股份系代其所持,但对外仍应由二人共同承担赔偿责任。

二审法院认为:乙公司的法定代表人仇某伟确认乙公司欠甲公司发行收益,乙公司股东仇某伟和李某明知乙公司未清偿上述债务的情况下,未按我国公司法规定将公司解散清算事宜书面通知债权人甲公司,未经合法清算即注销公司,存在重大过错,对债权人因未及时申报债权而遭受的损失,应承担赔偿责任。

第二百三十六条　清算组在清理公司财产、编制资产负债表和财产清单后,应当制订清算方案,并报股东会或者人民法院确认。

公司财产在分别支付清算费用、职工的工资、社会保险费用和法定补偿金,缴纳所欠税款,清偿公司债务后的剩余财产,有限责任公司按照股东的出资比例分配,股份有限公司按照股东持有的股份比例分配。

清算期间,公司存续,但不得开展与清算无关的经营活动。公司财产在未依照前款规定清偿前,不得分配给股东。

【条文主旨】

本条是关于清算方案的制订、确认与公司财产处分的规定。

【条文理解】

本条是在《公司法》(2018 年)第 186 条的基础上修改而成。修改只有一处,即删除第 1 款关于“股东大会”的规定。

一、清算方案的制订及确认

本条第 1 款对该问题进行了规定。包括两项内容:

一是清算组必须在清理公司的财产、编制公司的资产负债表和财产清单后,制订公司的清算方案。

二是清算方案需报股东会或者人民法院确认。这里的需报股东会或者人民法院确认,并非指股东会的确认是人民法院确认的前置程序,而是根据公司清算性质的不同,规定了两个不同的确认主体。在公司自行清算的情况下,应当报股东会确认。作此规定的法理为:股东会是公司最高权力机关,也是公司最高意思决定机关。由股东会进行确认体现了公司自治性。而且,相较于公司外部人员,股东对本公司的财产状况应该最为清楚,因公司本身为股东出资设立,故其也应对公司资产、负债及财产分配最具有话语权。在人民法院组织清算的情况下,清算组应当将清算方案报人民法院确认。人民法院依法对清算方案进行审查,有助于保护公司股东和债权人权益。

清算方案涉及公司清算过程中公司现有财产的价值确认、处分和债权债务安排，具有专业性，清算组应依法就清算方案作出决议。清算方案在执行之前需报有关机关确认，未经确认不得执行。

二、公司财产的清偿、分配顺序等处分原则

本条第 2 款、第 3 款对公司财产的清偿、分配进行了规定。主要包括两个方面内容：

一是公司财产清偿顺序。顺序为清算费用、职工的工资、社会保险费用和法定补偿金，所欠税款、公司普通债务、剩余财产分配。《民法典》第 72 条第 2 款规定：法人清算后的剩余财产，按照法人章程的规定或者法人权力机构的决议处理。法律另有规定的，依照其规定。公司股东是公司的投资者或开办者，对公司解散后的剩余财产享有分配权。本条规定，有限责任公司按照股东的出资比例分配，股份有限公司按照股东持有的股份比例分配。

二是公司财产在未依照第 2 款规定清偿前，不得分配给股东。对股东进行分配，只能是在第 2 款规定的在先顺位清算费用，职工的工资、社会保险费用和法定补偿金，税款，公司债务清偿后才能进行。作此规定，是为了保护职工的生存权、国家税款公益以及债权人的利益，防止清算组为保护股东权益，损害相关公权利和职工权益等。

三、清算期间公司法人资格及其行为能力

《民法典》第 72 条规定，清算期间法人存续，但是不得从事与清算无关的活动。公司法人为法人的一种类型，同样也应适用该一般规定。本条第 3 款规定，清算期间，公司存续，但不得开展与清算无关的经营活动。这是关于清算期间公司存续以及公司行为能力范围的规定。公司解散后，一般需要经过清算程序，清理法人财产和债权债务，处理未尽事宜，通过注销登记等方式最终消灭公司法人人格。公司在解散后、清算完结前法人人格并不消灭，一般将解散事由出现之后至清算完毕前的公司称为清算中公司。但公司法人行为能力仅限于清算目的范围之内，不得开展与清算无关的经营活动，法人在清算目的范围内继续存续。

【司法适用】

一、清算期间公司的诉讼主体资格及其法定代表人

清算期间，公司法人主体资格存在，民事诉讼主体资格也存在，所涉诉讼，应当以公司作为诉讼主体。在清算期间，尽管公司股东会、董事会、监事会等组织机构仍然存在，但清算组接管法人决策和执行机关的相应权力，故由清算组在清算目的范围内，对内执行清算事务，对外代表法人了结债权债务。

清算组本身是一个组织机构。根据我国现行法律规定,其可能由多人组成也可以由一人构成。当清算组由多人组成时,从理论上分析,清算事务应当由全体清算组成员共同决定,由清算组负责人代表执行。在诉讼中,应当由清算组负责人代表公司参加诉讼活动。当清算组只有一人时,由该主体代表清算组、代表公司为相应的行为。尚未成立清算组的,由原法定代表人代表公司参加诉讼。

二、执行未经确认的清算方案给公司或者债权人造成损失的责任承担

依据本条规定,清算方案应依法经过法定主体确认,未经确认的清算方案不具有执行力,清算组不得执行。清算组成员执行未经确认的清算方案属于违法行为,据此给公司、公司股东、公司债权人等相关利害关系人造成损失的,应承担赔偿责任。

【司法案例】

乙公司与丁集团公司及第三人丙公司损害公司利益责任纠纷案①

诉讼结论:公司经营期限届满,公司股东未达成延长经营期限合意的,应予解散。公司签订的房屋租赁合同期限长于公司经营期限,因清算中的公司不得开展与清算无关的经营活动,故公司签订的房屋租赁合同因合同目的不达而应解除。强制清算过程中,公司股东对清算报告未提出异议。清算组将清算报告报请人民法院确认后,应认定清算报告的效力。对清算报告未涉及的财产,应视为无异议公司股东放弃权利。

法院认为:丁集团公司是否有权解除租赁合同为本案之关键所在。《中外合资经营企业法》第13条规定,合资公司延长经营期限,需要各方一致同意;《丙公司章程》亦有类似约定。据此,丙公司经营期限届满时,在合资双方未能就延长期限达成一致的情况下,其应当进入解散清算程序,而不受丙公司与包括丁集团公司在内的其他主体所签订合同的履行期限的限制。公司解散并不意味着公司法人资格立即消灭,公司于清算期间仍然维持法人地位,但公司从事经营活动的行为能力受到限制,其职能只限定在清算目的范围内。《公司法》(2018年)第186条就此明确规定,清算期间公司不得开展与清算无关的经营活动。故在丙公司因经营期限届满而进入解散清算程序的情况下,其不得再从事商业经营。因丙公司不具有承租案涉房产从事商业经营之行为能力,租赁合同目的无法实现,丁集团公司自有权依据《合同法》第94条之规定解除租赁合同。至于乙公司主张的合营

① 参见湖北省高级人民法院(2014)鄂民四初字第00001号民事判决书、最高人民法院(2019)最高法民终594号民事判决书。

期限届满后丁集团公司侵占丙公司有形和无形资产所造成的损失问题，其实质涉及合资公司清算过程中对公司财产的清理、处置。事实上，根据《框架性意向协议书》，丁集团公司与乙公司已同意由清算组根据公司财务报表及债务人状况制定清算方案。2017 年 5 月 22 日，武汉市中级人民法院裁定确认清算组提交的《清算报告》，亦载明了丙公司的财务状况，并对货币资金、存货及固定资产、无形资产、利息收入等进行了处置，对此乙公司和丁集团公司并无异议。据此，不支持乙公司有形和无形资产损失的主张。同时，该部分损失在清算程序中予以解决更为经济和妥当，也不否定乙公司另行救济的权利。

第二百三十七条　清算组在清理公司财产、编制资产负债表和财产清单后，发现公司财产不足清偿债务的，应当依法向人民法院申请破产清算。

人民法院受理破产申请后，清算组应当将清算事务移交给人民法院指定的破产管理人。

【条文主旨】

本条是关于公司解散清算程序与破产清算程序衔接的规定。

【条文理解】

本条是在《公司法》（2018 年）第 187 条的基础上修改而成。主要修改为：第 1 款中“申请宣告破产”修改为“申请破产清算”；第 2 款“公司经人民法院裁定宣告破产后，清算组应当将清算事务移交给人民法院”的规定修改为“人民法院受理破产申请后，清算组应当将清算事务移交给人民法院指定的破产管理人”。

一、公司解散清算转破产清算的前提及实体要件

《企业破产法》第 2 条第 1 款规定：“企业法人不能清偿到期债务，并且资产不足以清偿全部债务或者明显缺乏清偿能力的，依照本法规定清理债务。”由该条规定可见，公司破产原因是公司不能清偿到期债务，并且资产不足以清偿全部债务或者明显缺乏清偿能力。破产原因是提起破产程序的前提。因此，公司解散过程中，清算组向人民法院提出破产申请的前提和实质要件，是清算组在清理公司财产、编制资产负债表和财产清单时，发现公司财产不足以清偿债务，已达破产界限。公司解散清算以公司能够清偿其债务为前提，因此，在清算组发现公司财产不足以清偿债务、已达破产界限情形，其应当依法向人民法院申请破产清算。将清算中具有破产原因的公司及时转入破产程序，有利于通过破产还债程序保障债权人的债权公平受偿，维护社会经济秩序稳定。

从清算组的职责角度进行分析,清算组在清算时发现公司达到破产界限,具备破产原因的情形,负有应当立即向人民法院申请破产清算,依法进行破产清算的义务。这里,应注意其适用的条件是,公司解散,已经成立清算组,清算组在进行清算的过程中发现公司已具有破产原因的情形。如果尚未成立清算组的,在债权人请求法院进行强制清算过程中发现具有破产原因的,则应根据《九民纪要》第117条规定处理。

二、公司、解散清算转破产清算的移交程序

人民法院受理破产申请后,公司进入破产程序。人民法院应按照《民事诉讼法》和《企业破产法》的有关规定,处理公司破产事宜。破产程序中,进行的是破产清算,法院应依法指定破产管理人,因此,清算组应当将清算事务移交给人民法院指定的破产管理人。

关于该款规定的理解,应注意两点:

一是移交的时点是公司经人民法院受理破产申请后,因为只有公司经人民法院受理破产申请,公司才依法进入破产程序,才存在移交的问题。

二是清算组应将清算事务移交给人民法院指定的破产管理人,而非人民法院。破产清算由破产管理人负责,而非人民法院,这也是本次修改的内容。根据《企业破产法》第13条的规定,人民法院裁定受理破产申请的,应当同时指定管理人。

应予注意的是,公司被宣告进入破产还债程序,公司解散清算组将清算事务移交后,该清算组已经完成其职责,应当解散,不得再以公司清算组的名义进行活动。

【司法适用】

一、非破产清算与破产清算的区别

非破产清算与破产清算是依据清算的原因是否基于公司被宣告破产而进行的区分。主要区别为:

一是性质不同。破产清算,是指公司具备破产原因、被宣告破产后,依破产程序进行的清算。非破产清算,是指非因破产原因进行的清算。

二是法律依据不同。公司被依法宣告破产的,需依照《企业破产法》《民事诉讼法》等有关企业破产的法律实施破产清算,其具体规范不属于《公司法》调整的内容,《公司法》仅对两者的衔接进行规定,如本条规定。人民法院处理公司破产案件应当依照有关规定实施破产清算。非破产清算,适用《公司法》的相关规定。

三是适用情形不同。非破产清算,适用于《公司法》第229条第1、2、4、5项规定的公司解散情形,破产清算适用于被宣告破产的公司清算情形。

四是清算组成员的产生方式不同。破产清算组的组成人员必须由人民法院指定,而非破产清算组的成员,则根据清算的方式不同,既可以依法由公司确定,也可以由人民法院指定。

二、关于公司强制清算中公司资不抵债时的债务清偿协定机制

《公司法规定(二)》第 17 条分 3 款对该机制进行了规定。第 1 款规定了适用条件,即“人民法院指定的清算组在清理公司财产、编制资产负债表和财产清单时,发现公司财产不足清偿债务的,可以与债权人协商制作有关债务清偿方案”,第 2 款与第 3 款对该机制的具体适用进行了规定。第 2 款规定:债务清偿方案经全体债权人确认且不损害其他利害关系人利益的,人民法院可依清算组的申请裁定予以认可。清算组依据该清偿方案清偿债务后,应当向人民法院申请裁定终结清算程序。第 3 款规定:债权人对债务清偿方案不予确认或者人民法院不予认可的,清算组应当依法向人民法院申请宣告破产。根据上述规定,在适用协定机制时,有两种法律后果:一是通过协定机制解决债务清偿问题,并经清算组申请由人民法院裁定终结清算程序;二是债务清偿方案未获债权人确认或不被人民法院裁定认可,公司依申请进入破产清算程序。

在适用该机制时应注意以下两点:

一是准确理解该机制的设定目的,是在尊重意思自治的基础上实现公平与效率相结合。该机制的目的是通过债权人协商制作清偿方案的方式解决清算中公司的原有债权债务关系,提高公司清算的效率,严格而不失快捷地使已经出现解散事由的公司退出市场。因此,应尊重公司全体债权人的意志,根据协定达成与否、确认与否,决定是否转入破产清算程序。

二是必须慎重适用,依法协调保护各方主体利益。首先,债务清偿方案应经债权人确认,且应经债权人全体一致通过。全体债权人确认债务清偿方案的目的在于体现意思自治原则,实现全体债权人自主处置财产的权利,提高资产处置效率。确认的形式既可以是以召开股东会的方式,也可以是传签文件等其他非会议形式。其次,人民法院应依法审查。债务清偿方案经全体债权人确认且不损害其他利害关系人利益的,人民法院可依清算组的申请裁定予以认可。最后,如果债权人不能协商一致形成债务清偿方案,或者人民法院经审查不予认可已确定的债务清偿方案,清算中的公司应当及时转入破产程序,强制清算应当终结,通过破产程序实现债权的公平受偿,终止公司法人人格,了结公司债权债务关系。

三、企业法人已解散但未清算,资产不足以清偿债务的,应如何处理

《企业破产法》第 7 条第 3 款规定:“企业法人已解散但未清算或者未清算完毕,资产不足以清偿债务的,依法负有清算责任的人应当向人民法院申请破产清算。”

四、债务人同时符合破产清算条件和强制清算条件的，如何处理

《九民议纪要》第117条规定："要依法区分公司解散清算与破产清算的不同功能和不同适用条件。债务人同时符合破产清算条件和强制清算条件的，应当及时适用破产清算程序实现对债权人利益的公平保护。债权人对符合破产清算条件的债务人提起公司强制清算申请，经人民法院释明，债权人仍然坚持申请对债务人强制清算的，人民法院应当裁定不予受理。"作此规定的理由为：企业破产基于对债务人资不抵债的客观事实，在清偿顺序、清偿程序、对执行和保全的效力以及合同解除、撤销权、抵消权、无效制度等方面，均作出不同于公司解散清算的规定，目的是在债权无法获得全额清偿的情形下，更为公平地清理债权债务。由于公司解散强制清算与破产清算有着不同的适用条件和制度功能，尤其是在公司明显具备破产原因的情况下，公司解散强制清算无法达到破产清算的功能。虽然根据本条规定以及相关司法解释规定，公司解散强制清算可以向破产清算转化，但从提升效率的角度考虑，没有必要人为增加程序转换成本。

在适用该条规定时，应注意以下两点：一是是否具有破产原因，应根据《企业破产法》规定的条件和程序进行实质判断，只有在明显存在破产原因并符合破产受理条件时，才能裁定不予受理债权人对债务人提起的强制清算申请；二是要对债权人予以释明。债权人同意撤回强制清算申请或者变更申请为破产清算的，法院应当许可或者按照破产受理条件进行审查，否则，应当裁定不予受理。

【司法案例】

1. 乙公司与甲公司申请公司清算案①

诉讼结论：公司被吊销营业执照，未在法定期间内成立清算组进行清算，符合强制清算条件。债务人同时符合破产清算条件和强制清算条件的，应当及时适用破产清算程序实现对债权人利益的公平保护。

基本案情：甲公司于2019年5月20日被北京市朝阳区市场监督管理局吊销营业执照，未在法定期间内成立清算组进行清算。乙公司对甲公司享有的到期债权，经人民法院强制执行无法清偿。乙公司向一审法院提交申请，请求依法成立清算组进行强制清算。原审法院裁定对其申请不予受理。乙公司提起上诉。二审法院裁定驳回上诉、维持原裁定。

---

① 参见北京市高级人民法院(2021)京民终717号民事裁定书、最高人民法院(2022)最高法民申129号民事裁定书。

法院认为：甲公司于2019年5月20日被北京市朝阳区市场监督管理局吊销营业执照，未在法定期间内成立清算组进行清算。乙公司对甲公司享有的到期债权，经人民法院强制执行无法清偿，故应认定甲公司因明显缺乏清偿能力而符合破产清算的条件。债务人同时符合破产清算条件和强制清算条件的，应当及时适用破产清算程序实现对债权人利益的公平保护。债权人对符合破产清算条件的债务人提起公司强制清算申请，经人民法院释明，债权人仍然坚持申请对债务人强制清算的，人民法院应当裁定不予受理。在甲公司同时符合强制清算和破产清算条件的情况下，乙公司经释明仍坚持申请对甲公司强制清算，原审法院裁定对其申请不予受理，并无不当。乙公司关于甲公司恶意逃债而应适用强制清算程序的主张，缺乏法律依据。

2. 丁公司与丙证券公司、乙公司、陈某、江某、林某借款合同纠纷案①

诉讼结论：公司在解散清算期间被法院裁定破产，公司清算组应当将清算事务移交给人民法院指定的破产管理人。

基本案情：1998年3月24日至1999年6月29日，甲证券公司朝阳营业部（以下简称朝阳营业部）与乙公司共签订六份《投资（合作）合同书》。

2001年7月5日，甲证券公司通过增资扩股，更名为丙证券公司。2006年2月23日，由于丙证券公司严重违规经营，中国证券监督管理委员会委托中国证券投资者保护基金有限责任公司组织对丙证券公司实施托管和行政清理。2006年2月24日，中国证券投资者保护基金有限责任公司委托北京市金诚同达律师事务所成立丙证券公司行政清理工作组，行使公司管理职权。2007年9月7日，因丙证券公司被北京市第一中级人民法院裁定受理破产，丙证券公司行政清理工作组变更由丙证券公司破产管理人接管。

2008年5月12日，汕头市金平区工商行政管理局函称，乙公司于1996年2月14日设立登记，现已没有办理年检，也没有办理注销，因历史原因，未办理吊销手续。根据工商法律法规等企业登记管理有关规定，未通过年检的企业，在核准注销登记或被吊销营业执照以前，其法人资格或经营资格仍然存续。2010年7月1日，汕头市工商局在丁公司信访事项的答复中称：乙公司于1996年2月14日在汕头市工商局金园分局设立登记，核准的营业期限为1996年2月14日至1998年

---

① 参见广东省高级人民法院（2015）粤高法民二破终字第45号民事判决书、最高人民法院（2018）最高法民再264号民事判决书。

12月31日。

丙证券公司向一审法院起诉请求:(1)判令乙公司、陈某、江某偿还投资款本金及利息;(2)判令丁公司、林某对偿还上述投资款承担担保责任;(3)判令乙公司、陈某、江某、丁公司、林某承担本案全部诉讼费用。

法院认为:本案系借款合同纠纷,并依法确认乙公司为本案的适格诉讼主体;对丙证券公司主张乙公司偿还案涉借款本金的主张予以支持,对丙证券公司关于请求乙公司支付案涉借款的利息的请求,不予支持;对丙证券公司请求两者对乙公司的案涉债务承担连带责任的主张,不予支持。至于丙证券公司请求两者对乙公司承担清算责任,应理解为请求其对乙公司进行清算,该请求与本案的借款合同纠纷不属同一法律关系,丙证券公司应另循其他法律途径解决。法院认为,综合《投资(合作)合同书》的签订及履行情况、承诺书的出具背景及抵押物的登记情况分析,在丙证券公司未提供有效证据证明担保人丁公司存在过错情况下,丁公司不应承担民事责任。

第二百三十八条　清算组成员履行清算职责,负有忠实义务和勤勉义务。

清算组成员怠于履行清算职责,给公司造成损失的,应当承担赔偿责任;因故意或者重大过失给债权人造成损失的,应当承担赔偿责任。

【条文主旨】

本条是关于清算组成员负有忠实义务和勤勉义务以及法律责任的规定。

【条文理解】

本条是在《公司法》(2018年)第189条的基础上修改而成。修改有3处:一是将该条第1款关于"清算组成员应当忠于职守,依法履行清算义务"修改为"清算组成员履行清算职责,负有忠实义务和勤勉义务",明确规定了清算组成员负有忠实义务和勤勉义务。二是删除该条第2款关于"清算组成员不得利用职权收受贿赂或者其他非法收入,不得侵占公司财产"的规定。三是将该条第3款中"清算组成员因故意或者重大过失给公司或者债权人造成损失的,应当承担赔偿责任"作为第2款,同时增加"清算组成员怠于履行清算职责,给公司造成损失的,应当承担赔偿责任"的规定。

一、清算组成员履行清算职责,负有忠实义务和勤勉义务

在清算过程中,清算组履行清算中公司对内管理和对外代表的职能。清算组成员与公司之间是委任关系,故对公司负有忠实义务和勤勉义务。

忠实义务要求,清算组成员应当采取措施避免自身利益与公司利益发生冲突,不得利用职权谋取不正当利益。例如,清算组成员不得利用职权收受贿赂或者牟取其他非法收入,不得侵占公司财产、不得私自将公司资金出借他人等。

勤勉义务要求,清算组成员执行职务应当为公司的最大利益尽到通常应有的合理注意。审判实务中,判断清算组成员是否尽到勤勉义务时,其判断标准一般采用一般勤勉义务标准,即要求清算组成员应具备职责所需技能,并基于善意为公司最大利益,尽到普通谨慎的同行在同类公司、同类职务、同类相关情形中所应具有的合理注意,恪尽职守,勤勉尽责。具体可从以下三点进行认定:

一是是否基于善意为公司最大利益目的履行职责。应予注意的是,这里的"公司利益最大化"应遵循正当目的原则。

二是是否尽到"通常应有的合理注意"。例如,在处理公司未完成的交易时,未尽合理审查义务,导致公司未能依据合同的约定获得违约金等就属于未尽到通常应有的合理注意义务。

三是是否勤勉尽责。所谓勤勉尽责,是指应依法尽到其职责所要求的努力和勤奋。

二、清算组成员不履行清算职责的法律责任

一是清算组成员怠于履行清算职责,给公司造成损失的,应当承担赔偿责任。这里的"怠于履行清算职责",是指清算组成员有能力履行清算职责,但不履行或者不积极履行。在审判实务中,存在清算组成员在其职责范围内积极履行清算职责,但因其他原因导致其未能完成清算职责的情形,则不能认定其怠于履行清算职责。如公司实际控制人拒不交付公司主要财产、账册、文件、拒绝清算导致公司无法依法进行正常清算等。

二是因故意或者重大过失给债权人造成损失的,应当承担赔偿责任。这里强调了清算组成员的主观过错状态是故意或者重大过失,即明知或者应当知道自己的行为会造成公司财产损失并进而损害债权人利益。如侵占公司财产、故意以不合理的低价处置公司财产、故意遗漏公司债权人债权、故意不通知公司债权人等。

【司法适用】

一、关于公司清算组在公司解散后,以虚假的清算报告骗取公司登记机关办理法人注销登记情形下,公司债权人的权利救济

该情形属于典型的公司清算组故意违反清算义务的违法行为。该违法行为导致公司债权人损失的,应认定清算组成员对公司债权人构成侵权,应承担侵权赔偿责任。在审判实务中,一般存在两种情形。一是公司仍能够进行清算的,公司债权人可以诉求清算人履行清算义务,并对因不能及时清算造成的损失承担赔偿责任。二是如果题设行为导致公司无法进行清算的，则债权人可以诉求清算组成员对公司债务承担相应的侵权赔偿责任。

二、公司未经依法清算即办理注销登记，股东或者第三人在公司登记机关办理注销登记时承诺对公司债务承担责任，债权人主张其对公司债务承担相应民事责任的，人民法院应否支持

该情形下，承诺人的承诺不违反法律、法规的禁止性规定，应认定有效。在承诺人是清算组成员、依法应承担清算责任情形下，未尽清算职责给债权人造成损失的，应承担赔偿损失责任。在承诺人不是清算组成员的情形下，其基于自主意思愿意承担未清算而导致的公司债权人损失的，因承诺有效，故其应依承诺承担相应责任。

【司法案例】

再审申请人甲公司与被申请人丙公司、刘某年、齐某华借款合同纠纷案①

诉讼结论：股东作为清算组成员，故意遗漏案涉债权，出具虚假清算报告申请注销公司，并出具承担不实清算责任的承诺的，应判令其对债权人损失承担连带赔偿责任。

基本案情：2015 年 6 月 8 日，卢某（甲方）代表甲公司与乙公司（乙方）签订《入股融资合作协议》，甲公司给乙公司入股融资 270 万元，入股利润按月息千分之二十计算，到期利润为 32.4 万元，期限半年，即 2015 年 6 月 8 日至 2015 年 12 月 7 日，到期资金一次性归还，如乙方到期不能归还或支付，则按逾期日 0.3%的滞纳金处罚，并且甲方有权处置乙方及其法人的公司和家庭的全部财产。当日，甲公司转账 270 万元给乙公司法人刘某年。乙公司 2015 年 8 月 21 日已申请注销。甲公司一审诉讼请求判令乙公司、丙公司、刘某年、齐某华连带归还甲公司下剩借款本金、资金利息，支付违约金（滞纳金），赔偿实际损失。

一审法院判决后，甲公司提起上诉。

二审法院认为：齐某华并非合同相对人，且双方《入股融资合作协议》虽约定“甲方有权处置乙方及其法人的公司和家庭的全部财产”，但家庭财产与其配偶财产亦有区别，因此对甲公司的该项主张不予支持。

再审查明，乙公司股东为刘某年、齐某华。2015 年 6 月 7 日，乙公司召开股东

---

① 参见甘肃省庆阳市中级人民法院（2017）甘 10 民初 140 号民事判决书、甘肃省高级人民法院（2018）甘民终 430 号民事判决书、最高人民法院（2019）最高法民再 195 号民事判决书。

会并形成决议,全体股东一致同意注销公司,并成立清算组对公司进行清算。刘某年、齐某华均为清算组成员。2015 年 6 月 16 日,乙公司在《陇东报》上发布注销公告,要求公司债权人自公告之日起 45 日内来公司办理相关事宜。2015 年 8 月 18 日,乙公司出具《清算报告》,称清算工作已完成,全体股东保证公司债务已清偿完毕,所报清算材料真实、完整,并承担由此产生的一切责任。2015 年 8 月 21 日,乙公司办理了注销登记。甲公司在公告期限内未向乙公司申报债权,其债权至今未获得全部清偿。

再审法院认为:关于齐某华应否对乙公司、刘某年的债务承担连带清偿责任的问题。甲公司现主张齐某华为乙公司的股东、刘某年的配偶,依据案涉借款合同的约定及其作为公司股东对未经清算即注销的公司的债务应当承担连带责任;齐某华抗辩主张双方之间的债权债务关系明确,其并非本案的合同相对人,也不是贷款的保证人,不存在"未经清算即办理注销登记,导致公司无法进行清算"的情形,不应当承担清偿债务的责任。公司股东决定注销(即解散)公司后应当先对公司的资产负债进行清算,清算完毕后再办理公司的注销登记。本案中乙公司的股东虽对乙公司进行了清算,并出具了《清算报告》、办理了注销登记,但存在"在公司解散后,未经依法清算,以虚假的清算报告骗取公司登记机关办理法人注销登记"的情形,对于未获得全部清偿的公司债权人,理应承担赔偿责任。

第一,甲公司与乙公司签订案涉借款合同的时间为 2015 年 6 月 8 日,借款合同约定的借款期限为 2015 年 6 月 8 日至 2015 年 12 月 7 日。乙公司股东会形成决议拟注销公司的时间为 2015 年 6 月 7 日,乙公司出具《清算报告》的时间为 2015 年 8 月 18 日,办理注销登记的时间为 2015 年 8 月 21 日。也就是说,乙公司在向甲公司借款时已决定注销公司,在出具《清算报告》、办理注销登记时向甲公司所借款项尚未到期,也未清偿完毕(本金仅偿还了 70 万元,利息未偿还)。乙公司的股东存在"在公司解散后,未经依法清算,以虚假的清算报告骗取公司登记机关办理法人注销登记"的情形。上述行为,导致甲公司的债权无法获得全部清偿。

第二,齐某华既是乙公司法定代表人刘某年的配偶,又是乙公司仅有的两名股东之一,参加了乙公司股东会,系清算组成员,并在《清算报告》上签了字,参与了乙公司全部解散及清算工作,对于因公司解散导致甲公司无法获得全部清偿的公司债务,应当承担赔偿责任。

第三,作为乙公司的股东和清算组成员,齐某华在《清算报告》中明确承诺对所报清算材料的真实性负责,并愿意承担由此产生的一切责任。

第二百三十九条　公司清算结束后，清算组应当制作清算报告，报股东会或者人民法院确认，并报送公司登记机关，申请注销公司登记。

【条文主旨】

本条是关于清算报告报送、确认及公司注销登记的规定。

【条文理解】

本条是在《公司法》(2018 年)第 188 条的基础上修改而成。修改有两处：一是删除关于"股东大会"的规定；二是删除"公告公司终止"的规定。

一、清算报告的制作及确认

公司清算结束后，清算组应当制作清算报告。依据清算方式的不同，清算报告的确认主体也不同。如前所述，公司自行清算的，公司清算组应当将清算报告报股东会确认。股东会是公司最高权力机关和最高意思决定机关，由其确认，体现了公司的自治性。此外，一般而言，较之公司外部人员，股东对本公司的财产状况最为清楚，对公司资产、负债的确认以及财产分配应当最具有话语权。在人民法院组织清算即人民法院指定清算组进行公司强制清算的情况下，清算组应当将清算报告报人民法院确认。这里，应予以明确的是，因本条的表述为"报股东会或者人民法院确认"，其本意是区分清算形式规定不同的确认机构，故并非表明在强制清算情形，应将股东会确认作为人民法院确认的前置程序问题。

二、申请注销公司登记

公司因解散、被宣告破产或者其他法定事由需要终止的，应当依法向登记机关申请注销登记。经登记机关注销登记，民事主体资格终止。注销依法须经批准的，应当经批准后向登记机关申请注销登记。

《市场主体登记管理条例》对办理注销登记进行了具体规定。第 32 条第 2 款规定："清算组应当自清算结束之日起三十日内向登记机关申请注销登记。市场主体申请注销登记前，应当依法办理分支机构注销登记。"第 34 条规定：人民法院裁定强制清算或者裁定宣告破产的，有关清算组、破产管理人可以持人民法院终结强制清算程序的裁定或者终结破产程序的裁定，直接向登记机关申请办理注销登记。

作为市场主体，公司申请注销登记，也同样按照上述规定办理。

依据《公司法》第 37 条的规定，公司因解散、被宣告破产或者其他法定事由需要终止的，应当依法向公司登记机关申请注销登记，由公司登记机关公告公司终止。因此，本条删除了《公司法》(2018 年)第 188 条"公告公司终止"的规定。

【司法适用】

一、公司据以进行清算的财产、账册、重要文件等灭失，无法按照法律规定的程序对公司的债权债务进行正常清算的，是否无须制作清算报告

在公司实务中，存在由于清算义务人怠于履行清算义务或者实际控制人拒绝进行清算而导致公司据以进行清算的财产、账册、重要文件等灭失，无法按照法律规定的程序对公司的债权债务进行正常清算的情形。该情形下，是否因无法确定公司的财产范围和制订清算方案而无须出具清算报告？本书认为，根据本条规定，依据公司清算的目的和清算组的职责，无论公司在清算过程中是否能够核实清楚债权债务、财产范围，均应据实写明，出具清算报告。公司无法进行正常的清算，与公司不进行清算是不同的概念。清算过程中，如果发现据以进行清算的客观依据已经灭失，无法全面、客观地进行债权债务清理的，清算组仍应出具清算报告并在清算报告中对此情形予以说明。

二、申请注销登记时应当提交的文件

一般而言，申请注销登记时应当提交下列文件：公司清算组负责人签署的注销登记申请书；人民法院的破产裁定、解散裁判文书，公司依照《公司法》作出的决议，行政机关责令关闭或者公司被撤销的文件；股东会、一人有限责任公司的股东、外商投资的公司董事会或者人民法院、公司批准机关备案、确认的清算报告；企业法人营业执照；法律、行政法规规定应当提交的其他文件等。

【司法案例】

甲公司、高某某等公司关联交易损害责任纠纷案①

诉讼结论：公司清算结束后，清算组应制作清算报告，报股东会决议确认。确认后报送公司登记机关，申请注销公司登记。

基本案情：2009 年 5 月 26 日，甲公司注册成立。高某某、程某任公司董事。2011 年 7 月 8 日，甲公司召开第二届第一次股东会议，决议高某某为副董事长、总经理，董事会成员为程某等。甲公司公司章程第 36 条规定，董事及公司经营层人员不得自营或者为他人经营与本公司同类的业务或者从事损害本公司利益的活动。从事上述业务或者活动的，所有收入应当归公司所有。董事及公司经营层人员除公司章程规定或者股东会同意外，不得同本公司订立合同或者进行交易。董事及公司经营层人员执行公司职务时违反法律、行政法规或者公司章程的规定，给公司造成损害的，应当依法承担赔偿责任。

---

① 参见最高人民法院(2021)最高法民再 181 号民事判决书。

2009年5月12日，乙公司注册成立。高某某、程某为股东。2016年9月23日，乙公司召开的股东会决议清算组正式成立，负责人为张某，成员为张某、程某、高某某，并于当日提交清算组备案申请。2016年11月18日，乙公司出具公司清算报告，各项税收、职工工资已结清；债权债务已清理完结；截至2016年11月18日止，共有总资产40,000元，总负债0元，净资产40,000元；偿还债务后剩余的净资产按股东出资比例分配。同日，乙公司召开股东会，决议公司清算组出具的清算报告已经经公司股东会审议确认，报告不含虚假内容，如有虚假，全体股东愿意承担一切法律责任。乙公司于2016年11月18日注销。

2010年至2015年5月，甲公司与乙公司共签订采购合同近2100份，总额约为250,000,000元。

2017年4月5日，甲公司监事会作出了《甲公司部分高管进行关联交易损害公司利益的调查报告》。

甲公司以高某某、程某非法进行关联交易，损害该公司利益为由，向一审法院起诉。

一审法院认为：本案属于公司关联交易损害责任纠纷。甲公司和乙公司之间构成关联关系，其交易构成关联交易。

我国法律并不禁止关联交易，禁止的是利用关联关系损害公司利益。关联交易是否合法有效应当从交易信息是否充分披露、交易程序是否合法、交易对价是否公允等多个方面综合判断。结合本案查明的案件事实分析，首先，甲公司与乙公司之间从2010年至2015年5月签订了约2100份采购合同，涉及金额高达250,000,000元，双方不仅交易时间长而且交易金额高。此种情况下，即使高某某、程某未提供直接证据证明向甲公司披露担任乙公司股东的相关事实，甲公司作为交易的一方对于乙公司的相关股权情况应当是可以通过查询工商档案知晓的。本案中甲公司仅以高某某、程某未披露相关任职情况而否认关联交易的合法性不具有合理性。其次，尽管庭审中高某某已自认甲公司与乙公司之间的交易未经股东会决议批准，但是应当注意到高某某、程某仅为甲公司的董事，高某某还兼任副董事长，二人既不是公司控股股东也不是实际控制人或法定代表人。高某某、程某对甲公司对外采购合同的订立是否具有决定权缺乏证据支持。甲公司在本案中也未提供证据证明甲公司与乙公司之间的交易是高某某、程某直接订立或者授意他人订立。高某某、程某是否利用其特殊身份促成关联交易尚难以确认。最后，甲公司提供的核查报告、调查报告是其单方制作，并且在内容上虽然认定采购配件价格过高，但是其依据的是初步询价而得出价格过高的结论。甲公司与乙公司之间的采购合同涉及的相关配件并无统一市场定价。各个生产厂基于成产成本、产品自身质量等多方面因素，会导致产品价格有高低差异，而这种价格差异是否必然导致甲公司利益受损尚缺乏依据。甲公司的财务报表显示，在整个关联交易的2011年至2015年，甲公司始终处于盈利状态，该事实也可以在一定程度反映关联交易未对公司利益造成损害。综合上述分析，本案中甲公司提供的证据均无法证明高某某、程某作为甲公司的董事、高级管理人员违反了忠诚义务，在甲公司与乙公司之间的关联交易中损害了甲公司的利益。甲公司的诉讼请求，不予支持。

甲公司提起上诉，二审法院判决驳回上诉，维持原判。

再审法院认为：本案系公司关联交易损害责任纠纷。

本案争议焦点如下：

1. 甲公司与乙公司之间的交易是否构成关联交易

鉴于本案双方当事人对甲公司与乙公司之间的交易系关联交易均无异议，甲公司和乙公司之间的交易构成关联交易，原审判决关于案涉交易性质的认定并无不当。

2. 案涉关联交易是否损害甲公司利益的问题

(1)高某某、程某是否履行了披露义务。披露关联交易有赖于董事、高级管理人员积极履行忠诚及勤勉义务，将其所进行的关联交易情况向公司进行披露及报告。本案高某某、程某作为董事及高级管理人员，未履行披露义务，违反了董事、高级管理人员的忠诚义务。(2)案涉关联交易价格是否符合市场公允价格。应当从交易的实质内容即合同约定、合同履行是否符合正常的商业交易规则以及交易价格是否合理等进行审查。高某某、程某设立乙公司后，高某某、程某利用关联交易关系和实际控制甲公司经营管理的便利条件，主导甲公司与乙公司签订若干采购合同。案涉诉讼双方均认可交易模式为乙公司在市场上采购加工定制产品后，转售给乙公司的唯一客户甲公司。在这种交易模式中，甲公司本可以在市场上采购相关产品，而通过乙公司采购产品则增设不必要的环节和增加了采购成本，由乙公司享有增设环节的利益。甲公司关于案涉交易对价高于市场价且不具备公允性的主张，法院予以采信。(3)高某某、程某的行为与甲公司损害结果的发生有因果关系。

第二百四十条　公司在存续期间未产生债务，或者已清偿全部债务的，经全体股东承诺，可以按照规定通过简易程序注销公司登记。

通过简易程序注销公司登记，应当通过国家企业信用信息公示系统予以公告，公告期限不少于二十日。公告期限届满后，未有异议的，公司可以在二十日内向公司登记机关申请注销公司登记。

公司通过简易程序注销公司登记，股东对本条第一款规定的内容承诺不实的，应当对注销登记前的债务承担连带责任。

【条文主旨】

本条是关于通过简易程序注销公司登记的规定。

【条文理解】

本条规定是本次修改新增内容。在公司实务中，存在对于一些债权债务清晰且已清理清偿完毕，甚至没有债权债务的公司，按照一般的解散清算程序办理注销，耗时过长，影响效率的问题。

《市场主体登记管理条例》第 33 条对按照简易程序办理注销登记进行了规定。其第 1 款规定，市场主体未发生债权债务或者已将债权债务清偿完结，未发生或者已结清清偿费用、职工工资、社会保险费用、法定补偿金、应缴纳税款（滞纳金、罚款），并由全体投资人书面承诺对上述情况的真实性承担法律责任的，可以按照简易程序办理注销登记。第 2 款规定，市场主体应当将承诺书及注销登记申请通过国家企业信用信息公示系统公示，公示期为 20 日。在公示期内无相关部门、债权人及其他利害关系人提出异议的，市场主体可以于公示期届满之日起 20 日内向登记机关申请注销登记。第 4 款规定，市场主体注销依法须经批准的，或者市场主体被吊销营业执照、责令关闭、撤销，或者被列入经营异常名录的，不适用简易注销程序。

本次修订，基于便捷高效、公开透明、控制风险的原则，作出本条规定。

一、适用情形

必须同时具备两个条件：一是公司在存续期间未产生债务，或者已清偿全部债务的；二是经全体股东承诺。关于第二个条件，应予以注意的是，必须全体股东进行承诺才能采取简易程序。

二、公告及申请注销

（一）公告载体及时间

通过简易程序注销公司登记，应当通过国家企业信用信息公示系统公告，公告期限不少于20日。

(二)提出异议

公告的目的是使拟注销公司的利害关系人知晓公司拟注销的事实,防止存在遗漏债权债务、损害公司利害关系人权益问题。债权人、相关部门等利害关系人均可以提出异议。

(三)申请注销公司

公告期限届满后,未有异议的,公司可以在期限届满后的20日内向公司登记机关申请注销公司。

三、股东承诺不实的责任

全体股东承诺不实,表明其具有共同故意,构成共同侵权,故应当对注销登记前的债务承担连带责任。

第二百四十一条　公司被吊销营业执照、责令关闭或者被撤销,满三年未向公司登记机关申请注销公司登记的,公司登记机关可以通过国家企业信用信息公示系统予以公告,公告期限不少于六十日。公告期限届满后,未有异议的,公司登记机关可以注销公司登记。

依照前款规定注销公司登记的,原公司股东、清算义务人的责任不受影响。

【条文主旨】

本条是关于强制注销的规定。

【条文理解】

本条为新增条文。被吊销营业执照、责令关闭或者被撤销的公司,已经丧失经营能力,股东可能失联,或者长期怠于清算,如这类公司长期得不到有效处理,将占用公共资源,形成大量的“僵尸”企业。长期以来,公司登记机关也因没有强制注销的法律依据,无法对此类“僵尸”公司进行清理。为进一步“处僵治困”,优化市场环境,各地对此进行了有益的实践和探索。如《上海市浦东新区市场主体退出若干规定》《深圳经济特区商事登记若干规定》《海南自由贸易港市场主体注销条例》对强制注销制度进行了规定。在不断深化推进市场主体强制注销制度试点实践的基础上,国务院办公厅《关于印发全国深化“放管服”改革优化营商环境电视电话会议重点任务分工方案的通知》又进一步提出了“探索开展长期吊销未注销企业强制注销试点,明确强制注销的适用情形、具体条件和办理程序,并依法保障当事人合法权利,进一步提高市场主体退出效率”的要求。因此,本法在吸收前述实践成功经验的基础上新增强制注销制度,为及时处理“僵尸”企业提供了法律依据。公司登记机关可以依法启动强制注销程序注销“僵尸”公司,清理市场。

第1款规定强制注销的条件和程序。强制注销应符合以下条件:第一,公司被吊销营业执照、责令关闭或者被撤销。第二,满3年未向公司登记机关申请注销公司登记的。强制注销的程序是:第一,公司登记机关可以通过国家企业信用信息公示系统予以公告,且公告期限不少于60日。第二,公告期限届满后,未有异议。强制注销程序完成后,公司的法人资格消灭。

第2款规定原公司股东、清算义务人的责任。由于强制注销的行为主体是公司登记机关,即市场监督管理部门,而非清算组;强制注销无须对公司进行清算,也无须申请人申请,由公司登记机关直接启动强制注销程序,属于登记机关主动履职。因此,本款规定,公司登记机关强制注销公司后,不免除原公司股东和清算义务人的责任,债权人可以依法向原公司股东或者清算义务人追究赔偿责任。

【司法适用】

第一,当公司被强制注销后,债权人应向谁追究责任?当公司被强制注销后,公司法人资格已经消灭,因此,根据本条第2款的规定,债权人追究责任的对象只能是公司强制注销前的公司股东或者清算义务人。

第二,原公司股东应该承担什么责任?根据本条第2款的规定,公司被强制注销后,股东的责任不受影响。具体而言,股东的主要义务是出资责任,当公司被强制注销后,股东的出资义务并没有因公司被强制注销而免除,因此,债权人可以诉请股东在未出资的范围内承担相应的赔偿责任。当然,除了股东的出资责任外,依照本法规定,当公司被强制注销后,股东还可能承担其他责任,比如股东滥用法人人格,严重损害债权人利益的,可能对被强制注销公司的债务向债权人承担连带责任。

第三,清算义务人应该承担什么责任?根据本条第2款的规定,公司被强制注销后,清算义务人的责任不受影响,因此,债权人仍然可以依照本法第232条的规定向清算义务人追究赔偿责任。

第二百四十二条　公司被依法宣告破产的,依照有关企业破产的法律实施破产清算。

第十三章　外国公司的分支机构

第二百四十三条　本法所称外国公司，是指依照外国法律在中华人民共和国境外设立的公司。

第二百四十四条　外国公司在中华人民共和国境内设立分支机构，应当向中国主管机关提出申请，并提交其公司章程、所属国的公司登记证书等有关文件，经批准后，向公司登记机关依法办理登记，领取营业执照。

外国公司分支机构的审批办法由国务院另行规定。

第二百四十五条　外国公司在中华人民共和国境内设立分支机构，应当在中华人民共和国境内指定负责该分支机构的代表人或者代理人，并向该分支机构拨付与其所从事的经营活动相适应的资金。

对外国公司分支机构的经营资金需要规定最低限额的，由国务院另行规定。

第二百四十六条　外国公司的分支机构应当在其名称中标明该外国公司的国籍及责任形式。

外国公司的分支机构应当在本机构中置备该外国公司章程。

第二百四十七条　外国公司在中华人民共和国境内设立的分支机构不具有中国法人资格。

外国公司对其分支机构在中华人民共和国境内进行经营活动承担民事责任。

第二百四十八条　经批准设立的外国公司分支机构，在中华人民共和国境内从事业务活动，应当遵守中国的法律，不得损害中国的社会公共利益，其合法权益受中国法律保护。

第二百四十九条　外国公司撤销其在中华人民共和国境内的分支机构时，应当依法清偿债务，依照本法有关公司清算程序的规定进行清算。未清偿债务之前，不得将其分支机构的财产转移至中华人民共和国境外。

【条文理解】

本章“外国公司的分支机构”，2023 年修订没有任何实质性修改，第 246 条未对《公司法》（2018 年）第 194 条的规定进行任何文字修改。其余条文主要是对国名由简称变为全称的文字修改，一是第 243 条、第 244 条第 1 款、第 245 条第 1 款、第 247 条、第 248 条、第 249 条对《公司法》（2018 年）第 191 条、第 192 条第 1 款、第 193 条第 1 款、第 195 条、第 196 条、第 197 条中的“中国”统一修改为“中华人民共和国”。二是不再区分“必须”与“应当”，凡是能够修改为“应当”的“必须”，一律修改为“应当”。本章第 248 条将《公司法》（2018 年）第 196 条规定的“必须遵守”修改为“应当遵守”，第 249 条将《公司法》（2018 年）第 197 条中的“必须依法清偿债务”修改为“应当依法清偿债务”。纯属文字修改，没有降低义务或者减少责任之意。三是第 249 条将《公司法》（2018 年）第 197 条中的“移”字修改为“转移”，行为相同，结果相同，没有实质差别，只是语言表达更正式罢了。

第十四章　法律责任

第二百五十条　违反本法规定，虚报注册资本、提交虚假材料或者采取其他欺诈手段隐瞒重要事实取得公司登记的，由公司登记机关责令改正，对虚报注册资本的公司，处以虚报注册资本金额百分之五以上百分之十五以下的罚款；对提交虚假材料或者采取其他欺诈手段隐瞒重要事实的公司，处以五万元以上二百万元以下的罚款；情节严重的，吊销营业执照；对直接负责的主管人员和其他直接责任人员处以三万元以上三十万元以下的罚款。

【条文主旨】

本条是关于通过欺诈手段骗取公司登记违法行为的行政责任的规定。

【条文理解】

一、公司登记

公司登记，是指将公司应予公示的事项向有关主管机关进行登记。通过登记，主管机关可对其活动进行监督，同时将公司的有关信息向社会进行公示，从而保护交易安全和维护交易秩序。公司登记主要分为以下三种：

一是设立登记，即为设立公司向主管机关进行登记，取得登记被认可有效后，公司即告成立。设立登记后，公司取得法人资格，具有权利能力和行为能力，在登记的经营范围内开展经营活动。

二是变更登记，即公司成立后，应当公示的事项发生变化后，向主管机关对有关事项予以变更的登记。

三是注销登记，即依法对因解散、歇业、宣告破产、被责令关闭或者其他原因终止营业的企业，收缴营业执照、公章等，撤销其注册号，取消其法人资格的登记行为。

本条涉及的公司登记行为同样不限于公司的设立登记，还应当包括变更登记、注销登记等登记行为。

二、骗取公司登记的欺诈手段

通过欺诈手段骗取公司登记，是指行为人在办理公司登记时，故意采取欺骗手段,隐瞒不符合公司登记要求的有关事实,或者编造符合公司登记要求的有关材料或者事实,使公司登记机关产生行为人提交登记的材料符合公司登记要求的错误认识,并为行为人办理了公司登记的行为。

本条规制的违法行为主要包括以下三个方面:一是虚报注册资本。虚报注册资本,是指为骗取公司登记而故意虚报资本数额,既包括未实际出资也包括虚增出资数额。二是提交虚假材料。“虚假材料”,主要是指为办理公司登记提交的有关文件材料是虚假或者伪造的,也包括提交的材料所记载的内容为虚假的等。三是采取其他欺诈手段隐瞒重要事实骗取公司登记的。

三、法律责任

本条规定的骗取公司登记的违法行为所应承担的法律责任是行政责任,主要包括:

一是责令改正。责令改正并非行政处罚的种类之一,本条规定的骗取公司登记的行为均为违法行为,主管行政机关实施行政处罚时,首先应当责令当事人改正违法行为或者限期改正违法行为,通过改正,恢复到正常的登记状态,在此基础上再给予相应的行政处罚。

二是罚款。对虚报注册资本的公司,处以虚报注册资本金额5%以上15%以下的罚款;对提交虚假材料或者采取其他欺诈手段隐瞒重要事实的公司,处以5万元以上200万元以下的罚款;情节严重的,吊销营业执照。本次修订,对公司的处罚幅度进行了修改,对提交虚假材料或者采取其他欺诈手段隐瞒重要事实的一般行为,罚款数额由“五万元以上五十万元以下”大幅提升为“五万元以上二百万元以下”;情节严重的行为,处罚措施由“撤销公司登记或者吊销营业执照”修改为“吊销营业执照”。在修改过程中,除将罚款数额进行调整外,还删去了“撤销公司登记”的规定。根据全国人大常委会法工委《关于公司法第一百九十八条“撤销公司登记”法律性质问题的答复意见》,行政许可法第六章监督检查第69条第1款对行政机关违法履行职责而准予行政许可的撤销作了规定,第2款对被许可人以欺骗、贿赂等不正当手段取得行政许可的撤销作了规定。第七章法律责任第79条规定,被许可人以欺骗、贿赂等不正当手段取得行政许可的,行政机关应当依法给予行政处罚。依照行政许可法的上述规定,撤销被许可人以欺骗等不正当手段取得的行政许可,是对违法行为的纠正,不属于行政处罚。根据全国人大法工委的答复意见,“撤销公司登记”是对违法行为的纠正,在本条已规定对骗取公司登记的行为责令改正的情况下,“撤销公司登记”已无规定的必要,从立法规范的角度出发,本次修订予以删除。

在本次修订审议过程中,有全国人大常委委员、地方、部门和社会公众建议增加对提交虚假材料取得公司登记的直接责任人员的处罚。全国人大宪法和法律委员会经研究,采纳了上述建议,增加了对实施本条规定的违法行为的公司直接负责的主管人员和其他直接责任人员处以 3 万元以上 30 万元以下的罚款的规定。该规定将通过欺诈手段骗取公司登记的行为由单罚制改为双罚制,即既对违法的公司予以处罚,同时对直接负责的主管人员和其他直接责任人员予以并罚,从而对违法的公司和直接责任人员形成双重威慑。

三是吊销营业执照。根据本条规定,对提交虚假材料或者采取其他欺诈手段隐瞒重要事实的公司,情节严重的,吊销营业执照。吊销营业执照是公司登记机关强行对违法的公司予以注销的一种行政处罚,企业的民事主体资格相应归于消灭,系对公司最严厉的行政处罚措施,只能适用于违法行为特别严重的公司。对"情节严重"的界定,本条未予规定,可以由公司登记机关根据执法活动的具体情况再作出相应细化规定。

【司法案例】

佛山市禅海水电冷气工程有限公司诉佛山市禅城区市场监督管理局责令改正、罚款、佛山市禅城区人民政府行政复议案①

诉讼结论:公司登记机关对提供虚假材料获得公司登记责令改正并处以罚款符合法律规定。

基本案情:2017 年 8 月 17 日,吕某某(禅海公司的法定代表人)与广州立华财务顾问有限公司佛山分公司(以下简称立华公司)签订了《其他业务协议书》,吕某某委托立华公司进行公司注册登记,吕某某支付给立华公司相关费用 3913 元。立华公司注册公司完毕后,给吕某某营业执照正、副本,公司章程,公章,财务章及法人章。2017 年 8 月 21 日,立华公司指派江某某向禅城区市监局申请公司设立登记,提交了公司登记(备案)申请书及相关资料。禅城区市监局经审核后于 2017 年 8 月 25 日核准禅海公司的设立登记。

因佛山市鸿艺建材城服务管理有限公司向佛山市禅城区市场监督管理局(以下简称禅城区市监局)投诉其并没有出租位于其建材城的地址给禅海公司经营,且上述地址并不存在。禅城区市监局于 2018 年 12 月 17 日到禅海公司的上述登记住所地进行现场检查,并未找到上述地址,该地址不存在,禅城区市监局遂于当日对禅海公司涉嫌提交虚假材料取得公司登记的违法行为进行立案调查。禅城区市监局经调查决定责令禅海公司立即改正违法行为,并从轻处以罚款 50,000

① 参见广东省佛山市中级人民法院(2021)粤 06 行终 313 号行政判决书。

元。禅海公司不服，于2020年1月19日向佛山市禅城区人民政府（以下简称禅城区政府）申请行政复议。禅城区政府经审查后于2020年4月13日作出行政复议决定书，决定维持禅城区市监局作出的《处罚决定书》，禅海公司仍不服，遂向法院提起诉讼。

法院认为：申请公司登记应当对其提交的申请文件、材料的真实性负责。结合禅海公司设立登记时向禅城区市监局提交的申请材料，能显示禅海公司的法定代表人吕某某委托立华公司申请公司设立登记所提交的铺位租赁合同中的租赁事实是不存在的，禅海公司称其只是与立华公司签订了办理公司营业执照的委托协议，其对办理公司登记过程中所提交的虚假的住所地信息材料不知情，不应作为提交虚假材料取得公司设立登记的违法主体。对此，法院认为，禅海公司的法定代表人吕某某通过与立华公司签订协议委托该公司办理公司的设立登记事项，并提交了其身份证，对立华公司办理禅海公司设立登记事项的配合是积极主动的，其作为公司登记的设立主体，应对立华公司代其办理公司设立登记事项过程予以承受，并且，禅海公司也通过其事后积极领取营业执照的方式对其登记事项中所涉及的登记信息予以确认。因此，对禅海公司的上述主张，法院不予支持。禅城区市监局根据查明的上述事实，依照上述法律规定，结合禅海公司的违法情节、性质及社会危害程度，在自由裁量的范围内作出的行政处罚，处罚额度适当，法院予以确认。

第二百五十一条　公司未依照本法第四十条规定公示有关信息或者不如实公示有关信息的，由公司登记机关责令改正，可以处以一万元以上五万元以下的罚款。情节严重的，处以五万元以上二十万元以下的罚款；对直接负责的主管人员和其他直接责任人员处以一万元以上十万元以下的罚款。

【条文主旨】

本条是关于公司未按规定公示事项行政责任的规定。

【条文理解】

本条是本次修订新增加的条款，规定了公司未按照本法第40条的要求公示有关信息时所应承担的行政责任。

国家市场监管总局依据《政府信息公开条例》《企业信息公示暂行条例》等法律、行政法规的有关规定在企业信用信息公示系统，依法归集政府部门在履职过程中产生并对外公示有关涉企信息。本次修订后，本法第40条要求企业通过企业信用信息公示系统公示有关信息,可以有效保护交易相对方的安全和交易秩序,保障市场经济的健康发展。企业公示相关信息,既是市场监管机构通过企业信息公示系统加强对公司的社会监督和信用监管的举措,也是市场主体通过查询并获取公司有关信息来规避交易风险的有效措施。对未按照本法第 40 条规定的要求,依法公示公司相关信息的,应当依法追究其相应的行政责任。

根据本条规定,对未依法公示公司有关信息的行为予以处罚的责任主体为公司及其直接负责的主管人员和其他直接责任人员。公司承担责任的方式为由公司登记机关责令改正,处以 1 万元以上 5 万元以下的罚款;情节严重的,处以 5 万元以上 20 万元以下的罚款。对"情节严重"的界定,本条未予规定,可以由市场监督管理机构根据执法活动的具体情况再作出相应细化规定。对直接负责的主管人员和其他直接责任人员,未按照其职责公示公司有关信息,或者未要求其主管的人员依法公示公司有关信息的,根据本条的规定,处以 1 万元以上 10 万元以下的罚款。

第二百五十二条　公司的发起人、股东虚假出资,未交付或者未按期交付作为出资的货币或者非货币财产的,由公司登记机关责令改正,可以处以五万元以上二十万元以下的罚款;情节严重的,处以虚假出资或者未出资金额百分之五以上百分之十五以下的罚款;对直接负责的主管人员和其他直接责任人员处以一万元以上十万元以下的罚款。

【条文主旨】

本条是关于公司发起人、股东虚假出资、瑕疵出资行政责任的规定。

【条文理解】

公司资本制度是公司制度的基石。公司是独立法人,公司以其全部资产对其债务承担法律责任。公司资本是公司设立并取得法人人格和地位的基本条件,也是公司进行经营活动的基本物质条件和承担财产责任的基本保障。虚假出资或者瑕疵出资的行为,违反了资本确定原则,影响公司的偿债能力,损害股东和债权人的合法权益,扰乱市场经济秩序。因此,对抽逃出资的行为,应依法追究责任。

本次修订,修改了股东虚假出资、瑕疵出资的行政责任;同时还增加了对直接负责的主管人员和其他直接责任人员的行政责任。

一、虚假出资的表现形式

虚假出资是指公司发起人、股东在出资成立公司时,并未交付货币、实物或者未转移财产所有权，骗取公司登记的行为。虚假出资主要表现为以下几种情形：

一是以虚假的银行进账单、对账单等财务凭证骗取验资报告，从而骗取公司登记。以并不真实存在的银行进账单或者对账单来骗取验资报告是比较常见的虚假出资形式，公司的发起人、股东未实际出资，却以虚假的出资凭证来骗取验资报告和公司登记。

二是通过虚假的实物投资手续骗取验资报告，从而骗取公司登记。

三是以实物及知识产权、土地使用权、股权、债权等权利出资，但并未办理财产权转移手续。根据本法第 48 条、第 49 条的规定，除法律、行政法规规定不得作为出资的财产外，公司发起人、股东可以用实物、知识产权、土地使用权、股权、债权等可以用货币估价并可以依法转让的非货币财产作价出资，但应当依法办理其财产权的转移手续。未办理财产权转移手续的实物及权利，相应的权利并未转移归公司所有，其出资手续并未实际完成。

四是公司发起人、股东设立公司时，为了办理验资手续以骗取公司登记，将款项短期转入公司账户，完成验资手续后又立即转出。

二、瑕疵出资的行政责任

瑕疵出资指公司的发起人、股东违反《公司法》和公司章程的规定，未足额出资或出资的财产权利存在瑕疵，未完成出资，骗取公司登记的行为。瑕疵出资主要包括以下几种情形：

一是出资金额存在瑕疵。公司的发起人、股东的出资金额不符合《公司法》及公司章程的规定，通过记载虚假数额的银行进账单、对账单等财务凭证骗取验资报告并办理公司登记。

二是未按照出资期限出资。《公司法》2013 年修订时将注册资本的实缴制修改为认缴制；将全体股东认缴的出资修改为由股东按照公司章程的规定自公司成立之日起 5 年内缴足。如果未按照《公司法》或者公司章程规定的期限缴纳认缴的出资额，也属于瑕疵出资。

三是出资价值存在瑕疵。主要是指实物、知识产权、土地使用权、股权、债权等权利出资，未按照法定程序评估作价，核实财产，导致实物或者权利价值与实际价值存在偏离。

四是出资的实物或者权利存在权利瑕疵。用于出资的实物或者权利在所有权、使用权等存在与公司章程规定不相符的权利负担，如已存在抵押权等。

五是出资形式存在瑕疵，主要是指以不符合法律法规及公司章程规定的形式进行出资。

三、虚假出资、瑕疵出资的行政责任

本条规定的存在虚假出资、瑕疵出资的违法行为所应承担的行政责任主要包括：

一是公司登记机关责令改正。责令改正并非行政处罚的种类之一，本条规定的虚假出资、瑕疵出资行为均为违法行为，主管行政机关实施行政处罚时，首先应当责令当事人改正违法行为或者限期改正违法行为，通过改正，由公司的发起人、股东完成出资义务，保护其他股东和交易相对人的合法权益，在此基础上再给予相应的行政处罚。

二是罚款。对存在虚假出资、瑕疵出资行为的公司发起人、股东，公司登记机关可以对虚假出资、未交付或者未按期交付出资的部分，处以5万元以上20万元以下的罚款；情节严重的，处以虚假出资或者未出资金额5%以上15%以下的罚款；对直接负责的主管人员和其他直接责任人员处以1万元以上10万元以下的罚款。本次修订，将违法行为按照情节区分为一般违法行为和情节严重的行为，并对处罚幅度进行了调整。对虚假出资、未交付或者未按期交付出资的一般行为，增加了"五万元以上二十万元以下的罚款"的处罚幅度；对于情节严重的违法行为，处罚幅度与修订前一致，为"处以虚假出资或者未出资金额百分之五以上百分之十五以下的罚款"。本次修订，还增加了对虚假出资、未交付或者未按期交付出资的直接负责的主管人员和其他直接责任人员处以1万元以上10万元以下的罚款的规定。对"情节严重"的界定，本条未予规定，可以由公司登记机关根据执法活动的具体情况再作出相应细化规定。

【司法案例】

傅某某诉南宁市市场监督管理局工商行政处罚纠纷案①

诉讼结论：公司登记机关对虚假出资股东按虚假出资金额的5%处以罚款符合法律规定。

基本案情：南宁百利物业开发有限公司（以下简称南宁百利公司）于1994年8月4日成立，属外商独资企业，股东为新加坡百利公司，注册资本102万美元。1998年6月3日，南宁百利公司向原南宁市工商行政管理局提交企业变更登记申请，申请增加注册资本至210万美元，并增加傅某某、王某某、邱某某、卓某某、廖某某5位自然人为股东，其中：傅某某、王某某、邱某某、卓某某、廖某某各出资21万美元，新加坡百利公司增加出资3万美元，并在修订的公司章程中明确了各股

① 参见广西壮族自治区高级人民法院（2019）桂行终1099号行政判决书。

东出资方式为“以美元现汇投资”,并约定“南宁百利公司在获准领取营业执照之日起,九十日内按各方出资额全数缴清注册资金共210万美元”。但上述当事人并未按照南宁百利公司章程的约定缴纳注册资本金,而是通过广西大地公司和南宁百利公司之间的相互调账完成,相应款项并没有进入南宁百利公司账户。南宁市市场监督管理局(原南宁市工商行政管理局)于2014年6月3日作出行政处罚认为,上述当事人未按照南宁百利公司章程的约定缴纳注册资本金,而是通过广西大地公司和南宁百利公司之间的相互调账完成,相应款项没有进入南宁百利公司账户,截至2012年1月,新加坡百利公司、卓某某、廖某某方才补缴了其出资额。上述当事人的行为构成了虚假出资的违法行为,决定对新加坡百利公司、卓某某、廖某某等虚假出资违法行为处罚。傅某某对该处罚决定中处罚其本人的部分不服,起诉至法院,请求撤销该处罚决定。

法院认为:经查明,1998年南宁百利公司提交企业变更登记申请,申请增加注册资本至210万美元,增加傅某某、王某某、邱某某、卓某某、廖某某五位自然人为股东,各出资21万美元,新加坡百利公司增加出资3万美元,并在修订的公司章程中明确了各股东出资方式为“以美元现汇投资”,还约定“南宁百利公司在获准领取营业执照之日起,90日内按各方出资额全数缴清注册资金共210万美元”。但之后傅某某及各股东并未按照南宁百利公司提交的企业变更登记申请及修订后的公司章程所确定的增资额缴纳注册资本金。傅某某主张其已向南宁百利公司投资32.77亩土地,经查明,广西大地公司从其位于南宁市“新加坡城”中划分94.60亩予南宁百利公司名下,该协议内容并没有涉及南宁百利公司依据上述协议分得的94.60亩土地中包含傅某某、邱某某、王某某三人以土地32.77亩增资入股的内容,协议中广西大地公司与南宁百利公司划分的94.60亩土地使用权,与傅某某、邱某某、王某某等三人并无权属关联,该协议不能证明傅某某已以土地的形式向南宁百利公司进行出资。两份《董事会决议》的效力待定,并且傅某某未能提供其他证据佐证其以土地出资替代货币出资并依法办理其财产权的转移手续的事实,故傅某某主张董事会决议完全确认以土地代替现金出资的出资方式变更理由不能成立。原南宁市工商行政管理局认定“当事人在南宁百利公司增资108万美元的过程中,并未履行出资义务,行为已违法”,决定对傅某某等人虚假出资违法行为进行处罚,适用法律并无不当。判决驳回傅某某的诉讼请求并无不当。傅某某的上诉理由不能成立。

第二百五十三条　公司的发起人、股东在公司成立后，抽逃其出资的，由公司登记机关责令改正，处以所抽逃出资金额百分之五以上百分之十五以下的罚款；对直接负责的主管人员和其他直接责任人员处以三万元以上三十万元以下的罚款。

【条文主旨】

本条是关于抽逃出资行政责任的规定。

【条文理解】

公司是独立法人，公司以其全部资产对其债务承担法律责任。公司资本是公司设立并取得法人人格和地位的基本条件，也是公司进行经营活动的基本物质条件和承担财产责任的基本保障。抽逃出资行为，不仅违反了资本维持原则，影响公司的偿债能力，而且损害股东和债权人的合法权益，扰乱经济秩序。因此，对抽逃出资的行为，应依法追究责任。

一、抽逃出资的表现形式

根据《公司法规定(三)》第12条的规定，抽逃出资主要表现为以下形式：

一是制作虚假财务会计报表虚增利润进行分配。公司盈利后获得利润分配是股东的重要权利之一。但如果公司本来没有盈利或者没有可以分配的利润时，股东或者相关责任人员利用其对公司的控制或者职权通过制作虚假的财产会计报表来虚增公司利润，向股东分配本不存在的利润，实际上是变相将出资取回，应认定为抽逃出资的行为。

二是通过虚构债权债务关系将其出资转出。控制公司的股东或者公司的管理人员虚构买卖合同、借贷合同等，通过虚假交易将公司的资金转给股东或者是股东指定的人员，从而将公司的资金转给股东，变相将股东的出资取回。

三是利用关联交易将出资转出。同一股东在不同的公司以显名股东或者隐名股东的方式持股，控制两家或者多家关联公司，通过对关联公司的控制，利用关联交易将资金在不同的公司之间转入或者转出。如果关联交易的对价是合理的，为正常的关联交易。如果关联交易虚假或者对价不合理，即为通过关联交易将公司的资金转出，应认定为抽逃资金的行为。

四是其他未经法定程序将出资抽回的行为。该项规定为兜底的条款，抽逃出资的行为除了上述三种常见的表现形式外，尚有其他多种表现形式，如公司为个人债务承担责任、公司将财产分配给股东指定的人、公司为股东承担担保责任等。对于其他将公司资金转出的行为或者交易，可根据具体的行为方式或者交易目的等因素进行认定。

二、抽逃出资的行政责任

本次修订前,对抽逃出资行为予以处罚的责任主体为发起人及股东,承担责任的方式为由公司登记机关责令改正,处以所抽逃出资金额5%以上15%以下的罚款。本次修订,对抽逃出资行为予以处罚的责任主体增加了直接负责的主管人员和其他直接责任人员。上述人员协助公司的发起人、股东抽逃出资的,可以根据本条的规定,处以3万元以上30万元以下的罚款。

【司法案例】

河南亚鹰钢结构幕墙工程有限公司诉汉川市工商行政管理局行政处罚案①

诉讼结论:公司登记机关对抽逃出资股东按抽逃出资金额的10%处以罚款符合法律规定。

基本案情:2013年11月20日,河南亚鹰钢结构幕墙工程有限公司(以下简称河南亚鹰公司)出资10,000万元成立湖北亚鹰公司(一人有限责任公司)作为履行其与汉川市交通局签订的"蔡甸至汉川城关公路汉川段—移交(BT)项目投融资建设"合同书的项目公司。湖北亚鹰公司成立后,河南亚鹰公司于2013年12月20日向蔡甸至汉川公路汉川段指挥部出具临时调用承诺书,从湖北亚鹰公司转出资金5000万元。2014年8月20日,河南亚鹰公司第二次从湖北亚鹰公司转出资金1000万元。2014年11月6日,河南亚鹰公司第三次从湖北亚鹰公司转出资金130万元。2014年11月25日,河南亚鹰公司向蔡甸至汉川公路汉川段指挥部出具临时调用承诺书,第四次从湖北亚鹰公司转出资金2000万元。2014年12月30日,蔡甸至汉川城关公路汉川段指挥部向河南亚鹰公司发函,要求其在30日内尽快返还从湖北亚鹰公司"临时调用""临时借用"的注册资金,并声明,河南亚鹰公司的行为不仅违反了合同约定,还涉嫌抽逃注册资本。2015年4月10日,汉川市交通局向河南亚鹰公司发函,要求河南亚鹰公司在4月20日以前迅速返还注册资金。2015年2月4日、2月15日、2月16日,河南亚鹰公司分3次向湖北亚鹰公司汇款350万元,用于支付"农民工"工资。2015年4月17日,汉川市交通局向汉川市工商行政管理局(以下简称汉川工商局)举报河南亚鹰公司的抽逃出资行为,请求查处。2015年4月20日,汉川工商局以河南亚鹰公司涉嫌抽逃出资予以立案调查。2015年6月26日,汉川工商局作出川工商处字〔2015〕65号行政

① 参见湖北省孝感市中级人民法院(2016)鄂09行终54号行政判决书。

处罚决定书,对河南亚鹰公司作出如下处罚决定:(1)责令改正,限30日向湖北亚鹰公司返还抽逃出资。(2)按抽逃出资金额7780万元的10%处以罚款,即778万元。

法院认为:根据本案认定的合法有效证据及审理查明的事实,河南亚鹰公司四次以"借用""调用"的名义从湖北亚鹰公司转出资金8130万元,并没有通过银行或非银行金融机构,其行为属于违法借贷行为,而且不支付任何代价长期占用不还,构成抽逃出资行为。汉川工商局将河南亚鹰公司其后汇入的50万元和实际支付农民工工资的300万元从中予以扣除符合客观实际情况,从而认定河南亚鹰公司抽逃出资为7780万元正确。汉川工商局依据《公司法》(2013年)第200条"公司的发起人、股东在公司成立后,抽逃其出资的,由公司登记机关责令改正,处以所抽逃出资金额百分之五以上百分之十五以下的罚款"的规定,对河南亚鹰公司处以所抽逃出资金额10%的罚款在规定的裁量范围之内,且事实清楚、证据充分、程序合法、适用法律正确,应予维持。

第二百五十四条　有下列行为之一的,由县级以上人民政府财政部门按照《中华人民共和国会计法》等法律、行政法规的规定处罚:

(一)在法定的会计账簿以外另立会计账簿;

(二)提供存在虚假记载或者隐瞒重要事实的财务会计报告。

【条文主旨】

本条是关于违反公司财务管理制度另立会计账簿以及提供不实财务会计报告的法律责任的规定。

【条文理解】

2023年《公司法》修订,将《公司法》(2018年)第201条、第202条中违反公司财务管理制度另立会计账簿以及提供虚假财务会计报告两种违法行为的法律责任合并为本条,并对法律责任的规定与《会计法》的规定进行了衔接。

一、另立会计账簿行为

会计账簿,是序时、分类地全面记录一个企业、单位经济业务事项并反映公司财产状况和营业状况的会计簿籍。设立会计账簿,可以为经济管理提供系统的会计核算资料,为编制会计报表、进行会计分析以及审计提供主要依据。会计账簿是公司管理者准确记载公司经营情况的途径和载体,也是股东、债权人和社会公众掌握公司财产和经营状况的主要途径,是国家征收税款的主要依据之一。在法定的会计账簿、文书之外另设一套或者多套会计账簿、文书,将一项经济业务的核算在不同的会计账簿、文书之间采取种种手段做出不同的反映,或者将一项经济业务不通过法定的会计账簿、文书予以反映,而是通过另设的会计账簿、文书进行核算,将损害公司的股东、债权人和社会公众的利益,还会扰乱经济秩序、损害国家利益,是严重违反《公司法》《会计法》等法律法规的违法行为。

二、提供不实财务会计报告

财务会计报告是企业向财务会计报告使用者提供与企业财务状况、经营成果和现金流量等有关会计信息,反映企业管理层受托责任履行情况的书面报告。[①]财务会计报告能够反映某一特定时点的财务状况和某一会计期间的经营成果、现金流量及所有者权益等会计信息,有利于企业所有者和股东了解本单位各项财务指标,为经济预测和决策提供依据,有利于国家经济管理部门了解国民经济的运行状况,有利于投资者、债权人和其他有关各方掌握企业的财务状况、经营成果和现金流量情况,为其投资、交易等提供决策依据,也有利于满足财政、税务、工商、审计等部门监督企业经营管理。因此,保证财务会计报告的真实性对于股东、市场参与主体合理决策、依法行使权利,国家有关机关监督企业具有重要的意义,提供不实的财务分析报告可能损害公司的股东、债权人和社会公众的利益,还会扰乱经济秩序、损害国家利益,是严重违反《公司法》《会计法》等法律法规的违法行为。

三、法律责任

在2023年修订审议过程中,有全国人大常委委员、地方、部门和社会公众建议对违反《会计法》《资产评估法》的违法行为的处罚与相关法律做好衔接。全国人大宪法和法律委员会经研究,采纳了上述建议,对在法定的会计账簿以外另立会计账簿以及提供存在虚假记载或者隐瞒重要事实的财务会计报告的行为,未在《公司法》中直接规定上述违法行为的行政责任,而是规定由有关机关按照《会计法》等法律、行政法规的规定处罚。

第二百五十五条　公司在合并、分立、减少注册资本或者进行清算时,不依照本法规定通知或者公告债权人的,由公司登记机关责令改正,对公司处以一万元以上十万元以下的罚款。

【条文主旨】

本条是关于公司合并、分立、减少注册资本或者进行清算时违反《公司法》有

① 参见李海坡:《会计学原理》,立信会计出版社2007年版。

关规定未通知或者公告债权人的行政责任的规定。

【条文理解】

2023年《公司法》修订，将《公司法》(2018年)第204条的规定的两款内容分立为两条，本条内容是《公司法》(2018年)第204条第1款关于公司合并、分立、减少注册资本或者进行清算违反《公司法》有关规定未通知或者公告债权人的法律责任的规定。

公司合并影响新公司的偿债能力，与债权人的利益密切相关。如果承担债务的公司与偿债能力弱的公司合并，将会影响到合并后新公司的偿债能力，进而影响到新公司对债权人的偿债能力，债权人有权提出异议，即要求公司提前清偿债务或者对债务提供担保。公司分立时，除公司在分立前与债权人就债务清偿达成书面协议外，公司分立前的债务由分立后的公司承担连带责任，这对债权人的利益作出了特殊的保护，因此法律仅强调了公司的通知义务。注册资本是公司重要的责任财产，是公司偿债能力的基础，公司减少注册资本将影响其偿债能力进而影响债权人的权益，因此法律在此种情形下同样赋予债权人异议权。公司清算完成后，公司将不再存续，需要及时通知债权人申报债权以完成清算，如果不及时通知债权人，将影响其债权的实现。

因此，公司作出合并、分立、减少注册资本、清算的决议后，公司应当依法及时通知债权人，保障债权人异议权的行使。根据《公司法》第220条、第222条第2款、第224条第2款、第235条第1款的规定，公司合并、分立、减少注册资本，公司应当自作出决议之日起10日内通知债权人，并于30日或60日内在报纸上或者统一的企业信息公示系统公告。债权人自接到通知之日起30日内，未接到通知的自公告之日起45日内，可以要求公司清偿债务或者提供相应的担保。

根据本条规定，公司在合并、分立、减少注册资本或者进行清算时，不依照《公司法》规定通知或者公告债权人的，由公司登记机关责令改正，即对公司的上述违法行为进行纠正，要求公司尽快按照上述规定将公司合并、分立、减少注册资本的情况尽快通知或者公告债权人，并对公司处以1万元以上10万元以下的罚款。

第二百五十六条　公司在进行清算时，隐匿财产，对资产负债表或者财产清单作虚假记载，或者在未清偿债务前分配公司财产的，由公司登记机关责令改正，对公司处以隐匿财产或者未清偿债务前分配公司财产金额百分之五以上百分之十以下的罚款；对直接负责的主管人员和其他直接责任人员处以一万元以上十万元以下的罚款。

【条文主旨】

本条是关于公司在进行清算时违反《公司法》有关规定隐匿财产，对资产负债表或者财产清单作虚假记载，或者在未清偿债务前分配公司财产等行为的法律责任的规定。

【条文理解】

2023年《公司法》修订，将《公司法》(2018年)第204条的规定的两款内容分立为两条，本条内容是《公司法》(2018年)第204条第2款关于公司在进行清算时违反《公司法》有关规定隐匿财产，对资产负债表或者财产清单作虚假记载，或者在未清偿债务前分配公司财产等行为的法律责任的规定。

公司清算，是指公司出现解散事由后，依法对公司的债权债务予以清理的行为。根据《公司法》第232条的规定，公司出现解散事由后，应当在15日内成立清算组。公司清算的目的在于使公司与其他主体之间产生的权利和义务归于消灭，从而为公司的终止提供合理依据。公司的清算涉及众多利益主体的切身利益，必须依据法定程序依法梳理并处置解决。违反法律规定开展清算活动，将会损害他人合法权益。

本条规定的违法开展清算业务的行为主要包括违反本法有关规定隐匿财产，对资产负债表或者财产清单作虚假记载，或者在未清偿债务前分配公司财产等行为。违反《公司法》规定隐匿资产，是通过转移、隐藏公司的财产，逃避公司有关债务的主要手段，损害债权人的利益。对资产负债表或者财产清单作虚假记载，既可能是少报公司资产或者负债，也可能是虚报资产或者负债，均是对公司资产或者负债作虚假记载，目的是逃避公司的债务，或者使少数股东、债权人在分配公司财产或者清偿公司债务时优于其他股东或者债权人分得财产或者得到抵偿，损害股东、债权人或者他人的利益。在未清偿债务前分配公司财产是公司在未偿还债务时就将公司资产分配给公司股东，将导致债权人无法得到清偿或者无法得到足额清偿，损害债权人的利益。

公司在清算时有上述违反《公司法》的行为时，公司和直接负责的主管人员及其他直接责任人员应承担相应的法律责任。公司登记机关应责令改正，对公司处以隐匿财产或者未清偿债务前分配公司财产金额5%以上10%以下的罚款；对直接负责的主管人员和其他直接责任人员处以1万元以上10万元以下的罚款。

第二百五十七条　承担资产评估、验资或者验证的机构提供虚假材料或者提供有重大遗漏的报告的，由有关部门依照《中华人民共和国资产评估法》、《中华人民共和国注册会计师法》等法律、行政法规的规定处罚。

承担资产评估、验资或者验证的机构因其出具的评估结果、验资或者验证证明不实，给公司债权人造成损失的，除能够证明自己没有过错的外，在其评估或者证明不实的金额范围内承担赔偿责任。

【条文主旨】

本条是关于承担资产评估、验资或者验证的机构提供虚假材料或者提供重大遗漏的报告所应承担法律责任的规定。

【条文理解】

根据《公司法》第48条的规定，股东可以用货币出资，也可以用实物、知识产权、土地使用权、股权、债权等可以用货币估价并可以依法转让的非货币财产作价出资。对作为出资的非货币财产应当评估作价，核实财产，不得高估或者低估作价。《公司法》第101条规定，向社会公开募集股份的股款缴足后，必须经依法设立的验资机构验资并出具证明。公司的注册资本是公司的责任财产，是公司对外开展经营活动的基础，也为对外承担责任的保证。因此，对非货币的出资，应当依法评估作价，确定公司是否足额出资，同时也可以确定各股东出资在公司全部注册资本中所占的比例，以明确他们各自取得收益、承担风险责任的依据。

在2023年《公司法》修订审议过程中，有全国人大常委委员、地方、部门和社会公众建议对违反《会计法》《资产评估法》的违法行为的处罚与相关法律做好衔接。全国人大宪法和法律委员会经研究，采纳了上述建议，对承担资产评估、验资或者验证的机构提供虚假材料或者提供重大遗漏报告的行为未在《公司法》中直接规定上述违法行为的法律责任，而是规定由有关机关按照《资产评估法》《注册会计师法》等法律、行政法规的规定处罚。

承担资产评估、验资或者验证的机构因为自己的过错，出具了不实的评估结果、验资或者验证证明，给公司债权人造成损失的，还应当承担相应的责任。公司债权人因为信任其评估结果、验资或者验证证明，而遭受损失的，债权人有理由要求承担资产评估、验资或者验证的机构予以赔偿。根据本条第2款的规定，在此情况下，承担资产评估、验资或者验证的机构不存在过错的举证责任应当由其自己承担，如果其不能证明其不存在过错，就应当承担相应的责任。承担资产评估、验资或者验证的机构所承担责任的范围以其评估或者证明不实的金额为限。

第二百五十八条　公司登记机关违反法律、行政法规规定未履行职责或者履行职责不当的，对负有责任的领导人员和直接责任人员依法给予政务处分。

【条文主旨】

本条是关于公司登记机关未履行职责或者履行职责不当时对负有责任的领导人员和其他直接责任人员依法给予政务处分的规定。

【条文理解】

本条由《公司法》(2018年)第208条的相关规定修改而来。同时，将“直接负责的主管人员”修改为“负有责任的领导人员”；将本条中违法行为的法律责任由依法给予“行政处分”修改为“政务处分”。

公司登记机关应当严格按照法律规定的条件和程序依法办理公司登记，依法履行职责。公司登记机关办理公司登记行为主要包括设立登记、变更登记和注销登记。公司登记机关对不同类型的登记申请应当依法审查是否符合法律法规规定的条件，作出准予登记和不予登记的决定。

一是设立登记。设立公司，应当依据《公司法》的规定，向公司登记机关申请设立登记。符合《公司法》规定的设立条件的，由公司登记机关分别登记为有限责任公司或者股份有限公司；不符合《公司法》规定的设立条件的，不予登记。公司登记机关在审查公司设立登记申请时，要审查申请人向公司登记机关提交的相关设立申请文件是否齐全，还要审查公司拟开展的经营活动是否为法律、行政法规所禁止经营的业务，如果公司申请登记的经营范围中属于法律、行政法规或者国务院决定规定在登记前须经批准的项目，应当在申请登记前报经国家有关部门批准，并向公司登记机关提交有关批准文件。对设立登记的申请，公司登记机关应当在法定期限内予以审查并作出是否准予设立登记的决定。

二是变更登记。公司变更登记事项，应当向原公司登记机关申请变更登记，并提交公司法定代表人签署的变更登记申请书、依照《公司法》作出的变更决议或者决定，以及国家工商行政管理总局规定要求提交的其他文件。公司登记机关应对上述申请材料进行审查，依法作出是否予以变更登记的决定。

三是注销登记。公司申请注销登记，应当提交公司清算组负责人签署的注销登记申请书，人民法院依法作出的破产裁定、解散裁判文书，公司依照《公司法》作出的决议或者决定,行政机关责令关闭或者公司被撤销的文件,经依法确认的清算报告,《企业法人营业执照》以及法律、行政法规规定应当提交的其他文件。公司登记机关应对上述申请材料进行审查,依法作出是否予以变更登记的决定。经公司登记机关注销登记,公司终止。

公司登记机关应当严格按照法律规定的条件和程序依法对公司登记申请予以审查,依法作出准予登记或者不予登记的决定。对公司登记机关违反法律规定,违法履行职责或者滥用职权等行为,对不应登记的行为予以登记或者对符合登记条件的申请不予登记的,应当追究法律责任。

本条规定的违法行为还包括公司登记机关的上级部门强令公司登记机关对不符合《公司法》规定条件的登记申请予以登记,对符合《公司法》规定条件的登记申请而不予登记,以及对公司登记机关的违法行为进行包庇等行为。公司登记机关应当严格按照法律规定的条件和程序依法对公司登记申请予以审查,依法作出准予登记或者不予登记的决定。上级机关违反法律规定,要求公司登记机关违法履行职责或者滥用职权等行为,或者对公司登记机关的违法登记行为不予纠正并予以包庇的行为,违反了《公司法》关于公司登记的有关规定,应依法追究相应的责任。

实施本条规定的违法行为的主体为公司登记机关的公职人员,为与公司实施违法行为的主管人员相区分,2023 年修订将《公司法》(2018 年)第 208 条中的“直接负责的主管人员”修改为“负有责任的领导人员”。同时,为了与 2020 年 6 月 20 日通过的《公职人员政务处分法》的规定保持一致,2023 年修订还将《公司法》(2018 年)第 208 条中的“行政处分”修改为“政务处分”。对本条涉及的违法行为,应根据违法行为的性质和情节,对负有责任的领导人员和其他直接责任人员给予政务处分,包括警告、记过、记大过、降级、撤职和开除等。

【司法案例】

方某进、宫某与江苏省张家港保税区工商行政管理局不履行法定职责案①

诉讼结论:针对举报事项,公司登记机关已经全面、合法地履行了其法定职责的,不构成行政不作为。

基本案情:方某进、宫某是张家港华美生物材料有限公司(以下简称华美公司)的股东。2013 年 6 月 4 日,方某进、宫某向江苏省张家港保税区工商行政管理

① 参见江苏省苏州市中级人民法院(2014)苏中行终字第 00098 号行政判决书。

局(以下简称保税区工商局)投诉,要求:(1)保税区工商局取消华美公司360万元的专利权虚假出资变更登记;(2)对华美公司的虚假出资行为进行处罚;(3)对企业法定代表人韩某隐瞒真实情况、弄虚作假的行为进行处罚;(4)查明苏州东信会计师事务所有限公司(以下简称东信公司)虚假验资行为,并给予处罚。保税区工商局接到投诉后,认为无相关证据证明华美公司虚假出资,决定不予立案,口头答复并建议向江苏省财政厅反映情况。2013年6月5日,方某进、宫某向江苏省财政厅反映东信公司出具虚假验资报告事宜。2013年9月16日,江苏省财政厅作出苏财办监〔2013〕4号《关于反映东信会计事务所有关问题调查情况的答复》(以下简称《答复》),主要内容是:东信公司于2011年9月28日接受华美公司委托,对该公司截至2011年9月28日已登记的注册资本第3期实收情况进行审验,并出具苏东信验字〔2011〕第643号验资报告,报告日期为2011年9月28日,签字注册会计师为王某、戈某春。调查发现,注册会计师在审验过程中未按审计准则要求履行相关审计程序。根据调查发现的问题,江苏省财政厅将结合2012年度全省会计师事务所执业质量检查工作,对照相关法律规定,对相关注册会计师或会计事务所作出相应的处理。

2013年9月22日,方某进、宫某将《答复》提供给保税区工商局,提出东信公司出具的验资报告是虚假的,黄某佗以及华美公司的360万元出资是虚假的,要求予以查处。2013年10月30日,方某进、宫某向保税区工商局发出《关于对华美公司360万元技术虚假出资、验资及登记予以尽快查处纠正的催告函》。2013年11月1日,保税区工商局对东信公司涉嫌出具含重大遗漏的验资报告一案予以立案处理。立案后,保税区工商局于2013年11月12日向江苏省财政厅发出征询函,征询的事项为:(1)东信公司出具的报告是否为虚假验资报告,是否具有法定证明效力。(2)该验资报告能否证明华美公司第3期注册资本的真实性。江苏省财政厅未予回复。2013年11月28日,保税区工商局向方某进、宫某邮寄《答复函》,《答复函》的主要内容是:江苏省财政厅的答复未明确苏东信验字〔2011〕第643号验资报告为虚假报告,《答复》指出的东信公司违反审计程序的问题不属于公司登记机关登记审查的内容,不足以影响相应公司登记许可的效力。鉴于华美公司股东间的纠纷双方已采取诉讼、仲裁途径进行解决,在相关诉讼或仲裁裁定之前,暂不宜作出行政处理。方某进、宫某不服,于2013年12月2日向江苏省工商行政管理局提出行政复议,并于2013年12月23日向江苏省张家港市人民法院(以下简称张家港法院)提起行政诉讼。张家港法院于2014年1月13日作出(2014)张行初字第0009号行政裁定书,驳回方某进、宫某的起诉。2014年1月23日,因方某进、宫某撤回行政复议申请,江苏省工商行政管理局作出(2013)苏工商复字第34号行政复议终止决定书，终止行政复议。

2014年1月24日，保税区工商局向方某进、宫某发出《告知函》，告知其拟对东信公司因过失提供有重大遗漏的报告作出相应行政处罚。2014年1月30日，保税区工商局作出苏保工商案〔2014〕00005号行政处罚决定书，对东信公司处以“责令改正并处罚款2000元”的行政处罚。审理中，方某进、宫某明确保税区工商局不履行法定职责，是指保税区工商局收到方某进、宫某提供的江苏省财政厅的苏财办监〔2013〕4号文件后，保税区工商局行政不作为。

法院认为：本案的争议焦点是，针对方某进、宫某的举报事项，保税区工商局是否已经全面、合法地履行了其法定职责。本案保税区工商局在收到投诉材料后，依法进行了调查，认为没有相关证据能够证明华美公司存在虚假出资的行为，故决定不予立案，并将不予立案情况告知了方某进、宫某。在方某进、宫某提供了《答复》后，保税区工商局认为东信公司在为华美公司验资过程中涉嫌出具了含重大遗漏的报告，该行为违反了《公司法》和《公司登记管理条例》的有关规定，故决定立案调查。经调查核实，保税区工商局向东信公司作出了苏保工商案（2014）00005号行政处罚决定，并将处罚情况告知了方某进、宫某。同时，由于作为出资的专利权变更登记已于2012年3月9日经国家知识产权局确认，转让至华美公司名下，保税区工商局认为华美公司已自行纠正了存在的问题，无须再责令其改正，并无不当。综上，根据《工商行政管理机关行政处罚程序规定》第18条和第19条的规定，保税区工商局已经依法履行了其法定职责，其行为并不构成行政不作为。

第二百五十九条　未依法登记为有限责任公司或者股份有限公司，而冒用有限责任公司或者股份有限公司名义的，或者未依法登记为有限责任公司或者股份有限公司的分公司，而冒用有限责任公司或者股份有限公司的分公司名义的，由公司登记机关责令改正或者予以取缔，可以并处十万元以下的罚款。

第二百六十条　公司成立后无正当理由超过六个月未开业的，或者开业后自行停业连续六个月以上的，公司登记机关可以吊销营业执照，但公司依法办理歇业的除外。

公司登记事项发生变更时，未依照本法规定办理有关变更登记的，由公司登记机关责令限期登记；逾期不登记的，处以一万元以上十万元以下的罚款。

【条文主旨】

本条是关于公司依法成立后逾期未开业、自行停业6个月以上以及未办理变更登记法律责任的规定。

【条文理解】

本条仅对公司依法成立后逾期未开业、自行停业6个月以上应当承担法律责任的情形新增了"公司依法办理歇业"的例外规定,未对《公司法》(2018年)的其他规定作出修改。

公司设立申请经公司登记机关核准登记注册后,即取得从事经营活动的合法凭证,公司取得法人资格,并取得公司名称的专用权。公司成立后,就应当开展各项生产经营活动。如果公司成立后,长期不开展经营活动,不利于社会经济秩序的维护。因此,本条作出了公司成立后无正当理由超过6个月未开业的,或者开业后自行停业连续6个月以上的,可以由公司登记机关吊销营业执照的规定。同时,本条第1款对长期未开业以及自行停业6个月以上适用吊销营业执照法律责任的情形,设置了"无正当理由"的例外规定,主要是考虑到公司设立后长期未开业及长期自行停业的情况比较少见,导致长期未开业的原因也是多种多样的,在有正当理由未开业的情况下,也没有必要直接吊销公司的营业执照。2023年《公司法》修订时,对公司依法成立后逾期未开业、自行停业6个月以上应当承担法律责任的情形新增了"公司依法办理歇业"的例外规定,即公司依法办理歇业后,即使符合公司依法成立后逾期未开业、停业满6个月以上,也无须承担本条第1款规定的法律责任。

根据《公司法》和有关法律法规的规定,公司登记事项发生变更时,应依法办理变更登记。根据《公司登记管理条例》第5章的规定,公司的名称和住所、经营范围、注册资本、公司的法定代表人、公司类型、有限公司股东等事项发生变动时,应当及时办理变更登记。公司的登记是对社会公示的事项,是社会公众对公司经营能力、偿债能力等方面进行评估的重要依据,也是国家对公司实施监管的主要内容,关系到交易安全和社会经济秩序。因此,在公司的相关事项变化后,应当及时向登记机关申请变更登记。

未及时办理变更登记的法律责任包括:公司登记事项发生变更时,未按照《公司法》的规定办理有关的变更登记,公司登记机关应责令限期登记。在公司登记机关指定的期限内,逾期仍不登记的,可以处以1万元以上10万元以下的罚款。

【司法案例】

广州市国丰百货大厦诉广州市市场监督管理局吊销营业执照案①

诉讼结论:公司登记机关对开业后自行停业连续6个月以上的公司吊销营业执照符合法律规定。

基本案情:广州市国丰百货大厦(以下简称国丰百货大厦)于1994年10月28日经原广州市工商行政管理局登记设立。2015年12月24日,广州市市场监管局(以下简称市场监管局)作出穗工商管〔2015〕257号关于企业、农民专业合作社、个体工商户提交2015年度报告的通告,要求企业、农民专业合作社、个体工商户于2016年1月1日至6月30日报送年度报告。2016年7月1日,市场监管局发布穗工商管〔2016〕174号公告:"一、对在广州市登记的企业、农民专业合作社、个体工商户尚未提交2015年度报告的,须在2016年7月30日前补交。逾期未补交的,将依据《广东省商事登记条例》有关规定予以查处。二、根据工商总局、税务总局《关于清理长期停业未经营企业工作有关问题的通知》的有关要求,将对未提交2014、2015年度报告且未纳税申报的企业进行清理,清理方式包括督促补报年度报告、纳税申报、变更企业登记事项、吊销营业执照……"2016年6月30日,市场监管局作出责令补报年报通知书,告知国丰百货大厦未报2014、2015年度报告,根据《广东省商事登记条例》第59条的规定,责令国丰百货大厦30日内补办2014、2015年度报告,逾期不办理,将依据《公司登记管理条例》、《关于清理长期停业未经营企业工作有关问题的通知》的规定,予以处理。该通知书于2016年7月18日邮寄送达国丰百货大厦营业执照地址,邮件显示他人代收。2016年9月29日,经税务部门核实,国丰百货大厦未有税务登记信息,连续两个年度未申报。2016年10月15日,市市场监管局作出穗工商管听字〔2016〕399号听证告知书,告知国丰百货大厦拟处罚的违法事实、法律依据及享有陈述、申辩和要求举行听证的权利。该听证告知书于2016年11月4日以邮寄方式向国丰百货大厦营业执照地址送达,邮递信息显示3次应收件人要求,其他时间再投,最后于2016年11月8日,其他原因无法投递成功,退件处理。同时,市场监管局在网站公告上述听证告知书及因长期停业未经营拟吊销营业执照的企业名单。2017年1月18日,市场监管局作出穗工商管处字〔2017〕1-373号行政处罚决定书,认定国丰百货大厦未在规定时间内报送2014、2015年度报告,并经国家税务局和广州市地方税务局核实2014、2015年度未纳税申报,构成《公司法》(2013年)第211条第1款"公

---

① 参见广州铁路运输法院(2019)粤7101行初2780号行政判决书。

司成立后无正当理由超过六个月未开业的，或者开业后自行停业连续六个月以上的，可以由公司登记机关吊销营业执照”所指的违法行为。根据《公司登记管理条例》(2014 年)第 68 条“公司成立后无正当理由超过 6 个月未开业的，或者开业后自行停业连续 6 个月以上的，可以由公司登记机关吊销营业执照”的规定，决定作出吊销营业执照的行政处罚。根据《中华人民共和国行政许可法》第 70 条第 4 项“行政许可依法被撤销、撤回，或者行政许可证件依法被吊销的”的规定，国丰百货大厦应办理申请注销登记手续。根据《公司法》(2018 年)《企业法人法定代表人登记管理规定》有关规定，3 年内被吊销营业执照的法定代表人不得在已任职企业法人中继续担任法定代表人，也不得担任其他企业法人的法定代表人。上述行政处罚决定书于 2017 年 3 月 2 日以邮寄方式向国丰百货大厦营业执照地址送达，被退件。市场监管局在其办公场所张贴公告上述行政处罚决定书内容。国丰百货大厦称其确实因为其他纠纷导致未以该大厦名义向公司登记机关进行 2014、2015 年度的报告，后于 2019 年 2 月上网查询公司状态时，才得知已被吊销营业执照，遂诉至法院。

法院认为：《公司法》(2013 年)第 211 条第 1 款规定：“公司成立后无正当理由超过六个月未开业的，或者开业后自行停业连续六个月以上的，可以由公司登记机关吊销营业执照。”本案中，经市场监管局核实国丰百货大厦未报送 2014、2015 年度报告，且税务部门核实国丰百货大厦未有税务登记信息，连续两个年度未申报，国丰百货大厦对此亦予以承认。因此，国丰百货大厦属于上述法律规定的公司成立后无正当理由超过 6 个月未开业，或者开业后自行停业连续 6 个月以上的情形，因此，市场监管局作为国丰百货大厦的登记机关，作出穗工商管处字〔2017〕1-373 号行政处罚决定书吊销国丰百货大厦营业执照认定事实清楚，适用法律正确，程序合法，法院予以支持。

第二百六十一条　外国公司违反本法规定，擅自在中华人民共和国境内设立分支机构的，由公司登记机关责令改正或者关闭，可以并处五万元以上二十万元以下的罚款。

【条文主旨】

本条是关于外国公司擅自在我国境内设立分支机构的法律责任的规定。

【条文理解】

外国公司是指依照外国法律在中国境外设立的公司。外国公司在我国境内设立的分支机构不具有中国法人资格。根据《公司法》第 244 条的规定，外国公司在中华人民共和国境内设立分支机构，应当向中国主管机关提出申请，并提交其公司章程、所属国的公司登记证书等有关文件，经批准后，向公司登记机关依法办理登记，领取营业执照。外国公司分支机构的审批办法由国务院另行规定。具体而言，首先要经我国有关主管机关批准，并依法办理核准登记手续。公司登记主管机关对其递交的申请文件进行审查认为符合中国法律、法规的，准予登记，发给其在中国营业的执照，外国公司的分支机构领取营业执照后方可开始营业。根据本条规定，外国公司违反《公司法》规定，擅自在中国境内设立分支机构的，由公司登记机关责令改正或者关闭，同时可以并处 5 万元以上 20 万元以下的罚款。

2023 年修订，将本条中外国公司非法设立分支机构的地点“中国境内”修改为“中华人民共和国境内”，表述更为规范严谨。

第二百六十二条　利用公司名义从事危害国家安全、社会公共利益的严重违法行为的，吊销营业执照。

第二百六十三条　公司违反本法规定，应当承担民事赔偿责任和缴纳罚款、罚金的，其财产不足以支付时，先承担民事赔偿责任。

第二百六十四条　违反本法规定，构成犯罪的，依法追究刑事责任。

第十五章　附　　则

第二百六十五条　本法下列用语的含义：

（一）高级管理人员，是指公司的经理、副经理、财务负责人，上市公司董事会秘书和公司章程规定的其他人员。

（二）控股股东，是指其出资额占有限责任公司资本总额超过百分之五十或者其持有的股份占股份有限公司股本总额超过百分之五十的股东；出资额或者持有股份的比例虽然低于百分之五十，但依其出资额或者持有的股份所享有的表决权已足以对股东会的决议产生重大影响的股东。

（三）实际控制人，是指通过投资关系、协议或者其他安排，能够实际支配公司行为的人。

（四）关联关系，是指公司控股股东、实际控制人、董事、监事、高级管理人员与其直接或者间接控制的企业之间的关系，以及可能导致公司利益转移的其他关系。但是，国家控股的企业之间不仅因为同受国家控股而具有关联关系。

【条文主旨】

本条是关于《公司法》相关用语含义的规定。

【条文理解】

一、高级管理人员

本法中的高级管理人员，是指公司管理层中担任重要职务、负责公司经营管理、掌握公司重要信息的人员，主要包括经理、副经理、财务负责人，上市公司董事会秘书和公司章程规定的其他人员。[①] 正因为高级管理人员在公司经营管理过程中发挥的重要作用以及对公司的业绩负有的重要职责，本法对上述高级管理人员的任职条件、选任程序予以明确，并规定了高级管理人员承担的职责和相应权利。除经理、副经理、财务负责人，上市公司董事会秘书等本法规定必须配置的高级管理人员外，本条还在高级管理人员外规定了“公司章程规定的其他人员”。该规定

---

① 宋燕妮、赵旭东主编：《中华人民共和国公司法释义》，法律出版社 2019 年版，第 405 页。

是本法规定的高级管理人员以外,公司依法行使自治权,在公司章程设置的其他高级管理人员的规定。对公司章程规定的其他高级管理人员,也应当符合本法对高级管理人员任职资格的要求,并遵守相关义务。

二、控股股东

控股股东,是指依据其享有的出资额或持有的股份所享有的表决权已足以对股东会的决议产生重大影响的股东。

根据本法第 265 条第 2 项的规定,控股股东可分为绝对控股股东和相对控股股东两类。绝对控股股东是其出资额超过有限责任公司资本总额 50%或者其持有的股份超过股份有限公司股本总额 50%的股东。绝对控股股东因持有的表决权已超过公司股东持有表决权的一半以上,其对股东会决议的形成有绝对的控制权。相对控股股东是指出资额或者持有股份的比例虽然不足 50%,但依其出资额或者持有的股份所享有的表决权已足以对股东会的决议产生重大影响或者控制的股东。股份有限公司由于股份分散,控股股东即使未掌握 50%的表决权就可以控制股东会。可见,判断股东是否对公司具有控制权,是否成为公司控股股东的标准,并非完全以其所持股份是否达到 50%为绝对标准,而是以其是否具有对公司实质上的持续性影响力与决定力而定。

根据本法第 144 条的规定,公司可以按照公司章程的规定发行每一股的表决权数多于或者少于普通股的股份的类别股。虽然该条规定,对于监事或者审计委员会成员的选任,上述类别股与普通股每一股的表决权数相同,但在股东会上的表决权,就存在类别股与普通股表决权份额不一致的情况。因此,判断是否为控股股东,不能仅以其持有的股票数量来进行判断,更主要依据其掌握的表决权数量来进行判断。

三、实际控制人

公司的控股股东主要是依据其单独或者联合持有的股份或者表决权来进行判断。而实际控制人往往不是公司的股东,其通过投资关系、协议或者其他安排,来实现实际支配公司行为的目的。通过投资关系控制公司,是指实际控制人通过投资的方式,包括对目标公司采取直接投资方式,或者通过多层的投资方式来直接或者间接地控制目标公司,如控制目标公司的控股股东来控制目标公司。实际控制人还可以通过其他安排来控制目标公司,比如通过可以控制表决权的人事关系、亲友关系来实现对控制权的掌控。

《公司法》(2018 年)第 216 条第 3 项将实际控制人限定在“虽不是公司的股东”人员范围,但理论界多数认为“事实控制”是界定实际控制人的关键所在,也是确定实际控制人的充分条件。即只要具有实际的控制权行使行为,就可认定为实际控制人。借鉴域外实质控制标准之法理,法律要规制的是投资者实质控制可能给公司造成的影响。至于采用直接持股方式还是其他方式只是实现控制的手段,法律要针对不同的手段采取不同的规制方式,但核心规制点都是要避免实际控制人滥用其控制权。因此,本条再对实际控制人作“虽不是公司的股东”身份的限制是没有必要的,[①]故本条第3项将“虽不是公司的股东”的限制内容予以删除。

根据本法第140条的规定,上市公司应当依法真实、准确、完整地披露股东、实际控制人的信息,从而保护投资者的合法权益。

四、关联关系

本法中所称的关联关系,主要是指可能导致公司利益转移的各种关系,主要涉及控股股东、实际控制人、董事、监事、高级管理人员与其直接或者间接控制的企业之间的关系及其他关系。本法对关联交易作出特别规定,主要是考虑到关联交易有可能会涉嫌利益输送,损害中小股东的利益,所以进行严格监管。而国家代表全体公民行使权利,不存在国家利用控股的企业之间的关联关系侵害中小股东利益的情况。且考虑到我国国有企业的实际情况,如果因国家控股的企业之间的交易被认定为关联交易,会大幅增加交易成本,因此本条特别增加了但书规定,即“国家控股的企业之间不仅因为同受国家控股而具有关联关系”。

【司法案例】

上海欧宝生物科技有限公司
诉辽宁特莱维置业发展有限公司企业借贷纠纷案[②]

诉讼结论:关联公司既包括股东的相互交叉或共同由第三人控制,也包括股东、实际控制人之间存在直系血亲、姻亲、共同投资等可能导致利益转移的其他关系。

法院认为:上海欧宝生物科技有限公司(以下简称欧宝公司)与辽宁特莱维置业发展有限公司(以下简称特莱维公司)之间是否存在关联关系的问题。《公司法》(2005年)第217条规定,关联关系,是指公司控股股东、实际控制人、董事、监事、高级管理人员与其直接或间接控制的企业之间的关系,以及可能导致公司利益转移的其他关系。可见,公司法所称的关联公司,既包括公司股东的相互交叉,也包括公司共同由第三人直接或者间接控制,或者股东之间、公司的实际控制人之

① 陈洁:《实际控制人公司法规制的体系性思考》,载《北京理工大学学报(社会科学版)》2022年第4期。

② 参见最高人民法院(2015)民二终字第324号民事判决书,载《最高人民法院关于发布第14批指导性案例的通知》(2016年9月19日,法〔2016〕311号)。

间存在直系血亲、姻亲、共同投资等可能导致利益转移的其他关系。

本案中,曲某丽为欧宝公司的控股股东,王某新是特莱维公司的原法定代表人,也是案涉合同签订时特莱维公司的控股股东、翰皇公司的控股股东和法定代表人,王某新与曲某丽系夫妻关系,说明欧宝公司与特莱维公司由夫妻二人控制。欧宝公司称两人已经离婚,却未提供民政部门的离婚登记或者人民法院的生效法律文书。虽然辽宁高院受理本案诉讼后,特莱维公司的法定代表人由王某新变更为姜某琪,但姜某琪向本院出具并经当庭质证的书面申请表明,王某新依然是特莱维公司的实际控制人。同时,欧宝公司股东兼法定代表人宗某光、王某一等人,与特莱维公司的实际控制人王某新、法定代表人姜某琪、目前的控股股东王某共同投资设立了上海特莱维,说明欧宝公司的股东与特莱维公司的控股股东、实际控制人存在其他的共同利益关系。另外,沈阳特莱维是欧宝公司控股的公司,沙琪公司的股东是王某新的父亲和母亲。可见,欧宝公司与特莱维公司之间、前述两公司与沙琪公司、上海特莱维、沈阳特莱维之间均存在关联关系。

欧宝公司与特莱维公司及其他关联公司之间还存在人员混同的问题。首先,高管人员之间存在混同。姜某琪既是欧宝公司的股东和董事,又是特莱维公司的法定代表人,同时,还参与翰皇公司的清算。宗某光既是欧宝公司的法定代表人,又是翰皇公司的工作人员,虽然欧宝公司称宗某光自 2008 年 5 月即从翰皇公司辞职,但从上海市第一中级人民法院(2008)沪一中民三(商)终字第 426 号民事判决载明的事实看,该案 2008 年 8 月至 12 月审理期间,宗某光仍以翰皇公司工作人员的身份参与诉讼。王某一既是欧宝公司的监事,又是上海特莱维的董事,还以该公司工作人员的身份代理相关行政诉讼。王某二既是特莱维公司的监事,又是上海特莱维的董事。王某新是特莱维公司原法定代表人、实际控制人,还曾先后代表欧宝公司、翰皇公司与案外第三人签订连锁加盟(特许)合同。其次,普通员工也存在混同。霍某是欧宝公司的工作人员,在本案中作为欧宝公司原一审诉讼的代理人,2007 年 2 月 23 日代表特莱维公司与世安公司签订建设施工合同,又同时兼任上海特莱维的董事。崔某芳是特莱维公司的会计,2010 年 1 月 7 日代特莱维公司开立银行账户,2010 年 8 月 20 日本案诉讼之后又代欧宝公司开立银行账户。欧宝公司当庭自述魏某丽系特莱维公司的工作人员,2010 年 5 月魏某丽经特莱维公司授权办理银行账户开户事宜,2011 年 9 月诉讼之后又经欧宝公司授权办理该公司在中国建设银行沈阳马路湾支行的开户事宜,且该银行账户的联系人为魏某丽。刘某君是欧宝公司的工作人员,在本案原一审和执行程序中作为欧宝公司的代理人,2009 年 3 月 17 日又代特莱维公司办理企业登记等相关事项。刘某以特莱维公司员工名义代理本案诉讼,又受王某新的指派代理上海特莱维的相关诉讼。

上述事实充分说明,欧宝公司、特莱维公司以及其他关联公司的人员之间并未严格区分,均听从共同控制人王某新夫妻的调配,根据欧宝公司自称曲某丽长期生活在香港的情况及在案证据,上述人员实际上服从王某新一人的指挥,根据不同的工作任务,随时转换为不同关联公司的工作人员。欧宝公司在上诉状中称,在2007年借款之初就派相关人员进驻特莱维公司,监督该公司对投资款的使用并协助工作,但早在欧宝公司所称的向特莱维公司转入首笔借款之前5个月,霍某即参与该公司的合同签订业务。而且,从这些所谓的"派驻人员"在特莱维公司所起的作用看,上述人员参与了该公司的合同签订、财务管理到诉讼代理的全面工作,而不仅是监督工作,欧宝公司的辩解,不足为信。

第二百六十六条　本法自2024年7月1日起施行。

本法施行前已登记设立的公司,出资期限超过本法规定的期限的,除法律、行政法规或者国务院另有规定外,应当逐步调整至本法规定的期限以内;对于出资期限、出资额明显异常的,公司登记机关可以依法要求其及时调整。具体实施办法由国务院规定。

【条文主旨】

本条是关于本法施行起始日期、出资期限溯及力以及授权国务院制定具体实施办法的规定。

【条文理解】

一、本法施行时间

法律施行日期即法律正式生效的日期。根据《立法法》第61条、第62条的规定,法律应当明确规定施行日期;签署公布法律的主席令载明该法律的制定机关、通过和施行日期。根据我国的立法实践,法律通过后的施行日期,一般有两种情况:一是自公布之日起施行;二是公布后一段时间内施行。本次修订,是在法律公布后约半年后施行,即自2024年7月1日起施行。

本次《公司法》修订列入了十三届全国人大常委会立法规划。全国人大法制工作委员会组织成立由中央有关部门和专家学者组成的修改起草组,研究起草,形成修订草案。公司法修订草案三次公开征求社会各界意见,并经过全国人大常委会会议四次审议后获得通过。本次修订,在完善公司资本制度,优化公司治理,加强股东权利保护,强化控股股东、实际控制人和董事、监事、高级管理人员的责任,完善国家出资公司相关规定,完善公司设立、退出制度,完善公司债券相关规定等方面作出了全面的修订。公司是最重要的市场主体,《公司法》是社会主义市场经济制度的基础性法律,因此,《公司法》修改中增加的新制度,对于优化公司治理等方面具有重要意义,修订后的《公司法》于公布之日后一段时间内施行,有利于各有关方面积极做好宣传解读,加快制定配套规定,确保法律正确有效实施。

二、本法修订后出资期限逐步调整至本法规定期限的规定

本次修订后,本法第47条第1款对有限责任公司的出资期限进行了修改,有限责任公司全体股东认缴的出资额由股东按照公司章程的规定自公司成立之日起5年内缴足。第98条第1款规定,股份有限公司发起人应当在公司成立前按照其认购的股份金额缴纳股款。本条第2款对出资期限的调整进行了规定,对本法施行前已登记设立的公司,出资期限超过本法规定的期限的,除法律、行政法规或者国务院另有规定外,应当逐步调整至本法规定的期限以内。

若根据“法不溯及既往”原则,本次修订后的新设公司和修订前的存量公司适用注册资本法律制度存在不一致。但为保证法律实施的效果,基于法律适用统一性的考虑,立法机关在本次修订时,作出了本条第2款的规定,即对本法施行前已登记设立的公司,如果出资期限超过本法规定的5年期限的原则上也应当逐步调整至本法规定的期限以内。同时考虑到减少新法修改对涉及超越本法规定的出资期限的现存公司的影响,充分考虑经营主体类型、行业领域等不同情况,应当为存量公司设定一定年限、较为充裕的过渡期,分类分步、稳妥有序将存量公司的出资期限调整至2023年修订后《公司法》规定的期限以内。对于过渡期的规定和相关安排,本法授权国务院制定具体的实施办法。

自《公司法》(2013年)实行注册资本认缴登记制以来,有效地解决了实缴登记制下市场准入资金门槛过高等问题。但实践中也产生了盲目认缴、天价认缴、期限过长等突出问题,为数不少的公司出资期限超过50年、出资数额上千亿元,违反真实性原则、有悖于客观常识。上述问题,一方面虚化了注册资本表示公司资金信用的作用,增加了市场交易信用的判断评估成本,致使出现公司多年实际出资为“零”的现象;另一方面在法律制度层面弱化了对公司股东出资的法律约束,客观上影响了投资的真实性和有效性,加大了发生债权股权纠纷的概率。[①] 因此,本条第2款作出了对于出资期限、出资额明显异常的,公司登记机关可以依法要求其及时调整的规定,同时授权国务院制定具体实施办法。

---

① 《完善认缴登记制度　营造诚信有序的营商环境》,载微信公众号“中国市场监管报”,2023年12月30日。

附　录

《中华人民共和国公司法》新旧条文对照表*

2018 年《公司法》	2023 年《公司法》
第一章　总　　则 第二章　有限责任公司的设立和组织机构 　第一节　设　　立 　第二节　组织机构 　**第三节　一人有限责任公司的特别规定** 　**第四节　国有独资公司的特别规定** 第三章　有限责任公司的股权转让 第四章　股份有限公司的设立和组织机构 　第一节　设　　立 　第二节　股东**大**会 　第三节　董事会、经理 　第四节　监 事 会 　第五节　上市公司组织机构的特别规定 第五章　股份有限公司的股份发行和转让 　第一节　股份发行 　第二节　股份转让 第六章　公司董事、监事、高级管理人员的资格和义务 第七章　公司债券 第八章　公司财务、会计 第九章　公司合并、分立、增资、减资 第十章　公司解散和清算 第十一章　外国公司的分支机构 第十二章　法律责任 第十三章　附　　则	第一章　总　　则 **第二章　公司登记** 第三章　有限责任公司的设立和组织机构 　第一节　设　　立 　第二节　组织机构 第四章　有限责任公司的股权转让 第五章　股份有限公司的设立和组织机构 　第一节　设　　立 　第二节　股 东 会 　第三节　董事会、经理 　第四节　监 事 会 　第五节　上市公司组织机构的特别规定 第六章　股份有限公司的股份发行和转让 　第一节　股份发行 　第二节　股份转让 **第七章　国家出资公司组织机构的特别规定** 第八章　公司董事、监事、高级管理人员的资格和义务 第九章　公司债券 第十章　公司财务、会计 第十一章　公司合并、分立、增资、减资 第十二章　公司解散和清算 第十三章　外国公司的分支机构 第十四章　法律责任 第十五章　附　　则

* 除 2018 年《公司法》被删除内容未予体现外，对于 2018 年《公司法》和 2023 年《公司法》的其他不同之处，均用**黑体**予以标注，请读者对照使用。

续表

2018 年《公司法》	2023 年《公司法》
第一章　总　　则	第一章　总　　则
第一条　为了规范公司的组织和行为，保护公司、股东和债权人的合法权益，维护社会经济秩序，促进社会主义市场经济的发展，制定本法。	第一条　为了规范公司的组织和行为，保护公司、股东、**职工**和债权人的合法权益，**完善中国特色现代企业制度，弘扬企业家精神**，维护社会经济秩序，促进社会主义市场经济的发展，**根据宪法**，制定本法。
第二条　本法所称公司是指依照本法在**中国**境内设立的有限责任公司和股份有限公司。	第二条　本法所称公司，是指依照本法在**中华人民共和国**境内设立的有限责任公司和股份有限公司。
第三条第一款　公司是企业法人，有独立的法人财产，享有法人财产权。公司以其全部财产对公司的债务承担责任。 **第五条第二款**　公司的合法权益受法律保护，不受侵犯。	**第三条**　公司是企业法人，有独立的法人财产，享有法人财产权。公司以其全部财产对公司的债务承担责任。 公司的合法权益受法律保护，不受侵犯。
第三条第二款　有限责任公司的股东以其认缴的出资额为限对公司承担责任；股份有限公司的股东以其认购的股份为限对公司承担责任。 **第四条**　公司股东依法享有资产收益、参与重大决策和选择管理者等权利。	**第四条**　有限责任公司的股东以其认缴的出资额为限对公司承担责任；股份有限公司的股东以其认购的股份为限对公司承担责任。 公司股东**对公司**依法享有资产收益、参与重大决策和选择管理者等权利。
第十一条　设立公司**必须**依法制定公司章程。公司章程对公司、股东、董事、监事、高级管理人员具有约束力。	**第五条**　设立公司**应当**依法制定公司章程。公司章程对公司、股东、董事、监事、高级管理人员具有约束力。
无	**第六条　公司应当有自己的名称。公司名称应当符合国家有关规定。** **公司的名称权受法律保护。**
第八条　依照本法设立的有限责任公司，**必须**在公司名称中标明有限责任公司或者有限公司字样。 依照本法设立的股份有限公司，**必须**在公司名称中标明股份有限公司或者股份公司字样。	**第七条**　依照本法设立的有限责任公司，**应当**在公司名称中标明有限责任公司或者有限公司字样。 依照本法设立的股份有限公司，**应当**在公司名称中标明股份有限公司或者股份公司字样。
第十条　公司以其主要办事机构所在地为住所。	**第八条**　公司以其主要办事机构所在地为住所。

续表

2018 年《公司法》	2023 年《公司法》
第十二条 公司的经营范围由公司章程规定**，并依法登记**。公司可以修改公司章程**，改变**经营范围**，但是应当办理变更登记**。 公司的经营范围中属于法律、行政法规规定须经批准的项目，应当依法经过批准。	**第九条** 公司的经营范围由公司章程规定。公司可以修改公司章程，**变更**经营范围。 公司的经营范围中属于法律、行政法规规定须经批准的项目，应当依法经过批准。
第十三条 公司法定代表人**依**照公司章程的规定，由**董事长、执行**董事或者经理担任**，并依法登记。公司法定代表人变更，应当办理变更登记**。	**第十条** 公司的法定代表人**按**照公司章程的规定，由**代表公司执行公司事务的董**事或者经理担任。 **担任法定代表人的董事或者经理辞任的，视为同时辞去法定代表人。** **法定代表人辞任的，公司应当在法定代表人辞任之日起三十日内确定新的法定代表人。**
无	**第十一条 法定代表人以公司名义从事的民事活动，其法律后果由公司承受。** **公司章程或者股东会对法定代表人职权的限制，不得对抗善意相对人。** **法定代表人因执行职务造成他人损害的，由公司承担民事责任。公司承担民事责任后，依照法律或者公司章程的规定，可以向有过错的法定代表人追偿。**
第九条 有限责任公司变更为股份有限公司，应当符合本法规定的股份有限公司的条件。股份有限公司变更为有限责任公司，应当符合本法规定的有限责任公司的条件。 有限责任公司变更为股份有限公司的，或者股份有限公司变更为有限责任公司的，公司变更前的债权、债务由变更后的公司承继。	**第十二条** 有限责任公司变更为股份有限公司，应当符合本法规定的股份有限公司的条件。股份有限公司变更为有限责任公司，应当符合本法规定的有限责任公司的条件。 有限责任公司变更为股份有限公司的，或者股份有限公司变更为有限责任公司的，公司变更前的债权、债务由变更后的公司承继。
第十四条 公司可以设立分公司。**设立分公司，应当向公司登记机关申请登记，领取营业执照**。分公司不具有法人资格，其民事责任由公司承担。 公司可以设立子公司，子公司具有法人资格，依法独立承担民事责任。	**第十三条** 公司可以设立子公司。子公司具有法人资格，依法独立承担民事责任。 公司可以设立分公司。分公司不具有法人资格，其民事责任由公司承担。

续表

2018 年《公司法》	2023 年《公司法》
第十五条 公司可以向其他企业投资；**但是，除**法律**另有**规定**外，**不得成为对所投资企业的债务承担连带责任的出资人。	**第十四条** 公司可以向其他企业投资。 法律规定**公司**不得成为对所投资企业的债务承担连带责任的出资人**的，从其规定**。
第十六条 公司向其他企业投资或者为他人提供担保，**依**照公司章程的规定，由董事会或者股东会、**股东大会**决议；公司章程对投资或者担保的总额及单项投资或者担保的数额有限额规定的，不得超过规定的限额。 公司为公司股东或者实际控制人提供担保的，**必须**经股东会**或者股东大会**决议。 前款规定的股东或者受前款规定的实际控制人支配的股东，不得参加前款规定事项的表决。该项表决由出席会议的其他股东所持表决权的过半数通过。	**第十五条** 公司向其他企业投资或者为他人提供担保，**按**照公司章程的规定，由董事会或者股东会决议；公司章程对投资或者担保的总额及单项投资或者担保的数额有限额规定的，不得超过规定的限额。 公司为公司股东或者实际控制人提供担保的，**应当**经股东会决议。 前款规定的股东或者受前款规定的实际控制人支配的股东，不得参加前款规定事项的表决。该项表决由出席会议的其他股东所持表决权的过半数通过。
第十七条 公司**必须**保护职工的合法权益，依法与职工签订劳动合同，参加社会保险，加强劳动保护，实现安全生产。	**第十六条** 公司**应当**保护职工的合法权益，依法与职工签订劳动合同，参加社会保险，加强劳动保护，实现安全生产。
公司应当采用多种形式，加强公司职工的职业教育和岗位培训，提高职工素质。	公司应当采用多种形式，加强公司职工的职业教育和岗位培训，提高职工素质。
第十八条 公司职工依照《中华人民共和国工会法》组织工会，开展工会活动，维护职工合法权益。公司应当为本公司工会提供必要的活动条件。公司工会代表职工就职工的劳动报酬、工作时间、**福利、保险和**劳动安全卫生等事项依法与公司签订集体合同。 公司依照宪法和有关法律的规定，通过职工代表大会或者其他形式，实行民主管理。 公司研究决定改制以及经营方面的重大问题、制定重要的规章制度时，应当听取公司工会的意见，并通过职工代表大会或者其他形式听取职工的意见和建议。	**第十七条** 公司职工依照《中华人民共和国工会法》组织工会，开展工会活动，维护职工合法权益。公司应当为本公司工会提供必要的活动条件。公司工会代表职工就职工的劳动报酬、工作时间、**休息休假**、劳动安全卫生**和保险福利**等事项依法与公司签订集体合同。 公司依照宪法和有关法律的规定，**建立健全以职工代表大会为基本形式的民主管理制度，**通过职工代表大会或者其他形式，实行民主管理。 公司研究决定改制**、解散、申请破产**以及经营方面的重大问题、制定重要的规章制度时，应当听取公司工会的意见，并通过职工代表大会或者其他形式听取职工的意见和建议。

续表

2018 年《公司法》	2023 年《公司法》
第十九条 在公司中,根据中国共产党章程的规定,设立中国共产党的组织,开展党的活动。公司应当为党组织的活动提供必要条件。	**第十八条** 在公司中,根据中国共产党章程的规定,设立中国共产党的组织,开展党的活动。公司应当为党组织的活动提供必要条件。
第五条第一款 公司从事经营活动,**必须**遵守法律、**行政**法规,遵守社会公德、商业道德,诚实守信,接受政府和社会公众的监督,承担社会责任。	**第十九条** 公司从事经营活动,**应当**遵守法律法规,遵守社会公德、商业道德,诚实守信,接受政府和社会公众的监督。 **第二十条** 公司从事经营活动,**应当充分考虑公司职工、消费者等利益相关者的利益以及生态环境保护等社会公共利益,**承担社会责任。 **国家鼓励公司参与社会公益活动,公布社会责任报告。**
第二十条第一、二款 公司股东应当遵守法律、行政法规和公司章程,依法行使股东权利,不得滥用股东权利损害公司或者其他股东的利益;**不得滥用公司法人独立地位和股东有限责任损害公司债权人的利益。** 公司股东滥用股东权利给公司或者其他股东造成损失的,应当**依法**承担赔偿责任。	**第二十一条** 公司股东应当遵守法律、行政法规和公司章程,依法行使股东权利,不得滥用股东权利损害公司或者其他股东的利益。 公司股东滥用股东权利给公司或者其他股东造成损失的,应当承担赔偿责任。
第二十一条 公司的控股股东、实际控制人、董事、监事、高级管理人员不得利用**其**关联关系损害公司利益。 违反前款规定,给公司造成损失的,应当承担赔偿责任。	**第二十二条** 公司的控股股东、实际控制人、董事、监事、高级管理人员不得利用关联关系损害公司利益。 违反前款规定,给公司造成损失的,应当承担赔偿责任。
第二十条第三款 公司股东滥用公司法人独立地位和股东有限责任,逃避债务,严重损害公司债权人利益的,应当对公司债务承担连带责任。 **第六十三条 一人有限责任公司的**股东不能证明公司财产独立于股东自己的财产的,应当对公司债务承担连带责任。	**第二十三条** 公司股东滥用公司法人独立地位和股东有限责任,逃避债务,严重损害公司债权人利益的,应当对公司债务承担连带责任。 **股东利用其控制的两个以上公司实施前款规定行为的,各公司应当对任一公司的债务承担连带责任。** **只有一个股东的公司,**股东不能证明公司财产独立于股东自己的财产的,应当对公司债务承担连带责任。

续表

2018 年《公司法》	2023 年《公司法》
无	**第二十四条　公司股东会、董事会、监事会召开会议和表决可以采用电子通信方式，公司章程另有规定的除外。**
第二十二条第一款　公司股东会**或者股东大会**、董事会的决议内容违反法律、行政法规的无效。	**第二十五条**　公司股东会、董事会的决议内容违反法律、行政法规的无效。
第二十二条第二款　股东会**或者股东大会**、董事会的会议召集程序、表决方式违反法律、行政法规或者公司章程，或者决议内容违反公司章程的，股东**可以**自决议作出之日起六十日内，请求人民法院撤销。	**第二十六条**　**公司**股东会、董事会的会议召集程序、表决方式违反法律、行政法规或者公司章程，或者决议内容违反公司章程的，股东自决议作出之日起六十日内，**可以**请求人民法院撤销。**但是，股东会、董事会的会议召集程序或者表决方式仅有轻微瑕疵，对决议未产生实质影响的除外。** **未被通知参加股东会会议的股东自知道或者应当知道股东会决议作出之日起六十日内，可以请求人民法院撤销；自决议作出之日起一年内没有行使撤销权的，撤销权消灭。**
无	**第二十七条　有下列情形之一的，公司股东会、董事会的决议不成立：** **（一）未召开股东会、董事会会议作出决议；** **（二）股东会、董事会会议未对决议事项进行表决；** **（三）出席会议的人数或者所持表决权数未达到本法或者公司章程规定的人数或者所持表决权数；** **（四）同意决议事项的人数或者所持表决权数未达到本法或者公司章程规定的人数或者所持表决权数。**
第二十二条第四款　公司**根据**股东会**或者股东大会**、董事会决议**已办理变更登记的，**人民法院宣告**该决议无效或者撤销该决议后**，公司应当向公司登记机关申请撤销**变更**登记。	**第二十八条**　公司股东会、董事会决议**被人民法院宣告无效、撤销或者确认不成立的，**公司应当向公司登记机关申请撤销**根据该决议已办理的**登记。 **股东会、董事会决议被人民法院宣告无效、撤销或者确认不成立的，公司根据该决议与善意相对人形成的民事法律关系不受影响。**

续表

2018年《公司法》	2023年《公司法》
	第二章 公 司 登 记
第六条第一、二款 设立公司，应当依法向公司登记机关申请设立登记。**符合本法规定的设立条件的，由公司登记机关分别登记为有限责任公司或者股份有限公司；不符合本法规定的设立条件的，不得登记为有限责任公司或者股份有限公司。** 法律、行政法规规定设立公司必须报经批准的，应当在公司登记前依法办理批准手续。	**第二十九条** 设立公司，应当依法向公司登记机关申请设立登记。 法律、行政法规规定设立公司必须报经批准的，应当在公司登记前依法办理批准手续。
第二十九条 **股东认足公司章程规定的出资后，由全体股东指定的代表或者共同委托的代理人向公司登记机关报送公司**登记申请书、公司章程等文件，申请设立登记。	**第三十条** 申请设立公司，**应当提交**设立登记申请书、公司章程等文件，**提交的相关材料应当真实、合法和有效。** **申请材料不齐全或者不符合法定形式的，公司登记机关应当一次性告知需要补正的材料。**
第六条第一款 设立公司，**应当依法向公司登记机关申请设立登记。**符合本法规定的设立条件的，由公司登记机关分别登记为有限责任公司或者股份有限公司；不符合本法规定的设立条件的，不得登记为有限责任公司或者股份有限公司。	**第三十一条** **申请**设立公司，符合本法规定的设立条件的，由公司登记机关分别登记为有限责任公司或者股份有限公司；不符合本法规定的设立条件的，不得登记为有限责任公司或者股份有限公司。
第六条第三款 **公众可以向**公司登记机关**申请查询**公司登记事项，**公司登记机关应当提供查询服务。**	**第三十二条** **公司登记事项包括：** **（一）名称；** **（二）住所；** **（三）注册资本；** **（四）经营范围；** **（五）法定代表人的姓名；** **（六）有限责任公司股东、股份有限公司发起人的姓名或者名称。** 公司登记机关**应当将前款规定的**公司登记事项**通过国家企业信用信息公示系统向社会公示。**

续表

2018 年《公司法》	2023 年《公司法》
第七条第一、二款 依法设立的公司，由公司登记机关发给公司营业执照。公司营业执照签发日期为公司成立日期。 公司营业执照应当载明公司的名称、住所、注册资本、经营范围、法定代表人姓名等事项。	**第三十三条** 依法设立的公司，由公司登记机关发给公司营业执照。公司营业执照签发日期为公司成立日期。 公司营业执照应当载明公司的名称、住所、注册资本、经营范围、法定代表人姓名等事项。 **公司登记机关可以发给电子营业执照。电子营业执照与纸质营业执照具有同等法律效力。**
第三十二条第三款 公司**应当将股东的姓名或者名称向公司登记机关登记**；登记事项发生变更的，应当办理变更登记。未经登记或者变更登记的，不得对抗**第三人**。	**第三十四条** 公司登记事项发生变更的，应当**依法**办理变更登记。 **公司登记事项**未经登记或者**未经**变更登记，不得对抗**善意相对人**。
无	**第三十五条 公司申请变更登记，应当向公司登记机关提交公司法定代表人签署的变更登记申请书、依法作出的变更决议或者决定等文件。** **公司变更登记事项涉及修改公司章程的，应当提交修改后的公司章程。** **公司变更法定代表人的，变更登记申请书由变更后的法定代表人签署。**
第七条第三款 公司营业执照记载的事项发生变更的，公司**应当依法**办理变更登记，由公司登记机关换发营业执照。	**第三十六条** 公司营业执照记载的事项发生变更的，公司办理变更登记**后**，由公司登记机关换发营业执照。
无	**第三十七条 公司因解散、被宣告破产或者其他法定事由需要终止的，应当依法向公司登记机关申请注销登记，由公司登记机关公告公司终止。**
第十四条第一款 公司**可以设立分公司**。设立分公司，应当向公司登记机关申请登记，领取营业执照。**分公司不具有法人资格，其民事责任由公司承担。**	**第三十八条** 公司设立分公司，应当向公司登记机关申请登记，领取营业执照。

续表

2018 年《公司法》	2023 年《公司法》
第一百九十八条　违反本法规定,虚报注册资本、提交虚假材料或者采取其他欺诈手段隐瞒重要事实取得公司登记的,由公司登记机关责令改正,对虚报注册资本的公司,处以虚报注册资本金额百分之五以上百分之十五以下的罚款;对提交虚假材料或者采取其他欺诈手段隐瞒重要事实的公司,处以五万元以上五十万元以下的罚款;情节严重的,撤销公司登记或者吊销营业执照。	第三十九条　虚报注册资本、提交虚假材料或者采取其他欺诈手段隐瞒重要事实取得公司设立登记的,公司登记机关应当依照法律、行政法规的规定予以撤销。
无	第四十条　公司应当按照规定通过国家企业信用信息公示系统公示下列事项: (一)有限责任公司股东认缴和实缴的出资额、出资方式和出资日期,股份有限公司发起人认购的股份数; (二)有限责任公司股东、股份有限公司发起人的股权、股份变更信息; (三)行政许可取得、变更、注销等信息; (四)法律、行政法规规定的其他信息。 公司应当确保前款公示信息真实、准确、完整。
无	第四十一条　公司登记机关应当优化公司登记办理流程,提高公司登记效率,加强信息化建设,推行网上办理等便捷方式,提升公司登记便利化水平。
	国务院市场监督管理部门根据本法和有关法律、行政法规的规定,制定公司登记注册的具体办法。
第二章　有限责任公司的设立和组织机构	第三章　有限责任公司的设立和组织机构
第一节　设　　立	第一节　设　　立
第二十四条　有限责任公司由五十个以下股东出资设立。 第五十七条第二款　本法所称一人有限责任公司,是指只有一个自然人股东或者一个法人股东的有限责任公司。	第四十二条　有限责任公司由一个以上五十个以下股东出资设立。

续表

2018 年《公司法》	2023 年《公司法》
无	**第四十三条** 有限责任公司设立时的股东可以签订设立协议，明确各自在公司设立过程中的权利和义务。
无	**第四十四条** 有限责任公司设立时的股东为设立公司从事的民事活动，其法律后果由公司承受。 公司未成立的，其法律后果由公司设立时的股东承受；设立时的股东为二人以上的，享有连带债权，承担连带债务。 设立时的股东为设立公司以自己的名义从事民事活动产生的民事责任，第三人有权选择请求公司或者公司设立时的股东承担。 设立时的股东因履行公司设立职责造成他人损害的，公司或者无过错的股东承担赔偿责任后，可以向有过错的股东追偿。
第二十三条 设立有限责任公司，应当具备下列条件： （一）股东符合法定人数； （二）有符合公司章程规定的全体股东认缴的出资额； （三）股东共同制定公司章程； （四）有公司名称，建立符合有限责任公司要求的组织机构； （五）有公司住所。	**第四十五条** 设立有限责任公司，应当由股东共同制定公司章程。
第二十五条 有限责任公司章程应当载明下列事项： （一）公司名称和住所； （二）公司经营范围； （三）公司注册资本； （四）股东的姓名或者名称； （五）股东的出资方式、出资额和出资时间； （六）公司的机构及其产生办法、职权、议事规则；	**第四十六条** 有限责任公司章程应当载明下列事项： （一）公司名称和住所； （二）公司经营范围； （三）公司注册资本； （四）股东的姓名或者名称； （五）股东的出资额、出资方式和出资日期； （六）公司的机构及其产生办法、职权、议事规则；

续表

2018年《公司法》	2023年《公司法》
（七）公司法定代表人； （八）股东会**会议**认为需要规定的其他事项。 股东应当在公司章程上签名、盖章。	（七）公司法定代表人**的产生、变更办法**； （八）股东会认为需要规定的其他事项。 股东应当在公司章程上签名**或者**盖章。
第二十六条 有限责任公司的注册资本为在公司登记机关登记的全体股东认缴的出资额。 法律、行政法规以及国务院决定对有限责任公司注册资本实缴、注册资本最低限额另有规定的，从其规定。	**第四十七条** 有限责任公司的注册资本为在公司登记机关登记的全体股东认缴的出资额。**全体股东认缴的出资额由股东按照公司章程的规定自公司成立之日起五年内缴足。** 法律、行政法规以及国务院决定对有限责任公司注册资本实缴、注册资本最低限额、**股东出资期限**另有规定的，从其规定。
第二十七条 股东可以用货币出资，也可以用实物、知识产权、土地使用权等可以用货币估价并可以依法转让的非货币财产作价出资；但是，法律、行政法规规定不得作为出资的财产除外。 对作为出资的非货币财产应当评估作价，核实财产，不得高估或者低估作价。法律、行政法规对评估作价有规定的，从其规定。	**第四十八条** 股东可以用货币出资，也可以用实物、知识产权、土地使用权、**股权、债权**等可以用货币估价并可以依法转让的非货币财产作价出资；但是，法律、行政法规规定不得作为出资的财产除外。 对作为出资的非货币财产应当评估作价，核实财产，不得高估或者低估作价。法律、行政法规对评估作价有规定的，从其规定。
第二十八条 股东应当按期足额缴纳公司章程中规定的各自所认缴的出资额。股东以货币出资的，应当将货币出资足额存入有限责任公司在银行开设的账户；以非货币财产出资的，应当依法办理其财产权的转移手续。 股东**不按照前款规定**缴纳出资的，除应当向公司足额缴纳外，还应当**向已按期足额缴纳出资的股东**承担**违约**责任。	**第四十九条** 股东应当按期足额缴纳公司章程规定的各自所认缴的出资额。 股东以货币出资的，应当将货币出资足额存入有限责任公司在银行开设的账户；以非货币财产出资的，应当依法办理其财产权的转移手续。 股东**未按期足额**缴纳出资的，除应当向公司足额缴纳外，还应当**对给公司造成的损失**承担**赔偿**责任。
第三十条 有限责任公司**成立后，发现作为设立公司**出资的非货币财产的实际价额显著低于**公司章程所定价**额的，**应当由交付该出资的股东补足其差额；公司**设立时的其他股东承担连带责任。	**第五十条** 有限责任公司**设立时，股东未按照公司章程规定实际缴纳出资，或者实际**出资的非货币财产的实际价额显著低于**所认缴的出资**额的，设立时的其他股东**与该股东在出资不足的范围内**承担连带责任。

续表

2018年《公司法》	2023年《公司法》
无	第五十一条　有限责任公司成立后，董事会应当对股东的出资情况进行核查，发现股东未按期足额缴纳公司章程规定的出资的，应当由公司向该股东发出书面催缴书，催缴出资。 未及时履行前款规定的义务，给公司造成损失的，负有责任的董事应当承担赔偿责任。
无	第五十二条　股东未按照公司章程规定的出资日期缴纳出资，公司依照前条第一款规定发出书面催缴书催缴出资的，可以载明缴纳出资的宽限期；宽限期自公司发出催缴书之日起，不得少于六十日。宽限期届满，股东仍未履行出资义务的，公司经董事会决议可以向该股东发出失权通知，通知应当以书面形式发出。自通知发出之日起，该股东丧失其未缴纳出资的股权。 依照前款规定丧失的股权应当依法转让，或者相应减少注册资本并注销该股权；六个月内未转让或者注销的，由公司其他股东按照其出资比例足额缴纳相应出资。 股东对失权有异议的，应当自接到失权通知之日起三十日内，向人民法院提起诉讼。
第三十五条　公司成立后，股东不得抽逃出资。	第五十三条　公司成立后，股东不得抽逃出资。 违反前款规定的，股东应当返还抽逃的出资；给公司造成损失的，负有责任的董事、监事、高级管理人员应当与该股东承担连带赔偿责任。
无	第五十四条　公司不能清偿到期债务的，公司或者已到期债权的债权人有权要求已认缴出资但未届出资期限的股东提前缴纳出资。

续表

2018 年《公司法》	2023 年《公司法》
第三十一条 有限责任公司成立后，应当向股东签发出资证明书。 **出资证明书应当载明**下列事项： （一）公司名称； （二）公司成立日期； （三）公司注册资本； （四）股东的姓名或者名称、**缴纳**的出资额和出资日期； （五）出资证明书的编号和核发日期。 出资证明书由公司盖章。	**第五十五条** 有限责任公司成立后，应当向股东签发出资证明书，**记载**下列事项： （一）公司名称； （二）公司成立日期； （三）公司注册资本； （四）股东的姓名或者名称、**认缴和实缴**的出资额、**出资方式**和出资日期； （五）出资证明书的编号和核发日期。 出资证明书由**法定代表人签名，并由**公司盖章。
第三十二条第一、二款 有限责任公司应当置备股东名册，记载下列事项： （一）股东的姓名或者名称及住所； （二）股东的出资额； （三）出资证明书编号。 记载于股东名册的股东，可以依股东名册主张行使股东权利。	**第五十六条** 有限责任公司应当置备股东名册，记载下列事项： （一）股东的姓名或者名称及住所； （二）股东**认缴和实缴**的出资额、**出资方式和出资日期；** （三）出资证明书编号； **（四）取得和丧失股东资格的日期。** 记载于股东名册的股东，可以依股东名册主张行使股东权利。
第三十三条 股东有权查阅、复制公司章程、股东会会议记录、董事会会议决议、监事会会议决议和财务会计报告。 股东可以要求查阅公司会计账簿。股东要求查阅公司会计账簿的，应当向公司提出书面请求，说明目的。公司有合理根据认为股东查阅会计账簿有不正当目的，可能损害公司合法利益的，可以拒绝提供查阅，并应当自股东提出书面请求之日起十五日内书面答复股东并说明理由。公司拒绝提供查阅的，股东可以**请求**人民法院**要求公司提供查阅**。	**第五十七条** 股东有权查阅、复制公司章程、**股东名册**、股东会会议记录、董事会会议决议、监事会会议决议和财务会计报告。 股东可以要求查阅公司会计账簿、**会计凭证**。股东要求查阅公司会计账簿、**会计凭证**的，应当向公司提出书面请求，说明目的。公司有合理根据认为股东查阅会计账簿、**会计凭证**有不正当目的，可能损害公司合法利益的，可以拒绝提供查阅，并应当自股东提出书面请求之日起十五日内书面答复股东并说明理由。公司拒绝提供查阅的，股东可以**向**人民法院**提起诉讼**。 **股东查阅前款规定的材料，可以委托会计师事务所、律师事务所等中介机构进行。** **股东及其委托的会计师事务所、律师事务所等中介机构查阅、复制有关材料，应当遵守有关保护国家秘密、商业秘密、个人隐**

续表

2018 年《公司法》	2023 年《公司法》
	私、个人信息等法律、行政法规的规定。 **股东要求查阅、复制公司全资子公司相关材料的,适用前四款的规定。**
第二节　组 织 机 构	第二节　组 织 机 构
第三十六条　有限责任公司股东会由全体股东组成。股东会是公司的权力机构,依照本法行使职权。	**第五十八条**　有限责任公司股东会由全体股东组成。股东会是公司的权力机构,依照本法行使职权。
第三十七条　股东会行使下列职权: (一)**决定公司的经营方针和投资计划;** (二)选举和更换**非由职工代表担任的**董事、监事,决定有关董事、监事的报酬事项; (三)审议批准董事会的报告; (四)审议批准监事会**或者监事**的报告; (五)**审议批准公司的年度财务预算方案、决算方案;** (六)审议批准公司的利润分配方案和弥补亏损方案; (七)对公司增加或者减少注册资本作出决议; (八)对发行公司债券作出决议; (九)对公司合并、分立、解散、清算或者变更公司形式作出决议; (十)修改公司章程; (十一)公司章程规定的其他职权。 对**前款**所列事项股东以书面形式一致表示同意的,可以不召开股东会会议,直接作出决定,并由全体股东在决定文件上签名、盖章。	**第五十九条**　股东会行使下列职权: (一)选举和更换董事、监事,决定有关董事、监事的报酬事项; (二)审议批准董事会的报告; (三)审议批准监事会的报告; (四)审议批准公司的利润分配方案和弥补亏损方案; (五)对公司增加或者减少注册资本作出决议; (六)对发行公司债券作出决议; (七)对公司合并、分立、解散、清算或者变更公司形式作出决议; (八)修改公司章程; (九)公司章程规定的其他职权。 **股东会可以授权董事会对发行公司债券作出决议。** 对**本条第一款**所列事项股东以书面形式一致表示同意的,可以不召开股东会会议,直接作出决定,并由全体股东在决定文件上签名**或者**盖章。
第六十一条　**一人**有限责任公司不设股东会。股东作出**本法第三十七条**第一款所列决定时,应当采用书面形式,并由股东签名后置备于公司。	**第六十条**　**只有一个股东的**有限责任公司不设股东会。股东作出**前条**第一款所列**事项的**决定时,应当采用书面形式,并由股东签名**或者盖章**后置备于公司。
第三十八条　首次股东会会议由出资最多的股东召集和主持,依照本法规定行使职权。	**第六十一条**　首次股东会会议由出资最多的股东召集和主持,依照本法规定行使职权。

续表

2018 年《公司法》	2023 年《公司法》
第三十九条 股东会会议分为定期会议和临时会议。 定期会议应当**依**照公司章程的规定按时召开。代表十分之一以上表决权的股东,三分之一以上的董事**,**监事会**或者不设监事会的公司的监事**提议召开临时会议的,应当召开临时会议。	**第六十二条** 股东会会议分为定期会议和临时会议。 定期会议应当**按**照公司章程的规定按时召开。代表十分之一以上表决权的股东、三分之一以上的董事**或者**监事会提议召开临时会议的,应当召开临时会议。
第四十条 **有限责任公司设立董事会的,**股东会会议由董事会召集,董事长主持;董事长不能履行职务或者不履行职务的,由副董事长主持;副董事长不能履行职务或者不履行职务的,由半数**以上**董事共同推举一名董事主持。 **有限责任公司不设董事会的,股东会会议由执行董事召集和主持。** 董事会**或者执行董事**不能履行或者不履行召集股东会会议职责的,由监事会**或者不设监事会的公司的监事**召集和主持;监事会**或者监事**不召集和主持的,代表十分之一以上表决权的股东可以自行召集和主持。	**第六十三条** 股东会会议由董事会召集,董事长主持;董事长不能履行职务或者不履行职务的,由副董事长主持;副董事长不能履行职务或者不履行职务的,由**过**半数的董事共同推举一名董事主持。 董事会不能履行或者不履行召集股东会会议职责的,由监事会召集和主持;监事会不召集和主持的,代表十分之一以上表决权的股东可以自行召集和主持。
第四十一条 召开股东会会议,应当于会议召开十五日前通知全体股东;但是,公司章程另有规定或者全体股东另有约定的除外。 股东会应当对所议事项的决定作成会议记录,出席会议的股东应当在会议记录上签名。	**第六十四条** 召开股东会会议,应当于会议召开十五日前通知全体股东;但是,公司章程另有规定或者全体股东另有约定的除外。 股东会应当对所议事项的决定作成会议记录,出席会议的股东应当在会议记录上签名**或者盖章**。
第四十二条 股东会会议由股东按照出资比例行使表决权;但是,公司章程另有规定的除外。	**第六十五条** 股东会会议由股东按照出资比例行使表决权;但是,公司章程另有规定的除外。
第四十三条 股东会的议事方式和表决程序,除本法有规定的外,由公司章程规定。 股东会**会议**作出修改公司章程、增加或者减少注册资本的决议,以及公司合并、分	**第六十六条** 股东会的议事方式和表决程序,除本法有规定的外,由公司章程规定。 **股东会作出决议,应当经代表过半数表决权的股东通过。**

续表

2018年《公司法》	2023年《公司法》
立、解散或者变更公司形式的决议，**必须**经代表三分之二以上表决权的股东通过。	股东会作出修改公司章程、增加或者减少注册资本的决议，以及公司合并、分立、解散或者变更公司形式的决议，**应当**经代表三分之二以上表决权的股东通过。
第四十六条　董事会**对股东会负责**，行使下列职权： （一）召集股东会会议，并向股东会报告工作； （二）执行股东会的决议； （三）决定公司的经营计划和投资方案； **（四）制订公司的年度财务预算方案、决算方案；** （五）制订公司的利润分配方案和弥补亏损方案； （六）制订公司增加或者减少注册资本以及发行公司债券的方案； （七）制订公司合并、分立、解散或者变更公司形式的方案； （八）决定公司内部管理机构的设置； （九）决定聘任或者解聘公司经理及其报酬事项，并根据经理的提名决定聘任或者解聘公司副经理、财务负责人及其报酬事项； （十）制定公司的基本管理制度； （十一）公司章程规定的其他职权。	**第六十七条　有限责任公司设置董事会，本法第七十五条另有规定的除外。** 董事会行使下列职权： （一）召集股东会会议，并向股东会报告工作； （二）执行股东会的决议； （三）决定公司的经营计划和投资方案； （四）制订公司的利润分配方案和弥补亏损方案； （五）制订公司增加或者减少注册资本以及发行公司债券的方案； （六）制订公司合并、分立、解散或者变更公司形式的方案； （七）决定公司内部管理机构的设置； （八）决定聘任或者解聘公司经理及其报酬事项，并根据经理的提名决定聘任或者解聘公司副经理、财务负责人及其报酬事项； （九）制定公司的基本管理制度； （十）公司章程规定**或者股东会授予**的其他职权。 **公司章程对董事会职权的限制不得对抗善意相对人。**
第四十四条　有限责任公司设董事会，其成员为三人至十三人；**但是，本法第五十条另有规定的除外。** **两个以上的国有企业或者两个以上的其他国有投资主体投资设立的**有限责任公司，其董事会成员中应当有公司职工代表；**其他有限责任公司董事会成员中可以有公司职工代表。**董事会中的职工代表由公司	**第六十八条**　有限责任公司董事会成员为三人**以上，其成员中可以有公司职工代表。职工人数三百人以上的有限责任公司，除依法设监事会并有公司职工代表的外，**其董事会成员中应当有公司职工代表。董事会中的职工代表由公司职工通过职工代表大会、职工大会或者其他形式民主选举产生。

续表

2018 年《公司法》	2023 年《公司法》
职工通过职工代表大会、职工大会或者其他形式民主选举产生。 董事会设董事长一人,可以设副董事长。董事长、副董事长的产生办法由公司章程规定。	董事会设董事长一人,可以设副董事长。董事长、副董事长的产生办法由公司章程规定。
无	**第六十九条　有限责任公司可以按照公司章程的规定在董事会中设置由董事组成的审计委员会,行使本法规定的监事会的职权,不设监事会或者监事。公司董事会成员中的职工代表可以成为审计委员会成员。**
第四十五条　董事任期由公司章程规定,但每届任期不得超过三年。董事任期届满,连选可以连任。 董事任期届满未及时改选,或者董事在任期内辞**职**导致董事会成员低于法定人数的,在改选出的董事就任前,原董事仍应当依照法律、行政法规和公司章程的规定,履行董事职务。	**第七十条**　董事任期由公司章程规定,但每届任期不得超过三年。董事任期届满,连选可以连任。 董事任期届满未及时改选,或者董事在任期内辞**任**导致董事会成员低于法定人数的,在改选出的董事就任前,原董事仍应当依照法律、行政法规和公司章程的规定,履行董事职务。 **董事辞任的,应当以书面形式通知公司,公司收到通知之日辞任生效,但存在前款规定情形的,董事应当继续履行职务。**
无	**第七十一条　股东会可以决议解任董事,决议作出之日解任生效。 无正当理由,在任期届满前解任董事的,该董事可以要求公司予以赔偿。**
第四十七条　董事会会议由董事长召集和主持;董事长不能履行职务或者不履行职务的,由副董事长召集和主持;副董事长不能履行职务或者不履行职务的,由半数**以上**董事共同推举一名董事召集和主持。	**第七十二条**　董事会会议由董事长召集和主持;董事长不能履行职务或者不履行职务的,由副董事长召集和主持;副董事长不能履行职务或者不履行职务的,由**过**半数**的**董事共同推举一名董事召集和主持。
第四十八条　董事会的议事方式和表决程序,除本法有规定的外,由公司章程规定。 董事会应当对所议事项的决定作成会议记录,出席会议的董事应当在会议记录上签名。	**第七十三条**　董事会的议事方式和表决程序,除本法有规定的外,由公司章程规定。 **董事会会议应当有过半数的董事出席方可举行。董事会作出决议,应当经全体董事的过半数通过。**

续表

2018 年《公司法》	2023 年《公司法》
董事会决议的表决，**实行**一人一票。	董事会决议的表决，**应当**一人一票。 董事会应当对所议事项的决定作成会议记录，出席会议的董事应当在会议记录上签名。
第四十九条　有限责任公司可以设经理，由董事会决定聘任或者解聘。经理对董事会负责，行使**下列**职权： **（一）主持公司的生产经营管理工作，组织实施董事会决议；** **（二）组织实施公司年度经营计划和投资方案；** **（三）拟订公司内部管理机构设置方案；** **（四）拟订公司的基本管理制度；** **（五）制定公司的具体规章；** **（六）提请聘任或者解聘公司副经理、财务负责人；** **（七）决定聘任或者解聘除应由董事会决定聘任或者解聘以外的负责管理人员；** **（八）董事会授予的其他职权。** **公司章程对经理职权另有规定的，从其规定。** 经理列席董事会会议。	**第七十四条**　有限责任公司可以设经理，由董事会决定聘任或者解聘。 经理对董事会负责，**根据公司章程的规定或者董事会的授权**行使职权。经理列席董事会会议。
第五十条　**股东人数较少**或者**规模较小**的有限责任公司，可以**设一名执行董事，不设董事会。执行董事**可以兼任公司经理。 **执行董事的职权由公司章程规定。**	**第七十五条**　**规模较小**或者**股东人数较少**的有限责任公司，可以**不设董事会，设一名董事，行使本法规定的董事会的职权。该董事**可以兼任公司经理。
第五十一条　有限责任公司设监事会，其成员**不得少于**三人。**股东人数较少或者规模较小的有限责任公司，可以设一至二名监事，不设监事会。** 监事会应当包括股东代表和适当比例的公司职工代表，其中职工代表的比例不得低于三分之一，具体比例由公司章程规定。监事会中的职工代表由公司职工通过职工代表大会、职工大会或者其他形式民主选举	**第七十六条**　有限责任公司设监事会，**本法第六十九条、第八十三条另有规定的除外。** **监事会**成员**为**三人**以上**。**监事会成员**应当包括股东代表和适当比例的公司职工代表，其中职工代表的比例不得低于三分之一，具体比例由公司章程规定。监事会中的职工代表由公司职工通过职工代表大会、职工大会或者其他形式民主选举产生。

续表

2018 年《公司法》	2023 年《公司法》
产生。 监事会设主席一人,由全体监事过半数选举产生。监事会主席召集和主持监事会会议;监事会主席不能履行职务或者不履行职务的,由半数**以上**监事共同推举一名监事召集和主持监事会会议。 董事、高级管理人员不得兼任监事。	监事会设主席一人,由全体监事过半数选举产生。监事会主席召集和主持监事会会议;监事会主席不能履行职务或者不履行职务的,由**过半数的**监事共同推举一名监事召集和主持监事会会议。 董事、高级管理人员不得兼任监事。
第五十二条 监事的任期每届为三年。监事任期届满,连选可以连任。 监事任期届满未及时改选,或者监事在任期内辞**职**导致监事会成员低于法定人数的,在改选出的监事就任前,原监事仍应当依照法律、行政法规和公司章程的规定,履行监事职务。	**第七十七条** 监事的任期每届为三年。监事任期届满,连选可以连任。 监事任期届满未及时改选,或者监事在任期内辞**任**导致监事会成员低于法定人数的,在改选出的监事就任前,原监事仍应当依照法律、行政法规和公司章程的规定,履行监事职务。
第五十三条 监事会**、不设监事会的公司的监事**行使下列职权: (一)检查公司财务; (二)对董事、高级管理人员执行**公司**职务的行为进行监督,对违反法律、行政法规、公司章程或者股东会决议的董事、高级管理人员提出**罢免**的建议; (三)当董事、高级管理人员的行为损害公司的利益时,要求董事、高级管理人员予以纠正; (四)提议召开临时股东会会议,在董事会不履行本法规定的召集和主持股东会会议职责时召集和主持股东会会议; (五)向股东会会议提出提案; (六)依照本法第**一百五十一**条的规定,对董事、高级管理人员提起诉讼; (七)公司章程规定的其他职权。	**第七十八条** 监事会行使下列职权: (一)检查公司财务; (二)对董事、高级管理人员执行职务的行为进行监督,对违反法律、行政法规、公司章程或者股东会决议的董事、高级管理人员提出**解任**的建议; (三)当董事、高级管理人员的行为损害公司的利益时,要求董事、高级管理人员予以纠正; (四)提议召开临时股东会会议,在董事会不履行本法规定的召集和主持股东会会议职责时召集和主持股东会会议; (五)向股东会会议提出提案; (六)依照本法第**一百八十九**条的规定,对董事、高级管理人员提起诉讼; (七)公司章程规定的其他职权。
第五十四条 监事可以列席董事会会议,并对董事会决议事项提出质询或者建议。	**第七十九条** 监事可以列席董事会会议,并对董事会决议事项提出质询或者建议。

续表

2018 年《公司法》	2023 年《公司法》
监事会、**不设监事会的公司的监事**发现公司经营情况异常，可以进行调查；必要时，可以聘请会计师事务所等协助其工作，费用由公司承担。	监事会发现公司经营情况异常，可以进行调查；必要时，可以聘请会计师事务所等协助其工作，费用由公司承担。
第一百五十条第二款 董事、高级管理人员应当如实向监事会**或者不设监事会的有限责任公司的监事**提供有关情况和资料，不得妨碍监事会或者监事行使职权。	**第八十条 监事会可以要求董事、高级管理人员提交执行职务的报告。** 董事、高级管理人员应当如实向监事会提供有关情况和资料，不得妨碍监事会或者监事行使职权。
第五十五条 监事会每年度至少召开一次会议，监事可以提议召开临时监事会会议。 监事会的议事方式和表决程序，除本法有规定的外，由公司章程规定。 监事会决议应当经**半数以上**监事通过。 监事会应当对所议事项的决定作成会议记录，出席会议的监事应当在会议记录上签名。	**第八十一条** 监事会每年度至少召开一次会议，监事可以提议召开临时监事会会议。 监事会的议事方式和表决程序，除本法有规定的外，由公司章程规定。 监事会决议应当经**全体**监事**的过半数**通过。 **监事会决议的表决，应当一人一票。** 监事会应当对所议事项的决定作成会议记录，出席会议的监事应当在会议记录上签名。
第五十六条 监事会、**不设监事会的公司的监事**行使职权所必需的费用，由公司承担。	**第八十二条** 监事会行使职权所必需的费用，由公司承担。
第五十一条第一款 有限责任公司设监事会，其成员不得少于三人。股东人数较少或者规模较小的有限责任公司，可以设一至二名监事，不设监事会。	**第八十三条 规模较小或者股东人数较少**的有限责任公司，可以不设监事会，设一名**监事，行使本法规定的监事会的职权；经全体股东一致同意，也可以不设监事。**
第三章 有限责任公司的股权转让	第四章 有限责任公司的股权转让
第七十一条 有限责任公司的股东之间可以相互转让其全部或者部分股权。 股东向股东以外的人转让股权，应当经**其他股东过半数同意。股东应就其股权转让**事项书面通知其他股东**征求同意**，其他股东自接到书面通知之日起**满**三十日未答复的，视为**同意转让。其他股东半数以上不同**	**第八十四条** 有限责任公司的股东之间可以相互转让其全部或者部分股权。 股东向股东以外的人转让股权的，应当**将股权转让的数量、价格、支付方式和期限**等事项书面通知其他股东，**其他股东**在同等条件下有优先购买权。股东自接到书面通知之日起三十日**内**未答复的，视为**放弃优先**

续表

2018年《公司法》	2023年《公司法》
意转让的,不同意的股东应当购买该转让的股权;不购买的,视为同意转让。 **经股东同意转让的股权,**在同等条件下,其他股东有优先购买权。两个以上股东**主张**行使优先购买权的,协商确定各自的购买比例;协商不成的,按照转让时各自的出资比例行使优先购买权。 公司章程对股权转让另有规定的,从其规定。	**购买权**。两个以上股东行使优先购买权的,协商确定各自的购买比例;协商不成的,按照转让时各自的出资比例行使优先购买权。 公司章程对股权转让另有规定的,从其规定。
第七十二条 人民法院依照法律规定的强制执行程序转让股东的股权时,应当通知公司及全体股东,其他股东在同等条件下有优先购买权。其他股东自人民法院通知之日起满二十日不行使优先购买权的,视为放弃优先购买权。	**第八十五条** 人民法院依照法律规定的强制执行程序转让股东的股权时,应当通知公司及全体股东,其他股东在同等条件下有优先购买权。其他股东自人民法院通知之日起满二十日不行使优先购买权的,视为放弃优先购买权。
无	**第八十六条 股东转让股权的,应当书面通知公司,请求变更股东名册;需要办理变更登记的,并请求公司向公司登记机关办理变更登记。公司拒绝或者在合理期限内不予答复的,转让人、受让人可以依法向人民法院提起诉讼。** **股权转让的,受让人自记载于股东名册时起可以向公司主张行使股东权利。**
第七十三条 依照本法**第七十一条、第七十二条**转让股权后,公司应当注销原股东的出资证明书,向新股东签发出资证明书,并相应修改公司章程和股东名册中有关股东及其出资额的记载。对公司章程的该项修改不需再由股东会表决。	**第八十七条** 依照本法转让股权后,公司应当**及时**注销原股东的出资证明书,向新股东签发出资证明书,并相应修改公司章程和股东名册中有关股东及其出资额的记载。对公司章程的该项修改不需再由股东会表决。
无	**第八十八条 股东转让已认缴出资但未届出资期限的股权的,由受让人承担缴纳该出资的义务;受让人未按期足额缴纳出资的,转让人对受让人未按期缴纳的出资承担补充责任。**

续表

2018年《公司法》	2023年《公司法》
	未按照公司章程规定的出资日期缴纳出资或者作为出资的非货币财产的实际价额显著低于所认缴的出资额的股东转让股权的，转让人与受让人在出资不足的范围内承担连带责任；受让人不知道且不应当知道存在上述情形的，由转让人承担责任。
第七十四条 有下列情形之一的，对股东会该项决议投反对票的股东可以请求公司按照合理的价格收购其股权： （一）公司连续五年不向股东分配利润，而公司该五年连续盈利，并且符合本法规定的分配利润条件的； （二）公司合并、分立、转让主要财产的； （三）公司章程规定的营业期限届满或者章程规定的其他解散事由出现，股东会**会议**通过决议修改章程使公司存续的。 自股东会**会议**决议**通过**之日起六十日内，股东与公司不能达成股权收购协议的，股东可以自股东会**会议**决议**通过**之日起九十日内向人民法院提起诉讼。	**第八十九条** 有下列情形之一的，对股东会该项决议投反对票的股东可以请求公司按照合理的价格收购其股权： （一）公司连续五年不向股东分配利润，而公司该五年连续盈利，并且符合本法规定的分配利润条件； （二）公司合并、分立、转让主要财产； （三）公司章程规定的营业期限届满或者章程规定的其他解散事由出现，股东会通过决议修改章程使公司存续。 自股东会决议**作出**之日起六十日内，股东与公司不能达成股权收购协议的，股东可以自股东会决议**作出**之日起九十日内向人民法院提起诉讼。 **公司的控股股东滥用股东权利，严重损害公司或者其他股东利益的，其他股东有权请求公司按照合理的价格收购其股权。** **公司因本条第一款、第三款规定的情形收购的本公司股权，应当在六个月内依法转让或者注销。**
第七十五条 自然人股东死亡后，其合法继承人可以继承股东资格；但是，公司章程另有规定的除外。	**第九十条** 自然人股东死亡后，其合法继承人可以继承股东资格；但是，公司章程另有规定的除外。
第四章 股份有限公司的设立和组织机构	第五章 股份有限公司的设立和组织机构
第一节 设 立	第一节 设 立
第七十七条 股份有限公司的设立，可以采取发起设立或者募集设立的方式。	**第九十一条** 设立股份有限公司，可以采取发起设立或者募集设立的方式。

续表

2018年《公司法》	2023年《公司法》
发起设立,是指由发起人认购公司应发行的全部股份而设立公司。 募集设立,是指由发起人认购公司应发行股份的一部分,其余股份向社会公开募集或者向特定对象募集而设立公司。	发起设立,是指由发起人认购**设立**公司**时**应发行的全部股份而设立公司。 募集设立,是指由发起人认购**设立**公司**时**应发行股份的一部分,其余股份向特定对象募集或者向社会公开募集而设立公司。
第七十八条 设立股份有限公司,应当有**二**人以上二百人以下为发起人,其中**须**有半数以上的发起人在**中国**境内有住所。	**第九十二条** 设立股份有限公司,应当有**一**人以上二百人以下为发起人,其中**应当**有半数以上的发起人在**中华人民共和国**境内有住所。
第七十九条 股份有限公司发起人承担公司筹办事务。 发起人应当签订发起人协议,明确各自在公司设立过程中的权利和义务。	**第九十三条** 股份有限公司发起人承担公司筹办事务。 发起人应当签订发起人协议,明确各自在公司设立过程中的权利和义务。
第七十六条 设立股份有限公司,应当**具备下列条件:** **(一)发起人符合法定人数;** **(二)有符合公司章程规定的全体发起人认购的股本总额或者募集的实收股本总额;** **(三)股份发行、筹办事项符合法律规定;** **(四)**发起人制订公司章程,**采用募集方式设立的经创立大会通过;** **(五)有公司名称,建立符合股份有限公司要求的组织机构;** **(六)有公司住所。**	**第九十四条** 设立股份有限公司,应当由发起人**共同**制订公司章程。
第八十一条 股份有限公司章程应当载明下列事项: (一)公司名称和住所; (二)公司经营范围; (三)公司设立方式; (四)公司股份**总**数、每股金额**和**注册资本; **(五)**发起人的姓名或者名称、认购的股份数、出资方式**和出资时间;** **(六)**董事会的组成、职权和议事规则; (七)公司法定代表人;	**第九十五条** 股份有限公司章程应当载明下列事项: (一)公司名称和住所; (二)公司经营范围; (三)公司设立方式; (四)公司注册资本**、已发行的股份数和设立时发行的股份数,面额股的**每股金额; **(五)发行类别股的,每一类别股的股份数及其权利和义务;** **(六)**发起人的姓名或者名称、认购的股份数、出资方式;

续表

2018年《公司法》	2023年《公司法》
（八）监事会的组成、职权和议事规则； （九）公司利润分配办法； （十）公司的解散事由与清算办法； （十一）公司的通知和公告办法； （十二）股东**大会会议**认为需要规定的其他事项。	（七）董事会的组成、职权和议事规则； （八）公司法定代表人**的产生、变更办法**； （九）监事会的组成、职权和议事规则； （十）公司利润分配办法； （十一）公司的解散事由与清算办法； （十二）公司的通知和公告办法； （十三）股东会认为需要规定的其他事项。
第八十条　股份有限公司**采取发起设立方式设立的**，注册资本为在公司登记机关登记的**全体发起人认购**的股本总额。在发起人认购的股份缴足前，不得向他人募集股份。 **股份有限公司采取募集方式设立的，注册资本为在公司登记机关登记的实收股本总额。** 法律、行政法规以及国务院决定对股份有限公司**注册资本实缴**、注册资本最低限额另有规定的，从其规定。	**第九十六条**　股份有限公司**的**注册资本为在公司登记机关登记的**已发行股份**的股本总额。在发起人认购的股份缴足前，不得向他人募集股份。 法律、行政法规以及国务院决定对股份有限公司注册资本最低限额另有规定的，从其规定。
第八十四条　以募集设立方式设立股份有限公司的，发起人认购的股份不得少于公司股份总数的百分之三十五；但是，法律、行政法规另有规定的，从其规定。	**第九十七条**　**以发起设立方式设立股份有限公司的，发起人应当认足公司章程规定的公司设立时应发行的股份。** 以募集设立方式设立股份有限公司的，发起人认购的股份不得少于公司**章程规定的公司设立时应发行**股份总数的百分之三十五；但是，法律、行政法规另有规定的，从其规定。
第八十三条第一款　**以发起设立方式设立股份有限公司的，**发起人应当**书面认足公司章程规定其认购的股份，并按照公司章程规定缴纳出资。以非货币财产出资的，应当依法办理其财产权的转移手续。** **第八十二条**　发起人的出资**方式**，适用本法第**二十七条**的规定。	**第九十八条**　发起人应当**在公司成立前按照其认购的股份全额缴纳股款**。 发起人的出资，适用本法第**四十八条、第四十九条第二款关于有限责任公司股东出资**的规定。

续表

2018年《公司法》	2023年《公司法》
第九十三条 股份有限公司成立后,发起人未按照公司章程的规定缴足出资的,应当补缴;其他发起人承担连带责任。 股份有限公司成立后,发现作为设立公司出资的非货币财产的实际价额显著低于公司章程所定价额的,应当由交付该出资的发起人补足其差额;其他发起人承担连带责任。	**第九十九条** 发起人不按照其认购的股份缴纳股款,或者作为出资的非货币财产的实际价额显著低于所认购的股份的,其他发起人与该发起人在出资不足的范围内承担连带责任。
第八十五条 发起人向社会公开募集股份,必须公告招股说明书,并制作认股书。认股书应当载明本法第八十六条所列事项,由认股人填写认购股数、金额、住所,并签名、盖章。认股人按照所认购股数缴纳股款。	**第一百条** 发起人向社会公开募集股份,应当公告招股说明书,并制作认股书。认股书应当载明本法第一百五十四条第二款、第三款所列事项,由认股人填写认购的股份数、金额、住所,并签名或者盖章。认股人应当按照所认购股份足额缴纳股款。
第八十九条第一款 发行股份的股款缴足后,必须经依法设立的验资机构验资并出具证明。发起人应当自股款缴足之日起三十日内主持召开公司创立大会。创立大会由发起人、认股人组成。	**第一百零一条** 向社会公开募集股份的股款缴足后,应当经依法设立的验资机构验资并出具证明。
第一百三十条 公司发行记名股票的,应当置备股东名册,记载下列事项: (一)股东的姓名或者名称及住所; (二)各股东所持股份数; (三)各股东所持股票的编号; (四)各股东取得股份的日期。 发行无记名股票的,公司应当记载其股票数量、编号及发行日期。	**第一百零二条** 股份有限公司应当制作股东名册并置备于公司。股东名册应当记载下列事项: (一)股东的姓名或者名称及住所; (二)各股东所认购的股份种类及股份数; (三)发行纸面形式的股票的,股票的编号; (四)各股东取得股份的日期。
第八十九条第一款 发行股份的股款缴足后,必须经依法设立的验资机构验资并出具证明。发起人应当自股款缴足之日起三十日内主持召开公司创立大会。创立大会由发起人、认股人组成。 **第九十条第一款** 发起人应当在创立大会召开十五日前将会议日期通知各认股	**第一百零三条** 募集设立股份有限公司的发起人应当自公司设立时应发行股份的股款缴足之日起三十日内召开公司成立大会。发起人应当在成立大会召开十五日前将会议日期通知各认股人或者予以公告。成立大会应当有持有表决权过半数的认股人出席,方可举行。

续表

2018年《公司法》	2023年《公司法》
人或者予以公告。**创立大会应有代表股份总数过半数的发起人、认股人出席，方可举行。**	**以发起设立方式设立股份有限公司成立大会的召开和表决程序由公司章程或者发起人协议规定。**
第九十条第二、三款 创立大会行使下列职权： (一)审议发起人关于公司筹办情况的报告； (二)通过公司章程； (三)选举董事**会成员**； (四)**选举监事会成员**； **(五)**对公司的设立费用进行审核； **(六)**对发起人**用于抵作股款的财产**的作价进行审核； **(七)**发生不可抗力或者经营条件发生重大变化直接影响公司设立的，可以作出不设立公司的决议。 **创立**大会对前款所列事项作出决议，**必须**经出席会议的认股人所持表决权过半数通过。	**第一百零四条** 公司**成立**大会行使下列职权： (一)审议发起人关于公司筹办情况的报告； (二)通过公司章程； (三)选举董事、监事； **(四)**对公司的设立费用进行审核； **(五)**对发起人**非货币财产出资**的作价进行审核； **(六)**发生不可抗力或者经营条件发生重大变化直接影响公司设立的，可以作出不设立公司的决议。 **成立**大会对前款所列事项作出决议，**应当**经出席会议的认股人所持表决权过半数通过。
第八十九条第二款 发行的股份**超过招股说明书规定的截止期限尚**未募足的，或者发行股份的股款缴足后，发起人在三十日内未召开**创立**大会的，认股人可以按照所缴股款并加算银行同期存款利息，要求发起人返还。 **第九十一条** 发起人、认股人缴纳股款或者交付**抵作股款的**出资后，除未按期募足股份、发起人未按期召开**创立**大会或者**创立**大会决议不设立公司的情形外，不得抽回其股本。	**第一百零五条** 公司**设立时应**发行的股份未募足，或者发行股份的股款缴足后，发起人在三十日内未召开**成立**大会的，认股人可以按照所缴股款并加算银行同期存款利息，要求发起人返还。 发起人、认股人缴纳股款或者交付**非货币财产**出资后，除未按期募足股份、发起人未按期召开**成立**大会或者**成立**大会决议不设立公司的情形外，不得抽回其股本。
第九十二条第一款 董事会应于**创立**大会结束后三十日内，向公司登记机关**报送下列文件，**申请设立登记： **(一)公司登记申请书；** **(二)创立大会的会议记录；**	**第一百零六条** 董事会应当**授权代表，**于公司**成立**大会结束后三十日内向公司登记机关申请设立登记。

续表

2018 年《公司法》	2023 年《公司法》
（三）公司章程； （四）验资证明； （五）法定代表人、董事、监事的任职文件及其身份证明； （六）发起人的法人资格证明或者自然人身份证明； （七）公司住所证明。	
无	**第一百零七条　本法第四十四条、第四十九条第三款、第五十一条、第五十二条、第五十三条的规定，适用于股份有限公司。**
第九十五条　有限责任公司变更为股份有限公司时，折合的实收股本总额不得高于公司净资产额。有限责任公司变更为股份有限公司，为增加资本公开发行股份时，应当依法办理。	**第一百零八条**　有限责任公司变更为股份有限公司时，折合的实收股本总额不得高于公司净资产额。有限责任公司变更为股份有限公司，为增加**注册**资本公开发行股份时，应当依法办理。
第九十六条　股份有限公司应当将公司章程、股东名册、**公司债券存根**、股东**大**会会议记录、董事会会议记录、监事会会议记录、财务会计报告置备于本公司。	**第一百零九条**　股份有限公司应当将公司章程、股东名册、股东会会议记录、董事会会议记录、监事会会议记录、财务会计报告、**债券持有人名册**置备于本公司。
第九十七条　股东有权查阅公司章程、股东名册、**公司债券存根**、股东**大**会会议记录、董事会会议决议、监事会会议决议、财务会计报告，对公司的经营提出建议或者质询。	**第一百一十条**　股东有权查阅、**复制**公司章程、股东名册、股东会会议记录、董事会会议决议、监事会会议决议、财务会计报告，对公司的经营提出建议或者质询。 **连续一百八十日以上单独或者合计持有公司百分之三以上股份的股东要求查阅公司的会计账簿、会计凭证的，适用本法第五十七条第二款、第三款、第四款的规定。公司章程对持股比例有较低规定的，从其规定。** **股东要求查阅、复制公司全资子公司相关材料的，适用前两款的规定。** **上市公司股东查阅、复制相关材料的，应当遵守《中华人民共和国证券法》等法律、行政法规的规定。**

续表

2018 年《公司法》	2023 年《公司法》
第二节　股东**大**会	第二节　股东会
第九十八条　股份有限公司股东**大**会由全体股东组成。股东**大**会是公司的权力机构,依照本法行使职权。	**第一百一十一条**　股份有限公司股东会由全体股东组成。股东会是公司的权力机构,依照本法行使职权。
第九十九条　本法第**三十七**条第一款关于有限责任公司股东会职权的规定,适用于股份有限公司股东**大**会。	**第一百一十二条**　本法第**五十九**条第一款、**第二款**关于有限责任公司股东会职权的规定,适用于股份有限公司股东会。 **本法第六十条关于只有一个股东的有限责任公司不设股东会的规定,适用于只有一个股东的股份有限公司。**
第一百条　股东**大**会应当每年召开一次年会。有下列情形之一的,应当在两个月内召开临时股东**大**会: (一)董事人数不足本法规定人数或者公司章程所定人数的三分之二时; (二)公司未弥补的亏损达**实收**股本总额三分之一时; (三)单独或者合计持有公司百分之十以上股份的股东请求时; (四)董事会认为必要时; (五)监事会提议召开时; (六)公司章程规定的其他情形。	**第一百一十三条**　股东会应当每年召开一次年会。有下列情形之一的,应当在两个月内召开临时股东会**会议**: (一)董事人数不足本法规定人数或者公司章程所定人数的三分之二时; (二)公司未弥补的亏损达股本总额三分之一时; (三)单独或者合计持有公司百分之十以上股份的股东请求时; (四)董事会认为必要时; (五)监事会提议召开时; (六)公司章程规定的其他情形。
第一百零一条　股东**大**会会议由董事会召集,董事长主持;董事长不能履行职务或者不履行职务的,由副董事长主持;副董事长不能履行职务或者不履行职务的,由半数**以上**董事共同推举一名董事主持。 董事会不能履行或者不履行召集股东**大**会会议职责的,监事会应当及时召集和主持;监事会不召集和主持的,连续九十日以上单独或者合计持有公司百分之十以上股份的股东可以自行召集和主持。	**第一百一十四条**　股东会会议由董事会召集,董事长主持;董事长不能履行职务或者不履行职务的,由副董事长主持;副董事长不能履行职务或者不履行职务的,由**过**半数**的**董事共同推举一名董事主持。 董事会不能履行或者不履行召集股东会会议职责的,监事会应当及时召集和主持;监事会不召集和主持的,连续九十日以上单独或者合计持有公司百分之十以上股份的股东可以自行召集和主持。 **单独或者合计持有公司百分之十以上股份的股东请求召开临时股东会会议的,董事会、监事会应当在收到请求之日起十日内**

续表

2018年《公司法》	2023年《公司法》
	作出是否召开临时股东会会议的决定，并书面答复股东。
第一百零二条 召开股东**大**会会议，应当将会议召开的时间、地点和审议的事项于会议召开二十日前通知各股东；临时股东**大**会应当于会议召开十五日前通知各股东；**发行无记名股票的，应当于会议召开三十日前公告会议召开的时间、地点和审议事项。** 单独或者合计持有公司**百分之三**以上股份的股东，可以在股东**大**会召开十日前提出临时提案并书面提交董事会；董事会应当在收到提案后二日内通知其他股东，并将该临时提案提交股东**大**会审议。**临时提案的内容应当属于股东大会职权范围，并有明确议题和具体决议事项。** 股东**大**会不得对**前两款**通知中未列明的事项作出决议。 **无记名股票持有人出席股东大会会议的，应当于会议召开五日前至股东大会闭会时将股票交存于公司。**	**第一百一十五条** 召开股东会会议，应当将会议召开的时间、地点和审议的事项于会议召开二十日前通知各股东；临时股东会**会议**应当于会议召开十五日前通知各股东。 单独或者合计持有公司**百分之一**以上股份的股东，可以在股东会**会议**召开十日前提出临时提案并书面提交董事会。**临时提案应当有明确议题和具体决议事项。**董事会应当在收到提案后二日内通知其他股东，并将该临时提案提交股东会审议；**但临时提案违反法律、行政法规或者公司章程的规定，或者不属于股东会职权范围的除外。公司不得提高提出临时提案股东的持股比例。** **公开发行股份的公司，应当以公告方式作出前两款规定的通知。** 股东会不得对通知中未列明的事项作出决议。
第一百零三条 股东出席股东大会会议，所持每一股份有一表决权。**但是，**公司持有的本公司股份没有表决权。 股东**大**会作出决议，**必须**经出席会议的股东所持表决权过半数通过。**但是，**股东**大**会作出修改公司章程、增加或者减少注册资本的决议，以及公司合并、分立、解散或者变更公司形式的决议，**必须**经出席会议的股东所持表决权的三分之二以上通过。	**第一百一十六条** 股东出席股东会会议，所持每一股份有一表决权，**类别股股东除外**。公司持有的本公司股份没有表决权。 股东会作出决议，**应当**经出席会议的股东所持表决权过半数通过。 股东会作出修改公司章程、增加或者减少注册资本的决议，以及公司合并、分立、解散或者变更公司形式的决议，**应当**经出席会议的股东所持表决权的三分之二以上通过。
第一百零五条 股东**大**会选举董事、监事，可以**依**照公司章程的规定或者股东**大**会的决议，实行累积投票制。	**第一百一十七条** 股东会选举董事、监事，可以**按**照公司章程的规定或者股东会的决议，实行累积投票制。

续表

2018 年《公司法》	2023 年《公司法》
本法所称累积投票制，是指股东**大**会选举董事或者监事时，每一股份拥有与应选董事或者监事人数相同的表决权，股东拥有的表决权可以集中使用。	本法所称累积投票制，是指股东会选举董事或者监事时，每一股份拥有与应选董事或者监事人数相同的表决权，股东拥有的表决权可以集中使用。
第一百零六条 股东**可以**委托代理人出席股东**大**会会议，代理人应当向公司提交股东授权委托书，并在授权范围内行使表决权。	**第一百一十八条** 股东委托代理人出席股东会会议**的，应当明确代理人代理的事项、权限和期限；**代理人应当向公司提交股东授权委托书，并在授权范围内行使表决权。
第一百零七条 股东**大**会应当对所议事项的决定作成会议记录，主持人、出席会议的董事应当在会议记录上签名。会议记录应当与出席股东的签名册及代理出席的委托书一并保存。	**第一百一十九条** 股东会应当对所议事项的决定作成会议记录，主持人、出席会议的董事应当在会议记录上签名。会议记录应当与出席股东的签名册及代理出席的委托书一并保存。
第三节 董事会、经理	第三节 董事会、经理
第一百零八条 股份有限公司设董事会，**其成员为五人至十九人。** **董事会成员中可以有公司职工代表。董事会中的职工代表由公司职工通过职工代表大会、职工大会或者其他形式民主选举产生。** 本法**第四十五条关于有限责任公司董事任期**的规定，适用于股份有限公司**董事**。 **本法第四十六条关于有限责任公司董事会职权的规定，适用于股份有限公司董事会。**	**第一百二十条** 股份有限公司设董事会，**本法第一百二十八条另有规定的除外。** 本法第六十七条、第六十八条第一款、第七十条、第七十一条的规定，适用于股份有限公司。
无	**第一百二十一条 股份有限公司可以按照公司章程的规定在董事会中设置由董事组成的审计委员会，行使本法规定的监事会的职权，不设监事会或者监事。** **审计委员会成员为三名以上，过半数成员不得在公司担任除董事以外的其他职务，且不得与公司存在任何可能影响其独**

续表

2018 年《公司法》	2023 年《公司法》
	立客观判断的关系。公司董事会成员中的职工代表可以成为审计委员会成员。 **审计委员会作出决议，应当经审计委员会成员的过半数通过。** **审计委员会决议的表决，应当一人一票。** **审计委员会的议事方式和表决程序，除本法有规定的外，由公司章程规定。** **公司可以按照公司章程的规定在董事会中设置其他委员会。**
第一百零九条 董事会设董事长一人，可以设副董事长。董事长和副董事长由董事会以全体董事的过半数选举产生。 董事长召集和主持董事会会议，检查董事会决议的实施情况。副董事长协助董事长工作，董事长不能履行职务或者不履行职务的，由副董事长履行职务；副董事长不能履行职务或者不履行职务的，由半数**以上**董事共同推举一名董事履行职务。	**第一百二十二条** 董事会设董事长一人，可以设副董事长。董事长和副董事长由董事会以全体董事的过半数选举产生。 董事长召集和主持董事会会议，检查董事会决议的实施情况。副董事长协助董事长工作，董事长不能履行职务或者不履行职务的，由副董事长履行职务；副董事长不能履行职务或者不履行职务的，由**过**半数**的**董事共同推举一名董事履行职务。
第一百一十条 董事会每年度至少召开两次会议，每次会议应当于会议召开十日前通知全体董事和监事。 代表十分之一以上表决权的股东、三分之一以上董事或者监事会，可以提议召开**董事会临时**会议。董事长应当自接到提议后十日内，召集和主持董事会会议。 董事会召开临时会议，可以另定召集董事会的通知方式和通知时限。	**第一百二十三条** 董事会每年度至少召开两次会议，每次会议应当于会议召开十日前通知全体董事和监事。 代表十分之一以上表决权的股东、三分之一以上董事或者监事会，可以提议召开**临时董事会**会议。董事长应当自接到提议后十日内，召集和主持董事会会议。 董事会召开临时会议，可以另定召集董事会的通知方式和通知时限。
第一百一十一条 董事会会议应有过半数的董事出席方可举行。董事会作出决议，**必须**经全体董事的过半数通过。 董事会决议的表决，**实行**一人一票。 **第一百一十二条第二款** 董事会应当对**会议**所议事项的决定作成会议记录，出席会议的董事应当在会议记录上签名。	**第一百二十四条** 董事会会议应当有过半数的董事出席方可举行。董事会作出决议，**应当**经全体董事的过半数通过。 董事会决议的表决，**应当**一人一票。 董事会应当对所议事项的决定作成会议记录，出席会议的董事应当在会议记录上签名。

续表

2018 年《公司法》	2023 年《公司法》
第一百一十二条第一、三款 董事会会议，应由董事本人出席；董事因故不能出席，可以书面委托其他董事代为出席，委托书**中**应载明授权范围。 董事应当对董事会的决议承担责任。董事会的决议违反法律、行政法规或者公司章程、股东**大**会决议，**致使**公司**遭受**严重损失的，参与决议的董事对公司负赔偿责任。但经证明在表决时曾表明异议并记载于会议记录的，该董事可以免除责任。	**第一百二十五条** 董事会会议，应**当**由董事本人出席；董事因故不能出席，可以书面委托其他董事代为出席，委托书应**当**载明授权范围。 董事应当对董事会的决议承担责任。董事会的决议违反法律、行政法规或者公司章程、股东会决议，**给**公司**造成**严重损失的，参与决议的董事对公司负赔偿责任；经证明在表决时曾表明异议并记载于会议记录的，该董事可以免除责任。
第一百一十三条 股份有限公司设经理，由董事会决定聘任或者解聘。 **本法第四十九条关于有限责任公司经理职权的规定，适用于股份有限公司经理。**	**第一百二十六条** 股份有限公司设经理，由董事会决定聘任或者解聘。 **经理对董事会负责，根据公司章程的规定或者董事会的授权行使职权。经理列席董事会会议。**
第一百一十四条 公司董事会可以决定由董事会成员兼任经理。	**第一百二十七条** 公司董事会可以决定由董事会成员兼任经理。
无	**第一百二十八条 规模较小或者股东人数较少的股份有限公司，可以不设董事会，设一名董事，行使本法规定的董事会的职权。该董事可以兼任公司经理。**
第一百一十六条 公司应当定期向股东披露董事、监事、高级管理人员从公司获得报酬的情况。	**第一百二十九条** 公司应当定期向股东披露董事、监事、高级管理人员从公司获得报酬的情况。
第四节 监 事 会	第四节 监 事 会
第一百一十七条 股份有限公司设监事会，其成员**不得少于**三人。 监事会应当包括股东代表和适当比例的公司职工代表，其中职工代表的比例不得低于三分之一，具体比例由公司章程规定。监事会中的职工代表由公司职工通过职工代表大会、职工大会或者其他形式民主选举产生。 监事会设主席一人，可以设副主席。监	**第一百三十条** 股份有限公司设监事会，**本法第一百二十一条第一款、第一百三十三条另有规定的除外。** **监事会**成员**为**三人**以上**。监事会**成员**应当包括股东代表和适当比例的公司职工代表，其中职工代表的比例不得低于三分之一，具体比例由公司章程规定。监事会中的职工代表由公司职工通过职工代表大会、职工大会或者其他形式民主选举产生。

续表

2018 年《公司法》	2023 年《公司法》
事会主席和副主席由全体监事过半数选举产生。监事会主席召集和主持监事会会议;监事会主席不能履行职务或者不履行职务的,由监事会副主席召集和主持监事会会议;监事会副主席不能履行职务或者不履行职务的,由半数**以上**监事共同推举一名监事召集和主持监事会会议。 董事、高级管理人员不得兼任监事。 本法**第五十二条**关于有限责任公司监事任期的规定,适用于股份有限公司监事。	监事会设主席一人,可以设副主席。监事会主席和副主席由全体监事过半数选举产生。监事会主席召集和主持监事会会议;监事会主席不能履行职务或者不履行职务的,由监事会副主席召集和主持监事会会议;监事会副主席不能履行职务或者不履行职务的,由**过半数的**监事共同推举一名监事召集和主持监事会会议。 董事、高级管理人员不得兼任监事。 本法**第七十七条**关于有限责任公司监事任期的规定,适用于股份有限公司监事。
第一百一十八条 本法**第五十三条、第五十四条关于有限责任公司监事会职权**的规定,适用于股份有限公司监事会。 监事会行使职权所必需的费用,由公司承担。	**第一百三十一条** 本法**第七十八条至第八十条**的规定,适用于股份有限公司监事会。 监事会行使职权所必需的费用,由公司承担。
第一百一十九条 监事会每六个月至少召开一次会议。监事可以提议召开临时监事会会议。 监事会的议事方式和表决程序,除本法有规定的外,由公司章程规定。 监事会决议应当经半数**以上监事**通过。 监事会应当对所议事项的决定作成会议记录,出席会议的监事应当在会议记录上签名。	**第一百三十二条** 监事会每六个月至少召开一次会议。监事可以提议召开临时监事会会议。 监事会的议事方式和表决程序,除本法有规定的外,由公司章程规定。 监事会决议应当经**全体监事的**过半数通过。 **监事会决议的表决,应当一人一票。** 监事会应当对所议事项的决定作成会议记录,出席会议的监事应当在会议记录上签名。
无	**第一百三十三条 规模较小或者股东人数较少的股份有限公司,可以不设监事会,设一名监事,行使本法规定的监事会的职权。**
第五节 上市公司组织机构的特别规定	第五节 上市公司组织机构的特别规定
第一百二十条 本法所称上市公司,是指其股票在证券交易所上市交易的股份有限公司。	**第一百三十四条** 本法所称上市公司,是指其股票在证券交易所上市交易的股份有限公司。

续表

2018年《公司法》	2023年《公司法》
第一百二十一条 上市公司在一年内购买、出售重大资产或者担保金额超过公司资产总额百分之三十的，应当由股东**大**会作出决议，并经出席会议的股东所持表决权的三分之二以上通过。	**第一百三十五条** 上市公司在一年内购买、出售重大资产或者**向他人提供**担保**的**金额超过公司资产总额百分之三十的，应当由股东会作出决议，并经出席会议的股东所持表决权的三分之二以上通过。
第一百二十二条 上市公司设独立董事，具体办法由国务院规定。	**第一百三十六条** 上市公司设独立董事，具体**管理**办法由国务院**证券监督管理机构**规定。 **上市公司的公司章程除载明本法第九十五条规定的事项外，还应当依照法律、行政法规的规定载明董事会专门委员会的组成、职权以及董事、监事、高级管理人员薪酬考核机制等事项。**
无	**第一百三十七条 上市公司在董事会中设置审计委员会的，董事会对下列事项作出决议前应当经审计委员会全体成员过半数通过：** **（一）聘用、解聘承办公司审计业务的会计师事务所；** **（二）聘任、解聘财务负责人；** **（三）披露财务会计报告；** **（四）国务院证券监督管理机构规定的其他事项。**
第一百二十三条 上市公司设董事会秘书，负责公司股东大会和董事会会议的筹备、文件保管以及公司股东资料的管理，办理信息披露事务等事宜。	**第一百三十八条** 上市公司设董事会秘书，负责公司股东会和董事会会议的筹备、文件保管以及公司股东资料的管理，办理信息披露事务等事宜。
第一百二十四条 上市公司董事与董事会会议决议事项所涉及的企业有关联关系的，不得对该项决议行使表决权，也不得代理其他董事行使表决权。该董事会会议由过半数的无关联关系董事出席即可举行，董事会会议所作决议须经无关联关系董事过半数通过。出席董事会的无关联关系董事人数不足三人的，应将该事项提交上市公司股东大会审议。	**第一百三十九条** 上市公司董事与董事会会议决议事项所涉及的企业**或者个人**有关联关系的，**该董事应当及时向董事会书面报告。有关联关系的董事**不得对该项决议行使表决权，也不得代理其他董事行使表决权。该董事会会议由过半数的无关联关系董事出席即可举行，董事会会议所作决议须经无关联关系董事过半数通过。出席董事会**会议**的无关联关系董事人数不足三人的，应**当**将该事项提交上市公司股东会审议。

续表

2018 年《公司法》	2023 年《公司法》
无	第一百四十条　上市公司应当依法披露股东、实际控制人的信息，相关信息应当真实、准确、完整。 禁止违反法律、行政法规的规定代持上市公司股票。
无	第一百四十一条　上市公司控股子公司不得取得该上市公司的股份。 上市公司控股子公司因公司合并、质权行使等原因持有上市公司股份的，不得行使所持股份对应的表决权，并应当及时处分相关上市公司股份。
第五章　股份有限公司的股份发行和转让	第六章　股份有限公司的股份发行和转让
第一节　股份发行	第一节　股份发行
第一百二十五条第一款　**股份有限**公司的资本划分为股份，每一股的金额相等。	**第一百四十二条**　公司的资本划分为股份。**公司的全部股份，根据公司章程的规定择一采用面额股或者无面额股。采用面额股的，**每一股的金额相等。 **公司可以根据公司章程的规定将已发行的面额股全部转换为无面额股或者将无面额股全部转换为面额股。** **采用无面额股的，应当将发行股份所得股款的二分之一以上计入注册资本。**
第一百二十六条　股份的发行，实行公平、公正的原则，同**种类**的每一股份应当具有同等权利。 同次发行的同**种类**股票，每股的发行条件和价格应当相同；**任何单位或者个人**所认购的股份，每股应当支付相同价额。	**第一百四十三条**　股份的发行，实行公平、公正的原则，同**类别**的每一股份应当具有同等权利。 同次发行的同**类别**股份，每股的发行条件和价格应当相同；**认购人**所认购的股份，每股应当支付相同价额。
第一百三十一条　国务院**可以对公司发行本法规定以外的其他种类的股份，另行作出**规定。	**第一百四十四条**　**公司可以按照公司章程的规定发行下列与普通股权利不同的类别股：** **（一）优先或者劣后分配利润或者剩余财产的股份；** **（二）每一股的表决权数多于或者少于**

续表

2018 年《公司法》	2023 年《公司法》
	普通股的股份； （三）转让须经公司同意等转让受限的股份； （四）国务院规定的其他类别股。 公开发行股份的公司不得发行前款第二项、第三项规定的类别股；公开发行前已发行的除外。 公司发行本条第一款第二项规定的类别股的，对于监事或者审计委员会成员的选举和更换，类别股与普通股每一股的表决权数相同。
无	第一百四十五条　发行类别股的公司，应当在公司章程中载明以下事项： （一）类别股分配利润或者剩余财产的顺序； （二）类别股的表决权数； （三）类别股的转让限制； （四）保护中小股东权益的措施； （五）股东会认为需要规定的其他事项。
无	第一百四十六条　发行类别股的公司，有本法第一百一十六条第三款规定的事项等可能影响类别股股东权利的，除应当依照第一百一十六条第三款的规定经股东会决议外，还应当经出席类别股股东会议的股东所持表决权的三分之二以上通过。 公司章程可以对需经类别股股东会议决议的其他事项作出规定。
第一百二十五条第二款　公司的股份采取股票的形式。股票是公司签发的证明股东所持股份的凭证。 第一百二十九条　公司发行的股票，可以为记名股票，也可以为无记名股票。 公司向发起人、法人发行的股票，应当为记名股票，并应当记载该发起人、法人的名称或者姓名，不得另立户名或者以代表人姓名记名。	第一百四十七条　公司的股份采取股票的形式。股票是公司签发的证明股东所持股份的凭证。 公司发行的股票，应当为记名股票。

续表

2018年《公司法》	2023年《公司法》
第一百二十七条 股票发行价格可以按票面金额,也可以超过票面金额,但不得低于票面金额。	**第一百四十八条** **面额股**股票**的**发行价格可以按票面金额,也可以超过票面金额,但不得低于票面金额。
第一百二十八条 股票采用纸面形式或者国务院证券监督管理机构规定的其他形式。 股票应当载明下列主要事项: (一)公司名称; (二)公司成立日期; (三)股票种类、票面金额及代表的股份数; **(四)股票的编号。** 股票由法定代表人签名,公司盖章。 发起人**的**股票,应当标明发起人股票字样。	**第一百四十九条** 股票采用纸面形式或者国务院证券监督管理机构规定的其他形式。 股票**采用纸面形式的,**应当载明下列主要事项: (一)公司名称; (二)公司成立日期**或者股票发行的时间;** (三)股票种类、票面金额及代表的股份数,**发行无面额股的,股票代表的股份数。** 股票**采用纸面形式的,还应当载明**股票的编号,由法定代表人签名,公司盖章。 发起人股票**采用纸面形式的,**应当标明发起人股票字样。
第一百三十二条 股份有限公司成立后,即向股东正式交付股票。公司成立前不得向股东交付股票。	**第一百五十条** 股份有限公司成立后,即向股东正式交付股票。公司成立前不得向股东交付股票。
第一百三十三条 公司发行新股,股东大会应当对下列事项作出决议: (一)新股种类及数额; (二)新股发行价格; (三)新股发行的起止日期; (四)向原有股东发行新股的种类及数额。 **第一百三十五条** 公司发行新股,可以根据公司经营情况和财务状况,确定其作价方案。	**第一百五十一条** 公司发行新股,股东会应当对下列事项作出决议: (一)新股种类及数额; (二)新股发行价格; (三)新股发行的起止日期; (四)向原有股东发行新股的种类及数额; **(五)发行无面额股的,新股发行所得股款计入注册资本的金额。** 公司发行新股,可以根据公司经营情况和财务状况,确定其作价方案。
无	**第一百五十二条** **公司章程或者股东会可以授权董事会在三年内决定发行不超过已发行股份百分之五十的股份。但以非货币财产作价出资的应当经股东会决议。**

续表

2018 年《公司法》	2023 年《公司法》
	董事会依照前款规定决定发行股份导致公司注册资本、已发行股份数发生变化的,对公司章程该项记载事项的修改不需再由股东会表决。
无	**第一百五十三条　公司章程或者股东会授权董事会决定发行新股的,董事会决议应当经全体董事三分之二以上通过。**
第八十五条　发起人向社会公开募集股份,**必须**公告招股说明书,**并制作认股书。认股书应当载明本法第八十六条所列事项,由认股人填写认购股数、金额、住所,并签名、盖章。认股人按照所认购股数缴纳股款。** **第一百三十四条第一款**　公司**经国务院证券监督管理机构核准公开发行新股时,必须**公告**新股**招股说明书**和财务会计报告,并制作认股书。** **第八十六条**　招股说明书应当附有**发起人制订的**公司章程,并载明下列事项: (一)**发起人认购**的股份数; (二)**每**股的票面金额和发行价格; **(三)无记名股票的发行总数;** **(四)**募集资金的用途; **(五)**认股人的权利、义务; (六)本次募股的起止**期限**及逾期未募足时认股人可以撤回所认股份的说明。	**第一百五十四条　公司**向社会公开募集股份,**应当经国务院证券监督管理机构注册,**公告招股说明书。 招股说明书应当附有公司章程,并载明下列事项: (一)发行的股份总数; (二)**面额股**的票面金额和发行价格**或者无面额股的发行价格;** **(三)**募集资金的用途; **(四)**认股人的权利和义务; (五)**股份种类及其权利和义务;** (六)本次募股的起止日期及逾期未募足时认股人可以撤回所认股份的说明。 **公司设立时发行股份的,还应当载明发起人认购的股份数。**
第八十七条　发起人向社会公开募集股份,应当由依法设立的证券公司承销,签订承销协议。	**第一百五十五条　公司**向社会公开募集股份,应当由依法设立的证券公司承销,签订承销协议。
第八十八条　发起人向社会公开募集股份,应当同银行签订代收股款协议。 代收股款的银行应当按照协议代收和保存股款,向缴纳股款的认股人出具收款单据,并负有向有关部门出具收款证明的义务。 **第一百三十六条**　公司发行**新股**募足股款后,**必须向公司登记机关办理变更登记,并**公告。	**第一百五十六条　公司**向社会公开募集股份,应当同银行签订代收股款协议。 代收股款的银行应当按照协议代收和保存股款,向缴纳股款的认股人出具收款单据,并负有向有关部门出具收款证明的义务。 公司发行**股份**募足股款后,**应予**公告。

续表

2018 年《公司法》	2023 年《公司法》
第二节 股份转让	第二节 股份转让
第一百三十七条 股东持有的股份可以**依法**转让。	**第一百五十七条 股份有限公司的**股东持有的股份可以**向其他股东转让，也可以向股东以外的人转让；公司章程对股份转让有限制的，其转让按照公司章程的规定进行**。
第一百三十八条 股东转让其股份，应当在依法设立的证券交易场所进行或者按照国务院规定的其他方式进行。	**第一百五十八条** 股东转让其股份，应当在依法设立的证券交易场所进行或者按照国务院规定的其他方式进行。
第一百三十九条 记名股票，由股东以背书方式或者法律、行政法规规定的其他方式**转让**；转让后由公司将受让人的姓名或者名称及住所记载于股东名册。 股东**大**会召开前二十日内或者公司决定分配股利的基准日前五日内，不得**进行前款规定的**股东名册**的变更登记**。**但是**，法律对上市公司股东名册变更**登记**另有规定的，从其规定。	**第一百五十九条** 股票**的转让**，由股东以背书方式或者法律、行政法规规定的其他方式**进行**；转让后由公司将受让人的姓名或者名称及住所记载于股东名册。 股东会**会议**召开前二十日内或者公司决定分配股利的基准日前五日内，不得**变更**股东名册。法律**、行政法规或者国务院证券监督管理机构**对上市公司股东名册变更另有规定的，从其规定。
第一百四十一条 发起人持有的本公司股份，自公司成立之日起一年内不得转让。公司公开发行股份前已发行的股份，自公司股票在证券交易所上市交易之日起一年内不得转让。 公司董事、监事、高级管理人员应当向公司申报所持有的本公司的股份及其变动情况，在任职期间每年转让的股份不得超过其所持有本公司股份总数的百分之二十五；所持本公司股份自公司股票上市交易之日起一年内不得转让。上述人员离职后半年内，不得转让其所持有的本公司股份。公司章程可以对公司董事、监事、高级管理人员转让其所持有的本公司股份作出其他限制性规定。	**第一百六十条** 公司公开发行股份前已发行的股份，自公司股票在证券交易所上市交易之日起一年内不得转让。**法律、行政法规或者国务院证券监督管理机构对上市公司的股东、实际控制人转让其所持有的本公司股份另有规定的，从其规定。** 公司董事、监事、高级管理人员应当向公司申报所持有的本公司的股份及其变动情况，在**就任时确定的**任职期间每年转让的股份不得超过其所持有本公司股份总数的百分之二十五；所持本公司股份自公司股票上市交易之日起一年内不得转让。上述人员离职后半年内，不得转让其所持有的本公司股份。公司章程可以对公司董事、监事、高级管理人员转让其所持有的本公司股份作出其他限制性规定。 **股份在法律、行政法规规定的限制转让期限内出质的，质权人不得在限制转让期限内行使质权。**

续表

2018 年《公司法》	2023 年《公司法》
第七十四条 有下列情形之一的，对股东会该项决议投反对票的股东可以请求公司按照合理的价格收购其股权： （一）公司连续五年不向股东分配利润，而公司该五年连续盈利，并且符合本法规定的分配利润条件的； （二）公司**合并、分立**、转让主要财产**的**； （三）公司章程规定的营业期限届满或者章程规定的其他解散事由出现，股东会会议通过决议修改章程使公司存续的。 自股东会会议决议通过之日起六十日内，股东与公司不能达成**股权**收购协议的，股东可以自股东会会议决议通过之日起九十日内向人民法院提起诉讼。	**第一百六十一条** 有下列情形之一的，对股东会该项决议投反对票的股东可以请求公司按照合理的价格收购其**股份，公开发行股份的公司除外**： （一）公司连续五年不向股东分配利润，而公司该五年连续盈利，并且符合本法规定的分配利润条件； （二）公司转让主要财产； （三）公司章程规定的营业期限届满或者章程规定的其他解散事由出现，股东会通过决议修改章程使公司存续。 自股东会决议作出之日起六十日内，股东与公司不能达成**股份**收购协议的，股东可以自股东会决议作出之日起九十日内向人民法院提起诉讼。 **公司因本条第一款规定的情形收购的本公司股份，应当在六个月内依法转让或者注销。**
第一百四十二条 公司不得收购本公司股份。但是，有下列情形之一的除外： （一）减少公司注册资本； （二）与持有本公司股份的其他公司合并； （三）将股份用于员工持股计划或者股权激励； （四）股东因对股东大会作出的公司合并、分立决议持异议，要求公司收购其股份； （五）将股份用于转换**上市**公司发行的可转换为股票的公司债券； （六）上市公司为维护公司价值及股东权益所必需。 公司因前款第**（一）**项、第**（二）**项规定的情形收购本公司股份的，应当经股东**大**会决议；公司因前款第**（三）**项、第**（五）**项、第**（六）**项规定的情形收购本公司股份的，可以**依照**公司章程**的规定**或者股东**大**会的授权，	**第一百六十二条** 公司不得收购本公司股份。但是，有下列情形之一的除外： （一）减少公司注册资本； （二）与持有本公司股份的其他公司合并； （三）将股份用于员工持股计划或者股权激励； （四）股东因对股东会作出的公司合并、分立决议持异议，要求公司收购其股份； （五）将股份用于转换公司发行的可转换为股票的公司债券； （六）上市公司为维护公司价值及股东权益所必需。 公司因前款第**一**项、第**二**项规定的情形收购本公司股份的，应当经股东会决议；公司因前款第**三**项、第**五**项、第**六**项规定的情形收购本公司股份的，可以**按照**公司章程或者股东会的授权，经三分之二以上董事出席

续表

2018 年《公司法》	2023 年《公司法》
经三分之二以上董事出席的董事会会议决议。 公司依照本条第一款规定收购本公司股份后,属于第(一)项情形的,应当自收购之日起十日内注销;属于第(二)项、第(四)项情形的,应当在六个月内转让或者注销;属于第(三)项、第(五)项、第(六)项情形的,公司合计持有的本公司股份数不得超过本公司已发行股份**总额**的百分之十,并应当在三年内转让或者注销。 上市公司收购本公司股份的,应当依照《中华人民共和国证券法》的规定履行信息披露义务。上市公司因本条第一款第(三)项、第(五)项、第(六)项规定的情形收购本公司股份的,应当通过公开的集中交易方式进行。 公司不得接受本公司的**股票**作为质**押**权的标的。	的董事会会议决议。 公司依照本条第一款规定收购本公司股份后,属于第**一**项情形的,应当自收购之日起十日内注销;属于第**二**项、第**四**项情形的,应当在六个月内转让或者注销;属于第**三**项、第**五**项、第**六**项情形的,公司合计持有的本公司股份数不得超过本公司已发行股份**总数**的百分之十,并应当在三年内转让或者注销。 上市公司收购本公司股份的,应当依照《中华人民共和国证券法》的规定履行信息披露义务。上市公司因本条第一款第**三**项、第**五**项、第**六**项规定的情形收购本公司股份的,应当通过公开的集中交易方式进行。 公司不得接受本公司的**股份**作为质权的标的。
无	**第一百六十三条　公司不得为他人取得本公司或者其母公司的股份提供赠与、借款、担保以及其他财务资助,公司实施员工持股计划的除外。** **为公司利益,经股东会决议,或者董事会按照公司章程或者股东会的授权作出决议,公司可以为他人取得本公司或者其母公司的股份提供财务资助,但财务资助的累计总额不得超过已发行股本总额的百分之十。董事会作出决议应当经全体董事的三分之二以上通过。** **违反前两款规定,给公司造成损失的,负有责任的董事、监事、高级管理人员应当承担赔偿责任。**
第一百四十三条　记名股票被盗、遗失或者灭失,股东可以依照《中华人民共和国民事诉讼法》规定的公示催告程序,请求人民法院宣告该股票失效。人民法院宣告该股票失效后,股东可以向公司申请补发股票。	**第一百六十四条**　股票被盗、遗失或者灭失,股东可以依照《中华人民共和国民事诉讼法》规定的公示催告程序,请求人民法院宣告该股票失效。人民法院宣告该股票失效后,股东可以向公司申请补发股票。

续表

2018 年《公司法》	2023 年《公司法》
第一百四十四条 上市公司的股票,依照有关法律、行政法规及证券交易所交易规则上市交易。	**第一百六十五条** 上市公司的股票,依照有关法律、行政法规及证券交易所交易规则上市交易。
第一百四十五条 上市公司**必须**依照法律、行政法规的规定,**公开其财务状况、经营情况及重大诉讼,在每会计年度内半年公布一次财务会计报告**。	**第一百六十六条** 上市公司**应当**依照法律、行政法规的规定**披露相关信息**。
第七十五条 自然人股东死亡后,其合法继承人可以继承股东资格;但是,公司章程另有规定的除外。	**第一百六十七条** 自然人股东死亡后,其合法继承人可以继承股东资格;但是,**股份转让受限的股份有限**公司**的**章程另有规定的除外。
	第七章 国家出资公司组织机构的特别规定
第六十四条 **国有独资**公司的**设立和**组织机构,适用本**节**规定;本**节**没有规定的,适用本**章第一节、第二节的**规定。 本法所称**国有独资**公司,是指国家**单独**出资、**由国务院或者地方人民政府授权本级人民政府国有资产监督管理机构履行出资人职责**的有限责任公司。	**第一百六十八条** **国家出资**公司的组织机构,适用本**章**规定;本**章**没有规定的,适用本**法其他**规定。 本法所称**国家出资**公司,是指国家**出资的国有独资公司、国有资本控股公司,包括国家**出资的有限责任公司、**股份有限公司**。
无	**第一百六十九条 国家出资公司,由国务院或者地方人民政府分别代表国家依法履行出资人职责,享有出资人权益。国务院或者地方人民政府可以授权国有资产监督管理机构或者其他部门、机构代表本级人民政府对国家出资公司履行出资人职责。** **代表本级人民政府履行出资人职责的机构、部门,以下统称为履行出资人职责的机构。**
无	**第一百七十条 国家出资公司中中国共产党的组织,按照中国共产党章程的规定发挥领导作用,研究讨论公司重大经营管理事项,支持公司的组织机构依法行使职权。**

续表

2018 年《公司法》	2023 年《公司法》
第六十五条 国有独资公司章程由**国有资产监督管理**机构制定，**或者由董事会制订报国有资产监督管理机构批准。**	**第一百七十一条** 国有独资公司章程由**履行出资人职责的**机构制定。
第六十六条 国有独资公司不设股东会，由**国有资产监督管理**机构行使股东会职权。**国有资产监督管理**机构可以授权公司董事会行使股东会的部分职权，**决定公司的重大事项**，但公司的合并、分立、解散、增加或者减少注册资本**和发行公司债券，必须由国有资产监督管理**机构决定；**其中，重要的国有独资公司合并、分立、解散、申请破产的，应当由国有资产监督管理机构审核后，报本级人民政府批准。** **前款所称重要的国有独资公司，按照国务院的规定确定。**	**第一百七十二条** 国有独资公司不设股东会，由**履行出资人职责的**机构行使股东会职权。**履行出资人职责的**机构可以授权公司董事会行使股东会的部分职权，但**公司章程的制定和修改，**公司的合并、分立、解散、**申请破产，**增加或者减少注册资本，**分配利润，应当**由**履行出资人职责的**机构决定。
第六十七条 国有独资公司**设**董事会，依照本法**第四十六条、第六十六条的**规定行使职权。**董事每届任期不得超过三年。**董事会成员中应当有公司职工代表。 董事会成员由**国有资产监督管理**机构委派；但是，董事会成员中的职工代表由公司职工代表大会选举产生。 董事会设董事长一人，可以设副董事长。董事长、副董事长由**国有资产监督管理**机构从董事会成员中指定。	**第一百七十三条** 国有独资公司**的**董事会依照本法规定行使职权。 **国有独资公司的董事会成员中，应当过半数为外部董事，并**应当有公司职工代表。 董事会成员由**履行出资人职责的**机构委派；但是，董事会成员中的职工代表由公司职工代表大会选举产生。 董事会设董事长一人，可以设副董事长。董事长、副董事长由**履行出资人职责的**机构从董事会成员中指定。
第六十八条 国有独资公司**设**经理，由董事会聘任或者解聘。**经理依照本法第四十九条规定行使职权。** 经**国有资产监督管理**机构同意，董事会成员可以兼任经理。	**第一百七十四条** 国有独资公司**的**经理由董事会聘任或者解聘。 经**履行出资人职责的**机构同意，董事会成员可以兼任经理。
第六十九条 国有独资公司的**董事长、副董事长、**董事、高级管理人员，未经**国有资产监督管理**机构同意，不得在其他有限责任公司、股份有限公司或者其他经济组织兼职。	**第一百七十五条** 国有独资公司的董事、高级管理人员，未经**履行出资人职责的**机构同意，不得在其他有限责任公司、股份有限公司或者其他经济组织兼职。

续表

2018年《公司法》	2023年《公司法》
无	**第一百七十六条　国有独资公司在董事会中设置由董事组成的审计委员会行使本法规定的监事会职权的，不设监事会或者监事。**
无	**第一百七十七条　国家出资公司应当依法建立健全内部监督管理和风险控制制度，加强内部合规管理。**
第六章　公司董事、监事、高级管理人员的资格和义务	第八章　公司董事、监事、高级管理人员的资格和义务
第一百四十六条　有下列情形之一的，不得担任公司的董事、监事、高级管理人员： （一）无民事行为能力或者限制民事行为能力； （二）因贪污、贿赂、侵占财产、挪用财产或者破坏社会主义市场经济秩序，被判处刑罚，**执行期满未逾五年**，或者因犯罪被剥夺政治权利，执行期满未逾五年； （三）担任破产清算的公司、企业的董事或者厂长、经理，对该公司、企业的破产负有个人责任的，自该公司、企业破产清算完结之日起未逾三年； （四）担任因违法被吊销营业执照、责令关闭的公司、企业的法定代表人，并负有个人责任的，自该公司、企业被吊销营业执照之日起未逾三年； （五）个人所负数额较大的债务到期未清偿。 **公司**违反前款规定选举、委派董事、监事或者聘任高级管理人员的，该选举、委派或者聘任无效。 董事、监事、高级管理人员在任职期间出现本条第一款所列情形的，公司应当解除其职务。	**第一百七十八条**　有下列情形之一的，不得担任公司的董事、监事、高级管理人员： （一）无民事行为能力或者限制民事行为能力； （二）因贪污、贿赂、侵占财产、挪用财产或者破坏社会主义市场经济秩序，被判处刑罚，或者因犯罪被剥夺政治权利，执行期满未逾五年，**被宣告缓刑的，自缓刑考验期满之日起未逾二年**； （三）担任破产清算的公司、企业的董事或者厂长、经理，对该公司、企业的破产负有个人责任的，自该公司、企业破产清算完结之日起未逾三年； （四）担任因违法被吊销营业执照、责令关闭的公司、企业的法定代表人，并负有个人责任的，自该公司、企业被吊销营业执照、**责令关闭**之日起未逾三年； （五）个人**因**所负数额较大债务到期未清偿**被人民法院列为失信被执行人**。 违反前款规定选举、委派董事、监事或者聘任高级管理人员的，该选举、委派或者聘任无效。 董事、监事、高级管理人员在任职期间出现本条第一款所列情形的，公司应当解除其职务。

续表

2018 年《公司法》	2023 年《公司法》
第一百四十七条第一款 董事、监事、高级管理人员应当遵守法律、行政法规和公司章程,对公司负有忠实义务**和勤勉义务**。	**第一百七十九条** 董事、监事、高级管理人员应当遵守法律、行政法规和公司章程。 **第一百八十条** 董事、监事、高级管理人员对公司负有忠实义务,**应当采取措施避免自身利益与公司利益冲突,不得利用职权牟取不正当利益。** **董事、监事、高级管理人员对公司负有勤勉义务,执行职务应当为公司的最大利益尽到管理者通常应有的合理注意。** **公司的控股股东、实际控制人不担任公司董事但实际执行公司事务的,适用前两款规定。**
第一百四十七条第二款 董事、监事、高级管理人员不得利用职权**收受贿赂或者**其他非法收入,不得侵占公司**的**财产。 **第一百四十八条第一款** 董事、高级管理人员不得有下列行为: (一)挪用公司资金; (二)将公司资金以其个人名义或者以其他个人名义开立账户存储; **(三)违反公司章程的规定,未经股东会、股东大会或者董事会同意,将公司资金借贷给他人或者以公司财产为他人提供担保;** **(四)违反公司章程的规定或者未经股东会、股东大会同意,与本公司订立合同或者进行交易;** **(五)未经股东会或者股东大会同意,利用职务便利为自己或者他人谋取属于公司的商业机会,自营或者为他人经营与所任职公司同类的业务;** (六)接受他人与公司交易的佣金归为己有; (七)擅自披露公司秘密; (八)违反对公司忠实义务的其他行为。	**第一百八十一条** 董事、监事、高级管理人员不得有下列行为: (一)侵占公司财产、挪用公司资金; (二)将公司资金以其个人名义或者以其他个人名义开立账户存储; (三)利用职权贿赂或者收受其他非法收入; (四)接受他人与公司交易的佣金归为己有; (五)擅自披露公司秘密; (六)违反对公司忠实义务的其他行为。

续表

2018 年《公司法》	2023 年《公司法》
第一百四十八条第一款第四项　董事、高级管理人员**不得有下列行为**： （四）违反公司章程的规定或者**未经股东会、股东大会同意**，与本公司订立合同或者进行交易；	**第一百八十二条**　董事、**监事**、高级管理人员，**直接或者间接**与本公司订立合同或者进行交易，**应当就与订立合同或者进行交易有关的事项向董事会或者股东会报告，并按照**公司章程的规定**经董事会**或者股东会**决议通过。** **董事、监事、高级管理人员的近亲属，董事、监事、高级管理人员或者其近亲属直接或者间接控制的企业，以及与董事、监事、高级管理人员有其他关联关系的关联人，与公司订立合同或者进行交易，适用前款规定。**
第一百四十八条第一款第五项　董事、高级管理人员不得**有下列行为**： （五）**未经股东会或者股东大会同意**，利用职务便利为自己或者他人谋取属于公司的商业机会，自营或者为他人经营与**所任职**公司同类的业务；	**第一百八十三条**　董事、**监事**、高级管理人员，不得利用职务便利为自己或者他人谋取属于公司的商业机会。**但是，有下列情形之一的除外：** **（一）向董事会或者股东会报告，并按照公司章程的规定经董事会或者股东会决议通过；** **（二）根据法律、行政法规或者公司章程的规定，公司不能利用该商业机会。** **第一百八十四条**　董事、**监事**、高级管理人员**未向董事会或者股东会报告，并按照公司章程的规定经董事会或者股东会决议通过**，不得自营或者为他人经营与**其**任职公司同类的业务。
无	**第一百八十五条　董事会对本法第一百八十二条至第一百八十四条规定的事项决议时，关联董事不得参与表决，其表决权不计入表决权总数。出席董事会会议的无关联关系董事人数不足三人的，应当将该事项提交股东会审议。**
第一百四十八条第二款　董事、高级管理人员违反**前款**规定所得的收入应当归公司所有。	**第一百八十六条**　董事、**监事**、高级管理人员违反**本法第一百八十一条至第一百八十四条**规定所得的收入应当归公司所有。

续表

2018年《公司法》	2023年《公司法》
第一百五十条第一款 股东会**或者股东大会**要求董事、监事、高级管理人员列席会议的,董事、监事、高级管理人员应当列席并接受股东的质询。	**第一百八十七条** 股东会要求董事、监事、高级管理人员列席会议的,董事、监事、高级管理人员应当列席并接受股东的质询。
第一百四十九条 董事、监事、高级管理人员执行**公司**职务**时**违反法律、行政法规或者公司章程的规定,给公司造成损失的,应当承担赔偿责任。	**第一百八十八条** 董事、监事、高级管理人员执行职务违反法律、行政法规或者公司章程的规定,给公司造成损失的,应当承担赔偿责任。
第一百五十一条 董事、高级管理人员有**本法第一百四十九条**规定的情形的,有限责任公司的股东、股份有限公司连续一百八十日以上单独或者合计持有公司百分之一以上股份的股东,可以书面请求监事会**或者不设监事会的有限责任公司的监事**向人民法院提起诉讼;监事有本法**第一百四十九条**规定的情形的,前述股东可以书面请求董事会**或者不设董事会的有限责任公司的执行董事**向人民法院提起诉讼。 监事会、**不设监事会的有限责任公司的监事**,或者董事会、**执行董事**收到前款规定的股东书面请求后拒绝提起诉讼,或者自收到请求之日起三十日内未提起诉讼,或者情况紧急、不立即提起诉讼将会使公司利益受到难以弥补的损害的,前款规定的股东有权为了公司的利益以自己的名义直接向人民法院提起诉讼。 他人侵犯公司合法权益,给公司造成损失的,本条第一款规定的股东可以依照前两款的规定向人民法院提起诉讼。	**第一百八十九条** 董事、高级管理人员有**前条**规定的情形的,有限责任公司的股东、股份有限公司连续一百八十日以上单独或者合计持有公司百分之一以上股份的股东,可以书面请求监事会向人民法院提起诉讼;监事有**前条**规定的情形的,前述股东可以书面请求董事会向人民法院提起诉讼。 监事会或者董事会收到前款规定的股东书面请求后拒绝提起诉讼,或者自收到请求之日起三十日内未提起诉讼,或者情况紧急、不立即提起诉讼将会使公司利益受到难以弥补的损害的,前款规定的股东有权为公司利益以自己的名义直接向人民法院提起诉讼。 他人侵犯公司合法权益,给公司造成损失的,本条第一款规定的股东可以依照前两款的规定向人民法院提起诉讼。 **公司全资子公司的董事、监事、高级管理人员有前条规定情形,或者他人侵犯公司全资子公司合法权益造成损失的,有限责任公司的股东、股份有限公司连续一百八十日以上单独或者合计持有公司百分之一以上股份的股东,可以依照前三款规定书面请求全资子公司的监事会、董事会向人民法院提起诉讼或者以自己的名义直接向人民法院提起诉讼。**

续表

2018 年《公司法》	2023 年《公司法》
第一百五十二条 董事、高级管理人员违反法律、行政法规或者公司章程的规定，损害股东利益的，股东可以向人民法院提起诉讼。	**第一百九十条** 董事、高级管理人员违反法律、行政法规或者公司章程的规定，损害股东利益的，股东可以向人民法院提起诉讼。
无	**第一百九十一条 董事、高级管理人员执行职务，给他人造成损害的，公司应当承担赔偿责任；董事、高级管理人员存在故意或者重大过失的，也应当承担赔偿责任。**
无	**第一百九十二条 公司的控股股东、实际控制人指示董事、高级管理人员从事损害公司或者股东利益的行为的，与该董事、高级管理人员承担连带责任。**
无	**第一百九十三条 公司可以在董事任职期间为董事因执行公司职务承担的赔偿责任投保责任保险。** **公司为董事投保责任保险或者续保后，董事会应当向股东会报告责任保险的投保金额、承保范围及保险费率等内容。**
第七章 公司债券	第**九**章 公司债券
第一百五十三条 本法所称公司债券，是指公司**依照法定程序**发行、约定**在一定期限**还本付息的有价证券。 **公司发行**公司债券应当符合《中华人民共和国证券法》规定**的发行条件**。	**第一百九十四条** 本法所称公司债券，是指公司发行**的**约定**按期**还本付息的有价证券。 **公司债券可以公开发行，也可以非公开发行。** 公司债券**的发行和交易**应当符合《中华人民共和国证券法》**等法律、行政法规的**规定。
第一百五十四条 发行公司债券**的申请**经国务院**授权的部门核准后，应当**公告公司债券募集办法。 公司债券募集办法中应当载明下列主要事项： （一）公司名称； （二）债券募集资金的用途； （三）债券总额和债券的票面金额；	**第一百九十五条 公开**发行公司债券，**应当**经国务院**证券监督管理机构注册**，公告公司债券募集办法。 公司债券募集办法应当载明下列主要事项： （一）公司名称； （二）债券募集资金的用途； （三）债券总额和债券的票面金额；

续表

2018 年《公司法》	2023 年《公司法》
(四)债券利率的确定方式; (五)还本付息的期限和方式; (六)债券担保情况; (七)债券的发行价格、发行的起止日期; (八)公司净资产额; (九)已发行的尚未到期的公司债券总额; (十)公司债券的承销机构。	(四)债券利率的确定方式; (五)还本付息的期限和方式; (六)债券担保情况; (七)债券的发行价格、发行的起止日期; (八)公司净资产额; (九)已发行的尚未到期的公司债券总额; (十)公司债券的承销机构。
第一百五十五条 公司以**实物券方式**发行公司债券的,**必须**在债券上载明公司名称、债券票面金额、利率、偿还期限等事项,并由法定代表人签名,公司盖章。	**第一百九十六条** 公司以**纸面形式**发行公司债券的,**应当**在债券上载明公司名称、债券票面金额、利率、偿还期限等事项,并由法定代表人签名,公司盖章。
第一百五十六条 公司债券,**可以**为记名债券**,也可以为无记名债券**。	**第一百九十七条** 公司债券**应当**为记名债券。
第一百五十七条 公司发行公司债券应当置备公司债券**存根簿**。 发行**记名**公司债券的,应当在公司债券**存根簿**上载明下列事项: (一)债券持有人的姓名或者名称及住所; (二)债券持有人取得债券的日期及债券的编号; (三)债券总额,债券的票面金额、利率、还本付息的期限和方式; (四)债券的发行日期。 **发行无记名公司债券的,应当在公司债券存根簿上载明债券总额、利率、偿还期限和方式、发行日期及债券的编号。**	**第一百九十八条** 公司发行公司债券应当置备公司债券**持有人名册**。 发行公司债券的,应当在公司债券**持有人名册**上载明下列事项: (一)债券持有人的姓名或者名称及住所; (二)债券持有人取得债券的日期及债券的编号; (三)债券总额,债券的票面金额、利率、还本付息的期限和方式; (四)债券的发行日期。
第一百五十八条 **记名**公司债券的登记结算机构应当建立债券登记、存管、付息、兑付等相关制度。	**第一百九十九条** 公司债券的登记结算机构应当建立债券登记、存管、付息、兑付等相关制度。
第一百五十九条 公司债券可以转让,转让价格由转让人与受让人约定。 公司债券**在证券交易所上市交易的,按照证券交易所的交易规则转让。**	**第二百条** 公司债券可以转让,转让价格由转让人与受让人约定。 公司债券**的**转让**应当符合法律、行政法规的规定。**

续表

2018年《公司法》	2023年《公司法》
第一百六十条 **记名**公司债券，由债券持有人以背书方式或者法律、行政法规规定的其他方式转让；转让后由公司将受让人的姓名或者名称及住所记载于公司债券**存根簿**。 **无记名公司债券的转让，由债券持有人将该债券交付给受让人后即发生转让的效力。**	**第二百零一条** 公司债券由债券持有人以背书方式或者法律、行政法规规定的其他方式转让；转让后由公司将受让人的姓名或者名称及住所记载于公司债券**持有人名册**。
第一百六十一条 **上市**公司经股东大会决议可以发行可转换为股票的公司债券，并**在公司债券募集办法中**规定具体的转换办法。上市公司发行可转换为股票的公司债券，应当**报**国务院证券监督管理机构**核准**。 发行可转换为股票的公司债券，应当在债券上标明可转换公司债券字样，并在公司债券**存根簿**上载明可转换公司债券的数额。	**第二百零二条** **股份有限**公司经股东会决议，**或者经公司章程、股东会授权由董事会决议**，可以发行可转换为股票的公司债券，并规定具体的转换办法。上市公司发行可转换为股票的公司债券，应当**经**国务院证券监督管理机构**注册**。 发行可转换为股票的公司债券，应当在债券上标明可转换公司债券字样，并在公司债券**持有人名册**上载明可转换公司债券的数额。
第一百六十二条 发行可转换为股票的公司债券的，公司应当按照其转换办法向债券持有人换发股票，但债券持有人对转换股票或者不转换股票有选择权。	**第二百零三条** 发行可转换为股票的公司债券的，公司应当按照其转换办法向债券持有人换发股票，但债券持有人对转换股票或者不转换股票有选择权。**法律、行政法规另有规定的除外。**
无	**第二百零四条** **公开发行公司债券的，应当为同期债券持有人设立债券持有人会议，并在债券募集办法中对债券持有人会议的召集程序、会议规则和其他重要事项作出规定。债券持有人会议可以对与债券持有人有利害关系的事项作出决议。** **除公司债券募集办法另有约定外，债券持有人会议决议对同期全体债券持有人发生效力。**
无	**第二百零五条** **公开发行公司债券的，发行人应当为债券持有人聘请债券受托管理人，由其为债券持有人办理受领清偿、债权保全、与债券相关的诉讼以及参与债务人破产程序等事项。**

续表

2018 年《公司法》	2023 年《公司法》
无	**第二百零六条　债券受托管理人应当勤勉尽责,公正履行受托管理职责,不得损害债券持有人利益。** **受托管理人与债券持有人存在利益冲突可能损害债券持有人利益的,债券持有人会议可以决议变更债券受托管理人。** **债券受托管理人违反法律、行政法规或者债券持有人会议决议,损害债券持有人利益的,应当承担赔偿责任。**
第八章　公司财务、会计	第十章　公司财务、会计
第一百六十三条　公司应当依照法律、行政法规和国务院财政部门的规定建立本公司的财务、会计制度。	**第二百零七条**　公司应当依照法律、行政法规和国务院财政部门的规定建立本公司的财务、会计制度。
第一百六十四条　公司应当在每一会计年度终了时编制财务会计报告,并依法经会计师事务所审计。 财务会计报告应当依照法律、行政法规和国务院财政部门的规定制作。	**第二百零八条**　公司应当在每一会计年度终了时编制财务会计报告,并依法经会计师事务所审计。 财务会计报告应当依照法律、行政法规和国务院财政部门的规定制作。
第一百六十五条　有限责任公司应当**依照**公司章程规定的期限将财务会计报告送交各股东。 股份有限公司的财务会计报告应当在召开股东大会年会的二十日前置备于本公司,供股东查阅;公开发行**股票**的股份有限公司**必须**公告其财务会计报告。	**第二百零九条**　有限责任公司应当**按照**公司章程规定的期限将财务会计报告送交各股东。 股份有限公司的财务会计报告应当在召开股东会年会的二十日前置备于本公司,供股东查阅;公开发行**股份**的股份有限公司**应当**公告其财务会计报告。
第一百六十六条　公司分配当年税后利润时,应当提取利润的百分之十列入公司法定公积金。公司法定公积金累计额为公司注册资本的百分之五十以上的,可以不再提取。 公司的法定公积金不足以弥补以前年度亏损的,在依照前款规定提取法定公积金之前,应当先用当年利润弥补亏损。	**第二百一十条**　公司分配当年税后利润时,应当提取利润的百分之十列入公司法定公积金。公司法定公积金累计额为公司注册资本的百分之五十以上的,可以不再提取。 公司的法定公积金不足以弥补以前年度亏损的,在依照前款规定提取法定公积金之前,应当先用当年利润弥补亏损。

续表

2018 年《公司法》	2023 年《公司法》
公司从税后利润中提取法定公积金后，经股东会**或者股东大会**决议，还可以从税后利润中提取任意公积金。 公司弥补亏损和提取公积金后所余税后利润，有限责任公司**依照本法第三十四条的规定**分配；股份有限公司按照股东持有的股份比例分配，**但股份有限**公司章程**规定不按持股比例分配**的除外。 **股东会、股东大会或者董事会违反前款规定，在公司弥补亏损和提取法定公积金之前向股东分配利润的，股东必须将违反规定分配的利润退还公司。** 公司持有的本公司股份不得分配利润。	公司从税后利润中提取法定公积金后，经股东会决议，还可以从税后利润中提取任意公积金。 公司弥补亏损和提取公积金后所余税后利润，有限责任公司**按照股东实缴的出资比例**分配**利润，全体股东约定不按照出资比例分配利润的除外**；股份有限公司按照股东**所**持有的股份比例分配**利润**，公司章程**另有规定**的除外。 公司持有的本公司股份不得分配利润。
第一百六十六条第五款　股东会、股东大会或者董事会违反**前款**规定，**在公司弥补亏损和提取法定公积金之前**向股东分配利润的，股东必须将违反规定分配的利润退还公司。	**第二百一十一条　公司**违反**本法**规定向股东分配利润的，股东**应当**将违反规定分配的利润退还公司；**给公司造成损失的，股东及负有责任的董事、监事、高级管理人员应当承担赔偿责任。**
无	**第二百一十二条　股东会作出分配利润的决议的，董事会应当在股东会决议作出之日起六个月内进行分配。**
第一百六十七条　股份有限公司以超过股票票面金额的发行价格发行股份所得的溢价款以及国务院财政部门规定列入资本公积金的其他**收入**，应当列为公司资本公积金。	**第二百一十三条**　公司以超过股票票面金额的发行价格发行股份所得的溢价款、**发行无面额股所得股款未计入注册资本的金额**以及国务院财政部门规定列入资本公积金的其他**项目**，应当列为公司资本公积金。
第一百六十八条　公司的公积金用于弥补公司的亏损、扩大公司生产经营或者转为增加公司资本。**但是，资本公积金不得用于弥补公司的亏损。** 法定公积金转为资本时，所留存的该项公积金不得少于转增前公司注册资本的百分之二十五。	**第二百一十四条**　公司的公积金用于弥补公司的亏损、扩大公司生产经营或者转为增加公司**注册**资本。 **公积金弥补公司亏损，应当先使用任意公积金和法定公积金；仍不能弥补的，可以按照规定使用资本公积金。** 法定公积金转为**增加注册**资本时，所留存的该项公积金不得少于转增前公司注册资本的百分之二十五。

续表

2018 年《公司法》	2023 年《公司法》
第一百六十九条 公司聘用、解聘承办公司审计业务的会计师事务所，**依照**公司章程的规定，由股东会、**股东大会或者**董事会决定。 公司股东会、**股东大会或者**董事会就解聘会计师事务所进行表决时，应当允许会计师事务所陈述意见。	**第二百一十五条** 公司聘用、解聘承办公司审计业务的会计师事务所，**按照**公司章程的规定，由股东会、董事会**或者监事会**决定。 公司股东会、董事会**或者监事会**就解聘会计师事务所进行表决时，应当允许会计师事务所陈述意见。
第一百七十条 公司应当向聘用的会计师事务所提供真实、完整的会计凭证、会计账簿、财务会计报告及其他会计资料，不得拒绝、隐匿、谎报。	**第二百一十六条** 公司应当向聘用的会计师事务所提供真实、完整的会计凭证、会计账簿、财务会计报告及其他会计资料，不得拒绝、隐匿、谎报。
第一百七十一条 公司除法定的会计账簿外，不得另立会计账簿。 对公司**资产**，不得以任何个人名义开立账户存储。	**第二百一十七条** 公司除法定的会计账簿外，不得另立会计账簿。 对公司**资金**，不得以任何个人名义开立账户存储。
第**九**章 公司合并、分立、增资、减资	第**十一**章 公司合并、分立、增资、减资
第一百七十二条 公司合并可以采取吸收合并或者新设合并。 一个公司吸收其他公司为吸收合并，被吸收的公司解散。两个以上公司合并设立一个新的公司为新设合并，合并各方解散。	**第二百一十八条** 公司合并可以采取吸收合并或者新设合并。 一个公司吸收其他公司为吸收合并，被吸收的公司解散。两个以上公司合并设立一个新的公司为新设合并，合并各方解散。
无	**第二百一十九条 公司与其持股百分之九十以上的公司合并，被合并的公司不需经股东会决议，但应当通知其他股东，其他股东有权请求公司按照合理的价格收购其股权或者股份。** **公司合并支付的价款不超过本公司净资产百分之十的，可以不经股东会决议；但是，公司章程另有规定的除外。** **公司依照前两款规定合并不经股东会决议的，应当经董事会决议。**

续表

2018 年《公司法》	2023 年《公司法》
第一百七十三条 公司合并,应当由合并各方签订合并协议,并编制资产负债表及财产清单。公司应当自作出合并决议之日起十日内通知债权人,并于三十日内在报纸上公告。债权人自接到通知**书**之日起三十日内,未接到通知**书**的自公告之日起四十五日内,可以要求公司清偿债务或者提供相应的担保。	**第二百二十条** 公司合并,应当由合并各方签订合并协议,并编制资产负债表及财产清单。公司应当自作出合并决议之日起十日内通知债权人,并于三十日内在报纸上**或者国家企业信用信息公示系统**公告。债权人自接到通知之日起三十日内,未接到通知的自公告之日起四十五日内,可以要求公司清偿债务或者提供相应的担保。
第一百七十四条 公司合并时,合并各方的债权、债务,应当由合并后存续的公司或者新设的公司承继。	**第二百二十一条** 公司合并时,合并各方的债权、债务,应当由合并后存续的公司或者新设的公司承继。
第一百七十五条 公司分立,其财产作相应的分割。 公司分立,应当编制资产负债表及财产清单。公司应当自作出分立决议之日起十日内通知债权人,并于三十日内在报纸上公告。	**第二百二十二条** 公司分立,其财产作相应的分割。 公司分立,应当编制资产负债表及财产清单。公司应当自作出分立决议之日起十日内通知债权人,并于三十日内在报纸上**或者国家企业信用信息公示系统**公告。
第一百七十六条 公司分立前的债务由分立后的公司承担连带责任。但是,公司在分立前与债权人就债务清偿达成的书面协议另有约定的除外。	**第二百二十三条** 公司分立前的债务由分立后的公司承担连带责任。但是,公司在分立前与债权人就债务清偿达成的书面协议另有约定的除外。
第一百七十七条 公司**需要**减少注册资本**时,必须**编制资产负债表及财产清单。 公司应当自作出减少注册资本决议之日起十日内通知债权人,并于三十日内在报纸上公告。债权人自接到通知**书**之日起三十日内,未接到通知**书**的自公告之日起四十五日内,有权要求公司清偿债务或者提供相应的担保。	**第二百二十四条** 公司减少注册资本,**应当**编制资产负债表及财产清单。 公司应当自**股东会**作出减少注册资本决议之日起十日内通知债权人,并于三十日内在报纸上**或者国家企业信用信息公示系统**公告。债权人自接到通知之日起三十日内,未接到通知的自公告之日起四十五日内,有权要求公司清偿债务或者提供相应的担保。 **公司减少注册资本,应当按照股东出资或者持有股份的比例相应减少出资额或者股份,法律另有规定、有限责任公司全体股东另有约定或者股份有限公司章程另有规定的除外。**

续表

2018年《公司法》	2023年《公司法》
无	**第二百二十五条　公司依照本法第二百一十四条第二款的规定弥补亏损后，仍有亏损的，可以减少注册资本弥补亏损。减少注册资本弥补亏损的，公司不得向股东分配，也不得免除股东缴纳出资或者股款的义务。** **依照前款规定减少注册资本的，不适用前条第二款的规定，但应当自股东会作出减少注册资本决议之日起三十日内在报纸上或者国家企业信用信息公示系统公告。** **公司依照前两款的规定减少注册资本后，在法定公积金和任意公积金累计额达到公司注册资本百分之五十前，不得分配利润。**
无	**第二百二十六条　违反本法规定减少注册资本的，股东应当退还其收到的资金，减免股东出资的应当恢复原状；给公司造成损失的，股东及负有责任的董事、监事、高级管理人员应当承担赔偿责任。**
第三十四条　股东按照实缴的出资比例分取红利；公司**新增**资本时，股东有权优先按照实缴的出资比例认缴出资。但是，全体股东约定**不按照出资比例分取红利或者**不按照出资比例优先认缴出资的除外。	**第二百二十七条　有限责任**公司**增加注册**资本时，股东**在同等条件下**有权优先按照实缴的出资比例认缴出资。但是，全体股东约定不按照出资比例优先认缴出资的除外。 **股份有限公司为增加注册资本发行新股时，股东不享有优先认购权，公司章程另有规定或者股东会决议决定股东享有优先认购权的除外。**
第一百七十八条　有限责任公司增加注册资本时，股东认缴新增资本的出资，依照本法设立有限责任公司缴纳出资的有关规定执行。 股份有限公司为增加注册资本发行新股时，股东认购新股，依照本法设立股份有限公司缴纳股款的有关规定执行。	**第二百二十八条**　有限责任公司增加注册资本时，股东认缴新增资本的出资，依照本法设立有限责任公司缴纳出资的有关规定执行。 股份有限公司为增加注册资本发行新股时，股东认购新股，依照本法设立股份有限公司缴纳股款的有关规定执行。

续表

2018 年《公司法》	2023 年《公司法》
第十章　公司解散和清算	第十二章　公司解散和清算
第一百八十条　公司因下列原因解散： （一）公司章程规定的营业期限届满或者公司章程规定的其他解散事由出现； （二）股东会**或者股东大会**决议解散； （三）因公司合并或者分立需要解散； （四）依法被吊销营业执照、责令关闭或者被撤销； （五）人民法院依照本法第**一百八十二**条的规定予以解散。	**第二百二十九条**　公司因下列原因解散： （一）公司章程规定的营业期限届满或者公司章程规定的其他解散事由出现； （二）股东会决议解散； （三）因公司合并或者分立需要解散； （四）依法被吊销营业执照、责令关闭或者被撤销； （五）人民法院依照本法第**二百三十一**条的规定予以解散。 **公司出现前款规定的解散事由，应当在十日内将解散事由通过国家企业信用信息公示系统予以公示。**
第一百八十一条　公司有**本法第一百八十条**第（一）项情形的，可以通过修改公司章程而存续。 依照前款规定修改公司章程，有限责任公司须经持有三分之二以上表决权的股东通过，股份有限公司须经出席股东大会会议的股东所持表决权的三分之二以上通过。	**第二百三十条**　公司有**前条第一款第一项、第二项情形，且尚未向股东分配财产**的，可以通过修改公司章程**或者经股东会决议**而存续。 依照前款规定修改公司章程**或者经股东会决议**，有限责任公司须经持有三分之二以上表决权的股东通过，股份有限公司须经出席股东会会议的股东所持表决权的三分之二以上通过。
第一百八十二条　公司经营管理发生严重困难，继续存续会使股东利益受到重大损失，通过其他途径不能解决的，持有公司**全部股东**表决权百分之十以上的股东，可以请求人民法院解散公司。	**第二百三十一条**　公司经营管理发生严重困难，继续存续会使股东利益受到重大损失，通过其他途径不能解决的，持有公司百分之十以上表决权的股东，可以请求人民法院解散公司。
第一百八十三条　公司因本法第一百八十条第（一）项、第（二）项、第（四）项、第（五）项规定而解散的，应当在解散事由出现之日起十五日内**成立**清算组，**开始**清算。**有限责任公司的清算组由股东组成，股份有限公司的**清算组由董事**或者股东大会确定的人员**组成。逾期不成立清算组进行清算的，	**第二百三十二条**　公司因本法第二百二十九条**第一款**第一项、第二项、第四项、第五项规定而解散的，**应当清算。董事为公司清算义务人，**应当在解散事由出现之日起十五日内**组成**清算组**进行**清算。 清算组由董事组成，**但是公司章程另有规定或者股东会决议另选他人的除外。**

续表

2018年《公司法》	2023年《公司法》
债权人可以申请人民法院指定有关人员组成清算组进行清算。人民法院应当受理该申请,并及时组织清算组进行清算。	**清算义务人未及时履行清算义务,给公司或者债权人造成损失的,应当承担赔偿责任。** **第二百三十三条　公司依照前条第一款的规定应当清算**,逾期不成立清算组进行清算**或者成立清算组后不清算**的,**利害关系人**可以申请人民法院指定有关人员组成清算组进行清算。人民法院应当受理该申请,并及时组织清算组进行清算。 **公司因本法第二百二十九条第一款第四项的规定而解散的,作出吊销营业执照、责令关闭或者撤销决定的部门或者公司登记机关,可以申请人民法院指定有关人员组成清算组进行清算。**
第一百八十四条　清算组在清算期间行使下列职权: (一)清理公司财产,分别编制资产负债表和财产清单; (二)通知、公告债权人; (三)处理与清算有关的公司未了结的业务; (四)清缴所欠税款以及清算过程中产生的税款; (五)清理债权、债务; (六)**处理**公司清偿债务后的剩余财产; (七)代表公司参与民事诉讼活动。	**第二百三十四条**　清算组在清算期间行使下列职权: (一)清理公司财产,分别编制资产负债表和财产清单; (二)通知、公告债权人; (三)处理与清算有关的公司未了结的业务; (四)清缴所欠税款以及清算过程中产生的税款; (五)清理债权、债务; (六)**分配**公司清偿债务后的剩余财产; (七)代表公司参与民事诉讼活动。
第一百八十五条　清算组应当自成立之日起十日内通知债权人,并于六十日内在报纸上公告。债权人应当自接到通知**书**之日起三十日内,未接到通知**书**的自公告之日起四十五日内,向清算组申报其债权。 债权人申报债权,应当说明债权的有关事项,并提供证明材料。清算组应当对债权进行登记。 在申报债权期间,清算组不得对债权人进行清偿。	**第二百三十五条**　清算组应当自成立之日起十日内通知债权人,并于六十日内在报纸上**或者国家企业信用信息公示系统**公告。债权人应当自接到通知之日起三十日内,未接到通知的自公告之日起四十五日内,向清算组申报其债权。 债权人申报债权,应当说明债权的有关事项,并提供证明材料。清算组应当对债权进行登记。 在申报债权期间,清算组不得对债权人进行清偿。

续表

2018 年《公司法》	2023 年《公司法》
第一百八十六条　清算组在清理公司财产、编制资产负债表和财产清单后，应当**制定**清算方案，并报股东会、**股东大会**或者人民法院确认。 公司财产在分别支付清算费用、职工的工资、社会保险费用和法定补偿金，缴纳所欠税款，清偿公司债务后的剩余财产，有限责任公司按照股东的出资比例分配，股份有限公司按照股东持有的股份比例分配。 清算期间，公司存续，但不得开展与清算无关的经营活动。公司财产在未依照前款规定清偿前，不得分配给股东。	**第二百三十六条**　清算组在清理公司财产、编制资产负债表和财产清单后，应当**制订**清算方案，并报股东会或者人民法院确认。 公司财产在分别支付清算费用、职工的工资、社会保险费用和法定补偿金，缴纳所欠税款，清偿公司债务后的剩余财产，有限责任公司按照股东的出资比例分配，股份有限公司按照股东持有的股份比例分配。 清算期间，公司存续，但不得开展与清算无关的经营活动。公司财产在未依照前款规定清偿前，不得分配给股东。
第一百八十七条　清算组在清理公司财产、编制资产负债表和财产清单后，发现公司财产不足清偿债务的，应当依法向人民法院申请**宣告**破产。 **公司经**人民法院**裁定宣告**破产后，清算组应当将清算事务移交给人民法院。	**第二百三十七条**　清算组在清理公司财产、编制资产负债表和财产清单后，发现公司财产不足清偿债务的，应当依法向人民法院申请破产**清算**。 人民法院**受理**破产**申请**后，清算组应当将清算事务移交给人民法院**指定的破产管理人**。
第一百八十九条　清算组成员**应当忠于职守，依法**履行清算义务。 **清算组成员不得利用职权收受贿赂或者其他非法收入，不得侵占公司财产。** 清算组成员因故意或者重大过失给公司或者债权人造成损失的，应当承担赔偿责任。	**第二百三十八条**　清算组成员履行清算**职责，负有忠实义务和勤勉**义务。 清算组成员**怠于履行清算职责**，给公司造成损失的，应当承担赔偿责任；因故意或者重大过失给债权人造成损失的，应当承担赔偿责任。
第一百八十八条　公司清算结束后，清算组应当制作清算报告，报股东会、**股东大会**或者人民法院确认，并报送公司登记机关，申请注销公司登记，**公告公司终止**。	**第二百三十九条**　公司清算结束后，清算组应当制作清算报告，报股东会或者人民法院确认，并报送公司登记机关，申请注销公司登记。
无	**第二百四十条　公司在存续期间未产生债务，或者已清偿全部债务的，经全体股东承诺，可以按照规定通过简易程序注销公司登记。**

续表

2018 年《公司法》	2023 年《公司法》
	通过简易程序注销公司登记，应当通过国家企业信用信息公示系统予以公告，公告期限不少于二十日。公告期限届满后，未有异议的，公司可以在二十日内向公司登记机关申请注销公司登记。 **公司通过简易程序注销公司登记，股东对本条第一款规定的内容承诺不实的，应当对注销登记前的债务承担连带责任。**
无	**第二百四十一条　公司被吊销营业执照、责令关闭或者被撤销，满三年未向公司登记机关申请注销公司登记的，公司登记机关可以通过国家企业信用信息公示系统予以公告，公告期限不少于六十日。公告期限届满后，未有异议的，公司登记机关可以注销公司登记。** **依照前款规定注销公司登记的，原公司股东、清算义务人的责任不受影响。**
第一百九十条　公司被依法宣告破产的，依照有关企业破产的法律实施破产清算。	**第二百四十二条**　公司被依法宣告破产的，依照有关企业破产的法律实施破产清算。
第十一章　外国公司的分支机构	第十三章　外国公司的分支机构
第一百九十一条　本法所称外国公司是指依照外国法律在**中国**境外设立的公司。	**第二百四十三条**　本法所称外国公司，是指依照外国法律在**中华人民共和国**境外设立的公司。
第一百九十二条　外国公司在**中国**境内设立分支机构，**必须**向中国主管机关提出申请，并提交其公司章程、所属国的公司登记证书等有关文件，经批准后，向公司登记机关依法办理登记，领取营业执照。 外国公司分支机构的审批办法由国务院另行规定。	**第二百四十四条**　外国公司在**中华人民共和国**境内设立分支机构，**应当**向中国主管机关提出申请，并提交其公司章程、所属国的公司登记证书等有关文件，经批准后，向公司登记机关依法办理登记，领取营业执照。 外国公司分支机构的审批办法由国务院另行规定。

续表

2018 年《公司法》	2023 年《公司法》
第一百九十三条　外国公司在**中国**境内设立分支机构，**必须**在**中国**境内指定负责该分支机构的代表人或者代理人，并向该分支机构拨付与其所从事的经营活动相适应的资金。 对外国公司分支机构的经营资金需要规定最低限额的，由国务院另行规定。	**第二百四十五条**　外国公司在**中华人民共和国**境内设立分支机构，**应当**在**中华人民共和国**境内指定负责该分支机构的代表人或者代理人，并向该分支机构拨付与其所从事的经营活动相适应的资金。 对外国公司分支机构的经营资金需要规定最低限额的，由国务院另行规定。
第一百九十四条　外国公司的分支机构应当在其名称中标明该外国公司的国籍及责任形式。 外国公司的分支机构应当在本机构中置备该外国公司章程。	**第二百四十六条**　外国公司的分支机构应当在其名称中标明该外国公司的国籍及责任形式。 外国公司的分支机构应当在本机构中置备该外国公司章程。
第一百九十五条　外国公司在**中国**境内设立的分支机构不具有中国法人资格。 外国公司对其分支机构在**中国**境内进行经营活动承担民事责任。	**第二百四十七条**　外国公司在**中华人民共和国**境内设立的分支机构不具有中国法人资格。 外国公司对其分支机构在**中华人民共和国**境内进行经营活动承担民事责任。
第一百九十六条　经批准设立的外国公司分支机构，在**中国**境内从事业务活动，**必须**遵守中国的法律，不得损害中国的社会公共利益，其合法权益受中国法律保护。	**第二百四十八条**　经批准设立的外国公司分支机构，在**中华人民共和国**境内从事业务活动，**应当**遵守中国的法律，不得损害中国的社会公共利益，其合法权益受中国法律保护。
第一百九十七条　外国公司撤销其在**中国**境内的分支机构时，**必须**依法清偿债务，依照本法有关公司清算程序的规定进行清算。未清偿债务之前，不得将其分支机构的财产移至**中国**境外。	**第二百四十九条**　外国公司撤销其在**中华人民共和国**境内的分支机构时，**应当**依法清偿债务，依照本法有关公司清算程序的规定进行清算。未清偿债务之前，不得将其分支机构的财产**转**移至**中华人民共和国**境外。
第十二章　法 律 责 任	第十**四**章　法 律 责 任
第一百九十八条　违反本法规定，虚报注册资本、提交虚假材料或者采取其他欺诈手段隐瞒重要事实取得公司登记的，由公司登记机关责令改正，对虚报注册资本的公司，处以虚报注册资本金额百分之五以上百	**第二百五十条**　违反本法规定，虚报注册资本、提交虚假材料或者采取其他欺诈手段隐瞒重要事实取得公司登记的，由公司登记机关责令改正，对虚报注册资本的公司，处以虚报注册资本金额百分之五以上百分

续表

2018 年《公司法》	2023 年《公司法》
分之十五以下的罚款；对提交虚假材料或者采取其他欺诈手段隐瞒重要事实的公司，处以五万元以上**五十**万元以下的罚款；情节严重的，**撤销公司登记或者**吊销营业执照。	之十五以下的罚款；对提交虚假材料或者采取其他欺诈手段隐瞒重要事实的公司，处以五万元以上**二百**万元以下的罚款；情节严重的，吊销营业执照；**对直接负责的主管人员和其他直接责任人员处以三万元以上三十万元以下的罚款**。
无	**第二百五十一条　公司未依照本法第四十条规定公示有关信息或者不如实公示有关信息的，由公司登记机关责令改正，可以处以一万元以上五万元以下的罚款。情节严重的，处以五万元以上二十万元以下的罚款；对直接负责的主管人员和其他直接责任人员处以一万元以上十万元以下的罚款。**
第一百九十九条　公司的发起人、股东虚假出资，未交付或者未按期交付作为出资的货币或者非货币财产的，由公司登记机关责令改正，处以虚假出资金额百分之五以上百分之十五以下的罚款。	**第二百五十二条**　公司的发起人、股东虚假出资，未交付或者未按期交付作为出资的货币或者非货币财产的，由公司登记机关责令改正，**可以处以五万元以上二十万元以下的罚款；情节严重的**，处以虚假出资**或者未出资**金额百分之五以上百分之十五以下的罚款；**对直接负责的主管人员和其他直接责任人员处以一万元以上十万元以下的罚款**。
第二百条　公司的发起人、股东在公司成立后，抽逃其出资的，由公司登记机关责令改正，处以所抽逃出资金额百分之五以上百分之十五以下的罚款。	**第二百五十三条**　公司的发起人、股东在公司成立后，抽逃其出资的，由公司登记机关责令改正，处以所抽逃出资金额百分之五以上百分之十五以下的罚款；**对直接负责的主管人员和其他直接责任人员处以三万元以上三十万元以下的罚款**。
第二百零一条　公司违反本法规定，在法定的会计账簿以外另立会计账簿的，由县级以上人民政府财政部门**责令改正，处以五万元以上五十万元以下的罚款**。 **第二百零二条　公司在依法向有关主管部门提供的**财务会计报告**等材料上作虚**	第二百五十四条　**有下列行为之一的，**由县级以上人民政府财政部门**依照《中华人民共和国会计法》等法律、行政法规的规定处罚：** （一）在法定的会计账簿以外另立会计账簿；

续表

2018 年《公司法》	2023 年《公司法》
假记载或者隐瞒重要事实的，**由有关主管部门对直接负责的主管人员和其他直接责任人员处以三万元以上三十万元以下的罚款。**	**（二）提供存在**虚假记载或者隐瞒重要事实的财务会计报告。
第二百零四条第一款　公司在合并、分立、减少注册资本或者进行清算时，不依照本法规定通知或者公告债权人的，由公司登记机关责令改正，对公司处以一万元以上十万元以下的罚款。	**第二百五十五条**　公司在合并、分立、减少注册资本或者进行清算时，不依照本法规定通知或者公告债权人的，由公司登记机关责令改正，对公司处以一万元以上十万元以下的罚款。
第二百零四条第二款　公司在进行清算时，隐匿财产，对资产负债表或者财产清单作虚假记载或者在未清偿债务前分配公司财产的，由公司登记机关责令改正，对公司处以隐匿财产或者未清偿债务前分配公司财产金额百分之五以上百分之十以下的罚款；对直接负责的主管人员和其他直接责任人员处以一万元以上十万元以下的罚款。	**第二百五十六条**　公司在进行清算时，隐匿财产，对资产负债表或者财产清单作虚假记载**，**或者在未清偿债务前分配公司财产的，由公司登记机关责令改正，对公司处以隐匿财产或者未清偿债务前分配公司财产金额百分之五以上百分之十以下的罚款；对直接负责的主管人员和其他直接责任人员处以一万元以上十万元以下的罚款。
第二百零七条　承担资产评估、验资或者验证的机构提供虚假材料**的，由公司登记机关没收违法所得，处以违法所得一倍以上五倍以下的罚款，并可以由有关主管部门依法责令该机构停业、吊销直接责任人员的资格证书，吊销营业执照。** 承担资产评估、验资或者验证的机构因过失提供有重大遗漏的报告的，**由公司登记机关责令改正，情节较重的，处以所得收入一倍以上五倍以下的罚款，并可以由有关主管部门依法责令该机构停业、吊销直接责任人员的资格证书，吊销营业执照。** 承担资产评估、验资或者验证的机构因其出具的评估结果、验资或者验证证明不实，给公司债权人造成损失的，除能够证明自己没有过错的外，在其评估或者证明不实的金额范围内承担赔偿责任。	**第二百五十七条**　承担资产评估、验资或者验证的机构提供虚假材料**或者**提供有重大遗漏的报告的，由**有关部门依照《中华人民共和国资产评估法》、《中华人民共和国注册会计师法》等法律、行政法规的规定处罚。** 承担资产评估、验资或者验证的机构因其出具的评估结果、验资或者验证证明不实，给公司债权人造成损失的，除能够证明自己没有过错的外，在其评估或者证明不实的金额范围内承担赔偿责任。

续表

2018 年《公司法》	2023 年《公司法》
第二百零八条 公司登记机关**对不符合本法规定条件的登记申请予以登记,或者对符合本法规定条件的登记申请不予登记的**,对**直接负责**的**主管**人员和**其他**直接责任人员,依法给予**行政**处分。	**第二百五十八条** 公司登记机关**违反法律、行政法规规定未履行职责或者履行职责不当的**,对**负有责任**的**领导**人员和直接责任人员依法给予**政务**处分。
第二百一十条 未依法登记为有限责任公司或者股份有限公司,而冒用有限责任公司或者股份有限公司名义的,或者未依法登记为有限责任公司或者股份有限公司的分公司,而冒用有限责任公司或者股份有限公司的分公司名义的,由公司登记机关责令改正或者予以取缔,可以并处十万元以下的罚款。	**第二百五十九条** 未依法登记为有限责任公司或者股份有限公司,而冒用有限责任公司或者股份有限公司名义的,或者未依法登记为有限责任公司或者股份有限公司的分公司,而冒用有限责任公司或者股份有限公司的分公司名义的,由公司登记机关责令改正或者予以取缔,可以并处十万元以下的罚款。
第二百一十一条 公司成立后无正当理由超过六个月未开业的,或者开业后自行停业连续六个月以上的,可以**由公司登记机关**吊销营业执照。 公司登记事项发生变更时,未依照本法规定办理有关变更登记的,由公司登记机关责令限期登记;逾期不登记的,处以一万元以上十万元以下的罚款。	**第二百六十条** 公司成立后无正当理由超过六个月未开业的,或者开业后自行停业连续六个月以上的,**公司登记机关**可以吊销营业执照**,但公司依法办理歇业的除外**。 公司登记事项发生变更时,未依照本法规定办理有关变更登记的,由公司登记机关责令限期登记;逾期不登记的,处以一万元以上十万元以下的罚款。
第二百一十二条 外国公司违反本法规定,擅自在**中国**境内设立分支机构的,由公司登记机关责令改正或者关闭,可以并处五万元以上二十万元以下的罚款。	**第二百六十一条** 外国公司违反本法规定,擅自在**中华人民共和国**境内设立分支机构的,由公司登记机关责令改正或者关闭,可以并处五万元以上二十万元以下的罚款。
第二百一十三条 利用公司名义从事危害国家安全、社会公共利益的严重违法行为的,吊销营业执照。	**第二百六十二条** 利用公司名义从事危害国家安全、社会公共利益的严重违法行为的,吊销营业执照。
第二百一十四条 公司违反本法规定,应当承担民事赔偿责任和缴纳罚款、罚金的,其财产不足以支付时,先承担民事赔偿责任。	**第二百六十三条** 公司违反本法规定,应当承担民事赔偿责任和缴纳罚款、罚金的,其财产不足以支付时,先承担民事赔偿责任。

续表

2018 年《公司法》	2023 年《公司法》
第二百一十五条　违反本法规定，构成犯罪的，依法追究刑事责任。	**第二百六十四条**　违反本法规定，构成犯罪的，依法追究刑事责任。
第十三章　附　则	第十五章　附　则
第二百一十六条　本法下列用语的含义： （一）高级管理人员，是指公司的经理、副经理、财务负责人，上市公司董事会秘书和公司章程规定的其他人员。 （二）控股股东，是指其出资额占有限责任公司资本总额百分之五十**以上**或者其持有的股份占股份有限公司股本总额百分之五十**以上**的股东；出资额或者持有股份的比例虽然**不足**百分之五十，但依其出资额或者持有的股份所享有的表决权已足以对股东会、**股东大会**的决议产生重大影响的股东。 （三）实际控制人，是指**虽不是公司的股东，但**通过投资关系、协议或者其他安排，能够实际支配公司行为的人。 （四）关联关系，是指公司控股股东、实际控制人、董事、监事、高级管理人员与其直接或者间接控制的企业之间的关系，以及可能导致公司利益转移的其他关系。但是，国家控股的企业之间不仅因为同受国家控股而具有关联关系。	**第二百六十五条**　本法下列用语的含义： （一）高级管理人员，是指公司的经理、副经理、财务负责人，上市公司董事会秘书和公司章程规定的其他人员。 （二）控股股东，是指其出资额占有限责任公司资本总额**超过**百分之五十或者其持有的股份占股份有限公司股本总额**超过**百分之五十的股东；出资额或者持有股份的比例虽然**低于**百分之五十，但依其出资额或者持有的股份所享有的表决权已足以对股东会的决议产生重大影响的股东。 （三）实际控制人，是指通过投资关系、协议或者其他安排，能够实际支配公司行为的人。 （四）关联关系，是指公司控股股东、实际控制人、董事、监事、高级管理人员与其直接或者间接控制的企业之间的关系，以及可能导致公司利益转移的其他关系。但是，国家控股的企业之间不仅因为同受国家控股而具有关联关系。
第二百一十八条　本法自 2006 年 1 月 1 日起施行。	**第二百六十六条**　本法自 2024 年 7 月 1 日起施行。 **本法施行前已登记设立的公司，出资期限超过本法规定的期限的，除法律、行政法规或者国务院另有规定外，应当逐步调整至本法规定的期限以内；对于出资期限、出资额明显异常的，公司登记机关可以依法要求其及时调整。具体实施办法由国务院规定。**

编 后 记

2023 年 12 月 29 日，第十四届全国人大常委会第七次会议表决通过新修订的《公司法》，自 2024 年 7 月 1 日起施行。这次修订是《公司法》实施以来修改内容最多、力度最大的一次。修订后的《公司法》共 15 章、266 条，新增和修改了 228 个条文，其中实质性修改 112 个条文。《公司法》修改增加很多新制度，完善公司资本制度；优化公司治理；加强股东权利保护；强化控股股东、实际控制人和董事、监事、高级管理人员的责任；完善公司设立、退出制度，国家出资公司以及公司债券等相关规定，对于方便公司投融资和优化治理具有重要意义，解读好、实施好修订后的《公司法》，意义重大。为此，我们专门约请了理论功底深厚、实务经验丰富的知名教授、资深法官等理论与实务界人士，重点针对修改条文，紧扣立法原意，准确科学解释相关条文的规范意旨，坚持从实践问题出发，突出解决司法适用中的重点难点疑点，辅以具有典型意义的司法案例促进理解与适用。

需要向读者说明的是，目前最高人民法院正在启动《公司法》司法解释的修订工作，在司法解释修订以后，本书相应司法解释序号视同沿用新解释的规定。

本书由曹守晔（最高人民法院前高级法官，中国审判理论研究会常务理事、中国法官协会第五届理事会理事、博士后导师）担任主编，李晓民（国家法官学院副院长）、汪治平（最高人民法院二级高级法官）、何建（上海市第一中级人民法院商事庭副庭长、三级高级法官）担任副主编。

具体分工如下：

绪论，第 1～2 条，第 5 条，第 16～17 条，第 244～245 条，第 247～249 条　曹守晔（国家法官学院兼职教授）

第 3～4 条，第 6 条　钟秋玲（北京市丰台区人民法院法官助理，中国政法大学法律硕士）

第 9～11 条，第 13～15 条，第 84 条，第 86～89 条，第 120 条，第 124～128 条　汪治平（最高人民法院民一庭审判长）

第 19～28 条，第 149～157 条，第 159～163 条，第 166～167 条　张诗伟（中国政

法大学民商法硕士)、邵兴全(法学博士,博士后)

第29~30条,第32~35条,第37条,第39~41条　何建(法学博士,博士后)

第42~57条,第114~119条　俞宏雷(无锡市中级人民法院原高级法官)

第59~60条,第62~63条,第66~67条　莒洪源(中国政法大学法律硕士)

第68~71条　曹夏梦(美国康奈尔大学法学硕士)

第73~76条,第78~83条　荣振华(大连医科大学教授,西南政法大学法学博士,大连海事大学博士后)

第91~107条,第110~113条,第142~148条　张泽华(北京金融法院法官,法学硕士)

第130~133条,第135~141条,第250~251条,第253~258条,第260~261条,第265条　王鑫(法学博士)

第168~177条　李晓民(国家法官学院副院长,法学博士)、赵忠龙(云南大学副教授,法学博士)

第178~184条,第187条,第230~241条　张雪梅(法学博士)

第185条　张雪梅、邵兴全(法学博士)

第186条,第188~189条,第191~193条　吴庆宝(最高人民法院民二庭原审判长、高级法官)

第194~198条,第200~206条　吴庆宝、俞宏雷

第207~215条,第219~220条,第222条,第224~227条　王世威(法学博士)

第229条　闫翠翠(中央党校副教授,法学博士)

全书由主编统审修改定稿,副主编以及俞宏雷、荣振华等协助汇总、审稿。

公司法理论博大精深,公司治理说易行难,公司法实践丰富多彩。值此《公司法》二次修订完成问世之际,如何让法条走向社会,让法条修改产生效益提升质量,如何搭建公司法理论与公司治理实践和司法实践之间的桥梁,让理论真正能够指导实践,让实践反哺理论,贯通理论与实践是公司法学术界与实务界的共同期待,也是我们编写此书的初心。然而,由于时间紧、任务重,以及编者水平有限,书中难免有不足甚至错误之处,欢迎各位读者批评指正,提出宝贵建议。